·管·理·科·学·系·列·

国家自然科学基金研究成果专著出版基金资助

国家自然科学基金研究专著
NATIONAL NATURAL SCIENCE FOUNDATION OF CHINA

中国中小企业发展机制研究

林汉川 主编

商务印书馆
2003年·北京

本书系　国家自然科学基金重点资助项目
　　　　国家社会科学基金资助项目　　　研究成果
　　　　教育部"十五"211工程重点资助项目

"搞活大企业,放开小企业"的改革思路。在近几年的人大会上,上海、山东、湖北、黑龙江等地代表在审议政府工作报告时,也大声呼吁要重视和扶持中小企业,让中小企业登上"大舞台"。关于我国中小企业改制的研究与试点,这几年各种类型中小企业改制的研究报告不少,但缺乏横向的全面系统的综合比较研究;关于我国中小企业发展问题的研究,只是最近两年才开展起来,但大量研究报告都停留在强调中小企业在国民经济发展中的战略意义和作用上,其中比较著名的有代表性的研究报告有国务院发展研究中心发展部"促进中小企业发展"课题组撰写的研究报告:"必须从战略高度重视中小企业的发展"(载《经济工作者学习资料》1998 年第 50 期)和"扶持中小企业发展的重要意义和对策建议"(载《经济工作者学习资料》1998 年第 37 期);国务院研究室中小企业改革调研组撰写的《当前我国中小企业改革与发展研究》(载《研究参考》1997 年第 28 期);著名经济学家吴敬琏教授分别在《中国国情国力》1998 年第 7 期和《改革》1998 年第 5 期发表的论文《发展小企业,解决再就业》和《经济形势与中小企业发展》,中国人民大学课题组撰写的报告《国有小企业改革思路》(载《经济理论与经济管理》1997 年第 6 期)。这些研究报告都清楚地阐明了我国发展中小企业的战略意义以及某一类型中小企业的改制思路。但是,对我国中小企业发展中所面临的许多深层次的问题,却没有在理论上、发展思路上与实施对策上给予研究解决。本书研究探索的内容,正是为解决这些问题而设置的。这些内容的研究,可为我国各级政府对中小企业发展问题的决策提供科学依据和可操作性对策;更可为我国各类中小企业经营者的战略决策与实施措施,提供一系列理论与实践相结合的新思路和新方法。

目前,国内已出版的有关中小企业的图书大致可分为以下三种类型:第一类是教材。主要介绍中小企业在市场经济条件下经营管理的基本理论、基本方法、基本运作技能;第二类是介绍国外中小企业发展的书籍,这类书以介绍国外中小企业的政府支持体系与社会化服务体系为多;第三类是企业管理方法的一种翻版,这类书的特点是前部分介绍发展中小企业的意义、作用及中小企业面临技术落后、人才缺乏、资金困难的困境,然后就把通用的企业管理与方法,加上中小企业的定语,冠名为"中小企业的经营与管理"、"中小企业的用人之道"等等。本书不同于上述三类的写作特点。本书的写作内容与特点是融理论性、实用性、探索性于一体,既借鉴国外成功经验,又考虑中国各种类型中小企业发展的特点;既采用问卷调查分析,又注重规范研究;既采用分类研究,又注重系统理论探索;既立足于现实,又高于现实,更面向 21 世纪。

本书的研究内容,几乎涵盖了我国中小企业发展所面临的各种问题,特别是发展中可能会遇到的各种难点和热点问题。全书共计 11 篇 44 章。第一篇(1~3 章)是关于我国中小企业发展的基础理论的研究。着重对中小企业的界定与评价、中小企业的存在理论与功能比较、中小企业的生命模型等内容进行了系统研究。第二篇(4~5 章)是关于我国中小企业发展现状的实证剖析研究。先是对北京、辽宁、江苏、浙江、湖北、广东、云南等七省市 14 000 多个中小企业发展与面临问题的调查进行总体分析,然后着重从中小企业竞争力、财务融资、信息需求与服务、以及资金、管理、技术、人力资源市场、出口等方面面临的问题与对策进行了实证剖析,为进一步研究我国中小企业发展机制问题提供了重要的

前　　言

中小企业是国民经济中一支重要的力量,在世界各国的经济发展中都起着战略性作用。国际经济界、学术界普遍认为,中小企业将是 21 世纪经济发展的主角。中国作为全球最大的发展中国家,中小企业的地位和作用更是突出。据国家工商部门 2000 年统计,截至 1999 年我国工商管理部门注册的中小企业已超过 1000 多万家,占全国企业总数的 99.5% 以上,其所创工业总产值和利税分别占全国工业生产总值和利税的 60% 和 40% 多。目前我国大约有 1.1 亿劳动力在中小企业就业,占整个工业企业就业人数的 73% 以上。因此,研究探索中国中小企业发展机制的规律性,促进其健康成长,并在经济全球化的大潮中顺利与世界经济接轨问题,已成为我国在新世纪迫切需要研究解决的重大问题。本书正是为适应这一时代的呼唤而撰写的。

自 20 世纪 90 年代以来,随着国际经济一体化及新经济革命的深入,国外发达国家都在积极动手扶持中小企业的发展与研究。美国政府将中小企业发展称为"美国经济的脊梁",日本经济学家认为,"没有中小企业的蓬勃发展,就没有日本的繁荣",德国则把中小企业的发展看作是"国民经济的支柱"。欧盟从 1994 年开始实施大力支持中小企业研究与开发工作的《第四个科技发展研究框架计划》,预算为 123 亿欧洲货币单位,1997 年又提出了发展中小企业新战略的政策报告。法国总统希拉克 1999 年 3 月 11 日强调说:"现在重要的是应该看到,在一个越来越全球化的世界上,中小企业日益成为我国经济的柱石,这是我们在美国看到的情况,我们也开始在这里看到了这种情况。"希拉克进一步呼吁:"我们必须对涉及中小企业的各种问题给予极大的关注,尽可能最大限度地减轻它们那些不必要的负担,促进它们的发展"。韩国总统在发表新年演说中强调韩国十分重要的问题是中小企业,把发展中小企业,克服"景气两极化"作为度过金融危机的重要一环。印度尼西亚政府则计划在国内建立 8000 个信息站,帮助中小企业开拓海外市场。以美国未来学家《大趋势》作者奈斯比特为首的革新者,更是提出了世界经济规模越大,则中小企业经济实体越有力量的理论。然而,从世界经济发展来看,各国中小企业在发展中都暴露出一些深层次的问题。突出的是技术水平落后,劳动生产率低,产品质量差,市场竞争力不足,生产消耗高,融资渠道不畅,亏损率高等问题。这些问题已为世界经济增添了许多困难,甚至延缓了全球社会经济发展的过程。因此,中小企业的发展问题,无论是在发达国家还是在发展中国家,各国政府官员、经济学家、管理学家都把它提升到战略高度给予重视。这种超越国界的认识,已成为 21 世纪世界经济发展的重中之重。

我国是近几年才开始重视中小企业改革与发展问题的。党的十四届三中全会提出了实证依据。第三篇(6~8章)是关于我国中小企业的发展与制度创新问题的研究。对我国中小企业改制的历史轨迹、山东模式、苏州模式与温州模式,以及完善中小企业激励约束机制等内容展开探讨。第四篇(9~12章)是关于我国中小企业发展与结构调整问题的研究。对我国中小企业发展中的产业选择与行业定位、中小企业发展中的区域定位、中小企业发展中的关联模式与群落模式等内容展开了研究。第五篇(13~16章)是关于我国中小企业发展战略问题的研究。对我国中小企业发展模型与战略选择、中小企业发展的战略体系、中小企业的核心能力战略、以及中小企业的育成战略等内容进行了研究。第六篇(17~20章)是关于我国中小企业发展与管理创新问题的研究。对我国中小企业的管理创新、组织创新、产品创新、市场创新等内容展开了研究。第七篇(21~25章)是关于我国中小企业发展与技术创新机制问题的研究。对中小企业技术创新的模型、中小企业技术创新的过程、中小企业技术创新战略、中小企业技术创新的风险管理,以及政策支持体系等内容进行了研究。第八篇(26~29章)是关于我国高新技术中小企业发展机制问题的研究。着重对我国高新技术中小企业发展的特色与战略、高新技术中小企业的制度创新、风险投资、以及环境分析等问题进行了探索。第九篇(30~33章)是关于WTO与我国中小企业的发展问题的研究。对加入WTO与我国中小企业应对策略、WTO与我国中小企业经营机制创新、WTO与我国中小企业绿色战略、WTO与中小企业发展环境优化等问题进行了研究。第十篇(34~38章)是关于我国中小企业发展与就业问题的研究。对发展中小企业与治理我国失业问题、乡镇企业、城镇化与农民就业转型、城市传统中小企业分化与城市就业、发展城市社区型中小企业与就业、发展私营中小企业与就业趋势等问题进行了研究。第十一篇(39~44章)是关于我国中小企业发展的政策支持体系研究。着重对发展中小企业的政策作用机理与演变、中小企业的政府管理机制、中小企业的法律支持体系、金融支持体系、财税支持体系等,以及社会化服务体系等问题展开了进一步研究。

本书的研究材料主要来源于以下四个方面:①通过对全国经济年鉴、各行业经济年鉴、乡镇企业年鉴、高新技术产业统计年鉴、中小企业年鉴等各种有关中小企业统计资料的搜集、归类、数据处理,从整体上掌握我国各种类型中小企业发展规模、技术水平、吸纳就业、所有制结构、地域结构、经济效益的现状和存在的主要问题;②通过参加国务院发展研究中心预测发展部对北京、江苏、浙江、辽宁、云南、广东、湖北等七省市14 000多家中小企业问卷调查表数据的处理与分析工作,建立了七省市中小企业问卷调查ACCESS统计数据库;特别是亲自参与了对湖北、广东2 000多家企业的问卷调查与考察,掌握了各种类型中小企业的特点、共性与个性,包括财务与融资、产品产销、竞争能力、技术水平、研究开发能力、信息获取渠道、个人资源开发、市场竞争环境、企业发展战略,以及政府支持服务系统方面的现状与存在的问题,并依次展开研究;③项目组负责人近几年分别出访美国、荷兰、法国、德国、比利时、乌克兰、我国台湾等国家和地区,并对这些国家和地区的中小企业发展机制做过深入调查,收集了大量资料,而且至今仍保持着联系;④项目组成员分别在北京国家图书馆、武汉大学图书馆、中南财经政法大学图书馆、对外经济贸易大学图书馆以及全国各种类型网站上收集了大量日本、美国、意大利、英国、德国、法国、韩国以及我国台湾等世界各国和地区有关中小企业发展机制的资料。

在此,我们课题组首先要衷心感谢国家自然科学基金委员会管理科学部陈晓田、黄海军副主任和冯芷艳处长,是他们在这三年内对本课题不断地指导、帮助和监督,给了课题组极大的压力和动力,促使我们全力以赴地完成本课题研究。第二,我们要衷心感谢国务院发展研究中心发展战略与区域经济研究部部长李善同研究员,是她在全国率先提出并建议国家自然科学基金委员会管理科学部将"我国中小企业发展问题研究"作为重点项目立项开展研究的。而且,当我们课题组被批准立项后,她又对本课题的研究框架给予了及时的指导,并提供资金,把湖北、广东两省2 000个中小企业问卷调查的任务交给我们去做,使我们顺利闯过了实证分析这一难关;她还让我们课题组参与北京、江苏、辽宁、浙江、云南、广东、湖北等七省市14 000多家中小企业问卷调查表数据库的建设,使我们在更大范围掌握了全国中小企业的发展现状与面临的问题。可以说,没有李善同部长对这项课题的热情关心与帮助,我们是很难完成实证分析这项艰巨任务的。第三,我们要衷心感谢国务院发展研究中心企业研究所所长陈小洪研究员,是他给我们下达了完成国外中小企业界定标准成因与借鉴的专题研究任务,促进课题组完成了《中小企业界定与评价》这项基础性专题研究。该专题研究报告已成为由国务院发展研究中心和国家经贸委起草的与我国第一部《中小企业促进法》相配套的《中小企业界定标准暂行规定》的重要参考依据。第四,我们要衷心感谢国家自然科学基金委员会重点项目中期检查专家组的毛蕴诗、刘建一、陈荣秋、高闯、谭力文等专家、教授,是他们在充分肯定本项目完成进度与质量的同时,提出了课题进一步完善的方向。第五,我们还要衷心感谢国家财政部农财司丁学东司长、诸利民副司长、湖北省乡镇企业管理局程守义处长、湖北省工商行政管理局郭跃进副局长、湖北省中小企业对外合作协调中心龙丛轩主任等领导和专家对本课题组的大力支持和帮助。此外,我们还要衷心感谢国家自然科学基金研究成果专著出版基金委员会与商务印书馆对本书出版的热情支持与帮助。

本书是林汉川博士负责的国家自然科学基金重点资助项目"我国中小企业发展问题研究"(批准号:79930400)、国家自然科学基金出版基金资助项目"我国中小企业发展机制研究"(批准号:70124011)、国家社会科学基金资助项目"我国中小企业发展战略问题研究"(批准号:02BJL026)和教育部"十五""211工程"重点资助项目"新世纪我国中小企业持续发展问题研究"的最终研究成果。本书具体由林汉川教授主编,何杰、夏敏仁两同志任副主编,负责全书的设计、组织与统撰工作。参加本书编写的有(以姓氏笔画为序):王银成、田东山、冯德连、叶红雨、任有新、朱国汉、何杰、汪前元、汪涛、余惠芬、李礼、李龙勤、李万想、林汉川、周晖、易国庆、洪正华、夏敏仁、唐本佑、谢升峰、鲁焕生、管鸿喜、魏中奇等同志。的确,对我国中小企业发展机制进行系统的开创性研究,不仅是我国在新世纪经济可持续发展中的一件大事,而且也是一项十分艰巨而复杂的系统工程,还有许多问题需要进一步研究探索。加之我们的研究水平有限,书中难免存在错误之处,敬请各位读者给予批评指正,以便我们进一步修改与完善。

PREFACE

  Small and Medium-sized Enterprises (SMEs) are an important factor in national economy and play a strategic role in the economic development of various countries in the world. It is generally agreed among international community of economics and academy that, SMEs will play the leading role in economic development of the 21st century. In China, the greatest developing country in the world, SMEs have a more prominent standing and role. According to statistics performed by the State Administration of Industry and Commerce in 2000, there have been over 10 million SMEs registered till the end of 1999, taking up 99.5% of the total number of Chinese enterprises, whose gross industrial output value and profit payments & tax turnover constitute more than 60% and 40% respectively of national gross industrial output value and profit payments & tax turnover. At present there are approximately 110 million manpowers employed in SMEs, occupying more than 73% of total employment in the whole industrial enterprises in China. Therefore, it has already become the major problem crying for solution in the new century to probe into regularities in the developing mechanism of Chinese SMEs, promoting its healthy growth, and the smooth integration of Chinese economy into world economy in the tide of economic globalization. That is also where the purpose of this book lies.

  Since 1990s, with the intensification of international economic integration and new economic revolution, developed countries have all taken measures to support the development and study of SMEs. American government regards the development of SMEs as "the horst ridge of American economy", Japanese economists hold that "without the rapid development of SMEs there would be no prosperity of Japan", while German takes the development of SMEs as "the backbone of national economy". Since 1994 the EU has launched *The Fourth Study Framework Project of Technical Development* that supported the study and exploitation of SMEs with a budget of 12.3 billion European Currency Units (ECU); in 1997 it put forward policy report of new strategy for developing

SMEs. On March 11, 1999, French President Chirac made a point that, "now what is important is to see that SMEs have increasingly become the pillar stone of our economy in such a world of more and more globalization, which is what we saw in the United States and what we start to see here." He went on to make an appeal, "we should show great concerns to various problems in respect of SMEs and promote their development, trying as much as possible to reduce their unnecessary burdens." In his new year's speech, South Korean President said that SMEs were very important and he took it as an important step of surviving financial crisis to develop SMEs and overcome "polarization of prosperity". While Indonesian government planed to set up 8000 information stations nationwide to help SMEs to create oversea market. Moreover, innovators, with the author of *Megatrends* American futurologist John Naisbitt taking the lead, developed the theory that the larger scale the world economy, the more powerful the economic entity of SMEs. However, viewed from the development of world economy, SMEs in various countries have shown up in their development some deep-seated problems, the prominent of which are outdated technology, low labor productivity, inferior quality of product, weak market competitiveness, high consumption of production, insufficient financing channel, high losing rate, etc, which have already made much trouble to world economy and even inhibited the process of global social economic development. Therefore, the development of SMEs had been attached importance to from the high plane of strategy by governmental officials, economists and managerialists in various countries, no matter they are developed countries or developing ones. Such an international common understanding has already become the crux of world economic development in the 21st century.

In China it is not until recent years have the reform and development of SMEs been paid attention to. At the Third Plenary Session of the Fourteenth Central Committee of the Communist Party of China, the reform guideline of "invigorating large enterprises and disengaging SMEs" was brought forward. At recent sessions of People's congress Council, when discussing government work report, deputies from Shanghai, Shandong, Hubei, Heilongjiang etc. urged for attention to and support for SMEs. As to the study and experiments of system transformation of SMEs in China, in recent years there have been many research reports about system transformation of various SMEs, which want complete, systematic and comprehensive comparative study of intersectoral links. The study of SMEs' development in China has started during the last few years, but most of them dwell too much on the strategic significance of SMEs in the development of national economy, the masterpieces of which are: "Importance Should be Attached to the Development of SMEs Strategically" and "Significance of Supporting the Development of SMEs and Policy Suggestions" (*Journal of Study Materials for Business Administrators*, 1998, (50) & (37)) written by research group of "Promoting the Development of SMEs" from Development Research Center of the State Council; "Study on Current Reform and Development of SMEs in China" (Study Reference, 1997 (28)) written by research group of SMEs' reform from Research Office of the State Council; "To Develop SMEs and Solve the Problem of Employment" (*China National Conditions and Power*, 1998, (7)) and "Economic Conditions and the Development of SMEs in China" (*Reform*, 1998, (5)) written by famous economist Professor Wu Jinglian; "Ideas for Reform of National Small Business" (*Economic Theory & Economic Management*, 1997, (6)) conducted by the research group from China People's University. All these research reports clarify the strategic significance of developing SMEs in China and discuss the ideas for system transformation of some type of SMEs, but they failed to probe into many deep-seated problems in the development of SMEs from theoretical elevation, ideas for development and countermeasures of enforcement. The content of this book is designed right for the solution to these problems, which may provide to governments of various levels scientific foundation for policymaking on the development of SMEs and maneuverable countermeasures, and also may offer to operators of various SMEs in China series of new ideas and methods with theory and practice combined, when making strategic policy and adopting measures of enforcement.

At present, books concerning SMEs published in China may be classified into the following three types: The first type is textbook, which chiefly introduces the fundamental theories, methods and operating techniques of SMEs' business administration under market economy; The second type is book concerning the development of foreign SMEs, which mainly presents governmental support system and socialized service system of foreign SMEs; The third type is the copy of methods of business management, which is featured with the introduction of the significance and function of developing SMEs and problems of outdated technology, talent shortage and capital insufficiency faced by SMEs in the first half of the book, and discussion of "operation and management of SMEs", "staffing techniques of SMEs", etc. by adding the attribute of SMEs to universal enterprise administration and methods in the second half of the book. This book is featured other than the above-mentioned three types of books, with theory, practicability and exploratory combined, referring to success of foreign SMEs as well as taking into consideration different features of the development of various SMEs in China, not only adopting analysis of questionnaire but also focusing on standard study, conducting assorting study and stressing systematic theoretical probation as well, being planted in and elevated from reality, and furthermore the 21st century orientated.

This book covers almost all problems encountered by Chinese SMEs in their development, especially those difficult and crucial problems likely to be encountered. This book consists of eleven parts (forty-four chapters). The first part (chapter 1-3) deals with basic theoretic study of the development of Chinese SMEs, paying special attention to the systematic study of defining and evaluation of SMEs, theory for existence and function comparison of SMEs and the life model of SMEs. The second part (chapter 4-5) treats empirical study of status quo of Chinese SMEs, first makes general analysis of the investigations about problems encountered by more than 14,000 SMEs in Beijing, Liaoning, Jiangsu, Zhejiang, Hubei, Guangdong and Yunnan, then pays special attention to empirical study of problems and countermeasures in SMEs' competitiveness, financing, demand for information and service, markets of capital, management, technology and labor, and export, so as to provide important empirical reference for further study of development mechanism of Chinese SMEs. The third part (chapter 6-8) concerns the study of development and innovation in system of Chinese SMEs, probing into the history of Chinese SMEs' system transformation, comparison of Shangdong Mode, Suzhou mode and Wenzhou mode, and optimization of encouragement & restriction mechanism of SMEs. The fourth part (chapter 9-12) involves the study of development and structural adjustment of Chinese SMEs, working on industrial orientation, regional orientation, correlation model and clustering model of Chinese SMEs in their development. The fifth part (chapter 13-16) covers study of strategies for Chinese SMEs' development, dealing with model of development, strategic option, strategic system, strategy of kernel capacity and strategy of cultivation of Chinese SMEs. The sixth part (chapter 17-20) studies the development and managerial innovation of Chinese SMEs, covering managerial innovation, organizational innovation, product innovation and market innovation of SMEs. The seventh part (chapter 21-25) pertains to the study of development and mechanism of technical innovation of Chinese SMEs, discussing the model, process, strategy, risk management and support system in policy of technical innovation of SMEs. The eighth part (chapter 26-29) probes into the study of development mechanism of Chinese SMEs of new & high tech, focusing on features and strategies of development, system innovation, risk investment, and environmental analysis of SMEs of new & high tech. The ninth part (chapter 30-33) focuses on the relation of WTO and development of Chinese SMEs, working on China's entry of WTO and countermeasures for Chinese SMEs, WTO and innovation of operational mechanism of Chinese SMEs, WTO and ecological strategy of Chinese SMEs, and WTO and environmental optimization of development of Chinese SMEs. The tenth part (chapter 34-38) shows concern for the development and employment of Chinese agricultural SMEs, probing into the relations between the development of SMEs and the solving of unemployment, township enterprises, urbanization and employment transformation of farmers, differentiation of urban conventional SMEs and urban employment, development of urban community SMEs and employment, and development of private SMEs and employment. The eleventh part (chapter 39-44) follows the study of policy support system of Chinese SMEs' development, making further discussion about mechanism of action and evolution of policies in developing SMEs, governmental managerial mechanism of SMEs, legal support system, financial support system and taxation support system of SMEs, and socialized service system.

The materials of this book stem from the following four sources: (1) collection, classification and data processing of statistics concerning various SMEs from almanac of China's economy, economic yearbooks of various industries, yearbook of township enterprises, yearbooks of industries of new & high tech, and yearbooks of SMEs, reaching a general cognition of status quo of Chinese SMEs and problems existed in scale of development, technical level, employment, ownership structure, regional structure, economic benefit of various SMEs in China. (2) Data processing and analysis of questionnaire conducted to more than 14,000 SMEs in Beijing, Liaoning, Jiangsu, Zhejiang, Hubei, Guangdong and Yunnan by Development Predication Department of Development Research Center of the State Council, the establishment of ACCESS statistics database of SMEs' questionnaire in these seven provinces and city, and especially the participation in questionnaire and investigation of more than 2,000 SMEs in Hubei and Guangdong, clarifying the characteristics, commonness and individuality of various SMEs, including status quo of and problems existed in financial affairs, financing, production and marketing of products, competitiveness, technical level, capacity of researching and developing, channels of obtaining information, development of personnel resources, environment of market competition, strategy for developing enterprise and governmental support & service system. (3) The superintendent of this project has visited in recent years America, Holland, France, German, Belgium, Ukraine, and Taiwan of China respectively, makes thorough investigation of development mechanism of SMEs in this countries and area, collects large amounts of materials, and still keeps in touch with them. (4) Members of the project collect plenty of materials of development mechanism of SMEs in Japan, American, Italy, Great Britain, German, France, South Korea and Taiwan of China from Beijing National Library, library of Wuhan University, Library of Zhongnan University of Economics & Law and various websites in China.

The publication of this book owes a lot to so many leading cadres, experts, colleagues and friends. Firstly, our research group herein has to thank from the bottom of our hearts deputy directors Chen Xiaotian, Huang Haijun and director Feng Zhiyan from Department of Management Sciences of National Natural Science Foundation of China, who have offered in the past three years constant guidance, help and supervision, giving us both pressure and motive that enable us to go all out to complete this research. Secondly, we have to show hearty thanks to researcher Li Shantong, director of development strategy and regional economic study from Development Research Center of the State Council, who is the first person to suggest the Department of Management Sciences of National Natural Science Foundation of China to take "Development Issues of Chinese SMEs" as key program. After the program being approved, she offered her timely guidance in the research framework of the program, and gave us funds to conduct questionnaire of 2,000 SMEs in Hubei Province and Guangdong Province, enabling us to overcome smoothly the difficulty of empirical analysis. She also asked our research group to participate the establishment of database of questionnaire of more than 14,000 SMEs in Beijing, Liaoning, Jiangsu, Zhejiang, Hubei, Guangdong and Yunnan, enabling us to grasp the status quo of and problems encountered by SMEs nationwide. We have the very reason to say that, without director Li Shantong's passionate concern and assistance, it would be less likely for us to complete the hard task. Thirdly, we owe our acknowledgement to researcher Chen Xiaohong, director of Enterprise Research Institute of Development Research Center of the State Council, who assigned us the research task of Evolution of and Lessons from Defining Standards of Foreign SMEs, the research report of which has an important frame of reference for *Temporary Provision for Defining Standards of SMEs* co-drafted by Development Research Center of the State Council and State Economic and Trade Commission, mating with China's first *Promotion Law of SMEs*, and helped our research group to finish the basic study of Defining and Evaluation of SMEs. Fourthly, we are obliged to experts and professors such as Mao Yunshi, Liu Jianyi, Cheng Rongqiu, Gaochuang and Tan Liwen in key program mid-term evaluation expert group from National Natural Science Foundation of China, who gave positive assessment of tempo and quality of this program, and showed us the direction to optimization of this program as well. Fifthly, we have to thank director Ding Xuedong and deputy director Zhu Limin from Department of Agricultural Finance of Ministry of Finance, director Chen Shouyi from Administration of Township Enterprises of Hubei Province, deputy director Guo Yuejin from Administration for Industry and Commerce of Hubei Province, and director Long Congxuan from Coordination Center for Hubei SMEs' Cooperation with Foreign Countries, for their generous support and assistance. Besides, we are also grateful to Publication Foundation of National Natural Science Foundation of China and the Commercial Press for their warmly support in the publication of this book.

This book is the collective research findings of the key program of "Study of Development Issues of Chinese SMEs" sponsored by National Natural Science Foundation of China (Approval No. 79930400), Program of Study of Development Mechanism of Chinese SMEs sponsored by Publication Foundation of National Natural Science Foundation of China (Approval No. 70124011) and Program of Study of Strategies for Development of Chinese SMEs sponsored by National Natural Science Foundation of China (Approval No 02BJL026) and "'Key Program of 211 Project' during 'Tenth Five-Year-Plan' under the auspices of Ministry of Education" that are superintended by Dr. Lin Hanchuan. The book is chief edited by Lin Hanchuan, who takes charge in the design, organization and comprehensive arrangement of the book. The writers of the book include Wang Yincheng, Tian Dongshan, Feng Delian, Ye Hongyu, Ren Youxin, Zhu Guohan, Hejie, Wang Qianyuan, Wangtao, Yu Huifen, Li Li and, Li Longqin, Li Wanxiang, Lin Hanchuan, Zhouhui, Yi Guoqing, Hong Zhenghua, Xia Minren, Xie Shengfeng, Lu Huansheng, Guan Hongxi, Wei Zhongqi. Hejie and Xia Minren also assisted in the arrangement of manuscripts.

Indeed, the systematic pioneering study of development mechanism of Chinese SMEs is not only a great event in the sustainable economic development of

China in the new century, but a laborious and complex systematic project, and there are still many problems to be further studied. Due to our limited research level, faults will inevitably occur in this book. We humbly request advices from readers, so as to make further modification and optimization.

目 录

前言

第一篇 中国中小企业发展的理论基础

第一章 中小企业的界定与评价 ··· 3
  第一节 世界各国对中小企业的一般界定与评价 ························· 3
  第二节 美、日、欧盟、中国台湾中小企业最新界定标准比较及其成因分析 ······ 9
  第三节 中小企业的一种特殊界定及评价 ································· 16
  第四节 我国中小企业的界定及评价 ······································· 18

第二章 中小企业存在理论与功能比较 ·· 21
  第一节 中小企业存在理论与评价 ·· 21
  第二节 中小企业特征与分类的比较 ······································· 28
  第三节 中小企业功能的比较 ·· 42

第三章 中小企业的生命模型 ·· 55
  第一节 中小企业生命模型的推出 ·· 55
  第二节 中小企业生命模型的经济学逻辑 ································· 67
  第三节 中小企业生命模型的管理学逻辑 ································· 72

第二篇 中国中小企业发展现状与实证分析

第四章 中小企业发展现状的问卷调查与实证剖析 ························ 81
  第一节 北京、辽宁、江苏、浙江等七省市的问卷调查与剖析 ········ 81
  第二节 中小企业竞争力现状与对策剖析——湖北、广东中小企业问卷
         调查报告之一 ·· 97
  第三节 中小企业财务融资现状与对策剖析——湖北、广东中小企业问卷
         调查报告之二 ·· 105

第四节 中小企业信息需求服务现状与对策剖析——湖北、广东中小企业问卷调查报告之三 ················· 111

第五章 中小企业面临的困境与对策探析 ················· 118
    第一节 管理困境与对策 ················· 118
    第二节 技术困境与对策 ················· 121
    第三节 人力资源困境与对策 ················· 122
    第四节 市场困境与对策 ················· 124
    第五节 出口困境与对策 ················· 125

第三篇 中国中小企业的发展与制度创新

第六章 我国中小企业改制进程的历史透视 ················· 131
    第一节 我国中小企业制度演进的政策轨迹 ················· 131
    第二节 我国中小企业改制的历史透视 ················· 138
    第三节 我国中小企业改制的实践效果 ················· 150

第七章 中国中小企业改制模式的实证分析 ················· 155
    第一节 诸城模式剖析 ················· 155
    第二节 周村模式剖析 ················· 171
    第三节 苏南模式剖析 ················· 182
    第四节 温州模式剖析 ················· 198
    第五节 苏南模式和温州模式的比较研究 ················· 212

第八章 中国中小企业经营者激励机制 ················· 218
    第一节 职工持股制 ················· 218
    第二节 年薪制 ················· 233
    第三节 股票期权制 ················· 246

第四篇 中国中小企业的发展与结构调整

第九章 中小企业发展中的产业选择与行业定位 ················· 263
    第一节 我国中小企业的行业结构与行业集中度 ················· 263
    第二节 我国中小企业的产业选择与行业定位 ················· 266
    第三节 我国中小企业行业定位的对策 ················· 270
    第四节 中小企业可持续发展的产业政策 ················· 274

第十章　中小企业发展中的区域定位 279
第一节　中小企业区域结构调整的动因与原则 279
第二节　中小企业区域定位的理论基础 283
第三节　中小企业区域布局中存在的问题 289
第四节　中小企业区域定位的对策建议 290

第十一章　中小企业发展中的关联模式 293
第一节　中小企业发展共生理论 293
第二节　中小企业与大企业的共生机制 297
第三节　中小企业与大企业共生模式的优化 299
第四节　中小企业的共生战略 304
第五节　中小企业关联模式的实证分析 304

第十二章　中小企业发展中的群落模式 314
第一节　中小企业群落的经典理论 314
第二节　中小企业群落理论的经济学解释 320
第三节　硅谷企业群落的实证分析 322

第五篇　中国中小企业发展战略研究

第十三章　中小企业发展模型与战略选择 329
第一节　中小企业发展模型 329
第二节　中小企业发展的总体战略 331
第三节　中小企业发展的阶段战略选择 335

第十四章　中小企业发展的战略体系 341
第一节　中小企业的研究开发战略 341
第二节　中小企业的市场战略 343
第三节　中小企业的产品战略 354
第四节　中小企业的生产战略 360
第五节　中小企业的投融资战略 361

第十五章　中小企业的核心能力战略 370
第一节　中小企业核心能力的形成 370
第二节　影响中小企业核心能力形成的主要因素 374
第三节　中小企业核心能力的培育过程 375

第四节　中小企业核心能力的培育方法 ································ 381
　　第五节　中小企业核心能力的扩张机制 ································ 385

第十六章　中小企业的育成战略 ·· 391
　　第一节　企业家成长机制 ·· 391
　　第二节　企业制度创新机制 ·· 397
　　第三节　企业技术创新机制 ·· 403
　　第四节　企业知识管理创新机制 ·· 412

第六篇　中国中小企业发展与管理创新

第十七章　中小企业的管理创新 ·· 423
　　第一节　管理创新的内容 ·· 423
　　第二节　中小企业管理创新的功能分析 ·································· 424
　　第三节　中小企业管理现状剖析 ·· 426
　　第四节　中小企业管理创新的主要环节 ·································· 427

第十八章　中小企业的组织创新 ·· 431
　　第一节　组织创新的由来 ·· 431
　　第二节　中小企业组织创新的趋势 ······································ 432
　　第三节　中小企业组织创新的形式 ······································ 433
　　第四节　中小企业文化创新 ·· 435

第十九章　中小企业的产品创新 ·· 438
　　第一节　产品整体概念的演变 ·· 438
　　第二节　产品创新过程的分析 ·· 441
　　第三节　中小企业产品创新簇的选择 ···································· 445

第二十章　中小企业的市场创新 ·· 449
　　第一节　中小企业市场营销的特点 ······································ 449
　　第二节　中小企业的市场定位 ·· 451
　　第三节　中小企业的市场营销创新 ······································ 452

第七篇　中国中小企业发展与技术创新机制

第二十一章　中小企业技术创新的模型分析 ·································· 457

第一节	中小企业技术创新的价值判断	457
第二节	中小企业技术创新机制的"轮式"模型	461
第三节	中小企业技术创新的客体系统	464
第四节	中小企业技术创新的协调机制	465
第五节	中小企业技术创新的促进思路	466

第二十二章 中小企业技术创新的过程 … 470
第一节	中小企业技术创新过程的模型分析	470
第二节	A-U 技术创新过程的动态分析	475
第三节	技术创新集群的分析	477
第四节	技术创新的过程因素分析	480

第二十三章 中小企业技术创新战略 … 486
第一节	中小企业技术创新战略的内容与类型	486
第二节	自主创新战略	490
第三节	模仿创新战略	493
第四节	合作创新战略	495
第五节	中小企业技术创新战略的设计	498

第二十四章 中小企业技术创新的风险管理 … 501
第一节	技术创新风险的根源与因素	501
第二节	技术创新风险的评价、决策与防范	505
第三节	风险投资与中小企业技术创新	510

第二十五章 中小企业技术创新的政策支持体系 … 516
第一节	中小企业技术创新的政策支持体系	516
第二节	中小企业技术创新政策支持体系的基本框架	521
第三节	建立与完善中国中小企业技术创新的政策支持体系	527

第八篇 中国高新技术中小企业的发展研究

第二十六章 高新技术中小企业发展的特点与战略 … 535
第一节	高新技术中小企业发展的特点与功能	535
第二节	发展高新技术中小企业的经济学分析	542
第三节	高新技术中小企业的技术创新战略	549
第四节	高新技术中小企业核心竞争力的培育战略	560

第二十七章　高新技术中小企业的发展与制度创新·················· 568
第一节　我国高新技术中小企业产权不清的症结·················· 568
第二节　高新技术中小企业产权创新的实证分析·················· 572
第三节　高新技术中小企业产权制度创新的基本思路·············· 575
第四节　高新技术中小企业产权制度创新的对策·················· 577

第二十八章　高新技术中小企业发展与风险投资······················ 580
第一节　风险投资的功能及运作机制···························· 580
第二节　高新技术企业、风险投资与资本市场···················· 587
第三节　高新技术产业发展与风险投资的国别比较················ 590
第四节　大力发展我国风险投资业的思路························ 595

第二十九章　高新技术中小企业发展的环境分析······················ 606
第一节　高新技术中小企业发展的科技环境······················ 606
第二节　高新技术中小企业发展的人才环境······················ 609
第三节　高新技术中小企业发展的市场环境······················ 612
第四节　高新技术中小企业发展的政策环境······················ 618
第五节　高新技术中小企业发展的法律环境······················ 623

第九篇　WTO 与中国中小企业的发展研究

第三十章　WTO 与中小企业应对策略······························ 629
第一节　WTO 对中小企业发展的影响分析······················ 629
第二节　WTO 有关具体协议对中小企业的影响·················· 633
第三节　面对 WTO 中小企业的应对策略························ 638

第三十一章　WTO 与中小企业经营机制创新························ 647
第一节　WTO 与中小企业制度创新···························· 647
第二节　WTO 与中小企业组织创新···························· 649
第三节　WTO 与中小企业技术创新···························· 657
第四节　WTO 与中小企业管理创新···························· 663
第五节　WTO 与中小企业市场创新···························· 668

第三十二章　WTO 与中小企业绿色战略···························· 675
第一节　WTO 中有关绿色协议································ 675

第二节	WTO与国际绿色贸易壁垒	679
第三节	ISO14000环境管理体系及其对中小企业的影响	684
第四节	WTO与中小企业绿色战略	692

第三十三章 WTO与中小企业发展的环境优化 … 702

第一节	WTO与中小企业融资服务体系	702
第二节	WTO与中小企业融资担保体系	712
第三节	WTO与中小企业信息服务体系	719
第四节	WTO与中小企业政府支持体系	723

第十篇 中国中小企业发展与就业

第三十四章 我国失业问题与发展中小企业 … 731

第一节	当前我国失业的类型和群体分布	731
第二节	二元经济结构转型与失业	738
第三节	中小企业发展与增加就业	743
第四节	治理我国失业问题的思路	746

第三十五章 乡镇企业、农村城镇化与农民就业转型 … 750

第一节	乡镇企业的发展变迁	750
第二节	乡镇企业对农村城镇化的贡献	755
第三节	乡镇企业、农村城市化与农民就业转型	759
第四节	促进乡镇企业发展与农民就业转型的对策思考	777

第三十六章 城市传统中小企业分化与就业 … 782

第一节	城市传统中小企业及其相应的就业体制	782
第二节	城市传统中小企业分化与城市居民失业	785
第三节	城市非公有制中小企业发展对就业的吸纳	790

第三十七章 发展社区中小企业与就业 … 799

第一节	社区中小企业的发展思路	799
第二节	影响和制约社区中小企业发展的因素	803
第三节	社区中小企业发展中的政府作用	806

第三十八章 发展私营中小企业与就业趋势 … 811

第一节	私营中小企业发展与就业增长概况	811

第二节　私营中小企业的就业分布 …………………………………………… 814
第三节　私营企业就业递增对传统就业制度和格局的冲击 …………………… 818

第十一篇　中国中小企业发展的政策支持体系

第三十九章　中小企业政策作用机理与演变 ……………………………… 823
第一节　中小企业政策作用机理 ……………………………………………… 823
第二节　中小企业的政策目标 ………………………………………………… 824
第三节　我国中小企业政策的演变轨迹 ……………………………………… 827
第四节　中小企业政策支持的"瓶颈" ………………………………………… 830

第四十章　中小企业的政府管理机制 ……………………………………… 836
第一节　政府管理中小企业的职能 …………………………………………… 836
第二节　国外中小企业政府管理模式比较与借鉴 …………………………… 844
第三节　中小企业政府管理机制的主要内容 ………………………………… 849
第四节　政府管理中小企业的主要途径 ……………………………………… 855

第四十一章　中小企业的法律支持体系 …………………………………… 863
第一节　中小企业法律支持体系的特征与基本框架 ………………………… 863
第二节　国外中小企业法律支持体系的经验与比较 ………………………… 866
第三节　建立我国中小企业法律支持体系的思考 …………………………… 870

第四十二章　中小企业的金融支持体系 …………………………………… 872
第一节　我国中小企业金融支持体系的现状 ………………………………… 872
第二节　国外中小企业金融支持模式比较 …………………………………… 876
第三节　我国现行中小企业金融支持政策的改革 …………………………… 880
第四节　建立与完善中小企业金融支持体系 ………………………………… 885

第四十三章　中小企业的财税支持体系 …………………………………… 890
第一节　国外中小企业财税支持政策的经验 ………………………………… 890
第二节　影响我国中小企业发展的现行财税政策 …………………………… 895
第三节　完善中小企业财税支持政策的建议 ………………………………… 900

第四十四章　中小企业的社会化服务体系 ………………………………… 903
第一节　中小企业社会化服务体系的构建 …………………………………… 903
第二节　中小企业中介服务体系 ……………………………………………… 906

第三节 中小企业人力资源服务与创业辅导体系……………………	908
第四节 中小企业技术创新服务体系……………………………………	911

主要参考文献……………………………………………………………… 918

图 索 引

图 1-1　中小企业组织发展五阶段示意图（格雷纳模型） ……………… 16
图 3-1　消费者剩余的组成 …………………………………………………… 59
图 3-2　新创造价值的构成 …………………………………………………… 60
图 3-3　差异优势的经济学逻辑 ……………………………………………… 61
图 3-4　成本优势的经济学逻辑 ……………………………………………… 61
图 3-5　企业生命模型平面结构 ……………………………………………… 66
图 3-6　企业生命模型立体结构 ……………………………………………… 67
图 3-7　企业技术效率和代理效率的比较与权衡 …………………………… 68
图 3-8　企业成长演化过程 …………………………………………………… 73
图 3-9　企业机制分析框架 …………………………………………………… 75
图 3-10　企业内各要素连接方式 …………………………………………… 77
图 4-1　根据地区区分的竞争压力来源 …………………………………… 100
图 4-2　根据所有制区分的竞争压力来源 ………………………………… 100
图 4-3　样本企业的注册规模图 …………………………………………… 106
图 8-1　企业家才能综合比较图 …………………………………………… 235
图 8-2　企业家创新与经营能力分析图 …………………………………… 235
图 10-1　中国中小企业区域定位 …………………………………………… 291
图 11-1　共生机制示意图 …………………………………………………… 299
图 11-2　共生模式与共生单元、共生环境的关系 ………………………… 301
图 12-1　集群内成员获取知识的四种途径 ………………………………… 322
图 13-1　企业发展折弯曲线图 ……………………………………………… 329
图 13-2　中小企业的生命周期曲线图 ……………………………………… 330
图 13-3　多角化战略的类型 ………………………………………………… 338
图 14-1　中小企业成长战略模型 …………………………………………… 343
图 14-2　经济全球化形成图 ………………………………………………… 348
图 14-3　产品的五个层次和五个层次的创新 ……………………………… 354
图 14-4　需求—技术—产品的生命周期 …………………………………… 357
图 14-5　风格、时尚和热潮的生命周期形态 ……………………………… 358
图 14-6　新产品开发阶段图 ………………………………………………… 360
图 15-1　核心能力与持续竞争优势的关系 ………………………………… 372
图 15-2　核心能力、核心产品与最终产品关系图 ………………………… 373
图 15-3　规划核心能力的主要议题 ………………………………………… 378

图 15-4	技术复合法	381
图 15-5	技术融合法	382
图 15-6	新药开发图	382
图 15-7	自学习机制企业分析与解决问题程序	383
图 15-8	阻止模仿与提前行动者的优势	388
图 16-1	企业育成模型	391
图 16-2	直线型组织结构	399
图 16-3	职能型组织结构	399
图 16-4	直线—职能型组织结构	400
图 16-5	事业部型组织结构	400
图 16-6	矩阵型组织结构	401
图 16-7	网络—层级型组织结构	401
图 16-8	网络型组织结构	402
图 16-9	科技进步对经济增长贡献率	407
图 16-10	知识孵化三阶段	412
图 16-11	知识蛋收集法	412
图 16-12	有生命特征的知识蛋的标准	413
图 16-13	孵化五阶段模式	413
图 16-14	中小企业知识体系与知识创新图	414
图 16-15	知识推动的创新过程图	415
图 16-16	需求推动型的创新过程图	415
图 16-17	交叉作用的知识创新过程图	415
图 16-18	一体化知识创新过程图	415
图 16-19	系统集成和网络式知识创新图	415
图 16-20	知识库模型	416
图 16-21	显性—隐性知识模型	416
图 16-22	企业科层组织	417
图 16-23	知识库	417
图 16-24	中小企业科层—网络模式	417
图 16-25	知识共享的 5C 模型	418
图 16-26	知识企业的价值链	419
图 16-27	知识管理评价体系	420
图 19-1	贝内特的两层次模型	438
图 19-2	库尔茨和布恩的两层次模型	439
图 19-3	产品创新过程的八个阶段	441
图 19-4	创新产品的选择空间	446

图 19-5	创新产品空间的划分	446
图 19-6	企业 IPF 选择的逻辑顺序	448
图 21-1	中小企业技术创新机制的"轮式模型"	462
图 21-2	中小企业技术创新的客体系统	464
图 21-3	中小企业技术创新的协调机制	465
图 22-1	技术创新过程的技术推动模型	470
图 22-2	施莫克乐的市场需求引导的技术创新过程模型	471
图 22-3	技术创新过程的需求拉动模型	472
图 22-4	技术创新过程的技术与市场交互模型	472
图 22-5	技术创新过程的链环模型	474
图 22-6	企业技术创新过程的特威斯综合模型	474
图 22-7	L-S 技术创新的综合模型	475
图 22-8	A-U 技术创新过程的动态模型	476
图 22-9	"技术树"示意图	478
图 23-1	企业技术创新战略按技术与市场双因素的划分	489
图 24-1	不同风险偏好的投资效用曲线	508
图 26-1	技术轨迹与产业演化	550
图 26-2	照排机的技术替代图	551
图 28-1	风险投资运作程序图	584
图 32-1	环境管理体系标准模式	689
图 32-2	环境管理体系运行模式	690
图 33-1	我国中小企业融资体系	708
图 33-2	我国中小企业信用担保体系运用方式图	714
图 33-3	APEC 中小企业的信息来源	722
图 34-1	乡镇企业增加值增长情况	741
图 34-2	乡镇企业职工人数发展情况	741
图 35-1	刘易斯两部门剩余劳动力转移	760
图 35-2	劳动力数量与农业总产出的关系	762
图 35-3	托达罗人口迁移模型	764
图 35-4	1983~1994 年中国 GNP 增长率与农业及非农产业总产值比重	774
图 35-5	1983~1994 年中国 GNP 增长率与农业及非农产业总产值增长率(%)曲线	774
图 38-1	1989~1998 年全国私营中小企业户数增长情况	812
图 38-2	1989~1998 年全国私营中小企业户均注册资金增长情况	813
图 38-3	1989~1998 年全国私营中小企业从业人员增长情况	813
图 42-1	政府信贷政策在中小企业金融中的作用	873
图 42-2	不同类型银行对中小企业的贷款比重	875

表 索 引

表 1-1　部分国家(或地区)从定量、定性角度对中小企业界定状况一览表 ……… 4
表 1-2　美、日、欧盟和中国台湾中小企业最新界定标准一览表 ……………… 10
表 1-3　美国当前中草药中小企业界定标准演变过程表 ………………………… 11
表 1-4　日本中小企业界定标准演变过程表 ……………………………………… 12
表 1-5　欧盟(及其成员国)中小企业界定标准演变过程表 …………………… 13
表 1-6　中国台湾中小企业界定标准演变过程表 ………………………………… 14
表 2-1　美国中小企业的数量增长情况一览表 …………………………………… 29
表 2-2　1987年中小企业按营业额在不同地区分布的百分比 …………………… 33
表 2-3　台湾中小企业结构情况 …………………………………………………… 35
表 2-4　台湾中小企业出口情况 …………………………………………………… 35
表 2-5　中国第一、二、三产业比重变化表 ……………………………………… 37
表 2-6　部分国家(地区)中小企业地位一览表 …………………………………… 42
表 2-7　1979~1986年英国制造业的企业数、产值和雇工数统计表 …………… 44
表 2-8　台湾中小企业地位情况一览表 …………………………………………… 45
表 2-9　台湾中小企业出口情况一览表 …………………………………………… 46
表 2-10　1987~1991年我国中小企业地位一览表 ……………………………… 47
表 3-1　企业创新力与控制力的关系 ……………………………………………… 62
表 3-2　使用市场的收益和成本 …………………………………………………… 68
表 4-1　企业所有制类型及所属关系 ……………………………………………… 82
表 4-2　企业的行业分布 …………………………………………………………… 82
表 4-3　3027个样本企业的基本经营情况表 ……………………………………… 83
表 4-4　企业亏损率 ………………………………………………………………… 84
表 4-5　企业亏损情况的区域对比 ………………………………………………… 84
表 4-6　企业设备利用率 …………………………………………………………… 84
表 4-7　企业产销率、设备利用率的地区比较 …………………………………… 85
表 4-8　企业出口、出口渠道及面临问题地区比较 ……………………………… 85
表 4-9　企业对经营信息重要性排序 ……………………………………………… 86
表 4-10　企业信息来源位次表 …………………………………………………… 86
表 4-11　固定资产和流动资金来源 ……………………………………………… 87
表 4-12　固定资产投资和流动资金来源的地区比较 …………………………… 87
表 4-13　企业贷款来源和贷款条件 ……………………………………………… 88

表 4-14	贷款来源和条件的所有制类型比较	89
表 4-15	职工受教育程度状况	89
表 4-16	企业急需的培训项目	90
表 4-17	企业使用设备技术对比	90
表 4-18	企业竞争措施选择	91
表 4-19	企业经营战略选择	92
表 4-20	企业对经营环境的评价	93
表 4-21	企业获得的政府服务	94
表 4-22	企业认为最重要的政府服务位次比较	94
表 4-23	不利于企业发展的问题	95
表 4-24	湖北、广东 303 个样本中小企业产品营销方式	97
表 4-25	179 个样本中小企业的销售问题	98
表 4-26	303 个样本中小企业设备利用率状况	98
表 4-27	101 个样本中小企业设备利用率低的原因	99
表 4-28	不同所有制类型样本中小企业的产品产销状况	99
表 4-29	样本中小企业受到不同竞争者的竞争压力程度表	100
表 4-30	样本中小企业面对竞争的措施选择	100
表 4-31	不同所有制类型中小企业的销售问题	101
表 4-32	不同所有制类型中小企业受不同竞争者的竞争压力	101
表 4-33	样本中小企业目前使用的生产设备状况表	102
表 4-34	样本中小企业产品的生产技术来源状况	102
表 4-35	不同所有制类型中小企业设备水平和技术来源比较	103
表 4-36	样本企业对经营环境的评价	103
表 4-37	不同所有制类型中小企业对企业经营环境的评价比较	104
表 4-38	样本中小企业对不利自身发展问题的排序表	104
表 4-39	不同所有制类型中小企业对给定的 10 种不利问题重视程度的排序统计	105
表 4-40	样本中小企业年平均创立数量与注册资本状况	105
表 4-41	不同所有制中小企业注册资本规模比较	106
表 4-42	样本企业固定资产投资资金来源	106
表 4-43	样本企业流动资金来源	107
表 4-44	不同所有制样本企业固定资产投资资金来源状况	107
表 4-45	不同所有制样本企业流动资金来源状况	108
表 4-46	样本企业贷款来源与贷款条件状况	108
表 4-47	不同所有制类型样本企业贷款来源和贷款条件状况	109
表 4-48	不同类型样本企业对各种经营信息重视程度	112

表 4-49	样本企业对给定的信息获取方法状况	112
表 4-50	样本企业对各种培训的需求程度	113
表 4-51	样本企业在人员培训方面存在的问题	113
表 4-52	不同所有制类型样本企业对给定的培训内容的需求状况	114
表 4-53	样本企业对给定的培训问题的选择分布	114
表 4-54	样本企业从政府获得的服务状况	115
表 4-55	不同所有制类型样本企业对几种政府服务的重视程度	115
表 5-1	SWOT 分析表	120
表 6-1	1978~1984 年社队企业发展情况	132
表 6-2	1978~1984 年全国个体工商业城乡分布	133
表 7-1	江苏和浙江 1987 年与 1998 年乡镇企业发展情况对比	213
表 7-2	江苏和浙江非集体企业 1987~1998 年发展情况对比	214
表 7-3	江苏和浙江不同性质乡镇企业规模比较	214
表 7-4	江苏和浙江乡镇企业从业人员对比	215
表 7-5	江苏和浙江乡镇企业人均产值情况表	215
表 8-1	上市公司家数及股权结构统计表	223
表 8-2	强迫职工入股方式	224
表 8-3	非上市公司内部职工持股企业净资产收益率和每股收益抽样统计表	228
表 8-4	1993~1997 年含内部职工股的上市公司资产收益率情况	229
表 8-5	1993~1997 年上市公司及发行职工股的上市公司的净资产收益率表	229
表 9-1	1995 年中国全部工业企业和附加工业/全部工业单位大、中、小型基本经济指标与比重	263
表 9-2	我国大中企业分行业集中度表	264
表 9-3	我国三次产业增长速度——平减指数变动趋势	266
表 9-4	改革开放后我国农业总产值结构的变动比较	267
表 9-5	第一产业内部行业结构变动趋势与中小企业行业定位	268
表 9-6	第二产业内部行业结构变动趋势表	269
表 9-7	我国第三产业内部行业结构变动趋势表	270
表 9-8	我国中小企业行业定位总表	271
表 9-9	APEC 在华中小企业的行业分布	273
表 10-1	生产力发展水平与产业布局的关系	280
表 11-1	共生系统的状态	294
表 11-2	共生机制与交易费用经济学的对应关系	296
表 11-3	资产专用化水平、交易频率与规制结构的关系	296
表 11-4	共生系统的状态表(1)	298
表 11-5	共生系统的状态表(2)	298

表 11-6	中小企业与大企业共生机制	298
表 11-7	中小企业与大企业的八种共生模式	299
表 13-1	中小企业的成长型战略表	336
表 14-1	市场开发战略类型	346
表 14-2	生产战略表	361
表 15-1	三类企业核心能力变量分析的平均价值	376
表 15-2	企业核心能力各个可能变量之间的相关性	377
表 16-1	中国分阶段科技进步对经济增长贡献率	407
表 16-2	中国高技术企业 R&D 投入强度的国际比较	409
表 16-3	知识转换的模式	417
表 18-1	企业文化的市场适应度比较	436
表 19-1	三个两层次模型的比较	439
表 19-2	企业家和消费者对产品整体四个层次的看法	441
表 21-1	1982 年美国创新最多的行业中不同规模行业的创新统计	460
表 22-1	技术推动、需求拉动、交互模型的比较	473
表 22-2	A-U 技术创新动态模型各阶段的特点	477
表 22-3	三项对技术创新成功与否的过程因素的研究结果	481
表 22-4	技术创新成功的因素	481
表 22-5	技术创新的障碍性因素	482
表 22-6	企业技术创新的障碍性因素	482
表 22-7	企业技术创新的阻碍因素	483
表 23-1	各种技术创新战略的比较	489
表 24-1	发明—创新时滞	503
表 24-2	各类主要风险因素排序表	504
表 24-3	中小企业的三种技术创新方案	507
表 24-4	15 种主要风险因素的对策思路	509
表 25-1	甘肃河西地区个体私营企业收费负担一览表	528
表 26-1	1982 年美国创新最多的行业中不同规模企业的创新统计	543
表 26-2	技术轨迹上各阶段的特点及需要的能力	550
表 27-1	不同经济性质的企业注册资金来源情况	570
表 27-2	企业技术来源情况	572
表 28-1	以色列风险资本的年度增长情况	594
表 32-1	环境管理系列标准的组成	685
表 33-1	个别选择法与全面担保法的特征比较	716
表 34-1	1999 年劳动力供给及分布情况	732
表 34-2	1997 年下岗、失业的行业分布及比率	733

表 34-3	1998年城镇失业人员失业原因构成	734
表 34-4	1998年城镇失业人员年龄分布	735
表 34-5	1978年以来城镇失业青年占失业总人数的比例	735
表 34-6	我国城镇登记失业人员及失业率的地区分布	737
表 34-7	1998年全国各省、市、自治区人均国内生产总值	738
表 34-8	双重二元经济结构的几种模式	739
表 34-9	部分国家中小企业从业人员占所有从业人员总数的比例	744
表 34-10	1997年部分省市大、中小企业吸纳的就业人数比较	744
表 35-1	1978~1993年乡镇企业概况	753
表 35-2	2000年苏州农村城镇化、城乡一体化指标体系	757
表 35-3	世界城市化的地区比较	758
表 35-4	世界城市化水平比较	758
表 35-5	38个县市农村劳动力在农业、乡镇企业、外出就业的分布比例	765
表 35-6	1978~1995年乡镇企业吸纳农村劳动力就业情况	766
表 35-7	改革开放以来我国城镇新就业人数变动情况	767
表 35-8	1978~1998年中国从业人员与城市化水平变动情况	768
表 35-9	1984~1994年传统农业总产值与农村非农业总产值构成及增长情况	773
表 35-10	1978~1994年中国农村社会总产值构成与农村非农产业总产值构成及其变化情况	775
表 35-11	1978~1994年乡村劳动力的就业结构与农村各产业就业人数增长变动情况	776
表 36-1	1979~1981年国家颁布的放权让利的政策与法规	786
表 36-2	国有独立核算工业企业亏损基本情况	789
表 36-3	各类型企业户数及增长情况	790
表 36-4	1998年各地区私营企业发展位次表	792
表 36-5	各类型企业就业人数占社会就业总人数的比例	793
表 37-1	北京市中小企业对资金环境的评价	805
表 38-1	1989~1998年各类所有制企业户数发展的情况	811
表 38-2	国有、集体、外资、私营中小企业户均注册资金情况表	812
表 38-3	1989~1998年私营中小企业及不同所有制企业从业人员增长情况	814
表 38-4	私营中小企业产业分布	814
表 38-5	我国私营中小企业城乡分布概况	815
表 38-6	我国私营中小企业区域分布	815
表 38-7	1997~1998年东、中、西部私营中小企业各项发展指标情况	816
表 38-8	1998年各省、区、市私营中小企业发展位次表	816
表 38-9	1998年各地区私营中小企业吸纳从业人员位次表	817

表 38-10　我国私营中小企业与其他经济类型企业从业人员情况 ……………… 819
表 40-1　各国中小企业行政主管部门设置的情况和主要职责 ………………… 851
表 41-1　1981~1995年中国生产要素贡献率 …………………………………… 868
表 42-1　不同类型中小企业贷款情况 …………………………………………… 874
表 44-1　1998年不同所有制企业经营者学历程度 ……………………………… 909
表 44-2　创新基金所支持的项目与金额 ………………………………………… 915

Contents

PREFACE

PART 1　THEORETICAL BASIS OF CHINESE SMEs' GROWTH

CHAPTER 1　DEMARCATION AND EVALUATOIN OF SMEs 3
   1.1　General Demarcation and Evaluation of SMEs in Various Countries 3
   1.2　Comparison and Genetic Analysis of the Latest Defining Standards for SMEs in US, Japan, EU, and Chinese Taiwan 9
   1.3　A Special Definition and Evaluation of SMEs 16
   1.4　The Defining and Evaluation of SMEs in China 18

CHAPTER 2　THEORIES OF EXISTENCE AND FUNCTION COMPARISON OF SMEs 21
   2.1　Theories of Existence and Evaluation of SMEs 21
   2.2　Features and Categories of SMEs 28
   2.3　Function Comparison of SMEs 42

CHAPTER 3　THE LIFE MODEL OF SMEs 55
   3.1　The Life Model of SMEs 55
   3.2　Economic Reasoning of the Life Model of SMEs 67
   3.3　Reasoning in Management Science of the Life Model of SMEs ... 72

PART 2　STATUS QUO AND EMPIRICAL ANALYSIS OF CHINESE SMEs

CHAPTER 4　QUESTIONNAIRE AND EMPIRICAL ANALYSIS OF STATUS QUO OF CHINESE SMEs 81
   4.1　Questionnaire Taken in Seven Provinces and City and Analysis ... 81

4.2 Status Quo of SMEs' Competitiveness and Analysis of Counterm-easures — Questionnaire Report of SMEs in Hubei and Guangdong Provinces (Part 1) ………………………………………… 97

4.3 Status Quo of SMEs' Financing and Analysis of Countermea-sures — Questionnaire Report of SMEs in Hubei and Guangdong Provinces (Part 2) ………………………………………… 105

4.4 Status Quo of SMEs' Demand for Information and Analysis of Countermeasures — Questionnaire Report of SMEs in Hubei and Guangdong Provinces (Part 1) ………………………………… 111

CHAPTER 5 PROBLEMS OF SMEs AND COUNTERMEASURES … 118

5.1 Managerial Problems and Countermeasures ……………… 118
5.2 Technological Problems and Countermeasures …………… 121
5.3 Human Resource Problems and Countermeasures ………… 122
5.4 Market Problems and Countermeasures …………………… 124
5.5 Export Problems and Countermeasures ……………………… 125

PART 3 THE DEVELOPMENT OF CHINESE SMEs AND INNOVATION OF SYSTEM

CHAPTER 6 HISTORICAL REVIEW OF SYSTEM TRANSFOR-MATION OF CHINESE SMEs ……………………… 131

6.1 Policy Variations in System Transformation of Chinese SMEs ……………………………………………………………… 131
6.2 Historical Review of System Transformation of Chinese SMEs ……………………………………………………………… 138
6.3 Effect of System Transformation of Chinese SMEs ………… 150

CHAPTER 7 EMPIRICAL ANALYSIS OF MODES OF SYSTEM TRANSFORMATION OF CHINESE SMEs ………… 155

7.1 Analysis of Zhucheng Mode …………………………………… 155
7.2 Analysis of Zhoucun Mode …………………………………… 171
7.3 Analysis of Sunan Mode ……………………………………… 182
7.4 Analysis of Wenzhou Mode …………………………………… 198
7.5 Comparative Study of Sunan Mode and Wenzhou Mode …… 212

CHAPTER 8　INCITATION MECHANISM FOR OPERATORS IN CHINESE SMEs ... 218
- 8.1　System of Staff Share Holding ... 218
- 8.2　System of Annual Salary ... 233
- 8.3　System of Share Option ... 246

PART 4　CURRENT STRUCTURAL READJUSTMENT OF CHINESE SMEs

CHAPTER 9　INDUSTRIAL OPTION AND TRADE ORIENTATION IN SMEs' DEVELOPMENT ... 263
- 9.1　Industrial Structure and Trade Concentration of Chinese SMEs ... 263
- 9.2　Industrial Option and Trade Orientation of Chinese SMEs ... 266
- 9.3　Countermeasures for Trade Orientation of Chinese SMEs ... 270
- 9.4　Industrial Policy of Sustainable Development of SMEs ... 274

CHAPTER 10　REGIONAL ORIENTATION IN SMEs' DEVELOPMENT ... 279
- 10.1　Causes and Principles of Regional Structural Readjustment of SMEs ... 279
- 10.2　Theoretical Foundation of Regional Orientation of SMEs ... 283
- 10.3　Problems in Regional Arrangement of SMEs ... 289
- 10.4　Countermeasures for Regional Orientation of SMEs ... 290

CHAPTER 11　CORRELATION MODE IN SMEs' DEVELOPMENT ... 293
- 11.1　Theory of Symbiosis in SMEs' Development ... 293
- 11.2　Symbiosis Mechanism of Large Enterprises and SMEs ... 297
- 11.3　Optimization of Symbiosis Mechanism of Large Enterprises and SMEs ... 299
- 11.4　Strategy of Symbiosis for SMEs ... 304
- 11.5　Empirical Analysis of Correlation Mode of SMEs ... 304

CHAPTER 12　COLONY MODE IN SMEs' DEVELOPMENT ... 314
- 12.1　Classical Theories of SMEs Colony ... 314

12.2 Economic Explanation of Theory of SMEs Colony ……………… 320
12.3 Empirical Analysis of Enterprises Colony in Silicon Valley ……………… 322

PART 5 STRATEGIC STUDY OF CHINESE SMEs' DEVELOPMENT

CHAPTER 13 DEVELOPMENT MODEL OF SMEs AND STRATEGIC OPTION ……………… 329
13.1 Development Model of SMEs ……………… 329
13.2 Total Strategy for SMEs' Development ……………… 331
13.3 Strategic Option for Stages of SMEs' Development ……………… 335

CHAPTER 14 STRATEGIC SYSTEM FOR SMEs' DEVELOPMENT ……………… 341
14.1 Strategy for Research and Exploitation of SMEs ……………… 341
14.2 Strategy for Market of SMEs ……………… 343
14.3 Strategy for Products of SMEs ……………… 354
14.4 Strategy for Productions of SMEs ……………… 360
14.5 Strategy for Financing and Investment of SMEs ……………… 361

CHAPTER 15 STRATEGY FOR KERNEL CAPACITY OF SMEs ……… 370
15.1 The Formation of Kernel Capacity of SMEs ……………… 370
15.2 Chief Factors Affecting the Formation of Kernel Capacity of SMEs ……………… 374
15.3 Cultivation Process of the Kernel Capacity of SMEs ……………… 375
15.4 Cultivation Methods of the Kernel Capacity of SMEs ……………… 381
15.5 Expansion Mechanism of the Kernel Capacity of SMEs ……………… 385

CHAPTER 16 STRATEGY FOR CULTIVATION OF SMEs ……………… 391
16.1 Mechanism of Entrepreneur's Growth ……………… 391
16.2 Mechanism of Enterprise's System Innovation ……………… 397
16.3 Mechanism of Enterprise's Technological Innovation ……………… 403
16.4 Mechanism of Enterprise's Knowledge Management Innovation ……………… 412

PART 6 CHINESE SMEs' DEVELOPMENT AND MANAGERIAL INNOVATION

CHAPTER 17 MANAGERIAL INNOVATION OF SMEs ... 423
17.1 Contents of Managerial Innovation ... 423
17.2 Function Analysis of Managerial Innovation of SMEs ... 424
17.3 Status Quo Analysis of SMEs' Management ... 426
17.4 Chief Sectors of SMEs' Managerial Innovation ... 427

CHAPTER 18 ORGANIZATIONAL INNOVATION OF SMEs ... 431
18.1 Origins of Organizational Innovation ... 431
18.2 Trends of Organizational Innovation of SMEs ... 432
18.3 Forms of Organizational Innovation of SMEs ... 433
18.4 Cultural Innovation of SMEs ... 435

CHAPTER 19 PRODUCT INNOVATION OF SMEs ... 438
19.1 Evolution of the Concept of Product ... 438
19.2 Process Analysis of Product Innovation ... 441
19.3 Options for Product Innovation Clusters of SMEs ... 445

CHAPTER 20 MARKET INNOVATION OF SMEs ... 449
20.1 Features of SMEs' Marketing ... 449
20.2 Market Orientation of SMEs ... 451
20.3 Marketing Innovation of SMEs ... 452

PART 7 CHINESE SMEs' DEVELOPMENT AND MECHANISM OF TECHNOLOGICAL INNOVATION

CHAPTER 21 MODEL ANALYSLS OF SMEs' TECHNOLOGICAL INNOVATION ... 457
21.1 Value Assessment of SMEs' Technological Innovation ... 457
21.2 Wheel Model of SMEs' Technological Innovation Mechanism ... 461
21.3 Object System of SMEs' Technological Innovation ... 464
21.4 Coordination Mechanism of SMEs' Technological Innovation ... 465

21.5　Ideas for Promotion of SMEs' Technological Innovation 466

CHAPTER 22　PROCESS OF SMEs' TECHNOLOGICAL INNOVATION 470

22.1　Model Analysis of Process of SMEs' Technological Innovation 470
22.2　Dynamic Analysis of Process of A-U Technological Innovation 475
22.3　Analysis of Technological Innovation Colonies 477
22.4　Analysis of Elements in the Process of Technological Innovation 480

CHAPTER 23　STRATEGY FOR SMEs' TECHNOLOGICAL INNOVATION 486

23.1　Contents and Types of Strategy for SMEs' Technological Innovation 486
23.2　Strategy of Independent Innovation 490
23.3　Strategy of Imitating Innovation 493
23.4　Strategy of Cooperating Innovation 495
23.5　Designing of Strategy for SMEs' Technological Innovation ... 498

CHAPTER 24　RISK MANAGEMENT OF SMEs' TECHNOLOGICAL INNOVATION 501

24.1　Origins and Factors of Risk of Technological Innovation 501
24.2　Evaluation, Policymaking and Prevention of Risk of Technological Innovation 505
24.3　Risk Investment and SMEs' Technological Innovation 510

CHAPTER 25　POLICY SUPPORT SYSTEM OF SMEs' TECHNOLOGICAL INNOVATION 516

25.1　Policy Support System of SMEs' Technological Innovation 516
25.2　Framework of Policy Support System of SMEs' Technological Innovation 521
25.3　The Establishment and Optimization of Policy Support System of Chinese SMEs' Technological Innovation 527

PART 8 STUDY ON THE DEVELOPMENT OF CHINESE SMEs OF NEW & HIGH-TECH

CHAPTER 26 FEATURES AND STRATEGY OF THE DEVELOPMENT OF SMEs OF NEW & HIGH-TECH 535
26.1 Features and Functions of the Development of SMEs of New & High-tech 535
26.2 Economic Analysis of Developing SMEs of New & High-tech 542
26.3 Strategy of Technological Innovation for SMEs of New & Hightech 549
26.4 Strategy of Kernel Competitiveness Cultivation for SMEs of New & High-tech 560

CHAPTER 27 DEVELOPMENT AND SYSTEM INNOVATION OF SMEs OF NEW & HIGH-TECH 568
27.1 Bottleneck of Vague Property Right in Chinese SMEs of New & High-tech 568
27.2 Empirical Analysis of Property Right Innovation of SMEs of New & High-tech 572
27.3 Thoughts of Property Right System Innovation of SMEs of New & High-tech 575
27.4 Countermeasures for Property Right System Innovation of SMEs of New & High-tech 577

CHAPTER 28 DEVELOPMENT AND RISK INVESTMENT OF SMEs OF NEW & HIGH-TECH 580
28.1 Function and Operation Mechanism of Risk Investment 580
28.2 Enterprise of New & High-tech, Risk Investment and Capital Market 587
28.3 Comparisons of Development and Risk Investment of SMEs of New & High-tech by Countries 590
28.4 Thoughts of Enforcing Chinese Risk Investment Industry 595

CHAPTER 29 ENVIRONMENTAL ANALYSIS OF DEVELOPMENT

OF SMEs OF NEW & HIGH-TECH ········· 606
29.1 Technology Environment of Development of SMEs of New & High-tech ········· 606
29.2 Talents Environment of Development of SMEs of New & Hightech ········· 609
29.3 Market Environment of Development of SMEs of New & Hightech ········· 612
29.4 Policy Environment of Development of SMEs of New & Hightech ········· 618
29.5 Legal Environment of Development of SMEs of New & Hightech ········· 623

PART 9 STUDY OF WTO AND DEVELOPMENT OF CHINESE SMEs

CHAPTER 30 WTO AND COUNTERMEASURES OF CHINESE SMEs ········· 629
30.1 WTO's Effect on Development of Chinese SMEs ········· 629
30.2 Effects of Specific Protocols of WTO on Chinese SMEs ········· 633
30.3 Countermeasures of Chinese SMEs ········· 638

CHAPTER 31 WTO AND INNOVATION OF CHINESE SMEs' OPERATIONAL MECHANISM ········· 647
31.1 WTO and System Innovation of Chinese SMEs ········· 647
31.2 WTO and Organizational Innovation of Chinese SMEs ········· 649
31.3 WTO and Technological Innovation of Chinese SMEs ········· 657
31.4 WTO and Managerial Innovation of Chinese SMEs ········· 663
31.5 WTO and Market Innovation of Chinese SMEs ········· 668

CHAPTER 32 WTO AND ECOLOGICAL STRATEGY FOR CHINESE SMEs ········· 675
32.1 Ecological Protocols of WTO ········· 675
32.2 WTO and International Ecological Trade Barriers ········· 679
32.3 ISO14000 Environmental Management System and Its Effects on Chinese SMEs ········· 684
32.4 WTO and Ecological Strategy for Chinese SMEs ········· 692

CHAPTER 33 WTO AND ENVIRONMENT OPTIMIZATION OF CHINESE SMEs ... 702

- 33.1 WTO and Financial Service System of Chinese SMEs ... 702
- 33.2 WTO and Financing Warranty System of Chinese SMEs ... 712
- 33.3 WTO and Information Service System of Chinese SMEs ... 719
- 33.4 WTO and the Government Support System of Chinese SMEs ... 723

PART 10 DEVELOPMENT OF CHINESE SMEs AND EMPLOYMENT

CHAPTER 34 UNEMPLOYMENT IN CHINA AND DEVELOPMENT OF SMEs ... 731

- 34.1 Types and Distribution of Unemployment in China ... 731
- 34.2 Transformation of Dual Economic Structure and Unemployment ... 738
- 34.3 Development of Chinese SMEs and Employment Increase ... 743
- 34.4 Thoughts of Governing China's Unemployment ... 746

CHAPTER 35 TOWNSHIP ENTERPRISES, URBANIZATION AND TRANSFORMATION OF FARMERS' EMPLOYMENT ... 750

- 35.1 Evolution of Township Enterprises ... 750
- 35.2 Township Enterprises' Contribution to Urbanization ... 755
- 35.3 Township Enterprises, Urbanization and Transformation of Farmers' Employment ... 759
- 35.4 Countermeasures of Promoting Township Enterprises' Growth and Transformation of Farmers' Employment ... 777

CHAPTER 36 DIFFERENTIATION OF CONVENTIONAL URBAN SMEs AND EMPLOYMENT ... 782

- 36.1 Conventional Urban SMEs and Their Employment System ... 782
- 36.2 Differentiation of Conventional Urban SMEs and Urban Unemployment ... 785
- 36.3 Employment Absorption of Development of Non-public Ownership Urban SMEs ... 790

CHAPTER 37　DEVELOPMENT OF COMMUNITY SMEs AND EMPLOYMENT ·········· 799

37.1　Thoughts of Development of Community SMEs ············· 799
37.2　Factors Affecting and Limiting the Development of Community SMEs ················· 803
37.3　Government's Role in the Development of Community SMEs ················· 806

CHAPTER 38　DEVELOPMENT OF PRIVATE SMEs AND EMPLOYMENT TENDENCY ·········· 811

38.1　Survey of Development of Private SMEs and Employment Increase ················· 811
38.2　Employment Distribution in Private SMEs ············· 814
38.3　Impact of Employment Scaleup in Private SMEs on Conventional Employment System and Pattern ············· 818

PART 11　POLICY SUPPORT SYSTEM OF CHINESE SMEs

CHAPTER 39　MECHANISM OF ACTION AND EVOLUTION OF POLICY IN THE DEVELOPMENT OF CHINESE SMEs ·········· 823

39.1　Mechanism of Action of Policy for SMEs ············· 823
39.2　Targets of Policy for SMEs ············· 824
39.3　Evolution of Policy for Chinese SMEs ············· 827
39.4　Bottleneck in Policy Support of Chinese SMEs ············· 830

CHAPTER 40　GOVERNMENTAL MANAGEMENT MECHANISM OF SMEs ·········· 836

40.1　Government's Functions in Governing SMEs ············· 836
40.2　Comparison of SMEs' Governmental Management Mechanism in Foreign Countries and Lessons ············· 844
40.3　Contents of SMEs' Governmental Management Mechanism ············· 849
40.4　Chief Approaches of Government in Governing SMEs ············· 855

CHAPTER 41　LEGAL SUPPORT SYSTEM OF SMEs ·········· 863

41.1 Features and Contents of Legal Support System of SMEs 863
41.2 Experiences and Comparisons of Legal Support System of SMEs in Foreign Countries 866
41.3 Thoughts of Establishing China's Legal Support System of SMEs 870

CHAPTER 42   FINANCIAL SUPPORT SYSTEM OF SMEs 872
42.1 Status Quo of Financial Support System of SMEs in China 872
42.2 Comparisons of Modes of Financial Support of SMEs in Foreign Countries 876
42.3 Reform of China's Current Financial Support System of SMEs 880
42.4 Establishment and Optimization of Financial Support System of Chinese SMEs 885

CHAPTER 43   FINANCE AND TAXATION SUPPORT SYSTEM OF SMEs 890
43.1 Experiences of Finance and Taxation Support System of SMEs in Foreign Countries 890
43.2 Current Policies of Finance and Taxation Affecting the Development of Chinese SMEs 895
43.3 Suggestions of Optimizing Policies of Finance and Taxation Support of SMEs 900

CHAPTER 44   SOCIALIZED SERVICE SYSTEM OF SMEs 903
44.1 Construction of Socialized Service System of SMEs 903
44.2 Intermediary Service System of SMEs 906
44.3 Human Resource Service and Business Tutorship System of SMEs 908
44.4 Technological Innovation Service System of SMEs 911

BIBLIOGRAPHY 918

Index of Graphs

Graph 1-1　Sketch Map of Five Stages of Development of SMEs (Greiner's Model) ··· 16
Graph 3-1　Composition of Consumers' Surplus ··· 59
Graph 3-2　Composition of Newly Created Value ··· 60
Graph 3-3　Economic Reasoning of Advantages of Discrepancy ··· 61
Graph 3-4　Economic Reasoning of Advantages of Cost ··· 61
Graph 3-5　Plate Structure of Life Model of Enterprise ··· 66
Graph 3-6　Spatial Structure of Life Model of Enterprise ··· 67
Graph 3-7　Comparison and balancing of Technical Efficiency and Procuration Efficiency of Enterprise ··· 68
Graph 3-8　Evolution Process of Enterprise's Growth ··· 73
Graph 3-9　Analysis Framework of Enterprise's Mechanism ··· 75
Graph 3-10　Connection Modes of Each Element within Enterprise ··· 77
Graph 4-1　Source of Competition Pressure Classified by Districts ··· 100
Graph 4-2　Source of Competition Pressure Classified by Ownership ··· 100
Graph 4-3　Scale of Registration of Sample Enterprise ··· 106
Graph 8-1　Comparison of Comprehensive Talents of Entrepreneurs ··· 235
Graph 8-2　Analysis of Entrepreneur's Innovation and Operational Capacity ··· 235
Graph 10-1　Regional Orientation of Chinese SMEs ··· 291
Graph 11-1　Sketch Map of Symbiosis mechanism ··· 299
Graph 11-2　Relations between Symbiosis Mode and Symbiosis Units, Symbiosis Environment ··· 301
Graph 12-1　Four Ways of Obtaining Knowledge for Members within Cluster ··· 322
Graph 13-1　Bending Curve of Development of Enterprise ··· 329
Graph 13-2　Curve of Life Cycle of SMEs ··· 330
Graph 13-3　Types of Strategy for polygonization ··· 338
Graph 14-1　Model of Strategic Development of SMEs ··· 343
Graph 14-2　Formation of Economic Globalization ··· 348
Graph 14-3　Five levels of the Product and Innovation of These Five Levels ··· 354
Graph 14-4　Life Cycle of Demand - Technology - Product ··· 357

Index of Graphs

Graph 14-5	Forms of Featured, Fashionable and Vigorous Life Cycle	358
Graph 14-6	Stages of Developing New Product	360
Graph 15-1	Relation between Kernel Capacity and Constant Advantage of Competition	372
Graph 15-2	Relation between Kernel Capacity, Kernel Product and Final Product	373
Graph 15-3	Chief Topics of Scheming Kernel Capacity for Discussion	378
Graph 15-4	Technical Combination Program	381
Graph 15-5	Technical Amalgamation Program	382
Graph 15-6	Developing Graph of New Medicine	382
Graph 15-7	Procedures of Analyzing and Solving Problems in Enterprise with Self Study Mechanism	383
Graph 15-8	Prevention of Imitation and Advantages of Earlier Starter	388
Graph 16-1	Model of Enterprise's Cultivation	391
Graph 16-2	Linear Type of Organizational Structure	399
Graph 16-3	Functional Type of Organizational Structure	399
Graph 16-4	Linear – Functional Type of Organizational Structure	400
Graph 16-5	Division Type of Organizational Structure	400
Graph 16-6	Matrix Type of Organizational Structure	401
Graph 16-7	Network – Ply Rating Type of Organizational Structure	401
Graph 16-8	Network Type of Organizational Structure	402
Graph 16-9	Contribution Ratio of Technical Progress to Economic Growth	407
Graph 16-10	Three Stages of Incubation of Knowledge	412
Graph 16-11	Gleaning Methods for Knowledge Eggs	412
Graph 16-12	Standard for Knowledge Eggs with Life	413
Graph 16-13	Mode of Five Stages of Incubation	413
Graph 16-14	Knowledge System and Knowledge Innevation of SMEs	414
Graph 16-15	Innovation Process Stimulated by Knowledge	415
Graph 16-16	Innovation Process Stimulated by Demand	415
Graph 16-17	Knowledge Innovation Process by Interwove Effect	415
Graph 16-18	Knowledge Innovation Process of Integration	415
Graph 16-19	System Integration and Network Type of Knowledge Innovation	415
Graph 16-20	Model of Knowledge Base	416
Graph 16-21	Model of Explicit-Tacit Knowledge	416
Graph 16-22	Stratified Organization of Enterprise	417
Graph 16-23	Knowledge Base	417

Graph 16-24	Stratification-Network Model of SMEs	417
Graph 16-25	5C Model of Enjoyment of Knowledge	418
Graph 16-26	Value Chain of Enterprise with Knowledge	419
Graph 16-27	Evaluation System of Knowledge Management	420
Graph 19-1	Bennett's Two-layered Model	438
Graph 19-2	Kurtz & Boone's Two-layered Model	439
Graph 19-3	Eight Stages of Innovation Process of Product	441
Graph 19-4	Spatial Option for Innovating Product	446
Graph 19-5	Demarcation of Space of Innovating Product	446
Graph 19-6	Logic Sequence of IPF Option of Enterprise	448
Graph 21-1	Wheel Model of Technical Innovation Mechanism of SMEs	462
Graph 21-2	Object System of Technical Innovation of SMEs	464
Graph 21-3	Coordination Mechanism of Technical Innovation of SMEs	465
Graph 22-1	Technology-Driving Model during Process of Technical Innovation	470
Graph 22-2	Schmookler's Model of Technical Innovation Process Driven by Market Demand	471
Graph 22-3	Demand-Driving Model during Process of Technical Innovation	472
Graph 22-4	Technology and Market Interweaving Model of Technical Innovation Process	472
Graph 22-5	Chain－loop Model of Technical Innovation Process	474
Graph 22-6	Twiss's Comprehensive Model of Technical Innovation Process of Enterprise	474
Graph 22-7	L-S Comprehensive Model of Technical Innovation	475
Graph 22-8	A-U Dynamic Model of Technical Innovation Process	476
Graph 22-9	Sketch Map of "Technical Tree"	478
Graph 23-1	Demarcation of Strategies for Enterprise's Technical Innovation according to Double Factors of Technology and Market	489
Graph 24-1	Utility Curve of Investment with Different Preference to Risks	508
Graph 26-1	Track of Technology and Industrial Evolution	550
Graph 26-2	Technology Substitution of Photocomposer	551
Graph 28-1	Operational Procedures of Risk Investment	584
Graph 32-1	Standard Mode of Environmental Management System	689
Graph 32-2	Operational Mode of Environmental Management System	690
Graph 33-1	Financing System of Chinese SMEs	708
Graph 33-2	Credit Guaranty System of Chinese SMEs	714
Graph 33-3	Information Sources of SMEs of APEC	722

Index of Graphs

Graph 34-1	The Growth of Increased Value in Township Enterprises	741
Graph 34-2	The Growth of Number of Staff in Township Enterprise	741
Graph 35-1	Lewes's Transference of Surplus Labor between Two Sections	760
Graph 35-2	Relation between Quantity of Labor and Agricultural Gross Output	762
Graph 35-3	Todaro's Population Migration Model	764
Graph 35-4	Growth Rate of GNP and Proportion of Agricultural and Non-agricultural Gross Production Value during 1983-1994	774
Graph 35-5	Curve of Growth Rate of GNP and Proportion of Agricultural and Non-agricultural Gross Production Value during 1983-1994	774
Graph 38-1	Growth of Number of Private SMEs in China during 1989-1998	812
Graph 38-2	Growth of Average Registered Capital of Private SMEs in China during 1989-1998	813
Graph 38-3	Growth of Jobholders in Private SMEs in China during 1989-1998	813
Graph 42-1	Role of Governmental Credit Policy in the Financing of SMEs	873
Graph 42-2	Proportion of Loans to SMEs from Different Types of Banks	875

Index of Tables

Table 1-1	Compendium of SMEs' Defining in Some Foreign Countries (Regions) from Quantitative and Qualitative Viewpoints	4
Table 1-2	Compendium of the Latest Defining Standards for SMEs in the US, Japan, EU and Taiwan Province	10
Table 1-3	Evolution of Defining Standards for Current SMEs of Chinese Herbal medicine in the United States	11
Table 1-4	Evolution of Defining Standards for Japanese SMEs	12
Table 1-5	Evolution of Defining Standards for SMEs in the EU (and Its Member States)	13
Table 1-6	Evolution of Defining Standards for SMEs in Taiwan Province	14
Table 2-1	Compendium of Number Increase of SMEs in the US	29
Table 2-2	Percentage of Regional Distribution of SMEs in 1987 According to Business Turnover	33
Table 2-3	Structure of SMEs in Taiwan Province	35
Table 2-4	Export of SMEs in Taiwan Province	35
Table 2-5	Change in Proportion of the First, Second and Third Industries in China	37
Table 2-6	Compendium of Status of SMEs in Some Countries (Regions)	42
Table 2-7	Statistics of Enterprise's number, production value and Employment Number in British Manufacturing Industry During 1979-1986	44
Table 2-8	Compendium of SMEs' Status in Taiwan Province	45
Table 2-9	Compendium of Export of SMEs in Taiwan Province	46
Table 2-10	Compendium of SMEs' Status in China during 1987-1991	47
Table 3-1	Relationship between Innovation Power and Control Power of Enterprise	62
Table 3-2	Returns and Cost of Using Market	68
Table 4-1	Types of Ownership and Relationship of Enterprise	82
Table 4-2	Distribution of Enterprises in Industries	82
Table 4-3	Operation Conditions of 3027 Sample Enterprises	83

Index of Tables

Table 4-4	Losing Rate of Enterprises	84
Table 4-5	Regional Comparison of Loss of Enterprises	84
Table 4-6	Utilization Rate of Enterprise's Equipment	84
Table 4-7	Regional Comparison of Rate of production and marketing and Utilization Rate of Equipment of Enterprise	85
Table 4-8	Regional Comparison of Export, Export Channels and Problems Encountered by Enterprises	85
Table 4-9	Ranking of Operational Information by Enterprises	86
Table 4-10	Ranking of Information Resources of Enterprises	86
Table 4-11	Sources of Permanent Assets and circulating Fund	87
Table 4-12	Regional Comparison of Sources of Permanent Assets Investment and Circulating Fund	87
Table 4-13	Sources of Loans of Enterprises and Conditions for Loans	88
Table 4-14	Comparison of Source of Loans and Conditions for Loans According to Types of Ownership	89
Table 4-15	Education Background of Staff	89
Table 4-16	Training Items in urgent need of Enterprise	90
Table 4-17	Comparison of Equipment and Technology in Enterprise	90
Table 4-18	Options of Measures for Competition for Enterprise	91
Table 4-19	Options of Operational Strategy for Enterprise	92
Table 4-20	Enterprise's Evaluation of Operational Environment	93
Table 4-21	Governmental Service Obtained by Enterprises	94
Table 4-22	Ranking of the Most Important Governmental Service Considered by Enterprises	94
Table 4-23	Problems of Disadvantages to the Development of Enterprise	95
Table 4-24	Product Marketing Modes of 303 Sample SMEs in Hubei and Guangdong	97
Table 4-25	Marketing Problems of 179 Sample SMEs	98
Table 4-26	Equipment Utilization Rate of 303 Sample SMEs	98
Table 4-27	Cause of Low Equipment Utilization Rate of 101 Sample SMEs	99
Table 4-28	Production & Marketing of Sample SMEs of Different Types of Ownership	99
Table 4-29	Degree of Competing Pressure of Sample SMEs with Different types of Rivals	100
Table 4-30	Option of Measures for Sample SMEs in Competition	100
Table 4-31	Marketing Problems of SMEs of Different Types of Ownership	101

Table 4-32	Competing Pressure of SMEs of Different Types of Ownership from Different Rivals	101
Table 4-33	Conditions of Equipment Currently Used by Sample SMEs	102
Table 4-34	Source of Production Technology of Sample SMEs	102
Table 4-35	Comparison of Equipment Level and Source of Technology in SMEs of Different Types of Ownership	103
Table 4-36	Sample Enterprise's Evaluation of Operational Environment	103
Table 4-37	Comparison of Evaluation of Operational Environment from SMEs of Different Types of Ownership	104
Table 4-38	Ranking of Problems Disadvantageous to Development by Sample SMEs	104
Table 4-39	Statistics of Degree of Attention of SMEs of Different Types of Ownership to 10 Given Disadvantageous Problems	105
Table 4-40	Number of Establishment Per-year and Registered Capital Conditions of Sample SMEs	105
Table 4-41	Comparison of Scale of Registered Capital of SMEs of Different Types of Ownership	106
Table 4-42	Sources of Permanent Assets Investment of Sample Enterprises	106
Table 4-43	Sources of Circulating Funds of Sample Enterprises	107
Table 4-44	Sources of Permanent Assets Investment of Enterprises of Different Types of Ownership	107
Table 4-45	Sources of Circulating Funds of Sample Enterprises of Different Types of Ownership	108
Table 4-46	Sources of Loans and Conditions of Loans of Sample Enterprises	108
Table 4-47	Sources of Loans and Conditions of Loans of Sample Enterprises of Different Types of Ownership	109
Table 4-48	Degree of Attention of Sample Enterprises of Different Types of Ownership to Various Operational Information	112
Table 4-49	Sample Enterprises' Ways of Obtaining Given Information	112
Table 4-50	Degree of Demand of Sample Enterprises for Various Trainings	113
Table 4-51	Problems of Sample Enterprises in Personal Training	113
Table 4-52	Demand of Sample Enterprises of Different Types of Ownership for Given Trainings	114
Table 4-53	Distribution of Options of Sample Enterprises for the Following Given Trainings	114
Table 4-54	Governmental Services Obtained by Sample Enterprises	115

Table	Title	Page
Table 4-55	Degree of Attention of Sample Enterprises of Different Types of Ownership to Several Governmental Services	115
Table 5-1	SWOT Analysis	120
Table 6-1	Development of Commune- and brigade-run Enterprises during 1978-1984	132
Table 6-2	Urban and Rural Distribution of Individual Units of Industry and Commerce during 1978 – 1984	133
Table 7-1	Comparison of Development of Township Enterprises in Jiangsu and Zhejiang during 1997 – 1998	213
Table 7-2	Comparison of Development of Non-Collective Enterprises in Jiangsu and Zhejiang during 1987 – 1998	214
Table 7-3	Comparison of Scale of Township Enterprises of Different Quality in Jiangsu and Zhejiang	214
Table 7-4	Comparison of Jobholders in Township Enterprises in Jiangsu and Zhejiang	214
Table 7-5	Production Value Per Capita in Township Enterprises in Jiangsu and Zhejiang	215
Table 8-1	Statistics of Numbers of Listed Company and Structure of Stock Ownership	223
Table 8-2	Ways of Enforcing Employees Buying Shares	224
Table 8-3	Yield of Net Assets and Statistics of Samples of Each Section of Yield in Non-listed Enterprises with Employees Holding Shares	228
Table 8-4	Return on Assets of Listed Companies with Staff Share during 1993-1997	229
Table 8-5	Yield of Net Assets of Listed Companies and Those with Staff Share during 1993-1997	229
Table 9-1	Economic Indicator and Proportion in all Chinese Industrial Enterprises and Subsidiary Enterprises / all Large, Medium-sized and Small Industrial Units in 1995	263
Table 9-2	Degree of Concentration of Chinese Large & Medium-sized Enterprises according to Trade	264
Table 9-3	Increment Speed of Chinese Third Industry: Variation Tendency of Deflators	266
Table 9-4	Structural Comparison of Chinese Agricultural Gross Output Value after Reform	267
Table 9-5	Structural Variation Tendency in First Industry and SMEs' Orienta-	

	tion ···	268
Table 9-6	Structural Variation Tendency in Second Industry of China ················	269
Table 9-7	Structural Variation Tendency in Third Industry of China ·················	270
Table 9-8	General Table of Industrial Orientation of SMEs in China ·················	271
Table 9-9	Trade Distribution of SMEs of APEC in China ····························	273
Table 10-1	Relation between Development Levels of Productivity and Industrial Arrangement ···	280
Table 11-1	Conditions of Symbiosis System ··	294
Table 11-2	Coincidence Relation between Symbiosis Mechanism and Economics of Transaction Cost ···	296
Table 11-3	Relations between Levels of Customization of Capital, Transaction Frequency and Regulation Structure ···	296
Table 11-4	Conditions of Symbiosis System (1) ···	298
Table 11-5	Conditions of Symbiosis System (2) ···	298
Table 11-6	Symbiosis Mechanism of SMEs with Large Enterprises ·················	298
Table 11-7	Eight Modes of Symbiosis of SMEs with Large Enterprises ············	299
Table 13-1	Strategy for Growth of SMEs ··	336
Table 14-1	Models of Strategg for Market Development ·······························	346
Table 14-2	Strategy for Production ··	361
Table 15-1	Average Value of Variables Analysis of Kernel Capacity in Three Types of Enterprises ··	376
Table 15-2	Pertinence between Each Variable of Kernel Capacity of Enterprise ······	377
Table 16-1	Grading Contribution Rate of Scientific & Technological Advancement to Economic Growth in China ··	407
Table 16-2	International Comparison of Intensity of R&D Investment in Chinese Enterprise s of New & High Tech ···	409
Table 16-3	Methods of Knowledge Transformation ·····································	417
Table 18-1	Comparison of Market Adaptability of Business Culture ·················	436
Table 19-1	Comparison of Three Levels of Models ·····································	439
Table 19-2	Four Levels of Views of Entrepreneurs and Consumers to Products as a Whole ···	441
Table 21-1	Statistics of Different Trades of American Enterprises with the Most Innovation in 1982 ··	460
Table 22-1	Comparison of Technological Drive, Market Haul and Alternation Model ···	473
Table 22-2	Features of Dynamic Model of A-U Technological Innovation at Different	

	Stage	477
Table 22-3	Research Findings of Three Process Factors Concerning the Success of Technological Innovation	481
Table 22-4	Factors in Success of Technological Innovation	481
Table 22-5	Objecting Factors of Technological Innovation	482
Table 22-6	Objecting Factors of Technological Innovation in Enterprises	482
Table 22-7	Objection of Technological Innovation in Enterprises	483
Table 23-1	Comparison of Various Strategies for Technological Innovation	489
Table 24-1	Inventions – Time Lag of Innovation	503
Table 24-2	Sequence of Various Chief Factors of Risk	504
Table 24-3	Three Schemes of Technological Innovation for SMEs	507
Table 24-4	Countermeasures to 15 Chief Factors of Risk	509
Table 25-1	Compendium of Imposition on Individual Private Enterprises in Hexi District of Gansu	528
Table 26-1	Statistics of Different Trades of American Enterprises with the Most Innovation in 1982	543
Table 26-2	Features and Capacity Needed at Each Stage of Technological Track	550
Table 27-1	Sources of Registered Capital of Enterprises of Different Quality	570
Table 27-2	Sources of Technology of Enterprises	572
Table 28-1	Annual Growth of Venture Capital in Israel	594
Table 32-1	Making-up of Series of Environmental Management Standards	685
Table 33-1	Comparison of Features of Individual Option and All-round Guaranty	716
Table 34-1	Labor Supply and Distribution in 1999	732
Table 34-2	Trade Distribution and Ratio of Laid-off and Unemployment in 1997	733
Table 34-3	Causes of Urban Unemployment in 1998	734
Table 34-4	Age Composition of Urban Unemployment in 1998	735
Table 34-5	Ratio of Urban Unemployed Youth to Total Number of Unemployment since 1978	735
Table 34-6	Regional Distribution of Urban Recorded Unemployment and Unemployment Rate in China	737
Table 34-7	Per Capita GDP of Each Province, City and Municipality in China in 1998	738
Table 34-8	Several Models of Double Dual Economic Structure	739
Table 34-9	Ratio of Jobholders in SMEs to Total Jobholders in Some Countries	744
Table 34-10	Comparison of Employment Absorbed by Large enterprises and SMEs in Some Provinces and Cities in 1997	744

Table 35-1	General Situation of Township Enterprise during 1978-1993	753
Table 35-2	Indicating System of Urbanization and Integration of Urban and Rural Areas in Suzhou in 2000	757
Table 35-3	Regional Distribution of World Urbanization	758
Table 35-4	Comparison of Levels of World Urbanization	758
Table 35-5	Distribution Ratio of Rural Labor of 38 Counties and Cities engaged in Agriculture, Township Enterprises and Enterprises in Other Districts	765
Table 35-6	Rural Labor Employed in Township Enterprises during 1978-1995	766
Table 35-7	Variation in Number of Newly Employed in Counties and Cites in China since Reform and Opening	767
Table 35-8	Variation in Number of Jobholders and Levels of Urbanization in China during 1978-1998	768
Table 35-9	Composition and Growth of Gross Output Value of Conventional Agriculture and Non-Agricultural Gross Output Value in Rural Areas during 1984-1994	773
Table 35-10	Composition and Variation of Gross Social Production Value and Non-Agricultural Gross Production Value in Chinese Rural Areas during 1978-1994	775
Table 35-11	Employment Composition of Rural Labor and Growth and Variation of the Number of Employment in Each Industry in Rural Areas during 1978-1994	776
Table 36-1	Policies, Laws and Regulations Enacted In China to Decentralize Power and Give up Profits to Enterprises during 1979-1981	786
Table 36-2	Fundamental State of Losses in State-owned Industrial Enterprises with Independent Accountability	789
Table 36-3	Number and Growth of Various Types of Enterprises	790
Table 36-4	Ranking of the Development of Private Enterprises in Each District in 1998	792
Table 36-5	Proportion of Employment in Various Types of Enterprises to the Total Social Employment	793
Table 37-1	Evaluation of SMEs in Beijing to Capital Environment	805
Table 38-1	Development of Number of Enterprises of Various Ownership during 1989-1998	811
Table 38-2	Average Registered Capital of State-owned, Collective, foreign-funded and Private SMEs	812
Table 38-3	Growth of Employment in Private SMEs and Enterprises of Different	

	Ownership during 1989-1998	814
Table 38-4	Trade Distribution of Private SMEs	814
Table 38-5	Urban and Rural Distribution of Private SMEs in China	815
Table 38-6	Regional Distribution of Private SMEs in China	815
Table 38-7	Various Development Indicators of Private SMEs in Eastern, Middle and Western Parts of China during 1997-1998	816
Table 38-8	Ranking of the Development of Private SMEs in Each Province, City and Municipality in 1998	816
Table 38-9	Ranking of Employment Absorbed by Private SMEs in Each district in 1998	817
Table 38-10	States of Jobholders Engaged in Private SMEs and Enterprises of Other Economic Types in China	819
Table 40-1	The Setup and Functions of Administrations of SMEs in Various Countries	851
Table 41-1	Contribution Rate of Elements of Production in China during 1981-1995	868
Table 42-1	State of Loans in SMEs of Various Types	874
Table 44-1	Education Background of Operators in Enterprises of Various Types of Ownership in 1998	909
Table 44-2	Programs Sponsored by Innovation Foundation and Currency Amount	915

第一篇

中国中小企业发展的理论基础

第一章　中小企业的界定与评价

第一节　世界各国对中小企业的一般界定与评价

　　扶持和发展中小企业,是近年来各国政府和经济理论界普遍关注的一个热点。合理界定中小企业,可以明晰政府部门扶持和发展的对象及相关理论研究的客体,也有助于不同国家或地区间的横向交流,因而是一个具有重要意义的基础性理论问题。然而,现有的关于中小企业的文章多集中于现象描述或对策分析,较少涉及中小企业的界定与评价问题,故本节对此作进一步研究。

一、世界各国对中小企业的定量界定与定性界定

　　一般而言,世界各国对中小企业的界定有定量(quantitative)和定性(qualitative)两种界定方法,前者主要包括从雇员人数、资产(资本)额以及营业额三方面进行界定,详见表1-1。

二、对中小企业定量界定的评价

　　分析表1-1,就中小企业的定量界定可以得出以下三个主要结论:
　　第一,从定量角度界定中小企业是各国(地区)的普遍做法。在统计的44个样本中,采用定量界定的为100%。这是因为定量标准简便直观,便于进行统计和比较,为保护和扶持中小企业明确了对象。
　　第二,中小企业定量界定标准具有相对性。首先,具有空间相对性。表现在三个方面:①不同国家(地区),偏爱的定量标准可能不同。如巴西采用雇用人员标准,斯里兰卡则采用设备投资标准。而且有的采用单一标准(24个,占样本总数的45.45%),有的采用复合标准(25个,占样本总数的54.55%)。在复合标准的掌握上亦有区别,有的要求同时符合两个或三个标准,有的只要求符合其中的一个标准。这是因为不同国家(地区)政治、经济文化等具体情况不同。②不同国家(地区)的同一标准,具体取值区间可能不同。如同为雇员人数标准,澳大利亚取值区间为[0,500],巴西为[5,250],挪威则为[0,100]。这是因为不同国家(地区),经济规模不同,劳动力、资本的丰缺情况各异。③不同行业,标准或取值区间可能不同。如英国的制造业、建筑和采矿业采用雇员人数标准,而零售业则采

表1-1 部分国家(或地区)从定量、定性角度对中小企业界定状况一览表

国家或地区	定量界定 雇员人数(人)	定量界定 资产(或资本)额	定量界定 年营业额	定性界定
美国	[0,500]		(0,1亿美元)	①独立所有;②自主经营;③在同行业中不占垄断地位
加拿大	[0,500]		(0,2000万加元)	①独立所有;②无大公司管理结构特征;③在其经营领域不占垄断地位
墨西哥	制造业:[16,250]		[30万,70万美元]	
巴西	[5,250]			
智利	[0,200]	资产额(0,100万美元)		
阿根廷	工业:[11,250] 贸易:[6,200] 服务业:[6,200]		[50万,2000万比索] [60万,1850万比索] [20万,300万比索]	
委内瑞拉	[6,100]			
哥伦比亚	[5,100]			
欧盟	[10,500]或[1,250]			
德国	[0,500]		(0,1亿马克)	①独立所有;②所有权和经营权统一;③对企业进行个人或家族式管理;④非其他企业的下属单位;⑤不能从资本市场直接融资;⑥经营者自担风险
英国	制造业:[0,200] 建筑、采矿业:[1,25]		零售业(0,45万英镑)	①市场份额较小;②所有者依据个人判断进行经营;③所有者(经营者)独立于外部支配
法国	[10,500]			
意大利	[10,500]	资本额[0,15亿里拉]		
奥地利	[0,500]			

续表

国家或地区	定量界定 雇员人数(人)	资产(或资本)额	年营业额	定性界定
荷兰	[0,250]	资产额(0,2400万荷兰盾)	[0,480万荷兰盾]	
比利时	[0,50]		(0,2.3亿比郎)	
爱尔兰	制造业:[1,500]			
瑞士	[0,500]			
西班牙	[0,500]			
葡萄牙	[5,500]		(0,25万康托)	
希腊	[10,100]			
丹麦	[50,100]			
挪威	[0,100]			
瑞典	[0,200]			
芬兰	[0,500]			
保加利亚	[10,100]	固定资产(0,140万美元)	(0,170万美元)	
土耳其	小工业:[0,10]			
以色列	小企业:[0,50]			业主亲自执行大部分或全部管理职能
日本	制造、采矿、运输、建筑业:[0,300] 批发业:[0,100] 零售、服务业:[0,50]	资本额(0,1亿日元) 资本额(0,3000万日元) 资本额(0,1000万日元)		
韩国	制造、采矿、运输业:[0,300] 建筑业:[0,200] 批发业:[0,50] 商业及其他服务业:[0,20]	资产额(0,5亿韩元) 资产额(0,5亿韩元) 资产额(0,2亿韩元) 资产额(0,500万韩元)		
新加坡	[0,100)	固定资产净值(0,1200万新元)		
中国台湾	制造采掘业:[0,300] 农业、金融、保险及服务业:[0,100]	实收资本(0,1亿新台币)	(0,1.5亿新台币)	

续表

国家或地区	定量界定			定性界定
	雇员人数(人)	资产(或资本)额	年营业额	
中国香港	制造业:[0,100] 其他行业:[0,50]			
泰国	[0,200]	投入资金(0,1亿铢)		
马来西亚	制造业:[0,250)	股金(0,250万马元)		
菲律宾	[10,200)	资产额(100万,4000万比索)		
印度尼西亚	小企业:[0,100]		(0,20亿卢比)	①利用家庭劳动力;②分工程度低;③劳动成本比;④采用简易的资本手段;⑤利用当地金融资本;⑥生产场所紧靠住宅
文莱	[10,100]			
印度		小企业设备投资: (0,200万卢比)		
尼泊尔	使用动力:[0,10] 无动力:[0,25]			
巴基斯坦		设备投资: (0,75万卢比)		
孟加拉	小企业、只有少量雇员	设备投资: (0,300万塔卡)		
斯里兰卡		设备投资: (0,100万卢比)		
澳大利亚	[0,500]			

注:①本表根据陈乃醒《中小企业经营与发展》(经济管理出版社,1999年)、邓荣霖《中小企业制度与市场经济》(中国人民大学出版社,1999年)等资料编制而成。
②本表对中小企业的定量界定采用区间法表示,闭区间符号表示含端点值,开区间符号表示不含端点值。
③一些国家(地区)雇员人数界定区间的左端点值为零,表示该国家(地区)的中小企业含"自我雇用"的零雇员企业;左端点值不为零,表示将"自我雇用"排除在中小企业范畴之外。

用营业额标准;同为雇员人数标准,就取值区间而言,制造业为[0,200),建筑和采矿业为[1,25)。这是因为不同行业技术特征不同,要素构成各异。其次,具有时间相对性。即使是同一国家(地区),同一行业,采用的同一标准,在不同的经济发展阶段,取值区间也可能变化。如美国20世纪50年代将制造业中的250人以下企业界定为中小企业,现在则将上限提高到500人。这是因为随着时间的不同,行业整体规模结构也会发展变化。最后,从本质上看,中小企业定量标准的相对性源于中小企业本身的相对性。因为所谓中小企业,指的就是相对于同行业中大型企业而言,规模较小的企业。而且中小企业会成长为大企业,大企业亦有可能衰退甚至故意分解为中小企业(如20世纪90年代西方许多大企业实行"瘦身计划")。

第三,定量界定又可分为两类:按生产要素界定和按经营水平界定。前者又可细分为按雇员人数这一人的要素界定和按资产(资本)额这一物的要素界定,后者指按营业额界定。

以上是从总体上对中小企业定量界定的评价,下面还可根据企业雇员人数、资产(资本)额和营业额三个不同标准进行分类评价。

第一,雇员人数标准。该标准是从企业雇用人数多少这一人的要素之角度反映了企业规模的大小,往往为劳工部门所偏好。首先,这是绝大多数国家都采用的标准。44个样本中,除印度、巴基斯坦和斯里兰卡三个南亚国家外,其余41个国家(地区)均采用了这一标准,占样本总数的93.18%。即使采用复合标准的,也以该标准为首选。这是因为与其他数量标准相比,雇员人数标准最简单明晰,并且许多国家希望通过发展中小企业解决就业问题。其次,这里的雇员指企业工资劳动者或全职劳动者(周工作时间35小时以上,季节性劳动者需按劳动时间进行折算),不包括企业所有者及其在企业中工作的家人。最后,雇员人数标准取值区间左端点值为零的国家(地区),表示将"自我雇用"(亦即零雇员企业,只有业主及其家庭劳动者在企业中工作)视为中小企业,这样的样本有25个,在41个采用雇员人数标准的样本中占60.98%;其余的16个国家(地区),相应的左端点值不为零,将"自我雇用"排除在中小企业的范畴之外,占39.02%。

第二,资产(资本)额标准。该标准是以价值或实物形态,从企业资产(资本)这一物的要素之角度反映了企业规模的大小,往往为金融部门所偏好。首先,采用这一标准的是部分国家(地区),在44个样本中,有15个采用该标准,占样本总数的34.09%。这是因为与雇员人数标准相比,该标准在计量上存在困难:①中小企业尤其是家族式中小企业,企业资产与家庭资产难以区分;②无形资产进入总资产或存在技术入股情况下,评估的技术可操作性差;③信息不对称条件下,一些业主为使自己的企业加入中小企业行列获得优惠条件可能隐瞒其资产(资本)量,而事实上这些企业按标准不在中小企业之列。但随着经济制度的完善、资产(资本)评估技术的进步和人们道德水准的提高,在企业资本运营日渐重要的情况下,这一标准将有广阔的应用前景。其次,从地域分布来看,应用该标准的15个样本中,有11个在亚洲,占73.33%。最后该标准有助于中小企业进行兼并、收购、出售等资本运营,可以优化资本(资产)配置效率,从而推动宏观经济的增长。

第三,营业额标准。该标准是从企业经营水平角度反映了一个企业规模的大小,往往为财税部门所偏好。首先,采用该标准的亦是部分国家(地区),44个样本中,有12个采用该标准,占样本总数的27.27%。这主要是因为:①企业的营业额是个极易波动的量,受通货膨胀、销售淡旺季、商业信用水平高低,甚至国际汇率等诸多因素的影响;②与资产(资本)额相比,营业额更难以计量,可比性更低,也更缺乏可信性。在市场稳定、会计、统计、税收制度较为完善的国家(如美国)操作上相对容易些,对于相应制度不太健全的发展中国家则存在一定难度。其次,从地域分布上看,应用该标准的12个样本中,有10个在欧洲或美洲,占83.33%。最后,税收是国家有效实施宏观调控的物质保证,而营业额则是财税部门对企业征税时确定税率和决定是否实行税收优惠减免的重要参考依据,所以随着各种制度的完善,该标准的应用范围将会逐渐扩大。

此外,需要说明的是以上的定量界定可称之为绝对定量界定(用的是绝对数指标),还有个别国家采用了另外一种定量界定——相对定量界定(用的是相对数指标)。后者一般以行业中的相对份额为标准,比如不论行业中企业实际规模大小,仅确定一个企业数目百分比,在此百分比之内的较小企业界定为中小企业。如美国曾规定:每个行业中占90%数目的较小规模企业为中小企业,这类标准更适合于行业内的分类管理,以保护业内竞争。

三、对中小企业定性界定的评价

定性界定标准亦称质量界定标准或地位界定标准,在44个样本中,采用这一标准的为美国、加拿大、德国、英国、以色列和印度尼西亚六国,占样本总数的13.64%,且多为欧美国家。

分析发现,活动范围有限、所有权集中、独立决策、自主经营和业主直接管理几乎涵盖了所有定性标准,但最核心的只有三点:独立所有、自主经营和较小的市场份额,这也正是定性界定标准的本质特征。"独立所有"是多数定量定义的必要条件,但各国间亦有细微差别。如美、德都强调独立所有,但美国认为只要业主持有50%以上股权,就可"看作"独立所有,而不管企业是否上市,德国则认为上市企业不是独立所有,不属中小企业。"自主经营"指业主本人控制自己的企业,但各国把握此标准方法不一。如英国强调所有者(经营者)必须不受外部支配,以色列则强调业主亲自承担全部或大部分管理职能。"较小市场份额"的表达有直接和间接两种方式。如加拿大直接规定为"在其经营领域不占垄断地位",意在防止垄断、鼓励竞争,德国则通过"不能以资本市场融资"和"对企业进行个人或家族管理"两条件作了间接表达,因为这两个条件必然有碍于企业的扩张和市场份额的扩大。由以上分析亦可看出,即使是定性标准,亦存在一定的相对性。

定性标准的优点是显而易见的。第一,与定量标准相比,该标准反映了企业内部具有生命力的特征,更具稳定性,有助于从长远角度把握中小企业这一范畴。第二,就本质而言,中小企业倍受关注,主要是由于其在竞争中先天的弱势地位,政府扶持中小企业正是为了弥补市场缺陷,保护公平竞争以促进效率的提高。定性标准以是否在行业中占垄断地位作为一条分界线,为政府政策提供了决策论据。第三,定性标准与定量标准结合,可使政府政策具有灵活性。如1996年,为使美国汽车公司(American Motors)获得一些只允许中小企业才有投标资格的项目,美国小企业管理局(SBA)以该公司在行业中不占垄断地位这一定性标准为由,将之划为中小企业,而当时该公司有雇员32 000名,年营业额高达9.91亿美元!

当然,定性界定也存在着问题。如怎样看待中小企业与其他企业之间的关系?随着生产的社会化,企业间各种形式的联合也日渐普遍,而联合之后,中小企业的地位也可能随之改变。对这种情况,美国的处理相当严格:只要中小企业联合后总规模超过原定界限,则丧失原来的中小企业地位及相应的优惠待遇。韩国做法相反,中小企业联合后若干年内仍属中小企业。而不论规模大小,其目的在于鼓励各种形式的联合。或许正是出于这种原因,采用定性标准的国家,也同时全部兼用定量标准。

第二节 美、日、欧盟、中国台湾中小企业最新界定标准比较及其成因分析[①]

世界各个国家或地区经济发展的实践表明,中小企业在促进经济增长、缓解就业压力、增加出口创汇和推动技术创新中发挥着越来越重要的作用,但由于中小企业一般存在规模较小、资信度低、管理水平落后和信息渠道不畅等劣势,天然需要政府扶持。合理界定中小企业是政府制定并实施中小企业扶持政策的基础性问题。他山之石,可以攻玉。本章将对中小企业发展得较好的美国、日本、欧盟和中国台湾最新的中小企业界定标准进行比较,并详细分析其成因,在此基础上得出几点启示,以期对我国合理确定中小企业界定标准有所裨益。

一、美、日、欧盟及中国台湾中小企业最新界定标准比较

美、日、欧盟和中国台湾中小企业最新界定标准的具体情况如表1-2所示。

通过对表1-2中美国、日本、欧盟和中国台湾中小企业最新界定标准的比较,可以发现他们当前采用的中小企业界定标准都有各自特征,现分析如下。

美国当前中小企业界定标准最突出的特征是简单明了。目前在美国有关中小企业的定义中,一般使用一种比较简单的划分方法,即雇工人数不超过500人的企业为中小企业。这种简单明了的界定标准有利于在各个不同的部门形成统一认识,协调行动。但也有其缺点,它不能反映不同行业的不同特征,也限制了政府制定政策时的灵活空间。因而实践中有些部门有可能采取相应变通措施,如规定服务业中雇工人数不超过100人的企业为中小企业以符合服务业的行业特征,有时采用"一个企业只要在其行业内不占统治地位就是中小企业"这样的定性界定标准以增加政策的灵活性等。

日本当前中小企业界定标准具有两个特征,分行业制定界定标准和采用复合界定标准。不同的行业资本有机构成不同,技术特征各异,中小企业界定标准对此应有所体现。日本对制造业等行业、批发业、零售业和服务业分别制定了中小企业界定标准,比如从业人员标准在以上行业中分别为300人以下、100人以下、50人以下和100人以下,这样就考虑了不同行业的具体情况,较为合理。日本中小企业界定标准的另一个特征是采用了复合标准,即从业人员和资本额的复合,而且符合任一个条件的企业便可视为中小企业,这样就增加了政府制定政策时的伸缩余地。日本这种中小企业界定标准尽管不如美国的中小企业界定标准那样简单明了,但更能反映经济现实,又增加了政府的灵活性,因而应

---

① 注:本节得到国务院发展研究中心企业发展所所长陈小洪先生的大力支持与帮助,在此表示谢意。

该是更为合理的做法。

表 1-2 美、日、欧盟和中国台湾中小企业最新界定标准一览表

国家或地区	最新中小企业界定标准
美国	雇工人数不超过 500 人
日本	制造业等：从业人员 300 人以下或资本额 3 亿日元以下； 批发业：从业人员 100 人以下或资本额 1 亿日元以下； 零售业：从业人员 50 人以下或资本额 5000 万日元以下； 服务业：从业人员 100 人以下或资本额 5000 万日元以下
欧盟	雇员人数在 250 人以下并且年产值不超过 4000 万欧元，或者资产年度负债总额不超过 2700 万欧元，并且不被一个或几个大企业持有 25% 以上的股权， 其中：雇员少于 50 人、年产值不超过 700 万欧元，或者资产年度负债总额不超过 500 万欧元并且有独立法人地位的企业为小企业
中国台湾	制造业：经常雇员人数在 200 人以下或资本额在 8000 万元新台币以下； 矿业与土石开采业：经常雇员人数在 200 人以下或资本额在 8000 万元新台币以下； 服务业：经常雇员人数在 50 人以下或营业额在 1 亿万元新台币以下

资料来源：根据《美国小企业法》(美国国会，2001 年)、《日本中小企业白皮书》(日本中小企业厅，2000 年)、*Activities in favour of SMEs and the craft sector* (European Commision,1998, p.15)及《台湾中小企业成长》(于宗先、王金利著,台湾中国经济企业研究所,2000 年)等资料编制而成。

欧盟当前中小企业界定标准具有三个特征，即复合性、将小型企业界定标准单独列出和在一定程度上考虑了企业的法人地位。欧盟当前中小企业界定标准的复合性特征又不同于日本中小企业界定标准的相应特征。日本规定凡符合从业人员条件或资本额条件之一的便可界定为中小企业；欧盟则规定凡符合"雇员人数 250 人以下并且产值不超过 4000 万欧元"或"资产年度负债总额不超过 2700 万欧元并且不被一个或几个大企业持有 25% 以上股权"条件之一的为中小企业，同时每一个条件其实又都是两个次级条件的复合，并且需同时具备两个次级条件。这样看来，欧盟中小企业界定标准的复合性尽管增加了政策伸缩空间，但由于受同时具备两个次级条件的限制，其灵活性要小于日本的做法。欧盟当前中小企业界定标准的第二个特征是将小型企业界定标准单独列出，这样就可以制定专门针对小型企业的扶持政策，从而在一定程度上增加了政府政策的选择空间。欧盟当前中小企业界定标准的第三个特征是在一定程度上考虑了企业的法人地位，体现在"不被一个或几个大企业持有 25% 以上股权"和"有独立法人地位"，这样就将一些大型企业(集团)的全资子公司、控股子公司和分公司排除在中小企业行列之外。

中国台湾当前中小企业界定标准总体上与日本相应界定标准的特征接近，都是具有分行业特征和复合性特征。中国台湾中小企业界定标准中对行业的划分与日本不同，日本采用的是"制造业等行业、批发业、零售业和服务业"的四分法，而中国台湾采用的是"制造业、矿业与土石开采业和服务业"的三分法，比较而言，日本的划分方法更为合理一些。就复合性而言，日本各行业的复合标准都是从业人员和资本额的复合，中国台湾略有不

同,制造业和矿业与土石开采业采用了经常雇员人数和资本额的复合,服务业则采用了经常雇员人数和营业额的复合。

总体而言,美国、日本、欧盟和中国台湾的最新中小企业界定标准各有特色,但也都有不足之处。通过比较可知日本和中国台湾的做法更值得我国大陆借鉴。

二、美、日、欧盟及中国台湾中小企业界定标准的形成过程及原因分析

美、日、欧盟及中国台湾当前所采用的界定标准都有其各自的成因,对这些形成过程和成因的分析有助于我们深刻地理解这些国家或地区为何采用当前的界定标准,也可帮助我们科学地借鉴其成功之处,从而为中国大陆制定合理的中小企业界定标准提供有价值的建议。

1. 美国最新中小企业界定标准的形成过程及原因分析

美国当前中小企业界定标准的形成过程如表1-3所示:

表1-3 美国当前中草药小企业界定标准演变过程表

阶段	中小企业界定标准
第一阶段	1953年《小企业法》规定为"私人所有、独立经营并且在所经营领域中不占支配性地位
第二阶段	美国小企业管理局的最初定义:资产额在1000万美元以下或从业人员在500人以下
第三阶段	美国小企业管理局修改后的定义:雇工人数在500人以下或营业额在500万美元以下
	美国经济发展委员会的定义:符合下列条件中两项(或以上)：①企业所有者同时也是经营者;②企业的资本是由一个人或几个人提供的;③企业产品的销售范围主要在当地;④与同行业的大企业相比规模较小
第四阶段(当前)	雇工人数500人以下

资料来源:根据《美国小企业法》(机械工业部科学技术情报所译,机械工业出版社,1987年)、《美国法典:商业贸易卷》(中国社会科学出版社,1997年)、《世界小企业的发展与借鉴》(袁美娟著,天津人民出版社,1994年)和《美国小企业法》(美国国会,2001年)等资料编制而成。

可见,美国1953年颁布的《小企业法》规定中小企业界定标准为"私人所有、独立经营并且在所经营的行业中不占支配性地位"。这一定义没有定量指标,使得操作起来任意性太大。后来美国小企业管理局规定资产额在1000万美元以下或从业人员在500人以下的企业为中小企业。从业人员这一数量指标较为明确,但资产额这一数量指标在实施中存在以下障碍：①中小企业尤其是家族中小企业,企业资产与家庭财产难以区分;②无形资产进入总资产的情况下,评估的技术可操作性差;③资产总额常随企业经营环境、负债状况和销售难易等因素而起伏不定;④信息不对称条件下,一些业主为使自己的企业加入

中小企业行列获得优惠条件而可能隐瞒其资产量,而事实上这些企业不应在中小企业之列。出于以上原因,小企业管理局对原来的界定标准作了修订,规定雇员人数在500人以下或营业额不足500万美元的企业为中小企业。营业额指标尽管比资产额指标更易于获得,但仍然要受到通货膨胀因素的影响。于是出现了与小企业局界定标准并存的美国经济发展委员会的标准,即凡符合以下四项指标中两项或两项以上指标的企业为中小企业。这四项指标是指企业的所有者同时也是经营者、企业的资本是由一个或几个人提供的、企业产品的销售范围主要在当地以及与同行业的大企业相比规模较小。美国小企业管理局和经济发展委员会的界定标准不尽一致,有时会引起混乱,于是美国便形成了目前比较一致的单一界定标准,即规定雇工人数不超过500人的企业为中小企业。

2. 日本最新中小企业界定标准的形成过程及原因分析

日本当前中小企业界定标准的形成过程如表1-4所示:

表1-4 日本中小企业界定标准演变过程表

年份\行业	制造业等	批发业	零售业	服务业
1999	从业人员300人以下或资本额3亿日元以下	从业人员100人以下或资本额1亿日元以下	从业人员50人以下或资本额5000万日元以下	从业人员100人以下或资本额5000万日元以下
1963	从业人员300人以下或资本额1亿日元以下	从业人员100人以下或资本额3000万日元以下	从业人员50人以下或资本额1000万日元以下	从业人员50人以下或资本额1000万日元以下
1950	从业人员300人以下或资本额1000万日元以下			
1946	从业人员200人以下			
1940	从业人员100人以下			

资料来源:表中1940年、1946年、1950年数据取自日本官方法规,1963年、1999年数据取自《中小企业基本法》、《中小企业白皮书》和其他官方法规文件。

注:①表中制造业等行业涵盖了矿业、建筑业、电气、燃气、供热、水道业、运输、通信业、金融、保险业和不动产业等;

②表中批发业中包括了饮食业;

③从业人员包括经常性雇员、个人业主,有薪管理者、无薪的家族职工等,但不包括企业各分所、分社与分店的职员。

由表1-4可知,日本政府早在1940年就对中小企业有了简单明确的规定,即从业人员在100人以下的企业为中小企业。后来随着时间的推移,企业平均从业人员增加,于是1946年日本将从业人员标准提高到200人以下。由于单一界定标准限制政府政策活动空间,1950年开始日本采用从业人员和资本额复合标准,并且将从业人员提高到300人以下。1950年界定标准比以前界定标准有所进步,但仍没有考虑不同行业的不同特征,于是1963年日本《中小企业基本法》开始分行业制定中小企业界定标准,对行业划分采用了"制造业等行业、批发业、零售业和服务业"的四分法。与1950年界定标准相比,1963年标准又是一个质的飞跃,但随着经济的发展,1963年标准仍需进一步调整。1999年标准(沿用至今)对各行业的资本额标准都有较大提高,从业人员标准基本未变(只是服务业由50人以下调高到100人以下),这是因为日本企业平均资本额大大增加,而平均从业人员变动不大(服务业除外)所致。

3. 欧盟最新中小企业界定标准的形成过程及原因分析

欧盟中小企业界定标准的演变过程如表1-5所示:

表1-5 欧盟(及其成员国)中小企业界定标准演变过程表

阶段	中小企业界定标准
第一阶段 (欧共体)	1989年欧共体对欧洲中小企业界定为:企业职工人数在500人以内,固定资产值不超过7500万欧元,被大企业所持有的固定资产比重低于1/3
第二阶段 (各成员国 各自为政)	德国:工业部门中职工人数在500人以下、营业额在1亿马克以下;批发业中职工人数在200人以下、营业额在200万马克以下;零售业中职工人数在100人以下、营业额在200万马克以下;手工业中职工人数在50人以下,营业额在200万马克以下 法国:雇用职工9人以下为特小企业,10~49人为小企业,50~499人为中型企业 意大利:雇用职工100人以下为小企业,100~499人为中型企业 西班牙:职工人数在10人以下为微型企业,10~49人为小企业,50~249人为中型企业 荷兰:雇员人数在150人以下为中小企业
第三阶段	1996年欧盟委员会界定标准为:雇员人数1~9人的为非常小的企业,10~49人的为小企业,50~249人为中型企业
第四阶段 (当前)	1998年欧盟委员会界定标准为:企业雇员人数在250人以内且年产值不超过4000万欧元,或者资产年度负债总额不超过2700万欧元且不被一个或几个大企业持有25%以上股权的企业为中小企业

资料来源:根据《斯奈西斯报告》(欧共体企业政策文件,1989年),《欧盟中小企业与中—欧合作》(罗红波、戒殿新主编,中国经济出版社,2001年),*Enterprises in Europe*(European Commission, Fourth Report, 1996)及 *Activities in favour of SMEs and the craft sector*(European commission, 1998)等资料编制而成。

欧盟的前身欧共体1989年对欧洲中小企业界定为"企业职工人数在500人以内,固定资产值不超过7500万欧元,被大企业所持有的固定资产比重低于1/3的企业"。这一界定采用的是复合标准,并且需三个条件都具备,相当严格,而且资产值这一指标在操作中存在三大障碍(如前所述),因而许多欧盟成员国并不愿意采用。后来许多欧盟成员国规定了自己的标准,有的是简化标准(如荷兰),有的以雇员人数为标准并将中小企业作进一步细分(如法国、意大利和西班牙等),还有的采用分行业界定标准(如德国)。为改变这种各自为政的状况,1996年欧盟委员会制定了新的界定标准,即雇员人数单一标准,并对中小企业作进一步细分。到1998年,为增加政策灵活性,欧盟再次采用复合标准(但不同于第一阶段的复合标准),这一标准沿用至今。

4. 中国台湾最新中小企业界定标准的形成过程及原因分析

台湾中小企业界定标准的演变过程如表1-6所示:

表1-6 中国台湾中小企业界定标准演变过程表

行业 指标 年份	制造业 经常雇员人数	制造业 资本额(新台币)	矿业与土石开采业 经常雇员人数	矿业与土石开采业 资本额(新台币)	服务业 经常雇员人数	服务业 营业额(新台币)
1967年9月	100人以下	500万元以下	100人以下	500万元以下	50人以下	500万元以下
1973年3月	100人以下(其中制衣、制鞋、电子业300人以下,食品业200人以下)	500万元以下	100人以下	500万元以下	50人以下	500万元以下
1977年8月	300人以下	2000万元以下	100人以下	500万元以下	50人以下	2000万元以下
1978年2月	300人以下	2000万元以下	—	2000万元以下	50人以下	2000万元以下
1982年7月	—	4000万元以下	—	2000万元以下	—	4000万元以下
1991年11月	—	4000万元以下	—	2000万元以下	—	4000万元以下
1995年9月	200人以下	6000万元以下	200人以下	6000万元以下	—	8000万元以下
2000年1月	200人以下	8000万元以下	200人以下	8000万元以下	50人以下	1亿元以下

资料来源:根据《中小企业融资指南》(中国台湾经济部中小企业处,1994年)、《中小企业发展条例》(中国台湾经济部中小企业处,1998年)、《中国台湾中小企业成长》(于宗先、王金利著、中国台湾中国经济企业研究所,2000年)及相关网站资料编制而成。

中国台湾自1967年开始制定中小企业界定标准,采用分行业("制造业、矿业与土石开采业和服务业"三分法)界定法,并使用了复合标准,其中制造业和土石开采业采用经常雇员人数和资本额的复合,服务业采用经常雇员人数和营业额的复合。这样界定中小企业既考虑了不同行业的不同特征,又增加了政策伸缩余地,因而1973年3月,1977年8月修订时界定方法未变,只是指标数值随着经济和社会的发展而有所提升。制造业、服务业自1982年7月至1995年9月中断采用经常雇员人数标准13年,矿业与土石开采业自1978年2月至1995年9月中断采用经常雇员人数标准17年,这主要是因为这段时间中国台湾劳工在企业间流动性大为增加,减少了经常雇员人数标准的准确性,但价值指标(资本额、营业额)一直采用,并逐步提升。从1995年9月开始,界定方法又采用了复合标准,主要是考虑到单一标准限制了政策的灵活性,而且劳工在企业间的流动额率也趋于正常;同时,价值指标数值随经济的发展而提高。2000年1月界定标准与1995年9月界定标准做法一样,仅是价值指标数值有所提高,这同样是因为随着经济的发展,企业平均资本额和营业额增加所致。

三、借鉴与启示

通过以上对美国、日本、欧盟和中国台湾最新中小企业界定标准的比较,以及对各自中小企业界定标准演变过程的回顾和成因的分析,笔者以为,我国大陆在制定中小企业界定标准时,可资借鉴之处主要有以下四点:

1. 界定标准要繁简适度

一方面,按大的行业分类制定标准后,一般不需要进行过度细分。如中国台湾1973年规定制造业企业经常雇员人数在100人以下为中小企业,同时规定其中制衣、制鞋、电子类企业经常雇员人数在300人以下、食品类企业在200人以下的企业为中小企业。后来的界定标准便取消了这一繁琐的规定。另一方面,在中小企业内进行规模细分时,只需分出小型企业即可,没有必要再分出特小型企业、微型企业等亚类。最后,对界定标准的动态调整要避免过于频繁,以免给人以无所适从之感。

2. 界定标准要有灵活性

可从三个方面考虑:①经常雇员人数、资本额和营业额三项标准中符合其中两项便可界定为中小企业;②不同的部门,由于特殊的政策要求,可以适当调整对中小企业的界定标准(如劳动部门为扩大就业,可以放宽雇员人数标准);③由于我国幅员辽阔,东西部地区发展差距较大,对不同地区执行界定标准时亦可辅之以一定百分比(如10%)的调整空间。

3. 界定标准要具有动态性

这主要是指中小企业界定标准要与经济、社会发展状况大体一致。随着各个国家或地区经济、社会的发展,企业平均资本额、营业额,往往呈扩大趋势,平均雇员人数也有先上升、然后趋于稳定(并且个别行业如高科技行业还有可能下降)的趋势,中小企业的界定标准应该随之作出动态调整。

4. 界定标准要考虑不同行业的不同特征

不同的行业由于资本有机构成不同,技术特征各异,因而界定标准也需分别规定。我国可采取"制造业、批发业、零售业、服务业和高新技术行业"的五分法对中小企业分行业界定,这样不仅符合不同行业的实际情况,也增加了政府政策的伸缩余地。

第三节 中小企业的一种特殊界定及评价

从组织发展角度界定中小企业是一种特殊的界定方法,被称为"格雷纳模型"(The Greiner Model,以其创始人美国组织学家 L.F.Greiner 命名)。该模型认为中小企业作为一种组织,一般会经过五个阶段从而发展为大型企业组织,因而以这五个阶段为依据,可以判定一个企业是否为中小企业。这一方法后来逐渐为一些西方经济学者所接受。

一、格雷纳模型——对中小企业的一种特殊界定

该模型如图 1-1 所示:

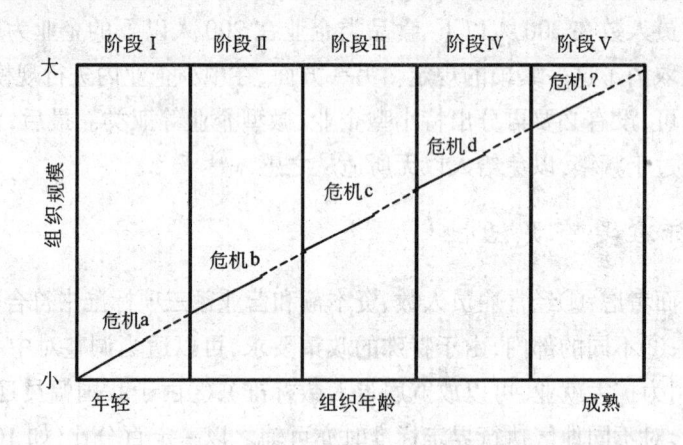

图 1-1 中小企业组织发展五阶段示意图(格雷纳模型)
注:①实线"——"表示平稳发展阶段,虚线"---"表示危机阶段。
②来源:L.E.Greiner, Havard Business Review, July/August 1992。

阶段Ⅰ:依靠创新成长(Growth through Creativity)。这是中小企业的第一发展阶段,一般为企业创立人有一个好的想法并付诸实践,若想法对路,企业便可成长并发展,但相当比例的新企业创立不久便告夭折。随着企业的成长,提供创新的企业创立人将会被过多的细小行政事务和具体问题所困扰,不能再有效地经营企业,出现了所谓的"领导危机"(Crisis of Leadership,图中危机 a)。领导危机使企业发展举步维艰,抑或开始逐渐衰退,第一发展阶段结束。

阶段Ⅱ:依靠指导成长(Growth through Direction)。克服领导危机,企业需要一位强有力的领导人,该领导人能就企业的发展作出科学而果断的决策。企业领导人要习惯于将头脑中的想法正式化和形式化,留住企业中的关键人员并调动他们的积极性。但随着企业组织的进一步成长,一些下属对自己所从事的工作变得比企业"指导者"更熟悉,便希望有更多的发言权。若处理不当,便会发生内讧或员工跳槽,出现"自治危机"(Crisis of

Autonomy,图中危机 b)。这说明自上而下的指导型管理已不再适应企业的进一步发展,第二阶段结束。

阶段Ⅲ:依靠授权成长(Growth through Delegation)。要想解决"自治危机",就必须学会授权,即赋予企业内更多人以更大的职责,但许多中小企业创始人往往将过多的工作抓在自己手里不放,或者简单地将任务推给下属,这样组织很难长大成熟。本阶段需要通过掌握专门遴选技术的咨询机构招募人才,并向这些人才授予必要的权限。但一旦授权不当,部分下属可能会不服管制,而出现"控制危机"(Crisis of Control,图中危机 c),于是第三阶段结束。

阶段Ⅳ:依靠协调成长(Growth through Coordination)。在这一阶段,需充分发挥前两个阶段的优点,做好协调工作以克服"控制危机"。但要加强授权的系统性和规章制度建设,并引入某种形式的战略计划。沟通、协调变得重要,企业文化逐渐形成。但各种极具约束力的规章制度往往会使商机丧失,墨守成规也会窒息发展和创造精神,从而出现"官僚危机"(Crisis of Red Tape,图中危机 d)而结束该发展阶段。

阶段Ⅴ:依靠合作成长(Growth through Collaboration)。避免官僚主义需要在企业内营造一种合作的氛围,如对信息系统进行简化和提高其整体流畅性,提倡团队精神等。该阶段要强调管理培训和人才开发。

绝大多数的中小企业处于格雷纳模型的 a 危机(领导危机)阶段和阶段Ⅳ(依靠协调成长)之间。度过这五个阶段,中小企业就可成长为大企业了。

二、对格雷纳模型的评价

这是一种颇有创意的中小企业界定方法,不仅有其重要的理论意义,也有一定的实践价值。

就理论上而言,"格雷纳模型"描述了中小企业从创立到发展壮大的五个阶段,指出了各个阶段的主要特征,可能遇到的"危机",以及克服危机的方法,极大地丰富了企业理论体系。比如该模型首先就指明了中小企业与创新的天然联系,此外还涵盖了中小企业危机管理、中小企业人力资源管理和中小企业文化等丰富的内容,大大开拓了中小企业理论研究空间。或许这正是该模型更容易被西方一些经济理论学者接受的原因。

从实践上看,该模型具有宏观和微观两方面的价值。宏观上,政府能够以此模型为指导,针对处于不同发展阶段的中小企业实施不同的保护、扶持措施,提高政策的针对性和有效性;微观上,各中小企业主若能掌握此模型,有利于自己的企业处于何种发展阶段,从而按各阶段的特征安排企业的生产经营和管理,使企业少走弯路,健康成长。

然而,该模型的实践价值尚未较好发挥出来,主要原因在于它的粗略性,还有不尽完善的地方,这就有待于经济理论工作者进一步去发展和完善"格雷纳模型",提升其实践的可行性。

第四节 我国中小企业的界定及评价

一、对我国中小企业界定的历史考察

1949年以来,我国对中小企业的界定先后经过几次调整。新中国建立初期曾按固定资产价值划分企业规模。1962年,改为按作业人员标准对企业规模进行划分:企业职工在3000人以上的为大型企业,500~3000人之间为中型企业,500人以下为小企业。1978年国家计委发布《关于基本建设项目的大中型企业划分标准的规定》,把划分企业规模的标准改为"年综合生产能力"。1984年,国务院《国营企业第二步利改税试行办法》对我国非工业企业的规模按照企业的固定资产原值和生产经营能力创立了划分标准,主要涉及的行业有工交、零售、物资回收等国营小企业。如规定京、津、沪三市固定资产原值不超过400万元且年利润不超过40万元的属国营小型工交企业;三市以外相应标准为固定资产原值300万元以下和年利润30万元以下。1988年对1978年标准进行修改和补充,重新发布了《大中小型工业企业划分标准》,按不同行业的不同特点作了分别划分,将企业规模分为特大型、大型(分为大一、大二两类)、中型(分为中一、中二两类)和小型四类六档。当时中小企业一般指中二类和小型企业。具体为:凡产品比较单一的企业如钢铁企业、炼油厂、手表厂、水泥厂等按生产能力标准划分;一些企业如发电厂、棉纺厂,习惯上以生产设备数量为标准划分;对于产品和设备比较复杂的企业,以固定资产原值数量为标准划分。1992年又对1988年划分标准作了补充,增加了对市政公用工业、轻工业、电子工业、医药工业和机械工业中的轿车制造企业的规模划分。1999年对原标准再次修改,而将销售收入和资产总额作为主要考察指标:分为特大型、大型、中型、小型四类,其中年销售收入和资产总额均在5亿元以下,5000万元以上的为中型企业,年销售收入和资产总额均在5000万元以下的为小型企业。参与划型的企业范围原则上包括所有行业各种组织形式的工业企业。

二、对我国中小企业界定的评价

通过对我国中小企业界定的历史考察,可以发现1999年之前的六次界定、修改或补充标准有以下四个特点:第一,界定标准变动快。建国后到1992年左右有过六次变动。第二,适用范围窄。一方面,几次规定的企业规模界定标准一般只适用于工业,而不适用于商业、交通运输业、建筑业和其他服务业,只是在《国营企业第二步利改税试行办法》中才增加了对工交、零售、物资回收等国营小企业的界定;另一方面,划型企业也一般指国有和集体企业,而不包括非公有企业。第三,企业规模档次越分越细。一方面,不仅增加了特大型企业,而且对大中型企业进行了细分,分"大一"、"大二"和"中一"、"中二";另一方

面,对行业也逐渐细分。第四,界定标准取值不断提高。如棉纺厂60年代规定6万锭以下为中小型企业,到80年代改为10万锭以下为中小型企业。

在上述四个特点中,第四个特点即界定标准取值不断提高是合理的,因为一国经济整体水平总是不断增强的,相应取值也应上浮,这也符合国际通行做法。第一个特点即界定标准变动快有部分合理性,因为界定标准本应随其他经济情况变动而变动,但却不能变动太快,否则易给人以政策不稳定之感。第二、三个特点是不合理的,其深层次的原因在于生产力和生产关系(特别是经济体制)两个方面。一方面,当时生产力水平落后,除工业外,商业、交通运输业、服务业不太发达,工业内部各行业也是产品比较单一、设备较为简单,因而造成了只对工业划型和划分档次的越来越细;另一方面,也是更主要的原因在于当时的计划经济体制及其后来的惯性影响,使得国家忽视非公有企业的发展,而对于公有特别是国有企业包揽一切,"关爱有加"。

1999年的划分标准与以前划分标准相比有了质的进步。表现在两个方面:第一,采用销售收入,资产总额等价值形态标准取代原来的生产能力为主的实物形态标准,符合从计划经济向社会主义市场经济的转变。第二,包括了各种组织形式的企业,符合"非公有制经济是社会主义经济有机组成部分"的精神,体现了市场经济的公平原则。

但是,参照国外中小企业界定,可以看出我国1999年界定标准仍有不完善之处:第一,该标准没有定性界定标准,从而没能有效拓展政府实行政策的伸缩空间,这同时也折射出我国经济理论研究对这方面的忽视。第二,该标准没有雇员人数标准,脱离了国际常规做法,也与我国就业形势严峻,需要大力发展中小企业缓解就业压力的现况不符。第三,该标准仍然没有包含非工业领域的企业,涵盖面过窄,因为建筑业、商业和服务业内中小企业比例更大。

鉴于以上分析,特此建议进一步修订和完善我国1999年对企业规模的界定标准。原则应为:

第一,灵活性原则。可从四个方面考虑:①应制定定性界定标准增加政策回旋余地;②应在定量标准中补上雇员人数标准以与国际惯例接轨,但考虑到我国人口密集的国情,可适当提高标准取值,如可规定500~800人为中型企业,500人以下为小型企业;③可规定在雇员人数、资产总额和年销售收入三项定量标准中符合其中两项即可界定为中小企业;④由于我国幅员辽阔,东西部地区发展差距较大,对不同地区执行数量界定时可辅之以一定百分比(如10%)的调整空间。

第二,统一性原则。可从三个方面考虑:①界定标准应包括各种所有制类型的企业;②应打破各种"条条块块"分割;③应补上对非工业企业的界定标准,拓展界定的涵盖面。

第三,规模细分原则。考虑到我国财政力量有限、中小企业众多的国情,可对中小企业项下再作一细分,除中型、小型外,可再分出微型企业(如10人以下),以提高政策在不同情况下的针对性,避免政策效应的"撒胡椒面"现象。这种细分不同于"大一、大二""中一、中二"那种不合理的细分。

第四,法律化原则。中小企业界定标准不仅是统计部门的需要,更是政府制定和实施中小企业政策的依据,也是社会主义市场经济微观理论的基础性应用,因此,应由立法机关(全国人民代表大会及其常务委员会)以法律法规形式(如在《中小企业基本法》或《中小企业促进法》中)制定和颁布。这样,既体现了标准的严肃性,从而有助于行政机关依法办事,做好对中小企业的保护和扶持,又在一定方面满足了我国市场经济发展对完善法制建设的要求。

第五,适时调整原则。企业规模本身是一个具有时间相对性的概念,任何中小企业界定标准都是根据特定时期的具体情况制定的,因而随着时间的推移,需要做相应的调整。但要注意不宜过于频繁。

第二章 中小企业存在理论与功能比较

第一节 中小企业存在理论与评价

早在1776年,古典经济学的开山鼻祖亚当·斯密就曾指出,分工与专业化是规模经济产生的主要原因,随着企业规模的扩大,企业内部可以采用更为细密的专业化技术,新的专业化技术又可进一步深化劳动分工,这是一个互动的、周而复始的过程,直至受到市场容量的约束,此即著名的"斯密定理"。斯密定理隐含着这样一个推论:随着市场容量的增加,企业规模有无限扩大之趋势。马克思也于1867年指出,由于产业革命的兴起,机器大工业取代家庭手工业和工场手工业反映了一种历史必然性。特别是自19世纪末、20世纪初至第二次世界大战间的半个世纪,垄断资本主义空前发展,企业兼并浪潮风起云涌,于是许多西方学者一度认为,随着生产和资本的集中与垄断,大规模化和现代化是企业发展的方向,中小企业将会由于逐渐被大企业吞并排挤而呈日渐消亡之势。

然而,二战之后的经济现实却并没有按斯密、马克思和其他一些学者的预言发展;在大企业发展的同时,众多的中小企业也在蓬勃兴起,少数大企业和大量中小企业共存是多数国家企业规模结构的共同特征。并且,中小企业在各国国民经济中的地位和作用也更加突出,尤其是随着知识经济时代的到来,出现了个人创业的"大爆炸"。大力发展中小企业已成为各国发展经济的共识。斯密、马克思等人的观点显然与这一现实相悖,当然,苛求前人的经济理论能解释当代的经济现实有失公允,但问题在于随着中小企业大发展所掀起的中小企业研究热潮中,大部分集中于现象描述或对策分析上,关于中小企业为何存在这一基本理论问题几乎成为这次研究热潮的一个盲区。鉴于此,本章将通过对各种经济学说的梳理,发掘并归纳出有关中小企业存在的理论,并对之作出分析和评价,以期对中小企业何以存在这一重要的经济现实作出科学而完整的解释。

一、中小企业存在理论

1. 经济进化论

最早用进化论思想解释中小企业存在的经济学家是阿尔弗雷德·马歇尔(Alfred Marshall),他在《经济学原理》第一版中赞同斯密定理。但中小企业顽强生存的现实引起了他的注意,并且在归纳古典经济理论时他发现在规模经济递增和竞争之间存在着矛盾,即所谓的"马歇尔冲突"。为解决这一冲突并解释经济现实,在《经济学原理》第二版中他借鉴达尔文进化论主义提出了自己的理论。马歇尔认为,自然界许多生物都有生命周期,比如一株幼苗吸收足够的阳光、空气、水分和其他营养,会长成参天大树,具有旺盛的生命力,但这种状况不会永远持续下去,它终究会因摆脱不了年龄的影响而失去生命力,其他具有青春活力的幼苗又会沿着这一轨迹发展。企业的发展也是如此,有其"生成—发展—衰亡"的生命周期,大企业衰退后为中小企业取代是自然法则,垄断不会无限蔓延下去,规模经济和竞争可以获得某种均衡。马歇尔还指出中小企业的最大特点就在于管理费用低、决策灵活,同样可以获得必要的信息(企业规模愈小,必要信息量愈少)。马歇尔从进化论角度,在中小企业个体层面上考察了其存在的原因,可称为"个体经济进化论"。在20世纪末期涌现的企业能力理论经济学家中,经济学家安蒂斯·潘罗斯(E.T. Penrose)禀承了马歇尔的分析,认为企业没有最优的规模,因为企业连续不断地产生出新的资源,这些资源可用于有效拓展"邻近"的产品市场,单个企业往往处于由小到大的不断进化之中,周而复始。

借鉴达尔文进化论思想解释中小企业存在的经济学家除马歇尔和潘罗斯外,还有约翰·穆勒(John Stuart Mill)、舒马赫(E.F. Schumacher)和日本一些学者。但侧重点有所不同,马歇尔和潘罗斯是借鉴进化论中"生命周期"思想,强调企业也有发生、发展、灭亡的过程;约翰·穆勒等人则借鉴进化论中的"物竞天择、适者生存"思想,强调企业对外界环境等的适应能力。

英国经济学家穆勒认为由大规模经营带来的优势,未必在任一场合都能超过中小企业的优势——兢兢业业的工作态度,对微小损益的极为关注等。无论在何处,若从事同一经济活动的既有大企业又有中小企业,那种能在现存环境中更有效地生产的企业必能以较低价格出售其产品,适应性强是中小企业存在的根本性原因。德裔英国经济学家舒马赫则首先揭露了资本密集型及资源密集型大企业的大型化生产导致了环境污染和资源枯竭,具有严重的外部不经济性。然后高度赞扬小规模企业的优势,认为小规模生产对自然环境污染较小,就整个社会而言是高效的,因为它对自然环境破坏的外部成本远低于大企业相应的外部成本。可见,中小企业适应了人类对环境保护的要求,这是其得以大量发展的重要原因。此外,大企业官僚主义严重也不能解决贫富差距问题,因而大企业小化是一种进步的趋势,小的是美好的。日本经济学界也流行着一种用适应环境能力强解释中小企业存在和发展的观点,这是在对实践深刻认识的基础上形成的。20世纪70年代后,日本的企业环境发生了二战后最深刻、最激烈的变化;有来自国外的如石油危机和美元冲击,也有来自国内的如经济增长速度放慢、产业结构调整以及消费结构的多样化和个性化。在这一变化过程中,大企业并没因其雄厚的经济实力而显示出强大的环境适应能力,中小企业也没有因其力量薄弱而为环境所淘汰。于是,日本一些经济学者对企业的环境适应能力作了深入分析,认为企业环境影响企业行为,企业行为决定企业绩效,从而提出了有别于哈佛学派传统的"结构→行为→绩效"分析框架(SCP框架)的环境→行为→绩效分析框架(ECP框架),但企业不是被动地受环境影响,而是能主动地对环境作出反映。不同规模的企业能否生存和发展,关键在于其对环境变化反应的灵敏性和有效性,也即对环境的适应能力。事实证明,中小企业有着比大企业更强的适应环境变化的能力,这是其在日益多变的环境下蓬勃发展的根本原因。

2. 不完全市场论

1933年罗宾逊夫人(Joan Robinson)和张伯伦(A. Chamberlain)对传统经济学的完全市场假设提出质疑,认为现实中的市场既非完全竞争亦非完全垄断,而是二者的混合,即不完全竞争(或垄断竞争),正是这种不完全的市场形态使得大量中小企业得以存在和成长。张伯伦特别强调"产品差别"对中小企业存在的重要性,认为产品差别使中小企业也具有一定的垄断因素,得以与大企业共存。此外,中小企业还因其规模小和固有的灵活性,可以适应市场需求的变化,及时调整生产经营策略,这更增强了其竞争能力。罗宾逊夫人认为不同企业,由于参与竞争的具体条件如拥有要素的种类、数量和质量、销售时间与技巧、地理条件等各不相同,最终都会对市场价格产生一定程度的影响力,因而能对价格产生影响的不仅是大企业,中小企业只要能发挥自身优势,同样可以对价格产生影响,拥有竞争优势,这就是不完全竞争市场条件下中小企业与大企业共存的真正原因。

在马歇尔"外部经济"思想影响下,20世纪五六十年代威廉姆森(Oliver Williamson)和理查德·尼尔森(Richard Nelson)分别指出在企业和市场这两种基本的制度形式之间,还存在着第三种组织活动的基本形式,即"组织间协调"或"中间性体制",也就是一些组织通过战略联盟等形式形成集群以获得外部经济的好处,这样的市场已非真正意义上的完全市场,而是另外一种含义的不完全竞争市场。单个中小企业由于规模小、实力弱,难以与大企业抗衡,但可以结成"中间性体制",既能获得外部经济效果,又能获得集体竞争优势,以整体力量与大企业竞争。这样他们就用另一种含义的不完全市场解释了中小企业的存在。

用不完全市场解释中小企业大量存在和发展的另一种观点是充分重视了市场中企业竞争方式的转化。自19世纪末,20世纪初到第二次世界大战前,垄断大企业对中小企业一般采取吞并排挤的直接竞争方式,这种竞争方式下中小企业由于规模小、实力弱而处于劣势。比如19世纪末,20世纪初先后进入垄断资本主义的英、美、法、德、日等国家中,迅速膨胀的大企业通过直接竞争方式对中小企业残酷打击,大量中小企业倒闭或破产,处于衰退之势,一直延续到二战前。二战后,随着经济、技术的发展和其他客观经济环境的变化,垄断大企业弊端渐显,经营艰难。于是许多大企业通过反思,认识到与中小企业合作对他们的益处:可充分利用中小企业"精、专、特"的优势,获取质优价廉的零部件和配件,或将一些琐碎的工艺分包出去,分享分工协作的经济成果。在这样的前提下,大企业与中小企业之间的竞争方式由直接竞争转为合作竞争(迂回竞争),中小企业生产经营环境大为改善,所以才得以蓬勃兴起。我国学者袁纯清将这种竞争方式的转变称为从非对称性互惠共生向对称性互惠共生的进化。

3. 规模经济论

奥斯汀·罗宾逊(Austin Robinson)在《竞争的产业结构》中用规模经济理论解释了中小企业的存在。他认为,企业规模收益递增有一限度,超过此限度,将会出现规模收益递减。因为规模越大,分工越细密,但由于技术的非无限可分性,分工超过一定限度反而意味着复杂程度的提高、操作成本的增加和效率的损失。另一方面,企业规模越大,管理层次越多,决策时间延长,灵活性降低,会使机会成本增加。两方面的原因,使得企业在现有技术条件下达到单位平均成本最低点的最佳规模未必很大,中小企业同样可以达到相应的最佳规模。只要达到最佳规模的企业就有较强竞争力,就能生存和发展,所以许多中小企业得以生存。此外,中小企业还有员工归属感强、富有朝气等优势,其大量存在自然就不足为奇了。

日本的末松玄六教授在"最佳规模论"的基础上,结合日本实际发展起了"最适规模论",用以解释中小企业的存在。末松在《中小企业经营战略》(1971)中首先区分了最大收益规模的最适规模(OSMRS)和最大效率规模的最适规模(OSMES)。前者指以最大收益额所表示的最适规模,强调利润的绝对量;后者指综合考虑平均成本、销售利润率、总资本附加值率等因素时综合效率最大的规模,强调利润的相对量。只有 OSMES 才是企业竞争优势的真正体现,但二者往往并不重合。行业不同,企业最适规模也各异,所以一些行业特别适合中小企业的存在。然后末松详细分析了一些行业大企业未必比中小企业具有竞争优势的原因:①大企业人际关系不融洽;②大企业管理层次多,管理费用和协调费用高;③大企业信息传递渠道不畅;④大企业内企业家精神缺失;⑤大企业规章制度繁杂,决策不灵活。最后末松得出结论:中小企业只要能发挥自身优势,自然可以调整到最适规模,获得规模经济,与大企业共存并取得不断的发展。

美国芝加哥学派的经济学家乔治·施蒂格勒(George J. Stigler)进一步拓展了规模经济理论,增强了其对中小企业存在的解释能力。他认为,在任一特定行业中,若某种规模的企业在市场竞争中生存下来,则意味着它是有效率的;进而,若某种规模的企业数量(或产出量)在该行业中比重上升最快,则说明此规模为最佳规模。施蒂格勒运用这种生存技术法,通过大量实证分析,得出结论:某一行业的最佳企业规模通常是一个区间而非一个点,因而企业长期平均成本曲线是"碟型"而非"U 型",此即许多中小企业同样达到最佳规模,得以生存和发展的经济学解释。

新制度经济学(The New Institutional Economics,有别于以加尔布雷斯为代表的新制度经济学派,后者为 The Neo-Institutional Economics)创始人罗纳德·科斯(R.H. Coase)在《企业的性质》(1937)和《交易成本问题》(1960)两篇文章中指出,交换经济条件下企业之所以产生是为了节约交易费用,企业与市场是替代性制度安排。企业边界决定于企业和市场的均衡,即企业内的边际组织费用与市场边际交易费用相等之处。换言之,企业最佳规模为交易费用与组织费用二者之和最小处。一般而言,随着企业规模的扩大,交易费用递减,组织费用递增,故此两种费用之和最小处的企业规模不一定很大,中小企业同样可以达到最佳规模。这样科斯就用交易费用理论从最佳规模角度解释了中小企业的存在。

4. 产业(或部门、行业)分工论

施太莱(Staley)和莫斯(Morse)1965年对美国产业组织结构作了实证分析,认为从技术和经济两方面分析生产成本、规模经济、市场特性及地缘区位等因素,可知不同产业适于不同规模的企业经营。根据这些因素,他归纳出八种称之为"中小产业"的适合中小企业经营的细分产业:①原料来源分散的产业,由于规模经济不足以补偿原料的运输成本,所以中小规模企业就近原料产地经营更经济;②生产地区性产品的产业,规模经济不足以补偿产品运到外地的运输成本,适于中小企业就近产品市场经营;③服务性产业,顾客一般对产品有较高的个性化要求;④可分割制造过程的产业,如工业机械制造的许多流程分包给中小企业更经济;⑤手工制品业,生产方法以手工为主,多为艺术或精密产品,规模经济并不重要;⑥简单装配、混合及装饰工艺产业,如清洁剂、涂料生产企业;⑦生产特异性产品的产业,如鞋帽制造业;⑧产品市场小的产业,如工艺品、乐器制造业等。

日本学者太田一郎认为,可以将经济部门分为两类:集中型部门和分散型部门。集中型部门往往需要大型设备或需巨额投资或产品易标准化且量大而品种少,如钢铁、石化、电力、飞机、轮船、录像机等,适合大企业经营,中小企业即使存在,其市场占有率也很低,竞争优势很小或处于竞争劣势。分散型部门包括适合多品种小批量生产的纺织品、副食品、家具、陶瓷等生产部门,与大企业相关的金属模具、砖瓦等生产资料加工和零部件生产部门以及运费和(或)库存高的水泥、活鲜及易腐品等销售波动剧烈的部门。分散部门更适合中小规模企业的生存和发展。

美国新制度学派代表人物加尔布雷斯(Galbraith)在《经济学和公共目标》(1973)中认为,现代美国资本主义经济并非单一模式,而是由两大系统组成:一组是有组织的大企业,即当时的100家左右大公司组成;另一组是分散的中小企业,当时由1200万个中小企业组成。有些行业的事务可以由大企业完成,而另外一些行业的事务则更适合中小企业去经营。主要因为:①有些工作是无法标准化的,地区分布也极为分散;②对个人的直接服务依然存在着较大需求,这类服务所需技术、资金有限,大规模组织无用武之地;③涉及艺术的行业,同样不需大量昂贵的设备,而且产品和劳务需要创新的艺术表现,更适合中小企业经营;④有些商品受法律、行会或工会歧视,或受技术方面约束,不得不以中小规模经营。

5. 生产力本位论

日本学者中村秀一郎在《大规模时代的终结——多元化产业组织》中依据日本的经济现实认为中小企业的蓬勃兴起是由于生产力的发展所引起的一系列变化。中村指出,日本经济在"黄金增长阶段"(二战后至20世纪70年代初)主要特征是以重化工业为核心,企业在规模上追求大型化。然而,进入70年代以后,由于诸多原因,大企业生产经营步履

维艰,"大规模时代"已经终结,中小企业将进入结构性大发展阶段。他认为,由于生产力的发展,日本自70年代已从重化工业阶段跨入信息化时代:首先,生产力随着科技进步而迅速发展,引起产业结构由资本密集型向知识、技术密集型转移,人们对规模经济的根本信念发生了动摇;其次,随着生产力的发展,人们收入水平提高,带动需求结构向多元化、个性化发展,与之适应,多品种、小批量生产方式取代了少品种、大批量的传统生产方式;最后,国家为发展生产力,其产业政策亦向中小企业倾斜。这一切都为中小企业的发展创造了有利条件,可见,中小企业蓬勃兴起的根本原因在于生产力的发展。

美国未来学家托夫勒(Tolfler)在《第三次浪潮》(1980)中指出,农业的兴起是第一次浪潮,工业革命是第二次浪潮,由于生产力的飞速发展,人类已于二战后迎来了第三次浪潮。大批量、少品种甚至长期生产数百万件同一标准的产品是第二次浪潮的特征,大规模生产是从属于这种生产力特征的有效方式。然而,第三次浪潮的生产特征都是生产短期的、个别的甚至完全定做的产品,小批量、多品种成为这次浪潮的有效生产方式。正是这种生产力发展所引起的生产方式的变化,使得大量中小企业发展起来。也有一些西方学者将中小企业在20世纪70年代以后的大发展归因于所谓的第四次浪潮,即知识经济浪潮,事实上,知识、科技都是生产力,因而在本质上与托夫勒的生产力本位论是一致的。

卡尔松(Karlson)非常强调新技术革命对企业规模的影响。他指出,科技进步(不过是生产力发展的同义语)有效降低了企业生产的最小有效规模(MES),使平均成本曲线左移,弱化了规模经济进入壁垒,使得许多中小企业可以进入原来难以进入的领域生产经营。因而他认为中小企业的蓬勃兴起应从科技进步中去寻求答案。阿科斯(Z.J. Acs)则用技术轨道的转移(亦是生产力发展的不同表述)来解释中小企业的兴起。他认为,由于科技革命,技术轨道发生转移,人类已进入一个新的技术时代。由传统技术所支撑的传统产业日渐萎缩,大企业生产经营困难重重。与此同时,新技术带动了新产业的出现,为中小企业的发展提供了一个史无前例的契机,拓展了其生存空间,再加上中小企业直接与市场和消费者接触、决策灵活、能灵敏感应科技变动的节奏等,故能蓬勃发展。

二、分析、评价与总结

以上叙述的几种中小企业存在理论看似内容庞杂,实则每种理论都是从某一侧面论证了中小企业的存在原因,所以各种理论既有其特点,也存在着片面性与不足之处,且内容上亦有交叉和重复。因而有必要对以上理论作出分析和评价,并作一简要总结。

经济进化论最突出的特点体现在方法论上,它借鉴生物学上进化论思想来解释中小企业存在的经济现实,马歇尔开创的这一借鉴其他学科成果研究经济问题的研究方法影响了后来的许多经济学家。但马歇尔的理论带有明显的神秘主义色彩,并且对经济现实的解释也给人以没抓住本质之感,根本原因在于新古典经济学将企业仅仅看成符合生产函数特征的"黑匣子"这一致命缺陷。潘罗斯则运用最新发展的企业能力理论,在一定程度上弥补了马歇尔的不足。约翰·穆勒、舒马赫和日本的一些进化经济学者同样受达尔文主义启发,但他们借鉴的是进化论的精髓——"物竞天择,适者生存"这一自然选择机制,特别强调中小企业对环境变化的反应灵敏度和适应能力,其解释比马歇尔理论更令人信服,说明永远都是企业适应社会,而非社会适应企业,在充满不确定性的今天,具有一定现实意义。而且舒马赫还强调了环境保护问题,日本学者提出了研究企业行为的新的理论框架。但它们的缺点也是显而易见的,过于重视实证研究,对规模经济、市场不完全性等视而不见。

不完全市场论的开创者罗宾逊夫人和张伯伦从市场形态的角度论述了中小企业存在的原因,放宽了古典经济学完全竞争的假设,对经济现实的解释力大为增强,但其优点从另一方面看也构成了其不足之处,因为其理论无法解释在一些非常接近完全竞争市场形态的行业,如农业中存在大量中小企业的现象。威廉姆森和理查德·尼尔森以及竞争方式转化论经济学者的理论极大完善了不完全市场理论,拓展了其应用范围,不仅较好解释了中小企业集群现象,也给中小企业与大企业共存现象一个"说法"。许多中小企业集群存在是事实,但也有不少是零星存在,威廉姆森和理查德·尼尔森对此没有任何解释;竞争方式转化论者在解释直接竞争下中小企业的存在时也显得苍白无力。

用规模经济论解释中小企业存在的合理性是显而易见的,因为所谓的中小企业,往往就是在规模方面相对于大企业而言的。从规模经济角度论证中小企业因具有竞争力而广泛存在是其共同特征。奥斯汀·罗宾逊首先用规模经济理论对中小企业的存在作出解释,但他的理论尚显粗糙。末松教授则将规模经济问题研究推向深化,在解释中小企业存在时也更深入细致,并且已初显产业分工论之端倪,但却没能往前再走一步。施蒂格勒理论的显著特点是可检验性强,并且"碟型"成本曲线的提出也是对企业成本理论的一个重大发展,但过多的实证研究冲淡了其理论的深刻性。科斯引入交易费用分析企业最佳规模问题,丰富了规模经济理论对中小企业存在的研究,但由于过于重视交易费用,从而错误地认为交易费用比生产费用更重要,颇有交换重于生产之嫌。

产业(或部门、行业)分工论运用产业组织理论研究中小企业的存在,对适合中小企业存在和发展的产业(或部门、行业)有明显界定,因而对国家制定中小企业政策有一定指导意义,这是该派理论的显著特征。但该派正因如此,对中小企业何以存在的经济学分析不太深入,这是其不足之处。

生产力本位论充分重视包含科技在内的生产力的变化及引起的其他变化对中小企业存在和发展的作用,具有动态性和联系性特征,符合辩证唯物主义思想;强调生产力的决定性作用,符合历史唯物主义思想;将科学技术的发展视为中小企业大发展的重要原因,又具有鲜明的时代特征。并且中村秀一郎理论将消费结构的演进、产业结构的转换以及国家的产业组织政策等因素都纳入其理论体系,因而显得更为系统和完整,具有极强的包容性。但它们的共同缺点是难以解释大规模时代终结之前,第三次浪潮之前,科技革命发生之前或技术轨道转移之前许多中小企业存在的经济现实。

事实上,中小企业的存在是一个极为复杂的经济现象,造成这一现象的原因是多方面的,有经济方面的,也有政治方面的,还有社会文化和自然方面的,因而对这一现象的解释也应该从各个角度出发,综合考虑各种影响因素。以上述及的理论大多是从经济方面进行论证的,各种理论之间具有一定互补性,但对经济之外的其他因素论述甚少。就政治方面而言,影响中小企业存在的因素如国家的财政、货币等宏观政策,政府对公平分配问题的重视程度,甚至国家领导人的好恶等都可能影响中小企业的存在和发展;就社会文化方面而言,人们是否具有独立创业的思想,消费观念的转变等对中小企业的存在和发展亦有一定影响;就自然方面而言,自然资源区位分布的集中与分散程度对中小企业存在的影响也不容忽视。当然对于不同国家或地区,同一国家或地区不同时期的中小企业存在现象,各种影响因素的重要性亦不同,要想作出确切合理的解释,需视具体情况而定。

第二节　中小企业特征与分类的比较

一、中小企业特征的国别比较

(一) 中小企业的一般特征

由第一节分析可知,中小企业具有很强的相对性,因而对其特征要想作出一个比较一致的概括有一定的难度。故此,我们将中小企业作为一个整体,指明其与大企业比较而言的特征。

1. 规模较小,经济活动过程简单,"新陈代谢"快

中小企业的划分标准主要是企业规模,一般把在本行业中规模相对较小的企业归为中小企业,这也是中小企业最为明显的外部特征。这种小规模特征体现在资本(资产)规模、投入产出规模、销售规模等方面。由于中小企业拥有的固定资产较少,职工人数不多,企业的生产能力、产值和利润也较低,因而生产过程简单,管理和技术难度也不大,易于大力发展。也正是由于规模小,使得中小企业创办容易,兴建所需投资少,建厂与投产难度不高,并且创办时间短、见效快,但抗风险能力也弱,从而出现每年都有大量中小企业倒闭,但同时又有大量中小企业创立的情况。不过其创立总数往往大于消亡总数,通过这种"新陈代谢",中小企业数量不断增加,整体质量也不断提高,可谓"野火烧不尽,春风吹又生。"如1989年德国有26.8万个企业停止经营,而新创办的则为33.7万个,增加了6.9万个,当年增长比率为25.75%。再如美国中小企业通过这种"新陈代谢",其数量增长情况亦相当明显(表2-1)。

2. 经营灵活,形式多样,量大面广

中小企业对市场反应灵敏,应变能力较强,往往能在一些新领域或不被人重视的行业,捷足先登,异军突起。一般而言,中小企业需要的资金额和技术力量"门槛"较低,投入

表2-1　美国中小企业的数量增长情况一览表

年份	公司数（万个）	合股企业数（万个）	业主数（万个）	总数（万个）	年增长百分比（%）
1980	2676	1042	8944	13 022	—
1981	2831	1458	9345	13 616	+4.6
1982	2913	1553	9877	14 343	+5.3
1983	3078	1613	10 570	15 198	+6.0
1984	3167	1676	11 327	16 170	+6.4
1985	3437	1755	11 767	16 959	+4.9
1986	3577	1807	12 115	17 499	+4.4
1987	3829	1824	12 633	18 286	+4.5
1988	4027	1826	13 126	18 979	+3.8
1989	4270	1950	13 839	20 059	+5.7
⋮	⋮	⋮	⋮	⋮	⋮
1993	4600	1600	15 300	21 500	—
1994	4500	1600	16 000	22 100	+2.8
1995	—			22 950	+3.9

资料来源：美国SBA及白宫小企业全国大会资料。

少，见效快，而且可以选择的经营项目较多，因此进入市场比较容易，经营手段灵活多变，适应性强。与大企业相比，小企业受资产专用性（具有某种固定用途而不能轻易转为其他用途的资产，如一些专用性很强的生产设备）和沉没成本（一旦投入生产，在生产停止后无法退出或者得到补偿的成本，如某些固定资产或不变成本）的影响较小，也即其机会成本较小，投资的风险相对不大。小企业可以根据市场变化较快地调整其产品结构、改变生产方向、甚至转行，从而较快地适应市场的新需要。同时，小企业在组织结构上也相对简单，处理生产管理和人员安排等方面，比起层级繁多、组织结构复杂的大企业来说也要灵活、简便得多。

中小企业由于有着广泛的社会经济基础，因此是现代经济的重要组成部分，不论是在发达国家，还是在发展中国家，中小企业的数量都占绝对优势。在制造业中，日本的中小企业占企业总数的99.6%，美国占98.4%，韩国占98.3%。发展中国家这一比例也大致相同，如马来西亚1986年制造业部门中的中小企业占企业总数的81%；泰国1984年制造业部门中的中小企业和家庭企业（规模在9人以下）占98.4%；印度尼西亚1986年工业部门中小企业（规模在5~99人）和家庭企业（5人以下）占99.1%；我国1994年乡及乡以上中小型工业企业占工业企业总数的99.02%。中小企业经营范围也很广，几乎涉及了所有竞争性行业和领域，除航空航天、金融保险等技术、资金密集度极高和国家专控的特殊行业外,广泛分布于第一、第二和第三产业的各个行业,尤其是在一般制造加工业、农业、采掘业、建筑业、运输业、批发和零售业、餐饮和其他社会服务业等中。值得注意的是,20世纪70年代之后兴起的一些高技术产业(如微电子产业、软件开发等)中,中小企业也占有很大比重。

3．融资能力差,资本、技术有机构成低

中小企业设立时注册资本较少,企业规模小,往往达不到有关规定的要求,从而无法直接进入资本市场发行股票、债券等来筹资;由于资本不多,可供抵押资产不足而难以获得商业信用;由于会计账目不健全,或企业历史时间不长,财务资料不充分等原因而难以得到金融机构的信任和支持。然而中小企业常常处于急剧发展时期,这一阶段现金需要量是企业生命周期中最大的;中小企业在交易中多半需要立即付款,因为它们取得商业信用的标准较大企业苛刻,自然性融资机会缺乏。由于以上种种原因造成中小企业常常面临资金匮乏,甚至因资金周转不灵而破产的局面。由于融资能力差,还造成中小企业资本有机构成较低,这进一步导致生产设备落后,工艺陈旧,更新缓慢,产品标准化程度低,质量差,花色品种少,技术含量和附加值小。

但由于中小企业有机构成低,多为劳动密集型企业,反而使得其在吸纳就业方面具有大企业无可替代的作用。如我国国有大、中、小企业资金有机构成之比为1.83:1.23:1,资金就业率之比为0.48:0.66:1,可见,就单位资金所安排的劳动人数而言,中小企业要比大企业多得多。

4．管理效率低,人才缺乏,竞争力较弱,抗风险能力差

人才缺乏是影响中小企业发展的一个重要因素,也导致了一系列问题。中小企业的经营决策通常是由1~2人负责,并且不存在有章可循的程序。尽管中小企业在运作上具有较大的灵活性,但这种管理机制上的缺陷不容低估,这决定着中小企业能否进一步健康发展。具体来说,中小企业在管理方面存在如下缺陷:①管理机构简单,专业性不强,分工效益不明显,内部控制制度不健全。特别是中小企业一般不设财务机构,没有专职财务管理人员,财务管理的职能是由会计或其他部门兼管,或者由企业主管人员一手包办。②对优秀管理人员的吸引力不大,缺乏合格的管理人才和技术人才,最高决策者大多不能正确认识管理和效益的关系。③管理行为分界不清,常规与非常规决策难以区别,经营者承担过多的责任,疲于应付日常琐碎事务,缺乏用于思考、计划、决策和预测分析的时间,对企业的财务决策主要凭经验与直觉判断。④会计核算工作力量薄弱。会计制度通常不健全,财会人员整体业务素质欠佳。另外,由于各国一般都不要求对中小企业的财务报表进行审计,企业的会计核算更容易受到各方面的不健康因素的干扰。如许多企业根本没有账面记录,利润靠估算,不少小企业往往虚报营业费用,尽量压低纳税额,偷税漏税问题十分严重。

由于上述原因,造成了中小企业劳动生产率低,生产成本高,在市场上缺乏竞争力,抗

风险能力差。其产品和技术大多属于模仿性质,处于生命周期中"成熟期"甚至"衰退期"阶段,很难与拥有充足资金、成熟技术和庞大销售网络的大型企业、外资企业抗衡。例如,新加坡的中小企业与外资企业的生产率相比,制造业部门低34%,商业部门低65%,服务业部门低50%。加上小企业缺乏全面引进设备和技术的资金来源,而自身又难以承担基础研究和科研创新的任务,就使得小企业在市场竞争中处于被动局面,相对于大型企业和成熟企业来说,平均寿命较短,倒闭的可能性和频率很高。因此小企业由于自身客观因素的制约而导致竞争中处于劣势。在经济衰退时期,小企业受到的打击尤其严重。

(二) 发达国家中小企业的特征比较

1. 美国中小企业的特征

美国中小企业特征为:①自由竞争是其最大的特征。②大量新生和死亡并存,平均寿命5年左右,只有约1/10能维持10年。③自有资本比重高。④知识型、技术型中小企业占有较大比重,平均规模较大。⑤85%以上是按业主责任制或合伙制的方式组建的,其内部管理模式相对较为简单,基本上都由企业所有人担任总经理或由合伙人共同推荐总经理或副总经理。只有少数股票上市的企业按照较为正规的方式,依法组建董事会,并由董事会任命企业的总经理。

2. 加拿大中小企业的特征

加拿大中小企业有两个显著特征。①比较独立,具有高度的市场灵活性和敏感性。他们可以向不同的公司或企业提供产品和服务,而不愿依附于某个大公司。比如一家生产电脑硬件的中小企业,可以同时向多家大电脑公司甚至外国公司提供自己有特色的产品,这就保持了独立性和竞争性。②勇于创新。在20世纪最后几年里,约有15%的中小企业采用了至少5种以上的先进技术或工艺。当然,这与政府在这方面所采取的税收优惠有关。加拿大中小企业不仅注重本身的科技创新,而且还在世界范围内寻找最新技术和工艺,并加以消化和吸收,最终提升了其产品在国际市场上的竞争力。

3. 日本中小企业的特征

日本中小企业的特征为:①以自由竞争为根本。②自主权比大企业大。中小企业规模较小,从业人员少,企业所有权与决策权往往由一个人掌握,拥有很高的自主权。③新生与死亡并存,总体而言,新生率要高于死亡率,因而发展趋势稳中有升。④产业分布上以服务业、制造业和商业为主。⑤地区分布上相对落后地区的比重较大。⑥外力对中小企业发展有重要作用。表现在三个方面:第一,中小企业相互之间联系紧密,有各种互助共济性中小企业集群。第二,中小企业与大企业之间建立分工协作关系,主要是通过"下请分业"方式建立起来的,实质上就是承包关系。第三,政府对中小企业大力支持。战后以来,日本政府制定了许多保护、扶持中小企业发展的政策,在发达国家中是较为明显的。

4. 德国中小企业的特征

德国中小企业特征为：①从所有制结构看，家庭所有制与个体所有制占有绝对比重，尽管也有一些股份制中小企业，但比重很低。②从管理组织结构看，一般都实行职能管理，没有大企业那样庞大、复杂的官僚管理机构。③以自由竞争为核心的竞争机制。与大企业一样，中小企业也是完全以市场为导向来组织生产、经营活动，进行自由竞争的。④技术创新形式独特，积极从事技术开发、创新与市场开拓工作。长期以来，德国中小企业科研成果一直占全国最新科研成果总数的70％以上。而且，它们在高新技术产业化、市场化方面做得也比大企业好。统计表明，德国中小企业将最新成果产业化的生产周期为1~2年，而大企业则需4~5年。⑤专业化程度高，往往只从事某一种产品的生产，甚至只从事某一产品零部件的生产或某一道工艺的操作。⑥产业出口比重高于一般国家中小企业相应比重。⑦中小企业主企业家精神明显，责任心强，敢冒风险，富于竞争意识。

5. 英国中小企业的特征

英国中小企业特征主要是：①多为劳动密集型企业，对劳动力的技能和素质要求不高，用工制度灵活，能吸收较多的剩余劳动力，减轻失业压力。②资产额小。英国中小企业的固定资产在其总资产中的比例相对较低。20世纪80年代后期进行的多项调查显示，中小企业固定资产占英国总资产的30％，大型企业的固定资产占英国总资产的60％。③负债率高。与大型企业相比，中小企业资产结构中商业债务的比例较高，制造业中小企业的商业债务以及其他债务占其全部资产的40％左右，大型公司的债务则不到其全部资产的30％。与主要依靠募股集资的大型公司相比，中小企业更加依赖于银行的短期贷款与透支手段。因此，中小企业较少依赖股东筹集资金，权益负债比（负债与资本权益之比）普遍较高。④地区分布不均匀。英国各地的企业密集程度有所不同。从表2-2可以看出，在英国北部、苏格兰以及威尔士中小企业的密集程度较低，英格兰东南部是中小企业最为密集的地区。

6. 意大利中小企业的特征

意大利中小企业特征为：①以自由竞争为核心。②以私人所有制为基础，小企业的产权、管理和组织高度社会化。③规模小。意大利的中小企业的平均规模在西欧各国中是最小的，最大的中小企业不超过300人，有的是家庭型的。以金属加工行业的中小企业为例，意大利平均每家企业只有127人，而法国则是194人，英国是216人，德国为262人。④应变能力强。在产品上可以根据市场需要，随时改变品种与规格；在经营方式上，开业、转产、停产都比较容易，即使关闭，影响面也小。⑤生产成本低，产品具有竞争力。中小企业职工工资比大企业要低而且企业不必承担职工福利、养老退休等社会保险开支。由于人数少、工会的影响较小，可随意裁减工人。中小企业大多从事耗能低的轻工业，不需要付出过高的生产成本。⑥以自有资金为主，很少从股市筹资，即便贷款也是短期贷款。⑦

表 2-2　1987 年中小企业按营业额在不同地区分布的百分比（单位：千英镑）

地区	1~4	5~9	10~19	20~49	50~99	100~499	总计（%）
东安格利亚	3.5	3.6	3.7	3.8	3.8	4.0	3.6
东米德兰兹	6.4	6.7	7.1	7.9	7.8	7.8	6.7
东南部	44.6	43.4	39.8	38.0	37.3	39.7	43.0
北部	2.7	2.9	3.3	3.7	3.8	4.0	2.9
约克郡	7.2	7.7	8.4	8.7	8.9	8.4	7.6
西北部	11.5	11.2	11.2	11.9	10.9	9.9	11.4
西米德兰兹	9.1	9.2	10.0	10.1	10.6	9.4	9.4
西南部	7.0	7.0	7.2	6.8	6.3	6.0	7.0
苏格兰	4.5	4.7	5.6	5.8	7.2	7.8	4.9
威尔士	3.5	3.6	3.7	3.4	3.5	3.0	3.5
总计（%）	100.0	100.0	100.0	100.0	100.0	100.0	100.0

资料来源：王建优："英国小型企业的政策支持"，《外国经济与管理》，1998 年第 9 期，第 38 页。

在生产上各自独立，但在布局上相对集中，成群连片，总体上形成规模。例如，皮埃蒙特的别拉附近有"毛纺之都"之称，集中了 3000 家小企业；诺瓦拉北部地区是金属阀门和磁带的生产中心；伦巴第的科莫地区有 1400 家小企业生产丝制品；贝尔加莫是家具中心；布鲁西亚是钢铁中心；帕维亚附近的维热瓦诺是制鞋中心；阿雷佐和维琴察是黄金首饰加工中心等。⑧工艺技术高，注重产品质量。多数中小企业的工艺技术是家族代代相传，水平不低，而且注重产品的质量。为了谋求发展，很多中小企业也不断采用一些高新技术，如微处理器、数字控制、机器人、激光技术、复杂传感器等，CAD 及 CAM 技术已被很多中小企业使用。⑨多数中小企业中没有专门的管理人员，尤其是一些小企业，业主本人往往既是管理者也是生产者。⑩部分小企业属于"地下经济"，逃税、漏税。⑪意大利的中小企业在国内的分布主要集中在经济发达的中北部地区，南部则不多。中小企业集中的地区有：中北部的皮埃蒙特、伦巴第、威尼托、弗留利、特兰提诺等，中南部的马尔凯。

7. 澳大利亚中小企业的特征

澳大利亚中小企业特征为：①规模小，仅有数个人。②常常是同一家庭成员拥有该企业，由业主而非专业管理人员经营企业，大多数有初步的管理机构，但没有专业的管理机构。③多数在当地经营，产品在当地销售。

（三）发展中国家（含新兴工业化国家或地区）中小企业的特征比较

发展中国家中小企业不会是一种模式，但在大多数发展中国家里，中小企业还是有一些共同的特征。①为当地市场服务。②大多数中小企业由业主单独经营,有时也雇用临时工。③妇女在中小企业当雇主或雇员的,占有相当高的比重。④创建企业时个人积蓄或家庭钱财是主要的资金来源。⑤大部分中小企业财务制度不太健全,没有建立完备的账目。⑥通常没有正规的企业登记制度,也很少按规定纳税。⑦雇员往往超时劳动,在许多情况下,劳动条件不符合规定的标准。⑧发展中国家中小企业遍布城镇和农村。多数乡村中小企业的业主本人及其家庭成员是主要劳动者。在某些国家,尤其是西非国家,徒工是中小企业的主要劳动力,而雇用的正式劳动力却是次要的。并且,中小企业从业人员工资比大企业要低一定比例。⑨制造业里大多数中小企业不是从微型企业(一般指雇员人数在10人以下)发展起来的,而是从10人以上企业发展壮大的。此外,非洲国家微型企业升级率明显低于亚洲和拉丁美洲国家。亚洲的拉丁美洲国家中小企业中,一半以上是从微型企业扩展而来,非洲没有这么高的比例。

下面举几个国家的实例,说明其中小企业特征。

1. 韩国中小企业的特征

韩国中小企业特征为:①家庭所有制占有较大比例,合作制、股份制较少见。②规模小,但专业化程度高,一般只固定生产某一种或几种产品。③中小企业协同组合体制是韩国中小企业体制上的特征。④中小企业与大企业分工的形式主要是分包;中小企业之间的分工主要是配套生产。

2. 台湾地区中小企业的特征

台湾地区中小企业特征为:①从企业所属的行业结构来看,商业所占比重最大且继续呈上升趋势(表2-3);其次是制造业,且所占比例呈下降趋势,下降的原因除了企业向资本密集及向岛外转移外,还与倒闭等因素有关。②从就业人数看,中小型制造业就业的人数最多,1997年为208.8万人,占29.02%;其次是中小型商业,占26.04%;再次为社区服务业,占11.60%。③从营销额来看,商业与制造业处于前两位,两者占全部销售额的近80%;其次是建筑业。④从经营年限看,中小企业成立已有10~20年的占24%;成立5~10年的占21.6%;20年以上的占13.1%。经营年数显示了台湾中小企业向长期经营的变化趋势。由台湾经济研究院所作的调查显示,维系中小企业发展的是家庭亲戚关系,以及感情因素,这也是台湾中小企业不能成长壮大的原因之一。⑤在制造业内部:从行业分,中小企业以金属制造业为主,占45%;机构设备占9.48%;食品占8.75%。从销售额看,金属制造业占17.49%,其次分别为电子机构(14.32%)、机构设备(10.45%)等。值得注意的是,在印刷及相关产业中,中小企业销售额所占比例上升,而在橡胶、精密机床等行业中的比例下降。⑥从技术创新看,中小型制造业进行R&D以自己为主,占84.23%,开展共同研究的占12.44%;大企业的R&D也是自己为主,占89.61%,共同研究占24.72%。两者相差不明显,反映行业本身对R&D的需求。⑦从地区分布看,中小企业以台北市最多,占全部中小企业的18.46%;其次是台北县,占15.11%。与大企业分布相比,台湾大企业有一半左右分布在台北市和高雄市,而中小企业只有约 1/4 左右分布在这两个地区,反映了中小企业对促进区域均衡发展方面的重要作用。在行业地区分布上,台湾中小型商业以北部县市分布最多;中小型制造业以中部县市分布最多。⑧出口比重较大,但呈下降趋势(表 2-4)。

表 2-3　台湾中小企业结构情况(单位:%)

行　业	企业数		就业量		营销额	
	1996 年	1997 年	1996 年	1997 年	1996 年	1997 年
商　业	59.63	60.32	26.04	26.04	42.20	42.95
制造业	15.03	14.46	27.75	29.02	34.64	34.77
建筑业	6.47	6.53	12.66	11.96	12.43	11.53
社区服务业	8.35	8.14	11.65	11.60	2.42	2.52
其　他	10.52	10.55	21.9	21.38	8.31	8.23

表 2-4　台湾中小企业出口情况

年　份	出口(亿美元)		
	总数	中小企业	比例(%)
1982	222.04	154.71	69.68
1985	307.17	188.00	61.20
1990	672.14	385.22	57.31
1995	1116.88	565.67	50.65
1997	1220.98	595.43	48.77

资料来源:1998 年台湾中小企业白皮书。

3. 印度中小企业的特征

印度中小企业特征为:①从所有制结构看,家庭所有制占主要地位,约占 60%;多种形式以私人所有制为基础的合作社;国营中小企业有一定比重。②小企业在出口中占有重要地位,并且增长迅速。出口导向型产品创新亦很迅速。③分包体制较为完善,并且政府强制性地保留一批小企业生产项目(800 种以上)。④政府对中小企业的配套生产和出口大力扶持。

4. 委内瑞拉中小企业的特征

委内瑞拉中小企业主要特征是:①与其他国家相比,每 1000 人建成的企业指数(指企业总数与全国人口总数之比)很低,德国为 8.2,哥伦比亚为 1.5,委内瑞拉为 0.3,但今后的发展趋势是逐步增加,尤其是为大企业提供专业化服务的中小企业。委内瑞拉很多中小企业未注册,属非正规经济,不交税,管理不规范,产品质量没有保证,职工的社会保险制度不完善。②从技术和产品看,只有5%的中小企业采用先进技术,如生产电子和信息产品、石油工业配件、汽车零配件等的企业普遍利用计算机和因特网,产品设计有竞争力,交货灵活及时,成功地满足国内市场需要和对外出口。35%的中小企业使用成熟的中间技术,如金属、机械、成衣、玩具、制鞋、某些食品企业等,产品主要供应国内市场,很多企业与大企业签订供应合同,出口很少。其他的中小企业采用初级的或传统的技术,面向国内市场的最终消费者。从20世纪60年代开始,因委币玻利瓦尔坚挺,中小企业引进了很多外国的先进技术和设备。目前,因资金困难,中小企业很少进行技术革新和技术改造。③从经营方式来说,家庭式的中小企业占很大比例,管理水平不高,自产自销,子承父业,雇工不多。④从企业性质来说,多数中小企业是股份公司,有限责任公司占少数。目前,还没有一家中小企业在交易所上市,一些具有实力的中型企业正作准备进入交易所。⑤中小企业的技术人员主要是自己培养的,一部分来自大企业。技术人员中大部分是委内瑞拉人,外国居民是少数。⑥从资金来源上看,官方金融机构的贷款利率不高,但因政府财政困难,拨款不多,这些机构人员过多,因此贷款数量少,满足不了需要。私人银行利率高,而且要求担保条件苛刻,中小企业主要利用自有资金维持生存,无力进行新的投资,处境困难,只好减产或裁员,这又带来社会问题。

(四) 中国中小企业的特征

中国的中小企业是在中国工业化创始阶段和经济转轨的过程中崛起的,因而带有这个转轨时期特定条件下的明显特征:

1. 投资主体和所有制结构是多元化的

中国的中小企业既不像大型企业那样主要为国有企业(如大型企业中,国有企业在企业个数和工业总产值方面均占73%),也不像资本主义国家那样多为私人企业,而是集体企业占有相当大的比重。改革开放以前,中国基本上没有个体和私营经济,直到目前中国的中小企业仍以各级基层组织投资和经营为主。例如,国有中小企业基本上由市县政府经营,集体中小企业则大部分由乡镇和村两级组织经营。因此,尽管改革开放以后,非公有制企业发展很快,但公有制形式还是占有较大比重,国有集体中小企业的数量占了全部中小企业的1/5,产值则占到2/3。在中小企业的数量上,个体和私营企业占77.7%,集体占20.1%,国有占1.4%,三资企业占0.6%;而在产值方面,集体占51%,个体私营占23.3%,国有和三资企业各占13.1%。由此决定了中小企业也是县及县以下财政收入的主要来源。

2. 量大面广

1994年底中国全部工业企业总数1001.71万户中,中小企业数达1000.43万个,占全部工业企业总数的 99.97%,其比重比以中小企业比重高而著称的意大利(1991)的相应比重还多 0.15 个百分点,可谓中小企业的海洋。若考虑到商业和服务业,这一比重还会更高。这与中国人口多,农村工业刚启动有关。

3. 产出规模小,技术装备率低

中国的中小企业特别是小企业,还不能像发达国家一样,在现代化过程中实现小型企业的"巨大化"。由于技术装备率低,产出规模小,产品多为劳动密集型。1993 年,全国独立核算的小型企业平均每个企业资本金只有 23 万元,约为同期中型企业的 1/11,为大型企业的 1/65;平均每个企业的全年产值为 405 万元,约为同期中型企业的 1/9,为大型企业的 1/80。所以,中小型企业一般一次性投资量较小,进入的限制条件较少,使用的多为传统技术,产品的技术含量低,附加价值低。这和中国的整个经济水平低是相称的。

4. 组织程度差

中国的企业,大企业是大而全,中小企业是小而全,在生产领域专业化协作程度差,在销售方面缺乏固定的渠道。特别是在政府对中小企业的管理方面,没有专门的法律,也缺少扶持政策,也没有发达国家那样的社会服务体系。

5. 生产经营的外部条件有待改善

过去的计划经济时期,尽管提过大、中、小型企业"并举"的口号,但国家计划实际上偏重大型企业的投资建设和生产经营,比较忽视中小型企业在经济发展中的重要作用,因而中小企业得不到政府计划的保障。改革开放以前,中国的中小企业只能在计划的缝隙中产生、存在。随着改革开放的进展和市场机制作用的扩大,接受市场风险锻炼的中小企业,才得以发展壮大。

6. 产业结构特征

一般来说,第二产业技术资本密集程度要高些,而第三产业劳动密集程度和知识密集程度要高些,这决定了第三产业中小企业的比例要高于第二产业中小企业的比例。随着科学技术的进步和社会生产力的发展,第三产业的从业人员和 GDP 的比重将会不断提高。从表 2-5 可见,第三产业无论是从 GDP 比例,还是从从业人员的比例上,都是增长最快的,第三产业的迅速发展为中小企业开辟了广阔的发展前景。

表 2-5 中国第一、二、三产业比重变化表(单位:%)

项目	第一产业		第二产业		第三产业	
	1980	1996	1980	1996	1980	1996
人数	68.7	50.5	18.3	23.5	13.0	26.0
国内生产总值	30.1	20.2	48.5	49.0	21.4	30.8

资料来源:国家统计局主编:《中国统计年鉴(1997)》,中国统计出版社,1998 年。

7. 地域结构及经济结构特征

就数量而言,中小企业数量在东部和中部各占42%,南部占16%。就产值而言,中小企业的工业总产值东部占66%,中部占26%,西部占8%。说明东部中小企业的平均产值规模较大,约为中部的2.5倍,西部的3倍。中小企业占各地区工业总产值的比重,东部为66%,中部为67%,西部为55%,西部比重明显偏低。

8. 产品和服务主要面向国内市场

中国是一个人口众多的发展中大国,国内经济的发展面临三个方面的压力:①就业压力;②自身素质低的压力;③资金短缺的压力。由于中国人口多,经济相对不发达,劳动力过剩是长期的压力,为了增加就业,便要多办中小企业。由于自身素质低的原因,决定了中小企业的生产、服务必然要面向国内市场。尽管近年来出现了一批外向型中小企业,也因为自身素质不高,难以适应国际市场的激烈竞争,而很不稳定。加之体制方面的原因,使得中国中小企业的生产服务方向主要是国内市场。又由于资金短缺,中小企业主要集中在劳动密集型产业,其技术进步缓慢,这也决定了中小企业的产品档次低、成本高而很难挤进国际市场。由于三大压力的作用,决定了中国中小企业的发展在过去乃至将来较长的历史时期,其生产服务的方向主要是国内市场。

9. 发展主要集中于劳动密集型产业

由于中小企业是在就业压力和国内市场需求旺盛的条件下发展起来的,又由于中国整体技术水平相对落后,所以中小企业的发展主要集中在劳动密集型产业。根据对1991年全国418 869个乡级以上独立核算工业企业单位固定资产吸收劳动力的统计分析,固定资产原值1000万元以下的企业有396 515个,占94.66%,其单位固定资产所吸收的劳动力相当于固定资产原值1000万元以上企业的4.3倍;固定资产原值1000万元以下的工业企业占全部独立核算工业企业固定资产的20.9%,而吸收的劳动力达到全部独立核算工业企业劳动力的53.3%。

二、国际上的中小企业分类

科学地将中小企业分类有助于我们正确认识和分析中小企业的形成与发展的规律,也有利于政府制定和实施分类指导、保护和扶持政策。其意义为:①正确了解中小企业在各国国民经济中的真正地位。如果分类标准不明确,不能反映中小企业的真正特性,就可能难以对其有效统计;如果分类重叠,就可能高估中小企业发展水平,对制定政策不利。②找准中小企业的困难和问题,有些问题只存在于中小企业的一个特定部分,这就需要我们对中小企业进行科学分类,对不同类型的中小企业制定不同的政策。

（一）中小企业的一般分类

依据不同标准,可以将中小企业分成多种类型。主要有:

1．按产业特征分类

可分为第一产业的中小企业,第二产业的中小企业和第三产业的中小企业。现在也有一种说法把与信息、知识相关的产品和服务称为第四产业,相应地也就会有第四产业的中小企业。这种分类主要强调三次产业之间的关系,对中小企业的分布和特点的考察与分析有一定意义。目前,我国三次产业中的中小企业都有发展,第二产业的小型经济发展较快,"八五"期间年16%的递增速度中,中小企业的产值贡献率为49.7%,就业贡献率为56.7%,利税额贡献率为28.9%。

2．按生产要素密集程度分类

理论上可分为技术密集型中小企业、劳动密集型中小企业、知识密集型中小企业和资金密集型中小企业。我国目前的情况是,劳动密集型中小企业占主体,知识密集型中小企业发展较快,特别是以信息收集、处理为主要特征的咨询服务业发展迅速,中小企业成为这些行业的产品或服务的主要提供者。技术密集型中小企业也有一定发展。特别是全国各地的经济技术开发区和高新技术开发区培育了一批技术密集型中小企业。资本密集型中小企业极少。

3．按生产方式特征分类

可分为传统型中小企业和现代型中小企业。传统型中小企业的特点:一是生产方式以手工为主;二是资本来源和组织方式以家庭为主;三是市场对象以本地为主;四是分工程度低,市场分工和企业内分工水平都较低;五是产业性质以农产品加工业和手工服务业为主。传统型中小企业在我国有很长的历史,发挥过重要作用,但因其生产方式、资本结构和组织方式的落后,绝大部分都被淘汰了。现代型中小企业基本上是伴随着工业化形成和发展的,生产方式已部分或全部机械化,资本来源多样化,组织方式也具有科层性质,市场对象多元化,市场分工和企业内分工水平都得到了较快发展,涉及到的产业范围也十分广泛。现代型中小企业不再是落后的象征,有一些中小企业成为经济发展新兴行业的潮头,如软件行业、信息服务行业等。

4．按市场特征分类

可分为外向型中小企业、内向型中小企业和内外向结合型中小企业。根据市场半径的大小内向型中小企业还可作进一步的划分。例如,可分为社区性中小企业、地区性中小企业和区域性中小企业。中小企业也有外向型的,这一点往往被人忽视。如以传统工业为基础形成的中小企业在工艺品的出口上就占有重要地位。中小企业的市场特征受行业的约束比较明显,零售业的中小企业往往都是社区性的,要成为地区性的或区域性的一般比较困难。而高技术行业的中小企业可能起始规模很小,但如果其产品具有广泛的适用性,很快就会成为地区性或区域性的中小企业,然后规模扩大,向中型、大型发展,这种中小企业的演变规模在新兴产业表现十分明显。

5. 按产业进化程度分类

可分为先导产业的中小企业,新兴(朝阳)产业的中小企业、成熟产业的中小企业和衰退(夕阳)产业的中小企业。这种分类具有重要意义,以此为基础形成的对中小企业的产业分布和发展前景的认识对制定中小企业的行业政策具有实际价值。先导产业的中小企业往往处在市场探索和产品修正之中,急需产业扶持。成熟产业的中小企业则需要引导和调整,衰退产业的中小企业则需要退出和转移帮助。

6. 按与大企业关系分类

可分为独立型中小企业、互补型中小企业、替代型中小企业和竞争型中小企业。①独立型中小企业。这类中小企业的运行基本上是与大型企业并行的,并与大型企业竞争原料、劳动力和市场,也不依赖大型企业的资本和技术支持。这类中小企业多见于新兴行业,如电脑行业、无线通信行业、电脑软件行业、玩具业等。②互补型中小企业。这类中小企业是大型企业分工体系中的一个环节,专门为大型企业提供原料或中间产品、生产零部件、代理大型企业的产品销售。这类中小企业一般有某种特殊优势,由它们生产经营比大型企业自主自营的成本低。像有些中小企业本身具有技术优势,生产某种配套产品的专业化程度高;或者具有地理优势,离原料产地和销售市场近;或者具有劳动力优势,中小企业所在地的工资水平低等。③替代型中小企业。大型企业根据自身战略发展的需要退出一部分市场或一些经营领域,而这类中小企业去填补这些空缺,以这些领域作为生存和发展的条件和基础。这多见于一些传统行业,如服装、纺织等行业。④竞争型中小企业。这类小型经济与大型企业在原料、劳动力、技术和市场等方面是一种竞争关系。由于大型企业存在许多问题和困难,使一些中小企业敢于向大中企业挑战。加上地方政府的鼓励和支持或外资的帮助,降低了进入成本,使它们有能力进入大中企业所在的行业。这些行业的范围很广,大到银行业、钢铁业和汽车业,小到零售业和餐饮业。

7. 按法律形式分类

可分为独资中小企业、合伙中小企业和公司制中小企业。

(1)独资中小企业是个人出资兴办,完全由个人经营的企业,出资者对企业债务承担无限责任。在此,作为出资人的业主是自然人而非法人。这类企业比重较大,如在美国的1000多万个企业中,独资企业约占75%以上。特点是:①不是独立的法人实体,无独立行为能力。②企业独享企业利润,对企业承担无限责任。③企业所有权与经营权合二为一。

④规模有限,经营灵活开办容易。⑤受业主生命限制,企业寿命有限,致使企业债权承担一定风险。

(2)合伙中小企业是由两个或两个以上的投资者订立合伙协议,共同出资,共同经营,共同收益,共担风险,对企业债务承担无限连带责任的盈利性组织。特点是:①无限连带偿债责任。②所有权与经营权密切结合。③合伙人均有相互代理权。④共享财产的损益。⑤合伙企业作为一个会计主体,不是法人,也不是纳税实体。⑥生命有限。

(3)公司制中小企业(主要为股份公司)。指由若干个所有者(股东)以认购股份的形式出资联合,并按出资比例进行收益分配的具有独立法人地位的企业制度形态。这是最复杂,也是最符合现代企业制度的一种法律形式。其特征为:①股东的有限责任。②有利于筹集资金。③企业寿命可以延续很久。④所有权转移方便。⑤管理效率高。⑥公司是法人企业,有独立的法律人格。⑦双重税赋。公司除交纳所得税外,股东还要对从公司得到的股息和红利缴纳个人所得税。⑧难以保密。

(4)自营职业(Self-employment)是国外中小企业,尤其是微型企业的重要组成部分。指的是自己独立从事有收益工作的情况。大多数自由职业者(如律师、医生等),农场主以及小零售店的店主均属此类,人员一般在10个之内。各国经济发展早期,自营职业曾是一国企业的主角。如20世纪初期,美国劳动力中80%是自营职业,20%是别人或其他企业的雇员。

(5)合作社(合作经营)(Cooperative)是雇员拥有并控制的一种企业形式。特征是:①全体成员在"一人一票"原则下对企业有同等控制权。②任何满足规定条件的人都能入社。③利润除企业提留外,按参与程度(如工时),在成员间进行分配。与有限公司制企业一样,合作社成员只负有限责任。

(二) 中国中小企业的特殊分类

中国中小企业除国际上的一般分类外,还有特殊的地方。表现在:一按所有制分类。中国中小企业所有制结构复杂,有国有中小企业、集体中小企业、个体中小企业、私营中小企业以及混合所有制中小企业(如股份制中小企业、合资中小企业等)。二按地区分为东部中小企业和中、西部中小企业。数量上东部、中部、西部分别占42%、42%和16%。因而这一分类有助于振兴西部中小企业,实施西部大开发战略。三按法律形式分类,中国还有一种股份合作制企业。这是我国群众在改革中创造的一种企业组织形式。是以合作制为基础,吸收了股份制若干做法,实行劳动者的资本合作和劳动合作有机结合的,劳动者以出资承担有限责任的具有中国特色的企业制度。其特征为:①所有权与经营权密切相关的企业法人。②劳动者个人股占主导地位。③劳动者之间持股相对均衡。④股权变更的限定性。⑤企业管理的民主性。⑥收益分配标准的二重性,即按劳分配与按资分配相结合。

第三节 中小企业功能的比较

一、中小企业地位的国际比较

(一)中小企业地位综述

第二次世界大战之后,随着经济的恢复和发展,特别是在新技术革命浪潮的推动下,世界各国家(地区)的中小企业不仅形式多样化、分布领域广泛化,而且在国民经济中的地位也愈来愈突出。考察中小企业的地位,最常用的有三个指标:一是中小企业在全部企业中所占的比重;二是中小企业吸收的从业人员在全部从业人员中所占的比重;三是中小企业产值在全部产值中所占的比重。此外还有其他一些指标,如中小企业税收在全国税收中的比重,中小企业创新数目在全国创新总数中的比重,中小企业出口额在全国出口额中的比重等指标。下面先以表格形式反映一些国家(地区)中小企业的地位(表2-6)。

表2-6 部分国家(地区)中小企业地位一览表

国家	企业数目比重(%)	就业人数比重(%)	增加值比重(%)
美国	99	60	40
德国	99.6	68	52.4
意大利	95		50
英国	99	46	42
法国	99	66	66
比利时	85	52	
澳大利亚	94.5	44	34.2
日本	99.1	78	51.3
韩国	99	69	47
巴西	98.5	60	21
阿根廷	90	60	50

资料来源:根据不同国家中小企业发展数据编制。

现在具体介绍一些国家(地区)中小企业地位。

(二)部分发达国家中小企业地位比较

1. 美国中小企业的地位

中小企业在美国具有十分特别的地位,就总体而言,美国中小企业的比重与主要西方国家是比较接近的。雇员500人以下的中小企业有2000多万个,占美国企业总数的

99%。中小企业是美国经济的重要组成部分。中小企业在 GNP 中的贡献率为 40% 左右,其销售额占全部企业销售额的 53.5%。同时中小企业是美国一半以上的技术创新的实现者,全社会 2/3 以上的新增就业机会也是由中小企业创造的。在服务业中,49 人以下的企业 1982 年占 97.3%,从业人员为 599.6 万人,占 57.3%。在制造业中,日本 500 人以下的企业占 99.6%,美国占 98.4%;从业人员日本占 78.6%,美国占 58.9%。可见,美国制造业的集中度要明显高于日本。美国中小企业的技术创新效率比大企业高。中小企业发明的商业化程度是大企业的 1.5 倍。美国中小企业具有突出的创新地位,被称为"技术创新的尖兵"。在美国的 40 个行业中,100 人以下的小企业所占比重平均在 95% 以上,个别行业在 99.3% 以上,同时这些行业中小企业的销售额占市场总销售额的比重从 61.54% 到 94.03% 不等,可以说在这些行业小型企业起主导作用。

2. 日本中小企业的地位

日本现有中小企业 650 万个,占日本企业总数的 99%,其中制造业 80 万个,服务业 160 万个,商业、饮食业 290 万个。中小企业职工约 4340 万人,占职工总数的 80%。日本中小型零售商店的就业约占整个零售业的 90%,销售额约占 80%。日本制造业中的中小企业,约有 40% 是独立经营的,而 60% 的中小企业则被直接或间接纳入大企业的经营体系内。大部分中小企业依赖或借助于与大企业的协作关系而得以生存和发展,它们为大企业提供大量的零部件、生产协助和劳务服务。如日本松下电器公司协作网络中的中小企业有 1200 多家,为其提供所需零部件的 70%~80%。据 1994 年日本中小企业厅统计,20 世纪 90 年代以来,中小及零散企业在制造业、批发业、零售业和服务业数目庞大,这类企业的数量多达 453 万家,它们吸收的劳动力达 3909 万人。这些企业是日本资本主义竞争机制的真正参与者和体现者,它们在很大程度上可以说是日本经济发展的动力。日本中小企业竞争的领域实际上是经济最具有活力的领域。而且日本中小企业也是对外出口和投资的重要力量。可见,日本的中小企业在国民经济中居于十分重要的地位,构成与大型企业相对称的经济增长的更活跃的另一极。

3. 德国中小企业的地位

到 20 世纪 80 年代,原西德中小企业已占全国企业总数的 95% 以上,中小企业的营业额及就业人数也都分别占全国总营业额和总就业人数的 60% 左右,上缴营业税占全国企业营业税总额的 60% 左右,出口额占全国出口总值的 40%。20 世纪 90 年代以来,基本保持了 80 年代的格局,但也发生了一些变化。目前德国的中小企业约有 270 万家,中小企业的数量占企业总数的 99% 左右,其中 50 人以下的企业占 97%,4 人及 4 人以下的企业占总数的 67.7%。德国中小企业的地位可以从四方面看出:一是在就业总额中占主导地位。德国中小企业就业人数占全国总就业人数的 78%。二是在政府的税收来源中占主导地位。德国中小企业创造的产值约占 GNP 的 2/3,政府 70% 的税收来源于中小企业。三是德国技术创新的主导力量。德国约有 2/3 以上的专利技术是中小企业研究和注册的。同时中小企业在高新技术的产业化、市场化方面也比大企业做得好。统计显示,中小企业将最新科技成果产业化的平均周期为1~2年,而大企业的平均周期则需要4~5年。四是德国中小企业门类齐全,主要分布在农业、加工工业、手工业、批发与零售业、建筑业、运输业以及包括信息技术在内的服务业等。

4. 意大利中小企业的地位

意大利是西方工业强国之一,中小企业在意大利经济中起着极其重要的作用。据欧洲委员会的资料,在制造业部门企业总数中,意大利中小企业占99.87%,高于西欧平均水平的99.61%,也高于美国和日本。在创造就业机会方面,1971~1991年500~999人的大企业就业人口减少27.9%,1000人以上的特大企业减少41.8%,而20~49人的企业增加了23.6%,10~19人的企业增加了74%。制造业部门100人以下的企业吸纳的就业人数所占比重达55.3%,高于法国的28.6%和日本的47%。此外,在工业部门的出口中,中小企业占52.7%。在工业化特别是农村工业化进程中,中小企业具有不可替代的地位,是推动工业化最活跃、最广泛的力量。

5. 英国中小企业的地位

我们从1979~1986年间不同规模企业的数目比重、雇工比重和产值比重三个方面可以看出英国中小企业的重要地位(表2-7)。

表2-7 1979~1986年英国制造业的企业数、产值和雇工数统计表

项目	企业数(个)	分公司(厂)数(个)	占企业总数(%)	占雇工总数(%)	占产值总量(%)
雇工数1~99					
1979	84 229	88 226	93.9	17.2	14.6
1983	81 474	85 753	94.8	22.0	18.0
1984	114 186	118 652	95.8	23.4	18.8
1986	125 503	129 656	96.4	24.0	19.3
雇工数100~499					
1979	4152	6804	4.6	12.9	11.6
1986	3688	6778	2.8	15.9	14.5
雇工数500~999					
1979	609	2170	0.7	6.6	6.8
1986	508	1787	0.4	7.4	7.2
雇工数1000+					
1979	751	9876	0.8	63.0	67.0
1986	544	7631	0.4	52.8	59.1

资料来源:ACOST(1990), The Enterprise Challenge, Overcoming the Business to Growth in Small Firms (London: HMSO).

6. 法国中小企业的地位

法国中小企业约 350 万家,占企业总数的 99%,雇员人数和增加值比重均达 66%,企业投资占全国的 33%,产品出口占全国的 25%。

(三) 部分发展中国家(地区)中小企业地位比较

1. 韩国中小企业的地位

韩国作为亚洲"四小龙"之一,其工业化成就引人注目。事实上中小企业在韩国经济发展中具有十分重要的地位。为了在新的经济成长阶段中更好地发挥中小企业的作用,1996 年 2 月 8 日韩国设立了"中小企业厅",专司对中小企业的支援、服务和指导。韩国的中小企业在国民经济各个方面和环节都具有重要地位。特别是在促进地区经济发展、构造社会分工体系和扩大就业方面做出了很大贡献。同时,韩国中小企业是技术创新的主导力量,对全方位提高产业的竞争力作用显著。1992 年韩国共有 5 人以上企业 2 118 227 家,中小企业 2 115 195 家,占 99.8%。制造业和矿业企业 70 455 家,中小企业 62 240 家,占 98.3%。中小企业就业人数占 60.8%,产值占 43.8%,增加值占 45.6%,出口占 40.0%。1993 年制造业矿业中小企业的比重占 98.9%,就业人数占 68.9%,产值占 47.8%,增加值占 50.3%。20 世纪 80 年代以来,韩国中小企业的地位有逐渐增长的趋势。1980~1993 年,企业数比重提高 15.9 个百分点,增加值比重提高 15.1 个百分点。值得注意的是,韩国 1980~1990 年的 GDP 增长率平均为 9.0%,比 1970~1980 年的 8.6% 还高 0.4 个百分点,可以认为中小企业是韩国经济高速增长的主要来源,也是 20 世纪 70 年代中后期调整中小企业政策后的丰硕成果,这反映了中小企业在经济发展中特别是在工业化过程中的基本规律。

2. 台湾地区中小企业的地位

表 2-8,表 2-9 反映了台湾中小企业在数目比重、雇员人数比重、营业额比重和出口额比重四个方面的地位。

表 2-8　台湾中小企业地位情况一览表(单位:%)

行业	企业数 1996 年	企业数 1997 年	就业量 1996 年	就业量 1997 年	营销额 1996 年	营销额 1997 年
商业	59.63	60.32	26.04	26.04	42.20	42.95
制造业	15.03	14.46	27.75	29.02	34.64	34.77
建筑业	6.47	6.53	12.66	11.96	12.43	11.53
社区服务业	8.35	8.14	11.65	11.60	2.42	2.52
其他	10.52	10.55	21.90	21.38	8.31	8.23

表 2-9　台湾中小企业出口情况一览表

年份	出口(亿美元) 总数	中小企业	比例(%)
1982	222.04	154.71	69.68
1985	307.17	188.00	61.20
1990	672.14	385.22	57.31
1995	1116.88	565.67	60.65
1997	1220.98	595.43	48.77

资料来源:1998年台湾中小企业白皮书。

3. 巴西中小企业的地位

目前巴西中小企业(注册的)有450万家,占全国企业总数的98.5%,其中工业部门中占95%,商业部门中占99.1%,服务业中占99%。中小企业从业人员占全国从业人员数的60%,其中工业部门中占42%,商业部门中占80.2%,服务业部门中占63.5%。中小企业年产值占巴西GDP的21%,从业人员收入占全国职业总收入的48%。

4. 阿根廷中小企业的地位

目前,阿根廷中小企业约95万家,占全国企业总数的90%以上;年产值占GDP的50%;创造就业人数约为720万人,超过全国城镇经济自立人口(1270万人)的50%,约占全国就业人数的60%。就工业企业部门情况来看,根据1996年的统计,中小及微型企业创造的就业人数占整个工业部门的60%,产值占55%。

5. 委内瑞拉中小企业的地位

委内瑞拉正式的加工企业有9500家,其中100人以上的大企业占25%,其余为6~99人的中小企业和5人以下的微型企业。考虑到商业、服务业、农产品加工业,比例应该更大。从GDP看,中小工业企业占40%,所有中小企业约占60%~65%。委内瑞拉全国有1000多万劳动力,就业人数870万人,在中小企业中工作的劳动力为566.1万人,占就业劳动力总数的75%。

6. 中国中小企业的地位

我国中小企业在国民经济中的地位可以从乡镇企业和工业中小企业的情况得到说明。1995年全国乡镇企业共2202.7万个,其中99%以上都是中小型企业。乡镇企业中工业企业718.2万个,占32.6%;建筑业106.7万个,占4.8%;交通运输业495.2万个,占22.5%;商业饮食服务业及其他854.8万个,占38.8%。1995年乡镇企业就业人数达12 862.1万人,比1985年的7029万人,增加了5883.1万人,年均递增8.4%。各行业乡镇企业就业比重分别是:农业 313.5 万人,占 2.4%;工业 7564.7 万人,占 58.8%;建筑业 1932.5 万人,占 15.0%;交通运输业 952.0 万人,占 7.4%;商业饮食及其他 2099.40 万人,占 16.3%。1995 年乡镇企业总产值 68 915.2 亿元,其中农业 1033.7 亿元,占 1.5%;工业占 51 204 亿元,占 74.3%;建筑业 5340.2 亿元,占 9.2%;交通运输业 4134.9 亿元,占 6.0%;商业饮食及其他 6202.4 亿元,占 9.0%。1995 年乡镇企业增加值 14 595.2 亿元,占当年 GNP 57 277 亿元的 25.5%。可见乡镇小型经济在国民经济中占有十分重要的地位。另外,从全部工业企业来看,1995 年全国乡及乡以上工业企业总数 592 076 个,其中中小型工业企业占 95.6%,工业总产值占 49.7%,就业人数占 56.7%,利税额占 28.9%[①]。虽然缺乏关于中小企业的全面分类统计资料,但仅从乡镇企业及乡和乡以上中小工业企业的情况就可以清楚地看出,中小企业在我国国民经济总体和相关行业中的重要地位。总之,中小企业是国民经济的重要组成部分,在某些行业中中小企业占主导地位,在全社会就业中中小企业占 75%左右,在新增就业机会中中小企业占 80%左右,在对经济增长的贡献中估计中小企业占 60%以上。可以说,中小企业在国民经济和社会发展中具有举足轻重的地位(表 2-10)。

表 2-10　1987～1991 年我国中小企业地位一览表（单位:%）

年份	企业数	职工人数	资金	销售收入	产量	净值	利税	出口
1987	99.3	81.0	61.3	67.9	69.0	63.0	56.1	15
1988	99.2	80.2	60.6	68.4	69.3	64.1	57.6	17
1989	99.1	78.8	58.7	66.0	67.0	62.6	55.0	19
1990	99.0	77.8	57.5	63.5	65.2	60.7	50.6	20
1991	99.0	77.2	56.6	62.4	64.0	60.0	49.9	22
平均	99.1	79.0	58.9	65.6	66.9	62.1	53.8	18.6

注:根据历年统计年鉴编制。

二、中小企业作用的国际比较

(一)国际上中小企业作用综述

1. 促进经济增长

中小企业量大面广,分布在国民经济各个领域,因此中小企业日益成为经济增长的主要因素,在很多国家(地区)中小企业的发展已成为经济稳定增长的关键。1993 年美国 GDP 的 40%,产品销售额的 54%和私营企业产值的 50%来自中小企业;1993 年韩国制造业和矿业的中小企业产值占总产值的 43.8%;1996 年英国中小企业营业额占总营业额的 42%;1996 年我国中小企业的工业增加值占全部独立核算工业的 56%以上。此外,在经济萧条期,中小企业的发展还有助于抑制经济衰退。如 20 世纪 80 年代初期,韩国经济

---

① 国家统计局主编:《中国统计年鉴(1996)》,中国统计出版社,1997 年。

进入萧条期,国民经济出现负增长,为-5.2%,其中制造业为-1.1%,而此时中小企业增长高达2.1%,从而大大降低了衰退所造成的经济增长下降的幅度,显示出中小企业有较强的产业适应能力和对国民经济变化的缓解作用。近年来,中小企业在促进经济增长方面的作用在一些经济转轨国家表现得尤为突出,不论是在俄罗斯、东欧,还是在中国,中小企业的发展已经成为这些国家实现体制顺利转轨的重要保障。

2. 创造就业机会

创造就业机会被认为是中小企业最重要的经济作用之一。中小企业投资少,有机构成低,经营方式灵活,工资低,对劳动力的技术要求低,同样的资本可吸纳更多的劳动力,是失业人员重新就业和新增劳动力就业的主要渠道。美国中小企业的雇员占整个劳动力人数的60%,1993年以来新增就业机会中的2/3是由中小企业创造的。欧盟雇员少于250人的中小企业占欧盟企业总数的99.8%,其就业人数占总就业人数的66.52%。1988~1995年,欧盟大型企业创造的就业机会仅略多于失去的就业机会,每年平均25.9万个新增就业机会几乎都是由雇员100人以下的企业创造的。日本1986年中小企业的就业人数占其总就业人数的76.5%。德国1990年中期中小企业从业人员占全国企业从业人员的2/3。韩国1994年240万个中小企业雇员数占全国企业从业人员总数的60%。中小企业提供的就业机会主要集中在旅游业、病人护理、医疗诊所、数据收集、咨询、零售等行业。近年来,信息技术的飞速发展,为大批高新技术中小企业的诞生和发展提供了机遇,反过来,这些企业又创造了更多的新的机会。①大公司在经济不景气时,小公司一般能保持一定的就业增长速度,从而起到稳定市场的作用。②中小企业的就业人员中,有大量的年轻人、老年人、妇女。他们在就业岗位的竞争上往往处于不利地位,而中小企业通过创造就业机会,可以大大缓解这部分人员的就业困难以及由此带来的社会政治问题。③中小企业雇员中有许多人是非全天工作人员,从而满足了很大一部分只能或只愿非全天工作的劳动力的工作需要。④中小企业为初次进入劳动力市场的人员提供了就业机会,也为这些人员提供了在岗位训练基本工作技能的机会,为他们寻求其他工作机会和推动事业成功创造了条件。⑤近些年,以信息技术、生物工程为代表的高技术企业的崛起,使得大量的中小企业进入高新技术产业领域,从而大大提高了中小企业的劳动生产率,改善了中小企业的形象。

我国工业中的中小企业从业人员占整个工业从业人员的73%。以同样的固定资产投资计,国有中小企业提供的就业容量为大型国有企业的14倍。再以同样的产值计,中小型工业企业吸纳的劳动力是大型工业企业的1.43倍。随着经济体制改革的深化和结构调整步伐的加快,就业和再就业的问题越来越突出,已成为影响国民经济健康发展的主要因素。1997年,全国下岗职工达1150万人,国有企业下岗职工780万人[①]。因此,应当大力发展中小企业,拓展就业渠道,缓解下岗压力,维持社会稳定。

---

① 刘源:"关于加快中小企业发展的若干认识",《经济工作者学习资料》,1998年第55期。

3. 推动科技创新和进步

中小企业在技术创新方面发挥着重要作用,其作用可能远远超过一般人的预期。中小企业的技术创新不仅在数量上占有相当的份额,而且其创新的水平和影响也并不亚于大企业。中小企业还作出了许多被认为是现代最重要的工业创新与发展。一般来说,中小企业技术创新既与大企业有相似之处,也有不同于大企业的独特之处,但无论如何,中小企业在技术创新中的作用是显著的和重要的。此外,近些年大量中小企业进入高技术领域,并在许多行业显示出明显的优势。中小高技术企业依靠其灵活的运行机制,及对新兴市场的敏锐把握和大胆的冒险精神,创造了许多神话般的业绩。像美国苹果公司、微软公司、网景公司等,这些企业及其创业者已经成为人们崇拜的偶像。同时,技术创新也有效地改善了中小企业的形象,促进了中小企业的发展。据澳大利亚统计局的数据表明,技术创新与中小企业销售和出口的快速增长的相互关系,在规模较小的中小企业中尤为明显,而在大企业却非如此。伴随着技术革命成果的推广、信息时代的到来和知识经济的兴起,中小企业在推动技术进步方面的作用逐步显现。20 世纪 90 年代以来,第五次兼并浪潮席卷全球,对中小企业的生存造成了巨大的压力,但大批的中小企业凭借强大的生命力,继续发展壮大,其原因就在于中小企业有很强的技术创新能力。在德国,约有 2/3 以上的专利技术是中小企业研究出来并申请注册的。从 20 世纪初到 70 年代,美国科技发展项目中的一半以上是由中小企业完成的;进入 80 年代后,大约 70% 的创新是由中小企业完成的;中小企业的人均发明为大企业的 2 倍,中小企业在产品创新、服务创新、工艺创新和管理创新中的贡献率分别达到 32%,38%,17% 和 12%。

4. 活跃市场经济

通过竞争促进资源的合理配置是市场经济的重要特征。从西方国家的教训来看,大公司、大集团如果不加限制地过度发展将严重限制自由竞争,导致企业活力下降,国际竞争能力削弱。因此,各国都通过鼓励中小企业的发展来促进竞争。同时,由于中小企业生产批量小,对市场反应灵敏,能够满足日益多元化、个性化的市场需求,是活跃市场不可或缺的重要力量。中小企业还有一个最重要的,而又往往被人们忽视的经济作用,就是中小企业具有数量大、种类多、地域广、行业全的特征,这使得中小企业成为市场经济理论和实践得以存在与发展的基石。没有广大的中小企业的存在,市场经济从理论到实践都将化为乌有。

5. 是大企业的萌芽和依托

企业发展有其自身的过程,通常大企业都是由成长快、适应性强、发展前景好的中小企业发展而成的。因此,可以把中小企业看作是大企业的起步阶段。大企业激动人心的成长史一直被视为人类智慧的结晶和文明进步的象征,事业成功的创业者也常常被载入史册并广为流传。这在近年来涌现出来的大批高新技术中小企业的创业和发展中表现得更加突出。这些中小企业可以在比以往企业成长期短得多的时间内,迅速发展壮大成为大企业。日本著名的丰田汽车公司在创业初期,只是个小公司,现已成为日本乃至世界汽车行业的巨头之一。举世闻名的微软公司在创建时的资本仅 900 美元,到 1994 年销售额高达 400 亿美元,在 49 个国家和地区雇用了 16 400 名员工。从这个意义上说,今天的中小企业可能就是未来的大企业,中小企业是大企业之母。中小企业不仅孕育了大企业,也培养了未来经营管理的人才,更重要的是培养了企业家精神。

中小企业对大企业的发展具有不可替代的作用。各种中小企业对大企业发展的许多重要环节都产生积极作用,通常由于形成大企业与中小企业的专业化分工关系,使大企业能以更低的成本运行和发展。这种分工体系,主要有四种联结方式,一是生产分包体制;二是服务分包体制;三是产品分销体制;四是生产配套体制。不论哪一种方式中小企业都发挥重要作用,使大企业充分享受社会分工带来的好处,从而可以提高自身优势。日本大企业的下承包制就充分利用了与中小企业的分工优势,提高了日本垄断企业的竞争力。在中国,中小企业的发展对国有大型企业的改造和发展具有极其重要的作用。中小企业为国有大中型企业提供部分市场,中小企业的发展意味着这个市场的扩大,从而扩大对大型企业产品的有效需求,促进大型企业的繁荣。同时,中小企业还提供一些新兴市场,这对带动大型企业市场结构的转变和产业结构的升级具有重要作用。中小企业中有一部分加入大型企业的分工体系,会产生经济互补效用。利用这种分工,大型企业可以降低生产成本,分散经营风险,同时也相当于扩大了资本来源。另外,中小企业的市场适应能力相对比较强,给大型企业的经营管理提供了一种"榜样效应",诱导大型企业向市场经济过渡,增强市场意识。

6. 是扩大出口的主力军

中小企业在扩大出口方面的作用不可忽视。它们一方面通过向大企业提供质优价廉的零部件和劳务,促进了大企业的出口(间接出口)。另一方面又独自生产具有本身特点和优势的产品出口(直接出口),为活跃本国经济、参与国际竞争、促进经济技术的国际交流,作出了很大贡献。1997 年美国中小企业在出口总值中占 30%,如果加上中小企业的间接出口,其所占比重高达 60%。1993~1997 年间美国出口的高科技产品中,按品种统计有 85% 是中小企业生产的。法国中小企业在 1990 年制造业的出口中占 24.9%,出口金额比 1985 年增长 39.8%,而同期内大企业仅增长 30.8%。在 1990~1991 年度印度中小企业出口占全国出口总额的 35%,比 1987~1988 年度增长 121%。韩国 1992 年制造业中小企业的出口也比 1988 年增长 33%。以上统计数字足以说明中小企业巨大的出口潜力和广阔的发展前景。

7. 是培养企业家的摇篮

最早给企业家下了较严格定义的是法国经济学家萨伊(J.B.Say),他在 1800 年前后说:"把经济资源从生产率较低、产量较小的领域转移到生产率较高、产量更大的领域的人,便是企业家。"他认为,企业家劳动的特殊性在于他们"是预见特定产品的需求以及生产手段,发现顾客,克服许多困难,将一切生产要素组合的经济行为者"。另一位学者约瑟夫·舒特认为(1934),"一个独立的企业家必须是一个创新家,是经济和社会变革的催化剂",他应该"对生产要素进行新的组合,向市场引进了一种新产品,使用了一种新的生产手段,开辟了一个新市场,开发出一种新的原材料,或彻底地将现有的一个行业进行了重组。企业家既不是发明家,也不是投资办企业的资本家"。

中小企业的经营者往往会遇到各种各样的困难,许多管理工作都要靠自己解决,若经营者缺乏创造力和冒险精神,不善于精心经营,思想保守,怕冒风险,许多中小企业是根本建立不起来的,就是办起来了也不会顺利发展的。在这样的环境里,经营者能够在中小企业中得到全面锻炼,有利于培养企业家。而且,企业大多是从小发展起来的,从这个意义上看,中小企业办得越多,越兴旺发达,涌现的企业家便越多。所以说中小企业是培养企业家的摇篮,当代许多大公司的知名企业家大多有办小企业经历的事实就是证明。

8. 是均衡地区经济发展的有效措施

工业发达国家在20世纪五六十年代发展重化工业过程中,企业不断扩大规模,城市恶性膨胀,工业、服务业集中于不少大城市和港口地区,带来人口过度集中、环境严重污染等消极后果,大城市与中小城市、工业发达地区与农牧地区或边远地区向两极分化。这些地区发展上存在的严重不平衡的现象,是它们经济结构上的突出弱点。

经过的几十年来的摸索,许多国家的政府逐步认识到小企业在振兴地方经济发展、缓解地区发展不平衡中起了积极作用。因此,各国政府纷纷对经济落后地区的小企业实施重点扶持的政策。例如,德国的东部地区、日本的西部和北部地区、法国的西南部地区和地中海沿岸地区,都是重点扶植小企业的目标。意大利在二战后经过半个世纪的努力,使一个落后的工业—农业国跻身西方世界经济七强,1992年GDP居世界第五位。在他们创造的这个"经济奇迹"中,中小企业发挥了巨大作用。意大利的传统工业集中在西北部,战后在南部发展了少量重工业,相比之下,广大的东北部、中部和亚得利亚海沿岸经济则较为落后。几十年来,意大利发展地方经济的一大特色,被称为NEC(东北部—中部)模式。NEC地区的新工业化有着浓厚的农村背景,中小企业的经营者大多来自农村,以250人以下的小企业、手工业为主。其特色是通过专业化基础上的协作形成各有特色的专业化工业小区。可见,我国完全有必要大力发展中小企业,均衡东西部经济发展。

9. 是化解金融风险的有利因素

与大企业相比,中小企业由于普遍缺乏担保,资信较低,在融资方面所受限制较多,同时,由于其规模较小,在生产经营活动中所需的资金也相对较少,这就决定了中小企业的自有资金比例较高,对债券、股票以及外汇市场涉入不深,而这一点在剧烈的金融动荡中,就成为化解金融风险的有利因素,即使一时不能化解风险,中小企业倒闭也不会引发银行的信用危机,从而产生"多米诺骨牌效应"。一般来说,中小企业与市场有着天然的联系,在市场竞争中表现得更具活力,可以通过调整自己的经营战略迅速对金融市场的变动起反应。如果小企业之间建立起分工而又协作的体系,就不仅能够满足现代社会多品种、少批量的市场需求,而且具有对金融动荡更强的适应能力。在1997年亚洲金融风暴的袭击中,我国港、台等地数量众多的中小企业显示出了抗风暴的韧性和顽强的生命力,令世人瞩目,在世界经济动荡不安的世纪之交,中小企业乃是一国经济的稳定器。

以上分析基本上涵盖了中小企业在世界各国中的重要作用,但是对于不同国家,亦可能还有独特作用,下面简要加以分析。

(二) 部分国家(地区)中小企业的特殊作用比较

1. 美国中小企业的特殊作用

(1)中小企业是美国国民产值的主要来源,是技术和发明的推广者。目前美国中小企业产值占美国GNP的39%,50%以上的技术创新是由中小企业实现的。美国科学基金会1985年一份研究报告表明,二战后美国工业生产中61项重大发明,有45项是由中小企业完成的。近十几年来,一些重大发明大部分也是由小企业完成的。

(2)是自由竞争的有力推动者。美国是经济高度垄断的资本主义国家,美国政府在目睹了垄断经济的弊端后,越来越意识到生产高度集中是造成经济衰退的根本原因,因为垄断在很大程度上限制了中小企业的发展,而限制中小企业的发展,就等于限制自由竞争,而限制自由竞争必然导致企业活力的削弱、市场僵化直至经济衰退。对于中小企业来说,由于其自身的特点,要在市场经济中生存和发展,就必须要具有公平的生存环境和条件,市场里只有足够多的中小企业存在,才能创造充分竞争的环境,使资源合理流动,因而中小企业是自由竞争的倡导者和推动者。

2. 日本中小企业的特殊作用

日本通产省认为中小企业在日本国民经济中的作用:①发展地方经济的中坚力量;②生活必需品的提供者;③自由竞争的担当者;④技术革新的源泉;⑤提供就业机会;⑥有利于发展创造性;⑦有利于发挥自主精神;⑧有利于社会安定;⑨有利于出口创汇;⑩有利于保存民族的传统文化和传统产品。

3. 德国中小企业的特殊作用

(1)成为德国培训徒工的主要场所。由于德国采取学校和企业双向培训政策,一些年轻的学徒工从学校毕业后,必须经过职业培训方能上岗。中小企业由于有着传统的工艺和技术,一些基础科学在中小企业得到了快速应用,所以中小企业成为职业培训理想的场所。在1996年,由中小企业培训出的学徒工占全国学徒工总培训人数的80%。

(2)弥补了大企业的不足。①德国中小企业根据自身的特点,发展多样化产品以满足市场需求,尤其是在食品、生活日用品、手工业制品等方面满足了市场需求和消费者的不同消费心理及特殊愿望,弥补了大型企业生产专业化的空缺,调节了市场活力,加强了市场经济的稳定性。②一些大型企业虽然规模庞大,但并不能包罗万象,所以需要与中小企业联营生产或把一些小批量的或需特殊工艺的配套产品委托给中小企业完成。中小企业利用自己的先进技术和特殊工艺,按合同要求接收大企业的订单,保证大企业的配套生产。

(3)从整体上看,在市场竞争中,中小企业比大企业有着更强烈的生存紧迫感,迫使中小企业对产品和售后服务以及新技术的采用等方面必须有更高的要求。

(4)由于中小企业有着灵活的管理方式和对新技术、新工艺方面的接受能力以及市场的适应能力,在德国经济出现危机和市场发生大的动荡时,中小企业将比大型企业作出更快速的反应,保证经济发展和市场的稳定性。

4. 英国中小企业的特殊作用

英国博尔顿委员会1971年认为英国中小企业的作用:①中小企业向那些愿意独立经营企业的人们提供了就业机会。人们在不愿受大企业雇用时,可自己独立创办中小企业,这些不断创建的中小企业对搞活经济起了很大的作用。②在一些较小的行业内,小企业以适当规模进行生产和经营,能收到较为理想的经济效益。③即使在生产高度垄断的情况下,垄断企业也不可能把极其复杂多样的社会生产完全包办起来。这样小企业就可起到"拾遗补缺"的作用。④中小企业有自己独特的技术,进行专业化生产,这样在零部件生产、加工、装配等方面,成本比大企业低得多,这对大企业来说也是一个很好的补充。⑤中小企业的存在,促进了各种形式的竞争,在一定程度上能克服垄断造成的一些弊端。中小企业甘心于较艰苦的劳动,没有清规戒律,劳资关系简单融洽,对市场和新技术的反应灵活迅速、变通性强。这样,也增加了英国参与国际竞争所需要的企业素质。⑥中小企业投资少,但却是在技术和劳务方面不断进行革新的重要力量。从整体上看,中小企业还起到了不断开辟新的行业、领域的作用。⑦在与大企业挑战和竞争中,部分中小企业不断发展、壮大,取代一部分老企业、大企业,是孕育大企业的苗床,能使企业新陈代谢。

5. 我国中小企业的特殊作用

(1)支援农业发展和地方财政。从我国的实际情况来看,实现工业化和现代化还需要一个相当漫长的过程,同时农业基础尚不稳固,支援并保证农业和农村经济的健康、迅速发展也是一项长期而艰苦的任务。由于受资金来源的制约,农村经济的发展和"二元经济结构"的逐渐消除,除了依靠农业自身的发展之外,主要还得依靠以中小企业为主的农村工业、乡镇企业的发展和帮助。据统计,仅1994年,农村工业所支付的从业人员工资总额就高达3002.5亿元,按当年8.5亿农业人口计算,人均收入达315.45元,约占农民全年人均纯收入的29%。此外,农村工业还以直接的资金援助、提供生产资料和基础设施等多种形式支援农村经济的发展。

我国中小企业是地方工业的重要基础,构成了县域经济的重要支柱和地方财政的主要来源。县级地方政府财政收入主要来自中小企业上缴的税利。1994年全国农村企业上缴税金1591亿元,占当年全国各种税收总额和31.03%。尤其是对广大落后地区,办好中小企业是发展和繁荣地方经济的关键。以我国安徽省为例,该省是一个工业基础相对比较薄弱、大型企业数量不多的省份,中小企业在全省及地方经济发展中占有重要地位。1994年末,在全省的工业企业中,小型企业的户数占97.7%,实现利税占24.3%。在20世纪80年代的10年里,小型工业企业的产值、利税分别占全省工业的56.3%和40.4%,构成其地方经济发展和财政收入的主要来源。

(2)推动我国整个经济体制改革。中小企业改革是整个经济体制改革的一部分。首先,中小企业的快速发展有力地促进了我国所有制结构调整。我国的中小企业既不像大型企业那样,多为国家投资兴建,因而基本上是国有企业;也不像资本主义国家那样多为私有企业。而是既有国家投资兴建的国有企业,也有大量属于劳动人民集体所有的集体所有制企业,还有相当一部分为个体和私营企业、"三资"企业。1994年全国独立核算工业企业中,大型国有企业与非国有企业分别占大型企业的77%和23%。而在中型企业中,国有与非国有的比重分别为69%和31%。小型企业中,国有企业仅占14.5%,非国有企业占85.5%。乡镇企业绝大部分都是非国有的中小型企业,其中集体和个体企业户数分别占有18%和82%。由此可见,中小企业的发展对于我国所有制结构按照符合生产力发展要求的方向进行调整和完善,发挥了积极的作用。在以公有制为主体、多种所有制经济共同发展的社会主义经济制度中,中小企业是不可或缺的组成部分。中小企业发展中所形成和产生的投资主体多元化格局,为整个市场资源的合理配置和展开积极的、有益的竞争创造了良好的条件。

其次,中小企业改革是推动整个国有企业改革取得实质性突破的重要措施,是进行国有经济战略性调整的重要手段。深化国有企业改革,要着眼于从整体上搞活国有经济,必须对国有企业进行战略性调整。而存量资产的流动和重组是重要手段。通过改组、联合、兼并、出售等多种形式放开搞活中小企业,是完成这一优化重组过程的重要内容。中小企业发展了,可以建立和形成为大企业配套服务,从事专业化经营的企业群体,形成大企业与中小企业相得益彰、共同发展的新局面,使国有经济更富有效率和活力。

最后,中小企业改革有利于从整体上突破改革难点,可以为大型国有企业改革创造更好的条件。中小企业小而分散的特点使其改革具有风险分散和改革成本低等优点,而且由于中小企业具有产权流动和重组的震荡小、易操作、见效快等特点,有利于在短时期内实现改革措施的突破,符合先易后难、以小促大、外围突破和循序渐进的改革战略安排。可见,中小企业是推动我国整个经济体制改革的突破口。

第三章 中小企业的生命模型

企业成长理论是目前经济理论界研究的热点问题,也是企业界寻求企业可持续成长的重要基础。

本章将在论述既有企业成长的理论的基础上,阐明已有企业成长理论的不完整性。并在此基础上,提出企业生命模型的理论新范式,企业生命模型是一种新的企业成长理论范式。在模型中,企业的"基因"决定了企业的多样性与生命周期特征。构成企业"基因"的"DNA 双螺旋结构"的双链是资本链(Capital 链)与劳动力链(Labor 链)。连接双链的四个要素是企业家、企业机制、技术与文化,同时,本章还将从经济学角度诠释企业的生命模型。

第一节 中小企业生命模型的推出

一、已有企业成长理论的不完整性

1. 产业组织理论和 SCP 框架

产业组织理论的渊源可以追溯到马歇尔的规模经济理论、罗宾森的不完全竞争理论及张伯伦的垄断竞争理论。但是,现代产业组织理论的确定则要归功于美国经济学家贝恩。贝恩于 1959 年发表《产业组织》这部经典性著作,提出了现代产业组织理论的三个基本范畴:市场结构、市场行为和市场效果,并把这三个范畴和国家在这个问题上的公共政策即产业组织政策联系起来,规范了产业组织理论的体系。而市场结构(Structure)、市场行为(Conduct)和市场效果(Performance)即构成了古典竞争理论的基本框架。在这一框架内,企业的绩效和成长取决于企业所处的市场结构和所采取的市场行为。在 SCP 理论中,过多的强调了企业的市场结构对企业行为和企业绩效的影响,而忽视了企业的产业定位,更没能从本质上阐明企业的成长机制。

2. 企业的性质与成长

美国经济学家,制度学派的代表人物科斯(Coase)在 1937 年发表的著名论文《企业的性质》中指出:"企业最显著的特征是,它是价格机制的替代物"。科斯指出:以价格机制构成的市场中的每一个交易都需要花费一定的费用,企业的组织管理也需要费用,当企业组织的费用低于市场交易费用时,人们就会以企业来替代一部分市场。由于交易费用的存在,企业具有不断扩大规模的倾向,一直到由于规模扩大所增加的组织费用等于市场上的交易费用为止。因此,企业就可以通过扩大其横向边界以形成规模经济与范围经济,通过扩大纵向边界实行纵向链条的一体化。

科斯理论强调了合适的制度安排及制度创新对企业成长的重要性,企业科层组织可通过组织和流程再造增强企业的竞争力和成长性,他并用交易费用分析了企业的最佳规模。但科斯理论过于重视交易,而给人以交易重于生产之嫌,因而也忽视了对企业自身培育资源和能力的研究。

3. 以波特为代表的企业市场拓展论

该理论将企业竞争优势和企业成长归于企业的市场力量与产业拓展,并假设这一力量与企业进行市场定位,构筑进入和退出市场壁垒的能力相一致。其代表作是著名的《竞争战略》和《竞争优势》,波特(Michael E. Porter)把企业的市场力量归纳为五种,即买方的力量、卖方、新进入者、竞争者和替代品的力量。为了确定企业的竞争优势,波特提出了差异化战略(Differentiation)、低成本战略(Low Cost)和集聚战略(Focus),并且回答了采取以上三种战略的原因——即价值链分析。

波特理论强调了企业的产业定位,但波特理论忽略了企业本身的内部资源与能力,事实证明,产业中长期利润率的分散程度要大于产业间的长期利润分散程度。

4. 以温特(Winter, S. G.)为代表的企业进化论

该理论强调企业资源的差异性,同时亦注重企业资源与环境变化的统一。认为企业的成长是通过生物进化的三种核心机制(即多样性、遗传性、自然选择性)来完成的。该理论相当重视组织、创新、路径依赖等的进化对企业成长的影响。安蒂斯·潘罗斯(E.T. Penrose)也认为企业没有最优的规模,因为企业连续不断地产出新的资源,这些资料可用于有效拓展"邻近"的产品市场,单个企业往往处于由小到大的不断进化之中,周而复始。借鉴达尔文进化论思想解释企业成长的经济学家还有马歇尔(Alfred Marshall)、约翰·穆勒(John Stuate Mill)、舒马赫(E.F. Schumacher)等学者,马歇尔和潘罗斯是借鉴进化论中"生命周期"思想,强调企业也有发生、发展、灭亡的过程,约翰·穆勒等人则借鉴进化论中的"物竞天择、适者生存"思想,强调企业对外界环境的适应能力。企业进化论从生命学观点论述了企业应不断的适应外部环境,但缺乏企业生物学特性的经济学解释,因而不能从本质上解释企业的成长机制。

5. 以麦迪思为代表的企业生命周期论

该理论主要从企业生命周期的各个阶段分析了企业成长与老化的本质及特征。该理论较适于企业诊断的运用。在生命周期理论中,麦迪思(Lchak Madizes)用P(Performance of the purpose of the organization)和A(Administration)分别表示企业追求短期效益的执行功能和短期效率的行政功能;用E(entreprenearing)和I(Integration)分别表示企业追求长期效益的创新能力和长期效率的整合能力。PAEI这四种功能在企业的孕育期、婴儿

期、学步期、青春期、盛年期、稳定期、贵族期、官僚化早期、官僚期、死亡期中每个阶段各自所呈现的大小不同。因而,从四种功能分别所显示的大小可推断出企业所处的阶段以及在每一阶段应采取的对策。如在婴儿期为 paEi,表示创新能力很强,而其他功能均很弱。企业生命周期论虽然论述了企业的生命周期现象,但由于它停留在企业实践的层面,而并没有从根本上寻求产生生命周期特征的原因。

6. 以帕汉拉德和格雷、哈默为代表的企业核心能力理论

20 世纪 80 年代早期的经验实证引起了人们对竞争地位和优势学派的质疑,特别是罗曼尔特的分析揭示出:"产业中长期利润率的分散程度比产业间要大 3~5 倍。"由此出现了企业资源基础论。企业资源论主要强调从企业自身的资源出发而不是从市场角度来研究企业的成长与竞争能力。认为企业的成长取决于其自身拥有的资源,企业拥有的资源状况决定了它不同于其他企业的成长途径。而企业能力理论对企业资源论作了进一步引申,认为企业的竞争优势来自于企业配置、开发与保护资源的能力。帕汉拉德(Prahalad)和哈默(Hamel)并认为,核心能力是"组织中的积累性学识,特别是关于如何协调不同的生产技能和有机结合多种技能的学识。"使协调和有机结合成为可能的是组织资本和社会资本。一套强有力的核心能力的存在决定了企业有效的战略活动领域,也就是产生出企业特有的生命线。企业核心能力理论强调了企业内部的资源、核心技术、技能等核心能力对企业的成长的重要性,但显然它又忽视了不断变化的企业外部环境对企业成长的影响,同时,并未清晰地对企业除核心技术外企业由哪些核心能力组成,每一核心能力又由什么构成作明确鉴定。

7. 企业知识论

企业知识论,是对企业能力理论的进一步引申,研究表明,隐藏在能力背后并决定企业能力的是企业掌握的知识。知识是企业竞争优势的根源,不仅是因为企业内的知识,尤其是一些默会知识(tacit knowledge)难以被竞争对手所模仿,而且还在于当前的知识存在所形成的知识结构决定了企业发现未来机会、配置资源的方法,企业内各种资源效能发挥的差别都是由企业现有的知识所决定的。同时,与企业知识密切相关的认知能力决定了企业的知识积累,从而决定了企业的竞争优势。各企业所面对的外部环境从客观上说都完全是相同的,但由于企业的知识结构和认知能力不尽一致,所以它们所能发现的市场机会也不相同。因此,企业理论的核心概念应是知识。企业知识论强调了知识对企业成长的作用,但尚未明晰知识与核心能力之间的关系,特别是尚未就知识对企业成长的经济学逻辑作出令人信服的解释。该理论尚在发展之中。

以上理论分别从企业对外部环境的适应和内部资源能力两个方面进行了阐述。强调企业因如何适应外部竞争环境或者从内部如何增强企业的核心能力,增加企业的知识。

那么,如何将以上理论更好的融合,即既具有企业外部竞争性、适应性,又强调内部的核心能力,更重要的是如何从更微观角度解释企业的生命周期特征,本书将作详细阐述。

二、企业的成长机制——控制力与创新力的统一

我国理论界基本上是 20 世纪 90 年代以来才开始深入研究企业成长问题的。由于我国企业目前发展所处体制转型的阶段性特征,国有企业正在按照市场经济逐步建立现代企业制度,民营企业、乡镇企业、集体企业得到了较快的发展。在各种不同形式的所有制企业的发展过程中,有许多成功的案例,如华为、联想、海尔、希望等,也有许多失败的案例,如巨人、三株、亚细亚、秦池等。因此,我国理论界对企业成长机制的研究侧重于实证研究,有的侧重于产业组织发展,企业体制及所有制形式的层面;有的则侧重于对企业个案进行现象总结,如"陷阱论"、"关系论"、"管理落后论"、"组织论"等,其中比较典型的就是钟朋荣提出的企业的八大误区。

无论从国外企业成长理论的发展来看,还是从近年来中国理论界对企业成长理论的诠释,都是从某一角度、某一层面来研究企业的成长,对影响企业成长机制的内部因素、外部环境缺乏全面的系统的研究。同时,在分析方法上以上理论均注重于静态分析,而缺乏动态的分析。

本书在总结企业成长理论的基础上,结合中国近 20 年来企业发展的实践,提出"创新力与控制力"的统一的理论。因为企业成功的基础在于企业要素资源的优化配置及其作用机制,企业成功的核心在于企业的创新力。而成功企业的可持续发展则取决于企业创新力与控制力的有机统一。这是因为一方面有效的创新需要控制,另一方面企业的治理与营运也需要相应的控制,如如何解决企业的代理问题,如内部人控制现象。认真总结近 20 年来企业发展的实践,有的企业能走向成功并得以持续发展,而有的企业却从"明星"变成"流星",各领风骚三五年,概括起来,可表述为四种情形:创新力与控制力能够统一,有创新力而缺乏控制力;有控制力但缺创新力;既缺控制力又缺创新力。总结国内外企业成功的历史,实际上就是一部创新力与控制力相统一的历史。近几年,欧美企业特别是美国企业,着重创新力与控制力的统一,所以出现了新经济现象,企业显示了很强大的竞争力。相反,日本企业和韩国企业在创新力与控制力不能很好的统一,所以,导致了许多企业的破产,像日本的金融企业,韩国的大宇、现代、起亚等企业,竞争力显著下降,许多企业从世界 500 强的排行榜上消失。

那么,创新力与控制力相统一的经济学基础是什么?

以西方经济学理论加以解释。

创新,熊彼特的观点是生产函数的改变,创新力驱动企业获得更多的与其他竞争企业的差异性。而控制力不管是对有效创新的控制还是对内部管理或营运的控制,其最终的目的是为了获得相对于竞争对手更多的成本优势。

创新力即追求更多差异性的经济学逻辑和控制力即追求更低成本优势的经济学逻辑如下:

首先,我们要定义"价值创造"的含义。为达到此目的,我们引入"可察觉收益"(Perceived Benefit)和"消费者剩余"(Customer Surplus)概念。如图3-1所示:

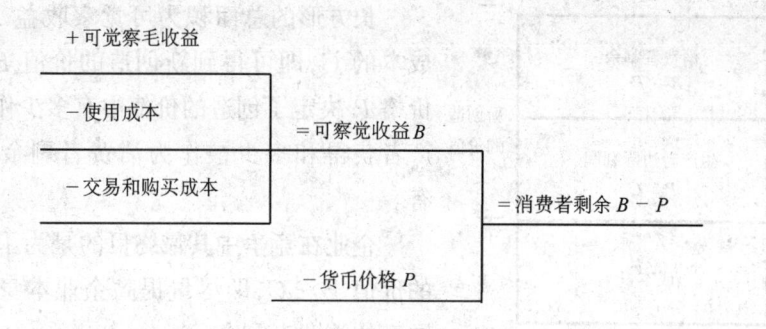

```
        +可觉察毛收益
        -使用成本         =可察觉收益 B
        -交易和购买成本                    =消费者剩余 B-P
                         -货币价格 P
```

图3-1 消费者剩余的组成

这里,B 代表消费每单位某一商品的可觉察收益——即每单位产品对消费者而言的价值,并让 P 代表产品的货币价格,消费者剩余就是 $B-P$,上述模型阐明了消费者的消费行为,只有消费者剩余为正时,他才会购买产品,而且如果可以在两个或更多的竞争性产品中选择,消费者将购买消费者剩余即 $B-P$ 最大者。

可觉察收益 B 应被看作产品的"可觉察的毛收益"(这依赖于产品特性,如性能:可靠性、耐久性、产品美观性、产品想像力、产品的文化含量),减去①产品的使用成本(User Cost),产品的安装、学习使用、操作、保养和处置的成本,②"购买和交易成本"(Purchasing and Transaction Cost)(排除购买价格本身):主要涉及诸如寻找产品、运输产品、签合同(如果需要)的成本。消费者剩余就简单地由产品可察觉收益减去货币价格来确定。

消费者剩余的概念类似公司的利润。事实上,当消费者是公司时,消费者剩余就相当于公司购买货物后所能产生的利润的增加。

当商品沿纵向链移动——当原料被制成半成品,半成品被组装成成品,成品被移送到最终消费者手中——价值就被创造出来。可察觉收益 B 代表了消费者从成品中获得的价值。成本 C 代表了原料转变为成品过程中牺牲的价值。创造的价值指成品的价值与生产成品时所牺牲价值的差额。

创造的价值=消费者的可察觉收益-投入成本=$B-C$

B 和 C 以每单位最终产品表示。

创造的价值必须在消费者和生产者之间进行分配。为了解释得更清楚,假设一种产品在纵向链条中只需一步:从原材料转变为成品。如上所述,消费者不是不付出代价就能得到收益 B,他们必须付出购买价格。消费者剩余 $B-P$ 代表的价值中最终由消费者"拥有的部分"。销售者获得 P 部分,但它必须支付制造过程中所消耗的劳动力、资本、原料及组织管理费用 C。生产者的边际利润即为 $P-C$,这是它在创造的价值中获得的部分。于是,我们就可以计算出企业生产产品所能创造的总价值。即将消费者剩余加上企业的边际利润。

创造的新价值=消费者剩余+生产者利润=$(B-P)+(P-C)=B-C$

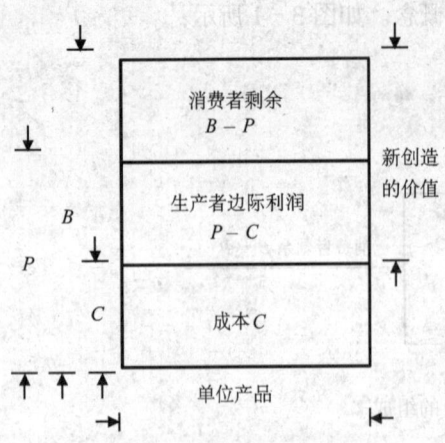

图 3-2 新创造价值的构成

如图 3-2 所示：

长方形的总面积为可觉察收益 B，减去代表成本的 C，即可得到新创造的价值 $B-C$，显然，价格 P 决定了创造的价值中有多少作为利润被生产者获得和多少被作为消费者剩余被消费者占有。

企业在竞争中其最终目的是为了提高新创造的价值 $B-C$，即尽量提高企业本身的利润以及顾客的消费者剩余。

创新力是企业追求不同于其他企业的差异优势(differentiation advantage)寻求提供更高的 B，而保持与竞争者类似的成本 C。而控制力不论是对有效创新的控制还是内部运营的控制，如建立更好的委托——代理制度，其目的是在保持类似于竞争企业的收益 B 时追求成本优势(cost advantage)，即寻求降低成本 C。

首先，我们分析企业重视创新力即追求差异化优势的经济学逻辑(图 3-3)。

如图 3-3 所示：公司 E 以较低的价格销售质量 q_E 的产品。其单位成本是 C_E，公司 F 以高得多的质量 q_F 提供产品，其单位成本是 C_F，其生产的边际成本更高，从图 3-3 可以看出，消费者从产品 F 中感受的增加收益 $\Delta B = B_F - B_E$，但增加了由于创新带来的额外成本 $\Delta C = C_F - C_E$，由于 $\Delta B > \Delta C$，因此公司创造的价值超过 E 公司，即创造了更多的价值。F 公司可以通过在低于图 3-3 上的实际无差异曲线下方确立价格的方法，与消费者"分享"一部分它创造的额外价值。这样，F 公司就能比 E 公司提供更多的消费者剩余，从而获得部分 E 公司的市场份额。即使 E 公司通过降低价格以达到与 F 消费者剩余平价的反应(这时，无差异曲线移到虚线处)，F 公司利润边际仍高于 E 公司。

接下来，我们讨论企业重视控制力即追求成本优势的经济学逻辑(图 3-4)。

如图 3-4 所示，企业 E 以质量 q_E，价格 P_E，单位成本 C_E 提供产品。企业 F，由于其有较强的控制力，代理效率很高，所以相对于企业 E，能以相当低的成本 C_F 提供产品，而质量上的牺牲只有很少($q_E - q_F$)。这样，公司 F 就比竞争者创造出更多的价值。通过在实线无差异曲线下方确定价格 P_F，公司 F 可以以消费者剩余的形式分享一部分创造的新价值。这时 F 公司达到更低的无差异曲线(以虚线表示)。即使现有竞争者作出反应，降低价格到 P_E' 处以达到消费者剩余平价，公司 F 仍然比企业 E 有更高的利润边际。

根据以上经济学逻辑，我们就可以考察企业在创新力与控制力的重视程度所呈现的各种情形。首先分析两种极端情形。

(1)如果一个企业即追求创新力，又追求控制力，即在追求差异化优势的同时又追求企业的成本优势。此时，创新力与控制力相统一，则这样的企业就能在全行业的竞争中处于领先的地位，而能保持可持续的成长。

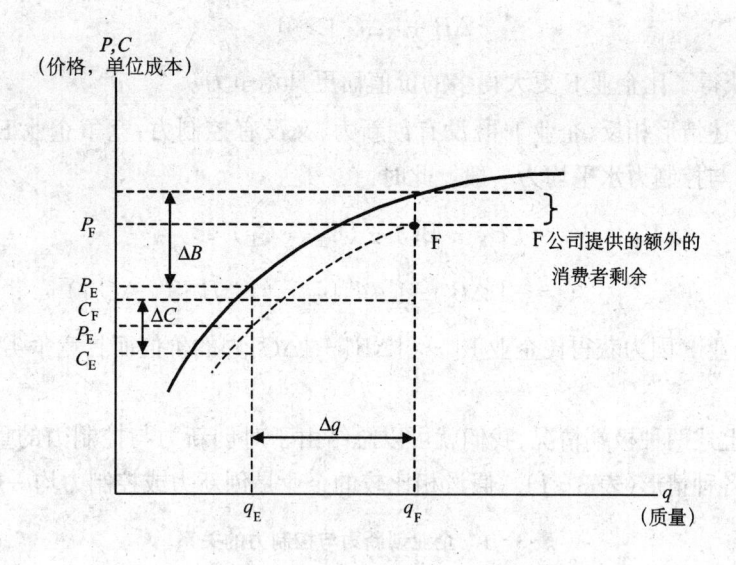

图 3-3　差异优势的经济学逻辑

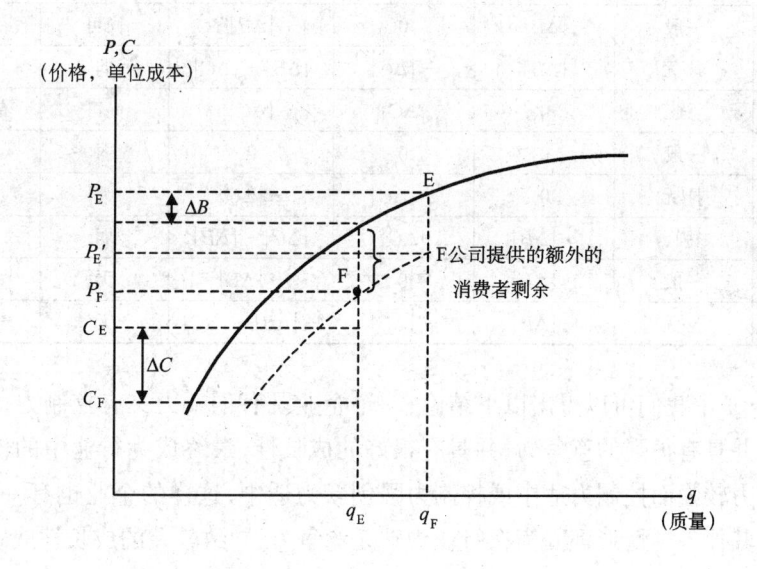

图 3-4　成本优势的经济学逻辑

此时,两个企业 q_E 和 q_F,假定 q_F 保证了两力的统一,在行业中 q_E 为创新力与控制力均为一般的企业,则

$$V_F = B_F - C_F$$

$$V_E = B_E - C_E$$

$$V_F - V_E = (B_F - B_E) - (C_F - C_E)$$

$$= \Delta B - \Delta C$$

$$\Delta B + |\Delta C| \gg 0$$

即 V_F 获得了比企业 E 更大得多的价值而更具竞争力。

(2) 与上述情形相反,企业 F 既没有创新力,又没有控制力,竞争企业 E 假定为在行业中,创新力与控制力水平均为一般。此时,

$$V_F - V_E = (B_F - B_E) - (C_F - C_E)$$
$$= -|\Delta B| - |\Delta C| = -(|\Delta B| + |\Delta C|)$$

显然,企业 F 因为获得比企业 E $[-(|\Delta B|+|\Delta C|)]$ 的价值而具竞争劣势,最终将在竞争中失败。

分析了上述两种极端情况,我们就可以总结由于对创新力与控制力的重视程度的差异而呈现的各种情形(表 3-1)。假设相比较的企业是创新力或控制力均一般的企业。

表 3-1 企业创新力与控制力的关系

创新力	控制力	ΔB	ΔC	ΔV	竞争力	成长性
强	强	$|\Delta B|$	$|\Delta C|$	$|\Delta B|+|\Delta C|$	极强	可持续成长
强	一般	$|\Delta B|$	0	$|\Delta B|$	尚可	有一定成长性
强	弱/无	$|\Delta B|$	$-|\Delta C|$	$|\Delta B|-|\Delta C|$	弱	差
一般	强	0	$|\Delta C|$	$|\Delta C|$	尚可	有一定成长性
一般	一般	0	0	0	弱	差
一般	弱/无	0	$-|\Delta C|$	$-|\Delta C|$	无	无
弱/无	强	$-|\Delta B|$	$|\Delta C|$	$|\Delta C|-|\Delta B|$	弱	差
弱/无	一般	$-|\Delta B|$	0	$-|\Delta B|$	无	无
弱/无	弱/无	$-|\Delta B|$	$-|\Delta C|$	$-|\Delta B|-|\Delta C|$	无	无

从表 3-1 中我们可以得出以下结论:一个企业既有创新力又有控制力,就能获得很强的竞争力并具有很强的竞争力,并具有很好的成长性,最终成为行业中的佼佼者,而在行业中创新力较强而控制力适中或控制力强创新力适中,这样的企业也有一定的竞争力与成长性。其他各种情形都因为在行业中缺乏竞争力,导致较差的成长性或缺乏成长性,而最终在行业的竞争中失败。

三、创新力与控制力的统一与资本循环

马克思政治经济学认为,资本是带来剩余价值的价值,资本的这种职能只有在不断的运动中才能实现。资本的运动过程,是生产过程和流通过程的统一。考察资本的循环,重点是分析资本运动过程所经历的各个阶段及采取的职能形式,揭示资本只有在持续不断的运动中才能生产出剩余价值。

1. 产业资本循环的三个阶段和三种职能形式

(1) 产业资本循环的第一阶段为购买阶段。即用货币到市场上购买生产资料和劳动力,为剩余价值生产准备条件,产业资本循环运动的第一阶段,可用公式表述为:

$$G - W \Big\langle \begin{matrix} A \\ P_m \end{matrix}$$

G 代表货币;W 代表商品;A 代表劳动力;P_m 代表生产资料。

由货币资本转化为生产资本,是产业资本循环运动的第一阶段。

(2) 产业资本循环的第二阶段为生产阶段。产业资本家购买到劳动力和生产资料,实现了两者的结合后,便进入了资本主义生产过程,生产出有另一种使用价值并且包含着工人创造的剩余价值的商品,这时,生产资料转变为商品资本。可见,生产资本的职能,就是生产剩余价值。

这时,产业循环运动的第二阶段可表述为:

$$W \Big\langle \begin{matrix} A \\ P_m \end{matrix} \cdots P \cdots W'$$

(3) 产业资本循环的第三阶段为售卖阶段。资本家把生产出来的已经包含着剩余价值的商品销售出去,换回一定数量的货币,因此第三阶段为商品资本转化为货币资本。当然,此时的货币资本为价值增值的货币资本。产业资本循环的第三阶段可用公式表述为:

$$W' - G'$$

产业资本依次经过三个阶段,采取三种职能形式,使价值得到增值,最后又回到原来出发点的全部运动过程,就是资本的循环。资本的循环用公式表示为:

$$G - W \Big\langle \begin{matrix} A \\ P_m \end{matrix} \cdots P \cdots W' - G'$$

产业资本循环的第一和第三阶段是资本的流通过程,第二阶段是资本的生产过程。马克思说"资本的循环过程是流通和生产的统一"。在资本的循环过程中,生产过程起着决定性作用。因为价值和剩余价值是通过生产过程创造出来的,流通过程只发生资本的形态变化,并不引起价值的增值。但是,资本的循环运动也离不开流通过程。

产业资本循环的三个阶段,彼此是紧密衔接的,互相联系的。产业资本只有在不停顿地顺次经过资本循环的三个阶段,并依次采取三种职能形式,才能实现价值的增值。

2. 产业资本的三种循环方式

产业资本要不断增值,就必须周而复始的循环,产业资本不断的循环运动可以用公式表示如下:

$$G-W\cdots P\cdots W'-G'\cdot G-W\cdots P\cdots W'-G'\cdot G-W\cdots P\cdots$$

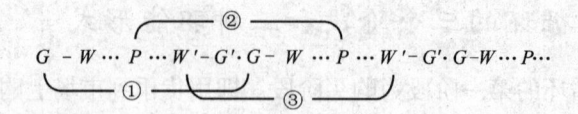

①: G—W…P…W'—G'
②: W'—G'·G—W…P…W'
③: G'—G—W…P

可以看出产业资本循环有三种形式：

(1)货币资本的循环：$G-W\cdots P\cdots W'-G'$；

(2)生产资本的循环：$P\cdots W'-G'\cdot G-W\cdots P$；

(3)商品资本的循环：$W'-G'\cdot G'-W\cdots P\cdots W'$。

产业资本循环三种形式的特点：

(1)空间的并存性。即货币资本、生产资本和商品资本在循环过程中处于空间上并存，同时存在。

(2)时间的继起性。三种职能资本形式必须不断进行循环，顺次通过三个阶段，依次进行转化。如果任何一部分资本，在循环的任何一个阶段发生中断，产业资本的三种职能形式不能并存。

并存性和继起性是互为前提、互为条件的。没有并存性就没有继起性，并存性是继起性的前提；而没有继起性也就不可能有并存性，并存性又是继起性的结果。

货币资本、生产资本和商品资本的并存性和继起性，是产业资本循环得以正常进行的必要条件。三种资本的不断的循环运动才能获得剩余价值。以上的阐述揭示了企业成长机制的本质：即要实现企业的可持续成长，就要保证企业产业资本的连续不断的循环。

3. 创新力和控制力的统一与产业资本循环

创新力和控制力的统一与产业资本的循环实质上是一致的。

因为企业通过创新力和控制力的统一来实现企业的可持续成长，同时也是通过产业资本的生产资本、货币资本和商品资本的循环来获得价值增值。

如果一个企业只是注重创新力，而缺乏控制力，就可能导致产业资本循环的中断，最终导致企业的失败。

经济学家钟朋荣曾经就指出了企业只注重创新力不注重控制力，即没能取得两力的统一而导致的八大误区：

(1)过度造名风险，忽视了产品知名度与产品质量的关系；

(2)盲目多元化风险，忽视了多元化与专业化的关系；

(3)资本运营风险，忽视了企业资本运营与业务运营的关系；

(4)募股与负债的风险，国有企业追求过度负债，而民营企业则追求募股和上市，忽视了资本积累与融资的关系；

(5)两权分离的风险，出现了严重的"委托—代理"和"内部人控制"现象，忽视了制度创新与控制的关系；

(6)投机风险，出现了过度投机(如房地产过度发展等)现象，忽视了投资与投机的关系；

(7)异地化发展风险,盲目异地化导致了资产的非流动性,忽视了资产的流动性与合理多元化的关系；

(8)企业的民主与独断风险,忽视了企业家的作用与管理层的约束机制的关系。

以上八种风险与陷阱,是由于企业缺乏控制力盲目追求创新,缺乏创新力与控制力的统一,采取了以上如过度造名、盲目多元化、异地化、盲目上市融资和银行负债,过度投机,在管理上出现独断和内部人控制等现象,而分析其失败原因的本质,则可以发现,以上每一个陷阱均是割断了货币资本、商品资本、生产资本的循环而导致循环中断。

如过度造名,重视销售,即过多的重视了商品资本的循环,由于忽视产品质量的提高,消费者不能得到物有所值的产品或服务,最终会使产品卖不出去,导致生产资本的循环中断。

盲目多元化,进入不熟悉的行业,盲目异地化,最后导致投资失败,即货币资本最终不能转化成生产资本与商品资本,导致了循环中断。

盲目负债与募股,过多的重视货币资本的循环,但如果融资获得的钱最终不能进行有效的投资,或者所生产的产品没有竞争力导致企业亏损,这最终也会导致商品资本的循环中断,进行导致整个循环的中断。或者只注重圈钱,忽视了生产过程,由此导致生产资本的循环中断。两权分离的风险与管理层中民主与独断的风险,都是在于企业的所有者和管理者由于不能对企业作出有效的控制或作出错误的决策导致企业组织成本很高,代理效率低下而使企业亏损,效益下降,从而最终导致整个资本循环的中断。

由于商品资本、货币资本、生产资本在空间的并存性和继起性,过度重视其中的一种而忽视了另外一种或两种资本,都将会导致产业资本循环的中断,从而导致企业的失败。

只有在注重创新力的同时,也能重视控制力,即控制力与创新力的统一,才能使得商品资本、货币资本和生产资本协调统一,并在空间上并存和时间上继起,最终形成良性的周而复始的产业资本循环并带来更多的剩余价值增值,给企业带来更多的利润和更好的经济效益,保证企业的可持续发展和成长。

四、企业生命模型的构筑

细胞学说与进化论、能量守恒定律被并称为19世纪三大发现。而20世纪分子生物学的快速发展更是从微观基础上对生物的生物学特性如遗传和变异等作了深刻的剖析。分子生物学认为,控制生物性状遗传的主要物质是脱氧核糖核酸(DNA),而遗传物质的主要载体是染色体。

DNA的结构为双螺旋结构,DNA不仅具有一定的化学组成,而且还具有特殊的空间结构,也就是具有规则的双螺旋结构。这一结构的主要特点是:①DNA分子中的脱氧核糖核酸交替连接,排列在外侧,构成基本骨架,碱基排列在内侧。②DNA分子是由两条平行的脱氧核糖核苷酸长链盘旋而成的。③两条链上的碱基通过氢键连结起来,形成碱基对。这种基本结构就构成了生物个体遗传与变异特性的基础。

于是,我们就可以由此引申出企业生命的基本模型:

(1)企业 DNA 的双螺旋长链为两条基本链,一条链为资本链(Capital) Chain(C 链),一条为劳动力链(Labor) Chain(L 链),资本和劳动力是企业组织的基本要素,其在市场中通过资本市场、劳动力市场获得。

(2)企业 DNA 的碱基我们可以假定为企业家、企业的机制、技术和文化,它们排列在内侧。

(3)以上企业组织的四个重要因素:企业家、机制、技术和文化把资本链和劳动链连接起来。

由于排列方式的无限,就构成了成千上万个不同的企业,即企业具有广泛的多样性,同时由于其具备生命特征,所以企业具有不同的生命周期。

(4)模型及相关概念的定义。

企业生命模型图(图 3-5,图 3-6):

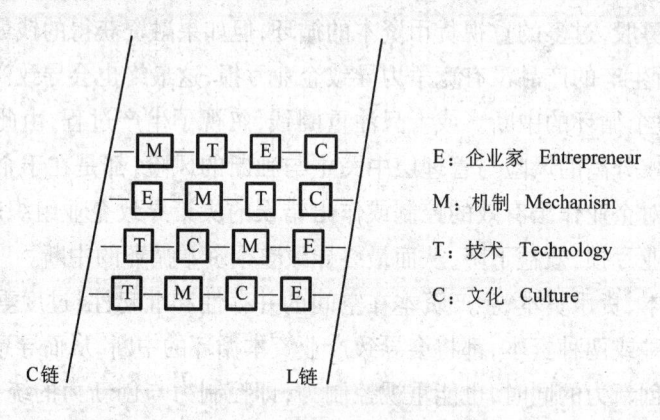

E:企业家 Entrepreneur
M:机制 Mechanism
T:技术 Technology
C:文化 Culture

图 3-5 企业生命模型平面结构

双螺旋结构

L 链为人力资本链,由一个市场化的人力资本单位串接而成。C 链为实物资本,由一个个市场化的资本单位串接而成。L 链和 C 链组成双螺旋链。连接的因素分别为企业家(E)、机制(M)、技术(T)、文化(C)。在本书中,为了简化研究,不严格区分 L 链和 H 链。

企业家作为创新的原动力,在市场中获得市场化的人力资本和物质资本,并且通过获得一定的技术供给、合适的企业机制,形成相应的企业文化来对市场化的人力资本和物质资本进行组织和排列,而形成企业。由于排列方式的千差万别和连接方式的千变万化而导致了企业的广泛多样性。

第三章　中小企业的生命模型

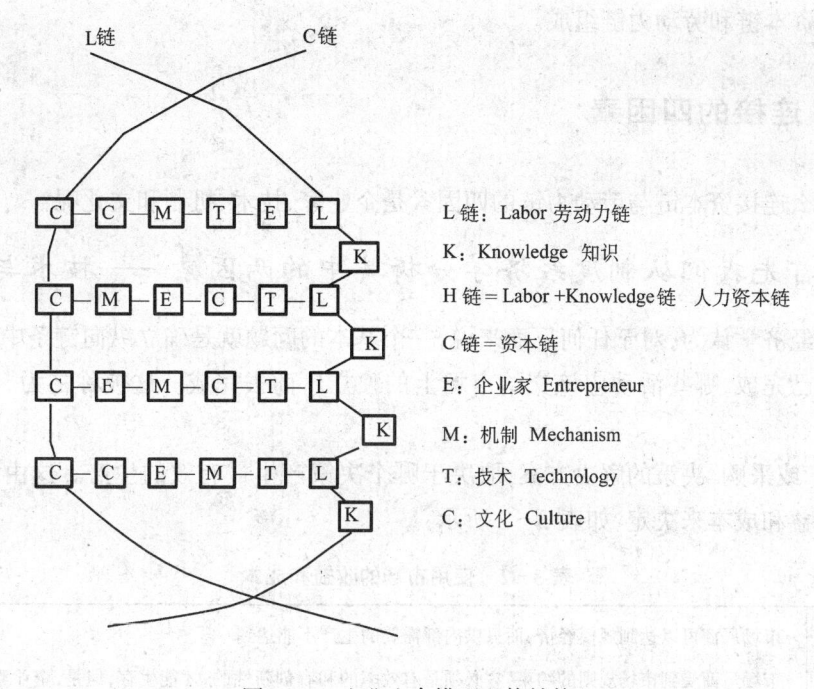

```
L链        C链

C C M T E L
         L K
C M E C T L
         L K
C E M C T L
         L K
C C E M T L
         L K
```

L链：Labor 劳动力链
K：Knowledge 知识
H链= Labor +Knowledge链　人力资本链
C链＝资本链
E：企业家 Entrepreneur
M：机制 Mechanism
T：技术 Technology
C：文化 Culture

图 3-6　企业生命模型立体结构

第二节　中小企业生命模型的经济学逻辑

一、双螺旋结构与双链

企业的 DNA 模型为什么是双螺旋结构,构成双螺旋结构的双链为什么是资本链(实物资本链)和劳动力链(劳动力加知识即人力资本链)呢？

首先,生物生命的漫长的研究,从生物体,到器官、系统,再到细胞学说的提出,即从细胞水平研究生命是一个划时代的突破,而从微生物学更进一步的在微观水平上进行分析,又是一个突破。科学家已经从实验技术发现了生物基因,到今天,科学家已经解析出人体大部分的基因及其排序。生物学家用实验技术发现和证实了生物的基因是由双螺旋结构构成。从生物化学的角度看,双螺旋结构在空间的千差万别的排列中有可能具有生物活性,即表现出生命特征。这就是双螺旋结构区别于其他有机化学结构的根本所在。

由于企业具有生命特征,我们可以完全合理的作出这样的映射,即企业也具有双螺旋结构。

双螺旋结构的双链由什么构成呢？生物学的双螺旋结构由分子生物学的实验技术发现,它由核苷酸和磷酸组成,并通过嘌呤和碱基以氢键连接。也就是说,双链是由最基本的元素和分子所组成。而众所周知,组成企业的最基本要素就是资本与劳动力。资本通过资本市场获得,而劳动力通过劳动力市场获得。与此相对应,我们很容易理解为什么双链应该由资本链和劳动力链组成。

二、连接的四因素

为什么连接资本链与劳动力链的四因素是企业家、技术、机制和文化呢？

1. 首先我们从制度经济学分析其中的两因素——技术与机制

制度经济学认为，对于任何厂商来说，一个基本的问题就是确立纵向链条中的哪些活动应该自己完成，哪些活动应该交给市场上的独立厂商去完成。这被称之为"生产或采购"问题。

"生产或采购"决策的解决方案，取决于哪个决策产生最有效的生产。这由评估使用市场的收益和成本来决定，如表3-2所示：

表3-2 使用市场的收益和成本

收益	·市场厂商可以达到规模经济，而只供内部需要的生产不能达到
	·市场厂商受到市场规则的约束，它必须是有效率的和有创新性的，才能生存，但是，企业整体上的成功可能掩盖内部部门的无效率和缺乏创新
成本	·当某项活动是向一家独立的市场厂商购买，而不是内部生产时，纵向链条中生产流程的协调可能会受到损害
	·当某项活动是由一家独立的市场厂商执行，私有的信息可能会被泄露出去
	·可能产生与独立市场厂商的交易费用，而在内部完成此项活动则可以避免该成本

上述的使用市场的成本和收益，可以按照技术效率或代理效率进行有用的分类。所谓技术效率，可以理解在既定的输入组合下所能够达到的最大的产出水平。或者说，技术效率意味着厂商是否在使用最低成本的生产过程。

代理效率是指纵向链条中商品或服务的交换组织形式能够减少协调、代理和交易费用的程度。如果交换不能降低这些成本，则厂商就未达到完全的代理效率。

代理效率与交换过程有关，技术效率与生产过程有关，我们把在交换过程而带来的生产成本的问题，称为代理非效率，而不称为技术非效率。

这时，我们就可以考察企业组织的边界，即通过比较和权衡技术效率与代理效率来确定。

如图3-7所示：

横轴表示资产专用化程度。

ΔT 曲线表示纵向一体化最低生产成本与使用市场交换的最低生产成本之差。ΔT 反映了内部生产和外部供应商之间的技术效率差异。对于任何水平的资产专用性，这种差异都是正值，这是因为外部

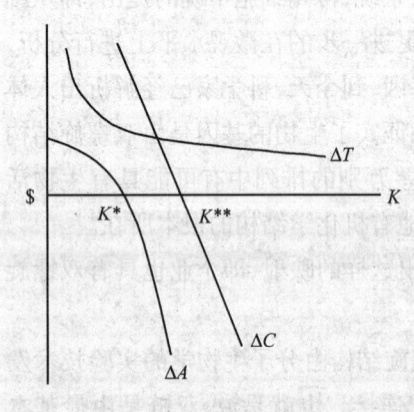

图3-7 企业技术效率和代理效率的比较与权衡

供应商能比内部生产更高效的利用规模经济与范围经济来降低成本,但这种差异随资产专用性的增加而下降。这是因为更高的资产专用性意味着输入品更窄的应用范围,外部供应的销路更少,规模和范围优势更弱。ΔA 曲线代表纵向一体化生产的交易费用减去使用公平市场的交易费用。该曲线反映了代理效率的差异。ΔA 曲线在低水平资产专用性时($K<K^*$)为正,高水平资产专用性时为负,当资产专用性低时,要挟就不是一个显著的问题。如果不存在明显的要挟问题,市场交换的代理效率比纵向一体化的代理效率高,这是由于独立厂商比纵向一体化厂商的内部部门面临更强的创新和控制生产成本的激励,随着资产专用性升高,市场的交易费用也随之升高,当超过临界点 K^* 后,成本增加就使得纵向一体化比市场交换的代理效率高。ΔC 曲线是 ΔT 和 ΔA 在竖轴上的加总,则 $\Delta C = \Delta T + \Delta A$,代表纵向一体化和市场交换的整体成本差异。如果该曲线为正,则公平市场交换优于纵向一体化。如果该曲线为负,则使用市场的交换成本要高于生产成本节约,则纵向一体化是更优的。如图 3-7 所示,可以看出,当资产专用性足够低时,市场交换更优,当资产专用性较高时,纵向一体化是更优的组织交易的模式。

当 $\Delta C = (T_纵 + A_纵) - (T_市 + A_市)$

$\quad\quad = (T_纵 - T_市) + (A_纵 - A_市)$

$\quad\quad = \Delta T + \Delta A$

若 $\Delta C = \Delta T + \Delta A > 0$,表示企业纵向一体化的成本比使用市场的成本更高,企业应选择市场。而 $\Delta C < 0$,意味着企业纵向一体化的成本低于使用市场的成本。企业可以通过纵向一体化的方式扩大企业的纵向边界,获得企业的成长。

我们作进一步的阐述,当两个竞争企业之间假设为企业 a 和企业 b,我们比较两个企业谁更具竞争力,也即哪个企业更能通过纵向链条的延伸获得成长。我们假定有一个企业 c,这三个企业的代理效率分别为 A_a, A_b, A_c,技术效率企业分别为 T_a, T_b, T_c。

企业 a 与企业 c 之间更可能是市场关系还是形成纵向链条关系呢?

由 $\Delta C_1 = \Delta A_1 + \Delta T_1$

$\quad\quad = (A_a - A_c) + (T_a - T_c)$

$\quad\quad = (A_a + T_a) - (A_c + T_c)$

企业 b 与企业 c 之间更可能是市场关系还是形成纵向链条?

由 $\Delta C_2 = \Delta A_2 + \Delta T_2$

$\quad\quad = (A_b - A_c) + (T_b - T_c)$

$\quad\quad = (A_b + T_b) - (A_c + T_c)$

假定企业 a 与企业 b 为竞争企业,均希望通过与市场企业 c 形成纵向链条来获得企业的成长,则取决于

$$\Delta C = \Delta C_1 - \Delta C_2$$
$$= [(A_a + T_a) - (A_c + T_c)] - [(A_b + T_b) - (A_c + T_c)]$$
$$= (A_a + T_a) - (A_b + T_b)$$
$$= (A_a - A_b) + (T_a - T_b)$$

于是,我们可以得出结论:两个竞争企业之间谁更具有竞争力和成长性,取决于两个企业的技术效率和代理效率之差。

而技术效率很大程度上是由技术供给和技术创新决定。

代理效率则取决于企业的机制,包括企业的结构和制度安排。

技术效率与代理效率是企业的两个核心问题和核心因素,因此就构成了企业的生命模型中的四要素之中的两个。

2. 企业家

企业生命模型的另一核心因素是企业家,因为企业家是企业创新的主体,是企业的组织者、决策者、剩余索取权的拥有者、企业产权的所有者、资产经营的代理人,是一种能够替代价格机制来优化配置资源的特殊资源。许多经济学家从企业家的职能、经济学实质、企业家精神等各个角度提出了企业家理论,我们可以从这些论述中明确企业家在企业成长中的作用与经济学逻辑。

法国经济学家萨伊(J.B. Say)把企业家定义为"结合一切生产手段并为产品价值寻求价值的代理人",萨伊认为,"企业家能够把经济资源从生产效益较低和产量较少的领域,转移到生产效益较高和产量较大的领域。"他认为,企业家"是预见特定产品的需求以及生产手段,发现顾客,克服许多困难,将一切生产要素结合的经济行为者。"

经济学家马歇尔在他的分配理论中,把早期的"三位一体的公式",扩大为"四位一体的公式",即劳动—工资、土地—地租、资本—利息和组织—利润。他把利润归结为管理收益,工资是劳动的报酬。

按照马歇尔的认识,企业家并不是在有了明确的费用函数与需求函数之后行动的,因此,企业家机能的本质在于找出可能实现的费用函数与需求函数。

美籍奥地利经济学家熊彼特认为,企业家的职能是引进"新的组合",实现"创新"。他提出了五种情况,整个社会经济的发展,就是依赖于这样的"创新"和"新的组合"来实现的。企业家作为经济发展的带头人,"创新"是其基本特征,企业家精神就是创新精神。熊彼特认为,企业家是支持创造资本主义经济发展的主体。企业家这一"创造性的破坏"过程,正是资本主义的本质。

奈特把风险和不确定性与企业家职能相联系,认为企业家要有较强的风险意识,面对市场的不确定性大胆决策并承担风险,而把可靠性(有保证的契约收入)提供给企业职工。

哈耶克(Hayek, 1937)和柯斯纳(Kirzller, 1937)则强调企业家在获取和利用信息方面的作用,企业家对获利机会很敏感,因此使他成为了"市场过程"中的关键因素。

卡森(Casson)为了从各式各样的关于企业家的理论中找到共有的因素,引入企业家判断这一概念,企业家被定义为专门就稀缺资源配置而作判断性决策的人。判断性决策的本质在于,在决策中不可能采取一条明显是正确的,而且只使用公开可获信息的规则。这一概念认识到,不仅信息是不明显的,不同的人获取信息的成本是不同的,因而也会做出不同的决策。判决性决策的实质在于,决策的结果取决于由谁做出这一决策。

综上所述,企业家被认为是产业车轮的轴心,资本主义的"灵魂";创新是企业家的基本特征,企业家精神就是创新精神;企业家有较强的风险意识,在风险性和不确定中结合一切生产要素,就稀缺资源配置而做出判断性决策,依赖于"创新"和"新的组合"找出可能实现的费用函数与需求函数。所以,企业家的经济学逻辑是他决定着企业的生产函数与费用函数,即决定着企业的技术效率与代理效率。

3. 文化

企业文化减少了企业内个人的信息处理要求,补充了正式的控制制度,促进合作并减少讨价还价成本,因而不仅提高了企业的代理效率,也提高了企业的技术效率,因而成为企业生命模型中的又一核心因素。

公司文化,是指企业成员中共有价值观、信念和行为准则的集合体,它影响着雇员个人的偏好与行为。文化的经济含义就是,它代表了企业内的行为指针,虽然不能由契约明确下来,但却制约和规范着企业的管理者和员工。

企业文化通过三个途径为企业创造价值:第一,文化减少了企业内个人的信息处理要求,允许个人更好地把注意力集中于他们日常的工作,文化中价值观、行为准则和相应的符号,可以使员工的活动集中于较高的有范围的安排之中,这使他们没有必要就他们在企业中的工作任务是什么进行讨价还价。一个强的企业文化,可以减少决策制作的成本并促进工作的专门化。它也使得一起工作的员工分享对他们工作的一系列预期,减少了不确定性。通过关注于行动,文化因此能提高企业的技术效率。

第二,文化补充了正式的控制制度,减少了企业中监督个人的成本,因而提高了企业的代理效率。

文化作为集体价值观和行为准则的集合体,在组织中能发挥一种控制功能。文化对员工的控制是基于他们对企业的依附和认同,而不是基于激励和监督。那些在价值观上依附企业文化的员工将会调整他们个人的目标和行为,使之符合企业的目标与行为,减少了冲突和不协调。

如果文化在企业中具有这种功能,那么,控制员工行为将比只有正式控制制度更为有效,因此员工将控制自己而使监督成本减少。如果企业文化是强的,即它被大多数员工坚定地信奉,那么,在控制员工方面,它就会比正式控制下更为有效。主动的自我控制,员工间的非正式监督和不涉及具体细节的组织准则结合在一起,意味着员工会比在正式制度下更可能顺从。在后者中,由于正式体系的不完备性,会产生更多的机会主义行为。

第三,文化促进合作并减少讨价还价成本。

任何通过契约、激励和正式控制都可能带来很大的影响成本,它源于隐藏信息、隐藏行动及相关的问题。层级组织的问题在于,其减少了与市场经济活动协调有关的交易成本的同时,给自己造成了两难困境。这些两难困境必须借助正式的治理机制或增加对员工的控制来解决,但这时,层级组织将存在严重的委托—代理问题,这很大程度上由于信息的不对称所造成。但文化提供了一个减少冲突,形成合作,凝聚共识的契机。因为文化就是在企业发展过程中形成的各种行为规范、习俗和惯例。

这样,企业文化从以上三个方面促使企业成员间的合作博弈,让员工为一个共同的价值观,行为准则行事,因此,大大提高了企业的技术效率与代理效率,因而成为影响企业生命模型的极为重要的第四个因素。

综上所述,技术(T)与企业的技术效率相关,机制(M)与企业的代理效率相关,而企业家作为企业生产函数和费用函数的决定者因而就决定着企业的技术效率与代理效率,而文化作为一种非正式的制度,促进合作,提高企业的代理效率与技术效率,所以,技术、机制、企业家、文化与资本链、劳动力链一起构成了企业的生命模型。

企业的生命模型因具有"生物学意义"而暗示着企业的多样性、生命周期特征及对外部竞争环境的适应性。同时值得指出的是,企业生命模型也表明了企业应如何构筑核心能力,以及构成核心能力的知识是什么:由技术创新形成核心技术,由"组织资本"形成企业组织机制,由"社会资本"组成企业文化,由创新"资本"成就企业家资源,由人力"资本"构成人力资源。另外由"顾客资本"形成企业的市场资源。而核心技术、组织机制、企业文化、企业家资源、人力资源、市场资源就是企业的核心能力。

第三节　中小企业生命模型的管理学逻辑

在前面,我们提出了企业的生命模型,在模型中,企业"基因"的"DNA双螺旋结构"的双链是资本链与劳动力链,连接双链的四要素是企业家、企业机制、技术与文化,并从经济学角度诠释了企业的生命模型,即四因素决定或提高了企业的技术效率与代理效率。

接下来,本书将从管理学角度研究企业的生命模型,就管理学的逻辑而言,企业生命模型是一个自组织模型,在四因素中,企业的机制即产权与治理结构在成长与演化中起最后的决定作用。一个完全公平竞争的内外市场环境,将提高企业的信息传输效率。企业生命模型也是一个知识管理模型,它隐含着知识的创造、管理和共享过程。

一、企业生命模型中的自组织特征

企业生命模型中的自组织特征包含着以下三方面的内容:企业演化的内在动力、适合企业自组织的外部环境和企业存在着一个支配系统行为的"慢变量"。

1. 企业演化的内在动力——四因素的非线性相互作用

从企业内部系统来看,在企业生命模型中存在着四个要素:企业机制、企业家、技术与文化。这就使企业内部的非线性相互作用成为可能。非线性相互作用是时空中不均匀的,非对称的作用,是可以产生增量、非守恒量的相互作用。非线性相互作用使企业系统内诸要素的独立性完全丧失,互为因果,形成双向信息传递的循环关系,从而使微小涨落越长越大,直至形成巨涨落。自组织理论认为,在远离平衡的开放系统中,随机涨落则有可能被放大为巨涨落,从而破坏原来的结构,形成新的有序结构,即耗散结构。耗散结构可以看成是远离平衡的开放系统,通过与环境进行物质和能量交换而稳定化了的巨涨落。因此,在远离平衡的开放系统,涨落对系统起着建设性的作用。企业内企业家、机制、技术与文化四因素之间的相互非线性作用,形成企业的涨落与创新,并且通过创新扩散,不断地推进企业的成长(图3-8)。总之,企业自组织的变革应来自企业内部,由外力推动的变革当外力消失后变革就可能自动停止。所以,应建立各种激励机制与约束机制,来为企业的改革提供内在驱动力。

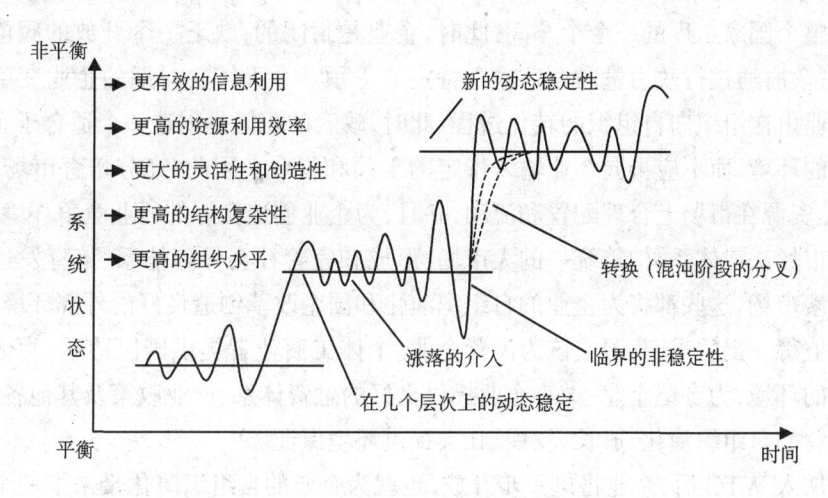

图3-8 企业成长演化过程

2. 企业自组织的外部环境

热力学第二定律认为,孤立系统只能向熵增方向演化,不可能形成新的有序结构,封闭系统可以形成"低温有序结构",但这一结构是"死"的结构,因这一结构不能适应环境的变化而不可能形成新的有序结构。自组织理论认为,开放系统的熵变可以分成两个部分,系统内部的熵增和系统环境进行物质和能量交换形成的熵流。系统内部的熵增恒为正,而熵流可正可负。如果熵流为负,且绝对值大于系统内的熵增,则系统就有可能向熵减的方向,即有序方向演化($ds = des + dis < 0$)。因此,系统的演化过程就是一个不断寻求自由能的最大和负熵的过程。因此,企业的成长演化最重要的一个条件是系统的开放性,即存

在着一个最低的开放阀值。只有企业的机制、企业的技术创新、企业的文化与企业家精神与市场环境有机结合,相互作用,才能不断的进行制度创新、技术创新和市场创新,形成企业的不竭的创新动力、竞争力与生命力。

形成企业自组织环境的另一个条件是环境不能对企业输入特定的"干预"。企业的成长过程实质上是一个自组织过程,因此应由企业内部激发出变革、创新和演化的动力。也就是说,企业在适应市场竞争中筛选出更有竞争力的企业机制,更领先的创新技术、更优秀的企业家、更积极的企业文化,从而推动企业的成长、演化。

自组织理论认为,控制参量过度,则系统将按照被组织的方式演化。此时,由于被组织的方式和控制的时间性作用,系统内各要素将存在两种演化的可能性。第一,不能培育出成熟的要素;第二,要素的退化,即可能使企业系统向无序的线性方向退化。因此,企业自组织演化的一个不可逾越的过程是使企业内的各要素发展成为成熟要素。另外,在系统演化的跃迁过程中,环境的物质、能量、信息的交换,外部控制参量的弱控制及涨落激励对系统从"无组织"经历自组织过程转变为有"组织"的结构更为重要。

今天,中国的企业变革过程可以从以上的阐述中得到启迪。在传统的计划经济时代,企业成为整个国家工厂的一个个车间,此时,企业是封闭的,缺乏一个开放的阀值,同时,政企不分,政府通过行政力量向企业输入特定的干预。今天转轨时期的企业变革过程就是一个企业由被组织向自组织的转化过程,此时,政府的职能是创造一个适合于企业发展和自组织的环境,而不应再向企业输入特定的干预和指令。因此,充分培育市场,维护公平竞争,让资源在市场上合理配置和流动,并且,为企业创造良好的行业竞争环境,建立社会主义的市场法律体系,构筑统一的大市场,形成和完善社会保障体系、培育发达的资本市场和要素市场,这些都将为企业的自组织演化和国企改革创造良好的外部环境。

特别值得一提的是,我国应该为民营企业、个体工商业者提供国民待遇,为他们提供一个公平的环境,为乡镇企业、中小企业提供良好的融资体系、产业政策及其他各种措施,为这些企业的自组织演化、成长、发展、壮大提供环境保证。

中国加入 WTO 后,企业将进一步开放,也就为企业的自组织演化带来了一个有更多机遇和挑战,也更趋公平的外部环境,我国企业应抓住这千载难逢的机遇,大力开展国际化经营,加强制度和技术创新,在世界市场上求得生存与发展。

3. 支配企业行为的慢变量——企业的机制即产权与治理结构

协同学是一种关于系统的动力学理论,主要研究系统从原始均匀的无序态发展到一种有序结构,或一种有序结构转变为另一种有序结构,因而是一种关于结构有序演化的理论。协同学的主要目的是寻找某种支配各类系统中自组织现象的一般原理。协同学是一门关于协作的学科,所谓协同就是系统的各个部分协同工作。

协同学的理论核心有:①定义了序参量。②支配原则。即系统存在慢变量和快变量,快变量由慢变量解释,慢变量成为支配系统行为的序参量。③最大信息熵原理。因此系统进化过程就是一个不断追求自由能量大和熵值最低的过程。在这一过程中,系统不断地向外界寻求负熵。

那么在企业的生命模型四要素中,哪一个因素成为了支配企业系统行为的慢变量呢?毫无疑问,企业的机制即企业的产权和治理结构最终支配着企业的成长和演化。

张维迎在对中国绩优大企业进行实证分析的基础上,总结出了一个关于企业绩效与产权、治理结构的分析框架,为本书分析起见,我们对该框架作略微修正如下(图3-9):

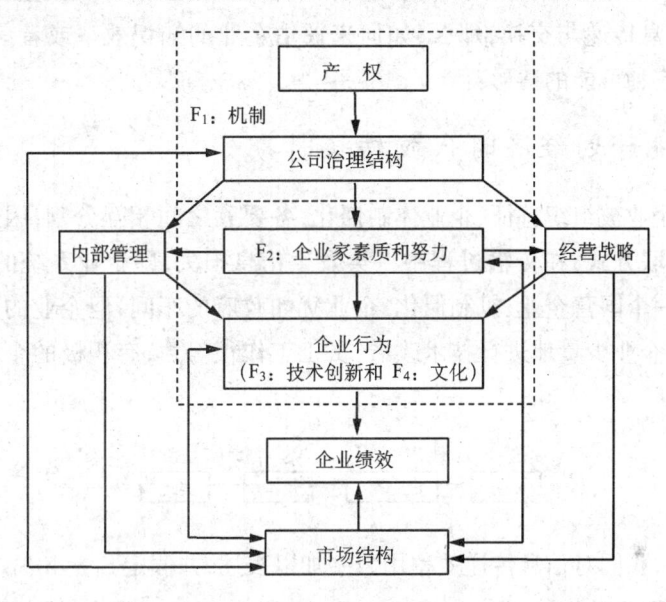

图3-9 企业机制分析框架

在这里,产权决定着企业的治理结构,而企业的治理结构又影响着企业家的素质(能力)与努力程度,而后者又决定着企业的内部管理水平和企业的经营战略,并通过这两者影响着企业的行为,如技术创新和企业文化,最终影响企业的绩效。另外,市场结构与公司治理结构、企业的内部管理水平和经营战略、企业行为等相互影响。在以上分析框架中,企业的内部管理水平与经营战略是由 F_1 企业的机制与 F_2 企业家素质衍生而出。而在以上直接决定企业绩效的 F_1,F_2,F_3,F_4 四因素中,企业的机制即产权与治理结构起了决定的作用,即成为支配企业行为的慢变量。

著名经济学家厉以宁曾指出,制度创新大于技术创新,制度变迁是我国改革开放20年来企业改革发展壮大的主要原动力。因此,我国国有企业应尽快建立"政企分开、权责明确、管理科学、行为规范"的现代企业制度。

而民营企业则应该打破产权封闭,告别封闭的家族式企业,完善企业的治理结构,实现"经理革命",为民营企业的发展壮大进行制度创新。

知识经济时代,企业的产权安排和治理结构本身也有一个演变的过程。企业的产权应由资本所有者与人力资本所有者共同拥有,企业剩余应由双方分享,这种共同治理结构比单边治理所带来的企业代理效率更高,企业内的总"敲竹杠"成本更小。这种制度安排,对高科技企业成长、演化尤为重要。同时也不失为我国国企改革制度创新的一种有效选择。

二、企业生命模型中的信息效率

企业是信息和知识的集合,是一个知识体系,因此,企业内部以及企业与外部之间在不停地进行着信息传递与交换,那么,如何来评估企业的知识效率或者信息效率呢?下面,我们来分析三种可能的情形:

1. 在传统计划经济时代或转轨时期

此时,由于企业被组织特征、企业体制僵化,各要素之间相互分割,因此,信息的传输过程为以上的串联方式,在传输过程中将会发生信息损失,即企业系统的反馈效率会降低。例如,假定一个国营企业,机制僵化,企业犹如政府的车间,但企业的领导人很努力,在政府的安排下企业少量地进行技术改造,员工工作很努力,有积极的企业文化,但缺乏创新。

$$S_1 \quad S_2 \quad S_3 \quad S_4$$
$$\boxed{机制}—\boxed{企业家}—\boxed{技术}—\boxed{文化}$$

在此情形下,我们对信息传递效率用数字加以表述,并假定 $S_1 = 40\%$, $S_2 = 70\%$, $S_3 = 50\%$, $S_4 = 70\%$,则此时:

$S = S_1 \times S_2 \times S_3 \times S_4$
$\quad = 0.4 \times 0.7 \times 0.5 \times 0.7 = 0.098 \approx 0.1$

2. 一个单个的优秀企业的信息传递效率

在市场化的条件下,假定一个企业拥有十分合理的产权和治理结构,优秀的企业家,有竞争力的高新技术和积极创新的企业文化,如下图所示:

$$S_1 \quad S_2 \quad S_3 \quad S_4$$
$$—\square—\square—\square—\square—$$

这种链接方式,在信息传输过程中仍会发生信息损失,因为假定只存在一个单一企业,信息传输将采取串联方式,我们假定每一次信息传递效率均为90%,则:

$S = S_1 \times S_2 \times S_3 \times S_4 = 0.9^4 \approx 0.66$

3. 完全市场条件下的并联耦合

由于企业处在完全市场中,在市场中存在众多企业,各种要素市场充分发达,并存在着竞争性的经理市场和发达的技术市场。同时,资本市场也很发达,企业可以通过资本市场进行并购、重组和退出来不断优化企业的产权和治理结构。

第三章 中小企业的生命模型

企业之间存在着激烈的竞争,这种竞争对每一个企业及企业四要素中的每一个要素而言,提供了一个外部激励机制,它会鼓励每个企业及企业中的每一个要素更有效率的工作,最终由市场筛选出最高效率的企业及企业要素。因此,此时,企业内各要素的连接方式如图3-10所示:

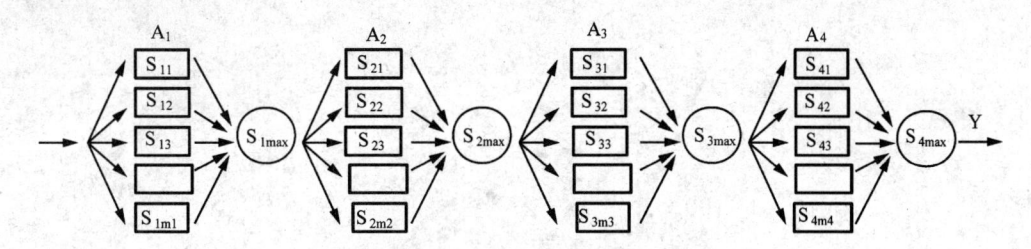

图3-10 企业内各要素连接方式

A:要素

S:企业

S_{nmax}:折取的某一企业要素的最有效率的输出,此时,我们定义每一并联耦合企业要素平均有效的概率为$\bar{P}$,失效的概率为q,则单个企业要素失效概率为:

$$q = 1 - \bar{P}$$

对整个A_i系统中,因为有m个并联耦合要素,则系统失效概率为:

$$q^i = q^m$$

由于$0 < q < 1, q^m \ll q$,那么A_i系统的可靠性为:

$$P_i = 1 - q^i = 1 - q^m \gg \bar{P}$$

可见子系统A_i的整体可靠性P_i大于单个企业的可靠性$\bar{P}$。那么整个系统的可靠性为:

$$P = P_1 \times P_2 \times P_3 \times P_4 = (1 - q^m)^4 = [1 - (1 - \bar{P})^m]^4$$

若$\bar{P} = 0.9, m = 5$,则:

$$P = [1 - (1 - 0.9)^5]^4 = [1 - 0.1^5]^4 \approx 1$$

这说明,企业的每一个要素由于在市场中的企业同行竞争,因而能在每一要素中筛选出效率最高的企业输出,输入到下一串联因素中,这种竞争的结果,会使企业内形成较高的信息反馈效率,从而使企业高效运转。也就是说,每一个企业能在适应市场的竞争中从市场中筛选出最佳的企业治理机制,最合适的企业家,最有竞争力的技术和最适合企业的文化。

由此可见,在企业内外创造一个完全公平的竞争的自组织化环境对企业的成长、演化至关重要。

第二篇

中国中小企业发展现状与实证分析

第四章 中小企业发展现状的问卷调查与实证剖析

摸清我国中小企业的发展现状与面临的问题,是实施各种扶持和促进中小企业发展政策的重要依据。受国务院发展研究中心委托,我们针对北京、辽宁、江苏、浙江、湖北、广东、云南等七省市14 000多家中小企业的问卷调查,就中小企业的所有制及行业分布、总体效益与产销竞争力、信息来源和外部协作、企业财务与融资、人才、技术与研发能力、竞争措施与经营战略、经营环境与政府服务、企业发展的不利因素等八个方面的发展现状与面临的问题,进行了详细的剖析,并为解决这些问题提出对策性建议。

第一节 北京、辽宁、江苏、浙江等七省市的问卷调查与剖析[①]

一、样本基本情况

问卷调查的样本主要是分布在北京、辽宁、江苏、浙江、湖北、广东、云南等七省市的中小企业,是国务院发展研究中心出资10多万元,通过七省市乡镇企业局、中小企业协作办、统计局、大专院校等部门人员帮助发放与回收的。问卷调查的内容及发放要求均由国务院发展研究中心预测发展部设计。此次调查共发放问卷14 000份,收回有效问卷3027份。利用计算机数据库语言按分析需求编程,然后进行分类统计和汇总。样本分布见表4-1,表4-2。由于填表方面的原因,各类指标汇总时会出现正常的误差,但不影响对总体结果的分析。样本的所有制类型、隶属关系和行业分布与总体的中小企业情况分布比较接近,样本企业能比较好地反映总体中小企业的情况。

在随机抽样的总共3027家企业中,对企业所有制形式与隶属关系问题共有1439家和1415家样本企业进行了回答。我们发现,其中国有企业占30.09%,集体所有制企业占31.83%,私营企业占14.66%,中外合资企业占6.95%,联营企业占2.29%,其他类型的企业占14.18%,显示我国中小企业所有制性质发生了比较明显的转变,非国有制中小企业已经占据了总数的近70%。国有中小企业虽然目前还有30%,但已逐步从市场中退出,表明体制改革已见成效,企业体制转型趋势明显。当然,调查中也显示国有中小企业退出市场的空间仍然很大,体制转型的任务远没有完成(表4-1)。

[①] 本节内容为国务院发展研究中心所承担课题"促进中小企业发展问题研究"的一部分。课题负责人:李善同、刘勇。执笔人:林汉川、夏敏仁、何杰、管鸿禧。

在隶属关系上,市属企业占 36.11%,县(区)属企业占 30%,乡镇企业占 21.55%,部属企业仅占 3.25%,其他类型的企业占 12.08%,表明我国中小企业的隶属关系的传统格局被打破,中央直属中小企业数量很少,地方性中小企业异军突起,已居主导地位。

在行业分布上,轻工、机械、电子、化工等劳动密集型加工型中小企业所占比重达 60%,而第三产业(包括通信、餐饮、食品、其他服务业等)发展迅速,企业数量占比达到 24.41%,增加近 4 个百分点(表 4 – 2)。

表 4 – 1　企业所有制类型及所属关系

所有制	样本数(个)	百分比(%)	隶属关系	样本数(个)	百分比(%)
国有	433	30.09	部属	46	3.25
集体	458	31.83	市属	511	36.11
私营	211	14.66	区县	382	27.00
中外合资	100	6.95	乡镇	305	21.56
联营	33	2.29	其他	171	12.08
其他	204	14.18			
合计	1439	100	合计	1415	100

表 4 – 2　企业的行业分布

行业	样本数(个)	百分比(%)	行业	样本数(个)	百分比(%)
机械	242	17.30	轻工	250	17.87
电子	128	9.15	冶金	65	4.65
化工	167	11.94	建筑	32	2.29
建材	92	6.58	运输	12	0.86
纺织	114	8.15	通信	10	0.71
食品	61	4.36	商业	18	1.29
餐饮业	7	0.50	其他	175	12.51
其他服务业	26	1.86			
合计			1399		

二、样本企业面临问题剖析

(一) 经济指标与产品产销

1. 企业各主要经济指标

1998 年中小企业各主要经营指标综述如下:

企业平均资产(固定资产 + 流动资产)为 2695.15 万元;人均资产为 12.55 万元,两项指标都呈逐年上升趋势,较之1995年分别提高13.05%和28.13%;应收账款407.86万元;资产负债合计1938.45万元,资产负债率为71.92%,仍处于相对较高的水平;银行贷款1483.17万元,有55.05%从银行获得过贷款。但中小企业的固定投资很少从银行获得,50%以上的固定投资中,从银行贷款获得的企业只有10%;全年平均营业收入1469.79万元,较前两年有较大下滑;产品销售收入995.70万元;其中销售费用714.90万元;原料成本624.36万元;工资支出总额182.76万元;研究开发费用57.43万元,研究开发费用占总支出的5.86%,处于较低的水准;出口创汇422.48万元;创汇能力从1995年以来逐年降低;利润总额125.20万元,利润增长不大;上缴税金119.47万元,比1997年有所下降;社会收费及摊派费用6.88万元;拖欠其他企业款501.85万元,用应收账款/流动资产反映企业间的拖欠程度,则1998年为29.99%。1997年,1996年,1995年依次为28.75%,28.99%,27.90%,也即说企业间相互拖欠十分严重(表4-3)。

表4-3 3027个样本企业的基本经营情况表

项目	单位	1995	1996	1997	1998
固定资产原值合计	万元	1018.83	1164.94	1177.66	1237.96
流动资产合计	万元	1324.60	1376.89	1415.89	1457.19
其中:应收账款	万元	369.54	388.45	417.06	407.86
负债合计	万元	1723.69	1928.46	1990.51	1938.45
银行贷款	万元	1400.09	1460.04	1612.91	1483.17
全年营业收入	万元	1498.46	1538.08	1537.78	1469.79
产品销售收入	万元	1193.65	1072.47	1026.77	995.70
其中:产品销售费用	万元	74.82	94.15	106.23	114.90
原材料成本	万元	675.56	709.93	670.27	624.36
工资总额	万元	172.81	173.65	174.41	182.76
研究开发费用	万元	30.98	33.58	42.98	57.43
出口创汇额	万元	442.33	441.30	435.35	422.48
上缴税金	万元	102.99	108.99	123.28	119.47
利润总额	万元	120.13	117.77	118.93	125.20
社会收费、摊派费用	万元	6.77	8.20	9.63	6.88
拖欠其他企业款	万元	369.02	410.75	446.89	501.85

企业亏损状况是反映企业经营绩效的最直观的指标。从这次调查的结果来看,七省市中小企业亏损情况比较普遍,平均亏损率达26.8%。亏损状况表现出的所有制特征十分明显,国有中小企业的亏损率最高,达55.8%,集体所有制中小企业亏损率次之,达38%,联营、私营、中外合资企业亏损率相对要低得多,分别为19.2%,21.9%和24.1%。经营绩效所反映出的体制性缺陷非常清晰。从亏损率的地区比较中,也可以得到进一步

的佐证。如体制较为灵活的广东、浙江、江苏三省的平均亏损率较低(为14.3%),而辽宁、湖北、云南等省亏损率普遍较高(平均为37.6%)。见表4-4,表4-5。

表4-4 企业亏损率

所有制	样本数	亏损率(%)
国有	422	55.8
集体	458	38.0
私营	211	21.9
中外合资	100	24.1
联营	33	19.2
其他	204	25.4

表4-5 企业亏损情况的区域对比

区域	样本数	亏损率(%)
北京	416	28.6
广东、浙江、江苏	273	14.3
云南、湖北、辽宁	655	37.6
平均		26.8

2. 产品产销和产品出口

企业的产品产销状况可以通过产销率和设备利用率反映出来。全行业平均产销率为90.3%。其中国有、集体、私营、中外合资、联营及其他类型所有制中小企业的平均产销率分别为90.4%,90%,87.5%,92.3%,90.5%和91.4%。从设备利用率来看,企业的设备利用率普遍都不高,37%的中小企业设备利用率在60%以下,31%的中小企业设备利用率在60%~80%之间;20%的中小企业设备利用在80%~95%之间,只有14%的中小企业设备利用率在95%以上。从设备利用率的所有制类型分布来看,各所有制中小企业的设备利用率差别很大。其中国有中小企业设备利用率最低,50%中小企业设备利用率在60%以下;中外合资中小企业设备利用率最高,有23%的中小企业设备利用率在95%以上,只有17%的企业设备利用率在60%以下。此外,集体企业的设备利用率也较低(表4-6)。

表4-6 企业设备利用率(单位:%)

所有制	设备利用率分布			
	95%以上	80%~95%	60%~80%	60%以下
国有	9	21	20	50
集体	11	18	27	44
私营	15	24	31	44
中外合资	23	21	39	17
联营	12	13	46	29
其他	13	23	25	39
平均	14	20	31	37

从产销率、设备利用率的地区比较来看,北京、江苏、浙江、广东等省的产销率和设备利用率要高些,而湖北、辽宁、云南三省则相对要低些。设备闲置相对较多(表4-7)。

表4-7 企业产销率、设备利用率的地区比较

区域	产销率(%) ≥100%	90%~99%	≤90%	设备利用率(%) >95%	80%~95%	<80%
北京	39.3	28.7	32.5	20.5	16.4	63.1
江苏、浙江、广东	34.4	38.8	26.8	19.00	29.6	51.5
辽宁、湖北、云南	27.4	45.6	27.9	16.2	26.6	59.5

1998年,各企业产品出口情况不很乐观。在问及有无产品出口及出口渠道和能否利用国外市场时,有31%的企业做了肯定回答。其中,广东省59%的企业有出口及出口渠道,在七省市中出口情况最好,北京的企业只有14%的企业填了有出口渠道及出口产品(表4-8)。

表4-8 企业出口、出口渠道及面临问题地区比较

地区	有无出口及出口渠道(%) 有	无	存在问题(%) A	B	C	D	E	F	G
广东	59	41	23	13	16	17	15	8	8
湖北	22	78	4	4	9	30	22	22	9
江苏	37	63	19	12	26	33	2	5	2
辽宁	20	80	8	4	11	24	33	20	1
云南	32	58	23	5	15	21	15	19	1
浙江	35	65	32	13	18	21	2	13	2
北京	14	96	33	21	8	15	3	15	5
平均	31	69	20	10	15	23	13	15	4

在回答"当前出口主要面临的问题"时,在所给出的7个选项中[1],国外市场萎缩是企业所认同的最大问题。这也可以预示:在世界经济的引擎——美国经济处于衰退时期[2],尤其是"9.11"恐怖事件以后,全世界经济均受到不同程度的影响,全球市场开始出现比较明显的萎缩,我国中小企业面临的出口问题会更为复杂,出口形势也将会更加严峻,从企业、政府和科研机构应该及早寻求应对策略。

---

[1] A.国外市场萎缩;B.来自国外企业的竞争力加剧;C.来自国内的竞争加剧;D.出口价格下跌;E.缺少生产资金;F.缺少出口信息和渠道;G.其他。
[2] 据新华社2001年11月26日电,素有"美国经济周期起止日期裁定者"之称的权威机构美国全国经济研究所2001年11月26日宣布:美国经济自2001年3月即陷入衰退。

（二）信息来源与外部协作

对于经营活动中的市场、技术、金融、人才等四个方面的信息中，在2838家对此问题进行了回答的企业中，有1583家中小企业认为市场信息最重要，占比为55.8%；认为人才信息最重要的有819家，占比为28.9%，有287家企业认为技术信息最为重要，占比为10.1%；认为金融信息最重要的企业数最少，只有149家，占比为5.3%。这种对经营信息重要性的位次排列，也表现了地区的完全一致性，其相关系数达到1.00(表4-9)。这种对信息重要性的判断，反映了目前企业对市场和人才的相对重视程度。

表4-9 企业对经营信息重要性排序

区域	样本数（个）	重要信息选项选择个数(%)						
		市场		技术		金融		人才
北京	1491	806	54.1	163	10.9	6.9	4.6	453	30.4
广东、江苏、浙江	459	263	57.3	58	12.6	19	4.1	119	25.9
湖北、辽宁、云南	888	514	57.9	66	7.4	61	6.9	247	27.8
总体	838	1583	55.8	287	10.1	149	5.3	819	28.9

从信息来源的7个选项中[①]，企业从政府渠道获得的信息量较小，尤其是来自政府方面的市场信息和技术信息则更少，在所有7个选项中均排第5位(表4-10)。这说明政府对企业经营过程中主要信息的支持远远不够，政府对企业的信息服务的空间相当大，尤其是加入WTO以后，政府的服务职能必须进一步加强，且信息服务应该成为政府服务的重点。

表4-10 企业信息来源位次表

来源* 类别	A	B	C	D	E	F	G
市场信息	1	6	5	3	4	2	7
技术信息	1	2	6	5	4	3	7

* 同脚注①。

另外，调查也显示出企业信息来源渠道单一。从人才信息的来源看，其信息获得的途径主要是来自自我收集和企业领导层的社交活动，这两个途径的信息量占所有信息渠道的65%，而从交易会和人才市场获得的信息仅占所有信息渠道的5.4%。由此可以得出这样的结论，即由政府和其他社会机构举办的人才市场，所提供人才信息供给远远低于实际的市

---

① 七个选项为：A.靠独自调查研究收集(包括从报纸、杂志等外部媒介收集)；B.企业领导层通过社交活动收集；C.来自政府有关部门；D.利用顾客的反馈信息；E.交易会、展览会、专业会议；F.科技文献、专刊；G.其他。

场需求,且现有的人才市场远没有发挥其应有的功能,人才交易市场的完善十分迫切。

中小企业与大专院校或其他科研院所之间建立协作关系的比例比较低,为21.4%,中小企业技术含量较低与此有一定的关系。中小企业与其他企业间的协作关系的比例要稍高些,为47.2%。

(三) 企业财务与融资

1. 中小企业财务状况

1998年,占抽样中小企业总数的68.24%的企业有固定资产投资,占抽样企业总数84.37%的企业有流动资金。资金来源见表4-11。

表4-11 固定资产和流动资金来源

资金比例(%)	固定资产投资			流动资金		
	自有	贷款	其他来源	自有	贷款	其他来源
	比例(%)	比例(%)	比例(%)	比例(%)	比例(%)	比例(%)
0.0	8	77	84	9	67	81
0.1~49.9	11	13	7	12	20	10
50.0~99.0	14	7	5	24	10	5
100.0	67	3	4	55	3	4
合计	100	100	100	100	100	100

调查统计显示,中小企业固定资产投资很少可以从银行获得,主要靠自有资金运作。固定资产100%依靠自有的占67%;50%的固定资产投资依靠自有资金的占81%,初期固定资产投资全部来自金融机构的只有3%;而半数以上的固定资产投资来自贷款的比例也不过10%。这表明,中小企业存在相当程度的融资困难。当然,困难的程度也存在地区差异,北京市中小企业50%以上的固定资产投资和流动资金来源于金融机构贷款的比例更低些,分别只有4%和7%(表4-12)。

表4-12 固定资产投资和流动资金来源的地区比较

资金比例	固定资产投资(大于50%)						流动资金(大于50%)					
	自有		贷款		其他来源		自有		贷款		其他来源	
	样本数(个)	比例(%)	样本数(个)	比例(%)	样本数(个)	比例(%)	样本数(个)	比例(%)	样本数(个)	比例(%)	样本数(个)	比例(%)
北京	595	87	27	4	77	11	1269	83	109	7	183	12
广东、浙江、江苏	239	77	44	14	17	6	297	77	75	20	19	5
云南、湖北、辽宁	306	74	76	18	31	8	441	70	156	25	42	7

2. 贷款来源和贷款利率

在3027家企业中,有1666家企业获得贷款占比为55.05%,具体贷款来源和条件见表4-13。从调查中发现,67%的企业从固有商业银行获得贷款,86%的企业获准的贷款期限为1年,仅有14%的企业能得到2年左右期限的贷款。从总体上来看,企业所获贷款的期限普遍过短,贷款渠道比较单一,贷款额度偏小,贷款利率偏高。

如进一步考查贷款利率,可以利用下列公式(1)求得企业简单平均贷款利率为6.6%。

$$\bar{I} = \sum_{i=1}^{1666} I_i / 1666, \tag{1}$$

式中:I_i表示第i家企业的贷款利率;$\bar{I}$表示简单平均贷款利率。

还可利用公式(2)求得企业的真实平均贷款利率为7.65%,企业的贷款利息负担偏重。

$$\bar{I}^* = \sum_{i=1}^{1666} (I_i \cdot Q_i) / \sum_{i=1}^{1666} Q_i \tag{2}$$

式中:Q_i表示第i家企业以年利率的贷款额度;$\bar{I}^*$表示真实平均贷款利率。

表4-13 企业贷款来源和贷款条件

贷款具体来源	比例(%)	贷款期限	比例(%)	贷款利率(%)	比例(%)	贷款额度(万元)	比例(%)
国有商业银行	67.0	2~10个月	38.9	0.08~2.4	26.8	5~80	38.9
农村信用社	10.1	1年	47.1	4.56~6	15.9	100以上	61.1
城市商业银行	5.1	20~36个月	14.0	6.3~9.6	34.5		
城市信用社	2.2			13~21	22.8		
外资银行	0.7						
信托投资公司	1.8						
其他	13.1						
总计	100	—	100		100	—	100

另外,从不同的所有制类型企业的贷款来源和贷款条件来看,可以发现,68.7%的国有中小企业有贷款,高于中外合资企业(34.5%)34.2个百分点,集体所有制和联营中小企业的贷款利率比国家、个体和中外合资企业的贷款利率明显低,中外合资企业的贷款利率最高,为8.98%。另外国有商业银行是所有类型企业贷款的主要来源,91%的国家企业和70%的中外合资企业都从国有商业银行贷款,渠道过分单一,集体企业除了57.3%的企业从国有商业银行贷款外,还有26%的企业从农村信用社贷款。个体私营企业除了41.1%的企业从国有商业银行贷款外,还有1/4的企业从非金融机构贷款。这些差别说明国有银行对个体私营企业的歧视以及农村信用社把集体企业作为目标市场,不但反映了各类金融机构对不同所有制类型企业贷款的差别政策。对国有中小企业的过多贷款,同时也反映了国有银行受行政干预的程度(表4-14)。

表 4-14 贷款来源和条件的所有制类型比较

目前所有制类型	有贷款的企业比例(%)	$\bar{I}$(%)	$\bar{I}^*$(%)	贷款来源比例
国有	68.7	6.33	6.49	91%－①
集体所有	49.4	7.74	4.59	57.3%－①,25%－⑥
个体私营	52.9	5.82	6.81	41.1%－①,26%－⑧
中外合资	34.5	5.91	8.98	70%－①
联营或其他	56.8	5.86	4.39	72%－①,18%－⑧

注：贷款来源中：①国有商业银行；②股份制商业银行；③城市商业银行；④外资银行；⑤城市信用社；⑥农村信用社；⑦信托投资公司；⑧其他。

（四）企业人才、技术与研发能力

1. 人才缺乏

1998年，七省市中小企业年末平均职工人数为215人，实际在岗人员176人，有18%的人员从中分流出去。企业职工平均受教育程度见表4-15，表中显示，1998年企业职工具有高中以上文化程度的只占28.5%，其中有中专学历的人数占20.9%，具有大专及大学学历的人数占7.4%，而具有研究生学历的人数只占0.24%。1995～1998年，职工学历层次提高并不明显。

表 4-15 职工受教育程度状况(单位：%)

受教育程度	1995	1996	1997	1998
中专(含技校、职高、高中)	17.8	18.5	20.3	20.9
大专及大学	6.2	6.6	7.3	7.4
研究生	0.16	0.18	0.19	0.24

对于人才的缺乏，各企业都有同感，都认为需要加强人才培养和员工培训。在问卷中就企业急需的培训项目给出12个方面内容要求选出最重要的3项，结果是企业认为最需要的培训是发展战略，其次为"法律法规知识"，再次为"质量工程技术"，第四为"信息化知识"，第五为"ISO9000系列有关知识"。在第一选择中，以上各项选择百分比分别47.7%，14.8%，10%，8.1%和7.1%。第二和第三选择同第一选择虽略有不同，但有较高的一致性、相关系数达0.847(表4-16)。

虽然企业都感到人才匮乏且都认识到了人才的引进和培养对于企业发展的重要性，但这方面的投入普遍较少。有高达48%的中小企业"对人才培养未作打算"，最主要的原因是"缺少资金"，(选择率为47%)，其次为缺乏师资(选择率为21%)。

表 4-16　企业急需的培训项目（单位:%）

项目	A	B	C	D	E	F	G	H	I	J	K	L
第一选择	47.7	17.8	1.92	8.1	7.10	1.51	10	0.95	0.2	0.9	6.51	0.38
第二选择	6.34	17.7	7.94	20.6	13.1	5.04	13.6	3.13	0.67	4.24	8.36	0.17
第三选择	7.54	7.25	6.53	13.1	6.47	7.21	21.0	2.42	0.55	4.71	22.0	0.89

注:A.企业发展战略;B.法律法规知识;C.金融知识;D.信息化知识;E.ISO9000 系列有关知识;F.ISO14000 系列有关知识;G.质量工程技术;H.CAD 技术;I.CIMS 技术;J.财会知识;K.市场营销知识;L.其他。

2.技术水平和研发能力不高

从总体情况来看,我国中小企业的设备技术水平并不高。主要设备还是 20 世纪 70~80 年代的,90 年代的设备拥有量比较少,在 1637 个被抽样企业中,只有 4.2% 的企业完全使用 90 年代以后的设备,而半数以上 90 年代设备的企业也不过 36%。到目前为止,仍有 15% 的企业半数以上的设备还是 30 年以前的,甚至还有 0.6% 的企业所使用的技术和设备完全是 70 年代以前的过时技术和陈旧设备。

从地区对比来看,沿海的广东、浙江、江苏等省,无论是使用新技术还是淘汰旧设备都要领先于其他各省,其使用新设备的比例远高于其他地区。另外,从调查中也发现,中外合资、私营和联营企业的设备技术水平要明显高于国有和集体所有制中小企业（表 4-17）。

表 4-17　企业使用设备技术对比

区域	样本数（个）	70 年代前设备技术 100%	70 年代前设备技术 50%以上	70~80 年代设备技术 100%	70~80 年代设备技术 50%以上	90 年代设备技术 100%	90 年代设备技术 50%以上
北京	465	1.1	12	3	52	4.3	36
广东、浙江、江苏	390	0	6	3.3	50	5.1	44
云南、湖北、辽宁	782	0.6	22	2.4	47	2.3	31
总体/平均	1637	0.6	15	2.8	49	4.2	36

一个企业的技术水平,不仅可以从目前所使用的技术设备体现出来,也可以从其自主开发产品和技术的能力上得到反映。在被抽样的中小企业中,有自主开发能力的只有 34%,这说明我国中小企业产品自主开发能力比较薄弱,企业独立拥有的技术即专有技术比较少,对外技术依赖比较强,产品因而缺乏市场竞争力。

（五）企业竞争措施与经营战略

1.竞争措施

在降价、运用新技术、改进质量、加强营销、改进包装、开发新产品等 6 个选项中,以运用新技术作为第一选项(即第一重要的措施)的中小企业占 38%;其次为以降价作为主要竞争手段,其第一选项占比为 30%。两项措施是中小企业强化竞争手段的最主要的举措,而"改进质量"、"开发产品"、"加强营销"、"改进包装"等则处于相对弱项,依次为 11%,10%,7%和 6%。从调查中可以看出,中小企业对产品的包装问题普遍不太重视,这表现出一种全国性的趋势。另外需要说明的是,中小企业对运用新技术有着一种矛盾心理,即开发新产品是心有余而力不足。调查的结果还显示,中小企业对于营销措施在企业经营中的作用认识并没有到位,质量意识不太强。另外,为数众多的中小企业更倾向于通过"降价"即打价格战来参与市场竞争,并以此为最重要的措施之一。凸现出目前市场竞争角逐中企业经营者的"价格战"倾向或者说"价格战"偏好。应该说,降价措施在影响中小企业竞争手段选择的权重如此之高,反映出我国中小企业经营者经营思想还比较落后,同时也很好地解释了:我国中小企业缺乏竞争力、产品质量不高、市场的价格此起彼伏、市场恶性竞争循环不止的原因。

从区域比较来看,在"运用新技术"的取向上,并没有表现出区位技术优势的特点。如地处技术密集地域的北京市中小企业,对于运用新技术的意愿不如沿海的江苏、浙江、广东三省,甚至也不及区位技术优势相对较弱的湖北、辽宁、云南等省(表 4-18)。

表 4-18 企业竞争措施选择

区域	降价			运用新技术			改进质量			加强营销			改进包装			开发新产品		
	1	2	3	1	2	3	1	2	3	1	2	3	1	2	3	1	2	3
北京	33	10	12	36	37	10	10	19	14	7	18	17	6	9	20	8	7	26
江苏、浙江、广东	26	6	11	43	32	12	15	22	15	6	21	14	1	2	3	10	11	45
湖北、辽宁、云南	30	5	9	40	33	10	10	31	15	6	20	21	1	2	3	14	8	42
总体	30	8	11	38	35	10	11	23	15	7	19	18	4	6	12	10	8	38

2. 经营战略

在问卷中有关经营战略的选择给出了 11 个选项,要求企业就战略地位进行选择。调查显示,企业经营选择主要集中在"降低经营成本"方面,有近半数(47.1%)的中小企业以此作为企业发展的第一战略。这反映了我国中小企业经营成本较高和经营绩效欠佳的真实状况。而"加强研发能力"、"多元化经营"作为第二战略的中小企业占 43%,以此为第一战略的中小企业有 20.7%。这也从另一个侧面反映了知识经济的发展对企业经营者的经营思想的影响。"建立和完善营销网络"与"提高企业信誉"是第三层次的经营战略。而"提高职工素质"、"扩大经营规模"、"增强融资能力"、"采用和吸纳新技术"则处于相对次要的地位(表 4-19)。

表 4-19 企业经营战略选择

战略选择	第一位 企业数(个)	第一位 比例(%)	第二位 企业数(个)	第二位 比例(%)	第三位 企业数(个)	第三位 比例(%)
其他	9	0.3	4	0.1	2	0.1
与外商合资办企业	22	0.8	22	0.8	37	1.3
增强融资能力	88	3.1	83	2.9	113	4.0
提高职工素质	129	4.5	176	6.2	303	10.7
采用和吸纳新技术	82	2.9	148	5.2	202	7.2
扩大经营规模	119	4.2	172	6.1	338	12.0
提高企业信誉	222	7.8	278	9.8	461	16.3
建立完善销售网络	243	8.6	445	15.7	507	18.0
加强研发能力	301	10.6	594	21.0	442	15.7
多元化经营	286	10.1	623	22.0	156	5.5
降低经营成本	1337	47.1	288	10.2	259	9.2
合计	2838	100.0	2833	100.0	2820	100.0

3. 环境保护

环境保护应该是中小企业乃至社会可持续发展战略的重要组成部分,如今,绿色营销已经成为企业管理和企业经营的国际潮流。但值得警醒的是对这一关乎企业长远发展的战略问题,却没有得到中小企业的足够重视。在回答有关企业排污达标情况的问题时,67%的中小企业填了污染排放达标,有37%的中小企业排污未达标。对于企业的环保意识,问卷设计的问题是:如有低息贷款可用于购置环保设备或引进环保技术,贵企业是否考虑利用? 结果有35%的企业愿意购置设备,有19%的企业愿意引进技术,而多达46%的企业既不愿意购置设备也不愿意引进技术,宁可挪作他用。可见中小企业的环保意识亟待提高。

(六) 企业经营环境与政府服务

1. 经营环境

在问卷中就企业对经营环境的评价设计了5个子项,分别为"法制环境"、"资金环境"、"市场环境"、"信用环境"、"社会环境"。每个子项下分"好"、"一般"、"差"3个选项。结果显示,对经营环境评价"一般"的居多,且呈总体一致性,其比例分别为57%,51%,55%,47%,64%。而认为经营环境"好"的比例依次为30%,12%,16%,18%,18%;认为经营环境"差"的比例依次为13%,37%,29%,35%,18%;两组数据较为接近。这可以理解为企业对于目前的经营环境只是认为尚可,还谈不上满意(表4-20)。

表 4-20 企业对经营环境的评价(单位:%)

区域	法制环境			资金环境			市场环境			信用环境			社会环境		
	好	一般	差	好	一般	差	好	一般	差	好	一般	差	好	一般	差
北京	25	65	10	6	60	34	6	57	37	12	56	32	12	71	17
广东	45	37	18	25	44	31	29	54	17	36	32	32	31	54	15
江苏浙江	39	50	11	26	53	21	19	64	17	25	45	30	20	64	16
辽宁湖北	38	45	17	14	35	43	32	48	20	28	34	38	30	49	21
云南	21	54	25	13	44	51	25	52	23	18	35	47	18	59	23
总体	30	57	13	12	51	37	16	55	29	18	47	35	18	64	18

从区域比较来看,区位优势相对较弱的湖北、云南、辽宁三省的企业对经营环境的满意度更低,在"差"这一选项上的比例远高出北京、广东、江苏、浙江等省市。

2. 法制环境

在所有 5 个子项中,尽管中小企业对法制环境的认同率最高,但也只有 30%。从地区分布来看,江苏、浙江、广东、湖北、辽宁五省中小企业对法制环境的评价要好些,有 40%的企业选择了"好",尤其是广东省的企业有 45%认为法制环境为"好",云南省的企业的满意率最低,仅为 21%,而不满意(即选"差")率最高,为 25%。可见贫困地区中小企业法律意识亟待改善。

3. 资金环境

从调查的结果看,企业普遍认为资金环境不太满意,总体满意率(即选"好")只有 12%,在所有的环境选项中最低。在七省市中认为资金环境"差"的以湖北、辽宁、云南为最高,分别为 43%(湖北、辽宁两省的平均百分比)和 51%。这反映经济欠发达、欠发展地区中小企业的资金环境较差,而东部经济发达地区中小企业资金环境相对较好。

4. 市场环境

被调查的企业对市场环境评价不高。认为市场环境"一般"的占 55%,认为"差"的占 29%,认为"好"的只有 16%,"差"的比例远远超出"好"的比例。市场环境不好的重要表现之一就是竞争无序和过度竞争。当然,我们说市场经济的灵魂就是自由竞争,而竞争又是企业发展的动力之源。但这里有一个前提,即竞争应是有序的。从调查中发现,目前市场中无序竞争、过度竞争问题比较突出,结果是竞争并未带来企业效益的提高和产品质量的改进,也没有提升企业的发展潜力。

5. 信用环境

在调查时该项注有专门说明:货款能否及时回收,企业间拖欠情况等。被抽样企业对信用环境的评价不高。认为信用环境"一般"的占47%,认为"差"的占35%,只有18%的企业认为信用环境为"好"。这也反映我国中小企业信用欠缺现象严重。

6. 社会环境

该选项也专门注明:企业不合理摊派负担程度,对中小企业的社会观念,政府部门为企业提供服务情况等。结果显示,企业认为社会环境"好"和"差"的比例相同,均为18%;认为"一般"的居多,占64%。

7. 政府服务

从总体上来说,企业从政府获得的服务并不十分理想。有47%的企业获得政府的信息服务,34%的企业获得政府的中介服务,53%的企业曾获得过政府的咨询服务,另有43%的企业获得政府的经营服务和7%的其他服务。"政府服务"在服务的类型及覆盖面上存在比较明显的地区差异。如北京市的中小企业认为得到的政府服务在七个省市中平均最低,其次为浙江,而广东则最高(表4-21)。

表4-21 企业获得的政府服务(单位:%)

区域	信息服务 有	信息服务 无	中介服务 有	中介服务 无	咨询服务 有	咨询服务 无	经营指导服务 有	经营指导服务 无	其他服务 有	其他服务 无
北京	39	61	20	80	37	63	31	69	7	93
广东	60	40	34	66	56	44	40	60	15	85
湖北	46	54	50	50	61	39	59	41	6	94
江苏	52	48	40	60	61	39	44	56	1	99
辽宁	42	58	31	69	54	46	59	41	7	93
云南	49	51	34	66	59	41	49	51	9	91
浙江	43	57	28	72	44	56	21	79	4	96

最重要的,企业按重要程度的顺序回答,结果见表4-22。

表4-22 企业认为最重要的政府服务位次比较(单位:%)

类型 位次	信息服务	中介服务	咨询服务	经营指导	其他
第一重要	72	5	4	18	3
第二重要	18	25	31	25.7	0.3
第三重要	7	17	36	38	2

在企业看来,"信息服务"是最重要的政府服务,有72%的企业以此作为第一选项。其次为"经营指导"方面的服务,有18%的企业以之为第一选择。而"中介服务"和"咨询服务"虽然也是中小企业所需要的服务,但相对较为次要,需求差别不明显。"其他服务"需求最低。

调查的结论是中小企业虽从政府获取过各种的服务,但总体上来说并不很多。政府服务的针对性不强,缺乏实效。也即说政府所提供的有效服务不多,或者说政府服务还不到位。

(七) 不利于企业发展的主要因素

问卷中要求抽样企业在10个不利于企业发展的因素中选出最主要的三项,结果第一选项依次为"资金不足"(17.62%),"缺乏人才"16%和"行业内部过度竞争"(9.98%);第二选项依次为"资金不足"(19.45%),"行业过度竞争"(17.63%),"市场需求不足"(15.77%)和"缺乏人才"(12.78%);第三选项依次为"行业内部过度竞争"(20.84%),"市场开拓能力不足"(15.17%),"市场混乱"(14.33%)。结果见表4-23。

表4-23 不利于企业发展的问题

项目	第一选项 选该项样本企业数(个)	比例(%)	第二选项 选该项样本企业数(个)	比例(%)	第三选项 选该项样本企业数(个)	比例(%)
资金不足	500	17.62	545	19.45	162	5.89
市场需求不足	163	5.75	442	15.77	321	11.68
内部管理水平较低	69	2.43	235	8.39	226	8.22
缺乏人才	454	16.0	229	12.78	210	7.64
经营场所不足	48	1.69	127	4.53	95	3.46
市场开拓能力不足	162	5.74	399	14.23	417	15.17
行业内部过度竞争	283	9.98	494	17.63	573	20.84
市场混乱	98	3.45	234	8.38	394	14.33
政府政策或服务跟不上	51	1.80	99	3.53	318	11.56
其他	9	0.32	9	0.11	33	1.72
合计	2837		2813		2749	

调查的结果表明,尽管不利于企业发展的因素很多,但是资金不足、人才短缺、市场需求不足、竞争无序、过度竞争,是目前我国中小企业面临的最大问题。

三、几点结论

基于前文的剖析,我们得出如下的结论和建议:

(1) 从问卷调查的数据统计分析可知,我国中小企业的主要特点是量大面广、起点不高。根据这一特点,在国民经济处于转型时期,我国中小企业都有一个尽快提高自己"二次创业"能力,不断提升自己的资源和要素禀赋,从劳动密集型到资金密集型再到技术密集型、信息和知识密集型转型的问题。否则,中小企业在体制方面的比较优势可能变成劣势。

(2) 中小企业大都面临结构调整和转型升级的挑战,而结构调整的重点是发展科技型、都市吸劳型和社区服务型三种类型的中小企业。随着国有资本逐步从中小企业中退出,今后我国中小企业将形成以民间资本为主体的、以创造就业机会和促进创新为主要目的的中小企业群体,以及为大企业服务配套的关联型中小企业。为此应充分认识我国中小企业转型升级的内涵,认清我国中小企业在"十五"期间转型升级的内容与重点是在研究开发、技术输入、技术合作、技术购买、专利授权、自动化生产技术和设备、防止污染技术和设备、工业设计、人才培训、建立国际品牌形象等"技术密集"和"知识密集"方面。

(3) 制约我国中小企业发展的瓶颈问题,主要是资金不足、人才匮乏、技术不高。为此,我国中小企业必须做出如下选择:①建立中小企业创新人才的激励机制,形成技术人才培养、使用、评价、激励的市场机制,创造优秀人才能脱颖而出的宽松的市场环境;制定优惠政策,吸引外国、外地区的高科技人才到中小企业工作,搞研究开发;利用科研机构、培训中心开展对中小企业的创业、技能、学历等培训,逐步建立中小企业师资培训制度,提高中小企业经营者的素质、研究人员的科技水平和职工的生产技能,从而提高中小企业技术创新的能力。②拓宽融资渠道。为中小企业提供信用担保的基金应更好地运转起来,与之相对应,"二板市场"也应及早运作起来。另外,中小企业应从间接融资、直接融资和风险投资等多种途径筹集资金。政府必须加大力气整治社会信用环境不良的状况,切实帮助企业解决资金难的问题。商业银行也应摒弃对中小企业的歧视做法,在贷款期限、贷款额度及贷款利率方面给予其同等的待遇。

(4) 政府要加快经济体制转轨的进程,建立健全我国中小企业发展的支持体系,包括建立健全政府管理机构、创业政策、产业政策、财税政策、法律政策、金融政策、国际化经营政策、信息咨询服务网络、以及综合服务等支持体系,帮助企业提高经营绩效,引导中小企业实现转型升级与快速成长。必须尽早完成政府职能的转变,加强政府服务的针对性和实效性,强化对企业的信息服务,提高宏观调控的水平,结合产业政策,充分运用市场的调节机制,在防止市场垄断的、确保公平竞争的基础上,防止和限制过度竞争。

(5) 发展、环保与就业兼顾。中国是世界人口最多的国家,最丰富的资源是劳动力,而最稀缺的资源是资本,这一当代中国社会内部的独特矛盾或者说基本国情,决定了我们不能忽视大量劳动力的就业问题。如何充分利用劳动力这一丰富资源,充分节约资本这一稀缺资源,在产业发展取向上必须审慎地加以考虑。因此,应在注重技术密集型和资本密集型产业的同时,还应大力继续发展劳动密集型产业。应慎重对待我国产业部门(包括乡镇企业)正在走向一条资本密集排斥就业的技术化倾向,防止资本"深化"和资本"替代"(人力)的进一步发展,以保持中小企业作为我国社会最主要的就业源功能。此外,还应强化环境保护意识,兼顾可持续发展。在中小企业总体发展中切忌只顾眼前经济利益而不顾长远发展。在生产过程中应切实注意环境保护。政府应严格控制新建具有污染的项目,严格实行项目实施与环境保护同步发展,走可持续发展道路。

问卷调查报告从总体上显示,这几年尽管我国中小企业面临人才、技术、资金等方面的困难,但其发展速度仍然是很快的,远远超过了国有大企业。总结其经验:一是体制先进,即产权明晰、生于市场、长于市场、贴近市场;二是机制灵活,具有资金调度灵活、技术单纯且易普及的特性。因此,只要顺利地完成我国中小企业的体制转型和产业结构升级,重视人才培养和技术创新,切实解决企业发展各种困难,中小企业必将快速发展,并将成为我国"十五"和2010年期间国民经济持续增长的重要力量。

第二节 中小企业竞争力现状与对策剖析
——湖北、广东中小企业问卷调查报告之一

本节通过对湖北、广东省近2000多家中小企业的问卷调查,从收回的303份有效答卷中对中小企业竞争力现状与对策展开进一步的剖析。

一、产品销售竞争力剖析

1. 企业营销方式和销售问题

企业产品营销方式和销售问题见表4-24,大多数(约8/9)的企业依靠自身努力并开拓市场,在销售上对大企业的依赖性较弱,同时大多数(约3/5)的企业产品销售上存在问题。对179个认为销售有问题的样本企业进行考查见表4-25,77.7%的企业认为销售存在的主要问题是:①产品缺乏价格竞争力;②销售手段薄弱;③市场上无序竞争严重;④产品市场规模小,被限定销售。价格和销售手段是企业内部能力问题,市场秩序和限定销售是企业外部市场环境问题,可见企业内部能力和外部市场环境对企业产品销售起着

表4-24 湖北、广东303个样本中小企业产品营销方式

企业产品营销方式	样本数(个)	比重(%)	销售是否有问题	样本数(个)	比重(%)
为特定大企业供货	35	11.7	有问题	179	59.1
靠自身努力开拓市场	268	88.3	没问题	124	40.9
总计	303	100	总计	303	100

表4-25 179个样本中小企业的销售问题

样本数(个)	比重(%)	认为的销售问题
42	23.5	①产品缺乏价格竞争力
39	21.8	②销售手段薄弱
34	19.0	③市场上无序竞争严重
24	13.4	④产品市场规模小,被限定销售
22	12.3	⑤产品缺乏质量和档次竞争力
7	3.9	⑥其他
7	3.9	⑦由于运输成本高,在远距离销售上无法与人竞争
4	2.2	⑧受运输条件的限制,市场无法扩大
179	100	总计

同样重要的作用,所以要解决中小企业销售问题,需要把加强企业内部能力与改善外部市场环境同步进行。

2. 企业设备利用率剖析

目前设备利用水平见表4-26,有1/3的企业设备利用率不高(低于80%)。由此发现,虽然表4-26反映的产销率较高,但是企业还有相当大的生产能力闲置,闲置的生产能力并没有在库存量上表现出来。

表4-26 303个样本中小企业设备利用率状况

设备利用率(%)	样本数(个)	比重(%)
95以上	85	28.1
80~95	117	38.6
60~80	64	21.1
60以下	37	12.2
总计	303	100

3. 设备利用率不高(80%以下)的原因分析

由表4-27反映的101个设备利用率低于80%的样本企业,其设备利用率低的原因按重要程度分类。

4. 不同所有制类型产品产销状况比较分析

从表4-28中可以看出,各种所有制类型企业1998年产销率比较相似,但其设备利用率有明显的差别。根据设备利用率低于80%的企业数和比重进行比较,中外合资企业设备利用率最高,国有企业最低,集体企业和个体私营企业设备利用率高于国有企业,而与中外合资企业相比还是较低。在设备利用率不高的原因方面,不同类型企业有较强的一致性,多数企业把设备利用率不高的主要原因归结为产品因成本高而缺乏竞争和缺少营销手段。

表 4-27 101个样本中小企业设备利用率低的原因

设备利用率不高的原因	样本数(个)	比重(%)	原因具体内容
第一重要原因	56	55.4	①产品因成本高而缺乏竞争力
	15	14.9	③受到假冒伪劣产品冲击
	9	8.9	④购进设备时对市场容量估计过高
	9	8.9	⑤缺少营销手段
总计	89	88.1	①③④⑤
第二重要原因	26	25.7	⑤缺少营销手段
	16	15.8	③受到假冒伪劣产品冲击
	15	14.9	④购进设备时对市场容量估计过高
	11	10.9	①产品因成本高而缺乏竞争力
总计	68	67.35	⑤③④①
第三重要原因	26	25.7	⑧主要产品由于替代产品的出现等原因,国内市场有所缩小
	24	23.8	⑤缺少营销手段
	19	18.8	⑨其他(例如,广告宣传跟不上等)
	11	10.9	⑥设备维修跟不上
总计	80	79.2	⑧⑤⑨⑥

表 4-28 不同所有制类型样本中小企业的产品产销状况

目前所有制	样本数(个)	1998年平均产销率(%)	设备利用率(%) 95%以上	80%~95%	60%~80%	60%以下	设备利用率不高(80%以下) 样本企业数(个)	比重(%)
国 有	75	95.8	19	24	14	18	32	42.7
集体所有	102	92.9	22	44	25	11	36	35.3
个体私营	41	91	16	11	8	6	14	34.1
中外合资	29	94.9	12	14	2	1	3	10.3
联营或其他	52	91.7	15	23	12	2	14	26.9

二、企业竞争能力状况剖析

1. 企业竞争力来源分析

企业受到不同竞争者的竞争压力程度见表 4-29,根据表 4-29 可以推出图 4-1,图 4-2 以说明企业竞争压力的来源。图 4-1 表明企业受到的竞争压力主要来源于外地企业(依次来源于外地非国有企业、外地合资企业、外地国有企业),来源于本地企业的竞争压力次之,来源于外国进口品的竞争压力最小。

表 4-29 样本中小企业受到不同竞争者的竞争压力程度表

竞争者 竞争程度	外地非国有企业 样本数(个)	比重(%)	外地合资企业 样本数(个)	比重(%)	外地国有企业 样本数(个)	比重(%)	本地非国有企业 样本数(个)	比重(%)	本地合资企业 样本数(个)	比重(%)	本地国有企业 样本数(个)	比重(%)	外国进口品 样本数(个)	比重(%)
很强	71	23.4	43	14.2	57	18.8	35	11.5	12	4.0	19	6.3	19	6.3
强	106	35.0	94	31.0	68	22.4	95	31.4	64	21.1	30	9.9	60	19.8
不强	59	19.5	76	25.1	85	28.1	66	21.8	80	26.4	62	20.4	80	26.4
没有	67	22.1	90	29.7	93	30.7	107	35.3	147	48.5	192	63.4	144	47.5
总计	303	100	303	100	303	100	303	100	303	100	303	100	303	100

图 4-2 表明,根据所有制区分的竞争压力来源,从大到小为非国有企业、合资企业、国有企业。很容易发现竞争压力来源的地区差别比所有制差别显著得多。

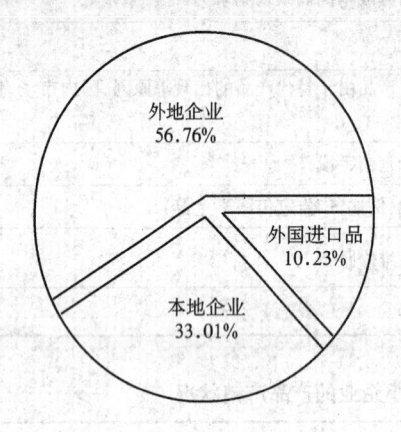

图 4-1 根据地区区分的竞争压力来源（外地企业 56.76%，本地企业 33.01%，外国进口品 10.23%）

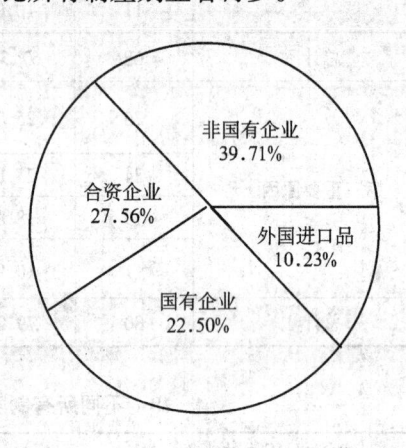

图 4-2 根据所有制区分的竞争压力来源（非国有企业 39.71%，合资企业 27.56%，国有企业 22.50%，外国进口品 10.23%）

表 4-30 样本中小企业面对竞争的措施选择

竞争措施 \ 重复程度 选择数	第一措施	第二措施	第三措施	合计
①降低产品价格	61	18	40	119
②改进技术、降低生产成本	118	89	28	235
③改进产品质量	42	89	39	170
④改进营销	17	40	43	100
⑤改进包装	6	6	7	19
⑥开发新产品	30	26	108	164
总　计	303	303	303	909

表4-30反映了企业面对竞争,优先采取措施的样本选择分布。可以发现,企业面对竞争采取的第一步重要措施是改进技术降低生产成本和降低产品价格;第二步措施是改进产品质量;第三步措施是开发新产品。这表明,企业在竞争措施上偏重于优先采用短期内见效快的价格竞争,其次才考虑采用长期的产品差异化竞争措施。

2. 不同所有制类型的销售和竞争力比较分析

销售问题及原因比较见表4-31,可以发现除中外合资企业以外的各类型企业都把销售问题归结为:①产品缺乏价格竞争力;②销售手段薄弱;③市场上无序竞争严重。其中国有和集体企业重视产品缺乏价格竞争力的问题,而个体私营和联营其他企业更重视销售手段薄弱的问题。另外中外合资企业也把销售问题归结为产品缺乏价格竞争能力和市场上无序竞争严重,同时对销售手段薄弱的重视小于其他各种类型企业,而对产品市场规模小、被限定销售的重视程度高于其他各种类型企业。

不同所有制类型企业受到不同竞争者的竞争压力有一定的差别,见表4-32。

国有企业的竞争压力主要源于非国有企业和外地国有企业,集体企业的竞争压力主要来源于非国有企业和外地合资企业,个体私营企业和联营或其他企业的竞争压力主要来源于非国有企业,中外合资企业的竞争压力主要来源于合资企业和外地非国有企业。面对竞争,不同类型企业采取的措施基本一致,本书不再比较。

表4-31 不同所有制类型中小企业的销售问题

目前所有制类型	产品销售上有问题的企业数		以下几项问题影响企业销售的程度指数							
	企业数(个)	比重(%)	问题①	问题②	问题③	问题④	问题⑤	问题⑥	问题⑦	问题⑧
国　有	75	53	70.7	100	86.5	81.1	54.1	51.4	8.1	13.5	2.7
集体企业	102	52	51.0	100	78.4	70.3	54.1	59.5	13.5	18.9	18.9
个体私营	41	27	65.9	72.2	100	72.2	55.6	22.2	16.7	16.7	5.6
中外合资	29	14	48.3	100	57.1	100	85.7	57.1	28.6	14.3	14.3
联营或其他	32	32	61.5	87.0	100	65.2	39.1	43.5	30.4	8.7	8.7

注:问题①~⑧同表4-25中的内容。

表4-32 不同所有制类型中小企业受不同竞争者的竞争压力

目前所有制类型	受不同竞争者竞争压力的程度指数						
	本市国有企业	外地国有企业	本市合资企业	外地合资企业	本市非国有企业	外地非国有企业	外国进口品
国　有	28.9	82.2	22.2	51.1	77.8	100	31.1
集体所有	22.5	65	52.5	77.5	100	95	30
个体私营	33.3	38.9	16.7	50	83.3	100	61.1
中外合资	23.5	52.9	64.7	100	41.2	64.7	35.3
联营或其他	38.5	46.2	38.5	61.5	80.8	100	46.2

三、企业技术水平和研究开发能力剖析

目前企业使用的生产设备,样本分布见表4-33(按设备件数估算)。总体看来,中小企业的设备技术水平普遍落后10年以上,将近1/4(约24.1%)的企业没有20世纪90年代的技术设备,仅有2/5(约40.9%)的企业以90年代的技术设备为主(90年代的技术设备超过一半)。

表4-33 样本中小企业目前使用的生产设备状况表

设备件数比例	70年代以前技术水平 样本数(个)	比重(%)	70~80年代技术水平 样本数(个)	比重(%)	90年代技术水平 样本数(个)	比重(%)
0.0%	200	66.0	66	21.8	73	24.1
0.5%~49.5%	76	25.1	114	37.6	106	35.0
50%以上	27	8.9	123	40.6	124	40.9
总计	303	100	303	100	303	100

产品的生产技术来源见表4-34,可见64.4%的企业自主开发或合作开发产品,但是拥有从事研究开发工作的机构或部门的企业只有132家,占总样本数的43.6%,这意味着有21.5%的企业虽然曾经开发过新产品,但企业不再把产品更新换代作为发展重点,只侧重于短期的价格竞争,结果导致这些企业的长期竞争能力脆弱。

表4-34 样本中小企业产品的生产技术来源状况

产品技术来源	样本数(个)	比重(%)
自主开发	139	45.9
合作开发	56	18.5
仿制	13	4.3
购买技术专利	14	4.6
产品为成熟大路产品	66	21.7
其他	15	5.0
总计	303	100

对不同所有制类型企业,设备水平和技术来源的比较分析见表4-35。各类型企业的设备水平相差不大,中外合资企业设备技术水平稍高于别的类型企业,个体私营企业的设备技术水平最低,17.1%的个体私营企业以20世纪70年代以前的设备为主,比别的类型企业高出1倍左右。由表4-34反映出的中小企业产品技术来源说明:第一主要来源是自主开发;第二来源是合作开发和产品为成熟大路产品;第三来源是仿制、购买技术和其他。由表4-35可以分析得出,国有和集体企业的技术来源是符合以上总体分析的三个层次;个体私营和联营或其他企业产品技术第一主要来源也是自主开发,但第二、第三

层次没有明显差别;中外合资企业自主开发产品较少,其产品主要为技术已成熟的大路产品或者合作开发产品。

表4-35 不同所有制类型中小企业设备水平和技术来源比较(单位:%)

目前所有制类型	样本数(个)	属下列年代的技术设备超过一半的企业数比重			企业产品生产技术的主要来源,样本企业选择分布				
		70年代	70~80年代	90年代	自主开发	合作开发	仿制	购买技术专利	技术成熟	其他
国 有	75	9.3	46.7	30.7	38	12	1	2	21	1
集体企业	102	7.8	41.2	42.2	48	20	0	8	20	5
个体私营	41	17.1	39.0	34.1	21	7	6	0	6	1
中外合资	29	0	41.4	48.3	14	8	0	0	12	4
联营或其他	52	9.6	30.8	53.8	27	7	5	4	5	4

四、企业经营环境剖析

企业对给定的五方面经营环境的评价结果见表4-36。需说明的是,在调查问卷中注明了:①法制环境指企业的合法权益是否得到有效的保护,发生经济和知识产权纠纷时,能否得到及时合理地解决等;②市场环境指企业间的公平交易情况,是否存在大客户以大欺小的情况等;③社会环境指企业不合理摊派负担程度,对中小企业的社会观念,政府部门为企业提供服务情况等;④信用环境指贷款能否及时回收,企业间拖欠情况等;⑤资金环境指企业融资难易程度。表4-36反映出,企业对法制环境和市场环境评价尚可,选择"好或较好"的企业比选"较差或差"的企业多1倍多,而企业对资金环境和信用环境评价不高,选择"好或较好"的企业数与选择"较差或差"的企业数几乎相等,企业对社会环境评价一般,不高不低。

表4-36 样本企业对经营环境的评价

评价	好或较好(%)	一般(%)	较差或差(%)	合计(%)
①法制环境	41.5	43.2	15.3	100
②市场环境	35.0	49.7	15.3	100
③社会环境	31.6	50.4	18.0	100
④信用环境	35.7	31.3	33.0	100
⑤资金环境	24.5	42.8	32.7	100

不同所有制类型企业对给定的五种企业经营环境,评价分布见表4-37。对于法制环境,国有企业评价最差,有20.8%的国有企业认为法律环境差或较差,只有1/3的国有企业认为好或较好。对于资金环境,国有企业的评价也是最差,近一半的国有企业认为资金环境差或较差,明显高于其他类型企业,国有银行对国有企业的重点支持并未改变其资金困境,

认为资金环境差或较差的中外合资企业的比重最低,为14.3%,明显低于其他类型企业。

表4-37 不同所有制类型中小企业对企业经营环境的评价比较(单位:%)

目前企业所有制类型	样本数(个)	法制环境 好	法制环境 一般	法制环境 差	资金环境 好	资金环境 一般	资金环境 差	市场环境 好	市场环境 一般	市场环境 差	信用环境 好	信用环境 一般	信用环境 差	社会环境 好	社会环境 一般	社会环境 差
国有	75	33.3	45.8	20.8	9.7	41.7	48.6	23.6	55.6	20.8	15.3	31.9	38.9	13.9	62.5	23.6
集体所有	102	42.9	48.0	9.2	26.5	41.8	31.6	35.7	50	14.3	37.8	33.7	28.6	35.7	44.9	19.4
个体私营	41	51.2	34.1	14.6	36.6	34.1	29.3	48.8	39.0	12.9	51.2	24.4	24.4	51.2	26.8	22.0
中外合资	29	42.9	42.9	14.3	35.7	50	14.3	42.9	50	7.1	46.4	42.9	10.7	42.9	57.1	0
联营或其他	52	45.1	33.3	21.6	24.5	29.4	25.5	35.3	47.1	17.6	43.1	23.5	33.3	27.5	58.8	13.7

五、企业面临的发展问题剖析

目前不利于企业发展的问题,样本企业根据重要顺序选择的分布(表4-38),53.8%的企业选择资金不足为企业发展最不利于的问题。同样从总体上考察可以把给定的10个不利于企业发展的问题,按对企业的不利程度分为4层:最不利开企业的问题是资金不足(209)和行业内部过度竞争(156);第二层问题是市场开拓能力不足(97)、缺乏人才(96)和市场需求不足(95);第三层问题是市场混乱(68)和企业内部管理水平较低(66);第四层问题是政府的政策或服务跟不上(53)和经营场所不足(27)。不同所有制类型企业对给定的10种不利问题的重视程度见表4-39。

表4-38 样本中小企业对不利自身发展问题的排序表

不利问题	第一问题	第二问题	第三问题	总计
	6	12	17	35
①资金不足	163	23	23	209
②市场需求不足	46	41	8	95
③内部管理水平较低	6	36	24	66
④缺乏人才	16	47	33	96
⑤经营场所不足	2	9	16	27
⑥市场开拓能力不足	12	45	40	97
⑦行业内部过度竞争	41	48	67	156
⑧市场混乱	5	30	33	68
⑨政府的政策或服务跟不上	5	11	37	53
⑩其他	1	1	5	7
总计	303	303	303	909

表 4-39　不同所有制类型中小企业对给定的 10 种不利问题重视程度的排序统计

目前所有制类型	对给定的 10 种不利问题的重视程度指数									
	不利①	不利②	不利③	不利④	不利⑤	不利⑥	不利⑦	不利⑧	不利⑨	不利⑩
国　　有	100	43.3	41.7	36.7	10	31.7	63.3	23.3	11.7	1.7
集体企业	100	49.3	27.5	40.6	13.0	46.4	82.6	31.9	31.9	5.8
个体私营	100	42.9	39.3	50	14.3	42.9	50	35.7	25	0
中外合资	57.1	47.6	9.5	42.9	14.3	47.6	100	33.3	23.8	4.8
联营或其他	100	37.1	20	60	14.3	62.9	68.6	42.9	31.4	2.9

注：不利①～⑩同表 4-38 中的不利问题①～⑩。

第三节　中小企业财务融资现状与对策剖析
——湖北、广东中小企业问卷调查报告之二

摸清我国中小企业目前的财务与融资特点及存在问题，是实施各种扶持和促进中小企业发展政策的重要环节。本书通过对湖北、广东 2000 多家中小企业的问卷调查，对其的资本分布、固定资产投资与流动资金来源、贷款来源与贷款条件，发展中的不利因素等五个方面的现状与问题进行了详细的调查与剖析，并就解决这些问题提出了自己独特的对策性建议。

一、样本企业创业时期注册资本分布状况

由表 4-40，我们发现随着我国改革开放程度的加深，中小企业的年平均创立数量迅速增加，而注册资本规模趋小。这反映了我国的市场经济环境为中小企业的发展提供了较适宜的条件，也反映了中小企业在国民经济中的地位逐步增强。

表 4-40　样本中小企业年平均创立数量与注册资本状况

创立时期	样本数(个)	比重(%)	年平均创立数(家)	平均注册资本(元)
1949～1979 年	93	30.7	3.1	10 229 500
1980～1992 年	98	32.3	8.17	8 561 504
1993～1999 年	112	37.0	18.6	7 937 538
1949～1999 年总计	303	100	—	8 773 009

根据下面图 4-3，可以分析中小企业的注册资本规模。34% 的中小企业注册资本小于 100 万元，60.4% 的中小企业注册资本小于 500 万元，75.25% 的中小企业注册资本小

于 1000 万元,81.52% 的中小企业注册资本小于 1500 万元。表 4-41 反映了不同所有制中小企业的注册资本规模,差别很明显,集体和个体私营企业的平均注册资本规模比其他所有制企业小一半以上。

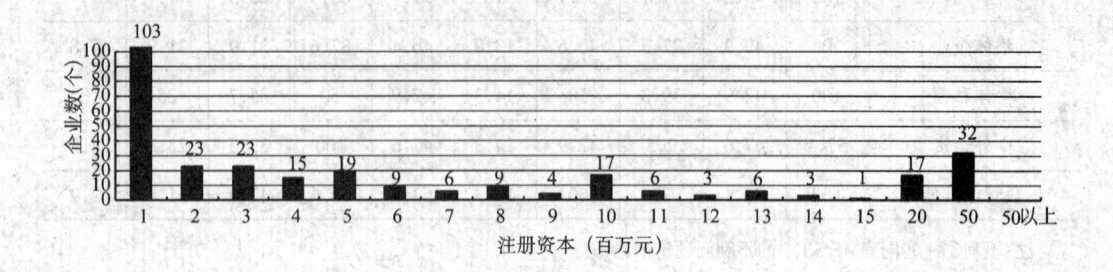

图 4-3 样本企业的注册规模图

表 4-41 不同所有制中小企业注册资本规模比较

创立时期所有制	样本数(个)	比重(%)	平均注册资本(元)
国 有	76	25.10	11 304 743
集体所有制	139	45.90	5 998 167
个体经营	25	8.20	4 986 000
中外合资	30	9.90	12 356 610
联营或其他	33	10.90	15 170 079
总计	303	100	8 773 009

二、固定资产投资与流动资金来源剖析

1998 年,185 家有固定资产投资,占样本总数的 61.1%,资金来源见表 4-42。250 家有流动资金,占样本总数的 82.5%,流动资金来源情况见表 4-43。

表 4-42 样本企业固定资产投资资金来源

资金比例	企业自有资金		金融机构贷款		其他来源*	
0.0%	21 家	11.4%	123 家	66.5%	148 家	80%
0.5%~49.5%	28 家	15.1%	27 家	14.6%	27 家	14.6%
50%~100%	136 家	73.5%	35 家	18.9%	10 家	5.4%
总计	185 家	100%	185 家	100%	185 家	100%

* 其他来源:主要指员工集资、总公司投资、股份化等来源。

表 4-43 样本企业流动资金来源

资金比例	自有流动资金		金融机构贷款		其他来源*	
0.0%	33 家	13.2%	125 家	50%	206 家	82.4%
0.5%~49.5%	33 家	13.2%	78 家	31.2%	26 家	10.4%
50%~99%	84 家	33.6%	27 家	10.8%	14 家	5.6%
100%	100 家	40%	20 家	8%	4 家	1.6%
总计	250 家	100%	250 家	100%	250 家	100%

* 其他来源:同表 4-42。

值得关注的是,38.9%的企业1998年无规模扩张、无固定资产投资,而且有固定资产投资的企业数中大约3/4,主要依靠自有资金(自有资金比重超过50%),仅有1/5的企业主要依靠金融机构贷款。17.5%的企业1998年无流动资金,而且大约3/4有流动资金的企业,自有流动资金超过了50%,不到1/5的企业,流动资金主要靠贷款。这表明,有相当多的企业在固定资产投资和流动资金需求中缺乏资金,同时3/4的企业资金,主要靠自有资金积累,金融机构贷款对中小企业的支持非常有限。所以要解决中小企业资金问题,重点应放在加大外部金融机构对中小企业的支持力度或采用其他形式为企业筹资,而不是增加企业内部积累率。不同所有制类型企业的固定资产投资和流动资金来源情况分别见表4-44和表4-45。由表4-44可以看出,个体私营企业和其他或联营企业的固定资产投资,对自有资金的依赖程度略高于集体企业和中外合资企业,明显高于国有企业,而国有企业获得金融机构贷款的支持程度明显高于别的类型企业,中外合资企业除了主要靠自有资金外,还比另外四种企业获得较多的总公司拨款、外国投资等其他来源的资金。由表4-45反映的流动资金来源情况,同样说明国有企业获得金融机构贷款的企业比重明显高于别的类型企业,流动资金方面,别的类型企业更多地依赖自有资金。

表 4-44 不同所有制样本企业固定资产投资资金来源状况

目前所有制类型	1998年有固定资产投资样本数(个)	1998年固定资产投资资金主要来源情况(资金来源比重大于50%)		
		企业自有资金 >50%	金融机构贷款 >50%	其他来源 >50%
国 有	49	32(65.3%)	15(30.6%)	2(4.1%)
集体所有	57	43(75.5%)	10(17.5%)	4(7.0%)
个体私营	28	24(85.7%)	3(10.7%)	1(3.6%)
中外合资	13	10(76.9%)	0(0.0%)	3(23.1%)
其他联营	38	31(81.6%)	6(15.8%)	1(2.6%)

注:括号内的百分比表示括号前的数字占这种所有制类型样本数的比重。

表 4-45 不同所有制样本企业流动资金来源状况

目前所有制类型	1998年有流动资金样本数(个)	1998年流动资金主要来源情况（资金来源比重大于50%）		
		企业自有资金 >50%	金融机构贷款 >50%	其他来源 >50%
国 有	64	35(54.7%)	25(39.1%)	4(6.2%)
集体所有	79	66(83.5%)	5(6.3%)	6(7.6%)
个体私营	34	25(73.5%)	4(11.8%)	3(8.8%)
中外合资	23	18(78.3%)	3(13.0%)	1(4.3%)
其他联营	49	37(75.5%)	8(16.3%)	4(8.2%)

注：同表4-44。

三、贷款来源与贷款条件剖析

303家企业中,162家使用贷款,占企业总数的53.5%,具体贷款来源和贷款条件见表4-46。可以发现71%的企业从国有商业银行贷款,93.1%的企业贷款期限为1年内的短期贷款,仅有7%的企业能得到2年左右期限的贷款,贷款期限普遍过短,贷款渠道过于集中单一,贷款额度过于偏小。

进一步考察贷款利率,可以利用下列公式(1)求得企业简单平均贷款利率为6.6%,

$$\bar{I} = \sum_{i=1}^{162} \frac{I_i}{162} \tag{1}$$

式中：I_i表示第i家企业的贷款利率；$\bar{I}$表示简单平均贷款利率。

还可利用公式(2)求得企业的真实平均贷款利率为7.65%,企业的贷款利息负担偏重。

$$\bar{I}^* = \sum_{i=1}^{162} \frac{(I_i \cdot Q_i)}{\sum_{i=1}^{162} Q_i} \tag{2}$$

式中：Q_i表示第i家企业以年利率的贷款额度；$\bar{I}^*$表示真实平均贷款利率。

表 4-46 样本企业贷款来源与贷款条件状况

贷款具体来源	样本数(个)	比重(%)	贷款期限	样本数(个)	比重(%)	贷款利率(%)	样本数(个)	比重(%)	贷款额度(万元)	样本数(个)	比重(%)
国有商业银行	115	71.0									
农村信用社	18	11.1									
城市商业银行	5	3.1	2~10个月	66	40.9	0.08~2.4	45	27.8	5~80	63	38.9
城市信用社	2	1.2	1年	85	52.2	4.56~6	29	17.9	100		61.1
外资银行	1	0.6	20~36个月	11	7.0	6.3~9.6	51	31.5	以上	99	
信托投资公司	1	0.6				13~21	37	22.8			
其他	20	12.3									100
总计	162	100	—	162	100	—	162	100	—	162	

不同所有制类型企业的贷款来源和贷款条件情况见表4-47。可以看到66.7%的国有性质中小企业有贷款,这一比重高于别的类型企业,有贷款的中外合资企业比重最低为34.5%,集体所有制和联营其他企业的贷款利率比国有、个体和中外合资企业的贷款利率明显低,中外合资企业的贷款利率最高,为8.98%。另外国有商业银行是所有类型企业贷款的主要来源,94%的国有企业和70%的中外合资企业都从国有商业银行贷款,渠道过分单一,集体企业除了58.3%的企业从国有商业银行贷款外,还有25%的企业从农村信用社贷款。个体私营企业除了40.9%的企业从国有商业银行贷款外,还有1/4的企业从非金融机构贷款。这些差别表现出国有银行对个体私营企业的歧视以及农村信用社把集体企业作为目标市场,不但反映了各类金融机构对不同所有制类型企业贷款的差别政策以及国有银行对国有企业的过多贷款,也反映了国有银行受行政干预的程度。

表4-47 不同所有制类型样本企业贷款来源和贷款条件状况

目前所有制类型	有贷款的样本数*	$\bar{I}$(%)	$\bar{I}^*$(%)	贷款具体来源的样本选择数**
国 有	75	50(66.7%)	6.33	6.49	47个选①
集体所有	102	48(47.1%)	7.74	4.59	28个选①,12个选⑥
个体私营	41	22(53.7%)	5.82	6.81	9个选①,6个选⑧
中外合资	29	10(34.5%)	5.91	8.98	7个选①
联营或其他	52	29(55.8%)	5.86	4.39	21个选①,5个选⑧

注:*:括号内的百分数表示有贷款的样本数占该类型企业样本数的比重。
**:①国有商业银行;②股份制商业银行;③城市商业银行;④外资银行;⑤城市信用社;⑥农村信用社;⑦信托投资公司;⑧其他。

四、建立健全中小企业融资服务体系的对策建议

1. 资金不足的原因剖析

资金短缺是各国中小企业面临的一个普遍性问题。问卷调查显示,这种情况对于我国中小企业而言更为严重。在回答中小企业发展中不利因素的问卷中,竟然有77.99%的中小企业将资金短缺列为制约企业发展的首要因素。因此,分析对策之前,有必要先弄清楚造成中小企业资金短缺的原因,只有这样才能够做到对症下药。归纳起来,原因主要有以下三点:

首先,中小企业自有资金有限,从资本市场直接融资存在较大的障碍。绝大多数的中小企业为个体或私营企业,其资金来源主要是企业主自己的储蓄或亲戚朋友的借款,这样资金当然不会太多。即使是合伙企业,其合伙资金也是有限的。因为不是股份公司,更不是上市公司,所以也就不存在发行股票进行股权融资的可能性。而且相当一部分中小企业的业主害怕丧失对企业的控制权,也不愿意对自己的企业进行股份制改造。大致上出于同样的原因,中小企业发行债券的难度也很大。

其次,中小企业也难于从银行获得间接融资。一般来说,中小企业规模小,资信度低,可供抵押的物品少,财务制度不健全,破产率高,因此商业化经营的银行会觉得风险太高,而产生对中小企业的借贷现象,毕竟安全性是其重要的经营原则。而且,中小企业所需贷款一般单笔数量不大,频率又高,就使得银行对中小企业放款的单位管理费用高于对大企业的相应费用,出于盈利性原则的考虑,银行就更加不愿意对中小企业贷款。拿中小企业占绝大多数人的乡镇企业来说,无论在就业人数上还是在工业产值上,都超过了国有企业,但其每年的信贷规模只占银行信贷总规模的7%~8%。与乡镇企业比起来,个体私营企业的情况更糟。

第三,中小企业也难以利用商业信用等其他融资方式。中国的商业信用并不发达,在中小企业向大企业销货时,大企业往往延期付款或者以实物充抵货款,而当中小企业向大企业购货时,大企业又往往要求中小企业预付订金,使中小企业苦不堪言。为何?因为大企业实力雄厚,在市场制度不健全时,他们可以利用其优势地位双向压榨中小企业。另一方面,由于信誉度低,中小企业之间也较少利用商业信用。

出于上述原因,中小企业为了弥补资金缺口,往往不得不以较高利率向民间金融机构借款,这就大大提高了其资金成本,削弱了其市场竞争力。

2. 中小企业资金困境的对策分析

目前,国家已经认识到了这个问题的重要性,将采取多种措施帮助中小企业解决资金短缺问题。四大国有商业银行已设立了中小企业信贷部,今后专门的中小企业银行也可能建立;为解决担保难问题,将建立中小企业担保基金及其他担保机构;为解决股权融资问题,将建立风险投资基金和二板市场,鼓励符合国家产业政策特别是高科技中小企业进行股权融资。那么,中小企业自身应该怎么办?归纳起来,应该做好以下几个方面的工作:

第一,要敢于利用股权融资。"众人拾柴火焰高",股份制已被实践证明是扩大企业资金规模的有效形式。企业成长起来了,蛋糕做大了,中小企业主自己原来的那一份就有可能增长很多。而且,还可以同时引入新机制,建立新的治理结构,改变传统的管理方式,增强企业活力,一举两得,何乐而不为?二板市场即将建立,有条件的中小企业应该尽快着手进行股份制改造,为将来的股权融资创造条件。

第二,要善于利用债权融资。债权融资主要包括发行企业债券和向银行借款。由于我国企业债券市场不太发达,中小企业发行债券困难重重,所以在此主要分析银行贷款。一方面要尽量满足银行的合理要求,健全自己的财务制度;另一方面找银行时要有针对性,尽量去城市商业银行、信用社、民生银行以及国有银行的中小企业信贷部,等将来政策性的中小企业银行建立了,应优先考虑,因为有可能得到利率上的优惠。

第三,尽可能利用商业信用和现金折扣。这就要求中小企业在与其他企业的交往中,注意自己的企业形象,维护并不断提高企业信誉,为利用商业信用创造条件。此外,在向其他企业支付货款时,若有现金折扣条件,应尽量利用。

第四,加速库存的周转速度,尽量减少库存量。目前我国的市场格局已经由卖方市场转为买方市场,使得很多中小企业库存状况恶化,占用了大量宝贵的资金。所以对于资金短缺的中小企业来说,应该密切关注市场需求信号的变化,生产适销对路的产品,并加强营销工作,从而增加库存周转速度,压低库存量,减少资金占用。

第五,尽可能利用国家有关的优惠政策。目前国家已经出台了一些相关的财税、投资政策,用好这些政策,对缓解资金短缺压力会起到一定的作用。国外的企业就很注意这一点,比如当国家允许新设备投资计入成本时,他们就加大设备更新速度,从而减少了部分税金。

最后在中小企业融资过程中应该把握的几个原则:①融资的预期收益大于融资成本原则。融资之前,应该先估计一下未来的投资收益如何,因为融资需要成本,既有利息成本,也有其他融资费用及风险成本,只有在预期收益大于融资成本时方可融资,这是进行融资的前提。②确定融资规模时要量力而行。融资时切忌盲目贪多,如果融资过多而又没有合适的投资途径,就会造成资金的浪费。③融资期限要与资金使用期限基本对称。需要流动资金时就进行短期融资,需要固定资产投资或设备更新改造投资时就进行长期融资,切忌短期融资作长期使用。

第四节 中小企业信息需求服务现状与对策剖析
——湖北、广东中小企业问卷调查报告之三

摸清我国中小企业目前的信息需求与服务方面的现状与存在问题,是实施各种扶持和促进中小企业发展政策的重要环节。本书通过对湖北、广东2000多家中小企业的问卷调查,对中小企业信息需求与来源,企业外部协作关系与人员培训,以及政府服务等几个方面的现状与存在问题,进行了详细的剖析,并就解决中小企业信息服务体系问题提出了对策性建议。

一、中小企业信息需求与来源剖析

在"经营活动中最重要的信息需求"一问中,57.4%的企业认为是市场信息,25.4%的企业认为是人才信息,12.2%的企业认为是技术信息,5.0%的企业认为是金融信息。表4-48反映了不同类型企业对给定的四种经营信息的重要程度评价。除了个体私营企业外,各类型企业都认为市场信息最重要,其次是人才信息,而个体私营企业对人才信息的重视程度超过了市场信息,一方面反映了个体私营企业缺少人才,另一方面也反映个体私营企业在市场竞争中更加重视人才的竞争。对于给定的几种信息获取方法,样本企业的选择分布见表4-49,可以明显看出,对不同信息的收集,企业会选择不同的渠道。企业在获取各种信息时,一般都采用独自调查研究,另外在获取市场信息时强调用户或顾客的反馈信息,在获取技术信息时重视利用科技文献、专利文献,在获取金融和人才信息时企业会关注政府有关部门的资料或领导层通过社交活动收集。因此,应针对中小企业获取不同信息的不同渠道,为其提供相对应的各种经营信息。

表4-48 不同类型样本企业对各种经营信息重视程度

企业目前所有制类型	对下列信息的重视程度指数			
	市场	技术	金融	人才
国有	100	22.5	17.5	40
集体企业	100	13.6	10.2	35.6
个体私营	83.3	27.8	11.1	100
中外合资	100	22.2	0	38.9
联营或其他	100	18.8	6.25	34.4

表4-49 样本企业对给定的信息获取方法状况

经营信息 渠道 选择分布	市场信息		技术信息		金融信息		人才信息	
	选择数(个)	比重(%)	选择数(个)	比重(%)	选择数(个)	比重(%)	选择数(个)	比重(%)
①独自调查研究收集(包括从报纸杂志等媒介收集)	129	42.6	106	35.0	82	27.1	118	38.9
②企业领导层通过社交活动收集	58	19.1	34	11.1	68	22.4	63	20.8
③来自政府有关部门	7	2.3	12	4.0	136	44.9	67	22.1
④用户或顾客反馈信息	92	30.4	27	8.9	6	2.0	7	2.3
⑤交易会、展览会、专业会议	16	5.3	29	9.6	7	2.3	33	10.9
⑥科技文献、专利文献	1	0.3	92	30.4	1	0.3	3	1.0
⑦其他	0	0.0	3	1.0	3	1.0	12	4.0
总计	303	100	303	100	303	100	303	100

二、中小企业外部协作关系与人员培训剖析

1. 外部协作

有41.9%的企业与大专院校或其他科研机构之间具有协作关系,60.4%的企业与其他企业具有协作关系。协作内容主要是生产协作,其次是技术开发协作。

2. 人员培训

表4-50是根据问卷调查推算的,企业对各种培训内容的需求程度,企业对发展战略和市场营销知识的培训需求程度最高。值得注意的是,企业对ISO9000系列和ISO14000系列有关知识的培训需求程度较低,而在调查中发现,303个样本企业中只有75家占

24.8%的企业通过 ISO9000 系列认证,通过 ISO14000 系列认证的更少,只有 14 家占 4.6%。这表明中小企业在国际质量和环保认证方面非常落后,但还是没把其做为重点发展,还需政府加以引导。另外由表 4-51 可以看出,企业在人员培训方面存在的主要问题是缺乏资金和缺乏师资,这就要求政府在解决培训资金方面加大政策调节力度,还要发展各种为中小企业人员培训服务的咨询科研机构以解决师资缺乏问题。

表 4-50　样本企业对各种培训的需求程度

人员培训内容	重要程度指数	人员培训内容	重要程度指数
①企业发展战略	100	⑦金融知识	21.5
②市场营销知识	97.8	⑧财务会计知识	18.2
③质量工程技术	61.3	⑨计算机辅助设计(CAD)技术	16.0
④信息化知识	58.6	⑩其他	7.7
⑤法律法规知识	38.1	⑪ISO14000 系列有关知识	7.2
⑥ISO 9000 系列有关知识	37.6	⑫计算机集成制造系统(CIMS)	5.0

表 4-51　样本企业在人员培训方面存在的问题

培训问题	选择数(个)	比重(%)
①缺乏资金	93	30.7
②缺乏师资	91	30.0
③没有问题	62	20.5
④生产任务重无法安排	35	11.6
⑤对人员培训未作打算	18	5.9
⑥其他	4	1.3
合计	303	100

表 4-52 是不同类型企业对给它的 12 种培训内容的要求程度评价。可以发现,国有企业和中外合资企业的培训要求最接近,首先需求企业发展战略和市场营销知识培训,对信息化知识也有一定的重视程度。个体私营企业也很重视企业发展战略培训,但其对市场营销知识、信息化知识以及 ISO9000 系列知识和质量工程技术知识的需求程度比较一致,这明显不同于其他类型企业。集体企业和联营或其他企业对市场营销知识的重视程度高于企业发展战略,另外比国有和中外合资企业更重视质量工程技术方面的知识培训。

表 4-52　不同所有制类型样本企业对给定的培训内容的需求状况

目前企业所有制类型	①	②	③	④	⑤	⑥	⑦	⑧	⑨	⑩	⑪	⑫
国　有	100	96	44	60	34	34	18	16	12	6	2	6
集体企业	89.1	100	73.4	51.6	43.8	37.5	9.4	21.9	12.5	9.4	10.9	4.7
个体私营	100	64	52	64	44	60	36	8	8	12	12	0
中外合资	100	71.4	47.6	57.1	38.1	23.8	28.6	19.0	23.8	0	0	4.8
联营或其他	86.7	100	63.3	43.3	46.7	23.3	30	16.7	20	13.3	6.7	6.7

注：表中①～⑫项培训内容与表 4-50 中的内容一致。

表 4-53 是不同类型样本企业对给定的人员培训问题的选择分布。除了中外合资企业外的各类所有制企业的培训问题，与表 4-54 反映的结果基本一致。值得注意的是，48.3%的中外合资企业没有培训问题，明显高于别的类型企业，而且中外合资企业的主要培训问题是生产任务重无法安排，而不是缺乏资金和师资。另外，中外合资企业和个体私营企业中，因为生产任务重没法安排人员培训的企业比重高于别的类型企业。个体私营企业中，对人员培训未打算的企业比重，也高于其他类型企业。再由表 4-50 反映的个体私营企业最重视人才信息，说明个体私营企业更倾向于通过人员不断流动，从市场上获取人才来提升员工素质，而不愿对现有员工再培训，这一现象可能与个体私营企业解雇员工的低成本或用人不规范有关。

表 4-53　样本企业对给定的培训问题的选择分布

目前所有制类型	样本数(个)	缺乏资金 企业数(个)	缺乏资金 比重(%)	缺乏师资 企业数(个)	缺乏师资 比重(%)	没有问题 企业数(个)	没有问题 比重(%)	生产任务重无法安排 企业数(个)	生产任务重无法安排 比重(%)	对人员培训未打算 企业数(个)	对人员培训未打算 比重(%)	其他 企业数(个)	其他 比重(%)
国　有	75	30	40	30	40	11	14.7	3	4	0	0.0	1	1.3
集体企业	102	33	32.4	30	29.4	22	21.6	9	8.8	6	5.9	2	2.0
个体私营	41	12	29.3	12	29.3	6	14.6	4	9.8	7	17.1	0	0.0
中外合资	29	2	6.9	3	10.3	14	48.3	8	27.6	2	6.9	0	0.0
联营或其他	52	15	28.8	13	25	9	17.3	12	23.1	2	3.8	1	1.9

三、中小企业对政府服务的需求程度剖析

从政府获得服务的企业所占比重见表 4-54。

值得注意的是有 66.7%的企业明确表示曾经从政府获得"信息服务"，同时大部分企业都选择"信息服务"作为最需要的政府服务，选择比例占企业总数的 76%以上，这表明政府还需大大加强对中小企业的信息服务。

表 4-54 样本企业从政府获得的服务状况

政府服务内容	回答是的样本数(个)	比重(%)
A:信息服务	202	66.7
B:中介服务	125	41.3
C:咨询服务	160	52.8
D:经营指导服务	131	43.2

不同所有制类型企业对几种政府服务的重视程度见表 4-55。

表 4-55 不同所有制类型样本企业对几种政府服务的重视程度

目前所有制类型	对下列政府服务重视程度指数			
	信息服务	中介服务	咨询服务	经营指导服务
国　　有	100	46.6	45.2	86.3
集体企业	100	55.1	67.9	92.3
个体私营	100	51.5	51.7	78.8
中外合资	100	40	72	80
联营或其他	100	40	72.5	77.5

四、建立中小企业信息服务体系的对策建议

1. 我国中小企业信息服务存在的问题剖析

从我国中小企业所能得的信息渠道及其畅通与否情况看,目前信息市场是供不应求的。问卷调查显示,在信息渠道的选择与信息的获取方面,目前中小企业获取信息的主要渠道是自行调研、利用社会网络、大众媒体、购买信息和海外采集等。对于规模不大的中小企业来说,任何一种信息的取得方式均存在成本负担的问题。低价并及时有效地获得信息是中小企业能否在市场竞争中取得优势的关键。

而从中小企业自身条件看,其在信息需求的实现上也存在着不少障碍。主要有:①中小企业的管理者信息意识淡薄。长期以来,由于受计划经济体制的影响,加上一些管理者自身的知识水平较低,中小企业的领导阶层不太重视信息的重要作用,因此对企业的信息收集、开发及信息系统建设不感兴趣。②中小企业信息基础工作落后。表现在许多中小企业无专门的信息工作人员,或虽有但没有经过专门的训练,素质较低。现有许多中小企业尤其是乡镇企业与个体私营企业没有自己的信息机构(如信息室与情报室),有的连计算机、传真机等基本的信息工具都不具备,有的企业的信息来源不过是几本杂志报纸而已。此外,中小企业的信息处理技术落后。多数中小企业由于信息活动经费不足,其信息获取仍以手工为主,主要通过信函、口头交往等进行。③信息系统建设滞后。完整的中小

企业信息系统包括信息的采集、存储、加工、传递与提供等过程,具有以下特点:信息的输入与存储来源广泛、种类繁多,内容复杂;信息的处理与传递迅速及时,具有实用、针对性强;信息的控制灵活多样、易于调节。然而,目前许多中小企业没有健全的信息系统,造成其在信息资源的开发与利用上不足,从而影响了自身的发展。从外部环境看,主要体现为信息服务机构的不健全。此外,我国的信息市场不健全,通信设施落后也成为制约中小企业获取外部信息的障碍之一。

2. 建立健全中小企业信息服务体系的对策

为了有效地帮助中小企业获得所需的信息,减少中小企业的信息收集成本及生产经营中的盲目性,政府必须建立健全中小企业信息服务系统。

(1)首先要把强化企业信息化观念、加快企业上网步伐作为当务之急。据美国纽约市网络技术中心的调查,1995~1997年,美国企业入网经营者平均增加了3.2倍,其中大企业增加1.85倍,中小企业增加4.5倍,1996年,美国出口商品中有25%上互联网,商品品种达数万个。1997年,美国制造业中有约8万家企业利用网络推销商品,而2000年,美国企业通过互联网开展商务活动的总营业额达到3270亿美元,相当于美国国内生产总值的2.3%,到2005年这个比例预计可升至6%,可见网络化管理的重要作用。网络建设,不仅有利于中小企业进行信息查询,利用互联网上的站点向中小企业及时提供所有的行政政策及法律规定,而且可以节省查询成本。因此,当前首要的任务是加快接入国际互联网的步伐,特别是生产的产品有较高市场占有率、知名度、富有发展潜力的中小企业,更要迅速上网,抢占网址,设置主页、站点,并尽快与境内外著名的网络搜索引擎挂接。主页的设置要有特色,上网资料要尽可能详细,重点突出,有个性,上网后,要注意及时更新,以最大限度地吸引客户。同时,上网后的中小企业要充分利用网上资源,扩展市场,加快新品开发,提高管理水平,寻找合资合作对象等。总之,中小企业要敢于和善于做好网上的大文章。此外,还要实现内外网络并举,尽快实现企业运作电子化、网络化。企业信息化一般要经过建立内部网、联入互联网和全面实现企业电子化运作三个阶段。内部网包括市场营销及市场信息搜集反馈网,产品(技术)设计、开发网,生产过程(重点是现场、质量)控制网,成本、财务管理网,以及行政管理网等。电子化主要是网络运行的自动化,计算机、自动化技术被广泛运用于市场调研和产品的设计、开发、制造及营销、管理领域。

(2)加快中小企业的技术、机制创新。在信息时代,产品、技术更新加快,中小企业一方面应有效利用互联网上的技术、产品资源,加快自身的技术、产品更新步伐,另一方面,还应采用自动化、柔性化生产系统,大胆向电子信息、生物医药、新材料等高新技术产业进军。

(3)增强全社会的信息化意识和素质,搞好信息化人才培养。一要加强信息基础知识教育。二要加强信息化基础技能教育,搞好在职职工的电脑和上网操作的基础技能培训。三要改进高等职业技术教育,尽快实现由培训高级技工向培育知识工人的转变。四要大力培养信息技术及相关专业的人才,一方面可从高等院校中吸收一批经济信息管理人才,另一方面,可从企业中选派一些素质较好的人员去高等院校的经济信息管理或相关专业进修,也可采用专家讲座或办培训班的形式,对在职信息人员进行培训。

(4)加快信息化基础设施建设。政府应集中资金,运用先进技术,加快对现有信息网络的升级改造,加快信息传输平台、多媒体宽带网、数据库的建设和完善,扩大规模容量,提升层次和服务水平,提高信息资源、数据库的上网率和微机联网率,尽快形成迅捷畅达、宽带化、智能化、个人化的信息传输平台和传输网络。积极创造条件,尽早规划建设专门为中小企业服务的全国性、地区性中小企业信息网。鼓励有条件的中小企业实现企业信息化。

(5)建立中小企业信息服务网络。不仅要建立起行业性的中小企业网络,还要建立大企业与相关中小企业的网络,建立起科研机构与中小企业的网络联系。缺乏信息来源和收集分析能力是中小企业一个比较普遍的弱点。因此,服务机构应当有针对性的收集中小企业所需要的市场信息、技术信息、政策信息和人才信息。政府可建立相应的信息咨询机构,集中各个行业生产经营情况、业务发展、技术、市场信息,并向中小企业公开发布,建立有关机制使得中小企业能主动提供自身的有关资料,形成中小企业的有关信息库。政府或者中小企业自身可建立一定的计算机网络,以便在组织情报、技术等方面形成合作系统,达到信息资源的共享。此外,政府还可帮助提供网络技术指导和人员培训工作。

(6)实现中小企业"信息服务外源化"。要鼓励社会力量创办单独的商业信息和咨询机构,为中小企业实现"信息服务外源化"奠定基础。企业"信息服务外源化"是指企业将内部信息系统管理职能部门,以长期合同的方式部分或全部地承包给企业外部的服务公司经营,把注意力集中在自己的战略焦点和主要领域(如进行市场开拓、产品更新、资源组织),而不是忙于计算机软硬件的升级和筹划各式各样的计算机网络或应用系统的开发。就中小企业的情况而言,是非常适合实行"信息服务外源化"的,但是它要求国家的信息基础设施完备,计算机网络化程度较高,企业内外部信息流通渠道顺畅,各种法规制度比较完善,这一切都有赖于政府职能的发挥。

第五章 中小企业面临的困境与对策探析

近几年来,我国中小企业的发展陷入了困境,集中表现为效益状况的不断恶化。就全国来看(以工业企业为例),1999年中小企业亏损率达66%,只有1/3的中小企业盈利,其资产报酬率仅为大企业的70%,资金利润率仅为大企业的60%。

效益是反映一个企业经营状况好坏的综合指标。那么,造成中小企业效益滑坡的具体原因,抑或说,中小企业所面临的困境主要是什么?通过调查研究笔者发现主要有五大方面:即资金困境、管理困境、技术困境、人力资源困境和市场困境。下面将逐一分析各种情况并提出相应的对策建议(资金困境与对策这个问题除外,因为本书第四章第三节已专门论述这个问题)。鉴于造成这些困境的原因是多方面的,既有外部因素如国家宏观经济的波动、经济体制的特征、政府的经济政策、法律法规等,也有中小企业自身的因素,如资信度低、财务制度不健全、管理方式落后、技术水平低下(高新技术中小企业除外)、用人制度僵化、产品质量差、营销能力不强等。外部因素对中小企业而言是不可控的,需要政府及整个社会的共同努力方可改善,故此分析对策时将偏重于内部因素,而这些要靠中小企业通过自身的努力去解决。

当然,不同的企业所面临的主要问题可能不同,因而中小企业采取具体措施时要有所选择,而不能眉毛胡子一把抓。

第一节 管理困境与对策

一、中小企业管理困境的实证分析

资金短缺是制约中小企业进一步发展的首要因素,但导致大量中小企业破产的主要原因还在于管理落后,下面先举几个例子来说明这一情况。

巨人集团的失败是因为总裁史玉柱推行家长制管理,盲目投资建造巨人大厦,最终陷入了债务危机;爱多集团的失败是因为胡志标在广告管理中的盲目性,斥资两亿多元人民币在中央电视台的黄金时段做广告,结果使整个企业陷入瘫痪;三株集团的失败,被总裁吴炳新归结为财务管理严重失控。这些都是由中小企业发展起来的全国知名的企业,但是在管理的不同环节上出了问题,最终都陷入了破产的局面。希望集团的分裂主要是因为管理不协调,后来刘家四兄弟分家后,认识到了管理的重要性,老大刘永言聘请了一位博士协助管理,老二刘永行也斥资百万聘请了总经理来管理他的"东方"公司,从而使局面大为改善。

联想集团是依靠管理获得成功的典型例子。1984年联想创业时,投入资金20万元,到现在其在香港股市的市值已达40亿美元,约合人民币320亿元;1985年其营业额300万元到1998年已达到176亿元,平均每年增长85%[①]。现在,联想已经成为中国电子行业的排头兵,风光无限。回想起联想走过的道路,总裁柳传志认为,关键在管理,高科技企业同样要狠抓管理,管理跟不上,其他工作都很难做好。他把联想的管理内容归结为三个要素,"建班子"、"定战略"和"带队伍"。"建班子"就是要保证企业有一个高素质的领导核心,不搞一言堂,集体决策重大问题;"定战略"就是科学制定企业的长期目标和短期目标,以及实现目标的战略步骤,分步执行;"带队伍"就是通过规章制度、企业文化、激励机制等,有效调动员工的积极性,保证战略目标的顺利实现。

总结起来,中小企业管理落后主要表现在以下几个方面。第一,企业经营过程中没有长远规划,目标经常变动。这就使得工人工作时做一天和尚撞一天钟,心中没有一个明确的目标,积极性很难调动起来。第二,缺乏民主科学的决策机制。中小企业的很多决策都是企业主一个人说了算,但一个人的精力、知识毕竟是有限的,这种过于集中的家长式管理往往是造成重大决策失误的直接原因。第三,没有严明的规章制度,或者即使制定了规章制度,也不能严格的贯彻执行。许多中小企业内都有一部分职工是企业主的亲戚朋友,有时碍于情面,也不好意思严格按制度行事。第四,财务管理混乱。很多中小企业没有专门的会计人员,或是会计出纳一人兼任,或是丈夫抓生产经营而妻子管财务,这就很容易出现漏洞。第五,忽视现代化管理的设施、手段等基础条件。一些中小企业主也不注意用现代化的知识来武装自己,一方面是舍不得在这方面投资,另一方面则可能是根本就没有认识到管理的重要性。

二、中小企业管理困境的对策分析

中小企业要摆脱管理困境,实施科学管理,主要应做好计划、组织、人事、领导和控制五个方面的工作。

第一,要做好计划工作。我国有句古话,叫"凡事预则立,不预则废"。不管做什么事,都要先做好周密的计划,否则的话,就容易招致失败。管理工作也是一样,计划是整个管理工作的前提和基础。计划的内容主要包括确立企业的目标和为完成目标所需要采取的行动方针。制定计划的步骤一般为:①分析情况,把握机会。只有充分了解外部环境和企业自身的优缺点,才能不失时机地制定切实可行的计划。②确立目标。目标包括长期目标和短期目标(从时间上看),或者总体目标和子目标(从范围上看),短期目标要服从长期目标,子目标要服从总体目标,同级目标之间也要保持协调一致。③拟定前提条件。目标的实现需要什么条件,也要弄清楚,以便改变不利条件,创造有利条件。④寻找、评价并确

---

① 柳传志:"从联想的发展看如何将企业做大",《前线》,2000年第4期。

定实施目标的方案。能够达到目标的方案可能很多,这就需要对它们进行评价、分析、比较,确定出能以较低成本、较少时间实现目标的最优或次优方案。⑤制定派生计划。派生计划其实就是支持主要计划实现的具体措施安排,对于目标的完成而言是必不可少的。

在分析情况,制定计划时,可以利用 SWOT 分析表(又称道斯矩阵,见表 5-1)。

表 5-1　SWOT 分析表

外部因素＼内部因素	机会(O): 如经济回升、国家出台有利的政策、出现可以利用的新技术等	威胁(T): 如经济衰退、国家出台不利的政策、出现威胁性新技术、原材料价格上涨等
优点(S): 如技术先进、信息灵通、营销能力强等	SO 策略: 发挥企业的优点,利用外界机会,进一步发展壮大	ST 策略: 发挥企业的优点,克服外界的威胁或避开威胁
缺点(W): 如技术落后、信息闭塞、人才缺乏等	WO 策略: 克服缺点,利用外界机会	WT 策略: 紧缩开支、或者清理企业、或者寻求合资

资料来源:Harold Koontz, Heinz Weihrich: Management (Ninth Edition), McGraw-hill, Inc. 1988；王德中:《企业战略管理》,西南财经大学出版社,1999 年。

第二,要做好组织工作。组织就是设计企业的职位结构,并用合适的人来充实这些职位结构。或者说组织是将企业中的每一个人放在其能发挥才能的地方。企业采用什么样的组织结构要取决于该企业的目标是什么,因为组织是为企业的目标服务的。设计企业的组织结构应该遵循三个原则:①组织层次和管理跨度的合理性。组织层次是指企业中上下级之间的关系,管理跨度则是指一个主管人员直接管理多少个下属人员。美国的管理学家研究发现,合理的管理跨度在 4~15 人之间,一旦超过了 30 人,就会出现管理上的混乱,降低管理效率。但在职工人数一定的情况下,减少管理跨度就意味着增加组织层次,组织层次太多,又会增加信息沟通的难度,所以要好好把握。②授权的平衡性。要想让下属努力工作并承担责任,离不开适度的授权,但授权要掌握平衡。权力过于集中,则会制约下属的积极性;过于分散,则有失控的危险。③组织结构的灵活性。外界环境是不断变化的,组织结构要能够适应这种变化,而且还要同企业不同发展阶段相适应。固守僵化的组织结构,只能是作茧自缚。

第三,要做好人事工作。管理中的人事工作主要包括两大方面:一方面是招聘、挑选、提升、考评和解雇企业的职工;另一方面是激励和约束问题,防止职工做违背企业利益的事情并调动他们的积极性,为实现企业的目标而努力工作。在后面的人力资源问题中将详细说明中小企业如何做好人事工作。

第四,要做好领导工作。很多中小企业的管理者采用专断的领导作风,使得一些工人受不了这种高压而离开了企业。领导其实是一门艺术,应该既有民主又有集中。树立领导权威是必要的,如果有令不行、有禁不止,企业就无法正常运转;但也要尊重下属,多听取他们的意见和建议,多与他们交流,以管理者的人格魅力来影响他们努力工作。

第五，要做好控制工作。控制就是密切关注企业的生产经营情况，衡量员工的业绩，纠正偏差，保证计划的顺利进行。控制工作一般分为三个步骤：①确定控制的标准，要参照计划并注意标准的可考核性。②根据标准衡量员工的业绩，也就是工作表现。③若有偏差，纠正偏差以保证计划的顺利进行。

最后，有必要提及家族式管理问题。许多中小企业实行的是家族式管理，这种管理方式既有优点，也有弊端。一般来说，在企业创立初期，家族式管理存在着一定的优势，如目标一致、凝聚力强等。但当企业发展到一定的规模，家族管理的弊端便暴露出来了，如赏罚不明、任人唯亲、排斥家族外的成员等。所以家族企业发展到一定阶段就需要转变管理方式，引进科学的管理模式。为此，可以①引入合伙人成立合伙企业；②吸引外部资本入股，改为股份制企业；③聘请外部专门人才参与管理。但很多中小企业由于怕失去控制权而不愿改变传统的管理模式，这个观念一定要转变。计划经济体制下，国有企业都是国家直接经营，效益并不好；现在国家直接经营的企业很少，原来的大部分国有企业改为国有民营或者改为股份制，趋于所有权和预期经营权分开了，效益也大大提高。中小企业要善于学习这种两权分离的做法，促进企业的发展壮大。

第二节　技术困境与对策

一、中小企业技术困境的实证分析

在科技飞速发展的今天，对企业而言，技术无疑是一种重要的资源。技术有两个重要功能：①可以创造需求，创造市场。②可以降低成本，提高产品质量，增强企业的竞争力。没有技术开发能力，没有自己的专利技术，企业的发展潜力就会受到制约。实践证明，凡是重视技术创新或技术引进的企业，一般为有活力的企业。辽宁的盼盼集团一开始曾是一个不起眼的小企业，现在发展成了全国知名的企业。有人认为这是因为东北是我国的老工业基地，大型国有企业多，下岗工人多，社会不安定，所以给防盗门生产创造了机会，这当然只是表面现象。其实盼盼集团成功的原因主要在于重视技术创新和技术引进，他们以惊人的速度不断推出新款式的防盗门，质量越来越好，外形越来越美观，这样的产品怎能不畅销？企业效益又怎能上不去？1999年一批美国企业家到中国来收购企业，评价我国企业的第一条标准就是看是否有专利技术，而不是看一个企业当年是否盈利。只要拥有专利技术，哪怕暂时亏损，人家也认为该企业有发展潜力，有内在投资价值。

一般认为，中小企业规模小，资金短缺，没有实力去搞技术创新。这当然是事实，但却是片面的。其实，中小企业在这方面也有自己的优势，比如接近市场，机制灵活，这就容易激发人们的创造性。统计资料显示，20世纪的重要发明如直升飞机、个人电脑、青霉素、拉链等，大部分是中小企业发明的。大企业实力雄厚，人才济济，在基础研究方面当然占有优势，但由于其内部官僚主义严重，分工过细等原因，往往容易压抑人们创新的动力，所以在应用研究与此同中小比起来,并没有多少优势可言。而且,随着信息技术的发展,中小企业在技术创新方面的前景将会更加光明。

技术显然是非常重要的,可惜在我国除了高科技中小企业之外,大多数的中小企业技术状况不容乐观,低下的技术水平严重制约了企业竞争力的提高。目前,整个中国大约有60%的中小企业仍然采用20世纪60~70年代的技术,30%左右采用80年代的技术,只有10%左右采用90年代的先进技术。

二、中小企业技术困境的对策分析

为克服技术方面的困境,中小企业应该扬长避短,有选择地采取以下几种措施。

第一,技术开发。前面已经说过,中小企业在应用技术开发方面有一定优势。所以要尽量创造宽松的环境,激发员工的创造性,对提出有益发明或新思路者实行重奖,在企业内部设计一个有效的技术开发激励机制。当然,还要用现代化的设备来武装企业,比如配备电脑等,为技术开发创造条件。从长远来看,这是一种有益的投资,可以缓解技术不足对企业发展带来的约束。

第二,技术合作。中小企业限于技术人才缺乏,所以要善于利用外力,走技术合作之路,提高自身的技术水平。既可以和大企业、高等院校、科研机构等技术实力雄厚的机构建立技术合作关系,也可以和其他中小企业建立技术合作战略联盟。美国、日本和西欧的中小企业就特别注重这种合作,因而技术水平普遍较高,这是颇值得我国中小企业学习的一个经验。

第三,技术引进。中小企业还可以利用后发优势,从外部直接引进新技术,这样虽然花了一部分引进费用,但省去了技术开发的时间和精力。日本中小企业由于非常善于搞技术引进,因而他们在国际市场具有很强的竞争力。例如我国电力行业也在减员增效,在这种背景下,江西电力公司的一些下岗工人就到全国各地寻找技术,以图创建高起点的企业。后来,他们从西安引进了一项新技术,可以将原来火力发电后产生的大量煤灰变废为宝,制成优质的新型建筑材料,试产成功后,他们建起了十几家粉煤灰综合利用企业,规模一般都不大,但效益相当好,还被国家定为环保型高科技企业。目前他们正打算联合起来,包装上市,前景非常广阔。

第三节 人力资源困境与对策

一、中小企业人力资源困境的实证分析

人力资源是企业各种资源中最具能动性的一种,现代企业的竞争本质上是人才的竞争,但广大中小企业人才匮乏,没有科学有效的人力资源引进、培育和利用机制,这是造成

企业效益滑坡的一个重要原因。北京市的一项调查显示,当地中小企业职工的文化素质不容乐观:中专以下占 61.59%,中专占 23.92%,大专和本科占 13.70%,研究生占 0.79%[1]。那么,在我国其他地区中小企业的职工素质可能更低。

在重视人才,引进人才,培训和激励人才方面,武汉市红桃 K 集团做得相当出色。企业初创时仅有 6000 元资金,到现在总资产已超过 20 亿元,无形资产超过 26 亿元[2],成了中国保健品行业的巨子,也是中国民营企业的突出代表。在分析企业成功的原因时,总裁谢圣明说,我们红桃 K 集团可以说是不惜一切代价招人、用人、培养人。当初企业资金少,无法通过提供优厚待遇的手段吸引人才,谢圣明就采用送股份的办法奖励有重要贡献的人,结果还真的吸引了一些人才加入到企业中来。后来企业壮大了,有了一定的实力,就不断投资培训职工,提升人力资源的整体水平。到现在,谢圣明的股份已从 100% 降到了 20%。很多职工有了股份,真正成了企业的主人,干劲十足,根本没有一般企业中常见的激励不足问题。谢圣明说"表面上看我的股份比例减少了,但整个企业做大了,我的绝对额度实际上大大提高了。"这种做法很值得广大中小企业学习。

二、中小企业人力资源困境的对策分析

企业的竞争归根结底是人才的竞争。为解决人力资源困境,提高员工的整体素质,中小企业应该从以下几个方面做起。

第一,招聘人才。当然,中小企业不能像大企业那样通过为职工提供丰厚的待遇和各种保障吸引人才。但也有其吸引人的地方,如人际关系融洽,可以给员工一定的权力,实行股份公司的企业还可以像红桃 K 那样采用送股的方法吸引人才。另外现在很多国有大企业正裁减人员,中小企业则可以大胆利用这些下岗工人,既减轻了社会负担,也充实了自身的人力资源。随着社会保障制度的健全,以及人们观念的转变,中小企业将会更容易招聘到人才。

第二,培训人才。许多中小企业主认为培训工人不划算,因为怕工人学了本事之后跳槽。从宏观上来说,这其实是一种错误的观点。假如所有的企业都这么做,那么中国劳动力的整体素质何时能够提高?劳动力素质整体水平较低的话,单个企业又怎么能够找到高素质的人才?如果劳动力的素质普遍提高了,单个中小企业也就容易招聘到人才了。而且受到培训的职工可能会对企业产生一种特殊的感情,从而更加努力地为企业工作。因而中小企业要大胆培训员工,既可以将员工送出去学习,也可以从外面请专家到企业里来对员工进行指导。

第三,利用人才。中小企业本身人力资源有限,所以要善于利用人才,调动他们的积极性,激发他们的潜能。首先,分配给员工的工作要有挑战性,使之觉得有适度的压力,因

---

[1] 国务院发展研究中心、北京市科学技术委员会:《中小企业发展与政策》,北京科技出版社,1999 年。
[2] 杨凤、刘忠琦:"民族企业要跳出家族管理的圈子",《理论与实践》,2000 年第 8 期。

为有压力才能产生动力,进而激发员工们的活力。下面的例子就说明了压力的重要性。日本人特别爱吃西伯利亚鱼,但这种鱼在运往日本的过程中死亡率高达40%,因为鱼在船的水箱里懒洋洋的不动。于是,一位教授出了一个主意,就是在装鱼的水箱里放一些鱼的天敌——螃蟹。这样一来,为了摆脱螃蟹的攻击,鱼就拼命的游动,结果死亡率降到10%。那么,中小企业在利用人才时应该能够从中悟出一点道理。其次,要利用多种手段激励职工。比如可以实行"基本工资+浮动工资+奖金"的结构工资制:任务完不成,只能得到基本工资;任务完成了,可以得到基本工资和奖金;如果超额完成任务,除了基本工资和浮动工资外,还可以得到奖金。对于企业内比较重要的人才,还可以实行利润留成、股份赠予等激励方式。此外,还要重视精神激励,多关心职工,对表现突出的,要及时表扬和鼓励。当人们物质需要满足后,精神激励手段往往更有效。最后,要建立相应的约束机制,以规范职工的行为,这其实也是必要的控制手段。以上说的其实就是"胡萝卜+大棒"政策。中小企业对于员工一定要做到赏罚分明,恩威并用,让员工感到既有压力又有动力,这样才有利于他们为企业的目标而努力工作。

第四节 市场困境与对策

一、中小企业市场困境的实证分析

市场销售是企业生产经营的一个关键环节,马克思将之称为"惊险的跳跃"[①]。短缺经济时代,产品供不应求,中小企业的产品基本上不愁卖不出去,所以也很少存在市场销售问题。但近几年来,随着宏观环境的变化,我国出现了产品相对过剩的情况,许多中小企业相继陷入了市场困境,表现为产销率低、产品积压严重,产品价值得不到实现等,严重影响了企业的经济效益。比如1995年,大企业产销率为101.2%,中小企业为91.1%,中小企业比大企业低10.1个百分点;1996年大企业产销率为99.7%,中小企业为85.5%,中小企业与大企业的差距拉大到14.2个百分点,并且这一现象有进一步增大的趋势。

造成这种情况的原因有两大方面。一方面是外部原因,如目前我国经济已告别短缺时代,市场格局由卖方市场转向买方市场,竞争加剧,以及近几年来我国出现了通货紧缩和内需不振,再加之亚洲金融危机的影响等。另一方面是内部原因,即许多中小企业技术水平低下,产品质量档次低,缺乏专门的营销人才,销售能力弱,不能适应多变的市场。所以为了克服市场销售困难,广大中小企业应该从内部入手,苦练内功,提高自身的素质和应变能力。

---

① 马克思:《资本论》,人民出版社,1975年。

二、中小企业市场困境的对策分析

中小企业要想摆脱市场方面的困境,重点应该做好以下几个方面的工作。

第一,走精、专、特、优之路。中小企业资源规模有限,如果盲目去搞多元化经营,不仅不能有效地分散风险,相反还会由于企业毫无特色而加大经营风险。有所为才能有所不为,中小企业要找准市场切入点,集中精力,生产有特色的产品,并努力提高产品质量,改变以往"劣质低价"的经营观念,这才是改变市场销售的根本。

第二,密切关注社会消费需求趋势的变化,发挥机动灵活的特点,及时调整产品结构。与大企业相比,中小企业调整产品结构的转换成本较低,因而应该有效利用这种优势,减少长线产品的生产而增加短线产品的生产。在卖方市场格局下,中小企业可以采取"生产什么卖什么"的经营理念,但在买方市场格局下,中小企业的经营理念必须变为"市场需要什么生产什么",只有这样才能取得预期的经济效益。

第三,符合条件的中小企业之间应该联合销售,共同构建营销网络。单个中小企业没有实力建立庞大的营销网络,但同一地区或同一行业的许多中小企业可以联合起来,共同构建营销体系,也可以举办产品展销会等。这已被意大利等国中小企业的实践证明是提高产品销售能力、改善营销状况的有效方法。

在分析完我国中小企业当前所面临的五大困境,并提出相应的对策之后,还需要谈一下中小企业的对策选择问题。经济学中有所谓的木桶原理:一个木桶能装多少水不是取决于最长的那块木板,而是取决于最短的那块木板,所以要想让木桶能多装水,将最短的那块木板加长才是最有效的办法。这就启示广大中小企业在选择对策时,要找准自己所面临的最大困境,然后针对这方面的弱点,选择相应的对策。不同的企业面临的具体困难也不一样,各自的弱点也不同,所以中小企业在发展过程中要善于发现自己的弱点,有针对性地去改进。只有这样,才能更健康、更有效地发展壮大。

第五节 出口困境与对策

由于中小企业自身因素,随着国际经济大环境的变化,以及我国经济增长方式的转变,中小企业在出口产品方面也逐渐遇到了许多困难。

一、中小企业出口面临的问题

1. 国际经济环境恶化

首先,从目前我国中小企业出口的产品结构看,主要是一些纺织品、中低档服装、陶瓷制品等。而亚洲一些新兴的工业国家如韩国与泰国,其出口产品结构也同样是劳动密集型产品。由于我国的中小企业出口产品与韩国、东盟国家的出口产品存在着严重的同构性,使我国中小企业在劳动成本方面的竞争优势顿失,在国际市场上的竞争力日显萎缩。特别是在美国、日本和欧共体的市场上,受韩国、东盟、印度等国中小企业出口产品的不断挤占,以及巴西等美洲国家产品的剧烈竞争,致使许多产品在美国与日本等地市场的占有份额已开始下滑。如我国在美国市场上的鞋类、玩具、服装等产品的占有率正逐年下降。因此,目前我国的中小企业产品出口面临的最大挑战将是韩国、东盟与拉丁美洲等国家或地区产品的强有力的竞争。其次,在金融危机的影响下,我国承诺了人民币不贬值,这将使主要依赖于价格优势的我国中小企业的对外贸易受到一定程度的影响,1998年下半年的出口产品销售额下降便是明证。最后,从我国中小企业的出口对象看,中小企业产品对美国、港澳、日本及欧洲出口比率占70%以上,而对亚洲各国和其他地区出口较少。近年来,美国、日本及欧洲国家由于经济增长放慢,致使国际市场需求疲软,再加上近年来的贸易保护主义有所抬头,更加恶化了中小企业产品出口的局面。

2. 中小企业缺乏外贸经营权

在我国传统的对外贸易体制下,实行的是外贸经营许可制度。中国对外贸易合作部所属机构和下属的4000多家生产性、商业性及其他类型企业构成了我国对外贸易体制的基本框架。这种外贸体制原是在单一的产品经济和计划经济模式下产生和发展起来的,以国家集中控制为其主要特征。为了调动地方和工业企业的积极性,从1980年起,围绕下放外贸经营权、扩大外贸渠道、促进工贸结合、增加贸易方式等方面对传统的外贸体制进行了较大的改革。1988年又在全国范围内全面推广承包经营责任制,使外贸企业在自负盈亏的基础上,放开经营。但是在国有大企业凭借自身实力逐步扩大或独自拥有了外贸经营权的同时,以乡镇企业为主的中小企业由于自身经营规模过小从而不能单独获得外贸经营权,要想出口产品就不得不依赖于一些专门从事对外贸易业务的国有外贸公司,增加了产品出口的繁杂程度,使中小企业出口产品的附加值大打折扣,从而打击了中小企业产品出口的积极性,限制了产品出口。

3. 中小企业自身经营条件比较差

从微观经营层面看,中小企业的出口贸易无论在产品、价格、分销、促销方面,还是在产品品牌开发与宣传,以及整个营销战略的规模和管理方面都仍处于较低级的经营阶段。在出口指导思想上,不少中小企业仍以短期效益为主,出口不如内销的观点相当普遍。再加上许多中小企业独立开展国际贸易的时间不长,缺乏许多基本的国际贸易与国际营销方面的专门知识(如国际结算和支付方式、汇率的利用、价格的制定等),受骗上当造成经济损失的情况时有发生。在产品开发上,我国中小企业的出口产品仍以来料、来样加工或加工装配为主。以家电业为例,1992年来料加工和加工装配在我国收录音机出口中占48%,在电吹风出口中占79%,在彩色电视机出口中占82%。又如服装出口基本上也是以来料、来样加工为主,企业和国家仅仅赚取少量的加工费用,创不出自己的品牌。在产品质量上,我国许多中小企业产品在内存质量、外在质量上存在着不稳定性、低劣等特点,因运输方式不当造成的破损率也很高。许多产品的售后服务目前仍处于临时性派出服务的初级阶段,尚未像西方发达国家企业的那样将信息反馈、售后服务力量、服务网点、零配件供应、服务范围等各个方面有机地组合成完整的售后服务系统。在产品价格上,中小企业在国际市场上取胜的方式主要依赖于以价取胜的低级方式,许多中小企业甚至在同一市场上低价倾销,导致了市场所在国和地区和客户及政府的反倾销行为,使一些产品的许多海外市场丧失殆尽。在分销渠道上,一些地方的中小企业与发生贸易关系的经销、代理商和批发、零售商一订协议就多年不变,容易陷入受制于人的境地。

4. 其他问题

中小企业在其他方面的问题主要有:①由于地方政府对中小企业产品出口的优惠政策执行不力,使中小企业产品出口的合理政策(如出口退税政策)得不到落实。此外,一些产品的出口机制并不完善。如我国纺织品出口厂家之间的竞争主要在国内相互"厮杀",争夺纺织品的出口指标,政府并没有给中小企业创造置身于国际市场进行角逐的条件;②政府和行业管理与协调部门尚未制定和实施目标明确、能引导和促进中小企业出口贸易顺利发展的政策、计划与措施。③我国正处于由计划经济体制向市场经济体制的转轨时期,尚未形成真正的市场调控机制。中小企业的出口贸易依然会受到来自纵横两方面的上级行政管理部门的干预,有的商品在国际上并无销路,或者是有销路但价格疲软难以弥补生产成本。但是基于上级行政管理部门的指令性产值计划和利税任务,中小企业不得不违背国际市场需求盲目生产,造成工贸脱节和产销脱节,使中小企业资源无法得到优化配置,出口产品不能按国际市场的供求关系和价值规律进行流通。这一方面增加了中小企业对政府部门的依赖性,另一方面也严重损伤了中小企业产品出口的积极性。

二、促进我国中小企业出口的对策

基于以上对我国中小企业出口状况以及存在问题的认识,笔者认为为了促进中小企业走出口创汇及国际化道路,政府应该重点采取以下几个方面的措施:

1. 建立为中小企业出口经营服务的组织机构

这既包括政府的组织网络,又包括半官方和民间的中小企业社团组织,还包括与中小企业出口有直接关系的贸易组织和出口服务机构。政府应成立专职的贸易机构,协助中小企业开拓海外市场,疏通行销管道,并争取海外订单,这也是国际上的通行做法。另外,我国的驻外使馆代表也应该为中小企业的出口及国际化经营提供力所能及的帮助。

2. 加强对中小企业出口的宏观协调指导

制定促进中小企业出口和国际化战略的法律法规,围绕中小企业的出口和国际化经营,有针对性实施产业和贸易政策。将中小企业纳入我国整个国际化战略体系之中,做好中小企业国际化战略转移。为此,要加强领导,缜密研究,做好充分准备,采取有效措施,争取在不久的将来取得成效。中小企业的国际性战略转移,可以从东部沿海地区经济比较发达的地区开始,不断培养中小企业的国际经营意识,开辟国际市场。

3. 为中小企业出口提供融资服务

建立促进中小企业出口的金融机构,切实解决中小企业国际化经营中的融资问题;充分发挥出口信用保险机构的作用,对中小企业出口提供必要的信用担保;对于办理中小企业出口信贷业务的金融机构,资金可考虑由政府财政拨款。除了直接向中小企业提供出口信贷外,还向商业银行提供低利率贷款或给予贷款补贴,以资助它们办理中小企业的出口信贷业务。

4. 促进中小企业在出口中进行各种联合

如德国的中小企业财团、意大利的中小企业康采恩等都是很好的例子。中小企业在扩大出口、进入国际市场时面临的困难比大型企业要多得多,要加强中小企业与大企业之间的专业协作与横向联合,加强中小企业同专门外贸机构之间的合作,扩大中小企业间接出口。还应支持建立以地区或行业为单位的中小企业之间的组织机构,发展中小企业出口基地和出口集团,减少盲目竞争,提升中小企业整体的国际竞争能力。

5. 为中小企业出口提供其他方面的服务

如建立产品出口市场信息服务体系和高技术产品海外生产、加工和销售网络,加强高技术产品出口人才的培训,组织国际高新技术成果交易会;鼓励外商参与中小企业的合资经营,扩大外资嫁接改造中小企业的规模,进而促成中小企业国际化;加强人才培训、市场调查、技术指导、市场信息、经营管理咨询、法律顾问以及可行性研究等方面的社会服务工作,应特别注重发挥现有中介机构的潜力;不断改善我国与世界相互联系的交通运输、通信等设施,改善有利于外交进入的软硬环境,健全与国际惯例接轨的市场规划和政府管理条例;协助开办一些展览会、展销会、洽谈会、招商会等,为中小企业出口产品寻找客户牵线搭桥;此外,还要加强中小企业与专业外贸机构之间的合作,通过广泛推行外贸代理制扩大中小企业的间接出口等。

第三篇

中国中小企业的发展与制度创新

第六章 我国中小企业改制进程的历史透视

第一节 我国中小企业制度演进的政策轨迹

一、第一阶段：1978～1984 年以"所有制等级序列"为特征的我国中小企业政策

从 1978 年 12 月颁布《中共中央关于加快农业发展若干问题的决定(草案)》开始，中央政府在促进农业发展的同时，客观上使农业经济发展不仅成了整个国民经济发展的突破口，更是成了牢固稳定的计划经济体制的突破口。具体体现在：①对计划调节体制的突破，即正式承认并允许农村存在有限的市场。②对"一大二公"的人民公社体制的突破，即由高度集中、单一种植的人民公社经济体制，逐渐分离并划小为乡(区、镇)、村、联户、户(个体)为主要形式的多种经营的乡镇企业，实现了企业规模和经营核算单位由大到小的转变。③对由国有集体经济构成的纯而又纯的公有制的突破，允许非公有制经济存在，即私有性质的城乡个体户和 1979 年开始的外商参资的合资企业。这三方面的转变，既是为建立在市场基础上的我国中小企业的产生创造了条件；也对中小企业相关政策的形成产生深刻影响。

十一届三中全会后形成的规模较小的社队企业——1984 年《关于开创社队企业新局面》将实际上已名存实亡的社队企业改为乡(镇、区)村、联户、户(个体)办企业并统称为乡镇企业——尽管是集体企业，但是，与以往不同，它的 80%～85% 的生产、销售是建立在新形成的市场调节的基础上。因此，社队企业是"独立核算、自主经营自负盈亏"，"具有积累与再生产功能的经济实体。"生产资料属个体劳动者所有，以个人劳动为基础并支配劳动所得的城乡个体经济，则与市场有着天然的内在联系，完全由市场调节。由于乡镇企业的 92% 设在自然村，7% 在建制村，1% 在县城，因此，它们主要分布在农村；其中社队企业的数量、产值要远远超过个体；而农村的个体数又超过城镇个体户数，(表 6-1，表 6-2)。因此，最早在农村产生了建立在市场调节基础上的、以社队企业为主体的包括个体经济在内的我国最初的中小企业。

从 70 年代末开始，我国中小企业的构成发生了质的变化，由原来单一的公有制经济转变为公有制经济和非公有制经济并存的局面。所有制因素则成为当时中小企业政策歧议的分水岭。所有制，根据马克思主义理论，"是指生产资料占有形式，是生产关系的基础；所有制形式决定了人们在生产中的相互关系和产品分配的性质，也决定了社会主义本质和基础"。长期以来，我们未能结合中国的国情，片面教条地理解马克思主义的理论，在

实践中主观地确定了各种不同所有制经济成分在国民经济发展中的地位与作用,并相应地赋予了不同的特殊待遇。尽管从现代经济理论角度来看,不同所有制经济成分仅仅是指产权归属的不同,在市场竞争中应一律平等而不能享有特权。在片面教条的理论指导和长期实践所形成的计划经济体制下,改革开放后产生的国家、集体、私营、个体、外国投资者的不同产权所有,形成了在国民经济发展中的地位与作用由高到低的"所有制等级序列"。这个"等级序列"在一定程度上意味着,不同企业享有的政策待遇由强到弱、规模由大到小,管理由高度集中的中央到分散划小的地方的变化;此外还包括企业的综合素质由高到低,由计划调节到市场调节,由主要集中于城市的第一产业到分布全国的第一、二、三产业等等的变化。这些因素相互作用,互相交织、在相当长的时期里,决定并形成了我国中小企业政策的从属性与不稳定性的特征。

1. 从属性

党的十一届三中全会承认市场的存在,党的十一届六中全会确认了商品生产和交换,党的十二大进一步地提出了"计划经济为主,市场调节为辅"的理论。在计划与市场相互关系的探索上,上述一系列理论明确规定了市场是对计划的补充。因此,建立在市场调节基础上的社队企业与个体经济,是对建立在计划调节基础上的国有经济的补充,起辅助作用。从1978年《中共中央关于加快农业发展若干问题的规定(草案)》,特别是1979年国务院《关于发展社队企业若干问题的规定执行草案》等一系列政策明确规定,社队企业,只能在远离城市的农村经营国营企业无法经营的短线产品,以及农产品加工贸易,特别是在不与国营企业争原料的前提下,对国营企业起着"拾遗补缺、加工配套"的作用。个体经济,属私有性质,是由低级过渡到高级大集体的阶段性产物,因此1981年的党的十一届六中全会《关于建国以来党的若干历史问题决定》规定,个体经济是公有制经济的必要补充。作为最初产生的由社队企业与个体经济组成的我国中小企业,其政策虽然处于探索之中,但是,这个时期的政策明显地是由所有制因素决定的,对国有经济呈现出从属性的特征。

表6-1 1978~1984年社队企业发展情况

项目	1978	1979	1980	1981	1982	1983	1984
企业数(万个)	152.4	148.0	142.4	133.7	13.62	134.6	606.5
从业人数(万人)	2827	29.9	3000	2970	3113	3235	5208.1
总产值(亿元)	492.9	549.5	656.7	728.7	852.9	1016.7	1709.9

2. 不稳定性

在第一阶段以及以后较长的时期内,我国处于短缺经济时代,尤其是能源等基础性原材料十分紧缺。建立在市场基础上的社队企业,由于综合素质不高,科技开发能力薄弱等,形成了与国有工业比较类同的结构,并且这种类同结构系数随着时间的推移越来越

表 6-2　1978~1984 年全国个体工商业城乡分布（单位：万户，万人）

年份	总计 户数	总计 人数	城镇 户数	城镇 占总户数(%)	城镇 人数	城镇 占总人数(%)	农村 户数	农村 占总人数(%)	农村 人数	农村 占总人数(%)
1978					14					
1979					36.1					
1980					80.6					
1981	183.0	227.5	87	47.9	105.9	46.5	96.8	52.5	121.6	53.5
1982	263.7	319.7	113.2	42.9	135.9	42.5	150.4	57.1	184.0	57.5
1983	594	746.5	170.6	28.9	208.6	27.9	419.5	71.1	1012.0	72.1
1984	930.4	1303.1	222.2	23.9	291.1	22.3	708	76.1	1382.3	77.7

高。据测算,20 世纪 80 年代末,乡镇企业与国有企业工业结构相似系数达到 0.7529。因此,它们只能以高于计划平调的市场价格,获取几乎由国有经济垄断的资源,并以外延扩张的形式高速发展。这就加剧了原材料资源进一步紧张,客观上形成了与国企"争原料、争能源、争市场"的局面。这"三争"的本质,是社队企业求得生存与发展的空间,客观上形成了对其原有政策规定的"补充地位"与"辅助作用"的不断突破。因此,社队企业与国企持续的对基础性资源之争,导致了中小企业政策长期处于变化和调整状态,其中二次曾危及到社队和乡镇企业的存亡。最典型的是 1980~1982 年国民经济调整。部分意见认为,加剧国民经济发展不平衡的主要原因是社队企业过度发展,因此,对社队企业进行了调整。根据 1981 年《国务院关于社队企业贯彻国民经济调整方针的若干规定》中,社队企业关停以是否从事短线,不与国有企业争原料作为重要的标准之一。与这次有惊人相似,并且更加深刻的还有 1989~1991 年国民经济调整,乡镇企业再次被认为对国有经济滑坡负主要责任而被调整。此后,对乡镇企业的各方面的优惠政策逐渐消除。因此,我国中小企业的政策也因所有制的因素,在与国有经济的关系中呈现出不稳定的特征。

　　此外,中小企业内部也因不同所有制,形成不同的发展政策。第一阶段,个体经济,特别是农村个体经济,是伴随着社队企业发展起来的,虽然个体经济产值不高,在国民经济中的作用还不大。由于个体经济属私有制,因此,政策规定,它的发展不但是对国有经济的补充;而且也是对包括社队集体经济在内的公有经济的补充。社队企业以及以后的乡镇集体企业,是集体经济,是社会主义经济基础的重要组成部分,因此有广阔的发展空间。早期国家对农村集体经济发展的一系列优惠政策中,很大部分是针对我国部分集体企业的,即建立在市场基础上的社队企业和以后的乡镇集体企业的。第二、三阶段,随着中小企业又增加了私营企业、三资企业、所有的集体企业和国有中小企业,早期中小企业不同的发展政策,逐渐演变为不同所有制经济发展的政策环境。比如在信贷方面:"金融政策是调整不同所有制经济发展的杠杆,银行可以通过贷与不贷、贷多贷少、利率高低、时间长短等来控制不同所有制经济发展的速度"1998 年 6 月末在与工商银行有信贷关系的 35

万个中小工商企业中,国有中小企业占了35.13%、私营企业2.5%、三资企业2.71%,其中对国有中小企业贷款占66.84%、私营企业0.93%、三资企业5.21%。比如在能源等基础性资源配置方面,私营企业使用每度电为5~6角,地方国营企业每度电为9分钱。另外,同类情况还体现在税费、经营范围、社会保障、人才配置等等方面的政策上。

二、第二阶段:1984~1995年以"重大轻小"为特征的我国中小企业政策

1984年10月,党的十二届三中全会通过的《关于经济体制改革的决定》提出增强国有企业活力,特别是增强全民所有制大中型企业活力是经济体制改革的中心环节,我国中小企业政策呈现出以"重大轻小"为特征的新的特点。

从1984年开始的第二阶段,企业规模作为一个因素在我国中小企业政策制定时开始引入,并成为以后中小企业政策制定的基础。虽然在第一阶段企业规模的因素已经存在,当时中小企业主要指社队企业,然而建立在市场调节基础上的中小规模的乡镇企业与建立在计划调节基础上的规模相对较大的国有企业,由于不同所有制经济成分和不同的调节手段,大大地弱化了政策制定的规模因素。但是,从1984年"公有制基础上的有计划商品经济"到1992年"建立社会主义市场经济"的发展,一方面,所有企业均进入市场,受其调节,中小企业的内涵比第一阶段扩大了;另一方面,企业规模的因素随着市场经济的全面建立和深入推进而逐渐突出。1984年我国改革的重心由农村转移到城市中来,并且早已开始的国有企业改革上升成为改革的中心环节。在客观上,由于市场调节作用,以及在主观上,由于改革的实际操作因难易有别,"难以找到一个既能搞活大企业,又能搞活小企业的万全之策"。因此,国有企业改革政策明确规定,"搞活、搞好国有大中型企业是关键"。从而在我国最高所有制形式的国有企业改革中,国有大中型企业与国有中小企业政策开始分离。这是我国大中型企业与中小企业政策全面分离的开始,也是我国包括各种所有制在内的中小企业作为统一整体成为政策制定对象,并形成自己的政策体系的开端。我国国有大中型工业企业,虽然占全国工业企业总数的2.5%,但工业产值占全国工业产值的45.6%,上缴国家利税占60%以上,并占据基础、支柱性主导产业。因此,从1984年开始,我国各项改革开放的政策,在很大程度上是围绕着搞活搞好国有大中型企业这一中心展开的。相对而言,在一定程度上,作为国有大中型企业改革配套之一的中小企业改革政策,由于客观上"重大轻小",在本阶段呈现如下几方面的特征。

第一,从1984年开始,为了搞活搞好国有大中型企业,从扩大企业自主权到建立现代企业制度;从改革财政金融政策到推行社会保障制度,我国逐渐形成了从内部改革到相应配套的外部环境的完备的政策体系。相反我国中小企业的政策,特别是公有经济中小企业的政策比较集中于经营机制与产权体制的内部改革;作为统一整体的中小企业因先天不足而依赖更强,要求更高的特有的外部环境扶持的政策体系,比如工商、信贷、财税、人才、市场、信息、培训等政策体系没有单独建立。中小企业的信贷融资最典型地体现出这

一特点。由于中小企业的资信度远不如大中型企业,并且,具有贷款额度小、频率快、单位数量多、分布广的特点;而在微观上,国家规定的银行贷款利率对所有企业一律上下浮动10%。这种不按企业规模、特别是不考虑中小企业特点的金融体制,必然导致银行贷款成本的增加;以及银行信贷资金风险的加大,使银行失去对中小企业贷款的积极性。在宏观上,国家金融政策在总体上是倾斜于国有大中型企业,比如设立冲抵坏账的准备金等。因此,在中小企业中占绝大多数的乡镇企业,"每年信贷款规模占总的信贷规模的7%～8%,非公有经济中小企业则贷款无门。中小企业为了弥补流动资金的缺口,而不得不以高利率进行资金拆借和集资,大大提高了经营资金成本"。由于没有良好的外部环境的政策体系,我国中小企业裸露于恶劣的环境之中,处于自生自灭的状态。这样一方面加深并激化了中小企业先天不足的弱点,比如产业结构类同,环境污染严重、产品科技含量不高、管理水平低下等;另一方面也为国民经济的发展带来负面的影响。

第二,以国有大中型企业为核心的政策,因处于改革开放政策体系中的主导地位,具有长远性和前瞻性。我国国有经济,特别是关系到国计民生的国有大中型骨干企业的发展,一直是被列入中长期发展规划之列。包括我国中小企业政策在内的其他政策,均围绕着这一中心展开,并根据这一中心不断地改变和调整,呈现出短期性和滞后性的特征。从改革开放的进程来看,虽然1978年开始的第一阶段,乡镇企业成为改革的重点,但进入1984年后,乡镇企业各方面的改革及其政策,客观上成为国有企业改革的试点;从1984年开始全面推行租赁、承包等形式的经营体制改革;根据1989年有关出售、1992年股份制、1993年分化出来的股份合作制为主要形式的文件,实施的产权改革试点,国有中小企业改革及相关政策,成为国有大中型企业的多方面的"实验"。从国民经济发展方面来看,与中小企业有关政策的制定,不是着眼于中小企业的本身,而是为了解决中小企业以外的阶段性的具体问题。乡镇企业发展最初是为了解决联产承包责任制后农村剩余劳动力就地就业,发挥"就地取材、就地加工、就地销售"的作用,为国有企业加工配套;国有中小企业改革一方面为国有大中型企业改革配套,另一方面是为了解决日益加深的亏损问题,防止国有资产流失,减轻国家和地方政府的财政负担。由于中小企业单体规模小、改革风险低的特点,根据"先易后难、循序渐进、逐步深入"的总体改革开放的战略,我国中小企业政策,因主观意图的具体性和客观探索的实验性,首先呈现出阶段性的短期性。

我国中小企业政策,在一定程度上是对国有大中型企业中长期超前规划的被动反映,呈现出相对的滞后性。一方面,由于"没有富有活力的中小企业配合,大中型企业就不能有效地运转",因此,"以中小企业为突破口,从而加快全面深化我国企业改革的进程是一项战略选择"。为了打破国有大中型企业改革停滞和僵持的局面,1995年正式提出了"抓大放小"的有关国有中小企业政策。另一方面,其他所有制中小企业改革与发展的政策,不但由于"重大轻小",在整体上处于滞后状态,而且也因"所有制等级序列"而深化。这种非公有经济的中小企业整体改革的滞后性,最典型地表现在私营经济的政策上。从1983年开始对从个体经济发展起来的私营企业,我们奉行的政策是"看一看"的方针,即"不提倡、不取缔、不宣传",到1987年才在文件上正式公开承认其存在的合法性,并对今后的发展作了一定的限制。尽管这方面改革探索有一定的合理性,但客观上形成了落后于国有大中型企业的改革与发展的进程。

第三,相比单一所有制为对象,国有大中型企业政策集中统一,我国中小企业政策呈现出分散的特征。首先,我国中小企业包含国有、集体、私营、个体、外国投资者的多种不同所有制经济成分,并成为政策制定的不同对象,从而形成了按所有制分类的工商、财税、金融、市场运作以及资源配置等的政策、法规及其体系。其次,有关国有中小企业的政策是代表国家改革的整体利益的中央政府和有关职能部门制定;而包括集体企业为主的,以及私营等非公有经济在内的中小企业政策,由于产权归属的不同,因而由代表地方利益的地方政府和有关职能部门制定的。由地方制定的中小企业政策又由于各地具体的情况不同呈现出明显的地方性差别。作为在中小企业中占绝大多数的乡镇企业的政策受"苏南模式"、"温州模式"、"晋江模式"等影响而各有特点。最后,由于中小企业涉及包括三个产业的几乎所有的领域,从而形成各不相同产业与行业的政策体系。因此,就一个地区中小企业产业与行业政策制定与管理的机构就达13个之多,有"经委、科委、建委、外经委、校办、商会、合作联社、民政系统、人防系统、工商联、协作办、街道、乡镇"等。由于我国中小企业尚未形成统一整体而成为政策制定的对象,同时更缺乏一个最高机构为首的全国协调体制,因此,我国中小企业政策最大特征之一是,因地、因业、因管理部门而异,分散而缺乏内在的统一。

三、第三阶段:1995～现在,统一整体的我国中小企业政策的萌芽

1995年9月,党的十四届五中全会通过的《中共中央关于制定国民经济和社会发展"九五"计划和2010年远景目标的建议》提出了"抓大放小",国企改革的政策进入一个新的转折,"抓大放小"就是通过下放国有中小企业到地方,从战线长,覆盖广,并且处于持续亏损、不占优势的国有中小企业经营的竞争性领域退出,有重点的抓好基础、支柱、主导产业的大型骨干企业,特别是企业集团,从而调整国有经济结构,实现国有经济整体质量的提升。"抓大放小"既是国有大中型企业改革的战略选择,也是中小企业在市场竞争中业绩良好的客观结果。

因此,"重大轻小"、"所有制等级序列"形成中小企业政策的特点在持续的同时,第三阶段"抓大放小"政策的提出与实施,既为统一整体的中小企业产生奠定了基础;同时也推动了统一的中小企业政策的加速形成。这个新特点,随着时间的推移,呈现出越来越快地替代旧特征的趋势。

1. 产权改革促使中小企业趋向统一的整体

"放小",是在第二阶段形成的国有大中型企业与国有中小企业政策分离基础之上,将国有中小企业改革发展政策的制定权由中央下放到地方。其结果是使我国所有的中小企

业的政策制定、实施、管理等权力,均归属地方。"放小"政策,是通过产权改革实现政企分离的方式进行的,它标志着我国公有经济的中小企业产权改革的全面推进。1992年,山东诸城国有中小企业开拓性的产权改革试点开始,到1995年"放小"政策后产权改革的全面推进,尤其是1997年十五大报告中提出"消除所有制结构不合理对生产力的羁绊,公有制可以实现多种形式",并提出了"联合、兼并、出售、股份合作"等产权改革的多种形式,进一步深化了国有中小企业的改革。乡镇集体企业在"八五"期间,从劳动、人事、用工等内部制度改革,到1996年开始的产权制度改革等深层次推进。同时,公有制中小企业普遍实行的民营化经营,对产权变化产生了普及推广和平稳加速的催化作用。比如,江苏吴江曾作这样的规定:"对于租赁企业,租赁期满后,原则上都应当改制为股份合作企业,也可以租赁或全额拍卖,对风险抵押资产增值承包企业,可以通过年终结算,建成股份合作制企业"。截至目前为止,国有中小企业改制面达80%。全国乡村集体到1998年约有80%左右实行了不同形式的产权制度改革,其中股份合作企业占乡村集体的15%左右产权变化,特别是产权的多元化、社会化,一方面打破了"所有制等级序列,在一定程度上使我国中小企业产权结构趋向一致,从而为成为统一的中小企业政策制定对象奠定了本质的基础。另一方面弱化了"重大轻小"的因素,使中小企业开始突破过去主观规定的不同所有制经济在国民经济发展中的地位与作用的政策限定,使人们开始认识到中小企业独特的、无法被取代的地位与作用,这对中小企业今后的发展有着极其重大而深远的意义。

2. 中小企业开始以统一整体成为中央和各级地方政府政策的对象

"抓大放小"的政策实施后,客观上使中小企业在以产权为核心的各个方面特征趋向一致。同时,原先因"重大轻小"、"所有制等级序列"而隐埋在支离分散、重点不同、进程不一的中小企业政策中共有的先天不足的弱点,清晰地展现出来。因此,有效克服先天不足所特有的外部环境政策体系的需求,也愈来愈强烈地在实践中凸现出来,其中直接影响中小企业生存与发展的融资贷款问题成为令人瞩目的焦点。因此,以中小企业作为统一整体的新的政策,在地方上最早、最集中地从金融贷款方面产生。据现有资料,1994年6月,上海城市合作银行(后改为上海银行)宝昌支行,针对中小科技型的股份合作公司或民营科技公司开办的担保基金贷款业务,是我国最早为中小企业提供融资担保的银行。1998年11月,由上海银行与国家经贸委下属的中小企业司共同成立了全国第一个地方性的中小企业服务机构——"上海中小企业服务中心"。该机构的宗旨是为不同所有制中小企业融资担保提供服务。在九届人大二次会议前后,上海、江苏、浙江、河南、广东等地纷纷开始着手构建和制定中小企业金融担保运作体制和相关政策。

在突破融资担保领域的同时,由地方上升至中央政府的统一的中小企业政策也开始形成。九届人大二次会议通过的《1998年国民经济和社会发展计划执行情况与1999年国民经济和社会发展计划草案报告》在谈及1999年国民经济和社会发展的主要任务中提到,"加强对中小企业扶持力度";在《政府工作报告》中也提及"支持科技型中小企业的发展"。尽管内容简单,但说明了统一整体的我国中小企业政策开始初露端倪。

从改革开放20年来中小企业政策的走向可以看出,我国中小企业政策开始由所有制因素占主导地位,过渡到规模因素和所有制因素共同作用,进而又呈现出向规模因素占主导地位的趋势转化;并具体体现在因产权改革导致中小企业所有制界限淡化,从而形成了对外部环境的共同要求,最终以融资担保为突破口,开始产生统一整体的中小企业政策趋势。由于中小企业开拓实践与相关政策探索创新的相互作用,我国中小企业的政策由分散走向集中,为今后的发展奠定了良好的基础。

在我国中小企业及其政策20年艰难探索与实践的基础上,借鉴国外中小企业的发展经验,尤其是美、日等国的中小企业发展的历史与现状,笔者认为:首先在中央政府高度上,来制定统一整体的我国中小企业法律、规划,不但时机成熟,而且更显必要;其次作为地方经济主体的中小企业,应迅速、适时的成为地方政府经济工作的中心,在正确理解"抓大放小",并扶植地方"小巨人"的同时,地方政府则更需要集中力量,建立以服务为重点的中小企业生存发展的外部环境。根据马歇尔(A. Marshall)有关中小企业发展的"森林理论","森林是必须有适合小树成长的环境,而对于产业里如同小树般的中小企业而言,是以维持适合中小企业成长的环境为先,而不是意图控制中小企业如何成长,往哪个方向发展或是限制它们应有的成长空间。"

第二节 我国中小企业改制的历史透视

综观近几年来我国中小企业改制的实践与发展,我们不难发现,全国各地区并没有一个统一的模式,而是本着实事求是的精神,运用了众多的切合实际情况、并且行之有效的改革形式,诸如股份有限公司、有限责任公司、股份合作制、租赁、委托经营、资产重组、兼并、联合、出售、拍卖等,不下十余种之多。这些不同形式的选择,既有其实践本身的逻辑顺序,又同时受到企业现实条件的制约。若从国有产权的变革程度上划分,归纳起来,有以下五类具体形式。

一、进行公司制改组

公司制改组多是通过引进内资或外资,对中小企业资本进行存量调整与增量注入,将原国有独资的企业制度形式,按照《公司法》的要求,改组为有限责任公司或股份有限公司。这是各地中小企业制度创新的首选形式,而且也是较为规范的现代企业制度形式。对国有企业进行公司制改组,其优越性在于,改革的政治风险小,现实阻力少,同时在改组中引进了新的资金、新的技术和新的管理方式,建立起新的经营机制和比较规范的企业制度。在改组后的企业中,国家所有者权益与其他所有者的权益紧密地结合在一起,形成多元化的股权结构;在企业资本增值的同时,国有资本也大大增值。

选择公司制改组形式的基本条件,一是取决于这些企业的经营方向是否符合国家产业政策的要求,以决定国有资本是否有必要继续存留在这些企业中;二是取决于其产品是否具有良好的市场前景和竞争优势,企业的经济规模是否合理,以致新的出资人是否愿意出资。从各地企业改革的实践情况看,进行公司制改组,又可选择股份有限公司、有限责任公司和集团式有限责任公司等不同形式。

1．股份有限公司形式

股份有限公司形式是按照《公司法》的要求,企业全部注册资本由等额股份构成,并通过发行股票筹集资本。由于目前我国企业股份制改造还处于试点阶段,因此,各地区企业改革中选择这一形式的,多是规模较大且效益较好的企业。尽管进行股份制改造的企业数量不多,具体途径、方法有所不同,企业的产业分布各异,但其产生的示范作用和影响是十分重大的。

四川省在国有企业改革中,按照国家有关规定,经国务院授权部门、省人民政府(或其授权部门)审批,将一些效益较好的国有企业改组成为国家、其他独立法人和公众共同持有股份有限公司。其主要形式是定向募集公司,全省大约有40户,尚有待按照《公司法》的要求进一步规范其内部职工持股。这些定向募集式股份有限公司的主要发起人,大都是县属企业中资产最多、规模最大、效益较好、对县财政影响最大的企业。其长处在于,既保留了原有企业的存量资产的产权属性,又吸纳了社会法人和职工个人资金的产权属性,从而改变了单一的股权结构,壮大了企业规模,更加突出了本地的产业优势。如1992年经四川省股份制联审小组批准,以富顺县电力总公司为主体,将其169.206万元国有经营性资产设置为国有股,吸收1507.94万元法人股和职工个人股,创立了四川富益电力股份有限公司。新设立的公司,建立起新的法人治理结构,实行董事会领导下的经理负责制。董事会由企业股东选举产生,对股东大会负责,董事会聘任总经理,总经理提名副总经理。在新的法人治理结构建立后,公司经营者精心使用募集到的资金,对企业进行技术改造,努力拓宽电力的生产经营领域,并认真按照股份制的机制运作,狠抓内部管理,使企业的生产经营很快跃上了新的台阶。1995年的发电量、总收入和职工年人均收入,分别比1992年增加了27.4%,2.5倍和1.44倍;改制前1992年实现利润仅为80万元,改制后连续3年超过1000万元,并逐年增长,其中1995年达到1307万元,比1992年增加16.3倍。新公司也因此获得四川省优秀电力企业、四川省电力工业十佳效益企业、四川省工业企业最佳经济效益企业之一等殊荣。

广东肇庆在省体改委的直接指导下,于1991年选择肇庆星湖味精厂作为股份制试点企业。改制前,星湖味精厂资产总额为8315.35万元,负债总额为6205.55万元,所有者权益为2109.80万元,全部为国有权益。改制时,肇庆对该企业的股权结构进行了重大调整,在原国家所有者权益中,扣除409万元的非经营性资产价值,以1700.80万元经营性资产作价,折为1700.80万股,另追加1330万元国家投入,国家股合计为3030.80万元;此外,以每股1.62元的价格,向本企业职工募集了730万股,职工股金合计1182.60万元;从股权结构的变化上看,国家股占80.59%,职工个人股占19.41%。改制后,公司经营情况良好,1992年销售收入为14 221万元,税后利润为1386.80万元,每股股息为36.90%;1994年销售收入为26 960万元,税后利润为2519.90万元,每股股息为46.50%。经过3年的运行,该公司于1994年成为上市公司。上市后,股权结构调整为:3030.80万国家股,730万本企业职工个人股,1260万公众股;国家股占60.36%,企业职工股占14.54%,社会公众股占25.10%。伴随着良好的经营业绩,公司于1995年进一步向社会增资扩股,国家股为3636.90万股,公众股(职工股全部上市)增至2865.60万股;国家股占55.93%,社会公众股占44.07%。1995年,该公司的销售收入为34 655万元,税后利润为2026.7万元,每股股息为31%。在星湖味精公司改制的过程中,尽管国家股的比重从1991年的100%,降至1995年的55.93%,但由于按照比较规范的现代公司体制运行,在所有者权益不断增长的同时,其中的国家所有者权益也实现了保值与增值。

为配合企业进行股份制改造,加强对股份公司股权的统一、规范管理,一些地方政府成立了股权证托管中心。如河北新乐1995年成立了股权证托管中心,对股份制企业的股权证统一进行托管。股份制企业年度分红,先经会计师事务所审计,向全体股东公开经营成果,经董事会研究、制定分红方案后,向体改委和国资局报批,然后把红利资金划拨到股权证托管理中心,由托管理中心统一向股民派发红利。目前,该市已有6家股份有限公司进入中心托管,托管金额达到6400万元。股份制企业由原来企业年度分红,改变为由托管中心统一向股民发放红利,减少了股份制企业的事务性工作,规范了股权与分红的管理。

从各地企业改革的实践可以看出,采取股份公司形式,使改制企业形成了多元化的股权结构,建立起新的法人治理结构,有效地转变了企业的经营机制,同时又开辟了直接融资渠道,硬化了企业的财产约束。特别是那些已成为上市公司的企业,其融通资金的能力大为增强,股东对企业的约束更为有效。因此,在实践中,股份制形式一般都取得了可喜的成效,已成为现代企业制度的主要形式之一。

2. 有限责任公司形式

有限责任公司是对国有小企业进行公司制改组的另一主要形式。这种形式对企业规模、管理水平、出资人的身份等,不像股份有限公司要求得那么严格,因此,在各地国有企业改制过程中比较普遍地采用。

设立政府独资或控股、参股的公司,改变原来政府行政部门管理企业的旧体制格局。广东顺德按照对公有企业"抓住一批、放开一批、发展一批"的原则,从1993年开始,对公有经济进行了重大的战略调整,即政府只抓住一批基础性的产业和公益性产业,以及对当地经济举足轻重的骨干企业;把一批风险大、一般竞争性强的产业转让出去;着重发展、扶持一批高新技术产业。在"抓住一批"的过程中,顺德市政府利用有限责任公司的形式,设立了一批政府独资和控股经营的企业。如公路、电厂、水厂等基础性和公益性产业,仍由政府独资经营,一些房地产、外贸等企业,由政府保持控股地位,吸纳其他法人组成有限责任公司。目前,顺德市镇两级共有国有独资有限公司94家,控股经营的有限公司48家,占改制前全部公有企业的13.11%。另外,顺德市政府在一些竞争性产业的企业中,保留少量国有股权,通过转让大部分股权,或由新的投资者注资扩股,调整股权结构,将原国有企业改组为有限责任公司。又如,四川省在对小型国有企业进行公司制改组时,保留一部分国有权益,其余部分有偿转让给内部职工和社会法人,组建成有限责任公司。其具体做法是,由有资格的中介机构对企业的全部资产进行严格评估,对保留国有资产的企业设置国有股,由国有资产管理机构派出代表行使相应的职权,承担相应的责任,享受应有的利益;企业职工内部股,经职工大会决议,组建职工合股基金,委托企业工会为合股基金会的常设机构,或由职工大会选出代表组成专门机构行使其权力,并作为法人股参与发起组建有限责任公司。1993年9月,犍为县将国营犍为水泥厂的资产进行评估后,由职工股组成的职工合股基金会作为法人股,与国有股共同发起设立了金马水泥有限责任公司。国有股权参与企业重大决策,使原县属的一些规模较大、效益较好的企业,能够更好地起到推动地方经济发展和保证县级财政收入的作用。

组建各种形式的合资公司,引进境外资金,以及新的技术、产品和管理方式,开拓新的市场。河南长葛对一些技术落后、设备陈旧的劳动密集型企业,采取了嫁接改造的形式。1995年长葛引进市域外资金6.2亿元人民币,其中外资金折合人民币1.2亿元,嫁接改造3家国有企业。长盛陶瓷厂原是该市一家市属小型企业,与香港兆锋公司合资后,组建了河南省兆锋外墙砖有限公司,总投资2200万美元,港方出资67%,我方出资33%。目前资金已全部到位,一期扩建工程已投入运营,二期扩建工程正在试产,年产高档瓷质外墙砖300万平方米,成为长江以北第一家高档瓷质外墙砖生产厂家。安徽蚌埠饲料公司原是国家饲料骨干企业,但从1993年开始,经济效益急剧滑坡,当年获利仅有1.79万元;由于原材料价格上涨,产品成本急剧上升,企业亏损已成定局。面对企业困境,公司决定与四川希望集团合资,组建蚌埠希望饲料有限责任公司。新公司总股本为1000万元,其中,蚌埠饲料公司以现有部分固定资产作价折股400万元,占股本的40%;希望集团以资金形式投入350万元,以技术、商标和管理机制等无形资产作价250万元,占股本的60%。合资后,企业的经济效益显著提高,1995年实现销售收入1亿元,利润1388万元。

组建跨地区、跨产业的集团公司,发挥规模优势。山东文登从产权改革入手,以资产为纽带,通过改制、改组、改造、组建起以优势骨干企业为核心的企业集团。其具体方式:一是强弱联姻,实施优势互补,组建有限责任公司形式的集团;二是企业自身膨胀发展壮大,"母鸡下蛋"式的分离子厂,再以老企业为依托组建集团公司;三是发挥名牌效应,吸引相关企业挂靠组建集团公司;四是采取横向参股、控股等方式组建企业集团;五是实施外引内联,以合资、合作的形式组建集团公司。短短几年时间,全市已组建发展企业集团49家,成为该市经济发展的重要支柱。1995年,49家集团实现的销售收入和利税总额,已分别占全市工业企业销售收入和实现利税总额的65%和70%,对该市综合经济实力跃居全国百强县第37位、全省经济强县第3位起到了举足轻重的作用。

以上各种不同的做法,都是切合各地区和企业实际情况的选择。通过对国有企业进行公司制改组,使其脱离了原国有企业的管理体制,转变了经营机制,优化了资本结构,增强了市场竞争能力,取得了良好的经济效益。

二、出售中小企业

对于一些资不抵债或资债大体相当的小型企业,各地多采取整体或部分出售国有产权的做法。已有的实践证明,国有企业由于受到自身制度的制约,导致国有资本的低效运转,因此,将其卖掉,把已经固化的、日益贬值的、正在不断流失的国有资本及时地抽回来,是一种明智的选择。各地区在出售小型国有企业产权的过程中,根据本地区实际情况和企业的现实条件,采取了不同的做法,大体上有三种形式:

1. 零价转让

零价转让的形式,主要是针对一些资不抵债或资债相当,即国家所有者权益已经名存实亡的企业,采取将企业总资产折股,量化到收购者的办法;企业债务随着量化的资产走,量化多少资产,承接多少债务;收购者用所分红利偿还债务,待债务还清后,资产归收购者所有。

河南长葛采取零价转让的方式,将企业的全部资产和价值相等的债务,一次性转让给有经营能力的法人或个人。如长葛市造纸厂是一个规模较大的老牌国有工业企业,因污染问题被迫停产,限期治理。由于企业当时已欠银行贷款3944万元,资债相抵后,国家所有者权益为-310万元。由于该厂主导产品市场广阔、销路很好,因此,长葛市对该企业资产实行了零价转让。经过资产评估,将企业全部生产经营性资产与数量相同的债务按"零价"一次性转让给有经营能力的收购方,由收购方负责盘活企业的存量资产,并在以后的盈利中分期偿还银行的债务。对资不抵债的部分,待企业恢复生产后,由长葛市财政部门在3年期间,将该企业所创税收的地方留成部分予以分期返还,用以弥补银行债权的损失。

2. 折价出售

折价出售的形式,主要是针对企业职工历年劳动积累的贡献和企业过度债务的现实情况,将企业净资产折价出售,股权购买者同时承担相应的债务额。采用这种方式的一般多为资债相当或资大于债的企业。淄博周村在新一轮的公有产权改革中,依据"谁投资谁所有,谁积累谁所有"的原则,重新界定产权归属。对于企业历年积累的工资储备金、职工奖励基金和福利基金,可按企业在职职工的贡献,折股量化到人。在此基础上,对乡镇企业净资产的股权结构进行了调整:集体股占30%,量化折股到职工个人占20%,职工出资购买占50%;也就是说,职工个人凭借历年的劳动积累,以企业全部净资产50%的价格购买了70%的权益。由此形成了公有股与个人股"倒三七"的股权结构,充分调动了企业广大职工的积极性。山西朔州对部分企业采取了折价出售的办法,即将企业过去向银行贷款形成的一部分资产,在征得银行同意的前提下,分解给本企业职工,由职工负责偿还其资产所对应的债务,同时,按职工所承担的贷款额折为职工股,并由职工等额匹配增量股。职工股的分红,先用于偿还所承担贷款的本息,3年内还清,不足部分由职工出资补足。这部分贷款还清后,资产归职工所有。这种折价出售的形式,既改变了原企业负债过重的局面,也有利于调动职工的生产积极性。如朔州百货大楼,经国有资产管理部门的评估,将原企业的99.5万元净资产折为国家股,同时吸收朔州城区商业综合公司和朔州百货大楼内部职工入股,组建了朔州百货大楼有限公司。但由于职工股比重小,职工积极性不高。其后,经银行同意,把40万元银行贷款分解给132名职工,作为职工增量股份人均3000元。承担债务的股东与公司签订协议,协议规定,负债股金当年参与红利分配,并在两年内还清本息。扩股后的股本总额为179.8万元,其中职工个人股79.2万元,占股本总额的44%。通过这种形式,强化了职工的主人翁意识,增强了企业活力,同时解决了企业资金不足的问题,增强了企业发展的后劲。

3. 协议出售与竞价拍卖

对于那些资大于债、微亏、微利或效益较好的企业,只要有人愿意购买,都可以实行协议出售与竞价拍卖的办法,底价一般以企业净资产加土地出让金之和为依据。购买者凭借购买的股权,占用企业的全部资产,并承担原企业的债务。

辽宁海城农机修造三厂为国有小型企业,经国有资产评估事务所评估,企业总资产为914.5万元,总负债为727.3万元,所有者权益为187.2万元,资产负债率达79.5%。1995年初,市国资局和经委将企业以194万元的协议价格,出售给原企业厂长,付款期限为2年。按出售协议,该厂长在购买企业的当天,第一次付款60万元;1996年5月,第二次付款64万元;同时,将两辆价值70万元的轿车,作为1996年12月31日前第三次结清付款的抵押物。在此基础上,该厂长独立支配企业的全部资产,并相应承担了该企业的全部债权、债务。

山西朔州应县梨树水泥厂1971年建厂,总投资75万元。由于企业设备陈旧、工艺落后,产品销路不畅,长期亏损,被迫停产3年,职工停发工资长达17个月,国有资产流失严重。经资产评估后,企业净资产仅为15.3万元。为改变国有资产的运营状况,1998年县政府对该企业实行公开拍卖。以25万元的标的,经过11轮争标竞价,最后以40万元的价格卖给了梨树坪村5户农民。拍卖收入用于清偿拖欠职工的工资和债权人的债务。原企业职工一部分进入新公司,一部分转移到县水泥厂。5户农民合股购买该厂后,追加投资20万元,进行设备更新与技术改造,迅速恢复了生产。

四川省金堂县在出售国有企业时,除对购买者的基本素质、资信情况等作细致调查外,还要求其写出详细的购买申请书,阐明购买企业后的管理措施、技术改造和资金投入等计划,对购买者的选择不仅仅是买价高低的选择,同时也要考虑购买者对企业职工的安排,对企业未来发展的规划等因素。

三、实行股份合作制

对于那些不具备公司制改组条件,外商、其他法人或个人也不愿购买的小型国有企业,则采取股份合作制的形式进行改造。具体做法是,在企业总资产中扣除负债,形成企业净资产,再扣除非经营资产的价值;企业实际净资产确认后,根据企业职工的购买能力和入股的自愿性,采取配股认购和自愿认股两种方式;认购的剩余部分,或作为国有股(集体股),或以国有资产有偿使用的形式返租给企业。改制后的企业,为企业职工共同所有,原企业的债务由新企业承接。这种形式以合作制为基础,吸收股份制的优点,兼有股份制和合作制的特点,是实行劳动合作与资本合作相结合的企业财产组织形式。在市场经济发展中,这种形式越来越显示出较强的活力和经营优势,已成为集体经济的一种重要实现形式。在各地区的企业改革实践中,依照各地的实际情况,股份合作制也有不同的具体做法。

1. 存量转股

即将企业的净资产以股份的形式,全部或部分出售给企业职工,国家或集体在企业中不占或占有一定股份。

四川宜宾啤酒厂原为县国有骨干企业,改制时,资产总额2427.7万元,负债为1894.2万元,国家所有者权益为533.5万元。在扣除非经营资产后,将经营性净资产中的一部分转让给企业职工,剩余部分设立国家股。新公司的总股本为328万元,其中,国家股35万元,由国资局委托经委行使股权;企业职工持股会的股权为101.5万元;职工个人股为191.5万元。同时规定,职工个人最低认股额为3000元,最高不得超过企业总股本的5%。职工认股先缴纳30%的现金,其余的70%由职工从后3年的企业分红中缴纳,未缴纳前,按月息6‰支付国有资产占用费。

河南长葛在企业改组过程中,明确提出不设国家股,将国有产权出售,转为企业职工持有,国有企业改组与国有产权转让结合在一起。具体做法是:在评估界定产权的基础上,在企业的净资产中,扣除非经营性资产后,全部转让给企业内部职工。对于一些净资产数额较大的企业,将国有资产转让后的剩余部分,采取贷股的形式贷给企业内部职工,企业职工按协议每年用所得贷股红利、个人股利偿还一定数量的贷股本金;偿还期间,贷股者享有除转让之外的所有者权益,还本后即拥有全部的所有者权益。1995年以来,该市已对3家市属国有企业实行了以职工持股为主的股份制改造。如河南省葛天陶瓷公司改组为河南洁达陶瓷(集团)股份有限公司,在改组过程中,应该出售的国有资产为541万元,但根据职工的实际支付能力,将出售基数定为441万元,企业职工一年内分两次缴清价款;其余100万元采取贷股的形式贷给内部职工,在3年内还清本金,这样,既保证国有企业改组的顺利推进,又减轻了企业融资的现实负担,还将职工的切身利益与企业经营绩效紧密地结合在一起,为企业的快速发展留足了后劲。

2. 增资扩股

即将原企业的净资产折为国家股(集体股),或转让或保留国家股(集体股),然后吸收职工或社会法人出资入股。

湖北浠水对一些企业净资产数额不大、市场竞争性强的国有企业,将企业净资产全部转让,并吸收新的资金入股,对企业进行整体改组。如浠水县国营酒厂经评估后,企业净资产为30.7万元,其中20万元交给县社保局,作为离退休职工的养老金,剩余的10.7万元净资产,全部转让给企业职工。在此基础上,企业职工增加投入59.3万元,使企业资本增至70万元。该企业成为职工合股经营的新公司。

四川峨眉山市农机综合公司为集体企业,1992年,经资产评估,企业净资产为241万元。在企业改制过程中,将净资产的60%划为集体股;40%量化到职工个人,作为职工分红和购配个人股的依据,但产权仍属集体所有。职工按个人量化股的数额,以0.5:1的比例用现金入股。新的机制有力地促进了企业的发展,运行不到3年,企业净资产增加了1.78倍。

从各地改革的实践看,股份合作制作为各地小企业比较集中采用的改制形式,并不是偶然的。这是因为,股份合作制不仅为国有中小型企业以及集体企业改革找到了一条现实的途径,符合改革的基本方向;而且它与国外中小型企业所采用的组织形式十分类似,企业的股东既是经营者,又是劳动者。伴随着今后的逐步规范,股份合作制很可能会演变为当今国外中小企业普遍采用的个人公司和合伙公司的企业组织形式。

四、产权改革的过渡形式

在各地区企业改革的实践中,除去进行公司制改组、出售产权和实行股份合作制以外,还有相当数量的企业,由于自身条件的制约和外部条件的局限,暂时不能进行比较彻底的产权制度改革,而只能选择一些过渡的方式,诸如实行租赁、委托经营、分立和兼并(仅指国有企业之间的兼并)等进行过渡,待条件成熟时,再选择适当的制度创新形式进行改组。之所以称为过渡形式,是因为在这些改革措施中,并没有真正涉及国有产权制度,而只是把企业的经营权通过协议让渡给新的经营者。尽管如此,过渡形式的选择仍具有一定的积极意义,不仅缓解了企业现实的压力和矛盾,为国有企业在激烈的市场竞争中赢得了暂时的生存空间,而且为最终推动深层次的产权制度变革,创造了有利的条件。

1. 租赁

采用租赁形式的企业,其产权结构不发生变化,是新的经营者以支付租金的形式,在一定期限内占用国有资产,并享有企业的经营权。在各地区的实践中,大多对传统的租赁形式进行了改造,创造出一些各具特色的方式。

(1)还本租赁。即将租赁与出售融为一体,在租赁期内,由承租人从经营收益中分期返还国有资本金,未返还的部分缴纳国有资产占用租金,并由此逐步过渡到由承租人拥有的私人企业,或全体员工共同拥有的股份合作制企业。采用这种形式的基本考虑是:多数县属国有企业资产利润率较低,采用国有控股、职工参股的形式吸引力不强;企业存量资产过大,搞整体出售较为困难,职工也难以安置;实行传统的租赁形式,容易产生经营者的短期行为,造成国有资产在租赁期间大量流失。因此,采取租赁与出售相结合的方式,使这类企业在一段时期内,逐步过渡到私人企业或股份合作制企业。浙江玉环有8家国有企业采用"还本租赁"的形式。具体做法:一是选择承租对象,企业内职工或企业外法人、自然人均可;二是经资产评估,报国资部门批准,标出还本租赁的底价;三是债权、债务转给承租人;四是确定承租期限,一般定为5~10年;五是按租赁期限逐年返还国有资本金,未返还的国有资本金,按银行同期基准利率上缴租金;六是确定职工的安置和待遇;七是确定租赁风险抵押金,企业净资产在500万元以下,风险抵押金为净资产的12%,500万~1000万元的为10%,1000万元以上的为8%,风险抵押金存入国有资产管理部门账户;八是承租人公开竞争,择优确定;九是制定主要制约条款,确保国有资产的保值增值和承租人的自主经营;十是租赁期内企业性质不变,租赁期满,国有资本金全部返还给国资部门后,企业资产归承租人所有,并办理财产转移和工商登记手续。通过这种形式,玉环县6家国有工业企业,平均每年上缴100余万元租金,归还国家资本金145万元;此外,还有127万元的经营风险抵押金供国家周转使用。

(2)抽资租赁。即由国有资产管理部门将租赁企业中的流动资金一次性或分期抽回,把固定资产、无形资产等租赁给承租人,由承租人自筹流动资金,按期缴纳租赁费,并相应承担企业经济和民事责任。在确定租金时,将固定资产使用费、职工的社会保险统筹费等一并计算在内。山西省朔州市国有商业企业主要采取这种形式,也有的实行部分出租;承租人可以是企业全体员工,也可以是合伙人或个人,面向社会公开招标。租金的确定,按出租门店的地理位置和经营范围等,合理确定承租基数和递增比例。在库存商品的处理上,实行一次性抽回,或以风险抵押形式分期抽回。目前,已有200多户商业门店推行这种形式,回收流动资金近2000万元。

(3)抵押租赁。即由承租人按承租资产的一定比例,向国有资产管理部门缴纳风险抵押金,并按承租合同交付租金,企业由承租人自主经营、自担风险。四川省达县汽车运输公司是一个连年亏损的企业,剔除土地增值因素,已资不抵债。该县对承租人实行公开招聘,规定其一次性付清20万元风险抵押金,每年按国有经营性净资产的9%缴纳资产占用租金;企业实现利润,按规定缴足国家税费和留足企业必需资金后,余下归承租人所有。该企业实行抵押租赁后,发生很大变化,一举扭亏为盈;1994年实现利润20多万元,职工年均收入增加1000多元。

2. 委托经营

委托经营是指企业所有者用契约形式,将危困企业委托给具有较强经营管理能力,并能承担相应经营风险的法人或自然人,实行委托资产的有偿经营。各地在选择这种改革形式时,一般遵循以下原则:一是盘活企业存量资产,确保企业国有资产保值、增值;二是坚持所有权与经营权彻底分离,保证经营者的生产经营自主权;三是兼顾所有者、经营者、生产者三者利益,使责、权、利和风险相对应;四是坚持政府引导,企业所有者和经营者双方自愿、双向选择;五是从实际出发,积极采纳与其他制度创新相结合的形式。委托经营的具体操作程序:一是对被委托企业进行全面清产核资、界定产权、评估资产;二是组织招标投标评审,由政府有关部门组成招标投标评审委员会,对达成委托经营意向的双方标的,以及受托方的资信情况和经营管理能力进行评审,并提出评审意见,为双方签订合同提供依据;三是签订委托经营合同,委托经营期限一般定为3~5年;四是合同签订后进行公评,由委托方向受托方颁发委托经营书,然后到工商行政管理部门办理企业法定代表人变更的确认手续。

实行委托经营的企业,绝大多数属于股份制改造无聚资力,"租、兼"无吸引力,破产倒闭无承受力的国有企业。受托方接手后,在盘活存量资产上大做文章,采取增加投入,启动生产,开拓市场等办法,迅速扭转企业状况。实行委托经营,可以从企业规模、行业特点等实际情况出发,因企业制宜,选择不同的方式。

(1) 整体委托经营。即将无法继续经营下去的国有中小型企业,整体委托给有经营能力的法人或自然人经营。如黑龙江齐齐哈尔电缆厂实行委托经营前,有职工1829人,资产总额为6645万元,负债总额为7668万元,所有者权益为-1023万元。企业长期亏损,扭亏无望。经研究决定,对企业实行整体委托方式,将其委托给河北廊坊源兆通信电缆厂。具体做法是,企业价值6645万元的全部资产转由受托方经营,其中包括长期闲置的3200万元的固定资产;全部负债由委托方承担;原企业职工由受托方根据生产经营的实际需要择优聘用,下岗人员由受托方按月发放基本生活费;离退休职工留在原企业的养老金,由受托方足额发放。企业资产实行有偿使用的原则,采取一年一定的方式,委托经营的第一年,按企业税后净利润的30%收取。实行委托经营后,企业生产迅速启动,不仅盘活了长期闲置的资产,以不同方式安置了原企业职工,而且控制了长期亏损的局面,到1996年底实现销售收入5000万元,企业扭亏为盈。

(2) 部分委托经营。即将国有企业的部分资产委托给有经营能力的法人或自然人。湖北武汉某厂在企业破产清算期间,由清算组向人民法院提出要求,许可接受委托经营的申请;经法院许可后,由清算组与受托方办理资产交接,清算组与受托方签字的资产清算,要同时交审计、评估人员,作为审计、评估的依据。在委托经营期间,如果发生新的亏损由受托方负责,与委托方无关;如果有盈利,则按破产法有关规定补充分清算费用。实践证明,在破产清算期间,对将要破产的企业实行委托经营,既有利于稳定企业的职工,又有利于维护债权人的利益,还可以在一定程度上减少破产清算的成本。

3. 兼并

企业兼并多数发生在生产经营关联性较强的企业之间,也有的兼并行为是出于企业走集团化道路,发展多种经营的考虑。在实践中,国有小企业一般都处于被兼并的地位,这也是国有小企业走出困境,实现自身规模经营和制度创新的重要出路之一。

(1) 收购式兼并。山东诸城农用车厂始建于 1958 年。1994 年,该厂被北京汽车摩托车联合制造公司购并,更名为北汽摩诸城车辆厂,成为北京汽车摩托车联合制造公司惟一的外地专业厂。两年来,该厂为诸城引入资金 7200 万元,年农用车生产能力由 2000 辆发展到 50 000 辆,1995 年实现产值 3.1 亿元,比 1994 年增长 207%;实现销售收入 2.7 亿元,比 1994 年增长 231.4%;实现利税 1200 万元,其中税金 415 万元。

(2) 控股式兼并。淄博周村有机化工厂是区属骨干企业,1995 年实现销售收入 2.03 亿元,实现利税 2216 万元;而淄博电缆厂为长期亏损的小型国有企业。周村有机化工厂通过兼并,购买了淄博电缆厂 51% 的股权,取得了对该企业的经营控制权;并在此基础上,重新注入资金,盘活了淄博电缆厂的存量资产。

(3) 承担债务式兼并。四川金顶(集团)股份有限公司于 1993 年 8 月兼并了峨眉矿泉饮料食品总厂,组建金顶(集团)峨眉山矿泉仪器有限公司。该公司总股本为 9000 万元,金顶公司以现金承担债务的方式,出资 7650 万元,占总股本的 85%,并接收了原企业的全部职工。

(4) 分立。国有企业分立改革的形式,一方面是针对企业规模较大,产品销售欠佳、活力不足的企业在不改变企业法人的条件下,划小核算单位,一厂多制,以分块搞活带动整体搞活;另一方面是针对资不抵债、又难于破产的企业,通过分立,死一块、活一块。

浙江玉环酒厂原是台州地区的十大亏损企业之一。为使企业摆脱困境,该厂首先将占全厂亏损额 65% 的啤酒车间,以 174 万元的价格,出售给一家乡镇企业;又将白酒车间租赁给本企业职工经营;最后利用厂部临街的地段优势,兴建了一个具有 401 个商业摊位、200 多平方米娱乐设施的"四方综合市场"。通过企业分立、一厂多制的改革,实现了企业机制的转换和经营的调整;不仅解决了职工的就业问题,偿还了银行 400 多万元的债务,而且使整个企业走出了经营困境。

湖北浠水县纺织品公司在分立前,拥有总资产 1300 万元,总负债高达 1570 万元,所有者权益为 -270 万元;公司经营连年亏损。在实行分立改制时,将该企业一分为三:将其所属的汇昌商厦和跃龙商场分立出去,共带走价值 900 万元的资产,以及 900 万元的债务额,由职工入股组建两个独立的新公司;留下原公司办公楼,由原企业主要负责人牵头,承担原公司剩余的债权、债务。从实践结果看,这种分立的方式,比企业实行破产的代价要小。如果企业破产,债权人损失达千万以上;而分立后由两个新公司承担,银行贷款有了切实的归还保障。

五、依法破产

企业破产是市场经济生活中一种正常现象,是资产存量优化配置的重要手段。在企业改革中,对于一些长期亏损、扭亏无望、严重资不抵债的企业,采取依法破产的形式,是逼迫尚在运转的企业转换机制,强化经营者负亏意识,推动企业结构调整,盘活资产存量,避免国有资产更大流失,维护社会稳定的必然选择。

近年来,湖北武汉在企业依法破产方面作了积极、有益的探索。截至1996年6月,全市各级人民法院共受理企业破产案件104起。据对其中的96家破产企业统计,涉及总资产7.6亿元,总负债16.5亿元,职工4.3万人。

武汉市企业破产遵循的一般操作程序:一是破产准备。在企业实施破产前,提出破产的可行性、意向性方案,形成破产接收方案,并征求破产企业最大债权人的意见;企业破产小组召集破产企业、接收方及政府有关方面对破产方案进行论证;债务人或债权人向所在地人民法院提出破产申请。二是破产受理及清算。法院在收到申请后7日内,作出是否立案的答复;立案后,法院下达裁定书,发出公告;人民法院同企业主管部门、国资、财政、工商、审计、税务、劳动、土地规划、房地产管理等部门抽调的人员组成清算组;清算组对法院负责,全面接受破产企业,履行清算组职权,并负责日常清算工作。三是召开债权人会议。由人民法院主持召开第一次债权人会议,宣读裁定书和清算组名单,审议清算小组工作报告,审议资产的债权人会议,审议清偿分配方案。四是破产终结。清算组根据人民法院裁定的清偿比例和分配方案偿还债务,其清偿顺序是:破产企业所欠职工工资、离退休金、医疗费和劳动保险费,所欠税款,破产债权和其他;清偿完毕后,由人民法院裁定破产终结,同时由清算组向破产企业原登记机关办理注销手续。

从我们所选择的案例情况看,根据我国目前的现实条件,对资不抵债的国有企业实行大面积破产,在实际操作中难度很大,主要是面临着原企业职工如何妥善安置和高额负债如何处理的问题。因此,在对国有企业实行破产的过程中,存在着破产后彻底消亡和破产后重组的两种形式。

1. 企业破产消亡

武汉塑料一厂于1994年8月18日经法院裁定,宣布破产。截至1994年11月28日,经破产清算组对破产企业审计评估,确认该厂破产资产总额为1652.51万元。负债总额为5940.55万元(其中企业外债为586.42万元),资不抵债差额为4288.04万元。

根据《破产法》及国家有关破产企业的政策条例规定,在选定破产企业收购方后,提出了破产财产分配方案。首先,支付职工安置费1042.5万元;其中,在职职工409人,人均1.5万元;退休职工212人,人均2万元;离休职工2人,人均2.5万元。第二,支付各项清算费用113.30万元;包括案件受理费、审计评估费、破产咨询费、清算期内职工生活费及清算办公费等。第三,支付破产企业所欠职工工资即劳动保险费用39.53万元。第四,支付破产企业所欠税款36.40万元。第五,以破产资产总额抵补以上四项费用后,对于债权人可供分配的破产资产为420.78万元;由于不能满足同一顺序的清偿要求,故实行按比例清偿的办法。至此,该企业破产终结。

2. 企业破产重组

武汉市化工原料厂为市化工局所属的国有中型企业。进入20世纪90年代以来,由于企业不适应市场环境的变化,连续几年严重亏损。于1995年3月31日经法院裁定宣告破产。通过对该企业进行评估,资产总额为2790.00万元,负债总额为3911.28万元(其中,银行贷款1393.83万元,往来债务2331.59万元,职工内债109.74万元,未缴税金86.12万元),资不抵债差额为1121.28万元。

破产的具体操作为:第一步,选择破产企业的收购方,由武汉有机实业股份有限公司对武汉化工原料厂实行整体收购,并签订接收意向书。第二步,化工原料厂召开职代会,审议通过企业破产决议,经企业主管局批准,向法院提出破产申请。第三步,法院受理进入破产清算程序,进行资产审计和评估,召开债权人会议。第四步,制定破产企业财产分配方案:职工安置费为3412万元,其中在职职工人均1.5万元,退休职工人均2万元,离休干部人均2.5万元;土地使用权作价1824.56万元,抵补职工安置费,差额1587.44万元从破产资产中支付。此外,破产期间的直接、间接费用为259.66万元,企业内债109.74万元,未缴税金86.12万元,债权清偿率为17.55%。第五步,清算结束,由有机实业公司收购破产企业资产,并接收、安置化工原料厂全部职工,支付清算费用,按法院裁定的清偿比例,清偿到期债务;该企业更名为武汉有机化工三厂。有机实业公司收购破产企业后,为使新企业步入健康发展的轨道,对其进行全方位的产品结构调整,订立了三年三大目标,即第一年减亏50%以上,第二年盈亏持平,第三年利润增长保持在10%左右。

从已有的国有企业破产实践看,无论是企业破产后消亡,还是企业破产后重组,都为国有企业形成优胜劣汰机制进行了有益的探索,改变了国有企业"只能生、不能死"的现实状况,为从整体上提高国有经济的质量,搞活整个国有经济创造了条件。

第三节 我国中小企业改制的实践效果

一、产权主体的确立对企业的经营实绩的影响

传统的国有企业产权制度最大的弊端是,在终极所有者"缺位"的情况下,没有一种制度能够有效地约束一个"漫长"的代理人系列:即便存在这样一种制度,实施这种制度的成本也高到无法支付的程度。

从中小企业制度创新的具体形式看,无论是实行公司制改组、股份合作制的改造,还是各种形式的出售、转让,其中最关键的是,改变了传统的国家所有制的产权形式。以往模糊不清的产权关系,在原有股权界定和新的出资人实际注资的方式下,将产权关系明确下来,从而使企业有了实在的"老板",真正有人关心企业的经营情况和长期发展。例如,山东省通过多种形式的产权制度改革,明确了出资人的所有权,落实了企业的法人财产权,为实现政企分开,形成企业自主经营、自负盈亏机制,奠定了制度基础。国家与其他股东一样,以股东的身份享有权益,参与企业重大决策,对企业负有限责任;企业作为法人实体和市场竞争主体,既要保障全体股东的权益,又要实现企业自身的发展,责任、义务与利

益机制驱动企业积极主动地参与市场竞争。据对诸城、阳信、新泰、章丘等12个市县调查,在改制后的企业中,国家所有者权益平均增长了54.1%,其中特别贫困的阳信县增长达1.31倍;企业总资产报酬率平均提高3.4个百分点,其中新泰提高了11个百分点;企业资金利润率平均提高8.7个百分点,其中莒县提高31个百分点;企业产值平均增长42.9%,实现利税平均增长83.7%,其中金乡县增长了2.4倍。又如,山西朔州通过对国有企业进行股份合作制改造,使企业职工既是资产所有者,又是企业劳动者。企业如果经营亏损,则意味着职工个人亏本,从而使企业与职工个人形成了负亏的压力,实现了产权的人格化,强化了产权的约束机制和风险机制。1993年改制的25家企业,1994年完成利税平均比上年增长了27%,职工的个人收入平均增长了20%,股东分红率最高达到38%。山阴县31家改制企业,1994年完成产值和实现利润分别比上年增长15.3%和14.1%。应县乳制品公司建厂5年,资不抵债达280万元;改制1年后,一举扭亏为盈,实现利税100多万元,上缴税金超过前5年的总和。右玉县的康达关业有限责任公司改制3年来,累计实现利税600多万元,是改制前的20倍;企业自有资金由原来的40多万元增加到1000多万元,是改制前的25倍;职工年均收入增长1倍多,人均享有公司的股东权益达9100多元,资本利润率达到30%。

再如,广东肇庆市在省体改委的直接指导下,1992年选择了星湖味精厂作为股份制试点,组建该市第一家国家与企业内部职工混合持股的股份有限公司。改制当年,公司生产销售规模翻一番,利润由303万元增至1000万元,第二年继续以50%以上的速度发展。目前该公司已成为上市公司。星湖公司的实践表明,进行产权制度改革,建立新的企业制度,才能够适应市场经济的要求,发挥企业潜力,在提高效益的基础上跳跃式发展;同时只有高起点地对骨干企业进行改制,以现代企业的机制运行,才有足够的力度促进企业上规模、上水平、上效益。在先行试点企业的带动下,肇庆市已设立的股份公司,除一家企业遇到暂时困难外,其余均经营良好,净资产利润率一般在20%以上,其中风华公司每股盈利率高达75%。这些股份制企业已成为肇庆市地区经济的重要支柱。

二、放开放活小企业对地区经济发展作出贡献

自1992年以来,全国各地区大批中小企业通过多种形式的改制,逐步脱离了传统体制,成为参与市场竞争的经济主体,这不仅有利于国有经济内部的结构调整,而且为各地区的经济发展作出了巨大的贡献。

1.盘活了国有经济的存量资产

截至到1997年底,四川省重庆、泸州、遂宁三市通过中小企业大规模的改制,盘活国有资产存量19.8亿元;同时由于改制企业的效益大幅度提高,国有资产运营状况得到普遍改善。黑龙江省通过国有资产委托经营,由受托方输入资金启动生产,盘活了大量闲置资产。据统计,全省有76家维持生产的亏损企业,资产总额为33.36亿元,实行委托经营

前,企业亏损挂账 4236.5 万元;实行委托经营后,提高了资产使用率,到 1997 年 10 月末,实现利税 1068 万元。有 75 家停产、半停产企业,通过委托经营重新开工生产,原有的近 8 亿元资产全部被重新启用。

2. 促进了本地区产业结构和经济结构的合理调整

广东顺德在国有企业产权改革中,有意识地抓住时机,对国有经济乃至整个公有经济结构进行了战略性的调整。对一些关系到国计民生的行业企业、垄断性经营企业和地方骨干企业,政府实行了独资、控股和参股经营;对一般竞争性的行业企业,政府主动退出,将公有产权转让给新的出资人,盘活了公有资产的存量。与此同时,在增量投入方面,市镇两级政府的投资重点,由原来直接投向企业,转移到基础设施、社会公益事业和高新技术产业,有力地增强了全市工业发展的后劲。目前,在市镇两级的企业中,尽管公有资产比重由过去的 90% 以上下降到 62.4%,但公有经济的质量却大大提高。在全市 32 家工业销售额超亿元的企业中,市镇政府独资或控股的企业有 21 家,而且主要集中在高新技术产业;已经投产和即将投产的项目,都具有高效益、高附加值的特点,市场前景广阔,产业关联性强,有力地带动了全市经济的结构调整和产业升级。

山东诸城 1996 年上半年,共有乡及乡以上企业 288 家,除部分关系到国计民生的基础性、公用性产业和行业的企业,以及极少数特困企业未列入改制外,全市有 272 家企业先后进行了以产权制度改革为核心的企业改制,占全部企业的 94.4%。经过中小企业的大范围改制,基本上形成了本地区新的经济格局:国有独资企业主要分布于关系到国计民生的基础性、公用性产业和行业,大量的混合所有制企业则集中在竞争性产业中。

3. 增加了地方财政收入

辽宁海城伴随着改制企业经济效益的迅速好转,地方财政状况明显改善。已改制的 121 家企业,1997 年上缴的税金达 2800 万元,比 1994 年增长了 18.2%。山东诸城 1997 年,全市工商企业上缴收入达 1.9 亿元,比 1992 年增长 135.6%;近 5 年的财政收入,以年均 33.8% 的速度递增,其中改制企业上缴利税递增幅度为 49.7%,超过同期财政收入增幅 15.9 个百分点;1996 年财政总收入达 2.1 亿元,列全省第 13 位,1997 年财政收入超过 2.6 亿元,跃居全省第 8 位。

四川宜宾通过放开放活小企业,截至 1997 年 10 月,县属工业企业完成的工业产值、独立核算工业企业实现的利税、县财政收入等项指标,分别比上年同期增加了 42.1%、49.85% 和 32.19%。犍为县 1997 年 1~8 月,工业产值、销售收入与财政收入分别比上年同期增加了 36.67%、52.07% 和 56.35%。

4. 推动了地区经济的协调发展

黑龙江宾县的国有企业产权制度改革,对本地区经济发展产生了深刻的影响,最终实现了县域经济从长期、持续下滑到全面恢复发展的历史性转变。1997 年,全县实现国内生产总值15.4亿元,比1994年增长37.5%,比1992年增长117%;工业总产值为14.5亿元,比1994年增长125.6%,比1992年增长117%;工业总产值为14.5亿元,比1994年增长125.6%,比1992年增长2.5倍;农业总产值8.5亿元,比1994年增长18%,比1992年增长43%;粮食总产12.7亿斤,比1994年增长17.8%,比1992年增长28.4%;财政收入6670万元,比1994年增长29.1%,比1992年增长1倍。

河北新乐在小企业大规模改制后,全市经济步入了快速健康发展的轨道。该市在河北省的综合排位,从1992年的第28位上升到1997年的第15位,并成为河北省经济增长最快的十个县(市)之一。产权改革不仅使企业得到了空前发展,而且对该市各方面产生了积极影响。一是促进了社会安定。由于市财政收入大幅度增加,教师工资拖欠问题、离退休人员医药费没保障问题都得到了妥善解决;由于改制后经济效益大幅度增加,过去"放假"的职工也全部回到企业上班。二是促进了农业和第三产业的发展。由于市级财政收入的增加,市委、市政府有能力把大量财力、物力投放到农业发展上来。1997年,市财政拿出近百万元用于农村荒地的开发,使万亩荒地变成了沃土良田。第一产业和第二产业的发展,带动了第三产业的发展,各种服务业、加工业如雨后春笋般发育起来。三是促进了卫生、教育、城建等方面的发展。市医院、市中医院、市二院都已拥有CT、大型B超仪等先进医疗诊断设备,为群众病情诊治带来了方便。市一中、市子弟学校高档电教楼已经完工,电脑教育基本普及。市区街道两旁一律楼房化,市财政投巨资为自来水公司上了先进供水设备。在改革开放的过程中,新乐市已由过去一个落后的小镇变成了今天文明、富足、各种功能齐备的现代城市。

三、中小企业大规模的制度创新促进了地方政府的职能转换

改革以来,转变政府职能始终是经济体制改革的难点之一。我们在这方面做了大量的工作,同时也走了一些弯路。从全国的情况看,时至今日仍未取得实质性的突破,"政企不分"仍然是困扰改革的难题之一,原因何在?近年来中小企业改革的实践,有助于回答这个问题。其中的关键在于,政府职能的转换,必须建立在国有企业产权制度改革的基础上。国有企业产权制度不改革,各级政府主管部门的管理对象还存在,或者说,各级企业主管部门赖以生存的基础还继续维持,主管部门还能够从所管理的企业中继续获益,这些部门的原有职能既不可能主动放弃,更无从进行实质性的转变。

广东顺德就是在产权改革的基础上,大力进行了政府机构改革,为实现政府职能的转变创造了条件。他们吸取了以往的经验教训,首先进行了国有企业产权制度的改革,使大批国有企业脱离了原政府主管部门的控制;继而对政府机构采取了"先拆庙、后转变职能"的破釜沉舟的做法,在思想动员、组织准备、舆论宣传的基础上,大刀阔斧地"拆庙"减员,尔后对政府职能重新定位。这种做法,实际上是用经济利益"赎买"行政权利的方式,将政府机构的富余人员转移出去。伴随着大量企业改制进入市场,撤并一些没有必要继续存在的政府机构,并要求这些经济实体限期与政府脱离关系,像其他经济组织一样,自主经

营,自负盈亏。精简机构后,便着手进行政府职能的重新定位。

　　首先,政府管理经济的职能从直接管理转变到间接调控。机构改革后,顺德切实把政府的行为和企业的行为区别开,明确凡是企业能办到的事,政府就少办或不办,同时放弃了对企业经营活动的直接干预。第二,从主要管理公有经济转变到面向全社会。伴随着产权改革,大量的公有企业改制为混合所有制,脱离了传统的政企关系,从而使政府有可能从主要精力都用于管理国有企业、但又管不好的被动局面中摆脱出来,实现面向全社会的管理。第三,提高了工作效率,加强了服务意识。伴随着机构与人员的精简,工作效率大大提高,服务意识大大增强。

第七章 中国中小企业改制模式的实证分析

第一节 诸城模式剖析

一、诸城第一次改制的起因

从1992年9月开始以明晰产权关系为突破口的国有中小企业改革,是形势逼出来的。诸城市一直是山东省改革的先进地区,党的十一届三中全会以后,诸城市在深化企业改革方面采取了一系列措施:先是从经营权上调整国家和企业的关系,向企业"放权让利"、扩大企业经营自主权;其后从分配上调整国家和企业的关系,对国有企业实行利改税;从1987年开始,对企业普遍推行承包经营责任制;1991年又推行企业内部三项制度改革。这些措施,对于增强企业活力,促进地方经济发展,发挥了积极的作用。

但由于改革没有触及深层次矛盾,企业经营机制不活,效益不高的问题没有得到根本解决,一是企业亏损面大,亏损额高。1992年4月,诸城市对150家独立核算企业进行审计,结果有103家明亏和暗亏,占68.7%,亏损额高达14 675万元。二是国有资产跑冒滴漏多,流失严重。从32户实行股份合作制改造的国有企业资产评估结果看,明亏暗亏达11 564万元。三是企业债务沉重,后续乏力,仅市属国有改制企业负债就达10.4亿元,资产负债率达93.55%。四是企业自主能力弱,自主权不落实,重大经营决策、内部资产处置、技术改造等,都要上级部门审批,上个项目跑十几个部门,盖几十个章。五是财政收入增长缓慢,职工收入水平低。1992年全年市财政收入只有1.09亿元,与1980年相比,年均增加不到600万元;1992年市属企业职工年收入只有2147元。

造成这些问题的原因虽是多方面的,但主要在于企业产权关系不明晰,由此带来利益关系不直接,企业负盈不负亏,工人当家不作主,厂长有权难落实。

改革的实践使诸城市委和市政府认识到,单纯放权让利、政策扶持,已不适应形势发展的需要,必须变政策调整为制度创新,转换经营机制。他们根据十四大报告中"国有中小型企业,有些可以出租或出售给集体或个人经营"的精神,开始进行改革探索。

二、诸城第一次改制的内容

诸城市共有国有企业50家,进行改制的共37家,占企业总数的74%。在改制中,根据企业的实际情况,采取了多种形式。其中改成公司制的企业3家,进行合并的企业1

家,实施破产的企业1家,改成股份合作制的企业32家。在改制企业中,70%以上是零售商业、机械制造和轻纺企业。另外,粮食、自来水、电力、汽车站等公用事业性企业,以及纺织厂、食品公司等包袱沉重、一时难以放开的特困企业等共13户企业尚未进行改制。

1. 股份合作制

股份合作制是诸城市国有企业改革的主要形式,占改制企业总数的86.5%。具体做法是:对企业进行资产评估和产权界定,以企业总资产减去债务,再扣除土地使用权、职工住房、人员安置费,剩下的净资产由职工出资购买,把企业改造成为全部由企业内部职工持股的股份合作制企业。原有企业的债务全部由改制后的企业承担。出售净资产收回的资金上缴市国资局。实行股份合作制的32户国有企业,改制前账面总资产76 150万元,总负债67 673万元,净资产为8477万元(占当时全部市属国有企业账面资产的19.6%),改制后总资产为82 560.7万元,总负债67 310.3万元,净资产(含土地)15 250.4万元。

典型案例之一:诸城市四达绝缘材料股份有限公司。该公司是在诸城绝缘材料厂(建于1966年的国有小型企业)的基础上,于1993年6月,由企业内部职工共同出资改建的股份合作制企业,现有职工股东340人,固定资产1342万元。由于长期受传统计划经济体制的束缚,该厂发展缓慢,到1992年,企业固定资产不足300万元,年产值1020万元,利税86.7万元。80年代以来,围绕加快企业发展也进行过积极的探索,但企业经营不活、发展不快的问题始终没有得到根本解决。1993年,根据市委、市政府以推行股份合作制为主要形式、全面深化企业改革的决定,从4月底开始改制。由原厂长任组长的改制领导小组,全权负责企业的改制工作。依据法规和程序,由会计师事务所对企业全部资产进行了评估,国资局作了审核认定。企业总资产1555.3万元,总负债1089.9万元,净资产465.4万元,其中土地使用权185.1万元,宿舍118.4万元,人员安置费32.7万元,剩余的129.2万元净资产全部出售,所售资金上缴市国资局。按照市里的规定,土地暂不出售,继续有偿使用;职工宿舍执行房改政策。经评估后的企业资产折为1800个股份,全部出售给本厂内部职工。出售股份时,实行配股认购与自愿认购相结合的办法。职工认购面达100%,人均持股1万元,最多的认购了8万股。

2. 公司制

对规模较大、经营较好、产品市场占有率较高的企业,依据《公司法》进行公司制改组,组建有限责任公司。进行这种形式改组的国有企业共3家(其中两家为中外合资),占改制企业总数的8.1%。

典型案例之二:诸城市对外贸易集团公司。其前身是诸城市外贸公司,成立于1975年,原隶属于山东省食品进出口公司。1987年以前,企业作为省公司的生产基地,只管生产、不管销售,只管供货、不管价格,盈利往上缴,亏损上面补,吃的是外贸大锅饭。1988年国务院对外贸体制进行改革,省公司开始自负盈亏,但地县外贸体制改革没有同步进行,省公司仍以低于成本的价格调拨企业的产品,使企业陷入了困境。1990年,省政府决定将县级外贸划归地方管理,让企业自负盈亏、自主经营、自我约束、自我发展。但由于产权不明晰、体制不顺,以及企业没有自营进出口权等原因,企业发展仍很困难。1992年,市委、市政府在对全市中小企业进行产权制度改革的同时,根据该公司的具体情况及在市国民经济中的特殊地位,明确要求该公司走利用外资对老企业进行嫁接改造,组建有限责任公司的路子,从根本上转换企业的经营机制。

从1992年下半年始到1995年底止,该公司共兴办11家中外合资企业,其中,有7家是利用老厂嫁接的,新建的有4家。11家合资企业总投资3451.07万美元,其中注册资金2211.05万美元,外方投资1000万美元,占注册资本的45.2%,我方占54.8%。

虽然集团公司母体尚未进行公司制改造,但国有资产已进行了优化重组。到1995年底,合资企业总资产占集团公司的55.71%,总负债占51.43%,净资产占63.1%,实现利税占90.8%,上缴利税占70.17%,工业总产值占69.2%,销售收入占48.6%。

3.合并

对市场前景好、但投入大、技术要求高,靠自身力量难以形成规模经济的企业,与具有雄厚经济、技术实力的企业合并。实行这种改制形式的企业1家,占改制企业总数的2.7%。

典型案例之三:北汽摩诸城车辆厂。该厂前身是诸城农用车辆厂,始建于1958年。1994年,该厂成建制地并入北京汽车摩托车联合制造公司,成为北京汽车摩托车联合制造公司惟一设在外地的专业厂。两年内该厂为诸城市引入资金7200万元,年生产能力由2000辆发展到50 000辆,1995年实现产值3.1亿元,比1994年增长207%;实现销售收入2.7亿元,比1994年增长231.4%;实现利税1200万元,其中税金415万元。

4.破产

对个别长期亏损、资不抵债、扭亏无望的困难企业,依法实施破产。实施破产的国有企业共1家,占改制企业总数的2.7%。

三、诸城第二次改制的起因

第一次改制后,诸城市在企业运作过程中随着时间的推移逐渐暴露和产生了一些新问题。企业和政府解决这些问题的一系列措施,构成了"二次改制"的内容。

1.职工持股的激励强度下降

在改制初期,职工由于拥有企业股权,成为真正切实的企业产权主体,大大提高了职工对企业的关切程度。职工和股东的双重身份也有效地降低和抑制了由生产的"团队"性带来的"搭便车"行为,以往企业中常见的"跑冒滴漏"等浪费现象没有了。随着职工生产积极性的提高,企业生产能力也大大提高了。但是改制后企业逐年分红,有不少企业的分红率早已超过 100%(诸城的平均分红率为 60%～70%),职工实际上已经收回投入企业的资金,甚至有余。职工逐渐降低了对企业的关注程度。更为重要的是,企业改制时,职工之间持股较为平均,缺乏适当的持股差距,形成了平均持股下的"搭便车"行为。普通职工不论是从企业内的角色还是从所持股权上,感觉自己对企业决策无多大影响,不主动关注企业,希望"搭便车"享受经营者股东的努力成果。经营者股东虽然有能力影响企业决策,但由于平均持股,所获收益不足以激励其付出高水平的努力。由此形成企业缺乏长久发展动力的局面。

2. 企业效益近年出现下滑势头,不少企业陷于困境

诸城企业在改制后,迫使企业面向市场转变经营观念,根据市场经济要求加强内部管理。不少企业由此与同行业企业相比获得了"制度优势",改制后头几年诸城有不少企业进入行业前列就说明了这一点,但由于多方面的原因,近年诸城企业尤其是改制的中小企业出现较普遍的效益下滑现象。效益下滑还存在以下原因:

一是市场形势发生变化,竞争加剧,企业生存发展更加困难。不少企业都反映市场需求下降,竞争加剧是导致企业陷入困境的原因。如建材等受宏观经济波动影响较大的行业和出口企业,近年普遍不景气。并且近年国内各行业的市场结构普遍由广大中小企业的无序竞争阶段进入到以大企业为主、中小企业为辅的具有垄断竞争的性质的阶段,抗风险能力较差的中小企业的生存更加困难。如前几年较红火的诸城建筑陶瓷厂近年在佛山陶瓷等南方陶瓷的冲击下,目前陷入微利状态。

二是中小企业融资困难。缺乏充足的资金来源,中小企业近年由于银根紧缩,银行借贷,难以从银行获取大量贷款;企业采取的股份合作制形式,限定了企业只能向职工筹资,但由于职工收入有限和近年由于房改等已经做了大额支付,难以向企业连续注资;另外,公司股权难以流动,也限定了企业的融资范围。不少企业在消耗完改制时获得的资金后,就陷入了困境。

三是有部分企业过度分红和没有加强内部管理,导致其陷入困境。

3. 改制企业的公司形式具有不规范性

诸城企业在进行股份合作制改造时,多数采用了股份有限公司的组织形式;但《公司法》实施以后,这些企业多数不符合股份有限公司的法律要求。一是股本达不到法定的注册资本(1000万元)的要求;二是未经省级政府部门批准,从而不合股份有限公司的规范。又由于股东人数多在 50 人以上,也不符合有限责任公司的要求。

企业和政府在认识到这些新问题后,都在积极探索、寻求解决这些问题的途径。

四、诸城第二次改制的内容

在探索问题的解决办法上,企业走在了政府前面。不少企业在实际运作过程中,针对

本企业中产生的新问题,采取了不少改进措施。在产权改革上,最具代表性的是诸城四达绝缘材料股份有限公司(以下简称"四达公司")的做法。

四达公司在1993年改制以后,又结合市场经济要求推出"倒逼成本管理方法",使企业每年都有较大的发展,产品的全国市场占有率达到20%。但随着时间的推移、分红的增多,职工的风险意识弱化,股权的相对平均持有形成了新的平均主义,管理上产生一定难度。1997年7月,公司产品发生严重的市场危机,月利润只有33.3万元,是改制以来的最低点。针对这种情况,公司董事会在细致研讨以后,向股东大会提出了以"培育大股东、增强经营动力"为核心的企业产权改革方案。

该方案打破平均持股的局面,鼓励引导经营者和优秀职工持大股。具体做法:一是将改制几年来形成的资本积累,经评估后量化到职工股东名下;二是鼓励职工再投入认购新股;三是将部分银行贷款转为职工股权。这个做法是四达公司最具代表性和创造性的做法,也是其"二次改制"的重点。为加强职工尤其是经营者的风险意识,使其有压力和动力努力经营,该公司在坚持职工自愿和不改变企业与银行借贷关系的前提下,将企业银行贷款中的530万元转给管理骨干和优秀员工,由这些人每月用分红等收入偿还贷款本息,偿还完毕后,获得与贷款等额的公司股权。不过公司自职工认购贷款之日起视同其拥有等额股权,按职工新增股权进行分红,在这530万元贷款中,公司12名"两会"成员和高级管理人员自愿认购217万元,占41%;26名中层管理人员认购246万元,占46.4%;145名生产骨干和4名优秀员工认购67万元,占12.6%。

经过"二次改制",四达公司总股本由改制时的529.4万元增加到1640万元。38名中层以上管理人员和技术人员所持股份占总股本的55.8%,其中7名董事会成员持股311.6万元,占19%。董事长和另一名董事的持股均在100万元以上,形成了经营者控股的局面,这一方面使经营者有动力付出高水平的努力;另一方面还款的压力也迫使其努力经营。经测算,公司如果月利润少于40万元,分红将不足以支付贷款利息,高于40万才有还本付息的能力。因此,只有多创利,多分红,才能减轻负债压力,获得高额回报。实施完改制的头一个月,即1997年8月份,在公司产品两次下调的情况下,公司实现了84.5万元的利润,走出了低谷。

尽管这种扩大持股差距的做法也有不足之处,但股权适当向经营者集中,用产权纽带和利益机制将其和企业更加紧密地联结在一起,有助于加强经营者的责任感,树立长期创业观念,从而形成企业发展的长久动力。

诸城市政府在总结四达公司等企业做法的基础上,提出了一些新思路,并通过"二次改制"将其中部分付诸实施。

(1)调整企业股权结构,使股权适当向企业经营者集中,形成企业发展的动力机制。

(2)扩股注资,一是向职工发行新股募集资金,二是吸引外来资金入股。

(3)确立支柱产业,重点扶持和组建企业集团,提高抗风险能力。诸城结合本地资源及地缘优势,确立了五大支柱产业,拟组建10个企业集团,并鼓励本地优势企业走出去,到优化资本结构的试点城市搞兼并,壮大企业实力。

(4)利用资本市场,规范企业组织形式。一是力争将优势企业推向深沪股市,目前北汽福田农用车股份有限公司已在上海上市;二是将部分效益好的股份合作制企业改组成规范的股份有限公司,试图推向省内产权市场,如市政府曾尝试将诸城开元电机股份有限公司推向山东产权交易所,尽管中央政府已决定关闭和整顿各地的所谓"产权交易所",但并不等于今后禁止产权交易,整顿后必须以更规范的形式让产权流通、交易,所以诸城改革思路并不因为"产权交易所"的关闭整顿而失去方向上的正确性;三是组建诸城市产权交易市场,从事股权托管转让以及房产、土地使用权等的交易活动,使生产要素的优化组合由政府行为转变为市场行为,也突破企业股权的流动限制,使企业可以通过股权流动连续筹资,职工通过股权流动规避风险,不过由于政策的变化,将企业推向省内产权市场和组建地方产权市场,目前还难以实施。

当前诸城市政府正在推行的"二次改制"是以调整企业股权结构为中心。市政府总结四达公司等企业的做法,于1997年第四季度通过市经贸委下文,拟出了几种深化改革的方案,供企业根据自身情况参考推行。据诸城市体改委的同志介绍,目前已有60%~70%的企业实行各种形式的"二次改制"。

诸城将"二次改制"的主要内容概括为"四扩一调"。"四扩"是:①内部职工增资扩股,即发动职工认购公司新股,向公司注资,以部分解决企业资金短缺的困难;②将银行贷款转变为职工股权,鼓励部分效益较好,但资产负债率较高的企业,采用"四达"公司将银行贷款转为职工股权的做法;③明晰量化新增资产扩股,对改制以来由资本积累和劳动积累形成的新增资产,量化明晰到职工个人,调动职工积极性;④吸收社会法人资金扩股,一些有条件的企业吸收社会法人入股,并在吸资入股过程中,将不规范的公司改组为规范的有限责任公司。"一调"就是调整股权结构,由经营者控股。根据企业实际情况,在采取"四扩"方式或内部股权流动的过程中,拉开经营者与一般职工的持股差距,加大董事会监事会成员、经理及优秀员工的持股份额,培育和发展大股东。具备条件的企业也可以由几个经营者持大股。

从"四扩一调"的内容看,其目的:一是为企业筹集部分发展资金,增资扩股,发动职工注资和吸引外来资金;二是继续对职工实行产权激励,提高其对企业的关注程度;三是针对经营者,加大产权激励力度,这是此次改制的关键所在。经营者对产权激励的反应比一般职工更强烈,经营者的努力水平与产权激励是高度相关关系。加大对经营者的产权激励强度,可以形成较强劲的企业发展动力。

五、诸城改制过程中的难点以及解决的措施

1. 企业债务的处置

企业进行产权制度改革,必将涉及企业的债务和所有者权益。银行的债权能否处理好,对改革成功与否影响很大。为了防止企业在改制过程中造成银行债权悬空,诸城市在企业改制过程中,有组织地让金融部门参与企业改制的"四清"调查摸家底工作,即调查摸

清企业实有资产底数、摸清企业资产损失底数、摸清企业负债底数、摸清企业担保抵押贷款及逾期贷款、拖欠利息底数。让金融部门积极参与企业的改制工作,尤其是对企业章程和改制方案中有关财务和资产管理方面的内容进行审核。另外,在落实好贷款的基础上,重新办理了贷款资产抵押,抵押不足部分,则采取担保措施,以确保贷款安全。贷款企业以新的法人名称,重新与银行签订借款合同,重新办理借款借据。通过以上措施,有效地防止了银行贷款"悬空"的问题,使全市改制企业银行贷款都得到了落实,没有逃债废债现象发生。

银行对于呆、死账的贷款,一是不予加罚利息,在取得担保或办好财产抵押的基础上予以划转,另立借据。采取按正常利率计息以减缓呆、死账的增加。二是对资不抵债的企业,经评估后没有资产相对应的负债又确属死账的老贷款,银行按程序报上级行逐级审批,报批后用呆账准备金核销弥补。对资不抵债确无偿还能力的企业依法破产,债务按《破产法》中有关程序和办法处理。

企业改制后,银行与企业之间开始形成新的借贷关系,企业开始成为自主经营、自担风险、自我约束的经营主体,这同时又有力地促进了银行向国有商业银行的转变,出现了由企业过分依赖银行,变为"企业选银行、银行选企业"的新局面。企业多渠道筹集资金,并有选择性地考虑各个银行的贷款利率和服务质量;银行按照"效益性、安全性、流动性"原则,自主决定对改制企业的贷款。与过去政府决策、银行执行的贷款相比,银行的压力大得多。因此,在贷款审批上,有的银行建立了贷款审批责任制,坚持集体审批制度;在贷款方式上,对改制企业全部取消信用贷款,实行抵押或担保贷款;取消定额贷款管理办法,对所有贷款实行逐笔申请、逐笔考察、逐笔发放、按期管理、到期收回的管理方式。如市工行对贷款企业进行信用等级评定,确定了贷款的风险度。对风险度大于0.6的企业,在贷款增量上从严控制,确保贷款质量,防范贷款风险。有的原国有企业,改制后由于净资产很少,从银行贷款很困难,只好以担保方式借少量的短期贷款,通过加快周转,以应急需。新的银、企借贷关系的建立,使银行经营自主权得到了维护,银行的信贷资产安全性也相应得到了提高。

诸城在有效处理企业债务问题上也存在一些不容忽视的问题:如不少改制企业把国有土地使用权作为资产进行抵押或担保。按照国家有关规定,国有土地使用权只有当企业一次性交足土地出让金,让到当地土地管理部门办理土地抵押登记和确认土地价格后,方可作为抵押资产使用。但目前由于多数企业处于困难境地,只能预付部分出让金,也没有到土地管理部门办理有关土地出让手续。因此,这些土地使用权的抵押均属无效抵押。

国有银行的改革与国有企业改革有极其密切的联系。改制企业由国有企业转变为自主经营、自负盈亏、自我发展、自我约束的股份合作企业,不仅打破了自身的大锅饭,也改变了依赖国有银行,吃信贷资金大锅饭的局面,为国有银行向国有商业银行的转变打下了良好基础。

2. 土地资产的处置和管理

严格界定土地权属，搞好土地产权登记，保证企业改制工作的顺利进行。从1992年下半年至1994年10月，市土地局对诸城市14.6平方公里的建成区进行了城镇地籍调查工作，对各单位用地进行了全面细致的权属界定，同时绘制了地籍图。在此基础上，完成了土地产权登记发证工作。

改制企业占用的存量国有土地资产处置，主要采取了租赁方式。诸城市没有僵硬地规定企业占用的国有土地资产处置必须采取哪一种方式，而是按照国家规定，作价入股、土地使用权出让和土地使用权租赁三种方式，由企业根据情况自主选择。由于改制企业一般都是资金短缺、负债率较高、经营不善、亏损较严重的中小型企业，再加上购买企业资产的钱款都由企业职工个人负担，企业承受能力有限。因此，在土地处置上，诸城市采取的具体做法是：由土地管理部门代表政府与改制企业补签《国有土地使用权出让合同》，企业预付5%的定金，其余95%在出让年限内由企业逐年缴纳土地使用费，土地使用费标准每3~5年根据地价变化情况进行调整，上调幅度最高控制在上一年度土地使用费的30%以内；企业只有缴纳所余年限的土地出让金后，才能转让、出租、抵押土地使用权。诸城市实行的这种"先签出让合同，再逐年缴费"的做法，是国有土地使用权租赁的一种变通方式，这种做法符合《城市房地产管理法》的有关规定。

企业改制后，新增建设用地主要采取了国有土地使用权出让的方式。即由土地管理部门代表政府将一定年限的土地使用权出让给企业，企业一次性缴纳土地出让金。从实际情况看，绝大多数改制企业由于经营状况改善，其新增建设用地普遍采取了这一方式。个别企业一次性缴纳出让金确有困难的，经批准也可先缴纳部分出让金，其余部分分期缴纳或逐年缴清。不论哪种情况，企业只有在缴清剩余年限的土地出让金后，方有权转让、出租、抵押土地使用权。

参加房改的职工宿舍，职工只有部分或全部房屋产权，没有土地使用权，房屋所占用的土地使用权也要以租赁方式有偿使用，其费用由原企业或改制企业承担。

企业改制后，土地费用的负担比过去增加了。诸城市改制企业除每年向国家缴纳土地使用费外，同时还要缴纳土地使用税，这不仅与法理相悖，而且加重了改制企业不合理的负担。因此，必须理顺和协调土地租、税、费的关系，宜租则租、宜税则税、宜费则费。但这个问题不是诸城市所能解决的，因此，需要国家有关部门协调关系，从企业改制的实际出发，调整和处理好土地租、税、费关系。

六、政府在诸城中小企业改制过程中的作用或角色

这里的"政府"是指诸城市委、市政府及有关部门，而不单指诸城市的行政系统。政府在诸城中小企业改制过程中的角色有一个转换过程，在"一次改制"过程中，政府起着主导作用，此后，政府的主导作用下降，企业成为改革主导。政府的作用由直接推动企业进行

制度创新,转向为企业创造更好的生存环境。

1. 政府主导企业改制

仅就诸城国有中小企业改制的前期而言,政府起着明显的主导和推动作用,完全可以说是"政府主导型"或"自上而下型"改制。依据主要是以下几个方面:政府认识到问题严重性,又能把握改制的机会或气候;政府确定改制形式和目标;政府1992年9月制定企业股份制试点的实施方案——《诸城市体改委关于企业股份制试点实施方案》(诸城市委、市政府,1994),其中规定了指导思想和原则、组建方式和股份划分、具体的方法步骤、配套政策等;政府直接领导改制;政府动员;政府具体组织试点和全面推行股份制;政府总结和宣传其改革经验。

从改制全过程看,第一、二阶段,政府是改制的发动者、设计者、领导者、主导者和实际操作者,自始至终在政府操纵下进行。企业和职工是处于被动地位的。当然,也有在细节问题上主动的时候,例如:市电机厂股份制改革时,市政府提出两个方案,职工建议采取另外的方案。但这是"大被动"前提下的"小主动",改不改的问题没有商量余地,具体方案上接受了职工提出的。应该说,诸城市委、市政府的改制积极性是非常高的,改制方向没有大问题,不能简单判断政府主导改制好不好。有负作用,也要与它的积极作用对比分析、评价。

2. 深化改制后,政府的主导作用下降,企业自主作用上升

"二次改制"中改革主体的角色发生了变化,企业自己的作用强化了,而诸城市委、市政府的作用明显地弱化。政府在企业改制中的作用,特别是地方政府在国有中小企业改制中应该扮演什么角色? 能扮演什么角色? 是值得研究的问题。

企业对政府倡导或推动的"二次改制"有不同态度:有些是积极推行,深化改革,这主要是一些效益较好的企业;有些虽然也改制,但是改制幅度不大;有些处于观望中,特别是准备买断企业的经营者和职工,感觉对政府尚把握不准,因此动作也不大;有些则应付市政府的改制要求,只是将企业前几年的积累在账目上作了调整,上报讲量化到职工名下,实际上没有在企业内公布,职工也不享有新增的股权。

总之,我们感到"二次改制"的实际推行面远远没有第一次改制那么大,改制成效短期内不是很明显。政府推行改制的权威大大降低了,企业自主权大了。职工对"二次改制"也没有像"一次改制"那么热情。

七、诸城中小企业改制的效应考察[①]

1. 改制后企业财务状况的变化

改制与企业效益和经济增长:一次改制以后,经济效益明显提高。据统计,改制4年

[①] 本章数据主要是诸城市有关部门提供的,也有我们实际考察获取的。

(1993~1996),全部工业产值年均递增31.7%;工业产品销售收入递增46.9%,实现利税递增48.8%。企业亏损面由改制时的68.7%下降为不到1%。全部改制企业净资产达8.2亿元,比1992年纯增5.8亿元,增值率为241%;经济效益综合指数达到125.6%,比1992年提高4个百分点。1997年,1998年企业效益继续保持增长势头。1997年全市乡镇以上工业完成增加值20.5亿元,实现利税7.2亿元,分别比1996年增长21.7%和26.1%;1998年全市销售收入统计了500万元以上的工业企业,完成工业增加值18亿元,实现利税6.2亿元,比1997年增长13.9%和8.1%。但从1996年开始,企业效益开始下滑,相当一部分企业处于微利状态。只有少数企业继续保持良好发展态势,但增长也开始趋缓。更有企业宣布破产。

从总体上看,改制与企业效益存在一定的相关关系,但也不能将改制的作用无限夸大,认为一切都是改制的结果,不论是效益好还是差。企业效益和经济增长,受多重因素制约,特别是诸城这个县级市的企业状况必然受宏观经济形势的制约。

企业改制对企业财务状况的直接支持:诸城改制采取的是出售国有和集体资产的办法,尽管职工购买股份的价款中一部分是由原已缴给企业的风险抵押金充抵了,尽管政府出售所得资金是采取贷款的形式留给企业使用,尽管也可能只留给了企业一部分出售收入,但它确确实实地是从职工手中筹集了一部分资金。事实证明这部分资金成为发展的直接支持,因为在银根紧缩的大环境下,小企业难以从银行中得到贷款支持,银行对小企业普遍"借贷",这部分出售收入成为企业流动资金的主要构成部分。

企业负债率的变化:根据诸城市各银行联合于1997年作的该市企业债务重组的调查报告和我们访谈中获得的信息,改制后企业平均负债水平有所下降。据诸城市提供的数据,1996年全市已改制国有企业资产负债率下降至71.9%,比改制前1992年的78.6%下降6.7个百分点。诸城市银行联合调查组的调查结果也显示,被调查的11家样本企业的平均负债率由改制前的85%下降至1996年的70%。有部分企业甚至实现了无银行贷款经营。

改制企业负债率下降,这一方面归因于企业效益增长,还债能力增强;另一方面归功于企业的股权扩张,效益好的企业基本上都有股本扩张行为,从而提高了企业资产中所有者权益的比重。此外,还有一个重要原因,即针对于县级中小企业来讲,银行贷款规模下降,企业即使有扩大负债的意愿,也较难获得贷款。从某种意义上说,企业负债率下降,是社会总体负债水平下降的必然结果,并不是企业自动追求的结果。因此也不能将企业负债水平的下降全部归功于改制。

2. 改制对职工的影响

在这里我们着重讨论改制对普通职工的影响。

第一,改制后职工的收入水平比改制前大幅上升,并与企业效益的发展轨迹相同,也经历了先高后低的过程。不少企业在改制后的前一、二年都实施了高分红行为,如前面已提到的"四达公司",1993年6月改制完毕,当年分红率为57%,第二年分红率为

101.8%。再如元盛建筑安装股份有限公司在改制后一年零三个月时,分红率就达到了100%。一般从改制第三年起分红率开始下降,一是分红率有了市政府的限制;二是企业效率普遍开始下降,再也维持不了如此高的分红率,不过职工分红收入再加上工资收入都大大高出改制前职工收入水平。在股份合作制企业中,职工股东的收入由工资奖金等劳动所得和股金分红等资本所得构成。平均起来两者在职工收入中的比例在1996年时统计为4:1。实行"四扩一调"以后,股金分红的比例有所上升。1995年市属改制企业职工人均工资性收入4097元,股本分红1052元,合计为5149元,是1992年的2.4倍。1996年市属改制企业职工人均工资收入5143元,股本分红1007元,人均年收入为6150元,是1992年的2.86倍。有些好企业的职工平均收入在万元以上,如四达公司在1995年时人均收入就已经超过万元。

第二,改制后职工积极性的变化。诸城改制的一个初衷即是通过职工持股产生产权激励,提高职工的劳动积极性和主人翁意识。可以说这个初衷在改制后头几年,基本上实现了。但是随着职工入股资金逐渐通过分红,实际上"返还"给职工以后,职工持股的产权激励下降。

3. 成功保全银行债权、化解企业债务

诸城的股份合作制改造,没有逃避银行债务,而是由新的股份合作制企业全部背上债务,对银行债权予以保全。尽管不是改制伊始就全部偿还债务,但是改制后企业经济效益的普遍好转,企业债务清偿能力增强,提高了债务的清偿率,有不少企业甚至成为无债企业。

在化解企业债务上,诸城也有成功的做法。债权转股权、抵债返租、托管等都是诸城在实践中根据不同企业的情况探索出来的,效果较好。所有这些思路的根本立足点在于通过提高企业效益来偿债,而不是仅进行简单的债务重组,更不是千方百计地逃废债务。

4. 就业增加

诸城的中小企业实行股份合作制改造本身没有导致职工下岗、失业。并且,随着一部分企业的发展壮大,其吸纳就业的能力增强。根据诸城市体改委提供的数据,1992年改制前,市属以上企业就业人数为15 624人,乡镇企业就业人数为35 105人。1992年改制以后,到1998年底,市属以上企业就业人数55 686人;乡镇企业就业人数为39 712人。说明改制促进了产业的发展,增加了就业。

5. 财政收入的影响

到1996年,财政收入自1992年以来每年以平均31.2%的速度递增,其中改制企业上缴税金的递增幅度为36%,超过同期财政收入平均递增幅度5.8个百分点。从财政收入总量看,1996年的财政收入达到3.2亿元(1995年为2.6亿元,1994年为1.35亿元),是1992年的3倍,其中工商企业的上缴税金2.5亿元,占78.1%。改制4年全市累计完

成财政收入9.36亿元,是改制前近20年的总和。

除了上述直接的经济效益变化外,还有也许是更为重要的绩效,即机制变化和体制上的变化,主要是政企关系向良性化方向发展;企业治理结构向现代公司制靠近;企业激励机制变成以产权激励为主;国有资本进退机制形成。

八、诸城中小企业改制作用的限度及问题

在充分肯定"诸城现象"积极作用的同时,既不能把积极作用无限夸大,更不能掩盖存在的问题。

1. 积极作用的限度

对"诸城现象"的积极作用,上面提到的一些方面,也是有限度的。①只是为"政企分开"创造了根本性前提,提供了可能性或条件,并不等于已经完全实现了政企分开,达到了市场经济的要求。就现实情况看,尽管与原来相比,政府干预企业经营决策的现象少多了,但是离真正的政企分开还有距离。虽然在理论和法律上,政府已失去了控制企业的产权依据,但实际上政府仍然有对企业的控制权,企业和职工在法律和理论上独立的产权,实际上并未真正到位。主要表现是政府仍然实际上控制着或者可以控制企业的人事权——这正是政府控制企业的最关键、最有效的手段。尽管诸城市政府较为开明,并没有以此来干预企业的经营。②股份合作制企业内部治理结构,虽然仿照或靠近股份制,但实际上内部各职能部门的权、责、利的划分及其与政府各部门的关系并未规范化。例如:企业党委会与职工股东大会、董事会之间的关系,工会职能的界定,职代会与职工股东大会的关系,并未完全理顺,这说明改革还没有到位。当然,这类问题并不只是存在于诸城改制后的企业中。但是这正说明诸城改革能起到的作用有限度。一些目前难以解决的问题,对它也同样是难题。③股份合作企业的产权结构具有封闭性、产权流动性差、阻碍企业的发展和产权大范围重组的缺点。目前诸城的做法是:必须是本企业职工才能持股,而且不能对外转让,职工离开企业时不能带走。这种制度规定与现代市场经济是难以长期适应的。④职工持股时调动职工积极性也是有限度的。不要以为职工有了产权激励,就会有长期充分的激励,其他激励手段就可有可无了。前面肯定了,相对原来的产权关系,产权激励是大大加强。但是人人持股,并且职工持股份额相等或差异不大的产权结构,对职工积极性的调动是有限度的,而且会随着时间的推移而递减。因为均质、均量持股,经过一段时间后,会使人们明白:"搭便车"是合算的,每个人都缺乏为企业发展多出一份力的足够动力。正因如此,才有了"二次改制"。但是"二次改制"还没有完成、没有到位。⑤企业改制后,短期内企业经营状况好转是多种因素综合作用的结果。不能否认,改革起了主要作用,但是不能全部归功为"股份合作制"。况且,对一些企业账面上盈亏状况的变化,还需要作具体分析。⑥诸城的国有企业能够大量改组成为股份合作制企业,有其特定的条件:一是改制时诸城基本上没有国有大中型企业,当时企业经营状况普遍不好,缺乏

优势或龙头企业,通过兼并、组建企业集团等途径来改造和改组国有企业的条件在当时相对不充分,股份合作制或不规范的股份制成为相对合适的选择。并且诸城地处内陆,也不毗邻大城市,其地理位置和交通条件并不优越,如无特殊情况,对内资和外资的吸引力并不大。因此缺乏靠内引外联进行大范围改制的客观基础。二是诸城改制的社会基础较好。诸城市从1987年就确定为全国首批社会保险体系建设试点市。到改制时,全市社会保障体系已基本建成,从而有效地降低了改革成本。并且诸城市的政府职能改革也进行得比较早,也对改制起了重大的促进作用。还有诸城市的农业一直比较发达,股份合作制前的"商品大合唱"也是其创造的典型之一,农业发达使人均收入较高,从而使职工有购买国有资产的能力。就诸城市确定的人均5000元的购股水平来讲,在1992年并不算低。三是诸城改制的时机较好。首先是在当时及时发现国有、集体所有企业正在走向亏损,及时改制,使企业尚有净资产可卖。按正常计算,没有净资产的通过不剥离职工宿舍等方法,也能有点净资产。目前,也有不少地区准备采用"诸城模式",但企业已经没有净资产,负债率早已超过100%,从而失去了一个良好的先决条件。其次,诸城的改制在《公司法》正式施行前进行完毕,与当时国家的政策法规尚不冲突。当时按照国家体改委1992年发布的《股份有限公司规范意见》尚允许以定向募集(包括向职工募集)成立股份有限公司。诸城的开元、四达等股份有限公司就是这样成立的。所以诸城的改革具有一定的地域、时间局限。其他地区的国有中小企业,不一定与诸城企业的环境相同,所处的制度及经济环境都已发生了改变。因此,诸城"以股份合作制为主"的改革措施在当前并不一定适合其他地区。

2. 存在的主要问题

资产出售主体不明:企业资产出卖者卖的不是自己的资产,决定出售国有资产的主体不明确。这里的关键是:出卖者并不是资产的所有者,他卖的不是他自己的资产。

政企关系尚有待完善之处:政府实际上仍然在一定程度上控制着股份合作制企业主要领导人的安排权。诸城市的文件是这样规定的:"公司创立,选举董事会、监事会之前,组织人事部门要会同企业主管部门到企业进行民主测评,帮助酝酿确定董事、监事候选人,充分体现民意和企业实际需要,其中党员不少于2/3,党组织负责人必须进入董事会。对董事长,中型以上企业报市委批复备案,小型企业即由主管部门审批,管好一个人。"也许诸城市委、市政府这样规定、这样做的动机是好的,但却是毫无道理,甚至是违法的。因为既然是股份合作制企业,参照《公司法》构建内部治理结构,企业的董事会、董事长应该由股东大会选举。若按股份制的决策机制,是一股一票;若按股份合作制的规定,是一人一票,怎么也找不出由组织、人事部门帮助确定候选人的道理和法律依据。他们依据的原则是"党管干部"。这一原则是正确的,党应该、而且必须管干部。但是,有一点必须彻底弄清楚:企业的领导者不是"干部",是"企业家",国家没有任何股份的股份合作制企业的领导人,更不是"干部"。

改制企业组织形式的不规范性:诸城通过改制形成的股份合作制企业,实际上是职工持股式的股份制企业,而对于这一类型企业国家尚没有认可。1994年7月1日《公司法》实行后,公司类型只有有限责任公司和股份有限公司两种,但职工持股式的股份制企业大都不具备这两类公司的法定条件。有限责任公司要求股东人数在50人以下,而职工持股使股东人数多在50人以上。股份有限公司要求注册资本至少为1000万元,这显然不是中小型企业所能达到的。并且,股份有限公司的设立须经省级部门批准。由此也造成改制后企业登记的困难,因为公司登记中没有"股份合作制"这一公司类型。1997年6月,国家体改委发布了《关于发展城市股份合作制企业的指导意见》,其中提出可以"股份合作"的企业类型进行公司登记。但这个意见界定的只是实施"一人一票"制的股份合作制企业,而不是实行"一股一票"的职工持股的股份制企业。这一部分企业仍然没有得到认可,其规范性问题仍待解决。诸城改制的企业多数是以"股份有限公司"名义登记的。《公司法》实行后,省工商局要求改变这种做法,因为于法无据。或改为"集体企业"或成立职工持股会,使股东人数降到50人以下,以"有限责任公司"名义登记。目前实际上有几家公司的股本已达到或超过1000万元,但由于变更登记后,相应的登记费及年审费用上升和获取省政府批文的困难,公司也不愿主动去变更登记。诸城市政府也在努力解决这个问题,除少数企业在引进外来法人入股的过程中,改为规范的有限责任公司(如桑莎集团)外,总体上改制企业公司形式的规范性并无多大进展。

九、对诸城中小企业改制的一些理论分析

关于诸城国有(也包括一部分集体所有)企业的制度变革,中国学术界从理论上就许多问题进行了讨论,也有不同观点。例如,诸城原来的国有企业到底是改成了股份制、合作制,还是股份合作制?股份合作制是改革的终点还是过渡形式?改革后的企业是公有制还是私有制?等等。这些问题确实都有理论探讨的价值,不过,只是不同看法或判断而已,从新制度经济学的发展看,它们都与理论创新无关。本书通过对诸城现象的实证分析,得出了以下几个理论判断,或者说是新制度经济学新的理论假说。

1. "同一轨迹上制度变革的边际效益递减假说"

我们已经观察到一系列现象。例如:一些企业,刚改革时,往往阻力大,困难重重,而且要冒很大风险——这实际上是改革的可能性成本,要发动、宣传,还要为因改革而利益受损者提供一定的补偿等。也就是说改革成本颇高,而收益却不明显,不过,总体上,收益是趋于增加的。尽管改革成本可能也递增,但是收益递增更快。而一旦突破以后,收益大增,短期内效率很快提高,具有明显的制度变革效益。但是经过短暂的"制度轰动效应期"后,一方面制度进一步变革的阻力不一定很大,但是在相当长的一段时期,制度变革仍在进行,却不再是突破性或轰动性的,往往是完善、修补。或者虽然制度变革也很深刻,其长远影响是很大的,但是近期内却没有轰动效应;另一方面,制度变革的效益也不像以前那么明显。中国农村经济制度变革也是这样。家庭承包制相对于原来的制度而言,是突破

性的,效益是轰动性的,但是,从此以后却不再有轰动性的制度变革和轰动性的效应,后续改革的效益也不再特别明显。这种效益递减趋势,无论从变革的总体或宏观角度考察,还是从参与制度变迁的多元的单个主体考察,都同样存在。单个主体从变革中获得的边际收益递减。这种现象在经济体制转轨的国家或地区,表现得更加明显。所以,我们提出一个"同一轨迹上制度变迁的边际效益先递增后递减"的理论假说,其变动轨迹可以描绘成一条倒"U"型曲线。所谓"同一轨迹或同一方向的制度变迁"是一个重大的制度变革发生后,在这个大的变革框架内的制度变革,这些变革具有完善、修补的意义,而不具有革命性意义。例如:家庭承包制相对于原来的集体所有统一经营而言,是重大突破,在这同一轨迹上的制度变革就是完善家庭承包制及使家庭承包制与其他制度安排兼容的制度变革。这种变革的边际效益是递减的。诸城的所有中小企业改革划分为两次改革,其中又可以分为几个阶段。很明显,"一次改制"是重大突破,企业由国有变成了职工个人所有,不仅从总体上产生了巨大的制度变革效应,而且参与制度变迁的主体,特别是主角——诸城市委、市政府的主要官员也获得了丰厚的回报:政绩、改革家荣誉、被提拔等。"一次改制"后一段时间,也有小的改革措施。例如:加强企业内部管理的一些制度变动。"二次改制"是在第一次产权改革基础上的产权改革,涉及到股权结构调整、产权流动等重要方面,不能说不深刻,影响可能也是深远的。但是它相对于"由企业国有到企业职工个人所有"而言,不再具有突破性和轰动性,只是在个人产权框架内的调整。因此是"一次改制"这一轨迹上的继续变革。"二次改制"的效果,从总体上看,一方面比"一次改制"慢,也不再像"一次改制"那样整齐划一,更不像"一次改制"那样释放巨大的制度能量,产生轰动性的积极作用。诸城市委、市政府的官员们,无论是主持过第一次改制的官员还是后继者,都没有也不可能再获得第一次改制后那样的回报。企业职工的收入也不像第一次改制后那样跳跃性提高。改革本身带来的收入明显减少了,更多地是依靠经营管理、付出更多的劳动来增加收入,而且增加的速度明显减缓。这一现象也证实"同一轨迹上制度变迁的边际效益递减"。

2. 依靠非市场手段推动市场化进程和"制度变迁主体角色转换假说"

从诸城国有中小企业改革的经验事实看,一个突出的特点是诸城市政府在改革的初始阶段起着至关重要的作用。在"一次改革"中扮演着"主角"。如果不是诸城市政府的大力推动,很大的可能是:没有或至少前几年不会有"诸城改革"。而且,诸城市政府扮演这个"主角"是以"行政力量推动"的方式进行的。有点像在搞"改革运动"。这种以行政力量、靠政府推动的改革遭到许多非议,也确实留下了不少"后遗症"。并经常以"农村改革是农民自发的、取得很大成功"的事实来批判政府的行政推动式改革。不能说这种比较和非议没有道理,但是客观地分析中国国有企业改革的背景及其约束条件,我们认为:既然国有企业改革的起点是国家所有、国家经营的非市场主体,改革的目标是成为市场主体或者是市场化取向,那么,依靠"行政力量"推动这种非市场化手段,推动国有企业的市场化进程,可能就是必然的,也是可行的。这是因为:第一,国有企业理论上是全民的,实际上是由各级政府代表全民行使所有权。要对企业产权进行改革,政府作为所有者不下决心、不决策或不同意,产权改革是不可能的,至少不可能有真正意义上的突破性的产权改革。如果诸城市政府不认可"企业产权可以转让给职工个人",会有诸城的所谓"股份合作制"改革吗?第二,国有企业改革与农村改革差异很大,国有企业承担着许多本应该由政府承担的义务,改革意味着要归还给政府。同时,政府也确实为企业承担着本该由企业承担的义务,政府职能需要转换。这种状况下,如果政府不出演"主角",不依靠行政力量,国有企业改革的起步和突破是不可能的。所以,对中国国有企业改革过程中,也就是走上市场的过程中的政府作用及其手段,需要有一个客观的分析。尽管政府的作用边界和方式可能不恰当,也可能留下"后遗症",但是,在已有的约束条件下,依靠政府的非市场的手段推动国有企业的市场化进程是理性选择。相对而言,改革成本是低的,如果政府不依靠行政手段在一定期限内强行推动,而是依靠相关主体的自动和自由谈判,可能付出了巨大的谈判成本,却永远、至少是较长时期内达不成协议,低效率的制度将长期存在。当然这不能成为政府拒绝采用市场化手段的理由。

制度变革往往是包含一定时期的过程,参与变革的主体往往是多元的,各自都从自己的利益出发,进行成本收益核算,决定自己对特定制度变革的态度和参与或反对程度。主要由利益(也有其他因素)决定不同角色,而这种角色又会随着变革进程的变化及由此引起的对不同主体利害关系的变化而改变。这就是我们提出的"制度变迁主体角色转换假说"(黄少安,1999)。从诸城的改革看,参与者有诸城市政府、企业、企业职工、银行等。尽管中国的政府常常被一部分人认为是没有自己利益的,而我们仍然认定它是一个为了自身利益而参与改革的主体,在改革中,大体上相当于戴维斯和诺思所界定的"第一行动集团"(戴维斯和诺思,1994)。尽管它在推行国有企业改革时,较多采用强制性手段,但是其参与变革的性质仍然是诱致性的,即为了自身利益而参与变革,手段不能改变其动机或目的。"一次改制"中诸城市政府唱主角,起着关键性作用。而且,如上所述,主要是以非市场化的手段推动改革,效果还很明显。而"二次改制"时,情况就不同了。它是在"一次改制"的基础上进行的,已有的具有突破性的产权改革成为进一步改革的路径依赖。企业的产权主体不再是单一的政府,而是成为企业所有者的职工个人。尽管政府仍然想,而且力求扮演"主角",想再创改革的辉煌,也许是有益的。但是政府却不能如愿。政府的一些改革方案或措施,不同企业采取的是不同的态度。政府不可能再像第一次改制那样靠行政力量整齐划一地推行。实施"二次改制"的企业,其作用也不像"一次改制"那样明显,因为企业产权既然不是政府所有了,政府就失去了左右企业改制的物质的和法律的基础,政府的方案只是企业改制的可选择的方案之一,企业可以根据自己的需要安排改制的时间表和内容。企业作为自主改革的主体主要是改革其内部的具体规则,虽然需要政府支撑和外部配套,但是显然企业已经取代政府成为改革的"主角"了。这正是政府主导的"一次改制"的成效,是政府的成功而不是悲哀。因为政府已经依靠自己的非市场化的手段把企业基本上推向了市场,政府再强行推动制度变革就得不偿失,很不合算了。不过,这一现象再次证明了"在同一轨迹上制度变迁的边际效益递减"这一理论假说。

第二节 周村模式剖析

一、改制的背景和基本思路

周村区隶属淄博市,地处山东省中部,西接济南,东连潍坊,下辖3个街道办事处,3乡8镇,215个行政村,29.9万人,方圆263平方公里。这里交通便利,胶济铁路、济青公路,以及后来的济青高速公路横穿境内,煤炭、黏土、石英等矿产资源丰富。改革开放以来,在农业生产稳步发展的基础上,以纺织、轻工、建材、钢铁、化工、机械制造等行业为主的乡镇企业得到了迅速发展。到1987年底,全区乡镇企业总数达到1431个,其中乡镇办80个,村办419个,个体联户办932个,从业人员33 000人,固定资产达到11 000多万元,乡镇企业产值达到31 000万元。同时企业规模也迅速扩大。

在乡镇企业的发展过程中,其自身存在的许多问题也日益显现出来:

从企业外部来讲,乡镇企业村办村投资、乡办乡投资的投资体制使乡镇企业对社区的依附性较强,各种生产要素难以合理流动,企业规模的进一步壮大面临着资金、技术、人才等方面的短缺和社区的地域性限制。

从企业的内部来讲,乡镇企业中也存在着类似国营企业的政企不分、管理落后、负盈不负亏、资产负债率偏高等问题。应该说,政企不分的管理方式在乡镇企业的发展初期对乡镇企业能够迅速聚集生产要素,促进集体经济的迅速发展起到了不可替代的作用,一个乡镇企业从创办的初始投资、土地征用到取得银行信用、处理经济纠纷等,都离不开社区政府的鼎力支持,甚至连企业创办人也大半出身于乡村干部。但在乡镇企业数量增多、资产规模扩大、行业日趋多样的情况下,政企不分已逐渐成为制约乡镇企业进一步发展的重要原因之一。基层政府对乡镇企业的保护和干预并存,使许多乡镇企业名为集体所有,实为乡村行政组织的附属物,甚至有的企业在"集体承包"或"个人承包"的名义下,实际上成为少数人的家庭式占有、裙带化经营的企业。

以承包经营为主的改革措施,对发展乡镇企业的作用日趋有限。在其他社会、经济因素,特别是在多种经济成分并存、市场竞争压力增大的环境影响下,经营者行为短期化、集体资产灰色流失的问题变得突出。

造成这些问题的根本原因,就在于乡镇企业以集体所有为名的资产的财产制度并未得到合理安排,集体资产没有人格化的主体,尽管其所有者在法律上是明确的,而且许多乡镇企业的初始投资正是来自于集体积累,但是,实际中"集体"却是个模糊的概念。农民作为社区成员,名义上是集体的一员,享有对乡镇企业集体资产的一份所有权,实际情况则是这一所有权根本无从体现,农民对自己占有份额的多少并不清楚,也不明白能够从中得到多少收益。

产权不明、主体虚位自然难以调动农民对集体资产保值增值的关心,更难以避免少数人对集体资产的侵蚀。管好、用活乡镇企业集体资产的问题现实地摆在了人们面前。于是股份合作制这一触及深层次利益调整的财产制度安排形式,便在乡镇企业发展的实践中自发地产生了。

最早进行集体资产折股量化改革的是周村区周村乡的长行村。1983年以前,该村集体企业固定资产达251.5万元,当时实行大队统一核算。1984年,在完成社改乡、队改村、实行农业家庭联产承包责任制之后,长行村面临着250多万元的集体资产的处置问题。处理得好可以巩固和壮大村办企业,加强集体经济的力量;处理不好则会影响企业的稳定。最后他们决定把这250多万元的集体资产通过清产核资,按照20年的工分账计算到劳,发证到户,每股股值为160元,年终凭证领股息,每160元股金年终可提息5.76元。这样就把原来抽象的集体所有变成了具体的股份占有,形成了企业、职工、村民共有的新的财产权属关系,实行按劳分配与按股分红相结合的分配方式。同时,他们还规定了股金不能买卖、不能退股、可以继承。此后,他们还采取了企业新增积累扩股的做法,规定本村企业以最低限不少于企业当年留利的15%的企业积累作为本企业职工的新增股金,扩股每年进行一次,村审核后发给股金证,长行村这种做法的结果是该村积累和人均收入当年翻番,在当地产生了很大影响。

这种既体现了合作精神又带有股份制色彩的做法,后来在其他乡镇企业、区属企业、三资企业、以及在组建乡镇企业集团中得到广泛应用,资金、专利、技术、设备、土地、厂房、劳动力等生产要素都可以入股,尽管这一做法既非正宗的股份制,又非纯正的合作制,但它在促进生产要素的优化配置、壮大企业规模、改变政企关系等方面却显示了活力,其关键是抓住了产权明晰这一根本。

特别是在周村区于1987年6月和1988年4月分别被山东省委、省政府和国务院确定为全省、全国农村改革试验区,承担乡镇企业制度建设即股份合作制改革试验任务以来,该区获准进行以下六项改革试验:

(1)明晰企业财产权属,合理确定股权,探索企业的资产管理机制;

(2)探索企业的积累与分配方式,建立按劳分配与按股分红相结合的分配机制;

(3)探索政企分开,两权分离的管理体制,规范乡村行政组织对企业的管理行为;

(4)探索企业亏损或破产时,对资产补偿和处置办法,建立盈亏共负,风险共担的经营机制;

(5)建立健全各类股份合作企业的示范章程,为企业建章立制提供示范;

(6)建立与股份合作制企业相配套的股权流转机制。

根据中央批复的试验方案,运用国家赋予试验区的"可突破某些现行政策规定"的权限,周村区委、区政府对区属企业、乡镇企业进行以股份合作制为中心的产权制度的改革试点,对股份合作制企业的成立、运行对于解决集体资产保值增值、转换企业经营机制、改变政府对企业的管理方式、提高企业经济效益等方面的问题进行了有益的探索和实践,取得了显著的成效。

以乡镇企业股份合作制改革为基础,周村试验区又于1993年开始进行区属企业股份合作制改造。因此,周村经验对国有中小企业深化改革也具有较强的借鉴意义。

二、改制的主要做法

1. 清产核资,评估资产

资产评估包括对固定资产、流动资产、无形资产和其他资产的评估。承担企业评估业务的中介机构是会计师事务所、审计师事务所和税务事务所及区资产评估公司。

(1) 评估的程序主要有四个:第一,申报。即:改制企业向区改革试验办公室提出资产评估的申请报告。第二,立项。即:区改革试验办公室根据企业的申请予以立项,并向有关评估机构下达立项通知书。第三,清资评估。评估机构接到立项通知书后,即组派有关专业评估人员进入企业,首先对企业资产逐一进行清产核资和全面审计,然后分别进行估算,确定其价值,确保集体资产不流失。第四,资产确认。对于资产评估的结果,周村采取了三方会审,共同认定的方法,即:首先由评估机构分别征求企业及其主管部门的意见,若有疑义,可进行复评。在此基础上,再由评估机构与企业及主管部门共同会商,认定评估结果。最后,由企业资产主管部门下达《资产评估底价确认书》。乡(镇)、村办集体企业资产评估结果,分别由乡(镇)经委和村经联社确认;区属国营、集体工商企业资产评估的结果,由区国资局确认。

(2) 资产评估的操作要点是:第一,关于固定资产的评估。按规定分类,列出明细表,分别标出其原值、折旧、净值,根据其新旧程度、技术进步因素及市场价格估算现值;对已提折旧,仍在生产中发挥作用的固定资产,可参照市场价格估算其现值,但最高不能超过其原值的50%;对在建固定资产可按照工程进度或投资进度,经审核确认按比例计入固定资产;对企业占地,一般暂不予评估,实行租赁。但是,若剥离土地资产后,企业净资产是负数的,可将土地评估值计入总资产,或折价入股,或按其使用权征用价格,一次性有限期有偿出让给企业使用。对于企业的职工宿舍,原则上一律从企业净资产中剥离出来,按房改政策处理。第二,关于流动资产的评估。对现金、存款按账面价值计算;外汇存款、库存外汇一般按评估时国家公布的外汇牌价确定价值;在线半产品、产成品、原辅材料等一般以现值计算;长期使用的低值易耗品,不论是否已摊入费用,均应估算其现值,并计入资产价值。但是,无论哪种主体以借贷形式对企业投资形成的资产,只要是企业独立进行还贷,都应计为债务,而不应作为投资。第三,关于无形资产的评估。企业外购的无形资产,按购入成本或该项资产具有的获利能力确定重估价值;对企业拥有的无形资产,按其耗费实际成本及具有的获得能力确定重估价值;企业经营过程中形成的商标、商誉等无形资产,一般按不超过企业资产净值的20%估算。第四,关于企业中呆账、坏账和死账的评估。经评估机构和企业及其主管部门共同认定应该核销的,可确认核销。对不易认定的,按以下原则界定:从评估基准日上推,二年以内(含二年)的全额保留;二年以上、五年以内(含五年)的按80%保留;五年以上、八年以内(含八年)的按50%保留;八年以上、十年以内(含十年)的按 30%保留;超出十年的可全额核销。对于其他资产的评估,可按照客观、公正、合理的原则,视具体情况实事求是地评估。通过资产评估,按照总资产减去总债务的计算方法,确定企业净资产额。

2. 界定产权,明晰股权

在资产评估的基础上,根据评估确定的企业净资产总额按照"谁投资谁所有,谁积累谁所有"的原则,明确界定企业财产权属。主要采取了三种方式:

(1) 按投资主体方式界定。凡国有企业和单位向企业投入形成的资产,其产权归国家所有,由区国有资产管理局代行所有者权益;以乡镇村集体名义投资形成的资产,其产权归属该乡镇村社区的全体劳动成员所有,由该乡镇村经济主管组织代行所有者权益;社团法人投资形成的资产,其产权归有关投资的法人所有,并由其委派的产权代理人行使所有者权益;凡个人投资形成的资产,其产权为谁投资归谁所有,且由投资者行使所有者权益;对于企业历年积累的工资储备基金、职工奖励基金和福利基金,可按企业在职职工的贡献,折股量化到人。对于企业享受减免税和税前归贷等优惠政策所形成的资产,除事前国家明确为国有资产的以外,其产权按企业隶属关系,分别归乡(镇)、村集体所有。

(2) 按企业资产比例界定。即:将企业的净资产,按照"集体占大头,个人占小头"的原则,以股份的形式,分别界定为集体股和职工基本股。从 1988 年开始到 1993 年,周村一直采取"三七"比例折股界定的做法。即:首先把乡(镇)村集体企业资产净值的 70% 划为集体股,30% 划为企业职工基本股,然后再把 30% 的基本股,按照每个职工的工龄长短、工资级别和岗位职务等条件折股量化到人。

在前期试验过程中,周村规定,对于每个职工占有的基本股,只有按股分红的收益权,而无所有权和处置权,并且不允许带走。若职工离开该企业,基本股自动取消,由企业收回划归集体股。同时,凡分享和占有基本股的职工,必须按相应的比例向所在企业投资入股,否则,不能分享基本股。

改革试验表明,这种做法仍然存在着一些比较突出的问题。主要表现在:一是企业的产权虽已明晰,但明晰程度不够彻底,还不到位;二是集体股偏大,个人股偏小,没有从根本上达到转换企业经营机制的目的和作用;三是集体产权虚置的问题仍没有得到根本解决。

针对这些问题,从 1994 年开始,周村又进一步调整股权结构,明晰企业产权关系。具体做法是:第一,对于资产多,规模大,效益好,有发展前景的企业,采取折股量化和折股出售相结合的方法,扩大企业职工持股比例,适当缩小集体股的比例,合理调整股权结构。即:对乡(镇)村和城镇集体企业经评估后的净资产,首先将其中的 20%,根据本企业职工的工龄、基础工资和岗位职务等条件折股量化到人,并且职工对其拥有所有权和收益权,但暂不允许处置;然后集体适当保留一定比例的公有股,一般留 10%~30% 左右;剩余的资产全部出售转让给企业内部职工,形成"个人股占大头,集体股占小头"的股权结构。实践表明,这种股权结构的企业,内在动力充足,活力很强。第二,对小型微利企业,采取一次性全部出售的方式,转让给企业内部职工或公开拍卖,使企业转换成内部职工持股的民营型的股份合作制企业。第三,对于那些长期亏损或资不抵债的企业,实行兼并或破产。到1994年底,已有132家乡镇企业和区属集体工商企业深入进行了改制转制。其中,乡镇企业86个,占同级企业的75.4%;区属工业企业10个,占66%;区属商贸流通企业43个,占51%。在上述企业中,实行全部出售(不留公有股份)的44个,占33.3%;大部分出售的(适当留公有股)37个,占28%;实行兼并和有偿租赁经营的25个,占18.9%;实行破产的4个,占0.3%;按《公司法》进行规范完善的11家,占0.8%。其中,经剥离有关资产后,实际应出售的净资产额为3069.5万元,现已收回出售资金2165万元。

(3) 按时间划分界定。即:以企业改制时间为标准,按照宜粗不宜细、便于操作的原则,凡改制以前的企业净资产均归集体所有,改制以后的增量资产,实行投资扩股,按股共有。

目前,周村在乡镇企业股权的设置上,主要确定了四种股份。第一,乡村集体股,指乡村经济组织对企业的原始投入和历年追加的投入及集体股份增值形成的股份;第二,社团法人股,指其他的国营集体企业、科研机构和大专院校等社团法人,向企业投入的各种生产要素(包括有形资产和无形资产)所形成的股份;第三,个人股,指企业内部职工和企业之外的自然人向企业投入的各种生产要素形成的股份,同时,还包括将原集体资产净值的一部分折股量化到职工的基本股;第四,外资股,指国外和港澳台企业、商社、财团等以及个人向企业投入各种生产要素所形成的股份。上述股份,按照其股权权益又分为普通股和优先股。

3. 扩大积累,合理分配

在股份合作制企业的积累与分配方面,周村始终注意掌握以下三个环节。

(1) 分配顺序。一般有四个层次,即:缴纳流转税、税前利润分配、缴纳所得税和税后利润分配。在缴纳流转税方面,股份制企业同其他企业一样。在税前利润分配方面,企业实行股份合作制后,要尽可能保证乡、村两级的收入不减少或有所增加。现行制定规定的10%的补助性社会开支,企业仍继续上交;同时还要按企业销售收入的1%缴纳管理费。

(2) 分配比例。税后利润的分配,一般是按"五四一"或"六三一"的比例进行,即50%~60%用于扩大再生产,30%~40%用于按股分红,10%作为职工福利或奖励基金。为了处理好积累和分配的关系,周村还规定,企业积累的最低限不能低于税后利润的50%,按股分红的最高限不能高于股本金的20%。凡超过部分不能作当年的现金分红,可进行扩股增股,参与下年度的按股分红。

(3) 分配方式。主要有三种,一是对普通股按股分红;二是对优先股保息分红,保息率一般参照银行一年期存款利率而定;企业若有盈利再适当分红,但必须低于普通股的红利分配;三是扩股配股,即:企业的新增积累按照原始股份的比例进行扩股或送配股。

4. 理顺政企关系,规范乡村行政组织管理行为

随着8年的改革进程,目前,周村的股份合作制企业已基本告别了厂长(经理)承包制,普遍建立起了董事会、监事会、股东大会制度和新的管理运行机制。企业董事长一般都兼任厂长或经理。董事会内部实行一人一票制表决方式,当正反两方面意见相等时,董事长有追加一票的表决权。企业监事会一般由3～5人组成,监事会主席大多由企业的工会主席或由党支部一名专职副书记担任。企业的董事会、监事会均由股东大会选举产生。

在转换企业经营机制的基础上,周村对乡镇村经济管理组织的设置及其职能,也相应进行了改革。1992年,该区在王村镇进行了改镇经委为企业集团(控股)总公司的试点,即:由各村和企业推选股东代表组成全镇股东代表大会,选举产生镇企业集团控股公司董事会、监事会和董事长与监事会主席。该控股公司作为法定机构,对镇办企业的集体资产行使权利和承担义务。该公司建立2年来运行顺利,发展很快,已由原来的控股公司发展成一个集控股和资产经营管理职能于一体的经营性的公司。1995年,周村拟在全区各乡镇推广王村镇的这一经验,普遍建立乡镇资产经营公司。目前,对乡镇办股份合作制企业的管理,已初步由过去政府行政组织对企业的直接管理变为间接管理,由对企业资产的实物形态管理变为价值形态管理;企业的厂长(经理)由过去党政组织委任变为由董事会聘任;企业的利润分配由上缴承包利润变为控股分红。周村在理顺政企关系、规范乡村行政组织管理行为方面取得了明显的成效。

5. 配套联动,建章立制

按照企业制度创新的要求,在抓好有关法规和政策的配套建设上,主要抓了两个方面:一方面抓好企业内部章程、制度的建设。主要包括:企业股权的设置与股份的构成;企业内部的组织机构及职责范围;企业的积累与分配及风险责任等。目前,全区所有股份合作制企业都已普遍建立健全了章程;同时,健全完善了企业内部的用工、人事、工资和社会养老保险等制度。另一方面抓好企业外部相关制度与政策的配套建设,出台了一批地方性的法规政策。主要包括:《周村区乡镇股份合作制企业暂行管理办法》、《周村区乡镇股份合作制企业资产评估折股的试行办法》、《关于股份合作制企业审批和登记管理暂行办法》、《关于股份合作制企业规范化建设的试行意见》、《关于股份合作制企业劳动管理暂行规定》、《关于加强股份合作制企业党的建设工作的意见》等。

6. 培育市场,促进产权流转

周村区改革试验的第六个子项目,是探索股份合作制企业的股权流转机制。从1992年初开始,在邓小平同志南巡讲话精神的鼓舞下,该区首先选择了规模大、效益好的淄博轧钢厂(镇办企业),进行了面向本区公众发行股票的尝试。面值50万元的股票,仅三天时间就被抢购一空。在该企业的示范带动下,同年共有14家企业面向全区发行了股票,累计发行股票面值2980万元,融资总额达3980万元,其中,溢价发行比价最高为1:2。

同时,该区企业股票一级市场开始发育。1993年2月22日,在全区第一家企业股票发行一周年之际,该区又在全市率先创建了企业产权柜台转让场所——周村证券交易中心。该机构经过半年多的运行,投资200余万元,与淄博市证券交易自动报价系统进行了微机联网,实现了现代化的交易操作,从而为培育全区企业产权交易的二级市场创造了条件。目前,该报价系统已拥有会员单位41家,已入网参与交易的股票26只。其中,本市、区21只,省内外地市3只,省外的2只。股本总额达到7.4亿元,其中流通股本2.7亿元。截至1997年5月底,累计交易量达5.48亿股,交易额达8.22亿元。该项改革试验取得了突破性的进展。该区证券交易中心于1995年初又同上海证券交易所实现了通讯卫星联网。股民通过周村证券交易中心,既可交易上海股市的股票,又可以买卖全市及有关省市入网的企业股票。

至此,周村股份合作制改革试验的6个子项目,均已基本达到了预期的目标。目前,一个适应社会主义市场经济体制要求,可以与国际惯例相接轨的较为系统完整的股份合作制企业的组织制度和市场机制的框架,在周村已经初步构筑了起来。

三、改制的主要成效

1. 明晰了企业产权,有效地防止和克服了集体资产的流失

按照我国乡村集体所有制企业条例,乡村集体企业的产权关系从理论上来说是比较明确的,但在现实中却是模糊的。许多乡村企业虽名为集体所有,却实为乡、村行政组织的附属物,甚至有些企业在"集体"或个人承包的前提下,实际上已逐渐变成了"裙带化"、"家族式"的私有化企业了。这种模糊的产权关系,一方面造成了政企不分,乡村行政组织和干部可以对集体企业的资产任意支配和侵占,致使企业没有自主权;另一方面造成了集体所有的资产名义上人人都有,实际上却人人都没有,谁也不负责任。这致使许多乡村集体企业的资产流失、甚至资不抵债。这是乡村集体经济面临的主要危险。

通过改革试验,把企业变为集体、社团法人和个人多元化的,按股份共有的企业,从而实现了企业集体所有的产权归劳动者共有。这就从企业制度上解决了过去那种公有制总体上有人负责,但实际上无人具体负责的弊端。它有利于调动各方面的积极性和创造性,有利于维护、巩固和发展壮大集体经济。那种认为把集体资产折股量化到人,会削弱公有制经济的疑虑是不必要的。实践是检验真理的惟一标准。周村乡村集体企业迅速发展的事实充分说明,股份合作制的改革试验,不仅没有影响和削弱集体经济,反而促进了全区乡村集体企业的大发展。到1994年底,全区乡、村两级集体工业企业已发展到639个,拥有固定资产13.75亿元,其中,乡、村两级股份合作制企业607个,固定资产额达12.3亿元,分别比建立试验区前的1986年增加了108个和310个,分别增长了8倍和10倍。实行集体资产折股经营最早的长行村,集体经济也迅速发展壮大。1994年该村集体企业的固定资产已由1983年的250万元,发展到1994年的5201万元,工业产值达到3.86亿元,实现利税1095万元,分别比1983年增长了20倍,100倍和26.4倍,于1991年率先跨

入了全国百强村的行列。

2. 拓宽了投资渠道,促进了规模经营

乡镇企业历来是乡办乡投资,村办村投资,谁办谁投资,而且投资来源主要靠贷款。这种单一投资往往会导致企业小型分散,难以实现规模效益,同时还会延长企业的建设周期,不能按期形成生产能力。企业资金短缺的矛盾成为影响乡镇企业发展的主要制约因素。通过法人参股、社会个人和企业职工入股等办法,实行股份合作制,能够把不同所有者的各种生产要素集中于一个经济实体中,使之尽快形成生产能力,促进乡镇企业的持续发展。近5年来,周村乡镇企业累计完成固定资产投资18.7亿元,其中,股份合作制企业直接融资额达6.2亿元,占33.2%。实践表明,股份合作制企业的直接融资拓宽了投资渠道,缓解了企业资金短缺的矛盾,促进了企业规模经营。

3. 改善了政企关系,规范了政府行为

股份合作制企业实行股东会—董事会—厂长(经理)的管理制度,股东(代表)会是企业最高权力机构,董事会由股东会选举产生,对股东会负责,厂长(经理)由董事会聘任,并对董事会负责。这样就割断了企业与行政机构的必然联系,打破了政企不分的传统体制,使企业从政府附属物的地位中解脱出来,成为自主经营、自负盈亏、自我约束、自我发展的法人主体。同时,乡村行政组织通过组建资产经营公司或企业集团(控股)总公司,按章程对集体资产行使管理权,从而理顺了政企关系,调动了各方面的积极性,有效地加强了企业管理,促进了企业发展。如:王村镇企业集团(控股)总公司,运行2年来,镇办企业的产值、利税、固定资产分别增长了2.93倍、3.1倍和1.3倍,集体资产也由总公司成立时的3500万元增加到4592万元。

4. 股份合作制改革试验,推动了全区经济和社会事业的迅速发展

1994年全区国内生产总值达到42亿元,与1986年比增长8倍;财政收入达到1.4亿元,增长109%;固定资产投资完成13.5亿元,增长92倍。全区综合经济实力大大增强,于1993年跨入了全省经济强县行列。农业基础地位更加巩固,粮食总产和单产1994年分别过11 643万公斤和714公斤,比1986年增加3247万公斤和256公斤。工业主导地位得到强化,1994年实现工业总产值80亿元,销售收入56亿元,分别比1986年增长19倍和16倍。第三产业蓬勃发展,开发建设了纺织大世界、沙发及沙发材料等一批较大型专业市场和现代化商业设施,城乡市场发展到34处。纺织大世界跨入全国百强市场行列,1994年交易额达到17.5亿元。城乡居民生活水平明显提高,1994年城市居民人均生活费收入达3043.7元,农民人均收入达到1813元,分别比1986年增长1.46和1.65倍。经济的快速增长,推动了全区各项社会事业的发展。目前,全区开发进一步加快,已基本形成了以东部新区为龙头,中部商住区为主体,周北、周南为两翼的城市发展新格局。城

乡基本设施建设大大加强,率先在全省实现了乡村道路沥青化、城乡电话程控化和农村生活供水社会化。

5. 发挥了改革试验的示范辐射作用,取得了巨大的社会效应

8年来,周村股份合作制的改革引起了社会各界的广泛关注,在全国引起了较大反响。1991年,市委、市政府在该区召开了股份合作制改革试验现场会,确定在全市扩大股份合作制改革试验范围。到1994年,全市乡镇村股份合作制企业发展到18 000家,占乡村集体企业总数的75%,股本总额达50亿元。1993年,山东省农村改革试验区领导小组又在该区召开了全省农村股份合作制改革试验经验交流会,并决定在全省推广该区改革试验的经验。截至到1996年底,全省农村股份合作制企业发展到7万余个,募集资金达305.6亿元。

四、改制的初步结论

总体结论:股份合作制是继家庭联产承包制之后又一次更深层次的产权改革,这是实现农村合作制的有效形式,也是乡镇企业的制度创新。它找到了个人利益与集体利益、公平与效率的最佳结合点,从而完善了公有制,壮大了公有制,克服和防止了集体资产流失,促进了生产要素的优化组合和农村经济的全面发展。

结论之一:股份合作制是农村产权制度的一场深刻变革。农村历史上形成的集体财产最根本的缺陷是缺乏人格化的财产主体,农民个人在集体经济中的权益关系十分模糊。这样一种模糊的财产制度,根本无法激发农民对集体资产增值的起码关心,更无法避免少数人对集体财产的侵占和蚕食。土地实行家庭承包,农民获得经营土地的自主权,但集体财产制度的根本弊端并没有发生实质性变化。集体财产隐性流失的现象时有发生,作为社区成员的农民无法保证集体财产的安全和增值,这是问题的一方面。另一方面,改革后,农民积累的所有财产,在生产要素重组过程中,应该选择什么样的产权形式和组织形式,也现实地摆在人们面前。周村通过对企业内全部财产清产核资,按企业职工的贡献大小,将企业的部分或全部财产折股到人,由原来笼统的共同所有具体到按股份数额所有,这就初步解决了财产产权主体的人格化问题。这不仅为农村集体经济找到了一种有效的实现形式,而且也为农村各种生产要素的组合提供了一种崭新的制度安排。从这个意义上来说,股份合作制的试验与推广是继推行家庭联产承包责任制之后,农村改革中更具有实质性的又一重大突破。

结论之二:股份合作制创立了一种新型的企业制度。股份合作制吸取了公有制的积累共有、按劳分配、共谋福利的基本原则,又利用股份制产权清晰、开放联合、聚集规模、风险共担的特点和优点,形成了一种具有特殊组织功能和独立形态的经济组织形式。实践表明,它主要有以下特征:①在产权主体方面,使农村集体企业产权主体从模糊转为明晰,劳动主体与资产主体相同,增强了职工主人翁地位,维护了集体经济的完整性,保护了农

民的共同利益;②在发展动力方面,使集体企业的外部行政强制机制转为内部的利益激励机制,激励企业和职工的积累动机和不断追求企业整体利益的最大化;③在企业运行方面,使单一行政监督管理机制,转为以市场为取向的自主经营、自负盈亏、自我发展和自我约束的运行机制,有利于企业行为的合理化;④在企业管理方面,使政企一体,所有权与经营权合一转为政企分开,两权分离,有利于企业经营管理的民主化、科学化;⑤在企业投资方面,使投资主体的单一化转为多元化,有利于实现资本股权与要素股权配置的市场化;⑥在分配制度方面,既继承了传统公有制按劳分配的合理内核,又打破了单一按劳分配方式,引入股份制按股分红的积极成分,形成按劳分配和按资分红相结合的双重分配制度,有利于实现劳动效率和效益的最大化。总之,股份合作制是对传统合作制的改革和扬弃,在继承中创新,从而形成了与传统合作制从内容到形式都有根本区别的新型的经济组织形式,为乡镇企业的产权制度改革和建设提供了一个可供选择的模式。

结论之三:股份合作制是聚合生产要素,发展市场经济强有力的手段。股份合作制具有聚集和融合生产要素的功能,能够有效地解决乡镇企业发展中缺资金、缺技术、缺人才等共性问题。而且,它可以突破城乡、城区、行业和所有制之间的界限,对各种生产要素实行全方位大跨度的联合,以市场为导向,实现社会资源的优化配置,促进生产的社会化。近几年来,周村通过各种形式的股份合作与联合,先后同400余家大专院校、科研单位和国营、集体企业建立起了经济合作关系,有力地推动了全区乡镇企业的发展。

结论之四:股份合作制是现阶段农村集体产权制度的有效形式,具有普遍的适应性。根据周村的试验观察,股份合作制的基本走势为:一是股份合作制正在由第二产业向第一产业和第三产业延伸;二是以产权为纽带,以发展为目的,股份合作制企业正在由单个企业向行业群体集团公司扩展;三是有些村正在由企业型的股份合作制向社区型的股份合作制过渡;四是股份合作制经济组织正在由封闭走向开放,对内是股份合作制,对外是股份公司制,在更广阔的空间上选择、优化配置生产要素,发展规模经营;五是股份合作制正在由农村各行业走向城市的房地产业、金融业、街道企业和其他国营、集体的小型企业等领域。所有这些都充分展示了股份合作制的生命力和广泛的发展前景。

五、需要进一步探讨的几个问题

周村区以股份合作制改革为重点的乡镇企业产权制度建设,目前看仍存在许多需要继续探讨和规范的问题:

1. 关于设不设集体股的问题

对于村以下集体企业,因其资产主要来源于级差地租收益转移和社区内劳动的剩余价值,所以设集体股是不用争的问题。要做的事是把所保留的集体股按社区内人力资本收益的指标分解,亦即折股量化,无偿分配给社区内劳动者。这是已经普遍推广的"社区股份合作制"的制度安排。

对于乡以上集体企业和国有企业,设集体股有争论。我们认为,这些企业的资产存量中非国家无偿投入形成的资产,应视为企业管理者、劳动者劳动的剩余价值转化成的资产,因此,也可设为集体股,按人力资本收益的指标折股量化到本企业干部和职工。

对于以集体为名而以合伙人制、个体私营为实的企业,其通过政府或集体经济组织担保、出面获得贷款或减免税收所形成的资产,在本息偿清后,也可安排不超过原贷款本金的10%或减免税额的50%,作为集体股。集体股总额应不大于企业净资产的15%。

2. 关于股份是分还是卖的问题

前面介绍基本经验时已经指出:村以下企业财产关系由于在血缘、地缘环境中的人际关系的半径较短,便于实现折股到人式的以分为主,村以上企业则对内部职工分卖结合,对企业外法人或自然人则只能售股。

根据马克思主义的劳动价值论,20世纪80年代才"异军突起的"乡镇集体企业的资产,更应认定为主要来源于劳动者所提供的剩余价值,因此,"分"是马克思主义和社会主义原则的体现。

实际操作中,乡以上企业离劳动者距离远,离政府近,之所以在分卖结合中以卖为主,是由于缺乏村以下企业那种因人际半径短而形成的财产权益直接和监督方便的条件,也不易于形成公共选择的一致性条件,因此才以卖为主。不过,这种卖由于纵容企业家用改制后的收益分期抵付,反而更雷同于私有化,而且是在设计和操作上都更像原始的私有方式,惟有以降低政府与企业家的交易费用做解释才多少说得通。

3. 关于股份合作企业未来的发展方向问题

股份合作企业不违背《公司法》的规定。《公司法》要求"有限责任公司"由2个以上、50个以下股东共同出资设立。若企业持股职工人数多于50人,则可由持股职工把所持股份集中组成"基金",亦即变成一个股东,就可以符合《公司法》要求。至于股份有限公司,《公司法》并未对持股人数和比例作出规定。

企业内部产权制度安排是股份合作制企业性质决定的重要条件,也就是说以财产制度来确定资本和劳动的关系。在我国的现实中,若劳动者占有的股份(包括劳动者所分配到的集体股和劳动者购入的股权)在企业资产中占绝对比例,那么无论是否执行一人一票制,该企业的合作性质即可以明确。如果是由不在本企业劳动的私人资本所有者占有的股份占绝对比例,该企业的私有性质也可以明确。有鉴于此,我们认为,股份合作制企业发展的方向,是让劳动者所持有的股份占绝对比例,并使之制度化。

第三节 苏南模式剖析

一、苏南乡镇企业第一次改制的主要特征

1. 起步方式——从"母鸡生蛋"到"借鸡孵蛋"

苏南乡镇企业起步较早。不少乡镇企业的历史可以追溯到公社化时期的"社办企业",60年代队办企业活跃过一阵子,不过社队企业改称为乡镇企业则是在1984年。

由于创办时特殊的政策背景,企业的启动资金主要是依靠农业微薄的积累。企业建立后,通过自我积累逐渐积聚起一定量的资金。这种首先利用集体农业原始积累创办企业,其后经过企业自我积累发展壮大的起步方式,被称为"母鸡生蛋"。

在农业"以粮为纲"单一经营、农村产出不高的时期,农业积累率一直比较高。70年代苏南农村社员人均分配长期在100元左右徘徊,每年提留的公积金却占到总收入10%左右。农业积累的这些资金,部分用于农业自身扩大再生产,部分用于创办和发展乡村集体工业。

1978年前苏南乡镇企业的启动资金主要不是依靠国家贷款或援助,而是依靠集体农业的积累。

80年代后,苏南农村出现不少依托城市企业创立的乡镇企业。一些村、乡通过与城市企业合资联营的方式,引进启动资金。例如太仓县茜径乡马北村从上海外贸部门引进300多万元,创立沪太印染厂。这是一种"借鸡孵蛋"的方式。如果说80年代以前苏南农村创办企业的资金主要是靠集体农业积累的话,那么80年代后就不只是靠集体农业的积累,有相当部分来自城市工业的投资。

越来越多的乡、村寻求合资联营的途径,引进外来资金的渠道不只限于附近的城市,还扩展到外省、市、县,甚至国外。此外,已经创立的乡镇企业为扩大生产规模,打开产品销路,提高技术档次,也采取联营发展的方式。

2. 所有制结构——集体所有制为主体

苏南乡镇企业以集体农业积累为启动资金的特点,决定了苏南乡镇企业创立初始采取的是集体经营的方式。十一届三中全会后,苏南各县市乡镇企业基本沿袭了公社时代集体经营的格局。尽管苏南农村也出现了一些户办、联户办的乡镇企业,但集体企业始终在乡镇企业中占绝对优势。1985年苏南集体企业(即乡办、村办企业)职工为252.1万人,总产值222.5亿元,利税工资总额49.3亿元,在乡镇企业中所占比重分别为90.8%,94.6%,92%。可见,集体企业占90%以上的比重。

如果说起步时客观的政策背景,迫使人们作出集体经营这一惟一选择的话,那么改革开放中,以集体经营为主的形式则是苏南农民自己作出的选择。尽管土地已承包给个人,

然而企业却采取集体经营的形式,其原因主要在于苏南乡镇集体经济历来比其他地区要搞得好,农民从集体经济中受益很大,从剩余劳动力的转移到工业对农业的补贴与扶持,从农民收入水平的不断提高到村、镇面貌的日新月异,无不体现了集体经济强大的生命力。各乡、村通过集体的力量,将有限的资金、技术、人才集中,使得一定的规模经济效益成为可能。由于企业属乡或村集体所有,保证了乡村农工副各业发展的统筹兼顾,互相协调,为乡镇企业发展后以工补农、以工促副,直至以工建镇奠定了基础。

苏南乡镇集体企业的发展带动了户办、联户办的个体企业的发展。在乡村集体企业发展早、发展快的地方出现乡办企业带动村办企业,村办企业带动户办企业,户办企业结成联户企业,以及集体与个体企业联营的发展态势。

3. 产业结构——乡镇工业为主与四大支柱产业

苏南乡镇企业在产业结构上以工业为主,而在工业结构中又以非农副产品加工为主,这是苏南模式的又一大特征。1985年苏锡常三市乡镇工业企业总数为28 969个,职工人数达233.6万人,工业产值为220亿元,在乡镇企业总产值中比重为95%,其中轻工业中非农副产品加工工业与重工业中的制造业产值在乡镇工业总产值中占59.4%。

苏南乡镇工业创立初始,由于资金较少、技术缺乏、原材料无保证、产品不包销,不少企业采取的是"三就地"形式,即就地取材、就地生产、就地销售,为此乡镇工业主要产品曾与农副产品加工相联系。然而,当乡镇工业起飞后,乡镇工业便突破"三就地"框框,生产的产品越来越与当地农副产品无直接联系,甚至毫不相干。例如电子、化工、机械设备、汽车配件、半导体器件、变压器、缝纫机、自行车、收录机、无线电元件等生产,已与当地农业无任何联系。

苏南乡镇工业不以农副产品加工业为主,而以非农副产品加工业为主,是由苏南农村经济发展条件所决定的。其一,苏南地区农副产品商品率很高,农村完成上交任务后,留下自我加工的农副产品很少,这迫使乡镇工业开辟新径;其二,苏南乡镇企业地处大中城市周围,具有依托城市发展的便利与可能,而城市工业向外扩张的要求使这种可能成为现实。

苏南乡镇工业四大支柱为机械、纺织、化工、建材四大行业。

机械工业是苏南乡镇工业中产值最大的一个部门,它起步于70年代初为实现农业机械化而建立的农机修造工业。

纺织工业在苏南农村是仅次于机械工业的第二大行业。

建材工业是苏南乡镇企业第三大行业。由于建材工业就地取材,所需创办资金较少,收益较快,因此曾是苏南乡镇企业的起家行业。建材工业发展历史较早。五六十年代苏南农村就有社办砖瓦厂。80年代初,随着致富农民拆瓦房盖楼房,水泥、砖瓦、石灰、瓷砖等建筑材料需求量激增,乡办水泥厂、石灰厂应运而生。这一期间,城市对建材的需求量也在与日俱增,不少乡镇企业开始生产起平板玻璃、玻璃纤维、玻璃钢、建筑卫生陶瓷、石材、砂、隔热材料、防水材料、大理石等非金属建材;开采石棉、云母、金刚石、石灰石等非金属矿的企业也大量涌现。出现了像无锡市宜兴县丁蜀镇的"陶都",以及以"陶都"为核心,生产陶瓷、水泥、混凝土、大理石、板材加工等门类齐全、配套成龙的建材基地。

如果把苏南建材工业的发展状况放到江苏全省范围进行横向比较的话,可以看出80年代中期,经济发达的苏南地区乡镇建材工业产值比重尽管在全省名列前茅,但是在当地乡镇工业总产值比重中却较小,如苏、锡、常只占13%～15%;相反,苏北经济不发达地区,尽管乡镇建材工业在全省所占比重很小,但在当地乡镇工业总产值比重中却占到40%～50%。这一事例说明建材工业具有投资少、见效快、效益高等优点,能够成为不发达地区乡镇企业的起步产业。

乡镇化学工业是从小农药、小化肥工业发展起来的。直到70年代后期,才发展到日用化工产品和化工原料中间体的生产,尤其是塑料制品的生产。

从总体上看,苏南乡镇企业产业结构的特点是:产业结构中以工业为主体;工业结构中以非农副产品加工业为主体。但是就各地区具体情况看,又各有特色。如吴江县盛泽乡为"丝绸之乡";常熟县擅长纺织;吴县矿产资源丰富,以建材工业为主;无锡县机械工业发达;太仓县则热衷于农副产品加工,发展食品工业。

4. 生产经营方式——从"三就地"到"横向联合"

乡镇企业从诞生之日起,就处于市场竞争之中。由于资金缺乏、技术不足、原料无保证、产品不包销,不少企业起步时,采取的是就地取材、就地生产、就地销售的"三就地"经营方式。比较典型的是乡村建材工业的发展:从本地取材创办社队小砖窑开始,满足当地群众建房需要,发展到生产3种建材工业品,满足周边地带需求,进而发展到跨越乡界、县界、市界、省界而涉足全国市场。市场供需状况、人们需求的变化状况,成为乡镇企业发展的操纵杆。

值得一提的是乡镇企业建立及发展初期,我国的市场体系尚未形成,工业生产的大部分原料、资金、技术、设备与市场,为国有企业所垄断,所谓市场竞争,实际上是一种"不完全竞争",乡镇企业只能在"市场调节"部分的夹缝中求生存。在这样的背景下,一些邻靠大中城市的乡镇企业开始与城市企业建立起一种行政的、经济的乃至以某种人际关系为媒介的横向联合,在产品导向、行业开发、原材料供应、产品销售以及资金、技术、设备、人才等方面与城市企业建立起辐射与被辐射性质的联系。当乡镇工业发展到一定规模时,这种横向联合便主要在企业管理、新产品开发、设备更新、技术进步等方面进行。乡镇企业也由充当城市企业"小、补、配"低档产品加工的层次转换到与城市企业分工协作,组成企业集团互相依存、共同发展的层次上。

苏南乡镇企业比其他地区更早实行这种由"三就地"到横向联合的转换。据不完全统计,1983～1985年短短3年时间里,苏州市乡镇企业与全国20多个省市自治区建立的各种层次、各种形式的横向经济联合就达3000多项,其中跨地区联合就达1404项,而由此形成的企业集团有34个。1985年该市各种联合企业已达2187个,其产值高达34.2亿元,在全市工业总产值中占17.7%。从无锡市情况看,1985年与市内外大中型企业、科研单位、大专院校以及资源产地建立的各种经济联合的乡镇企业就有3520个,通过联合开发的新产品有1000多个,建立的原材料、能源基地350个,组成的企业集团70个。

苏南乡镇企业的横向联合,经过了四个阶段:

一是赚"外快"阶段(70年代中期前)。通过熟人关系与城市企业挂钩,联系一点加工业务,赚取一些加工费。从60年代到70年代,苏南农村曾先后接收安置过不少回乡职工、下放干部与城市知青,当地社队便通过这些人进城拉关系、找门路,建立低水平的横向联合。

二是引"才子"阶段(1978～1984)。各地乡镇企业从城市高薪招聘技术人员,出现了"有什么关系办什么厂"的创业热。但由于城市企业在劳动力用工制度上的种种限制,因此横向联合仅仅是乡镇企业"一头热"。

三是借"脑子"阶段(1984～1987)。这一阶段城市工业向市场经济转轨,城乡联合由"一头热"发展到"两头热"。这时的横向联合的特点是:第一,联合由一般的技术指导扩展到资金、设备、原材料供应,以及新产品的试制与开发;第二,联合的组织形式由松散型向紧密型发展,形成一批实力雄厚的经济联合体或企业集团;第三,政府出面,牵线搭桥,充当城乡企业横向联合的"红娘";第四,形成横向联合的渠道不只是依靠熟人关系,更多地以信誉与发展潜力来吸引联合者;第五,从企业间联合发展到与大专院校、科研单位的联合。

四是借"牌子"阶段(1987年至今)。随着市场竞争加剧,不少企业通过与生产名优产品的企业联合,利用优质、名牌产品发展壮大自己的实力,尤其是在经济紧缩时期,这种联合使企业易于摆脱经营困境。

突破"三就地"框框,与城市开展横向联合是苏南模式一个显著的特征。这种横向联合包括五个层次:

第一,市内联合。1983年实行"市管县"体制,苏、锡、常3市县以本市企业为龙头的各种经济联合体大量出现。1985年仅无锡市就有800多家乡镇企业参加到市内各联合体中。

第二,省内联合。主要是苏、锡、常3市之间的联合,或与南京、镇江、南通等市的联合。

第三,与上海市联合。这种联合在苏南各类城乡联合中居重要地位。80年代中期,无锡市2055个城乡联合体中就有60%以上是与上海联合的,而苏州市11 302项跨地区联合项目中,与上海联合的就占了63.2%,尤其是常熟、昆山、太仓3县(市)与上海联合项目占到这3县市全部项目的67%～77%。

第四,与其他省市联合。这类联合包括与内地先进工业城市的联合,与中西部资源产地的联合,与三线军工企业、科研单位的联合。通过这类联合建立能源、原料基地,引进高新技术,开辟产品市场。

第五,与港澳地区及海外联合。这类联合通过兴办"三资"企业,开展"三来一补"业务,已初步形成一定规模,今后将会有更大的发展。

5. 收入分配方式——采取各项措施,实现共同富裕

纵观苏南农村收分配状况,采取各种措施,走"共同富裕"之路是其一大特色。苏南模式的分配准则,体现在这样三个方面:企业间与企业内拉开差距;工农之间以工补农、以工建农;乡村户之间鼓励先富,扶持贫困。

(1)企业间与企业内:拉开差距与缩小差距。苏南乡镇企业的收入分配制度经过了一个由平均主义到拉开差距的过程。

(2)工农之间:"以工补农"和"以工建农"。苏南乡镇工业是依靠农业积累起家的。乡镇工业发展后,没有忘记农业,而是对农业进行了大量补贴。补贴的理由很简单:农业收入过低。

补贴的范围有:第一,补贴商品粮生产,农户每生产1斤商品粮,由乡村工业补1分至1角不等;对超合同定购部分进行奖励补贴,对种粮大户额外补贴;第二,补贴责任田,一般每亩补贴10~30元;第三,补贴猪、桑生产,如吴县光福缫丝厂,对收购计划外蚕茧进行补贴,每百斤补18元,每年补贴10万元以上;第四,补贴乡村基本建设,包括农田水利、机耕、清理水沟、整修渠道、道路桥梁、农业科研、广播宣传、文教卫生、市政建设等项目。吴江县农村工业1982~1983年这方面补贴费用为1870多万元;沙洲县后塍乡投资50多万元修筑了1公里长的10条乡道、5座桥梁;第五,补贴务农社员。乡镇企业是本乡本村社员的集体所有企业,因此它每年都要提取一部分利润给乡村。这些利润中的一部分直接参加务农人员的分配。1980~1983年江苏全省乡村工业利润直接分配给社员的总额为6.8亿多元。

这种"以工补农"的方式在一定程度上弥补了人们因分配上的反差造成的心理不平衡,基本稳定了务农者队伍。但是,补贴却不能从根本上增加农业的后劲,特别是一些地区补贴过高,反而产生消极影响。比如某地对种粮大户每亩地补贴100元,夫妻两人承包20亩地,即使田里颗粒未收或不种,也可收入上千元。

针对"以工补农"的弊端,苏南地区开始实行"以工建农"的做法,即将支农奖金由分配领域转到生产领域。其内容包括:

第一,建立农业发展基金。基金主要来自乡镇企业的利润,此外,还有政府专项资金。农业发展基金主要用于农田基本建设、农业机械的购置及农业科学技术的推广等方面。

第二,建立农业服务体系。这就是企业创办第三产业,建立农业服务队。不少企业把农业技术员编入企业的职工名册,建立厂办农业服务队,服务队人员平时在厂做工,农业需要时下地为农民提供无偿或低偿服务。服务的项目一般有:为本企业或本地区农民提供机耕、供秧、排灌、植保和技术指导等。

第三,建立企业农业生产基地。将企业职工的土地转移到几家种田大户手中,由其承包,实行规模经营。这些种田大户经过企业挑选,编入工厂编制,在完成一定农业生产指标、粮食定购任务的前提下,按月领取固定报酬,享受职工同等福利待遇。不少企业还直接设立农副产品生产基金,组织专业化生产。

第四,建立企业"农业车间"。即把承包责任田的农户划归企业管理,并为此成立"农业车间",农户向"农业车间"申请承包土地,承包后经营收入交厂,超额部分归己,工厂对承包者发放基本工资。这是无锡县的做法,曾有7000多个承包责任田的农户划归到村办企业的"农业车间"中。

第五,建立企业的"双重考核制度"。在土地未实现转移的一些企业,为了克服职工轻农倾向,企业实行了职工资金与完成粮食承包合同情况挂钩、统一结算的双重考核制度,对完不成粮食生产任务的职工扣发资金。

第六,建立"农业厂长制度"。苏南地区不少乡镇企业根据本厂规模的大小,设立了农业副厂长(100人以上厂)或农业助理(100人以下厂)、农业科(300～400人以上厂)等专职干部、科室,其工作就是抓农,主要职责有:对职工进行以工促农、工农结合的教育;举办各类农业技术讲座,指导与检查务工人员农业生产任务;负责厂办各种农业服务组织;代购急需农用物资等。1985年单苏州就有2098个乡办企业设立了农业副厂长或农业科,占乡办企业总数的67.5%。

(3)乡、村、户之间:鼓励先富,扶持贫困。苏南地区还通过"励富扶贫"的方式缩小乡、村之间以及村民之间的贫富差距。

目前,苏南经济较为发达的苏、锡、常3市所辖12县(市),在80年代初还是经济发展相当不平衡、贫富差距较大的地区。从县一级看,1982年12县(市)中农民人均收入最高的为400多元,最低的只有187元;从乡一级看,以苏州为例,1983年在172个乡中,人均收入在500元以下的有162个,其中400元以下的有104,最穷的4个乡人均收入则在250～300元,最富的一个乡人均收入在600～700元;从村一级看,1983年苏州市所辖3374个村中,人均收入在500～800元的有329个,占总村数的9.75%,而500元以下的则有3029个村,占总村数的89.78%,其中收入在150～200元的村有26个。针对这种状况,各级政府在自己区域内除了引导、组织落后地区学习先进地区发展经济外,在收入分配上,对穷乡穷村贫困户进行了适当支援,帮助他们开发当地资源,扩大生产,提高收入。在"六五"计划期间苏州各乡镇从乡镇企业利润中拿出5700万元,支援穷村穷队,使大部分穷村穷队改变了面貌。

值得注意的是,追求共同富裕,并不是劫富济贫,也不是强调同时富裕,而是鼓励和支持一批能人、专业户、先进村、乡先走一步,通过他们的示范效应,带动本村的村民和邻村、邻乡走上富裕之路。

到80年代后期,苏南农村的人均收入进一步提高,"千元户"已成为困难户,"万元户"是一般户,"十万元户"才算富裕户。村村通公路,家家盖楼房,电视机、电冰箱、摩托车高档用品普遍进入农家,乡村的生活水平开始接近城市水平,城乡差别在缩小。苏南农村的这一巨大变化无疑应主要归功于乡镇企业的大发展。

6. 管理体制——"单轨管理"与"双轨管理"

苏南乡镇企业以集体所有制为主的特点,使其在管理体制上也别具一格。

从村办企业看,一般每个村都有5个以上的村办企业,这些企业由村统一管理。不少村将农工副三业放在一起,组成公司。如无锡县堰桥乡胡家渡村农工副联合公司,村支书任经理,村长与副书记任副经理。经理抓全面工作,副经理一个抓工业,一个抓农副业。公司下设五个科:①计财科,负责计划与财务工作;②政工科,负责组织与宣传工作;③工业科,负责村办工业;④农业科,负责农业生产;⑤副业科,负责副业生产。

村办企业内部,大企业内设厂长与财务、供销、质监、后勤组;小厂设1名厂长外,只设员,如统计员、供销员。企业内一般不设党团组织,党团组织以村为单位建立。

村办企业每年年初与村联合公司签订一次承包合同,确定承包指标与奖惩规定。村办企业内部事务便由厂长作主。村办企业在经营上拥有相对独立性,独立核算,自负盈亏,但在企业增人、增资、增设备上,却要经过村联合公司统一决策与审批。

从乡办企业看,管理体制与村办企业有很大不同。乡办企业平均规模比村办企业要大1倍以上,内部设有一定的管理机构。规模较大的企业如同城市企业,一般设有厂长办公室、生产计划科、技术科、供销科、财务科、质检科;规模较小的则不设科,只设员。乡办企业设党团组织,不少企业厂长兼任书记。乡办企业的主管部门是乡工业公司(或经济联合会),乡办企业的经营方向、投资规模、重大技术改造等都由乡工业公司决定。企业的厂长、会计由乡工业公司任免,厂级领导工资、奖金标准,由乡工业公司审定。每年年初企业都要与公司签订一次合同,确定本年度人员、任务、资金、利润、分配等指标与奖惩规定。企业在合同规定的范围拥有完全自主权。

自1985年以来,乡办企业在经营决策、投资方向、用工用人、工资奖励等方面的权限有所扩大,在乡镇工业发达的无锡市,这些权力已下放到企业。

随着苏南农村工业的蓬勃发展,大多数农村劳力进入到乡办、村办企业,原来企业干部抓工业,农业干部抓农业,由村队单轨管理农业的体制显得很不适应了。因此,一些地区把农业生产任务落实到村队与企业两个方面,要求村队干部包务农劳力的农业生产,企业干部包务工职工的家庭农业生产,以此来加强农业的管理体系。于是在乡镇企业内部管理机构中便出现了农业厂长或农业科长。农业厂长或农业科长既受乡镇企业领导,又受乡村行政领导,他们必须参加乡村各种农业生产会议与活动,在农忙季节配合乡村抓好职工家庭农业生产的耕种、管理与收割等工作。不少企业还将职工全年的奖金同完成粮食承包合同情况挂钩,以此来促进务工人员的农业生产。

乡镇企业兼抓农业的农业双轨管理体制是农村工业化进程中一种过渡性的形式。它出现的背景是苏南农村工农业同寓于集体经济之中,务工务农劳力寓居于一个家庭之中。随着农村机械化的推广、土地的规模经营、农村城镇化的发展,农村务工劳力与务农劳力将会完全分离,农业双轨管理又会向新意义上的单轨管理转换。

二、苏南乡镇企业第一次改制创业成功的主要原因

苏南乡镇企业之所以能在苏南模式的形成过程中发挥出主导作用,原因是多方面的,

但最根本的是在特定历史条件下形成的制度性优势。这种制度性优势的内涵主要有两个：一是乡镇企业运行机制的市场化；二是社区政府的组织推进。苏南乡镇企业从诞生之日起就实行了市场导向，从而较早地运用市场机制的力量解决了企业运行中经济决策与经济利益之间的矛盾，使得乡镇企业在运行过程中逐步形成了自负盈亏的约束机制、自主经营的决策机制、锐意进取的动力机制和灵活应变的调节机制。这种机制赋予了苏南乡镇企业强大的适应市场竞争的活力。正是这种活力使苏南乡镇企业在中国经济体制改革初期消费需求迅速增长、市场空间迅速扩大而国有企业仍受传统计划经济体制约束的条件下，迅速地发展起传统的轻工业，进而通过对各行各业的一定参与，形成了苏南企业的高速增长。苏南乡镇企业之所以能在传统的计划经济体制下发育出较为完善的市场化运行机制，一个很重要的原因就是其财产所有权主体的全乡镇农民所有。从苏南乡镇企业的创办过程来看，其创办资金的来源基本上可以分为这样几类：政府拨款、信用资金、集体积累、联营投资、个人投资等。信用资金所占的比重较大，但不属于产权资本，不构成乡镇企业的财产依附关系。政府拨款、联营投资以及个人投资的比重均较小。苏南乡镇企业的产权资本主要是由集体积累构成。这种集体积累包括货币形态的集体积累、实物形式的集体积累以及劳动积累三部分。货币形态的集体积累是原人民公社体制下社队集体的资金积累，实物形态的集体积累指用集体的建筑物、设施、场地等创办乡镇企业，劳动积累主要是乡镇企业创办初期，在乡村范围内组织农民轮流务工，按出工日计工分回队参加分配。可见，苏南乡镇企业最初主要是依靠各种形态的集体积累创办起来的，是一个乡、一个村农民共同积累的结晶，即使后来壮大，也属于全乡镇农民原有积累的增值，是他们的共同财富，乡镇农民构成乡镇企业的财产所有权主体。也正因为如此，乡镇企业无法通过国有产权这一重要的财产纽带将自己纳入计划经济轨道，只能作为外在于我国原有经济管理体系之外的一种自生的存在，借助于市场机制，寻求和拓展自己的自下而上空间，从而形成了较为完善的市场化运行机制。

苏南乡镇企业制度性优势的另一方面是地方政府的组织推进。苏南乡镇企业能发展到今天的规模，地方政府发挥了很强的组织协调功能。在公社化年代，不允许发展个体经济。在当时特定的历史条件下，乡镇企业只能由集体来兴办，地方政府在乡镇企业的兴办过程中自然有着不可替代的组织功能。它在广大农民发展乡镇企业的内在冲动的基础上，通过行政力量实现了各类要素的初始动员和组织。一方面，以地方政府集体经济的形式兴办乡镇企业，避免了极有可能出现的上级政府的各种干预。相反，借助于政府的权威和影响力，为乡镇企业与周围大中城市企业之间的横向经济联合以及乡镇企业的人财物提供最低限度的原始积累。因为乡镇企业兴办时的资产主要是靠平调合作社以及后来的大队、小队的土地、劳力、物资和资金等形成，而这只有借助于地方政府对资源的动员、组织能力才能成为现实。可见，地方政府在这方面的组织与引导作用，为乡镇企业的形成创造了极为有利的条件。在乡镇企业的运行和发展过程中，地方政府借助于获取乡镇企业上缴利润的权利，拥有了相当量的资金实力，从而投资于新建乡镇企业以及原有乡镇企业的扩大再生产。地方政府的这种组织和投资作用，有力地推进了苏南乡镇企业的发展，同时也必将在乡镇企业的产权关系中得到反映。这就是地方政府借助于行政权力和组织投资功能,通过控制投资决策权、人事权和利益分配权,全面介入乡镇企业的经济活动,充当着苏南乡镇企业财产的实际所有者。在决策机制中,地方政府以财产所有者和社区政府双重身份,对乡镇企业关系到自下而上发展的重大问题行使决策权,其决策项目包括企业领导人的选择、企业资产的调整和增长、企业留利比例的确定、折旧基金的使用等。乡镇企业领导人则在企业的生产计划、职工工资奖金以及企业更新改造、产品定价等经营性决策上享有自主权,形成了地方政府战略性决策与乡镇企业领导人经营性决策相结合的双层决策体制,乡镇农民作为所有者在决策上没有得到体现。在利益分配过程中,乡镇企业收入在扣除税金和职工工资后企业所得分解为地方政府所得和企业所得两大部分,地方政府所得部分包括企业税后利润扣除扶助基金和支付投资分利,在弥补企业历年亏损后,按年初企业与地方政府签订的承包合同足额上缴一定比例的利润,简称上缴乡村利润;还包括企业按规定在税后利润中提取一定比例,作为企业上缴乡镇企业主管部门扶助乡镇企业发展,即所谓的扶助基金;地方政府拥有的净收入还包括以工补农、建农基金。此外,乡镇企业所得部分还有10%用于农村社区的各项社会性支出,这一部分净收入一般也上缴地方政府统一使用。这样,地方政府在乡镇企业利益分配中拥有了相当的比重,成为重要的利益主体。决策权和分配权的获得实际上使得地方政府拥有了对乡镇企业财产占有、使用、处分和收益的权利,成为乡镇企业实际的财产所有权主体。

三、苏南乡镇企业第二次改制的主要原因

苏南乡镇集体企业曾以其制度优势和经营特色取得过辉煌的成就。但自90年代中期以来,它们中的大多数面临产品滞销、效益下降的局面,有的甚至濒临破产。面对困境,精明的苏南人果断地着手企业经营管理方式的转型和产权制度的变革。为了让中西部后发展起来的乡镇、集体企业从中接受教训,很有必要对苏南乡镇企业走向转型改制的主要原因进行探讨分析。

1. 经营粗放,导致企业产品滞销

主要生产加工工业品,产品技术含量较低,结构趋同,是苏南乡镇企业从起步到80年代发展的基本特征之一。进入90年代,随着大部分加工工业品的市场需求趋于饱和,城乡居民的消费结构迅速变化,苏南乡镇生产的档次较低、品种单调的产品又难以受到消费者的青睐。这时,乡镇企业原有的低成本优势也进一步丧失。由于苏南地区的市场化水平高于全国大部分地区,劳动力价值与市场价值总水平的关联度较高,因而,该地区劳动力价格水平受到全国物价总水平上升的影响,加之苏南本地居民消费水平的明显上升,从而加快了区域内劳动力成本的上升速度。其次,原有的管理成本优势基本丧失。苏南乡镇集体企业从创业阶段至80年代前期,管理人员较精干。但随着时间的推移,这些集体企业大多染上传统国有企业的弊病,机构林立,人浮于事,第一线的职工比例下降,加之公

款消费的奢华风气滋长,管理费用大幅度增加,单位产品的成本随之上升。第三,原有的原材料成本优势基本丧失。由计划经济体制向市场经济体制转变初期,苏南乡镇企业由于机制灵活,能够乘原材料价格"双轨制"之机,通过各种途径获取比国有企业和个体私营企业成本更低的原材料,但后来随着国有企业经营机制的改变和个体经济的发展,乡镇集体企业在原材料成本方面的相对优势也逐步丧失。

2. 管理不善,导致企业效益低下

政企合一,在企业创办初期,曾经起到过有效的作用,但也埋下了隐忧。由于企业的行为实质上是乡镇行政组织的行为,企业主要服从于行政组织规定的经济指标,投资决策、产品营销策略等往往是在未对市场状况做充分调查的基础上作出,这就必然导致盲目发展、重复建设,使产品结构低层次趋同现象进一步强化。在市场需求已趋于饱和的情况下,其对于企业生存的负作用就显得尤为突出。1992年以来,在全国经济发展普遍较快的形势下,苏南的许多乡镇企业盲目地追求外延的进一步扩大,又铺了许多新摊子。这不仅耗费了企业自身的积累,而且需要依靠政府大量借债,使企业资产负债率过高,还本付息的负担沉重,许多集体企业亏损严重,有的甚至濒临破产。政企不分,使乡镇集体企业的经营机制难以转换,而其内部管理与同一地区的国有企业相比,更为混乱,以致带来种种不良后果:企业内部的收入分配关系不合理,挫伤了职工的积极性,劳动效率普遍下降,企业经营的收益流入少数人的腰包。

3. 产权模糊,导致企业资产流失

苏南乡镇企业所有制的第一种类型是社区政府所有制。这种所有制在产权关系方面,存在着两方面的产权不清晰的问题。第一,从财产所有权上看,它归乡镇政权组织所代表的集体所有,但由此抹煞了同一乡镇内部各个劳动者之间因对集体财产积累贡献的差别而应有的财产所有权上的差别,这种差别的不清晰实质上是对同一集体组织内部劳动者的劳动差别的否定。第二,从产权的完整涵义来看,由于其实现形态的主要特征是政资不分,因而混淆了集体财产的所有权与对其占有权、使用权、支配权、收益权的关系。这种关系的混淆,本质上是将产权仅仅理解为只是所有权一个层次,否定了产权是一种权利,并由此扼杀了集体经济内部各层次、各环节生机勃勃地行使财产的实际占有、使用、支配和收益者权利的主观能动性,同时,也相应地排斥了各环节行为主体所应承担的责任。

乡镇集体企业产权关系的不清晰,必然导致集体资产的流失。由于产权关系第一方面的不清晰,使劳动者从根本层次上不愿意关心集体资产的增值。因他们的劳动贡献在集体资产中得不到合理的确定,从而挫伤了他们的积极性。由于产权关系第二方面的不清晰,使乡镇集体企业的行为缺乏市场化、效益最大化的动力,扼杀了企业经营者和劳动者的创造精神和才智,也相应软化了他们的责任,使企业资产在各环节上的流失无法避免。80年代末以来,苏南乡镇集体企业大都进行了以承包制为主的改革,但因没有根本触动政资不分的模式,使种种改革措施流于形式,出现了"企业负亏、厂长负盈、银行负债、政府负责"的现象。

苏南乡镇企业所有制的第二种类型是假"集体",真私营。这种企业产权关系的模糊首先发生于企业的投资等环节上。一方面,社区政权组织为迎合上级考核指标的要求,需要多办集体企业;另一方面,一部分手中积累了较多货币财富的私人希冀发财,又想借集体的"红伞"享受政策优惠。两者的结合,就产生了大量的假集体企业。这种"私人的鸡借集体的窝"所下的"蛋"越多,意味着企业实际占有和使用的集体无形资产就越多;与名副其实的集体企业不同的是,它真正的"老板"不是社区政府组织,而是私人,企业的经营者一般就是企业投资者。这种经营者加老板的身份,使得作为"婆婆"和假老板的社区政府,对其经营行为尤其是收益分配行为很难监督管理。由此,造成这一环节上企业收入分配向经营者的不合理倾斜,从源头上减缓了集体资产绝对量的增值速度。随着这种"集体"企业的成长壮大和私有经济发展的外部政策环境的逐步宽松,企业的原始投资者越发希望明晰产权关系,并占有企业总资产中尽可能多的份额。评估和界定私人和社区政府各自的财产份额的过程,往往以集体资产流失而告终。至于假集体企业中那些由于不可抗拒的因素而导致的亏损,或是由于人为因素而导致的亏损破产,都会把主要责任推给社区政府,因为企业在名义上是社区"集体"的。这是集体资产更为显性的一种流失。

4. 观念障碍,导致企业转制迟缓

观念障碍之一,是自觉不自觉地把"苏南模式"凝固化,忽视了其适应生产力发展阶段。一方面,由于各地区生产力发展的实际状况和各种社会因素客观上存在着差别,因而,人们可以创造出适应各地经济发展需要的经济"模式"和产权制度"模式";另一方面,在同一地区的不同历史阶段,随着具体的内外部条件的变化,对原先的模式需要加以更新,方能使之具有活力。就苏南地区来说,其乡镇企业的产权制度确实具有其地区性特色,并曾一度适应了该地区经济发展的要求;但如同任何一种产权制度模式一样,其在一定阶段内形成因素中的积极方面到了另一阶段,又可能会变成消极面。比如,形成苏南乡镇企业产权制度特色的重要因素之一,是由于该地区的乡镇行政组织力量较强,与一些欠发达地区相比,它本来显示出的是其组织制度方面的优势,这种优势使苏南乡镇企业以集体所有制为主体的特色得以形成并长期保持。但也正是这种组织制度功能的不恰当扩散,使苏南乡镇企业政资不分、政企不分。在计划经济体制下以及由计划经济体制向市场经济体制转型的初期,这种政资合一、政企合一的体制,还基本能适应生产力发展的要求,但随着经济体制改革的深化和社会主义市场经济体制的逐步确立,它就越来越不适应生产力发展的要求,而人们的认识却仍然停留在原来的水平,自觉或不自觉地存在着固步自封、惟我先进的意识,事实上是把自己所创造的模式凝固化。只是到了本地的经济活力已明显差于其他一些地区的时候,方才大吃一惊!

观念障碍之二,是把乡镇政府所有制当作农村集体所有制企业典型的甚至惟一的实现形式,没有认识到农村集体所有制企业也可以而且应当有多种实现形式。在苏南农村,由于传统的"政社合一"体制的影响,由于人们把领导组织集体经济的乡村政权当作集体资产的惟一代表者,因而在企业产权制度方面形成了乡镇政府所有制独尊的局面。这是一种类似单一国有制的集体所有制实现形式,它不仅排斥了其他形式集体企业的生成,而且也给自身实现政资分离、政企分开增加了难度。

观念障碍之三,是将农村经济以集体所有制为主体绝对化、极端化,排斥非公有制经济的适度发展。近三四十年来,苏南地区的大多数干部在率领群众开创适合本地区经济发展路子的同时,也逐步形成了把农村企业以集体所有制为主体绝对化、极端化的潜意识,它在实际工作中,使非公有制经济尤其是私营经济发展的地区社会环境偏紧,使那些敢于从当地实际出发创造出所谓"苏南的温州"的干部和群众背上无形的思想包袱。应该说,即使在总体上我们可以肯定苏南乡镇企业以集体所有制为主体具有合理性,也不能否定在这片土地上的不同乡(镇)、村,仍然由于客观存在的经济、社会、文化等因素的差异而应当允许试验各种所有制结构模式。值得注意的是,在苏南那些已着手改制的乡镇集体企业,仍然受到传统观念的阻碍。如有的集体企业明明被改制为由一个或若干个自然人占有绝大部分资产,却仍称为"集体企业"。这种名不副实的、羞羞答答的做法,会引起新的政策和管理等方面的矛盾,应该抛弃掉。这说明,消除观念障碍,促进集体企业产权制度的改革完善,还需要时间。

四、苏南乡镇企业第二次改制的主要特征及其动力

苏南乡镇企业传统增长方式的重要特征是:乡镇党政领导直接参与企业决策,并以其影响力和组织力使乡镇企业能够以高负债方式迅速扩张。高负债一头与乡镇党政领导人直接参与企业经营相连接,另一头则与企业高速发展互为因果。企业的快速扩张一旦受阻,必然反过来导致企业制度中政企不分这一矛盾的激化。90年代中期出现的企业扩张受挫和财务状况恶化造成苏南乡镇企业集体资产不断"缩水",这在客观上要求苏南乡镇企业在产权制度上进行重大调整。但是,苏南乡镇企业转型改制的内生动力是什么呢?我们先从这个改制中显示出来的主要特征进行分析。

在苏南乡镇企业这次产权改革中,有一种倾向很明显:改革中利益的再分配向企业的原经营者倾斜。主要表现为:一是企业产权转让的对象基本为企业原经营者。好的企业如此,差的企业亦如此。尽管改制要本着"公开、公平、公正"的原则,但由于经营者缺乏有力的竞争者而不能兑现。如对经营状况尚属正常的企业而言,其经营者的优势已十分明显,加上他们拥有与当地党政领导人的良好关系资源或者对企业实际拥有的完全控制权,以致不可能存在竞争者;而对于已资不抵债处境困难的企业,则存在着出让产权的困难,这类企业经营管理中"信息不对称"的含金量甚大,只要原经营者愿意购买接受企业产权,也不可能存在竞争者。二是资产评估对资产接受方有偏颇。仅以无形资产评估为例,苏南各市对改制企业的资产评估均有政策规范,规模较大企业的资产评估还要求由统一的县(市)级资产评估机构进行。但我们在调查中发现,在对企业无形资产评估中普遍存在低估和漏估。通常的做法是,对生产经营较正常的企业,一般仅以商标注册费作为注册商

标的无形资产估价,此外不再有其他无形资产评估。苏南乡镇企业中有实力者颇多,相当一部分企业的产品已具一定的知名度,这类企业的商标、商誉方面的无形资产价值已不容忽视。三是在股权的设置中强调由经营者持大股。经营者持大股的理论依据,据说是能使经营者更关心企业绩效。但实际情况显示,经营者得以持大股主要是因为经营者在与企业所有者代表的乡镇领导人谈判中占有优势,而并非主要是激励理论的力量。改制时在股权设置的决策过程中,集体股的比重大小,甚至设不设集体股,很大程度上均出自经营者意愿。有一种改制的形式很有意思:将企业净资产的一小部分转让给经营者,一般由少数原经营者以现金购买,而将大部分企业净资产租给企业使用。这种产权安排对经营者的意义很清楚:经营者可以用少量资金取得对企业的完全控制。在集体资产仍占控股地位的企业,也多有要求集体股在几年中逐步退出企业或减少的约定。据了解,一些企业之所以保留集体股,主要是企业经营者希望在企业遇到征用地、劳资纠纷等难题时得到乡镇政府的支持。此外,职工参不参股、持多少股,也大体取决于经营者。四是改制后的企业治理结构为经营者绝对控制型。除了整体出售的企业,改制后的苏南乡镇企业的企业形态有股份有限公司、有限责任公司和股份合作制企业。但在公司的治理结构中,不论集体资产的股权份额多少,企业董事长和总经理都由原先经营者担任,当然此时的经营者已是"持大股"者了。一种较为普遍的做法是,留在企业中的集体股作为优先股存在。也就是说,在改制后的企业中,集体股东一般成了惟一的外部董事。

形成这种利益的再分配向经营者倾斜现象说明,苏南乡镇企业经营者是这次企业改制主要的内生动力,或者说是实现改制的基本社会力量。

从苏南乡镇企业的发展历史和苏南农村的经济社会及政治结构看,苏南乡镇企业的经营者已经成为这里最具影响力的一种社会力量。这首先是因为20年来苏南农村经济的巨大发展与乡镇企业经营者的作用密不可分。历史上苏南地区就具有企业家资源,经济体制改革以后,这里的企业家资源得以与其他生产要素相结合,极大地活跃起来。在苏南"能人治厂"的说法很早就得到认同。苏南乡镇企业的发展是政府推动加市场推动,但毕竟市场推动的成分更大些,因而企业经营者从开始便受到注重。同时乡镇企业的公有化程度较低的属性也有利于企业经营者居于较为优势地位。不像国有企业受到庞大的经济管理部门的制约,乡镇企业只有乡镇党政领导人或集体经济组织一个"婆婆",而且乡镇党政领导人和集体经济组织的干部与乡镇企业之间的利益也较为直接,这种"命运共同体"式的政企关系使具有经营管理才干的乡镇企业经营者拥有较大的经营管理的自由度。这就是前些年人们常讲苏南乡镇企业经营机制灵活的内涵。当我们在说苏南模式中政企不分造成乡镇政府会干预企业经营决策时,其实这种政企不分同时也有可能造成体制性的"内部人控制",关键在于乡镇党政领导人与企业经营者相互影响力的强弱。内部人控制与产权之间并无直接关联,西方国家的公司也有内部人控制问题,那是由信息不对称引起的,与产权不清无关。苏南乡镇企业中的内部人控制,则存在着企业产权不清的原因。产权关系模糊既可能造成经营权分散,也可能造成经营权高度集中。苏南乡镇企业的情况属于后者。乡镇企业经营者中许多人有当过乡村干部的经历,或同时在乡镇政府机构中兼职。当这些人的利益更多来自企业时,这种状况会增强他们作为经营者角色的筹码。一般来说,因为乡镇企业以市场调节为主,其经营者的影响力更多地要靠经营业绩来赢得。

在企业发展过程中,苏南乡镇企业的经营者自身也发生了嬗变。他们的经营管理才干已经今非昔比,他们手头掌握了广泛的商业网络和人才网络,以至于企业的生存发展很大程度需要依赖他们。在非公有制经济已经取得合法地位的时代气氛中,富有企业家意识的他们渴望能大有作为,像中国南部沿海地区农村的乡镇企业家那样,而不再满足高级打工仔的地位了。实际上,我们也能看到某些家大业大的乡镇企业经营者不再把乡镇党政领导人放在眼中,乡镇党政领导人对这些企业实际上已经丧失了权威。值得一提的另一个重要条件是,经过实行多年来的承包经营责任制,这些企业经营者手中积累了大笔承包所得的资金。很清楚,他们所拥有的经营才干以及其他的经营资源与他们所拥有的资金之间的直接结合只是一个时间问题。另一方面,承包制对经营者利益分配所作的制度安排却不能保证经营者的利益。江苏省对乡镇企业经营者的承包所得一般规定为员工平均收入的 3~5 倍,当然实际所得与名义所得并非一回事,不过这之中就蕴含很大的法律风险;而且成功的经营者一旦到退休年限,所有的利益也将随之完结。由于乡镇企业经营者在苏南农村的经济政治结构中所处的地位,在客观形势允许对乡镇企业产权制度进行变革时,他们便成为这场变革的基本社会力量,并且能够在产权转让的谈判中处于有利的地位。

乡镇政府通常被认为是乡镇企业所有者的实际代表,在这一改制中究竟扮演了什么角色呢?应该说乡镇党政领导人与企业的厂长经理们共同推动这场产权变革。很明显没有他们参与是不可能实现企业改制的,甚至可以说他们是改制的启动者。不过仅在两三年前,对苏南乡镇的党政领导人来说,将集体资产从较大规模的企业中撤出来,还是令人无法接受的念头。乡镇政府对改制的"积极"态度可以说是形势逼迫下的积极,他们是在探索与比较之后才接受了这种改制方式。有关苏南乡镇企业模式中的政企不分弊端议论已久,苏南乡镇政府对此并未少做改革与调整。从"一包三改"、"风险抵押承包"到近年的股份合作制改制,都是这种探索。然而期望中的苏南乡镇企业"第二次创业"并未到来,务实的苏南人将眼光转向另一个乡镇企业的明星——温州模式。温州模式的产权清晰与充满活力给予他们深刻的印象。应该说 90 年代中期中国政治经济新的变化更加速了苏南乡镇党政领导人和他们的上级的态度转变。首先是中央的政策已大大拓展了产权改革的探索空间,形成了对改制有利的舆论环境。其次是整个宏观经济在极短的时间内不期而至地由短缺经济向过剩经济的换位,使直到 1994 年还在超高速发展的苏南乡镇企业的生存环境顿时严峻。乡镇政府一面要承受来自上级政府要求维持经济发展速度的压力;另一方面要对付来自陷入困境中的企业的各种麻烦,此时乡镇党政领导人维持控制乡镇企业权力的成本大大增加。减轻或放弃责任则可以降低权力成本。利益机制在此当然发挥重要作用;因为高负债和企业亏损,乡镇企业的净资产实际已受到不断侵蚀,时间对乡镇政府已不是有利因素。可以说,苏南各县(市)以及乡镇政府最终形成以明晰产权、并将集体资产退出对企业的支配权的共识,既有对形势的深入思考,也有对切身利益的关注。社会上所流传的有关苏南地方政府廉价出卖集体资产的说法,是过于简单化的指责,也是不公正的。

我们再考察一下乡镇企业中职工的作用。在乡镇企业经济活动中有三个参与者,即:乡镇集体经济组织(乡镇党政领导人是其实际代表)、企业经营者和职工。其中,职工是最缺乏影响力的参与者。这首先与乡镇企业职工具有兼业性有关。与城市职工不同,乡镇企业职工有自己的责任田,在企业做工并非他们惟一的生活来源。他们有维持最低生活的退路,这也是没有人许诺为他们提供更多福利待遇的部分原因。他们一般工资水准较低,应该说凭这一点,他们对苏南乡镇企业的低成本发展做出了贡献。但另一方面也说明他们在企业的既得利益不大。而且,乡镇企业职工一般文化水平不高,主体意识不强,对自己在企业的从属地位采取认同态度。在保持自己能够继续就业的前提下,他们不可能对企业改制发挥什么影响。至于作为苏南乡镇集体经济名义所有者的乡镇居民,差不多因为同样原因也不会认为企业改制影响到自己的什么利益。

如果说产权改革要求生产关系人格化,那么在苏南乡镇企业改制中我们能够清楚地看到,这种以经营者为代表的人格化是一种瓜熟蒂落的过程。

五、苏南乡镇企业第二次改制的效果与启示

从上述分析我们可以看到,苏南乡镇企业以明晰产权为目的的企业改制,是由苏南农村现实生产力和各主要社会成分所形成的合力推动的自然历史过程。当然现在还未到给这次改制的成效下结论的时候,因为改制后的时间尚短,我们还不能通过系统的统计数据来进行判断。特别是近两年国内外经济大环境异常,我们很难用苏南乡镇企业现在的增长速度来判断改制的效果。但确已有事实表明,这一改制对于苏南乡镇经济的持续发展来说,不是增加了不确定性,而是增加了确定性。另外改制的社会成本也是低的,这主要指改制对当地就业、集体利益和国家利益带来的负面影响均较小。

从企业层次看,已出现的明显成效,一是改制企业的约束机制增强,企业普遍强化了节支降"本"管理,从原材料采购到产品销售各个环节成本控制都得到加强。据调查,改制企业1997年实现的利润,来自成本节约部分占10%~50%。销售回款率明显提高。二是责权的明确使企业投资决策有效性提高,原先企业上项目由政府说了算的状况不复存在。企业对投资态度慎重,一旦上马,也尽量压缩土建和非生产建设投资。据六县(市)调查,改制企业新上技改项目的设备投资一般占到总投资的85%,非生产性投资比例大幅度下降。三是改制企业保持稳定增长,改制后的大中型企业发展速度大于当地乡镇企业增长速度。苏南当地政企界人士普遍认为改制改善了企业运行的质量。

集体资产的命运可能是改制中最令人关注的主题。总的来说,在改制中有偿原则得到贯彻。江苏省政府及县(市)政府有关量化配股和论功奖股的政策,允许将企业净资产最高为30%的部分按一定原则分配给企业经营者和职工,其中配股只享有分红权,奖股

则只给经营管理者和"有贡献"的其他人员。调查中我们也发现,一些企业并未采用这种"优惠",因为其操作颇为复杂。改制后的集体资产,除一部分作为集体股继续留在企业以外,或租给企业使用,或变现,由乡镇政府或乡镇集体经济组织收取租金和加以管理。通过改制,乡镇企业原集体资产在量上界定清楚,在质上提高了安全性。因为租金能保证租借资产有稳定收入,集体股则因为改制后企业经营者的积极性增强,其安全系数在理论上应较改制前增大。苏南乡镇企业中的集体资产退出企业的趋势将继续下去,有人开始作出这样预测:退出工业资本的集体资产,将作为借贷资本形态存在,成为苏南农村公有制新的实现形式。从目前情况看,这种设想尚存在很大的不确定性。

到目前为止,处在产权改革中的苏南农村社会相当平静。首先,改制未引起当地就业形势恶化。企业改制时,乡镇政府一般要求企业改制后1~3年内不得非正常辞退职工。看来,由企业原经营者继续经营在这方面也发挥了作用。其次,职工既得利益未受到剥夺。例如,改制企业资产评估后,在股权设置或转让前,政府规定要将职工福利基金和退休保险基金从净资产中先作剥离,变现交保险机构管理,确保了职工权益。有些乡镇还有对工龄较长的职工另外作出经济补偿。最后,改制未造成国家利益受损。这主要指银行贷款。负债经营是苏南模式的一个特征,借债的主渠道便是银行贷款。改制中处理这一问题的方式多种多样,主要有三类:一是将贷款与资产一道转让给改制后的企业,由企业负责还贷;二是资债分离,贷款由乡镇资产经营公司承担,该公司以集体资产作为还贷保证;三是债权转股权,将企业交银行经营。实施破产的企业极为个别,许多严重资不抵债的企业一般采用资债分离,由乡镇集体经济组织承担债务,而将尚能利用的机器设备、厂房或包或卖继续发挥效用,乡镇集体经济组织从中取得转让资金或租金。这种做法也避免了这些企业职工大量失业。由于改制中对企业净资产作上述的剥离,实际上带来企业资产负债率提高,但银行却认为,贷款的安全性反而提高了,因为留在企业的贷款会随企业运行质量的改善而更有保证。资不抵债企业的贷款原已无收回指望,现在即使不是变得希望更大,至少有一定利息收回。由此看,说改制成本较低是有根据的。

从制度经济学角度解释,苏南乡镇企业的改制具有深厚的诱致性制度变迁的基础,其实质是由乡镇企业经营者与乡镇政府"在响应获利机会时自发倡导、组织和实行"的,因而在产权改革的制度变迁过程中,大多数制度安排都可以从以前的制度结构中继承下来。当我们考察苏南乡镇企业的历史时,可以非常清楚地看到,苏南乡镇企业制度从其出现到今天,走的始终是诱致性制度变迁的道路。但是,诱致性因素与主体发生了变化:直至这次改制以前的苏南乡镇企业改革,其主体是乡镇政府;而这次改制的主要推动力量是已经壮大起来的企业经营者。

拿苏南乡镇企业的改革与我国国有企业的改革作一个比较,很容易看出它们之间的差别:国有企业的改革始终是强制性制度变迁,它是靠政府的政策法令来推动的,缺乏企业内在推动力,缺少体制占支配地位的利益主体来"响应获利机会"。至少到目前为止,国有企业内部还没有形成这种主体,因此国有企业的改革始终只能由政府(主要不是凭借其作为企业所有者的身份)推动。由于强制性制度变迁中"政策失败"问题困扰,国有企业的制度变迁至今步履艰难。这是我们能从这次苏南乡镇企业改制中得到的一点启示。

此外,这次改制也有助于加深我们对一些争议问题的认识,例如关于股份合作制。这次改制后仍有大量企业采用股份合作制形式进行注册。但实际上,这些企业中,有的设职工股,有的根本没有职工股;持股人数多者上千人,少者仅两人。我们在前面已经指出,改制中设不设职工股主要是取决于企业经营者。调查中,一些企业经营者(也是本企业的最大股东)说:不设职工股是怕职工持股会对经营者在管理方面进行掣肘。采用股份合作制的身份看来已不是希图集体所有制的"红帽子"了,而是为了降低改制成本:股份合作制企业在注册变更登记时可以少缴费。此外,企业的生产许可证在企业更改为其他类型时需要重新申请,而作为股份合作制企业则不需重新申请。改制企业中,即使职工持股比例较大也不存在"一人一票"式的决策机制,而是通过职工持股会参与董事会,类似于美国的雇员持股计划。职工持股一个较为普遍的做法是,在经营者持大股的前提下,由"经营层"参股。所谓经营层,有的企业指车间主任以上的管理者,有的企业还包括班组长。看来资本逻辑与劳动者逻辑在企业制度上确实难于"兼容",因为在实践中,资本所有者和劳动者并不会处于均衡地位,人为把两者结合起来,并不能改变他们的主从关系。

第四节 温州模式剖析

一、起步方式——个体工商业:家庭工业的兴起与专业市场的形成

温州乡镇企业的起步是从个体商业经营开始,逐步形成小商品专业市场,并带动家庭工业的兴起。家庭工业的兴起与专业市场的形成是互相联系、互相促进的同一过程的两个方面。

20 世纪 80 年代,温州的十大专业市场闻名遐迩,它们既是温州对外的窗口,也是温州模式的重要特征。这十大市场是:永嘉县桥头镇钮扣市场,苍南县金乡镇徽章、标牌市场,苍南县宜山区再生腈纶纺织品市场,乐清县柳市区五金电器市场,瑞安县塘下、莘塍区塑料编织袋、松紧带市场,瑞安县仙降镇塑革鞋市场,平阳县水头镇兔毛市场,平阳县肖江乡塑编市场,苍南县钱库镇工业小商品、农副产品综合市场,乐清县大荆区东林乡布料市场。

这十大市场加上 110 个专业市场以及其他大大小小市场,共达 470 多个。这些市场大都与家庭工业生产基地结合在一起。在温州究竟是先有家庭工业,然后形成专业市场,还是先有专业市场,然后带动起家庭工业,说法不一。不管怎么说,有两点是可以肯定的:第一,无论是专业市场,还是家庭工业,其启动资金是靠一家一户的私人积累,换言之,是靠个体经济起步的;第二,家庭工业是在以市场带生产,以流通促生产,即"以商带工"、"以销兴产"下发展起来的。

无论是经营商业还是创办工业,都需要一定的原始资金,我们称之为启动资金或初始资金。温州家庭工业与专业市场的启动资金基本来自民间,这就是千家万户的私人自我积累。它们有来自过去开厂经商的积累,有来自在外务工人员汇回的款项,还有早期小本经营的积蓄。

以桥头为例,外出的弹棉郎将在外面辛辛苦苦挣得的一点钱作为本钱,从事小商品买卖,使自己资本不断增加,生意越来越大。许多桥头人都是这样,靠家庭积累或亲属筹资,从经营小本生意开始积累起后来创办家庭工业的资本的。

星星点点的个人积蓄之所以能将农村工业推动起来,并形成燎原大火,还在于:

(1) 温州农村工业主要是建立在家庭经营的基础上的。这意味着温州农村工业的兴起主要靠各家各户投资创办,尽管在这贫穷的土地上,一家一户的初始资金十分有限,然而汇集在一起却是一笔可观的数目。

(2) 温州农村家庭工业生产的商品主要是小商品,不必投入很多的资金就可起步。此外,生产技术要求低、工艺也很简单。而且,产品大多是利用城市工业边角废料加工制作。例如:金乡的铝制徽章、门牌是用从全国各地大中型企业收集来的废铝制成的;宜山再生腈纶衣裤是利用外地企业腈纶边角余料重新纺织制成的。最初生产大都是手工制作,即使买一台简单的机械,也只需几十元、几百元。

(3) 由于家庭工厂,节约了一般创办企业所需的基建投资、行政开支及管理费用。家庭成员以性别、年龄、体力、特长差别进行劳动分工,通常是年轻人、男人外出跑供销或操作机器,妇女老少从事销售产品或辅助性劳动,各尽其职,各司其业,每个人的能力得到充分利用。

这样,在家庭经营的基础上,依靠众人的初始资金合力的作用,推动市场的运转和工业生产的起步,使小商品生产经营逐渐成为气候。

二、生产经营方式——从家庭经营到新经济联合体

在温州农村,同是家庭工业,由于行业、品种、规模和使用工具的不同,其经营形式有所不同,具体说来主要有以下几种:①独户经营。就是以农户为单位,用自家的住房当厂房,自己筹集资金,自行采购原材料和设备,依靠家庭自身的劳动力进行生产加工,自行销售产品。独户经营一般实行手工或半机械化生产,具有亦工亦商、厂店结合、自产自销的特点。在温州农村家庭工业中,独户经营较为普遍。②挂户经营。即家庭工业对外签订业务合同、开具产品销售发票及承办业务往来时,使用乡镇集体的银行账号和发票。这种经营形式有两种情况:一是只借用集体牌子,但生产加工仍在家里进行,供销业务也由家庭自己经营;二是挂牌后,可租用集体厂房和设备,必要时向集体企业借款,以解决资金周转困难,此外有时还需集体出面调解对外业务交往上的纠纷。家庭工业挂户经营需向被挂户的集体企业交纳3%的管理费。③雇工经营。这种形式在家庭工业中已经为数不少。雇工经营的原因,一是为了解决家庭本身劳力不足问题;二是生产规模扩大后人手不

够;三是为了充分发挥机器的效能。雇工包括帮工与学徒,他们主要从事产品生产,而原料采购、产品推销则由雇主完成。④代客加工。即靠家庭劳动力与生产设备,专门从事来料加工,按件收取加工费。代客加工除少数原料需自己采购外,一般不需要更多的流动资金,也不必自己推销产品。代客加工有三种情况:一是为经营型家庭工业户加工。二是为乡办、村办企业加工。三是为城市大工业加工。⑤承包经营。即由家庭承包经营效益不好的集体企业,承包者根据合同规定上缴一定的利润。由于利用了家庭经营优势,使得即将倒闭的村办企业恢复了生机。⑥联户经营。二三家,或多家农户根据自愿、互利、平等的原则联合起来,共同投资、共同经营、共同占有生产资料和产品,共担风险,根据入股份额参加利润分红。联户经营最初是从亲朋好友开始的,如兄弟之间或亲友之间,以某个经营能手为核心,联合几户合资创办。以后随着生产专业化,一些从事同种生产的农户为购置机器也联合经营。

上述六种经营形式,尽管它们在生产要素结合上有所差别,但都是建立在家庭经营的基础上的,与集体经营相比,它们具有以下一些特点:①就业成本低。首先是不需要建造厂房与库房,节省了投资。其次,节约了用地。家庭工业住房就是工厂,不要专门建造厂房,因此节约了大量基建用地。而乡办、村办企业一般每10万元工业产值就要占用0.8~1亩土地,1亿元产值就要占用800~1000亩耕地。②剩余时间和劳力的充分利用。温州农村的家庭工业从业人员都是农民,白天务工,早晚务农;农忙务农,农闲务工;而平时只要空闲都可从事加工生产。由于不少商品生产工艺技术性要求不高,因此老人、孩子也常帮着做,或从事辅助性工作。③商品小,市场大。温州不少家庭工业靠生产小商品起家,这些商品往往是城市企业不大愿意生产的商品,它们价值虽小,但与人们日常生活关系密切,如钮扣、编织袋、塑革鞋、拉链等,其品种、花色、规格繁多,因此市场很大。温州人算过一笔账:一粒钮扣3分钱,做一套衣服需15粒钮扣,全国10亿人,倘若每人每年做一套衣服,那么全年消费量就是150亿粒钮扣,4.5亿元。可见,"小小钮扣,广阔天地"。④变废为宝。家庭工业所用原材料,大都是城市企业用下的边角废料,既不愁原材料短缺,又避免与城市工业争夺原料。例如利用废塑料,重新化制加工成塑料拉丝;利用铝边角料,重新加铸加工成徽章;利用腈纶边角料,重新开花纺织成再生腈纶服与地毯;利用铁皮边角料,重新加工成钮扣;利用矽钢片废料加工制成铸件产品等。⑤分工细,效率高。家庭工业在发展中已形成专业化分工协作。一是生产过程中工艺的分工。二是生产过程与流通过程的分工。原料采购、产品推销专人负责,家庭工业户只从事生产。由于专业化、社会化分工,提高了劳动生产率,降低了成本。⑥经营活,掉头快。由于一家一户或几家联户经营,规模小,生产单一,加上所有权、经营权自己掌握,市场应变能力强,转产掉头比较快。⑦薄利多销。家庭经营成本低,产品价格一般比外地同类产品价格要低。另一方面,温州家庭工业又采取薄利多销方针,温州人自有其经营之道,他们认为:"分利则得,并利则失。我有利,客无利,则客不存;我利大,客利小,则客不久存;客我利相当,则客可久存,我可久存。"⑧销售快,效益高。温州家庭工业实行以销定产,根据订货进行生产,因此商品积压很少,资金周转很快,从而经济效益高。

家庭工业由于以上这些特点,使其在发展中具有一定的内在优势。但是,家庭工业毕竟是一家一户分散经营的个体经济,因此在资金、劳动力、技术、管理等方面都存在着种种局限。①资金局限。由于家庭工业以自筹资金起步,因此资金十分有限,一般说有几千元、上万元那是相当了不得的。在发展过程中,一些家庭工业户惟恐政策变化,不愿将较多的钱投入到扩大再生产中,而是热衷于建房盖楼与生活消费。②劳动力数量与质量局限。从数量上看,一家一户进行生产,劳动力十分有限,因此单靠家庭劳力难以扩大生产规模。从质量上看,家庭工业劳动力素质较差。③技术局限。首先是设备简陋,技术落后;其次,许多家庭工业缺乏产品标准、工艺图纸及产品检验制度。④管理局限。家庭工业微观搞得较活,效益也高;但从宏观上看,以一家一户为单位,千家万户分散生产,管理工作量很大。由于不少家庭工业户未建立完善的财务会计制度,一年经营多少业务,不仅有关单位不知道,连他自己也弄不清;加之一些人怕露富,分散资金投资办厂,多处挂户,使得问题更为复杂。因此,偷税漏税情况时有发生。

以上种种情况都制约了家庭工业的发展。同时,家庭工业也越来越受到竞争的外在压力。这些外在压力,一是来自逐步推向市场的国有企业的竞争;二是来自全国各地农村乡镇企业发展的竞争。竞争使最初利用旧体制下流通渠道不畅通、国有企业缺乏活力、其他地方乡镇企业尚未发展等特殊条件而崛起的温州家庭工业,已经有些步履维艰。于是,不少家庭工业开始跳出家庭的小圈子,走上经济联合之路。

最初家庭工业的联合,采取的是联户企业形式,随着经济发展,联合的形式开始出现多样化,它们主要有:①家庭工业联合体。它们大都是区域性近距离的联合,在组织上较松散,经济上独立核算。②双层经营联合体。即由众多家庭企业与一个较大的经营集体或国营企业挂钩,建立上层统一经营,下层分散自主经营的双层体系。双层经营有村户双层经营与厂户双层经营两种。村户双层经营是全村的家庭企业或联户企业与村集体挂钩,通过村集体组成一个大企业,各户仍分散自主经营,但村企业统一负责合同管理和仲裁、代管财务账目、使用介绍信和印章、提留社会负担费用和管理费、开具产品发票和征收税款、检验产品质量、管理土地、山林和主要农机具。村级经济组织管理协调工作,负责信贷、税收、提留。厂户双层经营又分为挂户企业与龙头企业两种。挂户企业指家庭工业户与村办、乡办企业挂钩,或联户企业与国营企业挂钩,而成为分厂,分厂独立自主经营,被挂户企业提取管理费,并向挂钩户提供资金与技术服务。③合股联营。最初是以亲朋至友为主要股东和企业核心,后来发现弊端过多,不少企业家突破血缘关系,找能人合伙,并走上股份合作经营道路。由于合作背景不同,因此形成多种形式。

从上可见,温州的家庭工业正在从一家一户经营走上联户经营、联合经营、进而股份经营的道路;农村工业由家庭内部的自然分工协作走向社会化专业分工协作。从全国乡镇企业发展的情况看,温州是最早推行股份制经营的地区之一。到1992年温州股份合作企业已达到2.4万多家,年产值88亿多元,占乡镇企业总产值的80.5%。股份制经营克服了家庭经营在技术、资金、劳动力等方面的局限性,增加了乡镇企业在市场经济中的活力。

三、产业结构——第二、三产业的迅速发展

温州模式以家庭工业与专业市场为基本框架,而家庭工业与专业市场的核心是商品生产与商品交换。农村商品经济的发展,必然带来农村产业结构的变化。80年代以前,温州农村家家务农,粮食商品率不过15%左右,副业在农业总产值中只占23%,农村基本上处于自给自足状态。80年代后,随着家庭工业的蓬勃兴起以及农村多种经营的发展,温州农村商品经济迅速发展,具体表现为:其一,农副产品加工业的发展;其二,家庭工业的兴起;其三,农村第三产业的发展。其中以家庭工业的发展尤为显著。

1. 农村产业结构的优化

农村产业结构的优化,主要反映在农村产业结构中农业比重的下降,工业比重上升,第三产业兴起。农村就业结构也发生了相应的变化。过去温州80%以上劳力从事农业,现在80%以上劳力从事工副业;在家庭工业集中地区从事工副业劳力达90%。从农业内部结构来看,种植业所占的比重在下降,其他行业的比重在上升,农业由种植业"一统天下"的局面变为种、林、牧、副、渔全面发展,不少地区形成专业化生产基地,为农副产品加工业的发展创造了有利条件。农村商品化的发展,使得越来越多的种植户、养殖户、开采户走上种植、养殖、加工并举,产供销一条龙的经营道路,一些农民由此成为家庭加工业大户。不过,农副产品加工毕竟不是温州农村工业的主要内容。温州农村工业的主要内容还是与专业市场紧密联系的家庭工业与家庭商业,特点是生产与经营的商品大多数为小商品,数量大,价格低,但为人们日常生活所需要;生产原料大都为城市大工业的边角碎料、废弃品;并且以销定产,自产自销,产销结合,具有广阔市场。因此,温州乡镇工业的内部是以日用小商品为主,农副产品加工为辅的结构。这种结构的形成是由市场供求状况决定的。

2. 农村中的第三产业与社会化服务组织

农村产业结构的优化还表现在第三产业的迅速发展。随社会分工日益细化,家庭工业、农林牧副渔各业日趋专业化,以及农民生活节奏的加快,越来越需要提供生产、生活多方面的服务。于是,温州农村第三产业得到迅速发展,出现了各种社会化服务组织。这些组织种类繁多,名称各异。在农业中,主要有:家庭农业服务社、农业服务公司、家庭农机服务站、育秧公司等,从事农资、代耕、植保、农技、农机等服务。在工业中,这类服务组织有:货物托运站(或称包裹托运站)、购销服务站、联购分销服务公司等,负责为商品流通、资金调剂、信息收集、法律咨询等提供专门的或综合性服务。在众多服务网点中,以货物托运部最多,它遍及温州市区与农村各集镇。温州农村家庭工业、商业的发展,专业市场的形成,使县城、集镇旧的邮电营业所已远远不能满足商品经济发展的需要,于是,出现了一批"邮政专业户",专为客户办理大小包裹托运,承托的包裹一般在15~500公斤之间。

托运部不问包裹里装什么,包裹形状如何,重量多少、距离远近,只要他们能做到,全都承办。通过他们与铁路、公路、水路等运输部门的联系,运往全国各地。托运部在服务上通常能做到上门办理,派车取货,并且一次托运、一次结算、一票到底。民间邮政的出现,减轻了邮局的压力,方便了当地的工商户与来温州的采购人员。

四、市场状况——各类市场的初步建立

温州模式是较为典型的市场型的乡镇企业发展模式。乡镇企业,尤其是家庭、联户企业是在包括商品市场、资金市场、技术市场、劳务市场、信息市场在内的市场体系中孕育成长的。下面分别对这几个市场作一介绍。

1. 商品市场

上海社科院课题组曾对温州的商品市场进行了考察,用七个字对其作了概括,这就是"多、高、广、细、廉、大、快"。

所谓"多",指商品市场数目极多,参加交易人数众多,商品品种繁多。温州九县二区,各县各区各乡各镇都有规模和形式不等的市场,每天市场上参加交易的人数以万计。此外,专业市场甚多,每个专业市场每种商品都有几百上千个品种。"高",是指专业市场销售额很高。"广",说的是专业市场辐射面相当广。十大专业市场中7个销售面遍布全国各地,3个辐射广东、福建、华东、华北各省。"细",即专业市场分工相当细密。从远程购料、组织生产、成品包装到坐店设摊、推销商品、发送业务信等都有人专司其职。此外,生产工序也有分工。"廉",指的是专业市场经销的商品价格低廉。专业化分工提高了劳动生产率,使商品的单位成本下降。"大",薄利带来了多销。温州各专业市场主要从事批发经营,每笔成交额很大。"快",指专业市场商品销售得快,资金周转很快。

值得一提的是,温州不少专业市场不是只经营一种或两种商品,而是以经营某种或某两种商品为主,兼营其他商品。温州的商品市场随农村商品经济的发展而形成,并在市场逐渐走上专业化的同时,在市场机制作用下,经营品种有所扩充。

2. 资金市场

前面说过,温州农村发展商品经济的原始资金主要靠农民家庭自筹解决。随着个体工商业的迅速发展,单靠个人资金积累已远远不能满足生产经营的需要。据典型调查,温州个体工商业实际经营的资金约为注册资金的8倍,这就是说一个有5万元注册资金的家庭工业户,实际经营的资金可能是40万元左右。这是因为生产本是一个连续的过程,原料的采购并不是等待产品销售完后才开始,当投入的资金还未收回时就需投入另一笔资金。而温州的农村工业主要是分散经营的家庭工业,从生产到销售每个环节都用现金直接交易。这样,必然会出现资金周转上的困难,而靠国家银行、农村信用社来提供经营中所需资金却十分有限。

温州农村民间资金市场的主要经营者是：信用专业户、银背、钱庄、钱"会"、民办金融机构、乡镇非金融机构。信用专业户都是本地人，他们了解各工业专业户与商业专业户经营情况，准备做什么生意，赚多少钱，有何风险，他们根据了解的情况接受私人委托代客投资，收取利润。有些信用专业户还与商业专业户共同分担经营风险，先借款，后定利息率。不过，这种个人之间的借贷毕竟范围有限，它只限于熟悉的人之间，不熟悉者之间就难以借到钱。于是在民间信用的发展中便出现了信用经纪人，在当地称为"银背"。银背一般本身具有一定的财力，并在当地有一定信誉，对外交往较为广泛，贷款者愿意将钱借给他介绍来的人，借款者能够通过他很快找到贷款者。银背通过这种介绍从中收取一定的佣金。银背开始只是熟人相托，兼职经营，以后发展到专职经营，并制定单据，建立账册，订立存贷款利率，成为私人金融家。

温州农村资金市场上还出现了古老的民间信用互助形式——钱"会"。它有聚会、摇会、成会、邀会、呈会、标会等几十种形式，钱会是其总称。尽管各种"会"在规模、期限上有所不同，但基本形式是一样的。一般由发起人(即会主)邀请若干人(称会脚)组成，会脚次序征求本人意愿排定，或由会主通过抽签、摸牌、掷骰子排定，并通过标息竞争排定；规定每月或每季或每年举行一次，每次根据所排次序交纳一定款额，由轮到者使用；会主是组织者，因此优先得第一次会金。先得会金的会脚在应会时除付还本金外，还需增付利息，但利息率不及民间借贷利息率高；而后得会金的会脚在收回所付的会金上，还可得到一笔利息，其利率比银行存款利率高。钱会吸引了不少人参加，其中聚会形式遍及温州六县(市)，数十万人参加，资金流通量达数亿元，随着金融改革步伐加快，温州城镇出现了各种民办城市信用社，这些城镇民间信用社的经营方式较为灵活，它们的存贷利率，参照中国人民银行公布的标准实行浮动；在贷款上，实行抵押贷款与承保信用贷款相结合；业务上，办理存款、贷款、结算业务及代收代付、代办保险、证券发行等业务。民间金融机构的出现，解决了集体企业、个体工商户存贷难、兑款难、结算难等问题。

3. 技术市场

在农村商品经济的推动下，温州的民间技术市场也十分活跃。主要表现在聘请技术人才、建立技术介绍服务所、自办科技研究所、有偿转让技术等方面。

温州的乡镇企业把科技人员当作招财进宝的"财神"。为了充分发挥他们的作用，温州市技术市场出现"周末工程师技术介绍服务所"，每天都有企业派人前来洽谈，聘请工程师为他们攻克技术难关。

随着城市改革的深化，市场竞争的加剧，使产品的质量和更新，新产品的开发和研制，成为企业生存与发展的关键。从80年代中期开始温州农村出现创办民间科研所热，到1987年由农民企业家、科技人员自办的民间研究所已有24家，其中仅永嘉县就有12家。在这些民间研究所中办得比较成功的是瑞安永久机电厂研究所，它由厂长温帮彦与几位青年人合伙创办，研制的组合多功能电脑磁阀在第15届日内瓦国际展览会上荣获金质奖。另外，1987年初在乐清县大荆镇西一村也出现了农民家庭科研所，即乐清植物组织培养研究所。该所由一家 4 人组成,所长章滨森当时才 21 岁,1984 年高中毕业随父从事花卉苗木生产。第二年自费去北京中国林业科学院林业研究所,学习一年半,主攻植物组织培养研究。回来后办起了研究所,成功地培养出良种葡萄,并与中国科学院上海植物生理研究所联合进行引进加拿大葡萄研究,还担负国家科学院植物园南方试验点的栽培试验。

研究所研制出的新技术也进行有偿转让,在温州专业技术转让中有双方牵线搭桥的中介组织。1987 年已有 10 多个,其中业务开展得较好的是温州市技术市场开发中心与鹿城信息图片社,它们联合成立了"温州技术市场"。转让的技术有来自全国大专院校、科研部门的,也有来自当地部门的;有企业的,也有个人的。到 1987 年该市场与全国 4000 多个单位建立了长期联系,交换到刊物、资料 738 种,获得技术转让项目 6000 多个。农村一些家庭工业户通过技术市场的中介机构,向省外农村转让配套技术。如宜山、桥头、仙降等地的家庭工业户通过市科技咨询服务公司,与河南省偃师县佃庄乡挂钩,转让当地再生腈纶、钮扣、塑革鞋、编织袋等家庭工业生产技术,签订转让合同项目 8 个,规定温州方面向河南方面提供设备、技术培训、包出产品,所有项目均在 2 个月内完成。各项目完成后,可创年产值 500 万元,获利润 150 万元。

为了解决技术力量不足的问题,温州的乡镇集体企业和家庭联户企业还直接与大专院校、科研单位、城市企业挂钩,建立多种协作关系,通过对方的技术投资、技术课题承包、联合开发新产品、合作攻关、合资办厂等来增加技术力量。

4. 劳动力市场

劳动力是生产要素中最基本、最活跃的要素。农村商品经济的迅速发展,一个重要条件就在于劳动力的自由转移。劳动力的转移包括产业间的转移与地区间的转移。温州农村劳动力转移的过程,首先是农业劳动力向非农产业转移,引起产业结构的变化;其次是落后地区劳动力向发达地区转移,带来劳动力地区结构的变动。

温州劳动力市场由三个主体构成:一是雇工,有生活雇工与生产雇工之分,它主要由农村剩余劳力、城镇待业青年、退休工人与从事第二职业的科技人员组成;二是雇主,它主要是工商户、乡镇集体企业、街道企业、需家庭生活服务的普通居民户;三是劳动力市场的中介机构,有劳动局、街道劳动服务公司、居委会、生活服务所、私人保姆介绍所等。

温州劳动力市场的形式是多层次的。从农村看,它主要有:第一,乡镇政府的、集体的或私人的职业介绍所,名称各异,有劳动服务公司、生活服务所、劳动服务社、保姆介绍所等,从事生产人员、家庭服务人员的职业介绍。第二,街头劳动力市场,在十大专业市场和产销基地,如乐清县柳市镇后市街桥头,几乎每天上午 8~9 时,下午 1~2 时半,有一二百人扛着铺盖聚在桥上或桥边等待受雇。该劳动力市场待雇人数最多时达到上千人。他们主要为本县、本区或邻县的农民,也有来自温州地区以外的农民。第三,张贴广告招聘,一些经营大户往往采用这种形式来招募技术工人。第四,以亲友关系为媒介招募雇工。这是农村最主要的劳动力流通渠道。曾有人对 31 户雇工户中的 1560 名雇工进行调查,他们中有90%的人通过亲友关系介绍来。一些高级雇工的聘请往往也是通过熟人介绍来的。

温州劳动力市场的开放,不仅为10万待业人员找到就业门路,而且也为科技人员提供了发挥才能的场所,不少退休工人与科技人员的余力在农村商品经济发展中得到发挥,显然这有利于人才资源的利用。此外,劳动力市场的开放,也促进了社会分工与生活的社会化,便利众多生产者摆脱家务,专心致力于生产经营。市场的开放还促进生产技术、经营管理技能、商品价值观念的传播,尤其是从发达地区向不发达地区的传播。不少雇工前来打工不是为了出卖劳力,而是为了学手艺,他们与雇主往往有比较密切的个人关系、邻居关系、亲戚关系。如果将朋友的朋友、亲戚的亲戚也算上,这类人在雇工中占90%。所以,受雇过程也是师徒之间的传帮带过程。在温州常常出现这样的情形,今天是雇工,明天就是雇主。不少人经过一段时间劳动,回乡后成为当地发展商品经济的带头人。

5. 信息市场

长期以来,温州总有一批在外经商、卖手艺的人员。这批人带来的大量信息,引进的发展门路对温州农村商品经济的发展起到了很大的推动作用。不过,随着商品经济发展,那种古老的传递信息的手段已为现代通信工具所代替,电话、电报、报刊、广播、电视等成为信息载体,借助它们,温州人捕捉到许多有价值的信息。例如,制作徽章的工业户,从报纸上获悉某省将召开运动会的消息,立即把设计好的纪念章样品寄去征求订购,做成一笔生意,经销再生纺织腈纶衣裳裤子的商业户从电视上看到长江沿岸发生水灾报道,预计气候变冷、腈纶衣裳裤子将好销,派人前去联系,结果在灾区销掉500万件。

在经商办厂中,温州人把信息看得非常重要,他们知道一个信息的迟到、误传、遗漏都会给经营带来不可弥补的损失,为此,一些有胆识的人开始从被动接受信息向主动捕捉信息、收集信息、整理信息、运用信息转变。信息交流也开始从无偿提供向有偿服务转化,民间信息市场逐渐形成。

于是,在温州大地上出现了一批信息专业户和信息分析家。他们中较出名的有"目录大王"叶建华、"信息大王"邱兴亮、"信息权威"许方枢。

显然,信息能给经营带来好处。为此温州农村出现了订报热、办广播电视热、装电话热。为了及时地传递信息,许多家庭工业户、商业户安装起电话。1984年温州农村电话户数为4700户,到1986年猛增到14 059户。

农村信息热,也带来各种民间信息机构的成立,其中办得比较出色的是金乡镇科技信息协会。该协会由70户专业户发起,于1984年6月成立,到1985年已有成员120多名。协会创办《金乡信息》小报,面对全国大专院校、科研单位、信息机构及关系户,交换到大量信息资料,并先后参加各种信息交流会、商品展览会。1985年10月还发起商品交易会,邀请全国28个省市550名代表参加,通过会议与各地科研部门、乡镇企业局和物资管理部门建立起经济技术信息协作关系,组成协作网。协会多次邀请专家、学者、科研人员前来金乡作学术报告、讲课、参加恳谈会。协会与西安美术学院合办工艺美术培训班,提高金乡小商品的工艺美术水平。协会利用所得信息,带头开发新产品,收到很好的经济效益。协会的成立促使了经济联合体的形成,一些会员通过信息,开拓新产品,引进新技术,联合创办新企业,出现保温饭盒厂、涤纶塑料厂、食品饮料厂等5个经济联合体。

在温州民间信息市场中,除信息协会外,还有10多家经济咨询与信息服务机构,其中最出名的是东风信息服务社。它成立于1984年7月,由12位待业青年创办,主要从事检索资料,提供信息咨询服务。服务社订有全国240家报纸,每天将各类有关技术、经济方面的信息资料摘抄下来,或用最简练的文字进行缩编,分类汇成市场动态、国际市场、国外新产品、国外科技、乡镇企业经营、机械工业、电子工业、化学工业、环境保护、仪器仪表、家用电器、渔业资源、服装针织、食品饮料、园艺盆景等15类专业项目,编辑成《全国240家报纸信息分类汇编检查资料》,每月发行一期。由于该资料文字精练,信息密度高,容量大,有利于人们用较少的时间掌握大量信息,因此深受各地经济部门和企业单位的欢迎。服务社还与中国科技大学振华新技术开发公司协作,每半年举办一届信息员函授班,每月出函授资料一期,第一届学员遍及全国各地,达4000多名,成为各地传授信息的积极分子。服务社在取得社会效益的同时,本身的经济效益也在提高,由创办时的亏损转为盈利。1985年1~10月,营业额达10万元,除去上缴税金,利润2.3万元,服务社人员也增加到23人。

总结温州的信息市场有两大特点,这就是多方办信息与广辟信息源。

在温州,不仅民间创办信息机构,各级政府部门也建有各类信息机构,如温州市有《温州信息》,温州日报社有《市场和信息》,各县、区、乡有经济信息研究室、科技开发咨询服务中心。它们与民间信息机构一道组成上下、左右、前后交错的立体信息网。到1985年,温州市已与全国28个省、市、自治区,80个地、市、县和13个沿海港口城市及海南岛的168个单位建立了信息网。

从信息源看,温州拥有10万购销人员和30万劳务输出人员两支庞大的队伍,他们是温州经济发展的重要信息源。以购销员为例,他们走南闯北,长年累月在外跑业务,采购原料、推销产品、签订供销合同,对市场行情、技术信息特别敏感。他们不仅把一份份订货单带回家乡,而且也把考察掌握到的信息技术带回家乡,使家乡经营的产品更新换代,随市场需求转产。温州人把购销员比作是辛勤采蜜的"工蜂",工厂的"先锋",商品市场的眼睛,这些比喻毫不夸张。正是他们将国营百货公司大量积压的钮扣投放到桥头市场,几十天销售一空,使死货转为活钱;也是他们将大量原料、合同订货单带回,组织各家各户加工生产,为大批剩余劳动力提供了就业机会;还是他们不断将全国各地有关产品的价格行情、品种规格、技术状况、销售前景、需采情况送回,引导当地家庭工业和专业市场开发经营新产品。他们既是温州千行百业的原料采购员、工业产品的推销员,又是商品生产的组织者、宣传者,全国商品信息的传递者、反馈者。他们对温州农村商品经济的兴起与发展作出了贡献。

五、收入分配方式——先富、后富与收入差别

温州农村在很长时间是浙江省比较贫困的地区,不少地区连温饱也不能解决。人多地少的矛盾,迫使温州农民常常远走他乡,寻找谋生之路。1978年温州人均年收入只有55元,远远低于全省平均水平。然而,十一届三中全会后,随着商品经济的发展,温州农民生活发生了巨大变化,短短几年时间里,人均收入就提高几番。尤其是家庭工业、商业发达的地区,万元户多如牛毛,其中一些富裕大户,年收入达到几万至十几万元,拥有资财几十万元或上百万元。

1. 温州的富裕大户

温州的富裕大户主要有这么几类人:一是金融大户,他们中有信用专业户、银背、各种钱会会主、钱庄经营者。他们通过资金借贷业务获取利差收入,或通过各种钱会聚集大量资金,然后将其放贷。二是雇工大户,他们有一技之长,善于经营,敢于冒险,一般自己也参加劳动,在企业中担任一定职务,收入远比普通雇工要高。1985年据对户雇工人数在30人以上的大户的典型调查,雇主年平均利润收入为3.5万元,其中最高的为15.2万元,而雇工年平均工资收入为800元,两者相差44倍以上。三是购销员,他们中有专门承接业务合同的,专搞长途贩运的,承包城市柜台的,订货采购的,以及推销员。据对200多名购销员调查,他们平均年收入为1.3万元,其中年收入3万元以上的21人,5万元以上的10人。四是包工头,主要是建筑包工头。温州农村经济的发展,农民收入的增加,促进了建筑业的大发展,出现了拥有8万人的乡镇集体与个体的建筑工程队。就个体经营者而言,他们组织农村剩余劳力不仅在当地承包工程,也在外地承包工程,成为建筑包工头。据对40户建筑专业户调查,其中3户包工头平均年收入为6万元。

分析富裕大户致富的原因,一是他们中大部分勤劳致富,直接参加体力或脑力劳动,参加商品生产的组织与经营,如雇工大户,不仅自己组织生产,进行技术指导,而且还兼做财会、购销、保管等工作,每天工作时间长达十几个小时;商业大户,靠早开门、晚关门、优质服务来增加营业额;购销大户,则完全凭借自己的两条腿、一张嘴,行千里路,讲万句好话,推销商品,取回合同。这部分人除了勤快这一共同特点外,还具有商品经济头脑,善于经营管理,敢于承担风险,具有开拓创新精神。因此,他们的收入是按劳分配与按效益分配的反映。二是现行税收体系的不健全或管理不善,使得一些个体经营者通过偷税、漏税,或钻体制空子获取高收入。在温州农村,一个税收人员往往要管理上百至几百户,根据其经营状况按比例征税,税收人员常常难以掌握个体经营实况。又如信贷大户,按银行管理条例属非法经营,但温州资金市场又少不了他们。这样他们半公开半地下经营,工商、税务部门都管不着他们,他们凭借资金使用权与所有权获取利润与利息。因此,富裕户中一部分收入又是按资分配与体制存在弊端的反映。

2. 个人收入差别及其原因

一部分人收入的迅速提高,使得温州农村个人收入差距拉大,表现在:

地区间差别。各县、乡之间的差别很大。1985年沿海六县商品经济发展较快地区已实现温饱,迈向小康,而内陆山区三县,即永嘉、文成、泰顺贫困地区,商品经济发展仍很慢。比如永嘉县当年的人均收入只有182元,低于国家规定的人均收入200元的贫困线。乡与乡之间差别也很大。1985年属经济不发达的永嘉县人均收入在120元以下的乡镇有26个,而同是一县的桥头镇万元户却达到80%以上;属经济较发达的平阳县,仍有贫困乡31个,其中人均收入不足120元的有13个。

行业间差别。务农与从工经商之间的差别很大。苍南县钱堡一个务农户,一家八口种三亩田,全年收入不过200元。一个经商户年收入在2400元还属低水平。

企业内差别。雇主的年利润收入几十倍甚至百倍于雇工工资收入,技术工收入又几倍于普通工收入。

不同所有制间差别。一般说个体户收入高于集体企业职工收入,集体企业又高于国营企业。

温州农村出现的收入差别在于商品经济发展的不平衡性。

就地区差别来说,商品经济不发达地区的收入之所以低于商品经济发展地区,原因很多。其中包括在不发达地区人们商品经济观念淡薄,经营能力差,文化素质低,技术落后,执行政策不得力,无较强的领导班子或发展商品经济的能人,自然条件、经济地理环境恶劣等。如永嘉、文成、泰顺三县山多地少,不通公路的乡占到31%以上,许多山村没有电话和有线广播,报纸一星期才能看到一次,邮寄需翻山越岭几十里,到山外小集镇办理。这里闭塞落后,文盲率很高,这三县农村劳力中文盲率都在30%以上。在山区,人们安贫守旧的观念也较严重。

就不同行业差别来说,务农收入低,有价格不合理因素,也有单一经营的因素。有一些农民打破单一种粮的格局,发展立体农业、生态农业,开展多种经营,提高了收入。如乐清县农民孙家昌,在家门前搞庭院经济,实行集约经营,仅9.4分地创年纯收入上万元。

就不同所有制差别来说,主要在于生产资料所有制占有形式的不同,分配形式就不同。国营集体企业的收入需作种种扣除后才能以工资形式发放到职工手中,职工除了工资外,有一定的奖金,并享受企业的福利、劳保、养老金等待遇;而个体名义上收入比国营、集体高,却没有这些待遇,加之自负盈亏,经营风险较大。另一方面也应看到,负税的不平等也是造成差别的原因之一。为了扶持、鼓励个体经济的发展,到1985年止,国家对个体经营征收产品税或营业税一般为产值或营业额的3%~5%,而个体户、个体企业通常还纳不足税。但国营、集体企业,尤其是国营企业大部分盈利上缴国库,负担较重。

就企业内差别来说,雇主一方面凭借其对生产资料、资金的占有,获取更多的收入;另一方面,雇主直接参加经营管理或劳动,其经营的好坏,直接影响到企业收入的高低,较高的收入又是其劳动成果的一定反映。

温州模式是市场型的,市场经济不只是按劳动量投入的大小、劳动技能的高低进行分配,它还按资金、按效益进行分配。假如生产的产品卖不出去,实现不了价值,那么投入的劳动量越多,积压的产品就越多,浪费就越大,即便劳动技能高超,产品质量很好,也不能收到相应的效益。因此,市场经济中经营者的商品经济头脑、管理水平、适应市场的决策能力十分重要。在温州农村一些称之为"能人"的企业家,其收入往往很高,这与他善于经营,富于开拓,敢于冒险很有关系。

由此可见,温州模式的收入分配方式是多样的,有按劳分配、按资分配、按效益分配等。不过,温州的收入分配并不是富了个人穷了国家,事实上,随着万元户的增加,国家收入也在增加。1976年温州全市财政收入不足3000万元,到1986年猛增到5亿多元。

3. 缩小收入差距的努力

温州农村出现的收入差距反映了人们在实现富裕过程中由于种种原因而产生出来的先富与后富问题。由于人们能力彼此不同,所处环境有所差异,因此收入差距的存在有其必然性,它的存在一定程度上促使后进赶先进,有利于提高企业经济效益。不过,依靠生产资料、资金的占有获取收入过高,也易产生出种种社会问题,这需要通过税收加以调节。温州在缩小收入差距方面作了以下努力:

积极扶贫。各级党政部门积极引导,鼓励人们扶贫救穷,互帮互助,走共同富裕的道路。出现了先富不忘后富,富村帮穷村,富户帮穷户的动人情景。不少商品经济发展的平原县、乡、村与落后山区结成友好县、姐妹乡、友谊村,从技术、资金、产品、信息等方面帮助山区脱贫致富。一些农户致富后在资金、技术上帮助其他村民,并带动全村人走向富裕之路。

扶植农业。在以工补农方面,温州乡镇企业远没有苏南乡镇企业做得好,这是因为前者是建立在分散的个体经济基础上,而后者是建立在集体经济基础上。此外,还因为温州发展农业的自然环境远不如苏南。由于农工商收入悬殊,不少地区人们弃农从工经商,土地抛荒现象严重。温州市政府对此采取了措施:第一,鼓励商品经济发达地区土地转移、集中,实行家庭小农场规模经营;第二,鼓励人多地少的贫困山区劳动力转移到沿海平原地区代耕土地或承包经营。事实证明土地规模经营效益较好。1984年苍南县13个家庭农场共经营耕地298.9亩,人均种植4亩,人均产粮6243斤;人均生产商品粮4773斤,商品率为74.46%,人均净收入938元,户均净收入5862元,各项指标均超过当地一般农户平均水平。当然,温州各家庭农场经营耕地面积还非常有限。

兴办社会公益事业。包括办学,办图书馆,办幼儿园,办福利院,建医院,建公园等。它们主要由政府组织、群众集资创办或私人创办。苍南县金乡镇政府发起"我为家乡作贡献"活动,组织群众集资修建了中学教学楼、小学礼堂、狮山公园、文化中心、电影院、创办了幼儿园、自来水厂,新建了菜市场、小商品市场,修整了大街小巷路面、公共厕所、贮粪池、垃圾场等。鹿城区叶凤妹致富后,兴建楼房办起福利院,收养残疾儿童与孤寡老人。一些乡村办起了敬老院,瑞安县潘岱乡金星二村还为60岁以上无经济收入的老人安排了养老专用果树,将全村 500 多株果树分到老人手中,使其生活有了保障。

以工兴镇,以商兴镇。工商业的发展,要求有与之相适应的多功能集镇,这就是舒适的住宅,开店办厂的经营用房,工业生产所需的供电、供水、排污、通信、公路、码头等基础设施,中小学、幼儿教育设施,文化娱乐场所,卫生保健设施等。温州农村建设小城镇的基金来自收入的再分配和集资捐款。比如龙港镇的建设所花费的 1.33 亿元,大部分为群众集资,主要来自经商办厂搞服务的个体经营者。集镇的建设反过来又促进了商品经济进一步发展。1984 年龙港镇工业产值为 20 多万元,新镇建起后 1986 年全镇工业产值剧增到 2400 多万元,镇办企业达到 113 家,家庭工业与商业 1000 多家。

由于各级政府的积极引导以及良好的民风,1986 年温州农村的贫困户比 1985 年减少了 38%,人均收入在 1000 元以上的"小康"户由 3.4% 上升到 4.7%。1986 年年末农村居民储蓄存款余额达到 2.85 亿元,比上一年增加 1.3 倍。

六、管理体制——从"无为而治"到宏观管理

80 年代初,凡去过温州的人都有个感觉,似乎那儿的企业与市场无人管。情况确实也是如此。温州是一个较早由计划经济体制向市场经济体制转轨的地区,温州的各级政府在对市场经济管理的方法尚未摸清之前,基本上采取自由放任的态度。这是因为市场经济中出现的问题是在自身发育中日趋明显的,事先难以用正确的方法加以限制,况且在旧的传统控制意识还未消除之时很可能又会沿用旧的管理方法,这会阻碍许多新事物按商品经济发展的内部规律自然地发展。因此,温州政府采取了"无为而治"的管理方式。这一管理方式为温州个体经济的发展创造了一个宽松的政策环境,使温州的能人在这一宽松的背景下各显神通,充分发挥其创新意识、创造能力、勤勉精神。可以说,温州家庭工业、商业产销基地、生产要素市场,正是在这种"无为而治"的管理方式下形成的。

随着市场经济的发展,温州个体经济发展中出现不少问题,比如雇工问题,童工问题,偷税漏税问题,以坏充好、利用挂户进行欺诈行骗问题等。此外,市场规模的日益扩大,也需一定的经营秩序。为此,从 1984 年开始,温州市政府在搞活经济的大前提下,加强了对生产领域、流通领域的工商管理、税收监督,并积极开展法制教育。其主要做法有:

(1)建立工业委员会,使家庭工业在地市一级有了主管机构。1985 年 5 月,温州市政府建立了工业委员会,以行业管理为原则,将国营工业、街道集体工业、乡镇集体工业及家庭工业统管起来。

(2)组织各级个体劳动者协会,加强自我教育,自我管理,自我服务。个体劳动者协会从 1984 年开始组建,到 1986 年温州各级个体劳动者协会已达 132 个,会员 7.7 万人。协会在加强个体劳动者思想教育,协调各种经济纠纷,保护会员权益,以及协助工商管理部门评税、护税方面起到了积极作用。

(3)建账建证,实行税务登记普查验证工作。

(4)市县两级设立公证管理处,加强对经济合同的公证与管理,并在农村建立一批基

层法律服务所,协助有关部门以法律手段保护家庭工业户、经济联合体、专业户的合法权益。

第五节 苏南模式和温州模式的比较研究

中国经济在70年代末和80年代初所进行的农村改革的推动下实现了长期的快速成长,但最近3年来尽管政府采取了有力的财政和货币政策,经济增长仍然乏力。虽然城市居民生活水平提高较快,但农民的收入却存在下降趋势(长虹针对农村的市场策略的失败从侧面反映了这一点)。与此同时,曾经在80年代中后期和90年代初对经济成长起最重要推动作用的乡镇企业也存在着潜在的危机,面临着何去何从的问题。本节想从实证的角度,通过比较乡镇企业的两种发展模式,探讨乡镇企业未来的发展方向以及相关政策问题。

一、背景和方法

1980年以前的乡镇企业(1984年前叫乡村企业)多数是1958年工业化冲动失败后的遗产和70年代知识青年上山下乡的衍生物。80年代初进行的农村改革使乡镇企业逐步突破了"三就地"原则和"国民经济补充"地位的桎梏。虽然政策上的突破在1992年之后才真正实现,但政策上对乡镇企业的许多限制在80年代中期就不起作用了(所谓的"上有政策,下有对策")。实际上乡镇企业最辉煌的时代正是80年代,因为那时它在整个国民经济中所占比重逐年上升,从不到3%上升到超过30%,而在发达地区则接近或超过50%。这一阶段最引人注目的是出现了江苏的"苏南模式"和浙江的"温州模式"。因为两种模式本身具有历史渊源、典型性和先进性,在当时是乡镇企业成功的代表,同时又受到两地政府和理论界的大力推崇,在经过十多年的发展后,对这两种模式所产生的实际效果进行比较研究就有非常重要的理论价值和实际指导意义。简单地说,"苏南模式"是指乡镇企业以集体(乡、村一级)企业为主、以中型企业(相对而言)为主、以工业为主、依托大中城市的一种发展模式。而"温州模式"则是一种以非集体(个体、私营或联户)企业为主、多元化发展、专业化市场分工与专业化市场导向为特征的一种乡镇企业发展模式。已有众多学者对这两种模式的特点、优势、劣势进行过理论分析和案例研究,在此不再赘述。由于缺乏合适的样本和必要的数据,很难对这两种模式所产生的经济结果进行直接比较。本书以江苏省和浙江省1987~1998年乡镇企业的发展情况来代表"苏南模式"和"温州模式"所产生的经济结果,主要基于以下原因:

(1)双方地理位置相近,都属于东部沿海地区,比邻上海,自然经济条件优越,历史上经济文化比较发达。双方经济发展的外部环境基本一致。

(2) 在我们进行比较的初期经济发展水平相近。1987年,江苏人口是6438万人,工农业总产值1971亿元,工业产值占80.7%,全民所有制工业占工业产值的36.6%,人均工业产值2505元。同年浙江的人口是4120万人,工农业总产值1078亿元,工业产值占78.9%,全民所有制占工业产值的33.2%,人均工业产值2064元。从经济结构和经济水平来看,两省都比较接近,但浙江略逊一筹。

(3) 在1987年以后,两种模式基本已经得到理论界和相关政府部门的认可。而且有足够的文字资料证明江苏省政府更倾向于肯定和推进"苏南模式",而浙江省政府更积极推动"温州模式"。

(4) 有足够详细(按所有制划分)和足够时间段(1987~1998)的可比资料。

由于统计口径上的可能差异,比较时我们只采用《中国乡镇企业年鉴》,并尽量只进行横向比较,需要纵向比较的数据也经过处理,以消除价格、统计口径变化所产生的影响。

二、基本结果

通过对1987~1998年12年间的两省乡镇企业发展的基本结果进行比较,我们可以得到以下结果:

(1) 浙江的乡镇企业发展速度要远快于江苏。我们可以从表7-1中看出:1987年,江苏的乡镇企业无论是企业个数、产值,还是雇佣人数方面都远远超过浙江,企业人均创产值也略高于浙江。而到了1998年后,除了雇佣人数略占优外,其他几方面都落后于浙江。反映了江苏乡镇企业经过12年的发展,在数量和质量上都全面落后于浙江乡镇企业。

表7-1 江苏和浙江1987年与1998年乡镇企业发展情况对比

江苏/浙江 年份	产值	雇佣人数	企业个数	企业人均创产值
1987	1.755	1.728	2.079	1.015
1998	0.94	1.063	0.869	0.885

注:表中数据都是经过对《中国乡镇企业年鉴》(1987,1998)的数据整理得出。表中数据都是相对数。

(2) 整体上,集体企业的发展慢于非集体企业的发展,浙江的非集体企业发展快于江苏非集体企业的发展。从表7-2中我们可以看到,浙江非集体企业产值在乡镇企业总产值中的比重除个别年份(1991)之外,呈现出不断增长的趋势。江苏情况则不同,在1991~1994年这一阶段,集体企业的发展明显快于非集体企业的发展,直到1996年,非集体企业产值所占比重仍低于1990年的水平,这在很大程度上反映了"苏南模式"的影响。而正是在这一阶段,浙江的非集体企业发展最快。1996年非集体企业产值超过集体企业,非集体企业逐步由经济舞台上的配角演变为主角。值得注意的是,在1989~1991年宏观经济进行治理整顿的过程中,对乡镇企业的影响巨大,而非集体企业更是首当其冲,这也是导致两省非集体企业在1991年相对萎缩的重要原因。另外,1998年江苏非集体企业产值所占比重的突然增加主要是由于集体企业改制为非集体企业所致,而不是非集体企业自我发展的结果。

表7-2 江苏和浙江非集体企业 1987~1998 年发展情况对比(单位:%)

年份 地区	1987	1988	1989	1990	1991	1992	1993	1994	1995	1996	1997	1998
江苏	11.6	11.8	13.1	14.5	9.4	8.3	8.0	8.9	—	12.5	16.2	32.5
浙江	16.1	18.4	20.8	22.5	19.6	22.3	30.3	42.2	—	52.8	52.1	58.1

注:表中数据都是经过对《中国乡镇企业年鉴》(1987~1999)的数据整理得出。表内数字表示非集体企业产值占乡镇企业总产值的百分比,缺 1995 年的数据,1996 年的数据为增加值。

(3) 在企业规模方面,由于这一时期我国经济发展、技术进步和价格变化较快。以产值和收入为指标难以反映企业规模的真实情况,因此我们以企业雇佣人数作为衡量企业规模的指标。从表 7-3 中我们可以看到:从企业平均规模来看,江苏变化不显著,浙江则呈下降趋势。江苏集体企业平均规模变化不大,浙江集体企业平均规模则呈扩大趋势。但整体来看,1994 年之后集体企业的规模都呈下降趋势,若将 1998 年许多小的集体企业转制因素考虑进去,这一趋势就更显著。这在一定程度上说明集体企业在 1994 年后就逐步失去活力。由于江苏集体企业规模明显大于浙江,从而导致其在体制改革、经营管理上要比浙江遇到更多的困难。同时两地的非集体企业规模呈明显扩大的趋势,说明非集体企业更具成长动力和潜力。而浙江的非集体企业规模明显大于江苏,因此当集体企业逐步失去活力而非集体企业成为主角之后,浙江乡镇企业就有比江苏更坚实的基础。

表7-3 江苏和浙江不同性质乡镇企业规模比较(单位:人)

年份 规模	1987	1988	1989	1990	1991	1992	1993	1994	1995	1996	1997	1998
江苏总计	9.24	8.67	8.52	8.47	10.45	9.87	9.62	9.08	10.00	9.62	10.16	9.39
江苏集体	58.50	61.52	58.45	59.47	65.02	64.56	63.17	61.58		58.49	56.24	59.62
江苏非集体	2.21	2.40	2.38	2.36	2.51	2.61	2.68	2.71		3.27	4.55	3.17
浙江总计	11.11	10.70	10.10	10.03	10.19	10.30	9.45	8.96	8.82	8.46	8.24	7.68
浙江集体	42.86	41.90	40.30	41.29	45.55	49.50	50.93	54.19		54.00	49.15	51.84
浙江非集体	3.40	3.46	3.45	3.50	3.55	3.69	4.05	4.60		4.99	4.61	4.71

注:表中数据都是经过对《中国乡镇企业年鉴》(1987~1999)的数据整理得出。规模是指每个企业平均雇佣的劳动力数量,缺 1995 年的部分数据,1997 年的统计口径与 1996 年和 1998 年有一定的差异。

(4) 从乡镇企业雇用劳动力的情况来看,江苏从 1988 年开始呈明显的下降趋势,浙江则在 1988 年后呈明显增长趋势,但在 1994 年后处于稳定状态。由于企业个数增加,浙江乡镇企业的规模在缩小。这说明当乡镇企业发展到一定阶段后,现存企业对劳动力的吸收就会趋于饱和甚至还会释放部分劳动力。浙江乡镇企业的从业人员虽呈增长趋势,但集体企业的从业人员在减少,劳动力的吸收主要依靠非集体企业。但现有非集体企业对劳动力的吸收也非常有限,而主要依靠新增企业来吸收劳动力,这从 1996 年后非集体企业规模有缩小趋势可见一斑。同时,无论在江苏还是在浙江,农村剩余劳动力仍然显著存在,各大中城市的众多温州发廊和裁缝店可资为证(表7-4)。

表7-4 江苏和浙江乡镇企业从业人员对比(单位:千人)

年份	1987	1988	1989	1990	1991	1992	1993	1994	1995	1996	1997	1998
江苏总计	9229	9788	9189	8962	8656	9068	9474	9383	9247	8795	8795	8374
江苏集体	7298	9370	6904	6729	6842	6950	7134	6884		6153	5282	4624
江苏非集体	1932	2418	2285	2232	1814	2118	2340	2499		2642	3512	3750
浙江总计	5340	5403	5053	4955	5254	5685	6671	7739	7957	7864	7686	7881
浙江集体	4027	3985	3637	3524	3714	3940	4146	4114		3558	3734	3354
浙江非集体	1313	1418	1416	1431	1540	1745	2525	3625		4306	3952	4527

注:表中数据都是经过对《中国乡镇企业年鉴》(1987~1999)的数据整理得出。缺1995年的部分数据,1997年的统计口径与1996年和1998年有一定的差异。

(5) 从乡镇企业人均创产值(表7-5)来看,1987年,江苏略高于浙江,但1998年,浙江的人均创产值比浙江高13%。说明江苏乡镇企业的劳动生产率已落后于浙江。这种差距主要发生在1997年后,也就是在集体企业失去活力之后,这从一个侧面反映了"苏南模式"的负面影响。若从不同性质企业的情况来看,不同模式的影响就更显著。1987~1998年间江苏集体企业的人均创产值一直高于浙江的集体企业,说明江苏集体企业在劳动生产率方面有相对优势,但优势不明显,也没有扩大的趋势。而浙江非集体企业的人均创产值明显高于江苏,而且差距在扩大。同时浙江的非集体企业的劳动生产率在1997年超过集体企业,1998年仍然维持这种差距。说明"温州模式"不仅导致非集体总产值超过了集体企业,也导致非集体企业有更高的劳动生产率。从总体上看,两省非集体企业劳动生产率的增长快于集体企业,说明非集体企业更有活力。

表7-5 江苏和浙江乡镇企业人均产值情况表(单位:万元)

年份	1987	1988	1989	1990	1991	1992	1993	1994	1995	1996	1997	1998
江苏总计	0.86	1.10	1.23	1.43	2.00	3.27	4.96	6.98	9.41	2.02	9.40	11.36
江苏集体	0.98	1.29	1.43	1.63	2.29	3.91	6.06	8.67		2.523	13.12	13.88
江苏非集体	0.44	0.53	0.65	0.83	0.90	1.16	1.61	2.34		0.84	3.81	8.25
浙江总计	0.85	1.12	1.30	1.47	2.03	2.75	4.14	6.22	9.28	2.04	11.70	12.83
浙江集体	0.95	1.24	1.43	1.60	2.31	3.08	4.64	6.76		2.13	11.53	12.64
浙江非集体	0.56	0.79	0.97	1.15	1.36	2.00	3.32	5.59		1.97	11.85	12.97

注:表中数据都是经过对《中国乡镇企业年鉴》(1987~1999)的数据整理得出。缺1995年的数据,1996年的数据为增加值,1997年的统计口径与其他年份不太一致。该表数据只具有横向比较意义,无纵向对比价值。

三、分析与结论

（1）从上述比较结果来看,尽管"苏南模式"与"温州模式"的发展都有其历史背景、并且江苏的集体企业仍然显著地优于浙江,但"苏南模式"在1994年之后就已经明显地失去了活力,这是导致江苏乡镇企业在1998年落后于浙江的根本原因。除了众所周知的委托—代理关系问题之外,"苏南模式"的最大问题在于它抑制非集体企业的发展,这在1992~1994年间乡镇企业大发展时非常明显;集体企业的发展一方面吸引了大量稀缺资源(人才、资金、机会、政府支持等),另一方面,增加了非集体企业的进入障碍。因此,尽管1996年后江苏有大量的集体企业转制为非集体企业。但并没有改变江苏乡镇企业相对于浙江的颓势。浙江乡镇企业的成功在于集体企业减少时有大量的新的非集体企业产生,而江苏则没有,这是"苏南模式"的弱点。

（2）"温州模式"的最大优点,在于其纵向专业化市场分工和长期形成的市场基础。纵向分工产生了内部专业市场和各种专业村、专业镇,这种模式在初期,总是出现各种各样的重复建厂、相互模仿、过度竞争、追求短期利润、小规模、家庭作坊式的生产等特征。但它的一个重要优势在于,纵向分工导致非集体企业的进入障碍很低,任何一个家庭都可以非常容易地建厂,同时也容易逐渐发展出有一定水平的专业企业。内部激烈竞争导致其生产效率的迅速提高,从而更有效地占领外部市场。从浙江非集体企业人均创产值超过集体企业和浙江非集体企业人均创产值超过江苏非集体企业可以看出,"温州模式"在提高劳动生产率方面更具优势。

（3）许多地方政府喜欢上规模。但就上述比较来看,乡镇企业在较低规模水平上时,规模与劳动生产率有显著正相关关系。但在超过40人以上后,规模的增长与劳动生产率之间就没有显著关系,甚至是负相关关系。例如1991~1994年间,江苏的集体企业规模在缩小,而浙江的集体企业规模在显著扩大,但这一阶段江苏集体企业的劳动生产率的增长要显著优于浙江的集体企业。因此规模并不意味着劳动效率。1997年后,浙江非集体企业的劳动生产率就高于集体企业,这在一定程度上说明小企业在高度市场化的环境下有其优势,这是"温州模式"的另一大特点。

（4）从吸收劳动力的情况来看,乡镇企业发展到一定阶段之后对农村剩余劳动力的吸收会显著减少,甚至出现回流情况。江苏和浙江都是乡镇企业最发达的地区,但江苏自1988年从业人数达到最高之后,10年间从业人数减少140多万,浙江乡镇企业从业人数在1995年达到高峰之后呈现缓慢下降趋势。即使在这样乡镇企业发展较好的地区,也并没有解决刘易斯的二元经济结构问题,这些地区的劳动力仍在大量无限地流出,剩余劳动力仍然存在。尽管乡镇企业发达的地区(珠江三角洲、宁沪杭地区)已经呈现典型的城市化趋势,但这只是个别现象,而不是一般规律。因为乡镇企业发展的历史机遇(市场扩张、低进入障碍)已不复存在。农业由于相对过剩,导致与其他部门的交易条件持续恶化,实际上缺乏有效积累的现实条件,因此期望靠乡镇企业的发展来解决农村和农业问题,越来越趋于不现实。农村问题只有靠农业本身来解决。二元结构的存在使农村的收入水平下降,并制约了与农村进行贸易的产业(如电视机等家电)的发展。

(5) 如果回顾农村改革的历史,我们可以看到,推动中国经济增长的动力在1984年前主要是农业的发展,在1984~1994年间,乡镇企业对整个经济增长起到主要推动作用。就江苏和浙江乡镇企业的发展来看,1994年之后主要是非集体企业的发展在起推动作用。这些变化中的共同点在于:在经济体制的演变过程中,体制外的力量的发展起着至关重要的作用。在计划体制下,农业几乎处于体制之外;在农村改革完成之后,乡镇企业则处于体制之外,因此在1989年开始的治理整顿中受到冲击最大;1994年之后,私营企业则是体制之外的新生力量。因此经济发展的关键,在于激发体制外的潜在力量。就农村问题而言,未来的出路可能不在于如何发展乡镇企业,而在于如何使农民获得土地产权,使农民成为有产阶级,既防止农民无限度地流入城市,又可以使农业真正地产业化,吸引更多的投资,使资源的配置优化。

(6) 从上述各个方面的结果来看,作为乡镇企业主体的集体企业(乡村企业)目前已不再具有活力,并正处在改制过程中,而非集体企业的主体是个体企业。从长期来看,尽管个体企业现在具有活力,但并不意味将来仍然是先进生产力的代表。个体企业和私有企业必然要进一步改制为现代企业。因此乡镇企业作为中国改革过程中的特殊产物,已经完成了它的历史使命。乡镇企业无论是作为一个地域概念(农村),还是作为一个所有制或经营者概念,都不再具有特殊性,因此乡镇企业的概念将逐步消失,而代之为一般的企业或公司。

第八章　中国中小企业经营者激励机制

人是生产力中最活跃的因素,人力资本无疑在中小企业的发展中占有重要地位。因而中小企业应该建立起一套行之有效的激励约束机制,最大限度地调动员工的积极性,激发出他们的潜能,做到人尽其才,同时又使之行为有利于企业目标的实现。本章通过对国内外职工持股制、年薪制和股票期权制的考察、分析与总结,试图探索出一套适合我国中小企业具体情况的激励与约束机制。

第一节　职工持股制

职工持股,是一种以本企业职工的资本联合为主要内容的制度创新,属于股份合作制。职工持股是否是我国现代企业制度必须采取的经营形式,会有不同的看法。本节对职工持股是否可以作为我国建立现代企业制度的一种尝试,做一些初步的探讨。

一、职工持股的含义

职工持股,是"指企业内部职工通过一定的法定程序,有条件地拥有企业股份的企业制度"。"我国目前推行的职工持股制度是与我国经济社会转型这个大背景相联系的,具体地说是与企业产权制度改革相联系,是指在企业实行股份制和股份合作制改造的过程中,按照一定法定程序,通过有偿认购和无偿配送等方式,使职工在符合一定条件约束下拥有本企业股份,成为本企业股东的企业制度。"[1]

职工持股的理论渊源至少可以追溯到产权理论的形成。在冯·米塞斯看来,经济的重要活动之一就是交易,交易是"一种用更满意的事态替代不满意事态的企图"。彼得·布劳区分了"社会交易"与"经济交易",承认"经济交易"是以"划定用来交易的精确数量的正式契约"为基础的,把交易与契约相联[2]。在康芒斯那里,交易成了制度的基本单位,制度的运转将由许多次交易构成。他还指出,生产活动是人对自然的活动,交易活动是人与人之间的活动,两者共同构成了人类全部的经济活动。这样,制度不仅涉及平等的买卖交易、企业内部的管理交易,而且也包括了政府与个人之间的限额交易[3]。在此基础上,产权经济学把生产要素或经济资源视为权利,进一步将交易与权利相联系,正如科斯指出的那

---

[1] 迟福林:《职工持股150问》,外文出版社,1998年,第1页。
[2] G.M.霍奇逊:《现代制度主义经济学宣言》,北京大学出版社,1993年,第176页。
[3] 康芒斯:《制度经济学》上册,商务印书馆,1981年,第74~86页。

样:"我们传说某人拥有土地,并把它当作生产要素,但土地所有者实际上的所拥有的是实施一定行为的权利。"[①] 从而揭开了所有权、经营权与收益权的神秘的面纱,奠定了三权分立的基架。

一般地,所有权、经营权和收益权是统一的。所有权主要靠投资取得,经营权由所有者控制,收益权属于所有者。知识经济对这种观念进行了本质上的突破。主要体现在三个方面:①投资主体不同。以往,投资者的数量比较少,企业只拥有一个或少数的几个投资者的现象相当普遍,投资者参与部分管理,对收益分配有决定权。知识经济时代,投资者的数量较多,这有两种原因:投资风险高和投资需求量大。②所有权与经营权关系发生了变化。其一,所有权与经营权分离。企业需要专门的经营人才,而有所有权者不一定懂管理。其二,经营权可以转化为所有权。目前,许多投资者在所投资的公司发展到一定规模时,将大部分所有权(以股权等方式)转给经营者。其三,收益权不仅仅取决于所有者,经营者可以有更多的决定权。③形成产权的要素扩大了。以往,形成产权的要素是资本。知识经济时代,知识与资本一样,参与产权的形成。知识投入主要有两种形式:技术投入和管理投入。由于它的投入具有持续的特点,因此,既可以在公司组建时入股,也可以在经营过程中增股或入股。

目前的职工持股,投资人为全体员工,企业所有权归大家。虽然没有明确技术与管理入股,实际上,许多公司在股份认购、股票期权、利润分享等规定方面已经考虑到了它们对股权的贡献。

二、职工持股的成效

职工持股的实践,源于西方资本主义国家。早在20世纪50年代,美国就开始试行"内部职工持股计划",随后,联邦德国、法国、英国等国家看到了这种制度的优越性,纷纷效仿。西方国家实行职工持股制度,主要目的在于缓和劳资矛盾、稳定职工队伍及留住人才、为企业发展筹集资本、防止公司被恶意购并等。

西方赞成职工持股的观点,大体上有三类:①可以实现社会公平,避免两极分化。②可能改善企业内部的纵向关系,改变职工的劳动态度,从而提高企业的经营成效。③可以克服滞胀现象,改善宏观经济状况,这主要是美国魏茨曼的观点。第一点和第三点,考虑的是宏观影响,第二点考虑的是微观作用。本章的论述,主要限于第二点。

在实践上,职工持股在改善企业内部运作方面取得的成功,是令人鼓舞的。"对于传统的处理劳资关系的方式来说,职工股份制是更有希望的替代物之一。在新技术产业的公司中,实行职工股份所有制已是发展的趋势而不是例外。而在美国,由于极端优惠的税收减免政策,职工所有制已经得到如此迅速的发展,以至于按现在的发展速度到2000年时,参加到职工持股计划的人数将超过参加工会的人数。职工通过获得公司股票而购买

[①] 转引自赵晓雷:《现代公司产权理论与实务》,上海财经大学出版社,1998年,第5页。

(公司)的形式,越来越成为一种试图拯救不景气公司的常见办法。为了拯救公司以保持就业岗位,在很多情况下,对于由政府出面扶持的办法来说,职工购买似乎提供了一种更有吸引力的选择。"[1]

职工持股之所以吸引了众多的效仿者,关键是足以调动职工积极性的灵活的规定。比如,股票期权是公司在规定期限内(有的期限长达10年),以计划开始执行时的固定价格将一定量股票卖给雇员,雇员可以根据届时股市行情决定买与不买,雇员在限定期限内离开公司,期权无效。虽然股票期权只有在股票增值和雇员为公司长期工作时才有意义,但是,它的确取得了使雇员长期留在公司拼命苦干的效果。美国金融界人员流动较大,由于采用股票期权奖励的办法可以留住人才,这种"金手铐"已为金融公司普遍采用。

目前,计划经济体制下形成的"公有"和"大锅饭"的思想,在我国还有很大的市场,这种思想也随着职工进入科技企业。即使是进步人士,由于习惯了"公有",一时也很难看到公司的经营好坏与自己的利益有什么直接的关系,从而把自己游离于公司之外,认为公司是总经理的,经营好坏是经理的事,对公司长期稳定的发展极为不利。许多科技企业急于产权界定,重要原因之一,就是为了解决这个问题。

职工持股,则可以把全体职工结合成有机的利益共同体。每个职工享有权利的同时,也明确了相应的责任和义务。"产权安排确定了每个人相对于物时的行为规范,每个人都必须遵守他与其他人之间的相互关系,或承担不遵守这种关系的成本"[2]。这就奠定了共同合作的基础。

更深层次的意义是,每个人的收益多少,必须与企业的整体效益相联系。整体效益的好坏,直接关系着所有人的利益。而且,职位越高,承担的风险越大。企业是全体职员的企业,要求每个职员必须尽力工作,实现利润。只有取得利润,才能得到回报。一般来说,职工持股的公司更具有竞争力。"作者评估美国实践所得的结论是,美国实行职工股份制的厂家比它们的竞争对手干得更出色,……"[3]。我国的实践(是不完全意义上的)可以预期,我国在经济转轨条件下推行职工持股,对于提高经济效益、发挥职工的主人翁精神,加强企业凝聚力,增强科技企业的竞争力,无疑是一种可贵的尝试。

三、职工股权的构成

股权的构成,是职工持股必须首先解决的问题,也是职工持股最重要的问题。目前我国的企业,按持股主体的不同可分为四种类型:自然人股、职工持股会、集体股和其他投资人股。

自然人股,是企业大股东所持的股份。持股人一般为企业的管理层人员。职工持股会,可以工会为基础,代表小股东行使表决权。集体股,包括没收的股权、赔偿的股权等。

---

[1] 基思·布位德利、艾伦·盖尔布:《职工股份所有制》,四川省社会科学院出版社,1989年,第1页。
[2] 科斯:《财产权利与制度变迁》,上海三联书店,1991年,第204页。
[3] Milgrom, p., and J. Roberts, 1992, *Economics, Organization & Management*. Prentice Hall, 1992, pp.425~426.

这三种是企业内部的股份。其他投资人股(亦称法人股),主要是企业外部的股份,如果企业尚未发行股票,它具有私募的性质。

集体股有四个来源:①法定应该属于集体股的。②存量资本所有者不清楚的。③职工用于赔偿职工损失的,如当职工行使与其职位不相符的权力时所抵押的股权。④其他来源。它有三方面的用途:一为弥补公司的损失。二为奖励(以期权或现金等形式)。三为其他。如为新来职工提供股份。

集体股表决权的行使有两种方式:无效股权和共有股权。无效股权,就是把它视为没有用途的股权,在行使表决权时,先把这部分股权扣除,按余下的股权进行表决。共有股权,就是把它视为全体职工共有的股权,参与表决。如何行使共有股权或应该由谁执行这部分权力,又有两种选择:工会和法定代表人。工会一般代表小股东的利益,强调公平。法定代表人代表大股东的利益,注重效率。比如,年终分红,小股东为了提高生活水平希望多分,而大股东为了企业的发展更倾向于少分。选择不同,主要反应在决策权上而不是收益权上。衡量制度的经济绩效或合理性,对于企业来说至少有两个必须考虑的因素:公平和效益。全体职工尤其是普通职工比较关心公平,而管理层和大股东则更多地关心效益。忽视普通职工的要求而过于重视效益,会挫伤一般职工的积极性,相反,过于重视公平而忽视大股东的希望,对于企业的发展亦会产生不良的影响。企业应走的路是这两者的中道。

按目前我国的有关规定,法定应该属于集体股的资金包括职工福利积金、公积金和公益金。用于职工的福利积金(30%),先提取5%的公益金,其余部分进入职工福利积金账户。10%的法定公积金以股权形式进入集体股,用于弥补亏损和奖励(超过50%以上可以不提),剩下的按5%以送给增加股,用于扩大再生产。集体股占总股份的比例,可由主管部门商定。

四、职工持股的建议

不同的企业可以采取不同的形式大力推行职工持股。

首先,要积极宣传有关的知识,弥补人们认识上的不足。目前,对于职工持股的主要盲点是怕风险。它表现在:①怕私有化。职工持股就是私有,私有就是生活没有保障,这是他们的逻辑。只考虑职工持股个人可能的损失,没有看到个人的利益与企业发展的密切关系。②怕担责任。先前过惯了责任不明的日子,对个人独自承担责任有一种先验性的恐惧。责任与权利是一对孪生兄弟。享受权利必须承担责任。现在中国许多职工下岗,很大的原因是责权脱离、经营不善导致的隐性失业的表面化。③怕失权力。国有企业的领导者虽然明知企业归国家所有,骨子里把企业看成自己在相当程度上可支配的财产,忘记了他们真正拥有的只是经营权。民营企业、私营企业的领导者,这种倾向更明显,过于低估职工的贡献和对公正的关心,职工得到的报酬和应该得到的相去甚远,从而降低了职工的积极性和创造性,阻碍了企业的发展。

其次,要立即行动起来。现在,许多企业想通过职工持股来解决企业经营不善的问题,但苦于没有详细的政策,仍然习惯等待政府的直接"遥控"。本章第三部分谈到的股权的构成可以作为镜子(这是我国一家即将上市的科技企业的经验做法,它既保证了符合国家有关的政策,又保证了职工持股的实施)。职工持股也需要一个不断完善的过程,要在现有条件下积极探索新路子。国内外的做法值得参考。

再者,要尽快出台相关的政策、法规。不同国家,有着不同的政治、经济、文化背景,在推行职工持股时,会有不同的具体思路。政府需要尽快完成这方面的调查研究和政策、法规的制定工作,为企业的职工持股营造良好的环境。

五、我国企业职工持股的发展

(一) 非上市公司中内部职工持股的发展

中国最早出现职工持股是在乡镇企业。党的十一届三中全会以后,中国实行改革开放的政策,农村首先迈出改革的第一步,在广大农村推行土地家庭联产承包责任制。随后乡镇企业得到进一步发展,"以资代劳、技术入股、合作经营"成为乡镇企业新的投入制度。在城市,受乡镇企业这种新的制度的影响,也出现了"带资就业"或采取集资或技术入股的企业形式。1982 年,沈阳市的一些企业开始吸收本企业职工入股[①]。1984 年 7 月,北京天桥百货公司出于店面装修,向公司内部职工定向发行了 300 万元的内部职工股票[②]。尽管这些投资并未以规范的股份出现,企业也不是规范的股份公司,但就其实质而言,这类企业的产权是多元化的,其绝大部分股权基本上属于本企业职工,从而形成了我国企业职工持股的雏形。

进入 80 年代中后期,随着我国企业改革步伐的加快,企业的股份化改造取得了迅速的发展。据不完全统计,到 1991 年底,全国各类股份制试点企业达到 3220 家(不包括乡镇中的股份合作制、中外合资和国内联营企业)。其中有 2751 家实行企业职工持股制度,占总数的 85.4%[③]。企业职工持股成为试点企业的主要制度形式。

1992 年初,邓小平南巡讲话之后,中国掀起新一轮改革热潮,企业的股份化逐步成为企业改革的主流。特别是在这个时期,中央政府出台了一系列政策和法规来规范企业的股份制改革。据统计,截至 1993 年底,全国股份制试点企业达到 4000 多家,上市公司达到 182 家,到 1993 年 6 月,我国走向募集公司的企业超过 2000 家;其中内部职工持股的公司 1700 多家,内部职工持股总额 235 亿元[④]。

1994 年 7 月,《公司法》正式实施,大大地促进了我国股份公司的发展。据统计,仅

[①] 中国社会科学院工业经济研究所:《中国工业发展报告(1999)》,经济管理出版社,1997 年,第 258 页。
[②] 剧锦文:"国有企业改革十大事件",《港澳经济》,1999 年第 12 期。
[③] 王斌:《企业职工持股制度国际比较》,经济管理出版社,2000 年,第 61 页。
[④] 中国社会科学院工业经济研究所:《中国工业发展报告(1990)》,经济管理出版社,1997 年,第 261 页。

1994年一年,我国新增股份公司19 847家,其中,有限责任公司17 456家,股份有限公司2391家。到1994年底,全国共有股份公司3.3万家,比1993年增长1.52倍。其中有限责任公司的2.66万家;股份有限公司6326家,股本总额2867.56亿元,比1993年的2086.32亿元增长了28.82%。另据中国股份制企业评价中心公布的资料,截至1995年4月底,我国已有股份有限公司9069家。这些公司的股本总额约为5971亿元,股权结构中国家股约2545亿元,占总股本的42.63%;法人股约1517亿元,占总股本的25.42%;内部职工股也达到1250亿元,占总股本的20.97%。到1996年,据当时国家体改委的统计,全国实行股份制的公司共有约1万家(不含有限责任公司),股份合作制企业400多万家。1997年底,中国股份制企业评价中心对全国3252家股份制企业的统计分析,企业职工持股达4 365 858万股,占被统计企业总股本33 402 277万股的10.367%。被统计企业的分布情况是:工业1808家,占被统计企业总数的55.59%;批发零售贸易餐饮业461家,占总数的14.17%;房地产195家,占总数的6%;综合类企业377家,占11.597%。其他还有农牧渔业66家,占总数的2.02%;建筑业80家,占2.46%;交通运输企业99家,占3.04%;对外贸易业53家,占1.63%;金融保险业24家,占0.74%;社会服务业89家,占2.74%。

(二) 上市公司内部职工持股的发展

从1990年我国正式开办证券交易所以来,上市公司中的内部职工股随着公司上市数量的不断增加其数额也越来越大。表8-1反映了从1990～1999年上市公司股权结构的变化,特别是内部职工股变化的情况。

表8-1 上市公司家数及股权结构统计表(单位:亿股,每股面值1元)

年份	1990	1991	1992	1993	1994	1995	1996	1997	1998	1999.4
上市公司总数	10	14	53	183	291	323	530	745	851	878
股份总数	2l61	16.29	68.87	387.7	684.5	848.4	1219.54	1942.67	2526.77	2631.35
国家股	—	—	28.5	190.2	296.5	328.7	432	612.3	856.5	900.8
境内法人股	—	—	9.05	34.97	73.87	135.2	224.6	439.1	528.1	546.4
境外法人股	—	—	2.8	4.09	7.52	11.84	14.99	26.07	35.77	37.50
募捐法人股	—	—	6.49	41.06	72.82	61.93	91.82	130.4	152.3	161.3
内部职工股	—	—	0.85	9.32	6.72	3.07	14.64	39.62	31.47	49.27
转配股	—	—	0	0.19	1.1	6.27	11.6	22.87	—	—

资料来源:中国证券监督管理委员会编:《1999中国证券期货统计年鉴》,中国财政经济出版社,2000年。

从表8-1可以看出,截至1999年4月,上市公司内部职工股已达到49.27亿股,占同期上市公司总股本2631.35亿股的1.87%。自1994年以来,上市公司的内部职工股开始陆续上市,截至1998年,已上市的内部职工股达到32.4346亿股,占沪深两市上市流通股本总额733.61亿股的4.42%;另有52.1895亿股内部职工股已发行但未上市,占沪深已发行股本总额的2.24%。历年来内部职工股上市的数量为(截至1998年底):1994年14.80亿股,1995年5.63亿股,1996年2.12亿股,1997年4.87亿股,1998年5.74亿股。已上市内部职工股的上市公司达到433家(其中沪市231家,深市202家),占沪深两市上市公司总数的51.24%[①]。

(三) 我国企业职工持股的特点及存在的问题

我国企业推行职工持股是与国有企业的股份制改造分不开的。在过去的十几年中,国有企业的股份制改造发展很快,但职工持股却没有走上规范化发展的道路,而且发展也极不平衡。就目前状况而言,大致有以下几个特点和问题。

1. 职工持股的平均化和强制性

调查发现,有的企业以平均摊派的手段要求企业所有员工出资入股。在前一时期,更有甚者出于筹集资金的目的硬性规定,如果职工不购买职工股就意味着自动下岗。强制的强度随职工出资持股的多少依次有:持股下岗;调整到报酬低、不合理的岗位;降低劳动报酬,取消其他合法权益,扣、停发工资和奖金,解除企业与职工的劳动关系等,据中国社会调查事务所(SSIC)对640家实施职工持股企业的调查数据显示,强迫职工入股的企业占总数的62.7%,强制方式所占比重如表8-2所示。

表8-2 强迫职工入股方式

强迫职工入股方式	所占比重(%)
持股上岗	44.4
调整到报酬低、不合理的岗位	22.2
降低劳动报酬,取消其他合法权益	18.5
扣、停发工资和奖金	9.3
解除企业与职工的劳动关系	5.6

这显然违背了投资自愿的原则。一些企业除了强制职工如此之外,还实行人人有份的平均主义,而且往往是强制与平均摊配结合起来。实际上,在人人有股而又没有建立起相应的制衡制度的情况下,职工即使持有了股也与过去企业100%属于国家的情况没有太大的改变。调查发现,强制实施职工持股的企业多为那些经营困难,企图通过这一途径筹集资金的企业。

2. 职工持股的福利化

企业股权结构的改善最终目的是促进企业绩效的提高,这是符合企业股东或所有者

---

① 沙俊涛:"内部职工股的形成和现状",《上市公司》,1999年第4期。

的利益的。职工持股是一个愿打,一个愿挨,企业不必担当"恩人",职工也无需感恩戴德。但是,目前中国一些国有企业施行的职工持股带有福利化的倾向。企业将一部分股份无偿地送给职工持有。特别是一些上市公司,由于《公司法》规定内部职工股在公司股票上市一段时间之后,可以通过市场进行变现。而职工购买的内部职工股与上市后的市场价格有较大的差价,职工往往在公司上市之后很快将手中的股票抛出变现。这无形之中助长了上市公司视职工股为一种福利手段。

3. 职工持股的形式化

有的国有企业为了应付上级单位或政府有关部门的检查,匆匆忙忙地在形式上搞几个组织,走个过场了事。有的企业为了赶潮流,不管条件成熟与否,盲目推行职工持股制度,如此这般,企业还是原来的企业,职工还是原来的职工。问题没有解决,麻烦倒添了不少。

4. 职工持股者的短期行为化

这种情况在上市公司中最为突出。由于我们没有限制职工持股不得交易的法律和制度,并且将内部职工股视为一种福利,当募集公司一旦上市,一段时间后内部职工股也随即上市,几天之内大部分便逢高抛售。因此很难达到加强公司内部职工凝聚力,调动其生产经营积极性的初衷。

5. 职工持股的外部化

据 1993 年度报告显示,某上市公司 1993 年底职工人数仅为 33 人,而职工股在国家股 1∶2 转配之后增大为 1792.8 万股,人均大约为 54.3 万股,这是让人不可思议的。该公司 1987 年成立,不可能有庞大的离退休职工,再说,公司管理层每人仅持股 6000 股[①]。惟一的解释就是有大量的职工股被非本企业职工所持有,造成职工股的外部化。调查中发现,发生职工股"外流"的企业多半是效益较好者,一些与公司有关系的人通过各种途径购得职工股,以获取公司较高的股利回报。

6. 职工持股的无计划状态

尽管我国各地有许多国有企业都搞了内部职工持股,有些地方如北京、上海、天津、西安、江苏等颁布了自己的职工持股条例,但整体而言,没有一个系统而长远的发展规划,各地和各企业出于自身的需要,各自为政,各行其是,不仅使不同地区的规制相互矛盾,而且已经建立起来的这些制度为今后的统一造成诸多障碍,加大了后期建立统一规范的成本。

7. 金融证券部门基本没有介入企业职工持股制度

我们知道,以美国为代表的员工持股制度,是以建立一个外部化的员工持股信托基金

---

① 孙黎:《公司购并与产权交易》,中华工商联合出版社,1995 年,第 517 页。

为基础的。就目前我国的职工持股而言,绝大多数是在企业内部设立一个职工持股会,并通过职工出资而形成,基本上没有金融证券部门的介入,因而持股规模一般较小,入股职工风险过大,尤其是持有那些经营不善的企业的股份。

8. 多数企业将职工股金作为企业的资金增量,基本没有触及其存量资产

由于国有企业中国有资产的交易制度不健全,实现与国有资产交易的成本很高,因此,企业在实施职工持股时多采取将职工股金直接作为其资产增量,存量部分基本没有变化。这种状况必然影响职工股在企业股权结构中的比重,进而影响职工对企业的参与和控制。

从以上我国职工持股存在的问题不难得出这样的结论,那就是目前我国有职工持股,但职工持股制度很不完善。尽管我国的职工持股早已出现,但按照规范的职工持股制度进行运作的则非常少,从而使职工持股仅仅变成企业的一项福利或企业筹资的手段,通过职工持股达到激励员工和约束经营层的目的基本没有实现。

六、职工持股计划在国有企业改革中的意义

尽管我国企业中职工持股存在这样那样的问题,但我认为,在国有企业中推行职工持股计划对于进一步深化国有企业改革仍然具有十分重要的意义。

1. 职工持股与国有企业产权结构的多元化

国有企业的所有问题最终都能归结到其产权问题上。国有企业的产权问题最突出的又是所谓的"所有者缺位"和产权结构单一。实行职工持股制就使职工通过持股组织以股东身份,向企业注入资本,成为企业总股本中的一个出资者。这样就在企业和职工之间结成一种产权纽带关系,使企业的产权结构出现了包括国家股、法人股、其他社会公众股和职工持股的多元股权结构。据调查,上海已建立职工持股会的 32 家企业中,职工持股占企业股份的平均比例为 24.64%。最高为 74.19%[1]。极大地冲击了原来国有企业"一股独有"、"一股独大"的产权结构格局。

2. 职工持股与国有企业治理结构的优化

在国有企业产权结构单一基础上形成的企业治理结构,必然同以前的国有企业没有什么两样。尽管公司法规定改组成股份公司的国有企业也要设立董事会、监事会,并要同公司的经营层在职能上相分离,但事实上难以做到。即使二者分开了也很难形成有效的激励与监督。主要是由于占绝对比例的国家股的出资人缺位,与股东伴生的利益最大化

---

[1] 曾风月:《职工持股会操作指南》,中国经济出版社,1999年,第15页。

愿望并无实际的履行要求。如果职工持股通过某种制度使其代表进入公司的董事会、监事会,并参与公司的重大决策,不仅可以直接施行决策权、监督经营人的经营行为,同时也会因职工的直接参与行为而得到激励,从而起到优化企业治理结构,加强企业内部的监督与激励力度。

3. 职工持股与国有企业的战略性改组

国有企业从竞争性产业领域逐步退出已经成为共识,关键是如何退出的问题。我曾提出过国有经济可以实施"绝对退出"和"相对退出"的策略(剧锦文,1999),具体到企业层面,我认为职工持股制度的实施有助于实现国有企业的"双重退出"。职工通过购买国家股和政府有意识地用一部分国有资产奖励给有贡献的职工,随着职工不断地购买国家股,使国家股不断地转化成职工股,直至企业中国家股的比重降到最低限度。或者,在国家股不变的情况下,企业在增资扩股时吸收职工入股,即职工用自己的钱购买企业增发的股票,从而使企业的产权结构发生变化,也就是说,国家股从企业中"相对退出"了。到那时,企业就可能改变了其国有的性质,即国有企业从竞争性产业逐步退出了。

4. 职工持股与生产资料全民所有的局部实现

在传统计划经济体制下,名义上职工人人都是企业生产资料的主人,而人人又都不是真正的占有者,国家作为抽象的实体代表全民占有生产资料。这必然造成职工不可能从财产关系上切实感到自己是企业的所有者,也不会对企业的经营绩效太感兴趣。鼓励和支持职工持股,就是要在变革企业产权关系的过程中通过一定程序和根据一定条件,使职工拥有企业的股份,从而在企业具体的财产关系上使职工真正成为企业的主人,所以,职工持股制度的实施可以被认为是社会主义的一种实现形式。

5. 职工持股与阶层矛盾的缓和

前面已提到,这些年国有企业改革使职工日益处于不利地位。由于职工与某些经营者之间的收入差距不断扩大,两者之间的矛盾也在迅速激化,由此引发了一些职工对社会的不满情绪。如果实施职工持股制度,让职工通过持有本企业的股份而增加收入,抑制经营者与职工收入差距扩大的趋势,必然使职工的收入增加和平等感增强,从而有助于缓和阶层间的矛盾,为国有企业的改革乃至整个社会的转轨创造一个良好的环境。

6. 职工持股有助于在工业领域推行民主

建立在职工经济利益基础上的持股制度,必然引致职工对公司的治理和经营的关切,同时也为广大职工通过这一机制传达自己的意愿提供了一个通道,从而使公司的决策层同职工直接联系起来。这实际上是对企业运作中的民主过程的最有效鼓励,因而必将调动起广大职工的参与热情,并最大限度地发挥出所有才智。

七、职工持股与企业经营绩效改善

美国学者曾研究了员工持股与企业绩效的关系,认为员工所有权确实会带来生产效率的提高(当然这需要使员工所有权与其在公司内部的参与度相结合)(Blair,1995)。中国学者对我国实施职工持股企业所做的研究表明,职工持股也使企业的经营绩效有所提高。

1. 非上市公司

王斌依据中国股份制信息评价中心1996年和1997年3184家企业的统计资料,抽取1996年396家和1997年383家企业进行职工持股试点的企业作了一定分析。他按内部持股占企业总股本的比例分成4组,即第1组 $0 \leqslant X \leqslant 2.5\%$,第2组 $2.5\% \leqslant X \leqslant 10\%$,第3组 $10\% \leqslant X \leqslant 20\%$ 和第4组 20% 以上。

从表8-3中不难看出,企业职工持股比例在20%以上的企业,其平均净资产收益率及每股收益都明显高于前3组。

表8-3 非上市公司内部职工持股企业净资产收益率和每股收益抽样统计表

分组	1996年 企业	X	Y	1997年 企业	X	Y	平均 X	Y
第1组 0~2.5	33	8.42	0.18	35	14.1	0.17	11.26	0.175
第2组 2.5~10	76	10.51	0.18	76	6.23	0.19	8.37	0.185
第3组 10~20	154	8.35	0.14	150	7.16	0.30	7.75	0.22
第4组 20以上	133	14.92	0.29	121	15.2	0.5	13.22	0.39
总计或平均	396	10.55	0.19	383	9.75	0.29	10.15	0.243

资料来源:王斌:《企业职工持股国际比较》,经济管理出版社,2000年,第96页。

注:X为平均净资产收益率,Y为平均每股收益。

2. 上市公司

上市公司中发行内部职工股与其净资产收益率之间的关系也可从表8-4反映出来。

从表8-4中不难看出,上市公司中发行内部职工股的企业的净资产收益率随着持股比例的提高而提高,而且这种趋势是十分明显的。

此外,还可从1993~1997年全部上市公司和全部发行内部职工股的上市公司历年平均净资产收益率作进一步分析(表8-4)。

表 8-4 1993~1997 年含内部职工股的上市公司资产收益率情况

分组	1993 企业数 X%	1994 企业数 X%	1995 企业数 X%	1996 企业数 X%	1997 企业数 X%	均值 12.41
第1组 0~2.5	29 20.14	86 8.997	73 10.7	134 9.788	172 8.068	14.6
第2组 2.5~10	40 15.02	24 10.12	42 19.48	82 13.8	102 13.15	15.14
第3组 10~20	14 17.08	9 6.1	96 20.8	88 16.58	80 10.96	18.92
第4组 20以上	3 22.32	2 11.5	111 24.91	66 16.93	40 13.55	—
平均总计/上市公司数	86/183 18.64	121/291 9.17	322/323 18.97	370/530 14.27	394/745 11.43	—

资料来源：王斌：《企业职工持股国际比较》，经济管理出版社，2000 年，第 96 页。

注：X 为平均净资产收益率，Y 为平均每股收益。

表 8-5 1993~1997 年上市公司及发行职工股的上市公司的净资产收益率表

年份	1993	1994	1995	1996	1997
X(%)	14.22	13.99	10.69	10.02	9.69
Y(%)	18.64	9.17	18.97	14.27	11.43

从表 8-5 中可以看出，除 1994 年外，其余各年含内部职工持股的上市公司的平均净资产收益率都高于全部上市公司平均净资产收益率，尽管两者逐年的这一指标呈下降趋势。

总之，无论是上市公司还是非上市公司，如其内部含有内部职工股，其绩效就高于不含内部职工股者。但我们也不能不注意到，由于这些发行职工股的企业并未按照规范的职工持股制度进行运作，有许多企业不是出于筹资的目的，就是将职工股作为福利，因此，内部职工股的激励约束作用被大打折扣。另外，由于上市公司内部职工股的上市流通，使内部职工股的"锁定"机制不能有效地发挥作用，大大降低了公司人力资本投入激励与约束。否则，含有内部职工股企业的绩效还会提高。

八、职工持股额度的合理确定

不同规模和不同类型的国有企业如果实行职工持股制度，其职工所持股份应不应该有一个限度？现在有些观点，特别是来自企业方面的看法似乎是应该有下限而不应有上限。不过我认为，对于大中型国有企业而言，由于其资产庞大，在没有金融证券部门介入的前提下，无法实行像股份合作制那样的让职工出资买断国有资产，国有资产仍会在企业股权结构中占有一定比例。而且我认为，职工过度持股会引致以下一系列问题。

1. 职工过度持股会强化"内部人控制"

我国正在进行体制转轨过程中，国有资产管理体制尚未建立起来，内部人控制问题尤其严重。如果让职工高比例持有企业股份，职工对企业的事可能更加关心了，但与此同时，职工也会同经理人员一道通过这个合法的渠道来为自身谋求利益，就会加剧内部人的控制。

2．职工过度持股会造成企业内部分工模糊化，降低决策效率

职工持股制度具有调动职工参与企业经营事务的积极性，这是它积极的一面。但是，也有人指出，如果职工过度持股，并使许多人有权利参与企业的经营决策，原先企业内部的科层式分工如企业最高层主要行使决策职能，员工主要承担劳动投入等就会被打乱，造成企业内部分工的模糊化，从而进一步影响到决策的效率。

3．职工过度持股会形成"押出障碍"

日本学者伊丹等在研究了日本企业间交易关系时，提出了一种所谓"押出障碍"的概念(伊丹等，1988)，其含义是交易双方以相互抵押出不能在市场上自由交易的资源，造成各方退出交易关系的障碍。"押出障碍"在企业与员工关系方面的机制是，员工以年轻时未支付工资的积累这一形式对企业进行投资，到了高龄期，员工以领取超额工资的形式获取这种投资回报。这种出资只有在企业中持续地工作才能得到投资的回报，其所求回报的权利是不能在市场上自由买卖的。不难理解，职工的"押出障碍"会随其持股的大量增加而增强。虽然这一机制对于激励员工效忠企业有积极一面，但同时也锁定了职工的合理流动。

4．职工过度持股会对外部股东形成歧视

前面提到，职工过度持股会强化"内部人控制"。这一点指出了包括员工在内的"内部人"会采取不利于所有股东的行为。当职工持有大量企业股份时，就会演变成内部股东对外部股东的歧视，即内部与外部股东对企业的信息是不对称的，内部股东会利用"内部人"拥有企业的大量信息为自己牟取好处。从而造成内部股东的道德风险。同时职工过度持股会再次形成企业封闭的产权体系，严重时会导致企业产权凝滞，影响企业的长期发展。

不过，不应由此得出否定企业职工持股的积极意义，因为，目前我国职工持股的发展毕竟仍处于初级阶段，离上述几点极端情况尚有很大距离，目前的主要问题是职工持股比重太低，没有达到激励员工的最低要求。一般而言，职工持股的最低限度应是保证使其成为企业的第一大股东。所以提高职工持股比例，增加职工股的参与度和控制力是目前我国实施职工持股企业的当务之急。

九、职工持股制度的再设计

1．制定一个长期的职工持股计划

根据美国实施职工持股计划的经验，凯尔索等人为了推行其理论和计划，不仅在理论

上进行了长时期的研究,而且花去 8 年时间将一个公司 72% 的股权转化成员工股份,以起示范作用。尔后在美国政府的大力支持下,许多州颁布了鼓励职工持股的相关法律,实行职工持股制度的企业也从 1974 年的 300 多家,发展到 1998 年的 14 000 多家,实施职工持股计划的职工达到 3000 多万[①]。尽管我国实施职工持股的企业早在 20 世纪 80 年代中期就出现了,但是,可以说有职工持股而没有职工持股制度。就整个国家而言,尚没有一个长远的职工持股发展计划和实施步骤。这种状况肯定不利于职工持股的健康发展。针对过去 20 多年来国有企业改革收效甚微的现实,现在有必要通过实施职工持股计划,另辟国企综合产权改革的新思路。因此,政府有必要调集一部分人力、财力集中进行专项调查研究,尽快制定出一个符合中国实际情况的、并能结合国企产权改革的、较为长期的职工持股的指导性计划。

2. 尽快制定或完善一套基本法律制度

导致目前国有企业职工持股混乱局面的根本原因在于缺少一套统一的、切实可行的法律制度,各个地方、各个行业,甚至不同的企业各行其是,出台了一些法规和规章,除了一些原则性的规定比较一致外,具体规定权限不相同,甚至相互矛盾,这种状况严重影响了国家法制的统一性,也影响了各地和各企业的职工持股实践。这种无政府状态会付出很大代价的。所以,现在制定和完善全国统一的关于职工持股制度的法律法规就显得十分迫切和非常必要。我认为应首先是在公司法中补充股份有限公司和有限责任公司中职工持股的相关规定;其次,要根据股份公司发展的新情况,作好公司法、劳动法和工会法等基本法律之间就职工持股方面的衔接、配套和统一,提高制度运作效率。

3. 政府在信贷和税收政策上给予必要支持

根据国外的经验,政府对于职工持股不仅在法律上予以鼓励和肯定,而且在资金上予以扶持。我认为,我国政府也应当通过金融手段对职工持股给予必要的支持。比如鼓励银行以低息贷款的方式给予职工在购买企业股票时的支持,同时对企业实行职工持股制度者,在取得银行贷款时也能得到一定的税收等方面的优惠。特别是在当前扩大内需的政策前提下,让银行通过低息贷款支持职工持股,还会起到增加货币供给,刺激投资的作用。此外,根据美国的经验,政府对实施员工持股的企业,在企业赠与持股基金一定股份或资产时,一般要减免一定的税赋。所以,为了鼓励和扶持企业实施职工持股,政府在税赋方面实行一定的减免同样是十分重要的。

4. 对于职工持股企业用职工股金同企业的国有资产存量进行交易应在政策上鼓励

特别是那些处于竞争性领域的国有企业,在实施职工持股时,用职工股金与国有资产

---

① 迟福林主编:《中国收入分配制度改革与职工持股》,中国经济出版社,2000 年,第 26 页。

存量进行交易,一方面可实现国有经济的部分退出,另一方面会使职工股在企业股权结构中的比重迅速上升,有助于增大职工股的参与度和控制力。

5. 非上市国有大型企业的职工持股制度的设计

国有大中型企业在股份制改造过程中,通过设立"外部性"的职工持股基金,或"内部性"的职工持股会,让职工长期持有本企业的股票,并严禁转让。目前可行的办法是:以总额度(即国家规定的发行额的10%或更高)为基础,实行职工合股基金会作为法人持有公司的股份;或者,以总额度为基础,部分按现行职工股的运行方式运行,部分实行职工合股基金会持有公司的股份。通过职工合股基金会持一定比例的法人股,这能够持续地促进职工在"增进自我利益"的驱动下充分发挥其积极性,来增强企业凝聚力。更重要的是,这有助于增强职工对董事会和经理层等的监督功能,从而促进企业转换经营机制。

具体做法可考虑以下程序:①成立职工合股基金会或职工持股委员会,并赋予其法人资格,成为独立的经济实体。无论是股份制改制部分资产所依附的职工,还是剥离出去的资产所依附的职工,都可按规定自愿成为其会员,但严禁非企业职工进入基金会或持股会。②会员应交金额根据基金会或持股会持法人股数额和会员人数推算确定。③基金会的基金应为平衡式基金,即为同时调整资本增值和收益的基金;也应是开放式基金,即可有条件地追加投资或根据一定条件(如职工死亡、退休、调离企业等)撤回投资。由此形成职工股的内部交易市场,规定只有企业职工才能入市交易。交易价格可按公司的净收益、流通股票量和按照与上市交易的同类公司相一致的一个系数对股票进行定价。④成立持股会员代表会。管理委员会,基金会实行管理委员会领导下的经理负责制,并负责选派参与股份公司的董事。⑤根据法人股份分红情况对会员进行股利分配等。

6. 上市国企职工持股制度的设想

前面已经提到,我国上市公司职工持股是以内部职工股的形式出现的。而且,上市公司发行内部职工股的比重并不小。由于内部职工股在一定时期之后就可以入市交易,且具有一定的获利空间,因此内部职工股更被视为一种福利。也许正是由于内部职工股未能起到激励职工的作用,最近证券管理当局已经明令今后上市公司不再发行内部职工股。但我认为这是一种因噎废食的作法,我们要在看到现行内部职工股不足的同时,制定出新的上市公司的职工持股制度或计划,而上市公司恰恰更有条件制定出较为合理的制度来。

我认为,上市公司可以在现有基础上按照以下步骤积极推行职工持股计划。①由于公司本身就是上市公司,所以,在确定内部职工股的价格时,参照的市场因素就比较准确,就能够制定出较合理的股票价格。②我们建议在保留上市公司内部职工股的前提下,大力推广职工持股会制度,并将职工持股制度同公司的治理制度有机地结合起来。③由于上市公司一般规模较大,而且也熟悉金融证券市场,所以其内部职工股应以基金形式出现,并交由专业的基金管理公司规范运作,并形成内部股的交易市场。

对于非上市国有中小型企业的职工持股制度,采用股份合作制是最好不过的形式,这方面已有成熟的例子和经验,这里不多赘述。

第二节 年薪制

一、论企业家才能

1. 企业家才能的供给与需求

(资本)所有者对企业家的需求是由对企业家才能的需求派生而来,而对企业家才能的需求则是所有者利益追逐的结果,即所有者通过将自己的资本与企业家才能结合可以使自己从中获益(如资本增值)。因此,从需求的角度讲,拥有企业家才能是成为企业家的必要条件。这里的问题是,个体的企业家才能是否可被(所有者)认识,换句话说,企业家才能是显性的还是隐性的?张维迎(1995)认为,经营能力(等同于企业家才能)是私人信息,无法被外人知道,或观测成本很高。因而,经营能力无法直接显示,需要通过与能力相关的显性变量——个人财富来间接显示。这里我们姑且不论二者的相关性及因果关系(事实上,我们并没有二者相关性的证据,而且其因果关系往往是能力是因,财富是果)。单就这一假定的静态性就足以引起人们怀疑其合理性。从某个时点上来看,企业家才能可能确实是私人信息,但企业家的产生绝不是静态的选择而是一动态的过程。这一动态过程就是个体的企业家才能由私人信息向公共信息(至少要被所有者认可)转化的过程。

新古典学派代表人物马歇尔认为,企业家的职能在于其组织的作用,即把生产要素在企业中组织起来,使之成为产品要送到消费者手中这一过程。但由于新古典经济学是以均衡分析为主,企业家(才能)只是作为一类普通的生产要素而没有得到其应有的地位。这是因为其理性人和完全信息的假定实际上意味着参与经济活动的任何一个人都可以成为企业家,从而否定了企业家的个性特征。企业家理论的真正突破是以熊彼特、奈特、柯斯纳等人的杰出工作开始的。熊彼特从创新的角度出发,将企业家的首要职能定位于创新,即创新是企业家个性化的重要标志。奈特则完全抛弃了新古典经济学中完全信息的假定,以不确定性的存在为前提,将企业家的职能概括为"商业决策和承担风险(不确定性)"。而柯斯纳则强调了企业家在不均衡的市场中,"识别机会和把握机会"的能力。

综上所述,我们可以将企业家的职能概括为两点:经营和创新。因而,作为行使企业家职能之能力的企业家才能,就可以归结为两个维度:经营管理能力和创新能力。所谓经营管理能力就是为了实现企业的目标,经营者必须具备的领导能力、组织能力、决策能力及协调控制能力等,对于企业家而言,这是维持企业生存所必须具备的能力。而创新能力则可以分解为两部分:识别机会的能力和把握机会的能力。前者是指在不均衡的市场中发现潜在获利机会的能力,而后者是指利用有效的方法(如创新)将潜在机会转化为现实利润的能力。笔者认为,创新能力是使企业发展的动力所在。如果把企业比作一个单车,那么经营管理能力所起的作用是维持车的平衡,创新能力则提供了向前的动力。只有在平衡中前进,或在前进中保持平衡,目标才有可能达到。因此,经营管理能力和创新能力是企业家所必需的。

2. 企业家才能比较的一个简单模型

企业家才能的多维性以及个体能力分布的不对称性使得企业家才能比较复杂化。例如,不同的需求是对企业家才能在各个维度上的要求是不同的。甚至同一个需求者在不同时期对企业家才能的需求也可能是不同的。因此,并不存在一个对企业家才能客观的评价和比较的标准。不过,在某些情况下,我们还是可以从理论上对(综合的)企业家才能进行比较。下面,我们以企业的收益(或利润)为评价标准,给出一种企业家才能的比较方法。

以 Y 来表示企业的收益(或利润),显然,Y 会受到许多因素的影响,如资产质量、员工素质等,但经营者的企业家才能无疑是影响 Y 的重要因素之一。为简化起见,我们只考虑经营者的企业家才能对 Y 的影响,而将其他因素归结到随机因素之中。由于随机因素的存在,目标函数只能是期望值 $E(Y)$,我们有:

$$E(Y) = 预期收益值(Y_0) \times 实现概率(P)。 \tag{1}$$

所谓预期收益就是确定的状态下,企业能够实现的收益或利润值(如一项创新在实施之前进行的预算)。在(1)式中,我们实际上是假定,如果预期值不能实现则收益为 0,这显然是一种简化的假定。

令 I——创新能力,M——经营管理能力。由于创新能力涉及识别机会和把握机会,机会的大小可以决定企业的预期收益,因此,我们有:假设 1

$$Y_0 f(I) \quad f(0)=0 \quad f'(I)>0$$

预期收益值实现的概率一方面取决于 M,较高的 M 可以使预期收益值实现的概率增加;另一方面还要取决于预期值 Y_0 本身,较大的 Y_0 意味着实现的困难。这样,我们有:假设 2

$$P = g(M, Y_0) \quad g'_M > 0 \quad g'_{Y_0} < 0。其中 g(M,0)=1 \quad g(M,\infty)=g(0,Y_0)=0$$

由以上假设我们就可以建立 $E(Y)$ 与 I 和 M 之间的关系如下:

$$E(Y) = f(I)g(M, Y_0) \tag{2}$$

不难得出,在 (M, I) 空间内,$E(Y)$ 的等值线的斜率为:

$$\frac{dI}{dM} = -\frac{f'(I)[g(M, Y_0) + Y_0 g'_{Y_0}]}{f(I)g'_M} \tag{3}$$

根据假设 1 和 2,可以看出,在一个适应的范围内(Y 不是很大,M 不是很小),有:$g(M, Y_0) + Y_0 g'_{Y_0} > 0$,因此

$$\frac{dI}{dM} < 0 \tag{4}$$

(4)式意味着,在(M,I)空间内,$E(Y)$的等值线的斜率为负,即等值线是向右下方倾斜。也就是说,在一定范围内,I和M之间存在着替代性,由此就可以对企业家才能进行综合比较。将在同一条等值线上的(M,I)视为无差异的,而处在较高的(右上)等值线上的(M,I)则具有较强的企业家才能,如图 8-1 中,A 与 B 无差异,而 C 优于 A 和 B。

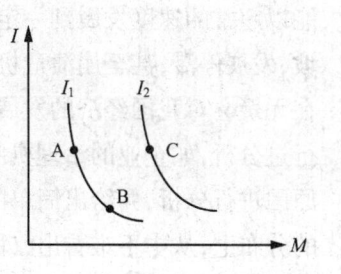

图 8-1 企业家才能综合比较图

以上的分析旨在说明:①不同维的企业家才能之间存在着替代性。②从理论上可以对综合的企业家才能进行比较,但不可否认的是,这种比较仍不具有可操作性。这是因为,I和M存在计量上的困难;f和g的具体形式无法确定。所以,这种比较只能停留在理论层面上。但这并不影响其应用,作为一个实例,我们根据I和M的不同分布状况对企业家(或经营者)进行二维分类。

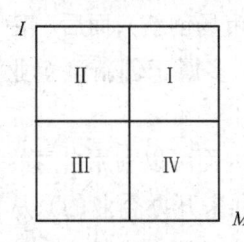

图 8-2 企业家创新与经营能力分析图

如图 8-2,处在Ⅰ区的经营者具有较高的创新能力及经营能力,我们可称此种类型的经营者为全能型企业家。Ⅱ区的经营者具有较高的创新能力和较低的经营能力,为创新型企业家。Ⅲ区的经营者则具有较高的经营能力和较低的创新能力,为稳健型企业家。而处在Ⅳ区的人则由于不具有企业家的任何一项素质,因此他们的位置只能是工人。

对于处在Ⅰ和Ⅲ区的人,他们在经济中的位置是较为稳定的,在此我们不作介绍。下面我们分别对创新型和稳健型企业家的特征作一简单评论。创新型企业家的特征是,他们一般具有敏锐的洞察力,能够在复杂的市场环境中识别并把握住机会,他们具有很强的自信心,相信自己的感觉。创新型企业家以创业者居多,能够自己独立地开辟一个领地(企业),并使之在适当的条件下迅速发展。管理方式则以直觉居多,理性和经验显得不足,因此,当企业发展到一定阶段后,其经营管理能力不足的缺陷会逐渐显露出来。具体表现就是,创新型企业家所经营的企业,其发展轨迹往往是不连续的。在某一个时期可能是超常规地发展,而在另一个时期则有可能是停滞甚至滑坡。

稳健型企业家则具有与创新型企业家不同的特征。他们具有系统的管理知识和丰富的经验。作风稳健,管理有条理,管理方式以理性和经验居多。但由于其创新能力有限,往往难以把握获利的机会。因此,稳健型企业家可以使企业稳定地发展,但难以做到超常规发展。其表现是,企业的发展轨迹是一斜率较小的匀速发展。稳健型企业家在受雇用的职业经理中居多。

3. 中小企业的可持续发展与企业家才能

在中小企业越来越成为我国国民经济不可缺少的一个组成部分时,我们却不难注意到这样一个现象,就是有许多民营企业在创业初期都能很好地发展,往往在很短的时间就能以超常的速度发展到一定的规模。但当其规模较大时,就暴露出致命的弱点,如出现滑坡、发展停滞,甚至崩溃危机,有人戏称此现象为民营企业的"综合危机"。这一现象的存在无疑会对我国经济的发展造成不良影响。因此,理论界也曾从不同侧面对这种现象进行过分析,如企业的治理机制、政策环境等。下面,我们就本文的结论对这一现象产生的原因进行分析,并给出简单的对策。这里,我们把分析对象放在民营企业家的企业家才能的分布上,从中不难看出,(民营)企业、不同维度企业家才能分布的不对称性是造成这一现象的重要原因之一。

这里,我们有必要对中小企业的组织形式和中小企业家的特点作一简单分析。在我国经济转型时期出现的中小企业,一般是以业主式(包括家庭式)或合伙式企业占主导地位,这就决定了其管理方式难以适应规模较大的企业,而业主(企业家)往往是某一领域的专家,他们具有本专业和本行业丰富的知识,企业的产品(或服务)也基本围绕其专业而展开。此外,大多数民营企业家没有受过系统的管理教育,其管理方式主要凭直觉或经验。前一特点决定了他们在某些方面具有较强的创新能力(如技术创新、市场创新),而后一特点则说明他们缺乏系统的管理知识。因此,从类型上看,民营企业家多属于创新型企业家。

在企业的初创时期,由于他们对本行业的产品和市场较为熟悉,因而可以利用自身的专业优势进行创新活动(事实上有许多民营企业家是带着成果或专利来开办企业的),从而迅速地打开企业的局面,并且由于初创时期的企业规模较小,管理中的问题也较少。这样,企业家可以把主要精力放在创新上而不会影响企业的发展(或影响不大)。随着企业规模的扩大,一方面创新的难度增加,如市场饱和、竞争加剧等;另一方面管理中的问题也日趋复杂。这时,对企业家来说,他们的优势(创新)在减少,而劣势(管理)却在增加,此消彼涨,势必会影响企业的正常发展。事实上,绝大多数陷入困境的民营企业的问题并非出在技术上,而是出在管理上,如内部管理混乱、营销失误、预测失灵等。因此,我们认为,民营企业家的创新能力与经营管理能力的不协调是造成这一现象的重要原因。当务之急应是提高企业家的管理能力或进行企业制度的改革来改变经营者企业家才能的不均衡。

第一,中小企业家可以通过学习来充实自己的管理知识,以提高管理能力。根据管理的科学性和环境依赖性的特点,一个成功的管理者必须具备足够的管理知识和丰富的经验。由于管理经验无法系统地获得,只能在用中学,而管理知识却是可以通以系统地学习来获得。因此,作为企业管理者的民营企业家,可以通过各种方式,如自学或参加学习班的形式使自己的管理知识系统化,以适应企业发展的需要。事实上,已有许多民营企业家已认识到自己的不足,重回学校,"回炉"自己,通过知识的充实来提高自己的管理能力。因为他们知道,人力资本的投资会加倍地体现在企业的效益上。当然,这并不能从根本上解决职能专业化的问题,因而只适合于规模较小的业主式企业。

第二,规范企业制度,实行职能专业化。我国的民营企业多数是业主式,无限责任。这种不规范的企业制度会对企业的发展造成障碍,如企业家既是所有者,又是经营者,从而引起职能的不清。当企业的规模较大时,企业内部的结构必然复杂化,而职能的不清必然造成管理的混乱,从而影响到企业的正常运行。因此,规范企业的制度,由业主式企业过渡到有限责任公司、股份公司,实现企业的所有权与控制权的分离,把经营权交给具有较高经营管理能力的职业经理,本人则作为所有者参与剩余分配及行使对经营者的监督,充分体现出个体的比较优势,使企业在规范中发展。当然,企业制度的改革并不是一件简单的事情,涉及一系列复杂的问题,如资产评估、经营者的选择以及激励监督机制的制定和实施等,既需要理论的指导,又要在实践中不断完善。

二、企业家收入年薪制的理论基础

近年来,企业家收入年薪制逐渐在我国得以推广,这种分配机制顺应了企业改革的需要,同时也符合国际惯例。对此,本节将对年薪制的理论基础进行一些探讨。

1. 企业家是企业特殊人力资本的供给者

企业家是一类专门从事企业经营决策和高层管理并据此领取报酬的人。他们是具有优良素质和能力的企业的经营者,但无资产(这是为研究方便所作的理论假定,实践中他们可以持有企业股份),企业经营是他们的职业。

企业家虽然不是企业物质资本的所有者,但他们为企业的生产与经营提供特殊的人力资本,这种人力资本是现代企业发展的最重要、也是最稀缺的资源。位于企业科层组织最高层的企业家,是企业生产经营活动的决策者,他们直接面对不确定的市场环境,对内配置资源,对外寻求发展机会。从一定意义上说,企业家是现代企业发展的主导力量,正是因为一批杰出企业家的努力,才造就了现代企业的飞速发展。

之所以说企业家人力资本是最重要的资源,是因为现代企业所面临的是一个多变的、不确定性很高的市场环境。企业要能在这样一个环境中求得生存与长远发展,最重要的问题就是进行正确的经营决策,企业家决策的正确与否关系企业的生死存亡。从这个角度来说,企业家掌握着企业的命运,主宰着企业的兴衰存亡。所以说,企业家是最重要的人力资本资源。如果说,人是企业的灵魂,则企业家是灵魂中的灵魂。

企业家不仅是最重要的人力资本资源,而且是最稀缺的资源。这是因为企业家的职能决定了企业经营对其素质要求很高,而其供给又要受到自身生产周期较长、培养成本高的特点的严格限制。企业家作为一种高级的人才资源,其成长是一个缓慢的、渐进的过程,而且培养成本高,需要不断的投入,因此常常处于"供不应求"的局面。

正是因为企业家为企业提供了这种最重要而又最稀缺的特殊人力资本,才使得他们在现代企业制度中获得了不同于一般要素提供者的权、责、利。

企业家虽然不是企业物质资本的所有者,但在两权分离的现代企业制度下,他们实际上掌握了企业生产经营活动的控制权。这种控制权主要表现在以下几个方面:第一,制定和组织实施企业长远发展规划和投资方案;第二,制定和组织实施企业的利润分配方案;第三,决定企业内部管理机构的设置;第四,制定和组织实施公司的基本管理制度。

企业家的责任是与其权利对称的,他们担负着资本增值的重任,对企业股东负责。他们必须遵守公司章程,忠实履行职务,维护公司利益。

企业家的利益也是与其权、责对称的。由于他们为企业提供了特殊的人力资本,实际掌握着企业生产经营的控制权,担负着资本增值的责任,其所得的利益也不同于一般的劳动者,这不仅表现在他们的薪水远远高于一般的劳动者报酬,更主要地是表现在企业家参与企业剩余的分配,即参与利润分红。企业家以其经营性劳动参与利润分红,这一事实也说明了企业家是企业利润的创造者和风险承担者。

2. 企业家的功能结构:对内配置资源、对外寻求发展

企业家的功能是,在企业内部,他们位于企业科层组织的最高层,通盘配置企业要素资源,充分发挥各要素资源的作用;对外部,他们是企业所有者的代理人,他们直接面对不确定的市场环境,对外寻求企业发展机会并为其决策承担风险。

(1)企业家的对内功能。企业家的对内功能是指企业家对企业内部的其他生产要素进行组织协调、通盘配置,以最大限度地发挥各种生产要素的作用。企业家的对内功能具体表现在:第一,决定企业内部组织机构的设置;第二,制定企业的基本管理制度,即确定内部行为规范;第三,制定企业的利润分配方案。

(2)企业家的对外功能。企业家的对外功能总的来说是指企业家的对外竞争功能。这种功能具体表现在:第一,创新功能。随着现代经济的发展,企业之间的竞争愈来愈激烈,企业所承受的外部竞争压力也越来越大,为此,企业家的创新功能也越来越重要。这种创新,按照熊彼特的理论,主要包括引进新产品、引进新技术、开辟新市场、控制原材料的新供应来源、引进新的企业生产组织和管理组织;第二,风险管理功能。风险管理功能是与创新功能密切相关的,但又是相对独立的。在不确定的市场环境下,任何决策的前景都是不确定的,任何一种投资决策都是风险决策。企业家在其创新过程中要考虑和分析其决策的市场风险(如供应风险、销售风险、利率风险、汇率风险等)、社会风险(如政府政策的稳定性)、自然风险(如自然资源和气候变化的风险等)。风险管理就是积极避险并同时追求风险收益。

3. 企业家的收入结构:经营性劳动收入、创新和承担风险的收入

经营性劳动收入是企业家对内功能的体现。企业家的对内功能是指企业家对企业内部的其他生产要素进行组织协调、通盘配置,以最大限度地发挥各种生产要素的作用。这种组织企业内部资源配置的劳动是一种高级的、复杂的劳动,企业家按其劳动的复杂性和强度支取报酬,这部分收入属于一般的按劳分配范畴。

创新和承担风险的收入是企业家对外功能的体现,本质上就是对企业利润的参与分配。企业家的对外功能事实上就是对外竞争功能,为了对外竞争,企业家必须不断创新、不断进行风险管理。事实上,现代企业的巨额利润就是来自于企业家的创新和风险承担。企业家作为最为稀缺的特殊人力资本,已不同于一般的人力资源要素,企业家创造利润并

参与利润分配。

4. 企业家收入的现实决定:收入结构与功能结构的一致性

上述企业家收入的理论结构是和其功能结构对称的。在现实经济生活中,企业家的收入主要由两部分所组成,即薪金收入和剩余分红收入。其中,薪金收入就是企业家的劳动性报酬收入,是基本组成部分,也是固定的收入部分,属于按劳分配的范畴;而剩余分红收入则是对理论上的"创新和承担风险的报酬"的具体贯彻,它来自于企业利润。剩余分红收入的大小是与企业家的经营绩效即企业利润密切相关的,是可变的收入部分,它已经突破了按劳分配的范畴。

企业家收入现实结构是:$C=Y+W$。其中,Y是薪金收入,属于按劳分配的劳动报酬;W是剩余分红收入,是对企业利润的分配。如前所述,在企业家收入结构中加进利润分红的因素,这事实上就承认了经营性劳动的特殊性,是将企业家的劳动视为企业特殊的人力资本。

薪金作为按劳分配的收入,其决定机制与一般员工劳动报酬的决定机制是相似的。但由于经营性劳动是一种特殊的劳动,所以薪金的确定比较复杂,其大小主要决定于以下因素:第一,由企业家市场的供求状况来决定,在很大程度上取决于企业家的边际贡献;第二,受企业家的机会成本(如接受教育和培训所花费的支出,及因此而损失的机会收入)大小的影响;第三,受到经营劳动的复杂程度和风险程度的影响;第四,要考虑到"高薪养廉"的需要。

剩余分红收入可用$W=a\cdot X$来表示,其中,X为企业所有者目标即利润,a为管理者分红系数。对W剩余分红收入的确定可归结为对X和a的选择和确定。X主要有三个选择:第一,X指当年实际利润还是当年实际利润超过计划利润的部分?第二,X指利润总额还是指利润与上年相比的增加额?第三,X也可以是相对数,即利润率,这个利润率是资金利润率还是销售收入利润率?

a是经营者分红系数,从理论上说,a的大小决定于经营劳动对利润的边际贡献。a的确定主要有两种选择:第一,由公司内部决定;第二,由同行业竞争来决定,在同一行业内部,实行统一的经营者分红系数。

5. 年薪制:体现企业家收入结构与功能结构一致性的良好机制

目前在西方发达国家,企业家报酬一般均实行年薪制。实行年薪制的企业一般还同时建立了风险基金制度,即由企业家交纳一定的风险抵押金,用于部分抵补由于决策失误和经营不善给企业造成的损失,使企业家真正承担一部分经营风险。

实行年薪制不仅可以较好地体现企业家报酬结构与其功能结构的一致性,而且可以较好地体现企业经营者的工作特点(一般企业的生产经营周期和财务周期都是以年度计),可以比较完整客观地反映企业家的工作绩效;实行年薪制在工资分配关系上突出了企业家人力资本的重要性,体现了企业家在企业中的地位和作用;同时,实行年薪制,企家个人收入与企业经济效益挂钩,体现了利益、责任、风险一致的原则,在激励机制中又加进了约束机制的成分。

由于年薪制中企业家收入以年度为计算单位,这样,企业家收入实际上主要取决于当年经营效益状况。而企业生产经营是一个长期的过程,因此年薪制又往往从另一方面促进了经营者行为的短期化。为了弥补这一缺陷,许多企业又通常辅之以股票期权制,即允诺经营者在若干年后将拥有企业一部分股权,这部分股权的价值实际上是不确定的,取决于企业未来若干年的经营状况,同时,这部分股权也不能任意带走或变现,只有企业家在本企业任职时才能拥有,退休后方可带走,这种付给企业家股票期权的方式可以激励其长期行为,约束其短期行为。

6. 我国需要尽快普及和完善年薪制

我国于 1992 年 6 月由上海轻工局选择英雄金笔厂、上海油墨厂、上海纸箱厂三家企业进行经营者收入年薪制试点。至今,虽然大多省市都进行了年薪制试点,但效果却不尽人意,归结起来,主要存在以下问题:第一,指导思想上存在两种障碍。一是认为年薪制就是人为拉大企业家与普通劳动者的收入差距;二是把年薪制等同于高薪制;第二,年薪制的享受范围问题。实施过程中事实上将企业家年薪制变为企业领导者集团的年薪制(如许多企业党委书记也享受年薪制);第三,缺乏较好的监督机制,对企业家的考核机制不健全;第四,企业家负盈不负亏的问题;第五,企业家的任命制、任期制,造成经营者的短期行为。

为适应建立现代企业制度的需要,一方面,必须尽快普及经营者收入的年薪制;另一方面,又要对实施中出现的上述问题进行系统的研究和探讨,以便充分发挥年薪制的积极作用。

三、企业经营者年薪制的模式比较

(一)对经营者年薪制的基本认识

建立激励约束经营者行为的年薪制主要涉及三方面内容:报酬构成、报酬结构变化对经营者行为的影响及最优的报酬结构确定;报酬数量与经营者积极性的关系及最优报酬数量确定;经营者的报酬与何种企业业绩指标"挂钩"、如何"挂钩",才能最好地衡量经营者的能力和努力程度等。这里尤其值得深入探讨的是企业经营者的年薪报酬结构和报酬指标问题。

1. 报酬结构

一般而言,现代公司企业高层经理人员的报酬结构是多元化的。现代公司制企业的经营者的报酬中常常既包括固定收入(如固定工资),也包括不固定或风险收入(如奖金、股票等);既含有现期收入,也含有远期收入(如股票期权、退休金计划等)。工资或薪水是事先确定的,并在一定时期内保持不变。奖金的金额通常由董事会根据经营者的短期业绩(如一年的会计利润)来确定,并一次性支付。经营者的股票收入主要包括股票赠与和股票期权等形式。股票赠与是指无偿送给或以很大折扣出售给经营者本公司的一定数额的股票,这类股票可能受到一定的限制,一般只有在企业达到一定的增长指标或利润指标才能出售,或者只有退休后才能出售,这又被称为限制性股票奖励。另一种股票奖励为"名义股",只能获取与一般普通股相同的资本增值和收益,但不享受所有者其他权益。股票期权允许经营者以某一基期的价格来购买未来某一年份的同等面额的股票,经营者所得到的报酬是股票的基期市场价格和未来市场交割价格的差额。如果经营者将企业经营得好,未来企业股票升值,经营者将得到很大的收入;反之,如果经营者所经营的企业业绩差,未来股票就不可能升值,经营者的收入就无从谈起,这旨在激励经营者的长期化行为,其激励作用很大,但风险也更大。设计这种收入形式多元化的经营者报酬方案的必要性,在于不同形式的收入对经营者行为具有不同的激励约束作用,保证经营者行为的长期化、规范化。

2. 报酬指标

报酬机制的有效性在很大程度上取决于评价和考核经营者业绩指标的科学性、准确性。除固定薪水的作用是为经营者提供"保险服务"外,奖金是与企业短期业绩尤其是年度会计利润挂钩的,而与股票相关的其他报酬形式是经营者企业的市场价值紧密关联的,因而与经营者报酬相关联的企业业绩指标主要有两大类:一是市场价值指标;另一是会计指标。明确这两类指标的特点对建立经营者的激励约束机制至关重要。

(1)市场价值指标。主要是指本公司的股票价格。由于企业股东财富最大化在股票市场上表现为股票市场价值的最大化,因而市场价值指标能直接体现股东追求财富最大化的要求。将经营者的报酬与股票价值联系在一起,基于市场价值指标建立经营者的报酬激励机制,有利于直接改善股东的福利。市场指标的最大优点在于如果资本市场是有效的,股票交易价格能够充分反映每个市场参与者的私人信息,那么市场就能对企业经营情况的各种变化进行准确反映,市场价格就是衡量经营者在企业经营管理过程中努力或投入的最好指标。在市场充分有效的前提下,经营者的激励报酬方案设计应使企业市场价值最大化。然而,市场充分有效在现实中很难达到,只是一种理想境界或是强式有效市场假说。现实经济中,虽然资本市场中有专门评价企业计划与经营状况的信息灵通的专家提供咨询,但企业经理和投资者之间仍存在非对称信息,经营者对自己企业的了解远远多于投资者,股票的市场价格并不能准确反映企业的价值;再加之股票价格还受到企业业绩以外的其他因素的影响,使股票价值信号中出现非企业所能控制的"噪音",这些因素就有可能使股票的市场价格远远偏离企业的真实价值。因此,单纯依靠市场价值指标建立经营者的报酬激励机制就有很大的局限性。

(2)会计或财务指标。与企业市场价值指标相比,会计指标所反映的各种因素更易为经营者所控制,较少受经营者可控范围以外的"噪音"因素的影响,更多反映的是企业自身的"信号"。对《幸福》杂志排名前500家企业的经理调查表明,半数以上的调查对象认为"会计方案更具有优势"。对367家在纽约股票交易所上市的公司的实证研究表明,1974~1983年间286位CEO的辞职或被撤换与股票收益呈显著负相关,这说明董事会更多的是以会计指标而不是以股票收益来评价CEO的业绩[①]。然而,正是由于会计指标容易为经营者控制,企业盈利会计指标可能不是企业真实业绩的反映,而是经营者人为操纵的结果。会计指标考核,尤其是短期会计指标给经营者留下了"玩数字游戏"的操作空间。当经营者的奖金达到上限水平时,他们会调低账面盈利水平;在经营者的奖金达不到上限水平时,他们会压低投资或在拿到奖金以后再确认损失。会计指标的这个缺陷限制了依靠其建立经营者报酬机制的科学性和有效性。

综上分析,无论是市场价值指标(说明企业未来发展潜力),还是会计指标(反映经营者过去的业绩),在反映经营者的真实业绩方面都有利弊。因此,在设计经营者的报酬激励方案时,这两方面的指标都是必要的,是更多地依赖会计指标,还是依赖市场价值指标,取决于哪类指标更能准确地提供更多的信息。从总体上说,通过资本市场剔除市场"噪音",通过加强审计监督减少经营者对企业会计指标的"操作空间",进而提高两类指标的准确性都是必要的。然而,提高会计指标和市场价值指标的准确性常常受到实现成本的约束。还应说明的是,会计指标和市场价值指标是紧密相联的,是对企业业绩的两种度量,在设计经营者报酬方案结构时,要注意到这两类指标的重叠内涵,如不仅会计盈利指标反映了企业的收益情况,而且股票价格的信息价值中包含了有关企业收益的信息,所以,经营者报酬方案中有关会计盈利指标的相对权数可能夸大了其相对重要性。

(二)经营者年薪制的模式比较

1. 世界范围内的两大类模式

现代公司企业高层经理人员的报酬结构是多元化的。但各国年薪报酬的具体实践方式具有较大的差别,我们可以大致归结为以美、英为代表及以德、日为代表的两类模式。

美、英等国的经营者的报酬主要由基本薪金、年度奖金、长期激励、养老金计划和津贴组成,其中长期激励项目(即股票、股票期权等收入)在经营者的总报酬中占有相当的比重。例如,美国企业经营者的报酬中一般基薪占45%左右,年度奖金为15%左右,长期激励项目占30%左右,养老金为8%左右,津贴为2%左右[②]。而且美国经营者报酬中股票、股票期权所占比重呈上升趋势。与此不同的是德、日等国的经营者报酬结构中,长期激励项目所占比重较小。如德国公司高层经理人员报酬中65.9%为基本薪金,16.5%为奖金,12%为养老金,津贴占5.6%[③]。日本企业的经营者虽持有本企业一定数量的股票,但

[①] 威斯通等:《兼并、重组与公司控制》,经济科学出版社,1998年,第401页。
[②] 高良谋:《试行企业经营者年薪制存在的主要问题》,《中国工业经济》,1997年第4期。
[③] 高良谋:《试行企业经营者年薪制存在的主要问题》,《中国工业经济》,1997年第4期。

不准出售,其在股票上的收益和损失都非常小。两类模式的另一重要区别是美、英等国经营者的报酬总额非常巨大,与普通职工收入的差距悬殊。德、日公司经理的报酬相对低得多,与一般员工的收入差距也相对较小。一份对世界主要国家的同类规模企业(销售额为2.3亿马克)的经理报酬的调查表明,美国公司经理的年扣除税金平均净收入为33.1万马克,日本为20.2万马克,原联邦德国为18.1万马克[①]。另一份调查表明,美国20世纪80年代大型公司(销售收入300亿美元以上)的总裁年收入为一般工人收入的109倍,同比法国、德国为24倍,日本为17倍[②]。

2. 年薪制的五类具体模式

基于上面对现代企业经营者年薪制的分析,结合我国国有企业经营者年薪制的实践和进一步改革的要求,我们可以归结出五类具体的企业经营者年薪制模式。

(1)准公务员型模式

报酬结构:基薪+津贴+养老金计划

报酬数量:取决于所管理企业的性质、规模以及高层管理人员的行政级别,一般基薪为职工平均工资的2~4倍,正常退休后的养老金水平为平均养老金水平的4倍以上。

考核指标:政策目标是否实现,当年任务是否完成。

适用对象:所有达到一定级别的高层管理人员,包括董事长、总经理、党委书记等,尤其是长期担任国有企业领导,能够完成企业的目标,临近退休年龄的高层管理人员。

适用企业:承担政策目标的大型、特大型国有企业,尤其是对国民经济具有特殊战略意义的大型集团公司、控股公司。

激励作用:这种报酬方案的激励作用机理类似于公务员报酬的激励作用机理,职位升迁机会、较高的社会地位和稳定体面的生活保证是主要的激励力量来源,而退休后更高生活水准的保证起到约束期短期化行为的作用。

(2)一揽子型模式

报酬结构:单一固定数量年薪。

报酬数量:相对较高,和年度经营目标挂钩。实现经营目标后可得到事先约定好的固定数量的年薪。例如,规定某企业经营者的年薪为15万,但必须实现减亏500万。

考核指标:十分明确具体,如减亏额、实现利润、资产利润率、上缴税利、销售收入等。

适用对象:具体针对经营者一人,总经理或兼职董事长。至于领导班子其他成员的工资可用系数折算,但系数不得超过1。

适用企业:面临特殊问题亟待解决的企业,如亏损国有企业,为了扭亏为盈可采取这种招标式的办法激励经营者。

激励作用:具有招标承包式的激励作用,激励作用很大,但易引发短期化行为。其激

[①] 冯根福:《西方国家公司经理行为的约束与激励机制比较研究》,《当代经济科学》,1998年第6期。
[②] Milgrom, p., and J. Roberts, 1992, "Economics, Organization & Management" Prentice Hall, 1992, pp. 425~426.

励作用的有效发挥在很大程度上取决于考核指标的科学选择、准确真实。这种报酬方案具体制定、尤其是考核指标的选择,类似于各地政府较为普遍实行的对经营者的奖励。

(3)非持股多元化型模式

报酬结构:基薪+津贴+风险收入(效益收入和奖金)+养老金计划

考核指标:确定基薪时要依据企业的资产规模、销售收入、职工人数等指标;确定风险收入时,要考虑净资产增长率、实现利润增长率、销售收入增长率、上缴税利增长率、职工工资增长率等指标,还要参考行业平均效益水平来考核评价经营者的业绩。

适用对象:一般意义的国有企业的经营者,指总经理或兼职董事长,其他领导班子成员的报酬按照一定系数进行折算,折算系数小于1。

适用企业:追求企业效益最大化的非股份制企业。现阶段我国国有企业绝大多数都采用这种年薪报酬方案。一般集团公司对下属子公司的经营者实施的年薪报酬方案也多是这种,只是各个企业的具体方案中考核指标、计算方法有一定差异。

激励作用:如果不存在风险收入封顶的限制,考核指标选择科学准确,相对于以前国有企业经营者的报酬制度和上述方案(1)而言,这种多元化结构的报酬方案更具有激励作用。但该方案缺少激励经营者长期行为的项目,有可能影响企业的长期发展。

(4)持股多元化型模式

报酬结构:基薪+津贴+含股权、股票期权等形式的风险收入+养老金计划

报酬数量:基薪取决于企业经营难度和责任,含股权、股票期权等形式的风险收入取决于其经营业绩、企业的市场价值。一般基薪应该为职工平均工资的2~4倍,但风险收入无法以职工平均工资为参照物,企业市场价值的大幅度升值会使经营者得到巨额财富。只是在确定风险收入的考核指标时有必要把职工工资的增长率列入。

考核指标:确定基薪时要依据企业的资产规模、销售收入、职工人数等指标;确定风险收入时,要考虑净资产增长率、实现利润增长率、销售收入增长率、上缴税利增长率、职工工资增长率等指标,还要参考行业平均效益水平来考核评价经营者的业绩。如果资本市场是有效的,有关企业市场价值的信息指标往往更能反映企业经营者的业绩。

适用对象:一般意义的国有企业的经营者,指总经理或兼职董事长,其他领导班子成员的报酬按照一定系数进行折算,折算系数小于1。也可以通过给予不同数量的股权、股票期权来体现其差别。

适用企业:股份制企业,尤其是上市公司。这种报酬方案适应规范化的现代企业制度要求。

激励作用:从理论上说,这是一种有效的报酬激励方案,多种形式的、具有不同的激励约束作用的报酬组合保证了经营者行为的规范化、长期化。但该方案的具体操作相对复杂,对企业具备的条件要求相对苛刻。

(5)分配权型模式

报酬结构:基薪+津贴+以"分配权"、"分配权"期权形式体现的风险收入+养老金计划

报酬数量：基薪取决于企业经营难度的责任，以"分配权"、"分配权"期权形式体现的风险收入取决于企业利润率之类的经营业绩。一般基薪应该为职工平均工资的2～4倍，但风险收入无法以职工平均工资为参照物，没必要进行封顶。只是在确定风险收入的考核指标时有必要把职工工资的增长率列入。

考核指标：确定基薪时要依据企业的资产规模、销售收入、职工人数等指标；确定风险收入时，要考虑净资产利润率之类的企业业绩指标。

适用对象：一般意义的国有企业的经营者，指总经理或兼职董事长，其他领导班子成员的报酬可通过给予不同数量的"分配权"或期权来体现。

适用企业：不局限于上市公司和股份制企业，可在各类企业中实行。

激励作用：把股权、股票期权的激励机理引入到非上市公司或股份制企业中，扩大其适用范围。这是一种理论创新，其效果还有待实践检验。

（三）国有中小企业推行经营者年薪制的几点评论

如果认为年薪制就是以年度为单位计算或支付企业经营者的报酬，那么仅仅从这个意义上讲对于我国的国有企业推行企业经营者年薪制是可行的。但如果把年薪制认为是一种激励性的年薪报酬制度，与企业经营者的经营业绩直接相关，从而在推行年薪制时需进一步具体考虑到年薪报酬的结构、数量等问题，那么想在全国范围内、甚至具体到一个省、市的范围内制定一个统一的国有企业经营者年薪报酬的具体实施办法都是十分困难的。这是因为国有企业千差万别，规模、行业、历史背景、经营环境等差别悬殊，企业的经营业绩与企业经营者能力和努力水平的相关程度很难判断，可比性不大。另外，企业经营者的业绩指标确定的科学性和准确性不能严格保证，给考核经营者的经营业绩带来了困难。在国外，虽然存在上述所谓的美国、德国、日本等不同国家的年薪制模式等，但由于一个公司的经营者的年薪报酬是由董事会根据本企业的具体情况确定的，属于"一厂一策"，在很大程度上避免了上述困难。

至少由于以下几方面原因影响了现阶段我国国有企业经营者年薪制的有效性：一是年薪制作为激励经营者追求企业效率目标的报酬制度，是以现代公司制为制度背景的。而国有企业的特殊性，其目标是多元化的，既有追求效率的经济目标，又承担社会政策目标，多元化的企业目标使得考核企业高层经理人员的业绩变得十分困难。二是我国国有企业的经营者还主要是由上级主管部门指派产生，属于"指派产生机制"，而不是现代企业的"竞争选聘机制"，政府规定的经营者年薪也就不能体现其人力资本价格。三是现阶段国有企业经营者"职位消费"之类的隐性收入远远高于其契约中明确规定的显性收入。这种隐性收入难以控制的增加，可能使年薪高低对经营者行为不具有激励约束力量。因为当经营者的显性收入只占总收入的很小一部分时，经营者更为关心的是能否得到控制权所带来的隐性收入，并不很在意年薪的高低。四是年薪制的具体实施对象和范围问题。从严格意义上说，经营者年薪制的对象就是企业的职业经营者一人，企业经营者年薪制也就是职业经营者年薪制。但由于我国国有企业的整个领导班子都是由政府任命的,这就涉及经营者年薪制中的"经营者"是指董事长还是总经理,还是专指具有法人资格的厂长经理,党委书记是否包括其中,工会主席的收入如何确定等具体问题。

虽然现阶段推行经营者年薪制面临很多困难,其有效性也受到一定的影响,但对于国有企业经营者而言,实行激励性的年薪报酬制度是必然的选择,是建立现代企业制度、推进国有企业改革、提高国有企业效益的必然要求。

第三节 股票期权制

股票期权可以说是职工持股计划的一种,但又并不完全相同。实践证明,国外许多高新技术企业的迅速成长得益于股票期权制度的实施,在硅谷的大大小小高新技术企业几乎全部实行了股票期权制度。

一、股票期权的涵义与功能

1. 股票期权的涵义

股票期权(Executive Stock Option)又可称为优先购股权或股票选择权,它借用期权的含义,是指公司给予员工在未来一定期限内以事先约定的价格(行权价格)购买一定数量本公司股票的权利。所谓行权,是指其持有者在约定期限内按照预先确定的价格购买本公司股票的过程。行权前,股票期权持有人没有任何现金收益,也不影响公司股本数量及结构的变化。行权后,个人收益为行权价与行权日市场价的差额。

目前,社会各界常常将股票期权与职工持股计划混为一谈,虽然二者都是为了有利于企业人力资本的积极性发挥,但实际上二者存在一定的区别。职工持股计划的本质是资本的民主化,增进职工与企业的认同感,并且常常作为优化企业内部治理结构的有效手段,同时也常成为企业融资的一种方式。并且,职工持股是在企业现有股权的基础上进行局部股权调整,通过使员工成为其所在企业的股东,将员工的利益与企业的效益、员工自身努力等紧密联系起来,从而达到激励的目的。

而股票期权则重在激发企业人力资本的潜能。由于企业的核心技术人员、高管对企业的经营管理及战略的决策对企业长期发展起着举足轻重的作用,这一部分人力资本的积极性和创造性发挥无疑是企业的巨大财富,因此股票期权主要面向企业的高层人员。尽管股票期权现在开始面向企业各个层次,但一般员工所占比重较小。另外,股票期权的实现是要通过企业价值增值来实现的,如果企业进步了则能为企业高层带来丰厚回报,如果企业无法增值,则股票期权拿在手中也不过是一堆废纸毫无实际价值,毫无兑现的必要。企业高层的机会成本高,受人的自利性动机的驱动,他们也需要为了自己的私利而努力工作,别的企业因迅速发展而带来股票期权成功兑现所产生的"财富效应",也会大大激励他们,使他们明白只要拼命去做也存在"一夜巨富"的可能性。

2. 股票期权的功能:促进高新技术企业发展的重要制度安排

股票期权发源于 20 世纪 80 年代初期的美国,至 90 年代在欧美企业界获得迅速发展。尤其从 90 年代开始,伴随着高科技产业的突飞猛进,股票期权在短短几年时间迅速普及。据初步统计,几乎百分之百的高科技公司,百分之九十以上的上市公司都有股票期权计划,股票期权已成为激励员工、留住优秀人才的强有力武器。股票期权的实施促进了美国高新技术企业的高速成长。据调查显示,对全美公认的 434 家 5 年来增长最快的公司调查结果显示,其中 39% 的企业实行了股票期权,而且实施了股票期权的企业业绩明显好于那些未实行这一方案的公司,如英特尔公司,所有员工都能拥有不同数量的股票期权。

(1) 通过建立长期性制度安排,有效激励人力资本的发挥。创新是高新技术企业的灵魂,激烈的市场竞争迫使企业只有不断创新才能立于不败之地。企业发展的前景与企业员工有着极为密切的关系,本身高新技术企业的创业者是出于一种创业冲动,带有一种强烈的创业精神来创办企业,为长远的美好前景而努力工作,然而企业即使技术项目好、有着很好的前景,也不意味着企业就能顺利成长。因此,高新技术企业更应注重建立一种长期的、不确定性的、与未来发展相联系的制度安排。

传统企业所采取的薪酬制度是一种事先性的"合同性收入",在这种短期的制度安排下,企业员工更注重个人的短期利益,而不大会关注企业的长远发展,这种制度安排显然不适合高新技术企业。

股票期权通过给予员工一个不确定收入,而能否实现这份不确定收入,则有赖于一定时间内企业的经营情况、成长速度及企业员工的努力程度,这在制度上将个人的未来财富与企业发展的整体利益有机结合起来。而且,股票期权一般时间较长,能有效地避免员工的短期行为。因此,股票期权这种未来的、不确定性的制度安排,能有效地充分地调动高新技术企业员工的积极性。

(2) 能有效促使人力资本与高新技术企业的结合[①]。人力资本是高新技术企业发展中最重要的资源要素之一,对企业发展起着至关重要的作用。与实物资本相比,人力资本又具有许多不同特点,首先,人力资本具有不易测算性的特点,人力资本是以个人为载体,其发挥与个体的能力、主观意愿有关系。其二,人力资本又具有个体化的特点,一旦离开企业,对企业的贡献也就随之消失。而股票期权的实施可以很好地促使高新技术企业与人力资本的紧密结合。通过股票期权所获收入的不确定性,则非常符合人力资本不易测算的特点。高新技术企业成长的价值主要由人力资本来创造。另外,企业通过股票期权这种长期性制度安排,可以吸引高水平人才,聚合人力资本,将员工的知识留在企业内部为企业服务,为企业成长带来持久竞争力打下扎实的基础,企业也由此可保持旺盛、持久

[①] 长城战略研究所:"高技术企业如何实现股票期权",《中国高新技术产业导报》,1999 年 6 月 1 日。

的活力。并且,高新技术行业发展的特点要求企业要不断吸引人才的加盟,企业要不断补充新鲜血液,只有这样,通过不断吸纳新的优秀人才,才能使企业保持发展后劲,因此企业同样需要通过股票期权的实施来吸纳企业未来发展所需要的人才。

(3) 能优化企业治理结构,降低激励成本和代理费用。股票期权制度的实施,使经营者对个人效用的追求转化为对企业利润最大化的追求,从而两者目标函数趋于一致,无疑会极大地促进了委托代理问题的解决。股票期权顺利实现所产生的"财富效应"也会激励企业家积极加入职业经理层的行列。如果经理人员的选择和评价机制是市场化的,且经理市场上的竞争是充分的,那么即使出资人并不了解经理的实际能力,但在时间无限的情况下,经理层市场会根据经理过去的表现计算其未来的人力资本价值,因此,即使没有任何直接监督,经理为顾及长远利益也可能努力工作,从而降低代理费用,优化企业治理结构。另外,在行权过程中,企业支付给员工的只是一个期权,是不确定的预期收入,企业始终没有现金流出,有利于降低企业的激励成本。

二、国外股票期权对我国的启示

股票期权计划作为一种长期激励机制,在发达的西方国家企业管理中已运行得相当成熟,尤其在股票期权方案的设计及操作计划实施中积累的丰富经验,对我们有非常重要的借鉴意义。

(一) 国外股票期权计划的主要内容

作为一种长期激励制度,股票期权内容主要包括股票期权的分类、授予对象、股份来源、行权价格与数量、行权方式及出让限制等。

1. 股票期权的分类、主体及授予对象

在美国,根据"国内税务法则"的法律解释,股票期权计划可分为激励股票期权(Incentive Stock Option)与非法定股票期权(Non-qualified Stock Option)两类。二者的主要区别就是激励型可以享有税务法则规定的税务优惠,而后者则不能享受优惠。这些优惠主要是在获得期权及行权过程中不用纳税。一般我们所说的股票期权通常是指激励型期权(ISO)。

股票期权的主体是企业的董事会,授予对象主要是企业高级技术人员、高级管理人员,这部分人员对企业的经营管理及战略问题的决策,给企业发展带来的影响往往是长期性的且具有更加关键的作用,因而是激励的重点。随着市场竞争的变化,为了使企业所有员工都更关心企业长期价值的增长,现在股票期权已呈逐渐面向全体员工的趋势,但每个人所能得到的数量肯定不会一样。

2. 股份来源

由于在高新技术领域企业的成长性要大大高于一般行业,股票期权得以广泛运用并成为高新技术企业有效的激励约束手段,这在美国表现得尤为突出,如硅谷几乎每一家高新技术企业都实施了股票期权制度。

在国外,期权的股份来源通常有三种:①企业增发新股;②股票回购。即企业出资将一部分已发行的自己的股票从市场中购回专门放入一个专用股票账户,这部分股票既不再流通也不为股东持有,而是进行预先储备,然后根据企业的股票期权方案实施的需要,将其在未来一时间内出售;③企业发行新股时预留。

3. 行权价格与数量

企业持有股票期权的人员在规定时间内以约定的股票期权的行权价格购买本企业股票的整个购买过程称为行权。行权就存在行权价格和数量的确定问题。

(1) 行权价格。对于非上市的高新技术中小企业而言,定价方式较为灵活。在参照同行业的平均利润水平的基础上,股东可根据企业的成长空间、发展规划并结合市场的实际情况,自行协商制定出一个令股东和股票期权授予对象满意的一个行权价格,并且根据企业实际发展情况可不断进行调整。

对于上市的高新技术企业而言,企业价值可从股票市场中交易的价格明明白白看到,一般其行权价格可分为三种:低于现值、高于现值和等于现值。低于现值的股票期权由于股东权益被稀释而易遭到股东的反对。高于现值的股票期权则由于提高了获利难度,对企业高层会产生极大压力,影响股票期权应有的激励效应。因此,一般采用不低于股票期权授予日的公平市场价格。至于公平市场价格是采用授予日当天最高市场价格还是最低市场价格或是二者的平均价格甚至其他价格等可由企业自行规定。

(2) 行权数量。企业实行股票期权要充分考虑股东的权益。如果实施的股票期权数量过大,则股东因股份稀释让予的利益过多不会轻易同意,但如果数量过小,又使股票期权缺乏吸引力而达不到应有的激励效应。

对股票期权的估价就决定了股票期权的数量。一般而言,其内在价值相当于行权价格与股价之间的差值。根据 Black-Scholes 期权价值模型,股票期权的数量确定有如下一种简单的表达式:

$M_0 = \Delta V / W$ W—期权价格

M_0—数量

ΔV—期权价值

而 $\Delta V = kV(k>0)$ k—企业高管的贡献率

V—企业价值

如根据克莱斯勒公司的股票期权计划,每个特定经理人员的行权数量是这样决定的:由 Black-Scholes 期权价值模型预测出的期权价值连同该经理所授予的"绩效股权"的价值之和,应等于同类公司同等职位的预测的长期报酬的 75%。

4. 行权方式

为有效防止短期行为的发生,在通常情况下,股票期权被授予后不会立即执行,而是有一个时间期限,根据惯例股票期权的执行期限不超过 10 年。而且在执行过程中,为防止授予对象的机会主义行为,保持股票期权长期性的约束力,即使到了能够执行的时候,也只是按比例分阶段地实施,这样避免出现执行过程中的短期行为。如克莱斯勒公司规定股票期权在授予一年后才能实施,第二年结束前执行数量不能超过总数的 40%,在第三年结束前不能超过 70% 等。

5. 出让限制

股票期权只归本人所有,不能转让。持有者可自行决定在何时出售由行使股票期权所购买的股票。有些企业制定股票期权计划时会作一些限制,如持有者要离开企业,他所拥有的未兑现的期权将提前失效,已经行使期权所购入的股票只能出售给企业内部人员,并且其出让价要远低于现值,来保证企业重要人才队伍的稳定性。

(二) 国外股票期权的实践经验

国外股票期权成功的实践经验可以为我国在相应方面带来一些启示。

1. 建立了完善、规范的法律体系

在国外,从股票期权计划的设计到运用,都制定了非常规范的法律体系,如对受益人的范围、股票期权的数量、股票期权的分配、股票期权的赠予时机、股票期权行权价的确定、股票期权的等待期、股票期权的不可转让性、股票期权的结束条件、执行方法、行权时机、税收规定以及公司对股票期权的管理,都有明确的法律规定。游戏规则的清楚界定可以使企业根据自身情况进行灵活的选择。

2. 形成了成熟、良好的配套环境

配套环境的成熟与否决定和影响着股票期权的实施效果。美国高新技术企业的蓬勃发展、股票期权制度的成熟与美国公司产权结构与公司治理结构变化密切相关,另外的重要原因还包括经理人卖方市场特性的强化、美国税收政策和新会计准则的颁布、与股票期权计划相关服务业的发展、大规模企业精简与兼并重组的发生以及 20 世纪 80 年代以来美国股票市场的持续牛市等。因此,关系股票期权运作的配套环境包括员工劳动报酬水平、劳动力市场、产品市场、法规制度和股票市场环境等。例如,国外良好的经理层市场和企业内部劳动力市场,激励和协调了企业的内部机制,企业可以采取各种措施提高管理人员的素质,并对其进行监督和约束,从而使股票期权计划的实施取得了良好的效果;提高

劳动报酬水平,使劳动者能够获得高风险运作所带来的较高收益,而不必只选择低风险项目以维持自己在企业界的声誉;并且由于股价是公司长期盈利能力的反映,所以良好的股票市场环境,也会影响股票期权计划的实施效果。

3. 有力的扶持手段

扶持手段,包括税收减免、融资优惠及配合股份化计划而实施的公司股份回购等手段。就股票期权来说,美国的税法规定,在一定条件下可以推迟至出售股票时再缴纳个人所得税和资本增值税,甚至免缴个人所得税;而公司低价售予员工股票所形成的损失,可以按员工福利计入人工费用账户,作为免税扣除。

三、我国对股权激励的探索

《中共中央国务院关于加强技术创新,发展高科技,实现产业化的决定》明确提出:"允许民营科技企业采取股份期权等形式,调动有创新能力的科技人才或经营管理人才的积极性",《中共中央关于国有企业改革和发展若干重大问题的决定》中再次强调:"要形成吸引人才和调动技术人员积极性的激励机制","建立和健全国有企业经营管理者的激励与约束机制,实行经营管理者收入与企业的经营业绩挂钩,少数企业试行经理(厂长)年薪制,持有股权等分配方式,可以继续探索,及时总结经验"等,为我国的股权激励探索实践提供了指导思想和政策依据。下面的五个典型案例显示了我国企业在股票期权方面的一些探索,虽然这些股票期权计划与国外的股票期权计划相比存在有着许多差异,有些甚至还谈不上是严格意义的股票期权,但是这些尝试显然是由我国的经济、政策与法律等环境所决定的。

1. 埃通公司的股权改革案例

埃通公司是我国最早实行经营者群体持股和股票期权计划的非上市公司。在1996年底,上海纺织控股集团公司出台《企业经营群体持股办法》,该办法明确规定:经营者群体持股比例应在5%～20%之间,而主要经营者则应不低于经营群体股份的20%。1997年初该公司成立时由其第一大股东太平洋机电公司划出100万股股本作为实施经营者群体持股的股份。实施范围包括企业中层以上干部与业务技术骨干约30余人。占注册资本的7.7%。1997年7月该公司改制时群体持股比例增加至20%,为260万股。

其设计思路是:如果总经理在规定年限内还清公司提供的用于购买其股份的无息贷款,期股的所有权与收益权就属于个人,如果经营者合法离开公司,则有自由处置股权的权利,但如果总经理在离开企业时,经财务审计评估有潜亏的,则没有股权收益。在转让价格的确定方面,如果企业上市有市场价格则按市场价格自由转让,如果企业仍是非上市公司,则按当年资产净收益提供的价格转让。同时对总经理和党委书记实行股票期权,根据董事会的规定,总经理与党委书记分别获得88万股和37.4万股股票期权。

该案例是中国迄今为止与国外股票期权的基本原理最为接近,其主要的设计特点可归纳为:①延期支付有效期为8年,8年后一次性行权。②行权价为股票面值。③行权有效期为8年。④授予期权附加条件为行权有效期内必须全部通过分红资金完成其全部股票期权的行权。

2. 上海贝岭的虚拟股票期权计划的探索

由于目前我国实施股票期权计划还存在一定的现实障碍,上海贝岭是我国上市公司中最早推行股票期权计划的公司,其实施的虚拟股票期权计划颇有创意,值得借鉴。

(1)设计思路。该计划的总体思路是将每年的员工奖励基金转换为公司的"虚拟股票"并由授予对象持有,在规定的期限后按照公司的真实股票市场价格以现金形式分期兑现。

公司每年根据实际经营业绩情况,从税后利润中提取部分形成公司的奖励基金。综合考虑公司股票价格未来的波动及员工将来兑现虚拟股票的现金支付能力,确定每年用于虚拟股票期权计划而提取的奖励基金具体金额。并且公司虚拟股票的内部市场价格不完全等同于公司实际股票的二级市场价格,但与公司股票的二级市场价格以一定比例同方向波动。该比例由公司在第一年实施基础发放时根据公司虚拟股票的基础价格来确定。从实施计划的第二年起,公司每年根据当年确定的奖励基金和虚拟股票的内部市场价格确定公司当年发放虚拟股票奖励的总股数。

该公司于1999年上半年开始在企业内部试行"虚拟股票赠予与持有"激励计划,计划的授予对象现阶段主要为公司的高级管理人员与技术骨干,随着该计划的逐步成熟会向公司的全体员工推广。该公司对高管人员和技术骨干实行不同的激励制度。对高管人员采用年薪制、奖金和股票期权的组合模式,对技术骨干采用年薪、奖金、股票期权及营业收入提成的组合模式。

(2)具体操作。该计划由公司董事会讨论通过,不通过股东大会,具体事宜由公司人事部门操作。①设立一个专门的奖励基金作为进行"虚拟股票"奖励的基础。②确定每年度提取的奖励基金的总额、公司虚拟股票的初始价格及公司每年发放虚拟股票的总股数。③对授予对象进行综合考核,确定其评价系数及虚拟股票的分配比例系数,从而确定计划受益人的评价系数与单位系数的分配数量及所获虚拟股票奖励的数量。贝岭公司实行"三级考核"制度,即公司董事会对总经理的考核、总经理对部门经理的考核以及部门经理对该部门员工的考核。每年根据综合考评结合工资系数及对公司的贡献率等多种因素通过折算后确定受益人的比例系数,从而可确定当年所获的虚拟股票的数量。④虚拟股票的兑现。公司虚拟股票的授予对象在授予并持有虚拟股票规定期限后逐步将其持有的虚拟股票转换成现金予以兑现,在不能兑现期间只有分红权。

上海贝岭的虚拟股票计划的做法绕开了我国现行法律"公司不得回购股票"的障碍,从某种意义上解决了股票期权的股票来源问题(用虚拟股票加以替代),对大量高新技术中小企业建立股票期权制度提供了很好的借鉴作用。虽然该计划还存在一些不完善之处,比如由于按照内部市场价格来兑现虚拟股票,存在无风险报酬从而弱化了激励与约束作用,还有股权稀释所产生的损害股东利益问题如何解决以及考核经营业绩指标的合理性问题等,均还需值得考虑和加以改进。

3. 武汉国有资产经营公司的股权激励探索

1999年5月,武汉国有资产经营公司推出《武汉国有资产经营公司关于企业法定代表人考核奖惩暂行办法》,根据该暂行办法,武汉国有资产经营公司将对其包括四家上市公司在内的21家控股与全资企业的董事长或法人代表实行一种新的年薪制。新的年薪制是在年薪分为基薪收入、风险收入和年终收入的基础上,将经营者年薪中的风险收入部分实行股票期权激励。三个部分的收入数额依据年度考核的结果与制定的评价标准分别确定,并以不同的方式兑付。其中基薪收入与年功收入在年终考核后以现金一次性支付,风险收入则分为两个部分,其中30%以现金形式当年兑付,其余70%转为该公司的可流通股票并在3年内延期兑付。

具体操作是:上市公司法定代表人的风险收入由企业在收到国资公司业绩评定书后的三个有效工作日内交付国资公司,国资公司将其中30%以现金兑现。国资公司在股票二级市场上按该企业年报公布后一个月的股票平均价格,用当年企业法定代表人的70%风险收入购入该企业股票,期股到期前,这部分股权的表决权由国资公司行使,且股票不能上市流通,但企业的法定代表人享有期股分红、增配股的权利。该年度购入的股票在第二年国资公司下达业绩评定书后的一个月内,返还上年度风险收入总额的30%给企业法定代表人,第三年以同样的方式返还30%,剩余的10%积累留存。以后年度的期股的累积与返还依此类推。已经返还的股票,企业法定代表人拥有完全的所有权。企业法定代表人调动、解聘、退休或任期结束时,按离任审计结论返还股票(或股份)期权的累积余额。

该案例与国外的可立即执行的股票期权比较接近,其股票期权的行权价格为授予时的股票市场价格。不过由于该计划的股票转换并持有是以现金奖励为前提的,并由现金转换而来,因此其从本质上而言是一种强制性的股票持有计划,而与股票期权的无偿授予,有偿行权及非强制性特征不相吻合。

4. 联想集团的探索

1994年前后,为解决联想集团创业者的工资福利与其创造的价值极度不对称的问题,使企业未来的发展与老员工的切身利益结合起来并将年轻一代迅速推上领导岗位,中科院从其拥有的100%的联想集团股权中拿出35%的分红权给联想集团员工持股会。员工持股会所持有的35%分红权分别以35%,20%和45%的份额进行再分配,其中35%分配给公司创业时期有特殊贡献的老员工计15人;20%分配给1984年以后一段时间内较早进入公司的员工约160人;45%根据贡献大小分配给后来有特殊贡献的员工。1999年联想集团正在着手彻底的股份制改造,其核心便是将35%的员工分红权转变为员工的完整意义上的股权。

5. 四通集团的探索

1998年四通集团开始启动经理层融资收购计划,重组成立由职工持股会和四通集团分别占51%和49%股权的新四通。四通重组不仅开创了中国MBO的先例,其关于高层经理的期股安排更加引人注目。据直接参与四通产权重组策划的联办称,新四通将实施一项1200万元的ISOs计划,外部股权投资人将为新四通高层经理人员提供1200万元的期股,通过这一安排,外部股权投资人带来了"给头脑定价"的机制,借助这一机制将决定给谁期股和给多少期股。在四通的这一制度安排中,成立四通"职工持股会"是其成功实施MBO与ISOs的首要环节,而这又得益于北京市关于企业职工持股会的地方性政策的保障。

四、股票期权计划的理论与设计思路

(一) 虚拟股票期权产生的背景与特点

1. 虚拟股票期权产生的背景

股票期权理论的激励逻辑隐含以下假设:一是假设管理层得到期股后增加的努力必然能提高企业的业绩;二是有效市场假设,即认为企业业绩的变化能通过市场同步反映,业绩提升必然推动股价上涨,并且其具体操作的前提要有公开市场下的股票价格。

然而这些假设会遭遇来自现实中的挑战。本来,将企业的内部激励外部化与市场化在一个成熟的股票市场是可以实现的,因为其市场评价代表了所有投资者或者整个社会对公司的评价,通常比内部评价更加客观与公正。但是,由于代理人道德风险的存在导致产生明显的市场操作行为,以及股票价格容易受到诸如市场投机因素、政府的宏观调控政策、突发事件等的影响,从而导致公司业绩与股价走势严重背离,这样必然削弱了股票期权的有效性和激励效果。此外,对于大量的非上市的企业来讲,由于没有相应的公开市场价格,股票期权操作困难。

同时在前面已讨论过由于法律、政策、市场环境等方面的原因,股票期权这一激励形式的困难和不足在我国尤为突出:①我国不完善的股票市场现状决定了股票期权目前对于我国不是一种最优选择,我国股票市场还太年轻,股票价格受投机因素影响常常处于非理性状态,将股票价格作为考核上市公司业绩的手段显然有欠妥当。②现行政策的限制使股票期权计划所需的股份来源难以实现,增加了该计划的实施困难。③大量企业都不是上市公司,没有现成的股票价格可以利用,期权市场也远未发展起来,这些都决定了目前我国企业实施股票期权计划的局限性。

虚拟股票期权是股票期权的一种变异,它借鉴了股票期权的一些做法。比如,它同样需要计划施行前与每一位参与者签订合约,约定授予虚拟股票期权的数量、行权方式、期限等,以明确双方的权利义务。但是它与股票期权最显著的区别在于虚拟股票只是一种账面上虚拟的股票,受益人并不拥有在未来按某一固定价格购买本公司股票的权利。公司每年结合自己的经营目标,选择一定的考评标准(这一标准既可是销售率的增长,也可是某种财务标准,或是几种指标的综合)对虚拟股票进行定价,从长期激励的角度模拟市场,当约定的兑现时间、兑现条件满足时,受益人可以现金的形式获得其拥有的虚拟股票在账面上增值的部分。因此,本质上是一种递延现金支付方式。

2. 虚拟股票期权的特点

虚拟股票不仅具有与股票期权一样的长期激励,同时其克服了股票期权的一些缺点和执行中的不足。①拓展了实施范围。由于股票价格不是作为公司业绩评价的惟一指标,不仅非上市公司可以应用,一些上市公司内部的一些部门也可以采用,只要各公司根据自己的实际情况确定相应的考评指标。②可以避免代理人道德风险的发生,减少经理人的市场操作行为。由于业绩评价不再仅仅依靠股票价格,市场的投机行为与该计划的考评指标的关联度就不如股票期权的高,并且虚拟股票期权在进行业绩评价时,就不再局限于对净利润或每股收益等会计信息的利用,这样就可能降低经理人员操纵市场行为的动机,从而避免代理人道德风险的发生。

(二) 国外虚拟股票期权计划的实践

1. 国外虚拟股票期权的产生

国外最早实施虚拟股票期权计划的是玛丽·凯公司(Mary Kay Inc.),在1985年时该公司陷入困境,为解决公司销售额下降、财务紧张等困难,建立有效的激励机制,该公司请经济增值法的发明者斯特恩-斯图尔特公司设计一种想像的股票来跟踪玛丽·凯公司的股价,这就是虚拟股票期权计划的雏形。这项计划于1985年开始实施,给该公司内30位高级经理占公司总股本15%股份的虚拟购股权,价值1200万美元。根据计划,第一个计划期为5年,斯特恩-斯图尔特公司每年计算出虚拟股票的价值,这样到1990年,经理们可获得1200万美元虚拟股票增加的价值。与此同时,根据经济增值法的原则,玛丽·凯公司着重促使销售额的增长快于成本或者资本投入的增长。事实上,到1990年第一个计划到期时,玛丽·凯公司已经恢复了生机,虚拟股票增值两倍以上。虚拟股票期权计划在国外也得到广泛应用,尤其受到非上市公司的普遍欢迎。

2. 国外虚拟股票计划的类型

国外虚拟股票计划在很多方面与股票期权相类似,如受益人、授予时机、行权期、行权方式等,它主要有以下两类:

(1) 市场价格型。该计划适用于上市公司,以股票价格作为虚拟股票的定价,常见的有溢价收入型和股利收入型。溢价收入型虚拟股票的受益人与公司普通股东一样享有股票价格升值带来的收益。股利收入型虚拟股票的受益人与公司普通股东一样享有股票分红的权利。与股票期权的不同在于受益人不可能实际获得公司的股票。

(2) 内部价格型。该计划适合于非上市公司。虚拟股票的价格由公司或公司外部顾问性质的中介咨询机构来确定,其定价时要反映财务标准等内部因素,同时考虑公司的股票在模拟环境中的市价,价格一般每年确定一次。该计划与股票期权的不同在于受益人行权时所对应的只是公司内部虚构的股票。

(三) 虚拟股票期权计划的评估标准创新:创值评估

虚拟股票期权计划的难点在于虚拟股票如何定价,在虚拟股票定价问题上国外公司大胆进行创新,引入创值评估标准,并且创值标准已经成为取代利润指标成为最准确的公司绩效衡量标准,在国外已经被广泛采用,《财富》杂志称之为"当今最热门的财务创意"。

1. 创值评估的概念

创值(Economic Value Added,简称 EVA)也叫经济价值增值,是在考察公司资本收益在扣除公司股权资本成本和相关其他出资者得到补偿之后的价值创造能力,即企业经过调整的营业净利润减去该企业现有资产经济价值的机会成本后的余额。用公式可表示为

$$EVA = NOP - NA \times WACC$$

式中:WACC 为企业的加权平均资金成本;NOP 为税后调整过的净利润;NA 为资本投入额。

而 $WACC = D/(D+E) \times (1-T) \times Kd + E/(D+E) \times Ke$

式中:D 为公司负债总额;E 为公司所有者权益价值;T 为公司所得税率;Kd 为公司负债的税前成本;Ke 为股东期望回报率。

2. 创值评估的内涵

创值评估标准的基本思路是:公司的投资者即股东投入的资本是有机会成本的,投资者从公司经营获得的回报至少应高于其投资资本的机会成本,即从经营利润中扣除按权益的经济价值(调整后的股权与负债资本额合计)计算的资本的机会成本后,才是股东从经营活动中获得的增值收益。这对传统的公司经营理念造成冲击,创造利润并不等同于创造了公司价值,只有当投入资本的收益超过投入资本的成本时,即创值为正数时,才会真正创造价值,否则即是损害公司价值;同时单纯的利润增长并不代表公司整体经营效率的提高,仅有当创值指标持续增长时,公司价值才是真正增加。

与传统利润指标相比,创值评估标准更强调从股东的角度,考察公司资本收益在扣除公司股权资本成本和其他资本提供者得到补偿之后的价值创造能力。而传统的利润指标评价体系则假定股权融资是近于零成本的,在利润指标核算中并未对股权融资成本加以扣除,导致单纯的利润指标并不能完全反映公司经营绩效的现实,也诱导代理人道德风险的可能发生。

3. 创值评估的意义

从上述分析可见,创值评估的着重点落在驱动公司价值增长这一点上,它涵盖了财务预算、融资决策、业务重整、收购分拆、股东交流以及激励补偿等重要信息,对于公司的管理与发展具有重要意义:①整合公司内部纷杂的绩效评估标准,促进公司内部的沟通与合作。由于公司内部各部门的价值评估标准和经营目标很难协调一致,导致公司制定的发展战略常常无法统一,公司员工之间缺乏凝聚力,从而降低企业效率。创值评估可以结束这种混乱局面,将内部纷杂的评价指标整合为统一的标准,即使公司价值增值。②消除传统的会计指标对业绩的扭曲。例如,在一般会计准则下出于稳健主义的考虑往往坚持公司的长期支出(如研究开发费用)必须一次列支,而非进行资本化。这种会计处理上的保守主义如运用在业绩衡量与报酬政策中,会导致管理人员行为的短期化。EVA则对这些缺陷加以纠正,因而是一种远视的指标。③扼制部门行为短期化倾向,促进了公司价值的长期增长。一般而言,公司内部不同的业务部门,都以本部门利润最大化作为经营的主要目标,而忽视对投入资本来源和资本规模的考虑,导致各部门在争夺资源方面的内耗,结果往往是一些业务部门投资不足,而另一些部门则投资过度。创值管理系统可以将对各业务部门的激励与创值的增长挂钩,为股东创造价值的水平决定着他们的回报,各部门争夺和滥用资源的现象可以被有效扼制。

(四) 虚拟股票期权计划的主要设计思路

借鉴国外虚拟股票期权(PSOP)的成功经验和我国上海贝岭实施虚拟股票期权计划的实践,我们希望能探索建立关于虚拟股票期权计划,使之能运用于我国大量的高新技术企业,建立适宜的、有效的激励与约束机制,促进其顺利发展。该计划的内容主要包括激励基金的设立、虚拟股票内部市场价格的确定、虚拟股票的受益人的考核与授予数量、行权期限、行权方式等。

1. 激励基金的设立

PSOP执行前要做的第一件工作是设立激励基金,即从公司未分配利润中提取首期激励基金 IF_0,确定提取比例 α_0,以后每年从公司当年的税后利润中按第 i 年提取比例 α_i 提取第 i 年的激励基金 IF_i,形成公司激励基金的提取计划。α_i 的确定与公司经营业绩挂钩,并根据公司实际经营情况的变化而有所变化,并不是一成不变。根据国外实践经验,IF 可由下面公式来确定:

当 $B_i \geqslant 0$ 或 $Z_i \geqslant 0$ 且 $(1+\beta_i-\beta_i-1) \geqslant 0$ 时,

$$IF_i = Z_i \times \alpha_i - 1 \times (1+\beta_i-\beta_i-1)$$

当 $B_i < 0$ 或 $Z_i < 0$ 或 $(1+\beta_i-\beta_i-1) \leqslant 0$ 时,

$$IF_i = 0$$

式中：$i \geqslant 1$；β_i 为公司第 i 年的创值率；B_i 为公司第 i 年的创值。

从上面公式中可以看出，当公司价值增长率在加快时，公司经营效率在提升，提取的激励基金在增加。当创值为负时，即使公司有净利润，也不能提取激励基金，这样加强了 PSOP 的激励与约束作用。

2. 虚拟股票内部市场价格的确定

在公司制定 PSOP 时，先规定虚拟股票的基础价格为 1 元/股，对应首期激励基金 IF_0 来确定公司虚拟股票发放的初始数量，按惯例一般该数量占总股本的 5% 左右。

每年虚拟股票内部市场价格 P_i 一般按下面公式来确定：

$$P_i = P_i - 1 \times (1 + g_i) \qquad (i \geqslant 1)$$

$$\text{而 } g_i = (B_i - B_i - 1)/B_i - 1$$

式中：g_i 为第 i 年的虚拟股票价格的上涨率；B_i 为公司第 i 年的创值。

3. 虚拟股票期权的授予对象

PSOP 的授予对象一般为公司的高层管理人员和核心技术人员以及其他对公司有突出贡献的员工。当然对于不同的受益人，授予时机和考核会有所区别。对于高层管理人员，一般在受聘、升职和每年的业绩评定的时候授予，主要考核公司的经营业绩和个人的努力方面。对于核心技术人员，一般在每年的业绩评定和有重大突破的科研成果的情况下授予，根据其科研成果的分量及对公司业绩增长的贡献程度。对于其他对公司有突出贡献的员工，一般在其对公司有突出贡献时，根据贡献大小给予期权奖励。

4. 虚拟股票期权的授予数量

(1) 确定第 i 年与第 $(i+1)$ 年之间发放的总股权数 Q_i

$$Q_i = IF_i/P_i \qquad (i \geqslant 0)$$

(2) 确定高管和核心技术人员的授予基数

一般每年从 Q_i 中留取 10%，作为机动股用于对其他有突出贡献的员工进行虚拟股票的发放。剩余的 90% 作为对公司的高层管理人员和核心技术人员发放虚拟股票期权的基数，假设 E_i 为第 i 年结束后参与 PSOP 的高管的授予基数，F_i 为第 i 年参与 PSOP 的核心技术人员的授予基数，e_i 为第 i 年参与 PSOP 的高管人数，f_i 为第 i 年参与 PSOP 的核心技术人员的人数，则

$$E_i = Q_i \times 90\% \times e_i/(e_i + f_i) = (IF_i/P_i) \times e_i/(e_i + f_i) \times 90\%$$

$$F_i = Q_i \times 90\% \times f_i/(e_i + f_i) = (IF_i/P_i) \times f_i/(e_i + f_i) \times 90\%$$

(3) 确定高管和核心技术人员的实际授予数量

对于高管人员,一般 E_i 中的 20% 用于留存,在高管受聘及升职时授予,剩余 80% 用于实际虚拟股票期权的发放,即

$$Q_{ij} = E_i \times 80\% \times u_{ij} / \sum_{j=1}^{ei} u_{ij}$$

式中:Q_{ij} 为第 i 年第 j 个参与 PSOP 的高管人员被授予的虚拟股票期权数量;u_{ij} 为第 i 年第 j 个参与 PSOP 的高管人员的虚拟股票期权分配系数。

对于核心技术人员,一般 Fi 中的 70% 用于留存,用于重点激励取得重大科研成果的科研人员,剩余 30% 用于实际虚拟股票期权的发放,即

$$V_{ij} = F_i \times 30\% \times v_{ij} / \sum_{j=1}^{fi} v_{ij}$$

式中:V_{ij} 为第 i 年第 j 个参与 PSOP 的技术人员被授予的虚拟股票期权数量;v_{ij} 为第 i 年第 j 个参与 PSOP 的技术人员的虚拟股票期权分配系数。

需要说明的是公司在制定 PSOP 时,根据公司的发展阶段、发展战略、经营情况及在市场中的竞争地位,灵活确定激励基金的留存系数、高管和核心技术人员的分配系数。对于高新技术中小企业而言,在发展的初期阶段虚拟股票期权应侧重激励公司的核心技术人员,随着公司业务步入正轨,激励重点转向二者并重。总之,各公司相机进行选择,设计好虚拟股票期权计划,以促进公司的发展。

5. 股票期权的行权

虚拟股票期权在行权期限、行权方式及出让限制等多方面可参照国外股票期权计划的做法,结合公司具体情况进行选择,并可参照本节"(二)"相关内容,这里不再重复。

第四篇

中国中小企业的发展与结构调整

第九章 中小企业发展中的产业选择与行业定位

我国中小企业产业结构趋同的严重问题,已成为广大中小企业在新世纪发展的重大障碍之一。本章根据我国三个产业内部各个行业的历年资料,分析总结出我国中小企业在各个行业的构成比重,变动趋势与行业集中度,并依此对我国中小企业的产业选择,行业定位及其对策措施等问题进行有益的探索。

第一节 我国中小企业的行业结构与行业集中度

1. 中小企业在全国所有企业中的构成比重

据国家工商管理部门2000年统计,我国在工商部门注册的中小企业已超过1000多万家,占全部注册企业数的99%,其所创造的工业总产值、税收分别占全国工业总产值和利税的60%与50%以上;目前,全国大约有1.1亿劳动力在中小企业就业,占全国工业企业就业人数的73%左右。从1995年我国第三次工业普查资料统计数据中,更能说明中小企业在全国企业中的重要地位,即中小企业分别占全国全部工业企业数、工业总产值、就业人数的99.68%,61.61%和72.91%(表9-1)。

表9-1 1995年中国全部工业企业和附加工业/全部工业单位大、中、小型基本经济指标与比重

指标	工业企业和附营单位数（个）		工业总产值（当年价格/亿元）		从业人员年末人数（万人）	
	总数	工业企业单位	总数	工业企业单位	总数	工业企业单位
总 计	7 341 517	7 259 822	82 286.63	90 519.61	14 735.51	14 367.23
大型企业	6416	6416	21 827.62	21 827.62	2409.31	2409.31
中型企业	16 591	16 591	9077.53	9077.53	1481.97	1481.97
小型企业	7 318 510	7 236 815	51 391.47	49 614.46	10 844.22	10 475.95
总 计	100.00	100.00	100.00	100.00	100.00	100.00
大型企业	0.09	0.09	26.52	27.10	16.35	16.76
中型企业	0.23	0.23	11.03	11.27	10.06	16.76
小型企业	99.68	99.68	62.45	61.61	73.59	72.91

资料来源:《中华人民共和国1995年第三次全国工业普查资料摘要》,第4页。

2. 按行业统计中小企业在全国企业中的构成比重与行业集中度

我们进一步按行业统计中小企业在全国企业中的构成比重与行业集中度(表9-2)。

表 9-2 我国大中企业分行业集中度表

项目	大型企业比重(%) 企业单位数	大型企业比重(%) 固定资产原值	大型企业比重(%) 产品销售收入	中型企业比重(%) 企业单位数	中型企业比重(%) 固定资产原值	中型企业比重(%) 产品销售收入	小型企业比重(%) 企业单位数	小型企业比重(%) 固定资产原值	小型企业比重(%) 产品销售收入	中小企业比重(%) 企业单位数	中小企业比重(%) 固定资产原值	中小企业比重(%) 产品销售收入
石油和天然气开采业	17.2	99.0	97.2	0.7	0.0	0.0	82.1	1.0	2.8	82.8	1.0	2.8
石油加工及炼焦业	1.8	90.0	86.6	2.0	4.0	4.0	96.2	6.0	8.8	98.2	10.0	13.4
黑色金属冶炼及压延加工业	1.9	82.0	67.4	4.2	9.3	14.3	93.9	8.7	18.2	98.1	18.0	33.6
烟草加工业	10.2	54.1	66.8	23.9	34.6	24.7	66.0	11.3	8.5	89.8	41.9	33.2
木材及竹材采运业	6.4	76.4	64.2	2.4	8.8	9.9	91.2	14.7	25.9	93.6	23.6	35.8
化学纤维制造业	5.8	63.6	63.5	12.8	21.0	20.0	81.4	15.4	16.4	94.2	36.4	36.5
煤炭采选业	1.0	77.5	62.1	1.4	7.4	7.5	97.6	15.1	30.4	99.0	22.5	37.9
交通运输设备制造业	2.2	63.3	61.6	3.7	14.8	11.3	94.1	22.0	27.1	97.8	36.4	38.4
煤气生产和供应业	10.2	67.4	59.9	8.3	11.3	9.3	81.5	21.3	30.8	89.9	22.5	40.1
电力蒸汽热水	3.1	64.4	57.4	4.6	16.1	19.7	92.3	19.5	23.0	96.9	36.7	42.6
有色金属冶炼及压延加工业	2.4	69.2	48.6	5.1	13.0	16.7	92.4	17.8	34.7	97.6	32.6	51.4
电子及通信设备制造业	4.0	54.5	48.4	6.7	16.3	12.3	89.3	29.2	39.2	96.0	33.6	51.6
自来水的生产和供应业	1.1	53.7	47.1	2.4	17.7	16.8	96.5	28.6	36.1	98.9	30.8	52.9
饮料制造业	1.6	40.1	43.3	3.8	25.8	23.6	94.6	34.0	33.2	98.4	45.5	56.7
橡胶制品业	1.6	44.6	42.6	4.7	24.3	22.1	93.7	31.1	35.3	98.4	56.3	57.4
医药制造业	3.2	42.7	41.6	8.6	23.8	21.9	88.2	33.5	36.5	96.8	59.9	58.4
化学原料及化学制品制造业	1.6	51.6	40.4	4.7	20.8	20.4	93.7	27.5	39.2	98.4	55.4	59.6
电气机构及器材制造业	1.6	42.8	39.0	4.1	21.7	18.3	94.3	35.5	42.6	98.4	57.3	61.0
普通机械制造业	1.3	40.5	34.9	4.0	25.5	20.4	94.7	33.9	44.8	98.7	48.4	65.1
专用设备制造业	1.6	42.8	33.3	5.2	26.9	23.3	93.2	30.4	43.4	98.4	57.2	66.7
纺织业	3.1	36.2	29.7	8.1	27.6	25.4	88.8	36.3	44.8	96.9	63.8	70.3
有色金属矿采选业	1.3	40.2	27.8	4.1	26.9	20.9	94.6	32.9	51.4	98.7	59.8	62.2
食品制造业	0.9	25.3	26.7	2.6	19.2	17.4	96.6	55.6	55.8	99.1	74.7	73.3
仪器仪表及文化办公机械	2.1	42.5	26.2	4.3	21.6	16.1	93.6	36.0	57.3	97.9	57.5	73.8
造纸及纸制品业	1.0	37.1	26.0	3.4	21.9	19.9	95.5	40.9	54.1	99.0	63.8	74.0
黑色金属矿采选业	0.3	40.4	23.3	1.3	15.8	10.1	98.4	43.8	66.6	99.7	59.6	6.7

续表

项目	大型企业比重(%) 企业单位数	大型企业比重(%) 固定资产原值	大型企业比重(%) 产品销售收入	中型企业比重(%) 企业单位数	中型企业比重(%) 固定资产原值	中型企业比重(%) 产品销售收入	小型企业比重(%) 企业单位数	小型企业比重(%) 固定资产原值	小型企业比重(%) 产品销售收入	中小企业比重(%) 企业单位数	中小企业比重(%) 固定资产原值	中小企业比重(%) 产品销售收入
非金属矿物制品业	0.7	26.1	18.3	2.1	20.9	17.7	97.2	53.0	64.0	99.3	73.9	81.7
食品加工业	0.8	21.1	17.0	3.0	26.5	18.3	96.2	52.4	64.7	99.2	78.9	83.0
非金属矿采选业	0.5	40.6	16.2	1.3	17.0	9.4	98.1	52.4	74.4	99.5	59.4	83.8
印刷业、记录媒介的复制	0.5	21.2	15.2	1.8	22.7	16.4	97.7	56.2	68.4	99.5	78.8	84.8
金属制品业	0.4	17.9	15.1	1.7	18.7	14.5	97.9	63.4	70.3	99.6	82.1	85.9
塑料制品业	0.7	19.9	15.0	1.7	17.7	13.7	96.9	62.4	71.3	99.3	80.1	85.6
木材加工及竹藤棕草制品业	0.3	18.8	11.3	0.5	12.0	6.6	99.2	69.2	82.2	99.7	81.2	88.7
文教体育用品制造业	0.4	12.5	10.2	1.1	10.6	9.5	98.5	76.9	80.2	99.6	87.5	89.8
服装及其他纤维制品制造业	0.3	10.5	8.0	1.5	14.0	12.1	98.2	75.4	80.6	99.7	89.5	92.6
家具制造业	0.1	10.4	6.7	1.0	10.4	7.3	99.2	79.2	85.9	99.0	89.6	93.3
皮革、皮毛羽绒及其制品业	0.3	8.8	4.9	2.2	19.3	13.5	97.4	71.9	81.6	99.7	91.2	95.1
其他制造业	0.2	8.0	4.3	1.0	14.6	12.7	98.8	77.4	83.0	99.8	92.0	95.7
其他矿采选业	0.0	0.0	0.0	1.3	23.6	7.0	98.7	76.4	93.0	100	100	100

资料来源:"企业组织结构和集中度",《经济研究》,1998年第2、3期,第65~66页,在此基础上整理获得。

(1)中小企业不仅在我国各个行业都大量存在,且企业数量均在各行业构成中占据较大比重(即82.8%~99.8%之间)。除少量行业如石油和天燃气开采业占82.8%,烟草加工业占89.8%外,其余绝大多数行业构成中,中小企业数量都占全行业企业数的90%以上,且有许多在98%以上。可见,中小企业不仅在各个行业中都大量存在,且企业数量占有主导地位,这也从实践上证明中小企业是可以进入任何行业的。

(2)行业构成比重与行业集中度较高的中小企业主要分布在劳动密集与技术密集性强的行业。由中小企业在该行业的企业单位数、固定资产原值、产品销售收入三项指标分别占据95%,70%,70%以上的行业来看,主要集中在纺织业、木材加工制造业、非金属矿物制造业、食品加工业、印刷业、金属制品业、塑料制品业、木材加工、文教体育用品制造业、服装制造业、家具制造业、皮革、皮毛羽绒制造业等劳动密集与技术关联性强的行业。同时也说明中小企业在这些行业里,只要注意改进技术、发展特色产品,或与大企业形成互惠共生的技术协作关系,中小企业是能够生存与发展的。

(3)行业构成比重与行业集中度较低的中小企业主要分布在资金密集性强的行业。由表9-2所述中小企业在该行业企业单位数、固定资产原值、产品销售收入等三项指标分别占90%,40%,40%以下的行业,主要有石油和天燃气开采、石油加工及炼焦、黑色金属的冶炼及压延加工、烟草加工、木材采运、化学纤维制造、煤炭采选、交通运输、煤气生产、电力蒸汽、有色金属及民运、电子通信设备制造、自来水生产和供应等行业,它们大都是资金密集或基础设施或自然垄断性的行业,这也说明中小企业在这些行业竞争力弱,比较优势不大。

(4)行业构成比重与行业集中度处于中间水平的中小企业主要分布在一般性质的制造性行业。如饮料制造、橡胶制造、医药制造、化学原料及化学制品制造,普通机械制造、专用设备制造、纺织、有色金属矿采业等行业,它们在本行业的企业数、固定资产原值,产品销售收入三项指标分别在96%~99%,48.5%~63%,56%~74%之间,这些中小企业大都与大企业有着专业化、技术与产品协作的联系,行业内部竞争非常激烈。中小企业必须在专业技术、产品质量、服务配套信誉等方面具有优势才能在这些行业中生存与发展。

第二节 我国中小企业的产业选择与行业定位

为了进一步讨论我国中小企业的产业选择与行业定位问题,下面将从我国三次产业的变动趋量与中小企业的产业选择以及三次产业内部各个行业结构的变动趋势,来分析中小企业的行业定位问题。

1. 我国三次产业的变动趋势与中小企业的产业选择

根据世界各国产业增长率变动的一般趋势与我国产业发展过程的基本特点,可对我国中小企业在新世纪的产业选择作如下预测(表9-3)。

表9-3 我国三次产业增长速度——平减指数变动趋势

年 份	年平均增长速度(%)				年平均平减指数(%)		
	第一产业	第二产业	第三产业	GDP	第一产业	第二产业	第三产业
1981~1990	6.2	9.5	12.3	9.3	7.3	3.6	6.6
1991~1998	4.1	14.8	9.2	10.8	9.5	6.7	10.5
1991~2000(预计)	4.0	14.0	9.1	10.4	2.5	1.0	3.0
2001~2010	3.5	7.5	9.0	7.4	5.0	3.0	6.5
中小企业产业选择	*	**	***				

资料来源:根据《中国统计年鉴》(1998)及《1998年国民经济和社会统计公报》有关资料计算整理。
注:*越多,表示越应优先进入。

表9-3揭示了我国产业的变动趋势,也为我国中小企业的产业选择提供了依据。一方面,我国中小企业在第一、第二产业中应逐步提高技术进步对企业成长的贡献,使我国产业结构逐步升级。另一方面,中小企业要逐步进入第三产业,尤其是第三产业中的高新技术产业。而一些工艺技术落后,没有市场需求的中小企业要从第一、第二产业逐步退

出,重新定位。中小企业在今后的发展要优先选择第三产业,其次是第二产业,即中小企业的产业选择应与我国三次产业结构的变动趋势相一致。

2. 第一产业内部行业结构变动趋势与中小企业行业定位

第一产业内部结构可以划分为几个层次:第一个层次由种植业、林业、畜牧业、渔业四个部类构成。因此,研究农业内部结构的变动离不开对农业各部门内部行业结构的考察。第一产业内部结构的第二个层次,如种植业产业结构,表现为粮食作物、经济作物和其他作物的比例关系。第三个层次,如粮食产业结构表现为各种粮食作物的结构。第一产业结构变动状况如下(表9-4和表9-5):

表9-4 改革开放后我国农业总产值结构的变动比较(单位:%)

年份	种植业	林业	畜牧业	渔业
1978	80.0 (80.0)	3.4 (3.3)	15.0 (15.0)	1.6 (1.7)
1980	75.63 (75.9)	4.23 (4.8)	18.42 (17.3)	1.71 (2.0)
1985	69.25 (73.2)	5.21 (5.0)	22.06 (19.4)	3.48 (2.4)
1990	64.66 (63.7)	4.31 (4.6)	25.67 (25.1)	5.36 (6.6)
1995	58.43 (54.9)	3.49 (4.6)	29.72 (30.7)	8.36 (9.8)
1996	57.82 (54.1)	3.32 (4.5)	30.23 (31.4)	8.63 (10.0)
中小企业	*	*	***	**

资料来源:根据《中国统计年鉴》(1998)及《1998年国民经济和社会统计公报》有关资料计算整理。
注:*越多,表示越应优先进入。

如表9-5所示,从20世纪末到2010年至2030年,是随着农业高新技术的发展、高效农业的出现以及农业的产业化。将出现以下态势:在第一产业结构中,种植业所占的比重将持续下降,畜牧业所占的比重将继续较大幅度上升,林业和渔业比重均略为增加,因而,第一产业中的中小企业也应顺应这一发展变化的趋势作出相应的行业定位。虽然,种植业的比重有所下降,但对经济作物,如花卉、盆景业等和饲料作物的需求逐步增加,对高新技术及产业化要求会越来越高。这也是中小企业进入农业种植业产业的机会。

3. 第二产业内部行业结构变动趋势与中小企业行业定位

我国第二产业内部行业结构变动趋势如表9-6。依表9-6中各个行业结构的变动状况,我们可以预测中小企业在第二产业内的行业定位。

表 9-5 第一产业内部行业结构变动趋势与中小企业行业定位(单位:%)

	年份	1985	1990	1993	1994	1995	1996	2000	2010~2030（预计）	中小企业进入行业
种植业	粮食作物	64.7	54.6	52.1	54.3	54.6	54.5	50.5		*
	经济作物	22.2	35.9	38.7	38.1	38.4	38.4	36.6		* * *
	其他作物	13.1	9.5	9.2	7.6	7.0	7.1	12.9		* *
林业	营林	43.9	32.6	31.1	29.2	28.6	27.3	35.5		*
	林产品	22.2	25.6	28.9	34.0	35.7	39.4	38.6		
	竹木采伐	33.9	41.8	40.0	36.8	35.7	36.3	25.9		*
畜牧业	猪肉	85.9	79.8		71.2	69.3	68.3	64.6	55~60	* * *
	牛肉	2.4	4.4		7.3	7.9	8.4	9.7	15~18	* *
	羊肉	3.1	3.7		3.6	3.8	4.1	4.6	8~10	* *
	禽肉	8.6	12.1		17.9	19.0	19.2	21.2	22~25	* * *
	淡水产品	40.5	42.3			42.8	44.6(38.8)	50	68.3~71.2	* * *
	鱼类	39.2	40.8			40.6	41.8			* *
	虾蟹类	0.8	0.8			1.1	1.3			*
	贝类	0.5	0.6			0.8	0.9			
	天然生产量与人工养殖量比重	16.8:83.2	14.9:85.1			13.1:86.9	13.8:86.2			*
渔业	海水产品	59.5	57.7			57.2	55.4(61.2)	50	31.7~29.8	*
	鱼类	38.9	34.2			30.1	29.3			*
	虾蟹类	10.0	8.7			7.3	7.3			
	贝类	6.7	11.9			15.6	14.2			* *
	藻类	3.8	2.2			3.0	3.3			*
	天然生产量与人工养殖量比重	83.2:16.8	77.3:22.7			71.3:28.7	71.4:28.6			*

资料来源：根据《中国统计年鉴》(1998)及《1998年国民经济和社会统计公报》有关资料计算整理。

注：*越多，表示越应优先进入。

(1)第二产业内的重型制造、烟草加工、纺织印刷、橡胶制品、非金属矿物制品，黑色金属冶炼及压延加工、有色金属冶炼及压延加工、专用设备制造、交通运输设备制造、电气制造等行业GDP已呈下降、迟缓增长或停滞不增的趋势，它们大都属资本密集、自然垄断或基础设施和行业内部竞争过度的行业，一般需要投入大量资本中小企业才能进入这类行业，因此中小企业不适应定位这些行业。如果中小企业要进入上述行业。必须与上述行业内的大企业结成产品或技术的合作关系，利用差异化优势及市场补缺战略进入。

表 9-6 第二产业内部行业结构变动趋势表(单位:%)

行业名称	1992年	1997年	1997年比1992年增减	中小企业行业进入	行业名称	1992年	1997年	1997年比1992年增减	中小企业行业进入
重型制造业	66.42	63.22	-3.20	*	化学原料及制品制造业	8.16	7.58	-0.58	*
轻型制造业	33.59	36.78	3.19	***	医药制造业	2.54	2.62	0.08	*
加工组装型制造业	29.09	30.13	1.04	***	化学纤维制造业	1.85	1.33	-0.52	*
食品加工及制造业	4.48	7.22	2.74	***	橡胶制品业	1.69	1.33	-0.36	*
饮料制造业	2.93	3.55	0.62	**	塑料制品业	1.96	2.28	1.32	*
烟草加工业	5.58	5.24	-0.34	*	非金属矿物制品业	7.79	7.05	-0.74	**
纺织业	8.69	7.11	-1.58	*	黑色金属冶炼及压延加工业	9.25	6.53	-2.72	*
服装及其他纤维制品制造	2.33	2.95	0.62	***	有色金属冶炼及压延加工业	2.26	1.98	-0.28	*
皮革毛皮羽绒及其制造业	0.99	1.85	0.86	***	金属制品业	2.97	3.29	0.32	*
木材加工及竹藤棕草制品业	0.57	1.08	0.51	**	普通机构及专用设备制造业	11.32	8.53	-2.79	*
家具制造业	0.44	0.57	0.13	**	交通运输设备制造业	6.05	6.40	0.35	*
造纸及纸制品业	1.80	2.16	0.36	**	电气机构及器材制造业	4.56	5.22	0.66	*
印刷业记录媒介的复制	1.17	1.19	0.02	*	电子及通信设备制造业	3.26	5.74	2.48	*
文教体育用品制造业	0.60	0.83	0.23	**	仪器仪表文化办公用机械	0.93	0.95	0.02	**
石油加工及炼焦业	3.68	3.84	0.16	*	其他制造业	2.16	1.58	-0.55	*

资料来源:根据《中国统计年鉴》(1998)及《1998年国民经济和社会统计公报》有关资料计算整理。
注:*越多,表示越应优先进入。

(2)第二产业的轻型制造、加工组装型制造、食品加工、饮料制造、服装、皮革皮毛、木材加工、家具制造、文教体育用品。塑料制品、金属制品、电子通信。仪器仪表等行业GDP呈快速上升趋势,它们大都属技术密集或劳动力密集性质的行业。中小企业可以广泛进入这类行业去生存与发展。

4. 第三产业内部行业结构变动趋势与中小企业行业定位

我国第三产业内部行业结构变动趋势如表9-7。依表9-7中第三产业内部行业结构变动趋势,我们可以进一步预测中小企业在第三产业内的行业定位。

表 9-7　我国第三产业内部行业结构变动趋势表(单位:%)

比重	1978年 占GDP	1978年 占第三产业	1980年 占GDP	1980年 占第三产业	1985年 占GDP	1985年 占第三产业	1988年 占GDP	1988年 占第三产业	1992年 占GDP	1992年 占第三产业	1995年 占GDP	1995年 占第三产业	1996年 占GDP	1996年 占第三产业	中小企业进入
交通通信	4.8	21.0	4.6	22.3	4.7	19.2	4.7	18.1	5.1	18.4	5.2	17.0	5.1	16.5	＊＊
商饮供销	7.4	32.2	4.8	23.3	6.7	27.2	6.9	26.8	8.2	29.9	8.4	27.4	8.2	26.3	＊＊
金融保险	2.1	9.4	1.9	9.4	3.6	14.5	5.0	19.2	4.8	17.5					＊＊
社会服务									1.7	6.4					＊＊
房地产业	1.3	6.0	1.2	6.2	1.1	4.4	1.1	4.5	1.5	5.7					
科教文卫									2.8	10.2					＊＊
政府团体									2.4	8.8					＊＊
其　他	7.2	31.4	8.0	38.8	8.6	34.6	8.1	31.4	0.7	2.8					
总　计	23.0	1000	20.6	100	24.9	100	26.0	100	27.7	99.7	30.7		30.8		

资料来源:根据《中国统计年鉴》(1998)及《1998年国民经济和社会统计公报》有关资料计算整理。

注:＊越多,表示越应优先进入。

由表9-7可以看到,我国第三产业内部各个行业都呈上升趋势,特别是自20世纪80年代后期至今以来,交通通信、商饮供销、金融保险、社会服务、房地产、科教文化等行业都有较大发展,表明中小企业适应在这些行业中生存与发展,特别是金融保险、文教卫生等行业,近几年飞速发展。一方面表明新兴服务业和社会服务业的产值增加了,同时也反映这些行业为中小企业的行业定位提供了大量的发展机会。中小企业在新兴服务业、社会服务业和传统服务业的发展中,将大有生存与发展空间。

第三节　我国中小企业行业定位的对策

依据以上我国三次产业内部行业结构的变动趋势,我们可以进一步确定中小企业的行业定位总表(表9-8)。

一、依据行业比较优势进行中小企业的行业定位

从上述我国中小企业的行业构成可知,行业集中度较高的中小企业主要分布为传统工业,为大企业提供关联配套服务的加工制造业、新兴服务业、高科技产业等行业。为此,我们必须依据中小企业在各个行业的比较优势进行行业定位。

(1)对本身具有自己专门的技术,加上企业的经营管理搞得好,生产的产品能够适应市场,具有市场竞争力与外向型特征的这一类中小企业,可以发展成大型优良企业,如科龙、万向、钱潮等。

表 9-8 我国中小企业行业定位总表

产业类别	部门类别	行业类别	要素密集特征	中小企业进入方式
第一次产业△	种植•	经济作物＊＊＊,饲料作物＊＊,粮食作物＊	资源/劳动密集型	自由进入
	林业•	林产品＊＊,营林＊＊,竹木采伐＊	资源/劳动密集型	自由进入
	畜牧•••	牛肉＊＊＊,羊肉＊＊,禽肉＊＊,猪肉	资源/劳动密集型	自由进入
	渔业••	淡水产品＊＊＊,海水产品＊	资源/劳动密集型	自由进入
第二次产业△△	建筑业•••	建筑业＊＊＊	劳动密集型	自由进入
	工业••	重化工业:普通机械及专用设备制造业,黑色金属冶炼及压延加工业、非金属矿物制品业、化学原料及制品制造业,化学纤维制造业,有色金属冶炼及压延加工业	资本密集型	与大企业合作、共生方式有选择进入
		加工组装业＊＊＊:金属制品业、普通机械及专业设备制造业、电气机械及器材制造业、电子及通信设备制造业、仪器仪表文化办公用机械	资源/技术密集型	与大企业合作、共生方式自由进入
		轻工业＊＊＊:食品加工及制造业、家具制造业、印刷业、记录媒介的复制、塑料制品业	资源/技术密集型	自由进入
第三次产业△△△	交通通信•••	交通通信＊＊＊	劳动密集型	自由进入
	商饮供销••	商饮供销＊＊	劳动密集型	自由进入
	金融保险••	金融保险＊＊＊	劳动密集型	自由进入
	社会服务•••	社会服务＊＊＊	劳动密集型	自由进入
	房地产业••	房地产业＊＊	劳动密集型	自由进入
	科教文卫••	科教文卫＊＊	劳动密集型	自由进入
	政府团体••	政府团体＊＊	劳动密集型	自由进入
信息产业△△△	信息产业•••	信息产业＊＊＊	技术密集型	以中小企业群落方式自由进入

注:△、•、＊代表产业结构的三个层次,符号越多表示越应优先进入。

(2)对从事传统工业和为大企业提供关联配套服务类的中小企业,由于产品升级换代和市场方面的问题,及受近年来大企业效益普遍不佳的现状的影响,该类中小企业经营状况和发展也普遍不佳。但由此并不能否认这类中小企业不具备发展潜力。由于在经济发展过程中存在着经济发展的周期性,而我国目前处于一个产业升级换代、产品结构调整的周期转换阶段,大企业主要从事产品整体设计、关键零部件生产、组装,而将零部件的生产扩散到众多的中小企业,这些中小企业再进行配套和专业化生产。这类中小企业同大企业一样,要想走出发展的低谷,不仅要配合市场,同时在大中小企业之间也要互相配合,共同寻求发展机会。

(3)对从事传统加工业和手工业的中小企业,在大企业向现代工业产业及高科技产业转轨的过程中,对于一些传统的主要依靠手工艺、人力加工的工艺品类产品的生产,则主要由中小企业完成和继承。这些行业的存在,一方面可以使民族的传统艺术发扬光大,另一方面可提供数量可观的就业岗位。

(4)对从事小而专、小而精、小而特、小而新的中小企业,由于这类企业具有技术或创新上的优势,因而也能生存下去。

(5)对于从事新兴服务业和都市化服务行业的中小企业。从现代产业发展趋势看,经济发展重心逐渐向第三产业转移,其中又以服务业为主,包括科技服务业、社会服务业、文化娱乐业等。另一方面,结合现代社会发展的都市化趋势,我们可以认为发展都市型工业、服务业等对解决城市日益紧张的就业问题意义重大。对城市而言,适合中小企业发展的产业和服务业有很多亟待开发,原则是只要其具备都市化的特点:高附加值、污染少、服务社区化等。具体可以包括许多工业项目和服务业项目,这些比较细琐的行业均以中小企业来开展为佳,如服务装饰行业、食品行业、包装设计行业、印刷出版业、装潢业、计算机软件开发、电子信息业、旅游产品设计加工、社区四保(保绿、保安、保养、保洁)、文化娱乐业等。如果这些都市化行业真正能得以发展,则一定能在很大程度上解决城市中现存的大量下岗及失业问题,缓解就业压力。

(6)对于从事新兴高科技产业和保健业的中小企业。从有关国家的发展经验来看,从事高科技产业经营的中小企业,虽然风险较大,但只要上市或收回投资,则具有巨大的发展潜力。如微软、康柏等,这类企业专注于高科技的研试,成功后可带动整个行业的发展,成长为潜力巨大的新型国际性大企业。因此,随着世界新技术革命及经济全球化的发展,促进中小企业尤其是技术创新型中小企业的发展已迫在眉睫。

二、依据行业集中度来进行中小企业的行业定位

如前所述,中小企业在发展中应选择能发挥自身特长、适合自身发展的行业。鉴于各个行业部门的生产技术特点不同,其企业规模与技术经济指标的依存度关系也不一样。所以它们应有各自的企业规模结构。一般而言,重工业应以大型企业为主,轻工业应以中小型企业为主。在重工业中,采掘工业和原材料工业应以大型企业为主,制造业应以中小型企业为主。钢铁、有色金属、电力、石油、煤炭、汽车制造和飞机制造等部门,应以大型企业为主,而一般的机器制造行业和轻工、纺织行业,则应以中小型企业为主。

因此,中小企业行业定位的方针是要形成合理的产业组织结构,从资源和生产条件的充分而合理利用、分工协作和技术进步原则及经营效益原则出发,瞄准新、特、优、专,在服

务业、多品种、多花色、多规格、小批量产品、手工工艺品、传统产品、民族特色产品、电子、机械零部件,以及无污染或少污染产品上做文章。例如,根据国务院发展研究中心情报中心的调查资料,亚太经济合作组织(APEC)在华投资的中小企业,41.9%集中在劳动密集型的服装、电子、纺织、塑料和食品等行业中,其中,11.7%在服装及其他纤维品制造业,9.9%在电子及通信设备制造业,7.4%在纺织业,7.2%在塑料制品业,这四个劳动密集型行业成为当今在华外商投资行业集中度最高的四个行业(表9-9)。

表9-9 APEC在华中小企业的行业分布

主要行业	所占比重(%)
服装及其他纤维制品制造业	11.7
电子及通信设备制造业	9.9
纺织业	7.4
塑料制品业	7.2
食品加工业	5.7
金属制品业	5.7
化学原料及化学制品制造业	5.3

注:表中各行业企业所占比重按企业个数计算(国务院发展研究中心情报中心:APEC成员在华投资的中小企业经营环境调查研究报告)。

可见,中小企业行业集中度比较高的行业一般具有以下特点:①产品结构比较复杂,品种规格多,机械工业即属于这一类。以少数大型企业为中心,在搞好专业化协作的基础上,主要发展中小型企业,这样经济效果尤佳;②产品的市场需要变化快,花色品种要求多。纺织工业和日用轻工业即属于这一类。采用中小企业生产,机动灵活,适应性强;③产品制造的各个工序及各种零件和部件的加工,不一定都要在一个企业内进行,可以组织企业间协作。例如,纺织工业的纺纱、织布、针织、印染,机械工业的铸造、锻压、金属切削,各种零件和部件的加工,都可以由几个企业或许多企业分工协作生产。这样以中小型企业为主,每个企业只担负一个工序、一种工艺或者只生产几种零部件,不但有利于集中力量改进技术装备,实行产品标准化、通用化和系列化,而且有利于节省投资,加快生产和建设速度;④原料分散,成品运输不便。例如,造纸工业、陶瓷工业、饮料工业等,这些部门以就地生产、就地销售产品的效果最优,所以应主要发展中小企业。综合所述,对于原料来源分散、产品市场小、制程可分割、不具备明显的规模经济效应的行业(或产品),是比较适合于中小企业生产经营的。

三、依据国家产业政策来确定中小企业的行业定位

根据我国具体情况,国家经贸委已经颁布了关于淘汰落后生产工艺、装备和产品的目录,还颁发了工商投资领域限制重复建设的目录,鼓励和适合中小企业发展的产业指导目

录也陆续出台。按照国家产业政策进行中小企业的结构调整。一般来说,要重点支持以下七类中小企业的发展:①科技型中小企业;②都市吸纳劳动力的企业,即劳动密集型中小企业;③资源综合利用型中小企业。对这类中小企业的支持是为了限制粗放经营、浪费资源;④农副产品深加工企业。这主要是针对乡镇企业而言;⑤出口创汇型中小企业;⑥城镇社区服务型的中小企业。其中很多属于第三产业企业;⑦商贸物流型中小企业。国家在流通领域中要扶持能满足社会各方面需求的商贸物流型的中小企业。要促进中小企业由劳动密集型产业向资本密集型产业、技术密集型产业及知识密集型产业发展。因此,我国的中小企业必须按照产业发展指导目录选择适合自己发展的行业。

第四节　中小企业可持续发展的产业政策

一、对歧视中小企业产业政策的矫正

当前一个常见的错误是将产业集中度作为衡量企业结构优化的主要目标,从而将注意力过分地集中在大企业集团的规模扩张上,或过分强调企业间的兼并、整合,忽视了中小企业作为一种中间性体制组织的合理存在,这是造成我国中小企业长期受到不公正待遇的原因之一。

由于工业化战略的影响,我国的经济政策一般都有利于大企业的发展,对中小企业在价格、税收、生产要素市场以及一系列的政策法规上存在着歧视性的内容。政策的实施往往使小企业很难长大成为中型企业或大企业,从而出现中型企业的"断层现象",对中小企业发展产生了不利的影响,限制了其发展。在旧的产业政策框架下,在国家经济结构中存在的只是大量的受压抑的小企业及少数由国家扶持的大型企业。尽管近年来国家对中小企业都实施了扶持政策或计划,但实践表明,除极少数措施,如小额贷款计划外,其他措施,如技术援助、人员培训,信息咨询等因为成本高、效益低,而难以发挥大的作用。因为小企业太过于分散,提供上述服务难度太大,从而效果不很明显。

从其他发展中国家看,在中小企业政策上也存在着政策扭曲,主要表现在以下几个方面:①许多发展中国家都有关于中小企业的政策,但20世纪80年代以来出口导向取代了进口替代,使得政策更有利于大企业发展;②资本商品的价格比劳动力的价格更为扭曲,这些扭曲导致资源配置的效率低下,减少了产出的积累;③总的政策环境有利于大企业的发展。如在进口替代战略下,通常以关税和配额、货币升值、准许换汇、进口营业许可、利率等手段保护国内企业的发展,并确定一个最低的法定工资等,这些政策的存在事实上存在着对中小企业的歧视性成分。一般来说,只要经济活动中存在任何形式的干预都会增加交易成本,但大企业对此的承受能力要比小企业大得多,因为任何一项小的交易许可与大的交易许可都可能花一样多的钱,但这一费用在小企业的销售、出口、借贷中所占的比例要比大企业的高得多。在进口登记、外汇交易许可、个案交易谈判,以及其他活动中也

都存在类似的情况,这就决定进口替代型政策将对大企业有利,即使政策没有这种意图时也是如此。此外,政府官员和大企业家常常联合行动,在保护国内民族工业的名义下寻租,追求个人的实惠。

从亚洲国家看,以日本和韩国为例。就总体而言,日本和韩国比较侧重于发展大型企业。在日本经济高速发展时期,垄断财团和企业集团在政府的大力扶持下得到了迅速发展,此间中小企业则显得相对弱小。虽然在保护和扶持政策上始终没有间断,但在政策力度上却难免出现波动。这种"波动必性"在韩国又表现得更为明显一些。韩国在20世纪60年代初期,由于政府选择了"以工业为重点,以出口为导向"的发展战略,同时政府认为大企业在经济发展的过程中具有合理使用资源、降低生产成本、开拓国际市场等方面的优势,对大企业予以培植、扶持,使之在全国经济发展中起到了主导的支配作用,而相应地甚至出现过压抑或"淘汰"中小企业的政策理念。

与日本、韩国重发展大企业的策略不同的是,我国台湾则采取的是大中小企业并存的发展模式。因此,虽然同样经历了不同的经济发展阶段,但其中小企业政策较之日、韩而言比较稳健、持续。正因为这一点,1997年的亚洲的金融危机,日本和韩国所遭受的损失非常惨重,而台湾则独善其身,这在很大程度上必须归功于中小企业强大的稳定功能。

根据以上分析,在制定我国产业组织政策时,一定要纠正歧视中小企业的产业政策。一方面,为了提高我国企业在国际市场上的竞争力,以及为了我国重点产业的迅速发展而采取鼓励企业扩大规模的政策;另一方面,也要保障国内产业市场的竞争活力,增加就业机会,充分利用中小规模资源,对中小企业采取保护与扶持的政策,提供优惠贷款和优惠税率,为中小企业创造生存空间。我国政府在制定中小企业的政策时还应与产业组织政策、产业结构调整政策战略相联系。目前,我国产业结构调整的对象已从产业间比例调整转变到深层的产业结构调整,从宏观调整转向提高产业的国际竞争力,以实现各行业的产品结构调整和产业技术升级。调整的措施从主要依靠国家的政策行为转变为主要依靠企业的策略行为。因此,必须按照产业政策发展的需要,再制定中小企业的发展政策。

(1)当前在我国中小企业发展的产业政策中,要将优化资本结构、调整中小企业存量、扶持优势与强势中小企业放在首位,要充分利用当前经济结构调整的有利时机,坚持发展大企业、大集团与扶持中小企业发展并举的方针,实现中小企业与大企业的协调发展。结构调整和产业升级的过程,对中小企业改造既是一个历史性的挑战,又是机会。只有对中小企业进行成功的改造和重组,我国中小企业结构调整与产业升级化目标才可能实现。根据产业结构调整的一般规律,针对我国中小企业产业结构的现状,调整和优化产业结构重点应从国计民生的二三产业入手,使中小企业中的机械、电子及建筑业,尽快形成带动整个经济增长和结构升级的支柱产业,以增强其适应国内外市场的竞争力。我国中小企业在走专、精、特、新道路的同时,还要与大企业建立密切的协作关系,鼓励中小企业围绕大企业集团形成专业配套、关联的产业群体,以此方式来构造社会化分工,形成大、中、小相匹配,专业化互补的产业规模和企业模式。同时,在继续发展商业、服务业等第三产业的基础上,着重发展旅游、信息、技术服务和会计服务等新型产业,从而使中小企业既达到结构的调整,又形成产业结构的现代化和高级化。

(2) 加快中小企业产品结构的调整步伐。调整与优化中小企业的产品结构,是中小企业面临的一个重要课题。在这一调整中,坚决压缩拼资源、拼能耗、污染严重、低水平重复的产品,努力开发适应市场需求的高附加值、高科技含量、高效益的新产品与新品种,增产名牌优质产品,尤其是增产适应农村需要的日用消费品替代进口与出口产品。同时,要加强对中小企业的宏观调控力度,根据国家产业政策和市场需求情况,对限制生产、淘汰生产、保证生产、扶持生产的产品,进行排类摸底,在资金、能源、原材料供应等方面实施区别对待,有保有压,以促进中小企业产品结构的调整与优化,切实提高经济效益。

(3) 要以高新技术产业改造传统产业,积极促进劳动密集型中小企业的发展,促进就业。尤其在资源密集型的中西部地区,要将产业政策与区域经济发展结合起来。在所有制结构上向民营企业倾斜,将产业政策同所有制结构结合起来,鼓励农村乡镇企业的发展,以此带动农村经济的转型,大力发展环保型、资源低耗型、资源综合利用型中小企业发展,以降低污染,减少物资消耗。在发展为大企业提供中间服务、起到拾遗补缺作用的中小企业时,大力发展第三产业中尤其是信息服务业、管理服务业、社会服务业、文化娱乐业、教育产业、旅游业等服务部门中小企业。此外,为了适应经济全球化和信息化发展的变化,政府支持重点应逐渐转向知识密集型的高新技术中小企业,并致力于促进企业技术升级与产业结构转型,以提高其在国内、国际市场上的竞争能力。

(4) 加快中小企业产权重组,调整中小企业组织结构。由于中小企业资产规模较小,人员数量少,产品技术结构较为简单,相对而言,结构调整的力度也比较小。从日本的做法与我国一些地方的经验看,应从三种途径入手。一是挂靠联合。即大企业、大集团,为大企业配套服务,有的可以进一步形成纽带,也可以实行小小联合、弱弱联合,发挥组合优势参与市场竞争;二是产权向社会公开转让,包括各类企业事业单位、外商与社会个人;三是向内部职工转让产权,实行股份合作制。实现产权重组,是中小企业结构调整的重要途径。中小企业通过资本积累与生产要素的重新配置,使自身实力迅速壮大,加快向大企业、大集团方向发展。

(5) 加大区域调整的力度。从我国中小企业的发展特点看,由于历史和地理的原因,中小企业的发展状况很不平衡。一些地区将"门类齐全、自成体系"的经济结构作为主攻方向,导致形成了"小而全"的结构模式,造成地区经济结构趋同化倾向日益严重,资源浪费惊人,效益低下。因此,要加强对中小企业经济布局的引导与调控,将产业政策具体化到布局,引导各地按要素特征确定地区比较优势和主导产业,推动地区间开展优势互补,合理化分工和有效联合,以防止地区间经济结构趋同,形成各具特色的区域经济。如东南沿海中小企业已初具规模,今后要在数量发展过程中注重质量的提高,由劳动、资金密集型转向资本、技术密集型,在大中小城市,将中小企业的发展的触角伸向旅游、信息、科技等第三产业领域。而内地中西部地区,由于受人才、资金、科技等诸多因素制约,则要根据区位特点,发挥资源比较优势,在交通运输、服装生产、房地产建设与资源开发等领域大力发展中小企业。

(6) 在重点支持国家鼓励扶持的科技创业型、都市吸劳型、资源深加工型、出口创汇型、社区服务型,以及以仓储、配送、分销为主要内容的商贸物流型中小企业发展的同时,也要依照国家有关法律、法规和政策,采取一些措施,限制一些不符合国家产业政策的中小企业。主要是对设备陈旧、技术落后,质量低劣,污染环境,浪费资源和不符合安全生产条件的中小企业进行调整,必要时进行淘汰。各地要按照国家的产业政策,结合本地实际,研究制定区域性中小企业发展总体规划。要认真执行已颁布的《淘汰落后生产工艺、装备和产品的目录》、《工商投资领域制止重复建设目录》和即将颁布的《鼓励和适合中小企业发展的产业指导目录》,加强对中小企业的产业调整。

二、中小企业可持续发展的产业政策

可持续发展是当前国际发展的趋势之一。随着越来越多的国家把经济与社会的可持续发展作为跨世纪的长期战略目标,中小企业可持续发展问题因而被提上了议事日程。借鉴经济与社会可持续发展的含义,我们将中小企业的可持续发展含义定义为两个方面:①中小企业在创立之后,由于置身于同业竞争和其他牵制因素之中,企业处处都会面临着由强势企业挤压或自身决策失误造成的生存风险。因此,中小企业应在追求各期经济利润增长和市场扩张目标的基础上,通过建立适应企业外部环境的持续创新机制,最终得以永续存活;②中小企业在追求经济利润增长及成长的同时,注重资源的可持续利用及社会、生态效益。对于前者,政府必须通过金融、税收、法律、社会化服务等支持体系来加以实现;而后者则是本章重点讨论的内容。

现代企业在创造物质文明的同时,也造成了严重的资源问题和环境污染问题。"八大公害"事件、"博帕尔农药泄漏"事件、切尔诺贝利核电站事件无不是企业生产排污和经营不善造成的。如酸雨的产生是矿业企业排污所致;温室效应为气体二氧化碳排放所致;而臭氧层耗减的致害物氯氟烃涉及全世界所有的冰箱企业、汽车企业和日常化工生产企业,可以说所有的环境污染问题都是企业排污的结果,而资源枯竭也无不与企业对资源与能源的浪费和利用率低下有关。1998 年全国工业污染源调查结果显示,环境污染主要来自于工业。在所调查的 16.8 万家企业中,年排放工业废水 219.8 亿吨,约占全国废水总排放量的 81%,年排放工业固体废弃物 3.02 亿吨。约占全国废弃物总量的 88%,相当于发达国家 20 世纪 50~60 年代严重时期。因此,中小企业应意识到在环保方面肩负的道德义务和社会责任,转变传统观念和发展模式,由接受政府管理到主动承担环保的义务。

为处理好发展与环境保护的矛盾,在中小企业的管理上应采取的主要措施包括以下方面:

(1) 参与环保产业的发展,改善生产过程中原材料的使用。政府在积极促进环保型企业和资源综合利用型企业的发展时,最常用的技术途径是清洁生产及环境污染控制。在国外,环境保护的法规对不同规模的企业一视同仁,因而,污染控制常常被不同规模的企业放在发展战略的重要位置。否则,生产将受到严格禁止。随着环境法规的完善,中小企业将积极参与环保产业的生产,重视物质的循环利用,废弃物质的资源化、无害化和最小化,特别是绿色产品更是中小企业追求的目标,发达国家的环保产业的90%是中小企业创造的就是佐证。

(2) 促使中小企业与大企业联合,形成原料使用的封闭环路。在欧美国家,鼓励物质的循环和再使用已成为一项重要的环境政策内容。中小企业由于起着拾遗补缺的作用,使用大企业在每一个生产环节中的边角余料,因而能形成物质使用的封闭环路,减少废弃物的排放。丹麦凯隆堡生态工业园便是一例。

(3) 减少产品中的原料投入。中小企业在生产产品时往往要考虑原料最省,产品小巧玲珑,而从事服务业更是中小企业发展的重点,通过提供功能或服务而不是提供产品,发展功能性经济,而不是物质本身利用最大化,可以减少中小企业在产品中的原料投入。

(4) 政府应鼓励中小企业积极采用先进工业技术。历史证明,不同工业技术对环境影响差异极大。落后的工业技术,污染危害大,先进的工业技术,污染危害小。西方工业国家改善污染的基本经验在于采用了先进的工业技术。采用先进技术,不仅有利于中小企业提高经济效益,也是控制污染、保护环境的必要条件。因此,我国必须大力推行技术上可行、经济上合理、环境上无害的清洁生产,明确中小企业清洁生产的目标,改革现有的工艺、设备和产品体系,选用清洁的能源和原材料,特别是可再生资源,提高资源的综合利用率,减少生产过程中的有害物质排放,并辅以生产末端处理措施。

(5) 指导中小企业从事综合利用型产业,提高资源与能源的利用率。综合利用即将工农业生产和人们日常生活排放的各种废弃物最大限度地利用起来,做到物尽其用,从而减少排泄,节约资源,保护环境。我国现有的大量中小企业,由于设备、技术、管理落后,对资源和能源有效利用率低,许多应该回收利用和循环使用的资源被大量废弃排入环境,成为三废污染物。既浪费了资源,又污染了环境。

(6) 中小企业应遵守环境与资源保护的各项法律法规。以法律手段管理环境与资源,是各国在环保中总结出的经验。我国的《环境法》第6条规定:"一切单位和个人都有保护环境的义务,并有权对污染和破坏环境的单位和个人检举和控告";第24条规定"产生环境污染和其他公害的单位,必须把环境保护工作纳入计划,建立环保责任制,采取有效措施防治在生产建设或其他活动中产生的废气、废水、废渣、粉尘、恶臭气体、放射性物质及噪声、振动、电磁波辐射等对环境的污染和危害";第25条规定"新建工业企业和现有工业企业的技术改造,应当采用资源利用率高,污染物排放量少的设备和工艺,采用经济管理的废弃物综合利用技术和污染物处理技术。"中小企业应在遵守环境与资源保护法规的基础上,加快开发各类新型的绿色产品,提高产品的环保含量,树立走向国际市场的绿色形象。

第十章 中小企业发展中的区域定位

中小企业发展中的区域定位主要研究在一定的生产力水平和一定的社会条件下,怎样在空间上调整中小企业的分布结构、及中小企业的整体效应。合理的中小企业的区域定位,不仅有利于发挥各地区的优势,合理地选用资源,而且有利于把中小企业的发展与取得良好的社会经济和生态效益有机地结合起来。

第一节 中小企业区域结构调整的动因与原则

就中小企业区域结构分布的表面看,这种空间分布形式千变万化、错综复杂、杂乱无章,但事实上这里面有一定规律可循。

一、中小企业区域结构调整的主要动因

1. 不同地区生产力发展水平不同,要求中小企业的区域结构做出动态调整

不同的地区,由于决定生产力发展水平的诸多因素(如按照马克思的观点有劳动者、劳动工具、劳动对象等)各不相同,因而其生产力的发展程度往往也是不同的。以我国为例,从东部沿海到中西部地区、从城市到农村,生产力发展水平呈现一种由高到低的态势。而且,生产力是一个动态的概念,从长期来看,它总是向前发展的。随着生产力的发展,产业布局也需要做出相应调整(其关系可参见表10-1),由于中小企业的地域分布与产业布局关系密切,生产力的发展水平是企业进行空间布局需要考虑的首要因素,这就内在地要求中小企业的区域结构是企业进行空间布局需要考虑的首要因素,这就内在地要求中小企业的区域结构必须不断地做出调整。

由表10-1可以看出,集中和分散是产业布局演变中相互交替的两个过程。集中实质上体现经济活动在地域分布上的不平衡性,分散则意味着经济活动在地域分布上的平衡性。工业、农业、交通运输业等各产业部门在地域上的布局演变可以表示为"分散—集中—分散"如此循环上升的链环,只是后一阶段的产业布局较前一阶段在内涵上更为丰富,形式上更为高级,这是产业分布的一条客观规律。

2. 不同地区资源比较优势不同,要求中小企业的区域结构做出动态调整

不同的国家或地区,自然条件、技术水平、地理位置等存在着差异,从而构成了产业地域分工的自然基础和经济基础。地域分工达到一定规模和程度时就出现了地区专门化。

表 10-1 生产力发展水平与产业布局的关系

生产力发展阶段	能源动力	生产工具	交通工具	产业布局主要特点
农业社会	人力、兽力、水力	石器、铜器、铁器、手工机械	人力车、畜力车、风帆船	农业自然条件对产业布局起决定性作用,产业布局有明显的分散性
第一次科技革命(产业革命,18世纪末~19世纪初)	蒸汽动力	蒸汽机械	蒸汽火车、蒸汽轮船	产业布局由分散走向集中,工业向动力基地(煤产地)和水陆运输枢纽集中
第二次科技革命(19世纪末~20世纪初)	电力、内燃动力	电力机械、内燃机械	内燃机车、电力机车、汽车、飞机、内燃机船舶	产业布局进一步集中,交通、位置、优质产品等在产业分布中的作用得到加强
第三次科技革命(第二次世界大战后)	原子能	电子计算机、机器人	航天飞机、宇宙飞船、高速车辆	科技,高技术的劳动力,快速、敏捷的交通枢纽成为产业布局的重要条件,产业布局出现"临海型"、"临空型"等新的形式。未来产业布局将从过分集中走向适当分散

资料来源:史忠良主编:《产业经济学》,经济管理出版社,1998年,第333~334页。

从历史发展看,早在英国工业化初期,英格兰、澳大利亚、新西兰为满足纺织工业的需要,发展成为以养羊业为主的农业专门化地域,这是以这些国家的资源比较优势为前提的。

地区专门化水平越高,对多样化的需求也越高。国民经济各部门是个有机整体,部门之间在纵方向上有前后向的关系,还存在着部门之间横向的经济关系。地区专门化的发展需要以下各部门的大力配合与支撑。如为专门化部门进行生产配套的部门;对专门化部门的废物和附产品进行综合选用的部门;生产当地必需的易腐、笨重、不宜长途运输的产品的部门;为生产提供服务的科研、银行、商业、信息咨询等部门;为生活提供服务的文教、卫生、旅游部门等。

以我国为例,东部沿海地区具有技术、出口、人才、交通等资源优势;中西部地区具有能源、廉价劳动力、土地等资源优势。这些不同的资源优势分别适合于不同的中小企业产业布局。

3. 经济的非均衡发展规律也要求中小企业的区域结构做出动态调整

经济的发展,就空间而言具有非均衡发展的规律性。一方面,就单个产业部门而言,

在特定生产力水平下,总是选择最有利的区位进行布点,以求获得最大的经济效益。在农业社会,产业大多分布在适于农业发展的大河流域。人类社会进入18世纪下半叶以后,产业布局采取了集中分布的形式,如工业集中分布在矿产地、农业发达区、交通方便的城市及沿江沿海地区;农业则集中分布在农业资源优越的地方。任何一国或地区的产业布局均是如此,多是由点到面逐渐铺开的。

以我国为例,我国在农业社会,产业布局的重心在中原一带,随着社会经济的发展,其重心则转向东南沿海,进而扩展到东部沿海,并逐步向内地推移。另一方面,就某一地区产业布局而言,该地区的自然、社会、经济条件等不可能适合所有的产业发展,有的地区甚至只适合一种产业或一组产业的发展等。因此,产业分布不平衡是一个绝对规律。

地区经济和产业发展的不均衡性使得中小企业的地域分布也存在着一个由不均衡到相对均衡,再由相对均衡到不均衡的动态变化过程,因而中小企业的地域分布也需要处于不断的调整之中。

二、中小企业区域结构调整的原则

1. 全局性与分工协作相结合的原则

中小企业在空间上如何分布,就如同下棋时如何布子一样,要有全局的概念。一方面,国家可以根据各地区不同的条件,确定各地区专业化方向,使不同地区、不同企业在这盘棋中各占有不同的地位;另一方面,国家可以根据各个时期经济建设的不同需要,统一安排建设项目。在这个大前提下,各地区产业、企业布局则应立足本区,放眼全国,杜绝片面强调自身利益而搞重复建设。坚持全局性原则,可以更好地发挥各地区的比较优势,避免重复建设和盲目生产,有利于在全国范围内实现产业布局的合理分工和区域经济的协调发展。

中小企业的区域分布不仅要体现全局性原则,还要体现分工协作的原则。地域分工和地区专门化的发展,不仅能充分发挥各地区优势,最大限度地节约社会劳动,促进商品的流通与交换,而且可以加速各地区经济一体化的进程,形成合理的地域经济综合体。

衡量地区分工的深度或地区专门化的程度时常采用以下五组指标。

(1) 区位商

$$区位商 = \frac{某地区 A 部门就业人数}{某地区全部就业人数} \div \frac{全国 A 部门就业人数}{全国总就业人数}$$

(2) 地区专业化指数或专业化率

$$地区专业化指数 = \frac{某地区 A 产业部门占全国同类部门净产值比重}{某地区全部产业净产值占全国全部产业净产值比重}$$

(3) 产品商品率

$$区内商品率 = \frac{某地区 A 产品输出区外的数量}{区内 A 产品的总产量}$$

$$\text{区际商品率} = \frac{\text{某地区 A 产品输出区外的数量}}{\text{各国各地区 A 产品输出区外的总量}}$$

(4) 某产品的产量或净产值占全国同类产品的总产量或净产值的比重

(5) 产品净产值占区内全部工业净产值的比重

在上面的种类指标中,产品商品率是核心指标。这些指标的数值越大,表明地区专业化程度越高。然而,地区专业化程度越高,并不意味着企业的地域布局越合理。某地区专业化必须与其他地区的经济发展相协调,必须符合全国经济发展大局,才是合理的。

2. 集中与分散相结合的原则

中小企业在空间区位上相对集中,可以发挥优势互补的作用并进行某些资源的共享,以整体的力量与大企业进行竞争。这种布局可以根据各地区的资源条件、位置和交通状况、人口与劳动力状况、社会经济因素等有选择地集中。比如农业类中小企业的布局只有适当集中才能充分选用有利的自然条件和技术基础,迅速提高单位面积产量,降低生产成本,提高商品率,满足国家对大量优质农产品和出口换汇的需要。在农业区形成家畜产品加工中心,在大都市形成都市型中小企业集群,在科教发达的地区形成高科技中小企业集群等都利于中小企业的发展。

当然,产业的集中也不能无限地进行下去。中小企业集中只有在一定限度之内才能取得较好效益。这种集中一旦超过某一限度,其整体效益反而会下降。比如农业过分集中就会导致片面专业化,降低土地肥力,影响农业的综合发展,引起生态平衡的失调。过分集中也使得分散的、少量的各种自然资源不能充分地加以利用。适当分散可以充分利用各地区的自然资源和劳动力资源,促进落后地区的经济发展,有利于产业、企业的合理布局。但产业过于分散又会导致协作困难,间接投资大,职工生产不便,经济效益差等弊端。

可见,中小企业在进行空间布局时,应该将集中与分散结合起来。

3. 经济效益与可持续发展相结合的原则

经济效益原则要求以最小的劳动消耗取得最大的效益,这是人类社会生产的共同要求,同时也是评价企业布局合理与否的基本标志。坚持经济效益原则,农业中小企业的布局就应在摸清区域农业资源的基础上,揭示农业发展的区域差异。然后,根据区域的差异性,因地制宜地选择农、林、牧、渔等最适宜发展的地区。通过挖掘农业生产潜力,增加自然投入、减少经济投入和生产成本,达到增加经济产出,提高经济效益的目标。工业类中小企业则应尽可能接近原料地、燃料地和消费地。这样既可以减少和消除原料、半成品、成品的不合理运输,减少中间环节,减少运输投资和运输工业的费用,加速资金周转,从而节约社会劳动消耗,加快扩大再生产的进程,又可以保证各地区工业的构成、品种、质量同当地资源及居民的需要特点取得最大的一致性。然而,在现实,多数情况下三者是分离的。这就要求中小企业的区域布局应根据具体产业的技术经济特点。从经济效益出发是中小企业区域结构调整的一个重要原则。

然而,由于过去人类进行经济活动时对于环境问题和资源问题认识不足,普遍采取先发展后治理的态度,使得可持续发展显得日益重要。在农业生产上,表现为对农业自然资源不合理利用,如毁林开荒、毁草种粮、围湖造田等,严重破坏了自然生态,造成水土流失、土壤沙化、气候失调等不良后果。在工业生产上,表现为工业布点不重视环境因素,"三废"过量排放,造成废水、废气、废渣严重污染环境,对自然环境造成严重破坏,给国民经济造成不应有的损失,也极大地影响了人类的身体健康。假如这样发展下去,其后果将不堪设想,因而走可持续发展道路才是人类的正确选择。

走可持续发展的保护和资源(特别是不可再生资源)的节约,重视社会效益。比如,农业类中小企业的布局要宜农则农、宜林则林、宜牧则牧、宜渔则渔。工业类中小企业布局上要做到以下几点:①工业布局不宜过分集中,应适当分散。这对于工业生产中的"三废",不仅易于在自然界稀释、净化,也有利于就地处理。②工业中小企业的厂址选择要考虑环境因素。一是要注重保护水源,对排放有毒物质和"三废"较多的企业不应置于水源的上游,以避免对水源的污染;二是工矿企业的选点要注意风向,对排放大量烟尘和有害气体的企业不应置于生活住宅区的上风地带;三是工矿企业的布点也要防止对农业生产的污染,尽量少占农田。③布置新厂时要实行污染处理设施与主体工程同时设计、同时施工、同时投产的办法,防止新污染源的产生等。

经济效益与可持续发展相结合的原则就是要求中小企业在进行地区结构调整时寻求一个平衡点,既有利于提高整体中小企业的经济效益,又尽量不污染环境,尽量减少对不可再生资源的消耗。

第二节 中小企业区域定位的理论基础

一、区位理论

区域经济学的三个基石包括生产要素的不完全流动,生产要素的不完全可分性和产品与服务的不完全流动性。在此基础上,出现了以成本和市场两种方法来着手考察区际分工和区际贸易的理论。

阿雷弗尔德·韦伯(Alffred Weber,1868~1958)是近代工业区域理论的奠基人。他假定某一地区的气候条件、文化、经济与政治制度等都一样,从而认为影响工业区位的基本因素为成本,然后对影响成本的因素进行取舍,并加以分析。韦伯认为,影响成本的主要因素为运输成本、劳动力成本和集聚三个因素。他运用"区位三角形"和"等费线"等几何研究方法,着重研究了运输费用对工业区位的影响,并把最小运输费点作为工业企业最佳区位点。在运输成本和劳动成本两种因素同时影响企业区位的情况下,当劳动力费用节省大于运输费用节省时,企业将移向廉价劳动力地区。同样,在三种因素同时需要考虑时,集聚为企业带来的经济利益,大于因运费和工资节省所带来的经济利益,则企业以集聚为定向。

廖施认为,市场需求是决定工业区位的重要因素,因此,厂商决定区位选择的基本原则是利润而不是成本。他从最大利润原则出发,对市场价格、需求、人口分布等多种因素进行了分析,从而形成了市场区位理论。以上理论分别从成本和市场两种方法来确定单个企业的区位选择,各有利弊,我们今天在进行区域定位时要把这两者有机的结合。首先要考虑市场区位因素,在此基础上再考虑成本区位因素。这就为中小企业的区域定位提供了有益的启示。

二、区域分工理论对区域产业定位的启示

区域分工亦就是地域分工,它是社会分工的空间形式。从个别区域的角度来看,它表现为区域生产专门化;从相互联系的区域体系来看,它表现为全社会的生产专门化体系。区域分工的必要前提是生产产品的区际交换和贸易,是产品的生产地和消费地的分离。区域分工的这一性质,决定了它的规模随着产品交换和贸易的扩大而不断扩张。从国内局部性的区域分工到全国统一市场下的各个区域之间的全国性分工,从国内区域分工到国际分工,区域分工将经历一个由低级形态向高级形态转变的过程。区域分工过程的变动,是通过产业部门的区位指向机制来实现的。不同的产业部门,由于其生产函数和其他技术经济特点的差异,在空间分布过程中,都有向一定的区域集中的倾向,这种倾向就是区位指向。

根据产业的区位指向,我们可将产业分为以下几种类型:

1.自然条件和资源指向型

这类产业主要是农矿部门。因农矿部门对自然条件、自然资源有较强的依赖性,受自然因素的制约最强烈。任何地区的农业生产结构总是以当地的农业自然条件为基础的。特别是商品粮、油、棉、水产等生产基地,它们总是在自然条件最优越、商品率最高的地区得到优先发展。因而农业布局在自然因素的主导作用下总是指向农业自然条件最有利的地区。采矿业对自然资源的依赖性也是非常显著的,如石油开采业、煤炭开采业等。我国以山西为中心的能源重化工基地,就是建立在山西及附近地区煤炭资源储量大、分布广、质量优、开采条件好的基础之上的。

2.能源地指向型

这类产业主要是原料用量大、原料可运性小或产品失重大的部门,包括钢铁、有色金属粗炼、建材、森林工业、重型机械制造、化纤、人造树脂和塑料生产、制糖、罐头、乳肉加工、水产加工,以及茶叶、棉花、毛皮等初步加工等,其区位多指向原料地。

3. 特殊环境指向型

这类产业对环境质量要求高,即对空气、水、电等的要求高,如电子原件、真空产品产业、旅游业、疗养业等。

4. 燃料动力指向型

这类产业主要是高耗能、高耗电部门,包括火电站、铝、镁、钛等有色金属精炼、稀有金属生产、合成橡胶生产和石油化工等,其区位一般指向能源地。如在煤矿附近建设"坑口"电站,变输煤为输电,既降低了成本又减轻了铁路运输的压力,综合经济效益显著。

5. 劳动力指向型

这类产业主要有两类:一类是对劳动力需求量大的产业,如纺织、制鞋、缝纫、制药、塑料制品等,其区位一般指向劳动力资源丰富且价格低廉的地区;另一类是对劳动力素质要求高的科技产业,如电子、新型材料等,其区位一般指向劳动力素质高的地区。

6. 消费地指向型

这类产业主要是指产品失重小,或产品易腐、易损、不耐运输、不易贮存,为当地消费者服务的部门,如鲜食品加工、家具制造、玻璃器皿、起重搬运机械,以及第三产业等,其区位多指向消费地。

7. 交通枢纽指向型

由于交通运输事业的迅猛发展,世界各国各地区有许多产业是分布在综合运输枢纽、铁路枢纽、海港、航空港附近。如世界上典型的"临海型"、"临空型"布局就是由这种指向形成的。

8. 无确定指向型

这是指布局指向不甚明显的部门,其特点是各地区基本上都具备发展条件,原料和成品运输上大致相似,如大多数的粮油食品加工业。

应该指出的是,有些产品是双重指向或多重指向的。要针对具体产业、具体条件进行综合的比较分析。它不是固定不变的。产业区位指向会随着生产力的发展,生产技术条件的变化,而引起同类产业趋向性的改变。著名的例子就是钢铁工业。钢铁工业经历了从18世纪下半叶开始的燃料指向型,到后来的原料指向型,今日的消费指向型产业的转变。产业布局的变化,也必然会引起区域分工格局的转换。

8种产业指向类型为企业的区域定位提供了理论基础,因而,我们在发展中小企业时应充分考虑各种因素和资源。这样,中小企业发展才会具有竞争力。

三、贸易理论对区域产业定位的启示

1. 绝对优势理论

斯密认为,市场范围越大,专业分工的可能性也就越大。分工程度与市场范围是正相关的,斯密在分工原理的基础上,进一步讨论了国际分工对经济发展的作用。斯密指出:"国内市场的狭隘性并不妨碍任何工艺或制造业部门的分工发展到十分完美的程度。"在国与国之间实行专业分工,通过对外贸易将市场范围扩大到国际上,同样可以促进劳动生产率的发展。根据斯密的理论,两国之间进行交易的必要条件是:一国在一种产品的生产成本方面相对于对方国家的同样商品处于绝对优势。

2. 比较优势理论

英国古典经济学家在斯密的绝对优势理论上提出了比较优势理论。比较优势理论相对于绝对优势理论无疑前进了一大步。它证明了发展程度不同的国家都可以参与国际分工并从国际贸易中受益。李嘉图认为,两国之间进行交易的必要条件是一国生产某一种商品的成本相对低于对方国家,而不要求相对于对方国家的同样商品处于绝对优势。

3. H-O模型

1919年,瑞典学派的赫克歇尔提出了"生产要素比例—生产要素密度原理"。1933年,俄林发表了《区际贸易与国际贸易》,他认为,两个区域在孤立状态时所存在的相对价格差异,是建立贸易关系的必要条件。而相对价格的差异,是不同区域的生产要素禀赋的差异决定的。按照H-O模型,一国应出口运用本国生产要素禀赋丰饶的生产要素所生产的商品,而进口生产中需大量运用本国短缺生产要素的商品,这种国际分工和国际贸易将使各国取得更大的经济利益。H-O模型将国际分工和国际贸易的因素由劳动效率扩展到了生产要素,并将国际分工和国际贸易理论建立于一般均衡理论基础之上,同时,将国际贸易理论延伸到区域理论,并将两者统一起来,以上的几种理论启示我们中小企业在区域定位中要充分发挥区域的各种要素的比较优势。如资源优势、劳动力优势、资本优势和技术优势,以形成具有比较优势和竞争力的中小企业。

4. 规模经济贸易说

保罗·克罗格曼提出的"规模经济贸易说",以企业生产中的规模经济和世界市场的不完全竞争为基础解释战后增长迅速的发达国家之间的贸易和产业内贸易现象。

无论是比较优势理论,还是资源禀赋理论,是基于产品的规模报酬不变和国际市场是充分竞争的两个假设。规模经济贸易学说认为这两个假定是不完全的。在现代社会化大生产中,许多产品的生产具有规模报酬递增的特点,大规模的生产可以降低单位产品成本。在规模经济和垄断竞争条件下,企业的平均成本随着产量增加而下降,企业面对的是市场需求曲线,市场需求量会随着价格的下跌而增加。在参与国际贸易前,企业所面对的不仅是国内需求,由于参与国际分工,产品所面临的市场就会扩大,企业扩大生产规模可以降低单位成本,从而增强其产品在国际市场上的竞争能力。"规模经济贸易说"为中小企业成长提供了理论基础,中小企业要发展成大企业,就应该在逐步引进先进技术的基础上,扩大生产规模,在国内大市场甚至在国际市场上进行产品销售。

四、跨国企业理论对区域产业定位的启示

1. 垄断优势论

斯蒂芬·海默(S.H. Hgmer)认为跨国公司直接投资的主要动机是为了充分利用"独占性的生产要素"优势,以获取高额利润。企业独占性的生产要素优势,包括技术优势、先进的管理经验、雄厚的资金实力、信息、国际声望、销售网络和规模经济等。海默还认为存在四种类型的市场不完全:产品和生产要素市场不完全;由规模经济导致的市场不完全;由政府干预经济而导致的市场不完全;由税赋和关税导致的市场不完全。在不完全竞争情况下,跨国企业凭借本企业独占性的优势,形成垄断或寡占优势,构成进入壁垒,以排除其他厂商的竞争,获取高额利润。这一理论启示我们,在国内发展较快的中小企业,尤其是中等企业,应迅速占领国内市场,以形成规模经济,降低成本,形成较强的竞争力,逐步形成垄断优势,并进而进行跨国经营。

2. 内部化理论

内部化理论的代表人物有巴克莱(P.J.Buekley)等。该理论是以不完全竞争为前提,并认为市场失效而导致市场不完全。市场失效突出地表现为企业在让渡中间产品特别是其中的知识产品时难以保障其权益,极易扩散,使其所有者失去垄断优势。为了避免市场不完全给企业经营带来不利影响,将市场内部化,即将不同的经营活动置于统一的所有权之下,是企业生存和发展的必然选择。市场内部化的目标是获得内部化收益,企业市场内部化的进程,取决于其对内部化收益与成本的比较。内部化理论对中小企业发展的有益启示是,当中小企业拥有某一专项技术时,为了防止失去垄断优势,避免市场不完全给企业带来不利影响,就应在不同区域进行投资办厂或兼并当地厂的方式,将市场内部化,消除不确定性,获得内部化收益。当然也要减少因此将产生的内部交易成本。

3. 产品周期论

弗农(R.Vernon)认为,拥有知识资产优势具有新产品创新能力的企业,总是力图维持企业的技术优势地位,以便享有新产品创新利益。但是,由于产品的生命周期特征,新技术不可能被长期垄断,一项处于创新阶段的产品,一般首先集中在区域内生产,以降低成本和垄断技术;在产品增长阶段,为了避免贸易壁垒,接近消费市场和减少运输费用,厂商便要发展对外投资。一般来讲,厂商总是先到人均收入水平较高、劳动力素质较好、与

本国需求类型相似的国家或地区建立公司。在产品成熟阶段,本国市场已趋于饱和,其他发达国家同类产品出口急剧增长,厂商开始在发展中国家进行直接投资。产品周期理论给中小企业发展特别是高科技企业带来很多的启示。一方面由于产品的生命周期特征,中小企业在国内某一区域的市场发展到一定阶段后,不仅应进入其他区域销售,而且要尽快在其它区域进行投资,设立工厂,才能追求利润最大化。而高科技企业更是由于产业生命周期短,导入期、成长期很长,而成熟期、衰退期却很短,更应迅速进行跨区销售或投资以收回资本,进行下一轮新产品的开发。

4. 边际产业扩张论

它是由小岛清以日本对外直接投资的实践为背景,依据国际贸易比较成本理论提出的。该理论认为,对外直接投资应该从投资国已经处于或即将处于比较劣势的产业(可称为边际产业)依次进行。而这些产业是受资国具有比较优势或潜在优势的产业。投资国所转移技术与受资国的技术差距越小,国际投资所导致的技术转移就越容易移植、普及和固定下来。从边际产业开始进行投资,可以将受资国因缺少资本、技术、经营技能等而未能显现或未能充分显现的比较优势挖掘出来,可以扩大两国间的比较成本差距,实现数量更多、获益更大的贸易。这种对外投资与对外贸易是互补的,而不是替代的。从日本20世纪60年代和70年代的实际情况来看,对外直接投资的主体大都是中小企业,所拥有的是易为发展中国家所接受的劳动密集型技术优势。这种情况与边际产业扩张论是比较吻合的。边际产业扩张论启示我们,今天东部沿海发达地区的中小企业可以逐步边际和梯度转移到中部和西部,尤其是一些劳动密集型产业如纺织、服装等产业可进行转移。这样,可以延续这些中小企业的生命周期,同时也有利于东部地区的产业优化和高级化。

5. 生产折衷理论

约翰·邓宁(J. H. Dwning)认为,国际直接投资是由所有权优势、内部化优势及区域优势三者综合作用的结果。所有权优势是一国企业拥有或能获得而国外企业所没有或无法获得的资产及其所有权。它主要包括技术优势、企业规模优势、以及组织管理优势等。内部化优势,是指跨国公司将其所拥有的资产加以内部使用而带来的优势。邓宁认为,跨国公司将其所拥有的各种所有权优势加以内部化,目的在于避免外部市场不完全对其产生的不利影响。邓宁将市场不完全划分由于竞争壁垒、交易成本高形成的结构性市场不完善和由于不易获得生产和销售而导致的市场不完全。所谓区位优势,是跨国企业在投资区位上具有的选择优势。区位优势既包括受资国某些有利因素所形成的区位优势,也包括投资国某些不利因素形成的区位优势。邓宁认为,如果企业拥有一定的所有权优势,则选择对外技术转让参与国际经济;如果企业同时拥有所有权优势和内部化优势,则出口贸易是参与国际经济活动的一种较好形式;如果企业同时拥有所有权优势、内部化优势和地区优势,则发展对外直接投资是参与国际经济活动的较佳形式。生产折衷理论作为一种集成,综合了所有权优势、内部化优势及区位优势。它启示我们,在中小企业进行产业定位时要综合考虑以上因素,最大限度地追求收益最大化,减少风险和不确定性以及成本最低。

五、发展极理论对区域产业定位的启示

发展极理论是发展经济学的一个重要理论。

发展极理论是由弗朗索瓦·佩鲁于1955年提出的。佩鲁认为,经济增长并不是在每个部门、行业或地区按同一速度增长的,相反,其增长是不平衡的。某些主导部门和有创新能力的行业集中于一些地区或大城市,以较快的速度优先得到发展,可通过其吸引力和扩散力不断地扩大所在地区的发展规模,并带动其他地区的发展。

发展极具有生产中心、贸易中心、金融中心、信息中心、交通运输中心、服务中心、决策中心等多种功能。其吸收作用和扩散作用一般表现在四个方面。①技术的创新和扩散。可以从其他地区吸引来最新技术或人才;又可以将自己的新技术推广和扩散出去。②资本集中与输出。可以从所在地区和其他地区集中资本,进行大规模投资;又可以向其他地区输出资本,以支持其发展,并满足自己发展对原材料等方面的需要。③具有规模经济效益。实现大规模生产,可以降低所在地区企业的生产成本;同时具有良好的基础设施,可以降低社会生产成本;④形成集聚经济效益。可以使人口、资本、技术、贸易等高度集聚,产生城市化趋势或形成经济区域。发展极的形成必须具备一定的条件,其中主要包括:①必须存在有创新能力的企业和企业家群体,因为企业是经济增长的主要动力;②必须集中相当规模的资本,进行大规模投资,从而形成规模经济;③必须有适当的投资环境,能吸引投资、人才和技术。根据发展极的理论,发展中国家应实行投资地区倾斜政策,创建发展极,通过发展极本身的发展和对其他地区和部门的影响,带动整个经济发展。发展极的形成有两种途径:一种是通过市场机制的作用,引导企业在某一些地区集聚发展;另一种是由政府实施经济计划,组织重点投资。发展极理论启示我们,在全国范围内大规模发展小城镇化的过程中,即中国的城市化进程中,中小企业应抓住这一千载难逢的历史机遇优先向小城镇城市集聚,利用小城镇、城市这一发展极的生产中心、贸易中心、金融中心、信息中心、交通运输中心、服务中心、决策中心等多种功能这一得天独厚的优势,充分共享这些公共产品的外部性优势,加快中小企业的发展,并自动的参与城市经济的分工布局,这样,中小企业的发展将大有可为。

第三节 中小企业区域布局中存在的问题

1. 资源分布与生产力分布错位

以水资源、能源、主要地下矿产资源、可开发利用土地资源、耕地等五大基本资源而论,我国人均资源拥有量差距悬殊。资源富集程度超过全国平均水平的地区分别为内蒙

古、青海、山西、新疆、贵州、陕西，全部处于中西部内陆地区。而且，我国资源的空间分布非常集中。我国生产力的分布同资源分布状况严重错位：资源分布侧重于中部和西部的内陆地区，而主要生产能力则侧重于东南沿海。1996年国内生产总值，东部占57.9%，中部占28%，西部只占14.1%。这种错位现象是有历史原因的，它使我国在处理区域问题时始终面临着一种困难选择：要改变既有的布局，将投资主要集中用于资源区，会牺牲等量投资在现有生产重心区所能得到的效益，为此支付可观的机会成本；而维持既有的布局，将投资继续主要集中用于生产重心区，必须大规模地调集资源、疏散产品，从而将会加大交通运输的强度，并承担高昂的流通费用。

2. 地区经济结构趋同

我国各国地区的资源条件、经济发展水平及地理位置相差悬殊，为了使全社会的资源配置达到最优状态，各地区应优先发展具有相对优势的产业。但是，近几年来，我国地区经济结构却出现了趋同的现象，各地区都热衷于发展价高利大的加工业，继70年代和80年代初的小烟厂、小酒厂、小棉纺厂及手表、自行车、缝纫机投资热后，80年代中期兴起电视机、电冰箱、收录机投资热，80年代后期和90年代初期又出现化纤、汽车和石油加工热等。据统计，1985年相似系数中国各省最高的地区为0.864，最低的地区为0.457。其中介于0.457~0.70的5个地区；0.70~0.8的有16个地区；大于0.8的仅有7个地区。1988年结构相似系数最低的地区为0.581，最高的地区为0.978。其中0.581~0.70的仅有1个地区；0.71~0.80的有3个地区；0.81~0.90的有5个地区；超过0.9的有18个地区。

我国区域经济结构趋同所带来的问题主要表现在以下方面：一是导致地区与地区之间争夺原材料和产品市场；二是导致投资向加工业过度倾斜，造成加工业过度发展与基础工业及基础设施供给严重不足的矛盾；三是导致生产的高度分散，企业规模小型化，造成规模不经济。

第四节 中小企业区域定位的对策建议

为了避免再次出现各地产业结构趋同的现象，各地要根据自身的比较优势调整区域产业布局。中小企业定位应体现各区域的比较优势。

1. 中小企业的区域定位

中国的中小企业区域定位图谱如下图10-1。

根据上面所述的原理，中国要形成各业比较优势的产业布局，应采取以下策略：①中西部地区要优先发展资源密集型产业即"特色经济"和有比较优势的劳动密集型产业。②东部地区和中西部的部分发达地区要优先发展资本密集型和技术密集型产业，东部有条

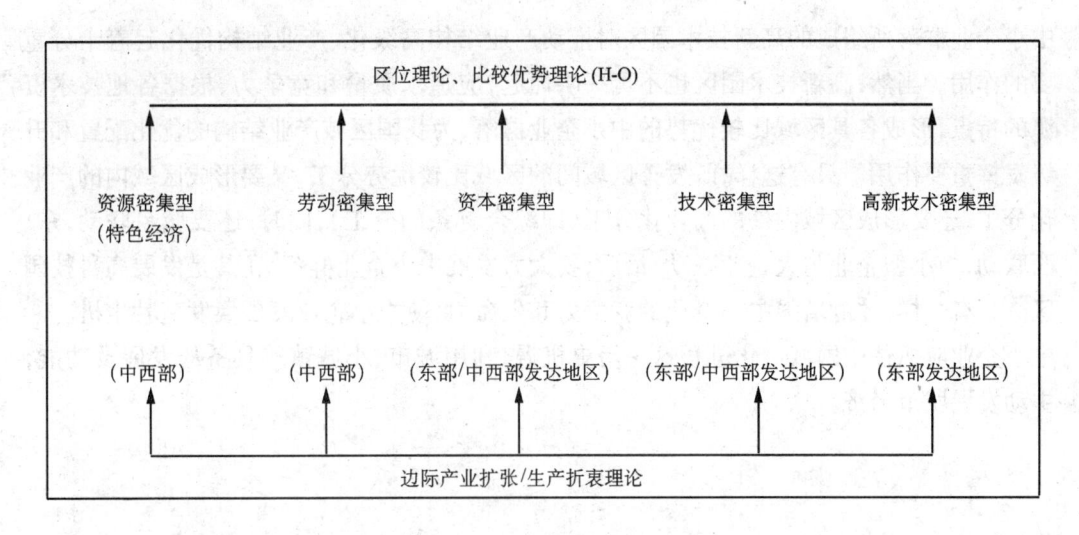

```
          区位理论、比较优势理论(H-O)
    ┌─────────┬─────────┬─────────┬─────────┐
    ↑         ↑         ↑         ↑         ↑
 资源密集型   劳动密集型  资本密集型  技术密集型  高新技术密集型
 (特色经济)

 (中西部)    (中西部)  (东部/中西部发达地区) (东部/中西部发达地区) (东部发达地区)
    ↑         ↑         ↑         ↑         ↑
    └─────────┴─────────┴─────────┴─────────┘
             边际产业扩张/生产折衷理论
```

图 10-1 中国中小企业区域定位

件的发达地区要大力发展高新技术产业。③东部沿海地区可逐步将一些劳动密集型和资本密集型产业转移到中西部地区，充分发挥中西部地区的劳动力比较优势。这样，就能在全国范围内充分发挥各地的比较优势，减少各地产业趋同现象，有利于形成一个全国统一的大市场。④现今，国家在进行中西部大开发计划，提出了基础设施先行、环保先行的原则，这也为中西部地区中小企业发展提供了巨大的契机。这样，中小企业可进入基础设施产业如公路建设和环保产业，如大力发展退耕还林，退耕还草工程。

2．中小企业的微观对策

值得指出的是，现今中小企业发展除了采取以上所强调的区域分工外，还应采取以下对策：①既能发挥各地的资源优势，但也防止污染，保护生态平衡，保持可持续发展。②中小企业要努力开发新技术、新产品才能满足市场需求与产业结构的发展。③发展区域内横向联合，借用城市力量，实行城乡联合，既有利于乡镇工业的发展，而且也有利于城市工业的发展。④发展种植、加工、贸易一条龙生产，就是加强农业产业化，使贸、工、农结合。这将有利于农村产业结构，促进农村第二、三产业的发展，同时也有利于利用当地资源发展乡镇企业。对于农副产品加工业来说，种植业是不可或缺的后备基地。⑤要大力发展区域间横向联系。使东、中、西联动，形成科研、产、供、销一条龙。⑥中小企业要大力与区域内外大企业合作，形成共生、协作和专业化分工关系，充分发挥中小企业与大企业的优势，也有利于形成合理、优化的产业结构。⑦要大力发展各种连锁经营，发挥中小企业连锁经营的品牌优势，大力发展中小企业群落，波特的新竞争理论认为，中小企业群落具有很强的竞争力，因为中小企业群落不仅具有中小企业的灵活经营特点，而且也具有大企业的内部化、协同作用信息共享优势。如温州的服装城，华南顺德的家电城，义乌小商品市场等。⑧大力发展高技术示范区，高科技园区，农业产业化园区等。高新技术往往是由中小企业、中小企业群落组成并发展的。如北京的中关村、上海的和江高科技园区等。这些中小企业群落所组成的高新技术园区对推动产业结构高级化、产业结构优化起着十分重要的作用。当然,高新技术园区也不可一哄而起,应追求质量和竞争力,根据各地技术资源的特点,形成各具区域比较优势的中小企业群落,为我国区域产业结构的优化配置和升级发挥重要作用。只有这样,既发挥区域间的区域比较优势分工,又要形成区域内的产业化分工,还要形成区域内外的产业化分工(即综合链条的分工),同时,还要城乡联动,东、西联动,中小型企业与大企业联动,最后,要大力发展中小企业群落,尤其是发展高科技园区。只有这样,才能增强中小企业的竞争力和生命力,使中小企业发展焕发蓬勃生机。⑨中小企业应抓住中国城市化进程这一历史机遇,利用城市、小城镇所具备的发展及功能,主动发展城市经济。

第十一章 中小企业发展中的关联模式

"共生"的概念是德国生物学家德贝里(Anton de Bary)于1879年提出的,指的是两种不同种属的生物生活在一起。把企业纳入共生理论的分析框架,中小企业与大企业的共生模式又如何呢？此外,交易费用经济学也为分析企业之间的关联提供了分析方法。本章拟利用共生理论与交易费用理论探讨中小企业与大企业之间的共生模式,并对优化我国中小企业与大企业的共生模式提出政策建议。本章认为,从共生理论分析,中小企业与大企业的共生模式大致有八种组合,各种模式的共生机制可分为三种,即市场制、中间性体制和科层制。从交易费用理论分析,共生机制与资产专用化水平、交易频率、不确定性等因素有关,各有其对应的缔约活动。优化中小企业与大企业的共生模式应从共生环境入手,发挥共生单元、共生秩序、外生媒介、内生媒介等的作用,从而促进共生的目标模式朝着符合市场经济体制的以对称性互惠的连续共生为主体的多元共生模式并存的模式结构演进。

第一节 中小企业发展共生理论

一、共生理论概述

"共生"一词来源于希腊语。共生的概念首先是由德国真菌学家德贝里(Anton de Bary)在1879年提出的。他将共生定义为不同种属生活在一起。他还明确指出寄生是一种共生,但认为短期的联系不是共生关系。德国的保罗·布克纳(Prototaxis)提出了内共生的概念,并指出"动物和植物微生物间的内共生代表了一种曾是补充性的但广泛的机制,它能以多种方式提高宿主动物的存活可能性。"科瑞勒(Cavllery)和刘威斯(Lewils)定义了共生、寄生、互惠共生、同住现象等不同物种生物体间关系概念,丰富了共生的研究。斯哥特(Scitt)则认为共生关系是生物体生命周期的永恒特征和生理上彼此需要平衡的状态。特纳(Taylor)指出,内共生理论为生物进化提供了新的观点和开辟了新的认识通道。

我国学者袁纯清对共生理论作了深入研究,他认为,共生不仅是一种生物现象,也是一种社会现象,共生不仅是一种自然状态,也是一种可塑状态;共生不仅是一种生物识别机制,也是一种社会科学方法。一般来说,共生的要素包括共生单元、共生模式和共生环境。因此这三者就构成共生的三要素。

就共生单元之间的联系程度划分,共生方式可分为点生模式、间歇共生模式、连续共生模式和一体化模式。

因此，我们就可以得到共生系统的十六种状态，用 $\vec{M}$ 表示组织模式向量，用 $\vec{P}$ 表示行为模式向量，则 $\vec{S}(\vec{M},\vec{P})$ 表示系统状态向量，则共生的十六种组合如下（表11-1）。

表11-1 共生系统的状态

状态	点共生模式 M_1	间歇共生模式 M_2	连续共生模式 M_3	一体化共生模式 M_4
寄生 P_1	$S_{11}(M_1,P_1)$	$S_{12}(M_2,P_1)$	$S_{13}(M_3,P_1)$	$S_{14}(M_4,P_1)$
偏利共生 P_2	$S_{21}(M_1,P_2)$	$S_{22}(M_2,P_2)$	$S_{23}(M_3,P_2)$	$S_{24}(M_4,P_2)$
非对称互惠共生 P_3	$S_{31}(M_1,P_3)$	$S_{32}(M_2,P_3)$	$S_{33}(M_3,P_3)$	$S_{34}(M_4,P_3)$
对称互惠共生 P_4	$S_{41}(M_1,P_4)$	$S_{42}(M_2,P_4)$	$S_{43}(M_3,P_4)$	$S_{44}(M_4,P_4)$

共生能力分配对称性提高 $\vec{P}$

共生组织组织化程度提高，共进化作用增强 $\vec{M}$

从表11-1可知，共生系统状态变化有两个方向，一个方向是组织化程度提高，共进化作用增强，另一方向是共生能量分配对称性提高。这两个方向也代表共生进化的两个方向，$\vec{P}$ 表示向对称性互惠共生进化，而 $\vec{M}$ 表示向一体化共生进化。在 M 或 P 方向上的一种状态变化可称之为 M 相变或 P 相变，而在两个方向同时发生状态变化称为混合相变。相邻状态间变化则称为连续相变。

二、共生理论的经济学逻辑

从以上分析可知，共生理论涉及了共生能量分配对称性和共生组织化程度两个过程。因此，可以从这两个方面来作出经济学解释。

经济学逻辑 $\begin{cases} "分配"（收益）\begin{cases} "福利经济学" \\ 博弈论 \end{cases} \\ "组织化"行为——交易费用经济学 \end{cases}$

由福利经济学可知，帕累托最优配置又称帕累托最优状态，是指不存在任何变动可以在不影响他人的条件下使得某些人的境况得到改善的状态。换句话说，当经济处于帕累托最优状态时，任何的变动都至少会使一个人的境况受到伤害。

在共生系统中，共生单元之间的帕累托最优状态，是指构成共生系统的两个共生单元之间的交换效率达到最优，即指共生单位所获得的"分配"达到最优状态。它包括两方面的含义：

（1）共生单位交换时最终获得的边际"分配"收益，呈现对称性，即：

$$\frac{MR_A}{MR_B} = \lambda$$

即每一共生单元的边际"分配"呈现递减趋势,最终两者的边际"分配"之比等于一个常数。

当 $\frac{MR_A}{MR_B} > \lambda$ 时,则共生单元 B 将获得更多的"分配",直到 $\frac{MR_A}{MR_B} = \lambda$ 时,共生单元 A 和 B 之间达到"分配"对衡。

当 $\frac{MR_A}{MR_B} < \lambda$ 时,则共生单元 A 将获得更多的"分配",直到 $\frac{MR_A}{MR_B} = \lambda$ 时,共生单元 A、B 之间达到"分配"均衡。

当共生单元 A、B 之间达到共生能量分配的帕累托最优时,就达到了共生单元 A、B 之间的对称互惠共生状态。

此时 $\lambda = \frac{MR_A}{MR_B}$,可以定义为共生单元 A、B 之间的对称互惠共生系数。

(2)共生系统的帕累托最优状态,它指的是在共生单元 A 内部和共生单元 B 内部的"生产"最优状态,此时,每一共生单元的要素边际技术替代率相等,即:

$$RTS_{L,K}^{A} = RTS_{L,K}^{B}$$

L,K 是任意两种要素,如劳动力和资本,A,B 表示共生单元 A,B。因此,在市场完全和信息充分的条件下,共生单元的能量分配方式将达到帕累托最优,共生系统状态为对称互惠共生状态。

另外值得一提的是,从博弈论的角度来看,大企业在与小企业谈判中往往处于有利的地位,而小企业也由于投入了关系性、专用性资产而可以产生要挟行为,因此双方采取合作博弈符合中小企业与大企业的长远利益。从这个意义上来说,大企业与中小企业实现对称性互惠共生是符合双方利益的最佳选择。

三、共生理论的交易费用经济学解释

1. 共生机制与交易费用理论的对应关系

自科斯(R.Coase,1937)发表《企业的性质》一文以来,市场与企业就被视为配置资源的两种可以相互替代的制度。当企业内部交易的边际费用与市场中企业之间交易的边际费用相等时,企业与市场之间就达成了均衡。到了 1979 年,威廉姆森(O. Williamson)提出介于市场与企业之间的制度,即三方规制和双边规制。共生模式、共生机制与交易费用经济学的对应关系(表 11-2)。

2. 资产专用化水平、交易频率与共生机制的关系

从投资特点看,企业的资产专用化水平可分为非专用、混合(或称半专用)和高度专用(或称性质)三种;而双方的交易频率可分为数次和经常两种。无论是资产专用化水平,还是交易频率,对共生机制的影响都是巨大的。麦克内尔(I.R. Macneil)认为,古典缔约活

动大约适用于所有标准化的交易(无论交易频率如何),新古典缔约活动适用于数次性、非标准化的交易,关系性缔约活动适用于非标准化交易和经常性交易。根据威廉姆森的理论,资产专用化水平、交易频率、规制结构与共生机制的对应关系可大致总结为表11-3。

表11-2 共生机制与交易费用经济学的对应关系

共生模式	共生机制	交易费用经济学阐释
Ma_1, Mb_1	市场制	交易规制:古典缔约活动
Ma_2, Mb_2	市场制	
Ma_3, Mb_3	中间性体制	三方规制:新古典缔约活动
		双边规制:关系性缔约活动
Ma_4, Mb_4	科层制	统一规制:关系性缔约活动

表11-3 资产专用化水平、交易频率与规制结构的关系

资产专用化水平	交易频率	适应的交易举例	规制结构	共生机制
非专用	数次	购买标准设备	市场规制	市场制
	经常	购买标准材料		
混合	数次	购买定制设备	三方规制	中间性体制
	经常	购买标准材料	双边规制	
高度专用	数次	营建工厂	三方规制	
	经常	各道工序中间产品的现场交接	统一规制	科层制

与市场制对应的市场规制是一种古典缔约活动,契约条件在缔约时就得到明确的、详细的界定,当事人不关心契约的长期维持,只关心违约的索赔,交易是一次性的,下次是否交易视情况而定,交易完成后双方"形同路人"。它适用于非专用的数次或经常性的交易。

中间性体制有三方规制和双边规制两种。三方规制是一种新古典契约关系,它着眼于长期,意味着双方当事人关心契约关系的持续,并且认识到契约的不完全和日后调整的必要;如果发生纠纷,当事人先谋求内部协商解决,并强调建立一种包括第三方裁决在内的规制结构。正如麦克内尔所认为,长期契约有两个特征:一是契约筹划时留有余地;二是无论是留有余地还是力求严格筹划,契约筹划者所使用的程序和技术本身可变范围就很大,导致契约具有灵活性。三方规制的交易是混合和特质的数次性交易。双边规制是关系性缔约活动的一种,它强调专业化合作及长期关系的维持,契约当事人都愿意建立一种规制结构对契约关系进行适应性调整。它与新古典契约关系的区别在于:新古典契约的调整始终以初始契约为参照物,而关系性缔约活动一旦形成,就会进行自我演变式的调整,调整并不参照初始条件,即使参照,也不是非坚持不可,而是根据现实需要进行适应性调整,并且一般不需要第三者参与。双边规制具有保持当事人自主权的双边结构,适用于

资产是混合的经常性交易。由于目标是避免牺牲有价值的交易专用经济,因此,双方都有保持这种关系的激励。

与科层制对应的统一规制是关系性缔约活动的另一种,它具有使交易脱离市场并根据一种权威关系在企业内部进行组织的一元结构。在专用性的人力资产和物质资产趋于单一时,这些资产会缺乏向其他用途转移的可能性,从而产生纵向一体化组织。通过一体化,生产可以连续的方式进行,而不必对企业间的契约进行查询、完成或修改等工作,一体化企业的价格调整比企业间贸易更为完全,数量调整也可以任何频率进行。进入纵向一体化而在企业内部组织交易的好处有两个方面:一是企业在信息处理上具有规模效应;二是企业在对付产权界定不完全以及规避风险问题上能进行制度适应。但是纵向一体化也有不足,即可能导致效率低下和内部组织成本上升。

3. 不确定性与共生机制的关系

不确定性的增加对市场规制没有影响。因为,非专用性交易是连续性价值小的交易,新的贸易关系很容易被安排。无论不确定性如何,市场交换依旧继续,典型的单项缔约活动范式(古典契约关系)仍适用于所有标准化交易。

对于三方规制、双边规制和统一规制而言,情况就不一样了。只要投资的专用化程度并非微不足道,不确定性的增加会更迫切地要求当事人设计一种"应变机制"。因为,不确定性增加时,契约的余地会增大,在次数和重要性上对连续性适应的要求也会增大。对于数次性的混合性交易,要求设计三方规制,而对经常性交易,随着不确定性的增加,双边规制常常为统一规制所取代。

当然,不确定性的降低会使交易向相反方向变动。当一种产业成熟时,不确定性往往会降低,一体化的收益可能会减少。因此,对成熟产业中专用化投资的经常性交易,依赖双边规制通常是可行的。

第二节 中小企业与大企业的共生机制

根据第一节所阐述的16种共生状态,结合我国中小企业的发展实践,作深入剖析。从表11-4进一步引申,得出表11-4。

从表11-4,我们可以得出以下结论:

(1) 根据福利经济学,在市场经济体制下,资源的分配、要素的配置最终达到帕累托最优。因此理想的共生系统状态仍是对称互惠共生 P_4 所对应的四种方式。

(2) 在市场经济条件下,共生单元之间由于各自所掌握的资源有差异,能力有差异,因而讨价还价能力存在差异,在这种情况下,就存在非对称互惠共生相对应的四种共生状态。另一种情形是计划经济或转型国家用行政命令等政策方式,向一些企业或产业实行政策倾斜,从而也会出现非对称性共生。

表 11-4 共生系统的状态表(1)

状态	点共生模式 M_1	间歇共生模式 M_2	连续共生模式 M_3	一体化共生模式 M_4
寄生 P_1	$S_{11}(M_1,P_1)$	$S_{12}(M_2,P_1)$	$S_{13}(M_3,P_1)$	$S_{14}(M_4,P_1)$
偏利共生 P_2	$S_{21}(M_1,P_2)$	$S_{22}(M_2,P_2)$	$S_{23}(M_3,P_2)$	$S_{24}(M_4,P_2)$
非对称互惠共生 P_3	$S_{31}(M_1,P_3)$	$S_{32}(M_2,P_3)$	$S_{33}(M_3,P_3)$	$S_{34}(M_4,P_3)$
对称互惠共生 P_4	$S_{41}(M_1,P_4)$	$S_{42}(M_2,P_4)$	$S_{43}(M_3,P_4)$	$S_{44}(M_4,P_4)$

共生组织组织化程度提高,共进化作用增强 $\vec{M}$

共生能力分配对称性提高 $\vec{P}$; 计划体制 ↕ 市场体制

(3) 寄生关系是一种单向能量流动,而偏利共生产生新能量,但新能量由某一方独家占有,因而不太可能存在于市场体制下,因为市场体制下企业的惟一目标是追求利润最大化。但在计划经济体制下,由于企业的国有性质,政府作为企业产权的所有者,追求多重目标,此时,在共生状态中就可能出现寄生与偏利共生的情形。如政府通过行政命令让大企业兼并不相关的濒临破产的企业,或者强行让企业接受具市场竞争劣势的产品或价格。

以上的阐述启示我们,一方面要大力推进中国的市场化进程,加快中国国有企业的改革。另一方面在市场体制下,也要根据共生单元的组织成本与交易成本差异选择合适的方式,并提高共生能量的分配对称性。在市场体制下,表 11-4 就简化为表 11-5:

表 11-5 共生系统的状态表(2)

分配角度 \ 组织角度	偶然共生	间歇共生	连续共生	一体化共生
非对称互惠共生	$M\alpha_1$	$M\alpha_2$	$M\alpha_3$	$M\alpha_4$
对称互惠共生	$M\beta_1$	$M\beta_2$	$M\beta_3$	$M\beta_4$

此时对应的共生机制如表 11-6 和图 11-1 所示:

表 11-6 中小企业与大企业共生机制

共生模式	共生机制	适应的交易类型
$M\alpha_1, M\beta_1$	市场制	偶然性市场交易
$M\alpha_2, M\beta_2$	市场制	间歇性市场交易
$M\alpha_3, M\beta_3$	中间性体制	连续性市场交易,紧密:企业集团;一般:战略联盟;松散:虚拟企业组织
$M\alpha_4, M\beta_4$	科层制	一体化为一个大企业

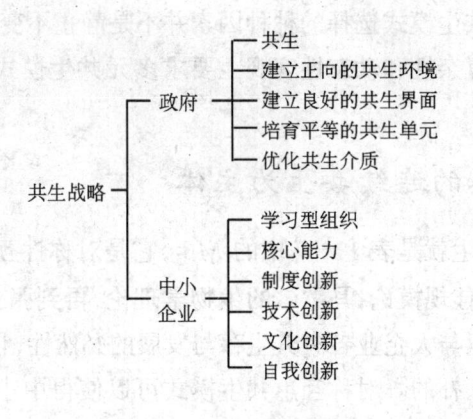

```
                        ┌─ 共生
                        ├─ 建立正向的共生环境
                ┌─ 政府 ├─ 建立良好的共生界面
                │       ├─ 培育平等的共生单元
                │       └─ 优化共生介质
    共生战略 ──┤
                │       ┌─ 学习型组织
                │       ├─ 核心能力
                │  中小 ├─ 制度创新
                └─ 企业 ├─ 技术创新
                        ├─ 文化创新
                        └─ 自我创新
```

图 11-1 共生机制示意图

第三节 中小企业与大企业共生模式的优化

一、优化中小企业与大企业共生模式的目标选择

为分析方便，现将表 11-5 稍加改动，得表 11-7：

表 11-7 中小企业与大企业的八种共生模式

利益角度＼组织角度	偶然共生	间歇共生	连续共生	一体化共生
非对称互惠共生	$M\alpha_1$	$M\alpha_2$	$M\alpha_3$	$M\alpha_4$
对称互惠共生	$M\beta_1$	$M\beta_2$	$M\beta_3$	$M\beta_4$

由表 11-7 可知，中小企业与大企业的共生模式主要有八种，各有其独特的功能和适用的领域。我国中小企业与大企业共生模式的目标选择是什么呢？这是一个难以回答但不可回避的问题。我认为，中小企业与大企业共生模式的目标可确定为：符合市场经济体制的以对称互惠的连续共生为主体的多元共生模式并存的模式结构。这一模式结构的内涵有三个方面：

1. 多元共生模式并存

八种共生模式各有其适用的交易类型。$M\alpha_1$，$M\beta_1$ 适应于共生单元之间的偶然性交易，$M\alpha_2$，$M\beta_2$ 适应于共生单元之间的间歇性交易，$M\alpha_3$，$M\beta_3$ 适应于共生单元之间的连续性交易，而如果两个共生单元一体化为一个大企业，则 $M\alpha_4$，$M\beta_4$ 是适应的。在市场经济体制下，中小企业或大企业选择何种共生模式，取决于多种因素。交易费用理论把资产专用性水平、交易频率和不确定性作为三个主要的因素。此外，企业家能力、产业的技术含量、内部与外部规模经济、产业的地理集中性、市场结构等均影响企业对共生模式的选择。同时,影响企业对共生模式选择的种种因素并不是静止不变的,而是动态多变的。这些影响因素的多元性、复杂性和动态性客观上要求多元共生模式并存的模式结构与之相适应。

2．以对称互惠的连续共生为主体

对称互惠的连续共生就是表 11-7 中的 $M\beta_3$,它是对称性互惠共生和连续共生的组合。从罗宾逊的企业最佳规模论,马歇尔的生物学理论,再到张伯伦的不完全竞争论,我们均可以看出,中小企业与大企业各有其生存与发展的必然性,它们在一国经济发展中的作用既是独特的,又是互补的。对称互惠共生模式可以使得中小企业与大企业获得同等的能量积累和进化机会,有利于中小企业与大企业的均衡发展。从实践上看,由于中小企业在所有权、市场力量等方面处于劣势,许多国家,如美国、英国、德国、意大利、法国、日本、韩国等都采取了扶持中小企业生存与发展的政策,以促进非对称性互惠共生向对称性互惠共生模式的演变,他们的政策都取得了良好的经济绩效。

连续共生模式具有辉煌的发展前景。这种共生模式能够克服共生单元搜寻共生对象的随机性,减少信息和能量在共生单元之间传导过程中的损失,促进共生单元之间通过多重的分工与协作关系共同进化,同时,还可以克服一体化共生所产生的组织成本过大的问题,并能够保持共生单元技术创新的灵活性(M.Porter,1998)。从世界范围看,这种共生模式已经显示出旺盛的生命力,企业集团、系列分包、企业联盟、商人雇主制、原子式组织、企业网络等都是连续共生模式的典型形式。此外,介于间歇共生与连续共生之间,以及介于连续共生与一体化共生之间的"准连续共生"模式已经渗透到经济世界的每一个角落。连续共生的迅速发展有其客观的原因：

随着市场范围的扩大,技术与产品生命周期的缩短,竞争更加激烈,不确定性增大,创新无处不在,偶然、间歇共生越来越难以承担过大的市场交易成本,而一体化共生则由于制约共生单元的创新而不适应。

随着专业化分工的发展,生产正走向多样化和柔性化,资产专用性增加,交易频率上升,中小企业与大企业之间建立产供销密切协作的连续共生模式已经成为一种趋势。

随着共生环境的改善,股权、显性或隐性契约、信任、友谊、文化等内生媒介的发育,共生单元通过内生媒介结成连续共生模式的效率会大于通过外生媒介相互交流的水平。

需要指出的是,以对称互惠的连续共生为主体的模式结构是一种较为理想的境界,对我国来讲,以这种模式结构作为中小企业与大企业共生的目标模式,是一种长期的目标。

3．符合市场经济体制

中小企业与大企业的共生模式是共生单元、共生环境相互作用的。在共生单元的要素中,共生单元是基础,共生环境是外部条件,共生模式是关键。三者之间的关系如图 11-2 所示：

经济体制是与共生单元、共生环境密切相关的,它直接关系到共生单元的性质和共生

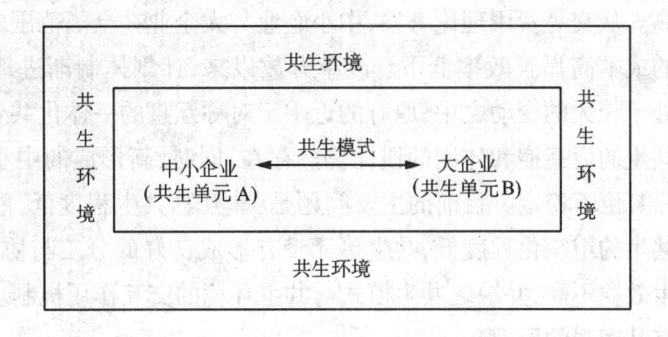

图 11-2 共生模式与共生单元、共生环境的关系

环境所起作用的程度。在计划体制下,企业只是政府的附属物,没有追求高效率、高效益共生模式的动力。政府的计划、行政命令等作为内生媒介成为一体化共生的"黏合剂",把全国范围内的中小企业与大企业黏合成一个庞大的共生体,内部组织成本很大,并表现出低效率的特征。而外生媒介,如国际市场等,对共生单元的压力与激励是通过共生体传导到共生单元的,力度很小,有时甚至连一点刺激也没有。市场经济体制是我国经济体制改革的目标,设计中小企业与大企业的目标模式必须与这一体制相适应。在市场经济体制下,市场是在资源配置中起基础性作用的。企业作为市场主体,会自发地按照利益与效率标准追求共生模式的优化。切不可高估政府计划或行政命令的功能,政府的宏观政策只能起到辅助作用,即通过引导共生单元、共生秩序、外生媒介、内生媒介等交互作用机制的形成,促进全社会的中小企业与大企业的共生模式朝着对称互惠的连续共生模式的方向演进。

二、中小企业与大企业共生模式的问题与对策

(一) 中小企业与大企业共生模式的问题分析

在计划体制下,中小企业与大企业的共生处于近乎于对称互惠的一体化共生状态。各个共生单元与共生环境的信息与能量交流必须通过计划、行政命令等内在媒介,共生单元之间的能量分配也通过内生媒介进行,并不考虑共生单元对共生体的贡献。无论中小企业,还是大企业,都没有追求更多利益的冲动。企业的利益是政府统一分配的产物,中小企业与大企业在利润留成、职工工资、福利待遇等方面并没有多大差异,这是计划经济体制下"平均主义"思想的反映。需要指出的是,这种近乎于对称互惠的共生模式较"非互惠共生"要优一些。设想,在计划体制下,政府拥有无限权力,如果政府在利益分配上对大企业过分倾斜,就可能会出现一个地区只有几个大企业,而中小企业被迫退出的现象。计划体制下中小企业与大企业共生的低效率不是对称互惠共生的结果,而是近乎于一体化的产物。这种在全国范围内的一体化共生伴随着巨大的共生体对各个共生单元的协调成

本,共生效益不高。从交易费用理论考察,中小企业与大企业在全国范围内的统一规制极不经济,一体化的成本高昂且效率低下。改革开放以来,计划体制渐进地向市场体制转轨,共生环境正处于较大的变动之中,原有的近乎于对称互惠的一体化共生虽然逐渐瓦解了,但是一体化共生的后遗症和体制的惯性仍然存在,同时,新形成的中小企业与大企业共生模式远非理想,也不稳定。目前的主要问题是:非互惠共生程度低,能量分配向大企业倾斜;连续性共生的组织化程度低,共生单元没有形成良好的分工与协作关系;共生秩序有些混乱,共生效益不高,并缺乏共生模式与共生环境的交互作用机制。出现这些问题并不是偶然的,有其客观的原因:

1. 共生单元仍不合格、不平等

国有企业改革尚未完成,政府干预企业经营活动的现象普遍存在着。这样,市场主体不能根据利益标准自主选择与决策。原来在计划体制下合格的共生单元,现在不合格了。这种不合格制约了中小企业与大企业在利益标准下的共生模式转换。此外,我国一直强调大企业的重要性,对综合商社、跨国公司等的优惠政策从某种程度上讲是对天然弱小的中小企业的歧视。对于中小企业与大企业这对共生单元来讲,意味着共生单元地位上的不平等,从而延缓了向对称性互惠共生演进的速度。

2. 共生秩序还不理想

我国在市场基础上形成的市场性垄断虽然不多见,但是行政性垄断普遍存在着。由于缺乏竞争的压力,行政性垄断企业效率低下,产品或服务价格昂贵,消费者福利受损。此外,外贸、医药、电信等产业的行政性进入壁垒仍很高。还有一些产业,由于中小企业过度密集而产生低水平过度竞争。所有这些,都影响中小企业与大企业在分工协作基础上形成有效竞争的共生秩序。同时,产业协会在共生秩序方面的作用尚未得到充分发挥。

3. 外生媒介尚不完善

市场体系是中小企业与大企业共生的主要外生媒介,它是共生单元搜寻共生对象所需要的。扭曲的商品市场和要素市场必然产生扭曲的市场信号,继而产生共生单元行为的扭曲,使社会资源得不到优化配置。此外,扭曲的市场体系往往伴随着较高的市场交易费用,从而使共生单元搜寻共生对象的成本上升。

4. 内生媒介尚不健全

连续性共生模式客观上要求中小企业与大企业之间形成股权、契约、信誉、文化等内生媒介。从我国看,这些内生媒介形成的通路不畅。一是国有企业产权的一元化特征,以及资产证券化发育不够,限制了资本流动;二是中小企业与大企业的长期契约不多,一些企业集团在政府"拉郎配"下有名无实,几乎成了谋取政府优惠的代名词;三是有些企业信誉不良,"三角债"盛行,企业文化建设滞后。

(二)优化中小企业与大企业共生模式的措施

针对上述原因,促进中小企业与大企业共生模式走向优化的措施主要有四个方面:

1. 培育合格、平等的共生单元

(1)培育国有企业的市场主体地位。用现代企业制度改组国有大企业,促进其"政企分开、产权明晰、权责明确和管理科学"。对于中小企业,可以采取多种形式"放活"。

(2)赋予中小企业平等竞争的地位,保护中小企业利益。修订《企业法》,使其成为所有企业的准则,把《乡镇企业法》置于《企业法》之下;完善政府对中小企业的金融、税收、技术、管理、信息等服务,同时简化企业的开办手续,并杜绝乱收费现象。

2. 加强共生秩序建设

有效竞争是针对"马歇尔冲突"提出的,指的是竞争活力与规模经济相协调的竞争。在这种共生秩序下,中小企业与大企业共生具有良好的外部经济效应。

(1)反对行政性垄断,尽快解决企业的多重行政隶属关系,把企业从行政枷锁中解脱出来。

(2)加快对内开放速度,降低企业的行政性进入壁垒。只有通过对内开放,企业才可能提高竞争力,才不至于在与国际竞争对手遭遇时败下阵来。一些垄断性企业,特别是世界贸易组织(WTO)要求对外开放的产业,企业要革自己的命。加强产业协会的建设。产业协会具有三边规制中的仲裁职能,在规范企业行为、避免过度竞争、调解企业纠纷、仲裁经济冲突等方面均具有重要作用。当然,也要反对产业协会通过联合定价等手段损害消费者利益的行为。

3. 培育市场体系

在市场经济体制下,应使市场机制在调节中小企业与大企业共生模式中发挥基础性作用。然而,这种作用的发挥依赖于市场体系的完善。

(1)打击地方保护主义行为,促进全国统一市场的形成,使企业在全国范围内自由寻找共生对象。

(2)培育要素市场,促进生产要素流动。相对于商品市场而言,要素市场发育更为滞后,传统的人事、户口等制度制约着人才流动,而资本市场的流动壁垒更加繁多。

(3)界定政府办市场的行为,促进各个层次市场的发育。

4. 促进股权、契约、信任、文化等内生媒介的形成

(1)加快国有企业产权多元化的形成,提高股权转让的灵活性,同时加强资产证券化的速度。

(2) 组建企业集团应坚持自主自愿、互利互惠、形式多样和共同发展的原则,同时打破所有制、地区和行业的界限,以建立强有力的资产纽带。

(3) 鼓励大企业把"非核心资源"外包出去,促进分包商网络的形成,同时加强企业文化建设和契约法制化的力度,直接或间接地促进中间性体制的发育。

第四节 中小企业的共生战略

根据前三节的分析,在此我们得出中小企业的六大共生战略:

战略之一:中小企业要成为学习型组织,不断地学习,不断增加企业的市场资本和知识产权,以提高中小企业与大企业共生的机会和交锋;

战略之二:中小企业要努力形成自身的核心能力。中小企业的核心能力包括核心技术、销售网络、采购系统等。中小企业拥有核心能力,就能增加与大企业讨价还价的能力,从而提高中小企业的收益;

战略之三:中小企业要重视制度创新。中小企业的制度创新,就是要按市场经济规范建立企业制度,如股份合作制,有限责任公司,这既使中小企业获得平等的竞争机会,也能保护中小企业的利益;

战略之四:中小企业要重视技术创新。中小企业一方面要重视自主创新,另一方面也根据另一共生单元——大企业的技术要求进行创新。大企业在发展过程中,会不断推出新技术、新产品、新标准、新流程,因而对中小企业也提出相应的要求,中小企业要主动的适应大企业的发展需要,进行技术创新,以保持长期的共生关系;

战略之五:中小企业要重视文化创新。在中小企业与大企业的共生状态中,中小企业一方面要在内部培育积极的创新的文化,降低中小企业的代理效率,另一方面中小企业要不断变革企业文化,主动适应大企业文化的演化,文化上的协同将有助于提高共生效率;

战略之六:中小企业要重视法律。市场经济是契约经济。中小企业要依法经营,在与大企业的共生系统内,要按照大企业的要求,在规定时间内保质保量提供产品,承担自身应尽的责任和义务。只有这样,才能保护其在共生能力分配时的对称性互惠。

总之,中小企业要努力提高内部的核心能力和对外的适应能力,推进技术和制度创新,才能获得良好的共生收益。

第五节 中小企业关联模式的实证分析

我国中小企业如何克服产业结构趋向、"小而全"、重复建设问题?这是迄今没有解决的一个老大难问题。最近,笔者在收集整理发达国家或地区大量中小企业的各种关联方式后,将其归纳为中卫体系、分包制、特许经营、策略联盟、企业群落等五种中小企业的关联模式。本节特别对这五种模式的特点,功能,适用范围进行比较分析,以期对我国中小企业克服上述老大难问题,顺利实现产业组织结构的调整有所启示与帮助。

一、"中卫体系"的关联模式

美国中小企业的关联颇具特色,他们的主要模式是中小卫星工厂制度(简称中卫体系)。所谓中卫体系是以一个大规模的大中型厂商为中心联结众多中小企业,组成一个以前者为主,后者为辅的产业生产分工体系。"中心"和"卫星"协调首先表现在生产分工上:生产阶段的某些工序是由垄断大企业完成的,如对原料进行初加工、最终产品的形成;有一些工序则由中小企业完成,如初加工之后的再加工。在美国的塑料工业生产中,原料的生产、销售和初加工就是由联合碳化物公司为代表的垄断大企业控制的,而塑料加工企业则是中小企业。其次,还表现在生产协作上:大规模制成品的装配由垄断大企业完成,零部件的生产则由中小企业完成。另外,在电子工业等高技术生产方面,特种工艺的零部件生产是垄断大企业无法完成的,只能由中小企业去完成。例如,美国著名的洛克希德公司的外部协作零部件,在 20 世纪 60 年代中期只有 30% 是由中小企业提供的,到 70 年代中期以后,大约有 70% 是由中小企业提供的。又如,美国波音公司 B-747 飞机结构十分复杂,所需的零部件数目达 450 万个,主要由 6 个国家的 1500 家大企业和 15 000 家中小企业提供的。

中卫体系的类型一般要分为三种:第一类是向前垂直整合型,由卫星工厂生产各种零部件供应中心工厂,由中心工厂把这些零部件组装成最终产品,这个类型以汽车、家电工业为代表。第二类是向后垂直整合型,以上游原料供应厂为中心,其生产的原料供给中小游加工厂制成各种产品。第三类是水平协作型,由专业贸易商或整个输出公司充当中心角色,长期委托各卫星工厂为其制造外销产品。各中卫体系彼此间也可交流和互助,从而使整体生产成本大大降低。

二、分包制的关联模式

日本制造业中小企业的关联模式是分包制,又称"下请分业"方式。所谓下请就是转包,小企业承担大企业的委托,进行产品、零部件、附属品等的加工制造,以及协作进行生产设备、器具的维修和制造。一般通过签订长期协议来维持这种转包配套生产关系。这种模式能够充分发挥承包企业的灵活性优势,有效进行多品种小批量专业化生产;承包企业也不必考虑产品开发、市场开拓获得产品销售,可以从大企业得到技术指导、生产管理指导、设备赠送和人才培养;而大企业则可以降低自产率,减少人员,集中精力搞产品开发和市场开拓,提高经营效率。

日本制造业的分包制是由多层次的分包网络组成的,日本制造业的生产组织结构中有三类分包网络:第一类是原料和设备的供应网络;第二类是研究开发网络,包括主导企业的、政府主办的和社会上的研究开发机构提供的科研成果;第三类是为装配最终产品提供零部件、元器件的网络。第三类网络是日本制造业分包小企业的主要活动领域。

日本分包小企业与其服务的大企业之间的关系有以下九个特点:

(1)大企业向分包小企业作出长期承诺,使分包小企业对承担的任务在人力和生产设备的投入上做长远打算。

(2)在相互信任的基础上建立合作关系。双方重视的不是如何切开一切"蛋糕",而是共同努力把"蛋糕"做得更大一些。例如,分包小企业应用价值工程向大企业提出改进产品设计建议,以降低生产成本。双方关系的主要标志是质量优良和按期交货。

(3)在大企业的发起下,建立分包企业协会,在分包网络中树立团队意识,加强大小企业之间的联系。例如,由协会举办技术转移讲座,向"信得过"的小企业透露大企业的发展规划等。有的一级分包企业(即所谓"小型巨人")还牵头组织自己的分包企业协会。此外,在政府支持下还组织全国性和地方性的分包企业振兴协会。

(4)分包小企业在技术引进和人员培训上主要依靠大企业。例如,大企业帮助分包企业掌握新设备的操作和调整技术;大企业派工程师到小企业指导提高产品质量;大企业为小企业培训干部和工人;大企业将有经验的退休人员转到小企业工作;如前所述,大企业通过分包企业协会给予小企业各方面的支持。

(5)由于大企业的支持,小企业在产品开发中发挥了重要作用。据调查,日本汽车和电子行业的大企业吸收分包小企业一起开发新产品的历史,比它们的欧美同行早得多。

(6)有些大企业直接向它们的分包小企业提供贷款,帮助小企业扩大生产能力,或解决暂时的资金周转困难。近年来,大企业与分包小企业共同举办合资经营企业的数量也日益增加。

(7)大企业与小企业之间存在竞争,大企业对分包企业提出严格要求,也促进了分包小企业之间的竞争。竞争产生的压力激发了分包网络中专业化协作的优势。

(8)日本中小企业不仅为国内大公司服务,还通过海外投资建立海外加工基地,向当地的日本投资企业提供配套零部件,或运回本国供应母公司。据日本机械出口商协会1994年的调查,日本机械行业对亚洲投资所办企业中,就地采购的零部件占40%,且有日渐增加的趋势。

(9)日本大公司历来重视与分包小企业的传统关系。但据日本中小企业事业团最近的调查,这种传统习惯正在稍稍改变。大公司在选择分包企业时不太考虑原有业务关系的历史长短和关系的密切程度,而更多地考虑分包对象的实力、技术特色,以及对降低价格要求的接受能力。据日本中小企业事业团所做的问卷调查,目前大公司选择分包企业的准则是:企业经营的素质(目前有10%的企业认为这项标准是重要的,有16%的企业认为今后应重视);降低成本的能力(22%认为重要,46%认为今后应重视);长期业务联系中建立的信任(80%认为重要;38%认为今后应重视);职工的技术能力(22%认为重要;30%认为今后应重视);灵活交货的能力(38%认为重要;36%认为今后应重视);其他(2%认为重要)。

由此可以看出,大公司可以从分包企业获得价廉物美、交货准时的配套产品和服务,以增强自身的竞争能力。同时,中小企业则通过分包制密切与大企业的合作,也能增强自身在市场经济中的地位和参与国际竞争的能力。

三、特许经营的关联模式

特许经营制度是由一家授予特许权的企业(一般是大公司)给予另一家接受特许权的企业(一般是小企业)在一个特定区域内经营商品或劳务的权利。接受特许权的企业为其自己所有,自主经营,自负盈亏。它的企业的组织形式可能是独资企业,也可能是合伙企业,或者是一个小公司。授予特许权的企业与接受特许权的企业应该签订合同。

特许权经营的优点及其发展潜力,加上许多个体经营者寻求独立办企业的机会的冲动,使特许权经营得以普及到全世界。最突出的是美国的快餐巨头,欧洲也有些出色的例证。例如,贝纳通时装公司通过特许经营,提高了其他欧洲的业务增长率。阿尼塔·洛迪克公司于1976年在英国创建的妇女保护用品商店(body shop),已在30多个国家立足,成为英国零售商在海外发展的佼佼者。

1993年美国已有五六十万家接受特许经营的企业,每年还在以两万多家的速度增长。美国公司授予特许经营权的海外商店集中于加拿大(11 182家)、日本(9249家)、欧洲大陆(5405家,主要在法国、德国、荷兰和比利时)、英国(2961家)、澳大利亚(2823家)、亚洲其他国家和地区(2401家)、墨西哥(742家)和加勒比海地区(560家)。

授予特许权的企业一般为大企业,接受特许权的企业一般为中小企业。授予特许权的企业的权利和义务:①向接受特许的企业授予在规定区域内经营某种商品或服务的权力;②以合理价格供应接受特许权的企业某些商品技术和管理诀窍;③创造并维护特许权企业的良好商誉,并向全国做广告;④特许商店的商标、标记以及建筑物、内部布置、经营方法等都要显示特许商店的联营性质;⑤在管理方面给予特许商店以各种帮助,如培训人员、指导经营管理方法等;⑥在财务上予特许商店以帮助,如为建造房屋、购买设备提供资金,以及供应商品给予60~90天的付款宽限期,等等。

接受特许权企业的权利和义务:①向特许商店投入一定的资本;②向授予特许权的企业购买全部或部分商品或用品;③向授予特许权的企业缴纳费用,交费标准一般采用销售额的百分之几,有时还加上每月支付一定数目的费用;④严格遵守授予特许权企业关于标记、商店外形,内部布置等方面的规定;⑤必须根据授予特许权企业所建议的各项方针政策从事经营活动。

四、策略联盟的关联模式

我国台湾地区中小企业的"产业网络"也颇有特色,其主要关联模式是"策略联盟"。所谓策略联盟,是指企业根据自己的发展战略,与其他企业形成结盟固定协作关系。建立这种关系的目的是维持并强化自身的竞争优势,弥补不足。台湾中小企业的策略联盟集中于资本与技术较为密集的产业,如电子、信息、制药等,且以联合开发型为主,多由研究机构或同业协会主导进行。策略联盟是台湾中小企业成功的主要原因之一。

目前台湾中小企业策略联盟模式,主要有垂直式联盟和水平式联盟。垂直式联盟是一种类似垂直整合的联盟方式,连接这些不同的价值活动,以构成较为完整的产业价值链的功能。通过垂直式联盟,可避免许多市场因素的不确定性,降低单个企业的营运风险,减少营运成本,并进而取得较强的竞争地位。水平式联盟是整合类似的价值活动,以扩大营运的规模,降低固定成本投资的比例,发挥规模经济的优点。在水平式联盟中,可以集中不同企业的资源,使之更有效地运用,减少重复与浪费,以提高整体的竞争能力。

台湾中小企业通过策略联盟,获得了与大企业相媲美的竞争优势,它有以下特点:

1. 规模经济

中小企业联盟的潜在利益是改善规模经济。例如,中小企业可以针对彼此共同的研究开发需要,组成研究开发联盟,或成立联合发展中心,以费用分摊的方式,完成所需要的研究成果。台湾鼓励厂商加入研究发展策略联盟。例如,台湾第二代笔记本型电脑,即是工研院联合了四十余家从业者的力量,并将工研院的技术成功地转移至民间;中小企业可以因人才方面的共同需要,一起进行人才培训。由于人才培训的成本结构中,固定成本比率较高,而中小企业的需求又十分相似,因此人才培训的策略联盟有着潜在利益。中小企业由于规模小,在市场信息与技术信息的取得方面,亦常处于不利地位。中小企业间若能参加市场信息与技术信息策略联盟,则可解决这一问题。当企业进入新的经营地区,而该地区的政治经济环境复杂,需要对公共关系高度投入时,也可以组成策略联盟,共同处理当地的对外事务。总而言之,在产业价值链上的每一项活动,中小企业都有可能通过策略联盟,改善其规模上的不利地位。特别强调的是,这些策略联盟的潜在利益常需政府机构来主导,这样才容易实现。

2. 增加对外谈判实力

这也是规模经济可间接发挥的作用之一。中小企业组成策略联盟,可以共用营销网络,共同对外,此种联盟对中小企业合作共同进入新市场有很大帮助。例如台湾自行车零件业,各家分别生产变速器、大齿轮、链条、飞轮、曲柄等零部件,组合成整体传动系统,再一起行销。也有些电脑零件厂商,分别生产电源、主机板及外壳,组装之后,可以卖到较高价格,获取更多的利润;策略联盟也可使厂商通过合作,控制原料来源,或通过联合采购,增加采购谈判力。有些小型加工业,在与大型中小工厂结盟后,利用后者的力量,获得原料取得上的便利与稳定,也是策略联盟形式。当许多同业共同生产某一零件时,可通过小型联盟的方式,共同出资,交由一家企业负责该零件的开发与生产,再分售给各联盟厂商,以解决缺乏该零件的困扰,并且因联盟而降低开发及生产成本。

3. 在细分市场上的分工合作

中小企业在细分市场上的合理分工，是前述许多互助合作或策略联盟的先决条件。简而言之，如果企业之间在市场细分上缺乏明确的划分，则联盟不易成功，即使联盟成功，将来难免会落入自相残杀的局面。例如台湾的笔记本型电脑联盟，参与联盟者多达40家，彼此本来市场定位已十分接近，加上联盟所设计的机型一致，在市场上发生恶性竞争。当初该联盟的产品设计若能更强调基本功能的共同性，而在外观与附加功能下交由各厂商分别设计，则可能因产品定位不同，以及市场细分不同，而使大家都享有更广阔的市场空间。在市场细分合理分工后，上面所述的研究合作、生产合作、采购合作等效用才会显现出来。资源有限的中小企业，无法自行承办研发、生产、营销的全部活动，或即使全部都做，也限于规模，无法有效经营，取得成本优势，因此中小企业可以扬长避短。例如台湾玩具业，分别由专业设计公司负责设计，模具业负责开模，塑胶型公司负责生产，再由贸易公司负责行销。这种复杂的上下游产业分工网络，是台湾产业竞争力来源的一大特色。

4. 国际竞争力的提高

中小企业与国际大企业之间，由于规模不同，专长互补，而且在地区上重点不同，因此是很好的策略联盟伙伴。台湾许多大型企业，过去都是靠国外客户的OEM订单起家，这是应用此种策略联盟的结果。有时国外厂商认为台湾市场有限，决定不自行进入，授权当地厂商产销其新产品，或希望借助当地厂商的行销经验委托当地厂商负责行销。这都是常见的国际策略联盟方式，逐步积累自己的经验与实力，并成长壮大的。

5. 中小企业相互学习

中小企业间互相合作，除了直接创造规模上的效益外，还可以在策略联盟过程中，互相学习彼此的经验。一般而言，市场地位相近的厂商，互相开放学习有时是违背常情的。因此，互相学习较常见于大小企业之间，或市场细分明显的企业之间。就大小企业之间而言，由于大企业和中小企业发展阶段不同，大企业过去的许多经验正是中小企业现今面临的问题，因此中小企业向较大型企业学习是很自然的。同时，为了使合作伙伴更具有生命力，大型企业也乐于传授自身过去的经验。如果两家企业市场细分的不同，或经营所在的地区不同，互相学习的可能性也比较高。近年来台湾颇为流行"异业交流"，由于行业的不同，自然愿公开自身所专长的部分。

6. 共同进行工厂地区转移

中心厂与协作厂之间，常在地区上有互相接近的必要。例如对产品规格与产品设计进行意见交流、迅速交货等。台湾幅员狭小，空间限制必然造成发展上的瓶颈，但地理上的近便，也使厂商间的协作自然形成。然而当厂商需要在生产地点上进行地区转移时，若个别移动则整体竞争力必然丧失，因此共同行动、共同进行地区转移，将确保共同的竞争力,这颇类似于弱小候鸟的整体迁徙。近年来,台湾常有上下游企业"集体出走"情形,此种情形对台湾产业空洞化或经济发展有何影响另当别论,但这种做法对厂商而言,却是合乎策略联盟原理的具体行动。

7. 产能互补

中小企业投资不大,优点是固定成本低、风险小而灵活度高。但缺点是万一订单太大,无法独立承接。所谓产能互补即是中小企业间形成一个无形的联盟,当其中一家接到大型订单,消化困难时,则转交由其他工厂负责完成。这使得产能不足的中小企业,在接单时可以无所顾虑。

8. 追求时效

当今的企业经营,时效十分重要,例如研究开发不只是规模的问题,也有时效的问题,因为即使独立研发成功,但时效已过,研发成果也无法创造合理利润。因此不如靠联合开发,争取时效。此外,销售网络的建立,也可以因策略联盟而发挥时效。

五、硅谷企业群落的关联模式

硅谷不是一个大企业,而是集中在特定地区的众多的在业务上相互联系的半导体或计算机企业及其支持企业的总称,是一个高科技的中小企业群落。1992年,硅谷有高科技企业4063家,其中,软件与数据处理企业2378家,电子元件企业679家,仪器企业518家,计算机与办公设备企业317家,通信设备企业162家,导弹与航天飞机企业9家。众多中小企业集中形成的企业群落在实现规模经济的同时,还能激发创新精神。

硅谷的功能和特点表现在以下几个方面:

1. 企业的专业化和互补性

在硅谷,产业的主体是软件与数据处理、电子元件、仪器、计算机与办公用品、通信设备等。每一家企业试图把技术、产品或服务定位于一个狭小的领域,依靠消费和供应商的参与不断创新,通过快速推出高附加值的产品参加竞争。企业的规模不大,中小企业居多,70%的企业只有不到10名雇员,85%的企业雇员不到100名。此外,还有大量的服务性产业,如风险投资公司、研究与发展实验室、产品设计室、猎头公司(Headhunting)、市场调研公司、律师事务所、咨询公司、公共关系公司等;斯坦福大学、加州大学伯克利分校,以及加州的州立大学和社区大学体系;社会团体,如圣克拉拉企业制造集团(SCCMG)等。建立在专业化分工基础上的企业之间有较强的互补性。分包、联盟、长期契约成为流行的趋势,许多企业把供应商当成长期合作的伙伴。

2. 非正式的社会关系网

准家族式的关系维护着企业之间的无处不在的广泛合作与信息共享。仙童(Fairchild)半导体公司是硅谷人的共同祖先。这个公司是20世纪50年代由沙克利公司的八名高层工程师(后来被称为"八叛徒")辞职后,在仙童照相器材公司的支持下成立的。在创业后的头8年,仙童公司派生出10个小公司。到了1968年,8位公司的创始人全部离开了仙童公司,其中一些人继续开创新的冒险事业。20世纪60年代,硅谷的工程师几乎都为这家公司效力。1969年,参加阳光谷半导体会议的400名代表中有380位为这家公司工作过。祖先的创新精神、合作意识、追求个性的观念成为硅谷群落强有力的媒介。此外,产业协会会议、行业会议、商品展览会、俱乐部等一系列正式、非正式的聚会,为准家族式关系的延续创造了环境。

3. 企业组织的高度分权性

在硅谷,企业等级制度几乎不存在,高层管理的权利通常被分散到各个自治的工作小组中,小组之间及小组与高层之间都是平等关系。在共同参与的项目中,管理者与工人的差别变得微小了。赫玛·巴拉密(1996)对硅谷37家高科技企业研究后认为,硅谷企业组织正出现柔性化,许多企业通过基于团队的群落、新型雇员、技能至上、全球思想、减少层次等,以适应外部多变的环境[①]。例如,惠普的惠利特和普卡德建立了分散化的组织制度,根据细分市场把公司划分为许多自负盈亏的半独立的商业部门,当这样的半独立部门庞大后,再分为较小的组织单位。惠普还取消了传统企业所实行的身份和等级制度,如私人办公室、区别对待的服饰和办公设备,代之以协力合作的方式,所有雇员享有同等的利润分成和股票期权。同惠普一样,英特尔公司把公司分成许多小的组织单位,并使其具有高度的灵活性和控制权,使每个人都有一定的权利与责任。作为一种传统和趋势,硅谷的企业尽量避免等级制度,分散决策权力,减少组织层次。高度分权式的企业组织模糊了工作者与管理者之间、公司与公司之间、工作与社会生活之间的界限。

4. 合作与竞争的融合性

硅谷的制造商往往依靠专业供应商来谋求企业的成功,他们不仅依靠供应商准时交付可靠的产品,而且依靠他们根据市场的变化不断设计和生产高质量的元件或软件。许多企业指定一批有"特权"的供应商,与之建立密切的、长期的伙伴关系。他们对供应商的挑选是以产品质量、服务质量和反应能力为标准的。但是,无论是制造商,还是供应商,都谨慎地保持独立性和开放性,避免过度依赖性。联盟也是合作的常见形式。例如,惠普在20世纪80年代就与Octel通信公司交流声数合并技术,同3COM公司交换群落经理伺机

---

① [美]赫玛·巴拉密:"柔性组织的出现——来自硅谷的启示",《知识管理与组织设计》,[美]麦耶斯主编,中译本,珠海出版社,1998年,根据1996年版本译出。

服装置,同 Inforix 交流数据库软件。合作的形式还有交叉授权,1990 年,8 个半导体企业(Cypress、IDT、LSI Logic、VLSI 技术公司、Altera、Sierra 半导体、Linear 技术公司和 Seeq)达成协议,允许相互使用含有对方专利的技术,1992 年希捷和昆腾两家磁盘驱动器制造商达成一项类似的协议。此外,技术协议、合资企业等也是合作的形式。同时,硅谷内企业之间的竞争异常激烈。由于企业的地位是由技术、市场份额、创新方面的优势决定的,企业都力争先于竞争对手将新技术或新产品推向市场。企业的竞争压力是巨大的,雇员的工作压力也是巨大的,工程师们不得不超时工作。在硅谷,竞争推动了创新,而创新又需要合作。虽然在此过程中,许多公司难逃破产的命运,但却促进了硅谷企业群落的繁荣。

5. 企业家标新立异与勇于创新

硅谷的企业家以年轻人居多,他们不是在大公司里一步一步爬上来的,而是在创立公司中成长起来的。硅谷的企业家精神就是冒险、创新和富于竞争的个人主义。风险投资家们往往是成功的企业家,他们更愿意创建新公司,然后再把它卖出去。

六、几点启示

（1）建立良好的中小企业关联模式,是中小企业生存和发展的前提与条件。它既包括大中小型企业的分工协作,又包括中小企业之间的联合。一般而言,一国完整的企业组织结构,都是由数量占绝对优势而规模较小的中小企业与数量极少而规模巨大的大企业组成的"二元结构"。从企业关系的角度来看,中小企业可以分为两类:一类是生产中间产品或提供中间服务、为大企业协作配套的中小企业;另一类是生产和提供大企业不愿意生产或提供的、具有拾遗补阙性质的最终产品和服务的中小企业。前一类中小企业主要是要与大企业建立和搞好彼此间的分工协作关系;后一类中小企业是要建立良好的中小企业之间的联合关系,以便以集体的力量抵御市场的压力和风险,并解决其他中小企业面临的共同问题。

（2）发达国家中小企业与其他企业（尤其是与大企业）间关联模式是不相同的。美国、德国、英国和法国等国家的大企业和中小企业之间主要是对等的契约关系。这就使得大多数中小企业保持有较强的独立性,从而在大中小企业间形成了一种"水平型"组织结构,这种组织结构多是临时的或松散的。日本则不同,日本的大中小企业之间大多通过"下承包"制形成了独特的"金字塔型"系列化组织结构。在分包制的组织结构中,中小企业对大企业的依附性很强,大中小企业之间的协作关系呈现为密切而稳定的对口分工协作关系。

（3）特许经营这种制度的优点对于大企业和小企业均有利可图,可以调动双方的积极性。授予特许权的企业大多是公司型组织,它生产具有某种长期特色的品牌商品;并以此推行特许权制度。而每家特许商店开业时要交付开办费,然后每月按营业额的一定百分比交付特许费。这样,大公司不必自己去开设很多零售商店,就可以大量推销自己品牌的产品,而且零售商店经营的好坏与大公司关系不大,大公司可以比较有把握地获得收益,因为特许商店不是按净利润而是按营业额缴纳费用的。此外,特许商店还可以得到授予特许权企业的各种援助,如提供企业管理知识和特种技能等。在特许权制度下,许多缺乏经验的小企业主得到培训和帮助,因而不但积极性高,而且经营企业也容易成功,避免了许多因经营不善而倒闭的风险。从理论上看,这种制度既具有大规模经营的许多好处,又保存了小企业的许多特点,因此,特许经营这种关联模式特别适合于经营商品或劳务的中小企业。

(4) 策略联盟适合于资本与技术较为密集的产业,如电子、信息、制造等,且以联合开发型为主。一般应由研究机构或行业协会主导进行。而硅谷企业群落模式是中小企业发展的一种区域组织形式。它具有技术创新、规模经济、创造竞争优势和推动产业的良好效应,可为我们中小企业投资的区位选择提供一个新的思路。

第十二章 中小企业发展中的群落模式

在业务上相互联系的一群企业,特别是中小企业,在特定空间地理位置上的集中,就构成了企业群落。在强调跨国公司、综合商社、大集团等大企业规模经济优势的今天,中小企业群落理论应引起我们足够的重视。西方国家产业布局的现实为中小企业群落理论的价值提供了强有力的证据。在美国,微电子、生物技术、风险资本集中在"硅谷",影视娱乐业集中在好莱坞,互惠基金、软件与群落集中在波士顿,金融服务、广告、出版、多媒体集中在纽约,汽车设备及零部件集中在底特律,房地产开发集中在达拉斯,保险业集中在康涅狄格州的哈特福特,钟表业集中在密歇根,新材料、能源集中在匹兹堡,飞机设备与设计、软件、金属加工集中在西雅图;在德国,汽车业集中在慕尼黑等南部地带,化工业集中在法兰克福一带;在意大利,金属阀门、磁带集中在诺瓦拉北部,丝织品集中在伦巴第的科莫,家具业集中在贝尔加莫,钢铁业集中在布鲁西亚,黄金首饰加工集中在阿雷佐和维琴察。瑞士、荷兰、英国等国家也有类似的情况,如瑞士的制药公司集中在巴塞尔,荷兰的花卉业集中在阿姆斯特丹与鹿特丹一带,英国的拍卖业集中在伦敦市的几个街区。在我国部分地区,中小企业群落也初见雏形,浙江省就有一些,如海宁皮件、义乌小商品、宁波服装、永康小五金、乐清低压电器等。本章主要研究中小企业群落理论与硅谷的技术创新机制。

第一节 中小企业群落的经典理论

1998年,波特(M.E.Porter)在哈佛商业评论上发表了"企业群落和新竞争经济学"一文,把企业群落理论推向了新的高峰[①]。其实,早在19世纪末,马歇尔(A. Marshall)就提出了中小企业群落理论,后来区位经济学家又把这一理论推进了一步。中小企业群落理论的流派大致有三个。

一、外部经济理论

外部经济的概念是马歇尔在1890年出版的《经济学原理》中首先提出的。他写到:"我们可把因任何一种货物的生产规模之扩大而发生的经济分为两类:第一类是有利于这

---

① Michael E. Porter: Cluster and the New Economics of Competition, Harvard Business Review, November-December 1998, pp.77-90.

第十二章 中小企业发展中的群落模式

工业的一般发达的经济；第二类是有赖于从事这工业的个别企业的资源、组织和经营效率的经济。"① 马歇尔所说的外部经济包括企业群落所产生的外部经济。严格说来，他讲得是"小企业群落"。他解释说："现在我们要继续研究非常重要的外部经济，这种经济往往因许多性质相似的小型企业集中在特定的地方——即通常所说的工业地区分布——而获得。"

在马歇尔看来，企业群落有利于技能、信息、技术、技术诀窍和新思想在群落内企业之间的传播与应用。他说："当一种工业已这样地选择了自己的地方时，他是会长久地设在那里的：因此，从事同样的需要技能的行业的人，相互从邻近的地方所得到的利益是很大的。行业的秘密不再成为秘密；而似乎是公开了，孩子们不知不觉地学到了许多秘密。优良的工作受到正确地赏识，机械上以及制造方法和企业的一般组织上的发明和改良之成绩得到迅速地研究：如果一个人有了新思想，就为别人所采纳，并与别人的意见结合起来，因此，他就成为更新的思想之源泉。"

企业群落还为辅助工业的成长创造了条件。当一种工业建立后不久，辅助的工业就会在附近的地方产生了，供给上述工业以工具和原材料，为它组织运输，而在许多方面有助于它的原料的经济。

在提高大型机械的利用效率方面，企业群落也是有价值的。马歇尔写到："在同一种类的生产的总量很大的区域内，即使用于这个行业的个别的资本不很大，高价机械的经济使用，有时也能达到很高的程度。因为，辅助工业从事于生产过程中的一个小的部分，为许多邻近的工业进行工作，这些辅助工业就能不断地使用具有高度专业化性质的机械，虽然这些机械的原价也许很高，折旧率也许很大，但也能够本。"

此外，企业群落还有利于群落内人才市场的建立。马歇尔断言："在一定经济发展的阶段中，地方性工业因不断地对技能提供市场而得到很大的利益。雇主们往往到他们所需要的有专门技能的优良工人的地方去；同时，寻找职业的人，自然到许多雇主需要像他们那样的技能的地方去，因而，在那里的技能就会有良好的市场，一个孤立的工厂之厂主，即使他能得到一般劳动的大量供给，也往往因缺少某种专门技能的劳动而束手无策；而熟练的工人如被解雇，也不易有别的办法。"

作为一种企业群落理论，马歇尔的外部经济理论是"小企业群落"理论，同时，这一理论并非完美。因为这一理论是在分析产业生产成本时引入的，是立足于产业角度的分析。尽管马歇尔注意到了有些产业集中在特定的地方，但是他没有认识到企业群落的发展不仅是产业的发展，更是区域经济的发展。克鲁格曼继承了马歇尔外部经济理论的缺陷，把特定区域某一产业的比较优势看作是处于产业水平上的行业规模经济②。

---

① [英]马歇尔:《经济学原理》中译本，朱志泰译，商务印书馆，1965年，上卷，本章中所引用马歇尔的话均出自该书的第279～284页。
② [美]克鲁格曼·奥伯斯法尔德:《国际经济学》中译本，海闻等译，中国人民大学出版社，1998年，第139页。

二、集聚经济理论

与马歇尔的外部经济理论不同,区位经济学家提出了集聚经济理论,旨在指导投资区位的选择。但是,我们可以从集聚经济理论中分离出企业群落理论。同时,企业群落理论中也隐含着外部经济的思想。

工业区位经济学家韦伯(A. Weber)在1909年出版的《工业区位论》一书中,把区位因素分为区域因素(Regional factor)和集聚因素(Agglomeration)。他认为,集聚因素可分为两个阶段:第一阶段,仅通过企业自身的扩大而产生集聚优势,这是初级阶段;第二阶段,是各个企业通过相互联系的组织而地方工业化,这是最重要的高级集聚阶段。显然,高级阶段的集聚就是我们所讨论的企业群落。他进一步解释到:"工业不论是仅仅通过工厂扩展的集中化倾向而集聚,还是这种倾向的深化影响而吸引工业集中,都依赖于若干工厂紧密地地方联合产生优势大小。为了初步地系统地考察这种社会集聚,我们注意到若干工厂的地方集结易于带来大工厂所具有的长远利益,并且,构成高级阶段的基本要素同样是构成大规模工厂的那些因素。"[①]。

在韦伯看来,企业群落的要素有四个方面:技术设备的发展使生产过程专业化,而专业化的生产部门更要求工业的集聚;劳动力的高度分工要求完善的灵活的劳动力组织,劳动力组织有利于集聚的发生;集聚可以产生广泛的市场化,批量购买和销售降低了生产的成本,提高了效率;正是上述原因,集中化可以使基础设施,如煤气、自来水管道、街道等共享,整个"基础设施"使"单个企业廉价"是可能的,从而降低"一般经常性开支成本",同时,一般开支的降低还会促进集中化。

韦伯不仅分析了企业群落的集聚因素,还分析了分散因素。他认为,分散要素无非是集聚的相反倾向而已。产业在一个地方集聚与否,可以看成是集聚与分散相互作用的结果。正是集聚和分散相互作用产生了单位产品一定数量的成本节约。不同的集聚规模产生不同的节约函数,而每一集中化阶段的节约函数就构成集聚经济函数。由于技术发展、组织发展以及市场化等要素对集聚经济增长的作用越来越小,而地租的增长越来越大,那么,集聚经济函数"像半边抛物线,越来越慢,趋近最大值"。

胡佛(E. M. Hoover)在1948年出版的《经济活动的区位》中,也将集聚经济视为生产区位的一个变量,并把企业群落产生的规模经济定义为某产业在特定地区的集聚体的规模所产生的经济。他认为,规模经济有三个不同的层次,就任何一种产业而言,都有:单个区位单位(工厂、商店等)的规模决定的经济;单个公司(即企业联合体)的规模决定的经济;该产业某个区位的集聚体的规模决定的经济。

另一位区位经济学家巴顿也讨论了企业群落理论。虽然他的理论带有马歇尔思想的痕迹,但是他的理论仍有特色。他认为,企业群落有利于熟练劳动力、经理、企业家的发

---

① [德]A. 韦伯:《工业区位论》中译本,李刚剑等译,商务印书馆,1997年,第118页,第122页。

展。与同类企业地理集中进一步相关联的经济效应是日益积累起来的熟练劳动力汇集和适应于当地工业发展的职工安置制度,这一点非常明显地出现在米西德兰的汽车城,以及约克郡和兰克郡的纺织中心。这不仅包括与工业直接相关的人员,还包括那些聘任人员,如会计、工效研究专家等。如同熟练劳动力的汇集一样,有才能的经营家与企业家的汇集也发展起来[①]。

巴顿理论的独到之处是讨论了企业群落与创新的关系。他指出,处于地理上的集中能给予企业很大的刺激去进行改革。有很多理由可以说明革新与集中相关联。首先是地理上的集中必然会带来竞争,而竞争促进了革新。其次,地理上的集中本身就有助于在商品制造者、供给者与顾客之间产生一种更为自由的信息传播,相当数量的革新正是由于正确了解顾客的需要,以及发现供给上的特殊问题而产生的结果。其三,通信工具在大的集中地是比较优越的,这样就能使该地区的所有企业很快采纳这种革新。

三、新竞争经济理论

波特把企业群落纳入竞争优势理论的分析框架,创立了企业群落的新竞争经济理论。他的竞争优势理论体现在他的《竞争战略》(1980)、《竞争优势》(1985)和《国家竞争优势》三部著作中。在竞争优势理论的基础上,波特于1998年发表了"企业群落与新竞争经济学"一文,系统地提出了企业群落理论。

在波特看来,企业群落是集中在特定区域的在业务上相互联系的一群企业和相关机构。他不同于科层制组织或垂直一体化组织,是对有组织价值链的一种替代。这种由独立的、非正式联系的企业及相关机构形成的企业群落代表着一种能在效率、效益及柔韧性方面创造竞争优势的空间组织形式,它所产生的持续竞争优势源于特定区域的知识、联系及激励,是远距离的竞争对手所不能达到的。

从企业的类别上看,企业群落包括提供零部件等上游的中间商,下游的渠道与顾客,提供互补产品的制造商,以及具有相关技能、技术或共同投入的属于其他产业的企业。此外,还包括提供专业化培训、教育、信息、研究与技术支持的政府或非政府机构,如大学、质量标准机构、思想库、短期培训机构,以及贸易协会。企业群落的地理边界是由产业及相关机构的相互联系与依赖内在决定的,并不局限于政治边界。

波特认为,有三个原因可以解释为什么企业群落对竞争优势是至关重要的(Critical)。

原因之一:企业群落能够提高群落内企业的生产率,使每个企业在不牺牲大规模企业所缺少的柔韧性的条件下,从群落中获得益处。群落内专业人才市场降低了雇员与企业之间的相对搜寻成本及交易成本,还能吸引优秀的人才到群落内工作;地理上相互邻近的企业之间容易建立起协调与信息机制,还降低了运输成本以及契约的搜寻、谈判与履行成

---

① [英]K.J.巴顿:《城市经济理论与政策》中译本,根据伦敦麦克米伦公司1976年版译出,上海社会科学院部门经济研究室译,商务印书馆,1984年,第21~23页。

本,机会主义行为大为减少;由于邻近及企业之间的联系、信任等原因,有关市场、技术、竞争的信息在群落内的集中与传播更加迅速;在满足消费者需求、提高信誉与增加对消费者吸引力方面的组合经济效应具有"1+1＞2"的性质;政府及有关公共机构提供的专业基础设施或教育项目,以及企业群落的信息、技术、声誉等准公共物品(Quasi-public goods)能够被群落内的企业共享;此外,群落内企业之间的竞争及相互模仿推动了成本的下降与操作方法的优化。

原因之二:企业群落能够提高群落内企业的持续创新能力,并日益成为创新的中心。企业之间持续联系有助于企业通过相互学习来改进技术、机器及部件的适用性,以及服务与市场观念;精明的买主与"市场窗口"的性质有助于企业看清楚市场;同时,企业群落的柔韧性及迅速行动的能力有助于企业抓住市场机会并采取创新行动,本地的供应商与合作者也卷入了创新;发生在企业群落内的竞争压力、潜在压力(Peer pressure)和持续的比较(Constant comparison)也构成了企业群落的创新动力。

原因之三:企业群落能够降低企业进入的风险,促进企业的产生与发展。群落内的企业与一个孤立地区的企业相比,更容易生长。因为,生长在群落内的企业更容易认识到自己在提供的产品、服务等方面存在的差距。况且,进入壁垒是相当低的,原材料、资本、技能、劳动力等通常处于可利用状态,可以被迅速地集中以建立新企业。此外,企业群落通常形成一个重要的本地市场,一个企业可以从已经建立的各种联系中获益。一个扩张了的企业群落放大了已经描述的企业群落的所有利益,增加了使群落内每一个企业都受益的竞争与合作的源泉。

四、中小企业群落理论简评

上述三种企业群落理论从不同角度讨论了企业群落。外部经济理论立足于产业角度,集聚经济理论立足于投资区位选择的角度,而新竞争经济理论则立足于竞争优势的角度。角度的不同,导致了理论的差异。我们不可能,也不应该以一种理论为标准去否定另一种理论。重要的是,将理论为我国所用。从企业群落理论中,我们可以得到许多有价值的启示。

1. 中小企业群落能够促进中小企业发展

企业群落为中小企业发展提供了一种区域组织形式。美国的"硅谷"不是一个大企业,而是一个高科技的企业群落;好莱坞娱乐业的竞争优势并不取决于某一家娱乐企业,而取决于好莱坞娱乐企业的集合。意大利的中小企业群落是举世闻名的。如位于佛罗伦萨附近的普拉托市毛纺企业群。该市人口仅15万,却拥有14 000多家与毛纺有关的中小企业,其梳毛产品占意大利同类产品出口总额的70%,占同类产品国际市场份额的50%。这样的中小企业群落在意大利有70多处,每一处的产品都独具特色,如座椅、陶瓷、珠宝首饰、皮革服装等,在国际市场上具有较强的竞争力[①]。据 1992 年 4 月 22 日意大利《24 小时太阳报》报道,这 70 多处企业群落拥有企业 51 999 家,解决就业 446 453 人,出口额占营业额的比重达 41.8%。目前,我国企业不仅面临着产业结构调整,也面临着区域结构调整,企业群落为中小企业的投资区位选择提供了一种新的思路。

2. 中小企业群落具有良好的技术创新效应

中小企业的技术创新效应主要体现在以下几个方面[②]:

(1) 从产业的空间集聚方面来看,中小企业群落化使相互间具有紧密经济联系的企业在地理空间上相互靠近,形成了信息反馈回路,改变了传统的买者与卖者的关系,不仅降低了运输成本,更重要的是大大降低了以信息搜索成本为主的交易成本。

(2) 从专业化分工与合作的角度来看,小企业群落内部基于开拓共同市场而建立起来的较稳定的专业化分工与协作关系不仅促进了企业间有序的竞争来激活创新的动力,而且,专业化分工也使小企业日益专精于某项技术,使得每个企业负担的技术创新投资成本大大降低。

(3) 从企业组织关系方面来看,群落中企业间的关系已经不仅仅表现为"自然选择",而且由于融入当地的社会文化环境获得人文网络的支持而使企业之间进行技术创新的合作大大强化,这有助于降低为弥合企业间知识和经验技能的差距所付出的成本。

(4) 从学习过程来看,群落化有助于技术知识"传染"的加剧,后进企业可以利用技术创新的先进企业的经验、技术等信息的溢出效应,通过模仿和学习缩小差距,节约成本。显然,群落化使企业学习新技术变得容易和低成本。

3. 中小企业群落是实现规模经济的一种良好形式

波特写到:"企业群落内的每个成员都从群落中获益,好像它有更大的规模或与另一些成员已经结合在一起一样,并且没有失去它的柔韧性。"企业群落既不同于科层制,也不同于市场制,而是类似威廉姆森(O. Williamson)的"中间性体制组织",相当于三方规制和双边规制[③]。这种组织既可以克服由于单个企业规模扩张而产生的企业内部组织成本过大、对市场反应刚性、官僚主义等规模不经济,又可以降低由不确定性大、交易频率小等纯市场制的缺陷引起的市场交易费用。例如,浙江省海宁皮件企业群落已经显示出规模经济效益,具有较强的低成本竞争优势。1996 年海宁拥有皮革皮件的生产企业 2030 家,营业额 55 亿元,出口额 13.8 亿元,而海宁皮革服装城拥有贸易企业 8000 家,营业额 22.15 亿元。可见,并非只有大企业才能实现规模经济,而由众多小企业集中形成的企业群落是一种更好的实现规模经济的形式。

---

① 符正平:"论波特竞争优势理论的新发展",《学术研究》,1999 年第 9 期。
② 仇保兴:《小企业集群研究》,复旦大学出版社,1999 年,第 194 页。
③ [美]威廉姆森:"交易费用经济学:契约关系的规制",原载美国芝加哥大学法学院《法律经济学》,1979 年 10 月号,转引自《企业制度与市场组织》中译本,陈郁译,上海三联书店,1996 年,第 41~42 页。

4．中小企业群落能够创造竞争优势

对于低成本优势，企业群落可以通过节约群落内每个企业的交易成本而获得，对于政府扶持政策的利用也是企业群落谋取低成本优势的源泉之一。同时，企业群落还可以通过统一对外促销、规范品质标准、认同专项技术、推广共同商标、共享群落信誉等措施谋取自身的差异化优势。此外，相对于单个企业，企业群落的集体谈判能力增强了。通过统一的对外谈判，有时可以得到更多的订单，并容易得到政府产业政策的优惠。巴基斯坦Silkot地区的手术机械企业群落曾经派代表团与美国的认证机构谈判，并得到了巴基斯坦出口促进局的支持，在美国质量认证专家和本国政府的帮助下，该群落的手术器械质量达到了美国的认证标准。

5．中小企业群落能够推动产业结构升级

技术创新是推动产业升级的关键。群落内企业在分工与合作基础上的竞争使企业充满着创新活力，谁也不甘落后。同时，下游工序与上游工序之间的交互过程正是产生一系列创新所需知识与信息的过程，企业群落的专业化分工使得每个企业专注于特定的工序，这样，每个企业所投入的创新成本大为降低。此外，由于群落内企业的空间集中性，以及信息传递的便捷，使得创新成果在群落内的扩散速度加快。对于一些类似技术诀窍的创新技术，以及从"干中学"中得到的难以言传的技术，其扩散速度更快。创新扩散根源于技术、管理经验、操作方法等的可转让性和技术的外溢性。群落内企业之间的创新竞争，以及相互学习与借鉴，推动了企业群落的技术进步。

6．我国的中小企业群落大有发展潜力

改革开放以来，我国已经出现了三种类型的企业群落：一是处于小城镇的企业群落，如浙江、广东等沿海省份的专业镇；二是处于大中城市的高新技术开发区的企业群落；三是依托于大企业的"中心卫星型"企业群落。这三种企业群落各有其不同的形成机制，应加以研究与区别对待。总体说来，培育我国企业群落的宏观思路是充分发挥"市场、行业协会和政府"三者的组合作用。虽然，三者的作用都不可缺少，但是，市场的作用应占有较大的比重，行业协会及政府往往起着辅助作用。通过三者的组合作用，培育出适合各个地区资源、文化、市场、地理等条件的企业群落。

第二节 中小企业群落理论的经济学解释

一、协同论

如果我们把众多的中小企业组合视为一个系统，则中小企业集群就能在其进化中发

挥协同作用。

协同学是一种关于系统的动力学理论,主要研究系统从原始均匀的无序态发展到一种有序结构,或一种有序结构转变为另一种有序结构,因而是一种关于结构有序演化的理论。协同学的主要目的是寻找某种支配各类系统中自组织现象的一般原理。协同学是一门关于协作的学科,所谓协同就是系统的各个部分协同工作。

协同学的理论核心有:①定义了序参量。②支配原则。即系统存在慢变量和快变量,快变量由慢变量解释,慢变量成为支配系统行为的序参量。③最大信息熵原理。因此系统进化过程就是一个不断追求自由能最大和熵值最低的过程。在这一过程中,系统不断的向外界寻求负熵。

而中小企业集群在整体的发展演化中,从无序到有序,从开始零散的技术到最后聚合、创新、逐步形成核心技术,进而形成系统的核心能力。如美国的硅谷,开始只是一些微电子技术的孵化器、创业中心逐步进化成以信息技术为核心技术,并带动上下游相关技术协同发展的信息产业链。

在这一过程中,中小企业集群内企业协同、合作,彼此"感染",并相互激励,形成最优的专业化分工体系和更新的更稳定的耗散结构。以获得系统最大的信息熵为目标。因此,中小企业集群的演化过程,就是一个集群内成员间不断协同的过程。

二、知识战略联盟

中小企业集群之间实质上形成了知识战略联盟关系。企业的集聚,使企业地理上的集中,再加上人才的高流动性,知识的外溢效应和外部性特征,使得每一企业获取知识更加容易。

而中小企业集群之间为了协同创新,通常自觉地组成了知识战略联盟,通过联盟,进行知识共享。

知识分为两类:一类是显性知识(Explicit Knowledge);另一类是隐性知识(Tacit Knowledge)。显性知识是指那些能够以正式的语言明确表达的,表达方式可以是书面陈述、数字表达、列举、手册、报告等。这种知识能够正式地、方便地在人们之间传递和交流。而隐性知识是建立在个人经验基础之上并涉及各种无形因素,如个人信念、观点和价值观等的知识。能够用语言和数字表达的知识(即显性知识),只是人类所有知识的一小部分,而人类知识更多地是那些难以表达,难以描述的知识(即隐性知识)。隐性知识是高度个性化,涉及每个人的经历、价值观和信念,而这些东西是难以公式化和明晰式化的。隐性知识可划分为两类:一个是技术方面的隐性知识,它包括那些非正式的、难以表达的技能、技巧和诀窍。另一类是认识方面的隐性知识,它包括心智模式、信念、价值观,这些认识方面的隐性知识反映了我们对现实的看法以及对未来的远景。

显性知识能够编码,因而能借助计算机进行处理,且容易在人们之中进行交流和共享,而隐性知识则具有排他性,难以表达等特性。

	隐性知识	显性知识
隐性知识	社会化	外化
显性知识	内化	综合

图 12-1 集群内成员获取知识的四种途径

中小企业集群内企业组成知识联盟后,集群内成员之间不仅较容易获得显性知识,同时也能获取隐性知识,并且将隐性知识逐步转化成显性知识。集群内成员在知识获取过程中有四种路径(图 12-1)。

(1)社会化:从隐性知识到隐性知识。
(2)外化:从隐性知识到显性知识。
(3)综合:从显性知识到显性知识。
(4)内化:从显性知识到隐性知识。

经过综合、外化、内化和社会化的过程,集群各成员之间实现了知识的共享,并能相互"感染",形成了知识的"乘数效应",乘数效应就能大大加快中小企业集群内知识的孵化和创新,加快新技术、新成果的问世,同时,由于中小企业集群内企业知识溢出效应的外部性,使得整个系统的知识总量不断增加,因而更具知识比较优势,最终就会形成为具有比较优势的产业链。如台湾的新竹工业园区、北京的中关村、日本的筑波科学城,都是中小企业集群发展的典型例证。

因此,我国要大力扶持和发展中小企业集群,为我国的产业结构升级、区域经济发展做出贡献。

第三节 硅谷企业群落的实证分析

硅谷的历史可以追溯到 1937 年惠普公司的成立。当年,斯坦福大学的两个研究生,威廉·惠特利和大卫·普卡德,在弗雷德里克·特曼教授的鼓励下,在帕洛阿尔托(Palo Alto)的一个车库里开设了一家电子仪器公司。到了 20 世纪 70 年代初,圣克拉拉县成为美国半导体发明与生产基地,由于硅是半导体的主要原料,圣克拉拉谷被称为"硅谷"。经过几十年的发展,硅谷接纳了美国自 1965 年以来成立的 100 家大型技术公司的 1/3,是 100 家发展最快的电子公司中 39 家的所在地(A. Saxenian,1994),成为美国信息产业创新的中心,是美国信息产业国际竞争力的支柱[①]。为什么硅谷在短短的时间内能够发展起来呢?这里在本书第十一章第五节第五部分分析了"硅谷"企业群落的功能与特点的基础,再探讨其竞争优势的原因,并提出这一企业群落对我国的启示。

一、"硅谷"企业群落的制度形式

硅谷企业群落不是一般的企业集群,而有其独特的特征,如上述的五个方面。这些特

---

① [美]安纳利·萨克森宁:《地区优势》中译本,根据 1994 年的著作译出,曹蓬、杨宇光等译,上海远东出版社,1999 年,文中出现的硅谷的数据均出自该资料。

征是硅谷特定的地理、历史、文化、价值观念、产业、技术、市场等因素所决定的。就制度而言,硅谷企业群落不是一个大企业,也不是纯市场制,它是一种中间性体制组织。

1. 来自威廉姆森等人的定义

科层制与市场制是人们为了实现要素优化配置的具有相互替代性质的制度安排(R.Coase,1937)。当企业内部交易的边际费用与市场中企业之间交易的边际费用相等时,企业与市场之间就达成了均衡。硅谷企业群落既不同于科层制,也不同于市场制,而是类似威廉姆森的"中间性体制组织"。它兼有两者的优点,比科层制灵活,比市场制稳定(仇保兴,1994)。

波特(M.Porter,1998)写到:"企业群落是不同于科层制组织或垂直一体化组织的一种空间组织形式,是对有组织价值链的一种替代。与自由的、偶然的市场交易比较,在地理上邻近的企业之间的重复交易能够培育贸易伙伴之间的协调与信任,避免垂直一体化组织的刚性,并能够避免保持伙伴之间正式联系的在管理上的挑战。这种由独立的、非正式联系的企业及相关机构形成的企业群落代表着一种能在效率、效益和适应性方面创造竞争优势的组织形式。"

2. 正式、非正式的长期性契约关系

互补性经济活动的专业化企业之间由于资产专用性、交易频率大等原因容易形成正式或非正式的长期契约关系,但是,在硅谷企业群落,加上邻近、信任、友谊、非正式合作等无形的纽带,以及避免垂直一体化的观念,这种长期契约关系更易产生。长期契约关系有两种形式:一是三方规制;另一是双边规制(O.Williamson,1979,)。硅谷内的企业通过长期契约以及其他媒介联结在一起,成为一个群落。这种群落可以克服由于单个企业规模扩张而产生的企业内部组织成本过大、对市场反应刚性、官僚主义等规模不经济,也可以降低由不确定性大、交易频率小等纯市场制的缺陷引起的市场交易费用。正如波特写到:"企业群落内的每个成员都从群落中获益,好像它有更大的规模或与另一些成员已经结合在一起一样,并且没有失去它的适应性。"

3. 三方规制的契约关系

三方规制是一种新古典契约关系,他着眼于长期,意味着双方当事人关心契约关系的持续,并且认识到契约的不完全和日后调整的必要;如果发生纠纷,当事人先谋求内部协商解决,并强调建立一种包括第三方裁决在内的规制结构。正如麦克内尔(I.Macneil)所认为,长期契约有两个特征:一是契约筹划时留有余地;二是无论是留有余地还是力求严格筹划,契约筹划者所使用的程序和技术本身可变范围就很大,导致契约具有灵活性。硅谷的律师事务所常常充当第三方,成为商业桥梁,它的操作是非正式的、实用的、注重结果的和富有创新性的。需要进行三方规制的交易是混合型和高度特质型的数次性交易。这些原则一旦进入契约就会产生一种强烈的激励,促使其进行到底。但是,在硅谷内,制造

商之间的竞争、供应商之间的竞争,以及制造商或供应商力求使自己不过度依赖对方的心态,都会使得三方规制的灵活性加大,不过,即使这种长期契约关系中断,交易仍在硅谷企业群落内发生。

4. 双边规制的缔约活动

双边规制是关系性缔约活动的一种,它强调专业化合作及长期关系的维持,契约当事人都愿意建立一种规制结构对契约关系进行适应性调整。它与新古典契约关系的区别在于:新古典契约的调整始终以初始契约为参照物,而关系性缔约活动一旦形成,就会进行自我演变式的调整,调整并不参照初始条件,即使参照,也不是非坚持不可,而是根据现实需要进行适应性调整,并且一般不需要第三者参与。双边规制具有保持当事人自主权的双边结构,适用于交易频率较高且资产是混合型或特质型的交易。由于目标是避免牺牲有价值的交易专用经济,因此,双方都有保持这种关系的激励,而不会任其流产。此外,不确定性越大,越要求当事人设计一种"应变机制",双边规制更为适用。在硅谷,垂直一体化已是陈旧的传统模式,而外购成为时尚。企业之间宁愿保持这种双边结构,而不愿合并。大企业的那种僵化制度、决策的滞后、创新活力的缺乏、事业部之间的矛盾等无法适应硅谷的技术、产品、人员等迅速变化的环境。正如波特所说:"在许多情况下,企业群落是垂直一体化更好的替代。与企业内部的单元相比,外部的专业化企业,无论在提供零部件方面,还是在提供培训之类的服务方面,都是高效的和灵活的。虽然广泛的垂直一体化曾是一个普遍的准则,但是,快速变化的环境会使垂直一体化低效益、低效率与不适应。"20世纪80年代,希捷公司由于遵循了垂直一体化模式,把磁盘驱动器拱手让给了更灵活、更富有创新精神的新公司。这些新公司通过避免垂直一体化和与消费者密切合作来快速设计和生产适应市场需求的新产品。

二、"硅谷"的持续创新效应

硅谷企业群落提高了每个企业的持续(Ongoing)创新能力,并日益成为创新的中心。一项研究报告显示,20世纪80年代初在硅谷建立的半导体公司比美国其他地方的公司开发新产品的速度快60%。巴顿在1976年就认为,地理上的集中能给予企业很大的刺激进行创新,而波特(1988)更深入地分析了企业群落与创新的关系。有很多理由认为,硅谷企业群落创造了持续创新的竞争优势效应。

1. 压力促进了创新

波特认为,追求卓越的勇气和愿望促进企业比邻居做的更好,即使在没有竞争的企业之间也是如此。这种潜在压力(Peer Pressure)放大了企业群落内的本来就很大的竞争压力(Competitive Pressure)。竞争压力、潜在压力,以及持续的比较,犹如无形的推力,使得企业在创新方面不敢有丝毫懈怠。

2. 企业组织结构促进创新

硅谷的企业大多为小企业,而为数不多的大企业也实行了高度分权的组织结构,以便对市场作出灵敏的反应。硅谷的芯片制造商往往比高度集权的竞争者更早地把新产品推向市场。20 世纪 80 年代,像 Cirrus Logic 和 Chips & Tech 这样的企业已经将他们开发研制的时间缩短到 9 个月。

3. 贴近市场与相互学习促进创新

地理上的集中有助于制造商、供应商、顾客之间更为自由的交流,而相当数量的创新正是由于正确了解顾客的需要,以及发现供应上存在的特殊问题而产生的结果(巴顿,1976),也就是说,精明的客户和市场"窗口"的性质对创新是有利的(波特,1988)。硅谷的企业把供应商看作为长期的互利互惠的合作伙伴,他们共同设计、开发和制造具有创新意义的产品。这种合作既降低了交易成本,又适应了零部件升级换代的要求。

4. 硅谷的群落文化促进创新

硅谷的全部义化可以归纳为:变化与创新。那里的技术、产品、市场等变化快,信息传递速度快,雇员流动频繁。在变化的环境中培育了硅谷人迅速决断、迅速行动的创新精神。硅谷的合作思想以及可以迅速筹集的财力、人力、物力,使得硅谷人抵御不住创新的诱惑。在硅谷,企业有条件贴近最精明的顾客,获取最新的信息,掌握最先进的技术,获取专业化的供应商,以及最迅速地得到风险基金的融资。创新带来了成功,而成功又拉动了创新,这是一个良性循环。

5. 人才与信息的汇集促进创新

专业人员的汇聚降低了企业招聘人才的搜寻与交易成本。1975 年,硅谷高技术产业的就业人数为 17 376 人,1975 年增加到 116 671 人,1992 年增加到 24 9259 人。关于人才市场对区域经济的作用,马歇尔(A. Marshall,1890)说:"地方性工业因不断地对技能提供市场而得到很大的利益。""寻找职业的人,自然到许多雇主需要像他们那样的技能的地方去。"此外,地理上相互邻近的企业之间容易建立起协调与信息机制,还降低了运输成本以及契约的搜寻、谈判与履行成本;由于邻近及企业之间的联系、信任等原因,有关市场、技术、竞争的信息在群落内的集中与传播更加迅速。

第五篇

中国中小企业发展战略研究

第十三章 中小企业发展模型与战略选择

任何事物的发展都有其规律性,中小企业也不例外,理论研究的一个重要方面就是寻求这种规律性。本章第一节从三个不同角度探讨了中小企业发展的三种模型:格雷纳模型、折弯曲线模型和生命周期模型。第二、三节运用企业战略分析方法,分别论述了中小企业发展的总体战略和阶段性战略选择,是全书中承前启后的过渡性部分。为避免重复,有关中小企业技术发展的战略选择将在第二十一、二十二、二十三章中予以介绍。

第一节 中小企业发展模型

一、格雷纳模型

在第一章"中小企业界定"部分我们介绍了格雷纳模型,该模型指出根据不同发展阶段的不同特点,我们可以界定一个企业是否为中小企业。从另一个方面看,企业作为一种组织,格雷纳模型亦描绘了中小企业成长发展的轨迹,因而它也是一个中小企业发展模型。鉴于前面已有详细介绍,这里就不再赘述了。

二、企业发展的折弯曲线模型

企业从小型、中型发展为大型企业的过程中,其规模大小,专业化和多样化之间关系密切,故可以从企业规模和事业结构(在此指企业产品品种的变化,既包括一般意义上的产品多样化,亦包括从生产一种产品转向生产另一种产品)两维空间来描绘企业的发展模式。就企业长期发展过程来看,有如下一般规律(图 13-1):

在企业的初始阶段,占有资源较少,规模不大,但产品是变动多样的(图 13-1 中 A 点)。随着企业的发展,大规模机械设备的采用逐渐增多,生产规模不断扩大并趋向于单一产品生产,即专业化(图 13-1 中 B 点)。专业化大规模生产极大地促进了生产能力的提高,使企业规模急速扩大,其结果是生产和需要越来越接近平衡,企业开始转向依靠产品多样化和开辟新事业追求发展(图 13-1 中 C 点)。多样化促使企业持续

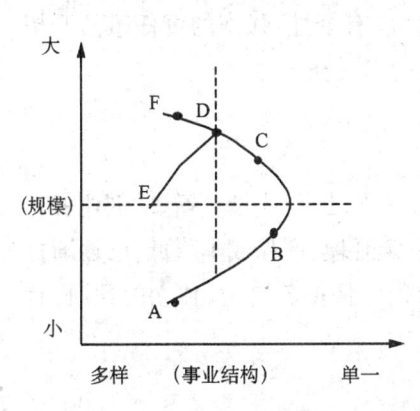

图 13-1 企业发展折弯曲线图

成长,但由于市场容量的限制,在企业没有找到新的成长事业的情况下,尽管其多样化程度可能不断上升,但生产规模可能呈停滞或下降趋势(图13-1中D、E点)。当然,生产规模乃至企业规模亦可能持续扩大(由于市场容量持续增加或技术创新等因素,图13-1中F点)。该模型也进一步说明在一定条件下中小企业与大企业可以相互转变的辩证关系。

三、中小企业发展的生命周期模型

中小企业组织如同人体一样有其生命周期,企业发展壮大的历程要经过不同的发展阶段,每一阶段都具有其独特的组织结构特征。从中小企业组织结构特征来看,大体可分为以下四个发展阶段(图13-2)。

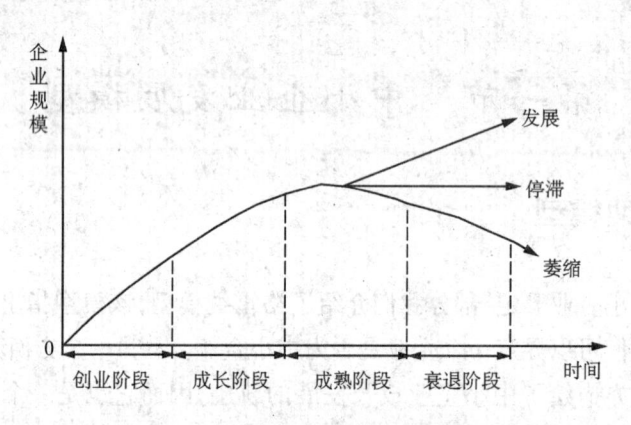

图13-2 中小企业的生命周期曲线图

1. 中小企业创业阶段

这是中小企业的创立期,这时企业的规模小,人心齐,企业领导多属于独断专行的一人经营,因此企业的成败完全取决于经营者个人能力。经营者的特点表现为权力大、善独裁,另一方面又表现出机动性、成本意识、担当风险的勇气、有个性、强烈的责任感及开拓精神,这时企业能否生存和发展完全取决于高层领导者的素质和能力。

2. 中小企业成长阶段

这是中小企业的青年时期,企业人员逐渐增多,组织不断壮大,决策量增多,创业者有可能让位给能干的经理人员。这时企业生产已经具有一定规模,产品成本降低,已逐渐打开市场,并且在市场上占有一定的地位。这时有的企业仍然保持着自由、独立的性质,有的则成为了大企业的从属企业。

3. 中小企业成熟阶段

这是中小企业的成年时期,这时企业规模又有所增长,由于企业组织进一步发展,出现了以下几个明显特点:①此时企业面临的外部环境更加复杂。如地方政府要求企业的经营行为更加规范,这时中小企业就不应只是简单地适应环境,而应认真地分析环境,采取适当的对策。②企业产品的市场需求增长缓慢,甚至下降,竞争更加激烈,企业承受的压力不断加大。③企业组织结构及管理方式复杂化和多样化。在成熟阶段,企业的职能部门增多,管理的层次增多,企业内部门与部门之间的矛盾和冲突不断发生,这时中小企业面临着第二次创业的问题。

4. 中小企业停滞阶段

中小企业组织的进一步发展出现了三种局面:第一种可能是少数中小企业随着外部环境的变化、其经营能力的提高或抓住了有利时机,企业规模迅速扩张,成长为中型甚至大型企业;第二种可能是随着外部环境的恶化或经营能力不足,或企业高层领导人员中由于看法不一致而出现企业分裂,或因为新产品开发失败、技术骨干的离职而使企业遭受损失,企业出现萎缩,甚至破产;第三种可能是由于企业领导人经营能力不足,企业仍维持小型企业规模而停滞不前。

第二节 中小企业发展的总体战略

二次大战后,企业所面临的竞争日趋激烈,外部环境更加复杂多变,企业经营难度空前加大,西方企业为了生存和发展,在20世纪60年代引进战略概念。迈克尔·波特(Michael Porter)认为,"战略是公司为之奋斗的一些目标与公司为达到它们而寻求的途径的结合物。"[①] 目前世界上大多数企业都把制定和实施战略作为首要的课题。

据统计,不仅许多大公司每年都会拿出40%~48%的时间去研究制定发展战略,而且中小企业也都在纷纷制定自己的发展战略。例如日本的佳能公司,在十几年前是一家非常弱小的公司,根本没被美、日等一些大企业放在眼里,但正是由于该企业那时已经有击败美国施乐公司的发展战略,才逐步发展成为世界知名的大企业。他们首先掌握了施乐公司的技术,依靠施乐公司的技术生产产品,进而形成了自己的技术,进入了施乐公司力所不及的日本和欧洲市场,成为施乐公司强有力的竞争对手。可见,要研究各国中小企业的发展,不能不研究中小企业的发展战略。

中小企业资本少,经营规模小,筹资能力弱,在人才、技术、管理、信息等方面缺乏优势,抗风险能力差,但组织简单,决策较快,生产经营机动灵活。中小企业选择发展战略时必须考虑其自身的优缺点。

---

① 迈克尔·波特著,陈小悦译:《竞争战略》,华夏出版社,1997年,第4页。

一、集中一点——"小而专、小而精"战略

这是根据中小企业规模小、资源有限的特点而制定的一种战略。中小企业实力较弱，往往无法经营多种产品以分散风险，但是可以集中兵力，通过选择能使企业发挥自身优势的细分市场来进行专业化的经营。采用这种战略对于中小企业有三方面的好处：一是中小企业可以通过扩大生产批量、扩大专业化程度和产品质量，提高规模经济效益；二是随着需求多样化和专业化程度的需要，大企业也普遍欢迎这些专业化程度高、产品质量好的中小企业为其提供配套产品；三是经营目标的集中，有利于中小企业提高管理水平，提高技术水平，争取有利地位。

由于采用这种战略往往过分依赖于某种产品或技术，一旦市场变化、需求下降就会给中小企业的生存带来威胁。因此，为了尽量减少经营风险，采用这种战略的中小企业必须采取以下几项战略措施：①界定目标市场。通过市场调研，将某一特定的细分市场对企业的要求同企业自身的素质相比较，找到能够发挥自己优势的目标市场。②提高企业技术创新能力。企业要在自己立足的目标市场上具有竞争优势，必须通过与科研机构和大专院校的联合或技术引进等多种方式，提高企业的技术创新能力，不断开发新产品和新工艺，以产品优势或成本优势来满足消费者的需求。③加强市场营销。采用这种战略的企业面临的市场或顾客一般比较稳定，所以市场营销的重点是增加销售渠道、加强与经销商的合作、寻求新的顾客、采用灵活的价格策略等。

二、生存互补——协作战略

这是根据中小企业力量单薄、产品单一的特点而制定的一种经营战略。大企业为了获得规模经济效益，必然要摆脱"大而全"生产体制的桎梏，求助于社会分工与协作。这在客观上增加了大企业对中小企业的依赖性，为中小企业长期的生存和发展提供了可靠的基础，所以称这种相互依赖关系为生存互补战略。中小企业在决定自己的生产方向时，不是着力于开发新产品，而是接受一个或几个大企业的长期固定的订货，与大企业建立紧密的分工协作关系。如日本的松下电器公司，与它协作的中小企业约有1200多家，所需的零部件70%～80%都是由中小企业提供的，所以说中小企业的发展很大程度上取决于大、中小企业之间所建立的相互依赖、共同发展的关系。

但是采用这种战略的中小企业所获得的利润水平较低，对大企业的依赖性比较强，比较被动，对企业的长期发展不利。因此，企业在实施这种战略的同时，还必须解决好以下两方面的问题：①与大企业的协作条件。作为大企业的加工承包单位或委托加工单位，在决定价格、交货期、质量、支付条件等协作条件时，一方面需要承包企业注意谈判策略的采用，以一种对等的关系来确定协作条件；另一方面还要求承包企业不断增强自身的实力，以争取主动。②企业的长期发展问题。中小企业在协作生产期间，必须注意技术积累，不

断增强自身的管理能力,提高产品质量,开发新产品,树立信誉,逐渐摆脱大企业的控制而独立地面向市场,使企业获得长期发展。

除了通过承包方式与大企业协作外,中小企业还可以通过获得特许权与大企业合作。所谓特许权(Franchising),是指一家大企业(制造业、商业或服务业的公司)选定若干家小企业,授予大企业产品、服务或品牌的经营权,收取一定的特许费,但不损害小企业的独立自主性。在20世纪20年代,美国汽车业和石油产业就开始采用特许权经营方式,特许汽车销售店和加油站销售大公司的产品,共同开发市场。二次大战后,特许权经营获得了惊人的发展,推广到商业、服务业特别是快餐服务业。特许权经营成为大型企业使用的一种战略,它把大小企业比较成功地结合起来。

有关中小企业与大企业协作方式的具体情况,我们将在中小企业与大企业关联方式中介绍。

三、优势互补——联合竞争战略

这是根据单个的中小企业资金缺乏、生产技术水平较低、难以形成规模效益等特点而制定的一种经营战略。中小企业在平等互利的基础上,结成较为紧密的联系,互相取长补短,共同开发市场,从而有利于自己的生存和发展。采用联合竞争战略的中小企业可以更有效地利用有限的资金和技术力量,弱弱联合,优势互补,克服单个企业无法克服的困难和危机,取得 1+1>2 的规模经济效益。

联合竞争的方式有两种基本类型:一是松散型的联合。中小企业的联合局限于生产协作或专业化分工的联合,在资金、技术、人员方面基本没有联系。二是紧密型的联合。中小企业之间除了生产协作或分工上的联合,还进行资金、技术和销售方面的联合,如互相持股、按股分息、互相调剂余缺、建立共同的营销网络等。有关中小企业之间联合竞争的具体情况,我们将在中小企业与中小企业关联方式中介绍。

四、与众不同——经营特色战略

这是根据中小企业经营范围狭窄,比较容易接近顾客而制定的一种经营战略。中小企业在生产经营过程中,通过技术开发和工艺创新,可以取得具有新颖性、先进性和实用性的科技成果;或设计出新结构、新规格、新式样的产品;或具有独特技艺或配方的老字号产品;或由于提供特殊的销售服务而具有一定的信誉等。这些都可以使中小企业的产品或服务具有与众不同的特点,从而以独特的优势取得竞争的主动权。采用经营特色战略对中小企业的好处是:某种经营特色一旦建立起来就具有很强的竞争力,因为它能够赢得用户的信任,满足用户的需要,所以就能比较长远地树立起优势地位,而不被其他企业所替代。

中小企业采用经营特色战略,必须注意两个方面的问题:一是必须处理好经营特色和成本之间的关系。因为强调经营特色一般要以成本提高为代价,如增加设计和研发费用、用高档的原材料等,企业必须根据企业的经营能力、与其他企业的成本差距、市场的发展状况来处理经营特色和成本之间的关系。二是应注意用产权保护自己,通过法律手段维护已取得的特色产品或服务的专有权和垄断权,以免受其他企业,特别是大企业的驱逐和倾轧,赢得相对平稳的发展环境。

五、寻找空白——市场空白领域进入战略

这是根据中小企业机动灵活,市场适应性较强的特点而制定的一种经营战略。市场空白领域一般是指大企业在追求"规模经济效益"中所忽略或难以涉足的经营领域。这一经营领域具有以下特点:第一,产品寿命周期较短,只能在一段时间内加以生产;第二,市场需求量较小(如小批量特殊专用产品),对大企业来说,生产价值不大的产品不经济;第三,大企业认为信誉风险大的产品;第四,属于多品种、小批量生产的产品。中小企业根据"人无我有、人有我专,人专我转"的原则,通过寻找市场上的各种空白领域,凭借自己快速灵活的优势,避开与大企业竞争的不利环境,填补市场需求的不足,努力取得成功。

为了确保战略的有效性,采用这一战略的中小企业在战略实施过程中还要做好以下几个方面的工作:①建立一套高效、灵敏、准确的信息系统。因为这种战略的成功在很大程度上取决于市场信息的准确性和及时性,谁能抢先进入市场空白领域,谁就会取得竞争优势。②在组织上要保证战略决策在实施过程中的有效性,以便决策能够以尽可能快的速度转化为生产经营活动。③搞好市场促销活动。因为采取这种战略所开发的产品往往不为广大消费者所熟悉,企业必须通过广告、展销会、人员推销等各种促销手段将产品的有关信息及时传递给消费者。这种战略对于中小企业积累资金逐渐扩大规模具有很大的作用,但是由于经常变更产品,管理难度和经营风险加大,企业的发展也会受到很大限制。因此,采用这种战略的企业当发展到一定规模、具有一定的实力以后,就必须进行战略调整,摆脱那种"打一枪换一个地方"的被动局面,制定适合企业长期发展的经营战略。

六、"虚拟工厂"——信息化战略

1997年10月欧盟举行讨论会,探讨21世纪中小型工业企业发展的新模式,指出适应竞争力提高和可持续发展要求的新一代中小型制造业企业已在欧洲初露端倪。这是一种以最终产品总装厂为中心,由若干规模小、只生产一种专门部件的独立工厂通过信息网络和运输系统连接组成的开放式的"虚拟工厂"。这些独立的小规模专业厂是分散的,可能与总装厂在一个地区,也可能在其他地区或别的国家,但它们都擅长于某些技术或某种产品,专业水平高超,其产品设计、生产工艺、质量保证、生产效率等均能达到最佳状态,为同行中之佼佼者。它们与总装部的关系,不再是传统的子母公司或总厂与分厂的关系,而是以最终产品为纽带的合同和信誉的关系。它们相互之间都精心规划的协调机制和功能

齐全的信息网络,通过快捷的运输系统达到"零库存",因而总装厂和部件厂都不需要庞大的厂房。这种模式实际上是知识经济社会里的专业化协作关系的高级组织形式,它也预示着未来的企业主要不是向规模扩张而是向技术卓越、效率优先的方向发展。

七、重视创新——高新科技战略

在一些高科技领域中,企业规模小型化已成为一种趋势。由为数不多的掌握了高新技术知识的人才组成小企业,知识密集,机制灵活,在产品开发、技术诀窍、软件技术等方面形成独特优势,这就是高新科技战略。采用这种战略,因技术创新难度大,不确定因素多,风险是较大的,所以要求创业者齐心协力,顽强拼搏。不仅有必要的资金保证,同时注意充分利用外部的技术力量,充分利用专利等知识产权制度来保护企业的科技成果。

第三节 中小企业发展的阶段战略选择

按照中小企业发展的生命周期理论,我们将其分为创业阶段、成长阶段、成熟阶段和停滞阶段。在不同阶段,中小企业战略选择的重点不同,下面分别阐述。凡是在总体战略选择中论述的,在此只简单提及。

一、中小企业创业阶段的主要战略选择

1. 资源战略

即以企业所在地的特定资源(如自然资源、经济资源和人文社会资源)为依托,为社会提供主要由这种资源构成的产品或服务,从而来确定企业生产经营方向的战略。许多自然资源加工企业如采掘企业、手工业加工企业及农产品加工企业等,都是在地区资源这一特定基础上发展起来的。中小企业实施地区资源战略,要注意处理好以下三个关系:①处理好眼前利益与长远发展的关系,要将资源的开发利用与资源的培植养护结合起来,维护企业可持续发展的条件;②处理好资源开发利用与环境保护的关系,不能为了赚钱,使社会环境受到损害;③不能因为企业拥有一定技术优势或资源优势,就忽视了产品质量和技术的改进。

2. 依附战略

实质上就是总体发展战略中的"生存互补——协作战略。"例如,日本绝大多数的中小企业都参与到行业的系统分工中,众多小企业集结在大企业周围。每个大企业都有数十家、数百家乃至上千家中小企业为其提供配套生产与协作服务,大企业与中小企业之间形成了一个共生共荣的生态系统。在我国这种情况也广泛存在,比如上海汽车集团旗下就

有上百家中小企业为其提供生产协作服务,长虹集团旗下也集结了百余家中小企业为其提供各种辅助生产与配套服务。中小企业实施依附战略,要注意两点:①在与大企业协作中要尽量争取保持自主地位;②要注意在服务中壮大自己的实力,特别应注意形成自己的研发与创新能力。

3. 夹缝生存战略

实质上就是总体发展战略中的"寻找空白——市场空白领域进入战略"。

4. 局部市场战略

所谓局部市场战略是指中小企业根据所在地的市场特点,利用其比较接近市场的优势,向局部市场提供产品或服务的战略。采用这种战略的企业,需要不断地破除地方市场狭隘性的束缚,应随着需求层次的提高,不断地改进生产技术和产品质量,不断地开拓市场,以抵御其他企业的入侵。并且需要与前面的"与众不同——经营特色战略"结合起来。

二、中小企业成长阶段的战略选择

中小企业成长阶段可以选用成长型战略及竞争战略。

1. 成长型战略

包括市场渗透战略、市场开放战略和产品开发战略(表13-1)。

表13-1 中小企业的成长型战略表

项目		顾客	
		现有的	新的
产品或服务	现有的	市场渗透	市场开发
	新的	产品开发	

资料来源:H. Lgor Ansoff, corporate strategy, p.109. McGraw-Hill, 1965.

市场渗透战略是指企业用其现有产品在现有市场上取得更大的控制权。它在实施单一经营战略的企业中最常采用,许多实施相关多样化战略的消费品制造商也常采用。其主要措施包括改进产品的款式或包装、灵活定价、加强广告促销、增设销售网点、改善产品陈列办法等。

市场开发战略是指企业用其现有产品去开拓新市场包括国际市场。它也是实施单一经营战略的企业最常用的,其他企业也常采用。其主要措施是认真进行新市场的调研,了解新顾客的数量、需求水平和购买方式,确定现有产品对新市场的适应性,然后进入新市场。

产品开发战略是指企业为现有顾客提供新的产品或服务,在实施相关多样化或非相关多样化的企业中最常采用。这首先要求有强大的研发能力,不断开发新产品投入现有市场,同时还要留意推出的新产品对现有产品的影响,防止新产品"打倒"自己尚处于成长期的现有产品。

2. 竞争战略

包括低成本战略、产品差异化战略和聚焦战略。

低成本战略是指中小企业较长时期内保持着全行业范围内的低成本地位,通过低廉的价格来扩大市场占有率,从而取得竞争优势的战略,这是一种最基本的竞争战略。中小企业难以通过规模经济来降低成本,但劳动力成本和管理成本一般具有明显的优势,这是其实施低成本战略的关键。

产品差异化战略是指中小企业提供的产品与服务在行业中应具有独特性,即具有与众不同的特点,可以表现为产品设计、技术特性、产品形象、服务方式等方面。这是中小企业运用得较多的一种竞争战略。

聚焦战略是指中小企业通过满足特定消费者群体的特殊需要,或者集中服务于某一有限的区域市场来建立其竞争优势的一种战略。其突出特征是中小企业专门服务于总体市场的一部分,即对某一类型的顾客或某一地区性市场做密集型的经营。

这三种战略还可以组合运用,如将低成本战略与聚焦战略组合为低成本聚焦战略,将产品差异化战略与聚焦战略组合为产品差异化聚焦战略。一般而言,既低成本又产品差异化较难组合,对中小企业更是如此,因为实现产品差异化的因素往往会增加成本。

三、中小企业成熟阶段的战略选择

该阶段中小企业一般可采用名牌战略、多角化战略、联合战略及国际化战略。

1. 名牌战略

名牌战略是企业为了使其产品成为名牌,即为使其品牌具有高知名度、高信誉度、高市场占有率和高经济效益而进行的总体谋划。对于中小企业而言,创名牌并不是不可能做到的,那种认为名牌战略只是大企业的战略的观点,是没有根据的。事实上,许多大企业在它还是小企业的时候就创立了名牌,然后在"保"名牌及进一步延伸的过程中进一步发展壮大起来。所以,中小企业同样应树立名牌意识。创名牌、保名牌和延伸名牌是个逐步积累的发展过程。

2. 多角化战略

多角化战略是指一个企业同时经营两种以上经济用途基本不相同的产品。按企业涉及的各项业务之间的相互关系来分,多角化战略分类如图 13-3 所示。

技术相关多角化是指企业从事的各项业务可以使用相同或相近的技术,如照相机厂,

```
                          ┌── 技术相关多角化战略
         ┌── 相关多角化战略 ──┼── 生产相关多角化战略
多角化战略 ─┤                 └── 市场相关多角化战略
         └── 非相关多角化战略 ┬── 纵向多角化战略
                          └── 集成型多角化战略
```

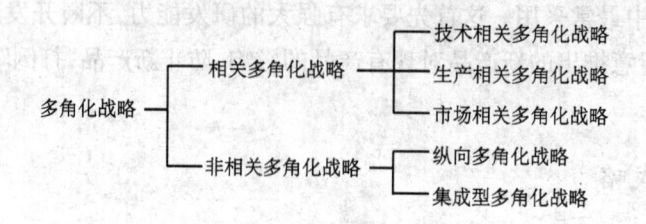

图 13-3 多角化战略的类型

除生产照相机外,同时还生产、经营经纬仪和水准仪以及胃镜,这几种产品虽然用途不同,但却都有光学镜头,在使用的原材料及加工工艺等方面有相近之处,可起到协同作用。但由于销售对象不同,销售渠道及促销手段也完全不同。

生产相关多角化是指企业从事的各项业务可以使用共同的生产设备来完成,如车床、铣床、刨床等机器设备,可以生产各种不同产品的零部件,这样就可以分摊固定成本。但一般而言,通用设备的加工效率不如专用设备加工效率高。

市场相关多角化是指企业从事的各项业务可以使用共同的销售渠道和促销手段,因而节约了销售费用,如农机厂除了生产农业机械外,同时还生产经营化肥和农药,这三种产品虽然用途不同,但它们的销售对象都是农民,可以使用共同的销售渠道和促销手段。但农机产品是零件装配型的生产方式,化肥及农药是连续型的生产方式,因此,企业在生产组织上是复杂的。

纵向多角化(一体化)是指企业从事的各项业务是生产过程的上下游产品,如炼钢厂的纵向多角化战略是指该企业有采矿、炼铁、轧钢、机器制造,这种多角化战略可以节约交易费用,但却增加了管理成本。

集成型多角化是指企业从事的各项业务之间在技术、市场、生产及生产过程上都没有任何联系。如首都钢铁公司既生产钢铁,又生产大理石,又开设饭店,还有远洋船队和银行,这种集成型多角化经营管理十分复杂,对企业管理人员素质要求非常高。

对于中小企业来讲应更多地考虑采用相关多角化战略较为适宜。

3. 联合战略

该战略在中小企业总体战略"优势互补——联合竞争战略"中已述及,在后面的中小企业与外界企业关联方式中将作进一步研究。

4. 国际化经营战略

企业的国际化经营是指企业为了寻求更大的市场,寻找更好的资源,获取更多的利润,突破国家界限,向国外发展业务,参与国际分工和交换,实现产品交换国际化,生产过程国际化,信息传播与利用国际化以及企业组织形态国际化的过程。一般地说,当企业经营活动与国际经济发生某种联系的时候,企业的国际化经营进程就开始了,企业国际化经营是企业由国内经营向全球经营发展的过程。

中小企业进入国际市场可以有多种形式,从商品出口的方式来看,可分为两种:一是利用中间商将企业商品间接出口到海外市场;二是企业直接将商品出口到海外市场。从资金流动的方式来看,也可分为两种:一是国外客户来华订货及利用外资将产品销售国外;二是企业直接投资到东道国,进行跨国经营。

四、中小企业停滞阶段的战略选择

中小企业在停滞阶段的战略选择主要有三种方向:一是继续发展壮大,最后发展为一个大型企业或企业集团,具体可选择多角化战略、联合战略及国际化战略,前面均已述及,并且选择这种方向的中小企业是少数;二是选择稳定型战略;三是选择紧缩型战略。下面主要分析后两种方面的战略选择。

1. 稳定型战略

一般而言,中小企业采用稳定型战略的原因是:①中小企业实力较差,企业满足于以往经营业绩,希望保持和追求大体相同的业绩和目标。②企业外部环境恶化,而企业一时又找不到进一步发展的机会。③对于新上任的企业领导者来说,对企业的外部环境及内部条件仍然不够了解,因此主张按现行战略执行,待充分调查研究之后,再提出新的战略方针。

稳定型战略主要有以下四类:①不变战略。即以不变应万变,这在一个很短的时期内是可能的。显然,不变战略成功的关键在于中小企业的内外环境基本稳定不变,如果企业内外环境发生了较大变化,而企业此时却仍死守阵地,则完全有可能被竞争对手挤垮。②近利战略。以追求急功近利为企业目标,只顾眼前利润而不顾企业长远利益。对于新上任的经理,为了显示他比前任经理更有能力,于是就采取各种措施,尽量提高企业短期利润水平,这样做会丧失企业长期发展后劲。③暂停战略。这是一种用于企业内部休整的临时战略,即当企业经过一段快速增长后可能会发现企业内部管理比较混乱,不能适应外部快速增长的需要,此时企业短期地、临时性地放低增长目标的要求,腾出精力理顺企业内部管理的各方面关系,以改善企业管理状况。④谨慎前进战略。企业对环境未来发展趋势把握不准,对宏观经济形势捉摸不定,此时企业必须谨慎行事,小步向前发展而不做根本性改变,同时认真审视企业内外环境的变化。

当然,稳定型战略既有优点也有缺点。其优点主要是:①稳定型战略就是要使企业在完善企业内部管理上下功夫,努力提高产品质量,降低成本,加强技术改造和革新,在市场上赢得信誉,提高产品竞争力。②当外部环境恶化时,企业采用稳定型战略就可以保存实力,休养生息,积蓄力量,等待时机,以便东山再起。其缺点主要是:①长期采用此战略,企业发展缓慢,因此企业只能在短期内使用此战略。②实行稳定型战略时,企业领导者的眼光放在企业内部结构调整上,而企业外部环境变化及提供的机遇往往被忽略,因此从稳定型战略向发展型战略转变时往往需要较长的时间。

2. 紧缩型战略

中小企业采用紧缩型战略的原因主要有三点：①企业产品处于衰退期，国际国内市场需求下降，产品亏损严重，企业间竞争激烈，企业走到危难的边缘；②国际、国内宏观经济衰退，或者通货膨胀严重，政府抽紧银根，企业处境困难；③企业决策出现重大失误，或新产品开发失败，财务上遇到严重困难，企业处于危难之中。

紧缩型战略主要有以下三类：①转变战略。该战略的实施对象是陷入危机但有发展前途因而又值得挽救的企业，企业可以通过修改现行战略，努力提高销售收入(如采用降价销售、改进促销手段、增加销售力量、改进产品、增加为顾客服务项目等方法来增加销售收入)，降低成本(如节约一切开支、精简机构、削减广告费、催收货款、削减人员等)等方法来使企业扭亏为盈，转危为安。②撤退战略。此时企业已遇到相当大的困难，企业要变卖某些没有用的设备，甚至要卖掉生产线，卖掉一两个车间，丢车保帅，以便使企业渡过难关。③清理战略。即企业为清偿债务，停止全部经营业务，出售或转让企业全部资产，结束企业的生命。清理战略是所有企业战略选择中最为痛苦的抉择，但早期清理比被迫破产更有利于股东的利益，否则一味地在该领域内继续经营，只会耗尽企业资源，而不会有任何好处。

同稳定型战略一样，紧缩型战略亦有其优缺点。其优点是当企业处于危机关头时，若能及时果断地采用转变或撤退战略，就能及时挽救企业生命，使企业转危为安，提高企业经济效益。从宏观角度看，有些企业因经营不善或其他原因而破产是好事而不是坏事，有利于产业组织结构及产品结构的调整，可以提高资产流动性及利用效率。其缺点是：企业采用此种战略，使企业陷入消极经营状态，职工士气低落。这种状态本身就威胁到企业的生存，也加剧了企业经营的困难。另外，此时企业处在危机中，企业经营者要采取适当的方法、措施，并且要及时而果断，若在决策时优柔寡断，该放弃和分离的经营单位不及时地放弃和分离，则可能会把整个公司拖垮，造成整个公司的破产。

第十四章 中小企业发展的战略体系

第一节 中小企业的研究开发战略

中小企业研究开发战略共分四种:即进攻型战略、追随型战略、技术引进型战略及部分市场型战略。

一、进攻型战略

这种战略的目的是要通过开发或引入新产品,全力以赴地追求企业产品技术水平的先进性,抢先占领新市场,在竞争中力争保持技术与市场强有力的领先地位。这一战略可分为三个不同的重点:第一种是通过科研进行创新、开发新产品;第二种是集中力量,通过对市场潜在的有效需求的调查研究,促使技术知识物化为新产品;第三种是企业家和技术专家的创新偏好,它可以引发并促成技术创新,使企业家主动性及创新精神得到最大限度的发挥,开发出新产品。

采用此战略的条件是:企业应有独立的研究和开发机构,有较强的技术研究开发能力和较强的财力。要求企业能从技术上预见未来市场的潜在需求。企业应有能力批量生产新产品,去占领较大的市场。这种战略代价高,风险大,对企业的要求也高,但企业研制的新产品在技术上是先进的,所占领的市场不会轻易被竞争者夺走,因此该策略取得成功后能给企业带来巨大利益。

二、追随型战略

这种战略的目的是企业不抢先研究和开发新产品,而是当市场上出现成功的新产品时,立即对别人的新产品进行仿造或加以改进,并迅速占领新市场。

选择这种战略的条件是:①企业要有高水平的技术情报专家,能及时迅速地掌握别的企业的研究方向和成果;②企业应具有效率特别高的消化吸收创新的能力,企业能迅速而巧妙地对别人的研究成果加以利用、改进和提高;③企业要有较强的研究与开发能力,企业的工程师们必须反应敏锐,行动迅速,具有理解与发挥别人科研成果的能力。

该战略的优点是:①它避免了应用研究乃至可能进行的基础研究所需要的长期而又结果不明的投资,大大减少了投资风险性;②该战略是对新产品加以改造后推向市场,克服了新产品在其最初形态所带来的缺陷而使企业能够后来居上。此战略尽管在科学技术上没有作出什么重大的发明创造,但对企业的发展却十分有利,这种战略以收效快、成本低、高性能、高质量来占领市场,赢得利润。

采用该策略的缺点是:①新产品技术受专利保护的影响,使得企业一时难以进入该领域经营;②市场开拓有限,即当企业获得情报后,进行消化、吸收和创新,而当制成产品进入市场时,市场的相当大的一部分已被领先企业所占领,因此企业市场占有率较小,在价格上也难以占有优势,因而企业收益也会受到相当大的影响。

三、技术引进型战略

这种战略的目的是要利用别人的科研力量,替代企业去开发新产品,通过购买高等院校、科研机关的专利或科研成果来为本企业服务,把他人的开发成果转化为本企业的商业化收益。从国外引进技术也是一种重要选择。

在下列情况下可以考虑采取技术引进:①当企业缺乏技术专家、缺乏实验设备、没有独立的研究开发机构时;②企业财力有限;③有较好的信息系统。

该战略的优点是:进行仿制,可以达到收效快、成本低、风险小的效果。据统计,仿制所需时间仅为独立研究开发时间的1/5,所需经费仅为独立研究开发经费的1/30,因此有时大企业往往也采取这一策略。该策略的缺点是:由于是模仿,因而有可能利润较少,同时企业技术水平将永远落在技术输出方企业的后面。

在技术引进中应注意引进适用技术。所谓适用技术是指适合于本国、本地区或本企业经济条件和环境技术条件,能产生最佳社会经济效益的一种技术,亦称适宜技术。

在技术引进中应注意引进软件。软件引进主要是引进技术专利、技术诀窍、技术设计、数据及科研成果等,软件引进一时难以直接形成生产能力,往往需要本国的有关技术作补充,并与国内设备和制造能力相结合,才能转化为经济效果,但这种引进所需费用少,有利于促进企业技术水平的提高,因此我国企业技术引进应采用"软硬结合,以软为主"的引进方式,可收到少花钱多办事、提高企业技术水平的效果。

在技术引进中要重视消化、创新,只有能够自主开发才是技术引进的最终目的。同时,在技术引进中要特别重视智力引进。一个有远见的企业家应当特别重视引进人才,特别是关键领域的优秀科技人才,依靠他们,才能较快地开发新技术及新产品,并促使本企业科技队伍更快地成长起来。

四、部分市场型战略

也叫依赖型战略。这种战略主要是中小企业为特定的大企业服务,企业用自己的工程技术主要满足特定大企业或母公司的订货要求,不再进行除此以外的其他的技术创新和产品的开发,只要不失去为之服务的特定大企业,就可以不必为追求发展而进行各种冒险创新的事业,就能安全稳定地经营。

选择这种策略的条件是:①大企业的卫星企业或子公司;②企业研究开发机构较小,其研发重点是对材料及工艺进行研究与革新;③专业化生产能力很强。

该策略的优点是:满足订货要求或母公司专业化的需要,在条件允许的情况下,模仿现在已有的开发成果;一般只完成专业化协作部分的生产任务。该策略的缺点是:一旦特定大企业的产品生命周期进入衰退期,则为之服务的企业的经营也将陷入困境,因此要求企业具有适合不同用户要求的灵活性。

总之,中小企业应根据自己的实际情况,选择企业的研发战略。

第二节 中小企业的市场战略

如本书前文所述,中小企业要实现可持续的成长,要遵循创新力与控制力相统一的原则。这一原则应体现在中小企业的成长战略体系中,即市场战略、产品战略、生产战略、投资战略、融资战略、技术创新战略、文化战略和国际化战略中。但在中小企业的成长战略体系中,市场战略又处于核心地位,其他各项职能战略都服从和服务于企业的市场战略,于是,我们可以推断出中小企业的成长战略模型(图14-1)。

由于市场战略在中小企业成长战略中的核心地位,因而本节将专门阐述中小企业如何制定市场战略及在全球化与新经济时代中国中小企业市场营销的变化趋势。

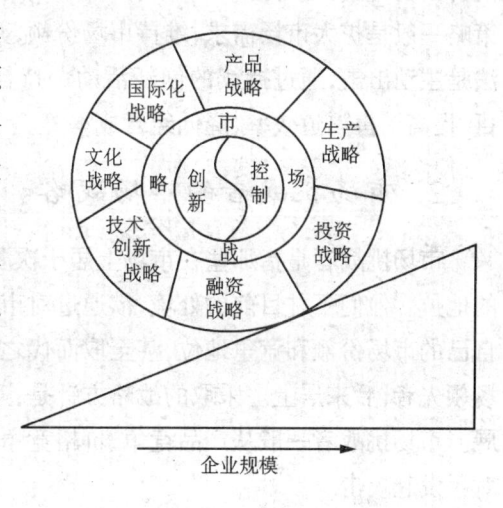

图14-1 中小企业成长战略模型

一、市场战略的类型与制定、实施过程

市场战略是指企业依据对市场环境变化及发展趋势的分析,为创造和保持与目标市场有利的交换关系所作的有关市场长期开发方向、开发重点和发展途径的总体谋划。换言之,就是企业为占领目标市场所制定的重大决策。它是企业制定市场策略的基本依据,是企业经营战略的核心部分。在现代企业经营中,来自环境的变化,尤其是市场变化对企业经营的影响越来越大,因而能否制定切实可行的市场战略,直接关系到企业的长期发展。市场战略在中小企业的成长战略中处于中心地位。

(一) 市场战略的类型

一般根据企业在特定目标市场上的不同竞争地位来划分市场战略的类型,通常有市场领先者、市场挑战者、市场追随者和市场补缺者等四种战略类型。

1. 市场领先者的市场战略

所谓市场领先者一般是指处于市场领先地位,信誉较高,收益可观的企业。这类企业的市场战略目标一般是:保持领先地位的优势,扩大与挑战者、追随者的差距,保住既得利益。其战略方针是:比重视利润更重视市场占有率,以高投资保持高质量,以高质量保持高价格,以高价格维持合理的利润水平。为实现上述战略目标和方针,市场领先者的具体策略一般是扩大市场需求,维持市场份额,并提高市场占有率等。保持市场份额的最好办法是主动出击,通过持续的创新活动保持行业的领先地位。如开发新产品、增设服务项目、提高销售渠道效率、降低经营成本等。

2. 市场挑战者的市场战略

市场挑战者是指那些在市场上居于次要地位的企业,中小企业往往处在市场挑战者的地位。他们不甘目前的处境,欲通过对市场领先者或其他竞争对手的挑战与进攻,提高自己的市场份额和竞争地位,甚至取而代之。市场挑战者的市场战略目标是:迎头赶超市场领先者,后来居上。采取的战略方针是:避虚就实,主动出击,创造、寻找机会跳跃式发展。市场挑战者一般从产品竞争、价格竞争、渠道竞争、服务竞争、广告竞争等方面向竞争对手发起攻击。

3. 市场追随者的市场战略

市场追随者是指那些既想保住原有顾客,又要争取新顾客;既要降低成本,提高产品和服务质量,扩大自己的市场份额,又不打算触怒市场领先者而采用仿效市场领先者,提供相似的产品和服务,避免直接正面竞争策略的企业,这也通常是发展较好的中小企业所处的市场地位。市场追随者的市场战略目标一般为:保持中上游市场地位。稳中求进,不冒大的风险。其战略方针为:实行紧跟,以守为攻,后发制人。具体的策略有差距跟随、仿效跟随、选择跟随等。

4. 市场补缺者的市场战略

市场补缺者是指那些盯住大企业所忽视的市场空缺,集中自己的资源优势来满足这部分市场的需求的企业。各行业内大量的中、小型企业大都属于这类企业。中小企业可以采取差异化战略进行市场补缺。市场补缺者的市场战略目标通常是:抓机遇求发展。在较小的市场面上获取较大的市场占有率。其战略方针通常是:利用专门化优势降低成本,增大收益。市场补缺者所采取的具体策略是市场专门化、顾客专门化、产品专门化等。

(二) 市场战略的制定与实施过程

市场战略的制定与实施过程主要包括分析市场机会、确定市场战略目标、选择市场、进行市场定位、设计市场营销组合策略等内容。

1. 分析市场机会

所谓市场机会是指市场上存在的未被满足的消费需求。分析市场机会始于对市场态势的调查研究。通常企业寻找市场机会按以下程序进行：①应在现有市场上挖掘潜力,把现有产品进一步渗透到现有目标市场上去,不断扩大产品销售量；②如果现有市场已无潜力可挖,则应立即进行市场开发,亦即利用现有产品向新的目标市场开拓,扩大产品的销售半径；③当市场开发与收效甚微时,就要考虑进行产品开发,即通过改进现有产品或开发新产品吸引现有顾客；④当产品开发也已潜力不大时,则应根据自身资源条件考虑多角化经营,开创完全不同于以前的经营领域,逐步发展到多个领域、多种产品的经营。

目标市场 — 新目标市场 — 新产品 — 多角化经营

2. 确定市场战略目标

市场战略目标一般依据企业自身的产品、市场情况而确定。通常可以高销售增长率、高赢利、高市场占有率、高投资利润率、良好的公众信誉等作为企业的市场战略目标。在确定市场战略目标的具体操作时,一般从两个方面来考虑：①从本企业产品所处的寿命周期来看。在投入期和成长期以提高市场占有率作为企业的市场战略目标；而在成熟期和衰退期,则应以高投资利润率作为企业的市场战略目标。②从产品的市场性质来看,对于同处于相同寿命周期的产品,为阻止竞争对手的进入,可以提高市场占有率为市场战略目标；而对于为满足消费者的某种心理需要,则可以高投资利润率作为企业市场战略目标。

3. 选择目标市场

当企业在寻找到了适宜于自身发展的市场机会之后,应结合市场战略目标的确定,选择好自己的目标市场。所谓目标市场是指目标顾客,即企业准备为之提供产品或服务的顾客群。

上述选择目标市场的方式中,除以市场细分为基础进行目标市场的选择外,一般还有以下五种策略：①市场集中化策略。这是指企业只选择某一细分市场作为目标市场,具体说就是只生产一种规格或样式的产品专门为一个细分市场服务。这是中小企业常采用的策略。②产品专门化策略,是指企业集中力量向各类顾客同时专门供应一种规格或样式的产品,以满足某类特定的消费需要。③选择性专门化策略,是指企业提供有限的几个不同规格或样式的产品,相应满足几个不同顾客群的需要。④市场专门化策略。是指企业向同一顾客群提供多种规格或样式的产品,以满足其不同需要。⑤整体市场策略,是指企业全方位进入多个细分市场,以规格、样式齐全的产品满足各个顾客群的需要。

4. 进行市场定位

企业一旦选定了目标市场,就要在目标市场上进行产品的市场定位。所谓市场定位,就是根据竞争者现有产品在市场上所处位置,对于消费者或用户对该种产品某种特征或属性的重视程度,强有力地塑造出本企业产品与众不同的个性或形象,并将这种形象生动地传递给顾客,从而确定了该产品在市场上的适当地位。

5. 设计市场营销组合策略

设计市场营销组合策略是企业市场战略的制定与实施的最后阶段,也是最关键的阶段。传统的最为流行的市场营销组合策略为美国伊·杰罗姆·麦克塞教授设计的4P组合策略,即产品(product)、销售渠道(place)、价格(price)、促销(promotion)。四项策略构成了市场营销组合的四个基本可变变量,每个基本可变变量又各有其若干可变因素,每一可变因素都可能确定为一个完整的市场营销战略或技术的组成部分,每一可变因素的变化都有可能波及其他因素,从而产生新的营销组合关系,而成为一种独特的策略。

(三) 市场开发战略

产品有老产品和新产品;市场有原有市场和新辟市场,把这四个因素组合从而形成四种市场开发战略。

表 14-1 市场开发战略类型

产品 市场	老产品	新产品
原有市场	市场渗透型	产品开发型
新辟市场	市场开拓型	混合型

1. 市场渗透型的市场开发战略

这是指以扩大老产品在原有市场的销售份额,提高市场占有率的战略,采用这种战略要求原有市场对老产品的需求量较大,仍有未能满足的需求,企业有较强的竞争实力,能够占部分未满足的市场需求或者能把竞争对手的顾客争夺过来,提高自己的市场占有率。其主要方法是提高质量,强化促销,改进销售渠道和网络,提高服务质量,及时供应货源等等。

2. 市场开拓型的市场开发战略

这是指以老产品打入新市场,扩大其销售量的战略。所谓新市场是指本企业的老产品还未进入的目标市场区域,包括还未进入的原有市场中子市场。其主要方法是加强在新市场上的促销活动,扩大宣传,寻找和建立有利的销售渠道,打开进入新市场的通道,采用适合的价格和价格折扣,以及鼓励销售商强化销售的措施等。

3. 产品开发型的市场开发战略

这是指以新产品进入原有市场,以便稳定和扩大企业的销售额和利润的战略。这种战略要求洞察原有市场顾客的需求、爱好、特性的变化,从而开发出新产品(包括改进老产品)的满足用户的新需要。其方法是对新产品的特性扩大宣传,使用户了解新产品,加强销售服务工作,保证质量,提高产品的信誉。

4. 混合型的市场开发战略

这是指用新产品进入新市场的一种扩大经营规模的战略。这种战略要求既要了解新市场,又要了解新产品是否真正符合新市场的需要。实施这种战略可以迅速扩大规模,很快地增加利润。但由于是新产品,企业对市场环境不熟悉,需要花大力气才容易制定出满意的战略,弹性也很大,需要有一定的实力作为后盾。

这四种战略,在一个企业中往往混合使用。中小企业要根据企业本身的实际情况,灵活地运用以上市场开发战略。

二、面对 WTO 的中国中小企业营销

科技革命与消费者主权国际化推动了经济的全球化。经济全球化体现在制度与功能两方面。经济全球化条件下,中国中小企业市场营销既要按国际规则和惯例运行,又要与中国近中期国际实践相结合。全球化与网络化为中国中小企业的市场营销带来了广阔的发展机遇。

经济全球化是指各国的商品、服务、资本、技术和人员的流动高速度大容量地跨越国界,在世界范围内相互开放,相互融合,并使这种开放与融合不断向纵深发展的总趋势。

(一) 全球化的形成

全球化的形成(图 14-2)。

1. 科技革命是经济全球化的第一推动力

世界经济的形成是第二次技术革命的结果。第二次科技革命的成果把人类社会的生

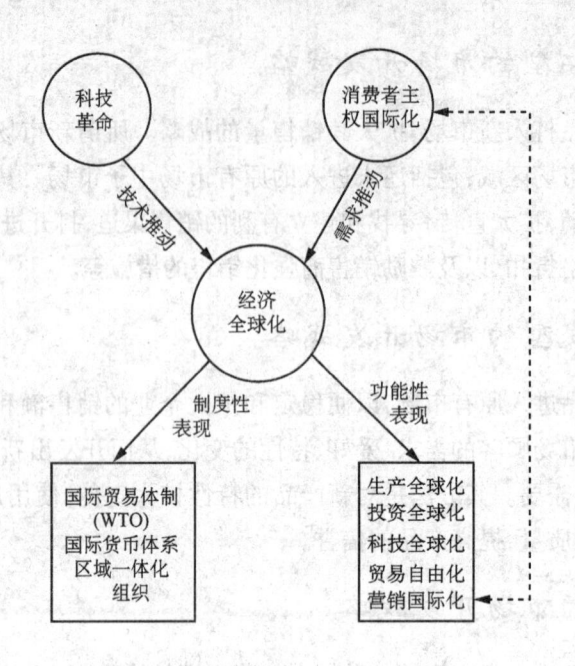

图 14-2　经济全球化形成图

产力推向一个新的阶段。技术革命导致重工业的发展,促进大规模资本的形成。伴随着竞争导致的资本积聚与集中,形成了垄断。资本集中与垄断的结果是资本输出,先进国家的金融资本在全球范围瓜分市场,建立自己的原料产地、投资场所和销售市场。资本输出及市场分割使先进国家的市场经济生产方式从欧美少数国家扩展到整个世界。世界经济终于完全形成,因为世界所有国家、地区几乎都被纳入了先进国家的生产方式之中,成为世界市场经济总链条中的一个环节,因而世界经济就成为建立在借贷市场、证券投资、销售市场和原料产地等基础上的国际分工的世界经济。

以微电子、信息技术为核心的第三次科技革命产生了知识产业或称信息产业,造就了知识经济,不仅形成了一个发达的信息产业,而且使传统产业高度信息化,随着信息高速公路的建立、电子商务的出现,出现了网络经济,极大地推动了信息化、电子化和经济全球化的进程。

2. 消费者主权国际化是经济全球化的另一重要推动力

消费者主权是指消费者主动选择商品或服务的权利。消费者主权国际化对经济全球化的推动体现在两个方面:首先,科技革命、技术创新本身就是由需求推动的,由于消费者的偏好的不断变化,对产品或服务的需求越来越高。如对计算能力的需求产生了CPU不断升级的计算机,对远程通话的需求促使了电话直至可视电话的问世。需求结构的不断高级化直接推动了技术创新和科技革命,而后者又推动和加快了全球化的进程。另一方面消费者主权国际化意味着消费者不再局限在一国范围内选择商品或服务,而是在全球范围内追求消费者效用。尤其在网络经济时代,网上商店展示着世界各地的产品,消费者足不出户就可在网上搜寻并找到自己所需要的产品或服务,因而,消费者主权的国际化作为一种需求推动显著地推进了全球经济的进程。

3．经济全球化

经济全球化的表现可分为两个方面,即制度性和功能性的表现。制度性的全球化表现为:①国际贸易体制:它规范了商品贸易、服务贸易、知识产权与贸易有关的投资措施,在服务贸易方面,设立了一整套公平贸易规则,为金融服务、通信、航空运输、劳动力输出输入制定了特别条款,并且实现了知识产权的国际性保护。②国际货币体系:布雷顿森林体系的形成与崩溃过程,就是不断维护国际货币体系的协调功能与稳定功能的过程,随后出现的国际货币基金组织,为有效实现各国国际收支平衡调节功能,发展了"特别提款权","特别提款权"作为国际货币的地位的提高,成为世界经济一体化的集中表现。同时,一个高度一体化的世界经济必然要求一个开放性的货币制度。最近以来的金融危机也凸现了国际货币体系在防范金融危机中的作用。③经济全球化的另一重要表现就是出现了许多区域一体化组织,区域一体化浪潮波及几乎整个世界,已真正成为一个全球性的经济现象,也是全球化的一个重要阶段。据世界银行统计,1993年全球七个区域经济一体化集团已达到了全球国内生产总值的96%以上(剔除重复部分)。它们是:亚太经合组织、北美自由贸易区、欧盟、独联体、拉美一体化组织,南亚区域合作组织、海湾合作委员会。因而,已很难找出同任何区域一体化安排都无关的国家。功能性的一体化表现为生产、技术创新、市场营销、投资的全球化和贸易自由化。即企业从采购、生产过程、技术创新到销售的全过程是在全球的视野范围内,充分利用各地的资源、技术、人才、劳动力的比较优势,进行全球范围内的资源配置,如一家公司可能原材料来自非洲,研发中心在欧洲,生产基地在亚洲,而市场在美国。这也必然推动资本在全球的流动和国际贸易的快速增长。

(二) WTO条件下中国企业市场营销的发展趋势

市场营销是经济全球化的一个重要表现形式。在经济全球化条件下,中国企业市场营销将表现为营销环境深刻变化、消费者心理更趋理性、比较优势取向显著、企业经济主体地位更趋重要、知识营销、绿色营销、整合营销、微营销等八大趋势。

1．市场营销环境发生深刻变化

在全球化的背景和WTO的规制下,各国均将承诺进一步削减工业品的关税;逐步取消工业部门的非关税壁垒,实行农业和服务贸易自由化。

对中国企业而言,新一轮对外开放具有以下新的特点:首先,它是全方位的开放,这主要表现为开放领域将从传统的货物贸易扩展到服务贸易。中国过去20多年改革开放成功地吸引了大量外资,兴建了一大批合资、独资的生产企业,但目前吸引外资正面临一个新的增长点问题,而这个增长点就是服务业。中国将逐步在金融、保险、电信、旅游、教育等服务业实行开放,从而避免吸引外资可能引致的重复建设。其次,它不是按政策导向,而是按国际规则开放,"基于国际规则"是世界贸易组织的一条基本原则,对所有 WTO 的成员国都具约束力。如果中国仍按本国规则制定政策,不仅要支出大量的行政成本,增加中国消费者的负担,而且会因为保护中国的落后产业而带来生产效率的损失,同时,按国际规则开放更具法律效益,比按政策导向的开放更稳定、更有秩序。第三,将由单向开放改为双向的开放。中国承诺遵守规则、开放市场,将增加外国投资者的信心,也为自己争取进军国际市场的机会。

总之,新一轮对外开放的新特点为中国企业的市场环境带来了深刻的变化,在激烈的市场竞争中,中国企业应按照国际规则,在国际国内两个市场上积极开拓,勇于竞争。

2. 消费者消费心理更趋成熟

在全球化的背景下,消费者消费心理将更趋成熟。消费者认为加入 WTO 后,消费者的福利效率将进一步提高。第一,据上海大学商学院 2000 年 7 月的调查,57% 的市民对入世后的生活前景、生产质量表现乐观,认为其收入会有所增加。第二,消费者消费心理更趋理性,他们注重更优的质价比,是否是国外产品并不重要。46% 的市民认为价格与质量才是他们所看重的。第三,消费者的消费观念也发生积极变化,消费意识增强,在调查中 52% 的消费者选择增加消费,减少储蓄。第四,消费者对外国资本涌入对国内经济的影响,更加乐观。调查发现,75% 的人认为,外国资本进入中国市场将促进中国经济的发展。消费者消费心理的成熟为中国企业参与国内外竞争带来更多机遇与挑战。

3. 市场营销的要素禀赋比较优势取向更加显著

在 WTO 条件下,各种资源和要素在全球范围内进行配置,这将使各国获得很大的效率收益。以中国和加拿大为例,中国国务院发展研究中心对中国是否加入 WTO 两种情形进行了模拟研究,加入 WTO 后,中国的劳动密集型产品的净出口年均增长率将从 1.9% 提高到 3.4%,资本密集型产品的净出口年均增长率从 3.2% 提高到 4.6%。这将导致在 2010 年当年会增加 220 亿美元劳动密集型产品,如纺织品、服装的净出口和 70 亿美元资本密集型产品,如汽车及零配件、机器设备的净进口,同时也提高 2% 的粮食和农产品的净进口增长率,到 2010 年后,中国每年将增加 100 亿美元左右的农产品净进口。而同一模拟表明,如果中国被排除在 WTO 之外,加拿大在中国的市场份额将下降 1.5%~2%。因为加拿大是耕地丰富即农产品丰裕的出口国以及资本密集型产品的出口国,而中国是人均耕地较少、劳动力丰富、资本和技术稀缺的国家。由此可见,全球化背景下市场营销的要素禀赋、比较优势取向更加显著,各国应发挥各自的比较优势,积极参与国际分工,从而有助于提高各国的福利效率。就中国而言,中国应大力发展劳动密集型产业,如纺织和服装工业,企业应追求更低成本的价值链,以在激烈的国际竞争中占有一席之地。如果中国企业近期内不根据自身比较优势发展劳动密集型产业,盲目发展技术、资本密集型产业,最终将会在国际竞争中因具比较劣势而失败。北大林毅夫教授在 2000 年亚洲协会上指出,企业竞争力的首要参数是成本,他认为亚洲之所以能在一段时期内成为全球增长最快的地区,关键是因为建立了适应自身比较优势的出口导向战略,而其中的出口产品主要来自成本较低的劳动密集型产业,这与亚洲劳动力相对丰富,资本技术相对匮乏相适应。对于扑面而来的新经济,中国应根据自身的资源成本,在近期内,培育低成本和比较优势的竞争力尤为重要,随着经济的进一步发展和资源禀赋的变化,再作动态的调整和发展,以形成自身具有比较优势的产业。

4. 企业的经济主体地位更加重要

在全球化环境下,各国的经济竞争归根到底就体现在各自企业的国际竞争,即体现了各国企业对全球市场份额的争夺上。而各国企业的市场竞争能力又取决于各个企业的内部核心能力。核心能力可由企业的制度效率与技术效率来评价。因此,建立合理的企业产权制度与治理结构将有利于降低企业内部的交易费用,提高企业的代理效率。改革开放20年以来,中国的企业改革经历了放权让利、承包制、利改税,一直到1992年开始逐步探索建立现代企业制度,即产权明晰、权责明确、政企分开、管理科学。企业逐步成为依法自主经营、自负盈亏的市场竞争主体。20年的企业制度变迁和创新对中国经济的持续增长起了十分关键的作用。今天面对经济全球化与新经济,中国企业应继续推进企业制度创新,实现投资主体多元化,以带来企业机制的变革。从这个意义上讲,中国应修订公司法,进行制度创新,增加国企进行购并的弹性,实现股权多元化,同时提高无形资产折价入股的比例,推进技术创新。这样将提高中国企业的制度与技术效率,有利于中国作为一个平等的竞争主体积极参与国际市场竞争。

5. 知识营销

21世纪的知识经济不同于20世纪的工业经济,智力资本将成为第一资本,决定着企业面向未来的竞争优势。智力优势是知识经济时代的最重要优势,比尔·盖茨的微软公司在资产负债表上的资产总额只有通用汽车公司资产总额的4%左右,而它的市场价值却相当于通用汽车市场价值的4倍。之所以如此,是因为微软生产经营的是知识经济时代的重要产品——电脑软件,而通用生产经营的是工业经济时代的典型产品——汽车。

但对中国而言,中国发展知识营销更加任重道远。中国作为一个发展中大国,处在农业、工业和信息社会这样一个三元结构社会,面临着农业产业化、工业化和信息化的三向量目标。中国发展新经济,不仅仅要加快发展信息技术、基因技术,更应该利用高科技改造传统产业。中国的汽车、航空航天、医疗、机械工业缺乏核心技术,化学、电子、石化、烟草等工业精加工、深加工技术严重落后。就连中国有比较优势的纺织、服装工业的知识技术含量也不高,高档服装的设计、开发、加工也落后于人。因此,中国企业要在国际竞争中取得一席之地,就应树立知识营销观念,不仅要重视高精尖技术的发展,更应把高新技术的发展与传统产业嫁接,推进产品结构、产业结构的调整和升级。

6. 绿色营销

自 20 世纪 70 年代初发表《人类环境宣言》拉开人类环境保护的序幕以来,绿色浪潮一浪高过一浪并席卷全球,将把 21 世纪变成一个绿色世纪。绿色浪潮的兴起带来绿色需求的迅速增长,推动绿色市场蓬勃发展。据有关资料显示:1995 年世界绿色市场规模达 4270 亿美元,到 2000 年,达 6000 亿美元,到 2010 年将增至 12 000 亿美元。绿色营销观是以可持续发展为目标、经济与生态的协同发展的营销观,因此中国企业应注重绿色消费需求的调查,注重安全、优质、低能耗、少污染的绿色产品的开发和生产。在定价、渠道选择、促销、服务、企业形象树立等营销全过程都要考虑以保护生态环境为主要内容的绿色因素。从国际市场来看,发达国家对绿色产品的需求量极大。以绿色食品为例,一些发达国家每年绿色食品进口量占该类食品消费总量的 80% 以上,表明绿色产品有巨大的市场潜力。因此中国企业要树立起开拓国际市场的意识。在绿色产品开拓中,注意在文化内涵、标准体系和经营管理上与国际市场接轨,努力提高绿色产品质量,积极争取 ISO14000 认证,抓住一切有利时机,积极开发绿色产品进入国际市场;另一方面,要积极调查了解国内消费者的绿色消费需求特征,引导我国消费者的绿色需求。

7. 在满足顾客需求方面,企业市场营销将向双向沟通、互动式、个性化的"微营销"发展

在全球背景下,由于消费者主权的国际化,个性消费成为消费的主流,消费者主动性增强,并追求购买的方便性与购物的乐趣。随着市场环境和运作方式的发展,市场将经历由同质市场到细分市场,再到立基(Niche)市场的变化过程。特别是网络环境下,网络营销把市场划分得越来越细和越来越个性化,并将这两方面的趋势推向极至,演变成一场针对每一个消费者的营销,即"微营销"(Micro Marketing)。

同时,随着电子商务的发展,企业对企业(Business to Business),企业对消费者(Business to Customer)的市场交易将在网络平台上完成,并且实行无纸化、电子化形式,出现了诸如电子合同、电子认证体系、电子支付体系,这更使微营销的技术环境日臻完善。因此,中国企业应积极地开拓电子商务和网络营销,建立完善的物流配送系统,同时追求产品的创新,以快速、迅捷的方式满足顾客的个性化需求。尤其是中小企业,网络营销使得小企业也可以拥有大市场,为全球消费者服务。

8. 在功能性方面,企业市场营销表现为全球视野下的整合营销

以舒尔兹等为代表的一批营销学者从顾客需求的角度出发研究市场营销理论,提出所谓的 4C 组合:Customer(顾客的需求和期望);Cost(顾客的费用);Convenience(顾客购买的方便性);Communication(顾客与企业的沟通)。因此,全球视野下的整合模式是通过

企业和顾客的不断交流,清楚地了解每个顾客的个性化的4C需求后,从这个前提出发,作出相应的使企业利润最大化的4P策略。4C's理论的观点是,把产品(Product)策略放一边,先研究消费者的需求和欲望(Consumer);把定价(Price)策略放一边,先研究消费者所愿付出的成本;把渠道(Place)策略放一边,考虑怎样给消费者方便,把促销(Promotion)策略放一边,先研究如何加强与消费者的沟通和交流。从满足顾客的需求出发,营销的国际化应整合生产全球化和技术创新全球化。从整体上把握和满足全球消费者的需求。

因此,整合营销理念打破了传统营销理念把市场营销只作为企业管理的一项重要功能的框架,并改变了以往从静态角度分析市场、研究市场,然后再想方设法去迎合市场的做法,强调以动态的观念,全球化的视野,更清楚认识到企业与市场、消费者之间的互动关系。中国企业在WTO背景下,应树立整合营销观念,以动态的观念、全球化视野研究和开发市场。一个成功的例子如中国的海尔,已在美国设立了研发中心、生产工厂和营销网络,逐步实现海尔的国际化。其他企业如长虹、TCL、康佳、海信也在步其后尘。只有身临其境去了解各国顾客的需求和欲望,与当地顾客进行沟通,才能有助于加快完成中国企业的国际化进程。

9. 企业营销向广义关系营销发展

现有的关系营销强调了企业要处理好和内部员工、消费者、经销商和供应商的关系。但仅仅这些关系是不够的。因为它既没有考虑市场营销的社会导向也没有考虑今天全球化、信息化和新经济的特点。企业要实现可持续发展,就必须处理好企业与社会、企业与自然、企业与消费者、企业与内部员工、企业与企业之间的关系。

(1)企业与社会:社会营销观念是在原有市场营销观念的基础上强调企业应进一步考虑社会的利益。全球化条件下,营销管理评价体系从一国社会市场营销向全球化的大社会营销发展。即企业既要考虑全球消费者的需求欲望,考虑企业的经济利益,又要考虑社会效益,如是否有利于全球消费者的身心健康,是否有利于全球社会的发展和进步,能否防止全球资源浪费和环境污染、保护全球生态平衡等等。

(2)企业与自然:全球化的发展,地球村的出现,出现了全球健康一体化的概念和绿色营销。绿色营销观是以可持续发展为目标、经济与生态的协同发展的营销观,因此企业应注重绿色消费需求的调查,注重安全、优质、低能耗、少污染的绿色产品的开发和生产。

(3)企业与消费者:全球化条件下企业与消费者的关系呈现有两个特点:一是整合营销,另一个是微营销。

(4)企业与内部员工:企业与内部员工的关系是指企业通过一定的制度安排充分考虑和照顾员工的利益,充分调动每个员工的积极性,最终来实现企业的整体利益。

(5)企业与企业之间的关系:在全球化的网络时代,由于竞争外部环境的变化,市场的竞争不断升级,日趋激烈。企业开始考虑协调市场冲突,实现有效合作,共享利益,共担风险,共创竞争优势,这就促使为了实现自己的战略目标,与其他企业在利益共享基础上形成一种优势互补、分工协作、非股权型的松散网络化联盟,交换互补性资源,以形成合力优势,共同对付强大竞争,形成战略联盟。

总之,全球化与网络化从广度与深度上使市场营销发生了深刻的变革,中小企业应抓住这一有利的时机,去制定适合全球化和网络化的营销战略,使企业得到快速成长。

第三节 中小企业的产品战略

对中小企业而言,新产品是公司成长的命脉所在。中小企业企业经营的轴心是产品,中小企业应随着外部环境的变化而不断进行产品创新,产品创新是中小企业产品战略的核心和关键,因此,在中小企业的产品战略中本书着重讨论产品创新,中小企业进行产品创新不仅要明确产品创新的基本思路和主要内容,还要掌握组织和控制产品创新的科学方法。

一、产品与产品创新的概念

(一) 产品的五个层次和五个层次的创新

在规划产品时,市场营销人员需要考虑产品的五个层次(图 14-3)。并且,相对应的在这个五个层次上进行产品创新。最基本的层次是核心利益,也是顾客真正要购买的服务或利益。例如对于服装来说,消费者购买的就是"取暖和个人形象"。核心产品的创新如微软公司在中国的维纳斯计划,把电视当作互联网络的界面,即创新了电视带给消费者的核心利益。

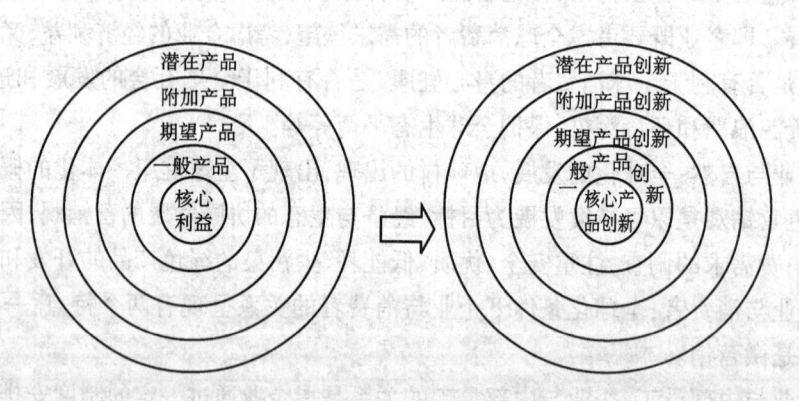

图 14-3 产品的五个层次和五个层次的创新

市场营销人员接下来需要把核心利益转换成一般产品,也就是产品的基本形式,因此食品就是包含有许多营养的产品。同样,我们也可以识别出其他一些基本产品:如服装、书籍等。与此相对应,一般产品的创新如复式结构住房、直角宽屏幕彩电等即为一般产品的创新。

产品的第三个层次是期望产品,也就是购买者购买产品时期望的一整套属性和条件。而期望产品的创新就是出售给购买者的产品超出了购买者的期望。例如,在长途公共汽车上设置卫生间,这不仅方便了旅客,也超出了旅客的期望。

产品的第四个层次是附加产品,也就是产品包含的附加服务和利益,从而把一个公司的产品与其他公司区别开来。对于旅馆来说,可以通过提供电视、鲜花、快速结账服务、美味佳肴和优质房间来增加其产品的内涵。

如今的竞争主要发生在附加产品的层次。附加产品的创新就是要增加与众不同的附加利益与服务,如给购车者附送一份车辆保险。

产品的第五个层次是潜在产品,也就是此种产品最终可能的所有增加和改变。因此附加产品表明了产品现在的内容,而潜在产品则指出了产品可能的演变。此即为公司努力寻求的满意顾客并使自己与竞争者区别开来的新方法。产品的五个层次的分类启示我们,产品的创新可以在这五个层次上展开,从而创造与众不同的产品概念,满足消费者的个性化需求。

(二)产品层级及创新

每一产品都和其他产品有关联。产品层级从基本需要开始,一直延伸到能够满足这些需要的一些具体项目。我们可以识别出七个产品层级。

A、需要集。指体现产品集的核心需要。需要集的创新即开拓新的核心需要。B、产品集。指能有效地满足某一核心需要的所有产品类别。产品集的创新指增加新的产品类别,从而改变产品集的内容。C、产品类别。指能有效地满足某一核心需要的相同功能的一组产品。产品类别构成产品集,产品类别的创新是产品集创新的具体体现。D、产品线。指同一产品类别中密切相关的一组产品。它们以类似方式起作用,或出售给相同的顾客群,或通过同样的商业网点出售,或同属于一个价格幅度。产品线的创新在于准确的把握细分市场,并随着细分市场的变化开发新的产品线。E、产品类型。指同一产品线中分属于可能的产品形式中的那些产品的项目。产品类型的创新是增加新的产品项目组合以满足顾客需求。F、品牌。指与产品线上一个或几个产品项目相联系的产品名称,用以识别产品项目的来源和特点。品牌的创新是产品创新的主要内容。G、产品项目。指一个品牌或产品线内明确的单位,它可以根据尺寸、价格、外形或其他属性加以区分。产品项目可以称作库存单位或产品实体。产品项目的创新是产品创新的具体体现。总之,产品的层级分类为产品创新指明了具体内容。

(三)产品分类及创新

传统上市场营销人员根据产品的特征不同对产品进行分类。

1. 耐用品、非耐用品和劳务

产品可以根据其耐用性和是否有形而分为耐用品、非耐用品和劳务三类。这种分类启示我们产品的创新可以从改变产品的性能,或发现和提供新的活动、利益或满意,以满足消费者使用。

2. 消费品分类

顾客购买大量的商品,因此可以根据顾客购买习惯对消费品进行分类。我们可以区分出便利品、选购品、特殊品和非渴求物品四种类型。产品按顾客购买习惯进行分类,启示我们产品的创新要根据不同的习惯采取不同的创新特点。如便利品主要是产品质量的创新及产品工艺的创新(改变产品成本),而选购和特殊品的创新则要注意产品的差异化创新,产品的标新立异。非渴求商品的产品创新则要着重产品的安全、方便、可靠和实际使用价值。

3. 产业用品分类

各类组织需要购买各种各样的产品和服务。对产业用品进行有用的分类能为产业市场提出合适的营销战略。对于产业用品,可以根据它们如何进入生产过程和相对昂贵程度这两点来进行分类。我们可以把产业用品分成三类:材料和部件、资本项目以及供应品与服务。产品按材料与部件、资本项目及供应品和服务分类,启示我们应根据产品生产过程和相对昂贵程度进行产品创新。如对材料与部件产品创新可创新工艺、创新材料及部件性能;对资本项目产品创新则注重安全有效性及使用寿命;对劳务产品的创新则注重产品质量和多样化。

总之,由产品的不同特征对产品进行分类,就应该在"特征"的差异化上进行产品创新,不同的产品特征,产品创新的内容则各有不同。

(四) 产品组合与产品创新

产品组合(也称产品花色品种配合)是某销售者提供给购买者的一组产品,它包括所有产品线和产品项目。公司的产品组合具有一定的宽度、长度、深度和关联性。产品组合的宽度是指该公司有多少条不同的产品线,产品组合的长度是指产品组合中的产品项目总数,产品组合的深度是指产品线中的每一产品项目有多少品种,产品组合的关联性是指各条产品线在最终用途、生产条件、分销渠道或其他方面相互关联的程度。

上述产品组合的四种尺度,为公司确定产品战略进行产品创新提供了依据。中小企业可以采用四种方法:可以增加新的产品线,以扩大产品组合的宽度;也可以延长现有的产品线;可以增加每一产品项目的品种,以增加产品组合的深度;也可以利用产品的最终用途、生产条件和分销渠道等相互关联性进行产品开发和创新。

（五）产品生命周期与产品创新

产品的生命周期现象，是产品创新的源动力。

市场营销的思维不应从产品或产品种类开始，而应从需要开始。产品只是作为满足需要的许多解答之一而存在，不断变化的需要水平可用需求生命周期曲线来描述，即图 14-4(a)中最上面的那条曲线。首先是出现期(E)，随后是加速增长期(G_1)，缓慢增长期(G_2)，成熟期(M)和衰退期(D)。

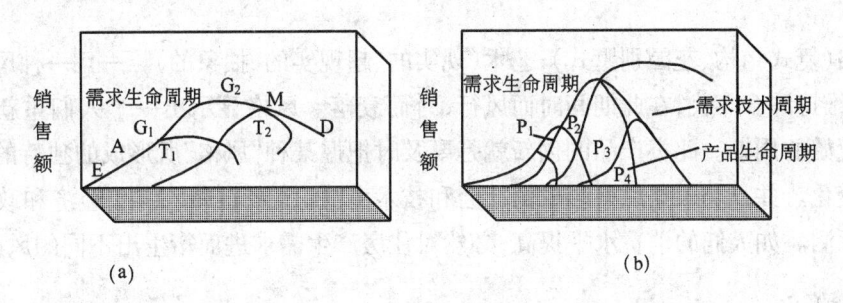

图 14-4 需求—技术—产品的生命周期

每种新技术都有一个需求—技术生命周期。如图 14-4(a)的需求曲线中的曲线 T_1 和 T_2 所示。在每个需求—技术生命周期中都包括：导入期、迅速增长期、缓慢增长期、成熟期和衰退期等阶段。

在一个需求—技术生命周期内，将会出现一系列的产品形式满足某个时期某种特定的需要。产品生命周期即由此衍生而来。如图 14-4(b)表示的是一系列产品形式的生命周期 P_1、P_2、P_3 和 P_4。有关产品生命周期的论述大都认为一般商品的销售历史表现为一条 S 型曲线，典型的这种曲线分为四个阶段，即导入期、成长期、成熟期和衰退期。

公司必须决定向哪个需求—技术投资以及何时转向新的需求—技术。由于产品生命是由需求生命周期驱动并通过需求的技术周期得以实现，因而随着消费者需求水平的变化，技术的不断创新，必然推动企业不断的进行产品创新。

（六）风格、时尚与热潮的生命周期和产品创新

正常的产品生命周期如图 14-5 所示，由导入期、成长期、成熟期和衰退期组成。但有三个特殊种类的产品应与其他种类区别开来，即风格、时尚和热潮的产品生命周期形态（图 14-5）。因此，市场营销人员可根据这三种特殊种类的产品特点进行产品创新。

1．风格

风格是人们努力的某一领域里所出现的一种基本和独特的方式。例如，在住宅中出

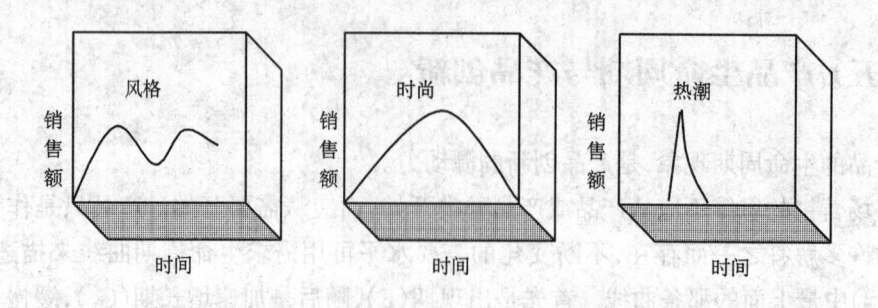

图 14-5　风格、时尚和热潮的生命周期形态

现的风格(复式结构、花园别墅式);艺术(现实的、超现实的、抽象的)。一旦一种风格发明后,它会维持许多年代,在此期间时而风行,时而衰落。风格显示出一个人们重新感兴趣的周而复始的周期。此类产品的创新就是要及时把握某种"风格"所形成的独特的细分市场及其变化。并且要根据风格形成的社会和技术背景、消费心理、文化、经济和政治进行合理的预测。如人们的消费水平提高,必然对住房产生需求进而衍生出不同的风格。

2. 时尚

时尚是在某一领域里当前被接受或流行的一种风格。时尚经历四个阶段。第一个阶段是区分阶段,有些消费者为了从其他消费者中分离出来,自成体系而对某些新产品感兴趣。第二是模仿阶段,其他消费者以超乎寻常的兴趣仿效时尚领袖。第三是大量流行阶段,这种时尚非常风行,生产厂商加快了大量生产的步伐。第四是衰退阶段,消费者向吸引他们的另一些时尚转移。

因此,时尚趋向于缓慢地成长,保持一段流行,并缓慢地衰退。时尚的周期长度很难预料。由于时尚产品的生命周期具有不确定性,因而中小企业要准确把握消费者的心理变化和预期,加快产品研发的速度,以抢得先机。

3. 热潮

热潮是迅速引起公众注意的时尚,它们被狂热地采用,很快地达到高峰,然后迅速衰退。热潮产品的创新在于市场营销人员要及时获取信息,反应敏捷,企业要尽快开发新产品并迅速进入市场。

三类特殊产品由于其本身对产品就提出了差异化的要求,因而是中小企业产品创新的重要源泉。

二、产品创新的基本思路

企业进行产品创新首先要有正确的创新思维,以指导创新活动。本节介绍有关产品创新的几个基本思路。

1. 以市场为导向进行产品创新

产品创新的目的是为了更好地满足市场需求,进而使企业获得更多的利润。为了以市场为导向进行产品创新,企业应该把市场调研制度化,采取切实有效的措施。

2. 利用世界先进技术进行产品创新

中国是技术处于相对落后的国家,中国的中小企业应该重视利用世界先进技术进行产品创新。其主要特点是:第一,利用世界先进技术可以加速产品创新,节省创新时间。第二,利用世界先进技术可以提高产品创新的投资效率,节省大量的研制费用。

3. 掌握新产品的发展趋势和有效新产品的必备条件进行产品创新

在投入市场的众多新产品中,一些新产品如流星即逝,而有些新产品则一投入市场后便初露锋芒,迅速成长为受消费者欢迎的产品。分析产品创新成功的许多案例,可以得出其中两条主要经验:产品创新要符合由市场需求决定的新产品发展趋势和企业要具备有效新产品的必备条件。其中:产品的发展趋势表现在以下几个方面:①产品多功能化;②产品功能自控化;③产品外观工艺化;④产品轻型、微型化;⑤产品节能化;⑥产品智力化;⑦产品系列化;⑧产品安全化;⑨产品保健化;⑩产品标准化。

有效新产品的必备条件是:产品具有明显的相对优点;产品和目标市场相适应;经销商乐于接受;便于维修。

4. 要正确认识和有效地控制产品成本

在产品创新中,传统的做法是先设计,甚至制造出产品后再核算成本,如果成本太高就放弃设计、制造,这种做法是不科学的,因为它在核算成本前没有考虑市场消费者对产品价格的可接受性,如果消费者不能接受新产品过高的价格,新产品的设计、制造成本就不能得到补偿,因而其风险较大。这就要求企业采取一种有效地控制产品成本的办法,其具体做法是:通过对市场上同类产品的比较,为新产品估算出一个市场消费者可以接受的价格,然后通过反向定价原理来测算产品成本。

5. 运用科学的产品创新策略

企业要提高产品创新的成功率,应该运用科学的产品创新策略。国内外常用的产品创新策略主要有以下几种:①开拓策略。指企业在基础理论和应用技术研究成果的基础上,依靠自身的力量独立设计、制造新产品,以期捷足先登,率先把新产品投入市场,运用取脂定价策略在短期内获得丰厚的利润或运用渗透定价策略迅速占领市场,进而形成较大的市场份额。②借鉴加创新的策略。采用这一策略的企业并不投资于抢先研制、开发新产品,而当市场上出现有发展潜力的新产品时,就立即进行仿造,并加以一定程度地改进,以高质量产品与开拓型企业相竞争,从而分享市场。③合并策略。即把两种或两种以上不同性能、用途的产品集为一体,生产出具有多种功能和用途的新产品。④产品延伸策略。

三、产品创新过程

科技进步日新月异,文明发展一日千里,各种新知识、新产品、新技术不断产生,产品生命周期迅速缩短,已成为当代企业不可回避的现实。正是这种现实迫使每个企业不得不把开发新产品,作为关系企业生存兴亡的战略重点。

市场营销理论规定了企业活动以市场消费需求为转移的决策思路,因此,企业的产品只要在功能或形态上发生改变,与原产品产生差异,既可视为新产品。据此,新产品可划分为以下几类:①全新产品;指采用新原理、新结构、新技术、新材料制成,开创全新市场的新产品。②改进或革新型新产品;指导在原有产品基础上,部分采用新技术、新材料、新工艺,使其性能获得改进,或增加其功能,改变其构造与形状而得到的新产品。③仿制型新产品;指产品的市场业已存在,本企业模仿生产并推向市场的新产品。④新牌号产品;通过改变产品的外观、包装、款式,对新产品重新定位,并启用新品牌的产品。此外,投入新市场的产品,亦可视为新产品。⑤引进的外来产品;即第一次进入本地市场的进口商品或外埠商品。对于本地市场来说,也给消费者带来了新的利益。

新产品开发一般要经历产生构思、构思筛选、概念发展与测试、制定市场营销计划、商业分析、产品开发、市场试销、商品化八个阶段,如图14-6所示。

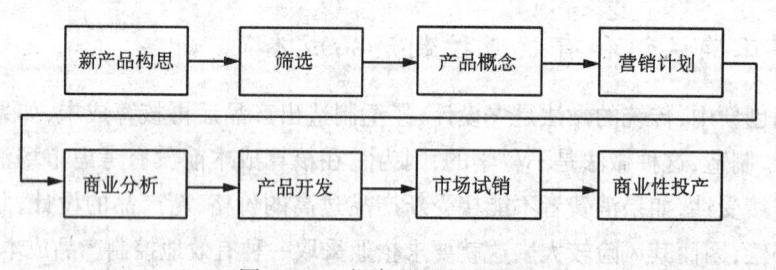

图14-6 新产品开发阶段图

第四节 中小企业的生产战略

生产管理包括生产系统的设计和生产系统运行的计划与控制,其中有许多战略问题,主要是生产规模、生产流程选择、生产能力调整、纵向一体化等。

企业在设计自身生产系统、选择生产规模时,一定要实事求是,从市场需求出发,使生产能力与预测的市场需求相适应,并适当留有余地,在需求增大时再进一步扩大规模,不要盲目扩大生产规模。

生产流程有多种形式,按传统的划分,有大量生产、成批生产和单件生产。大量生产有较高的经济性,而单件生产却有较强的适应性。生产流程的选择要受产品的结构和工艺、市场需求和生产规模等因素的制约,不能仅凭主观愿望。流程选择又决定着选用的机器设备和工艺装备的类型(通用性或专用性)、生产线的设计、对工人技术熟练程度的要求等。为了增强适应市场变化的能力,应尽可能采用柔性生产线。

生产能力随着市场需求的变化而需要调整。有些调整属于临时性的,但也有属于长期战略性的,如增添或撤消一些生产线、新增或关闭某个下属分厂等。随着生产能力的调整,相应地还要研究和决定生产线的布置、设备迁移、劳动力配置等问题。

在生产系统的设计中,还要解决一个"自制还是外购"的问题,这既涉及企业规模和物资供应,又涉及纵向一体化(特别是后向一体化)战略的实施。盲目地求大求全,万事不求人,是一种违反专业化协作原则的错误倾向。

一般说来,按照专业化的要求,在做好组织协调工作的前提下,将生产所需的一些零部件、元器件等分包出去,由协作企业生产,而集中力量发挥自己的生产优势,是较为有利的。

生产战略应当根据公司总体战略和战略经营单位战略的要求来制定。当公司决定实施扩张型战略或紧缩型战略时,其生产战略的内容显然大不相同。此外,企业竞争战略不同,生产战略的内容和重点也有差别(表14-2)。

表14-2 生产战略表

降低成本	差异化战略
着重强调降低成本和成本控制	着重强调优质优价的产品和服务
着重强调减少存货	终结产品有较高的复杂性
高水平的制造工程技术	最终产品的多样化
高水平的生产标准化	高水平的产品工程技能
高水平的物流运行速度	高水平的生产计划灵活性(灵活的服务和订货提前期)

综上所述,中小企业应根据自己的实际情况,选择企业的生产战略。

第五节 中小企业的投融资战略

一、中小企业投资战略

(一)评价企业投资战略的基本要素

企业投资战略的基本要素一般是:①投资增值程度。是指经过一个时期后,投资额增长的水平。②投资保本能力。也称之为投资保值能力。③投资风险性。是指投资遭到损失的可能性及可能的损失程度。④投资流动性。也称投资变现能力。⑤投资管理的难度。指管理投资需要的业务知识、管理技能及投入的时间精力。⑥投资占有时间。指投资者预期的投资时间。如果投资流动性很大，则投资占用时间的灵活性也很大。⑦企业筹资能力。这是指企业在一定时期内以合理的代价筹措投资资金的能力。⑧投资的预期成本。指从投资构思到投资资金全部回收全过程的费用。⑨对实际资产和经营控制的能力。这是指由于投资而取得的实际资产的所有权、支配权和使用权。⑩纳税优惠条件。指投资在减免及推迟纳税方面的优惠。

（二）企业投资机会的选择与捕捉

企业投资机会是客观存在的，关键是企业能否捕捉到机会。一般来说，由于外界环境的变化多端，投资机会具有很大的随机性，任何科学的方法也不可能完全准确地确定其具体的时间和细节；但是，只要通过主观努力，对投资机会进行科学分析，就可以避免企业的投资战略的盲目性，而提高投资战略的准确性。

1. 企业投资机会

企业投资机会是指由有利于企业投资的一系列因素所构成的良好投资环境和时机。其涵义是：①企业投资机会是客观环境相对于一定的主体（企业）而言的。例如，对有闲置资金的企业来说，证券低价是一种投资机会，而对资金短缺的企业来说却无意义。②企业投资机会不只是指时机，而且指包括时机在内的一系列因素构成的客观环境。天时、地利、人和、政治经济形势、市场变化、经济周期性波动等因素都可能构成投资机会。③企业投资机会是企业取得良好投资效益的客观可能性。投资效益的最终实现还取决于企业的自身条件及其主观的努力。以上涵义表明，企业既要积极发掘、捕捉投资机会，又要努力提高自身素质，创造条件，使机会向有利于企业的方面发展。

2. 企业投资机会的选择与捕捉

在选择和捕捉企业投资机会中一般是通过对投资环境中某个方面的预测分析，确定企业投资的时机，通常称之为单项分析法。一般主要选择如下几个方面进行分析：①市场短缺分析。某种产品如果在市场上短缺，价格必上涨，营销工作较易，所以此时进行有关的实物投资、证券投资的收益就会很高。②政策分析。国家产业政策出台初期，大多数投资者还没有将投资转移过来，如果此时进行有关的实际投资与证券投资，就会得到政府的各种优惠条件，这将是一个很好的投资机会。③产品更新换代时期分析。当某种产品处于生命周期的成熟时期时，生产该产品的资金大部分被占用而无力转投，同时企业一般都仍然留念过去的成果，期望再保持一段时间。这时，如果有企业能抓住时机，推出适时的新产品，就可以以新代旧，获得较高利润。④通货膨胀或政府银根松紧分析。在通货膨胀初期或政府银根宽松时，物价还没有或稍有上涨，货币面临着贬值的风险。政府必然会采取一定的措施限制新的投资,这样,该产业或部门的投资者就减少了竞争的对手,经营条件较为有利。

(三) 企业投资战略的主要分类

企业投资战略类型主要有发展型、稳定型、退却型投资战略,以及这三种类型的组合型投资战略。中小企业更多的是关注发展型投资战略。

1．发展型投资战略

发展型投资是企业在现有水平上向更高水平迈进的战略。根据企业投资方向的重心不同又分为内涵发展战略和外延发展战略。前者围绕企业内涵扩大再生产的经营战略,以挖掘企业内部潜力提高现有资源利用率和企业盈利的投资为重点;后者则围绕企业外延扩大再生产的经营战略,以扩大企业生产规模、提高生产能力的投资为重点。内涵发展型投资战略可划分为以下三种:

资源开发型投资战略。这种类型的投资战略侧重于对企业内部资源的开发。一般可通过以下途径实现:一是对供应主要原材料、配套件的供应商进行投资,从长远看,进行这种投资可以掌握原材料供应主动权,使企业免受市场波动的振荡和影响。二是对人才开发进行投资。开发企业的人力资源,这种投资对企业近期和远期发展都具有重大意义。三是对企业文化建设进行投资。培养积极向上的企业文化和价值观企业。企业职工的共同价值观,凝聚力和向心力,对企业的发展至关重要。

技术开发型投资战略。企业这种类型的投资侧重于提高产品的设计工艺及生产技术水平。包括为提高产品质量,增加品种,提高生产率和降低成本而开发技术。一般通过以下三个途径实现:一是引进技术。二是自行研制新产品。即企业围绕市场需求变动调整产品结构,进行产品更新换代和开发新产品以引导市场需求。三是对外投资。通过对国外投资,一方面可以获得较高收益;另一方面也可大量吸收国外先进技术和管理经验,以提高国际竞争力。

营销开发型投资战略。这种类型的投资侧重于市场开发能力的提高。一般通过以下三个途径:一是投资于广告宣传活动,扩大企业和产品的知名度;二是投资建立营销网络,建立良好的营销业务关系;三是建立产品销前售后服务网点,鼓励用户对产品提出改进建议,为用户提供优质服务。

就外延发展型投资战略而言,可根据投资方向的集中程度,分为以下两种类型:

单一中心的外延发展型投资战略。这种类型的投资战略特点是企业一般只有一个中心产品,或一种中心技术,或一个中心市场,投资方向集中于这个中心点上。因此,企业力量集中,技术经济复杂程度相对小,目标易确定,对经营成果也易于评价和衡量。在此类战略中企业可采取多种方式投资。例如实行前向和后向一体化,强化企业的经济链条,从投入、产出两方面延伸势力范围;或将业务结构相同并具有不同优势的独立企业合并组成新的联合体,扩大企业的规模效益。多中心的外延发展型投资战略。这一类型战略的特点是,企业通过投资进入不同的行业、不同的市场,投资方向相对分散。企业成长的目标是多方位经营的大型或特大型企业。多中心外延发展有一个使多角经营协调统一的问题,否则不统一的多角经营将使企业实力分散而消弱竞争力。因此,多中心外延发展型投资战略一般都有一个最基础的投资战略,可从两个角度来考虑:一是以市场为统一多角经营的基础。其特点是确定一个合理的市场边界,在一个相对固定的市场面内实行技术的多角化。二是以技术为统一多角经营的基础。其特点是以一种共同的技术为基础,进而追求市场的多角化。其投资方向应侧重于建立有特色的技术,并为该技术的商品化进行有效的开发工作。

2. 稳定型投资战略

当国民经济处于稳定发展时期,企业也趋于稳定甚至开始下降时,企业的市场规模已无法继续扩大,产品在质量、性能、款式等方面也无潜力可挖,供需达到一定的平衡,此时可采取稳定型投资战略。这种类型的战略特点是:在投资方向上不再以本企业的原产品为重点,不再追加设备投资,而是努力寻找新的投资机会;不再扩大现有企业规模,但尽可能地保持市场占有率,降低成本和改善企业财务状况,尽可能延长产品盈利期,积聚资金为企业将来发展作准备;除了对维持现有产品所必需的一些项目进行小规模投资外,尚可进行一些企业现有产品之外的短平快项目的投资。

3. 退却型投资战略

这一战略多用于经济不景气、资源紧张,企业产品滞销、财务状况恶化,规模不适、无法占领有利的经营领域等情况。这一战略的特点是:从现经营领域抽资,减少产量,出售专利等以收回投资。退却型投资战略一般有两种情况:一种是完全退却的投资战略,即当企业受到全面威胁时或即将破产时,将全部资产清算出卖以收回资金,偿还债务;另一种是部分退却的投资战略,即在企业受到严重威胁时,为了暂时生存,将部分非关键产品或技术转让出去,紧缩经营规模,转产经营其他产品或与其他较好企业联合。

4. 综合型投资战略

这是上述三种类型的战略中的战略组合,其结构可以是几种战略的整体组合,也可以是各类型战略中某些部分的组合。企业根据内外条件,相比做出投资决策,既可以是以上各种战略的部分组合,也可以是各种战略的整体组合。

总之,中小企业应因地制宜,选择适合自身发展的投资战略。

二、中小企业融资战略

（一）创业板市场的功能

1．募集功能

由于历史和体制的原因，我国中小创新企业尽管具有产权相对清晰，不存在"大锅饭"的体制弊病等优势，但在资本运营方面存在着融资渠道不畅，很难获得金融资源的缺陷。而在我国目前的经济运行中，创新企业恰恰又代表着我国新兴产业和知识经济的发展方向。创业板市场面向这些企业，为这些企业提供直接融资的机会，无疑将加速这些企业的发展壮大。

2．培育功能

创业板市场具有健全的资本市场法规体系和市场监管机制，中小企业在创业板上市，将对这些企业按资本市场的要求进行改制，迅速提升企业的管理水平以及对企业上市后的规范化运作将起着推动作用。

3．风险投资的退出功能

风险投资的顺畅退出是风险投资的运作得以顺利、持续进行的最关键因素之一，是风险投资事业发展的重要条件。风险投资顺畅退出依赖于一系列重要条件。风险投资的运行质量及其自身的发展是促成风险投资能够高质量地顺畅退出的内在原因和最基本的条件，即所谓的内因。此外，风险投资的外在因素，如宏观经济的良好表现，证券市场的健康发展，金融政策支持和投资银行的配合与运作等也会对风险投资的顺畅退出产生重要影响。

(1)宏观经济的良好表现。宏观经济发展的良好态势除了能为创新企业提供良好的宏观环境和充裕的资金外，亦将从以下几方面影响风险投资的退出。宏观经济的良好表现有利于风险企业的健康发展，有利于风险资本家寻求最有利的方式退出；宏观经济的良好表现有利于提高各种投资者对投资企业的发展和未来的良好预期，有利于提高他们的投资能力和投资意愿。有利于形成潜在的投资群体，有利于形成良好的投资氛围和人气，使得风险投资能够顺畅地退出；宏观经济的良好表现有利于证券市场尤其是股票市场的活跃，有利于得到风险投资支持的中小创新企业在股票市场上市，使得风险投资能够顺畅退出。

(2)证券市场的健康发展。证券市场的健康发展对风险投资的顺畅退出至关重要。证券市场伴随市场经济的发展而迅速发展，世界上几乎所有成熟的股票市场都设有专为中小企业创业服务的第二板市场，这就为风险投资采用 IPO 方式退出提供了基础条件，同时对风险投资退出机制的建立起着至关重要的作用。

(3)政府的政策支持。在建立风险投资的退出机制方面政府的政策支持亦至关重要。其主要体现在以下几个方面：①政府刺激增加新技术开发经费的政策。政府刺激增加新技术开发经费的政策，同样对风险投资的退出具有重要影响。增加新技术开发经费的来源有两种方式：一是政府财政出钱，增大对科技的投入；二是运用税收刺激企业扩大对新技术的投入。这无疑将大大提高风险企业的科技创新能力，提高企业的科技含量和企业的盈利能力，从而使得风险投资能顺畅地退出。②政府对建立风险投资资本市场的政策支持。风险投资退出的实质是风险企业的产权在投资者之间发生流动，其顺利地进行不仅有赖于在投资之初形成明确的产权关系，亦有赖于建立一个健全的风险资本市场。当前我国的风险资本市场的建立也迫切需要政府给予支持，使其能尽快启动。只有建立起完善的风险资本市场，才能保证风险投资能够顺畅地退出，才能真正建立起具有活力的风险投资机制。③政府对风险企业税收的政策支持。政府通过对所得税等税种的调整来提高风险投资的盈利能力，有利于提高风险企业的金融信用和风险投资的顺畅退出。鼓励长期投资的减税政策，使得风险投资的总量得到大幅度的提高，同时也使对风险企业的并购活动等亦有大幅度的增加，无疑这对风险投资的退出具有很强的促进作用。

(4)投资银行的积极配合与创造性地运作。在风险投资退出的过程中，投资银行所起的作用是非常重要的，特别是风险投资采用 IPO 或风险企业被并购的方式售出时，投资银行所起的作用尤其关键。企业在 IPO 的每一个程序中几乎都离不开投资银行。风险企业的并购同样也离不开投资银行。在企业的并购活动中，投资银行的主要角色是财务顾问，许多企业的并购活动都由投资银行提出建议和策划。

(5)创业板市场将成为我国风险投资最佳的退出渠道之一。创业板市场作为中国的本土市场，聚集在国内的投资者和各种风险投资基金对我国中小创新企业的发展状况大都比较熟悉了解，我国的中小创新企业也比较容易熟悉和适应资本市场和法律环境，这对我国中小创新企业创业板上市后交投的活跃，在保持其上市地位的同时，继续保持其融资功能具有重要意义。亦为进入创新企业的风险投资在适当的条件下的退出提供了比较理想的退出渠道，从而使风险投资进入投入—运作—退出—再投入的良好循环。

(二) 创业板市场对我国中小创新企业的影响

1. 我国中小企业发展的现状

作为中国创新科技产业重要组成部分的中小创业企业群，经过十几年的发展已成为中国国民经济的一支重要力量，成为中国经济中最活跃的因素之一。中小创新企业群，这一多种经济成分并存的企业群体特点是：经营决策不受行政部门的干预，实行以市场为导向，以技术创新为动力，完全按照市场规律运作和发展。

(1)我国中小创新企业的经济技术活动已经覆盖了国民经济各行业，主要集中在化工、电子、通信、机械、仪表、计算机、环保、生物制品等技术密集领域，并呈现迅猛发展态势。截至 1997 年底，全国各种创新企业达到 65 000 多家，资产总额达 7500 多亿元人民币,长期从业人员达 300 余万人,其中科技人员 88 余万人,全年总收入达 5500 多亿元人民币,创利润 474 多亿元人民币,上缴税金 266 多亿元人民币,在总体经济不断发展的同时,企业的规模也在不断扩大,大型创新科技企业大量涌现,到 1997 年底,收入超亿元人民币的企业已有 874 家,其中超 10 亿元人民币的 64 家。

(2)创新科技企业的业务经营国际化的步伐也在加快,1997 年创新科技企业的产品出口创汇达 90 亿美元,不少创新科技企业的产品已在国际市场上占有一席之地,有的已开始在国外设厂更直接地参与国际竞争。

2. 我国创新科技企业急需资金支持以求更快发展

当前,我国创新科技企业,尤其是中小创新企业的发展受到资金不足的严重困扰,资金来源十分有限,其主要渠道:

(1)商业银行贷款。中小创新技术企业受资产规模及行业的高风险性的影响很难取得商业银行的贷款。在目前的条件下,商业银行从安全性和流动性方面的考虑,商业贷款一般都需要用不动产进行抵押担保,中小企业,尤其是中小创新企业很难满足商业银行的贷款条件。目前已有一些省、市成立了为中小创新企业服务的金融担保公司,为中小创新企业提供融资担保,但受担保能力的限制,受惠的企业不可能很多,仍不能满足中小创新企业的需要。

(2)引入风险投资。充分利用企业的高成长性和丰厚的投资回报吸引风险投资,即用私募的方式扩股引资,获得企业发展需要的资金。取得风险投资的支持是企业获得发展资金的最佳渠道之一,因为风险投资家为企业提供的不仅是资金,而是在投资资金的同时,为了使其投资能获得成功,向企业提供各种市场信息和经营管理方面的经验。但是,目前国内正式进行操作的风险投资基金尚不多,资金规模还不够大,进入我国的境外投资基金成功的案例也不多。在现阶段风险投资基金还不能成为我国中小创新企业获得发展资金的主要渠道。

(3)股票上市,在资本市场上直接筹资。①受我国股市上市规模的限制,虽然现在已不再限制民营企业上市,但政府偏重国有大中型企业的宏观政策取向,上市指标仍主要向国有大中型企业倾斜。我国股票市场和企业的债券市场对企业资产规模及盈利的要求,以及实行发行额度审批的非市场行为,中小企业尤其是处于创业期的中小创新企业不可能在现有股市直接上市筹资。②与国有企业共同作为上市发起人争取在 A 股市场上市。与国有企业共同作为上市发起人争取在 A 股市场上市是中小创新企业争取在境内上市可行的办法之一,但中小创新企业必须付出代价以其优质资产与评估值很高的一般性资产捆在一起上市,而且还不能当第一大股东。③买壳上市。对于已具有一定资产规模的创新企业,与其努力争取上市额度,莫如在 A 股市场上物色一适当的壳,买壳上市。创新企业通过协议收购上市公司的国家股或法人股成为上市公司的控股股东,上市公司收购创新企业欲上市的子公司,上市公司通过增发新股或配股筹集资金投入到原属创新企业的子公司,创新企业从而实现了买壳上市的初衷——利用股市筹集资金。买壳上市要动用较大规模的资金或资产,因此,它不可能成为一种中小创新企业获取资金的主要渠道。

(三) 创业板的正式开业有利于国内风险资本市场的尽快形成与完善

高新技术产业属于高风险、高投入、高回报的行业。长期以来,我国高技术产业发展的资金来源主要靠国家的财政拨款和银行的贴息贷款。限于国内,我国在高新技术产业的投入只占GDP的0.6%左右,远远低于发达国家3%的水平,资金的匮缺严重地制约了科技成果的转化与应用,严重地阻碍了中小创新企业的发展。实践证明,要改变这一状况必须借鉴发达国家的经验充分利用创业板的运作,用市场的力量,建立起包括风险投资基金以及债券、股票及其衍生工具在内的具有良好流通环境的风险投资资本市场。当前,摆在我们面前的一项重要任务是:

1. 尽快建立充满活力的风险投资体系和服务体制

建立符合我国国情的投资体系和服务体制的重要任务是:①明确风险投资体系须具备的主要功能;②建立风险投资体系的主体;③构造风险投资体系中配套的政策和法律、法规。

2. 建立并扩大风险基金规模

建立并扩大风险投资基金规模是支持和培育中小创新企业的重要措施之一。在中央创新工作会议之后全国各省和有条件的市都由政府牵头,积极筹备成立风险投资基金或风险投资公司,风险投资基金或风险投资公司在数量上增加和其规范的运作将对中小创新企业的成长与壮大起着关键性的作用。

3. 加快我国A股的科技股和第二板市场的筹备,尽快投入实际运作

(1)我国内地设立第二板市场的现存条件。我国经过20年的改革开放已形成了比较强大的综合经济实力,近年来大批国有企业的股份制改革和股票市场的稳步发展,并逐步走向成熟正是依托于这一坚实的基础。我国内地设立A股的科技股和第二板市场也必须依托这一坚实的基础。

a.已获得办好我国主板市场的基本经验。主板市场已办了9年多,已积累了丰富的运作与监管方面的经验;酝酿已久的证券法已正式实施。证券法的出台对规范股市,加强监管,使股市日趋成熟将起重要的作用。同时,亦为我国内地的第二板市场的启动奠定了法律基础。目前我国股市运行基本稳定,投资机构、证券的投资基金和准备入市的保险基金以及广大理性投资者已逐渐成为我国股市稳定和不断发展的中坚力量。

b.为落实"科教兴国"的国策,从中央到地方都增强了对高科技产业的投入,风险投资

的意识正在加强,各种风险投资基金正在酝酿与筹备,尽快建立充满活力的风险投资机制与风险投资体系已势在必行。设立主要为高科技企业服务的国内 A 股的科技板和为中小创新企业服务的、同时又能为风险投资基金的退出提供渠道的国内第二板市场已刻不容缓的摆在我们的面前。

(2)认真学习经验加快我国内地第二板市场的启动

①认真学习和借鉴世界各地第二板市场的经验。针对我国目前风险投资的现状,有针对性地学习和引进世界各地第二板市场尤其是香港创业板(第二板)市场的经验是十分重要的,这样做不仅可以节省时间,少走弯路,尽快建立起符合我国国情的内地第二板市场,而且可以尽快地培养一支风险投资管理和运作的专家队伍。

②加快制定我国内地二板市场运作的条例与实施细则。根据我国风险投资领域的现状,在即将实行的证券法的基础上,借鉴世界各地第二板市场的经验,尽快制定我国内地第二板市场运作的条例与实施细则。

③加快机构风险投资群体培育。由于第二板市场风险偏高,因此,该市场主要面向善于控制风险,熟悉投资技巧的机构投资者。风险投资基金、风险投资公司,以及高技术开发基金等机构投资群体能否成为第二板市场的投资主体将决定第二板市场的命运,它不仅有利于第二板市场的稳定,并将大大促进第二板市场的健康发展。

④聚集和培养一批具有科技背景的高级金融管理人才。成功设立第二板市场的国家和地区的经验表明,要准确地判断上市公司的潜质及其未来发展,要有效地对上市公司加强监管,需要聚集和培养一批具有科技背景的高级金融管理人才满足我国设立第二板市场的需要。在美国的硅谷,实际上有一批专家,他们是介于工程师、科学家和金融家之间的,这些人不仅仅掌握融资的技巧,更多的是科技的眼光,因此加快人才的聚集和培养是启动内地第二板市场的重要条件之一。

⑤循序渐进、逐步发展,培育和建立具有中国特色的创业板市场。建立第二板市场的风险要比主板市场大,因此建立有效的风险防范体系至关重要。这就决定了我国内地的第二板市场的启动有一个充分酝酿和准备的过程,一个与国内风险投资基金的设立,风险投资机制的确立等相互协调发展的过程。这就需要我们的科技界、企业界、金融界和理论界正视所面临的风险和困难,协同一致,充分发扬进取精神,促成我国内地第二板市场早日启动,尽快培育和建立起具有中国特色的第二板市场。

第十五章　中小企业的核心能力战略

企业能力理论是当今企业战略管理研究的时代主旋律,自20世纪90年代以来一直受到管理学界的高度关注,战略管理研究专家热衷于把企业拥有的特殊的资源与能力视为决定企业长期竞争优势的关键因素。在今天全球化和新经济条件下,企业的市场环境发生了巨大的变化,现代企业的竞争从表面上看是产品和服务的竞争,实质上是企业能力的竞争,企业必须建立赖以永续经营的核心能力,企业能力理论不仅在理论界得到普遍的认同,而且已深深植根于企业经营管理的管理实践和战略家的思维方式中。而中小企业处在企业成长发展的重要阶段,培养和形成核心能力尤为关键。

第一节　中小企业核心能力的形成

一、企业核心能力的内涵与特征

（一）企业核心能力的内涵

1990年,哈默尔(Gary Hamel)和普哈拉德(C. K. Prahalad)在战略管理中提出了核心能力的流行定义,即:核心能力是"组织中的积累性学识,特别是关于如何协调不同的生产技能和有机结合多种技术流派的学识"[1]。随后(1994)两人又合著了一本在全球广受欢迎的论著《竞争大未来》,把核心能力概念具体应用到战略管理中。他们认为核心能力是组织中的群体学习,特别是如何协调各种不同生产技能以及整合不同技术流的能力。在此基础上,他们提出判断核心能力的三条准则:第一,扩展性,即核心能力使企业具有进入广泛市场的潜力;第二,贡献价值性,即核心能力可以提供用户从最终产品感知到的价值,第三,难以模仿性,即核心能力难以被竞争对手模仿。例如,NEC的数字技术;本田的引擎,在轿车、摩托车、剪草机、发电机等领域带来独特优势;佳能的光学、成像和微处理控制技术,使其进入甚至主导一些看起来很分散的业务领域,如复印机、激光打印机、照相机和扫描仪。

Dorothy Leonard-Barton(1992)根据公司项目开发小组及公司多数员工的意见,判断出五个公司的传统核心能力。Ford的汽车、车辆总体架构;Chaparral Steel的铸模;惠普的测量技术;Chemicals的卤化银技术;Electronics的网络技术。

1993年,Przybylowicz等认为,Kodak在成像技术方面核心能力有:卤化物成像材料;

---

[1] Prahalad, C. K. and Hamel, G.: *"The core of competence of the corporation"*, Harvard Business Review 66, p.82.

非卤化物成像材料;精密薄胶卷;光机电一体化;成像电子学;成像科学。也在1993年，Kesler等一语道出了核心能力的真谛，即"核心能力是组织的标志，即'我们是谁,我们擅长于什么?'"。

1998年，Klein等认为，核心能力是一组技能集合，可以用一个技能网络来表示核心能力，即核心能力是技能网络。在识别出公司的技能图的基础上、通过聚类分析，找出各技能之间的关系，可以得出公司的技能网络。

上述观点从不同角度对企业核心能力进行了诠释。

笔者折衷各位学者的观点，认为，企业核心能力是一种能够整合企业内的各种资源并使之价值得到提升，最终提高企业持续竞争优势的核心知识及其运作水平的有机集合，这种核心知识及其运作水平的集合是一种无形资产，具有异质性、难以模仿性、不易替代性、动态性等特征。

（二）企业核心能力的特征

从笔者对企业核心能力下的定义中，可以看出企业核心能力具有多种特征。下面分别解释如下：

1．集合性

核心能力是企业核心知识与运作水平的集合，也是内部团队及个人不同核心能力的集合。集合性使得企业核心能力具有"普通模糊"[1]的特性。普通模糊是里普曼和罗曼尔特对核心能力的复杂性及不易识别性等特点的概括。核心能力的集合性也决定了企业核心能力虽然和特殊的个人有关，但并不会因某一个人的离开而失去。

2．异质性

核心能力是由企业内部不同的部门、团队和个人，不同的资源，如资本、技术、知识等相互作用的结果，且这种相互作用受到组织结构、部门的规模、资源的规模与组合、内部人员的素质等多种因素的影响。由此所形成的核心能力不大可能在其他企业重复出现。有些核心能力还是企业特殊历史经历的产物，是企业历史的遗产。Barlett和Ghoshal把核心能力称为"管理遗产"。管理遗产使企业核心能力的形成具有路径依赖性。

3．难以模仿性

核心能力是难以被复制的。正因为如此，企业才可能凭借这种能力取得超过平均利润率的租金。任何企业都不可能依靠简单地模仿他人来建立自己的核心能力。只有通过

---

[1] Lippman, S.A. and Rumelt, R.P.: "*Uncertain limitability: An analysis of interfirm differences in efficiency under competition*", Bell Journal of Economics 13, pp. 418-453.

自身的学习、创造,乃至在市场上千锤百炼才能形成。

4. 难以替代性

核心能力是与知识相关的,虽然看不见摸不着,但人们可以体会到,类似于无形资产。这种无形资产,有些像技术或管理诀窍(Know-how),是难以买卖的,但在它所存在的企业来讲,能够产生超常规的资产收益率。核心能力一旦形成,在较长的时间内不会被其他核心能力所替代。难以替代性的程度决定了核心能力价值持续实现的周期。

5. 动态性

技术是有生命周期的,产品也是有生命周期的,外部环境更是不断变化的,因此,企业必须根据外部的不可控的环境的变化培育自己的核心能力,使自己的"长者更长"或"人优我更优"。动态性还意味着核心能力能够在较大的战略目标范围内发挥作用。

二、核心能力是持续竞争优势之源

核心能力是企业的内在资源,而持续竞争优势则是企业核心能力在市场上的外在表现。核心能力转化为持续竞争优势是市场对核心能力物化结果(核心产品与服务)的进行评价的产物,表现为源源不断的最终产品或服务能够给消费者带来持续的价值(或曰消费者剩余)。核心能力与企业持续竞争优势的关系如图 15-1 所示。

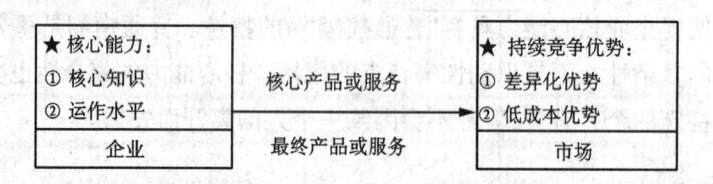

```
┌─────────────┐                    ┌─────────────┐
│ ★ 核心能力: │   核心产品或服务   │ ★ 持续竞争优势: │
│ ① 核心知识  │ ─────────────────→ │ ① 差异化优势 │
│ ② 运作水平  │                    │ ② 低成本优势 │
│    企业     │   最终产品或服务   │    市场     │
└─────────────┘                    └─────────────┘
```

图 15-1 核心能力与持续竞争优势的关系

图 15-1 把核心能力主要分为两个方面,即核心知识和运作水平。

维娜·艾莉(Verna Allee,1998)认为[①],核心知识能力是属于对特定商务而言的独一无二的专长、知识和技术知识的范畴。例如:腐蚀剂和胶粘剂的技术知识(3M 公司);图片影像技术(柯达公司);由原油制造石化产品的提炼技术(Chevron 公司);基因分离技术(基因技术公司);滚轴钢铁模具设计技术(Chapqarell 钢铁公司);软件代码的开发(微软公司);会计操作(Arthur Andersen 公司)。

而核心运作能力是使企业生产高质量产品和服务的速度和效率。例如,迅速推出新产品的能力(惠普公司);迅速改进产品和服务以满足顾客需要的能力(Rubker Maid 公司);整合信息技术,例如电子数据扫描技术,使其产生效用的能力(宝洁公司);后勤管理

---

① 维娜·艾莉(Verna Allee):《知识的进化》,珠海出版社,1998 年,第 52~53 页。

(Wal-Mart 公司);重新设计核心商业过程的能力(摩托罗拉公司);吸引和招聘优秀雇员的能力(Levi-Strauss 公司);共享学识、洞察力和最佳实践(德州仪器公司)。

要正确认识核心能力还必须理解核心产品的概念。

核心产品是核心能力的载体,它是一种或几种核心能力的物质体现,同时也是核心能力的市场体现。核心产品是最终产品的重要组成部分,更是联系核心能力与最终产品的纽带。企业通过核心产品的自行生产,防止秘密技术的扩散,从而将核心能力保持在企业内部。可口可乐公司自行配制糖浆就说明了这一点。企业为了维持核心能力领域的领导地位,就必须在核心产品的生产上维持尽可能大的制造份额。需要指出的是,一个企业最终产品或服务的市场份额不同于其在核心产品生产上的制造份额。比如,英特尔公司在全球个人计算机市场上的份额微乎其微,而在个人计算机芯片生产上占有全球市场的绝对份额。

可以用一个比方来说明核心能力、核心产品与最终产品的关系。"企业好比一棵大树,树干和大树枝是企业的核心产品,小树枝是各业务单位(SBUs),树叶、花、果实则是最终产品,而提供营养的根系便是核心能力"。如图 15-2 所示(1~12 为最终产品):

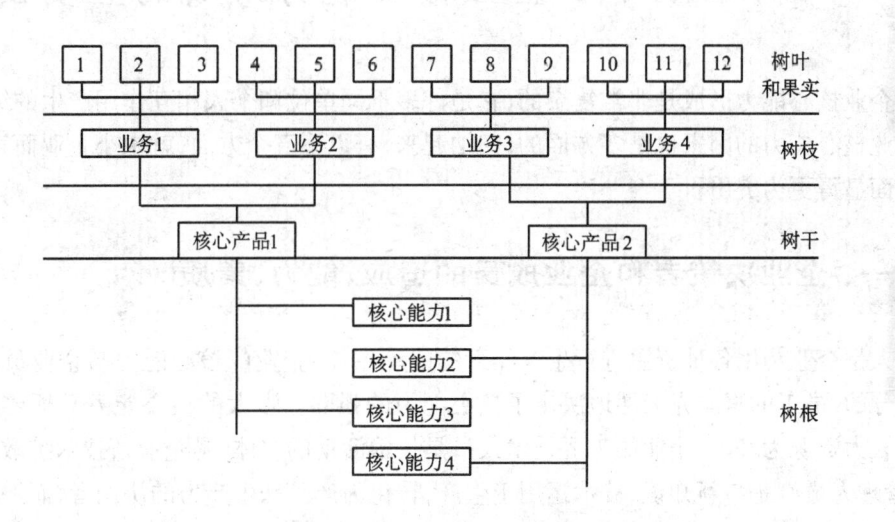

图 15-2 核心能力、核心产品与最终产品关系图

现代企业在三个不同的层次上展开竞争:核心能力、核心产品和最终产品[1]。如果一家企业将全部能力用于生产制成品,核心产品依靠外部购买,他可能会在最终产品市场上暂时击败竞争对手。然而,其经营活动势必对其他公司的依赖性强、易受其他公司的控制,最终产品也不具备持续发展的能力;反之,如果一家公司在核心能力的竞争中占了优势,比如在某些新技术应用开发上处于持续领先地位,他就能在开发新产品方面击败对手、保持竞争优势的持续发展;如果一家公司在核心产品的竞争上赢得了绝大多数制造份额,他就可以左右最终产品市场的发展与变革,进而击败竞争对手。

---

[1] 韩经纶等:"现代企业竞争优势探源——对核心能力的系统思考",《南开经济研究》,1998 年第 5 期。

独霸电脑芯片市场10余年的英特尔公司,在核心能力与核心产品的开发战略运用上可谓经典。20世纪80年代初,英特尔公司就敏锐地觉察到半导体将成为电子、计算机和通信产业革命的基石,于是决定研制生产微处理器芯片,1985年开始供应80386芯片,1986年386系列芯片全面上市。作为全球386芯片的惟一供应商,英特尔公司赚足了利润,然而英特尔公司并未因此而冲昏头脑,丝毫没有放松486系列的开发步伐,1989年4月如期推出486系列。此后,英特尔公司推陈出新的速度越来越快,不久586系列诞生。1997年英特尔又推出Pentium系列芯片。英特尔公司依靠其微处理器技术方面的核心能力,加上核心产品的不断推陈出新,牢牢掌握了市场的主动权。

可以说,市场竞争与其说是基于产品竞争,不如说是基于核心能力的竞争。其实,企业在最终产品市场上份额的大小并不完全体现企业的根本竞争力。就好比一棵大树,有了发达的根系、粗壮的树干,就有了牢固的根基和茁壮的生命力。不然,靠嫁接在其他树干上的无根之树,纵有茂盛的树叶、累累硕果,也终究是无根之树。

第二节 影响中小企业核心能力形成的主要因素

企业核心能力形成是非常复杂的,它是许多不同单位和个人相互作用产生的结果,影响企业核心能力的因素也是多方面的,归纳起来,有以下五个方面,就中小企业而言,这五个方面显得更为突出:

一、企业决策者和企业成员的适应、能力、素质

人是企业利用各种资源进行生产经营的能动主体,企业的核心能力与企业员工是密不可分的,员工的素质先天性地决定了核心能力的强弱。强大的核心能力必须要以高素质的人力资源为基础,企业的工程技术人员是技术活动的主体,是企业新技术扩散的传播者,管理人员则是将新知识、技术运用于生产,转化为产品和生产力的协调者,而一线技术工人是一切技术活动的参与者,工人群体的技术素质对于技术活动的实施和生产体系的有效运转有着直接的影响。

二、企业的知识库

企业的核心能力主要的基础是有关各种知识和技能的储备,企业要形成自己的知识库,通过企业内部员工的知识生产、管理和共享过程,完成企业核心能力的知识储备。

三、企业有形资源的素质和丰富度

企业有形的物质资源技术含量高、储备丰富,则有实力来投资于有关培育和增强企业

核心能力的业务,特别是企业的研究与开发需要大量的投资,世界上一些著名的大公司每年投入用于 R&D 的资金,占总销售收入的很大比例。如微软公司每年的研究费用都占销售收入的 10% 以上。

四、企业的创新机制

创新思想和创新能力的形成,需要一个有利于创新的客观环境和一整套机制,包括人才获取机制、人才成长环境、激励机制、企业 R&D 环境、内部沟通渠道、知识的管理机制、企业组织机构充满生机和活力等。

五、企业的凝聚力

企业的凝聚力是其成员对于企业目标的认同感和企业文化的具体体现。当企业的目标和企业文化被成员共同认可之后,就会形成一种粘合剂,形成一种巨大的向心力和凝聚力,使成员关心企业发展、积极参与企业事务,这是企业生存和发展的根本所在。相反,凝聚力的弱化会带来企业成员对企业变革的信心和支持降低,甚至抵触。没有凝聚力的企业不可能形成强大的核心能力。

总之,企业是由各种有形资源和无形资源构成的有机体,但企业并非资源简单的堆积,它是由企业能力将各种资源有机联结起来的能力集合体,企业能力是影响和决定企业竞争优势的关键因素,企业资源是指能为企业所控制,并能改善企业绩效与执行企业战略要素。战略性资源是企业所具有的对企业经营成功具有重大意义的资源,它具有稀缺性、独占性、价值性的特征。在企业能力体系中,核心能力是企业获取战略性资源并对企业资源的有效利用创造出持续竞争优势的企业特有的能力,它主要由战略能力、流程能力和市场能力共同决定,核心能力存在于企业战略决策过程、以价值流为主体的业务流程、企业的组织体制和组织结构以及企业的文化环境中,它具有独特性、价值性、延展性和动态性的特点。核心能力中最活跃的因素是人,人的素质是核心能力的重要基础,但人员的能力强并不等于企业核心能力强,核心能力是企业人员整体相互作用并表现出来的使企业领先的能力,核心能力决定了企业生存和发展的领域和空间,建立、培养、运用核心能力是现代企业发展战略的主线。因而中小企业要努力培育战略性资源,形成核心能力,并且以此为导向,培养和凝聚高素质的人力资源。

第三节　中小企业核心能力的培育过程

核心能力是知识、技能、技术的集合体,明显地带有技术的特征。尽管普哈拉德和哈默尔一再声称、培育核心能力并不意味着在研究和发展(R&D)上超过竞争对手,但是,在培育企业核心能力的过程中,技术创新是至关重要的,没有技术上突破性的创新,所创建的核心能力的价值也将是十分有限的。通过技术创新培育企业的核心能力至少应注意三个方面:一是要有一个规划,明确战略意图;二是以核心技术体系为基础开展技术创新;三是对企业的核心能力进行技术性整合。

一、规划核心能力

核心能力是企业的战略性资产,必须与企业的发展战略相一致。因此,必须从战略的高度来规划企业的核心能力。

1. 核心能力的可能变量

哪些变量可能成为企业核心能力呢?对这个问题的回答众口不一,观点各异。管益忻认为,举凡企业特有的,足以胜过对手的市场预测、研究开发、市场营销、加工制作、经营决策、人力资源开发、品牌战略、企业文化、战略管理以及企业的产业创新、制度创新等等一系列的关键程序、能力、资源、机制均为企业核心能力的构成要素[1]。吴贵生则把职工的知识和技能、技术体系、管理体系、价值观念与行为规范作为核心能力的可能范围[2]。

托贝恩·佩德森和芬恩·瓦伦丁的研究更进了一步。他们对101家丹麦的外资企业(通过兼并形成的)的分析表明,不同类型的企业中,各种核心能力变量的重要性也有不同,见表15-1。

表15-1 三类企业核心能力变量分析的平均价值

企业优劣势的设定变量(-5~+5): +5表示加强,-5表示减弱		三类企业的平均价值			101个企业的平均价值
		市场类	生产类	研发类	
知识型资产	技术专门性	1.93	3.07	2.67	2.56
	专业人员的知识水平	1.79	2.43	2.37	2.20
	与研究部门的协作	0.46	0.33	1.22	0.66
	产品开发	1.18	2.50	2.33	2.01
	熟练工的知识水平	1.07	1.53	1.96	1.52
市场型资产	推销/营销	2.07	2.60	1.85	2.19
	与用户的事前联系	1.50	2.17	1.69	1.80
	对顾客的特殊性认识	2.36	3.00	2.74	2.71
其他型资产	生产规模优势	1.54	2.10	0.33	1.35
	与供应商的关系	1.46	0.93	1.26	1.21
	对竞争者的了解	1.19	1.17	1.26	1.20

资料来源:托贝恩·佩德森、芬恩·瓦伦丁:跨国兼并对丹麦企业成长的影响,载[丹麦]尼古莱·福斯等编的《企业万能——面向企业能力理论》,李东红译,东北财经大学出版社,1998年,第221~223页。

---

[1] 管益忻:《论企业核心竞争力——开创战略管理新纪元的第一选择》,中国经济出版社,2000年,第14页。
[2] 吴贵生:《技术创新管理》,清华大学出版社,2000年2月,第232~233页。

在表15-1中,企业核心能力的11种可能变量之间的关系如表15-2所示。

表15-2 企业核心能力各个可能变量之间的相关性

企业类型	两个核心能力的变量之间	显著水平
生产型企业	技术专门性——专业人员的知识水平	1%的显著水平
	技术专门性——产品开发	5%的显著水平
	产品开发——对竞争者的了解	5%的显著水平
	专业人员的技术水平——熟练工的知识水平	1%的显著水平
	专业人员的技术水平——与用户的事前联系	1%的显著水平
	专业人员的技术水平——对竞争者的了解	1%的显著水平
	生产规模优势——推销/营销	1%的显著水平
	对竞争者的了解——对顾客的特殊性认识	1%的显著水平
	推销/营销——对顾客的特殊性认识	1%的显著水平
	与用户的事前联系——对顾客的特殊性认识	1%的显著水平
市场型企业	与供应商的关系——对竞争者的了解	1%的显著水平
	与供应商的关系——与用户的事前联系	1%的显著水平
研发型企业	技术专门性——专业人员的知识水平	1%的显著水平
	技术专门性——与研究部门的协作	1%的显著水平
	技术专门性——产品开发	1%的显著水平
	专业人员的知识水平——与研究部门的协作	1%的显著水平
	专业人员的知识水平——熟练工的知识水平	1%的显著水平
	专业人员的知识水平——与用户的事前联系	1%的显著水平
	与研究部门的协作——产品开发	5%的显著水平
	与研究部门的协作——与供应商的关系	1%的显著水平
	与研究部门的协作——与用户的事前联系	5%的显著水平
	与研究部门的协作——对顾客的特殊性认识	1%的显著水平
	产品开发——生产规模优势	1%的显著水平
	产品开发——对竞争者的了解	1%的显著水平
	熟练工的知识水平——对顾客的特殊性认识	1%的显著水平

资料来源:托贝恩·佩德森、芬恩·瓦伦丁:"跨国兼并对丹麦企业成长的影响",载[丹麦]尼古莱·福斯等编:《企业万能——面向企业能力理论》,李东红译,东北财经大学出版社,1998年,第221~223页。

2. 矩阵图分析

哈默尔和普哈拉德提供了一个矩阵图[1],用于分析企业核心能力的目标。这一个矩阵图是一种有价值的参考手段,如图15-3。

在图15-3中,规划的主要议题可以分为四个领域:

---

[1] [美]G.哈默尔、C.K.普哈拉德:《竞争大未来》,台湾智库文化有限公司,1995年,第224页。

	★ 10年后第一： 为保卫与扩大现有的市场地位，企业需要哪些新的核心能力？	★ 机不可失： 为参与未来最令人兴奋的新兴市场，企业应培育哪些新的核心能力？
新核心能力		
现有核心能力	▲ 填空： 如果改进对现有核心能力的利用，哪些可以增进企业市场地位的机会？	★ 白色地带： 把现有核心能力进行有创意的重新安排或重新组合，企业可以创造哪些新的产品或服务？
	现有市场	新市场

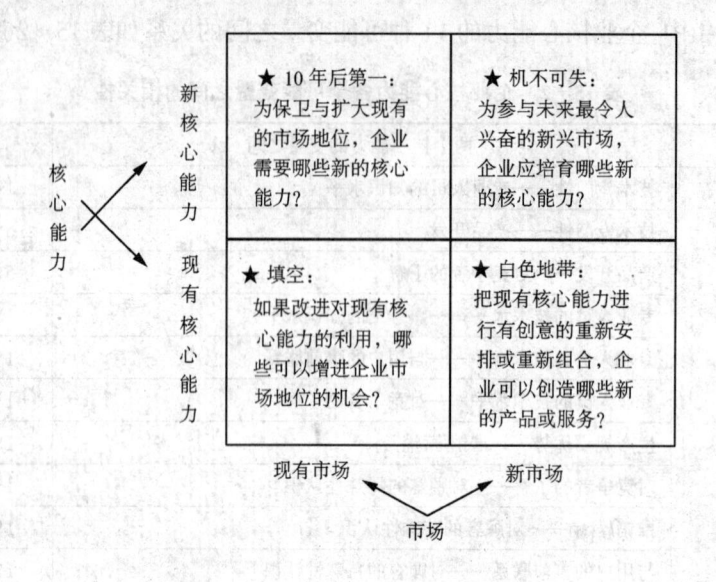

图 15-3 规划核心能力的主要议题

(1)"填空"：是企业现有的核心能力、产品或服务在现有市场的组合。找出哪些核心能力可以支援哪些产品，有助于发现引进企业内其他部门的核心能力，以强化产品的市场地位。每个企业都应自问，扩大部署现有核心能力以增进现有市场地位的机会在哪里。

(2)"10年后第一"：应培养哪些新的核心能力才能使企业在5或10年后被顾客视为第一流的供应者？搞清楚这个问题是为了了解，保持并扩大现有市场的优势地位必须培养哪些新的核心能力。

(3)"白色地带"：是指不属于现有事业单位管辖范围的商机。这一象限的目标是设想如何能够把现有的核心能力应用于新的市场上。walkman 就是索尼公司用录音机及耳机的核心能力开发出来的白色地带商机。企业应该以核心能力为出发点，超越现有的产品或市场，充分考虑某种核心能力在带给顾客的利益方面还有哪些有待开发的空间。

(4)"机不可失"：是与企业现有的市场地位或核心能力没有交集的商机。假设这些机会非常具有吸引力，企业会投入其中。此时的战略应是陆续进行小规模有目标的并购或结成联盟。

3. 规划核心能力要明确的重点问题

通俗地讲，规划核心能力要明确的重点问题是：

目标：要进入(保卫)什么领域，占领什么市场？

方向：掌握什么样的关键技术，建立什么样的核心技术体系？

途径：通过什么方式形成核心能力？

二、以核心技术体系为基础

一个企业如果长期地相对集中于少数技术领域进行技术积累,该企业的技术能力就会具有某种技术范式。对于多产品的企业来讲,技术范式不可能是单一的,同时并存的多个技术范式实际上构成了企业创新必须遵守的核心技术体系。围绕特定的核心技术体系,企业就会有层出不穷的创新成果问世。当然,如果企业以往遵守的核心技术体系遇到新的、更为有效的技术体系的挑战,前一核心技术体系就相应成了企业技术创新的桎梏。

对特定的企业而言,核心技术体系表现为在一定的技术、生产、组织、市场等的约束之下,支配该企业创新的产品主导设计,以及为实现其设计的核心生产技术和相应的核心管理技术等。只要形成了主导设计的技术范式,围绕该范式"边际性技术改进",企业就可能源源不断地设计出新的产品。而围绕着企业核心产品系列的生产、管理技术能力,可以使优异的"设计"变为现实。

核心技术体系是企业核心能力的构成部分,也是技术创新的基础之一。围绕核心技术体系开展技术创新的好处有:

1. 技术开发的成本降低

由既有的产品设计和生产技术引出新的产品设计和生产技术,由于其主导设计未变和核心生产技术未变,因此,不存在由一种技术体系转向另一种技术体系的"技术转换成本";并且创新人员的"学习费用"低,生产设备的调整、适应费用也低。同时,由于技术实现的周期短,创新中"所占用资金的时间代价"也会低一些。

2. 创新产品的实现成本降低

围绕核心技术体系的产品创新,通常是用本企业的新产品去替代老产品。在一定的市场购买力和既定的市场分割的限制下,创新者最好进行边际性市场拓展,因为,边际性市场拓展不需要付出更多的市场投入。在新产品的市场实现中,创新者可以利用老产品的广告效应,从而节省了广告费用。在销售过程和售后服务活动中,企业同样可以利用先前的销售网络与设施。

3. 易形成创新产品集群

对现场的主导设计、核心生产技术和相应的核心管理技术等进行"边际性改动",企业就可以推出新的产品或服务,形成创新产品集群。

美菱、海尔企业目前已经形成了制冷设备创新的核心技术体系。制冷设备的主导设计是关于制冷系统、控制系统及箱体的设计,而其核心生产技术是关于压缩机、控制系统、箱体的生产加工技术。通过主导设计与核心生产技术的多次改进,美菱先后开发了10个系列、51个品种的制冷设备;海尔先后开发了四星级深冷速冻冰箱、豪华型大冷冻室冰箱、超级节能绿色冰箱、大王子、小王子、双王子和一拖二空调等制冷设备。

三、整合核心能力

以一种或几种关键的核心能力为主导,把若干有关的技能有机地组合起来,由此造成核心能力的整合。这种核心能力的整合不仅是关键能力、有效能力的集中,而且是那些多余、落后、无关的机制、程序或职能的消除,其注重由此而形成的"1+1>2"的增值效应。整合核心能力的方式可分为三个方面[①]:

1. 程序整合

这是一种在原有的个别企业内进行的核心能力整合,它以一种或几种关键程序为操作点进行核心竞争力整合。例如,爱立信以生产和供货为关键环节把培养本地区领导者队伍、抓好高层管理人员业绩考核等程序统一起来。又如,美国宝洁公司,则是以优势的市场营销、分销体制为主导,把各有关环节统一起来。

2. 技术整合

在20世纪70年代,日本的NEC公司将计算机领域和通信领域的核心能力有效整合,构成了公司在计算机通信领域的核心能力,确保了公司在计算机通信产业的领先地位。这是一项投入少、风险小、见效快的技术创新活动。对于已有核心能力进行整合所需要的不是大规模硬技术方面的创新,而是如何寻找和识别整合的机会,并从组织上予以保证。技术整合主要有两种方式,即技术复合和技术融合。

(1) 技术复合(Technology hybrid):是将两种或两种以上的技术结合在一个系统里,但不影响原有的个别技术的特性,也没有创造一种新技术。例如,全功能家用视听系统结合了音响、录放像机、电视、个人电脑以及电话科技,构建了一个新系统。

(2) 技术融合(Technology fusion):是结合两种或两种以上新技术而开创出另一项崭新的技术。技术融合后,原先的技术失去了其特性。日本三洋电机公司的电子生物科技,是一种跨产业的生物科技、化学、人工智能、软件、电脑辅助设计、神经网络和超大型集成电路技术的融合。

3. 并购整合

这是在收购公司同目标公司之间达成合约之后进行的两个公司范围的核心能力整合。为增大市场占有率而进行的专业化同行业兼并,或为实施资本扩张而进行的多元化的跨行业兼并,如果处理得当,都是一种优化核心能力的并购整合。并购整合远比在原有

---

① 管益忻:《论企业核心竞争力——开创战略管理新纪元的第一选择》,中国经济出版社,2000年1月,第15~17页。

的企业内部进行程序整合要困难得多,这也正是为什么世界上真正兼并成功的不到1/2的根本原因。

管益忻(2000)的研究认为,并购整合应注意以下几个方面:
(1)有一个统一于一个核心能力体系的协同性安排、计划。
(2)在不同的(两个或几个)企业之间进行部门和职能整合。
(3)解决进入新地区、新产品领域有一个本地化问题。
(4)获得品牌、管理技能等。
(5)业绩要获得改进。
(6)财务运作上的整合。

第四节 中小企业核心能力的培育方法

一、演化法与技术整合

演化法,指的是企业经营者首先确定一个企业的核心能力目标,然后围绕这个目标,对企业现有的各种资源进行整合和变革,培育出有利于企业进货的核心能力。对企业的资源和能力进行整合和变革的常见方法有:技术复合、技术融合及技术性的功能性组合。如图15-4所示:

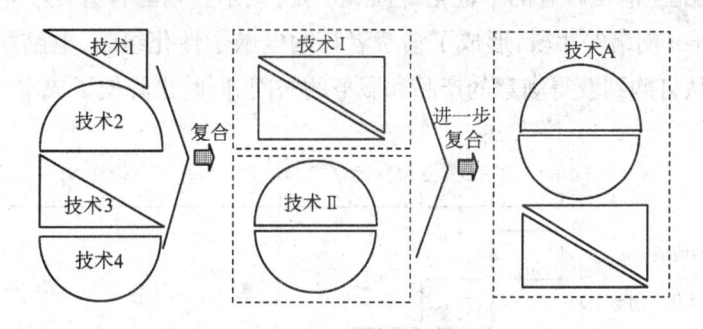

图15-4 技术复合法

如图15-4和图15-5所示,技术复合是指两种或多种技术的组合,并使之系统化,原有技术特性仍保持不变,如美国百特的医疗系统中的输注系统,即为

输液器+输液+输液泵+注射器

技术融合,是指两种或多种技术结合后,形成了一种新的技术,技术融合的特点是失去了原有技术特征,在化学、生物、医药行业、智能技术中技术融合的应用十分广泛。如农业中的育种技术与生物科技的结合,钢铁行业的冶炼技术与化学中氧化、还原技术的结合,机器技术与人的智能技术的结合,均属于技术融合。

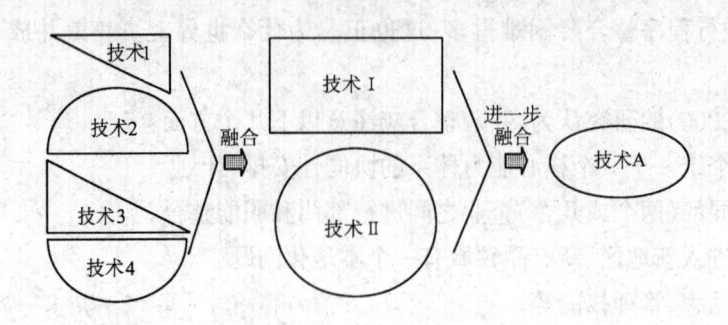

图 15-5　技术融合法

功能性组合,指的是企业的纵向链条中的一个或多个核心能力的组合。如采购能力、销售网络与新产品开发等核心能力的组合。

二、蕴育法与自学习机制

蕴育法通常是由企业的研发部门为基础,组成项目小组,针对企业确立的目标,制定开发计划,在一定时间内培育出企业的核心能力的一种方法。

如戴尔计算机公司所开发出的电脑直销系统就是企业蕴育法的典型例子。传统的电脑销售通常是由电脑厂家经过中间商到达用户手中,这种方式不仅销售成本高,销售周期长,而且也不能完全满足顾客的个性化特征。于是,戴尔公司蕴育开发了电脑直销模式,它借助于 Internet 网络等手段,形成了消费者订购电脑个性化组装,电脑配送系统,大大缩短了消费者从订购到获得满意的产品和服务的时间,同时也降低了成本,获得了可观的利润。

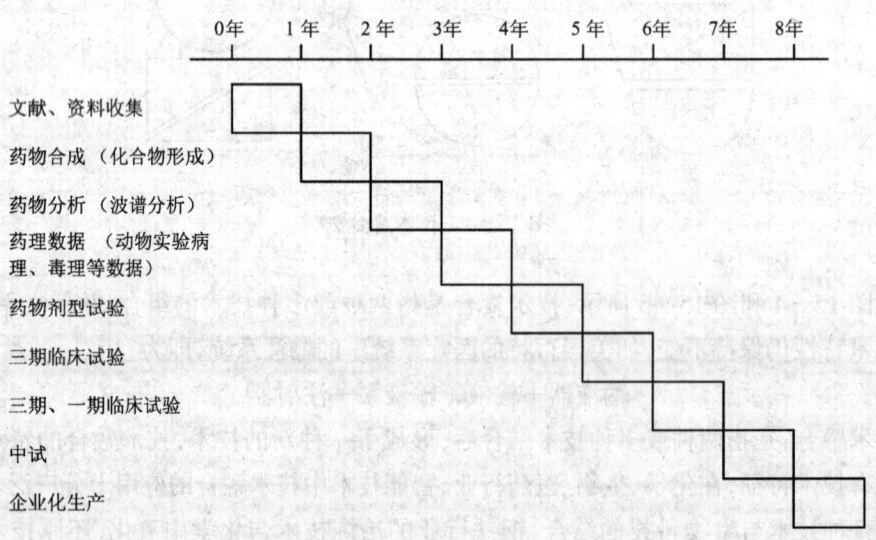

图 15-6　新药开发图

另一个典型的例子就是新药的开发,新药开发需要很长的蕴育时间,一个典型新药的开发时间表如图15-6所示。

蕴育法要求企业有良好的自学习机制,具有自学习机制的企业要善于捕捉市场信息,适应市场需求变化,不断培育并形成新的核心能力。

具有自学习机制的企业,即学习型组织通常具有以下四个方面的特点:

1. 能系统地分析和解决问题

其一般的程序见图15-7。

2. 试验

学习型组织重视不断的试验,在不断的试错中获得积累性知识,探索新的知识,获得新的机会,几乎每一项新技术的发明、新成果的问世都经过无数次的试验,一次次试验的过程使得学习型组织朝着既定的目标所蕴育的核心能力的知识呈现螺旋式上升的特征。

3. 充分发挥企业内、产业内的知识溢出效应(Spill-over Effect)

企业要建立核心能力,就要不断的提高企业的知识总量,既要对企业现有的知识存量进行整合,重新配置,不断创新,又要不断获得企业的新的知识"增量",因而企业要不断学习过去的经验教训,同时也要努力学习别人的经验。学习别人的经验包括向市场领先者学习,向顾客学习,向竞争对手学习,充分发挥知识在产业内的溢出效应和企业内的溢出效应。

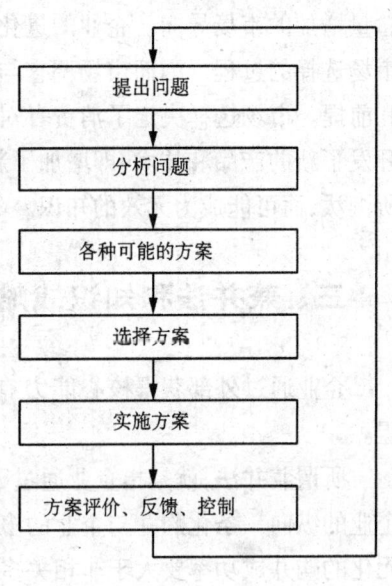

图15-7 自学习机制企业分析与解决问题程序

4. 知识传播及普及

企业要建立知识管理系统,不仅要重视知识的"生产"过程,而且要重视知识的传播与普及过程。企业应采取以下对策。

(1)企业要建立一套完整的培训制度,既要借助外部培训,又要重视内部培训,更主要依靠内部员工的培训力量。由于专业化的分工,每一位员工都将能成为某一岗位的行家,由内部专家对员工进行培训,不仅有利于知识的传播与普及,也有利于内部员工的沟通和相互理解,从而将降低内部组织成本,提高企业的劳动生产率。

(2)交叉培训与交叉轮岗。企业的知识增加的重要方式之一就是"干中学",因此,要有计划的对员工实行岗位轮换。同时,也要重视跨部门员工的交叉培训。所谓交叉培训,就是某一部门的"专家"对其他部门的培训,如财务部门的会计专家对销售人员进行会计培训,市场部分的"产品专家"对人事部门进行产品培训,销售部门的销售人员对"生产部门"员工进行市场培训,质量部门的"专家"对采购部门员工进行质量培训等,这些措施都将大大提高企业的全员素质,也有利于企业的知识总量的增加。

(3)建立企业知识"生产"与"传播"机制。企业要通过举办各种技能竞赛,各种岗位先进评比,建立企业内部知识"生产"和传播的激励机制。如海尔将工人的发明创造成果以发明者的名字命名,重奖有成果的科技人员。这都将极大的促进企业内知识的传播及普及。

(4)市场调查与访问。企业要重视市场调查与访问,市场调查与访问决定了企业知识总量增加的市场导向。企业的进化过程,即企业知识总量的增加过程,就是一个不断满足市场选择的过程。因而市场调查与访问就成为了企业知识增加,传播与普及的重要基础和前提。市场选择决定了消费者对企业的"知识"选择。一个闭门造车的企业,尽管可能开发了新的产品和技术,即增加了新的"知识",但如果不能被市场所接受,最终将被市场所淘汰,而可能成为无效的知识。

三、兼并法和知识战略联盟

企业通过外部获得核心能力有两种方法:一种是兼并法;另一种是形成知识战略联盟。

所谓兼并法,就是指企业通过购并的方式获得其他企业的核心能力。这种购并包括企业的纵向一条化购并与企业的多角经营中的多元化购并,通常而言,纵向链条或相关多元化的购并成功率要大于非相关多元化的购并。

一个企业通过前向或后向购并经销商或原材料厂家,从而获得经销商的销售网络或上游企业的供应系统,这样一些核心能力,将有助于企业的成长。

然而,当一个企业的兼并不能获得核心能力,盲目扩大规模,最终有可能因为内部组织成本过高而导致失败。尤其是企业在无关的领域盲目多元化,盲目购并,即使获得了被购企业的核心能力,但由于原有企业对该核心能力的知识不够,此时,如立即大幅度调整被购企业的组织制度,就可能导致人员流失,最终导致核心能力丧失,而若继续保留被购企业的组织制度与体系,则会出现"内部人控制"现象,而使企业内部组织与交易成本上升。因此,通过企业购并获取核心能力的办法在企业的纵向链条及相关多元化的购并时适用。

企业通过外部获取核心能力的另一办法就是建立知识战略联盟。

战略联盟作为企业间的网络化系统,其最大优点是能在经营活动中充分利用外部规模经济。当企业由于缺乏资源或不能完全利用已有的技术、经验和人才,就可以通过建立战略联盟实现企业间的资源共享,提高资源的使用效率,减少沉没成本;另一方面,也可以节省企业在可获得资源方面的新的投入,降低转置成本。因此,早期的战略联盟均是以共享市场和资源,分担风险,降低成本为目标。

现在的战略联盟通常是在经营资源和经营能力对等的企业间建立,是以开发新技术、控制新的标准和维护市场实力为目标的战略联合。企业间以双向或多向的知识流动为特征,除了追求"规模经济外",更重视"学习效果"的获得。因而,战略联盟的目标也从原来降低成本,共享资源,降低风险,开发市场转到了组织学习。这时,企业组织追求的目标不仅仅是通过降低成本,提高质量,增强企业对环境的适应能力,而是通过相互学习,增加企业的创新能力,从而提高企业的核心能力。

在这种背景下,传统的以资源互补或风险共担为基础的战略联盟已向"学习型战略联盟"转变。一般来说,企业培育核心能力既可以从现有的知识中开发新能力,也可以向外部获得知识。而向外部获得知识的学习有三种方法,即被动学习,主动学习和互动学习。前两种学习方法很容易获取显性知识,而后者即最容易获取隐性的知识。建立学习型战略联盟正是互动式学习的需要,只有在这种战略联盟中,干中学、干中教的主动式学习才成为可能。

学习型战略联盟的核心是"学习",即组织之间的互相学习。因此,从战略联盟中的每一个企业来说,企业应提高本身的知识"吸收能力"。所谓吸收能力是指一个企业认识、评价、消化吸收以及商业化外部知识的能力。根据吸收能力理论,组织之间的学习效果取决于学习者即"学生"企业的三个方面的能力,即认识和评价外部新知识的能力,消化吸收知识(内化外部知识)的能力以及将外部知识进行商业化应用的能力。

以上三种能力构成了吸收能力的三个维度。第一维是科学技术或学术知识的相似性,它是师生两者知识基础的"知道是什么"部分,第二维是两个企业知识处理系统的相似性,是他们知识基础的"知道怎样"部分;第三维强调两个企业商业化目标的相似性,是他们知识的"知道为什么"部分。因此,结盟企业应尽量选择基础相类似的企业作为战略伙伴。一些典型的成功例子有:计算机产业战略联盟,家用电子产业战略联盟等。

作为知识战略联盟的成员,要遵循 3C 原则。一是战略成员要和谐一致(Compatibility),二是企业成员必须具备一定的能力(Capability),三是战略成员之间承诺建立一种长期、稳固的关系(Commitment),战略联盟可采用功能性协议,相互持股投资、合资等方式。

中小企业可以通过以上的方法形成企业的内部核心能力,企业的竞争归根到底是核心能力的竞争。中小企业只有拥有有竞争力的核心技术、核心能力,才能在市场竞争中立于不败之地。

第五节 中小企业核心能力的扩张机制

中小企业的规模扩张是中小企业成长的一个重大"壕沟"。不少企业由于跨不过这一"壕沟",不得不退出市场。巨人、亚细亚、中华鳖精、三株、秦池等企业陷入困境的教训实在太深刻了。规模扩张是对企业家技术创新能力的挑战,不可等闲视之。笔者认为,在中小企业成长过程中,规模扩张是必要的,但必须以核心能力为基础。对于中小企业来讲,以核心能力为基础的扩张机制表现在:实行以核心能力为基础的相关多元化,建立以核心能力为基础的阻隔机制,在产业链的某一点横向扩张。

一、实行以核心能力为基础的关联多元化

多元化经营的好处是不仅仅是规模经济与范围经济。马凯德和威廉姆森(C. C. Markides & P. J. Williamson,1994)认为,关联多元化能够比竞争者更为迅速和低成本地创立、积累新的战略性资产(Strategic assets)[①],而不仅仅是不同的战略业务单元共享现有资产。具体说来,关联多元化有四种潜在的优势:

1. 资产共享(Asset amortization)

不同的战略业务单位之间可以共享同一战略性资产,例如共同的分销体系,从而可以获得规模经济与范围经济的优势。规模经济的概念大家比较熟悉,主要指单一业务规模扩大所产生的经济性,这里不加解释。

什么是范围经济呢?范围经济是企业经营的产品或服务的种类的增加所产生的经济性,是多元化经营所谋求的主要利益之一。如果有:

$$C(X) < \sum_{i=1}^{n} C(x_i)$$

则存在范围经济。

式中:$C(X)$——单一企业中生产 n 种产品的成本,$X=\{x_i\}$;

X_i——第 i 种产品;

$C(x_i)$——第 i 种产品在专业化企业中生产的成本;

$\sum_{i=1}^{n} C(x_i)$——n 个专业化企业分别生产第 i 种产品的成本。

2. 资产改善(Asset improvement)

利用在建立和维持某一战略业务单位的现有战略性资产的过程中积累起来的核心能力,可以提高另一战略业务单位的现有战略性资产的质量。例如,本田公司在管理现有的小轿车分销网络的过程中积累的经验,可能有助于改善其现有的摩托车分销网络。

3. 资产创立(Asset creation)

利用在建立现有业务的战略性资产过程中开发的核心能力,可能会更迅速地或以更

---

① 按照马凯德和威廉姆森的定义,战略性资产是那些无法被采用非关联多元化所模仿的资产,是那些在某个具体的市场上构成公司成本优势或多样化优势基础的资产。参见[英]坎贝尔、卢斯:《核心能力战略——以核心竞争力为基础的战略》,严勇等译,东北财经大学出版社,1999年8月,第116页。

低的成本去创立一项关于新业务的新的战略性资产。例如,利用建立摩托车分销网络的经验,建立平行的除草机分销网络。

4. 资产裂变(Asset fission)

关联多元化可能会增强现有的核心竞争力,因为在建立新业务的战略性资产的过程中,公司会学到新的技能。这反过来又会提高其现有业务的战略性资产的质量。在建立除草机分销网络的过程中,本田公司会学到新的技能,这反过来又有助于改善其现有的摩托车分销网络。

关联多元化的长期价值主要不在于规模经济的利用,而在于使公司以更低的成本进行战略性资产的扩张。引发"资产改善"、"资产创立"和"资产裂变"等效应是关联多元化取得长期竞争优势的关键所在。

二、建立基于核心能力的隔绝机制

一个企业在取得了竞争优势之后,其限制自己的竞争优势被模仿或被削弱的经济力量就是理查德·鲁姆特所说的隔绝机制(Isolating mechanisms)[1]。隔绝机制主要有模仿障碍(Impediments to imitation)和提前行动者优势(Early-mover advantage)等。

模仿障碍是一种阻止其他厂商通过模仿资源和能力而产生厂商竞争优势基础的隔绝机制。例如,许多公司都致力于3D计算机图形市场竞争,但是没有一家厂商能够与硅谷图形公司在这个领域的能力相媲美。显然,他有防止竞争者模仿其成功模式的障碍。这种障碍主要有:

模仿的法律限制(Legal restriction on imitation),如专利、商标、版权、政府控制市场进入的手段等法律与政策限制。

获取投入或顾客的优越途径(Superior access to inputs or customers)。

市场容量和规模经济。

无形的障碍,如社会复杂性(Social complexity)、对历史环境的依赖(Dependence on historical circumstances)等。

提前行动者优势具有厂商一旦获得了竞争优势,就不断地扩大其相对于竞争对手和潜在进入者的竞争优势的隔绝机制。例如,SGI工作站的顾客基数已经很大,这个事实吸引了软件开发商利用SGI的特别图形能力编写应用软件,而这又反过来增加了SGI对潜在买主的吸引力。提前行动者优势主要有:

学习曲线(Learning curve)。

网络外部性(Network externalities)。

---

[1] Rumelt, R. P. : *"Toward a strategic theory of the firm"*, in Lamb(ed.). Competitive Strategic Management, Englewood Cliffs, N. J. : Prentice Hall, 1984, pp. 556~570.

声誉和购买者不确定性(Reputation and buyer uncertainty)。

购买者的转换成本(Buyer switching costs)。

图15-8描绘了两种隔绝机制的区别①。

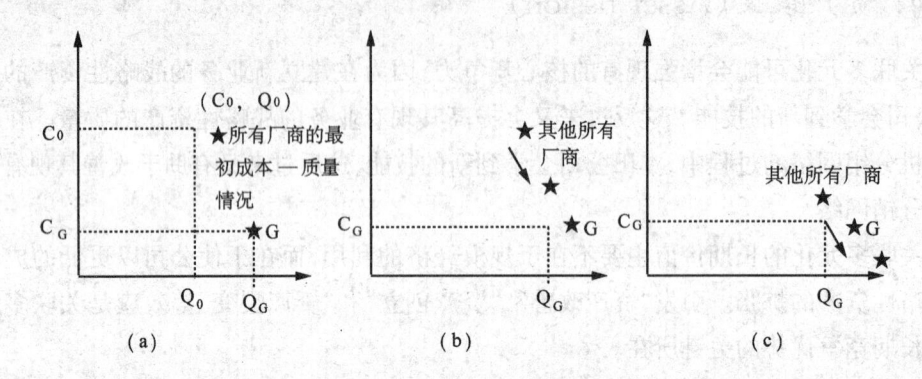

图15-8 阻止模仿与提前行动者的优势

注:图15-8(a)——所有厂商的初始成本—质量定位是(C_0, Q_0),发生"惊人事件"后,厂商G以高质量、低成本获得竞争优势;图15-8(b)——模仿障碍:厂商G的竞争对手能够降低成本,但是,不可能达到G所领先的成本—质量定位;图15-8(c)——提前行动优势的动态过程:随着时间的推移,厂商G的成本、质量优势越来越明显。

假设所有厂商在开始时的战略定位都是相同的。厂商G突然发生了"惊人事件",使其相对于市场中其他厂商处于有利的地位。我们用"惊人事件"来泛指那些导致市场中竞争地位发生重大的根本性变化。"惊人事件"的例子有:产品创新或工艺创新,发现新的消费者价值来源或市场区隔,需求或消费者偏好的改变,或者给厂商创造显著改善战略定位机会的管制政策的变化。模仿障碍型的隔绝机制使厂商G的优势免于被完全模仿。提前行动者优势的作用过程则与此不完全相同。事实上G是市场中第一个由于"惊人事件"而获益的厂商,随着时间的推移,厂商G相对于其他厂商的优势越来越大。

如果"惊人事件"不经常发生,而且隔绝机制作用很大,那么厂商就有可能长期保持竞争优势。鲁姆特认为,那些竞争优势受到隔绝机制保护的厂商可能会长时期内不改变战略,然而他获得的利润却高于其竞争对手。与此相应的看法是,长期获得高利润的厂商不一定就意味着管理得好。正如鲁姆特指出的那样,"甚至傻子也可能(在短时期内)捣腾出好结果"。

三、在产业链的某一点横向扩张

科技进步使许多制造业的管理和技术日趋复杂,制造业的设备、厂房造价日趋昂贵,这使原有的"从头到尾"的产业链作业方式显得力不从心,中小企业更是如此。知识经济的到来对技术创新提出了更高的要求,许多企业加大了研发资金的投入,对整个产业链的

---

① [美]戴维·贝可赞等:《公司战略经济学》,北京大学出版社,1999年,第14章。

技术创新是中小企业力不能及的。如果把精力注入产业链的每一个环节,则各个环节难以同时达到最优化。管理学的"木桶原理"告诉我们,企业竞争力的薄弱环节往往是制约企业发展的瓶颈。分工的意义在于把产业链这个"桶"打散,抽出短板,到企业外部寻找长板填补,而把精力集中于自己的长板。此外,随着技术进步,特别是通信、网络等信息技术的高度发达,企业通过外部市场获取合格产品的交易费用大为减少。比尔·盖茨曾说:"Internet 无摩擦"。与此同时,技术进步也大大拓展了中小企业的研发能力,使他们在自己所专注的领域不断创新。

在某些专门领域,中小企业甚至拥有大公司无法比拟的优势。例如,著名的英特尔公司就有与技术成熟的小企业碰撞而逆流翻船的案例。1994 年,英特尔大举进军计算机主板制造业,试图以其中央处理芯片技术的垄断优势为依托进一步控制微机制造,但却无法与中国台湾已经成熟的母机生产商竞争。

在信息化时代,企业可以在每个业务环节,也即产业链的某一点上树立核心能力以区别于竞争对手,以"点"的突破带动"面"的发展,或仅在"点"上精益求精。

如果说现在的个人计算机时代是 Wintel(Windows + Intel)时代,一点也不为过。微软公司的视窗操作系统和英特尔公司的中央处理芯片技术联手,形成了个人电脑软、硬件工作标准。他们的成功经验被称为 Wintelism(视窗英特尔主义)的产业模式。这种模式指出,某些掌握关键技术、其产品已经被视为产业内的无形"标准"部件的公司,将占据产业内的最大利润地盘,而他们无需承担组装最终产品的生产组装任务。这就是为什么当今计算机制造业中,占最大利润地盘的公司是微软和英特尔,而不是康柏或联想。观察一下微软,当整个信息产业平均利润率为 6% 时,他的利润率从 20% 到 39%,再到 44.3%,节节上升。

在 Wintelism 生产模式下,微软与英特尔的公司战略极其相似,即集中精力和资源,不断将自己的产品更新换代,力求精益求精,以维护其在本行业的标准位置,从而牢固地把握产品的垄断地位,将顾客锁定在一种永久的无形关系之中。

四、培育基于技术轨道和技术平台的创新集群

核心技术是企业创新集群形成的核心和技术基础,企业内创新集群通常是由核心技术和一系列围绕核心技术的渐进性创新所构成。

技术轨道(Trajectory)是特定行业或企业创新努力的某个方向,它反映了在某一技术领域内技术发展的一种规律性,沿着这一方向或规律的技术创新就是基于技术轨道的顺轨性创新集群。电子元器件创新的集成化趋势,机械设备创新的自动化趋势,都反映了一种技术发展变化的规律。创新技术的演化一般会有一定的技术轨道,不同行业或企业的创新往往具有不同的技术轨道。

英特尔公司生产的微处理器从 20 世纪 70 年代初的 4004 型、8080 型到 80 年代的 80386 型,其芯片的集成度逐步提高,每个芯片上的晶体管数目从 2500 个增加到 170 000

个,几乎每两年翻一番。字长也从4位、8位、16位逐步提高到32位。就仿佛是存在着一条提高芯片集成度和增加字长的技术轨道,Intel公司沿着这一技术轨道不断地推出微处理器的创新产品,形成了一个创新集群。

技术平台(Platform)的衍生性创新集群是指企业在特定的技术平台上以满足市场的差异化需求为目的开展创新活动形成的创新集群。技术平台是指在某一产品领域内,设计、生产和制造一系列产品所共用的技术,它包括技术原理、设计方法、生产工艺及关键设备等。构成技术平台的技术可能是一组技术,企业的核心能力往往是构成技术平台的主要技术。技术平台是企业技术发展或者说技术积累的阶段性成果的体现,代表企业核心技术在某一时间段上的水平。

索尼公司在Walkman(随身听)产品的技术创新中,根据不同消费者的偏好和消费习惯,有针对性地推出不同风格和类型的Walkman。20世纪80年代初到90年代初,索尼公司仅在美国市场上就推出了572种Walkman产品,形成一个庞大的Walkman创新产品集群。索尼公司对Walkman产品的创新是基于技术平台的衍生性创新,即在不改变主要生产技术和产品元件的条件下,通过局部变动产品设计改变产品的一些辅助功能。例如,为满足儿童使用需要而使产品更小巧;为满足在运动中使用的需要而提高产品的防震性能;为满足在海滩娱乐中使用的需要而增加防水性能等。在进行这些局部变动时,产品的一些主要结构和元器件,尤其是利用企业关键技术生产的元器件,如微型电机、超薄机身、"口香糖型"充电电池等都是不变的。这些不变部分的生产技术就是平台性技术。

企业基于技术平台的衍生性创新与基于技术轨道的顺轨性创新是不同的。顺轨性创新一般会伴随企业核心技术的明显变化,形成技术水平更高的新一代产品;而衍生性创新则主要是在产品的核心技术基本不变的情况下,通过对产品作局部变革,形成能满足不同的顾客需求的差别化系列产品,这些系列产品属于同一代产品。

由于市场和技术特点不同,不同的企业采取的集群模式可能是不同的。企业在实施集群式创新时,首先应综合考虑企业的技术积累状况、外部技术的发展状况、市场需求现状及发展趋势、竞争者的技术势态等因素,正确选择企业在一段时期里所应采取的集群模式。在集群创新实施过程中,企业应注意将每个创新集群的规模控制在适度范围之内、以免集群不经济的状况发生。

第十六章　中小企业的育成战略

根据中小企业的生命模型,要培育和孵化一个有生命和成功的中小企业除了资本和劳动力两个基本要素外,必须要有优秀的企业家、良好的企业制度、有竞争力的技术和积极的企业文化。以上各个要素缺一不可,否则,企业就不可能获得可持续的发展。

由前述生命模型(图3-5,图3-6),可以引申出中小企业的育成战略(图16-1)。

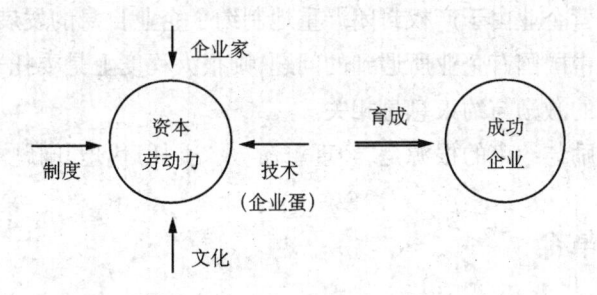

图 16-1　企业育成模型

第一节　企业家成长机制

企业家精神就是创新精神,企业家精神对中小企业的孵化、成长尤为重要。一个什么样的企业家就决定造就一个什么样的企业。如果把企业比喻成细胞,那么企业家就像是这个细胞中的细胞核。

一、企业家的内涵

在西方传统的新古典经济学中,是没有企业家的位置的,因为在这一市场一般均衡理论体系中,假定经济行为主体对各种有关的信息掌握是充分的、完全的,都能准确了解市场价格,生产函数也是确定的。在这样的假定条件下,企业的决策仅是进行机械的计算而已,即使在一个动态模式中,也只是使计算概率化和复杂化,而不需要企业家的创造性活动。柯兹纳(I. M. Kirzner)对新古典经济学中的均衡概念进行了批评,他认为如果从确认现实经济中不能完全掌握所有交易信息这一事实出发,那么市场就不是处于一个均衡状态,而是一个趋向均衡的过程。这时,企业不再是消极地适应市场价格系数,市场均衡就成了他们之间相互竞争的结果。这样,市场的不确定性就使企业家的能动作用体现出来。

不同的学者对企业家内涵的理解不同。但总的来说,创新是企业家的基本特征,企业家精神就是创新精神;企业家有较强的风险意识,在风险和不确定中结合一切生产要素,就稀缺资源配置作判断决策,依赖于"创新"和"新的组合"找出可能的费用函数和需求函数。因而,企业家是企业创新的主体,企业的组织者、决策者、剩余索取权的拥有者,企业产权的所有者、资产经营的代理人,是一种能够替代价格机制来优化配置资源的特殊资源。

二、企业家的激励与约束

当中小企业发展到一定阶段,就需要实现所有权与经营权的分离,即实现所谓经理革命。中国今天的民营企业由于产权封闭严重地制约了企业自身的发展,陷入了关系论、家族论等陷阱中。而中国国有企业所遇到的问题,则很大程度上是委托-代理问题。这些问题都直接与企业家的激励与约束息息相关。

企业家需要激励与约束的根源是"经理革命"及"委托-代理"问题。

(一) 经理革命

随着人类社会的演变、经济和生产力的发展,现代企业制度——即公司制这种企业组织形式也不断地成熟和规范化,逐渐成为企业组织中占优势地位的组织形式。

现代企业制度成为主导的经济组织形式及由此产生的经理革命的完成使得企业家的激励与约束机制的建立成为必要。1941 年,伯纳姆(J. Burnbam)在《经理革命:世界上正在发生》的一书中,第一次提出了"经理革命"这一说法。国内学者徐传谌认为经理革命的过程,是以"经理控制型"的现代企业制度,取代企业的所有者与经营者"一体化"的传统企业制度成为主导的企业组织形式的过程。经理革命的内容是企业资产的所有权与控制权分离,由支薪经理取代所有者掌握企业财产控制权,在企业管理中居于支配地位。按照钱德勒的观点,经理革命之所以会发生,是为了适应 19 世纪下半叶技术革命的迅猛步伐,以及不断增长的消费需求,而在管理机构方面出现的一种反应。他认为:"当多单位工商企业在规模和经营多样化方面发展到一定的水平,其经理变得更加职业化时,企业的管理就会和它的所有权分开。"这种"由一组支薪的中、高层经理人员所管理的多单位企业可适当地称之为现代企业。"到了 20 世纪 30 年代,作为经理革命发源地的美国,在当时 200 家最大的非金融公司中,已有 88 家采取了"经理控制型"的现代企业制度模式,占 44%;而到了 20 世纪 60 年代,在 200 家最大的非金融公司中,采取"经理控制型"企业制度的企业,已有 169 家,占 89.5%。因此可以说,经理革命开始于 19 世纪下半叶,完成于 20 世纪中期。

1. 职业经理阶层的形成

经理革命的过程,也就是经理职业化的进程。随着企业所有权与经营权的分离企业的经营管理成为一种专门化的职业,从事这项专门职业的经理靠他的经营管理才能来获得他的收入和地位。

2. 企业控制权由资本所有者向具有经营才能的经理转移

在现代公司中,随着企业所有权与控制权的分离,高级经理实际掌握着企业的控制权。经理人员之所以掌握控制权,是由于企业的失败因素已由资本转向经营能力。经营管理作为一种高级的生产要素和人才资本已取代物质资本成为企业的核心因素。公司制的主要形态有有限责任公司和股份有限公司两类,下面以股份有限公司为例,说明控制权的转移。从法律的角度看,公司法确定了股东代表大会与董事会之间的信任托管关系,董事会与经理之间的委托代理关系,明确了股东、董事会和经理人员各自的权利、责任、利益及三者之间的制衡关系,但在实际运行中,一般的股东既没精力,也没有可能来监督企业的经营,董事会对经理的监督作用也十分有限,甚至董事会的选举也往往由经理人员操纵。对此,托马斯·戴伊说道:"这样,名义上的权力仍旧归股东,但实际的权力却为董事会所掌握。"而董事会的决策权,也往往由那些"内部董事"同时也是公司高级经理人员所组成的团结的很紧密的集团来控制。"由于这个集团对这个组织及其技术和业务问题了解得比较透彻,因此,在董事会里投票的影响力也得到加强。"这样,经理作为代理人牢牢地掌握了企业的实际控制权。

(二)委托-代理问题

现代股份公司中的委托代理关系,是在社会化大生产和专业化分工条件下,形成的一种契约关系,是一种制度创新。它一方面可以为资本所有者(股东)带来比自身管理企业更高的收益。另一方面,由于现代股份公司股权的高度分散,经理(代理人)不拥有或只拥有一小部分股份,作为代理人,为了追求自身效用的极大化(这是符合"经济人"假定的,也是现代委托代理理论的基本出发点),同时也为了不使自己成为"免费搭车"的牺牲品,他就可能不会完全按照委托人的利益目标行事,甚至会利用委托人授予的权力,以损害委托人的利益为代价增加自身的效用。这样就产生了代理人问题(Agency Problem),可能会带来效率损失和高昂的代理成本。所谓代理成本,是指委托人为了减少代理人所造成的损失所付出的成本,它包括委托人对代理人激励、监督、调整费用和剩余损失。一般来说,委托人要想在零成本下确保代理人采取使委托人效用最大化的决策是不可能的。即使代理人主观上想去这么做,但是,由于事物发展的不确定性,代理人的决策也会偏离委托人效用最大化目标,这种偏离导致的委托效用水平下降的货币等值,被称作剩余损失,也是代理成本的组成部分。

委托-代理问题除了代理人追求个人效用最大化,与委托人的效用目标不一致外,还有以下因素:

(1)"内部人"控制现象,由于信息不对称,代理人可能会隐匿信息,并选择对自己有利的信息。

(2)机会主义行为。代理人与委托人的博弈中,在事先可能会采用机会主义行为,事后可能会出现败德行为。

(3)影响力成本,各级经理为了在委托-代理链中处于有利位置,常常要花费很多时间、精力去游说"上级"获得局部部门或代理人自身效用的最大化目标,在这过程中,就会产生寻租行为。

三、企业家的激励与约束机制

中小企业如何对企业家与职业经理层实现激励与约束机制呢?它可以通过市场竞争激励机制如产品市场、经理市场与资本市场的竞争、报酬激励机制、社会地位激励和权力激励。同样,其约束机制可以通过市场竞争约束机制、企业组织内部约束机制、法律约束和道德约束来进行。

(一) 企业家的激励

1. 市场竞争激励机制

在现代市场经济中,激励企业经理主要是依靠充分竞争的市场机制来完成的。充分竞争的市场机制主要包括:第一,有一个充分竞争的产品市场,企业可以自由进入和退出;第二,有一个充分竞争的经理市场和自由流动的经理阶层;第三,有一个充分竞争的资本市场,对于股份制企业来说,特别要有一个股票价格基本上可以反映企业经营状况的充分竞争的股票市场。企业家行为的市场竞争机制主要是通过这三个市场的充分竞争来实现的。

(1)产品市场的竞争。在产品市场上,如果竞争是充分的,则产品价格会充满着竞争,这种竞争会对经理形成压力。

(2)经理市场的竞争。经理市场作为劳动力市场的一个特殊部分,存在一个为数众多的可以自由流动的职业企业家阶层,每个在职的经理人员都面临被竞争所取代的威胁。从长远利益考虑,经理为了给市场留下好印象,也会保持个人的人力资本在市场上的价值而努力工作。

(3)资本市场的竞争。资本市场竞争的实质是对公司控制权的争夺。最常见形式是接管。接管被认为是防止经理侵犯股东利益偏离利润最大化目标的最后一种武器。在现代市场经济中,存在发达的股票市场,股票价格基本上能够反映企业的经营状况,经营好、盈利多的企业其股票价格就会上升,而经营差、甚至亏损的企业,股票价格就会下降。在存在股票市场的条件下,所有权与控制权相分离后股东对企业管理的发言权很少了。但股东可以通过自由买卖股票"用脚投票"来控制自己的财产价值。这种自由买卖又可以通过抬高或压低股票价格,形成对经理的强大的间接控制压力。由于股票在市场上的价格是预期未来净利润的现值。如果当前的管理人员经营不善或其决策不能使长期利润最大化,则该企业股票的当前市场价格就会下跌,这样该股份公司就会成为伺机接管者的猎物。有能力的企业家或其他公司就能以目前的低价买下该公司较大份额的股票,从而接管该公司,解雇目前的经理,委托新经理,重新组织经营,从而增加预期未来收益率。管理阶层"必须能有效地保证企业的经济绩效:它的市场地位,它的产品与服务的质量,它的创新精神。必须重视、并控制住财务。容不得管理阶层的财务绩效低于一般标准"。

以上分析可见,在现代市场经济中,由于存在市场竞争的多方面压力,经理人员也不敢过于偏离利润最大化目标,而必须努力经营,获取不低于一般标准的利润。

2. 报酬激励机制

(1)报酬与绩效挂钩。为了使经理与企业所有者达到激励相容,则要同时兼顾股东与经理的利润。

(2)效率优先,兼顾公平。设计企业家报酬方案的主要目的是激励企业家高效率地工作。只有企业家高效率地工作,才能带动企业的高效率运转,也才能使企业获得高收益。这时双方均能受益。但高层人员的过高工资可能会使团队产生分裂,甚至使企业中级别较高的人,也会把高层经理视为对立者,而不是同盟者。

(3)固定收入与风险收入相结合。企业家事业是风险事业,在企业经营中充满不确定性,因此要鼓励企业家承担风险。在收入的分配中,除了一部分为相对固定的收入外,要根据企业家的风险偏好程度设立风险收入。期权制度就是一种很好的激励制度,它将企业经理的收入与长期经营绩效有机结合。因此,在企业的经理层中,越高层的经理在收入中应赋予越多的期权,次一级的经理获得少一些的期权,这样,就能调动整个经理系统的积极性。

3. 社会地位激励

对社会地位的追求是企业家的重要目标,可以激励企业家的进取精神。企业家的社会地位,除了通过获得较高的收入以获得较高的经济地位以外,还应提高企业家的职业地位、政治地位和文化地位等。全社会要重视企业家,企业家是经济发展的主导力量,我们应给予企业家以应有的尊重和政治地位,同时,要树立企业家的职业声望。要重视企业家的教育和职业培训,满足企业家的文化、教育需求。

4. 权力激励

具有权力欲望的人,通常热衷于从对他人施加影响和控制的过程中得到欢乐和满足。企业家一般都具有高度的权力欲望,特别注重经理地位带来的权利与尊重,因为权力是企业家扩充自己事业,施展自己才能的保证。因此,给予企业家与其职业相适应的权力,是激励其创造性才能得以发挥的有效措施。"让主要承担风险的或受到信任的负责人来掌握主导权,就成为理所应当的一般性原则。"

（二）企业家的约束

1. 市场竞争约束机制

充分竞争的市场机制不仅能有效地激励企业的行为，而且能对企业家行为进行约束。在产品市场上，企业家经营管理企业的成败，最终体现在企业的产品及服务能否适应市场的需求，从而获得利润，实现企业的发展目标，因而使企业家面临强大的约束。经理市场的存在也是一种有效的监督机制，来自经理市场的竞争对任何经理的未来预期收益大小将产生直接影响，这种约束是一种无形的约束，主要表现为一种竞争压力：或者被别的经理所替代，或者人力资本贬值，甚至被逐出经理阶层。在资本市场上，股东可以通过"用脚投票"，即抛售股票的方式间接地约束企业家努力改善经营。

2. 企业组织内部约束机制

在现代公司制企业中的法人治理结构，是由股东大会、董事会、经理人员和监事会构成的权力相分离和制衡的一种机制，在这种机制中，股东对董事有选举和罢免权，而董事会对经理有任免、监督和奖惩权。这种机制体现了股东及其他利益相关者对经理人员的要求，形成了经理人员的组织监督约束机制。这种约束既表现为《公司法》之类的法律约束，也表现为公司章程、内部管理制度等管理约束。

3. 法律约束

法律约束对于企业家来说是有形的、硬性的约束。对企业家行为起作用的市场经济法律体系的主要内容包括：规范市场主体的法律；规范市场行为及市场秩序的法律；有关宏观调控的法律以及规范劳资关系的法律等。

4. 道德约束

对企业家而言，道德约束是一种无形的约束，作为一种内在的、自我的约束，道德约束对于减少企业管理中的风险是十分有效的。

道德约束的第一种形式是自我约束，表现为企业家对自己行为的自觉的理性控制。道德约束的第二种形式是社会约束，道德是人类基于维护社会利益，保证社会秩序，巩固社会组织，调整人类社会关系的需要而产生的。道德规范是建立在社会群体利益的需要以及群体经验和智慧的基础上的，所以，它一旦形成，必然能以超然的社会公理性对个体行为和观念起调节和约束作用。企业家作为经济人，以自利为动机，为了获得社会威望和公众信任，更会加强道德约束。

除此以外，还有预算约束、政府约束、责任约束等约束机制。

第二节 企业制度创新机制

中小企业的制度安排直接决定了中小企业的代理效率。中小企业的发展过程,就是一个不断制度创新的过程,制度创造主要有两方面的内容:公司的治理结构的创新和公司的组织结构的创新。

一、中小企业的治理结构创新

治理结构原来是法律用语,意为公司权力机关的设置、运行及权力机关之间的法权关系。后来经济学家在讨论企业的起源及企业与市场的关系时借用了这一术语,作为契约制度的替代用语,即市场是一套治理市场交易关系的机制,而企业是一套治理企业交易关系的机制。

解决两权分离条件下的代理问题的一个重要出路就是要实现企业治理结构的创新,也就是说,通过一定的治理手段,实现剩余索取权与控制权的对称分布,以形成科学的自我约束机制和相互制衡机制,目的是协调利益相关者之间的责权利关系,促使它们长期合作,以保证企业的决策效率。企业治理结构创新主要体现在以下两个方面。

1. 内部治理结构的创新

为了保护所有者的权益和监控代理人的机会主义行为,需要通过企业内部的权利安排,尤其是剩余索取权和控制权的配置,形成科学的治理结构。其核心是通过特定的治理结构和治理程序,在所有者、经营者和生产者之间形成相互合作、自我约束、相互制衡的机制。具体来说,所有者在充分获取代理人行为信息的基础上,设计出最优化的激励和约束机制,明确经营者的责权利,并给予其最佳的行为激励,使经营者为实现所有者的最大化利益而努力工作。激励的核心是将经理人员对个人效用的追求转化为对企业利润最大化目标的追求。所有者可以通过确定一定的薪金、奖金、股票和股票买卖选择权、退休金计划构成的最优报酬计划来对经理人员的行为进行激励。同时,由股东会选举产生的董事会可通过任免经理人员和控制重大的战略决策来保护出资人的权益。

2. 外部治理结构的创新

一个企业在营运过程中,由于主客观的原因会显露出企业经营陷入危机的信号。这些征兆暗示着所有者的未来权益有可能会受到损害,为了实现资本保全,相关利益者就会通过相机治理程序,要求重新分配控制权(如要求改组董事会、更换经理人员等)。当这一请求得不到满足或效果不理想时,相机治理程序就转变为破产程序。相机治理程序的核心是通过市场对企业的治理来保护所有者的权益,因为市场可以提供企业经营绩效的信息,市场可以评价经营者的行为,并通过自发的优胜劣汰机制争夺企业的控制权,改变既定的利益格局,约束经营者的机会主义行为。

中小企业,不论是国有中小企业,还是民营企业,发展到一定阶段后,就要重视公司治理结构的创新以适应公司的不断发展。股份公司是其中的一种有代表性的公司治理形式。下面以股份公司为例加以说明。

股份公司是由一定人数以上的股东所发起组织、全部资本被划分为若干等额股份、股东就其认购的股份对公司承担有限责任、股票可以在社会上公开发行和在股票市场上自由转让的公司。股份公司具有以下特征。

(1)股份公司是法人。股份公司有自己的章程,有自己的组织,有自己的独立财产,具有自己的权力和承担义务的能力。

(2)股份公司是典型的资合公司。股份公司以资本联合为基础,公司只认股票不认"人",任何合法持有该公司股份的人都能成为公司的股东,没有资格限制。

(3)股份公司的股东不能少于法律规定的数目。

(4)股份公司在资本总额平分为金额相等的股份,每一股上体现的权力与义务关系是相等的。

(5)公司资本的调整要按照公司章程的规定进行。

(6)股份公司的股份可以自由让渡,但不能退股。

(7)股份公司实行财务公开原则,以便让所有的股东和债权人了解公司详尽的财务和经营状况,然后可以做出相应的选择,保护所有者和债权人的权益。

(8)股份公司的各股东按其持股比例享受相应的权利和承担相应的义务,每股有一票表决权,其权利是平等的。

(9)股份公司的股东承担有限责任。

通过治理结构的创造,就能明晰和保护产权,克服企业中各种要素所有者之间的多要素合作中的偷懒和"搭便车"行为,并能在企业内实现剩余索取权和控制权的对称分布,选择成本最小化的所有权约束形式。

特别是中国的国有中小型企业,通过制度创新,实现产权明晰化,有利于明晰交易界区,规范交易行为,稳定交易者的预期收益,提高企业间的合作效率(由于企业间产权边界清晰,在合作过程中就会减少扯皮、赖账等有损效率的行为发生)和资源的配置效率。

因此,公司治理结构的创新对中小企业的发展至关重要。

二、中小企业的组织结构创新

中小企业的成长过程,也是内部组织的演化过程经历了企业的一个组织结构创新过程。随着中小企业的成长,为了适应外部环境的变化与市场的要求,中小企业需要不断地在内部组织结构上进行创新。

（一）公司内部组织的演化过程

直线型→职能型→直线-职能型→事业部型→矩阵型→网络-层级型→网络型的过程。

1．直线型

这是早期企业组织结构类型(图 16-2)，它要求企业各层级从上到下实行一长制的垂直管理，不设职能部门。

这种组织结构虽然形式简单，职责分明，但要求管理人员通晓各种知识和技能，因此，一般适用于产品单一、生产规模较小、技术工艺简单的企业。

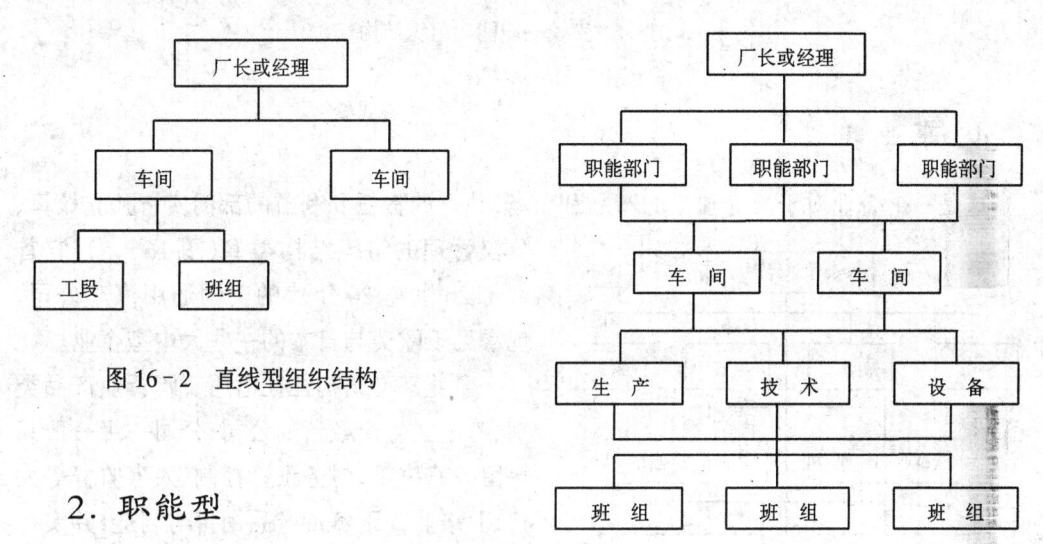

图 16-2　直线型组织结构

图 16-3　职能型组织结构

2．职能型

它最早由泰勒提出，是按管理职能实行专业分工管理的原则设立机构，并对下级机构实行专业管理(图 16-3)。

这种类型虽然有利于提高专业化管理水平，但由于实行多头领导，容易造成某些事会政出多门，使下级无所适从。

3．直线—职能型

这种组织结构采取了上述两种类型的优点，既发挥职能部门的专业管理作用，又避免多头指挥同一个下级的缺点(图 16-4)，可以提高管理效率。但不同的职能部门之间缺乏信息交流，而使其缺乏全局观点，主管人员协调工作量大。因此不适宜多品种生产和规模大的企业。

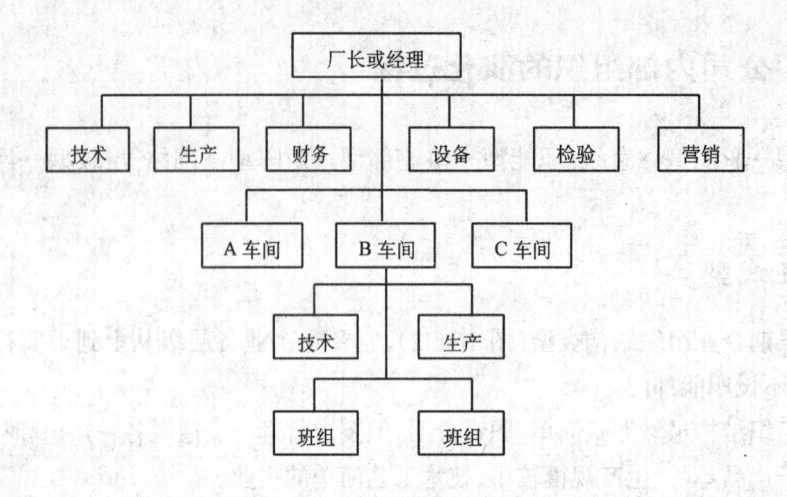

图 16-4　直线—职能型组织结构

4. 事业部型

这是一个企业对于具有独立的产品和市场,独立的责任和利益的部门实行独立核算、分权管理的组织结构类型(图 16-5),它首创于 20 世纪 20 年代的美国通用汽车公司,现常见于欧美与日本的一些大中型企业。

事业部型结构往往适用于跨行业产品类别、跨地区生产经营的公司,公司一级一般只保留战略决策、财务预算控制、人事监督等大权,而事业部则负责产品销售与制造,并实行独立核算、自负盈亏。从而使企业高层领导人员摆脱日常事务,集中精力考虑企业经营和长远发展大事,同时又充分发挥了事业部经理人员的主观能动性。但公司职能部门与事业部之间会经常有矛盾,各事业部之间协作不够。

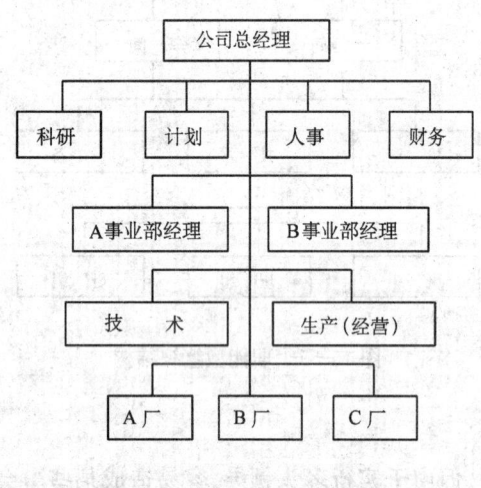

图 16-5　事业部型组织结构

因此,有些企业又兼顾直线职能型与事业部型组织结构的优点,产生一种按生产阶段(如铸造、锻压、金属加工等)进行分权管理的模拟分权组织结构,并在公司内建立内部银行,以便于各分厂之间的经济独立核算。一般来说流程型材料生产企业(如钢铁、化工等企业)就较适用这种类型。

5. 矩阵型

又称规划-目标结构,它是借用数学上的矩阵术语,把按职能划分的部门和按产品、项目或服务等划分的部门结合起来而组成的结构(图 16-6)。

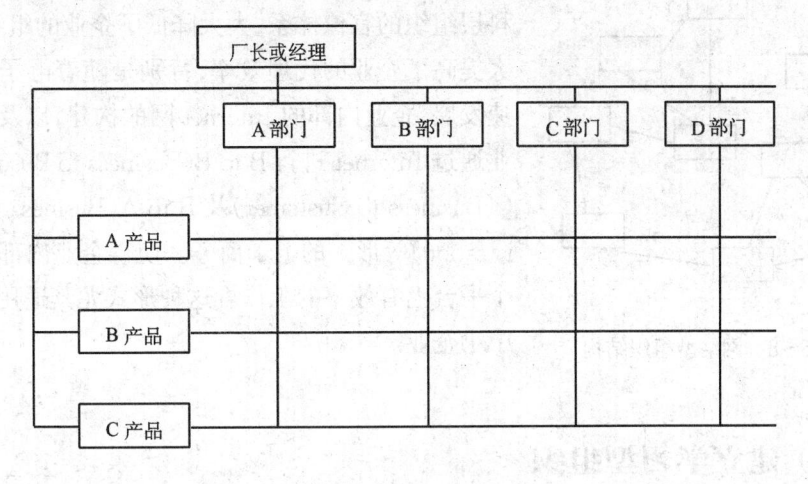

图 16-6 矩阵型组织结构

由于矩阵型组织结构是按产品(或项目、服务)进行生产经营管理的,它加强了不同部门之间的协作配合和信息交流,避免了管理脱节现象,而且机动灵活,可随产品、项目或服务的开始与结束而组织或解散。此外,一个企业员工还可以参加若干个组织,有利于充分发挥员工潜力。但是产品或项目负责人往往责任大于权力,对其组织内人员没有足够的激励奖惩手段。这种类型组织结构一般适合于产品品种多且变化大的企业或以开发与科学实验研究为主的单位。

6. 网络-层级型组织

网络-层级型(见图 16-7)兼有网络型和层级组织的特点,行政式组织结构的效率和稳定性与任务小组的有效性和动态性得到最佳的综合。从企业知识的管理角度来看,在经营管理层中,往往会产生一些操作性的知识(内化过程)和系统化的知识(综合过程),而在项目小组中产生的是概念性的知识(外化过程)和情感性的知识(社会化过程),网络-层级型组织具有把这些不同类型知识持续动态地进行转化的能力。

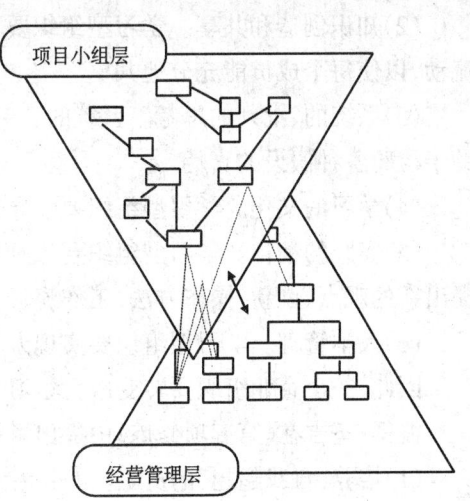

图 16-7 网络—层级型组织结构

7. 网络型组织

在知识经济时代,随着信息技术的发展以及电子商务的出现,已经出现网络型企业(图 16-8),并将成为未来企业组织的趋势。

网络型企业具有动态性和有效性特征,它摆脱了科层组织的官僚体系,大大降低了企业的组织费用,极大提高了企业的代理效率,特别是随着电子商务的快速发展,企业内部的 Internet 网的构建,以及与外部企业通过 Internet 进行 B to B(Business to Business)、B to C(Business to Customer)及 B to A(Business to Administration)等形式的电子商务。使得企业内部组织在一个平台上有效率的工作。这种形式尤其适用了灵活的中小企业。

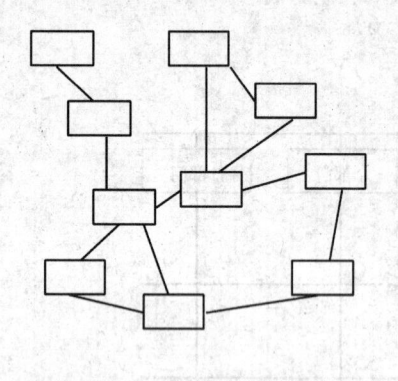

图 16-8 网络型组织结构

(二)建立学习型组织

中小企业在演化过程中,要成为学习型组织。以提高企业适应内外环境变化的能力。

学习型组织的人力资源由知识工人和知识经理组成。学习型组织就是把学习者与工作系统地、持续地结合起来,以支持组织在个人、工作团队及整个组织系统这三个不同层次上的发展。

学习型组织具有以下特征:

(1)持续的系统学习。

(2)知识创造和共享。学习型组织要不断地获取和创造知识,并使知识在企业中迅速流动,以使每个成员能充分地共享。

(3)系统的、批判的思考。系统的思考有助于发现事物的内在规律,而批判的思考有助于检验各种假设的真伪。

(4)学习的文化。学习型组织要倡导和建立积极的文化,鼓励员工学习和创新。

(5)实践的精神。学习型组织要激励员工不断尝试,不断试错,不断突破,不断创新,提出新的观点、创新,操作方法,工作流程。

(6)人本管理。学习型组织要实现人本管理,尊重知识,尊重人才。

因此,一个企业组织要转变成为学习型组织,就要根据以上特点去努力。

彼得·圣吉在《第五项修炼》中提出了构建学习型组织的五项基本修炼。

(1)培养"自我超越"的员工。

(2)改善组织的"心智模式"。

(3)建立企业的"共同愿景"。

(4)促进有效的"团体学习"。

(5)形成全局性的"系统思考"。

第三节 企业技术创新机制

一、企业技术创新的内涵与特点

技术创新对中小企业来说十分关键,中小企业相对于大企业而言,其创新精神更适合于新技术的创新与发明,而大企业更适合于技术的改良、改进和优化。如果一个中小企业能拥有有竞争力的核心技术、关键技术,就能在市场竞争中处于十分有利的地位。

一般而言,对"技术进步"一词的涵义通常有宽、窄两种理解:窄派把技术进步仅仅理解为工程技术即所谓"硬技术"的发展与提高。"硬技术"的进步包括:①改造旧设备和应用新设备;②改进旧工艺和应用新工艺;③采用新材料和新能源;④改进老产品,提高其性能和质量,以及生产新产品;⑤降低各种生产消耗;⑥提高劳动者技能。宽派则把它理解为包括"软"、"硬"技术在内的整个科学技术的进步,特别是其中与经济发展关系密切的工程技术和管理与决策科学技术的发展。经济学家李京文认为,宽派理解更能反映技术进步对社会经济发展的影响。从经济学的观点来看,单位投入量对产出的贡献增大时,其增大部分就是技术进步。它包括:①生产要素质量的变化;②劳动者的组织、经验的进展与技能的提高;③资源的重新配置与合理利用;④提高规模经济;⑤政策影响;⑥管理水平的提高;⑦提高资金利用率。

对技术进步的一般特点,可以归纳为:

(1)技术进步的不确定性。技术进步涉及到探索、发现、实验、开发、模仿以及采用新产品、新工艺和新的组织结构。但是探索什么和如何开发等,研究与实验开始之前往往很难确定其后果,这是由于人们常常缺乏与有关事件的信息和实际上还存在着尚不知道如何解决的技术经济问题,以及要准确地追踪技术应用结果往往极为困难等原因,使得技术进步具有不确定性的特点。

(2)现代经济中的技术进步,越来越依附于科学知识的进步,或者说,技术的创新可以从科学进步(从热力学到生物学、电子学、量子物理、力学等)创造的机会中获得。

(3)研究与活动的复杂性的增加,使得正式的组织(企业开发实验室、政府研究机构的实验室、大学等)作为技术创新的最佳环境比分散的、个人的研究开发活动更为有效。

(4)相当数量的技术进步成果产生于"干中学"与"用中学",如企业通过解决生产中的难题,以满足顾客的特殊需要,或者是克服生产中的"瓶颈"等活动而获得技术新成果。

(5)技术进步是积累性活动,企业将在利用自己已有技术的基础上,通过研究改进它们并使之多样化的过程中推进技术发展。技术进步不仅通过某一活动参加者共享的知识的公共部分的开发和利用而进行,而且通过企业对知识的保密、专用、积累的形式进行。

(6)技术进展的不可逆性。即在不考虑相对价格的条件下,新工艺、新产品在超过旧工艺、旧产品方面有明显的优越性。

(7)在国家、厂家之间,技术创新能力、投入产出效率、行为与战略规则之间的不平衡性与多样性将永远存在。

二、中小企业技术创新理论

1. 技术创新理论回顾

熊彼特认为,"创新"是指"新的生产函数的建立",即"企业家对生产要素的新的组合",它包括五种类型:引入一种新的产品或提供一种产品的新质量;采用一种新的生产方法;开辟一个新的市场;获得一种原料或半成品的新的供给来源;采取一种新的企业组织形式。熊彼特还将创新与经济周期联系起来,他认为,创新的出现,造成对生产资料和银行信用的扩大需求,引起经济高涨,而当创新扩展到较多企业后,盈利机会减少,对生产资料和银行信用的需求减少,致使经济收缩,经济衰退又促使企业家引入新的创新,这又将导致下一轮的高涨、收缩,形成经济周期四个阶段(繁荣、衰退、萧条、复苏)的循环。美国的曼斯菲尔德(Mansfield, E.)则提出了技术推广模式。他提出了模仿率、模仿比率的概念,前者指以首先采用新技术的企业为榜样的其他企业采用新技术的速度。后者指采用新技术的企业占该部门企业总数之比。据此,他提出技术推广模式,并指出影响模仿率的三个基本因素是:模仿比例;采用新技术的企业的相对盈利率;采用新技术所需的投资额。他还对国际间技术转移进行了研究,他认为,国际技术转移可分为垂直转移和水平转移两类,前者指甲国把基础科学研究成果应用于乙国的应用科学,或把应用研究成果应用于乙国的生产技术中。后者指甲国的生产技术应用于乙国的生产技术中。

美国经济学家罗斯托(Rostow, W.W.)则把经济成长阶段分为六个阶段。发展中国家要实现经济的起飞,则需要有起飞的主导部门。主导部门对经济增长的影响有:一是回顾影响,指主导部门的技术创新对某些生产资料供给部门的影响;二是旁侧影响,指主导部门对其他部门和地区的影响;三是前瞻影响,指主导部门对新工艺、新技术、新原料、新能源的诱导作用,能促使新主导部门的产生。因此,技术创新是新的主导部门形成的基础条件,没有技术创新,就不会有经济发展。

门斯和丹因则认为,技术创新也存在周期性,它与经济周期紧密相连。技术创新导致经济繁荣,但随着资本边际收益的下降,会导致经济危机,而危机又将孕育着新的技术创新。英国经济学家则认为制定科学的技术政策会促进技术创新,进而扩大就业。

温特(Winter, S.)和纳尔逊(Nelson, R.)则从进化论角度解释了技术创新。他们认为,企业在技术方面的搜寻能力,规律性地表现为技术进步的累积性。据此,可以解释产品设计和过程创新的进化。

罗斯韦尔(Rothwell, R.)则提出了技术创新过程的五种模型,即技术推动模型,市场推动模型,"链式"式耦合模型,一体化模型,系统集成和网络模型。

2. 中小企业技术创新

卡米恩和施瓦茨认为，一个介于垄断和完全竞争之间的市场结构，将会促进最高速度的发明创新活动，而由各具特色的中小型企业组成的、新企业可以随时进入的行业，最适合技术的进步。因此，技术创新与企业规模之间并没有显著的相关性，与大企业相比，中小企业在技术创新活动中并不总是处于劣势。

谢勒尔·阿科斯的研究表明，随着集中程度的提高，企业的创新趋于下降。在不完全竞争的市场中，大企业的创新优势比较明显，而在产业成长的早期、创新和熟练劳动力的使用相对比较需要的行业，以及近于完全竞争的市场中，中小企业的技术创新表现出明显的优势。而且创新的多少完全取决于企业规模的大小。中小企业的以创新为核心的战略在某种程度上抵消了其内在的成本劣势，因而能帮助中小企业进入一个行业并提高其创新的活力。

温特则提出了两种技术体系（Technological regime）的概念，即企业家体系（Entrepreneurial regime）和常规体系（Routinized regime），他认为企业家体系的市场环境有利于小企业的创新活动，而常规体系的市场环境有利于大企业的创新活动。

从中小企业技术创新的特点来看，中小企业往往能密切地与大学联系、合作，从而能降低创新成本，提高创新效率，弥补其在 R&D 投入的不足。

另外，高新技术产业的崛起为中小企业技术创新提供了巨大机会，高新技术与传统产业相比，有许多不同特点，极大地影响了产业中企业规模的分布。高新技术产业更新换代非常快，而变化迅速的市场又为中小企业提供了更多的机会。

最后，信息技术将极大地改变企业规模的标准，以数字化和网络化为特征的信息技术的飞速发展，极大地促进了企业组织结构的演变，改变了传统的生产经营方式。一是信息数字化可产生许多虚拟的企业组织，如虚拟企业办公室。二是网络的诞生还将企业组织分子化，即知识工人、技术专家通过网络平台进行合作。三是出现网络化组织，通过网络寻找资源或结盟，企业边界可以任意收缩，交易成本大大降低。四是知识作为一种要素所起的作用越来越大，在新的知识经济时代，特点是企业规模更小，更能适应市场的变化，内部组织机制从科层制向网络化组织演变。

三、技术创新的紧迫性

1. 技术国家主义的原则仍发挥着关键性的作用

在当今世界，科学技术尽管具有日益明显的全球化和区域化的倾向，但是国家主义原则始终没有被放弃，并且依然发挥关键性的作用。在处理有关科学技术的问题时，每一个国家都坚持把自身的利益放在第一位。

在世界经济体系中，美国通过技术扩散、通过新产品从出口到进口的转换，不仅保持了自己的优势地位，而且在客观上带动了世界经济的进步。这是应当充分肯定的。同时，还应当看到:在这个过程中,美国始终坚持国家主义的原则。作为源源不断的新技术的发明国,美国不断放弃的、不断扩散出去的只是已经变为常规的生产技术和已经变为标准化大规模生产的产品。美国从来没有,也永远不会为了惠及某个区域或者全球,而毫不保留地出让自己苦心创造的具有巨大潜在市场和利润的最新科学技术。例如,在信息技术和产业的发展过程中,美国首先放弃了一般数字集成电路技术和部分半导体产品市场,然后又放弃了部分大规模集成电路技术和存储器市场,但是却不断地创造和把握着最先进的CPU生产技术和工艺。

2. 技术贸易不能代替自主科技创新

(1) 通过技术贸易可以直接得到现存的知识而不能直接得到科技创新能力。在知识经济时代,各国经济实力竞争实质上是知识的竞争。对于知识落后的国家来说,向知识先进的国家购买技术也是获取知识的一个有效手段。技术贸易可能使知识落后的国家以一定的经济方面的代价跟上世界知识进步的步伐。但是,对于任何国家来说,通过技术贸易只能获取现存的知识,而不能获取科技创新能力。

(2) 在知识资源越来越重要的时代,世界各国特别是知识大国,对本国知识的输出保持越来越保守的态度。在20世纪六七十年代,美国人容许日本人拿着照相机在美国的企业里到处拍照,韩国人不用付出多少代价也可以从美国那里获取技术。但是现在,美国在知识输出方面严格把关,这种情形不可能再出现了。例如,在与中国的高新技术贸易方面,美国作出了许多限制,甚至严格控制华人在美国联邦实验室和高新技术企业的就业;美国在法律上允许外国购买美国公司,但是当日本提出购买美国的电子或计算机公司时,美国予以断然拒绝。

(3) 如果缺乏自主科技创新的基础,完全依靠技术引进和外国直接投资的方式发展低档的技术,知识落后的国家就会出现产业结构趋同的现象,这对于这些国家长期经济发展来说是一大隐患。日本和韩国的工业化过程立足于别国的创新知识,缺乏自己的知识基础。这两个国家都强调用高投入购买美国的高技术的生产线开发制造产品。现在这一工业化模式遇到了前所未有的挑战。而日本在工业化后对东南亚的投资,导致一些东南亚国家以雁行方式追赶日本的产业发展模式,又使这些国家陷入极为相似的、更低层次的产业结构中。由于缺乏自主创新的产品,这些东南亚国家的经济增长长期处于不稳定的状态。1997年东南亚发生金融危机的一个重要原因,就是高度相似的产业结构。

世界经济发展的历史已经充分证明:知识落后的国家发展高新技术只能依靠自主科技创新。因此,必须走自主型的高新技术产业发展道路,以求得在新一轮竞争中取胜和经济的长期稳定增长。

四、技术创新的现状及对策

(一) 科技创新的现状

1. 中国的科技水平在整体上相对落后

中国科技水平整体上的相对落后,集中表现在科技进步对于经济发展的推动不够。全世界科技进步与经济发展之间关系越来越紧密,而在中国这两者的相关程度却始终都比较低。国家科委应用生产函数法对中国1952~1992年间这两者的关系进行了测算和整理。结果如下面的图表所示(图16-9)。

表16-1 中国分阶段科技进步对经济增长贡献率

年代	1952~1960	1961~1978	1979~1992
$\Delta A/\Delta Y$	0.42	0.24	0.47

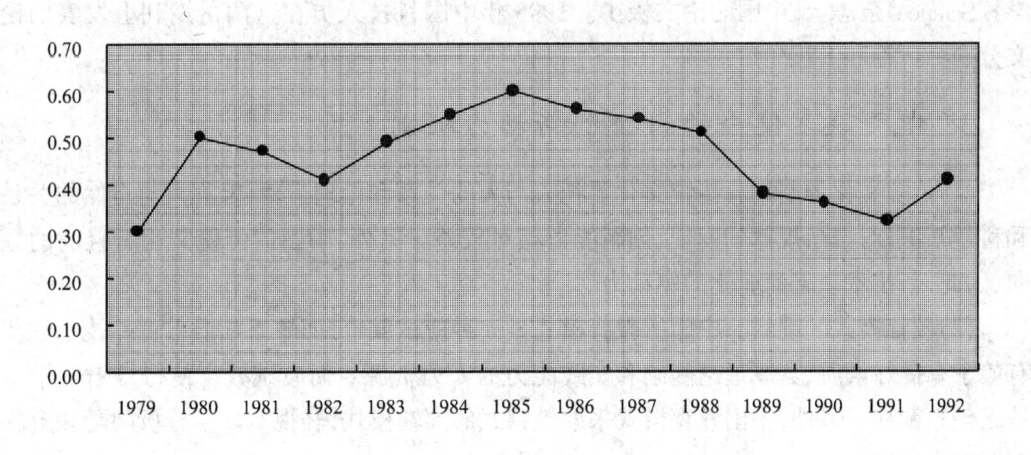

图16-9 科技进步对经济增长贡献率

资料来源:曾培炎主编:《加快转变经济增长方式》,中国计划出版社,1994年,第116页。

从以上的表和图可以看出,在新中国成立以后的40年当中,中国科技进步对经济增长的贡献率虽然有一定程度的提高,但是提高的幅度不大,总的水平较低,直到1992年,贡献率仅为0.42。从图16-9中还可以看出,中国科技进步对经济增长的贡献率曲线走势平滑,基本上徘徊在0.45左右,起伏较小。这说明长期以来中国的经济增长主要依靠粗放式经营和大规模投入,中国在科学技术方面既不是稳步上升,也没有质的飞跃,经济发展缺乏动力。但是,在进入20世纪以后,在西方发达国家,科技进步对经济增长的贡献率是一路攀升的,目前基本上稳定在0.80左右。也就是说,西方发达国家的经济发展主要依靠集约式经营和科技进步,经济发展动力强劲。

2. 中国科技创新能力相对低下

中国科技水平在整体上相对落后的主要原因是科技创新能力相对低下。中国的大多数高新技术企业主要以贸易为主,代理国外产品而缺乏属于自己的知识产权。在重大科学发现和发明、专利拥有量、科技文献等方面中国都是相对落后的。首先,从重大科学发现和发明来看,当今世界科学成就最高奖——诺贝尔奖是衡量世界各国重大科学发现和发明状况的客观公正的尺度。在 1946~1995 年间诺贝尔奖得主分布的情形是:美国共获 174 个,英国 44 个,德国 26 个,法国 10 个,俄罗斯 9 个,意大利 4 个,日本 4 个。中国一个也没有。其次,从专利拥有量来看。根据国际管理开发学院 1997 年世界竞争力报告的统计结果,1996 年中国从事研究与发展总人数和企业研究与发展总人数均列世界前 4 名;而中国科学研究和专利指标的国际竞争力分别为世界第 32 位和 21 位。1996 年中国申请专利为 10.3 万项,虽然高于印度、巴西等发展中国家,但是远低于美国(约 38.4 万项)。再次,从科技文献来看,1995 年中国科技人员在国内科技期刊上发表论文 10.8 万篇,论文总数在世界上名列第 12 位。但是在国际上最著名的学术期刊如《自然》(Nature)和《科学》(Science)杂志上,中国的论文极少。1995 年中国科技人员在这两份期刊上发表的论文分别为 2 篇和 5 篇。

3. 中国缺乏健全的科技创新动力机制

(1)传统文化的制约。传统文化重视人与人的关系和伦理道德,轻视人与自然的关系和科学知识,对自然规律的发现、创新能力相对较差。另外,中国的传统文化有轻商的倾向,因此,新技术缺乏商业化的驱动力。

(2)教育模式的制约。中国的教育模式是一种应试教育,而缺乏素质教育。技术创新有赖于有良好素质、宽厚理论基础和实践能力的人力资源。而应试教育使得培养的学生缺乏创新精神。另外,中国教育模式采取填鸭式的灌输模式,轻视对学生分析问题和解决问题能力的培养。

(3)科技投入的制约。科技创新的显著特点是高投入、高风险和高产出。这就是说,在科技创新方面,有投入不一定有产出,但是没有投入就一定没有产出。在科技创新的资金投入方面,近年来中国采取了一些得力的措施,也取得了一些重大的进展,但是,与国际水平相比,仍有较大差距。下表对我国高技术产业整体及六大行业的 R&D 投入强度进行了国际比较(表 16-2)。

从上表 16-1 可以看出,许多国家高技术产业的 R&D 投入强度在 80 年代中期就已经超过 5%,有的甚至接近 10%,而中国高技术产业在 1995 年只有 1.4%。从分行业数据来看,除了航空航天制造业,中国其他高技术产业的 R&D 投入强度都明显低于国际水平。在中国,科技创新不能得到经费投入方面的有力的保障和支撑。

(4)科技管理体制的制约。中国科技管理体制的突出问题是没有确立企业的科技创新的主体地位。这主要表现在三个方面。第一方面是企业科技创新的机构和人员少。在

表 16-2　中国高技术产业 R&D 投入强度的国际比较(单位:%)

项目	中国 (1995年)	美国 (1988年)	日本 (1988年)	德国 (1986年)	英国 (1984年)	OECD 成员国 (1988年)
高技术产业总计	1.40	—	5.58	—	9.71	
航空航天制造业	8.19	22.35	4.87	23.00	14.20	2.23
计算机及办公设备制造业	0.62	16.81	5.03	4.48	12.70	11.88
电子及通信设备制造业	1.00	7.91	5.72	—	11.98	9.02
医药品制造业	1.76	2.83	8.34	4.71	13.17	7.82
专用科学仪器设备制造业	0.85	2.92	4.99	2.79	2.53	—
电气机械及设备制造业	0.92	—	4.51	7.51	3.68	2.98

资料来源:国家统计局:《中国统计年鉴(1996)》,中国统计出版社,1997年。

中国,绝大部分大中型企业都没有设立专门的科技开发机构。《中国统计年鉴1998》的有关数据可以说明这一点:1997年全国大中型工业企业共有 23 950 家,其中设有科技开发机构的只有 11 142 家;在这 11 142 家中,大约有 1/4 的开发机构因为资金不落实、缺乏高水平的技术人才、没有明确的技术开发方向、基础设施不健全等原因,无法发挥应有的作用。在中国,2/3 以上科技创新人员存在于企业之外,企业大量缺乏高水平的技术人才。第二个方面是企业科技创新的经费投入少。根据原国家科委的统计,1990 年,中国企业所使用的研究与开发经费只占全国全部的研究与开发经费的 27.4%,还不到总数的 1/3。第三个方面是企业的科技创新成果少。1993 年,中国企业开发的成果只占全国总数的 27.4%。到 1997 年,中国所有工矿企业获得批准的各种专利(发明、实用新型和外观设计)共有 15 010 项,只占国内总数(46 389 项)的 32%。这也表明,在科技创新主体的培植方面,中国的科技管理体制有扭曲之处。

另外,中国缺乏发达的技术市场和技术中介机构。科技成果转化率低。据统计,中国的科研成果的转化率大约为 20%,这意味着高达 80% 的科研成果未能转化为生产力,许多成果的问世之日,就是其尘封之时,这又客观上造成了巨大的科技资源浪费。最后,中国中小企业引进技术消化吸收及模仿能力差,在发展过程中,又面临科技投入与经济发展规模的双重约束,这些都构成了中国中小企业技术落后的原因。中国的乡镇企业的发展过程对技术进步的作用提供了很好的佐证。乡镇企业发展初期恰处买方市场,所以乡镇企业很快就异军突起。但到 20 世纪 90 年代中期以后,中小企业技术进步、创新严重滞后,成为制约乡镇企业发展的"瓶颈",直接阻碍了乡镇企业的发展,可以说是"成也萧何,败也萧何。"

(二) 技术创新的对策和措施

1. 牢固树立科教兴国的思想

科教兴国是实现国家强盛、民族工业振兴的一项战略决策,只有坚决贯彻实施科教兴国战略,民族工业的技术进步才可能逐步发展到以自主创新为主的阶段。实施科教兴国战略,第一,要优先发展教育,为民族工业的技术进步提供科技和人才支持。发展教育的重点是普及义务教育,积极发展职业教育和成人教育,适度发展高等教育,优化教育结构。积极推进教学改革,改革人才培养模式,由应试教育向全面素质教育转变,提高全民族的文化、科学素质。第二,建立与市场经济体制及科技自身发展规律相适应的科技体制。要推动科研机构面向经济建设主战场,使大多数的科研机构进行以产品为主线的改造,调整专业结构,为改造传统产业、提高产品质量、促进民族工业的技术进步、提高国际竞争能力、增强综合国力做贡献。要优化科研机构的学科专业结构和人才结构,重视多学科、跨部门联合攻关,促进科研成果转化。建立一批国家、行业和区域研究开发中心,逐步形成中央和地方两级重点科研体系。国家科研机构和重点大学要将主要力量用于基础性研究及全国性重大应用研究开发工作,着重解决省、地科研机构不宜承担的前瞻性、基础性、关键性、方向性的重大科技问题。省、地科研机构应按照自然和经济区划,逐步发展成区域性研究开发中心,重点开展应用技术研究、科技成果的二次开发及转化工作。第三,民族工业企业要成为技术进步的主体。企业要把建立企业技术创新机制、提高技术创新能力,作为企业的核心工作来抓,企业和企业集团都应以市场为导向,逐步建立与科研机构、高等学校联合的技术开发机构。可以预见,随着市场经济体制的进一步完善,技术进步将成为关系到企业生死存亡的重大活动,这必将促进企业成为技术创新的主体。

2. 完善技术引进的管理工作

我国民族工业与外国工业之间技术水平相差很大,因此,通过技术引进提高民族工业的技术水平将是一项长期的工作,这样可以较低的代价掌握到先进国家经济探索而获得的知识、技术,在这个基础上模仿创新,提高整个技术水平。技术引进的宏观管理对技术引进的成败有着非常深刻的影响。首先,中国政府的有关部门,应根据整个国民经济发展的需要,确定技术引进的重点。在这一方面,二战后日本的技术引进提供了十分重要的经验。在50年代,日本的技术引进重点放在对国民经济发展至关重要的基础产业方面,以防这些基础产业在日后成为经济高速增长的"瓶颈"。为此,在电力工业方面引进了大容量、高性能的发电设备和技术;在钢铁工业方面,引进了纯氧顶吹转炉等技术;在造船工业方面引进了焊接技术与分段建造法等。这些重大技术的引进、消化和推广,使电力、钢铁、造船等工业迅速崛起,达到了世界先进水平。上述技术引进及其过程体现了战后一段较长时期日本技术引进的原则,这些原则是:①首先狠抓对经济发展具有全局性影响的基础工业部门的技术引进,不搞单纯"为了国家威望"而无实际经济实惠的技术开发和引进;②技术连锁效应,就是新技术不仅为直接引进的部门,也为其他部门所利用,通过技术的连锁效应促进有关技术的进步;③推广的可能性,无论怎样高超的技术,如果引进后不能推广和消化,则暂不引进。

借鉴日本的经验并结合现代技术发展的特点,我国技术引进重点在优先考虑国民经济关键部门和薄弱环节的同时,要从战略的高度出发,引进有发展前途的新技术,以促进国民经济合理技术结构的形成。

由于中国的巨大潜在市场,世界各国企业都看好中国,中国应遵循市场换技术原则,把最新技术引进中国,如上海通用汽车、芬兰诺基亚均是把最新的一代产品在中国投入生产,微软甚至在中国设立了研究院。

3. 增加经费投入

目前中国增加科技经费投入主要有两个方面的措施。一方面是政府增加这方面的预算。在确定预算增加的幅度时,政府要综合考虑以下几个方面的因素:第一是西方发达国家和其他发展中国家在科技经费投入方面的力度。第二是中国社会经济的承受能力和科技在其他方面协调发展的问题。第三是科技创新能力提高的近期和中长期目标。另一方面是开源节流。在这一方面,政府可以采取以下措施。首先,精简政府机构和人员,将节省的政府开支转移到科技创新活动中。其次,加强对各类重大经济和科技项目(包括基本建设、技术改造、技术引进、工程技术)的监督、评价与管理,防止重复立项的现象。再次,进一步改善外商投资环境,吸引和引导更多的外国企业向中国的高技术领域投资。最后,通过对高技术产业补贴、减免税等措施,鼓励企业增加对科技创新的投入。

4. 改革科技管理体制

科技管理体制改革的重心是逐步确立企业的科技创新的主体地位,充分发挥企业在科技创新过程中的主导作用。为此,在观念上,要明确增强企业的科技创新能力对于促进经济增长的重大意义,在组织上,要明确政府的职责是为企业的科技创新创造良好的环境,并且提供法律上的保障,在程序上要从解决企业目前在科技创新中遇到的实际问题出发。具体地说,应当主要采取以下几个方面的措施。第一,要帮助企业增强创新意识,加强企业内部创新系统的建设,提高技术创新能力。第二,促进企业与大学和科研机构的密切联系与合作,促进企业之间的技术合作,发展网络合作关系。第三,加强对中小企业科技创新的支持。设置支持中小企业科技创新活动的创新基金,发展主要为中小企业技术创新活动提供中介咨询服务的中心服务机构。第四,承认智力资本价值,建立和完善技术市场,加快科技创新成果向生产领域转化的进程。第五,要重视知识产权的保护。第六,要组建国家创新体系,国家知识库和知识共享系统。第七,要重视高技术的孵化,建立创业中心和高科技园区,发挥中小企业集群的作用。第八,鼓励风险投资,建立二板市场。第九,允许高新技术在企业中占有较高的股份。第十,建立各种科技成果转化中心和技术中介机构,促进技术的产业化。第十一,建立技术先导企业,发挥示范作用。第十二,给予高新技术以优惠政策。第十三,鼓励高新技术对传统产业的改造,实行产品更新换代。第十四,推进企业集约化经营。

总之,技术创新对劳动生产率,优先经济结构,推进企业集约化经营,实现企业可持续发展,至关重要。中小企业要将技术创新置于中心地位。

第四节 企业知识管理创新机制

中小企业在采取知识发展战略的过程中,要牢牢地把握知识的孵化、生产、管理和共享过程,形成为学习型组织。只有这样才能在知识经济时代的竞争中占有一席之地。

一、知识的孵化

知识的孵化分为三个阶段(图16-10):

```
┌──────────┐    ┌──────────┐    ┌──────────┐
│知识的预孵化│────│ 知识的孵化 │────│知识的后孵化│
└──────────┘    └──────────┘    └──────────┘
知识蛋的收集     孵化的方式      知识成功的转化
知识蛋的评价     孵化的模式      知识成果的管理
                 孵化的环境
```

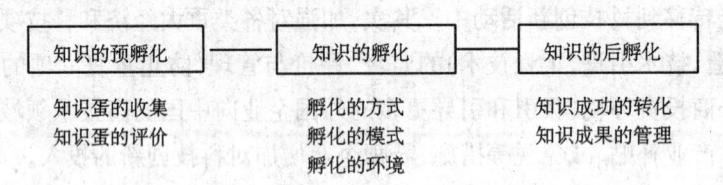

图16-10 知识孵化三阶段

(一) 知识的预孵化

1. 知识蛋的收集

知识的预孵化包括知识蛋的收集与知识蛋的评价两个阶段。一个完全意义上的知识蛋是众多数据、信息、旧知识简单构成的产物,不同的知识蛋各类构成的比例和内容不尽相同。

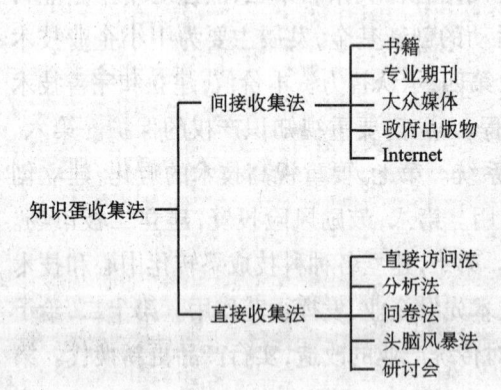

```
              ┌─书籍
              ├─专业期刊
        ┌间接收集法─┼─大众媒体
        │     ├─政府出版物
知识蛋收集法─┤     └─Internet
        │
        │     ┌─直接访问法
        │     ├─分析法
        └直接收集法─┼─问卷法
              ├─头脑风暴法
              └─研讨会
```

图16-11 知识蛋收集法

知识蛋的收集方法如下(图16-11):

企业可以通过向书籍、专业期刊、Internet网等间接方法收集知识,也可以通过问卷法、直接访问法、研讨会等方式直接收集知识,形成知识蛋,以便进一步孵化。

2. 知识蛋的评价

知识蛋的形成过程,是一个知识的进化过程,知识孵化的终极目标是为了确立企业的竞争优势,因而只有与企业的进化目标相一致的知识蛋才具有生命特征。见图16-12。

因此,对知识蛋的评价可根据以上的标准建立一个评价体系。在评价体系中,可对以上六个因素赋予不同的权重,经过加权平均以后,即可对知识蛋的生命特征做出一个客观

第十六章 中小企业的育成战略

的评价。以此决定对知识蛋的取舍。

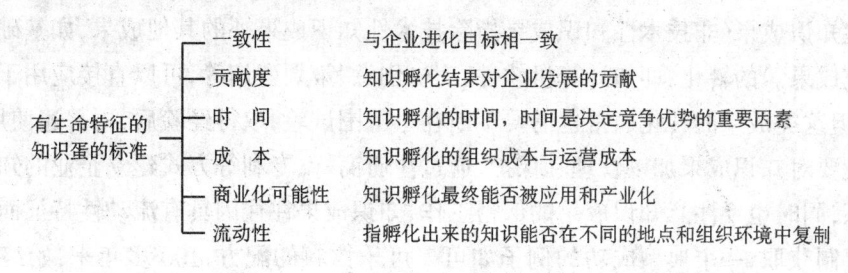

```
                        ┌─ 一致性         与企业进化目标相一致
                        ├─ 贡献度         知识孵化结果对企业发展的贡献
  有生命特征的            ├─ 时  间         知识孵化的时间,时间是决定竞争优势的重要因素
  知识蛋的标准            ├─ 成  本         知识孵化的组织成本与运营成本
                        ├─ 商业化可能性   知识孵化最终能否被应用和产业化
                        └─ 流动性         指孵化出来的知识能否在不同的地点和组织环境中复制
```

图 16-12 有生命特征的知识蛋的标准

(二) 知识的孵化

知识的孵化有合作孵化和独立孵化两种方式。前者指的是企业与企业,企业与科研院所合作,联合孵化。可共担风险,共享成果,而后者指的是企业独立进行孵化。网络社会的发展,使得合作孵化得到了更进一步的发展。

孵化的模式,Ikujiro Nonaka 在《The Knowledge - Creating Company》一书中提出一个五阶段模式(图 16-13)。

因此,从五阶段模型可以看出,知识孵化的实质是隐性知识外在化,并逐渐成为明确的显性知识的过程,同时,这个过程也是一个动态的、循环的、更新的过程。企业在进行知识孵化时,要创立一个良好的知识孵化环境。要充分尊重员工的创新精神和创新能力;加强团队合作;鼓励竞争,建立企业创新的动力机制和激励机制。充分调动企业每个员工的积极性,建立学习型组织,这样将能加快企业的知识孵化。

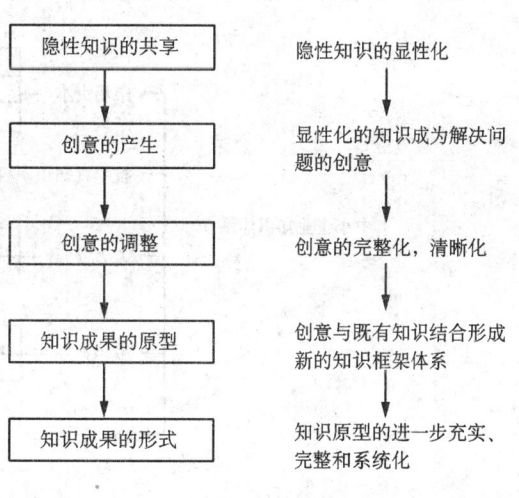

```
┌─────────────┐     ┌─────────────┐
│ 隐性知识的共享│     │隐性知识的显性化│
└──────┬──────┘     └──────┬──────┘
       ↓                    ↓
┌─────────────┐     ┌─────────────┐
│  创意的产生  │     │显性化的知识成为解决问题的创意│
└──────┬──────┘     └─────────────┘
       ↓                    ↓
┌─────────────┐     ┌─────────────┐
│  创意的调整  │     │创意的完整化,清晰化│
└──────┬──────┘     └─────────────┘
       ↓                    ↓
┌─────────────┐     ┌─────────────┐
│知识成果的原型│     │创意与既有知识结合形成新的知识框架体系│
└──────┬──────┘     └─────────────┘
       ↓                    ↓
┌─────────────┐     ┌─────────────┐
│知识成果的形式│     │知识原型的进一步充实、完整和系统化│
└─────────────┘     └─────────────┘
```

图 16-13 孵化五阶段模式

(三) 知识的后孵化

知识的后孵化,主要是指知识成果的转化与知识成果的管理。知识成果分为技术性知识成果与非技术性成果。技术性知识成果有两种表现形式,一种是以硬件形式表现出来的设备、产品等,如新药的形成,洗衣机厂的新的容量和机械性能的洗衣机的完成等。另一种则以信息知识形态表现出来的,如管理方法、组织与操作方式、质量控制、标准质量规则等软形式表现出来。

知识成果要完成产业化、商业化,则需要进一步初试、中试、试生产、试销等多个实验阶段。经过不断的反复改进,使知识成果更加成熟,获得更加有利于企业的生产函数。而非技术性知识成果(非技术性知识成果指除技术性知识成果外的其他成果,如基础研究领域的研究成果。)的转化,即如计算机软件、广告创意、策划咨询等,可以直接应用于商业化过程中,但这类成果的转化通常也需要不断在小范围试验,取得经验后,再普遍使用。

企业要对知识成果加以管理和保护,通过注册商标、专利等方式建立企业的知识产权保护体系,同时也要注意知识成果的保密工作,知识成果往往因具有流动性特征而容易以低成本复制获取,一个典型成功的例子如可口可乐饮料的配方,100多年来,始终得到了很好的保护。相反,中国许多民族企业因不重视知识成果的保密而导致了企业无形资产的巨大损失。

二、知识体系与知识创新

1. 中小企业知识体系与中小企业知识创新及目标

根据中小企业生命模型,将中小企业知识体系和中小企业创新归纳如下(图16-14):

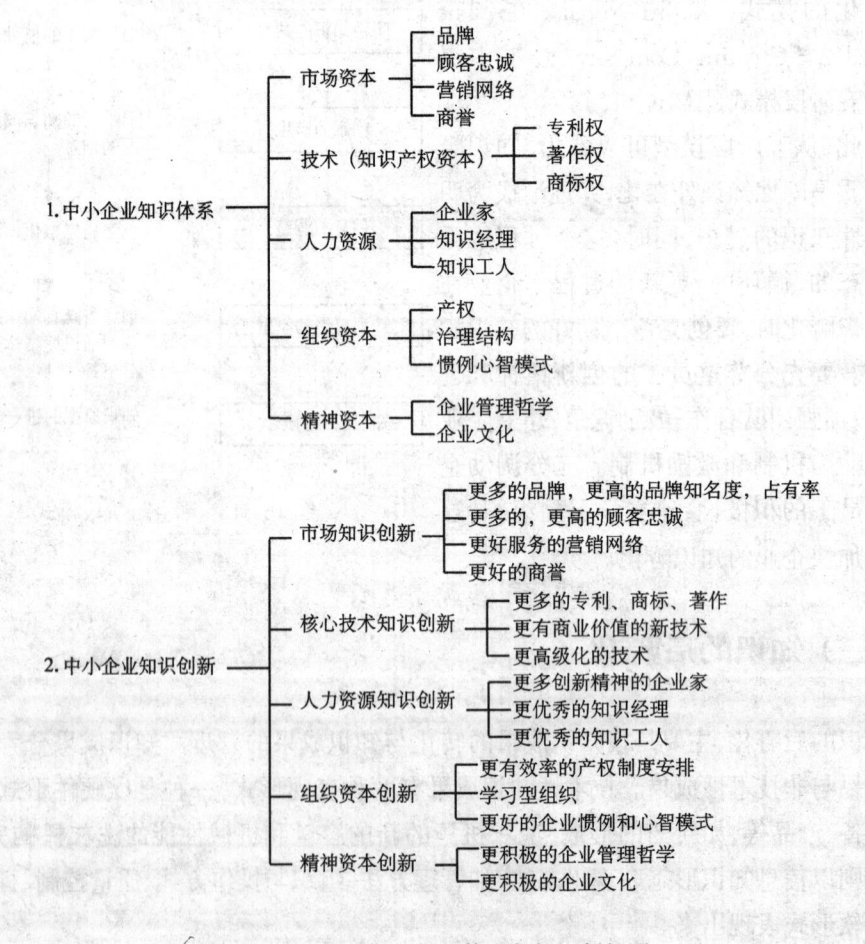

```
1. 中小企业知识体系
   ├─ 市场资本 ─┬─ 品牌
   │            ├─ 顾客忠诚
   │            ├─ 营销网络
   │            └─ 商誉
   ├─ 技术(知识产权资本) ─┬─ 专利权
   │                      ├─ 著作权
   │                      └─ 商标权
   ├─ 人力资源 ─┬─ 企业家
   │            ├─ 知识经理
   │            └─ 知识工人
   ├─ 组织资本 ─┬─ 产权
   │            ├─ 治理结构
   │            └─ 惯例心智模式
   └─ 精神资本 ─┬─ 企业管理哲学
                └─ 企业文化

2. 中小企业知识创新
   ├─ 市场知识创新 ─┬─ 更多的品牌,更高的品牌知名度,占有率
   │                ├─ 更多的,更高的顾客忠诚
   │                ├─ 更好服务的营销网络
   │                └─ 更好的商誉
   ├─ 核心技术知识创新 ─┬─ 更多的专利、商标、著作
   │                    ├─ 更有商业价值的新技术
   │                    └─ 更高级化的技术
   ├─ 人力资源知识创新 ─┬─ 更多创新精神的企业家
   │                    ├─ 更优秀的知识经理
   │                    └─ 更优秀的知识工人
   ├─ 组织资本创新 ─┬─ 更有效率的产权制度安排
   │                ├─ 学习型组织
   │                └─ 更好的企业惯例和心智模式
   └─ 精神资本创新 ─┬─ 更积极的企业管理哲学
                    └─ 更积极的企业文化
```

图16-14 中小企业知识体系与知识创新图

2. 中小企业知识创新模型

企业知识创新过程有五种模型：

(1)知识推动的创新过程模型(图 16-15)。

基础研究 → 应用研究开发 → 生产 → 销售

图 16-15　知识推动的创新过程图

(2)需要推动型的创新过程模型(图 16-16)。

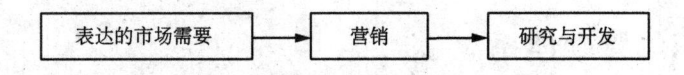

表达的市场需要 → 营销 → 研究与开发

图 16-16　需求推动型的创新过程图

(3)交叉作用的知识创新过程模型(图 16-17)。

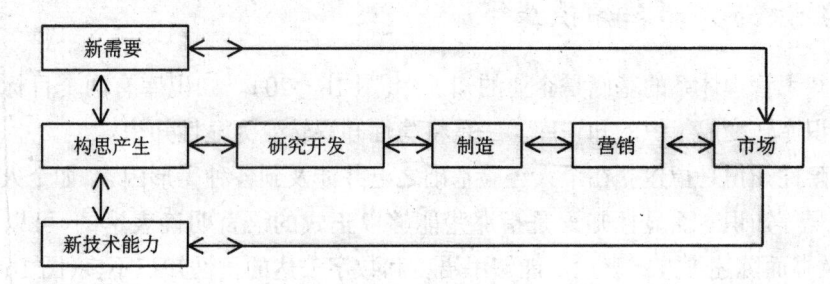

图 16-17　交叉作用的知识创新过程图

(4)一体化知识创新过程模型(图 16-18)。
(5)系统集成和网络式知识创新模型(图 16-19)。

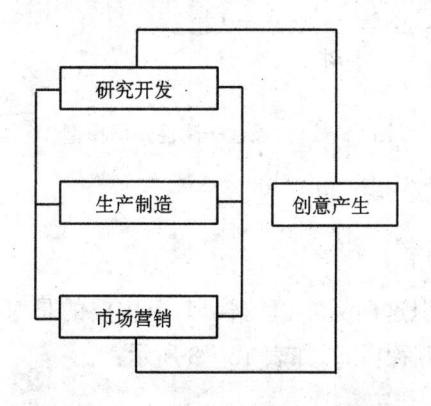

图 16-18　一体化知识创新过程图

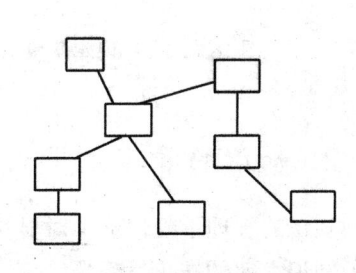

图 16-19　系统集成和网络式知识创新图

前三种模式,知识是以"批量"方式进行续式沟通,而一体化模式则是一种并联式沟通方式,当上游部门产生创意时,下游部门也同时开始行动,上下游部门进行双向的丰富的频繁的沟通,而系统集成和网络式知识创新,如项目小组,此时,各成员间进行交互式、完全的、频繁的沟通。后两种方式已成为企业知识创新模型的主流。随着网络经济的到来,系统集成和网络式知识创新模型更代表了知识创新的一种趋势。

上述四种模式,其所创造的知识也是不同的,社会化的结果往往产生使心智模式得到改善之类的情感知识,外化产生一些概念性知识,综合产生了系统的知识;内化则产生形成了一些经验、技能方面的操作性知识。这四种不同的知识构成了一个螺旋式上升的持续不断的知识创新过程。

三、知识的管理体系

中小企业的知识管理体系由三个方面构成:①知识的分类与知识库;②知识的组织机构;③知识经理。

1. 知识的分类和知识库

企业知识管理体系的基础是企业的知识库(图 16-20)。知识库有两个目标:一是将个人的知识库转变成组织的知识库。二是将隐性知识转变为显性知识。

所谓隐性知识是指建立在个人经验基础之上并涉及到各种无形因素,如个人信念、观点和价值观等知识。而显性知识是指那些能够以正式的语言明确表达的,可以数字、列举、手册及书面陈述等方式表达。能够用语言和数字表达的显性知识不多(图 16-21)。

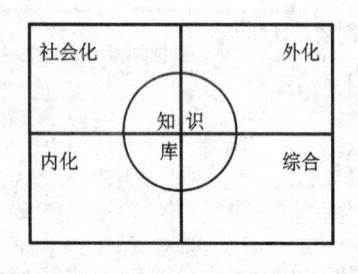

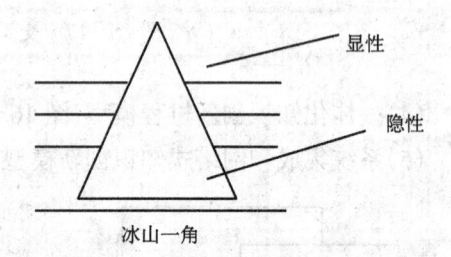

图 16-20 知识库模型　　　　图 16-21 显性—隐性知识模型

2. 知识的管理

知识的管理不仅包括了对显性知识和隐性知识这两类知识的管理,更主要的是对这两种知识之间的转化过程的管理。知识的转化有四种模式,如表 16-3 所示:

特征:

共享个人的经验、经历。如共享的心智模式、技能的进程,常见于概念的创造过程,把头脑的景象抽象化,是极重要的方式,外化产生的概念转变为一个知识系统,能产生新的更加系统化的知识是一个学习过程。形成个人一种共享的心智模式和技能。

表 16-3 知识转换的模式

转化模式	转化过程	方法
社会化	隐性知识→隐性知识	讨论、交流、模仿、实践
外 化	隐性知识→显性知识	比喻、比较、演绎、推理
综 合	显性知识→显性知识	编码、排斥、分类、重新划分知识单元
内 化	显性知识→隐性知识	体会、体验、阅读、聆听

3. 知识的组织结构

(1)科层-网络模式。企业是一个科层组织,因而知识与信息管理也呈现科层组织的特征(图 16-22)。

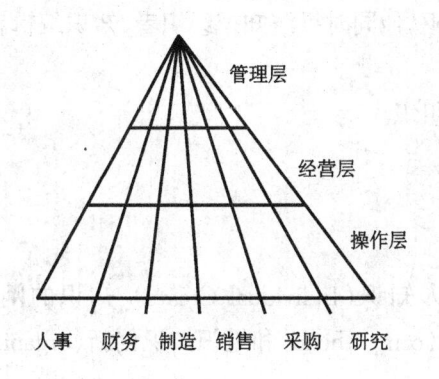

图 16-22 企业科层组织

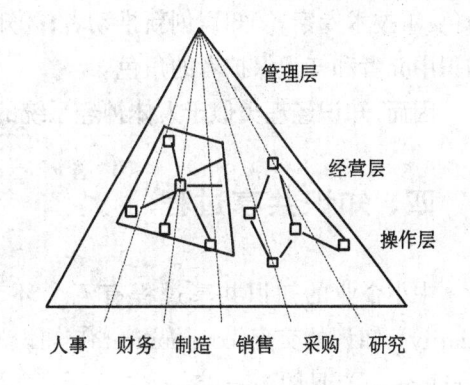

图 16-23 知识库

科层-网络组织(图 16-23)兼顾了科层组织与知识管理的特征,如在企业里大量存在的项目小组便是典型的例子。另外,矩阵式管理方式也可视为科层-网络模式。中小企业由于科层级少,因而网络化特征更明显。因此,网络化管理是中小企业知识管理的一种趋势(图 16-24)。

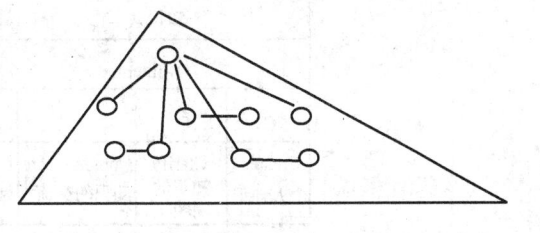

图 16-24 中小企业科层—网络模式

(2)学习型组织。中小企业要逐步成为学习型组织,学习型组织就是把学习者与工作系统地、持续地结合起来,以支持组织在个人、工作团队及整个组织系统这三个不同层次上的发展。彼得·圣吉在《第五项修炼》中指出:学习型组织要培养"自我超越的员工","改善心智模式",形成组织互动的联系的共同心智模式,建立"共同意愿",促进有效的"团队学习",形成全局性的"系统思考"。因而企业要重视人才,以人为本,重视人才的实践和首创精神,形成学习的文化,及持续系统的学习和批判性的思考,建立知识的创新、共享及交流体系。

4. 知识企业的人力资源

知识经济时代,知识成为一种主要的生产要素,知识企业本质上是完成知识的生产、创新过程。知识企业的人力资源即由知识工人与知识经理组成。

知识企业中的知识工人是拥有专业化知识的技术专家,因此要发挥知识工人的作用,企业要充分授权,使其拥有相当的自主权;创造良好的知识创新环境,因为知识工人是知识创造的源泉;要尊重和积极评价知识工人对组织的贡献,建立一套有效的激励机制,鼓励创新,要重视知识工人的团队合作和内部凝聚力,以使技术专家能形成共同的意景和心智模式,与组织一起实现自我超越,完成组织的创新目标。

知识企业的知识经理在知识企业中的作用至关重要。他既要有管理才能,也要有技术才能,同时他还要有很好的知识创新预见能力和杰出的协调能力。他同时扮演着以下角色:①技术专家;②知识创新推动者;③知识中枢,他同时扮演知识组织者、知识编辑者、知识中介者和知识保护者的角色。

因而,知识经理类似于人体神经系统的中枢组织。

四、知识共享过程

中小企业的知识共享过程有五个环节:个人知识(Individual Create)、知识的阐明(clarify)、知识的交流(communicate)、知识的理解(comprehend)和组织知识创新(organizational create),见图16-25。

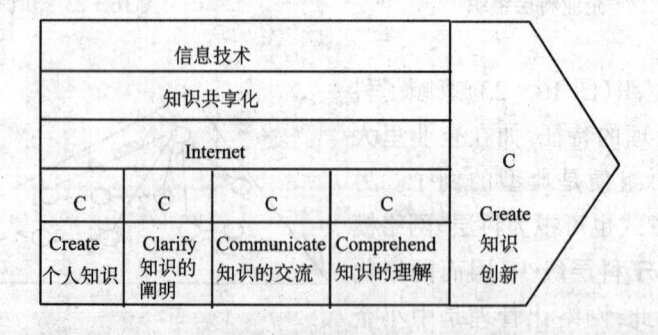

图16-25 知识共享的5C模型

知识共享的经济学诠释,产生了图16-26所示的知识企业的价值链(value chain)。

知识的生产及商业化过程包括知识库、知识的孵化、知识的创新和知识的销售四个阶段,最终获得边际知识。在知识生产的纵向链条中,每一个环节都能对边际知识做出贡献:

$$dK = dK_1 + dK_2 + dK_3 + dK_4$$

dK_n 分别表示知识经济纵向链条的每个环节对边际知识的贡献。因此,知识企业要努力提高知识生产阶段每个阶段的效率。知识企业之间的竞争实质上就是知识生产过程中的每一个阶段的竞争。

$$dK_A = dK_{1n} + dK_{2n} + dK_{3n} + dK_{4n}$$
$$dK_B = dK_{1b} + dK_{2b} + dK_{3b} + dK_{4b}$$

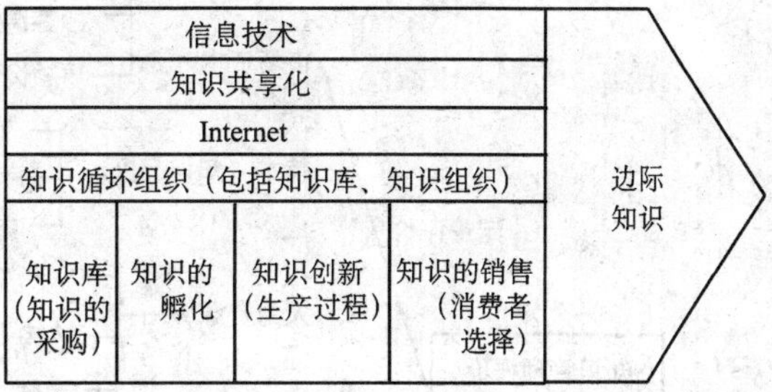

图 16-26 知识企业的价值链

两个知识企业谁更具有竞争力,则取决于 dK_A 与 dK_B 的大小。$dK_A > dK_B$ 意味着企业 A 比企业 B 更具竞争力。

而值得指出的是,知识的生产过程,实质上也是伴随一个知识共享过程。不仅仅包括组织内个人知识的共享,也包括组织内显性知识与隐性知识的共享。因此,知识的生产过程的效率与知识共享效率呈正相关关系。

$$f_{(p)} = r \cdot f_{(c)}$$

$f_{(p)}$ 表示知识生产过程的效率函数;

$f_{(c)}$ 表示知识共享的效率函数;

r 表示放大因子,即知识共享效率对知识生产效率的贡献倍数。

因此,知识共享过程的价值链与知识企业的价值链(图 16-26)相类似。而知识共享的效率又取决于 5C 的效率。即两个知识企业,其中一个企业拥有更多的个人的知识,更强的知识阐明、知识交流、知识理解能力,则最终该企业将获得更高的企业整体知识创新能力,即能获得更多的边际知识。这一点与知识企业的价值链是一致的。

因此,知识企业要重视建立良好的企业知识共享环境。主要是从以下方面考虑:

(1)积极的知识共享文化 ← (软环境);
(2)信息技术的采用 ← (硬性技术);
(3)更多的技术专家;
(4)更优秀的知识经理;
(5)学习型组织。

五、知识管理的评价体系

知识管理评价体系包括对市场资本、知识产权、人力资源、组织资本、精神资本的评价。通常有定量与定性评价两类分法,见图 16-27。

定量评价可根据真实的数据来评价,而定性评价则要根据知识企业的具体情况,赋予每一构成因素的权重,最后根据各因素的总和来进行综合评价。

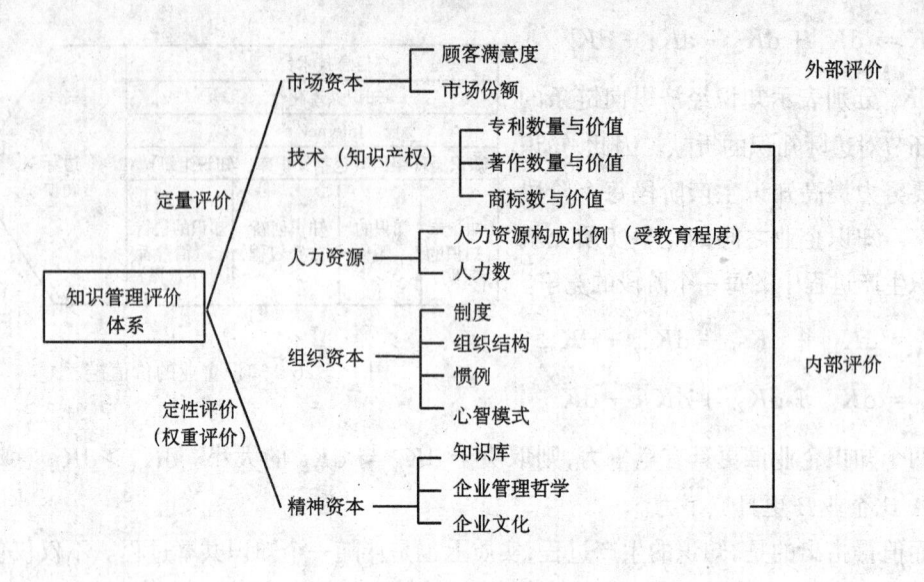

```
                            ┌─ 市场资本 ─┬─ 顾客满意度           ┐ 外部评价
                            │          └─ 市场份额             │
                            │          ┌─ 专利数量与价值        │
                            ├─ 技术（知识产权）─ 著作数量与价值  │
              ┌─ 定量评价 ──┤          └─ 商标数与价值          │
              │             ├─ 人力资源 ┬─ 人力资源构成比例（受教育程度）│
知识管理评价  │             │          └─ 人力数              │
   体系 ─────┤             │          ┌─ 制度                │
              │             ├─ 组织资本 ├─ 组织结构            │ 内部评价
              │             │          ├─ 惯例                │
              └─ 定性评价   │          └─ 心智模式            │
                (权重评价)  │          ┌─ 知识库              │
                            └─ 精神资本 ├─ 企业管理哲学        │
                                       └─ 企业文化            ┘
```

图 16-27 知识管理评价体系

对知识产权的评价既要评价其数量,更要评价其本身蕴含的价值,这里仅以商标的评价为例加以说明。

对比法是用名誉商标的产品与无名誉商标的同类产品市场价格比较,考虑名誉商标销售情况评估商标价值的方法。

评估计算式是:

$$W_{单} = \frac{(W_1 - W_2) \times N}{I}$$

式中:$W_{单}$——某项无形资本(商标)的评估价格;

W_1——评估商标产品价格;

W_2——同类产品平均价格;

N——年销售数(商标产品);

I——资本化率。

案例:金利来领带年销售量为 500 万条,每条金利来领带的售价为 20 美元,而同类质量领带的平均价为 10 美元,若资本化率定为 12%,求金利来商标价值?

$$W_{单} = \frac{(W_1 - W_2) \times N}{I} = \frac{(20 - 10) \times 500}{12\%} = 4.1667(亿美元)$$

由以上的阐述可以发现,中小企业的发展要实行知识发展战略,不仅要重视产品经营、资本经营,更要重视无形资本经营即知本经营。知识作为一种要素,具有报酬边际递增的特点,企业之间的竞争就是企业知识存量、生产、管理和共享过程的竞争。中国的中小企业要成长壮大,知识发展战略是一个必然的战略选择。

第六篇

中国中小企业发展与管理创新

第十七章 中小企业的管理创新

中小企业技术创新很重要,然而导致中小企业失败的首要原因还是管理落后,因为中小企业规模小,现有的资源要素有限,企业要想在激烈的市场竞争中获得生存权与发展权,就必须对企业现有的资源要素进行有效地整合,进行管理创新,惟有如此,才能保证企业获得持续竞争力,在市场竞争中立于不败之地。

第一节 管理创新的内容

企业是一种社会经济组织,即从事生产、流通和服务等活动,为满足社会需要与获得利润,实现自主经营、自负盈亏、自我约束、自我发展的经济实体。由于组织资源的有限性与人的欲望的无限性、组织目标的多样性之间存在着种种矛盾,管理就是为了解决这些矛盾,有效利用现有资源实现目标而进行的一系列活动。而企业管理则是根据企业的自身特点及其生产经营规律,根据不断变化的市场需求,对企业的生产经营活动进行计划、组织、指挥、协调和激励,充分利用各种资源实现企业不同时期的经营目标,不断适应市场变化,以满足市场需求,并同时求得企业自身的发展和满足职工利益等的一系列的活动。

随着管理在实践中的不断摸索及经济的不断发展,以及人们对管理的本质和对人的认识、理解的不断深化,企业管理的思想也处于一个不断发展的状态之中,企业管理从经验管理向科学管理、从生产管理向全面管理、从封闭式管理向开放式管理、从技术管理向战略管理、从经营单目标向多目标、从以物为中心向以人为中心方向发展,现代化管理就是这些趋势在更高层次上的结合[①]。

最早论述管理创新概念的是著名经济学家熊彼特,他1912年在其著作《经济发展理论》中认为创新是生产手段的新组合,并提出了创新概念的五种情况。之后科斯1937年在其论文《企业的性质》中提出了"交易费用"的概念,认为市场交易是有费用的,企业替代市场,是要将许多原本市场的交易费用内部化以降低交易费用,这解释了企业这种组织存在的客观原因。继而威廉姆森对此进一步发展,认为通过组织创新可节省交易费用,而组织创新的原动力又是为了追求交易费用的节约。钱德勒在其名著《看得见的手——美国企业的管理革命》中指出大公司出现之后,管理的复杂程度提高,从而导致了经理阶层的职业化和科层制管理方式的出现,这是人类管理创新的伟大实践。在我国真正最早提出管理创新概念的是常修泽教授等在《现代企业创新论》一书中提出"管理创新是一种更有

---

① 曾晓萱、姚慧华:《高科技管理与人文》,天津科学技术出版社,2000年,第7页。

效而尚未被企业所采用的新的管理方式或方法的引入,管理创新是组织创新在企业经营层次上的辐射。……"[①]。另外,最早提出管理创新概念的还有芮明杰于1994年在其书中《超越一流的智慧——现代企业管理的创新》提出,并且认为管理创新定义更宽泛一些,即管理创新是指创造一种新的更有效的资源整合范式,这种范式既可以是新的有效整合资源以达到企业目标和责任的全过程式管理,也可以是新的具体资源整合及目标制定等方面的细节管理[②]。芮明杰认为管理创新至少包括五种情况:①提出一种经营思路并加以有效实施。这种经营思路对于所有企业而言都是新的,且是可行的,那么便属于管理创新的一种。②创设一个新的组织机构并使之有效运转。③提出一个新的管理方式或方法。这种新的管理方式方法能提高生产效率,或者能更好地激励员工等,这些都将有助于企业资源的有效整合以达到企业既定目标和责任。④设计一种新的管理模式。这种新的管理模式能更好地对企业现有资源进行有效配置实施。⑤进行一项制度的创新。在这里制度创新被认为也是一种管理创新,它有助于企业资源的有效整合,使企业更具有竞争力。

第二节 中小企业管理创新的功能分析

管理创新是创造一种新的更有效的资源整合范式以提高资源整合效率,因而对于资源规模及数量都极其有限的中小企业,管理创新无疑会对其发展带来积极作用,通过有效提高资源配置效率,能帮助降低技术创新的不确定性,从而提高中小企业的存活率。

一、有助于降低技术创新的不确定性

中小企业必须重视技术创新,很多情况下其管理创新是围绕技术创新和提高效率而展开的。技术创新是提高效率的内在基础,技术创新过程是一个系统工程,其中包括技术选择、研究开发、中试、生产、销售、服务等诸多环节,研究开发只是其中一个重要环节,但绝不是全部甚至在很多情况下都不能成为最关键的环节。对于广大中小企业,特别是高新技术中小企业而言,从产品开发到形成效益这一过程有诸多环节,任何一个环节出了差错对于小企业而言都易导致亏损甚至破产,从而完全掩盖了技术创新所应得的收益,因为中小企业规模小、实力不足,承受风险的能力有限。而管理是对组织的资源进行有效整合以达成组织既定目标与责任的动态创造性活动,其核心就是有效整合组织资源以达成组织的既定目标与责任[③]。因此,由于技术创新面临许多关于技术、人力资本、行为、投入、管理效率、市场营销等诸多不确定因素,表现在技术风险上,存在技术上成功、产品生产和

---
① 常修泽等:《现代企业创新论》,天津人民出版社,1994年,第8页。
② 芮明杰:《管理创新》,上海译文出版社,1997年,第49页。
③ 芮明杰:《现代企业管理创新》,山西经济出版社,1998年,第12页。

售后服务、技术效果、技术寿命等不确定性,市场风险则来自企业难以确定市场的接受能力、接受时间,难以预测创新产品扩散的速度及其产品的竞争能力,财务风险来自因企业获得资金支持的渠道少、资金有限,企业因管理不善导致资金周转不灵从而创新项目失败,此外,企业外部的社会、政治、法律、政策等条件变化也会给技术创新带来不确定性,创新收益是不确定的,从而要求企业管理创新,帮助减少技术创新的不确定性,有效提高有限资源的配置效率。

实践证明,企业产品开发的失败率是相当高的,但往往失败的原因不是技术方面的因素,而是管理不善所导致的。现代企业技术开发是建立在知识基础上的,企业取得持久竞争力的最关键要素是企业内部的人才,科研人员注重研究开发是其与生俱来的特性,并且其追求的目标常常是研制出最先进的产品,而常忽略了其他方面,这些人员往往具有很深厚的科研功底,但他们对管理却知之甚少。所以,由于中小企业受制于现有资源要素的限制,如企业规模小、资金不足、科研人员也不像大企业那样充裕等,往往一人身兼数职,所以中小企业要想成功壮大,管理的要求也更高,要求中小企业的创业者既要懂技术,又要懂管理,必须采取恰当的技术创新战略,有效利用现有的资源要素,合理地分配并不宽裕的资金,使其技术创新过程的各个环节如项目研发、产品中试、市场开发及营销等各环节能环环相扣,形成一良性回路,使企业发展呈螺旋型上升态势。

二、有助于提高企业内部人力资本、技术和知识的管理效率

对于中小企业而言,企业内部往往没能建立有效的激励约束机制和规范、科学的管理制度,人员流动性大。并且由于目前存在知识产权保护及相关法律并不完备,中小企业本身也存在知识产权保护不力的问题,从而因技术人才尤其是核心技术人才离开了该企业,带走了企业的核心技术导致企业陷入破产边缘,或由于技术人员泄密使企业陷入困境等,这些都给中小企业的稳定发展构成巨大的威胁。这就要求中小企业必须进行管理创新,为了保证企业不断创新和持续稳定地成长,必须建立有效的激励约束机制,即搭建一个有效的管理平台,建立规范、科学、现代的管理制度,既能促进企业人力资本的效用最大化发挥,提高企业技术创新能力,降低企业技术创新的不确定性。而且通过对企业内部人员的规范管理加强企业技术的管理,加强企业技术知识产权保护意识和保护能力,使企业不至于因个别人员的流失而使企业陷入困境,从而保证企业正常、稳步地运行。

三、有助于促进技术创新、制度创新与管理创新积极互动关系

对于中小企业,管理创新可谓是其成长的保证。从技术创新角度来看,由于技术创新的投入与产出是一个不确定性的过程,这一不确定性大大高于传统企业生产经营过程中的不确定性,而管理可以降低技术创新过程中资源配置的不确定性,提高企业资源配置效率。技术创新与管理创新二者是相互配合、相互促进的,管理创新有助于企业提高投入产

出效率,提高企业技术创新的成功率,而技术创新本身以及技术成果商业化又不断推动企业管理创新的展开与提高,如新产品开发成功后的市场创新便是一种,管理创新和技术创新一样是企业成长与发展的重要力量。从制度创新角度看,新制度经济学派认为企业制度的创新过程实际上就是企业的产权体系重新安排的过程,这一再安置的效率必须最终要通过优化资源配置的效率得以体现,产权再安置实质上就是引导企业最大限度地将外部效应内在化,使私人收益等于或接近社会收益。然而企业的制度创新也是一个不确定性的过程,它与企业的管理水平也存在重大关系,企业制度创新效率的提高离不开企业管理中每个过程具体的操作配合,离不开企业内部组织结构的适应性调整与变更。企业制度创新目标的实现也有赖于管理工作的具体操作,有赖于管理创新。如斯隆所开创的事业部制被世上公认为重大的管理创新成果,因为事业部制为企业纵向一体化或横向一体化的展开提供了有效的组织保证,同时企业纵向一体化或横向一体化的实现就是为了实现外部效应内在化,这本身就是企业制度创新的目标之一。

第三节 中小企业管理现状剖析

一、我国中小企业管理的特点

从我国广大中小企业成长的历程来看,这些企业都是在计划经济与市场经济的制度缝隙中发展起来,经历了一个痛苦的"从无到有,从小到大"的发育过程。在艰苦的创业历程中,由于受当时制度环境与企业先天不足等各方面制约,企业的管理、企业的成功大多是与企业创业者的个人魅力、智慧及创业精神等有密切关系,如联想有柳传志,北大方正有王选、张玉峰,这些企业的管理有如下特点:①在"四自原则"下企业表现出强大的活力,对传统体制和传统的经济观念产生了强大冲击。这些企业在"自筹资金、自由组合、自主经营、自负盈亏"方针下,企业有了一定的对生产要素的控制权和对盈利的支配权,企业由此构成了初始创业的管理起点,企业的管理在实际经济活动中表现为决策非程序化、管理非制度化、非理性化和随机性的特征十分突出[1]。但与当时国营企业相比,非国有中小企业已有了仅仅服从市场的独立意识和行为能力,成为真正的市场经营主体,初步获得了以市场经济为基础的管理实践。②制度的缝隙及当时市场的巨大机会可以掩盖企业管理不足的缺陷。当时我国工业技术与世界先进水平的巨大技术落差为企业发展提供了一个巨大的市场机会,而且当时国外高科技企业还未进入中国市场,不仅如此,当时中国经济体制进入了转型时期,原有体制的规则被打开了缺口,而新体制的规则尚未建立,从而形成了制度的缝隙,采取"四自原则"的高新技术企业大都是采取民营方式,在这种背景下得以在缝隙中迅速成长,企业的成长更多是来自外部机会,企业管理的滞后性并不影响企业的

---

[1] 王德禄主编:《二次创业——新兴企业发展战略研究》,山东教育出版社,1999年,第127页。

成长。③创业者个人的才智与创业精神对企业影响很大。在企业内部组织管理上,大多数是几个志同道合的人自愿组合在一起,由此决定了企业采取以亲情为基础的管理模式,企业的凝聚力主要来自创业者的个人魅力与感召力,这在创业初期保证了企业的凝聚力。但由于未能建立有效的规范管理制度,也为企业发展的不稳定埋下祸根,在我国常出现家族企业及高新技术企业刚刚成长壮大一点,就由于企业几个核心成员由于意见不合导致企业分裂、震荡,这样的例子举不胜举。

二、当前经济环境对中小企业管理带来的挑战

当前,由于宏观经济环境与微观方面的内在条件均发生深刻变化,中小企业与10多年前相比,宏观经济环境发生了巨大变化,市场逐渐成熟并更加规范化,竞争变得更加激烈。随着我国经济体制改革的不断完善和市场经济体制的不断完善,加上我国加入WTO,国际国内市场将日趋统一,中小企业不仅要面对大量"改制"的国有大中型企业,还要面对国外那些具有丰富的商业经验、雄厚的资金实力和先进的研究开发水平的高科技企业及跨国公司,当年存在的大量市场机会显然不存在了,而且企业自身由于壮大而在管理上面临许多问题:①企业规模扩大与管理能力不足的矛盾。随着企业规模扩大,企业由于缺乏管理理论的指导,而易导致企业内部管理成本激增,企业的生产、管理结构与管理能力具有一定滞后性,企业未能迅速实现由创业初期的亲情为基础的管理方式向理性化的现代企业转变,导致管理水平跟不上企业的发展从而限制了企业的成长。②企业的"内部人"控制现象严重。企业产权关系不明使得企业经营者获得对企业强有力的控制权,却没有建立相应的有效的企业治理结构,对经营层进行有效的监督,使得企业经营者根据自身利益在决策上表现出一定的个人性和随意性,追求自身利益最大化,最终损害企业利益。③在企业发展上缺乏战略管理眼光,企业行为短期化严重。随着企业的发展,在信息、技术、人才等管理上缺乏长远目光,在企业发展也无多少长远规划,缺乏积累的内在动机,企业行为常常短期化,如在技术开发上只追求短平快项目等。

第四节 中小企业管理创新的主要环节

中小企业管理创新因各个企业的具体情况不同而侧重点会有所不同,但其主要环节体现在以下几个方面:

一、建立有效的激励约束机制,促进企业人力资本最大限度地发挥

中小企业要培养持续竞争力,不断加强创新,建立企业自己的核心竞争力,这一切均

离不开企业人力资本效用的最大发挥。

要促进企业人力资本的最大发挥,企业需要"夯实基础",搭建一个规范的管理平台。企业产权必须明晰,这是企业进行有效、合理管理的基础。在企业内部必须不断完善法人治理结构,建立起一个规范、有效的权力制衡机制,减少内部人控制问题,而且要建立起企业内部稳定、规范的权力与决策机制,要摆脱过去的"一言堂"管理和原始的亲情管理。因此,企业必须不断进行产权制度改革,解决好各利益主体之间的利益冲突,产权明晰是企业管理创新的根本性基础。惟有不断完善企业内部治理结构,才可能建立起有效的激励约束机制。

本书在第五章已经论述到中小企业建立优先购股权制度是一种行之有效的激励办法。尤其对于高新技术中小企业,资金实力不足,在薪金待遇上竞争不过资金充裕的大企业。通过优先购股权制度,可使企业人才的未来财富与企业的长远发展紧密联系在一起,企业又不用出一分钱就可吸引高水准人才,当然,财富的实现与人力资本的实际付出是紧紧挂钩的。关于优先购股权的论述本章不再赘述。

二、加强企业技术创新的管理

当今企业产品市场竞争异常激烈,企业有一个好的项目仅仅是一个好的开端,即使新产品研制出来,也不一定就能在市场营销中取得优势。技术创新是中小企业增加竞争力的灵魂,企业利润的最终实现要通过市场来实现,这一复杂的、不确定的技术创新过程均需要企业管理创新,需要一种动态的管理。中小企业的技术创新的管理是其成长发展的关键。

三、加强企业对信息的管理

当今的社会是信息的社会,面对剧烈变化的外部环境、日新月异的技术发展以及复杂多变的市场需求,中小企业必须利用有限的资源用于建立和维持自己的特有的核心专长,经济、技术、市场等多方面信息已越来越对企业决策有重要作用,企业必须通过建立"流动性"组织,使信息在企业中传递的速度和时效加快,以保证企业在激烈的市场竞争中拥有快速、灵活的反应能力和决策能力。

四、建立中小企业的战略管理

一个企业的生存空间是严酷的,中小企业的生存空间更是如此,无论在技术、人才、市场都面临非常激烈的竞争,如果中小企业没有明确的战略管理,就极易在市场中迷失方向而败下阵来。信息时代的到来,也要求企业具备灵活的信息吸纳处理反馈能力和综合能力。管理创新也要求企业建立相应的战略管理机制,以根据客观经济需要、技术变化的特点及企业自身的优势,迅速做出反应,以立于不败之地。

建立企业的战略决策是以保持高新技术企业的创新性、保持持久竞争力为核心和突破口的。中小企业由于规模小、实力不足,没有雄厚的科研实力,更需在市场竞争之中把握住企业的战略规划,并且重要的是将企业的发展战略能与国家的产业导向协调起来,并且根据技术和市场的发展趋势,结合企业自身的优势,选择有市场前景、有开发潜力的项目进行开发。培养自己的核心竞争力,建立战略规划也要围绕自己的核心竞争力展开。在自己处于弱势的地方,要善于利用外部资源,不仅要善于与社会中介组织及专业咨询机构合作,获得自己需要的管理知识、管理技能及各种信息,而且也要善于借助大企业的力量来发展,积极寻求与大企业合作。总之,企业制定战略管理规划时,要能把握技术的发展趋势和市场变化趋势,找准技术、市场切入点,选择正确的发展途径与战略,这需要企业信息灵通,有灵活、迅速的信息吸纳与反馈能力,也需要企业家具备独到的眼光和果敢的决策能力,能高瞻远瞩。

需要说明的是现代信息技术的出现和广泛应用为中小企业的发展提供了比以往更好的发展"硬件设施"和更高的成功率,可以使中小企业通过利用互联网技术大大降低企业获取信息的成本,有助于减少信息传递的时间,扩大了信息传输渠道和范围,降低了企业的开发新产品的成本,提高了企业的生产效率,无疑,中小企业从现代信息技术的运用中所获得的边际效用在某种程度上还高于大企业。

五、加强对知识产权的管理

对于中小企业而言,如果没有很强的知识产权保护意识和强有力的知识产权保护措施,就可能使企业花费大量资源投入研制的新成果付之东流,企业因此蒙受重挫。一项新成果的产生对于高新技术中小企业而言尤为来之不易,技术创新过程充满了不确定性,企业在创新中的投入并不一定能获得相应的回报,需要企业克服种种风险,譬如财务风险、技术风险等,企业的技术创新活动风险性很高,如果不采取有效措施保护自己的发明权益的垄断权,那么企业的技术创新就毫无意义可言。事实上,人类制定专利制度一方面是为了刺激人们创新的积极性,另一方面也是可以避免重复发明,减少资源配置的低效率。

中小企业加强知识产权方面的管理,一方面是要切实保护自己应有的创新收益,提高专利意识,一旦自己有创新成果,必须及时申请、登记专利。另一方面,企业开始在某一领域搞技术创新时,应先对这方面已有的成果要清楚,应该充分并且要善于利用已有的专利,使之成为研究开发的基础。高新技术中小企业所拥有的资源要素是有限的且更为宝贵,搞重复开发是没有意义的,而且根据专利权规定,只保护专利授予人的权益,即使你在不知情的情况下独立研究开发出来的发明,也属于侵权范围。因此,企业必须要清楚在自己涉及的领域内已有的专利成果,或利用他人的成果,或绕过他人的专利,搞出自己的新发明。

当然,专利并不等于商业化。中小企业研究开发的目的是希望新成果出来后,企业可以借此先期占领市场,获取一定时期内的垄断利润,获取相应的创新收益。这一步必须通过市场才能实现,企业申请专利只能是一种保护自己的劳动成果的一种手段,而绝非目的。

　　由于我国长期缺乏产权意识,从而企业、发明者也无专利意识,致使许多创新成果得不到相应的经济回报。例如,1998年11月6日《北京青年报》曾报道:北京市专利管理局面向社会推出了一张特殊的光盘,上面载有21万条失效专利。据我国专利方面的权威的报纸称我国每年取得的专利约在万余条,在不到20年时间里失效专利就达21万条,真是让人痛心。我国科技成果转化这一链条脱节问题的严重性,这不仅是科研经费的损失,更是科研人才的巨大浪费,暂且不论这失效专利能否引发淘金热。事实上,根据我国国情,只要中小企业加强对知识产权的管理,多去专利局查询,是可以以较小的代价获得专利发明成果,企业因此可省去一大笔研究开发费用,节省时间和金钱,企业只要搞二次开发成功,便可为企业积累宝贵的第一桶金。

第十八章　中小企业的组织创新

组织机构是企业管理活动及其他活动有序化的支撑体系。企业的管理创新是要通过组织的不断创新得以实现。企业的技术创新、管理创新、组织创新等均是企业为了赢得潜在的利益和市场竞争优势,是企业内在的利益动力驱动和外在市场竞争压力共同作用的产物。技术创新、管理创新和组织创新之间可以说是互动关系,互相影响,互相作用。

第一节　组织创新的由来

企业的组织结构从来不是一成不变的,它随着社会、经济、技术的不断发展而不断变迁,组织创新会随着技术创新、管理创新的不断变化而有巨大变化。

组织的出现,由来已久。在《圣经》中有一篇著名的"出埃及记",讲述了组织管理所发挥的巨大作用。当摩西组织以色列人出逃埃及时,由于人数众多,摩西事无巨细亲自过问,结果疲于奔命且收效甚微。摩西的岳父母因此建议摩西从百姓中挑选有才能的人,每十个有一个十夫长管理,每百个人有百夫长,每千个人有千夫长,小事由这些人打理,大事才由摩西主理[①]。中国先秦思想家管仲也具体设计过五家一轨,十轨一里,四里一连,十连一乡,十乡一军的组织体系。这是金字塔型组织的雏形,军队是金字塔型组织典型的例子,这种组织存在时间最长,影响最大,其结构单一,尤其对于由上至下的控制尤为有效,这也是最早的企业组织的基础。

旧的组织理论认为组织的目的就是为了完成任务,由各个不同的部分协作完成,它既是企业内部为完成任务共同协作的手段,也是企业为了适应市场竞争的需要。随着社会、经济、市场的高度发展和变化新的组织理论在20世纪后期产生,其对组织的理解就有了一个更高的角度,认为组织并不仅仅出于经济功能,组织的最主要功能应是社会性的、人文性的,其目的必须是让人们扬长避短,发挥优势——这才是组织存在并需要它存在的真实原因[②]。新的组织理论强调人在组织中的积极性和创造性,组织与企业的经营业绩具有相互作用、相互影响的双向互动的关系。随着经济环境、社会环境的不断变化,组织也在不断发展变化。

---

① 柴旭东:《知识经济与企业创新》,民主与建设出版社,1999年,第139~140页。
② 彼德·F·克拉克:《未来的组织》,四川人民出版社,1997年,第9~10页。

第二节 中小企业组织创新的趋势

随着技术的进步、经济的发展,市场竞争越来越激烈,技术和信息在经济发展中的作用越来越大,组织创新呈现出一种趋势,即机械式组织逐步向有机式组织演变。

一、机械式组织的缺陷

过去的金字塔型组织是一种典型的机械式组织,它是工业时代的产物,是建立在劳动的分工、再分工和专业化基础上的,它通过各层的管理使得每一项工作都必须按部就班操作,为企业带来了效率,这在当时是一种组织创新,但随着技术的飞跃发展、市场需求变化莫测及市场竞争的激烈程度加剧,这种机械式组织渐渐开始落伍了,暴露出许多缺陷。机械式组织坚持统一的指挥,以一条正式的职权层级链,使组织中的每一个人只受命于一个上司,造成层级繁多,决策缓慢,形成一个狭窄的管理空间,并随组织层级的提高管理空间更为狭窄,使得组织变成一种多层次的、非人格化的组织。而且由于企业内部层级过于繁多,企业只有通过增加各种规章制度来约束组织中每个人的活动,使组织中的活动呈现标准化、简单化,这样必然束缚了组织中个人的积极性和智慧才能的发挥,从而使企业日益僵化、缺乏创造力和活力,并且保护等级的森严。它强调组织的稳定性和可预见性,它对外界的变化缺乏弹性。在当前经济步入数字化时代,高新技术日新月异,市场需求变化莫测,信息在经济中的作用已越来越大,也越来越要求组织要能对外面多变的环境迅速做出反应,机械式组织繁多的层级在信息传递上的缓慢便会使企业在竞争中败下阵来,因此机械式组织已无法适应现代经济、社会和经济的变化,组织创新也在所难免。

二、有机式组织的特点

与机械式组织相对应的是产生了有机式组织,它是一种松散的、灵活的具有高度适应性的组织形式,由于不具有标准化的管理规则,企业能够根据外在环境的变化能迅速做出反应,并做出适应性的调整和变更。它讲求纵向和横向的合作,不断调整组织结构以适应激烈的市场竞争的需要,在企业内部知识共享,有非正式的沟通渠道和灵活的决策体系。

具体说来,有机式组织存在以下特点:①知识共享,有利于发挥人的创造力。现代技术的飞速发展创造了极好的基础条件,也为人们提供了便利的学习条件。通过计算机技术、互联网技术的广泛使用,为企业的人员提供了知识平等交流的可能,它跨越了过去等级制度的限制,企业人员之间可以迅速、直接地交流,并且由于互联网络的存在,企业可以跨部门组建机动组织,相互协作,对变化的市场需求迅速做出反应,也有利于增强人们之间的依存信赖关系,通过这种动态的协作关系,极大地激发了人力资源效用的发挥。②组织结构松散,非标准化的管理规则。在激烈的市场竞争中,企业根据市场形势、宏观经济形势、经济政策、客户需求及竞争对手等多方面变化因素,企业不断地根据具体情况随时、随地、持续地进行调整,以任务为中心来配备企业中的人员,组成机动式的团队或小组,充分发挥组合人才的优势,使组织具有高度的灵活性和创造力,相应的公司管理不需要过去太多正式的规则和直接的监督,以目标管理代替过去的过程管理,充分发挥个人的创造力。

网络组织就是一种新型的有机式组织。它是一种对新技术变化、市场竞争反应灵敏的一种组织,通常它只有很小的中心组织,它依靠其他组织以合同为基础松散地联系在一起,进行开发、制造、营销等业务活动。这种组织能够适应高度变化的竞争环境,企业只需利用有限资源营造和维持企业特有的核心专长,并善于利用外部资源,与外部展开多种方式的合作,联手完成产品的设计、开发、制造、营销等一系列创新活动。在高新技术领域,这种网络组织得以成功运用。并且随着信息时代的到来,网络组织越来越成为一种新的组织创新,取代过去的传统的组织结构。如耐克公司,它把生产任务外包给符合条件的公司,其主要精力放在产品的不断创新和营销网络的不断扩大上。

网络组织的最大特点是具有很强的灵活性,随市场变化而选择合作伙伴关系,其目的是追求一种高效率的工作方式,企业没有明显的边界,都以合同作为联系的基础,网络组织的顺利运行需要组织内部具有全面的信息沟通和交流、知识互享的氛围,并且凝聚力来自大家出于共同的追求目标和信念形成的一种默契和信任。

因此,网络组织其实就是中小企业在高度变化、激烈的市场竞争中不断适应、选择的组织创新,其关键就是企业建立和培养自己的核心竞争力。

第三节 中小企业组织创新的形式

中小企业在激烈的市场竞争中有多种组织创新形式,主要有以下三种:流动性组织、战略联盟和虚拟企业。

一、流动性组织或团队

在日趋激烈的市场竞争中,竞争优势已不仅仅来自成本和价格,因为在市场上迟早会有人推出更加质优价廉的产品,它不会给企业带来持续竞争力,真正重要的是维持客户的满意度和忠诚度,因此就不仅仅是生产质优价廉的产品。在现代市场竞争中,产品质量合格是在市场中立足的基础,关键是要做到"比客户还了解客户",切实了解市场变化的最新动态,生产出客户需要且满意的产品。为了迅速推出新产品或特别项目,企业必须根据需要建立起研究开发、设计生产、市场营销、售后服务及财务、法律等一体化的跨部门的横向组织,这些不同部门的专业人员相互协作、同步进行的工作往往是高效率,能迅速解决难题,并且能极大地发挥个人的创造力,从而保证企业快速、灵活地决策和管理,为企业带来持久竞争力。

这种流动性组织是适应新的经济发展和市场竞争的新型组织,在国外得到广泛运用。目前,在我国高新技术企业中也开始被采用,如各种"委员会"、"研究会"、"小组"应运而生。

二、战略联盟

现代科技尤其是信息技术的发展,改变了企业内部的组织构造,也使企业之间的竞争方式发生了根本性的变化,市场的巨变要求企业反应迅速,过去传统企业各自为政的竞争方式已越来越不适应时代的潮流,高新技术的迅速发展,产品生产的大量化、个性化使过去的大企业已不可能在各个不同的领域均拥有强劲的竞争优势,企业只有在培养自己的核心竞争力的同时,与其他竞争对手寻求一种协同竞争方式,获得双赢的效果,即采取战略联盟方式。战略联盟是指两个或两个以上的企业为了某种战略目的通过某种方式组成的网络式的联合体。一般结盟企业是在特定的领域进行相互资源的整合,优势互补。战略联盟是高科技企业出于竞争的需要,为了迅速对市场做出反应,重新确定企业在本行业中的有利竞争地位,以进一步培植本企业的核心竞争力。战略联盟可以通过合伙、研究与开发协定、交互分销协定、交互技术授权协定等多种方式进行,企业可以根据不同的需要采用适宜的方式。

企业进行战略联盟可在一定程度上降低研究开发的不确定性,减少独自开发的风险,并且可以降低和分担高额的研究开发成本,并且随着经济的国际化、全球化趋势,高新技术日新月异,技术的复杂度及难度越来越高,技术的研究开发越来越需要各种不同领域的知识、新技术,也需要企业寻求与其他企业合作,另外,通过战略联盟,企业也可获得最新技术的发展动态。

企业采取战略联盟是为了优势互补,从而取得各自的收益,但是,战略联盟并不一定总能成功。因为企业之间不同的企业文化、信息沟通不畅及其他方面的原因,战略联盟失败也屡见不鲜。因此,战略联盟存在一个磨合的过程和磨合的机会成本问题,关键是要使企业之间能信息沟通和顺畅交流,从而能够根据市场变化及时调整战略,另外,也要妥善处理好不同文化融合的问题,企业之间文化背景不同,要尽量缩小文化差异,使企业之间能为了共同目标、共同的承诺而相互合作。

大企业实行战略联盟的现象在国外相当普遍。如德国西门子公司就与许多公司在不同领域结成联盟。如在机器人制造方面,与日本富士通公司结盟,在电脑及软件方面与美国的微软公司等多家公司结盟。大企业实行战略联盟是为了重新整合资源,维持住该企业在行业中的有利竞争地位。那么,中小企业采用战略联盟方式则是为了获取外界的资源,建立起自己的核心竞争力。中小企业本身资源有限,在激烈的市场竞争中只依靠自身的实力是难以在竞争中维持下去的,因为连大企业都在寻求利用外部资源,更何况实力不足的中小企业。现代科技也为企业之间的协同竞争提供了强有力的保障,如信息技术本身要求有高度的协同性,也使得企业之间的合作效率可以大大提高,它打破了传统的生产场所和地域对企业的限制,缩短了客户与企业之间的距离,使企业得以结合自身情况合理的利用世界各地的资金、技术、原材料组织生产,并通过互联网络进行销售产品。另外,高新技术的日新月异使得企业得以进行零库存管理,提高工作效率,降低成本,缩短生产周期,加速资金周转。

三、虚拟公司

信息网络技术的发达与利用,渐渐在发达国家形成了虚拟公司。这种企业通过信息网络技术,与其他企业、学校、科研机构、政府部门紧密合作,它能紧紧抓住机遇培植自己的核心竞争优势,同时调用外界资源就如调自己的资源一样,对市场变化能迅速做出反应,且能根据变化的市场适时、不断推出新产品,并且由于善于利用外界资源而能降低自己的成本且能把握信息的时效性迅速将新产品推向市场,使其能比一般高新技术企业更具有强劲的竞争优势。它善于整合利用外部的资源,像一个真正的企业实体,但又比一般实体企业更具有竞争能力。世界经济已进入日标化、全球化和信息化时代,世界市场的巨变使其难以预测,新技术的日新月异,使任何企业即使是雄厚的大企业也难以靠自己单个企业的力量来搞研究开发成为市场上永远的赢家,激烈的市场竞争迫使企业必须利用外界的资源优势,加强自己的核心优势,通过利用外界资源放弃自己相对处于弱势的方面,利用现代信息网络,信息共享,企业之间利用自己各自的核心竞争力来加强相互间的合作,以取得双赢的局面。

我国信息网络技术还不太发达,虚拟企业在我国还非常少见,但随着经济的发展、技术的提高,整个信息技术构筑的信息基础设施的日益完善,激烈的市场竞争也必然会使得虚拟企业在我国的应运而生,通过利用外部资源优势来培植并加强自己的核心优势,必然是日后白热化市场竞争的必然结果。

第四节 中小企业文化创新

企业文化作为一种非正式的制度安排,促进合作,降低冲突,从而有助于提高企业的技术效率与代理效率,那么企业应培育怎样的企业文化,美国哈佛商学院教授约翰·科特(John Kotter)曾对此做了专门的研究,他认为一个企业只有培育对市场环境适应度高的企业文化才最终对企业经营业绩有所贡献。因而中小企业应努力培育具有高市场适应度的企业文化。例如,我们对市场环境适应高的企业文化与市场适应度低的企业文化进行比较(表18-1)。

表 18-1 企业文化的市场适应度比较

	高适应度	低适应度
核心价值观	多数经理非常关注股东、顾客、员工等企业构成要素,有创新精神,重视对企业改革有益的思想和进程	多数经理侧重于自己所属部门或与之相关的产品或技术的发展。工作循规蹈矩,注重程序
共同行为方式	公司经理关注公司构成要素的变化,尤其是顾客的变化。为了维护这些要素利益的最大化,勇于冒险、决策	公司经理保守,谨慎,工作作风官僚冗长,不重视变革与创新

无数案例表明,那些市场适应性强,促进改革的企业文化,将有利于促进企业的经营绩效,尤其是那些处于经营环境动荡不定地区的公司更是如此。这些公司表现为公司高级管理人员卓越的领导才能或艺术发挥了重要主导作用,或者表现为企业的冒险精神,或者表现为企业集体主义观念,还有的表现为革新观念和经营的灵活程度。

在公司经营绩效优秀的公司中,企业文化存在着一种注重企业构成所有要素的价值体系。即企业重视顾客、股东、员工的利益和贡献,以人为本的思想深入人心。

在形成市场适应性企业文化的过程中,企业家或企业经理的作用十分重要,因为公司经理们如果重视各级管理人员的领导才能,他们必然会发挥这些才能的作用,为公司降低成本、改进产品结构或从事其他一些与外界环境相适应的经营活动。当公司在适应新的市场环境需求、迫切需要经营战略和战术的调整时,即便原来的经营方式已经在这一企业文化中根深蒂固,公司改革的动因会持续促进企业文化的变革,不改不快。在这一意义上,公司经理人员在维护企业文化与市场经营环境之间的协调方面发挥着积极和关键的作用。

优秀企业文化的公司的高级管理者通过言谈等各种宣传方式传承公司市场环境适应性强的经营价值观念,并且他们身体力行,以自己的与公司价值观念共享的行为方式来影响他人,成功地继承和发扬公司在企业文化中适应市场环境变化的文化内涵。当公司规模不断扩大,日渐规范时,企业经理们可以通过利用企业的规章制度来保证和强化企业文化适应性的观念。

企业文化一旦形成,就通过多种途径生存与发展,并且作为一种共同的价值观,潜移默化地影响着公司上至高层管理人员下至每个员工的行为。如人力资源部门招聘新员工时首先考虑的是新员工是否能适应企业的文化,技术部门在新产品开发,营销部门在市场开拓中就会体现出企业的创新或者是守旧型文化特征。当然,企业文化虽然常常保持较长时期的稳定,但也并不是一成不变的。企业出现危机时常常迫使企业重新评估自己的一些价值观念,重视审视自己的经营方式。而新的尝试常常会导致创新,出现新的经营方式。企业高级员工的更换,新员工的迅速成长,新产品的开发,新市场的开拓,这一切都会削弱原有的企业文化力量,甚至改变并创造出新的企业文化。

总之,企业文化对企业长期经营绩效有十分重要的作用,并成为决定企业中长期竞争成败的一个不可忽视的因素。因此中小企业应根据企业本身的特点与环境的变迁,努力培养高度市场适应型的企业文化,这种文化特征是积极、创新和开拓。只有这样,中小企业才能在培育与成长的过程中,有较强的内部核心能力和外部环境适应能力,才能在激烈竞争的市场环境中茁壮成长。

企业文化是企业经营者根据企业所处的经营环境和市场环境及企业内在条件而制定的,它体现企业的经营理念、价值观和行为方式。企业文化在企业发展中可起到导向、约束、凝聚、激励和辐射的作用。高新技术行业市场竞争异常激烈,技术发展速度快,产品生命周期短,消费者随着生活水平的不断提高日益追求产品的新颖性、个性化,另外,激烈的市场竞争也使得高新技术企业内部人力资源的创造性发挥、不断创新及企业自身的学习能力等成为高新技术企业发展中重要的因素,而这些都应该体现在高新技术企业文化的特点中:①客户至上。异常激烈的市场竞争使得高新技术企业一切以客户的价值观为出发点,迅速推出客户喜欢的新产品,并能时时抓住客户的需求,不断推出个性化的新产品,提供新的服务。企业的竞争力并不在于保持产品的质优价廉,关键在于维持客户的忠诚度,通过提供最高水准的服务和最佳表现的产品,以客户的利益为自己的利益,这一点无疑是非常重要的。②以人为本,团结协作。高新技术企业人力资本是最重要的资源要素之一,知识蕴藏于人力资本之中,企业只有创造一个有利于发挥员工积极性、创造力的文化氛围,创造一种让人有所作为的工作氛围并能在企业内部上上下下均得到充分体现,才能最大限度地调动和挖掘人才的潜力。另外,由于人的认知的有限性和技术的复杂性也要求必须强调团结协作,发挥大家的合力,不仅在企业内部要培养人才的团结协作精神,而且由于激烈的竞争迫使企业建立战略联盟、虚拟公司,企业还必须与企业外部的企业、大学、科研院所等进行协作,培养一种和谐的协作精神,为创新进一步创造条件。③追求创新。在复杂多变、激烈的市场竞争也迫使企业必须培育创新文化,"不创新,则灭亡"。

我国中小企业的历史总的来说并不长,能明确而系统地提出自己的企业文化的并不多。如四通公司的"尊重人"和"高境界、高效率、高效益";清华紫光集团的"大事业的追求、大舞台的胸怀、大舰队的体制、大家庭的感受"等,对于凝聚和体现公司价值观起到了一定的作用。

在我国的广大中小企业,特别是家族式中小企业和高新技术中小企业中,企业创业者的个人行为对于发挥企业文化的作用具有重大影响力。为构造一种和谐的企业文化,起到凝聚、激励、约束的作用,在建立企业文化时,企业创业者必须扎扎实实做一些基础工作,不让企业文化变成一种形式,要实实在在将其能融入到每位员工身上,在企业内部建立良好的沟通交流渠道,以人为本,不仅激励员工的积极性、创造力,培养大家团结协作,培养员工对企业的忠诚度,而且要有意地树立起企业形象,将企业经营理念、企业行为和企业形象有机地结合在一起,不断进行管理创新,进一步提高企业的管理水平,增强企业在市场中的竞争力。

第十九章 中小企业的产品创新

第一节 产品整体概念的演变

产品整体概念的任何一个层次的创新都可视为产品创新。因此,研究中小企业的产品创新应从产品整体概念的演变说起。

一、四种产品整体概念的模型

1. 两层次结构的产品整体模型

贝内特(Peter. D. Bennett, 1988)构建了一个三角形的两层次模型,见图19-1。在这个模型中,附加产品包括送货、修理服务、品牌形象、保证、包装和信贷等。他指出:"附加产品是由伴随的利益而增加了价值的物品、服务和思想,它是卖方打算卖的东西和买方感知到的东西两者的综合。"但他错误地认为:"附加产品是消费者真正购买的东西。"这就无视了核心产品给消费者带来的利益。

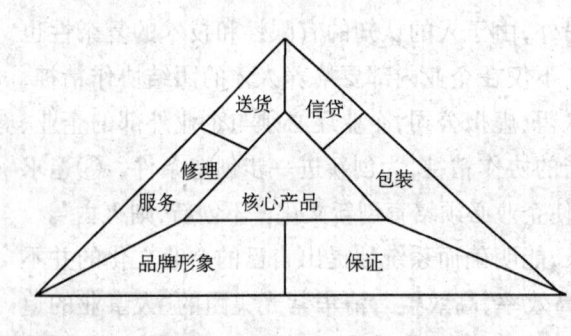

图19-1 贝内特的两层次模型

马杰罗(Simon Majaro, 1993)和佩恩(1993)的模型在结构上十分相似,均由核心产品和产品围绕物构成。齐克曼德和阿米科(1993)共同推出的模型由核心产品和附加产品构成。他们认为产品整体分为主要性状和附属方面两个层次。核心产品即产品整体的主要性状,是核心提供物的基本特性和基本方面,是基本利益,如牙膏的洁齿;附加产品即产品整体的附属方面,包括具体的特性、美学、包装、保证、使用指令、修理服务、合同、威望和品牌名称等,每一部分都提供追加利益。附属方面与核心产品的绩效结合后,共同满足购买者的需要。

他们的观点比较见表19-1。

库尔茨和布恩(David L. Kurtz and Louis E. Boone, 1987)推出了一个正方形的两层次模型(图19-2)。内层的正方形是提供给消费者的物品或服务的物理特征和功能特征;外面的正方形包括品牌、包装和标签、保证和服务以及产品形象等。

表 19-1 三个两层次模型的比较

建模的学者	第一层次			第二层次		
	名称	内容	意义	名称	内容	意义
马杰罗(1993)	核心产品	有形因素	占成本80%,占影响效果20%	产品围绕物	形象,风格,感知质量和价值,社会接受性,良好感觉因素	无形因素占成本20%,占影响效果80%
佩恩(1993)	核心产品	基本特征	占成本70%,占影响效果30%	产品围绕物	形象,服务,风格,支持	增加的价值占成本30%,占影响效果70%
齐克曼德和阿米科(1993)	核心产品	基本特性和基本方面	基本利益	附加产品	具体特性,美学,包装,保证,使用命令,修理服务,合同,威望,品牌名称	附属方面,追加利益

资料来源:葛松林,"国外产品整体概念的进化及其意义",《外国经济与管理》,2000年第5期,第45页。

从上述两层次模型,我们可以发现,模型构建者在认识上尚不尽一致,对附加产品层的认识差异较大(详见表19-1)。

2. 三层次结构的产品整体模型

三层次结构产品整体模型的建构应归功于科特勒。在其著作《营销管理》1976年版中,他最早提出了三层次划分:即有形产品、核心产品和附加产品。

图19-2 库尔茨和布恩的两层次模型

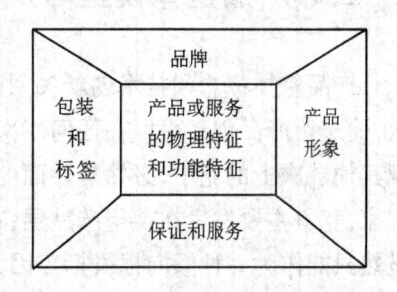

有形产品是产品的外观,包括质量、特性、式样、品牌名称和包装;核心产品是提供给购买者或购买者所追求的基本效用或利益;附加产品为买主取得有形产品时所获利益的总和。这时,科特勒尚未给出三个层次的具体位置。这一问题在《营销管理》1984年版中得到了明确回答。即核心产品位于产品整体的中心,回答"购买者真正要购买的是什么";有形产品位于产品整体的中间层;附加产品位于产品整体的最外层。

比较一下,不难发现,三层次结构模型的层次增加,本质上是对两层次结构模型中第二层次所包括的内容进行再次划分的结果。

3. 四层次结构的产品整体模型

四层次结构的产品整体模型是莱维特(1986)提出的。他认为,提供物可以在几个层次上加以观察,并具体地提出了四个层次:一是核心产品或一般产品,它是产品的有形属性;二是期望产品,是消费者对有形属性或其他属性的期望,是需要满足的最低限度的购买条件,诸如送货条件、安装服务、售后服务、维修、备件、训练、包装、便利等;三是附加产品,是超出顾客期望的部分;四是潜在产品,是可能增加对购买者具有效用或可能具有效用的特点和利益。

4. 五层次结构的产品整体模型

五层次产品整体模型最早见之于科特勒(1984)的《营销管理》著作中。与他的三层次模型相比,五层次模型增加了潜在产品(第五层)和期望产品(第三层),改造了原来的第二层,有形产品的提法代之以"一般产品";附加产品层被推向第四层。据科特勒解释,五层次由内到外依次是核心产品→一般产品→期望产品→附加产品→潜在产品。核心产品是最基本的层次,是购买者真正购买的基本服务或基本利益;一般产品由核心利益转化而来;期望产品是购买者购买这种产品时通常期望和赞同的一组属性和条件;附加产品是期望产品之外的购买者企求(desires);潜在产品包括产品在将来可能经受的所有附加和转化,潜在产品指出了产品可能的演进,而附加产品描述的是产品中现今包括的东西。

二、产品整体模型与产品创新

产品整体概念和技术创新关系密切。企业间的竞争可以发生在产品的一个或几个层次,而进行产品创新可以在任何层次上找到。企业家如果只注意某个层次上的竞争,而忽视其他层次上的竞争,必然是片面的、狭隘的或短视的。科特勒(1997)指出:在较不发达国家,竞争主要发生在期望产品层;在发达国家,竞争主要发生在附加产品层。这一论断显然只能作为一种倾向性概括。因为依照马斯洛需要层次学说推论,在需要层次不同的地方,其竞争的重点肯定不会是一个模式所能概括的。可以认为,产品整体的某一个或几个层次的改变都属于产品创新的范畴。

根据产品整体概念,产品创新可以分为三种基本类型:

技术型产品创新,即一般意义上的产品创新,它所对应的是产品核心层或一般产品层的变革。

市场型产品创新,即产品性能和质量并无显著变化,只是采用新的营销方式或产品进入新的市场域使用户得到新的满足,它所对应的是产品期望层或附加层的变革。

产业型产品创新,即通过产品的扩张效应而对产业发展产生较大影响的产品创新,它所对应的是潜在产品层的变革。

产品创新的划分不可一概而论,实际中的产品创新往往是上述三种类型的某种组合。

研究表明,新产品上市后是被消费者接受或拒绝,通常与企业是否接受产品整体观念有关。企业家应当从产品整体的各个层次,特别是从利益层次考虑顾客对新产品的采用和拒绝问题。产品整体的各个层次都会形成吸引和维系顾客的潜力或潜在可行性。例如,在一般产品层,企业家应考虑到新产品整体的相对先进程度、一致程度、复杂程度、可试程度和能观察程度等属性,以及顾客对这些属性的期望等。

一般来说,企业家与消费者从不同角度看待产品整体的不同层次的(表19-2)。企业在产品创新时,必须把自己的看法整合到购买者的看法上。

表 19-2　企业家和消费者对产品整体四个层次的看法

产品整体层次	企业家的看法	消费者的看法
核心产品	使产品引人注意而获得基本利益	必须满足消费者的一般需要
期望产品	对产品的有形、无形成分做出决策	消费者最低限度的期望组合
附加产品	对有关价格、分销和促销做出决策	卖方超过消费者期望的惯常的提供物
潜在产品	在条件变化和新情况下吸引、采取维系顾客的行动	产品可能对消费者提供的效用

资料来源：葛松林，"国外产品整体概念的进化及其意义"，《外国经济与管理》，2000年第5期，第46页。

第二节　产品创新过程的分析

一、产品创新过程的八个阶段

产品创新过程由八个阶段构成，即寻求创意、甄别创意、形成产品概念、制定营销战略、营业分析、产品开发、市场试销和批量上市（图 19-3）。

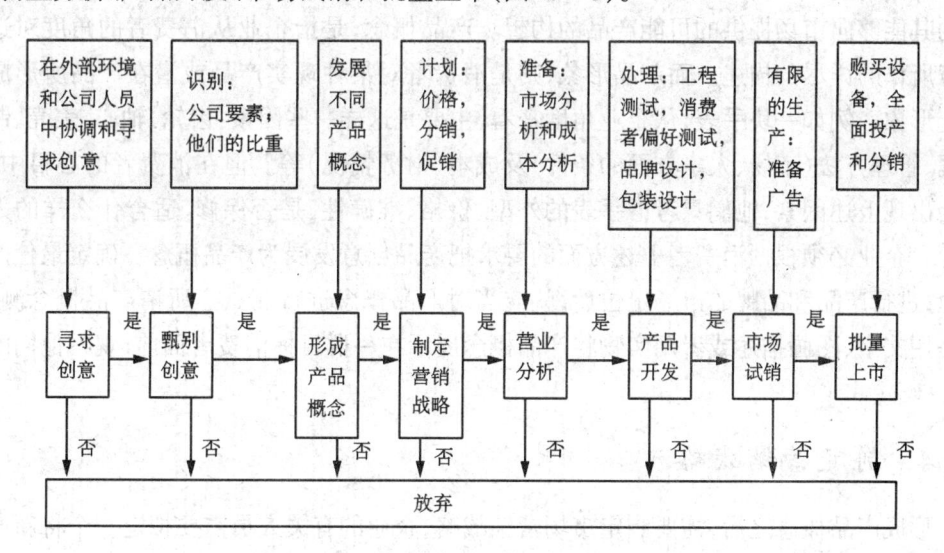

图 19-3　产品创新过程的八个阶段

1. 寻求创意

所谓创意，就是产品创新设想。虽然并不是所有的设想或创意都会变成产品，但是，寻求尽可能多的创意可为产品创新提供更多的机会。因此，现代企业非常重视创意的开发。新产品创意的主要来源有顾客、科学家、竞争对手、企业推销人员和经销商、企业高层管理人员、市场研究公司、广告代理商等。除了以上几种来源外，企业还可以从大学、咨询公司、同行业的团体协会、有关的报刊媒介那里寻求有用的新产品创意。一般来说，真正好的创意来源于灵感、勤奋和技术,企业应当主要靠激发内部人员的热情来寻求创意。这就需要建立各种激励性制度,对提出创意的职工给予奖励,而高层主管人员应当对这种活动表现出充分的重视。

2. 甄别创意

取得足够创意之后,要对这些创意加以评估,研究其可行性,并挑选出可行性较高的创意,这就是创意甄别。创意甄别的目的是淘汰那些不可行或可行性较低的创意,使公司有限的资源集中于成功机会较大的创意上。甄别创意时,一般要考虑两个因素:一是该创意是否与企业的战略目标相适应,表现为利润目标、销售目标、销售增长目标、形象目标等方面;二是企业有无足够的能力开发这种创意。这些能力表现为资金能力、技术能力、人力资源、销售能力等。

3. 形成产品概念

经过甄别后保留下来的产品创意还要进一步发展成为产品概念。在这里,首先应当明确产品创意、产品概念和产品形象之间的区别。所谓产品创意,是指企业从自己角度考虑的其能够向市场提供的可能产品的构想。产品概念,是指企业从消费者的角度对这种创意所作的详尽的描述。而产品形象,则是消费者对某种现实产品或潜在产品所形成的特定形象。例如一块手表,从企业角度来看,主要是这样一些因素:齿轮、轴心、表壳、制造过程、管理方法(市场、人事方面的条件)及成本(财务情况)等。但在消费者的心目中,并不会出现上述因素,他们只考虑手表的外型、价格、准确性、是否保修、适合什么样的人使用等。企业必须根据消费者上述方面的要求把产品创意发展为产品概念。确定最佳产品概念,进行产品和品牌的市场定位后,就应当对产品概念进行测试。所谓产品概念测试,就是用文字、图画描述或者用实物将产品概念展示在一群目标消费者面前,观察他们的反应。

4. 制定营销战略

形成产品概念之后,需要制定市场营销战略,企业的有关人员需要拟定一个将新产品投放市场的初步的市场营销战略报告书。其内容由三个部分组成:

描述目标市场的规模、结构、行为、新产品在目标市场上定位,头几年的销售额、市场占有率、利润目标等。

描述新产品的计划价格、分销战略以及第一年的市场营销预算。

阐述计划长期销售额和利润目标,以及不同时间的营销因素组合。

5. 营业分析

产品创新过程的第五个阶段是进行营业分析。在这一阶段,企业有关人员复查新产品将来的销售额、成本和利润的估计,看看它们是否符合企业的目标。如果符合,就可以进行新产品开发。随着新情况的到来,该营业分析也可作进一步的修订。

6. 产品开发

如果产品概念通过了营业分析,研究与开发部门及工程技术部门就可以把这种产品概念转变成为产品,进入试制阶段。只有在这一阶段,文字、图表及模型等描述的产品设计才变为确实的物质产品。这一阶段应当搞清楚的问题是,产品概念能否变为技术上和商业上可行的产品。如果不能,除在全过程中取得一些有用的副产品即信息情报外,所耗费的资金则全部付诸东流。

7. 市场试销

如果企业家对某种新产品开发试验结果感到满意,就着手用品牌名称、包装和初步市场营销方案把这种新产品装扮起来,把产品推上真正的消费者舞台进行试验。这是新产品开发的第七个阶段。其目的在于了解消费者和经销商对于经营、使用和再购买这种新产品的实际情况以及市场大小,然后再酌情采取适当对策。市场试验的规模决定于两个方面:一是投资费用和风险大小;二是市场试验费用和时间。投资费用和风险越高的新产品,试验的规模应越大一些;反之,投资费用和风险较低的新产品,试验规模就可小一些。从市场试验费用和时间来讲,所需市场试验费用越多,时间越长的新产品,市场试验规模应越小一些;反之,则可大一些。

8. 批量上市

经过市场试验后,企业家已经占有了足够信息资料来决定是否将这种新产品投放市场。如果决定向市场推出,企业就须再次付出巨额资金:一是建设或租用全面投产所需要的设备;二是用于新产品的市场营销。

二、产品创新过程的组织形式

产品创新活动与现有产品生产活动之间具有相互制约性。一般来讲,企业的现有职能部门是为现有产品生产活动而设置的。市场营销部门关心现有销售额的增长状况;制造部门的目标是按时完成生产任务;财务部门管理是为了维持日常业务所需的资金流向。但是,产品创新活动常常与日常经营活动相反,它考虑的是企业将来的利润和长远的利益。因此,产品创新活动与日常经营活动存在财力、物力和人力之间的矛盾。这种矛盾性是新产品组织管理中的一个突出问题。设立一定的组织形式,有助于解决产品创新过程中的这种矛盾性。

产品创新的典型组织形式有四种[①]:

---

① 参见姜彦福等:《企业技术创新管理》,企业管理出版社,1999年,第73~76页。

1. 新产品委员会

新产品委员会是常见的产品创新管理的组织形式,通常是由企业最高管理层加上各主要职能部门的代表组成,是一种临时性的组织,有必要时便开会,会议由公司总经理或常务副总经理主持,会后指定一名具有相当职务的职能负责人去了解会议各项决定的执行情况,并为下一次会议准备文件。因此,新产品委员会从性质上讲属于高层的产品创新的参谋组织。一般来讲,新产品委员会有如下四种作用:

(1)在负责策划产品创新的设想时起探索队作用;
(2)在负责评价产品创新方案时起鉴别组作用;
(3)在由会议指派专人控制和协调开发过程时起项目的指挥员作用;
(4)在负责新产品试销和投放时又起推广人作用。

新产品委员会可以集中主要管理人员的想法和专长;由于所建议的决策是在高层次做出的,所以容易被企业接受;容易迅速组成,也可以为专门目的召集成员商讨与产品创新有关的问题;可以给成员委派专门任务;可以把参谋作用和决策过程融合在一起。

但是,由于新产品委员会是临时性组织,委员会成员对新产品应负的责任和职权之间的界限不清,由此容易产生推诿扯皮现象。这种组织形式比较适合于中小企业,或者与其他组织形式同时采用。

2. 新产品部

新产品部是一种由若干职能部门抽调专人组成并由一名有相当地位的人员任主任的产品创新组织,主要集中处理产品创新中的问题,通常为大公司所采用。新产品部是一种固定性的组织,有的企业称产品创新部,或称新产品市场开拓部,或称成长与发展部等。新产品部的具体作用主要有:

(1)提出产品创新目标的建议;
(2)制定获取新产品设想的调研计划;
(3)对新产品设想进行筛选;
(4)帮助拟定新产品设计的技术规格;
(5)提出有关新产品试销的建议,并组织试销;
(6)进行产品创新过程的控制和协调。

新产品部的专业程度高,能集中精力于少量特定的管理功能方面;这种专门的组织形式使企业有关新产品的建议易于集中,信息分析较透彻,容易发现新产品的市场机会;由于从事专职工作,不致因兼职而分散精力,个人业绩也易于考核,容易培养创新人员的成就感。

但是,新产品部开发过程中同样存在各职能部门之间的矛盾,矛盾的协调取决于高层管理者赞赏和支持的程度。

3. 产品经理制

所谓产品经理制,就是对企业经营的产品(或产品生产线)分别委任经理。产品经理是一位管理者,对一个新产品或一组新产品从新产品策划直到新产品投入市场全面负责。产品经理可以单独承担全部计划和控制管理工作,也可以领导一个小的工作班子来协助他完成任务。

产品经理应在产品创新中起核心作用,在新产品市场营销上起决策作用,尤其要在现有产品的改进或延伸中起到应有的组织作用。

产品经理制实现了现有产品的管理和产品创新这两种有冲突的职责的综合平衡,为统一利用企业的产品组合策略提供了组织基础。产品经理制也有不足之处。例如,难以选拔既有技术专长又有营销经验的产品经理;产品经理的权力往往与他肩负的责任不相适应,难以改变其他职能部门负责人的决定;产品经理本人所具有的专长可能造成与设计部门或营销部门专家意见的冲突;产品经理的工作事务过于繁杂。

4. 创业小组

创业小组是由各种职能部门分离出的人员组成的开发组织。特点是:第一,成员是从企业各部门分离出来的,主要来自各个职能部门。第二,创业小组通常向企业总经理直接报告工作,并具有一定的权力。第三,工作期限不定,到完成特定任务为止。

第三节 中小企业产品创新簇的选择

一、创新产品的选择空间与空间选择

1. 创新产品的选择空间

就一个企业而言,可以将可供企业选择的创新活动范围称为企业"创新产品的选择空间"(Space Choice of Innovation Product,简称为 SCIP[①])。

企业的 SCIP 可用市场(Market,简称为 M)、技术(Technology,简称为 T)和产业(Industry,简称为 I)这三个变量予以描述。就单独一个企业而言,其 SCIP 是由市场、技术、产业三维所构成的整个空间的一个有限子空间,记为 $V(M,T,I)$。这样,企业的任意一项创新产品选择,均可用 SCIP 中的一个点来表示。

在图 19-4 中,原点 O 是企业目前的位置,M 轴是市场维(域),T 轴是技术维(域),I 轴是产业维(域)。P 点表示企业的一项创新产品选择,m,t,i 分别表示 P 点在市场维、技术维和产业维上的投影。

[①] 参见傅家骥等:《技术创新学》,清华大学出版社,1998年,第71~87页。

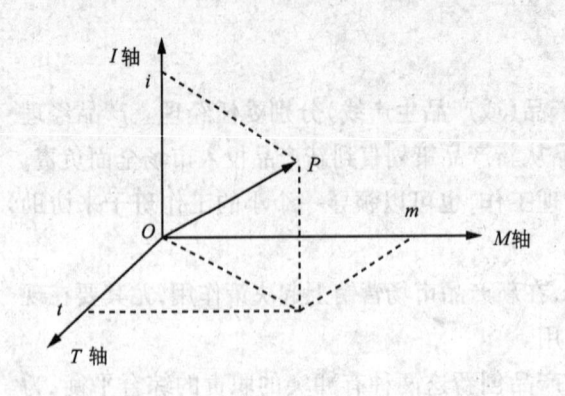

图 19-4　创新产品的选择空间　　　　图 19-5　创新产品空间的划分

为了便于分析,也可以按照市场域、技术域、产业域相对于创新企业的"新"、"旧"将 SCIP 进一步细划为 8 个子空间,如图 19-5 所示。

为叙述方便,用"0"表示原有的(市场,技术,产业),用"1"表示新的(市场,技术,产业)。这样,SCIP 的 8 个子空间包括:

$V_1 = V(0,0,0) = $(原市场,原技术,原产业);

$V_2 = V(1,0,0) = $(新市场,新技术,原产业);

$V_3 = V(0,1,0) = $(原市场,新技术,原产业);

$V_4 = V(1,1,0) = $(新市场,新技术,原产业);

$V_5 = V(0,0,1) = $(原市场,原技术,新产业);

$V_6 = V(1,0,1) = $(新市场,原技术,新产业);

$V_7 = V(0,1,1) = $(原市场,新技术,新产业);

$V_8 = V(1,1,1) = $(新市场,新技术,新产业)。

2. 创新产品的空间选择

企业创新产品的空间选择,就是创新产品在 SCIP 中的定位问题。这里"定位"需要解决两个问题:

企业在 SCIP 的过程中,基于对企业内、外部环境的分析,决定选择 SCIP 中的哪一"点"(哪一种创新产品,即 what 问题)。

企业怎样配置创新资源,通过何种方式、选择什么时机达到其所选定的创新产品"点"(方式、时机的选择,即 how 问题)。

创新产品的空间选择过程有两个阶段:

创新子空间的选择。在这一阶段中,主要是在了解企业自身创新资源状况(强项、弱项),并在对 SCIP"三维"(市场、技术、产业)的"新"、"旧"不同类型组合,以及各个维的结构、特征、现状和发展趋势(机会、威胁)进行分析的基础上,选定对企业有利的创新子空间。

创新产品的选择。根据前一阶段选定的创新子空间的市场、技术、产业特性,结合对企业自身核心能力,确定选择具体的创新产品。

二、创新产品簇的选择过程

1. 创新产品簇的概念

与核心设计和基本产品要素相同的一组创新产品就是创新产品簇（Innovative Product Family,简称为 IPF）。在一个 IPF 中,总有一个或几个产品最早采用某种核心设计,这些产品称之为该 IPF 的"核心产品"。其他产品都是由核心产品演变而来的,可称之为"衍生产品"。衍生产品是企业根据市场上不同用户群的差异化的需要,对"核心产品"的规格和外型加以改进得来的,他们实际上是核心产品经渐进性创新的产物。

按照产品整体的层次,创新产品可分为技术型、市场型和产业型三种类型,相应地,也可将 IPF 划分为"技术型 IPF"、"市场型 IPF"和"产业型 IPF"。技术型 IPF 指的是进入新技术域的创新产品簇;市场型 IPF 指的是进入新市场域的创新产品簇;产业型 IPF 则是进入新产业域的创新产品簇。

现实的产业型创新产品常常是技术型与市场型创新产品的伴生物,即前者是以后两者为基础的。因此,可以将技术型 IPF 和市场型 IPF 合称为基础型 IPF。

在图 19-5 中,$V_3(0,1,0)$ 表示技术型 IPF,$V_2(1,0,0,)$ 表示市场型 IPF,$V_5(0,0,1)$ 表示产业型 IPF。$V_4(1,1,0)$ 实际上是由点 $V_3(0,1,0)$ 和点 $V_2(1,0,0)$ 复合而成的,它表示同时进入新技术域和新市场域的 IPF,我们称之为"技术—市场型 IPF"。类似地,$V_8(1,1,1)$ 是由点 $V_4(1,1,0)$ 表示的技术—市场型 IPF 和点 $V_5(0,0,1)$ 表示的产业型 IPF 复合而成的,它表示同时进入新技术域、新市场域和新产业域的 IPF,我们称之为"技术—市场—产业型 IPF"。由此可见,IPF 共有三种常见的类型,即基础型 IPF、技术—市场型 IPF 和技术—市场—产业型 IPF,其中基础型 IPF 包括技术型 IPF 和市场型 IPF。

2. 创新产品簇选择的逻辑程序

逻辑顺序有两条路径：一条是企业→技术机会→新技术域→技术型 IPF→技术—市场型 IPF→产业机会→新产业域→技术—市场—产业型 IPF;另一条是企业→市场机会→新市场域→市场型 IPF→技术—市场型 IPF→产业机会→新产业域→技术—市场—产业型 IPF[1]。详见图 19-6。下面以第一条路径为例加以说明。

识别技术机会。通过对各种新技术域进行技术搜索,寻找可能存在的创新技术机会。

确定新技术域。通过对企业技术积累、外部设备技术供给、用户对技术特性的要求、竞争对手的技术态势、技术转换成本、技术获得方式等因素的考察分析,在具有创新机会

---

[1] 参见姜彦福等：《企业技术创新管理》,企业管理出版社,1999年,第88~89页。

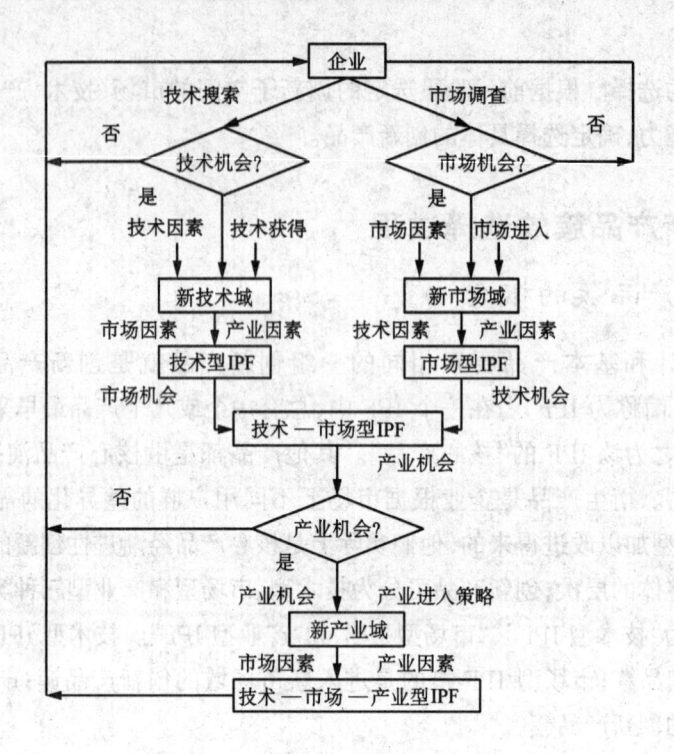

图 19-6　企业 IPF 选择的逻辑顺序

的诸技术域中选定一个拟进入的技术域。

技术型 IPF 选择。在新技术域选择的基础上,结合对市场因素和产业因素的考虑,选定技术型 IPF。

技术—市场型 IPF 选择。以技术型 IPF 选择为基础,通过进一步探求新的市场机会,确定拟进入的新市场域,再结合对用户寻求和市场竞争态势的分析,选定技术—市场型 IPF。

识别产业机会。通过分析各产业的发展趋势,寻找可能的发展机会。

确定新产业域。分析市场集中度、产品差别、进入壁垒、产业的技术发展阶段特征等影响产业选择的基本因素,结合对产业进入策略及其代价的考虑,选定拟进入的新产业域。

技术—市场—产业型 IPF 选择。进一步分析与新产业域有关的技术和市场因素,选定技术—市场—产业型 IPF。

第二十章 中小企业的市场创新

中小企业成败的关键在于其所创造的产品能否经受住市场的考验,能否通过市场营销实现其应有的收益,若中小企业所生产的产品卖不出去,产品价值得不到实现,企业的生存和发展将面临危机。实践证明,中小企业产品开发的失败率是相当高的,并且失败的原因不在于企业的技术创新能力不足,而往往是市场营销方面的因素,市场对研究开发、设计、生产等各个环节的信息反馈在企业创新过程中是重要的环节,因此有必要对中小企业的市场创新问题进行有意义的探讨。

第一节 中小企业市场营销的特点

中小企业的产品市场营销能否成功带有极大的不确定性,因为在技术、市场、信息上的不确定性均会给市场营销活动带来种种难题,也使其变得更富于挑战性。

一、市场需求难以预测

很多中小企业,特别是实行"夹缝战略"的中小企业所开发出的市场是一般是新市场,它属于引导性需求,然而究竟未来的市场容量有多大,谁也难以准确预测。①市场预测方法设计不科学,已有的市场需求预测方法往往是根据已有产品的特性所设计出来的,它并不一定适用于新推出的产品,因此其可行性可能会大打折扣;②消费者的不完全信息、消费习惯也使市场前景变得扑朔迷离,消费者的信息是不完全的,他们并不清楚自己需要什么样的产品,加上其知识水平、判断能力、消费知识的局限性,他们并不清楚最新技术动态,也不可能对最新产品的特点、实用性及市场前景有清晰的印象。有时,消费者已有的消费习惯还阻碍其接受新产品的面世;③技术本身存在的许多不确定性,使新产品,特别是高技术产品开发期较长,需投入大量的资金、人力资本,技术产品技术复杂程度高、衍生性强,涉及众多领域,在研制阶段谁也无法保证其一定成功,即使项目研制成功也没有谁能准确预测其市场前景到底有多广阔。因此,要对中小企业新研制的产品潜在的市场规模进行预测是非常困难的。如 IBM 在 1959 年拒绝与研制出世界第一台商用复印机的爱克森公司合作,就是因为 IBM 通过市场需求调查认为施乐 914 复印机的全部市场容量仅 5000 套,远远收不回投资。然而 10 年之后,施乐 914 复印机已销售了 20 万套,施乐公司也已壮大成资产达 10 亿美元的大公司。

市场营销成功不仅仅在于产品的新颖性,关键还在于把握市场竞争的核心——形成事实的技术标准。

市场营销的成功在于使在适当的地点,适当的时间,消费者可接受的适当价格下的产品成为可能[①]。有些企业过分注重产品导向,认为消费者具有完全信息和能辨别产品质量优劣,并且愿意支付更高价格享用质量更好的产品,结果导致企业过分痴迷于自己的产品技术,而忽视了消费者需求及市场需求的变化,从而引发营销"近视症",使企业过分追求产品的功能设计等,最终以高额代价换来教训。如1989年快速成长的戴尔公司雄心勃勃推出一项名为"奥林匹克"的远大产品开发计划,将产品线扩及台式电脑、工作站和服务器,预计要从事所有工作,但是消费者反应冷淡,认为这个项目虽好,但他们不需要这么多的技术,结果戴尔公司最后被迫取消了这一计划。显然,戴尔公司是明智的,高新技术企业所从事的是以消费者需求为标准的技术,而不是进行纯为科技因素而发展的技术开发。

另外,由于技术一日千里的发展势头和高新技术产品的更新换代,技术产品变得越来越复杂,且涉及多个领域,每项技术产品都以其他技术和其他技术的存在为条件的,如万维网运行有赖于浏览器、在线新闻、E-mail、网络零售、金融服务等相关业务,又如激光打印机是包括计算机、出版软件、扫描设备、光输入设备组成的产品群的一部分[②]。新产品的相互依存度非常高,这也使得在收益递增规律发挥作用的高新技术领域,市场竞争的核心在于谁先形成事实行业标准。一旦某家企业由于采取高明的市场营销策略或者先期进入市场抢占先机掌握了较大的市场份额,成为市场领先者。那么,新产品很高的相互依存会更加促使市场上各类资源倾向于已经领先的产品,从而形成某种技术标准,使市场竞争呈现锁定和路径依赖性的特点,从而市场领先者据此通过锁定市场从而占据市场竞争的主动性,获得丰厚的利润。虽然这种先期进入的产品或技术并不一定是最好的技术或产品。如个人电脑的操作系统DOS并非是最好的技术,当时在20世纪80年代初,个人电脑的操作系统有DOS、CP/M和苹果公司的Mackintosh等。在最初的一两年内,并无任何迹象表明哪种系统能够流行。微软通过与IBM合作,以较低的价格授予其使用权,但同时规定不限制其他公司的使用权,这一高明的竞争策略使得DOS系统的用户数不断增加,最终微软的DOS系统占据了几乎整个操作系统市场。而从技术角度讲,DOS并非是最好的,这从许多计算机专业人士对DOS的严厉批评中可见[③]。

二、中小企业产品市场营销存在种种市场障碍

新产品往往是创新成果的具体化,它所开创的新市场往往使消费者无法凭借以往积累的消费知识和经验正确判断新产品的价值,即消费者认知问题会使高新技术产品存在进入障碍,也使新产品一时难以改变消费者已存在的消费习惯、生活方式和生产方式。另外,由于中小企业为增强企业的竞争优势,往往自行将处于成熟期的高新技术产品强行淘

---

① 牛海鹏等编著:《高技术企业营销》,企业管理出版社,1999年,第4页。
② 布里安·阿瑟:"收益递增与两个商业世界",《经济导刊》,2000年第3期。
③ 纪昀:"论高新技术产业的市场竞争策略",《科技导报》,1999年11月。

汰,使新产品更新速度较快,从而会使产品在短时期内价格下跌过快。因此,消费者在购买高新技术产品上对产品未来降价存在一种预期,即使有购买欲望,往往也愿意采用观望态度推迟购买时间,从而获得最大的满足。再者,由于先期投入市场的高新技术产品往往由于在技术、工艺不成熟使得产品质量不稳定,或者由于相关技术不配套往往未能提供相应的售后服务等多方面原因,会使消费者产生种种疑虑,担心市场不成熟而推迟购买,以将风险降低到最低。

第二节 中小企业的市场定位

中小企业要善于扬长避短,集中有限资源进行市场聚焦,抢占新市场。中小企业的产品市场由于技术、知识、市场、信息等不确定的特点而带有很高的不确定性,对于中小企业,无论其规模大小,都存在这样的特点。然而,由于中小企业规模小,没有雄厚的资金实力,没有雄厚的研究开发力量,也没有庞大的市场营销队伍,要想在激烈的高新技术领域生存,甚至成长壮大,准确的市场定位是其成功的第一步也是关键的一步。我们不难看到,在实际经济生活中,许多中小企业的失败,往往因为与大企业站在同一基点,在直接对抗中由于实力不济而陷入困境。事实上在新、旧产品更新换代之际,市场往往存在"战略空白",在这些市场空白处常常可找到适合中小企业的成长点,只要中小企业根据自己的实力特点,积极寻求这样的机会,并善于开辟新市场,占据新市场的领先优势,常常是中小企业成功的"捷径"。如成都生物所在仔细分析自己的优势及所里开发的新成果后,认为利用我国植物资源开发的治疗冠心病的新药地奥心血康与同类药相比,既有技术领先优势又无副作用,且是用于治疗常见病,便于形成产业。于是以 60 万元贷款起家,集中力量生产经营,在短短几年内营业收入就超过 2 亿元,成为该行业成长最快的企业之一[①]。

中小企业离市场近,对市场信息反应灵敏,为了在市场中取得成功,必须要善于避开强劲竞争对手,要善于发现新的市场,抢占新市场,要善于捕捉市场"角落",那些未被大企业注意的地方。虽然这种市场小角落未被大企业重视或被忽视,但其蕴藏的市场前景却不一定就很小。

另外,在市场经济条件下,竞争是永恒的主题,即使有些大企业在某些领域处于垄断地位,也不可能是绝对的、长久的。随着高新技术的日新月异和高新技术产品的不断推陈出新,总是不断出现新市场机会,也会不断有新的中小企业崛起,如当年的微软公司在个人电脑的操作系统市场机会的挖掘,英特尔公司先是靠存储器起家,后来又依靠微处理器称霸世界。另外,也有大企业在市场机会面前没能把握住而轰然倒下,如王安公司的失败。因此,在高技术层出不穷地面世时,也孕育着大量的市场机会和广阔的市场前景,由于其市场前景是难以预测的,即便是大企业也不一定拥有完全的信息能把握得住这突如

---

① 方新:《创业与创新——高技术小企业的发展之路》,中国人民大学出版社,1998年,第127页。

其来的新市场机会,这无疑就给中小企业的创业提供了大量机会,这需要中小企业创业者凭借其敏锐的判断力和直觉,并能朝这方面不懈努力,并且中小企业要改变常规思路,要善于利用外部资源采取正确的市场策略,来培养和维持企业自己的核心竞争力。如当年微软公司与 IBM 合作,授予 IBM 公司 DOS 系统的使用权,当时盖茨也不是自己去开发这套 DOS 系统,而是自己花费 5 万美元从西雅图计算机公司买断 DOS 版权,然后经自己稍加修改将 DOS 系统提供给 IMB 使用。而且盖茨能与 IBM 公司签订协议,使 IBM 公司不限制其他公司对 DOS 系统的使用权,这样,比尔·盖茨的微软公司不用自己从零开始建立自己的代理营销网络,而可以借助蓝色巨人的力量,使 IBM 能在须臾之间将比尔·盖茨的操作系统推广到世界各地。这样,比尔·盖茨不仅利用了西雅图计算机公司的成果,又能利用 IBM 庞大的遍布全球的营销网络,从而开始踩着"巨人的肩膀"去开始一个充满奇迹的创业历程。

中小企业要想取得市场创新的成功,就必须利用高新技术产品的特点,就必须深刻理解高新技术市场营销的含义,把握住市场竞争的核心,着重培养自己在市场竞争中的核心竞争力,善于利用一切可能利用的外部资源。

第三节 中小企业的市场营销创新

市场竞争是异常激烈的,中小企业要想在激烈的竞争中立足、发展,就必须大力进行市场营销创新,采取正确的市场竞争策略。

一、营销观念创新

中小企业要有竞争力,首先,需要开发出消费者喜欢的新产品,并且根据消费者需求的个性化、多样性和新颖化的变化趋势,去迎合消费者需求变化的特点适时、适地推出系列新产品面世。其次,中小企业的新产品往往又在创造新市场,创造需求,引导需求。因此,对于中小企业,尤其对于高新技术中小企业而言,企业的技术开发必须将市场需求和技术发展趋势结合起来,将企业的研究开发与市场营销纳入一个系统中,企业统筹考虑,在研究开发过程中就必须不断从市场中反馈信息,并在产品研究开发过程中就开始酝酿相应的营销方案。其三,由于中小企业的新产品往往开创一个新市场,其技术信息含量高,消费者已有的消费知识和判断力使消费者一时难以接受,那么,为使消费者接受新推出的高新技术产品,企业就必须采取合适的营销策略,通过消费者学习、培训、示范性消费等方法刺激消费者的购买动机,使潜在的需要转化为显性需求,并通过提供独特的产品、功能优越的技术服务及高水准的售后服务来培养消费者的忠诚度。

二、不断细分市场

当今市场上推出的新产品日新月异,如果中小企业的产品不为消费者所接受,导致的失败往往使中小企业受到重挫,甚至破产。对市场不断细分,既是为了使企业所生产的产品能很好的满足消费者需求,也是为了通过对消费者需求的了解和需求变化进行预测,可为企业的研究开发、产品开发提供一个参照依据,市场细分可以将消费者划分为只有相同的需求、相同购买行为及其他一些相同特征的群体。为了避免"营销近视症",企业对市场细分必须以消费者需求和市场为导向,而不是以产品的性能为导向。通过对市场细分,企业不仅对消费者需求和市场竞争有清楚地了解,也是企业提高资源利用效率的需要,避免不必要的资源浪费,避免企业花钱买教训。另外,企业根据市场细分的结果,可以采取适宜的营销策略,找出相应的消费者群体,通过采取有效措施使之成为忠实的消费群体,并通过示范作用来影响其他潜在的消费者。并且通过细分市场,使企业在关注新技术变化动态的同时,结合企业自身实力,扬长避短,发挥自己的核心优势,有效利用各种必要的资源,使自己立于不败之地。

第七篇

中国中小企业发展与技术创新机制

第二十一章 中小企业技术创新的模型分析

中小企业与大企业在技术创新方面各有优势,要分出高低实非易事。然而,作者倾向于这样的价值判断,即不同规模企业的技术创新程度与其创新的主体、动力、客体、过程等诸多因素有关,不能一概而论。但从产业层次上看,中小企业与大企业在技术创新上具有互补性特征,同时竞争是有利于技术创新的。中小企业技术创新机制的模型由主体、动力等机制构成,可概括为"轮式模型"。其客体总系统包括产品、工艺、组织、管理、营销等子系统,各个客体子系统创新之间的协调是取得技术创新成功的关键。促进中小企业技术创新的思路应从健全机制入手,可表示为"企业家主体,市场主导,政府激励,创新协调"。

第一节 中小企业技术创新的价值判断

中小企业和大企业何者更有利于技术创新?对这一问题的争论相当激烈。一般认为,争论的源头是"熊彼特(J. A. Schumpeter)假设"。熊彼特在《资本主义、社会主义和民主》一书中提出了这一假设,即"大企业有利于创新"。面对这一假设,反对者有之,支持者也有之,观点各异。但是,我们仍可以从争论中找出一些基本的价值判断。

一、中小企业的技术创新优势

反对"熊彼特假设"的人认为,中小企业更有利于技术创新。

1. 中小企业创新效率高,创新速度快

曼斯费尔德(E. Mansfield, 1968)考察了数个产业,并没有发现创新活动的规模经济效应。他指出:"在大多数产业,最大公司给定规模的R&D项目的生产率不如一些小企业高。"此外,就缩短时间要求研究的灵活性而言,一个较大的组织会因惯性、更困难的管理问题而受到限制[1]。盖尔曼(Gellman)对美国1969~1975年期间进入市场的635项创新的研究表明,相对其雇佣人数而言,小企业生产了2.5倍于大企业的创新,并且小企业将创新引入市场的速度比大企业快27%[2]。

---

[1] Baldwin W. and Scott J.: *Market Structure and Technological Change*, Switzerland: Harwood Academic Publishers, 1987, pp. 76~77.
[2] 傅建华:《上海市中小企业发展战略研究》,上海财经大学出版社,1998年,第189页。

2. 中小企业容易接受创新

中小企业组织层次少,上下级关系近,内部交流多,结构灵活,信息传递快而有效,对市场反应灵敏,决策速度快,并且面临着比大企业更大的市场竞争推力。因为,不积极创新,企业就可能会退出市场。同时,中小企业创新成果与每个员工的利益直接相关。

3. 中小企业技术创新的应用化程度高

中小企业的 R&D 投入少,抗风险能力弱,只能避开投资多、风险大、开发周期长的技术创新项目,而选择投资少、见效快、针对性强的"见缝插针"式的项目。其创新成果往往针对企业生产经营活动的某一特定环节,可操作性强,有的几个月就可见效。

二、大企业的技术创新优势

支持"熊彼特假设"的观点也有不少。

1. 大企业能够负担得起高昂的技术创新费用

这是加尔布雷思(Galbraith)的观点。他在《美国资本主义》一书中写到:"说技术进步是小人物受竞争的压力,应用他们世罕其匹的聪明才智,为过得比邻居好而努力的产物,无疑是一个愉快的虚构。但令人不快的是,这仅是虚构。技术发展早就是科学家、工程师的份内之事了。……由于发展是高成本的,这必然导致只有有资源、且有相当规模的企业才能胜任。"[①]

2. 大企业拥有丰富的 R&D 资源

经济合作与发展组织(OECD)的调查表明,OECD 范围内全部工业 R&D 的 2/3 左右是由雇员超过 1 万人的大企业完成的。通用汽车公司和福特公司每年的 R&D 经费相当于意大利全部工业的 R&D 支出。在 R&D 总经费较高的国家,其企业 R&D 总支出的 80%～97% 是由 1000 人以上的企业完成的(傅建华,1998)。

谢勒尔在他的研究中,选择了两个指标来研究创新与企业规模的关系,即 R&D 支出和专利发明。前者是关于创新的投入,后者是关于创新的产出。他对 196 个产业的 R&D 支出随企业规模的弹性变化作了估算,结果表明绝大多数产业的 R&D 支出随企业规模的增大而增大;1965 年,谢勒尔对 1955 年《幸福》500 家大企业中的 448 家的创新情况进行了分析,结果表明专利发明(创新)并不与企业规模的增长成正比。这表明,大企业更倾向于增大 R&D 投入,但不同规模的企业在创新的产出上并没有表现出明显的差异。

---

① Galbraith J. K.: 1952: *American Capitalism*, Boston: Houghton miffin, 1952, pp. 86-87.

3. 大企业易受技术创新所产生的垄断租金的吸引

由于"垄断前景"的诱导,大企业往往期望通过技术创新以谋取垄断地位。大企业对市场的控制能力强,因而有可能通过技术创新获得并维护持续的垄断租金。这决不是说垄断有利于创新,而是大企业对垄断租金的追求或担心垄断租金因竞争者的追上而丧失。例如,微软公司在计算机视窗系统方面的技术创新,使其拥有源源不断的租金流,英特尔公司对计算机芯片的技术创新也一样。

三、市场结构与技术创新的关系

对这一关系的研究有时被称之为熊彼特主义或后熊彼特主义。带有共识性的观点有:

1. 某种程度的垄断有利于创新

1954年,麦克拉林(Maclarin)分析了美国13个产业从1925～1950年间的技术创新状况,认为,某种程度的垄断是技术创新不可或缺的。马卡姆(Markham)于1965年指出,熊彼特假设只是一个阈值范围,即偏离完全竞争状态是创新的先决条件,但并非偏离得越多,创新会同比例地增加。1967年,纳尔逊(R. Nelson)等人的研究支持了马卡姆的观点,认为,阈值是存在的,且这一阈值因时间、产业不同而异[①]。

2. 与垄断相比,完全竞争有利于技术创新

卡米恩(M. Kamien)和施瓦茨(N. Schwarty)认为,在完全垄断而无竞争的市场条件下,重大的技术创新不容易发生,原因就在于缺乏竞争的压力。而在完全竞争的条件下,因企业规模小,创新能力有限,也不利于产生重大的创新。阿罗(K. Arrow)在1970年发表的"经济福利和发明的资源配置"一文中认为,完全竞争比垄断更有利于技术创新。

四、中小企业与技术创新关系的基本判断

从上述分析可见,中小企业与大企业在技术创新方面各有优势。一味地追究何者更有优势,不仅是不必要的,也是徒劳的。但是,以下三个基本的价值判断是无可争议的,同时,这些判断也得到了大多数学者的认同。

1. 中小企业与大企业在技术创新方面具有互补性

中小企业主要致力于周期短的创新项目,大企业则从事周期长的创新项目较多。在

---

① 柳卸林:《技术创新经济学》,中国经济出版社,1993年,第43页。

日本,创新周期在1个月以下的,中小企业占29.3%,大企业占1.0%;在3个月以下的,中小企业占29.3%,大企业占6.3%;而创新周期在2年以下的,中小企业只占6.8%,大企业则达到29.0%[①]。

阿科斯和奥德斯(Acs,Z.J. & Audretch,D.B.)对1982年美国34个创新最多的行业中不同规模企业的创新数作了比较(表21-1)。即在某些行业,如制药、半导体、照相设备、办公用品等,大企业创新活动比较活跃,而在另外一些行业,如电子计算机、程序控制仪器等,中小企业创新活动较为活跃。

中小企业在高科技领域十分活跃。据美国中小企业局(SBA)1995年公布的资料,在所有高科技企业中,雇员少于20人的有40 356家,占70%;雇员少于500人的有13 194家,占23%;500人以上的只有3787家,占7%[②]。

表21-1 1982年美国创新最多的行业中不同规模行业的创新统计

行业	全部创新数	大企业创新数	中小企业创新数	行业	全部创新数	大企业创新数	中小企业创新数
电子计算机	395	158	227	工业控制	61	15	46
程序控制仪器	165	68	93	厕所设施	59	41	18
无线电和电视通信设备	157	83	72	阀和管道设备	54	20	33
制药	133	120	13	测量和控制设备	52	3	45
电子元件	128	54	73	食品制造机械	50	37	12
工程与科学仪器	126	43	83	无线电和电视接收设备	40	35	4
半导体	122	91	29	泵和抽水设备	34	18	16
塑料制品	107	22	82	光学设备和透镜	34	12	21
照相设备	88	79	9	电动机和发电机	49	39	10
办公用品	77	67	10	塑料和树脂	45	30	15
测电仪器	77	28	47	工业卡车和拖拉机	33	13	20
外科医疗设备	67	54	13	飞机	32	31	1
外科和医药设备	66	30	36	环境控制	32	22	10
特殊工业机械	64	43	21	擦亮和卫生设备	33	13	19

注:①大企业和中小企业的创新数之和有时不等于总创新数,因为有些创新不能按照企业规模划分。②资料来源:Acs,Z.J. And Audretsch,D.B., Innovation and Small Firms. The MIT Press Cambridge, Massachusetts London, England, 1990.

在美国,中小企业创造的技术创新成果和新技术数量占全国总数的55%以上,表明中小企业的技术创新活动具有充分的活力。另有资料表明,中小企业每个雇员(包括不从事技术创新活动的雇员在内)技术创新成果为大公司雇员的2倍,这不仅仅限于一般影响较小的产品创新,而且包括具有重大意义的技术创新。20世纪由美国中小企业创造的重

---

① 傅家骥等:《技术创新》,企业管理出版社,1992年,第130~131页。
② 侯永志:"必须从战略高度重视中小企业的发展",《中小企业发展与政策研究》,北京科学技术出版社,1999年,第84页。

大技术创新成果包括：飞机、喷雾器、DNA指纹技术、人造生物胰岛素、录音机、双编纤维（Double-knit fabric）、光纤检测设备、心脏阀、光扫描器、步速器、个人电脑、速冻食品、软接触透镜、拉链等。另据统计，在1953～1973年的20年中，美、英、德、法、日五国共开发了352件重大创新项目，有157件为中小企业创造，占45.2%，其中，美国的比例为50%，法国的比例为57%；在1952～1977年的25年中，在最重要的319项科研开发项目中，中小企业占了200多项①。美国国家科学理事会的"1993年科学和工程指标"指出，很多对国家经济发展具有关键作用的技术和产品来自中小型高技术公司占主导地位的产业，这些产业包括：自动化、生物技术、先进材料、计算机软件、电子元器件等。

2. 市场竞争是促进企业技术创新不可或缺的因素

企业之间的竞争是一种"优胜劣汰"的过程。不善于创新的企业，就可能被市场竞争所淘汰。据一份调查表明，在接受调查的60家企业中，有57家经理感到了竞争的压力，并在压力的推动下，进行了相应的创新活动②。就产业层次上看，兼顾竞争活力和规模经济而消除"马歇尔冲突"的有效竞争对技术创新是有利的。大多数受贸易政策、产业进入壁垒等保护的企业，由于缺乏国内市场竞争的刺激，其技术创新是不积极的，代替的行为是积极地谋取政府的政策优惠。我国的一些所谓的"幼稚产业"，如轿车业、长途电话业等，受到国家几十年的贸易保护，仍不能参与国际市场竞争，便是明显的例证。

3. 建立一个高效的技术创新机制是至关重要的

中小企业如此，大企业也不例外。中小企业与大企业是相对的概念，小的可以变大，大的也可以变小。中小企业利用高效的技术创新机制，可以成长为大企业。世界上几乎所有的大企业，如微软、IBM、松下、索尼、福特、杜邦等，都是从小企业通过技术创新而长大的。1975年比尔·盖茨与艾伦一起创立微软公司时，只有900美元的资本，而到1994年，该公司销售额达400亿美元，并在49个国家雇佣了16 400人。由于不同技术创新机制的作用，中小企业与大企业的市场地位是经常发生变化的，有时甚至是根本性的变化。日本企业家立石一真认为，企业是有生命的，容易生病。高效的技术创新机制是企业旺盛生命力的源泉。

第二节　中小企业技术创新机制的"轮式"模型

一、"轮式模型"的图形

中小企业技术创新的内在机能及其相应的运转方式所构成的有机系统，就是中小企

---

① 刘东、杜占元：《中小企业与技术创新》，社会科学出版社，1998年，第42页。
② 高健：《中国企业技术创新分析》，清华大学出版社，1997年，第132页。

业的技术创新机制。这一机制作为一个总系统,由主体机制、动力机制等子系统组成,可概括为"轮式模型"(Wheel Model),如图 21-1。

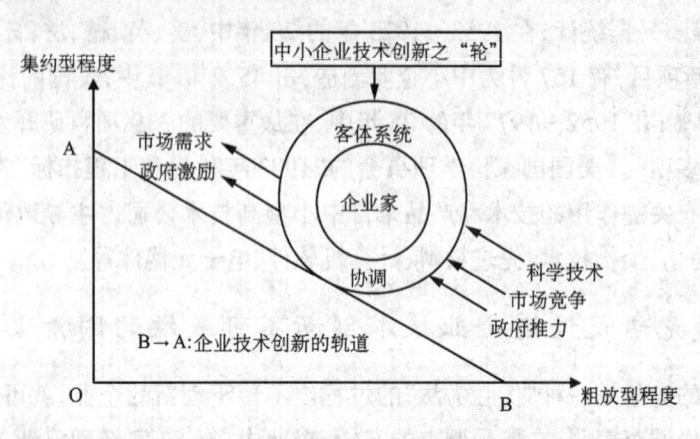

图 21-1 中小企业技术创新机制的"轮式模型"

在图 22-1 中,横坐标表示企业经营的粗放型程度,纵坐标表示集约型程度。B 点为粗放型经营,A 点为集约型经营,由 B→A 表示企业技术创新的轨道,也是企业经营方式转变的轨道,这是一个连续变化的过程。技术创新之"轮"沿着这一轨道渐进地向上滚动,促进了企业经营方式的转变。"轮式模型"清楚地显示出以企业家为"轴心"的主体机制,以及两种拉力(市场需求、政府激励)与三种推力(科学技术、市场竞争、政府推力)的动力机制。

二、中小企业技术创新的主体机制

企业家位于技术创新之轮的"轴心",也就是说,企业家是中小企业技术创新的主体。王振江等(1999)的企业家轴心模型更形象地描绘出这一点。早在 1912 年,熊彼特在《经济发展理论》一书中就高度强调企业家在创新中的作用,他认为,企业家是把新组合引入生产体系,实现了新组合的人,是能够意识到发明的未来潜能,并敢于冒发明和创新风险的人。但就创新精神而言,中小企业的企业家精神集于企业家一身。由于大企业在市场上的垄断地位,其企业家往往关注的不是迅速发展,而是适度发展,此外由于大企业决策程序复杂,企业家"牵一发而动全身"的压力较大,这些都会削弱大企业的创新精神。同时,大企业的企业家在技术创新中一般只制订原则,而中小企业的企业家却亲自参与技术创新活动,其既是技术创新的领导者和组织者,又是技术创新的具体工作人员。

影响企业家创新业绩的因素很多。一项研究表明(黄擎明等,1999),就企业家个体而言,教育是造就企业家的重要手段之一,它对企业家的创新业绩具有越来越大的影响,往往制约企业家对外界事物的认识、行为能力和行为方式;企业家的创新动机主要来源于企业家对个人收益增加的期望,以及对事业和个人信誉的追求;企业家的个性是比之能力更为影响企业家创新业绩的因子,富有敢于冒险、勇于创造、坚韧不拔、豁达大度的个性是非常重要的,选择企业家的机会应留给市场,政府是无能力越俎代庖的;企业家技术创新的成功率与企业家的产业经验呈强相关性。

三、中小企业技术创新的动力机制

中小企业技术创新的动力就是促使技术创新之轮沿着 B→A 的方向滚动的力量,包括拉力和推力。

1. 拉力有市场需求和政府激励

施莫克乐(J. Schmookler)在《发明与经济增长》一书中指出,技术创新主要受市场需求的引导,而厄特巴克(Utterback)在 1974 年的一项研究表明,60%~80%的重要创新是受需求拉动的。中小企业大多处在买方市场,只有以市场需求为出发点,其产品才可能有销路。此外,市场需求的不断变化为企业提供了新的市场机会和创新诱因。而以此为导向的技术创新活动在给企业带来利润的同时,又变更了市场需求,形成了一个由"需求→创新→再创新"的向上发展的良性循环。

为了激励企业进行技术创新,为企业提供优惠政策已成为国际通行做法。政府优惠政策不是强制性的,它是在企业自主、自愿选择的基础上起作用的。企业按照利益和效率标准自发地决策技术创新行为。从各国的实践看,政府激励企业技术创新的措施有新产品减免税、R&D 投入的减免税、优惠贷款、风险基金制度等。

2. 推力有科学技术、市场竞争和政府推力

在技术生命周期越来越短的趋势下,科技进步对企业技术创新的推动作用也不可低估。美国马奎斯(D. Marquis)等人的研究表明,在 567 项技术创新案例中,20% 左右的情况归因于科学技术的推动。科技推动的创新是科技发明的诞生所驱动的。这类创新的 R&D 投入大,往往是根本性创新,创新周期长,风险也大。中小企业由于 R&D 投入的限制,科学技术推力产生的创新相对较少。

市场竞争是中小企业技术创新的一种无形推力。大多数中小企业处于竞争激烈的市场环境中,要在这种环境中生存与发展,犹如"逆水行舟,不进则退"。在对外开放的大趋势下,企业不仅要面对国内市场的竞争,更要正视国际市场的竞争。竞争与保护是相对的,随着经济全球化的加速,各国保护国内市场的"菜单"越来越少。许多企业产生了由市场竞争所带来的强烈的危机感。

政府推力来自环境保护政策、衰退产业退出政策等。有些污染环境的企业,或需要强制淘汰旧设备的企业(如棉纺织业的压锭),如果在一定期限内没有改善,可能会被政府有关部门强制性地关闭。这些政策也会推动企业通过技术创新实现可持续发展。

第三节 中小企业技术创新的客体系统

中小企业技术创新客体系统的构建应从企业技术创新的宗旨来认识。企业在一系列拉力和推力下开展技术创新,其根本宗旨是满足现实的或潜在的市场需求,在满足市场需求中获得利润。从这一根本宗旨出发,中小企业技术创新的客体系统如图 21-2。

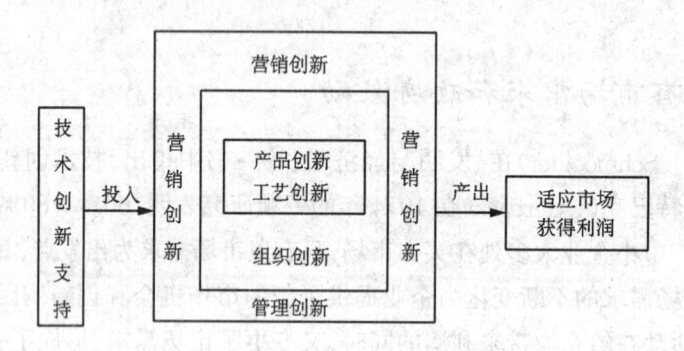

图 21-2 中小企业技术创新的客体系统

在图 21-2 所示的中小企业创新的客体系统中,客体内容包括五个方面,即产品创新、工艺创新、组织创新、管理创新和营销创新。

产品创新和工艺创新是中小企业技术创新的核心。在生产体系中引入新产品、新工艺是熊彼特(1912)创新的主要内容。产品的整体有三个层次,即核心产品(消费者所获得的基本利益或效用)、形式产品(结构、性能、技术特征、规格、款式、品牌等)和附加产品(售前、售中、售后服务)。产品创新可以是产品整体的创新,也可以是产品整体的某一个或几个层次的创新。从某种意义上讲,企业的真正活力就在于不断推出适应市场需求的新产品。但是,产品创新往往是与工艺创新联系在一起的。工艺创新包括对生产设备的更新和对生产过程的重组,有利于降低消耗,提高产品质量,以及提高生产效率。

组织创新是中小企业技术创新的支撑点之一。技术创新是一种在企业内部实现的过程,企业组织结构必然与技术创新的效率有关。同时,不同的技术创新活动也要求企业以相应的组织结构与之配合。当企业的组织结构不利于企业家实现生产要素新组合的时候,企业家必须要对这种组织形式予以创新,"引入"或创造出一种能够促进创新的组织结构。中小企业的组织结构因其内部协调容易、对外部反应灵活等而富有创新精神。但是,随着企业规模的扩大,企业必须通过组织创新来保持企业创新活力。

管理创新是中小企业技术创新的另一个支撑点,它与组织创新一起共同支撑技术创新。相对于资本、劳动力、技术、信息等生产要素而言,管理是一个综合性的生产要素,各种生产要素的功能发挥是通过管理来协调的。随着外部环境的变化,管理必须跟着变革。以不变的人事、分配、财务等管理制度对付变化着的外部环境,违背了"适者生存"的原则,必然会产生诸多的不适应。管理混乱是许多中小企业存在的问题,因此,管理创新显得尤为迫切。

营销创新是中小企业技术创新商业化的关键。其实质是营销因素组合的创新,即企业根据目标市场的消费者需求,引入一种营销因素的"新组合"。一般认为,企业可控的营销因素有6P,即产品(Product)、价格(Price)、渠道(Place)、促销(Promotion)、权力(Power)和公共关系(Public relation)。这6个因素中的一个或几个的变动都可视为营销创新。在激烈竞争的市场环境中,中小企业更需要通过营销创新打开市场通路。

第四节 中小企业技术创新的协调机制

中小企业的技术创新是一种系统性活动,是由若干个客体子系统构成的有机总系统,而每一个客体子系统又可细分为若干孙系统。为了使这一技术创新总系统发挥"1+1>2"的协同放大效用,必须要协调各个客体子系统的创新,以及每一个客体子系统内部各个孙系统的创新。中小企业技术创新的协调机制见图21-3。

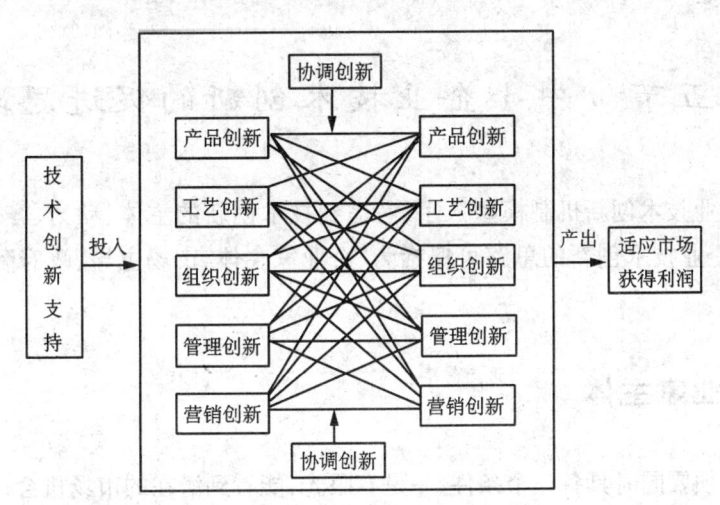

图21-3 中小企业技术创新的协调机制

中小企业技术创新的各个客体子系统之间存在着一定的内在联系,往往表现为时间上的继起性,空间上的并存性,以及相互的依赖性。厄特巴克和艾伯纳西(Utterback & Abernathy)的研究表明,产品创新、工艺创新、组织创新等既有序贯的变化,又有截面的变化[1]。孤立地对待技术创新的各个客体子系统,容易产生诸多弊病。例如,容易形成各个创新子系统之间的摩擦,使技术创新的总目标难以实现;容易割裂产品、工艺、组织、管理、

---

[1] Utterback, J and Abernathy, N: *The Dynamic Model of Product and Process Innovation*. Omega, 1975, Vol. 3, No. 6, pp. 639~656.

营销等客体子系统之间的内在联系,使各个客体子系统创新难以共享企业内部的生产要素;不利于各个客体子系统创新之间的整合与协同。

中小企业技术创新的不协调表现在许多方面,较为突出的是产品创新与工艺创新的不协调,以及组织创新滞后。从实践上看,一些企业的落后工艺已成为产品创新的瓶颈;在引进生产线方面,对引进工艺的消化吸收不够,使得某些企业陷入"落后—引进—再落后—再引进"的恶性循环;在对待落后工艺方面,注重修理、再修理,而不是创新、再创新。组织创新滞后是一种更为严重的问题。一些中小企业规模扩张之后,不仅没有获得规模经济效益,反而陷入了经营的困境,有的甚至接近破产的边缘,虽然原因是多方面的,但是组织创新不协调是主要的原因。组织创新是克服企业在规模扩张之后所产生的"大企业病"的有效办法[1]。一般来说,中小企业多采用直线制、职能制或直线职能制的组织结构,但在规模扩张之后,组织结构则演变为事业部制和矩阵制。操作事业部制和矩阵制的关键在于处理好集权与分权的关系。

协调机制的构建旨在科学分析各个客体子系统创新的基础上,调整和矫正各个客体子系统创新的运作,使客体创新子系统在具体运作中相互衔接与配套,以促进企业在市场竞争中不断发展。

第五节 中小企业技术创新的促进思路

从中小企业技术创新机制模型入手,考虑到技术创新的主体、动力、客体、协调等方面,推进中小企业技术创新的思路可概括为"企业家主体、市场主导、政府激励与创新协调"。

一、企业家主体

企业家必须要同时具备三个条件:一是有眼光,能看到潜在的市场机会;二是有胆量,敢于冒风险;三是成事能力(Push things through)有经营决策能力,能动员社会资金实现生产要素的新组合。因此,对于企业家而言,仅有"公务员"的素质是不够的。老实、规矩、安于现状、得过且过、享受"中庸"等个性的人是难以成为企业家的。企业家是与创新紧密联系在一起的。按照熊彼特的理论,企业家的职能就是创新,而创新需要"一种仅见于极少数人身上的足以说明企业家风格或企业家职能的那种资质"。阿罗也认为,有充分的理由相信,企业家的个人才能比企业作为一个组织的作用要大得多。

制度因素是企业家阶层形成的关键。私有产权的保障制度是极为重要的,这可以解释为什么从事长距离贸易的企业家在历史上常见于欧洲诸国,而文明程度较高的中国和

---

[1] 冯德连:"推进我国外经贸企业协调创新的思考",《经济问题》,1998年第9期。

印度却不多见(孙杰,1997)。欧洲早年的制度安排,如私有产权的界定与保护、专利制度等对企业家的创新与财富的积聚有极大的激励。

社会对成功企业家的赞赏是企业家成长的拉引因素,它对潜在企业家具有巨大的示范和激励作用。而我国历史上蔑视商人的非制度因素的蔓延,则对企业家阶层的形成不利。

企业家是高度人力资本的所有者。一种高效的对人力资本的激励机制往往有利于企业家的产生。打开企业的"黑匣子",可以发现企业的规模是企业家能力的函数(Coase,1937)。只有企业家能力的发挥有充分的外部制度环境保障,企业规模才能扩张。张五常的企业契约性质理论佐证了企业家能力和企业效率是契约保障的结果。钱德勒(A. D. Chandler,1977)的所有权与经营权分离,周其人(1996)的企业家的人力资本理论,以及张维迎(1995)的企业的企业家契约理论等都强调人力资本的激励。

二、市场主导

市场对中小企业技术创新的作用源于两种动力:一是市场需求的拉力;另一是市场竞争的推力。市场需求如同一个胡萝卜,引诱企业创新;而市场竞争则如同一根大棒,胁迫企业创新。市场在技术创新中起着"胡萝卜+大棒"的作用。充分发挥市场在中小企业技术创新中的主导作用是市场经济体制与市场经济规律的客观要求。

发挥市场主导作用的关键是把企业培育成合格的市场主体。市场的资源配置功能是通过企业自发地追逐市场信号发挥的。只有市场主体合格了,企业才会对市场信号有灵敏的反应,技术创新的潜在利润,以及生存与发展的危机感才会成为技术创新的动力。

据一项研究表明(蔡希贤等,1999),中小企业在技术创新方面的自主权都略高于大企业。但是,计划经济还存在一定的惯性,把中小企业培育成为市场主体的任务还很艰巨。至少有三个任务是亟待完成的。

1. 加快国有中小企业改革

要采取多种形式放开搞活国有中小企业,使国有中小企业逐步形成6个机制,即企业优胜劣汰、经营者能上能下、人员能进能出、收入能增能减、技术不断创新和资产保值增值。对于激烈竞争的产业,国有中小企业要有步骤地从中退出,为非国有企业让出市场空间。

2. 递减一些行业的进入壁垒

我国对中小企业外贸经营权的限制剥夺了企业经营外贸的天赋权利,使天然弱小的中小企业雪上加霜,同时也遭到了世界贸易组织(WTO)部分成员国的反对。放开外贸经营权已是大势所趋,且目前放开的条件已基本成熟。金融业、通信业等也应有步骤地对内开放。

3. 赋予各种类型中小企业的平等竞争地位

让国有、乡镇、"三资"、私营等类型的中小企业公平竞争、优胜劣汰、重组整合。在这种情况下,生存与发展的必然是善于技术创新的企业。

三、政府激励

技术创新是一项具有良好外部性的活动。因为,一种产业的创新,不仅对本产业的结构升级,而且会通过前向、后向联系而对相关产业的结构升级有促进作用。从宏观层次上看,有利于促进高效技术创新机制形成的环境是一种"公共物品"。政府有责任提供这种公共物品。同时由政府提供这种公共物品是有效率的。

1. 加强知识产权保护,降低企业保护知识产权的成本

目前,假冒伪劣商品盛行,对知识产权的侵权行为大量存在。改变这种状况需要采取双管齐下的措施,一是加强对专利法、商标法、合同法、WTO 的与贸易有关的知识产权协议等法律的宣传,普及与知识产权有关的法律知识;二是加大查处和打击侵权行为的力度,使知识产权侵权者的侵权成本大于侵权收益。

2. 发展风险资本,为中小企业提供融资方便

风险资本在促进中小企业技术创新中的作用已为许多国家的实践所证实。我国也在试行。当前,应在发展国有风险投资公司的同时,积极筹建民营风险投资公司。民营风险投资公司的典型形式是投资基金这一投资工具,应加以充分利用。

3. 为中小企业技术创新提供优惠政策及相关的服务

可以利用信贷担保、税收、加速折旧等方面的优惠政策,促进中小企业的技术引进、技术改造和新产品开发。改革收费办法,可考虑小企业的特点,将形形色色的"乱收费"一次性征收。作为长期措施,应有计划地推行"费改税"工作。同时建立为中小企业提供金融、信息、技术、法律、人才培训等服务的中介机构,帮助中小企业开展技术创新活动。

四、创新协调

中小企业技术创新协调的重点就是整合各个创新客体子系统,目的是谋求企业在不确定性的动态环境中保持旺盛的生命力。创新协调是根据中小企业技术创新的系统性、动态性、全局性等提出的,也是针对诸多的创新不协调而形成的创新思想和创新策略。

1. 协调制度创新与技术创新

本书的技术创新客体总系统是针对处于市场主体地位的企业提出的。但对于国有中小企业来讲,其技术创新客体总系统还包括解决市场主体缺位问题的制度创新。这一制度创新可以在较短的时间内完成。在改制尚未完成之前,制度创新和技术创新具有空间上的并存性,两者的协调是至关重要的。但对于已经改制的企业,其主要矛盾已不是制度创新,而是技术创新。技术创新上不去,企业制度再好,企业照样活不了。

2. 协调产品创新与工艺创新

从我国看,工艺创新严重制约着产品创新。例如,在全国4100多万锭棉纺设备中,属于先进水平的不到40%,25%左右的设备是50年代初及解放前生产的,是属于淘汰的落后设备。90万台织机中,无梭织机仅占3.6%,远远低于21.9%的世界平均水平(许晖,1998)。由于工艺落后,导致能源、原材料消耗高,劳动生产率低,这种状况自然难以适应小批量、多品种、高质量的纺织品市场需求,吨纤维的创汇水平不及发达国家的60%。在工艺创新上,不仅要在思想上重视,更要采取行动,加速固定资产折旧。

3. 协调组织创新与技术创新

随着企业规模的扩张,企业的组织创新必须要适应技术创新的要求。而要做到这一点,一要适当分权。适当分权是调动事业部或项目小组创新积极性的法宝。企业规模越大,越宜分权。二要坚持"小而简"的原则。IBM的"企业内企业"、索尼公司的"模拟公司制"以及韩国的"公司内破产制"等都是事业部制的具体形式,即将企业化小,并强调管理简洁化。三要防止机构臃肿、结构僵化、官僚主义等"大企业病",并"对症下药",以保持企业旺盛的创新活力。

4. 协调核心技术(Core Technology)创新与产品创新

在产品组合的选择上,中小企业应将资源集中在核心技术的创新上,并着力开发与企业的核心技术相关联的产品,使多种产品创新能够在技术上共享,从而获得范围经济(Economy of Scope)的好处。企业应谨慎地进行偏离核心技术的产品创新。因为,企业家产业经验的局限为跨产业的产品创新设置了边界。盲目地进行产品创新,而忽视核心技术的培育,往往会"捡了芝麻,丢了西瓜"。

第二十二章 中小企业技术创新的过程

第一节 中小企业技术创新过程的模型分析

中小企业的技术创新过程包括创新构思的产生、研究与开发、技术管理与组织、工程设计与制造、用户参与、市场营销等一系列活动。这些活动时而相互联系,时而相互交叉,时而并列操作。从20世纪60年代以来,国际上出现了六种具有代表性的企业技术创新过程模型,即技术推动模型、需求拉动模型、交互模型、链环模型、特威斯(Twiss)综合模型和L—S综合模型,这些模型从不同侧面反映了中小企业企业技术创新的特点,有必要进行分析。

一、技术推动模型

技术推动模型是一种线性模型。线性模型认为技术创新是由前一个环节依次向后一个环节推进的过程。按起始环节的不同,又分为两种模型,一是技术推动模型,二是需求推动模型。

技术推动模型如图22-1所示,这是最早提出的模型。

基础研究 → 应用研究 → 开发 → 生产 → 销售 → 创造需求

图22-1 技术创新过程的技术推动模型

该模型认为,技术创新是由科学发现和技术发明推动的。因而,研究与开发(R&D)是创新的主要来源。研究与开发产生的成果在寻求应用过程中推动技术创新的完成,市场是创新成果的被动接受者。在现实中,不乏这样的例子,特别是当出现重大技术突破时,会产生大量符合这种类型的技术创新,例如,无线电、晶体管、计算机的发明导致的大量创新就属此列。因此,在技术创新管理中要遵循技术推动的相应规律,因势利导,促进技术创新的成功。

在熊彼特看来,在技术创新中,需求拉动是不重要的,因为主动权掌握在生产者手中,消费者只是被动地去接受。严格地说,熊彼特的观点是创新的生产者主权说。这种生产者主权说更接近于技术推动模型。

二、需求拉动模型

到了20世纪60年代中期,通过对大量技术创新的实际考察,人们发现大多数技术创新不是由技术推动引发的,而是需求拉动起了更重要的作用,于是出现了需求拉动模型。该模型认为,技术创新是市场需求和生产需要激发的。研究表明,就数量来说,60%~80%的创新是由市场需求引发的(Utterback,1974),因此,对于中小企业来说,需求拉动型创新更为重要。

提出需求拉动模型的是施莫克乐(J. Schmookler)。他在《发明与经济增长》一书中认为,专利活动,也就是发明活动,基本上是追求利润的经济活动,受市场需求的引导与制约[①]。他的理论被称为市场需求引导模型(图22-2)。

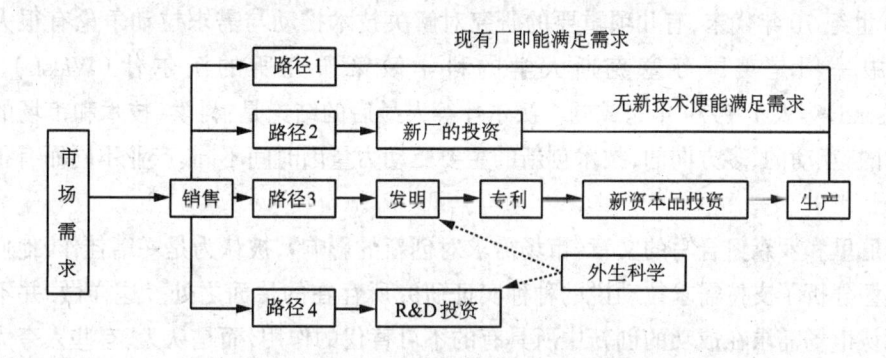

图 22-2 施莫克乐的市场需求引导的技术创新过程模型

施莫克乐的创新过程模型与熊彼特的观点完全不同,由此引起了争论。迈尔斯(Myers)和马奎斯(Marquis)在1969年做的一项重要的实证工作,支持施莫克乐的观点。他们考察了5个产业567个创新,得出的结论是:在创新中,需求与技术潜力相比是一个更重要的因素。

然而,由于消费者需求变化的有限性和消费者需求变化测度的困难性,尽管市场需求可能会引发大量的技术创新,但这些创新大都属于渐进性创新,而不像技术推动那样能引发根本性创新。渐进性创新风险小、成本低,常常有重大的商业价值,能大大提高创新者的生产效率和竞争地位。所以企业往往偏爱这类创新。然而,只考虑市场需求这一种因素,将企业所有资源全部投向单纯来自市场需求的创新项目而不考虑潜在的技术变化,也是不明智的。

需求拉动模型可以简化为图22-3。

---

① Schmookler J., *Invention and Economic Growth*, Cambridge: Harvard University Press, 1966, Chapter Ⅶ.

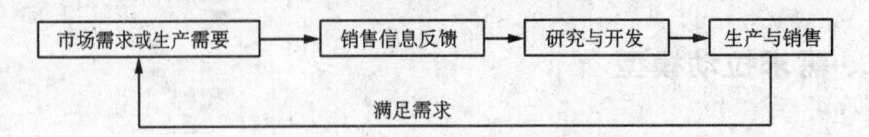

图 22-3　技术创新过程的需求拉动模型

三、交互模型

1972年,英国兰格里希(Langrish)等人对在1966~1967年得到女皇奖章且在商业上成功的84项技术创新项目作了详细的分析。他们认为,需求与技术机会在创新上具有同等重要性,他们说:"也许,关于技术创新安全也是最高程度的概括是:它必须是某种需要和某种技术可能性的综合"[1]。

20世纪70年代末,有几项重要的研究对解决技术推动与需求拉动争论有很大的帮助。其中一项是英国苏塞克斯大学的科学政策研究所的沃尔什(Walsh)、汤森(Townsend)等人于1979年完成的。沃尔什等人最后的结论是:科学、技术和市场的关联是复杂的、互动的、多方向的,技术创新的主要驱动力量因时间不同、产业不同而有很大的不同。

莫厄里和罗森堡合写的文章《市场需求对创新的影响》,被认为是一篇佳作,他们花了大量笔墨分析了支持需求拉动说的种种实证研究所存在的片面之处。这样做,并不是他们不承认市场需求在成功的创新中所具有的不可替代的作用,而是认为,有些人夸大了市场需求的作用。莫厄里和罗森堡强调在创新上技术和市场需求的共同作用,认为"科学技术作为根本的、发展着的知识基础,与市场需求的结构,二者在创新中以一种互动的方式起着重要的作用"。在另一处,罗森堡说:"创新活动由需求和技术共同决定,需求决定了创新的报酬,技术决定了成功的可能性及成本"[2]。

技术与市场交互作用的创新过程模型如图22-4所示。

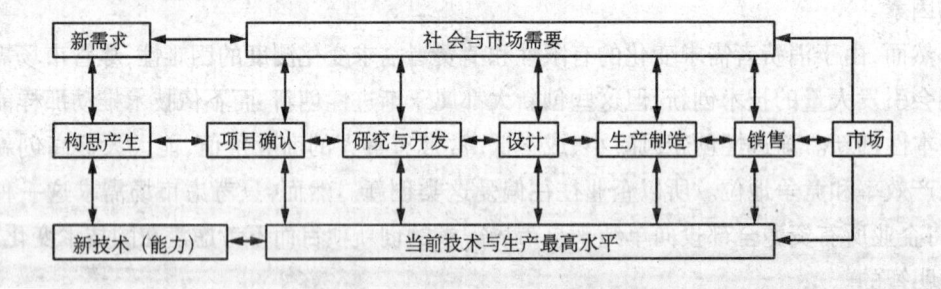

图 22-4　技术创新过程的技术与市场交互模型

---

[1] Roseberg N., *Inside the Blank Box*, London: Cambridge University Press, 1982, p.195.
[2] Roseberg N., *Inside the Blank Box*, London: Cambridge University Press, 1982, pp.195~273.

这一模型强调创新全过程中技术与市场这两大创新动力的有机结合,认为技术创新是技术和市场交互作用共同引发的,技术推动和需求拉动在产品生命周期及创新过程的不同阶段有着不同的作用,单纯的技术推动和需求拉动创新过程模型只是技术和市场交互作用创新过程模型的特例;同时,创新过程中各个环节之间也存在着交互作用。

以上三种技术创新过程的模型既是技术创新过程的描述模型,又是技术创新的诱导机制模型。三种模型的比较如表22-1。

表22-1 技术推动、需求拉动、交互模型的比较

比较	技术推动模型	需求拉动模型	交互模型
创新的主要诱因	技术发明	市场需求	技术发明与市场需求
技术与需求的关系	技术创造需求	需求促进技术发明	技术与需求的双向作用
创新难度	难	较难	较易
创新周期	长	较短	短
所遵循的规律	技术发展规律	经济发展规律	技术与经济发展规律
关键人物	科学家	企业家	科学家与企业家
创新成果的应用	难	易	易
创新效果的简短评价	根本性创新,导致技术的根本变化以及全新产品的形成	渐进性创新,成果容易商品化,能够迅速产生经济效益	创新成果易于商品化,技术与经济发展相互促进
采用较多的企业	大企业	中小企业	大中小企业

资料来源:作者编自《知识经济与技术创新》,王朋友著,经济管理出版社,1999年,第151页。

四、链环模型

1986年,克莱因和罗森堡(S. Kline and N. Rosenberg)提出了链环(或称链环回路)模型,如图22-5所示[①]。这一模型侧重于创新过程的描述,他把技术创新活动与现有知识存量、基础性研究联系起来,同时又把技术创新各环节之间的多重反馈关系表达出来,对技术创新过程进行了较合理、较详尽的解释。

在这一模型中,共有5条活动路径:第1条是以C表示的创新活动中心链。第2条是用f和F表示的中心链的反馈环,其中F表示主反馈。第3条是以K(Knowledge)—R(Research)表示的创新中心活动链与知识、研究之间的联系。在创新各阶段如果有问题,按照1→K→2的路径,先到现有知识库中去寻找;如果现有知识库不能解决问题则进行研究,再返回设计,即1→K→3→4的路径。第4、5条是用D、I表示的科学研究与创新活动之间的关系,其中第4条D表示科学发现导致的创新;第5条I表示创新推动科学研究。

---

① 引自吴贵生:《技术创新管理》,清华大学出版社,2000年,第15~16页。

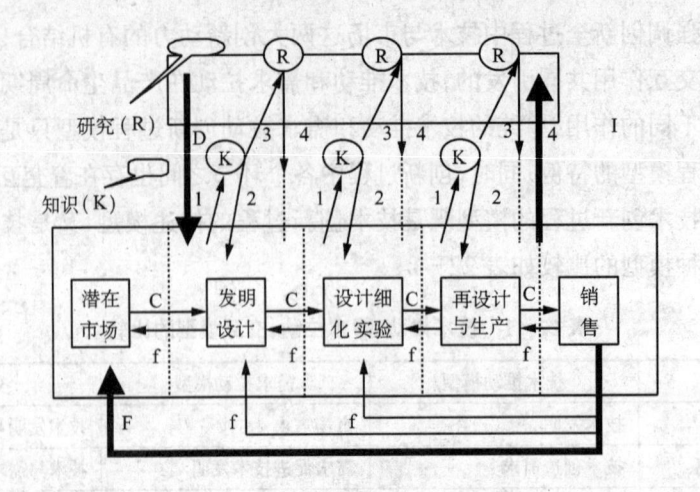

图 22-5　技术创新过程的链环模型

五、特威斯(Twiss)综合模型

以上四类模型是对创新过程的抽象描述,基本上不涉及企业技术创新管理过程具体环节。下面的模型由特威斯(Twiss)于1980年提出,是考虑了企业内外部环境条件下一项技术创新的管理过程模型[①],见图22-6。

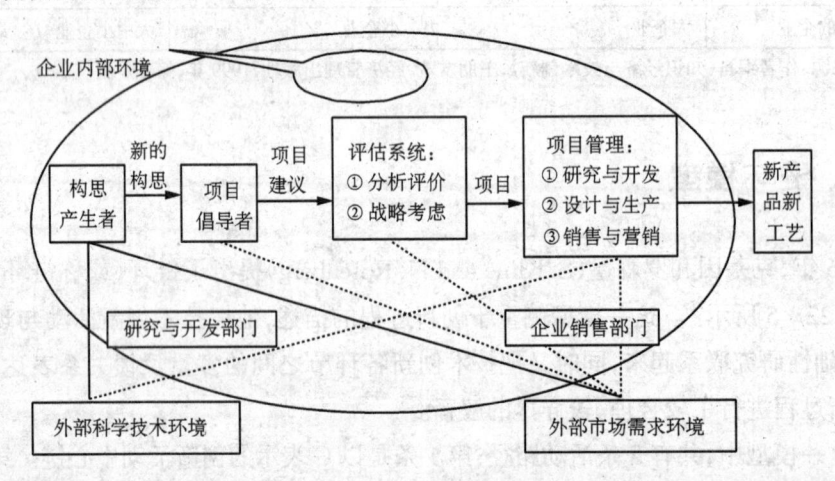

图 22-6　企业技术创新过程的特威斯综合模型

该模型表明了技术和市场这两个最重要的外部环境与创新过程的联系,及企业内部两个关键部门(R&D、销售)与创新过程的联系;模型将创新过程划分成若干阶段,指明了各阶段创新的实施者及相应的管理任务。因此,这一过程模型更侧重于过程管理。

---

① Twiss B.C., *Managing Technological Innovation*, London: Longman, 1980.

六、L-S综合模型

比利时学者勒梅特(Lemaitre)和斯托尼(Stenier)于1988年提出了一个综合模型[①],我们将其简称为L-S综合模型,见图22-7。

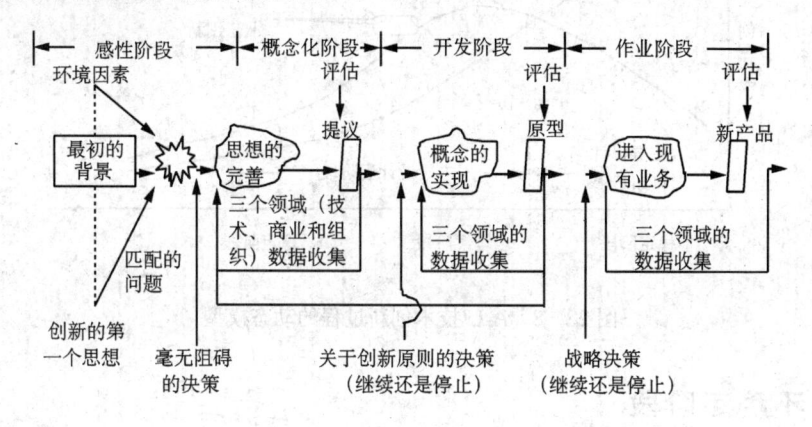

图22-7 L-S技术创新的综合模型

这一模型把技术创新分为四段:

第一个阶段是感性阶段。创新在此时只是一个思想。

第二个阶段是概念化阶段。在这一阶段,创新思想的可行性按照三个领域(技术、商业和组织领域)的条件加以论证,同时,创新的技术、商业和组织方面都已确定。一个正式的建议报告已拟好,该报告将陈述新思想的可行性依据、实现方法等。这一报告将提交给经理。

第三个阶段是开发阶段。此时,纸上的原型成为试验的原型。企业将面临这样一个决策,是否要进行投资,以便大规模地生产新产品。

第四个阶段是作业阶段。此前几个阶段的工作都是在企业不改变原有的组织程序下进行的。现在,企业要进行组织创新,使创新与企业日常活动衔接起来。

第二节 A-U技术创新过程的动态分析

美国哈佛大学的阿伯纳西(Abernathy. N)和麻省理工学院的厄特拜克(Utterback J. M.)通过对以产品创新为主的动态创新过程进行研究,发现企业的创新类型和创新程度取决于企业和产业的成长阶段。他们把产品创新、工艺创新及产业组织的演化划分为三

[①] Lemaitre N. & Williams B., *Stimulating Innovation in Large Companies*, R&D Management, Vol. 18, No. 2, 1988, pp. 141~517.

个阶段:即不稳定阶段、过渡阶段和稳定阶段,并与产品生命周期联系起来,提出了以产品创新为中心的产业创新分布形式的 A-U 创新过程模型。如图 22-8 所示。

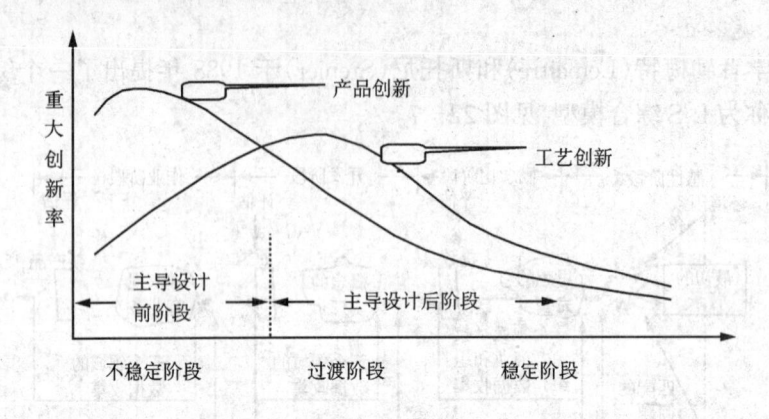

图 22-8 A-U 技术创新过程的动态模型

一、不稳定阶段

在产品生命周期的早期,厂家为满足潜在的市场需求进行产品创新,产品原型的创新水平很高,但由于设计思想缺乏一致性,多种产品设计进入市场且频繁变动(如早期的汽车和计算机),主导设计尚未确定。与变动的产品设计相适应,制造工艺和产业组织也是不稳定的。这一阶段称为不稳定阶段。这是一个在商业与技术上不断"尝试、纠错"的阶段,技术本身处于发展和变动状态。对于从事创新的企业来说,在这一阶段的 R&D 支出较高,但却不大可能立即产生很高的经济效益。然而,对于那些具有企业家精神和较强技术鉴别与开发能力的企业来说,若能准确地把握技术方向与市场机会并将技术开发与市场开拓有机地结合起来,极有可能取得巨大的商业成功。

二、过渡阶段

经过一段以不断"尝试、纠错"为特点的技术发展与变动时期,会出现一个将技术资源与市场需要联结起来的代表先进产品的主导设计,如汽车产业发展过程中的福特 T 型车和计算机产业发展过程中的 IBM360 计算机系统。主导设计为产业的发展提供了一个"标准",降低了市场的不确定性。在主导设计确定后,产品创新率急剧下降,产品基本稳定,大规模生产成为可能,专用生产设备逐步取代通用生产设备,创新重点从产品创新转移到工艺创新。这一阶段称为过渡阶段。在过渡阶段将主导设计推向市场的企业将赢得明显的竞争优势,但这并不意味着这些企业能对市场形成垄断。其他一些有较强技术实力和独特资源优势的企业通过在产品性能、可靠性等方面对主导设计进行技术改进,也可能获得巨大的商业利益。

三、稳定阶段

主导设计的出现使产品设计、生产程序与生产工艺日趋标准化,市场需求稳定,大规模生产使制造效率大大提高,企业由此享受到规模经济带来的好处。企业进一步创新的重点是以降低成本和提高质量为目标的渐进性的工艺创新。生产过程和企业组织日趋专业化和纵向一体化,混合或复合产品(如汽车)的零部件通常由某些控制市场的企业集团的专业化分公司或独立的供应商供给。这一阶段称为产业发展的稳定阶段。稳定阶段对应于技术学习曲线上成熟期,通常也是产品生命周期的后期。

一个产业一旦发展到稳定阶段,企业组织会呈现出越来越大的刚性,产业内部会产生一种强烈的抵制重大创新的力量。技术变化可能会使工厂的设备过时,大多数员工(从高级经理到一般技术工人)担心变化会给他们的职业生涯带来威胁,因此,企业有阻碍技术创新的倾向。这一阶段的实质性的创新大都是在外部因素的刺激下产生的。例如,由于政府在法律上对污染和汽油消耗规定了新标准,汽车行业不得不进行创新;计算机排版导致了印刷业的创新。

A-U 技术创新动态模型的三个阶段的特点可以简化为表 22-2。

表 22-2 A-U 技术创新动态模型各阶段的特点

阶段	不稳定阶段	过渡阶段	稳定阶段
竞争焦点	产品功能、性能	产品差异化	降低成本
创新的激励	市场需求与技术信息	拓展内部技术能力产生的机会	市场竞争压力
主要创新类型	频繁的重大产品创新	产量增加导致的重大工艺创新	产品与工艺的渐进性创新
生产线	多种多样的,常包括定制的设计	至少有一种稳定的产品设计,并有一定的产量规模	标准产品的大规模生产,高度专业化
生产过程	柔性,效率低,易于进行重大创新	逐渐具有刚性	效率高,资本密集,刚性,转换成本高
设备	通用设备,需要技术熟练的劳动力	有些过程实现自动化	专用设备,自动化程度高
材料	多采用现有材料	有些供应商提供专业性材料	购买专业化原料,或实现垂直一体化
组织控制	非正式组织,强调企业家精神	通过项目小组进行控制,强调协调	强调组织结构、目标与规则

资料来源:Abernathy W. T. and Utterback I., "Patterns of industrial innovation." *Technology Review*, 1978, 80(7)。

第三节 技术创新集群的分析

技术创新理论的先驱熊彼特早就指出这样一种事实:"创新不是孤立事件,不是在时间上均匀分布的,而是趋于集群。……创新不是随机地均匀分布于整个经济系统,而是倾向于在某些部门及其周围的环境中集聚。"也就是说,创新具有在一定的时间和空间成群出现的特性。这种创新成群出现的现象称为创新集群(Innovation clusters)。

一、技术创新集群的类型

企业是技术创新活动的主体,从企业技术创新的角度,技术关联性的技术创新集群可分为两类[①]:一是在一个企业内部基于技术关联关系形成的创新集群,是企业基于某一项(类)创新技术而持续进行一系列相关创新所形成的,是微观层次上的创新集群,简称为"企业内创新集群";另一是企业之间基于技术关联关系形成的创新集群,是由某项(类)创新技术而引发或促成的多个企业同时或相继进行相关技术创新而形成的创新集群,是宏观或中观(即产业)层次上的创新集群,简称为"企业间创新集群"。技术关联型的创新集群可以用法国学者杜兰德(T.Durand)的"技术树"来形象地比喻,如图22-9所示。

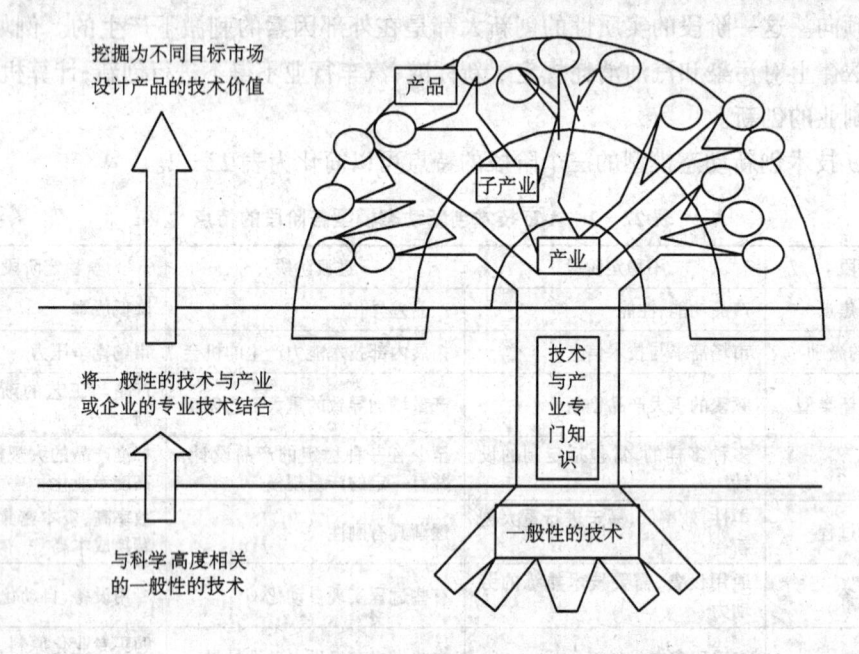

图 22-9 "技术树"示意图

对于企业内创新集群,"技术树"的树根表示企业的核心技术,树干表示改进性创新,树枝则表示利用核心技术衍生出来的分支技术,果实表示最终的创新产品。对于企业间的创新集群,"技术树"的树根表示通用的技术,通用的技术一般通过重大的发明或创新获得。树干表示对技术潜力的利用,即进一步的改进型创新,树干上生长出来的主树枝表示在通用技术扩散的基础上,各个用户部门结合对通用技术的使用进行创新所形成的分支

---

① 创新集群可分为时间意义上的创新集群(M型创新集群)和空间意义上的创新集群(T型创新集群),T型创新集群属于技术关联性创新集群。参见:傅家骥主编:《技术创新学》,清华大学出版社,1998年,第178~179页。

技术。主树枝上的分枝表示在主树枝技术基础上衍生出来的分支技术,果实仍表示最终的创新产品。

技术创新集群形成于技术的相互作用之中。由于技术的外部性、继承性等特性的存在,创新集群的总体经济绩效往往不只是单个彼此独立的创新活动的经济绩效的简单叠加,而是存在一种使创新集群的总体绩效大于单个创新活动经济绩效之和的聚合效应,这种聚合效应,体现为一种"集群经济"。

二、引致创新集群的原因

加拿大学者德布瑞森(DeBression C.)在一篇名为《培育创新群:一个动态发展的源泉》的论文中,把引致创新集群的原因分为外生于经济系统和内生于经济系统两类。

(一) 外生于经济系统的原因

1. 范式的不连续性

在技术发展史上,往往会在某一时刻出现一种与过去完全不相同的技术,产生了新的解决问题的方法,也就是说范式变更了。这种范式变更,可因于科学发现,也可因于技术本身的进化。用内燃机取代蒸汽机,便是火车动力范式变更的例子。一般说来,在新范式揭示的新领域,技术创新机会多于传统的技术领域。

2. 辅助的技术系统

技术系统是一个各种相互依赖成分的组合,每一个技术系统都有其核心部分和辅助部分。在一个技术系统里,有些辅助部分会比另一些辅助部分性能好,那些性能差的辅助部分便成了技术创新的瓶颈。而技术瓶颈会成为技术创新的焦点。

3. 累积性的学习过程

技术诀窍(Know-how)是累积性的。虽然过去许多学者强调学习的重要意义,但强调学习对创新群的重要性的,德布瑞森也许是第一人。学习对创新群的推动作用,主要表现在:

首先,对规模经济的追求,将把技术的发展锁定于在一条轨道。

其次,技术诀窍是可转移的,一个部门往往可从另一个部门的创新中学习,当这两个部门在技术上关联密切时更是如此。从而,一个领域的创新会引发周围的创新。例如,比克(Bic)公司将在圆珠笔生产中获得的有关塑料拉长的大规模制造的技术诀窍,应用于剃须刀和打火机的生产。

(二) 内生于经济系统的原因

1. 范围经济(Economy of scope)

一个企业,将两种或两种以上的相关产品组合起来生产,比将这些产品独立生产更经济,这种现象就是范围经济。范围经济可能引致技术创新的集群。范围经济可分为两种:一种是强制性的,出现于联合生产时;另一种是自愿的,出现于企业要求产品多样化的情况时。在德布瑞森看来,这两种范围经济都可能产生创新集群。

2. 技术创新的外部性

技术创新会产生外部性,或者说具有溢出效应。技术、市场和利益的外部性会诱惑不同的企业在创新中结成技术关联性的创新集群。

3. 多种内生因素的协同效应

创新诱导机制、独占性、创新交易成本、创新利润等因素结合在一起,会产生一种协同效应促使技术创新结成集群。

第四节 技术创新的过程因素分析

一、国外的三项实证研究

英国经济学家兰格力士(J. Langrish)等调查了1966年和1967年被授予英国女王技术创新奖的84个项目。调查表明有7个因素对创新成功很重要。

英国的萨福项目(Scientific Activity Predictor from Patterns with Heuristic Origins, SAPPHO)是著名的一项调查,它由英国苏塞克斯(Sussex)大学的科学政策研究所(SPRU)承担。该项目通过对两个产业(化学和科学仪器)创新成功和失败的比较,找出创新成功的因素。他们发现,五类变量是区别创新成功与失败的关键变量。

弗里曼(Freeman)在《工业创新经济学》[①]一书中,对创新成功的企业的特征进行了概括。

他们的研究见表22-3。

---

① Freeman C., *The Economics of Industrial Innovation*, Cambridge, Mass: The MIT Press, 1982, p.112.

表22-3 三项对技术创新成功与否的过程因素的研究结果

兰格力士(Langrish)等	萨福(SAPPHO)项目	弗里曼(Freeman)
创新组织中有一个处于权威地位的杰出人物； 创新组织中有其他类型的杰出人物； 对某种市场需要有清楚的认识； 对一项科学技术发现的潜在价值和用途有清楚的认识； 创新组织内部能够良好地合作； 资源可获得性； 来自政府的帮助	创新者对用户需求有更好的理解； 成功的创新者更注重销售与产品宣传； 成功的创新在研究与开发上比失败者更有成效，但速度并不一定更快； 成功的创新者利用了更多的来自外部的技术，以及科学提议； 成功创新的主持者一般比失败创新的主持者资历更深，且更有权威性	企业内部R&D能力相当强； 从事基础研究或相近的研究； 利用专利保护自己； 企业规模足够大，有能力长期地资助R&D； 研制时间(Lead-time)比竞争对手少； 愿意承担高风险； 较早且富于想象地确定一个潜在市场； 关注潜在市场，努力去培养、帮助用户； 具有使R&D、生产与销售相协调的企业家精神； 与客户和科学界保持密切联系

二、国内的三项调查结果

1. 马驰、贾蔚文等的调查结果

马驰、贾蔚文等学者，1990年对宜昌、1991年对南阳进行了企业技术创新活动的调查。宜昌的样本数为105，回收率100%；南阳的样本数为40，回收率为60%。在他们的调查报告中，分析了创新成功的因素与障碍因素，还将调查结果与北欧一些国家企业创新活动的调查结果进行了比较，如表22-4、表22-5所示。

表22-4 技术创新成功的因素

企业类型 成功的因素	全体企业 中国(%)	全体企业 芬兰(%)	大型企业 中国(%)	大型企业 芬兰(%)	中型企业 中国(%)	中型企业 芬兰(%)	小型企业 中国(%)	小型企业 芬兰(%)
R&D、产销的配合	73.1	91.1	87.5	92.6	68.2	93.5	76.1	88.4
厂级管理的作用	66.2	84.2	50.0	87.0	77.3	82.5	57.7	83.7
与其他企业的合作	23.4	36.9	0.0	38.9	19.7	39.0	29.6	34.1
技术服务的作用	26.9	31.5	62.5	34.0	28.8	24.4	21.1	35.3
企业内部信息服务	32.4	25.4	50.0	26.9	19.7	30.6	42.3	20.5
与国内大学的合作	11.0	22.2	12.5	33.3	10.6	18.3	11.3	17.5
与国内研究机构的合作	22.8	20.4	25.0	31.5	19.7	16.7	25.4	15.6
其他咨询服务的作用	33.8	20.6	25.0	20.8	37.9	16.1	31.0	23.8
与产业研究机构的合作	26.2	6.7	37.5	7.4	28.8	6.7	26.8	6.3

资料来源：马驰、贾蔚文：《国内外工业企业技术创新行为的比较》；国家科委中国科技促进发展研究中心：《调研报告》，1992年第4期。

表 22-5　技术创新的障碍性因素

障碍因素	中国(%)	丹麦(%)	芬兰(%)	挪威(%)	瑞典(%)
风险大	21	59	51	52	48
缺乏(风险)资金	72	30	35	38	22
研究与开发能力不足	42	26	45	10	27
人员素质差	30	35	46	32	27
缺乏市场情报	32	38	36	27	--
对外界应变能力差	42	22	27	11	--
创新易于模仿	26	10	34	15	22
法规	15	9	23	9	22

资料来源：马驰、贾蔚文：《国内外工业企业技术创新行为的比较》；国家科委中国科技促进发展研究中心：《调研报告》，1992年第4期。

2. 清华大学的调查结果

清华大学经济管理研究所主持的对我国 1051 家企业技术创新活动(1991~1993)的调查分析显示，我国企业技术创新活动在企业经济能力、技术能力、管理能力以及企业制度等方面都存在一定的障碍(表 22-6)。

表 22-6　企业技术创新的障碍性因素

因素类型	障碍性因素	位次	所占的比例(%)
经济因素	1.缺乏创新资金	1	72.7
	2.创新风险大	5	35.2
	3.创新成本高		29.8
	4.创新回收期长	10	23.1
	5.创新收益不明显		17.7
能力因素	1.研究与开发多少	3	37.6
	2.缺乏创新人才	2	51.0
	3.缺乏技术信息	4	35.9
	4.缺乏市场信息	6	31.5
	5.消费者不接受		11.8
	6.销售网络不适应	9	23.2
	7.创新时机难以把握	8	23.3
	8.缺乏技术能力		22.6

续表

因素类型	障碍性因素	位次	所占的比例(%)
其他因素	1. 易被模仿假冒	7	19.8
	2. 企业产权不明晰,奖励不到位		26.5
	3. 科研人员与工人缺乏配合		8.3
	4. 法规条例		1.5
	5. 税收		8.6

资料来源:高健、傅家骥:"中国企业技术创新的关键问题——1051家企业技术创新调查分析",《中外科技政策与管理》,1996年第1期。

3. 上海重大咨询决策项目的成果

1996年,上海市重大咨询决策研究项目之一《上海市实施技术创新与集约化发展研究》项目中,对上海市企业所面临的技术创新的障碍进行了调查分析,结果表明,资金、人才的缺乏,创新能力低下,以及缺乏有利于创新的制度是企业技术创新活动的主要因素(表22-7)。

表22-7 企业技术创新的阻碍因素

阻碍因素	位次	综合评分均值	累计频率(%)
缺乏足够的投入	2	5.47	76
缺乏创新人才	1	6.00	82
企业创新能力落后	3	4.18	76
缺乏企业家精神	8	3.71	76
缺乏市场竞争压力	4	4.79	76
缺乏优惠政策	5	4.50	76
缺乏创新收益保障	6	4.13	68
缺乏有利于创新的制度	7	4.06	76
企业员工缺乏积极性	9	3.36	64

资料来源:《上海实施技术创新与集约化发展研究》报告,项目主持人:蒋青云,1996年8月31日,转引自孙一民:《现代企业技术创新》,山西经济出版社,1998年10月,第162~163页。
注:每项因素均按重要程度打7,6,…21分,然后相加除以选答企业数的"综合评分均值";"累积频率"是指选答企业数与调查企业总数之比,比率越高,表明调查者对该项因素的认同程度越高。

三、简短的评论

上述国内外的实证研究尽管有些差异,但是,我们仍可以找出一些共性的价值判断。至少以下几个技术创新的过程因素对中小企业技术创新的成功是重要的。

1. 资金

资金是从事技术创新活动的必备条件,企业常因资金缺乏而不能实施创新项目或使正在实施的创新项目不得不中断。可从以下几方面采取对策：

(1)进行战略性安排。企业常出现这样的情况：在产品畅销、资金较充裕时忙于扩充规模而无暇顾及创新，当产品滞销、不得不搞创新时企业财力已难以支撑。这种"临渴掘井"式的经营方式必然给创新资金的筹划带来困难，只有未雨绸缪，统筹规划，才能为技术创新创造良好的内部资金环境。

(2)多种渠道筹措。技术创新常被当作"软任务"，资金不易保证。为此要制定资金分配规则，保障技术创新的基本资金供给。当创新项目较大、较多时，还要通过多种筹资渠道筹措资金，要善于争取外部资金，合理运筹，保证创新项目的正常进行。

(3)滚动渐进发展。对于中小企业来说，经济实力较弱，技术创新可从较小的、易见效的项目做起，待积累经验和资金以后，再逐步扩大创新规模。

2．人才

技术创新是关系企业全局的活动，又是充满风险的行为，因而它对决策者提出了很高的要求。企业家处于技术创新的核心地位，企业家精神是重要的。企业家必须从企业总体和长远发展的角度，对创新进行全局性的安排，支持创新活动，克服创新障碍，把握技术和市场时机，尽量减少风险，抓住关键，把握方向。同时，重视人力资源开发，吸引和培养高水平的管理人员和技术人才并对他们进行有效的激励，为他们提供充分发挥才能的机会。

3．组织

企业技术创新活动具有较大的不确定性，往往不能按事先规定的行动路线和方式进行，因而对创新组织的柔性有较高的要求，尤其是需要各个部门的精诚合作。企业要在高层管理层的指挥或支持下组织好从事创新的部门内和部门间的协调，并建立良好的内、外部信息沟通交流机制。创新过程是一个创新组织不断学习的过程，组织学习的有效性是创新成功的一个实质性因素。一是从企业内部和企业外部系统地收集信息，包括新技术信息、市场信息和有关新的经营管理方式方面的信息；二是从实践中学习，既从自己过去的成功和失败经历中学习，也从他人的成功经验和失败教训中学习。

4．机制

企业技术创新是创造性活动，必须依靠科技人员、管理者和广大员工的才智和努力，如何激励他们的创新热情和能动性，是提高创新效率的关键。企业要用体制、制度、精神、物质等建立激励创新的动力，营造创新的优越环境。

5．决策

对创新项目进行精心计划和实行有效控制，尽量缩短创新周期，强调高效率的研究开发和高质量的产品生产，评价活动应贯穿创新的全过程。强调市场导向和满足用户需要，尽可能地让潜在用户参与创新过程,为用户提供良好的技术服务。创新过程是一个不断进行决策的过程,而信息是决策的基础。各个阶段的创新决策都面临着各种不确定性,充分、及时、准确的信息沟通可使创新者减少各种不确定因素,提高创新成功的可能性。

第二十三章 中小企业技术创新战略

第一节 中小企业技术创新战略的内容与类型

一、中小企业技术创新战略的内容

技术创新战略是企业经营战略的有机组成部分,是企业进行技术创新活动的总体性谋划。随着经济和社会的发展,企业技术创新战略正越来越成为企业经营战略体系中的核心内容,并在很大程度上决定着企业经营战略的性质、方向和成败。制定技术创新战略对中小企业十分重要。正确的企业技术创新战略,如同企业发展的指南针,指明企业技术创新的方向,促进企业形成自己的鲜明特色;又如同企业发展的生命线,利用有限的技术创新人力资源和技术资源获得更多的创新收益;也如同企业发展的黏合剂,协调企业内部各职能部门,向一个共同的、明确的核心目标不断迈进。

中小企业战略的基本目标之一是要提高企业的竞争能力。一般认为,企业竞争力是一个由多重因素共同作用的一个合力,而其中技术创新是最为关键的因素。当代著名的管理学大师彼得·德鲁克(Peter Dructer)指出,现代企业主要有两大功能:一是营销;二是创新。日本学者则将企业竞争力与企业的技术创新投资联系起来,他们经过研究指出,一个企业的R&D费用如果仅占企业销售收入的1%,那么,这个企业注定要失败;如果占3%,则仅仅可以维持企业发展;如果占到5%,可以参与竞争;如果达到8%以上,那才可能有竞争力[1]。在企业发展过程中,技术创新则与企业的新产品开发、技术改造、技术转移或扩散行为相关,决定着企业的技术水平、成本水平和差异化水平,构成企业竞争力的重要的决定因素。

中小企业技术创新战略是按照企业实际情况制定的。企业情况千差万别,技术创新战略也各不相同。因此,不存在普遍适用的企业技术创新战略。同时。不同层次的经济单元,其技术创新战略的内容也是有所不同的。以下仅对一般企业技术创新战略涉及的内容进行概述,但它不能成为每一个企业必须遵循的规范,各企业要根据自身情况进行取舍、补充。

---

[1] 孙一民:《现代企业技术创新》,山西经济出版社,1998年,第24页。

1. 企业外部环境和内部条件

企业内外部环境分析是制定技术创新战略的前提。在制定战略之前要预测和分析技术发展、经济和社会发展趋势及机遇、挑战,竞争者的情况和竞争压力,企业技术能力(如现有技术能力、可挖掘的技术潜力和经过努力可以获得的新的技术能力),企业总体战略对技术创新战略提出的要求等。

2. 企业技术创新战略的目标

企业技术创新战略的目标有长期目标与阶段目标之分。

(1)长期目标。具有长期性、稳定性和超越性等特点。长期性是指所制定的目标须经过长期努力才能实现;稳定性是指所制定的目标保持相对稳定,不轻易改变;超越性是指所制定的目标往往超过当前企业能力所能达到的水平。长期战略的作用:一是指明企业长期奋斗的方向,引导企业渐进地达到较高的境界;二是使企业明确差距,激励企业不断努力,以逐步接近目标。

为了实现长期目标,企业需要将其分解为具体的阶段目标。

(2)阶段目标。是企业在近期或中期内要达到的目标。与长期目标不同,阶段目标必须在限期内实现,因此具有较强的可操作性。阶段目标通常包括:在预定期限内要达到的技术能力和技术水平,要进入的产业,要占领的市场和取得的市场份额等。

3. 企业技术创新战略的指导思想

指导思想是实现战略目标的基本思路,包括拟采取的基本技术路线、获取技术能力的基本方式、实施技术创新战略的基本策略等。

例如,联想集团在分析了企业内外环境,衡量了自身能力以后,制定了"贸—工—技"的指导思想。即:第一步,通过做国外大计算机厂商的代理商等方式了解 IT 行业市场,学习市场营销知识,积累开拓市场的经验,建立市场营销网络;第二步,引进消化国外技术,进行局部创新,开始自主生产计算机等产品,并推向市场;第三步,开发拥有自主知识产权的产品,创立自己的品牌。联想集团所确定的指导思想,成功地引导了企业走向成熟。

4. 企业技术创新战略的行动方案

(1)战略模式选择。对可能选择的战略模式进行分析比较,并加以选择。

(2)战略性技术选择。对企业主导性、基础性技术做出定位和选择。

(3)技术能力培养方案。从技术能力获取、培养、运用等方面进行方案设计。

(4)技术创新成果的商业化方案。对技术创新成果的商业化时期、步骤等进行方案设计。

5. 企业技术创新战略的实施要点

(1) 战略时机把握。对出现的技术机会、产业机会、市场机会等重大机会进行分析，并确定对策。

(2) 资源配置。对实施技术创新战略所需要的资金、设备仪器、人力等进行计划，确定基本来源和供应方式。

(3) 人力资源安排。对人员的配备、引进、培养、应用做出安排。

(4) 运行机制设计。对技术创新项目的机构、各个部门或环节的配合、激励方式等进行设计。

二、中小企业技术创新战略的类型

企业技术创新战略可以从不同的角度划分。

1. 从技术开发的角度划分

从技术开发的角度而言，企业技术创新可分为自主创新、模仿创新和合作创新等三种基本战略类型。

(1) 自主创新战略。企业主要依靠自身的人力资源和技术资源进行研究与开发，实现创新科技成果的商品化，并最终获得技术创新的收益。

(2) 模仿创新战略。在率先创新者的示范影响和利益机制驱动之下，企业通过合法手段（如通过购买专有技术或专利许可等方式）引进技术，并在率先创新者技术的基础上进行改进创新，或者在一项新技术出现以后，企业模仿新技术的创新。

(3) 合作创新战略。参加合作的各方可发挥各自的优势，做到优势互补。通常的合作方式有：制造商与供应商合作，制造商与用户合作，同业制造商（竞争者）之间的合作，以及企业与高等院校或科研院所的合作。

2. 从面向市场的表现划分

就企业面向市场的表现而言，企业创新战略包括进攻型战略、防御型战略和游击型战略。

(1) 进攻型战略。企业在引入创新技术或产品方面领先于其他竞争对手，从而获得市场领导者的地位。

(2) 防御型战略。防御型企业往往采取一系列措施建立进入壁垒，当被竞争对手攻击时，其能够有力地还击。

(3) 游击型战略。采取这种战略的企业往往处于技术与市场劣势，为了打破现有技术和市场格局，其倾向于推出一种新的技术取代占统治地位的现有技术，打破优势企业的阵脚，以求重新瓜分市场。

3. 按技术与市场双因素划分

根据对企业技术能力和市场能力的评价,可以将企业创新战略并构造一个 3×3 矩阵[①]。如图 23-1 所示。

企业市场能力递增 ↑	引进型技术创新战略	合作型技术创新战略	自主型技术创新战略 领先型技术创新战略
	引进型技术创新战略 渐进型技术创新战略 模仿性技术创新战略	合作型技术创新战略 模仿型技术创新战略	自主型技术创新战略 领先型技术创新战略 防御型技术创新战略
	渐进型技术创新战略 模仿型技术创新战略	渐进型技术创新战略 模仿型技术创新战略	防御型技术创新战略

企业技术能力递增 →

图 23-1 企业技术创新战略按技术与市场双因素的划分

各种企业技术创新战略都有其优势、劣势及适应范围,企业应根据自己的具体情况加以选择。各种技术创新战略的比较见表 23-1。

表 23-1 各种技术创新战略的比较

战略类型	优势	劣势	适用范围
自主型	有利于建立自己的核心能力,有领先性	投资大,周期长,风险大	技术开发能力强,经济实力大,或掌握独特技术垄断权的企业
领先型	可以领先占领市场,取得垄断利润	投资大,风险大	技术开发能力强,或经济实力强的企业
模仿型	风险小,投资小,若实施得当,也可超过领先者	处于市场劣势地位,市场占有率一般小于领先者	有较强消化吸收能力,或一定研究与开发能力的企业
合作型	减少研究与开发投资,缩短创新周期,分散风险	不能独占技术,合作者有时形成竞争对手	开发难度大,投资大,风险大的技术领域,或具有合作条件的企业
进攻型	处于市场竞争的主动地位,可能取得新的市场领域	往往要付出很大的代价,风险大	掌握了某种技术优势,具备向已占领技术与市场阵地的企业进攻的能力
防御型	风险小,代价小	可能处于市场竞争的被动地位	技术与市场地位较高而稳固的企业
游击型	可能出奇制胜	具有较大的冒险性	把握某种潜在技术或市场机会的企业
引进型	节约研究与开发投资,采用技术所需周期短	易受技术输出方的制约与控制,不易得到最先进的技术	与先进企业存在较大"技术势差"的企业,或有一定的消化吸收新技术的能力
渐进型	量力而行,循序渐进,风险小	机会相对较少,市场占有率不大	技术创新能力弱,或规模不大的企业

---

① 姜彦福等:《企业技术创新管理》,企业管理出版社,1999 年,第 26 页。

第二节 自主创新战略

自主创新是中小企业的主要技术来源之一。一项调查表明,北京制造业中小企业的技术来自自主开发的占为31.1%(600份调查问卷)。从企业类型看,国有中小企业的技术来自自主开发的占39.8%,集体企业占23%,私营与股份制企业占51.7%,三资企业占43.8%。这项调查还表明,42.1%的中小企业有自主开发的新产品。按所有制划分,48.2%国有中小企业,29.5%的集体企业,65.5%的私营与股份制企业和74%的三资企业有自主开发的产品[①]。本节仅分析自主创新战略的三个要点。

一、依靠自身力量开发核心技术

自主创新是企业通过自身的努力产生技术突破,并在此基础上依靠自身的能力推动技术创新的后续环节,完成技术的商品化,获取商业利润的创新活动。

美国Intel公司在计算机微处理器方面是自主创新的典范,从1970年自主开发推出世界上第一块微处理器Intel4004,到1973年推出Intel8080,后来又相继推出Intel80286,Intel80386,Intel80486系列,及至1994年推出风靡全球的Pentium系列微处理器,该公司始终掌握着最先进的、其他公司无法破译的计算机微处理器的关键技术,确保了Intel公司在国际微处理器市场中的霸主地位。

自主创新不仅技术突破是内生的,且创新的后续过程也主要是依靠自身的力量推进的。在自主创新过程中,除了一些辅助性工作或零配件通过委托加工或转包生产让其他企业承担外,技术创新的主体工作及主要过程都是通过企业自身知识与能力支持实现的。

必须指出,要完成一项技术创新,所需要的专门技术是多种多样的,既有关键性核心技术,又有辅助性外围技术,复杂的创新更是如此,对某一企业而言,自主创新并不意味着要独立研究与开发其中的所有技术,只要企业独立开发了其中的关键性核心技术,打通了创新中最困难的技术环节,独自掌握了核心技术原理即可,辅助性技术研究与开发既可自己进行,也可委托其他企业和组织进行,或通过技术购买解决。

必须认识到,自主研究与开发的成功率是相当低的。据统计,在美国,基础性研究的成功率为5%,技术开发的成功率一般为50%左右。而开发产出在时间上又是高度不确定的,短则数月、数年,长则十几年。为了有效降低这种率先探索的风险和产出的不确定性,自主创新企业可能需要进行多项目的复合投资。

---

① 国务院发展研究中心、北京市科学技术委员会:《中小企业发展与政策研究》,北京科学技术出版社,1999年,第54页。

二、利用专利制度保护知识产权

某一技术领域的核心技术对企业在该领域的发展和竞争地位起决定性作用,就该项技术取得专利权,就等于占领了市场的制高点,掌握了主动权。

有时为防止他人利用专利说明书公开的技术内容进行仿冒,企业需要仅对技术的基本轮廓申请权利保护,而将技术核心内容或影响产品质量的关键技术作为技术秘密保留起来不予申请。

一项核心技术往往需要相关配套技术才能有效发挥作用。在申请专利时,企业还需要对单项技术申请专利,还是包含配套技术的系列技术全部申请专利做出选择。一般认为,易于保密的技术,可不申请专利;对竞争作用较为次要的技术也可不申请专利。

企业有时不仅要对在用技术,即近期内将实施的技术申请专利,而且要对近期不拟采用、甚至将来是否采用也不明朗的技术,即储备性技术申请专利,以备将来拓展技术和市场领域、产品更新换代之用。

根据专利法的规定,只要具有"三性"就可以申请专利,并不要求所申请的技术完全成熟。这就存在一种可能,即在技术并未开发完成,但基本轮廓已经具备时,就申请专利。这样做,可以起到抢先占领阵地的作用。在竞争激烈、时间至关重要时,应尽早申请专利。

三、适当地进行创新技术的转让

自主创新企业所开发的技术一经授予专利,就是企业的无形资产。企业应根据具体情况,在适当的时间,对合适的对象转让所持有的新技术。

企业合理地转让技术不仅可以补充收入,特别是对补充研究与开发经费有较大的作用,有时还可以扩大市场占有率。技术转让次数越多,转让技术的使用范围越广,则技术的市场占有率越高。扩大市场占有率对技术供给者来说有两方面的意义:一是在有技术供给竞争的情况下,市场占有率的提高有利于配套技术和后续技术出让率的提高;二是技术使用面广有利于形成技术标准,从而在系统技术上取得领先优势。

技术形态可大致分为技术硬件和技术软件两类。技术硬件是体现新技术的设备、仪器、组件等。这里所说的技术硬件并不泛指一般仪器设备,而是特指包含新的技术、具有超过设备仪器生产价值的硬件。技术软件包括以图纸、设计说明书、样机表现的产品技术;以工艺流程图、操作方法说明、配方等表现的工艺技术;以及以操作培训、技巧培训、特殊维修服务等为内容的技术服务。技术软件可以是专利技术,也可以是专有技术。企业是出卖硬件还是出卖软件,或硬件、软件同时出卖是需要慎重决策的问题。企业要权衡自身开发力量、投入产出关系、经营战略等因素进行决策。

转让技术可有不同的"包装"方式。第一种是裸技术,即单项技术,通常是单项技术的核心内容,如设计图纸,产品配方等;第二种是成套技术,即为生产某种新产品所需全部的硬件、软件技术；第三种是商业孵化技术，即包括全部技术硬软件及营销系统在内的已实现商业化的技术系统。这三种形式从第一种到第三种包装层次逐步加深，技术使用价值渐增，价格也渐增。技术包装在技术营销中具有十分重要的意义，是一个尚待开发的领域。

以自用为目的的技术生产者潜在的技术销售对象是非竞争对手。将技术转让给竞争对手是一个复杂的问题。竞争对手可分为直接竞争对手和间接竞争对手。对直接竞争对手来说，技术转让是十分敏感的，一般都持慎重态度；对间接竞争对手来说，是否转让，取决于技术转让对竞争格局的影响程度，只有当转让技术对加强对手竞争能力、侵蚀转让者市场占有率影响较小时，才可以转让。

四、注重对自主创新产品的改进创新

自主创新一般都是领先创新，能够通过开辟新市场率先获得高额垄断利润，但要长期稳定地占领市场、吸引用户，保持自身的竞争地位，还必须注重对新产品性能的改进和产品系列的不断完善，满足广大用户对提高产品品质、增加产品品种的要求，以及不同层次消费者的需求。

日本索尼公司于1979年率先向市场推出Walkman磁带放音机（随身听）后，为了保持市场占有率，公司对该产品进行了不断的改进。1979～1988年间，"随身听"18项较大的功能改进中有15项是由索尼公司率先做出的。索尼公司正是通过这种不断的改进，在技术上、产品性能和质量上保持领先水平，维持了其在"随身听"市场上的地位。

在一项率先性自主创新成功之后，总会有大量的跟随者进行模仿创新，跟随者中不乏实力雄厚、技术先进的竞争对手。自主创新企业只有不断创新，对产品的性能和生产工艺加以完善，才可能保持领先的地位。实践中，许多自主创新企业由于未做好这方面的工作，致使跟随企业有机可乘，夺去了自主创新企业开辟的市场，这方面的教训值得认真汲取。

美国无线电公司是最早开发和生产电视机的厂家，可谓电子领域的先锋和开拓者，仅电视机方面的技术专利就给公司带来了巨额财富。1965年以前，无线电公司的电视机在市场上一直处于绝对优势地位，但是由于他们没有及时开拓新事业，技术创新停滞，1985年12月即被美国通用电器公司兼并。王安电脑公司创始人的科技成果曾名震世界，公司亦曾鼎盛一时，王安本人亦曾名列美国第五大富豪。80年代初以前，公司营业额及纯利润增长了20倍。但进入80年代以后，由于该公司满足于自己的产品在设计和技术水平上的优势和声誉，未及时跟上电脑转型创新的步伐，没有及时推出新型电脑，终于败于美国国际商用机器公司和苹果公司。

第三节 模仿创新战略

中小企业的研究与开发能力较弱。一项调查表明（600份调查问卷），1997年北京市中小企业研发费用占销售收入的比重只有3.3%。按所有制类型划分，国有中小企业占4.3%，集体企业占1.0%，私营与股份制企业占3.6%，三资企业占3.8%。因此，中小企业更有可能实施模仿创新战略。同一项调查还表明，北京制造业中小企业的技术来自购买专利的占33.7%，来自仿制的占5.0%。从企业类型看，国有中小企业的技术来自购买专利的占32.5%，集体企业占38.5%，私营与股份制企业占17.2%，三资企业占23.3%；国有中小企业的技术来自仿制的占3.6%，集体企业占6.1%，私营与股份制企业占6.9%，三资企业占1.4%[①]。调查中的购买专利和仿制都属于模仿创新的范畴。这里仅对模仿创新战略的三个要点进行分析。

一、用模仿创新提高企业的竞争力

在技术方面，模仿创新不作为新技术的开拓者和领先使用者，而是作为有价值的新技术的积极追随者和学习者；在市场方面，模仿创新者也不单独开辟新市场，而是充分利用并进一步发展领先者所开辟的市场。因此，模仿创新是一种利用跟随和延迟所带来的优势，化被动为主动，变不利为有利的战略。

模仿创新需要投入足够的研究与开发力量，从事其特有的研究与开发活动。从数量上看，模仿创新企业的研究开发投入并不一定低，如日本许多以模仿创新著称的著名企业每年的研究开发经费投入均占销售收入的5%以上。与自主创新或合作创新不同的是：模仿创新的R&D投入具有高度的针对性，能够免费获得的公开技术或能够以合理价格引进购买到的技术不再重复开发，其R&D活动主要偏重于破译无法获得的关键技术、技术秘密以及对产品的功能与生产工艺的发展与改进。相比较而言，模仿创新的研究开发更偏重于工艺的研究开发。

在资源投入方面，领先创新面临着艰巨的新技术和新市场开发的任务，必然要在创新链的各个时期均衡投入。而模仿创新省去了新技术开拓性开发的大量早期投入和新市场开发建设的大量风险投入。但是，模仿者往往需要在产品设计、工艺制造、装备等创新链的中游阶段投入大量的人力和物力。

一般认为，在产品生命周期的导入期和成熟期以后启动模仿创新都不太适合，较为理想的时间区段是成长期。因为，在成长期，消费者的消费需求被迅速激发，市场容量急剧

[①] 国务院发展研究中心、北京市科学技术委员会：《中小企业发展与政策研究》，北京科学技术出版社，1999年，第54~55页。

扩张,产品技术也开始稳定。主导设计趋于形成,但产品功能创新、技术的改进仍有一定的空间,而工艺开发与工艺创新成为竞争的主要手段[①]。

成功的模仿创新产品具有较强的竞争力,能够后来居上,在市场上赢得消费者的青睐,给企业带来丰厚的利润回报。模仿创新产品的预期盈利是大部分企业实施模仿创新战略的直接驱动力。

日本松下公司是一个成功实施模仿创新战略的企业。家用磁带录像机(VCR)是由索尼公司于1975年率先推向市场的,当松下公司意识到录像机巨大的市场潜力后,马上组织力量对索尼的Betamax牌录像机的结构造型、功能原理、工艺材料及其他技术参数进行全面剖析,并从中找出两个缺点:录像音量小,放映时间短。松下对此产品进行了模仿和进一步开发,加大了放映的时间容量,提高了性能,更使机型趋于小型化,并且在价格上低于索尼同类产品的10%～15%,销售量很快超过了索尼公司。

二、培植企业模仿创新的能力

企业必须具备实施模仿创新的能力,才可能有效地实施模仿创新战略。以下几种能力是非常重要的。

(1)快速反应能力。模仿创新者要能够有效地利用公共信息媒介、专利信息库等识别和追踪技术信息和领先者的创新成果,识别和利用领先者创新成果的商业价值。

(2)学习吸收能力。模仿创新所需的知识支持主要来源于外部而非企业内部产生的知识,因此,能否快速高效地吸收领先创新者的技术知识,是模仿创新能否发生的先决条件。

(3)技术改进能力。模仿创新者要能够认真研究领先创新者技术的特点和缺点,对其加以改进完善,使其更好地满足用户的需求。技术改进一方面是产品功能的改进,另一方面是工艺的改进,只有在这些方面具备较高的能力,模仿创新产品才可能具有较强的竞争力。

(4)市场营销能力。模仿创新企业作为新产品市场的后进入者,要与领先创新者开展有力的竞争,最终赢得消费者,除了产品性能和质量方面的保证外,还必须具有强有力的市场营销能力。IBM公司进入个人电脑市场很晚,但作为计算机方面的老企业,他拥有强有力的市场营销体系,能够保证IBM的个人电脑推出后很快超越领先者。

三、加强对引进技术的改进与创新

20世纪60年代,"东洋货"在世界市场上曾是伪劣产品的代名词。而20年后,日本货充斥了全世界,被认为是质量优、价格合理的产品。其主要原因之一就是日本注意引进

---

① 傅家骥等:《技术创新学》,清华大学出版社,1998年,第139～140页。

技术的改进与创新,得益于"引进,消化吸收,改进与创新,技术输出,再引进,……"的良性循环。

相反,如果做不好引进技术的改进与创新工作,就可能陷入"引进,……再引进,……"的恶性循环。

根据我国技术引进工作的经验教训以及日本、韩国等国的实际经验,能达到技术引进的预期目的的引进系统,包含以下必不可少的三个方面:

(1)技术取得。通过信息咨询和情报搜集,根据自身需要和具体条件,在国际市场上寻找和选择实用、先进、经济的技术,通过谈判、签约而得到该项技术。

(2)消化吸收。学会并掌握引进技术中所包含的知识和技能,并根据具体条件予以改良,使它成为能有效工作的目标技术。在这个过程中,包括了学习和掌握新技术、改动原技术以适应新环境,以及新技术的实际运用等内容。

(3)改进与创新。在引进技术消化吸收的基础上进行改进与创新,发展出自己的新技术。超出"实际运用"的内容,从根本上增强自身的科技实力、实现由技术引进到自主开发甚至是技术输出的质的飞跃。

第四节 合作创新战略

合作创新也是中小企业的技术来源之一。一项调查表明,北京制造业中小企业的技术来自合作开发的占为17.9%(600份调查问卷)。从企业类型看,国有中小企业的技术来自合作开发的占14.5%,集体企业占17.6%,私营与股份制企业占17.2%,三资企业占23.3%。这项调查还表明,16.6%的制造业中小企业与高等院校或科研院所建立了协作关系,而中小企业与其他企业的协作关系达到54%[①]。考虑到中小企业的特点,这一比例虽然不高,但表明,中小企业已经具备了合作创新的意识和行动。这里仅对合作创新战略的三个要点进行分析。

一、利用合作创新取得合作经济效应

中小企业与其他企业或科研院所之间在技术创新上的合作,有时可以产生合作经济效应。正是合作经济效应引导企业采取合作创新战略。这种合作经济效应主要有:

(1)资源互补。在技术创新中,企业经常存在某种资源不足或某种资源缺乏,而使创新过程难以顺利进行。通过水平合作或垂直合作,可以将不同单位的资源有机组合起来,从而消除或缓解合作双方的资源瓶颈,发挥双方的资源优势,提高创新资源的利用效率。

[①] 国务院发展研究中心、北京市科学技术委员会:《中小企业发展与政策研究》,北京科学技术出版社,1999年,第52~55页。

(2)分散或降低风险。风险是影响技术创新的重要因素,包括市场风险和技术风险。技术风险可以通过创新资源结构尤其是技术结构的改善得到削减甚至消除。市场风险也可以通过合作得到分散或降低。

(3)缩短创新周期。技术创新周期包括创新形成周期和创新市场化的周期。

创新形成周期主要取决于三个因素:一是创新投入的规模;二是创新资源结构;三是创新过程组织。合作创新有利于这三个因素的优化,从而缩短创新形成周期。

创新市场周期主要取决于四个因素:一是市场渠道;二是创新技术或产品对市场的适应性;三是技术或产品标准的统一性;四是创新技术或产品的配套性。合作创新也有利于这四个因素的优化,从而缩短创新市场周期。

(4)降低交易成本。合作创新有利于创新过程各环节的一体化,使各环节之间的物质、知识、信息由不稳定的市场交易变成完全内部化或半内部化的交易,降低了创新各个环节之间的交易成本。

二、营造良好的创新伙伴关系

成功的创新伙伴关系应包括四个要素:共同愿景、互相信任、互相配合和共享利益。

1. 共同愿景:合作关系的引导模式

合作关系需要有一个有吸引力、为合作双方(或多方)所意欲追求的光明远景(即共同愿景)。有此愿景,合作者才可能着眼于未来和大局,竭诚合作。"共同愿景"做法,是消解集体行动困难的聪明之举,任何宗教、政党、团体,无不有己之愿景引导大家共同行动。在共同愿景中应明确描述潜在的合作价值,指导大家协调行动。瑞克曼提出的远景发展程序是:

(1)评估伙伴潜能(Assess Partnering Potential)。共同愿景提出之前,合作各方必须深思彼此是否有足够的合作价值。

(2)发展伙伴前提(Developing Partnering Proposition)。共同探讨可以合作的创新主题,直至发展成为共同合作愿景。这样可以避免单相情景或不切实际的幻想。

(3)共组可行性评估小组(Establish a Joint Feasibility Team)。在合作各方有了合作意愿之后,合作者共组工作小组,对伙伴关系的可行性进行评估。

(4)创造共同愿景(Create the Shared Vision)。经过可行性评估,合作各方均认为伙伴关系必要且切实可行后,就必须在原伙伴前提(Partnership Proposition)的基础上发展出简洁明了、富于感召力的共同愿景,以此作为伙伴关系的目标和协调原则。

2. 互相信任:合作关系的心智模式

合作者必须改变在传统竞争环境下形成的互不信任的心智模式。坚持认为,以诚信为基础,在愿景一致的基础上,利益相关者之间可以互相促进、互相配合。没有互相信任的心智模式,伙伴关系一方面难以形成,另一方面,即使形成,中途也会遭致破坏。互信,乍听起来,有点天真,但仔细想来,也并没超出经济人的假设,如果在共同愿景的明确指导下,每个合作者估算出的愿景收益(实现愿景的个人收益)都大于机会主义的收益,那么互信和经济理性原则就是一致的。如果愿景收益小于机会主义的收益,那只能说明一开始就没有合作的价值基础,或愿景无引导作用。

3．互相配合：合作关系的行为模式

在心理上互相信任,在行为上就易于互相配合。企业间的合作不同于企业内分工下的协作,后者可以依据科层结构,通过领导方式的展开加以完成,而前者,没有权威的调控系统,依据的是信息、契约等平台及良好的信任,自动地调整企业行为,在愿景实现上配合行动。对整体而言,任何一个合作者都具有独特的功能,不可替代,因此,任何单个企业的机会主义行为均会影响共同愿景的实现。

4．共享利益：合作关系的分配模式

共同愿景使大家互相配合行动,理所当然的分配模式是利益共享。共同愿景描绘了共同的价值前景,在向其渐进实现过程中,合作者之间的共同行动会阶段性地获取部分愿景收益。每次都通过共享模式分割利益,会巩固伙伴关系的基础,还会强化合作者对愿景的信念及合作的信心。

三、建立相互信任的合作创新机制

合作创新企业间不可避免地存在文化差异。这种差异会对企业观念、行为以及绩效产生影响,因此,必须通过跨文化的管理培训、鼓励非正式接触、提高行为和策略的透明度等措施来努力消除彼此的隔阂和陌生,使各种文化在合作创新小组中相互渗透和相互交融,最终通过相互学习,取长补短,形成成员企业都能接受的、既融合各方文化特色又有鲜明的合作特征的处事原则,从而确保联盟成员有一个统一的、并为各方所信任的文化基础。

对于合作创新的任何一方企业来讲,如果他确信合作的其他成员会信守诺言,那么他也会必然地,同时也是必要地表现出很强的可信度。而要使每个成员的行为理性化,尤其是抵抗住外部的巨大诱惑,就需要在联盟内建立一套阻止相互欺骗和防止机会主义行为的规范机制[①]。

这套机制的重点:一是提高欺骗的成本;二是增加合作的收益。要提高欺骗的成本,首先必须提高退出壁垒,即如果企业放弃合作创新关系,那么他的某些资产,如场所资产、人力资本资产和商誉资产都将受到很大的损失。换句话说,这些资产绝大部分具有沉没

---

① 王蕾:"论战略联盟的相互信任问题"(下),《外国经济与管理》,2000 年第 5 期,第 23 页。

成本,一旦企业发生机会主义行为,就会受到惩罚。其次,可以通过成员企业相互间的不可撤回性投资来"锁住"对方,"一荣俱荣,一败俱败",各方企业必须像关心自己的利益一样来关心其他成员和合作创新的兴败盛衰,从根本上消除通过欺骗可得益的可能性。此外,还可通过保护性合同,或合法的契约来阻止机会主义行为,即对于不合作的行为或违约行为进行惩治,这样的合约条款可使成员企业清楚行为预期,根除投机心理,同时也可提高其他成员的行为可信度。

第五节 中小企业技术创新战略的设计

企业技术创新战略是企业进行技术创新工作的纲领和指南,也是企业家对技术创新活动进行科学管理的基本依据。设计企业技术创新战略一般包括七个步骤,即信息调研→预测分析→优劣势分析→初步制定战略→方案论证→方案修正→执行决策[①]。在实际工作中,由于各个企业的情况不同,进行技术创新面临的内外条件也不同,设计技术创新战略的程序也不可能仅有这一种模式,有时可能就某一环节或几个环节要多次反复才能达到预定的目标。

1. 信息调研

为技术创新决策而搜集信息,不仅要搜集关于现状的信息,而且要搜集关于未来的信息;不仅要搜集关于效益的信息,而且要搜集关于风险的信息;不仅要搜集顾客需求的信息,而且要搜集本企业现有基础及其变化可能性的信息;不仅要搜集本企业的信息,而且要搜集竞争对手的信息。

在收集信息的同时,还要深入分析和研究各种信息之间的联系,了解各种信息之间相互影响的关系。这样,一方面可以靠信息间的关系来滤波,排除干扰信息和虚假信息;另一方面也可以及时将各有关方面纳入搜集信息的范围,使信息调研工作尽可能全面。在研究信息之间的关系时,除了注意信息间的相互印证、相互协调之外,尤其应当注意各项信息之间相互矛盾的情况。因为这种情况也许是由干扰信息造成的,也许是由于事物发展的本身正酝酿着某种异常状况,有可能提供不可多得的机会,也可能隐含着重大危机。

2. 预测分析

在搜集信息的基础上,必须要对与企业技术创新有关的各种因素的发展趋势进行推测和判断,尤其应当重视市场需求的变化及技术发展的趋势。在预测市场需求时,除了注意市场需求的正常的、合乎规律的变化之外,尤其要注意市场需求的异常变化。在预测技术发展趋势时,则应注意到技术上实现某种跳跃性变革的可能性及其时机,尤其应当注意

---

① 参见,姜彦福等:《企业技术创新管理》,企业管理出版社,1999年,第36~38页。

到替代现有技术的新技术出现的可能性。预测分析十分重要,并且不确定性也比较大,最好由有经验的专家来进行。由相关预测方法的专家和精通各项专门业务的专家合作进行,则可以增加预测的准确性,减少预测的失误。

3. 优劣势分析

分析本企业在一定的时期可以保持多少技术上的优势,或者在一定的时期内可以形成何种技术优势。把握住本企业的优势,就在一定程度上把握了本企业最有可能的发展方向。当然,要有发展的观点,要清醒地看到优势都是暂时的、变化的。有些方面可能现在正处于优势,但这种优势正在丧失,我们称之为虚假优势。也有些方面可能现在尚不是优势,甚至是劣势,但短期内有可能形成优势,我们称之为潜在优势。忽略潜在优势,往往会造成贻误时机。而忽略虚假优势的问题,后果可能更为严重。因为将希望寄托在虚假优势上,就如同将大厦建在沙滩上,总是不牢靠的。

同时,还要分析本企业的不利条件及今后发展中的制约因素。劣势分析是为了避开本企业的短处,减少战略决策的风险。如同优势分析一样,劣势分析也要注意其发展变化的问题,有些劣势可能演变成优势,而有些劣势可能长期不会发生变化,甚至变得更糟。对于劣势的变化注意不够,同样可能造成战略决策的重大失误。对劣势估计不足,容易造成头脑发热,盲目冒进。而对劣势估计过高,也容易束缚决策者的手脚,丧失有利的时机。

4. 初步制定战略

在进行信息调研和优势、劣势分析之后,可以权衡利弊,初步确定本企业的技术创新战略。SWOT分析是一种综合考虑企业内部条件和外部环境的各种要素,从而选择最佳战略的方法。这里,S是指企业的内部优势(Strengths),W是指企业内部的劣势(Weakness),O表示企业外部环境的机会(Opportunities),T表示企业外部环境的威胁(Threats)。初步确定技术创新战略时,一定要明确其中各项战略的依据,理清其出发点及可望通过努力来造就的有利条件。

5. 方案论证

初步确定技术创新战略之后,要广泛征求意见,以便不断地修改和完善方案。技术创新战略方案的论证有两种方式:一是请有关方面的专家、学者咨询,将初步确定的技术创新战略方案交给专家学者,征求他们的意见;二是将技术创新战略方案交给本企业的各个职能部门征求意见。为了便于征求各职能部门的意见,最好能在征求意见的战略方案中明确该方案的实施要求,各有关部门提供何种支持,这样,职能部门的意见可能更具体、更明确。

6. 方案修正

在广泛征求意见和科学论证的基础上,认真研究各种反馈意见,对原有的技术创新战略方案进行修改,并最后确定出本企业的技术创新战略。

7. 执行决策

执行企业技术创新战略的决策的过程同时也是一个信息反馈和修正决策的过程。在实施企业技术创新战略时,要随时注意收集反馈信息,对战略决策的正确与否做出判断。在确有必要的情况下,要及时对企业技术创新战略进行修正、补充,甚至重新决策,这并不是企业技术创新战略决策的崩溃,而是审时度势,对企业技术创新战略的丰富和完善。

第二十四章 中小企业技术创新的风险管理

技术创新是一项高风险的经济活动。欧洲投资银行20世纪90年代的统计分析表明,技术创新在研究与开发阶段的失败率为70%左右,在创新企业开业阶段的失败率为30%左右[①]。外部环境的不确定性、技术创新项目的难度与复杂性,以及企业的能力与实力的有限性等因素都可能导致技术创新活动的延期、中止、失败或达不到预期的技术经济指标。技术创新风险不仅会引发财务风险而导致企业发生有形的经济损失,而且会导致时间损失、机会损失、心理损失等无形的损失。技术创新的高风险,以及企业对这种风险的不适应,已成为中小企业企业技术创新的一大障碍。因此,中小企业应从科学地认识、评估、预测技术创新风险,有效地分散、转移、控制以及合理回避风险,从高风险中把握高收益的机会,以实现技术创新的目标。

第一节 技术创新风险的根源与因素

一、技术创新风险的根源

(一) 什么是技术创新风险

日本学者龟井利明认为,从19世纪末开始,风险的概念属于经济学分配理论的范畴了。企业家取得的报酬和利润是风险承担的等价物。而把握风险含义的是海恩斯(Haynes)。他指出(1895):"风险一词在经济学和其他学术领域中,并无任何技术上的内容,它意味着损害的可能性(Chance of damage or loss)。"海恩斯的这种观点至今仍被普遍接受。

之后,威利特(Willet,1901)对风险和偶然以及不确定性之间的相互联系从主观上和客观上进行了分析。他认为,风险也可以说是客观的偶然,是"关于不愿发生事件的不确定性的客观体现"。而奈特(Knight)认为,世界是变化的世界,不确定的世界。他把风险作为企业利润的源泉进行处理。他认为,风险一词包括两个方面,即可测的和不可测的,只有可测的不确定性才是风险。

综合以上的分析,笔者认为,技术创新风险是企业在技术创新过程中,由于因素的复

---

① 欧洲投资银行编:《创新、技术和金融》(论文集),中国审计出版社,1993年,第41页。

杂性使结果与预期相背离而导致利益损失的可能性。这一定义至少包括以下几个方面的思想：

(1)风险是客观的,影响因素是复杂的、多变的。
(2)风险是可以测量的,可以用失败或成功的概率来表示。
(3)风险与收益并存,高风险往往伴随着高收益。

(二) 技术创新风险的客观性

技术创新风险的客观性来源于技术创新活动的三个特征,即不确定性、时滞性和复杂性。

1. 不确定性

弗里曼(Freeman,1982)把技术创新的不确定性分为三种类型[①]：

一般商业不确定性。主要指影响未来决策的管理经验,社会、政治、法律、政策等因素的不确定性。

技术的不确定性。与特定行为的完成和成本水平有关,主要包括：技术上成功的不确定性；产品生产、原材料供应、工艺能力、售后服务的不确定性；技术寿命的不确定性；技术应用成本的不确定性。

市场的不确定性。涉及到商业上有生命力的产品或生产过程方面的可能成果,主要包括：难以确定市场的接受能力(市场容量、顾客态度等)；难以确定市场接受的时间(接受过程的长短及时滞)；难以预测创新产品扩散的速度；难以确定新产品的市场竞争能力(价格、销售能力、市场占有率等)等因素。

2. 时滞性

一项产品从最初的设计思想或发明专利到最终作为实用化商品进入市场为消费者所接受往往有一个过程,西方学者称其为发明—创新时滞。时滞性是研究与发展活动的一个典型特征。一项研究活动在商业应用以前常常要花费很多时间。从历史上看,时滞的存在并不是一种或几种技术创新所特有的现象,而是一个普遍的现象。几乎所有的重大科技成果的转化都经历了这样一个或长或短的时滞(表24-1)。

3. 复杂性

中小企业的技术创新是一个复杂系统,表现为每一种风险因素并非单一地直接作用于技术创新过程,各种风险因素之间相互影响、相互依赖。一个风险因素的发生和变动将可能导致另一个或几个风险因素的发生和变动,而且这种影响具有反馈性,形成多层次的

---

① Freeman, C., *The Economics of Industrial Innovation*, 2nd., London Frances Printer, 1983, Chapter Ⅶ.

表 24-1 发明—创新时滞

技术成果	发明时期(年)	创新时期(年)	时滞(年)	技术成果	发明时期(年)	创新时期(年)	时滞(年)
自动传动(汽车)	1904	1939	35	火箭	1923~1929	1942~1944	15~19
石油催化裂化	1915	1935	20	链霉素	1942~1943	1944	1~2
浮法玻璃	1955	1957	2	圆珠笔	1888	1946	58
苏泽尔织机	1928	1945	17	人造清洁剂	1886	1928	42
连续轧钢	1927	1952	25	电视	1927	1936	9
摘棉机(坎贝尔)	1920	1942	22	宽银幕立体电影	1937	1953	16
摘棉机(拉斯特)	1924	1941	17	数字电子计算机	1902	1943	41
柴油发动机	1895	1913	18	拉链	1891	1923	32
荧光灯	1901	1938	37	回旋加速器	1929	1937	8
直升机	1904	1936	32	滴滴涕	1874	1942	68
胰岛素	1920	1927	7	氟里昂制冷	1930	1931	1
飞机发动机	1928	1941	13	半导体	1948	1950	2
柯达胶卷	1921	1935	14	安全刀片	1895	1904	9
磁带录音机	1898	1937	39	自动手表	1922	1928	6
尼龙、贝纶	1927	1938	11	不锈钢	1904	1912	8
青霉素	1928	1943	15	静电复印	1937	1950	13
普列克斯玻璃	1912	1935	23	慢旋密纹唱片	1945	1948	3
聚乙烯	1933	1937	4	吹氧炼钢	1949	1952	3
雷达	1925	1934	9	照相排版	1936	1954	18
收录机	1900	1918	18	气垫船	1955	1968	13

资料来源:[美]约翰·克拉克等:"长波、发明与创新",载《现代国外经济学论文选》第 10 辑,商务印书馆,1985 年。

回路而产生"超循环"。技术创新风险因素的相互作用以及对技术创新活动的影响一般不是一种线性关系,而是非线性的关系。由技术创新风险因素所构成的系统,在开放过程中会出现自组织演化,各种风险因素对系统的作用都是不均匀的,而是存在涨落的。涨落是个别风险因素超越常规。如果这种超越得到其他风险因素的响应并在整个系统内关联放大而形成巨涨落时,系统便进入更新,由不稳定跃迁到一个新的稳定的有序态。中小企业技术创新系统的复杂性可能产生貌似随机的混沌行为,产生预测、计划、决策的难度,从而对技术创新的风险管理提出挑战。

对于复杂的技术创新系统,一般很难直接建立起解析形式的完备的数学模型,而只能通过某种"观测器"来采集描述该系统某一状态的时间行列,并以此进行非线性动力系统的综合和分析。决策是技术创新风险管理的灵魂,一个从局部来说是合理的决策,但由于整个技术创新系统中的信息存在着模糊、不完全、延迟乃至冲突,因此有可能从整体而言,我们得到的是"差劲"的决策。如果把决策理解为决策单元在某一时刻根据系统状态,并利用某类资源与方法对信息外推的结果,以及将这一过程表达成一个动态方程,由于这一方程中存在延迟与非线性因素,因此决策行为有可能收敛于一个稳定平衡点,可能是极限环,也可能是混沌的。

二、技术创新风险的因素

技术创新是一个复杂系统,其风险因素很多。从国内外的研究看,对风险因素数目的设置跨度很大,最多为241个,最少为6个,平均为68个,中位数为89个。在对技术创新的风险因素的研究方面,谢科范(1999)进行了系统研究[①]。他把技术创新的风险因素分为四类,共58个。同时,他还在112份来自企业的有效调查问卷的基础上,对技术创新风险因素的重要性进行了评分排队。评分区间[0,10],分值越高,对技术创新的影响作用越大,0分无影响,10分影响作用最大。他对各种风险因素的排序情况如下:

1. 各类风险因素排序(每类取前6个)

各类风险因素排序见表24-2。

表24-2 各类主要风险因素排序表

环境因素	项目因素	企业能力因素	项目管理因素
消费者需求变动(6.83分); 竞争对手的实力过强(6.81分); 竞争对手的数量过多(6.69分); 消费者对竞争对手产品的依赖性(6.65分); 新产品所属行业不景气(6.52分); 潜在的市场容量偏小(6.52分)	新产品的质量和性能差(7.94分); 技术不成熟(7.92分); 技术难度与复杂性(7.48分); 技术不先进(7.44分); 新产品的生产成本过高(7.39分); 项目的资金需要量大(7.27分)	企业科技人员实力弱(8.11分); 企业管理能力低(8.00分); 企业信誉与知名度不高(7.23分); 企业技术积累不足(6.91分); 企业现有设备技术水平差(6.77分); 企业资金实力弱(6.73分)	项目负责人的水平与能力低(7.94分); 项目组的总体实力与能力低(7.41分); 项目可行性论证与计划不科学(7.27分); 对市场、技术信息的了解不够(7.14分); 民主决策与科学决策水平低(6.80分); 对消费者需求与目标市场了解不够(6.77分)

2. 风险因素综合排序(取15个,每类至少取5个)

企业科技人员实力弱(8.11分)。
企业管理能力低(8.00分)。
项目负责人水平与能力低(7.94分)。
技术不成熟(7.92分)。
技术难度与复杂性(7.48分)。
技术不先进(7.44分)。
项目组的总体实力与能力低(7.41分)。

---

① 谢科范:《技术创新风险管理》,河北科学技术出版社,1999年,第95~124页。

新产品的生产成本过高(7.39分)。
项目的资金需要量大(7.27分)。
中间试验的难度与复杂性(7.26分)。
企业信誉与知名度不高(7.23分)。
对市场、技术信息的了解不够(7.14分)。
消费者需求变动(6.83分)。
竞争对手实力过强(6.81分)。
竞争对手数量过多(6.69分)。

第二节 技术创新风险的评价、决策与防范

一、技术创新风险的评价

评价技术创新风险的方法很多,概括起来主要有以下几种:

1. 技术创新失败率 P

技术创新失败率就是技术创新项目失败的概率。这一指标符合技术创新风险的定义。所谓失败,是指技术创新项目的主要技术经济指标达不到最基本的要求,显然,技术创新项目的中止、撤销均应归入"失败"之列。设技术创新的主要经济指标有 n 个方面,分别为 $x_1, x_2, \cdots, x_n$;其最基本的要求为 $x_1^0, x_2^0, \cdots, x_n^0$;则从失败率可定义为:

$$P = P(\bigcup_{i=1}^{n} A_i)$$

式中,A_i 表示随机事件 $x_1 < x_1^0$,$i = 1, 2, \cdots, n$。

这一公式的变形还有:

$$P = 1 - a_1 a_2$$

式中:a_1——技术成功率;
a_2——商业成功率。

2. 均方差 σ 或风险度 σ/μ

技术创新是需要投资的,其投资收益率的均方差 σ 表示了技术创新项目预期投资收益率的分散程度,可用于衡量技术创新项目不确定性的大小。为了保持不同类型的技术创新项目的风险评价具有可比性,可采用风险度指标 σ/μ,式中 μ 表示投资收益率均值。公式如下:

$$\sigma = \left(\sum_{i=1}^{n}(r_i - \bar{r})^2 P_i\right)^{1/2}$$

$$\frac{\sigma}{\mu} = \frac{\sigma}{\bar{r}} = \frac{\sigma}{\sum_{i=1}^{n} r_i P_i}$$

式中：σ——投资收益率的均方差；

σ/μ——风险度；

$r_1, r_2, \cdots, r_n$——技术创新收益率的各种可能状态；

$p_1, p_2, \cdots, p_n$——各种可能状态出现的概率；

$\bar{r}$——投资收益率的期望值。

3. 预期损失 L 或相对损失 L/A

预期损失是指技术创新项目失败后的可能损失，包括资金损失和无形损失（如技术优势及市场优势的丧失等），也应包括既成损失和机会损失。但为了便于实际测度和应用，可只考虑既成损失意义下的资金损失。考虑到不同资产实力的企业对于同一技术创新项目的"风险"感受程度不同，再考虑到不同项目之间的可比性问题，也可以采用相对损失指标 L/A，式中 A 为技术创新项目承担者的资本实力，可用其全部资产的价值来表示。预期损失 L 的计算公式如下：

$$L = \sum_{i=1}^{n} \beta_i L_i$$

式中：$\beta_1, \beta_2, \cdots, \beta_n$——不同"失败"情形下的损失的概率；

$L_1, L_2, \cdots, L_n$——不同"失败"情形下的损失。

4. 一种综合评价公式

该公式由谢科范提出。公式如下：

$$\text{Risk} = p \times \frac{\sigma}{\mu} \times \frac{L}{A} \times 100$$

式中：Risk——技术创新风险；

P——技术创新失败率；

σ——投资收益率均方差；

L——技术创新失败后的损失；

A——技术创新承担者的资产总值。

二、技术创新风险的决策

企业进行技术创新的投资是因为他们预期在技术创新活动中能获得风险收益。在技术创新过程中，企业会一直在对各种备选方案的潜在收益进行比较和筛选。为了方便起见，我们在此借用微观经济学消费者行为理论中的效用函数概念来分析技术创新者的风险投资行为。

设 X 是以所有技术创新方案为元素构成的一个集合,X_1、X_2 为其中任意两个方案,定义一个连续性效用函数 $\mu:X \to R$,使得 $X_1 > X_2$,当且仅当 $\mu_{X_1} > \mu_{X_2}$。

某一方案的期望效用函数为:

$$\mu_X = pu(X_1) + (1-p)\mu(X_2)$$

式中:μ_X——方案 X 的期望效用函数;

P——技术创新项目成功的概率;

$1-P$——技术创新项目失败的概率;

X_1——技术创新项目成功后的收益;

X_2——技术创新项目失败后的损失;

$\mu(X_1)$——X_1 收益下创新者获得的效用;

$\mu(X_2)$——X_2 收益下创新者获得的效用。

不同的企业对风险的偏好程度是不同的,因此,他们的风险投资的效用曲线也是不同的。

例如,中小企业的三种被选方案见表 24-3。

表 24-3 中小企业的三种技术创新方案

方案:X	成功的概率:p	成功后项目收益:X_1	失败的概率:$(1-p)$	失败后项目损失:X_2	投资额:I	期望值:E
X_1	0.2	200	0.8	-20	20	24
X_2	0.3	120	0.7	-10	20	29
X_3	0.5	50	0.5	-3	20	23.5

如果根据风险收益期望值最大化的原则,选择方案的顺序是:$X_2 > X_1 > X_3$。但是,由于不同企业的风险投资的效用曲线不一样,所选择的方案也是不一样的。

假定企业风险投资的效用曲线如图 24-1:横轴表示收益值,区间为 $[-20,200]$;纵轴表示效用值,区间为 $[0,1]$。收益值为 -20 时,效用值为 0,而收益值为 200 时,效用值为 1。

根据图 24-1,勇于冒险者三个方案的投资效用分别为:

$$\mu_{X_1} = 0.2 \times 1 + 0.8 \times 0 = 0.2;$$

$$\mu_{X_2} = 0.3 \times 0.375 + 0.7 \times 0.025 = 0.13;$$

$$\mu_{X_3} = 0.5 \times 0.12 + 0.5 \times 0.05 = 0.085。$$

可见。勇于冒险者对方案的选择顺序是:$X_1 > X_2 > X_3$

而风险回避者三个方案的投资效用分别为:

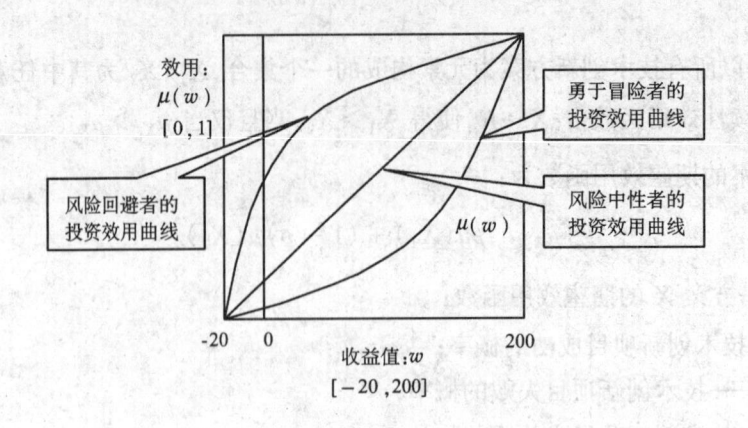

图 24-1 不同风险偏好的投资效用曲线

$$\mu_{X_1} = 0.2 \times 1 + 0.8 \times 0 = 0.2;$$

$$\mu_{X_2} = 0.3 \times 0.8 + 0.7 \times 0.1 = 0.31;$$

$$\mu_{X_3} = 0.5 \times 0.6 + 0.5 \times 0.2 = 0.4。$$

显然,风险回避者对方案的选择顺序是:$X_3 > X_2 > X_1$。

三、技术创新风险的防范

技术创新是复杂性经济活动,其风险因素是很多的。企业在技术创新中,应抓住主要风险因素,并采取多种措施抵御与化解风险。

1. 提高技术创新决策的水平

企业在技术创新中应突破原有的以领导者为核心的企业决策模式,通过共同目标的建立和广泛授权,建立全体员工共同参与的民主决策模式。为了提高决策的准确性,企业考虑建立企业信息服务中心,突破企业原有的信息收集模式,充分利用现代信息技术,依靠互联网络、数据库、知识库、模型库等现代化工具,为企业的决策提供科学的依据。及时、有效的信息在企业创新中至关重要,它不仅可以使企业及时了解到有关技术的发展,而且可以迅速得到有关产品的市场反馈信息,使企业在最大程度上把握有关技术与市场的变化,从而减少因技术、市场等的不确定性产生的风险。

2. 采取两种途径分散风险

企业分散风险主要有两种途径:一是企业内部风险分散机制,即通过组合投资,同时经营多个风险项目,用成功项目收益的一部分来抵消失败项目的投资,来获得总体上的风险收益。由于成功的风险项目能带来很高的收益,少数项目的成功就可以使组合创新达到很高的整体投资收益率。一位美国风险投资家曾经这样认为,在投资的风险项目10个中如果有2~3个获得成功,他就非常满意了。20世纪80年代,IBM轻率地放弃了他所拥有的英特尔公司20%的股权(当时英特尔还没有现在这样的市场地位),如果这部分股权保持到1998年,IBM的市场价值将提高30%。

企业分散风险的另一种途径是外部风险转嫁,即通过与其他投资者联合投资共同分担某项投资风险,以减少项目失败给自己造成的损失。但这种分散风险的办法在转让风险的同时,实际上已经把潜在的风险收益分给了合作者。联合投资有两方面的积极效果:一是可以参考别人的意见提高决策的准确性;二是通过联合投资,每一家风险投资机构投入较少的资金就可以使其所投资的企业达到合理规模,使合作者的风险投资收益得到普遍提高。

3. 有效地回避与控制风险

企业应避免卷入风险极大、远远超过自己承受能力的技术创新项目。当创新项目有几种风险程度不同的方案时,企业可根据当时或未来的资金、管理等方面的能力选择低风险方案。当创新过程中遇到不可逾越的风险因素时,可采取迂回的策略绕过风险。企业可以通过转让创新企业的股票来回收投资和减少风险损失。控制风险可以采取全面防御的策略,即事先预测风险的可能性,处处设防,堵塞漏洞,使风险难以出现;也可以采取前期控制策略,即在风险刚刚发生、事态尚未蔓延、损失尚未发生时,迅速对风险因素加以控制或消除。

4. 15种主要风险因素的对策

在本章第一节,谢科范(1999)提出了技术创新风险的15种主要因素。这15种主要风险因素的对策思路,见表24-4。

表24-4 15种主要风险因素的对策思路

序号	风险因素	对策思路
1	企业科技人员实力弱	高薪聘请项目负责人和科技骨干;聘请专家作为顾问;对科技人员进行培训;开展产、学、研合作
2	企业管理能力低	提高科学管理水平,并开展与科学管理相适应的组织创新
3	项目负责人水平与能力低	任人唯贤,而不是任人唯亲;采取公开、公正、公平的招聘制度,并给予项目负责人相应的待遇,责、权、利相结合
4	技术不成熟	加强成果中间实验;调整技术创新方案
5	技术难度与复杂性	制定切实可行的攻关计划,组织科研力量集中攻关;合作创新;引进人才,改善实验设备的条件
6	技术不先进	加强对技术市场的调研,科学估计技术的适用性和先进性
7	项目组的总体实力与能力低	引进人才,补充科研力量;与科研院所合作,建立持续的合作;选好项目组的领头人,并建立激励与约束的机制

续表

序号	风险因素	对策思路
8	新产品的生产成本过高	改变新产品设计方案;采用低成本的原材料;通过扩大规模,取得规模经济;加强成本管理
9	项目的资金需要量大	合作创新;利用外资;采取股份制;如果是高科技中小企业,可以争取在证券市场融资
10	中间试验的难度与复杂性	事前充分调研,搞清难度的关键所在;集中科研力量攻破中间实验的难题;争取与外部的合作
11	企业信誉与知名度不高	进行企业形象设计;培育企业品牌;加强企业文化建设;搞好公共关系;争取地方政府和民间团体的支持
12	对市场、技术信息的了解不足	集中内部力量加强市场调研或委托外部咨询机构进行;建立企业内部的信息网络体系
13	消费者需求变动	灵活机动,"以变应变";通过促销组合(4P组合)引导消费;通过产品组合策略分散消费者需求变动的风险
14	竞争对手实力过强	根据自身的竞争实力灵活应对。如果自身实力弱,可以采取模仿、追随、迂回、钻缝等策略
15	竞争对手数量过多	培育自身的核心能力;谋取低成本、差异化或两者之组合的优势;收购或兼并中小竞争者,形成规模经济

第三节 风险投资与中小企业技术创新

一、风险投资与高科技中小企业发展

经合组织科技政策委员会于1996年发表了一份题为《风险投资与创新》的研究报告。报告认为,风险投资(Venture capital investment)是一种向具有发展潜力的新建企业或中小企业提供股权资本的投资,其基本特征是:投资周期长,一般为3~7年;除资金投入之外,投资者还向投资对象提供企业管理等方面的咨询和帮助;投资者通过投资结束时的股权转让活动获取投资回报。显然,风险投资主要是股权性投资,投资的周期长。风险投资者投资的目的不是持续地获得利息或红利,即不是持续地获取财务利润,而是当投资对象的市场评价达到较高水平时,通过股权转让活动,一次性地为投资者带来尽可能大的市场回报,取得资本利得[①]。

第二次世界大战后,科学技术的发展日新月异,新技术、新发明不断涌现,众多的科学家凭借自己的科技知识,尤其凭借自己的科技发明创办了自己的小公司。这些公司人才、技术一流,却难以克服因资金匮乏而带来的先天贫血,不少有前途的发明和创意,或胎死腹中,或艰难度日。一些风险投资家敏锐地注意到这一点,纷纷聚集资本创办风险投资公司,瞄准那些可能有发展前途但资金匮乏的高科技中小企业,用资本渗入的方式使自己成为这些企业的新股东。

[①] 李扬:"在中国如何建立风险投资体系",《经济活页文选》(理论版),1999年第14期,第3页。

风险投资为美国高科技中小企业的发展提供了大量的资金。1981~1985年,平均每个新兴高科技企业在其创始的最初5年之内,需要200万~1000万美元的启动资金,10年后,这个数字增长了1倍。风险投资为此提供了大约2/3的资金。据统计,1980年美国风险投资额为45亿美元,1986年增至220亿美元,而到1994年,扩张为1000亿美元。目前,美国有4000多家风险投资公司,每年为10 000多家高科技企业提供资金支持[①]。1997年,仅在硅谷,美国的风险投资家就注入了37亿美元的资金。许多成效卓著的企业最初都是靠风险投资起家的,如英特尔、微软、苹果和数码设备等。

近20年来,美国的风险投资的做法得到了西方发达国家的普遍认可和效仿。这是因为单纯以大企业为中心的追求数量、扩大规模的增长方式已经达到极限。而且,由于战后几十年的发展,也使他们有力量实现经济增长方式从数量的扩张转变为质量的提高。近几年来,亚洲新兴工业国家也纷纷效仿欧美的做法,积极支持中小企业开展风险经营。据报道,韩国政府计划到2001年将风险型新技术企业由20世纪90年代中期的1500家发展到2万家,到2005年再扩大到4万家[②]。

二、风险投资的构成要素

风险投资的构成要素主要有三个方面,一是投资者,二是吸收者,三是产权交易市场。

1. 风险资本者

风险投资者大体可以分为以下四类:

(1) 风险资本家。他们是向其他企业家投资的企业家,与其他风险投资人一样,他们通过投资来获得利润。但不同的是,风险资本家所投出的资本全部归其自身所有,而不是受托管理的资本。

(2) 风险投资公司。风险投资公司的种类有多种,但是大部分公司通过风险投资基金来进行投资。风险投资公司除通过设立风险投资基金来筹集风险资本外,也直接向投资人募集资本,公司本身通常采用有限合伙制形式,投资人成为公司的有限合伙人,公司经理人员成为公司的一般合伙人。在美国,风险投资公司提供的风险资本占全部风险资本的60%以上。

(3) 产业附属投资公司。这类投资公司往往是大企业下属的独立的风险投资机构,他们代表母公司的利益进行风险投资。

(4) 天使投资人。这类投资人通常投资于非常年轻的公司以帮助这些公司迅速启动。在风险投资领域,"天使"指的是企业的第一批投资人。他们在公司产品和业务成型之前就把资金投进来。天使投资人通常是企业家的朋友、亲戚或商业伙伴。由于他们对

---

① 张永谦等:《技术创新的理论与政策》,中山大学出版社,1999年,第400~401页。
② 陈乃醒:"中小企业的风险经营",《经济活页文选》(理论版),1999年第15期,第21页。

该企业家的能力和创意深信不疑,因而愿意在业务远未开展起来之前就向该企业家投入大笔资金。

2. 高科技中小企业

在高等院校和科研院所云集的地方,酝酿高科技创新人才的土壤是丰厚的。美国硅谷的发展与其附近的斯坦福大学密不可分。这其中起重要作用的是那些富于创新精神的人才。他们一只眼盯住科研开发,另一只眼盯着市场,随时准备将发明和创造推向市场,把科技成果转化为社会产品。

这些创新型人才创立的公司通常是高科技中小企业。其主要标志是:产品的附加价值高;产值的增长速度快;技术或知识密集;研究和开发投入的资金多;职工的文化知识水平高,通常以有博士或硕士学位的人才为主;现代化的管理机制。这样的高科技企业得到风险资本投资后,会如虎添翼,可能会迅速步入健康发展的轨道。

20世纪80年代初,按"自筹资金、自愿结合、自主经营、自负盈亏"原则兴起并迅速发展壮大的科技型中小企业,一直呈现出良好的发展态势。近年来其各项主要经济指标每年均以30%～60%的速度增长。据初步统计,在全国范围内,1998年科技型中小企业70 000家,职工总数330多万人,全年技工贸总收入超过6000亿元人民币,上缴税金260多亿元人民币,出口创汇近100亿美元。1998年与1992年相比,技工贸总收入、利润总额、上缴税金、出口创汇等分别增长了20倍,15倍,23倍和50倍。科技型中小企业已成为中国技术创新和发展高新技术产业的重要力量,一批科技型中小企业迅速长大。北大方正、华为、联想、远大、四通、东大阿派等科技产业集团均是近十几年来,以技术创新起步,从小企业逐渐发展壮大起来的。

3. 产权交易市场

追求资本利得而不是财务收益,是创业风险资本区别于一般资本的显著特色。因此,必须建立风险资本退出机制。风险资本的退出方式主要有出售股票、兼并、清算、股权回购等,其中出售股票是最重要的方式。

发达国家的经验显示,由于风险投资的风险极大,发行股票的企业又大都规模较小,常规的股票市场难以承担为风险资本提供撤出渠道的任务。因此,在常规的股票市场之外设立第二板(高科技板)股票市场,是各国发展风险投资退出的通行做法。从世界各国的经验来看,二板市场的上市条件总体上要低于主板市场。

三、风险投资的运行过程

风险投资的运行过程大致可以分为四个阶段,即选择阶段、协议阶段、辅导阶段和退出阶段。这里以风险投资公司的运行过程进行分析。

1. 选择阶段

选择阶段是其起点，主要工作在于投资方案的取得、筛选和评估，并最终做出是否要进行风险投资的决策。取得尽可能多的风险投资方案，并有效地进行评估，是这一阶段的主要任务，也是整个风险投资活动中最重要的部分。因为，一旦接手一个先天就有缺陷的项目，即使以后各个阶段的工作做得很好，也可能要面对非常高的失败风险。此外，通过众多投资方案的比较，也是公司降低风险水平的一种手段。从投资的形式上看，风险投资不同于银行贷款，他不要求接受投资的公司拿任何资产作抵押，而是用风险资金购买处于弱小状态的高科技企业的股权。

2. 协议阶段

风险投资公司在完成了第一阶段的任务后，就需要与被投资的高科技企业进行实质性地接触，共同协商投资方式、投资条件等有关权利和义务，最终形成有法律效力的合资文件，作为以后辅导和退出阶段的依据。协议的重点主要集中于以下几个方面：
(1) 投资的安排和保障方式。
(2) 资金的投放和撤回的时机及方式。
(3) 参与经营管理的方式。

3. 辅导阶段

这个阶段是风险投资运作的实质性阶段。在此阶段，风险投资公司要按协议要求，提供风险资金的融通，参与被投资风险企业的经营管理，协助企业进行产品设计和市场开发。主要目的是为了保证风险创业企业的高速发展，使风险资本和收益早日实现回收。对于绝大多数风险企业创业者而言，资金缺乏固然是束缚企业发展的一个重要因素，但是，其自身经营管理的不足也同样地制约企业的进一步扩大和发展。风险投资公司往往拥有市场研究、生产规划、经营战略、财务、法律等各方面的管理专家，并且在社会上有广泛的信息和关系网络，不仅可以为风险企业提供各种咨询和服务，帮助企业建立规范的管理体系，必要时还可以替企业物色所需要的专业管理人才。通过对风险企业的创业辅导，一方面减少了风险投资公司的投资风险；另一方面也降低了风险创业家的创业失败风险。

4. 退出阶段

退出阶段是风险投资周期的最后阶段。从风险投资公司抽回投入资本加上被投资企业增值的收益，是风险投资公司循环运转的关键环节，否则，风险投资公司就会出现资本流动呆滞，无力投资新项目。应根据被投资企业的经营状况和外部金融环境的不同，选择适宜的退出方式。

四、利用风险投资促进中小企业技术创新

我国风险投资的发展已有 10 多年,但是,还处于投石问路的阶段。目前,我国每年产生的约 2 万项科技成果,大面积转化率不足 20%,远低于发达国家 60%~80% 的水平。以上海为例,上海现有风险投资机构 6 家,风险资本共 6 亿元,上海科技投资公司是上海实力最雄厚的投资公司,风险资本也只有 2 亿元,尚不及上海获奖成果所需转化资金的一半[①]。从高科技产业化各阶段投入的经费看,资金不足是阻碍我国科技转化的主要原因。根据国外成功的经验,在技术创新过程中,研究与开发、中试、批量生产三个阶段的资金投入比例为 1:10:100,而我国目前的比例为 1:1:10。因此,我国迫切需要风险资本促进中小企业的中试与批量生产。

1. 采取"民办官助"的方式

1958 年,在美国国会的支持下,政府开始用风险投资基金支持设立中小企业投资公司。当时规定这种投资公司每投资 1 美元就可以从政府获得 4 美元的低息贷款,并可享受税收优惠。在这一政策的诱导下,风险投资业一片繁荣。但是,这一做法很快就失败了。许多投资公司取得贷款以后不是支持创新,而是通过转贷获取市场利率与优惠利率的差价。同时因缺乏有效的约束和激励机制,投资公司逐步丧失经营活力,亏损现象严重。澳大利亚在 20 世纪 80 年代曾经尝试过建立风险投资基金,并由政府创办风险投资公司,同时实行了投资免税的优惠政策。但是官办的风险投资公司很快就变成了一个新的官僚机构,无法满足初创的高技术中小企业的需要。而该国现行的"民办官助"方式,已经被证明是好的。

由此看来,虽然政府的作用很重要,但如何发挥政府的作用则是一个更加重要的问题。国外的经验教训表明,政府不宜成为风险资本供给的主要渠道,更不能成为风险资本的经营者。只有摆正了政府的位置并强化制度和环境的建设,风险投资事业才可能得到良性发展[②]。

2. 多渠道建立风险投资基金

依照我国国情,应适时有效地发展风险投资基金。风险投资基金可以由多种方式设立:

(1)由有丰富经验、良好信誉的投资公司发起,吸引国家财政科研开支拨款、企业科技开发专项资金、政府用于鼓励科研开发的贴息以及一部分金融保险机构的资金等。1996 年 6 月,我国科技部规定,今后 5 年内拿出 10 亿元人民币用于扶持高科技中小企业发展。

---

① 张永谦等:《技术创新的理论与政策》,中山大学出版社,1999 年,第 405 页。
② 张承惠:"从国外实践看风险投资的运作与发展",《经济活页文选》(理论版),1999 年第 14 期,第 19 页。

(2)按照共同基金的运作方式,设立向社会公开发行并上市流通的风险投资基金。共同投资基金是一种由基金发起人通过发行基金券将投资者分散的资金集合起来,由基金保管人保管,基金管理人经营,并将收益分配给基金持有人的投资工具。当共同基金的投资客体主要是一些高技术公司时,它就是风险投资基金。这是西方国家中风险投资基金的主导形式。

(3)设立中外合作创业投资基金,发起人可由中外双方有实力的投资公司共同组成。外方参与发起既可带来先进的管理经验和技术,又可扩大基金在国际上的知名度,更重要的是它可为我国创业投资基金提供规范运作的经验。

(4)设立以民间资本为主的高新技术投资基金和风险投资公司。可参考美国高科技互惠基金和小企业投资公司的经验。

3. 健全风险资本市场

必须考虑第二市场建立的问题。可以考虑在上海证券交易所开辟第二板市场,这一市场不仅是面向上海的,还应是面向全国的,即逐步发展为全国高新技术企业的股票上市和交易市场。北京中关村地区应考虑实验性地建立高科技企业产权交易中心,争取先发展地方性的市场。

4. 建立多元化的投资服务机构

多元化的投资服务机构包括投资银行、会计师事务所、律师事务所、投资顾问、资产评估机构、技术咨询机构、专业市场调查机构、基金托管人等。与风险投资公司的一个主要区别是,中介机构既不代表投资者参与企业管理,也不进行投资,只提供各类专业服务。

其中,风险投资银行与风险投资公司是不同的,风险投资银行一般只提供金融服务,自己不参与投资,也不代表投资者参与企业管理活动。他的收益主要是通过收取中介费或取得购股权证获利。风险投资银行的作用在于为那些已具备一定实力和条件、需要融资的风险企业,进行以私募为主的融资,使公司迅速达到上市标准。目前我国从事投资银行业务的机构数以千计,其中专营证券业务的券商有98家,兼营证券业务的信托投资公司有245家,财务公司有69家,融资租赁公司有16家,证券业务部有2600多家,但发育都不成熟。

5. 培育创业文化

创业文化的核心是鼓励创新、容许失败、宽容背叛、专家至上以及敢于冒险。可以说,这种创业文化是新企业源源不断地诞生、高技术企业迅速分裂繁衍、企业新陈代谢加快的重要前提条件。美国硅谷的成功,都离不开这种创业文化的支持。硅谷人把硅谷比喻成为创业公司的"栖息地"。在硅谷,常听到这样一句话:"It's OK to fail",即失败是可以的。对失败者的宽容氛围激发人们创立新企业。硅谷人的生活观就是"活着为了工作"(Live to work),而在其他地方,则是"工作为了活着"(Work to live)。

第二十五章 中小企业技术创新的政策支持体系

第一节 中小企业技术创新的政策支持体系

前面我们已经分析了中小企业与大企业相比的技术创新优势。例如,中小企业创新效率高,创新速度快,容易接受创新,创新成果应用化程度高,等等。此外,中小企业的技术创新还培育了企业家精神,促进了就业与经济增长,提高了产品的国际竞争力。据澳大利亚统计局的调查,1991～1994年间,在澳大利亚,雇员人数少于20人的企业中,有49%的企业通过技术创新使出口增长超过50%,未开展技术创新但出口增长超过50%的企业的比重只有30%。在雇员人数为20～99人和100～499人的企业中,上述现象也很明显[1]。从技术创新的成果看,中小企业创造了相当数量且高水平的技术创新成果。在美国,从1952～1977年的25年中,最重要的319项科研开发项目中,中小企业占了200多项。然而,中小企业面临着形形色色的技术创新障碍。为了促进中小企业的技术创新,需要政府支持来克服这些障碍。

根据中小企业技术创新的障碍,支持中小企业技术创新的宏观政策也应从上述几种障碍入手。从国外促进中小企业技术创新的政策看,政策内容主要包括资金支持、技术支持、人才支持和信息支持。

一、资金支持

对北京市中小企业的一项调查表明[2],认为资金不足是影响企业发展最主要问题的企业占多数。问卷在"目前不利于企业发展最主要的问题"一问中,列举了"资金不足"、"市场需求不足"、"内部管理水平低"、"缺乏人才"、"经营场所不足"、"市场营销能力不足"、"客户拖欠货款"、"市场混乱"、"政府的政策或服务跟不上"等9个问题,让企业按重要程度排序。结果在回答了这个问题的1424家企业中,有613家把"资金不足"列为第一位,占总体的43%,大大超过将"市场需求不足"列为第一位的279份(占19.6%)。在不同行业中,工业企业对资金问题反映最为强烈,有52.2%的企业把"资金不足"列为第一位的问题;商业企业次之,这一比重为45.6%;服务业等行业这一比重最低,为34.2%,但

---

[1] 刘东、杜占元:《中小企业与技术创新》,社会科学文献出版社,1998年,第86～87页。
[2] 课题组:"北京市中小企业发展政策研究",载《中小企业发展与政策研究》,北京科学技术出版社,1999年,第4页。

仍是各项问题中最突出的问题。

中小企业的平均资产负债率在60%以上。高负债率增加了企业的经营风险,特别容易产生债务纠纷。从抽样企业的高负债率和较低的贷款比例推测,企业相当部分的负债可能来自于贷款的拖欠。在融资方面,中小企业也有劣势。由于中小企业的实力弱、资信程度低,从银行获取贷款的困难是意料之中的。

根据该项问卷调查的结果,在1997年进行了固定资产投资的630家企业中,只有54家获得了银行的贷款,占总体的8.6%。有86.7%的企业的自有资金占投资比重的80%以上。再看流动资金,在1402份有效回答中只有253家获得了贷款,占18.0%;有77.4%的企业的自有资金占流动资金比重的80%以上。

由于大企业一般具有充分的人力和资金,因而能够从事较多项目的研究与开发,即使失败也能凭借雄厚的资金渡过难关,而中小企业则明显受到资金匮乏的约束。因此,各国多重视从资金方面帮助中小企业加快技术进步和减少技术创新的风险。

许多国家对技术创新项目提供直接或间接的资金补贴。

美国《中小企业创新法》规定,凡是纳入政府计划并属于基础研究阶段的项目,向每个企业可拨款达5万美元。当该项目进入到实用研究阶段后,可向每个企业拨款50万美元以下。根据《中小企业法》(1958)和《中小企业发展中心法》(1985),对指导中小企业进行技术研究开发的大学,视不同情况给予5万美元以内指导费,对附设中小企业经营技术综合指导的州立大学可拨款4万美元。美国于1982年还制定了小企业创新研究计划(SBIR)。计划规定,凡拨给本部门以外的R&D费用1亿美元以上的部门,都必须按一定比例向SBIR拨出经费。SBIR的经费1992年为5亿美元,1993年为7亿美元,1995年上升到9亿美元。合格的小企业可以申请SBIR经费,将他们的创新思想变成现实。

加拿大政府从20世纪70年代末开始大幅度增加研究与开发经费,80年代中期增加更多。用于工业企业的科研投资对中小企业技术创新进行财政资助。政府制定了各种资助计划付诸实施,包括支持企业技术革新、开发新产品、改进老产品的"企业发展计划"(EDP)、"支持采用新技术、提高生产效率的计划"(STEP),旨在加强科研与生产的联系,资助中小企业各种申请项目的"工业研究援助计划"(TRAP)等。

日本从20世纪60年代开始制定"重要技术研究开发费补助金制度",对一般项目政府补贴1/3的经费,对环保和节能项目可补贴高达3/4。80年代以后,日本政府又规定对中小企业有利于地方产业发展的技术开发费用,由国家财政和地方财政补贴1/3。

许多国家为了促进中小企业发展,还再在金融政策上制定了许多扶持措施,为中小企业提供优惠贷款或贷款担保。

日本为了改变其中小企业设备陈旧、简陋的状况于60年代制定了《中小企业振兴资金助成法》(后改为《中小企业现代化资金助成法》)。根据这项法律,制定了设备现代化资金贷款制度和设备租赁制度两项政策。前者是对企业规模在100人以下的中小企业购置现代化设备给予长期无息贷款的一项制度,后者是向小规模企业(制造业中从业人员20人以下和商业、服务业中5人以下的企业)实施的设备现代化制度。此外,从50年代中期开始,日本对引进国外新技术或普及新技术的企业,其所需资金由银行优先贷款。为此,日本还专门成立了开发银行,为企业进行技术创新提供长期、低息贷款。

韩国的中小企业金融机构中,中小企业银行、国民银行、东南银行和大同银行,其主要贷款宗旨是帮助中小企业进行技术开发和对外贸易。

二、技术支持

从整体上看,有相当一部分中小企业素质低下,主要表现在生产技术和装备水平落后。如根据1995年我国第三次工业普查数据,大、中、小企业的人均固定资产分别为10.29万元、5.11万元和2.48万元,他们之间呈几何级数下降。从地区来看,占小企业绝对多数的农村工业企业中,相当一部分使用的是城市淘汰的陈旧设备,中西部一些企业又是使用东部企业淘汰的设备。从行业来看,根据1995年全国第三次工业普查数据,以中小企业为主的机械、棉纺织业中,机床出厂年限属于70年代甚至更早的占全部机床的比重高达38.1%,棉布织机比重也高达31.7%[1]。由于上述原因,导致中小企业产品合格率低,产销率低、产品积压严重,经济效益比较差。

一项对北京市中小企业的调查表明,从总体看,1997年企业设备利用率不高。其中有21.6%的企业设备利用率较高,达95%以上,35.6%的企业设备利用率在80%~95%之间,15.6%的企业设备利用率在60%~80%之间,19%的企业设备利用率在60%以下。各所有制企业设备利用率差别很大。三资企业设备利用率最高,27.6%的企业在95%以上,41.4%的企业在80%~95%之间,80%以下的只有17%。国有企业设备利用率最低,25%以上的国有企业设备利用率在60%以下。在设备利用率不高的企业当中,主要的原因集中在第一项上,即产品成本高而缺乏竞争力[2]。

中小企业数量众多,但许多中小企业没有力量建立企业自己的科研开发机构,一些中小企业甚至没有技术研究能力,而且他们迫切需要提高技术水平,改变技术落后的状况。为此,许多国家建立了不同类型的为中小企业技术开发服务的科研机构,向中小企业提供适宜的技术。

美国为了支持中小制造业企业改进技术,1998年根据技术竞争法由美国商务部国家标准技术研究所(NIS)同州和地方政府合作建立制造技术推广伙伴关系(MEP)。它包括:制造技术中心、制造技术扩散中心、州技术推广中心和联系计划。其目的是向中小制造业企业推广新技术,帮助制造业实现生产能力现代化。

加拿大的中央一级有工业科学技术部,主要工作就是负责中小企业的技术发展,扶持那些对未来的发展或竞争力提高起战略作用的技术,如信息技术、生物技术和先进的工业材料技术等。加拿大的最高学术科研机构国家研究理事会(HRC),每年要拿出全部科研

---

[1] 吕国胜:《中小企业研究》,上海财经大学出版社,2000年,第296页。
[2] 课题组:"北京市中小企业调查与结果分析",《中小企业发展与政策研究》,北京科学技术出版社,1999年,第47页。

经费的1/4用于中小企业的研究与发展。另外,加拿大还有多种中小企业技术开发中心,比如,为某一地区中小企业服务的地区综合性的技术开发中心,从专门技术方面为中小企业技术开发服务的专业性技术中心,以及各种行业技术中心。

日本由政府科技厅管辖的新技术开发事业团负责,在全国范围内将大学或国家科研机构取得的成果,委托给有关中小企业进行商业开发;各部、道、府、县均设有"开放实验室",供中小企业使用,并为其提供必要的技术创新设备。

新兴工业化国家如东盟诸国也建立有较完善的技术服务网络。例如,印度尼西亚国内建立了上千个中小企业发展中心和技术援助中心,负责对中小企业进行技术普及和技术指导。

这些科研机构或技术中心,以低廉价格甚至无偿向中小企业提供适宜技术,且不以盈利为目的。它的运作经费主要来自政府资助或捐赠,而不是来源于服务收入。如美国建立的制造技术中心和制造技术扩散中心,并不是联邦政府的一部分,但必须有一个美国的非营利机构(可能是一个州政府部门)的赞助,其余部分由当地其他单位赞助。加拿大的地区综合性的技术开发中心、专业性技术中心都是由地方政府投资建设。非盈利性有利于突出其为中小企业服务的目的,避免为盈利而使技术开发工作出现偏离方向的问题。

各类科研机构或技术中心,集中了一批具有较高素质的工程技术人员及相应的资金、设备。实际上是把一部分地区或行业中小企业的技术开发工作集中起来,以一种社会化方式来进行技术开发。因此,有利于解决中小企业因缺乏技术力量而无力进行技术开发工作的问题。

各国中小企业技术服务机构都力图符合中小企业的实际需要,一般都有详细完善的工作制度,为中小企业提供方式灵活的服务,能够做到真正面向企业,解决中小企业生产经营中的实际问题。

三、人才支持

开发型技术人员、熟练的工人和高技术产品的推销人员是技术创新不可缺少的条件,然而许多中小企业在这方面的力量非常薄弱,甚至出现不断减少的趋势。如在原联邦德国,一项对不同规模企业的从事研究开发的统计表明,从1964年到1973年,从业人员500人以下的企业中,从事研究开发的专家由576人减少到390人;而同期500~1999人的企业中,由1002人增加到1728人;2000人以上的大型企业中,由9472人增加到16 397人。

英国1979年对分布在各个行业的57家中小企业进行了调查表明,人才不足严重地阻碍了技术革新的发展和竞争能力的提高。其中农业机械行业更为严重,在对26家中小企业调查中,竟然连一名生产技术人员也没有。

日本也不例外,技术人才不足是阻碍中小企业研究开发的主要因素。据日本中小企业厅1986年12月的调查,制造业的中小企业有71.3%的厂家感到研究人员和技术人员不足。

无论是发达国家还是发展中国家,政府都认识到智力开发和人才资源的决定性意义,在这方面采取了种种鼓励和支持措施来促进中小企业的技术创新。

鼓励科技人员到中小企业工作是各国普遍采取的政策。如法国政府规定,中小企业年增聘1名科技人员可以得到15万法郎的资助,在企业与科技人员签订聘任合同后即可得到资助的一半,另一半将在一年后得到。

加拿大政府也采取了多种措施。科学家发明的专利,应用于工业生产后,收费的15%为发明者个人所有,高于一般标准,从而刺激科学家为工业搞发明;大学教授暑假期间去中小企业工作,国家发给工资(加拿大教授在休假期没有工资),这样既有利于企业,也使教授们增加了实践经验;中小企业雇用退休的教授和政府官员,担任经济信息、市场咨询服务等工作,国家给予经费资助;中小企业的技术人员出国访问,或邀请外国专家到加拿大访问,国家都给予财政资助。

加拿大的中小企业,还可以通过遍及加拿大各地的雇用中心和加拿大劳动力咨询服务局的各级机构,获得联邦劳动力开发计划和服务部门的种种支持。加拿大政府的劳动力开发计划主要有加拿大劳动力培训计划(CMTP)、加拿大工业劳动力培训计划(CMITP)以及关键职业的技术培训计划(CTSTI)等。加政府每年要为40万人次提供培训机会。加政府除了提供所需开支外,还向企业主提供工资补助,数量可达培训人员工资的6%,以补偿工人参加培训时所带来的生产损失。

日本的都、道、府、县及政令指定城市分别开办技术学校,对中小企业技术人员和有关职工分期分批进行培训。培训时间分长期、中期和短期三种形式。学习课程包括机械、金属、电力、化学、纤维、工艺等。另外,中小企业事业团还附设中小企业大学,以短期讲学、函授等多种形式为中小企业培养技术人才。

东盟国家也通过多种渠道和多种形式的职业技术教育和培训,来逐步提高中小企业的生产技术和管理水平。新加坡建立了工艺教育学院,开设有关经营管理课程,1979年设立技能发展基金,资助职工教育和训练。泰国工业部工业发展局分别在曼谷和三个地方都市建立工业服务中心,专门为中小企业培训人员。菲律宾大学设立中小企业学院,从事中小企业人员培训。

四、信息支持

由于人才与资金不足,中小企业一般不能大规模、全方位地搜集新技术信息和建立自己的信息网络,因此,往往很难及时捕捉具有开发价值的技术信息。据日本中小企业厅1986年12月的调查,制造业中小企业在研究开发中感到市场信息不足的占20.8%,感到技术信息不足的占16%。原联邦德国也存在这种情况,根据1976年的一项调查,几乎所有的中小企业没有进行技术开发预测,也没有对宏观经济发展的信息进行必要的收集和分析,其主要原因在于获得这些信息所需的资金较多。中小企业的资金、人才不足,数据检索系统不完善,人员参加有关会议的机会较少、导致中小企业在技术创新中的信息源主要来自企业内部的集思广益,这样,往往对新技术潮流和新的商业机会缺乏足够的认识[①]。

北京市的一项调查表明[②],中小企业对政府服务的需求表现出较强的一致性。在按重要程度回答需要的政府服务时,大部分企业都选择了"信息服务"这一项作为最需要的政府服务,选择的比例占企业总数的60%以上,从行业和所有制看,企业的回答差别不大。"中介服务"、"咨询服务"、"经营技术指导"等项目也是企业需要的服务,选择的比例较高,这些服务也与服务政府有关。从目前看,从政府获得服务的中小企业所占的比重并不高,只有35%的企业明确表示已经从政府那里获取了信息服务。

在当今世界技术和市场的信息变化迅速的形势下,能否及时掌握信息,对企业能否有效地进行技术创新十分重要。政府本身就是较大的信息流转中心,有能力、有义务为中小企业的技术创新提供信息支持。

从各国的实践看,许多国家对于中小企业技术创新中的信息服务比较重视。

加拿大的国家研究理事会可向中小企业提供多方面的科技信息和帮助。政府各部门和地方都有信息服务机构,他们采用先进的贮存技术、检查方法,迅速及时地向广大企业提供各种技术、市场信息,并通过"技术信息服务系统(FIS)"将大量信息带给企业。技术信息服务系统主要针对缺乏技术力量的企业,为其提供咨询和服务,并随时向企业提供最新的技术信息,使企业了解本行业的革新和发展状况。除此之外,在联邦企业发展银行可以得到有关如何改善企业技术开发机制的信息,工业科学技术部可以向中小企业提供有关生产经营状况资料及科技信息。

日本政府在1969年就设立了专门为中小型企业服务的信息机构,即下设于中小企业振兴事业团的中央中小企业信息中心,主要向中小企业提供海外投资与技术合作等信息,有关新技术、新工艺、新产品的信息,以及市场交流及经营管理信息。该中心还在日常工作中经常召开信息恳谈会,组织一批各行业专家、技术人员参加,中小企业可以随时或定期参加,向专家提出咨询或交流信息。另外,日本在全国各地的地方中小企业信息中心对于技术开发工作也给予了极大帮助。据统计,在地方中小企业信息中心服务内容中,专利信息和技术工艺信息占60%,经营销售信息占30%。

第二节　中小企业技术创新政策支持体系的基本框架

世界各国根据各自的情况,采用过许多促进中小企业技术创新的政策。一般而言,主

---

① 张秀山:《国外中小企业的发展概况》,中国商业出版社,1999年,第104页。
② 课题组:"北京市中小企业调查与结果分析",载《中小企业发展与政策研究》,北京科学技术出版社,1999年,第43页。

要有组织机构、科技政策、金融政策、税收政策、服务政策、孵化器政策等[①]。

一、组织机构

美国:1953年以来,美国政府一直设有专门从事中小企业管理的"小企业管理署"(SBA),该机构直接对总统负责,主要职责有:协调部际之间有关中小企业的政策与管理;对全国中小企业状况的统计调查与分析;管理联邦政府为中小企业服务所设置的若干机构;为中小企业提供各种信息服务和技术支持。在联邦小企业管理署内设有专门负责中小企业技术创新活动的技术办公室,直接管理"小企业技术创新研究(SBIR)计划"和"小企业技术转移研究(STTR)计划"。

英国:1971年,英国根据《博尔顿报告》,英国任命了一位专门负责小企业事务的工业大臣。工业部内设立小企业局,下设四个职能部门,由小企业工业大臣直接领导。小企业局的主要任务是对咨询服务、研究开发、小企业主的培训等进行组织领导工作,并协调政府各部门间的具体政策。政府为了鼓励合作社这种类型小企业的发展,1978年在工业部内设立了合作发展局,在全国建立770个地方合作发展机构。中央和地方政府对合作发展给予财政上的帮助。

法国:1967年,法国政府成立了一个专门扶持中小企业技术创新的机构,即国家技术交流转让中心(ANVAR)。它是一个具有政府职能的非营利性服务机构,其主要任务是:促进中小企业的技术创新;将技术成果介绍、转让给企业;支持各种有关企业技术进步的合作计划,帮助企业寻找技术合作伙伴等。

德国:在经济部下设了200多人的中小企业局,在各州设立分局,负责小企业的管理事务。小企业管理局的任务是:负责研究小企业的政策;制定扶持和资助小企业发展的计划;负责对小企业管理人员的培训;管理小企业产品质量标准;保护消费者利益;监督法律和政策的实施;促进地区经济合作和科研开发。

日本:日本管理和扶持小企业的机构有四种类型:行政管理机构、政策咨询机构、民间团体、官民结合的金融机构。1948年,日本政府根据《中小企业厅设置法》,设置了管理和指导小企业的行政机构——中小企业厅。按照《中小企业厅设置法》的规定,其具体职责是:制定旨在谋求培植、发展中小企业的基本方针政策;负责和监督某些有关中小企业法律的实施,对中小企业的经营管理、资金、技术、发展方向等给予指导和扶持;对国会和政府有关部门制定的政策和方针提出意见;反映中小企业的要求和意见;调节大企业与中小企业之间的矛盾以及中小企业内部的矛盾。

一般来说,各国(尤其是西方国家)中小企业管理机构主要按照税收、金融、科技、教育培训等方面进行内部组织设计,不按行业、部门和所有制对企业进行区分,并只有中央和

[①] 参见施晓红:《国外中小企业立法》,《经济活页文选》1999年第13期,经济科学出版社,1999年,第8~15页;刘东、杜占元:《中小企业与技术创新》,社会科学文献出版社,1998年,第99~109页。

地方两级机构;在管理上,主要任务是执行法律和政策,协调政府部门与中小企业的关系,并为中小企业提供各种指导、咨询服务,但不直接干预中小企业的具体经营管理活动。

二、科技政策

美国:1982年,美国通过的《小企业技术创新法》,支持中小企业参与联邦政府拨款的研究与发展项目,并促进这种研究成果的商业应用。该法规定,联邦政府机构签订的研究与发展合同,中小企业必须占有法律规定的最低百分比。

法国:设立专门用于中小企业推广新技术的资助费用。同时,国家科研推广局不仅向中小企业提供科研贷款,而且当中小企业遇到技术开发难题时,还可向其申请津贴,最高可达投资的70%。政府还免费为中小企业提供技术咨询服务,并简化专利申请手续。

德国:为了帮助中小企业克服资金、人才和技术困难,促进中小企业技术进步,国家给予了必要的扶持。首先,国家研究技术部、经济部等设立了中小企业开发促进资金,对中小企业科研开发人员费用和技术项目的投资给予补助。其次,国家给予低息长期贷款,鼓励企业自身开发项目,鼓励企业加强国际、国内科研合作开发,鼓励企业与科研机构联合开发项目。这些措施促进了企业技术水平的提高和产品质量的改善,以适应不断变化的市场需要。

日本:1956年政府公布了《中小企业振兴资金助成法》、《纤维工业临时措施法》、《机械工业振兴临时措施法》。这些法令均以帮助中小企业解决设备现代化急需的资金为直接目的。日本的《中小企业基本法》提出了"引进现代化设备,谋求中小企业设备现代化,推动技术研究开发,培训技术人才,以提高中小企业的技术水平,引进现代化管理方法,提高经营管理人员的能力,使中小企业经营管理合理化"等8个方面的综合性措施。其后,又相继制定了《中小企业现代化促进法》、《中小企业高度化资金贷款特别会计法》、《中小企业指导法》、《中小企业振兴事业团法》、《中小承包企业振兴法》等一系列相关法律。

三、金融政策

美国:小企业管理局在国会授权范围内,向小企业发放各种形式的贷款。

(1)直接贷款。美国小企业管理局经国会授权拨款,可以直接向小企业提供贷款,帮助小企业解决资金困难。这种贷款条件好、利率低,但数量很小。小企业首先应当向商业银行申请贷款,只有当商业银行不愿意贷款时,小企业局才会考虑采用直接提供贷款的方法。

(2)担保贷款,由政府小企业管理当局或专门机构为小企业提供贷款担保。美国小企业管理局向小企业提供贷款担保,通常是向商业银行担保,最高担保额是75万美元。如果贷款逾期不还,小企业管理局保证支持90%的未还债务。贷款的期限最长可达25年。近年来,小企业管理局还指定和实施了"债券担保计划"、"担保开发公司计划"等。

(3)特别贷款。根据1958年《小企业投资法》的规定,小企业管理局与地方开发公司和金融机构共同提供贷款。包括地方开发公司贷款、小建设承包商贷款、季节性贷款、能源贷款、自然灾害贷款、控制污染贷款。

此外,小企业局还通过特许和资助私营的小企业投资公司,向从事较高风险行业而从一般渠道难以得到投资支持的小企业(主要是高技术企业)提供投资和长期贷款。

加拿大:小企业融资渠道包括财政性融资和金融性融资。以金融性融资为主。加拿大政府主要不是通过向小企业提供大量的财政补贴,来扶持小企业的发展,而是主要向小企业提供融资渠道和融资服务。

(1)根据加拿大小企业贷款法案(SBIA),政府给小企业提供固定资产贷款担保。

(2)加拿大实业开发银行(BDC)是加拿大的小企业银行,向小企业提供一系列富有灵活性和创造性的融资产品,包括长期贷款、准股权融资、风险投资和咨询服务,重点扶持知识型和出口型小企业。

(3)加拿大出口发展公司(EDC)向企业提供详尽的贸易方案,帮助企业更好地利用出口和国际投资机会而不断发展。

法国:政府在向小企业提供资金援助方面有自己的特点。通常是采取鼓励性税收政策,或提供直接财政援助,帮助中小企业扩大资金来源和改善中小企业的自有资金状况。

(1)设立共同风险投资基金。1984年颁布法令,为共同风险投资基金规定了优惠的税收待遇。凡连续5年向共同风险投资基金投资者,可减收部分所得税;将其投资所得再次向风险投资基金投资者,免收全部所得税。

(2)设立职工基金。根据1984年预算法案建立的特种职工基金,目的是吸收一部分职工的个人储蓄用于经济发展,主要是向本企业投资,投资期限一般不得少于5年,投资额每年不少于5000法郎。

(3)设立保障基金。为帮助中小企业得到财政援助,1982年建立了"法国风险资本保障公司"。风险资本保障公司提供担保的范围包括资助创办新企业、企业转让和为出口提供保证基金。

(4)开设第二股票市场。法国政府于1983年为没有在股票市场上挂牌的公司开设了第二市场,从而为中小企业筹措资本打开了门路。

(5)设立投资专门贷款。1985年,政府根据新的信贷政策,简化了各种复杂的信贷手续,保留了对工业现代化、出口等集中投资的专门贷款。

(6)设立再投资特别贷款,以帮助负债过重的中小企业恢复经济。

(7)1996年,成立了中小企业发展银行,其主要任务包括担保中小企业获得商业银行的贷款,或直接向中小企业贷款。

西班牙:在行政上设立了从属于经济财政部的中小企业专门机构(该机构由部际委员会、政策工作小组和中小企业观察局三部分组成),负责研究、协调和监督对中小企业的金融信贷、参与贷款和建立集体投资资金体系。根据"中小企业金融信贷计划",中小企业可在相应的银行得到5~7年的长期优惠贷款,贷款金额可达投资额的70%,且享有1~2

年的宽限期。

英国:自 1981 年起政府实施"小企业信贷担保计划",为那些已有可行的发展方案却因得不到贷款的企业提供担保,到 1998 年底,该计划已为中小企业提供了 6 万项、总值达 21 亿英镑的贷款,目前每月仍提供 400 项这样的担保。

日本:有完整的官民结合的中小企业金融网,对解决中小企业的资金困难,起了很好的作用。针对中小企业信用薄弱、只依靠一般城市商业银行不能有效解决他们的资金需要的情况,日本专门设立了面向中小企业的金融机构,即中小企业金融公库、商工组合中央金库、国民金融公库、中小企业投资育成公司等政府金融机构。前三家金融机构平均每年给中小企业专款约 6 万亿日元。中小企业投资育成公司是专门为扩大中小企业资本实力,促使某些中小企业发展成为中型企业的金融机构。

为了帮助零售企业解决设备现代化方面的资金困难,还由地方政府和中小企业金融公库共同出资,在都、道、府、县设有设备租赁机构。政府出资在都、道、府、县和主要城市建立了信用保证协会和信用保险金库,为中小企业贷款提供担保,以便于中小企业从私立银行得到贷款。

四、税收政策

德国:1967 年,原联邦德国政府颁布的"关于保持稳定和经济增长法令"以及后来通过的"产业部门和区域经济政策原则",提供了各种减税免税的办法。1974 年以来,各州又相继制定了《中小企业促进法》,1976 年联邦政府还制定了"关于提高中小企业的行动计划",确定从税收、经济和社会政策方面来减轻中小企业的负担。现在 50% 以上的中小企业实际上免除了营业利润税。为了吸引和帮助落后地区兴建中小企业,促进落后地区的经济发展,联邦政府规定:

(1)在落后地区新建企业,5 年内免交营业税;
(2)对新建企业、可以消耗完的动产投资、免征 50% 的所得税收;
(3)对中小企业盈利用于再投资的部分免交财产税。

意大利:对于法律规定的创新投资,提供相当于投资额 25% 或 20% 的税收优惠(增值税除外)。对于为提高劳动生产效率、引进技术、开发质量系统和寻找小市场而购买的劳务,可享受减税。如果小企业将一部分利润进行研究投资,可享受免税优惠,免税额相当于投资额的 30%。有的领域对技术进步和改善技术进出口状况有重大意义,凡在这些领域活动的小企业,均可享受减税优惠,减税额相当于研究费用的 30%。

日本:20 世纪 80 年代规定,资本不超过 1 亿日元的中小企业、法人税率低于大企业的 25%。为了充实企业的内部留存,采取减轻法人税率和对一部分所得不征税的制度。对发展国民经济和提高国民生活起重要作用的特定行业,实行合并时的免税注册。对机械设备及工厂建筑物等实行 32% 折旧费的补贴。对进行新技术和设备投资以节约能源和利用新能源的中小企业,在税制和设备折旧方面采取优惠政策。

加拿大:税收支持政策主要体现在所得税的特别条款。

(1)降低公司所得税率。目的是减轻小企业融资困难,使小企业有更多的税后资金进行扩张和投资。

(2)资本所得税扣除。主要是鼓励对小企业投资,帮助小企业积累退休基金和促进小企业向下一代转移。

(3)科学研究与技术开发投资减税。目的在于鼓励私人部门和小企业在加拿大境内进行科学研究与技术开发,提供一种直接的利益激励,促进科技成果的推广应用与商业化,运用于所有的公司和个人。

五、服务政策

美国:小企业管理局把对小企业主和经理人员提供管理技术指导和咨询作为该局的重点活动。主要措施有:向需要管理技术援助的中小企业提供免费的咨询和指导;提供信息服务;组织培训班,讲授企业计划、组织和管理方面的专业知识;举办学术讨论会,讨论流动资金、商情预测、产品销售等问题。

英国:在全国各地都设有企业咨询机构,由私营公司和地方当局合办。英国由人力服务委员会领导小企业的培训工作。成立了工业研究协会联合会,专门为小企业提供科学研究服务。

法国:对中小企业的人员培训和咨询服务在资金上予以支持。中小企业工业技术委员会协助中小企业培训科研人员。与国家签有"就业—培训合同","就业—科研人员培训合同","就业—指导合同","就业—适应合同"和"就业—培训—生产合同"的中小企业招工和培训,国家按规定给予相应补贴。

德国:除法律、税务、保险等极少数方面的培训不受政府资助外,其他的职业和就业前培训都得到了政府的资助。培训都有严格的期限和通过考试领取技术证书的规定。

日本:政府为提高中小企业管理水平,采取了两条措施:一是开展企业诊断制度。依照《中小企业诊断制度》的规定,政府根据中小企业提出的申请,从各种角度就企业的设备、技术、经营方针、生产方法、产品、质量、成本等企业生产经营问题加以调查"诊断",提出有益于中小企业改善生产经营的具体可行的意见。二是为中小企业培养管理人才,为中小企业的管理人员提供参加学习经营管理知识的机会。

六、孵化器政策

企业孵化器(Business Incubator)主要是美国等国家的称呼,在我国称为"高新技术创业服务中心",在欧洲常被称为"企业创业中心"(Business Innovation Center),在一些国家,"科技园"也发挥类似的作用。企业孵化器也是一项扶持中小企业技术创新的措施。

企业孵化器起源于20世纪50年代末,是伴随高新技术产业的崛起而发展起来的。

它为创业者提供了良好的环境和条件,帮助创业者把发明和成果尽快形成商品进入市场;提供综合服务,帮助新兴的小企业成长壮大,形成经济规模;为社会培养成功的企业和企业家。由于企业孵化器在培养新的经济增长点方面富有成效,这种形式在全世界得到了较快的发展。到目前为止全世界的企业孵化器近5000家,北美地区有1000多家(其中,美国600家),欧洲地区有2300多家(其中,英国1314家,德国191家,芬兰26家)[1]。与美欧相比,发展中国家和转轨国家的企业孵化器发展比较落后,有的国家尚处于起步阶段。这些国家企业孵化器的目标,一般是促进科技成果的转化,支持小企业的发展,以振兴经济。

美国和欧洲还建立了各自的孵化器网络组织,并对孵化器起到联系、指导的作用,美国全国企业孵化器协会(NBIA),就是为以美国为主的北美企业孵化器提供服务与信息的组织,其宗旨是:通过研究工作、专门安排活动和编辑出版刊物来满足成员对信息的需求;发起组织协会的年会和专业培训机构;提高全社会对企业孵化器的认识;向领导人、潜在的支持者与投资者宣传孵化器的功效等。欧洲企业创新中心网络(EBN),于1984年11月在布鲁塞尔成立。该网络的主要功能是促进、加强和支持孵化器的发展。

第三节 建立与完善中国中小企业技术创新的政策支持体系

一、中国中小企业技术创新的障碍

中国中小企业在技术创新中存在的障碍除了在本章第一节中所讨论过的资金、技术、信息、服务等方面的障碍外,还有一个不可忽视的障碍,那就是对中小企业的乱收费问题。

一些地方政府常把中小企业作为摊派各种费用的对象,在地方财政收支难以平衡的情况下,靠增设名目繁多的费用作为解决财政困难的重要渠道,这给中小企业的发展造成了很大的困难。另外,开办企业和建设项目的办事程序也过于繁琐。此外,中央和国务院为减轻企业负担颁发了《关于治理向企业乱收费、乱罚款和各种乱摊派等问题的决定》,各地在治理"三乱"时,往往忽视了个体私营企业所承担的"三乱"负担问题(表25-1)。对于个体私营企业来讲,可谓"铺天盖地都是费"。

另外,乡镇企业的负担也过重。乡镇企业遇到的各种各样收费达100多项,其中一半属不合理收费。减轻农民负担而取消向农民收取的费用有一部分被转嫁到乡镇企业。乡镇企业要缴纳农业附加税,而非乡镇企业无需承担这一税赋。乡镇企业缴纳的教育附加费约为同等生产规模国有企业的20~30倍。有些地方不是按照税法和企业发展实绩向乡镇企业收缴税金,而是根据财政收入计划压指标、硬摊派。据江苏省乡镇企业局的调

---

[1] 刘东、杜占元:《中小企业与技术创新》,社会科学文献出版社,1998年,第107~108页。

查,1997年江苏省各市中向乡镇企业收费项目最多的泰州市达160多项,最少的南京市为25项,负担总计一般占到乡镇企业销售收入的2.5%~3.5%,有的地方甚至高达5%左右。中小企业经营规模小,发展后劲不足,形形色色的费用直接制约了中小企业的发展。

表25-1 甘肃河西地区个体私营企业收费负担一览表

收费部门	收费项目/个	每项收费标准
工商部门	7	3.5~55 000元
国税局	5	5~300元
地税局	6	5~350元
文化部门	5	10~100元
公安部门	10	4~600元
卫生防疫部门	9	7~500元
医药部门	2	6~180元
城建部门	3	10~1000元
畜牧部门	4	5~50元
烟酒专卖	3	10~30元
环保部门	2	30~2000元
乡镇政府	2	20元以上,与企业规模有关
街道	1	5~10元
市容	1	60元
市政	1	60元
劳动部门	3	100元以上,与企业规模有关
电力部门	2	与耗电量有关
集贸市场	2	20元以上/月
检察部门	1	5000元以上

资料来源:赵民望等,"铺天盖地都是税",《中华工商时报》,1998年4月17日。

二、中国中小企业技术创新的政策支持体系

1. 建立统一的中小企业管理机构

中国对中小企业是分部门管理的,还没有统一的中小企业政府管理机构。农业部乡镇企业局负责管理乡镇企业,国家科委负责管理民营科技企业,轻工、内贸和劳动等部门分别管理城镇集体企业,工商行政管理部门管理私营、个体企业等。虽然,国家经贸委专门设立了中小企业办公室,也做了一些工作,但由于没有统一管理中小企业的合法授权,因而不具有权威性。

这种分部门管理造成不同经济成分、行业的中小企业在竞争地位上的不平等,不利于

中小企业的技术创新。为此,政府有必要设立一个国家级的中小企业管理机构,类似美国的小企业管理署(SBA)、日本的中小企业厅等,统一归口管理各种经济成分、各行业的中小企业,协调政府各部门有关促进中小企业发展及其技术创新活动的法律、政策等问题,充分调动各方面的积极因素,保护中小企业的利益。

根据国外的经验,中小企业管理机构的职能是依据有关法律对中小企业给予指导和服务,具体包括:研究中小企业政策;实施扶持和资助中小企业的计划;为中小企业提供培训、咨询、信息和技术帮助;促进产学研合作和中小企业的研究开发活动;监督法律和政策的实施等。在该机构中可以设置专门负责中小企业技术创新活动的部门。

2. 制定《中小企业基本法》

日本、美国等国家的中小企业的立法起步较早,体系也比较完善,既有中小企业基本法,也有针对不同方面、不同内容的法律法规,尤其是关于技术发明、技术创新、技术转移和技术推广等方面的立法比较健全;近些年,一些新兴工业化国家(如韩国、新加坡等)也在这方面做了很多工作,如韩国通过近几十年的努力,已形成一套从宪法的有关条款到中小企业基本法,再到各特别法的较为完善的、层次分明的中小企业法律体系。

我国中小企业立法是按所有制制定的,例如,《全民所有制工业企业法》、《中外合资企业法》、《中外合作企业法》、《乡村集体所有制企业条例》、《城镇集体所有制企业条例》、《私营企业条例》等。为适应市场经济的需要,应用统一的法律法规来规范各行业、各种所有制性质的中小企业,使其以平等的地位,公正地参与市场竞争。在科技方面,1993年《科学技术进步法》正式颁布实施,1996年开始实施《科技成果转化法》,等等。

显然,我国既没有中小企业的基本法,也缺少各种中小企业的特别法,特别是促进中小企业技术创新的法规。这与我国中小企业蓬勃发展的趋势是极不相称的。

建议可以由全国人民代表大会制定《中小企业基本法》,作为关于中小企业各种法律法规的母法;由《中小企业基本法》授权设立统一的中小企业行政管理机构,并对其基本职能、权利和义务,以及对中小企业的扶持方式加以规定。在基本法中,明确技术创新过程中各行为主体的权利和义务,为中小企业的发展及其技术创新活动创造一个更好的法律环境。

3. 完善中小企业的融资渠道

第一,适当降低中小企业贷款利率,允许中小企业在成立最初的几年内,以适当低于市场利率的利率向国家专业银行或非银行金融机构贷款。在中央银行宏观调控下,允许国家专业银行制定合理的利率区间,使利率更具有弹性。

第二,对中小企业技术创新提供专项贷款、贴息贷款等形式的筹资优惠。例如,对中小企业技术创新提供无息或担保贷款,直接或间接地提供补贴。

第三,健全中小企业技术创新基金。1999年,由国务院决定设立的科技型中小企业技术创新基金正式启动,首期额度为10亿元人民币。同时,国务院办公厅已转发了科技部、财政部《关于科技型中小企业技术创新基金的暂行规定》。《规定》明确了贷款贴息、无偿资助、资本金投入的不同支持方式：无偿资助主要用于支持科研人员携带科技成果创办科技型中小企业的启动资金，或中小企业进行创新产品研制以及中试开发的部分补助；对于已有一定规模和水平的中小企业创新项目，采取贴息方式支持和鼓励其使用商业银行贷款，以尽快扩大生产规模和提高产品竞争力；对少数起点高、具有较大创新内涵和较高创新水平，并具有后续创新潜力和较大市场需求的新兴产业项目，采取资本金投入方式，以引导企业、创业投资等方面的资本投入，资本金投入一般不超过企业注册资本的20%，并要求在一定期限内依法回收。

第四，完善风险投资机制。风险投资成功运作的关键之一，在于一项投资一旦成功之后，风险投资者能够迅速通过资本市场将投资连同高额回报一并收回，这样才能及时转向下一个投资目标，使风险投资持续波动运作下去。也就是说，风险投资必须既有"入口"，又有"出口"，才能构成周而复始的滚动发展。从长期来看，这种机制的实现取决于在资本市场进一步深化的基础上，试办二板市场。鼓励风险投资公司开展面向中小企业的风险投资业务。作为鼓励措施之一，可以考虑在投资公司的税前利润中按照一定比例提取风险投资损失准备金，视为成本从利润中扣除。

第五，建立中小企业互助担保基金。建议由政府、社会中介组织、企业和银行四方共同参与，用途是为中小企业向银行借款时提供担保。政府提供大部分资金，并就基金担保的投向提出建议。社会中介组织承担基金的发起、组织和协调工作。中小企业作为会员向基金出资，会员的担保申请在同等条件下将优先获得批准。银行负责基金的保管和具体运作管理。由于互助担保基金要求会员共同出资，企业之间存在相互监督、相互帮助的机制，起到互保、联保的作用。

4. 降低中小企业的税费负担

中小企业的创业是一项艰难的过程，创业阶段是企业发展最需要帮助的阶段之一。为了提高中小企业的创业成功率，减少企业创建的成本，应尽快制定扶持中小企业发展的税收优惠政策。对于新办的中小企业，可给予一定年限的税收减免；而对于可能成长为大企业的中小企业或新办的高科技中小企业的税收减免年限可适当长一些。

税收优惠是激励中小企业技术创新的常用措施之一，我国已有一些经验。据1999年11月18日 http://www.office6.com 报道，目前中国政府实施的一些带有优惠性质的政策，虽然大部分并不是专为中小企业制定的，政出多门，但从受益主体来看，基本上或相当一部分是中小企业，这主要体现在1994年税制改革中有关企业所得税方面的优惠政策中。例如：

(1)乡镇企业的所得税，可按应缴税款减征10%，用于补助社会性开支的费用，而不再执行过去税前提取10%的办法。

(2)新办的城镇劳动就业服务企业，当年安置待业人员超过企业从业人员总数60%的，经主管税务机关审查批准，可免征所得税3年；免税期满后，当年新安置待业人员占企业原从业人员总数30%以上的,经审核批准,可减半征收所得税2年。

(3)国务院批准的高新产业开发区内的企业,经有关部门认定为高新技术企业的,可减按15%的税率征收所得税;国务院批准的高新技术产业开发区内新办的高新技术企业,自投产年度起免征所得税2年。企事业单位进行技术转让以及在技术转让过程中发生的与技术转让有关的技术咨询、技术服务、技术培训的所得,年净收入在30万元以下的,暂免征收所得税。

(4)国家确定的"老、少、边、穷"地区新办的企业,经主管税务机关批准后,可减征或者免征所得税3年。民族自治地方的企业,需要照顾和鼓励的,经省级人民政府批准,可以实行定期减税或者免税。

(5)对农村及城镇为农业生产产前、产中、产后服务的行业,对其提供的技术服务所取得的收入,暂免征收所得税。对科研单位和大专院校服务于各行业的技术成果转让、技术培训、技术咨询、技术服务、技术承包所取得的技术性服务收入暂免征收所得税。对新办的独立核算的从事咨询业、信息业、技术服务业的企业或经营单位,自开业之日起,第一年免征所得税,第二年减半征收所得税。对新办的从事交通运输业、邮电通信业的企业,自开业之日起,第一年免征所得税,第二年减半征收所得税。对新办的独立核算的从事公用事业、商业、物资业、对外贸易业、旅游业、仓储业、居民服务业、饮食业、教育文化事业、卫生事业的企业或经营单位,自开业之日起,报经主管税务机关批准,可减征或者免征所得税1年。

(6)高等学校办工厂、高等学校和中小学校办工厂,可减征或者免征所得税。

(7)民政部门办的福利生产企业可减征或者免征所得税。安置"四残"人员(盲、聋、哑和肢体残疾)占生产人员总数35%以上,暂免征收所得税。安置"四残"人员占生产人员总数的比例超过10%未达到35%的,减半征收所得税。

(8)1994年税制改革中确定企业所得税税率为33%的比例税率。数月之后,为了适当照顾小型企业的税收负担能力,国家对年利润在3万元以下的企业,暂减按18%的税率征收所得税;利润在3万~10万元的企业,暂减按27%的税率征收所得税。这一政策一直延续到现在。另外,1998年7月1日国务院决定,年销售额在180万元以下的商业企业,增值税率由过去的6%调减为4%。

(9)财政部在"九五"期间推出促进企业科技进步的一些规定,具体包括:对企业研究开发新产品、新技术、新工艺所发生的费用可抵扣所得税额,最高可达150%,对企业技术转让、试验产品实行所得税减免。深圳政府规定,企业的科技投入可以冲抵税金。上海市在1996年初推出一些财税优惠政策,对列入国家火炬计划、星火计划,以及产学研联合等的企事业单位,实行所得税先征后返2年,对列入市新产品计划的新产品所纳增值税属地方部分的25%返还企业等。1997年山东省安排了1000万元用于省级重点新产品开发补助,广东省出台了新产品研究开发费抵扣应纳税所得额操作办法,江西省出台了新产品部分增值税退还暂行办法等①。

当前,应在总结经验的基础上,清理纷乱的中小企业的税收优惠政策,制定出中小企业技术创新的税收优惠办法。

名目繁多的税外收费和"三乱"的泛滥是造成中小企业负担过重的根本原因。这一问题的解决,有赖于财税制度改革的进一步深化,也与政府职能的转换有着密切的关系。要通过规范税收制度,在清理不合理收费项目的基础上"费改税",使企业的负担稳定在合理的水平上。作为财税制度进一步改革之前的过渡措施,可以借鉴局部地区采用的"一道费"的做法,即对中小企业取消形形色色的收费项目,代之以政府的一次征收,以此杜绝各部门各方面向企业乱伸手的现象。

5. 促进中小企业群落的技术创新效应

中小企业之间存在着由复杂的人文网络为基础的信息和物质的传输结构并使他们按专业化分工和协作的原则形成小企业群落。在群落内,成员企业从创业开始就可以获得原料、技术、人力、设备、信息、资金和市场(订单)等的支持,使之具有群落外企业所没有的竞争优势。与企业规模演变相对应的是,小企业群落也经历了从无序的"市场型"到有序的"中卫式",再演进为以虚拟企业组织为主的网络状"市场型"中小企业群落这样的过程,并借助现代信息传输和处理技术,其"群落化"的范围也正在逐步超越地理空间的限制。

中小企业是与知识经济时代新技术相伴生的。随着市场结构集中程度的提高,企业的创新能力将趋于下降,而在近于完全竞争的市场中,小企业的创新优势更大些。小企业群落在技术创新方面具有投资成本低、利于模仿学习和充分利用外部资源等优点。

产业结构的调整和优化不应片面地着眼于"抓大",而应从大中小企业的相互协调以及他们的演进规律来考虑,制定切实可行的政策。由于有限理性、信息不对称、政策的"棘轮效应"等,不要过高地估计政府在培育小企业群落中的作用。地方政府的"扶小"政策应从实际存在着的小企业群落自身运行规律出发,立足于配合本地众多社会文化因素所产生的独特调控机制,拓宽群落内部"核心资源"的传输渠道,降低其交易成本,充分发挥市场的主导作用。

---

① 国家科委综合计划司:《科技计划管理信息》,1996年第1、4期,1997年第10、11期。

第八篇

中国高新技术中小企业的发展研究

第二十六章 高新技术中小企业发展的特点与战略

第一节 高新技术中小企业发展的特点与功能

一、高新技术中小企业的定义

（一）高新技术的定义与特征

高技术一词最早出现于 20 世纪 60 年代，在 1983 年被正式收录在美国的《韦氏第三版新国际辞典增长 900 句》中，其中，高技术是指使用或包含尖端方法或仪器用途的技术。80 年代，高技术受到各国的普遍重视，90 年代高技术发展的势头更加迅猛，高技术的发展水平越来越成为衡量一个国家综合国力的主要标志。

何谓高技术？在不同国家、不同时间和不同角度，人们对高技术的理解、定义和解释都不尽相同。近年来，多数人开始倾向性认为"高技术是指建立在最新科学技术成就上的技术，是对国家军事、经济等有着重大影响，具有较大的社会意义或能形成产业的新技术或尖端技术。"[1]这一定义比较全面。显然，高技术是新技术，是建立在最新科学技术成就基础上的技术，它区别于传统技术。需要强调的是，反过来新技术不一定是高技术，新技术是社会经济发展过程中出现的新型技术形态，它不一定代表着最新尖端技术。因此，本章研究的高新技术是指高技术与新技术的结合，是一个技术群，高新技术具有广义、狭义之分，笔者研究的高新技术更多地是一种狭义上的认识，其中高技术应占较大比重。同时，高新技术是个动态的概念，随着新产品、新领域的出现而不断变化，高新技术的高具有双重含义，即技术上不仅是高新的、尖端的，而且社会经济意义重大。

高新技术具有以下明显特征：①高战略性。即对一个国家的科技、经济、社会发展具有高战略价值。②高效益性。高新技术具有高经济效益和高社会效益。③高智力性。高新技术具有很强的创造性和突破性，是知识密集、技术密集的科技，其发展主要依靠智力，它在广泛利用现有科技成果的基础上，不断进行创新，有很高的技术含量和知识含量。④高时效性。高新技术具有很强的时效性，发展速度很快，谁在时间上领先一步，谁就能掌握主动，谁就能在竞争中掌握主动。⑤高风险性。高新技术的研究与开发均处于科技的前沿，任何一项新技术在构思、设计和实施过程中均充满不确定性，也可能获得巨大成

---

[1] 李京文："高技术经济竞争与传统产业改造"，《数量经济技术经济研究》，1991 年第 11 期。

功,也可能失败。⑥高驱动性。高新技术在总体上讲是经济发展的助推器,对国家的政治、经济、军事、文化乃至整个社会发展均有很大影响,它具有很强的渗透性和扩散效应,能广泛渗透到传统产业中,逐步带动社会各行业的技术进步。

(二) 高新技术产业的界定及其特点

1. 高新技术产业的定义

迄今为止人们对此仍有不同的理解,没有权威的认定,对高新技术产业的界定标准颇多。国际上比较通用的方法是要素集约度产业分类法(Industrial Classification by Resources Intensity)。要素集约度产业分类法是根据生产过程中对资源(生产要素)依赖程度的差异而划分产业的一种方法。按照这种方法,投入经济活动中的各种生产要素如资本、劳动力、技术等均可作为划分产业的依据。因此,按照此种方法划分的产业类型有资本集约型产业、劳动集约型产业、技术集约型产业。要素集约度是一种动态的概念,它在不同国家,不同的经济发展时期而不断在变化,它对划分高新技术产业有重要意义,一般而言,高新技术产业应当是技术集约型产业。

因此,一般地,高新技术产业是指以最新科学成就为基础的,投入大量研究与开发资金将知识高度密集的技术商品化并能形成一定规模的产业,并能迅速推动技术进步,具有高于一般产业的经济效益和社会效益。

在实际经济生活中,对高新技术产业的界定尚没有一个统一的定论。一个较为公众认同的标准是根据该产业研究与开发的经费占销售额的比重或者以科学家、工程师在总职工中所占比重来确定。如经济合作发展组织(OECD)采用指标法,通过对产业技术含量指标的测算,规定R&D的投入占销售收入的比率达到8%~10%,即为高技术产业,又如美国商务部规定R&D投入占销售收入比重达3.5%以上,或者每1000名职工有25个以上科学家或工程师的产业为高技术产业。

在我国,国务院1986年开始实施863计划,在颁布的《国家高技术研究发展计划纲要》中,我国共选择了7个领域15个主题项目,这7个高科技领域分别为:生物技术、航天技术、信息技术、激光技术、自动化技术、能源技术和材料技术。在1991年出台的《国家高新技术产业开发区高新技术企业认定条件和办法》中,所划定的高新技术范围为:微电子科学和电子信息技术;空间科学和航天航空技术;光电子科学和光电一体化技术;生命科学和生物工程技术;材料科学和新材料技术;能源科学和新能源、高效节能技术;生态科学和环保技术;地球科学和海洋工程技术;基本物质科学和辐射技术;医药科学和生物医学工程;其他在传统产业基础上应用的新技术、新工艺。

2. 高新技术产业的特点

高新技术产业与一般产业相比有很大的区别:①高度知识密集。高新技术产业天生具有高度知识密集性特点。据资料显示,在高新技术产业领域中,平均每1000名职工中就有82名从事研究开发的科学家或工程师,而在所有制造业当中每1000名职工中只有45名科学家或工程师。②高投入。高新技术产业的形成与发展过程就是高新技术成果商品化、产业化的过程。在这一过程当中,从新产品的构思、研究开发、中试、试验成功、市场化每一环节,都需大量的资金、人力资本、时间等要素,尤其是资金。并且,由于高新技术产业技术等级高,要求生产设备投资巨大,且高新技术产品生命周期短、更新快,高新技术产品上市初不易改变人们的消费偏好等,这些都需投入大量资金进行快速生产、市场推介等。如在美国,要推出一个高科技含量的新药,其研发费用高达10亿美元。③高风险。由于高新技术产业是一种具有开拓性的产业,高新技术产业的核心是高新技术。高新技术的研究与开发均处于科技的最前沿,其发展过程充满了不确定性,因此,其难度大,失败率高。高新技术产业的风险主要来自技术风险、市场风险、管理风险及财务风险。在技术风险方面,由于技术开发充满了各种不确定性因素,且高新技术具有明显的超前性、开拓性,由于创新而使技术难度加大,失败率高。在市场风险方面,高新技术产品市场开发是一种全新市场的开发,对未来难以预测的市场需求、上市时机及其他替代产品的发展均带来很大风险。如美国铱星公司的倒闭,就是一个明显的例子。在管理风险方面,高新技术企业管理层对未来技术发展的判断错误,及研发过程中资源要素的安排失误及市场营销方案的不适宜等。在财务风险方面,主要来自资金不足,或企业内部对于研发项目资金安排不当导致资金周转不灵,缺乏相应的支付能力或流动性而使公司陷入困境。

(三) 高新技术中小企业的定义

高新技术企业这一概念从20世纪80年代被提出以来,现在已获广泛认同和应用。但是,由于全球各个国家经济发展的不均衡,各个国家经济发展阶段的不尽相同,加上高新技术本身具有高时效性特点,高新技术企业的定义在不同国家而有所不同。

在美国,有两种高新技术企业的界定标准,即按人员构成和按产业加以界定。从人员构成的角度,美国科学基金会认为,高新技术企业是指每1000名雇员中有25名以上科学家或工程师,并且将销售收入中的3.5%用于进行研究与开发企业所生产的产品。从产业角度,美国劳工统计局认为高新技术企业中,其研究与开发的科技人员占职工总人口比例应比整个制造业高出1倍以上,按此种方法定义界定高新技术企业相对要更严格一些,相应地更具有动态的特征,更符合技术不断发展变化的一般规律。

在我国,改革开放以来,我国开始致力于发展科学技术并强调发展高科技。在1991年,我国出台的《国家高新技术开发区高新技术企业认定条件和办法》中规定:高新技术企业必须是知识密集和技术密集的经济实体;从事高新技术产品研究、开发的科技人员应占职工总人口的10%以上,并且用于高新技术及其产品研究、开发的经费应占本企业每年的总收入的3%以上等。因此,笔者认为凡从事高新技术产品的研究、开发、生产经营活动的企业就是高新技术企业。它是以知识为基础,以科技人员为主体,其产品包括实物产品,技术成果和服务,科技含量很高。但是值得重视的是中小企业是一个较为含糊的概念,一般来讲很难有一个规定统一和适应各个行业的定义。中小企业的实际规模随行业的不同而有很大不同,并且在时间上也是一个相对的概念。

二、高新技术中小企业的发展特点

(一) 高新技术企业的发展特点

由前面对高新技术、高新技术产业及高新技术企业的定义分析可知,作为高新技术产业的微观主体,由于高新技术产业不同于传统产业,它具有高度知识密集、高投入、高风险等特点。任何企业都是在一定技术条件下在某一产业领域进行生产经营的企业,而传统企业是指采用传统技术在传统产业领域进行生产经营的企业,与传统企业相比,高新技术企业具有以下不同的特点:

1. 高度知识化的人才特征

高新技术企业都是专注于某一高新技术领域的研究开发,以求取得突破性成果而进行生存发展,实现企业存在的价值。它对专业人才的需求比例更高,高层次的人力资源对企业发展起着重要的作用。它需要一支高质量的技术开发人员,它普遍拥有比一般企业更高比例的科研人员,一般多在10%以上。

2. 需要大量资金投入

高新技术企业重在科研开发,而往往所开发的技术都是处于超前性的先进技术,其研究开发费用大大高于一般企业。一项高新技术得以面世,要经历研究开发、中试、市场推介等众多环节,而每一个环节都离不开资金的大量投入,否则一旦资金得不到保证时,高新技术企业极容易因不确定的市场风险、技术风险、管理风险而陷入破产边缘,导致企业发展的极度不稳定。

3. 要求企业不断进行科技创新

随着高新技术日新月异地发展,高新技术产品更新换代速度大大加快,高新技术产品的生命周期大大缩短,现在少有企业可以靠一项高新技术稳妥地生存发展。社会经济水平的不断提高和消费者消费需求变化的多样性、快速性,都要求企业不断进行创新,或者进行新技术开发,或者不断进行技术升级、产品更新换代。否则即使企业规模再大,也会因跟不上时代的步伐而最终被淘汰出局。世界著名企业王安电脑公司就是一个典型的例子,王安公司一味沉迷于大型机的发展,而对微型机在经济生活中日益显现的巨大需求置之不理,致使公司市场份额不断下降,企业业绩不断下滑,等到公司再调整经营方向时已错过了发展的大好时机,最终这家曾在市场上叱咤风云的计算机业巨人被市场无情地淘汰。

4. 高新技术企业由于是智力密集型企业，固定资产所占比例较小

高新技术企业对专业人才的要求很多，但它不必像过去传统产业如钢铁、汽车行业在厂房、设备上初期投入巨大，高新技术企业譬如小型电脑公司往往一间办公室、几台电脑就可正式营业。世界上著名的高新技术企业如微软、雅虎创办初期都是如此，固定资产所占比例极小。

5. 高新技术企业对管理的要求更高

传统企业的生产流程是标准化的生产流程，员工只需适应某一个标准即可，在管理上注意各环节环环相扣便可。而高新技术企业是智力密集型企业，激烈的市场竞争迫使其不断科技创新，其各个生产环节均需要一定的创造力，这需要在企业内部建立有效的以人力资本为核心的激励约束机制，充分发挥企业每位员工的积极性，努力提高工作效率，努力开发出新产品。并且对于高新技术企业而言，关键在于将新技术新成果商品化，能够将之推向市场以取得丰厚的回报。而高新技术产品的消费群体需要企业不断去开拓，这要求企业的领导层不仅要懂技术，也要懂管理和营销，既能把握当今和未来的新技术趋势，又熟谙市场变化，能够在适当的时机采取正确的营销策略将研制出来的新产品推向市场，只有这样，企业才可以长足发展。总之，在高新技术企业成长的道路上，要不断面对不确定的来自于技术、市场、管理、财务等多方面的风险，这些都需要企业更高的管理水平。否则，即使企业拥有了一流的技术，如果管理水平跟不上，那么企业也难以在激烈的市场中稳步发展。

（二）高新技术中小企业的发展特点

在高新技术企业中，中小企业与大企业之间由于企业规模差距又具有不同的特点：

1. 中小企业技术人才相对不足

中小企业由于规模小、实力不足，不能像大企业那样吸引高质量的技术人才，大企业可以为引进的人才提供丰厚的工资福利待遇，建立大规模的研究与开发实验室。并且由于中小企业在工资福利等方面处于相对劣势，难以保证企业内部科技人员的稳定性，易发生人才流失，导致研究开发项目的失败或知识产权的外流。

2. 中小企业融资能力差，资金不足是制约企业发展的根本原因

高新技术中小企业往往是由富有创新精神而又具有一技之长的研究人员创办的，这些科技人员有的来自大学和科研机构，有的是从一些大公司分离出来的。这些企业创办

之初往往只有创业主个人的一点积蓄或者向亲戚的借款,不足以支撑企业的成长,而只有向外界进行融资。而市场融资有两种:直接融资和间接融资,直接融资主要靠发行企业债券和上市,间接融资则向银行等金融机构贷款。对于直接融资方面,由于国家对上市和发行债券在企业资产规模、历年经营业绩等都有相应规定,而中小企业一般都难以达到规定的标准。在间接融资方面,银行一般实行实物抵押贷款制,中小企业的资产相当有限,其资产也主要以知识产权和无形资产为主,缺乏贷款所需的抵押物。即使能够获得贷款,也是短期贷款并且数额有限。而且由于中小企业大多没有历史经营业绩作为参照而无法确定其信用级别,其融资的成本也往往比大企业高,资金不足导致中小企业在技术开发、获取信息和人才等方面的成本都要高于大企业。

3. 中小企业更善于技术创新

市场竞争异常激烈,中小企业要想生存壮大就必须不断创新。而大量新技术的涌现带动了新的产业的出现和发展,也为中小企业的研究开发提供了契机。中小企业在新兴产业的技术创新优势明显。新兴产业发展迅速,范围广大,由于技术和市场的变化快,技术规范尚未形成因而存在许多不确定性因素,从而为那些富于冒险的高新技术中小企业创造了机会,同时也制约了大企业进入该领域的积极性。中小企业对市场需求更加敏锐,也常能占据先机开拓一片新的市场。

4. 中小企业管理成效更高

由于企业规模小,人员较少,相互之间容易沟通交流,能对外界市场、技术环境变化迅速做出反应,并能及时调整企业研究、开发、经营的方向,企业内部层级少,官僚主义少,并且中小企业创业者往往有着强烈的创业愿望而敢于冒险,更善于捕捉市场上变幻不定的市场机会。

三、高新技术中小企业的功能

众所周知,以微电子信息技术、生物技术、新材料技术、新能源、航空航天技术等一系列高技术的发明和发展为标志的新技术革命,20世纪中叶以来先后在美国、日本等国家兴起,发展高科技、开发新产品的潮流从发达国家传向发展中国家,随着这些高科技成果的应用和扩散使传统产业得到改造,产业结构不断优化,劳动生产率快速增长,社会经济发生巨大变化。现在,以微电子和现代信息技术为核心的高技术产业的建立及其发展已成为国家经济发展争夺的制高点,被看作是一个国家经济繁荣、科技昌盛、国防实力强大和现代文明的基础或主要标志,也关系到国家、民族未来兴衰的重大战略抉择。中小企业正是在这种背景下应运而生并逐步发展起来,而高新技术中小企业由于适应了新技术革命引起的分散化、小型化的发展而蓬勃发展起来。并且,大量高新技术中小企业是发展高新技术产业的重要媒介,代表着未来产业发展的方向,在许多发达国家得到政府重视并获许多政府扶持而具有旺盛的生命力。高新技术中小企业的功能主要体现在以下方面：

1. 高新技术中小企业是科技创新的源泉

高新技术中小企业由于自身规模小，没有规模与资金的优势，激烈的市场竞争及较弱实力促使他们不断进行技术创新，并能迅速将新成果推向市场，以维持其生存与发展。中小企业由于直接与客户打交道，对用户需求极其了解，能善于捕捉市场新机会。据统计，当今被广泛运用的高技术产品，如涡轮喷气发动机、连续铸造法、静电印刷术、石油催化裂化器、激光光学扫描器、胰岛素、心脏起搏器、微型电脑等均是中小企业发明的。在我国，CCDOS、联想汉卡、五笔字型、四通打印机当初均是小企业的发明与创造。无疑，"船小好调头"，尤其在高新技术领域里，当一项新产品、新技术开发初期市场前景不明时，风险大使得大企业不敢贸然进入。正是由于不断创新，中小企业才得以生存、发展壮大，另一方面也促进了科学技术的进步。

2. 高新技术中小企业是促进科技成果转化的重要媒介

据统计，德国约有 2/3 以上的专利技术是由中小企业研究出来并申请注册的，美国的科技项目中也有一半是由中小企业完成的。中小企业人均创新成果比大企业高 2.5 倍，而中小企业新技术投入市场时间却比大企业少 1/3。其原因在于：一方面大企业在当前产品还具有市场空间时为维持一定利益，宁愿将新技术储备而不愿意将其面市，而且因为其拥有大的研发中心，往往偏好保持其科研成果的完善而不像中小企业那样急切将科研成果转化。另一方面新技术革命中某些基础研究和尖端技术的突破为高新技术中小企业的发展提供了一个有利的技术环境。面对消费者需求日益多样化、高技术产品生命周期缩短的新的市场竞争格局，高新技术中小企业可充分发挥其经营灵活的特点，借助已有的技术进行进一步的技术创新或占尽先机抢占新的市场空间，求得发展空间。

3. 中小企业是大企业成长的摇篮

各国高新技术大企业都是由中小企业发展壮大的。国外的微软、英特尔、思科等，国内的联想、北大方正等，都是如此，以开发设计新产品、新技术逐步滚动发展，一旦方向对路且管理优异，其发展速度比传统企业要迅速得多。时至今日，微软、思科的身价已列全球三甲之列。

4. 高新技术中小企业是当前加速高新技术产业化的重大突破口，也是提升我国科技素质的重要层面

当前国家为解决深层次经济结构矛盾就必须大力促进高新技术产业化，必须解决科技向现实生产力转化薄弱的问题，以科技进步来带动产业升级。高新技术成果的市场价值最终要靠千千万万具有持续创新活力的企业来实现，只有不断调动高新技术中小企业的创新积极性，激活各种科技资源，促使其在竞争中成长。才能使加速高新技术产业化落

到实处。根据我国国情,我国的科技素质在某种程度上讲与我国大量的高新技术中小企业的创新能力、知识水平也有很大关系。只有等到我国高新技术中小企业能在市场竞争中蓬勃发展,我国的科技素质才真的上了一个新台阶。

美国经济自20世纪90年代初起一直保持强劲发展势头,日本经济在80年代极尽强盛之后,90年代步入衰退时期至今不振,也是由于两国经济结构的不尽相同。亚洲金融风暴的爆发,更使各国意识到经济结构的不合理是导致金融危机的一个重要因素,因而纷纷加大本国经济结构调整力度,世界经济进入了一个大调整时期[①]。我国经济在由计划经济体制向市场经济体制转变过程中,在历经十几年高达两位数速度经济增长之后,经济增长开始放慢,随着改革的深化及国际经济环境的变化,经济的深层次的矛盾日益显现,有效需求不足,我国经济将长期处于"过剩经济"阶段。供大于求的市场格局,促使市场细分化的广度和深度进一步强化,产品的小批量和多元化生产将成为今后产品发展的主流,产品间的识别将更加趋向多样化,谁拥有这种细分化的技术和产品,创造新的市场需求,谁就能在市场竞争中取得竞争优势。目前,发展高科技产业是调整我国产业结构、带动产业升级的惟一出路。因此,充分认识高新技术中小企业的功能是十分必要的。

第二节 发展高新技术中小企业的经济学分析

一、高新技术中小企业兴起的背景

资本主义的高度发展曾一度通过发展大企业、大集团等形式来获得竞争优势,垄断资本主义空前发展,企业兼并浪潮此起彼伏,使得许多公司经理、经济学者一致认为,随着生产和资本的不断聚集与垄断,大规模化与现代化是企业发展的趋势,中小企业将会随着大企业的兴旺发展而逐渐被大企业吞并排挤并呈日渐消亡之势。然而,二战后,在经历了70年代全球经济危机之后,中小企业非但没有销声匿迹,反而蓬勃发展起来,在各发达国家的国家经济中的地位和作用日渐重要起来,其深层次的根源在于新技术革命的兴起激发了中小企业的活力,也带动了高新技术中小企业的飞速发展,许多高新技术中小企业一跃成为世界知名企业。以微电子技术、计算机技术、生物技术等一系列技术发明和发展为标志的新技术革命,催生了一大批生机勃勃的高新技术产业和进行新技术、新产品开发的高新技术中小企业,其为西方发达国家经济复兴和扩大就业起了意想不到的推动作用。表现在:

(1)新技术革命的兴起催生了许多新兴行业,使得规模经济的内容发生了实质性变化。传统工业是一种资源型工业,要求布局紧凑集中,便于充分利用资源和公共设施,要

---

① 包叙定:"迎接新世纪挑战,促进高技术产业发展",《新技术革命及产业》,1999年第11期。

求规模大、投资大,只有在一定的规模经济的基础上才可能取得在成本上的优势,才可以取得更大的竞争优势。而新兴工业部门则以高新技术应用为主,具有省能源、省空间、省资源、省劳动力的特点,可以在传统工业企业布局饱和的基础上异军突起。

(2)现代经济生活的领域随着新技术革命的诞生而变得更加广阔,消费需求的多样性和复杂性、变化性的特点也改变着过去的生产模式。任何一个行业或部门的大型垄断企业也不可能像过去那样生产包罗万象的产品来满足市场需求。随着人们生活水平的提高,消费需求向个性化不断变化,大批量生产越来越失去其原有的市场。大企业关起门来生产其产品的所有零部件的做法已变成一种规模不经济,大企业将零部件业务及一些劳务业务外包给中小企业已是一种趋势。如一架波音747客机需要400多万个零部件,大量中小企业参加协作配套生产。同样,为美国通用汽车公司提供零部件或劳务的中小企业多达5.5万家。

(3)高新技术中小企业技术创新优势明显。如表26-1所示,中小企业在一些新兴行业的技术创新优势明显。

表26-1 1982年美国创新最多的行业中不同规模企业的创新统计

行　业	全部创新数	大企业创新数	中小企业创新数
电子计算机	395	158	227
程序控制仪器	165	68	93
无线电和电视通信设备	157	83	72
制药	133	120	13
电子元件	128	54	73
工程和科学仪器	126	43	83
半导体	122	91	29
塑料制品	107	22	82
照相设备	88	79	9
办公设备	77	67	10

转摘自:刘东、杜占元著:《中小企业与技术创新》,科学文献出版社,1998年,第40页。

许多高新技术中小企业的创办者都是科学家、工程师、名牌大学和技术学院毕业生及来自大企业的高级管理人员,他们有着强烈的创业精神,他们最大的特点是能迅速将新成果转化为生产力。过去,小企业很难在市场上立足,因为他们无法同大企业竞争,而现在,高新技术中小企业不断创新开拓,致力于开发新技术、新工艺、新产品,在一些市场空白处迅速崛起。而新技术的发展日新月异,在对未来的技术前景及相应的市场前景方面大企业和中小企业是处在同一起跑线的,有的时候大企业沉醉于过去公司在某一领域的技术和市场优势,而往往疏于开拓新的领域,从而与新的市场机会失之交臂,从而错失大发展的良机。蓝色巨人IBM公司当年在大型机及硬件方面竞争优势明显,而忽视了软件未来巨大的发展商机,从而在某种意义上讲给微软公司留下一片自由发展的空间,微软由此避开了一个强有力的竞争对手而迅速成长壮大。另外,中小企业的技术创新效率更高,据美国小企业协会的调查显示:中小企业人均技术创新成果比大企业高2.5倍;中小企业新技术投入市场的时间却比大企业少1/3。另外,据美国商务部的资料显示,二战以来美国开发的重大新技术中,100人以下的小企业发明的项目占1/4,1000人以下的企业占一半,现在许多被广泛应用的高技术产品,如涡轮喷气发动机、连续铸造法、静电印刷术、石油催化裂化器、激光光学扫描器、胰岛素、心脏起搏器、微型电脑等均是高新技术中小企业发明的。

(4)扩大就业方面起着重要作用。新技术革命的兴起催生了大批新兴行业,创造了大量的就业机会,也产生了许多新兴服务行业,带动了第三产业更好的发展,服务业资本的有机构成低,有利于吸收大量劳动力。

在这轮新技术革命的浪潮中,美国率先倡导扶持尚处于萌芽状态的以信息技术为核心的高新技术中小企业,领导了新技术革命浪潮的潮头,从而为美国赢得了自20世纪90年代初开始至今长达十多年的连续的经济稳定增长,创造了二战以来的奇迹[①]。因此,日本、德国、英国等发达国家也纷纷开始仿效,使扶持高新技术中小企业的发展成为各国促进中小企业发展的重要内容。

二、高新技术产品的经济学分析

与传统的工业经济相比,高新技术产业所特有的经济学特性有所不同,且有取代之势。

1. 改变了规模经济的含义

在传统的工业经济时代,经济建立在实体物质的基础上,由于存在资源稀缺性这一硬性约束,经济遵循收益递减的经济规律,随着生产要素投入的增加,企业的回报率在达到最高峰值后逐步降低,企业主要以加大对机器、厂房、生产原料等资本投入来获得一种规模经济效应,从而以低成本源源不断地生产优质产品来获得竞争优势。而高新技术产品是以知识、信息及人力资本作为主要且重要的资源要素,并且由于这些要素具有溢出效应和共享性的特性,使得高新技术产品与传统产品的生产有所不同,转而遵循收益递增的规律。昔日通过规模经济效应为市场提供低价优质产品的竞争方式发生改变,高新技术产品的科技含量高,研究开发费用高,一旦产品开发成功,它就能以接近零边际成本被大量复制,同时产品内含的价值并没有降低,这样,新的规模经济由此产生。收益递增规律的遵循使市场竞争的内容发生了实质性的变化,高新技术企业不断追求对资源或市场的排他性控制下所产生的垄断利润,通过不断的创新来实现这一追求,通过在市场上占据先动优势来增强企业的竞争力。由于高新技术发展迅速,因而在高新技术领域,不断追求市场上的领先者成为竞争的主题,不断创新,又不断创造性毁灭。在20世纪五六十年代一项

---

① 刘勇、周宏春:"中小企业发展的国际经验综述",《中小企业发展与政策研究》,科学技术出版社,1999年,第104页。

新技术可支撑企业20年的发展,在80年代缩短为10年,90年代初则可支撑3年,到90年代以来一项新技术的生命周期仅为半年到1年。因此,在高新技术领域,竞争显然更加激烈和残酷,高新技术产品在市场上的垄断时间要比传统产品短得多,高新技术企业的创新动力将大大增强,技术创新行为的不断产生既是受利润增加的驱动,更是受市场上企业之间激烈的竞争驱动。一旦被别的企业打破了昔日的竞争平衡,在收益递增规律的驱动下,企业的产品价值将在市场上迅速贬值,市场将追逐另一种价值更高的高新技术产品,从而企业曾经强大的竞争力就可能遭受巨大毁灭。如当年计算机市场的386型机面市后,市场无情地淘汰蓝色巨人IBM占据半壁江山的286型机市场,286型机被迅速淘汰出局,这对企业而言显然是致命的打击。

2. 高新技术之间关联度更高,事实标准在市场竞争中占据突出位置

任何高新技术产品都不是单独存在的,都以其他高新技术产品及相关的高新技术的存在为前提的,技术之间、产品之间存在极强的依存关系,构成一个技术互动发展的技术系统,并且这个技术系统主要由共性技术和核心技术组成,共性技术是高新技术企业进行技术、产品的研究开发的基础,仅仅拥有共性技术已无法满足市场竞争的需要,关键是要掌握核心技术。在高新技术领域日趋激烈的竞争的形势下,企业要取得领先优势,就必须投入有限的资源培植自己的核心技术。并且由于技术的溢出、转移和扩散效应,企业所独占的核心技术会随着技术的更新换代演变为市场的共性技术,企业建立在旧的核心技术基础上的竞争优势也就逐步丧失。另外,由于高新技术产品的开发往往是开创一个新市场,进入者还相当少,也不存在统一的技术标准,该领域的游戏规则还未完全确立。但是,高新技术产品之间会因技术日趋先进性、复杂性而呈现更为紧密的依存关系,一种技术往往需要许多相关技术的辅助,一旦在某领域某项技术范式取得突破并领先了,就可能吸引其他技术更多地采用该种范式,从而形成事实上的技术标准,帮助促进该范式更加领先。因此,高新技术之间呈现一种共同发展的态势,从而在高新技术领域出现"赢家通吃"的发展趋势,即市场上的领先者更加领先,失去优势者进一步失去优势,甚至被残酷地淘汰出局。这种事实的技术标准在市场竞争中占据突出位置,并成为市场竞争的核心,高新技术领域所遵循的收益递增规律也会使得技术开发呈现出锁定和路径依赖效应,也许这种技术范式并不是在已出现的技术系统中是最先进的,但由于其先动优势形成事实的技术标准,从而打破市场竞争力量的平衡,使市场竞争格局发生质的变化。在激烈的市场竞争面前,如果产品、技术不具备共有的兼容性,无论该高新技术企业过去多辉煌、规模有多大,都极有可能成为致命一击,企业积聚的强大竞争力将可能化为乌有,最后或轰然倒下,或者经历一个很长的痛苦的调整期,如当年的王安公司的惨败。又如20世纪80年代的个人电脑操作系统市场的发展,DOS系统并不是当时最好的技术,但由于盖茨领先一步借助蓝色巨人IBM的肩膀使DOS系统成为事实的操作系统标准让别人遵循,从而形成市场竞争和技术发展的路径依赖效应,吸引更多的软件开发商和硬件制造商采用DOS系

统,从而帮助了当时还是小企业的微软公司的腾飞和进一步领先,也排斥了市场上其他的强有力的竞争对手。

三、高新技术中小企业发展的经济学分析

随着世界经济全球化浪潮的到来,国际市场的竞争越来越激烈,这种竞争越来越表现为国与国之间科技实力的竞争,是科学技术转化为生产力的竞争。

东南亚金融危机的爆发,使得过去经济增长强劲的亚洲国家经济受到重创。其重要原因在于这些国家的经济高度发展,并不是这些国家依靠技术进步和由技术进步带动经济效率的提升,而是依靠大量的资本扩张和大规模的资源投入,这些国家自主创新能力低下,当国际经济趋势发生重大的变化冲击到这些国家时,这些国家无力应付变化,导致国内生产能力大量过剩,资产价值严重缩水,最终爆发危机。相反,一个成功的范例如芬兰,无论从人口数还是国土面积来看,芬兰无疑是一个欧洲小国,然而根据瑞士洛桑管理发展学院的国际竞争力排名显示,1998年芬兰的综合竞争力世界排名第5,到1999年跃居到第3,是芬兰的高新技术产业的蓬勃兴旺发展起了重要作用。据世界经合组织(OECD)1998年的一份资料显示,近4年芬兰的经济增长速度平均保持在5%,是欧盟国家平均增速的2倍。其中,电子信息产业的增长速度更是惊人,80年代平均增长为15%,90年代进一步提高到25%,科技论文产出为每百万人1442万篇,远远超过欧洲大陆国家,也超过了美国和英国,芬兰的高技术产品和出口总值的比重达到17%,名列世界前列,进出口贸易8年顺差,这充分说明科技优势是强大竞争力的基础[1]。美国哈佛大学商学院的波特教授指出:一国的竞争优势,就是企业与企业的竞争优势。这句话可直接在芬兰的NOKIA公司上得到验证。NOKIA公司本是一个非常不起眼的小型生产企业,其生产的产品大多集中在传统产业,并且包罗万象。后来企业开始改变经营生产的方向,适应市场变化转而向高科技领域进军,经过这些年来的超速发展,成为世界著名企业。很明显可以看到,芬兰的科技竞争实力的迅速跃升与其国内如NOKIA等这类高新技术企业迅速成长是分不开的。

当前,中国的经济已从整体上告别了短缺经济时代,基本上克服了贫困,绝大部分地区达到了小康,许多初等的但很重要的工农业产品的产量也跃居世界前列,我国已建立了完整的基础工业体系。但同时,我国95%以上的工农业产品出现相对过剩,这与过去短缺经济时代相比是一大进步。但是,这些产品大多数是初级产品,是建立在落后工艺基础上的,能耗高、物耗高、价格性能比低,缺乏竞争力。产业结构的落后归根到底是由于产业水平和企业技术水平低下,一方面传统低档产品大量过剩,企业之间的低水平重复建设导致低水平的价格竞争;另一方面大量技术含量高的高档产品,又需大量进口,许多行业的核心技术也掌握在别人手里。如我国传统纺织品生产能力过剩,国家不得不花大力气,强

---

[1] 邓楠:"为我国高科技产业发展提供金融支持体系",《高新技术产业化》,2000年第1期。

制实行压锭,强制淘汰传统织机,但是我国每年进口高档面料都在60亿美元以上。粗钢产品1.1亿吨,传统产品大量积压,而高档钢材国内又无法生产供应,每年需从国外进口1000万吨,甚至有人不客气地指出,假使我国不进口CPU,恐怕我国连一台电脑都无法自己生产。目前,我国的商品饱和是在一种较低层次上的。显然,我国长期的高速增长属于一种粗放型的经济增长方式,存在许多问题。据统计,我国技术对经济的增长贡献率只有30%,远低于发达国家的80%,相反,我国资本贡献率高达61.6%,而日本仅为23.8%,美国为19.7%,德国为22%。我国大多数主要行业的技术与世界先进水平的差距为一二十年,多数行业的核心技术仍以引进为主,发达国家的高新技术产业在工业总量中占到30%~40%,出口额比重已达到40%以上,而我国相应只有11%和5%~7%,随着国际竞争的不断加剧,对于资源短缺、经济竞争力弱的我国,经济活动空间将越来越受到束缚和挤压。在当前以电子、信息、生物、新材料等技术为标志的高新技术正迅猛地发展,必然促进世界性产业结构的新调整,并且这种趋势将进一步深化并在全球扩展。在这一过程中,新的国际分工不断加快,技术分工占有重大意义。发达国家借助技术创新,控制科技发展新的方向,掌握新的经济增长点,不断推动以信息技术产业、生物技术及航空航天等技术密集型产业的不断发展,同时伴随通过加强金融体制、服务体系等不断完善而不断增强本国的综合竞争力。而发展中国家则根据各国经济的具体特点进行产业结构调整,或者继续深化改革,或者由经营型向集约型转变,但是重要的是其产业结构必须顺应世界经济的潮流,必须不断依赖科技进步和技术创新,只有如此,才可能在国际分工中提升地位。因此,我国应抓住这个调整的大契机,大力发展高新技术产业,提高我国经济的竞争力,并且通过高新技术产业的特点加强对传统产业的改造,改善现有的产业结构,实现经济从劳动密集型向知识密集型的转变,注重技术创新,技术和人才本地化,逐步提升在国际经济竞争中的地位和支配地位。

高新技术产业是在高新技术的研究与开发,高新技术商品化过程中形成的企业群或企业集团的总称。其生产过程和最终产品是建立在高技术的基础之上的,作为高新技术产业的微观主体,高新技术中小企业在高新技术产业化过程中起着重要作用,从高新技术的研究开发到转化为商品等诸多环节,都离不开高新技术企业按照市场运作基本规律去研制、开发与生产,根据市场供求关系的指导原则,并根据市场变化的特点,不断调整市场策略,最后取得成功。世界上很多大型高新技术企业都是从中小企业成长壮大的,世界闻名的通用汽车公司,现在有75万名职工,年销售额1500亿美元,名列世界五百强之首,就是从中小企业发展壮大的,荷兰的飞利浦、德国的西门子等大企业均是从小作坊里诞生并迅速成长,现在的英特尔、微软、戴尔等叱咤风云的国际IT业巨人企业均是白手起家,依靠技术创新,在二三十年内就发展壮大起来。

大力发展高新技术产业,就必须大力促进高新技术中小企业的发展。加入WTO对我国高新技术中小企业的发展存在重大机遇:①有利于学习别国技术。入世后,按照WTO的规定,各成员国之间享有一定的技术互惠条件,发达国家对于我国实行的技术出口管制应有所松动,这有利于我国高新技术中小企业了解国外的先进技术的动态和生产动态,高新技术中小企业借此可发挥技术引进、消化、吸收和创新的桥梁作用,为自身发展拓展了一个更为广阔的天地。②有利于获得资金支持。高新技术产业需要高投入,而在现行体制下资金不足成了制约中小企业发展的重要因素,加入WTO后,随着我国逐步取消外商投资的政策性限制,逐步取消外汇管制,宽松稳定的环境将有利于外资的进入,这为高新技术中小企业吸引外资提供了契机。加入WTO后跨国公司的直接投资,国外风险资本的进入,拓展了我国高新技术中小企业的融资渠道,也可促进我国高新技术风险企业的发展,并且将有利于我国中小企业尤其IT业企业去海外二板市场上市。③有利于参与国际分工,融入全球的市场体系。加入WTO后,我国将有权在130个成员国中享受多边的、无条件的、稳定的最惠国待遇和国民待遇,将极大程度地改善高新技术中小企业的发展和生存条件,一方面为高新技术产业的发展拓展了广阔的需求空间,另一方面激烈的市场竞争也推动着国内一批中小企业开拓国际市场,融入跨国公司的生产网络体系,通过企业的不断的技术创新参与国际分工,在国际市场中占据一席之地。④有利于宏观环境的好转。加入WTO后,因引进了国际竞争,对我国目前存在的重硬轻软、知识产权保护不力、智力入股没有法律保护、投融资渠道不畅,缺乏统一标准等问题,在国际惯例的促进下将有所好转,从而有利于促进高新技术中小企业的发展。

  但是,另一方面加入WTO也会给我国高新技术中小企业带来巨大的冲击:①大幅度降低关税的冲击。目前,在WTO各成员国中,发达国家的加权平均关税已从过去的40%下降到3.8%,一些发展中国家也把关税下调至11%的水平,预计在2005年以前,会取消半导体、电脑和其他高新技术产品的关税限制。对于像电脑、通信设备等高科技行业,它们刚刚起步,在低关税水平下,国外先进产品质优价廉,显然我国该行业的高新技术中小企业在竞争中明显处于不利。②大幅度降低关税壁垒的冲击。消除关税壁垒是加入WTO组织的一重要原则。我国为加入WTO,不得不在降低关税壁垒方面做出了巨大让步,大部分的非关税壁垒也将在2004年之前逐步取消,并且将进一步开放高科技产品市场,逐步取消出口补贴,并增加贸易政策的透明度。目前,在国家政策的大力支持和保护下,我国高新技术中小企业的产品能够占领国内市场。一旦加入WTO后,大量的非关税壁垒取消,国外高科技产品将在价格和质量上更具竞争力,很可能较快占领国内市场,并且由于国内市场对高档、优质产品的需求在不断增加,这无疑将使我国高新技术中小企业的处境更为艰难。③扩大知识产权保护范围带来的冲击。WTO要求各成员国扩大对知识产权的保护范围,中国在1991年和1995年曾就知识产权保护问题与美国达成一定协议,因而在加入WTO后,中国势必在一系列产业和产品领域扩大对知识产权的保护范围,这使得我国的高新技术中小企业,必须遵守有关知识产权方面达成的协议,通过支付专利许可费用来购买国外的先进技术、专利技术,这将大大提高企业引进技术的成本。并且政府也有责任惩办任何有损国家和企业名誉的侵权行为。这样,对于产品开发和技术创新能力差,在较大程度上,通过仿制来进行生产和销售的企业,如化工、医药、计算机软件等行业,将受到很大的影响,尤其仿制率很高的产品将难以继续生产和销售,这必然使得一些高新技术中小企业减产、转产或破产。此外,加入WTO后,高新技术中小企业将在人才竞争方面也会遭受到更大的冲击。

第三节 高新技术中小企业的技术创新战略

一、企业规模、市场结构与技术创新

经济理论界对技术创新与企业规模之间的关系一直是争论的焦点,"谁在技术创新方面的作用更大——大企业还是小企业?"争论双方都积累了大量的实证结果,这些争论对工业发达国家的创新政策产生了重要影响。

熊彼特在1947年发表的《资本主义、社会主义与民主》一书中强调了垄断在创新中的巨大作用,强调足够大的企业规模所具有的资源禀赋是企业创新并能承受与创新相关的风险与不确定性的基本条件,"大企业是技术进步最有力的发动机[①]。"显然,由于创新是一项不确定性的活动,故除非有足够大的能力去承担风险与不确定性,否则,创新没有吸引力。在熊彼特看来,技术创新是经济中的内生变量,内生的创新需要企业内部的技术能力与投资能力,而只有大企业具有相应的能力。加尔布雷思追随熊彼特,认为"明智的远见……是使由少数大厂商组成的现代工业成为引起技术变革的尽乎完美的工具……没有哪一种虚构比下列见解更完美的了,即认为技术变革是受竞争压力的小厂商运用它优于邻人的智慧的无比的创造精神的产物。可惜,这是一个虚构[②]。"此后,一些学者做了大量的调查分析,得出一些相反的结论。如曼斯菲尔德通过对一些产业的实证考察,发现不同的产业企业规模与技术创新的关系有很大不同。谢勒尔认为,在不同规模的企业技术创新的产出上并没有表现出明显的差异。阿罗认为完全竞争比完全垄断更有利于创新,但两种市场结构都低于社会期望的最优状态。卡米恩和施瓦茨的结论是:一个介于垄断和完全竞争之间的市场结构,将会促进最高速度的发明创造活动,而由各具特色的中型企业组成的,新企业可以随时进入的行业,最适合技术进步。综合以上的研究结果,比较一致的结论是:随着集中度的增加,企业的创新趋于下降,在不完全竞争市场中,大企业具有明显的技术创新优势,而在近乎完全竞争市场中以及在某些产业成长早期,中小企业的技术创新有明显的优势,并且技术创新的多少并不与企业规模存在相关关系,另外,正确的创新战略在一定程度上可弥补中小企业内在的成本劣势,并有助于其提高创新的活力。

二、高新技术中小企业技术创新的技术机会分析

高新技术中小企业是中小企业群体中最富有创新活力和创新能力的部分,是中小企

[①] 熊彼特:《资本主义、社会主义与民主》,商务印书馆,1979年,第121页。
[②] 加尔布雷思:《美国资本主义》,霍顿·米夫林出版社,1952年,第91页。

业技术创新的主体,高新技术中小企业技术创新能力的高低是其成功的关键所在。

1. 技术选择

选择什么技术是企业进行技术创新的一项重要且根本的决策,企业的技术选择必须考虑企业发展的战略。该技术的市场发展前景及技术在产业生产周期的位置,在产业生命周期的不同阶段,技术机会及企业的进入成本是不一样的,从而影响到市场进入成本和资源要素获得成本(图26-1)。

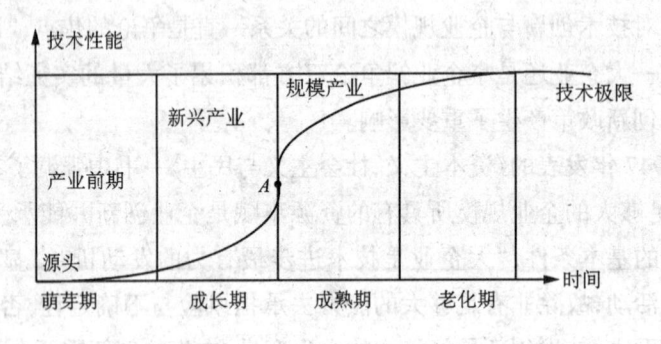

图26-1 技术轨迹与产业演化

决定产业生命周期的是该产业中的主导技术,而技术本身也是在不断变化,也有生命周期。其技术成熟的演变过程可在技术轨迹上得到体现,在技术轨迹的不同阶段,技术风险及市场风险也不同,企业的进入成本也有所不同,越是在后期进入,企业的进入成本就逐步增加,如表26-2所示。

表26-2 技术轨迹上各阶段的特点及需要的能力

技术轨迹	特点	竞争优势	需要的能力
萌芽阶段	科学上高度不确定	科学积累与突破创新	学术带头人,实验条件
生长阶段	新产业形成,技术转换快,大量产品创新,未形成进入壁垒	专有技术	较强的技术能力,灵活的产品与经营转换机制,资本不需很大
成熟阶段	技术范式与行业壁垒形成,以工艺创新为主	规模经济	较强的市场营销与工艺开发能力,雄厚的资本

资料来源:方新:《创业与创新——高技术小发展之路》,中国人民大学出版社,1998年,第21页。

对于高新技术中小企业,其具备的优势在于企业内部灵活的有效的非正式的交流体系,对外界环境变化能够迅速做出反映,并且创业主具有强烈的创业欲望,善于抓住新机会,敢于冒险,另外企业本身也具有较高的研究开发能力,因此在新产业发展初期,技术处于萌芽期,新技术是未知的,其市场前景也处于未知状态,故孕育着大量技术机会,市场竞争也由于大企业的尚未介入而呈非集中性,市场的进入成本极低,为中小企业的介入提供了大量的机会。

随着高新技术的迅猛发展,市场需求日趋多样化、个性化,并且新技术使得各种服务在世界各地都能很容易地得到,譬如通信手段的先进使得企业之间在相互联络及协调方面大大降低了交易费用,大批量生产越来越不合时宜,大企业也不全部自己生产,而不得不将大量的业务外包给中小企业,因此,在技术成熟期阶段,高新技术中小企业也同样存在机会。

因此,高新技术中小企业可根据自己的特点,分析自己的优势与劣势,而采取不同的技术选择方式,从而得以在市场竞争中占据一席之地。

2. 技术替代

实践证明,当一项技术达到技术极限后,相应地会有一种新技术替代旧技术,从而使技术参数得到进一步延伸,即存在技术替代现象。新老技术往往能共存一段时间,如VCD市场与录像机市场共存,虽然VCD机有取代录像机之势,但是VCD机不具备录音、转录等功能。

技术替代现象的存在为高新技术中小企业的发展提供了机会,由于技术发展是不连续的,高新技术中小企业可以通过考察市场,正确把握技术变化趋势,直接以一个较高的技术层次进入市场,从而对老企业可能造成威胁,也给自己的生存创造了条件。如国内的北大方正集团1976年跨越照排机第二代、第三代,直接研制第四代成功,从而成功地进入新的技术轨道,为企业的成长壮大打下坚实基础(图26-2)。

世界第一台"手动式"照排机于1946面世,随后"光学机械式"二代机和"阴极射线式"三代机纷纷出现。

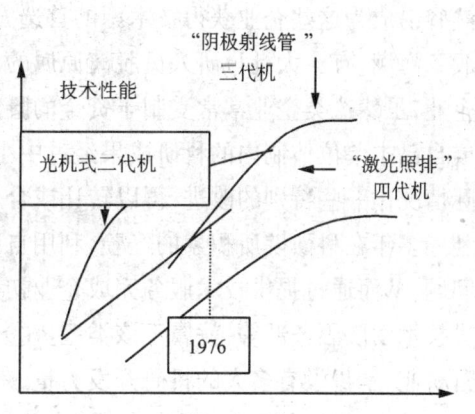

图26-2 照排机的技术替代图

1975年,英国研制的"激光照排"四代机也即将面世,当时国内研制照排系统的几家科研院所分别选择了二代机和三代机。但是,由于我国基础工业落后,搞三代机所必须的一系列的精密机械工艺的滞后将会严重地制约研制进程,而三代机的模拟存储方式也困难重重,即使二代机、三代机研制出来也是落后的,故当时北大方正集团创始人王选毅然选择了研制激光照排机第四代,最终在1976年研制成功,从而使企业及时进入了新的技术轨道,抢占了制高点,为企业的发展找到了一个新的增长点。

三、高新技术中小企业的研究开发

对于高新技术中小企业,要在激烈的市场竞争中能生存发展,就必须不断进行技术创新,并且具备一定的技术创新能力和持续创新能力。而研究开发是高新技术中小企业技术创新必不可少的手段,是高新技术中小企业的立身之本。

1. 我国高新技术中小企业的组成类型

改革开放以来,我国经济持续 20 年以强劲势头高速发展,中国改革开放的总设计师邓小平曾指出:科学技术是第一生产力,没有现代科学技术,就不可能建设现代农业、现代工业和国防,没有科学技术的高速发展,就不可能有国民经济的高速发展,我国政府提出了"科教兴国"战略,并实施了一系列科技计划,如"863 计划"、"火炬计划"等,中国的高新技术产业取得了很大成绩。

目前,我国高新技术中小企业主要有以下类型:①科研院所自办型。这种类型的企业在我国发展很快,它有利于科技成果转化,尤其是科技含量高的成果。我国几十年的计划经济体制,造成了我国科技体制科研与市场两张皮现象。科研人员搞科研大都只是追求一种荣誉,研制成功的成果只是成为参与的科研人员写论文、评职称、获奖的手段,而很少会被转化成产品,这样,科研院所积压了大量的科研项目成果,当然,其中有一些已经没有多少价值。改革开放后,许多大学、科研院所纷纷办起企业,科研院所搁置的科研成果自然容易成为这些企业获得技术源的首选方式。②科研人员下海型。改革开放后曾兴起一股下海潮,有一大批科研人员脱离原属的单位,投身到市场中,独自筹资创办高新技术小企业,虽然这类企业常常受制于资金的匮乏,且管理经验缺乏,这些科研人员常常把自己或自己本单位体制内的科研成果经过中小企业的市场化包装或根据市场需求特点结合实际情况作一些特别的改进,再以转让或合作的方式卖给企业或用户。或者这批科研人员利用多年在科研院所积累的经验,利用自己的知识和技能为工业等部门解决技术等实际问题,从而通过提供技术服务完成企业初期的原始积累过程,如中关村最早的等离子体先进技术发展服务部等,就属于该类型。③个体私营企业自办型。这类企业有着灵活的经营机制,本身没有多大的科研开发力量,一般通过买专利,或者与科研人员合作参股进行高新技术产品开发、生产和销售等,效益较好,但该类企业发展并不很稳定,且短期行为严重。④企业主体型。由一些企业创办的一些子公司,这类企业既进行高新技术产品的研究开发,也进行生产,这样可避免科研成果转化等环节。但常常由于规模小、资金与人才缺乏而科研力量不强,且管理方式落后,未建立起灵敏的信息系统,决策水平不高常常制约着企业发展,从而影响企业的稳定成长。

2. 高新技术中小企业研究开发的主要方式

高新技术中小企业具备一定的技术背景,要取得在市场上的竞争优势,高新技术中小企业需要通过研究开发来提高其产品的技术含量,为企业寻求一个基本的增长点,高新技术中小企业研究开发主要有以下方式:

(1) 技术引进。在我国,科研院所与高等院校是主要的科研机构,几十年的计划经济体制造成大量技术成果搁置,科技成果转化率不高,故企业通过对市场的调研,采取直接购买技术成果或联合组建企业等方式直接引进技术,是一种最省时、省力且风险最小的办法,常成为创办初期的高新技术中小企业首选的办法。虽然这类引进的技术往往技术领先度不高,企业往往只能获得该行业的平均利润,且产品的寿命也不太可能长时期维持,但该种研究开发方式往往为新创的高新技术中小企业完成原始积累过程,为企业赚得第一桶金。或者一些科研院所自办企业直接由科研院所提供技术,使这类企业在技术选择、技术预测及研究开发方面均可节省投入,降低开发成本,并且能以一个较高起点进入市场。但是市场需求变化迅速,要求企业与科研院所在信息沟通渠道方面要十分畅通。这种方式不能使企业获得长期竞争优势,因为高新技术中小企业重在技术创新,这类企业自己没有自主科研开发能力,难以在市场上能发展壮大。

(2) 二次开发。二次开发是企业对先进技术消化吸收,在原有基础上进行非革命性的开发,通过对本国市场的调研,给合本国现有的生产条件、劳动力资源及科技资源等因素,自主研制创新的、适合本国用户需求的技术。二次开发一般投入较小,风险很小,它不是技术上的重大性突破。但技术领先程度较强,通过对先进技术的完善提高,可形成一定的技术优势,同时技术的市场寿命一般不太长。二次开发是高新技术中小企业最常见的一种研究开发方式,尤其对于发展中国家的高新技术中小企业更是如此。

高新技术中小企业资源有限,一般以开发为重点,追求开发项目所带来的利润。在我国许多高新技术企业创业早期,都侧重于搞二次开发,这与当时经济环境有关。几十年积累的科技成果太多了,初创的企业大多追求能尽快获得利润,科技人员对沉淀的成果进行筛选,然后根据市场需求特点直接推向市场,或进行些微改进,即"二次开发",然后迅速投入市场,不失为一种捷径。这种二次开发所付的代价很小,典型的例子如北大方正集团和王码电脑公司等。或者由于当时国内几十年的封闭建设,利用国内市场和国际市场存在巨大的技术势差,引进国外的先进产品进行二次开发,使之适合中国市场的需要,也是高新技术企业所采用的研究开发的主要形式之一。如四通公司的 MS 系统中外文电子打印机就是在引进日本先进技术并加以消化、吸收的基础上,针对中国用户需要,通过二次开发所研制出来的新产品,其他类似的例子还有亚都超声波加湿器和时代公司的"里氏硬度计"等,这种研究开发方式促进了国内科技成果转化和消化吸收国外技术,同时又为高新技术中小企业的成长提供了发展机会。

(3) 独立开发,侧重产品创新。随着我国市场经济的不断发展,市场前景好的技术成果的搁置期越来越短,并且高新技术中小企业利用成熟技术的成本不断上升,对先进技术的二次开发获得的高新技术产品的技术寿命和市场竞争力不可能为高新技术中小企业取得长期、持续的竞争优势。高新技术中小企业利用自己的研发力量,独立开发出满足市场需求的产品是其研究开发的直接目的。在高新技术领域,技术飞速发展与产品快速的更新换代为中小企业的产品开发、生产经营都带来很大的风险,激烈的市场竞争更使高新技术产品的淘汰率加大,中小企业一旦对技术引进及二次开发中的技术选择不当,或者新开发出产品市场营销策略的选择不当均可能导致开发失败。高新技术中小企业独立开发一旦取得成功,其所开发的技术往往具有很强的技术领先性,技术寿命较长,企业可在一定时期内独占市场,获得垄断利润,而且,这种独创技术更易于进行二次开发,不断进行技术升级,一再突破技术极限,如果企业本身又能采取正确的市场营销手段,就极可能形成"相关技术簇"优势,从而保持该领域的领导地位。如世界知名企业英特尔能以一个小企业迅速发展为半导体巨人,其深层次根源在于其不断研究开发,突破技术极限,形成"相关技术簇"优势,面对激烈的市场竞争,总能适时推出最新技术和最新产品,始终把竞争对手远远甩在身后。早在1965年,英特尔创始人之一摩尔预言微处理芯片的记忆容量每18个月将增加1倍,这个广为人知的"摩尔定律",成为英特尔奉为圭臬的企业目标。英特尔一直按照这个发展速度,不断推出创新产品,成功地掌握市场竞争的主动权。

3. 高新技术中小企业研究开发的必然趋势:合作研究开发

高新技术中小企业要想成长壮大,需要有很强的技术开发能力,但大多数情况下中小企业自身研究开发能力有限,需要借助外力来提高自己的技术实力。

中小企业可根据自身技术实力、财力及研究开发技术的性质和目的采取不同的合作方式,或者与科研院所合作研究开发,或者与企业搞合作研究开发。高新技术中小企业由于更靠近市场,对市场需求及产品要求非常了解,能够更易筛选出适宜企业自身发展的科研成果,企业在研究开发过程中能够主动出击,取得主动权,在与科研院所合作时,更着重利用科研院所强大的科研实力,借助科研院所的科技力量解决一些基础的但着眼于长远的技术开发难题,保证企业能够不断推出新产品,并提高产品的科技含量,以保持住企业的发展势头。在与企业进行合作研究开发时,更着重各自的优势,取长补短,相应可同时增强合作双方的竞争能力,或者合作开发,或者购买专利或技术成果,一切建立在对投入产出的考核上,从而有利于企业发展壮大。

四、高新技术中小企业的技术创新战略

正确的技术创新战略是企业提高竞争力、形成竞争优势的关键所在。企业技术创新战略的运用与企业本身的技术能力、技术获得机会、高新技术产品结构、市场竞争程度、国家宏观经济形势及国家产业政策等均有一定关系。企业要进行技术创新,就必须选择合适的技术创新战略,技术创新战略是企业在激烈的市场竞争中利用技术创新获取竞争力的方式。

技术创新能力是与技术创新战略密切相关的,一方面,企业技术创新战略的选择必须以企业现有的技术创新能力为基础;另一方面,企业正确的技术创新战略又有助于企业技术创新能力的提高,从而又进一步推动企业正确的技术创新战略的实施,二者是一种互动关系,呈一种螺旋形上升,否则,则呈一种下降态势,甚至影响企业的生存。

高新技术中小企业,具备一定的技术背景,要在竞争中取得优势,必须不断创新,研究开发是其立身之本,但因为规模小,受制于自身资源的限制,尤其资金的不足,高新技术中小企业更应结合自身的特点,发挥自己的优势,采用适宜的创新战略,惟有如此,才能在激烈的竞争中占据一席之地。高新技术中小企业由于规模小、资金不足,其技术创新能力更

关键的是利用外部资源,结合自己的技术特点,把握住变动的市场需求,找到市场突破口,并在某领域异军突起,有恰当的营销手段,能将创新产品迅速推向市场。而且同时,能够通过申请专利等办法,保护自己创新成果的知识产权。显然,高新技术中小企业重在技术创新,否则市场也不会给其机会生存,许多小企业还未成长便被市场淘汰出局的遍地都是。因此,要在激烈的市场竞争中立于不败之地,高新技术中小企业就必须根据自己实际的技术创新能力,扬长避短,科学制定技术创新战略,选择合理的战略目标,采取适当的创新方式,从而确保技术创新战略的实施。

(一) 高新技术中小企业的技术创新优势与劣势

高新技术中小企业依靠灵活的特性及对新兴市场敏锐判断,强烈的创业冲动和大胆的冒险精神,创造了一大批神话般的典范,如苹果公司、微软公司、戴尔公司等,这些企业和企业的创业者已经成为人们的偶像和梦想。①高新技术中小企业的创业者往往就是技术拥有者,具有一定的研究与开发能力,对技术的发展趋势有敏锐的感觉,对技术的可行性也有一定的把握,技术创新的环节涉及面较少,开展技术创新灵活简便。因此,中小企业虽在资金、技术力量及生产能力方面不如大企业优势,但中小企业如果能够找准技术方向进行突破,创新成功率同样较高。②经营发展层次少,经营机制灵活,创新效率更高。高新技术中小企业可避免大企业决策迟缓的毛病,可在一定程度上缩短技术开发周期。中小企业内部组织层级少,易于沟通,有利于减少内部信息交流中的损失,经营管理集中,更易对多变的环境迅速做出反应,及时做出创新决策。③中小企业人员少,往往一人身兼数职,更能充分利用人力资本。因为企业人员少,专业化程度高,内部分工不那么细化,更能提高人力资本的利用效率。④中小企业对技术创新的需求更高,开展技术创新活动的意识更强。生存的压力迫使中小企业更易接受新思想,对技术创新更为迫切,由于中小企业历史较短,更易摆脱旧技术的束缚,对于潜在的新技术及其未来的市场前景更能够在较短的时间内做出反应。

当然,高新技术中小企业技术创新最大劣势在于研究开发资金及科研能力等不足。由于技术创新存在着不确定性,虽然中小企业所选择的项目也许具有光明前景,但由于在技术创新过程中存在许多诸如技术、财务、管理等风险,好项目不一定就意味着成功,因此,高新技术中小企业创业之初由于其产品前景并不明朗而难以融资,起步资金大多是一些创新者的个人积累或一些借款,资金紧张,难以满足技术创新过程中研发对资金的需求。另外,高新技术中小企业创业者大多是技术人才,对管理知识知之甚少,有的能够在实践中通过学习提高管理水平,有的却因为学习能力不足,因管理方面的原因而制约了技术创新的进行。

(二) 两个案例的比较分析

如前所述,技术创新战略可分为:领先创新战略、跟随创新战略和创造性模仿战略。无论采取何种战略,都要求高新技术中小企业能采取正确的技术路径,并且把握住市场需求的变化,结合自身优势,善于利用外部资源,惟有如此,高新技术中小企业才可能成功。

从理论上讲,采用领先创新战略要求企业具有较高的科技研究开发能力和科研基础,资金投入大,抗风险能力强,较适用于技术、资金雄厚的大企业。但采用该战略的大企业失败的例子也时有耳闻,如 RCA 公司在视盘技术的研究与销售的重大惨败就是一个典型的例子。但同时采取主动创新战略的小企业成功的典范也是存在的,如我国的北大方正集团无疑是一个经典的例子。

1. RCA 的视盘技术之梦[①]

美国无线电公司,即 RCA 是世界家用电器工业的先驱。正是它率先将影像技术带入寻常百姓家庭,生产出了划时代的第一台大批量工业化生产的家用电视机和录像机。而今天,在美国与日本家用电器业你死我活的角逐中,又是 RCA 公司率先推出第一台标准数字化彩色电视机,一举确定了数字化电视机的行业标准,从而彻底击碎了日本各大电器公司妄图成为高清晰度电视业领袖的美梦,重新确立了美国在高清晰度电视方面的绝对领先优势。

然而,在 20 世纪 80 年代,也就是美国家用电器业最黑暗的岁月里,美国的各大家用电器公司在与日本公司的市场竞争中几乎全军覆没,那时 RCA 公司的处境自然也好不到哪儿去,相继把公司的电视机等制造业务售出。谁知祸不单行,公司在激光视盘机的研究与销售上又遭受了重大的损失。

视盘技术是在录像机逐步走入家庭的大背景下出现的,但由于当时录像系统主要是广播公司用来录制转播电视节目用的,价格非常昂贵,当时一台录像机的售价为 1000 美元,因此大多数家庭不敢问津。有鉴于此,有的厂家从留声机能够贮存声音反复播放,并且成本很低的事实受到启发,想到如果用类似的方法复制图像,可能也很便宜且易于普及,从而产生了后来的视盘技术。

在涉足这一领域的众多厂商中,RCA 是率先进入的佼佼者。在此之前,RCA 对视盘技术已秘密开发了 15 年,耗资约 5 亿美元,项目代号为"原子弹"。RCA 公司希望把这一成果推向市场时能获得原子弹爆炸时那样的轰动效应。

20 世纪 70 年代末,RCA 将视盘机推向市场时,售价定为 500 美元一台,比录像机便宜了一半,激光碟片的图像及声音效果又远远强于录像机。同时,激光碟片的价格仅售

[①] 清华大学经济管理学院工商管理案例研究组编:《MBA 工商管理 800 案例——技术创新品牌战略》,世界图书出版公司,1998 年,第 116~119 页。

15美元一片,价格也是录像带的一半,因此市场销路十分看好。

受此鼓舞,RCA把产量增加了50%,并计划到1981年底销量达30万台,这样,收回全部投资就指日可待。在RCA影响下,另外两大公司——日本JVC公司和荷兰飞利浦公司也都投入了大量资金生产这种产品,希望能在这个新兴的市场分一杯羹。但同样掌握了视盘技术的索尼公司却退出了,索尼公司判断,由于视盘技术与录像机相比存在重大缺陷,即不能录制节目。因而索尼公司转而一心一意发展录像机技术。对此RCA公司没有重视到,况且RCA是这个市场的绝对领先者,怎能轻易退出这个市场。

但市场的变化实在太快了,就在视盘技术发誓要替代录像机技术时,一个扭转局势的重大事件发生了。日本的索尼公司研制出了新型的高精密度录像机磁头设备,从而使大批量的生产录像机高密磁头变成了现实。磁头的成本大幅度降低,并使录像机的成本一下降到300美元以下,结果,录像机的销量以每年翻一番的速度增长,致使1983年全世界视盘机的累积总销量仅为30万台,其中RCA为22.5万台,尚未达到1981年的目标。残酷的现实,彻底打碎了RCA的梦想。当时,据RCA的销售人员估计,如将视盘机的价格降到199美元,1984年销售量可能达到50万台,但这价格与RCA当时的成本实在差距甚远,所以一直未痛下决心。

市场形势的突变促使许多公司退出,其中包括IBM公司。而RCA还在苦苦支撑,但由于视盘机项目的巨大赤字,对它再进行大的投入已不可能,研究开发工作的进展相当缓慢。

眼看着RCA在视盘机的泥潭里越陷越深,公司的新任董事长布兰德松开始渐渐面对现实,他组织公司的专家们以一种客观公正的态度对视盘技术进行了评估,在确认继续挣扎下去将导致灾难性结果之后,布兰德松于1984年4月正式宣布,RCA决定停止视盘机的生产。至此,历时近20年,耗资5亿~6亿美元的RCA视盘机之梦破碎了,至停产之日,RCA总计售出50万台视盘机,以每台售价500美元计算,收回投资2.5亿美元,即这一产品给RCA至少带来了2.5亿~3.5亿美元的亏损。此外,停产时仍有1.2万台视盘机堆放在仓库中,另有15万台遍布在分销商手中。

而且,这一事件的余波远未结束,由于消费者手中还有50万台视盘机,在随后的几年,RCA公司一直继续生产和销售激光视盘,以满足这些消费者的需求。

又过了约10年,即1994年RCA停产视盘机之后第一台新型的激光小影碟机诞生在中国的万燕电子有限公司,并立即风行全中国,到1997年,中国大陆已成为世界上最大的影碟机生产和消费国,当年产量为1000万台,成本已低于每台100美元。这些影碟机仍没有录制功能。RCA当年花了5亿美元而没有做到的事情,在90年代的中国几乎没花什么钱就做到了。

从以上这个例子可看出,市场竞争是无情的,作为技术领先者的RCA在视盘机上的失败似乎生不逢时。在80年代,由于视盘技术中的某些关键技术并不成熟,导致视盘机无法与改进后的录像机竞争,从而导致了巨大的损失。而90年代以来,当这些不成熟技术被人们克服后,使视盘机的价格比录像机更具有竞争力,视盘技术得以更迅猛的速度成长。而 RCA 却因早已退出这块领域而无法再分享这份市场果实。技术领先者的成功在于对市场机会的把握,应该说,RCA 搞的视盘技术是符合潮流的,然而其致命的缺陷在于未充分认识到市场需求变化的多样性、复杂性,他们只专注于视盘技术清晰、方便、灵敏,却未注意到其弱点:不能录制。留声机被录音机取代的原因在于其不能录音,遗憾的是 RCA 未注意到消费者重视录制功能,结果 RCA 付了近 20 年时间和 5 亿美元来买这个教训。

2. 北大方正模式

高新技术中小企业成长的道路各有千秋,虽然如上例所述,采取主动创新战略就连技术、资金实力雄厚的大企业由于未能把握好市场机会而得以落败。但实践显示,北大方正集团当年就是凭借当代最先进的技术平台,根据自己的竞争优势,准确地把握市场需求特点,恰当地选择技术路径,并且重点突破某些关键技术,从而在一些特定领域如照排机市场上使自己的产品进入领先行列,并且不断主动创新,不断进行技术升级,从而将竞争的主动性掌握在自己手中,将竞争对手远远甩在后头。北大方正集团在成长的道路上采取主动创新战略,经历了四次技术跨越[①]。①告别铅与火的跨越。北大方正集团当年经过对当时技术及市场等认真考察后,果断选择高起点的技术路径,直接从第一代铅字排版,不经过日本流行的第二代光机式照排和美国流行的第三代阴极射线管照排,而选择最先进的第四代激光照排,从第一代直接跨越到第四代,从而探索出了一条成功发展的道路。②告别报纸传真机的跨越。北大方正不断创新,首次采用页面描述语言传送报纸版面,传送速度明显加快,而且毫无失真。一改过去的报纸传真机送纸型的弊端:不仅速度慢,而且失真严重。③告别传统电子分色机的跨越。以前报纸彩色版出版程序复杂繁琐,效率不高,它需要用分色机出照片,然后人工剪贴,严重影响速度和质量,北大方正发现了这些问题,不断研究开发试图解决这些问题,最后北大方正首次采用开放式的彩色照排出版系统,取代电子分色机,从而使文字与照片合一处理,输出速度大大加快。④告别纸与笔的跨越。北大方正率先采用彩编流程管理系统,实现报纸主要流程的电脑管理,从而告别了纸与笔的管理。并且,北大方正又不断向新的领域发展。

北大方正的成长历程为后来者提供了一个范例。高新技术中小企业也是可以采取主动创新战略,当然也需要其具备一定的基础,即这类企业应该在一些高新技术领域拥有较多的技术积累,并且这些技术是处于领先水平的,有着巨大的潜在的市场机会,企业又非常注重技术的知识产权保护,能够通过申请专利等注重保护自己的技术成果。同时,企业在不断学习的过程中,能够将技术商品化、市场化。显然,市场竞争中的企业没有稳固不变的,它具备这样的基础条件并非一定能成功,还需要在激烈的竞争中不断调整技术创新战略,不断提高其管理水平、市场营销能力等,这些工作是必不可少的。

---

① 张明玉等:"中国企业技术跨越战略与策略分析",《中国软科学》,2000 年第 5 期。

（三）高新技术中小企业的技术创新战略

高新技术中小企业以跟随创新战略、创造性模仿战略为主要技术创新战略。高新技术中小企业创业之初规模小,实力必然受到限制,资金、技术、人才、信息等资源从外界获取的能力也差,其发展能力限制了其采用主动创新战略,高新技术中小企业采用跟随创新,创造性模仿战略相对要更现实一些。如此,高新技术中小企业可以回避 R&D 的风险,可以静待技术领先者的创新活动,根据自己对市场反应灵敏的特征,选择最适宜的技术成果加以引进、消化和吸收,风险可降到最低,而投资少、见效快。并且利用创造性模仿战略,可为中小企业发展增加"后发优势",同样可降低风险与投入,并且结合自己的技术特点和优势,通过二次开发形成自己的技术特点,在激烈的市场竞争中不断积累经验和提高自己的技术能力,为自己的持续成长打下坚实的基础。

高新技术中小企业在实施技术创新战略的过程中,要善于借助外部力量,通过与别人合作研究开发来完成自己的创新战略是明智之举。随着现代经济的迅猛发展和技术的日新月异,无论是产品技术还是工艺技术构成的技术体系日益庞大,单个企业尤其中小企业已越来越难掌握各种技术知识乃至市场营销等多方面的知识。一些研究开发项目投资大,风险高,技术等级高,远远非单个中小企业所能面对。通过合作研究开发有助于高新技术中小企业降低风险及研发成本,同时又可以吸收新技术、新知识,既有利于合作方之间的技术、管理等的互补性,又可以加快创新速度。高新技术中小企业采取合作研究开发可以走"产、学、研"合作之路,高新技术中小企业要积极与大学院校、科研院所、企业合作,多互相接触,了解技术发展的趋势,在了解市场需求的基础上,对科研院所的一些科研成果进行筛选,找出有市场前景的成果,或者企业与科研方双方合作,企业可以在资金、试验设备等方面出力,科研院所则出人才、技术,这样双方取长补短,为企业的发展提供了一定机会;或者也可以与其他企业进行合作,发挥各自优势,如在技术开发、市场营销等方面。总之通过进行合作创新,使高新技术中小企业借助外力来壮大自己。

高新技术中小企业技术创新以跟随创新、创造性模仿战略为主,但这只是一种企业发展进程中获得竞争力的一种手段,并非长远之策。随着企业的壮大,模仿别人容易在技术上受制于人,不能在竞争中占据主动优势。另外,随着高新技术的发展及知识产权保护等相关法规的日益完善,技术模仿难度也越来越高,模仿的成本也日益增高,这些都不利于企业的长远发展。所以,在高新技术中小企业发展的各个阶段上,采取的创新战略必须随自身实力不同而不断变化,根本目的是增加企业的竞争优势。在创业初期,跟随创新、创造性模仿都是一种渐进性的创新,从技术领先者的技术中学习,从创新者创造的新市场中获得机会发展,将已商品化的技术不断加以改进,提供更优质、更有特色的服务和产品。随着企业的发展壮大,不断积累自己的技术、管理、营销等知识,培养自己的自主技术创新能力,只有这样,才能使企业在激烈的市场竞争中立于不败之地,获取竞争的源泉。当然,在企业发展过程中,并非先采取跟随创新、创造性模仿战略,再采取领先创新战略,关键是根据技术的变化及企业自身的技术实力来决定。企业要根据自己的人才特点、技术能力、市场营销及所获技术的难易程度等多方面因素来确定自己的技术创新战略,如联想集团在汉卡开发上是采取领先创新战略,而在其他产品上则采取跟随创新战略。企业根据不同情况,通过对投入产出的比较,来选定适宜的技术创新战略,只有如此,才能在市场竞争中稳步成长。

第四节　高新技术中小企业核心竞争力的培育战略

企业是由各种资源要素如资本、技术、劳动力等构成,企业本质上是一个能力集合体。由于每个企业的资源要素及处理资源的能力不同,企业之间的核心竞争力未尽相同。以发展的角度来看,企业核心竞争能力存在一个由小到大的过程,处于不断演变的状态,无论是对于尚未建立起核心竞争力的企业,还是已经正在建立核心竞争力的企业,为在激烈的市场竞争中取得长久的、持续的竞争优势,培育和发展核心竞争力的工作都是重要且迫切的。由于核心竞争力是动态的,它随着市场需求的不断变化、技术的日新月异以及市场中的各个企业之间的竞争实力的消与长有着密切关系,是一个相对、动态的概念。无论一个企业的实力有多强大,建立起怎样强的核心竞争力,如果不结合技术进步趋势及市场变化,已有的核心力就会贬值,从而被市场无情淘汰或被后来的竞争者迎头赶上,从而在激烈的市场竞争中惨败。王安电脑公司轰然倒下就是一个明证。王安电脑公司一度与IBM等计算机巨头分庭抗礼,然而随着个人电脑流行趋势的发展,20世纪80年代的王安公司仍没有认清到这一趋势,经营仍然局限在大型机市场,从而未能将其强大的核心竞争力扩展到微机市场,丧失了大好的市场机会和远大前程,使得盛极一时的王安电脑公司如同庞然大物般轰然倒下,成为无情的市场竞争中的又一个陪衬品。

一、核心竞争力的理解

从以上分析表明,企业要建立持久的核心竞争力,就必须从长期目标出发,把握住现在市场及未来市场的发展变化趋势,不断创新和不断努力。企业核心竞争力的培养首先必须深刻理解核心竞争力的内涵,核心竞争力存在三个层次。

1. 培育和开发构成核心竞争力的各种技能

这是形成企业核心竞争力的第一步。其目的是要培养或开发出构成核心竞争力的技术和能力,以形成一定的核心能力,为企业的长久发展打下基础。尤其在生产要素方面,如人才、技术、知识等方面,在今天的市场竞争中,谁能在市场中得到关键的技术和人才,谁就能先赢得主动。

企业发展过程中,所拥有的资源要素必定有限,需要善于利用外部资源,从而可在一定程度上节省企业的学习成本,降低交易费用。通过利用外部资源,借力发力,可在较短时间内获得所需的资源要素。譬如挖掘有专长的技术人才,或者储备一定量的高素质人才,在技术创新方面可与别人合作,建立合作研究开发机构或者建立战略联盟,以他人之长补己之短,在技术获得上如果能以极小的代价获得技术,就没有必要自己动手,从而可节省一大笔费用。如微软公司的比尔·盖茨利用学会的 BASIC 语言开发出 BASIC 语言的编译程序,并在 1979 年已行销百万套,从而使 IBM 有兴趣向比尔·盖茨订购一个操作系统。此时的比尔·盖茨意识到这其中蕴藏的巨大商机,虽然他未开发过操作系统,但他仍答应为 IBM 特别设计一套操作系统并且要价极低,而且 IBM 同意签署了比尔·盖茨可以向其他客户销售略作修改的操作系统版本的文件。随后比尔·盖茨迅速以 5 万美元就近从西雅图计算机公司买断了一套操作系统 DOS 的版权,经修改后将 DOS 系统提供给 IBM 使用。比尔·盖茨的这一举动堪称神来之笔,既利用了西雅图计算机公司的技术成果,又凭借蓝色巨人 IBM 遍布全球的营销体系,通过踩着"巨人的肩膀"开始了其创业之奇迹。而我国的 WPS 问世却没能借助到外力,企业从零开始去建立代理网络,而比尔·盖茨却通过 IBM 在须臾之间就将操作系统推广到世界各地。由此可见,企业的核心竞争力培育的第一步,培养各种技能的关键之处在于首先要学习且要善于利用外部资源,这样不仅节省大量时间,也可降低一定的交易费用。

2. 整合竞争力要素

核心竞争力是由一系列能为企业提供竞争优势和竞争能力的多种竞争力的有机集合,一些零散的技能、竞争力要素都不能构成核心竞争力,企业要形成核心竞争力,就必须不断整合通过各种方式取得的构成核心竞争力的这些资源,否则培育和开发各种构成核心竞争力的各种技能就没有多少价值。

竞争力要素的整合,需要将各种各样分散的技能和技术等融合在一起,企业内部管理水平的高低将直接影响整合的效率与效果,要求企业高层着眼于企业的长远发展战略,不断地优化企业内部的资源配置,不仅让企业在现有的市场占据主动优势,同时也要让企业能在未来的市场中能够拥有强大的竞争优势,在激烈的市场竞争中处于主动地位。

3. 核心产品市场份额的获取

核心产品是介乎核心能力与最终产品之间的一种中间性产品,通过出售核心产品,企业可以借助下游合作伙伴的销售网络和品牌来实现核心产品的市场份额。企业竞争的最高境界是可以通过出售核心产品,在其核心竞争力领域建立垄断或近乎垄断的地位,而且不会受到法律法规及市场销售渠道等的限制,核心产品的市场份额是一种"虚拟的",它不同于最终产品的市场份额,它既可能回避现实中关于垄断等法规的约束,自由地发展,而且它又可以回避最终产品市场的激烈竞争。如我国的 VCD 厂家最高峰时接近千家,由于 VCD 生产本身技术含量不高,进入门槛低,造成 VCD 厂家竞争处于低水平价格竞争,而

VCD中最关键的技术是建立在国际先进解码技术基础上的具有较强纠错功能的机芯,却掌握在荷兰飞利浦公司和美国C-cube公司手中,从而生产机芯的这两家企业获利丰厚,其所赚利润超过了我国所有VCD厂家的利润。又如奥地利经济在二战以来持续发展,在1998年该国经济发展在欧盟排名第三,失业率为4.4%,通胀率为0.9%,它的国内生产总值比上一年增长了3.3%,这些与其国内中小企业的强劲发展势头是分不开的。奥地利中小企业可谓是世界上鲜为人知的世界冠军,该国中小企业能够充分发挥中小企业的竞争优势,不断创新,并且有意识地进行市场聚焦,不断缩小市场范围,集中核心产品发展,不过多分散精力,将在市场上占据领先地位作为企业发展的首要目标。这种采取核心竞争力战略为奥地利中小企业的繁荣发展提供了不竭的源泉,如其国内施华洛世奇公司在人造宝石世界市场上的市场份额高达67%,潘克尔赛车系统公司在为赛车提供的轻质材料市场上占据50%的市场份额,还有生产香烟纸的特里恩贝格公司则占47%,普拉瑟——托伊勒有轨工程机械公司在铺轨机市场占主宰地位,罗森鲍尔消防设备公司在消防特殊车辆方面成为世界的领先者。因此,如何尽快建立自己的核心专长,形成自己的核心产品,是企业发展的源泉所在。

二、高新技术中小企业培育核心竞争力的操作思路

高新技术中小企业必须不断培育核心竞争力,才能在创新更快、竞争更强的市场中立足。核心竞争力决定了企业的未来命运,是企业特有的能力,通过向用户提供比竞争对手更高的利益,从而拉开竞争差距。它应该体现在企业内部创新机制、创新战略、创新精神、用户潜在的市场需求开发、对市场的快速反应能力、信息处理及领导决策等。世上没有十全十美的企业,任何企业都不可能在各个方面都非常优秀,关键是找出自己的比较优势,集中企业的资源优势逐步建立核心竞争力,并且形成核心竞争力的过程中,使企业自身的优势更优,甚至弱势转化为优势。

1. 竞争领域的定位:寻求企业成长空间的突破口

高新技术中小企业竞争领域的定位实质上是寻求一个突破口,为企业的生存发展寻找持续的利润增长点,由此企业在各方面的能力有一个由弱至强的积累过程,并为企业核心竞争力的培养提供一个目标方向。

竞争领域的定位是由高新技术中小企业的自身特点、市场、竞争对手等多方面因素来决定的。对于创立初期的高新技术中小企业而言,优势与劣势的区别并不大,但企业在生存的过程中总会在某些方面的能力强于其他方面,从而影响着企业朝着具有优势的方向发展。同时,市场竞争这个硬约束也决定了企业竞争领域的选择。高新技术中小企业一开始显然难以与现存的资金、技术、人才实力雄厚的大企业相抗衡,在现有的市场领域绝大多数市场份额掌握在这些大企业手中,中小企业如果选择这些领域进行发展,其市场容量及发展空间都是极为有限的,显然不符合创业者趋利性的动机。因此,高新技术中小企

业成功的突破口一般是结合企业自身的特点,对市场进行细分另辟蹊径,将竞争领域定位于现有市场的空白点或新的市场。一般情况下在一些领域,往往因前一代产品开始衰退,新一代产品尚未产生之时而存在市场空白点,并且在这些新领域,或者被大企业所忽略,或者即使大企业能够觉察但沉迷于已有的技术优势,即由于其高度的资产专用性及技术创新路径依赖等原因转身慢,难以迅速进入新领域,因而新领域的竞争对手几乎不存在,高新技术中小企业如果能积极寻求这种机会,以市场领先者的身份进入,即使新领域蕴含的风险极大,但一旦成功,中小企业就可能迅速成长。并随着企业实力的增强逐步建立在该领域或其他相关领域的核心竞争力。因此,高新技术中小企业的崛起通常要通过创新才得以实现的,通过一种非传统路径崛起,并且没有固定模式可遵循,只要是经过市场无数次检验并能生存发展的,就是高新技术中小企业培育核心竞争力的第一步。

我们可以发现世界成功的企业的成长轨迹各不相同,采取的核心竞争力战略各有千秋,但相同之处是以企业的自身特点找准生存空间的突破口,并由此一发不可收拾,迅速成长,如美国的微软公司和戴尔公司。

美国微软公司的成功在于其核心能力的不断创新,追求技术领先市场一步,从而将竞争对手远远甩在后头。微软针对 IT 产品按摩尔定律运作的飞速发展,在公司内部以"18 个月后微软将倒闭"来增强企业的危机感,加速创新进程。目前根据美国在线与时代——华纳的合并给微软造成巨大的竞争压力,及以 Linux 为自由软件运动和微软自身从桌面机软件为目标体系向中心服务器为核心的软件管理体系商务模式转变等市场发展的新特点,不断开发出微软高技术平台产品,从而使技术领先市场一步,以维持住企业在激烈的市场竞争中的领先优势,进一步创造微软神话。

戴尔公司在短短十几年时间由一个名不见经传的小企业发展壮大成为世界 500 强企业,则是另辟蹊径,大胆改革过去的传统的营销模式,开创出"直接面向顾客"的经营新模式。削减一切不必要的程序,绕过中间批发商,利用现代网络技术根据顾客的实际需求定制产品,直接面向顾客销售。企业重在提高产品供应、技术创新、服务、信誉等效率,运用网络等现代营销方式与顾客直接联系,确保在 3~5 天内提供顾客预订的产品,并且其价格低于市场价格的 10% 以上,同时有一流的技术和高质量的服务保证,因此消费群体快速扩张,企业实现神奇的"超增长"发展,取得了极高的市场份额。从 1983 年创立起到 1993 年,戴尔公司已壮大成为年销售额高达 20 亿美元的电脑界"黑马",成长率达 127%。虽然这种超高速增长给这个年轻的企业带来种种困扰甚至种种致命的问题,但该企业经过增长的痛苦调整后,始终坚持其特有的核心竞争力战略,即"摒弃存货、倾听顾客需求、坚持直销"三大黄金法则,最终保持了其强劲稳定的发展态势。戴尔公司没有自己的制造车间,它只专注于与制造商建立良好的合作关系,追求"比顾客更了解顾客"的市场细分,专注于进行市场开拓、技术创新。在 1999 年戴尔公司的年营业额超过 190 亿美元,每天通过网络售出 1200 万美元的电脑系统,迈克尔·戴尔也成为《财富》500 强企业中最年轻的总裁之一,并且 2000 年又被《财富》评为 40 岁以下的世界首富。高新技术企业的辉煌来自企业强劲的核心竞争力,这是企业成功的基石,微软公司如此,戴尔公司也是如此,虽然二者的核心竞争力差别很大。

2. 外部资源的善于利用：拓展生存空间

高新技术中小企业依靠独特技术和利用市场空白点来建立自己的生存空间，但仅有这还远远不够，毕竟大企业比中小企业具有更强的科研能力、商品化能力及市场控制能力，一旦中小企业的独特技术被模仿，就易因知识的扩散效应使技术价值的提前下降使中小企业遭受灭顶之灾。即使中小企业能够准确定位自己的竞争领域，能够寻找到一个富有潜力和希望的领域，但如果只依靠自己的力量发展，一方面企业的发展速度势必太慢且易丧失机会。另一方面随着时间的拖长市场风险逐步加大，从而无法保证企业的顺利发展。因此高新技术中小企业在培育核心竞争力的过程中，要善于利用外部资源，来拓展企业的生存空间，建立自己的核心竞争力领域。

外部资源的善于利用无疑是高新技术中小企业发展的催化剂。高新技术中小企业在自身竞争优势的基础上，集中自己的核心优势，具体决策，将构成企业核心能力以外的资产从组织中转移出去，将企业的生产制造、营销等都可以考虑通过某种契约虚拟化，从而可以使企业发展速度大大加快。企业在控制关键性资源的基础上巧借外力，可使企业的管理视野大大拓宽，资源利用的范围可从企业内部扩展到企业外部，使企业资源要素配置达到最优化，这显然可以大大拓展高新技术中小企业的生存空间。

在我国，长期的计划经济体制使我国的科技体制还不能完全依靠市场机制配置科技资源，高等院校、科研院所是技术的主要来源，企业尚未完全成为技术创新的主体，科技成果转化难依然是困扰我国高新技术产业发展的主要障碍之一。在这种大背景下，我国高新技术中小企业核心竞争力的培养就必须充分利用高等院校、科研院所在研究开发及科技人才的资源优势，二者优势互补，通过实现科技链与市场链、人才链的有效衔接，高新技术中小企业从而顺利成长，逐步培育自己的核心竞争力。在我国这样的成功案例有不少，如中创软件与国防科大的合作[①]。

中创软件是一家专门从事计算机软件开发及系统集成的高新技术企业，多年来一直致力于我国金融领域的信息化建设，积累了丰富的行业应用经验，在金融领域有着广阔的市场和良好的信誉。而国防科大则具有学科优势，具有研究开发及科技人才优势，尤其该校计算机学院在分布式计算机方面具有雄厚的技术积累，在国家863计划的支持下，产生了一大批与国际主流技术接轨的分布式计算机成果，其中研制成功的遵循CORBA标准的分布式计算机软件平台StarBus（国家863计划成果），保持了与国际相关技术同步发展的水平。二者通过建立联合实验室，分工协作，优势互补，摸索出一条成功的合作模式，并取得了可喜的成绩。中创软件在国防科大研制的分布式计算机软件平台StarBus的基础上，结合多年积累的丰富的行业应用经验，开发出了面向金融领域应用软件集成的专业中

---

① 谢宁："优势互补 携手共进——中创软件与国防科大共促863成果转化"，《中国高新技术产业导报》，2000年8月19日，第4版。

间产品Forbus,并已成功用于中创软件"银行票据多机并行清分验证系统",已在多家银行系统项目中得到应用,Forbus的研制成功也标志着国家863研究成果StarBus在金融领域获得了实际应用。双方联合成立了"中创软件——国防科大先进事务处理与决策支持技术联合实验室",并在双方都建有基地,国防科大建立研究开发基地,主要搞研究开发、技术和人才方面的投入,中创软件则主要做资金的筹措、投入及研制产品的市场化。显然,建立联合实验室,可以充分利用中创软件的资金、市场优势和国防科大的技术优势,既促进了中创软件的产品更新换代,提高了中创软件的技术素质,又推动了国防科大的科研成果的转化,二者互动良性发展,构成一个利益共同体,降低了双方的交易费用。这种合作方式无疑为中创软件在激烈的市场竞争中核心竞争力的培养奠定了坚实的基础。

清华同方则将企业自身定位为创新孵化器,建立了一种独特的技术创新的模式——紧密依托清华大学的技术、人才优势,以清华大学为自己的虚拟R&D中心,从清华大学已有的科技成果中进行筛选,选择有巨大发展前景的项目进行二次开发,并孵化成新的产品、新的企业,根据企业的技术创新战略,或者把这些新的产品甚至新的企业扩充到清华同方的经营范围,成为企业新的利润增长点,或者采取诸如技术转让、企业并购、参股、控股、出售给其他企业等,同样为企业带来可观的投资回报[1]。清华同方的研发中心的工作重点在于清华大学的科技资源的跟踪研究、孵化项目的筛选、组织建设及文化磨合等,使企业研发中心与清华大学紧密联结,建立起科技链与产业链相衔接的产学研合作的技术创新机制。在清华同方内部根据项目的需要,建立了各种由技术、市场、金融、管理等多方面人员组成的创新小组,强烈依托清华大学的技术、人才优势,常常将技术、连同技术的拥有者移植到创新小组,并且为有效激励创新小组的积极性,清华同方建立了一种由创新小组到内企业的内部创业的组织创新,即一旦孵化项目成功并达到一定的市场规模,就可能以创新小组为基础组建一个独立的企业,成为清华同方的子公司,同时清华同方还借鉴国内外风险投资的成功经验,创造并探索一条风险投资机制来支持创新小组的孵化项目的运作,这样有效地提高了孵化项目的成功率,也奠定了清华同方在市场上的强劲竞争力。清华同方技术创新成功的案例有很多,如大型集装箱检查系统的成功,清华大学于1995年建成了一套大型实验设备,清华同方在充分考察大型集装箱检查项目的市场前景后,将该项目纳入企业的技术创新范围,成立了清华同方核技术公司,以内企业的运作方式对该项目进行孵化,并于一年后取得了成功。又如清华同方光盘有限公司的组建,清华大学国家光盘工程研究中心在光盘及相关技术的整体水平处于国内领先水平,但由于长期与市场脱节,其巨大的潜在的商业价值未能被挖掘出来,清华同方看到了这一点,因此通过有效的资本运作,将清华大学国家光盘工程研究中心改制成独立法人的清华同方光盘有限公司,把清华大学一大批优秀人才纳入到清华同方,从而提高了其科技转化能力。显然,清华大学成为清华同方的技术、人才丰富的储备库,是清华同方强大核心竞争力的坚实后

---

[1] 高亮华等:"知识经济时代的创新孵化器——清华同方的技术创新模式及典型案例分析",《中国高新技术产业导报》,2000年8月5日,第5版。

盾。

3. 知识产权保护：重要的生命线

知识产权保护对于高新技术中小企业无疑是一道重要的生命线。通过知识产权保护制度，如专利制度可给予创新者一定期限的垄断权，来保证创新者获得相应的创新收益。高新技术中小企业规模小，实力不足，在市场竞争中处于不利地位，高新技术中小企业的技术创新借助知识产权保护制度，就可能在一个新领域崛起。因为高新技术中小企业离市场近，了解市场需要什么，用户需要什么，并且有着强烈的追求利润的动机，创业者对创新机会所带来的潜在收益有极强的敏锐感觉，企业内部层级少，信息交流快，种种技术创新优势促成其在某些领域成为市场领先者，并凭借知识产权的保护，实现其相应的创新收益和保护自己的技术创新成果，通过这样高新技术中小企业才可能在市场中崛起壮大，建立自己的核心竞争优势。否则，由于技术创新具有极强的扩散和溢出效应，随着市场竞争激烈程度的加剧，技术发展在市场竞争中的作用越来越突出，企业模仿能力的提高，仅仅凭借快速领先进入市场是无法保护高新技术中小企业技术创新的收益的。

因此，高新技术中小企业核心竞争力的培养过程中，知识产权保护特别重要。首先，企业要有强烈的知识产权保护意识。在我国一些高新技术中小企业往往不够重视这个关键问题，创业者往往因专利申请的手续繁琐等小问题而忽视了。事实上这是缺乏长远眼光的，因为随着企业的发展壮大，知识产权保护的交易费用将会随该技术的市场价值的逐步实现及市场跟随者等因素而大大提高，另外各种侵权行为的出现也会使企业防不胜防。其次，要积极采取措施保护自己的知识产权。一方面在了解现有关于知识产权的法律知识的基础上，积极进行专利、版权的申请及商标注册等事宜，以有效保护自己的创新权益。另一方面，由于我国有关知识产权法体系尚不完善，在一些领域还落后于高新技术发展的实践，并不能提供十全十美的知识产权保护，因此高新技术中小企业还要通过在企业内部搭建有效的管理平台，建立规范的管理制度，既能激发企业人力资本的创新积极性，又不至于因企业内部人才流失而使企业陷入困境，做到"人走技术不走"，保证企业正常运行。

4. 建立学习型组织：成功的保证

高新技术中小企业核心竞争力的培养离不开企业高效的管理效率，市场竞争的加剧要求在企业内部建立学习型组织，培养一种学习力，只有如此才能保证企业的持续发展和成功。

管理可谓是高新技术中小企业创新的保证。高新技术中小企业发展的核心是技术创新，但由于技术创新面临许多技术、人才、投入、管理效率、市场等诸多不确定因素，创新收益是不确定的，高效的管理有助于减少创新的不确定性，提高有限资源的配置效率。高新技术中小企业在创立初期管理相对薄弱，但企业内部结构简单、交流快的特点弥补了管理方面的不足，从而可能崛起。尽管如此，在高新技术中小企业的成长过程中，管理的要求越来越高，要求企业管理者既要懂技术，又要懂管理，必须采取恰当的技术创新战略，有效利用和分配有限资源,使技术创新过程的各个环节如项目开发、产品中试、市场开拓等环环相扣。

随着高新技术发展的一日千里和市场需求的多变性,市场竞争越来越激烈和多变,对企业的要求越来越高,要求企业建成一个快速反应并适应变化的学习型组织。首先,需要在企业内部建立有效的激励约束机制,创造一种人人都有所作为的工作氛围和企业文化,从而促进人力资本创造性的最大发挥。其次,要建立高效的信息收集、处理及决策机制。在高新技术领域,市场较量越来越演变成比速度的竞争,对市场、客户等最新信息的收集、处理并能迅速做出决策就显得相当重要。其三,要整体加强学习。企业内部的上上下下均要不断地加强学习,更新知识和观念,才能开阔视野,从而适应变化的环境。企业要舍得投入一定资源加强企业的学习,诸如企业高层的深造、员工的培训等。企业的学习相当于在为企业组织为适应未来变化提前做准备,培育并提高企业的学习力,使企业的发展更具积极性、主动性和创造性,应对激烈的市场竞争。

第二十七章 高新技术中小企业的发展与制度创新

第一节 我国高新技术中小企业产权不清的症结

一、产权不清的根源

不同的产权背景导致的产权不清严重制约了我国高新技术中小企业的持续发展。为分析简便,本书主要将我国高新技术企业划分成以下几类:①企业创办时由上级单位投资,但仅限于投入启动资金,并且借助了该上级单位的无形资产,但是企业发展主要是靠创业者的自我积累和风险收益转换、滚动发展起来的。如柳传志等人于1984年11月创办的中科院计算所公司(联想集团的前身),中科院计算所投入20万元,但1985年4月才到位,公司是靠创业者提供技术服务、技术贸易起家的。据统计,截至1984年底,北京市新技术产业开发区的国有大中型企业为28家,其中仅有4家是在已具规模的情况下,整体直接认定为新技术企业而进入试验区的,其余24家则是在投资额不大的基础上,经过自我积累、滚动发展形成规模的[①]。②企业创办初期没有明显的初始投资人,或者初始投资是创办者的个人积蓄,但由于当时政策不允许私营企业,被迫注册为集体企业,并将初始投资作为借款还给了投资者,或者创业者通过商业借贷来开办企业。③"挂靠"的集体企业。即这些企业初始注册名义是上级拨款或其他形式,实质是民营或私营企业。

我国高新技术中小企业的生存机制大都是依靠"四自"原则,即①自愿组合。创业时的核心成员都是出于一种创业冲动自由组合而成;②自筹资金。创业时所需的货币资本,都是由创业者自行筹集,包括个人储蓄,或向亲戚朋友的借款,或是包括高等院校、科研院所、地方政府等开放的国有和集体单位以投资方式或借贷形式筹集;③自主经营。由企业的创业者自主负责企业的经营管理;④自负盈亏。由企业自行承担创业的全部风险。因此,不论其初始投资人是谁,也不论企业初始注册时所有制性质如何,统统是国家计划外的民营科技企业。虽然在我国有关企业的各条法律法规中,均未对民营有过相应的规定与条例。但经过十多年来的实践,民营科技企业仍得以迅速发展,不仅为社会主义市场经济开辟了一条新的道路,也推动了我国高新技术产业的发展,还培育、锻炼了一批新兴的科技企业家。

由于当时在经济体制、法律、市场等多方面的限制使得我国高新技术中小企业从一诞

[①] 王德禄主编:《二次创业——新兴企业发展战略研究》,山东教育出版社,1999年,第76页。

生起就埋下了产权不清的隐患。由于几十年实行计划经济体制的原因,在改革开放初期我国基本上没有建立于市场经济基础上的商业法律体系和市场交易规则,因而当时并不具备市场经济意义的企业。虽然我国已逐步由计划经济体制向市场经济体制转变,并且市场化程度也逐步在提高。同时我国的高新技术企业创业之时,并没有适宜高新技术企业的法律和市场经济背景,因而被迫套用当时经济年代所实行的划分企业类型的传统模式:按行政隶属关系和所有制性质来确定企业类型,因而也就无法在法律的基础上界定创业者与投资者及创业者之间的权、责、利,因此这种法前企业成为我国高新技术企业产权问题的基础根源[①]。如柳传志等人创办联想公司,中科院计算所投资20万元,即作为隶属于中科院计算所的全民所有制企业注册。楼滨龙等人创办方正公司,北京大学投资40万元,即作为隶属北京大学的全民所有制企业。这些都为这些企业的产权不清问题埋下了根源,随着这些企业的成长壮大,产权不清就越发成为制约其成长的最大障碍。

高新技术中小企业产权关系不清主要体现在以下几个方面:①由于企业创办初期,投资者很模糊,投入资金是属于"借贷"还是"投资"并不明确,即财产所有权与债权之间界线模糊不清,导致企业的所有权归位模糊。如有的企业名义上是上级单位投资,为创办企业提供贷款担保或注入一定资金给企业,而企业发展几年后又归还了借款,这种情况下的企业财产所有权问题如何确定就成为焦点问题。②企业的利润留成常常作为增量资本注入到企业的全部资本当中,使得这部分增量资本的所有权也模糊不清。在规范的股份制企业中,企业将留利部分用于扩大再生产,其产生的利润最终仍可回到股东手中,不会造成产权不清的难题。而在我国,由于企业法人制度的不严格及其一些制度缺陷,使得企业留利或自有资金的所有权落在经营者手中,忽视了投资者的收益权。③由于财产所有权不清问题造成企业中的技术产权归属问题突出。由于技术产权涉及国家、单位、个人之间的产权关系,加上技术产权难以量化,使得技术所有者的权益得不到保障,从而限制了企业的发展。

二、产权不清产生的焦点问题

产权不清问题无时无刻不在危及高新技术中小企业发展的根基,限制了企业内部有效的激励约束机制的建立,从而束缚了企业人力资本的创造性发挥,并且"企业到底是谁的?"问题也使一些企业错失发展壮大的好机会。我国高新技术中小企业产权不清产生了许多问题,其中焦点问题集中在以下几个方面:

1. 初始产权的归属问题

从以上分析可知,由于特殊的历史原因,我国高新技术企业大部分都注册为全民所有制或集体所有制企业,造成企业注册资金来源复杂,常常注册资金的名义投资者与实际投

---

① 王德禄主编:《二次创业——新兴企业发展战略研究》,山东教育出版社,1999年,第78页。

资者不符合,或者在企业发展过程中,投资者、经营者变化频繁,这些都使得"谁是投资者?"的问题难以解决。根据北京高新技术产业开发试验区产权制度改革课题组抽样调查结果显示,初始投资来源复杂,无论企业初始注册为何种经济性质,资金来源均呈多样性。如表27-1所示,初始投资来源多达8种渠道。其中,上级拨款占41.6%,来源于个人储蓄款的占20.1%,借款办企业的17.7%。显然,如果根据"谁投资谁受益"的原则,根本无法理清谁是投资者。

表27-1 不同经济性质的企业注册资金来源情况(单位:户;比重:%)

企业类别 注册资金来源	全民(%)	有主管集体(%)	无主管集体(%)	合计(%)
上级拨款	64(56.6)	45(61.6)	3(3.6)	112(41.6)
向上级借款	22(19.5)	10(13.7)	2(2.4)	34(12.6)
其他渠道借款	3(2.7)	1(1.4)	10(12)	14(5.1)
个人储蓄款	1(0.8)	1(1.4)	53(63.9)	55(20.1)
预收工程款、课题费结合	1(0.8)	2(2.7)	2(2.4)	5(1.9)
联营各方投资	6(5.3)	6(8.2)	2(2.4)	14(5.2)
从其他企业分离时带出款	0	2(2.7)	0	2(0.7)
含有以上两种资金来源	16(14.2)	5(8.2)	9(10.8)	31(11.5)
其他	0	0	2(2.4)	2(0.7)
合计	113(100)	73(100)	83(100)	269(100)

资料来源:王德禄主编:《二次创业——新兴企业发展战略研究》,山东教育出版社,1999年,第77页。

2. 初始产权清晰的高新技术企业增值资产的界定问题

对于那些由上级单位注入了启动资金的高新技术企业,虽然初始产权是清晰的,但高新技术企业发展的特殊性质决定了其不能简单地按照"谁投资谁受益"原则来界定企业资本增值部分的产权,否则就易产生上级单位、创业者、经营者及企业职工多方位的利益冲突,进而使企业发展受阻。从我国一些高新技术企业成长实践可知,虽然在企业创业初期由上级单位注入了启动资金,但这并不能成为企业后来发展壮大的最关键因素,高新技术企业发展更多地依靠企业创业者杰出的才能及企业内部人力资本的创造性发挥,在当时许多制度条件并不具备的情况下,通过自我探索才成长壮大的。如联想集团走出一条"贸、工、技"发展之路,将贸易作为龙头,优先发展,由此进行初期的原始积累,然后再利用雄厚的资金积累,推出自己的名牌产品,最后成为"名牌企业"。因此,如果简单地用"谁投资谁受益"原则来界定产权,这势必会抹杀高新技术企业创业者、经营者及企业职工在企业发展过程中所发挥的重要贡献,也违背了我国"按劳分配"的原则,进而会打击高新技术企业内部人力资本发挥的积极性,从深层次也会影响到我国高新技术企业发展的后劲,因为这种产权界定所产生的投入产出严重的不对称会降低这些高素质人才在经济活动中的预期,打击他们的创业冲动进而影响到他们工作的努力程度和付出程度。

3. "挂靠"企业的产权归属问题

即上述分析的第三类企业"挂靠"企业,由于历史原因,这些企业都戴上"红帽子",实质上这些都是私营的合伙企业,要想进行产权改制,就必须摘"红帽子"。但是,事实上操作难度很大。①如何证明企业是"挂靠"企业。因为这些"挂靠"企业现有的经营者或投资者很难从法律上找出证据证明初始投资和注册资金是创业者自筹的,并证明企业的全民所有制或集体所有制称号只是一项"红帽子"而已。按1998年颁布的《城镇集体所有制企业、单位清产核资产权界定暂行办法》第10条和第15条等法规规定,要求承认企业开办时真实投资者对企业拥有产权时,必须有合法的"约定"或会计凭证,而不能依几位早已退休或不在职的当事人的口头证明为据①。在当时的历史背景下,"戴红帽子"常常是几个当事人口头协议,很难作为具有法律效力的证明。而且,在1990年工商部门曾掀起一场清理"假集体"的运动,当时许多"假集体真私营"的企业主为戴牢"集体"这顶"红帽子",纷纷确立新的契约关系,毁掉最初关于"财产归属个人"的约定,甚至有的将"私产"无偿奉献出来。②如何量化"挂靠"企业的主管单位对"挂靠"企业的贡献。虽然"挂靠"的主管单位并未对企业直接注资,但是其在企业发展过程所起的"保护伞"作用也是不容忽视的。如1990年工商部门掀起清理"假集体"运动,当时的税务部门又一次次掀起税收大检查,某些税务部门的口号是"要把私营企业偷税漏税者罚得倾家荡产。"当时许多私营企业为了企业生存权就必须寻求"红帽子"来充当"保护伞"。对于"挂靠"的主管单位,它在某种程度上要承担一定风险,而且也要为企业谋求优惠政策,这些优惠政策在企业创业之初对其发展有极大促进作用,而且,"挂靠"的主管单位对于"挂靠"企业而言,也是一笔无形资产,在高新技术企业创业初期,如可以增强消费者对其所提供的技术服务和产品的信心等,为企业顺利成长壮大也起过一定作用。因此摘"红帽子"也必须得考虑"挂靠"的主管单位所作出的贡献,但如何确定这种分配比例,现有法规并没有提供十分充足的政策、法律依据及实施方法,在实际操作中也是十分困难的。

4. 技术产权的归属问题

技术对于高新技术企业发展占有极重要的地位,技术产权在产权界定中也存在很多问题。经调查中关村地区186家企业的技术来源情况(表27-2)。从表27-2可见,高新技术企业的技术主要来自主办单位及创办人员原单位。这些技术多是国家投入大量资金,由科研院所和高等院校主要研制,经多年积累而来,其所有权自然很清楚。但受技术本身的特点、技术寿命及成熟程度等因素影响,技术产权难以量化。并且,在原有体制下,高新技术企业将近52.2%的技术投入都是无偿的,企业注册资本仅依附实物资本。随着

---

① 刘元春:"高新技术企业改制中的产权问题",《中国工业经济》,2000年第3期。

企业的发展壮大,技术所有者的权益得不到保障,收益得不到体现,与企业的矛盾逐步加大。使得技术所有者为保护自己的权益而采取技术封锁的办法,使高新技术小企业的技术来源渠道受阻,影响和制约企业的发展。另一方面,也迫使一些企业采取不正当手段来得到技术,不仅严重侵犯技术所有者的权益,也使自己陷入技术产权纠纷之中。因此,就存在对以往技术产权及投入进行重新评估和核定的问题,但是,哪些技术产权应纳入资本之中重新评定,又成为很棘手的问题。

表27-2 企业技术来源情况

项目	企业主办单位	技术市场	创办人员原单位	国外引进	其他
数量(个)	80	26	47	26	41

资料转摘自:方新:《创业与创新——高技术小企业的发展之路》,中国人民大学出版社,1998年,第147页。

第二节 高新技术中小企业产权创新的实证分析

产权问题不仅制约我国高新技术企业的发展,也是政府作为国有资产所有者始终未能解决的根本问题,因此率先在高新技术企业中进行产权制度创新已势在必行。

1999年,四通、联想等70多家高新技术企业开始进行重组改制,有的已取得重大突破。面对股权量化的高新技术企业的基础条件千差万别,但如本章第二节分析所述,高新技术企业可分为以下几类,并分别以四通、联想作为案例加以分析。

1."四通模式"的股份制改造[①]

四通公司无疑属于那种通过商业信贷起家,由于历史原因又被迫注册为集体企业,随后成长壮大的那类高新技术企业的典范。

四通公司成立于1984年5月,历经15年发展,四通现已成为集研究、生产、销售与服务为一体的大型综合性企业集团,14年累计实现销售收入378.9亿元,利税15.8亿元。现拥有52家独资、合资联营企业,4个海外机构,职工3700多人。1997年全集团销售额为65.9亿元,利税2.36亿元。在历届全国高新技术企业排名中均名列前茅,1998年在"全国电子百强企业"中排名第六。

但是,偌大四通竟不知是谁的。四通没有现代企业的组织框架,其关键在于产权不清。产权不清问题致使四通高层多次发生大裂变,类似问题也困扰着中关村其他高科技企业。产权不清问题引起北京市政府的高度重视,并在1998年市政府承诺"一定要摸清这些大企业归属问题",但是由于年代久远,其产权早已面目全非,即使摸清资产归属,因

---

① 摘自方向明:"破解四通产权之谜:一场中国经营者的革命",《中国青年报》,1999年7月30日,第5版。

其规模庞大也难真正归位。

中国科学院7名科技人员于1984年5月毅然走出科研院所,通过向北京市海淀区四季青乡借贷2万元,办起了"四通新技术开发有限公司"(四通的前身),7名科技人员没出一分钱,是以技术投入白手起家,但当时中国并未有技术股之说。最开始的四通公司被定性为"乡镇企业",后来又变成集体所有制企业,其间也享受着诸多优惠政策。但四通公司为了避免沦为"大集体"性质,坚持"四自原则",并在创业当年就还清了借款,为扯清挂靠单位,四通曾将每年纯利润的20%上交给四季青乡,在回报上"两清",并尽快与之脱钩。

随着企业的成长发展,四通已经尝试进行股份制改革。第一次股改探索是在1988年。最初思路是四通没有政府投资,属纯正的集体所有制,财产应由四通员工共有共享,而且资产已经确定,人员也已确定,只须将这些资产划分到个人身上,对存量资产进行内部人量化,这一方案交由吴敬琏率领的专家组审议,专家组主张按照经济学的严格要求,一步到位明晰四通产权,即给四通经营者留30%股份,其余70%分给北大、清华、中科院,作为基金。这一主张遭到当时公司经营者的反对而流产。另外一种股改方案是先不明晰存量资产,而是重新构建一个四通公司,将"新四通"做成一个规范的股份公司,并且是中国第一个有外资参股的上市公司。这个方案得到大多数人的赞同,但操作中在一个政策环节上卡了壳,四通试图在海内外融资,但当时国家政策认为向境外发行股票是借外债,民营企业没有外汇指标,需要特批,当时政策弹性小,四通因未及时调整导致产权改革的最佳时机的错过。

1989年国务院法制局对民办企业的性质专门搞了一个"法律界定":①在创办企业时,不管资金来源如何,只要创办人最初约定的财产归属是集体所有而非某人或某些人所有;②在收入分配上按个人劳动贡献大小确定,而不是以所占财产份额分配;③企业所创剩余价值不归个人所有,而成为集体积累。具备以上三条的为集体企业,财产共有而不可私分。四通正属于集体企业,而且1990年工商部门曾掀起一场清理"假集体"运动,税务部门一次又一次对个体私营企业展开税收大检查,在当时的制度氛围下,四通为求得生存权,只能将深层次的产权改造问题搁置下来。

直至1992年邓小平南巡讲话后,四通被作为第一家股改试点,探索股票上市的经验。当时四通提出的股改方案是:一方面以北京四通集团公司下属全资子公司——北京四通新技术产业股份公司作为骨干公司,将集团重要产业和营销系统等优质资产包装进去,以资产为纽带理顺四通资产。另一方面先将四通现有资产量化到员工头上,再向社会公开发行股票,存量和增量一起动。但这一方案又再次被否决,当时的政策规定职工持股数量的上限是向社会公众发行部分的10%,结果,四通在香港上市发行了6亿股,四通职工只拿到1500万股,只占上市公司总股本的2.5%。四通资产的42%的总资产上市是以法人股体现,但由于四通公司产权不清,法人股成为无主资产。

从1992年起,段永基发动四通"二次创业",搞六化战略发展,但六化中的核心"资本股份化"却成了空话,公司此时也陷入大动荡大调整之中,先后出现组织危机、文化危机、人才危机和经营危机四大危机,危机皆属于制度性危机。由于四通缺乏原始性合约,在存量资产分割上遭遇政策障碍、历史障碍和文化障碍,四通搞产权改造要想从存量资产上突破几乎没有什么可能。

终于在1998年6月,改制组专家提出一条操作新思路:引进MBO模式,由四通经理层融资收购四通。这一方案得到政府支持。第一步,由四通公司616名员工共同出资5100万元成立职工持股会,并获政府正式批准,然后新成立北京四通投资有限公司(即新四通),持股会投资占51%,原四通集团投资占49%,新四通再向四通集团收购香港四通50.5%的股份,在将来,新四通还将预备引入外部股权投资人进一步收购,四通集团集成信息、软件开发等业务,最终使自己成为一个"IT"企业,四通产权改制最终通过以清晰的增量稀释不清晰的存量而得以解决。

四通模式的股改历程艰辛,由于缺乏原始性合约,随着企业规模的越大,产权不清的问题就越发成为企业顺利发展的重大障碍,在经历多次存量资产分割的股改实践失败后,四通人终于另辟蹊径,放弃存量分割思路,转而寻求以增资换存量的渐进方式,无疑在股改道路上迈出了一大步。四通的MBO模式产权改革实际上是集团资产控制权的转移,即新四通以及香港四通中由四通集团拥有的资产将被新四通中持51%股份的职工持股会所控制,这次四通重组是明确了所有者,使新四通的经理层成了明确的所有者,从而将有助于建立有效的激励机制。由于明确了所有者,那么所有者也就有了利润分配权,经理层也必然会有新的动力去提高新四通的资产运营效率。四通模式这种采取迂回战术,通过追加一定资金使集团经理层名正言顺地拿回自己应有的权益的方式,为解决类似历史遗留问题提供了一个很好的思路和创出了一条新路。

2. "联想模式"的产权改革

联想模式也就是本章第二节所论述的第一类高新技术企业,即企业创办时由上级单位投资,但仅限于企业创办时的启动资金投入,并且企业借助了该上级单位的无形资产,但企业发展主要依靠创业者的自我发展、劳动积累和风险收益转换,从而滚动发展起来的。联想是其中的典范。

1984年,由柳传志等人创办了中科院计算所公司(联想集团的前身),中科院计算机所投入了20万元。在十几年的发展之后,联想集团已从一个11人的公司发展成为员工7000余人、年销售额收入突破170亿元、多元化发展的大型企业,并于1994年在香港联交所挂牌上市,成为国内外具有影响力的高科技集团。

联想集团进行股权改革一方面当然是因为高科技行业竞争异常激烈,对于高新技术企业发展瓶颈问题——产权问题如果没有解决好,就不太可能调动企业管理层的积极性,企业也不可能长足发展。另外企业过去发展过程中新、老接替所存在的一些问题也促使企业必须进行股权改革。联想集团从创业之初到发展壮大,离不开一批老员工的勤奋工作,他们对企业的成长壮大功不可没。但计算机信息行业竞争异常激烈,当联想发展到一定规模和阶段后,原来的老员工在知识储备、搜寻信息、精力和学习能力都不免有了很大的局限。尤其在1993年,激烈的市场竞争环境迫使联想进行"大换血",即需一批有朝气、富有创新精神的年轻人担当大纲,来推动企业的更大发展。对于那部分退下来的老员工,由于企业改革滞后,这批人的付出没有得到相应的回报。特别是联想集团后来1994年在香港联交所挂牌上市,根据香港联交所的有关规定,公司的管理层(骨干员工)可以获得上市公司总股份10%的认股权证。因此,联想集团的大部分员工及后来的新员工均主要从上市公司这10%的股份中获得认股权证。重要的是,对于高新技术企业而言,激励的市场竞争必须迫使企业具有较强的竞争力,新、老更替更是不可避免且比一般企业更为迫切,需要新人尽快成长。如果不在产权制度安排上做出相应改革,必然影响到企业员工的努力付出程度,从而限制了企业人力资本的发挥,也给企业发展带来许多不安定的因素。

也正基于以上一些因素,联想大胆进行了产权改革的探索。1994年,中国科学院给了联想集团35%的分红权,它为联想的新老交替提供了可靠的基础保障,但由于当时政策限制等多方面的原因,分红权并未量化到个人,员工的贡献率仍无法计算。因此,联想人股权改革的指导思想便是:让企业的创始人、管理者、业务骨干能成为企业真正的主人。本着这一思想,联想此次的股权改革就是试图将这35%的分红权通过量化转化为股权。据资料可知,这35%的股份作为整体比例依照35%、20%和45%的份额进行分配:即35%分配给公司创业时期有特殊贡献的员工共15人,20%以时间为限分配给1984年以后一段时间内较早进入公司的员工约160人,剩下的45%则未具体量化,而是根据作出贡献的大小分配给未来对企业有突出贡献的员工。从上可知,联想这次的股权改革主要将35%的股权分为两部分,其中一份用于激励企业现有的员工,占55%。另一份则意在为企业的未来发展吸引高水准人才。因此,这一分配方案的最大特点是兼顾企业的过去和未来,既妥善解决了企业创业时期创始人员应有的贡献问题,又着眼长远考虑企业的未来发展,是一个富有创新且公平、合理的股权改革方案,因而不仅得到联想内部员工的好评,也得到了国家有关部门的支持。

应该讲,联想此次股权改革在某种程度上得益于中国科学院的非常开明的态度和支持。对于类似联想集团的企业在我国还有很多。联想模式的股权改革成功要取决于上级单位和企业的共同努力。应该借鉴联想改革的做法,在主管单位与企业之间通过国家投入的多少来确定一个双方均能接受的分红比例,当然并不一定非是35%,也许高于35%,也许低于这一比例,必须对企业后来的资产增值部分进行合理的产权界定,只有这样才有利于企业的长远发展。

第三节 高新技术中小企业产权制度创新的基本思路

随着宏观法律制度的完善,所有者权利意识的强化,尤其是企业领导者发生更替以及创业者核心领导层发生严重分歧时,创业者对企业的控制权就被严重削弱,本来企业所有者就缺位,再加上企业高层管理者对企业的控制权被削弱,这必然会危及到企业的生存和发展。尤其创业者在企业发展过程中的大量投入得不到相应的回报,这与我国现行的政策法规有一定关系。企业的直接所有者一般并不归为创业者,创业者在企业发展过程中承担了大量风险,投入了无数心血和劳动,但是当时的政策法规限制,企业一般无法在法律基础上建立起有效的契约来界定创业者之间、创业者与投资者之间的清晰的产权关系,这为日后限制企业发展埋下了伏笔。因此,对于我国基本条件各不相同的高新技术企业,产权改革的方案也必然有所不同,但是基本上应遵循以下两条思路来进行股权改革。

1. 存量资产的终极产权的界定

对于高新技术企业而言,对于企业的投资不应仅仅指初始的实物资本投资,还应包括各种技术专利投资及各种人力资本的投资。在高新技术企业中,创新能力和将创新转化为市场盈利能力的企业家才能对企业发展均起着至关重要的作用,而这两种能力都是以人力资本的形式存在的,因此高新技术企业的产权界定就不仅仅依据注册资本,即初始的实物资本投资为准,还应重新来界定企业的产权问题。一方面是利用各种原始契约、原始凭证、会计资料及企业经营过程中的法律合同等来确认企业初始物质资本的投资者。另一方面则是对企业技术专利价值及人力资本的重新评定。要依据可以找到的各种企业原始生产经营资料来确认企业的各种技术专利、非技术专利的价值,而且由于目前创业者投入的主要是人力资本或无形资产,对其评估认定在我国并未有一个统一的标准,这必须参照国外及国内有关规定,对企业的无形资产价值有一个合理的评定,并且这种评定应建立在企业创业者与投资者及企业"挂靠"单位之间和利益协调的基础上。

2. 对企业增量资产的产权界定

增量资产的界定是建立在对企业的存量资产的产权界定基础之上。由上分析可知,投资不仅包括实物资本投资,也包括人力资本投资。在高新技术企业中,虽然一些主管单位为企业的创业投入了启动资金,但高新技术企业发展离不开企业内部创新能力和企业家能力,这些能力均以人力资本的形式存在。企业的人力资本在企业发展中的贡献大小可由于企业具体条件不同而有所不同,在我国并未有统一标准,通常只能是创业者之间或者创业者对外部投资者互相谈判协商的结果,如果初始投资大,相应的分配比例就相应可高些。根据国外经验,提供创业资本的风险投资者拥有的股权一般不超过50%,在我国由于投资者往往是上级单位,往往为高新技术企业提供了技术来源,成为技术拥有者和部分风险的承担者。因此,结合我国实际情况和国家关于技术入股的有关规定,参照别国经验,本书认为具体问题具体分析,对于那些无明确初始投资者的高新技术企业,"挂靠"单位并未为其提供技术来源及各种无形资产的情况,企业的创业者所占股权应相对要高一些,分配的股权比例大致应在30%~60%,或者也可借鉴四通的产权改革模式,即MBO模式,由企业的管理层出资收购来达到产权界定的目的。由于那些有明确初始投资者,且投资者即上级单位为企业发展过程中提供了大量技术来源和各种无形资产的高新技术企业,创业者所占的股权比例相应就要低些,大致应在20%~40%,如联想集团员工持股会占35%。当然,对增量资产产权界定的比例应该是创业者、投资者根据实际情况认真协调、谈判的"博弈"结果,是一种市场行为,而不是受法律法规或政府限制的官方行为。对企业的增量资产的产权界定实际上就是将创业者的人力资本转化为货币资本的过程。

第四节 高新技术中小企业产权制度创新的对策

一、推行职工持股计划

人力资本在高新技术企业中占有重要地位,企业的人力资本的最大发挥是企业保持强劲竞争力的重要源泉。因此,为充分调动企业内部员工的积极性,以充分发挥人力资本的效用,应大力推行职工持股计划(Employee Stock Ownership Plan,简写为 ESOP)。

ESOP 是 20 世纪 60 年代由美国律师凯尔索发起,它是在为了重振美国经济及改善传统劳资对立关系的大背景下产生的,其基本思想是"资本的民主化"。它有利于人力资本的发挥,增加员工与企业的认同感,同时通过吸引低级管理人员和一般员工参与管理,从而对高层管理人员的行为起到一定的监督和约束作用,有助于降低企业的监督成本。总之,ESOP 将职工的收益与其对企业的股权投资相联系,从而将职工个人的利益同企业的效益、管理和职工自身的努力等因素结合起来,因此带有明显的激励成分。自 80 年代以来,ESOP 在美国的大量企业中得到广泛运用,以 ESOP 为代表的职工持股制度的发展也越来越趋于国际化,遍布各行各业,欧洲、亚洲、拉美和非洲已有 50 多个国家推行职工持股制度。目前,我国一些国有企业也正在进行 ESOP 的试点。

高新技术企业应推行员工持股计划。因为高新技术企业发展的关键取决于创业者核心团体的人力资本,而不是取决于企业的初始货币资本的投入。并且人力资本难以具体量化到个人名下,尤其企业资产增值后更是对个人贡献的大小难以有依据量化,从而影响企业的长远发展。譬如我国高新技术企业常存在一个普遍现象:"小富即安,小富即奢,小富即分",即企业在创业时期创始人之间出于强烈的企业精神还能精诚合作,共渡难关,一旦企业渐入佳境,员工就存在不思进取、安于现状、追求物质享受的满足心理,企业的核心管理层开始出现分歧,开始因为"分家产"问题而不欢而散,导致企业的核心骨干如果不满分配,一待羽翼丰满便另攀高枝或自创门户,企业出现裂变也就在所难免。如果在企业创立之初就实施 ESOP,先在核心团体实行小范围的 ESOP,就能有效调动管理层和企业人员的积极性,并能使企业的凝聚力得到加强。让创业者成为企业的股东,将员工个人利益和企业利益有机结合起来,创业者们也就会更加关心企业利益,不断追求企业财富的最大化,从而可大大减少"小富即安"、"小富即奢"的现象。因此,在高新技术企业中引入 ESOP,可以有效地建立起激励约束机制。

从国外员工持股企业的成功经验看,由于企业本身条件、所在的行业、经营战略及人员结构等不同,其员工持股计划也就各有千秋。同样,为了激励员工的积极性,各个企业在设计方案时就必须根据企业发展的实力及企业发展战略等方面做出灵活的变通,而不是套用固定的模式。

对于技术能力强、拥有专利技术的企业而言,就采取技术入股形式,给予专利持有人较高的股权比例,以激励企业的科技人才加大创新,不断开发出新成果,以推动企业的发展。而对于创业初期的企业,企业的发展前景并不明朗,因此在企业的技术、市场等方面人员应同时倾斜。而且,企业在设计方案时应该持长远的发展眼光,要借鉴联想的做法,不仅要提高企业现有员工的积极性,而且要为企业日后发展壮大新、老交替打下一定的体制基础,在企业股本中留有一定数量的机动股,用于吸引优秀的高水准人才,增强企业的发展后劲,至于机动股所占比例的大小则要根据企业对未来几年发展规模的预期来决定。并且根据国外经验显示,员工持股公司的员工持股比例一般不超过总股本的10%～15%。ESOP的详细内容还可以参见第四章相关内容。

二、高新技术企业获胜的另一法宝:股票期权

股票期权借用期权的含义,意指公司给予员工在未来一定期限内以事先约定的价格购买一定数量本公司股票的权利。它可以说是员工持股计划的一种,但又并不完全相同。股票期权制度能促使人力资本与高新技术企业的结合,通过建立长期性制度安排,有效激励人力资本的发挥。

在高新技术企业中,由于信息传播、交流的速度加快,经济网络化、全球化、信息化的发展,高新技术更新速度越来越快,因高新技术产品的生命周期也大为缩短,企业因创新所带来的收益期也越来越短,故激烈的市场竞争迫使企业要不断创新,加快创新,才能不致淘汰。而在企业内部,创新能力和企业家能力最为至关重要,这二者均以人力资本的形式存在,而人力资本具有不易量化的特点,加大了企业设立有效的激励制度的难度。经过西方国家实践证明,股票期权能有效解决这一难题,即将个人未来财富与当前业债、个人利益和公司长远发展有机地结合。因为获得股票期权的员工以优惠价格获得一定数量的本公司股票,如果公司股票日后价格上涨,该员工以市场价格卖掉本公司股票,所赚取的差价便可以成为该员工的个人收入,但这种收入是一种不确性的收入,其数额多少同员工的努力程度、付出程度及业绩贡献紧密地联系在一起,员工凭借股票期权致富的前提条件是企业价值能迅速增长。因此,股票期权能够将个人利益与公司长远发展有机地结合起来,要谋取个人利益,就不能不首先追求企业长期价值的最大化。这与高新技术企业发展规律也是相当符合的,高新技术企业创立之初因技术的不确定、市场需求的不确定性而使企业的发展前景也并不那么确定,只有通过企业内部人力资本的创造性地发挥,企业的前景才会变得明朗起来,股票期权可使企业中个人利益与公司利益结合起来,使个人将更加关注企业的长期发展前景和未来增值能力。而且,企业实行股票期权可在不掏一分钱的情况下吸引并留住优秀人才,这对于刚刚创业的高新技术企业也具有相当大的诱惑力,在硅谷的高新技术企业几乎全部实行股票期权制度就是一个明证。

实践证明国外许多高新技术企业的迅速成长得益于股票期权制度的实施,在硅谷的大大小小高新技术企业几乎全部实行了股票期权。股票期权的实施促进了美国高新技术企业的高速成长。据调查显示,对全美公认的434家5年来增长最快的公司调查结果显示,其中39%的企业实行了优先购股权,而且实施了优先购股权的企业业绩明显好于那些未实行这一方案的公司,如英特尔公司,所有员工都有优先购股权资格。

因此,借鉴别国成功经验,股票期权制度对于我国高新技术企业同样具有重要意义。在我国高新技术企业容易存在"小富即安,小富即奢,小富即分"的现象,这严重影响了高新技术企业的发展,也是造成我国高新技术企业"长不大"现象的根本原因,如果企业不建立一种有效的制度安排,那么就必然使得企业发展的根基不稳,虽然也许创业者们经过千辛万苦使企业能够发展到初具规模,但没有有效的制度安排作支撑,企业发展必然缺乏后劲,企业发展的稳定性必然受到时时刻刻的威胁,创始人员的心血就会一夜打水漂,企业陷入"发展—分家—再发展—再分家"的恶性循环之中,也许一分了之后企业再未起来,这既浪费了人力资本,也不利于社会资源配置效率的提高。因此,将股票期权引入到我国的高新技术企业的产权改革当中,有利于提高企业的竞争力,稳定企业的发展。通过股票期权的实施,使一些核心成员成为企业的股东,即使企业发展壮大后创始人员中有人要离开企业,也不会影响到企业的发展,他仍可作为企业的股东,关心企业的成长,享受企业成长的收益,从而减少"分家"给企业持续发展造成的震荡和分裂。

另外,加入WTO后,我国高新技术企业将面对的不仅仅是国内企业的竞争,还将遭遇国外的竞争者,随着经济信息化、网络化与全球化的发展,高新技术市场将是全球化的市场,高新技术企业的国际化也是必然的趋势。企业的国际化要求企业通过股票期权的实施来加大对不同文化背景的优秀人才的吸纳、加盟,以加强企业的竞争力。跨国公司在这方面已先行一步,一些跨国公司已经尝试将在母国实行的股票期权转移到别国,以吸引优秀人才的加盟,如戴尔公司在我国的尝试,1999年8月,位于厦门的戴尔公司中国分公司的每位员工大约得到了200股美国戴尔公司的股票期权,在被授予的3个月后,该公司股票已经上涨了50美元,从而使每一位中国雇员得到了大约1万美元的账面利益,虽然在中国许多人还不明白股票期权的含义,但他们已经明白只要努力付出,每个人都将在不远的将来拥有这笔不小的财富,股票期权将对企业员工产生极大的激励作用,也为戴尔公司吸引了更多的优秀人才。

第二十八章　高新技术中小企业发展与风险投资

第一节　风险投资的功能及运作机制

一、高新技术企业生命周期与风险投资

1. 风险投资的定义和特征

风险投资也称风险资本,它有广义、狭义两种含义。广义的风险投资是指对任何有风险的项目和企业的投资,而狭义的风险投资是指对未上市的具有高成长性前景的高新技术中小企业提供资本支持,并且通过对所投资企业加以培育和辅导,待企业成长壮大到一定成熟阶段后退出投资,以实现高预期值的资本增值的一种特殊类型的投资行为。一般对风险投资的研究大都从狭义的角度理解。

风险投资具有高投入、高风险、高收益的特点,通常风险投资对风险企业资本的投入是与管理的投入同时进行的,其目的在于获取预期的高额投资回报,而高额回报是风险资本家投入的风险资本和专业管理技能与新生企业相结合而产生的。

一般而言,风险投资具有以下特征:①风险投资是一种长期性股权投资。与传统的银行贷款不同,风险投资不会有意规避风险,寻求一种最低风险条件下的最大收益,而是主动、积极地去驾驭风险。吸引风险投资的风险企业一般是其具有良好的市场发展前景和巨大的增长潜力,因此风险企业现在的经营情况、资信、资产状况并不是特别重要。并且高新技术企业创立初期并无多少有形资产,只有以无形资产或专利技术作价入股吸引风险投资家以一种股权投资方式投入风险资本,依靠风险资本来发展壮大高新技术企业是一种最理想的选择方式,并且这种股权投资方式紧密地将风险投资家与风险企业的利益紧紧地拴在一起。一般而言,风险投资是长期性投资,风险投资从投资到回收通常在3~7年之间,而且在投资期间,风险投资者还需根据企业发展的不同阶段给以不同性质的资金融通,分阶段地继续注入风险资本;②风险投资家必须与风险企业的企业家密切配合。风险投资是一种中长期的投资行为,风险投资者在考察项目的财务指标之前,就特别筛选那些具有好的市场前景、发展策略和管理队伍素质的企业。并且,为了保证项目的顺利实施和锁定风险,风险投资家还进入企业决策层,帮助企业制定发展规划、技术评估、研究开发、融资、市场开发及资产运作等,管理是作为投入的一部分,协助企业建立一个高素质的管理队伍,管理本身是风险企业所欠缺的东西。这些管理工作需要风险投资家具有很高的专业水准。为保证风险投资活动的顺利实施,需要风险投资家不仅要精通专业科技知

识,熟谙最新技术发展动态和发展趋势,也需要他们具备较高的管理技能和精通金融等方面的知识。③风险投资一般不以分红为目的,而是在退出时以资本增值作为回报,退出时间一般是在企业上市或被出售。因此,与传统投资活动不同,风险投资的目的很简单,就是尽量以高价将风险企业卖掉,以便收回投资,实现风险资本与产业资本的置换,因此风险资本也呈现出一种周期流动性的重要特征,为降低自身风险,风险投资家通常选择组合投资,即用成功项目的高回报来弥补失败项目的损失。

2. 风险投资的功能

风险投资是市场经济条件下促进科技成果转化的重要资金支持途径之一。实践证明,美国高新技术产业飞速地发展和大批高新技术企业的崛起,离不开其风险投资体制的蓬勃发展。风险投资是高科技产业发展的重要保障,风险投资对高科技成果产业化也起到了非常关键的作用,风险投资本身也随着高新技术产业的不断发展而壮大起来,成为一个发展迅速的专业性强、竞争性强的一个产业。

风险投资的主要功能主要体现在以下方面:

(1) 促进科技成果转化,推动高新技术产业的发展。一项科技成果研制出来并不是高新技术企业的目的,只有将它进行商品化,在市场上实现利润才能为高新技术企业提供一种创新的激励。然而高新技术中小企业创业之初面临的最大问题就是资金不足。由于高新技术产品研制开发、商品化过程时间较长,其中蕴藏着技术风险、市场风险、财务风险等各种风险,创业者因缺乏资信度和可抵押的有形资产而得不到银行的贷款,采取其他的融资方式也非常困难。而风险投资这种基于一种高额投资回报而敢于冒险的投资行为,通过将风险资本投入有巨大增长潜力的高新技术中小企业,并加以管理投入,使高新技术中小企业迅速成长起来,最终为风险资本家带来巨额利润的投资方式,无疑在一定程度上促进了科技成果的转化,从而推动了高新技术产业的发展。美国是最大的受益者,试想没有风险投资的注入和启动,也就没有美国今天的半导体、微电子工业和生物技术产业。由于风险投资的存在,使科技成果转化的周期也大大缩短,高新技术产业化速度明显加快。正如美国斯坦福大学国际研究所所长米勒所说:由于科学研究的早期阶段有风险投资的参与,使科学研究成果转化为商品的周期已由 20 年缩短到 10 年以下[①]。

(2) 帮助培育高新技术企业。在美国,有 90% 的高新技术企业是在风险投资的帮助下成长起来的。如在信息产业中,数据设备公司就是在美国风险投资业的先驱波士顿的 ARD 公司的支持下成长起来的,英特尔公司也是在风险投资家罗克的支持下发展成为电子工业的巨人,还有 Compaq 公司、Dell 公司、Sun 计算技术公司、微软公司、苹果电脑公司等都是在风险投资的支持下成长壮大的。风险投资对新创业的高新技术中小企业进行长期的高风险投资,不仅对企业提供资金支持,风险投资家还用管理经验、专业知识、信息和人际网络帮助企业提高管理水平和开拓市场,同时对资本的回报是在企业上市或出售时

---

① 肖汉平:"论创业投资与中小企业成长",《经济理论与经济管理》,1999 年第 5 期。

以资本增值的方式来实现。风险投资这种资本、管理并重投资的投资方式使得由风险投资支持的高新技术企业成长速度也大大高于同类公司。另外,由于银行等传统的金融机构在运作时更注重风险的大小,其采用的现金流量评估办法是根据企业是否具备还本付息能力作为项目选择的标准,创业之初的高新技术企业显然达不到银行贷款的要求,而难以通过银行方面得到贷款。

(3) 在优化资源配置上具有重要作用[①]。由于传统的银行在风险与收益的权衡上更注重降低风险,其采用的现金流量评估办法也是根据企业是否具备还本付息能力作为贷款项目选择的首要标准,因此,银行在资源配置上最终存在逆向选择倾向,即最需要资金、资金生产率最高的项目往往因为风险高而得不到银行贷款,而那些处于成熟期但并没有很大成长空间的企业收入趋于稳定,而因风险小成为银行青睐的对象,这些企业往往存在"资金积压"问题,资金利用效率不可能达到最大化。而风险资本因追逐高额利润而将大量资本投入科技含量高、有高成长潜力的企业。在市场经济条件下,对利润最大化的追求才能带来资源的最佳配置,风险投资在一定程度上优化了资源配置。

3. 高新技术企业生命周期与风险投资

高新技术企业与传统企业不同,传统企业往往生产一种技术已经成熟、市场前景非常明朗的产品,而高新技术企业之初其所研制的技术及其相应的市场前景还并不明朗,其科研成果的商业化过程还存在许多不确定因素,会遇到来自技术、产品、市场、财务、经营和流动等各种风险,风险很大。与产业生命周期相对应,高新技术企业和高新技术产品一般也要经历一个发展过程,存在一个生命周期过程,并且高新技术企业和其所生产的高新技术产品的生命周期存在一个同步对应的关系,风险投资通过对众多项目进行筛选,选定一个风险企业后,虽然风险投资家看好其潜在的巨大的增长空间,但在具体投资时,风险企业家会根据高新技术企业的生命周期的不同阶段,根据不同阶段不同的资金需求和投资风险不同来选择风险资本投放的数量和方式,以锁定风险。

一般地,风险投资企业基本经历以下四个发展阶段:

(1) 种子阶段。在这个阶段,项目或高新技术产品还处于一种良好的创意阶段,还未完全开发出来,一般由风险企业的创业者自己投入资金搞研究开发,以验证其创意的可行性。对于风险投资家,在此阶段对有风险的项目投资时都不会贸然进入,往往为控制风险,投资比较谨慎,一般也就是投入少量资金来验证技术拥有者的创意的可行性。在此阶段,技术风险最大。

(2) 创立阶段。企业的研究项目一旦成功,创业者就开始着手进行中试及市场开发,风险投资也开始进入,为产品开发和市场开发提供资金,用于购买生产设备和产品开发以及销售等。在此阶段,公司刚创立不久,企业还没有经营业绩记录,企业从银行贷款的可能性不大。因此,在此阶段资金需求较大。企业开始强调管理水平的提高,做市场调查。

---

① 秦绪祥:《上市捷径》,中国社会出版社,1999年,第72页。

风险投资家会密切关注风险企业的产生效益和市场动态,对市场进行综合、全面地分析考察以决定是否追加投资。

（3）扩充阶段。在此阶段风险企业的经营业绩逐步在市场上得到体现,风险投资家迅速做出反应,开始加大投资力度,为企业的初步扩张提供资金,帮助企业进一步开发产品和加强市场营销,从而使被投资的风险企业迅速形成规模效应,步入快速发展阶段,风险投资家在加大资本支持力度的同时,也对被投资的企业注入管理协助,帮助企业提高管理水平,加强市场开拓力度,及为企业加强融资能力。这一阶段是风险投资的黄金期,但此阶段的企业离上市还太早。

（4）成熟阶段。这是被投资企业即将上市前的阶段。风险企业已开始有巨大的销售额和大额订单产生,市场前景广阔,企业管理机制渐趋成熟,企业经营也步入正轨。风险投资家所投资的项目成功,在此阶段所做的就是提供资金准备让被投资企业上市,或者为风险企业引入别的有影响力的股东,自己则退出企业的日常经营,以实现预期的高额回报,转而寻求新的风险项目。

因此,从上述各阶段可以看出,由于风险企业所处的不同的发展阶段,风险资本进入的数量是不一样的,这是依据企业不同发展阶段所处的投资风险、资金需求及风险投资家的审慎判断而定的。一般而言,在风险企业发展的早期阶段,由于投资风险巨大,尽管此时企业因缺乏相应的融资能力而对资金需求大,但风险投资者常常不敢贸然进入,因此风险企业存在融资能力与资金需求的明显不对称。随着企业的发展,企业投资风险逐渐降低,风险资本开始大量进入。待到企业处于相对成熟阶段,随企业经营规模进一步扩大,企业步入发展的正轨,风险投资开始退出风险企业,以实现其预期的投资回报。从一些国家风险投资的实践来看,早期的风险投资主要对于处于早期阶段的高新技术中小企业进行支持。而在20世纪80年代以后,风险投资主要在企业的后期阶段进行投资。

二、风险投资的运作机制

根据各国风险投资实践,哈佛大学的 Leaner 和 Compers 提出了"风险投资循环模型"("Venture Cycle Model"),将投资运作过程分为筹资、投资和撤资三个阶段,如图28-1。

从图28-1中可知,风险投资的运作机制大致由以下部分组成:

（一）风险投资的资金来源构成

风险投资发源于美国,在经历20世纪70年代的挣扎之后,风险投资在80年代之后出现快速增长,目前在世界范围内得到巨大发展。从世界风险投资的规模和增长情况看,风险资本的来源渠道是多种多样的,主要包括:富有个人的投资、养老基金、保险基金、大公司资本、政府财政资金、银行等金融机构资金等。当然,由于各国国情不同,风险投资的组成结构也有所不同。如欧洲国家的风险投资的构成大体是:养老保险金占25%,人寿

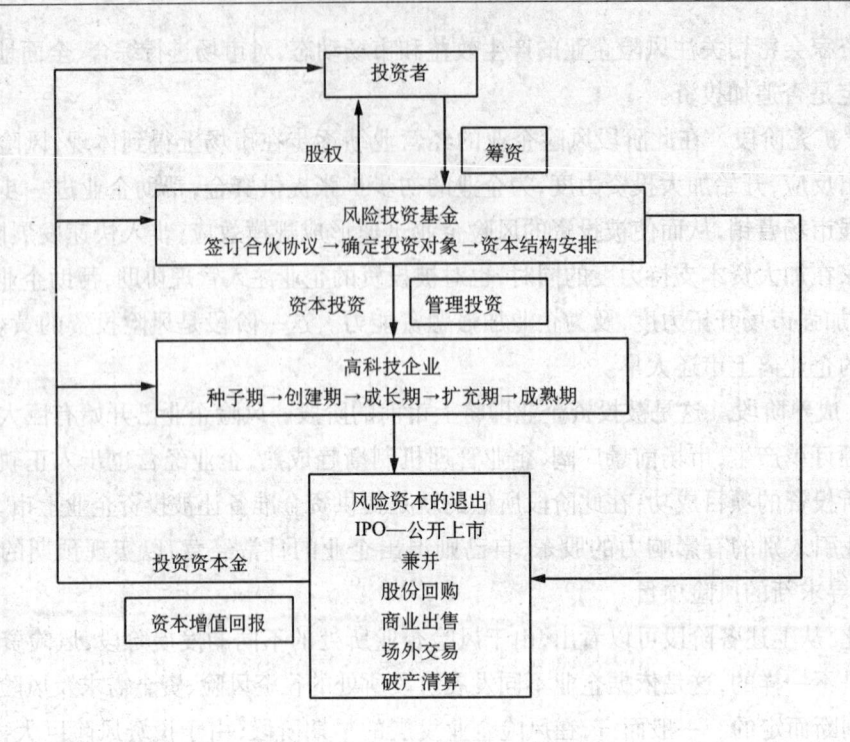

```
                    ┌──────────────┐
                    │   投资者     │
                    └──────────────┘
                    股权      筹资
          ┌──────────────────────────┐
          │      风险投资基金         │
          │ 签订合伙协议→确定投资对象→资本结构安排 │
          └──────────────────────────┘
                资本投资   管理投资
          ┌──────────────────────────┐
          │      高科技企业           │
          │ 种子期→创建期→成长期→扩充期→成熟期 │
          └──────────────────────────┘
          ┌──────────────────────────┐
          │    风险资本的退出          │
          │    IPO—公开上市           │
投资资本金  │      兼并                │
          │    股份回购               │
资本增值回报│    商业出售               │
          │    场外交易               │
          │    破产清算               │
          └──────────────────────────┘
```

图 28-1 风险投资运作程序图

资料来源：安实等："我国风险投资基金投资高科技企业的发展策略研究"，载《中国软科学》，2000 年第 5 期。

保险金占 15%，投资银行占 25%，增值再投资占 20%，政府资金占 2%，其他占 13%。日本的风险投资则主要来源于证券业、银行业和保险业的顶级公司，其中金融机构占 36%，大公司占 37%，证券公司占 10%，个人和家庭占 7%，外国公司占 10%。另外，随着风险投资的发展和经济发展阶段不同，即便是一个国家其风险投资的资金来源也有所不同，如在美国风险投资发展的早期阶段，富有的个人和大家庭是风险投资的主要来源，如在 1978 年，个人和家庭占 32%，国外资金占 18%，保险公司占 16%，养老基金占 15%，大公司占 10%，捐款和基金会为 9%。到 1994 年，富有个人和家庭在风险投资中的比例下降，而机构投资、年金基金则占主要来源，譬如养老基金（公共养老基金、公司养老基金）占 41.9%，捐赠基金占 11.4%，银行持股公司占 11%，保险公司占 7.2%，投资银行占 4.9%，非金融公司占 4.3%，而富有个人和家庭只占 10.3%，其他占 9.0%。

尽管各国资金来源及构成结构不同，但也存在共同的特征：①以基金为主。由于风险投资风险大且专业性很强，个人投资者受自身能力限制和信息不完全等原因，很难具备相应的金融知识、专业技术知识和管理能力，因此以基金的形式聚集风险资本，再由专业的风险投资家进行运作是一种必然的选择；②风险资金绝大多数以私募方式筹集，这是由风险投资的特性所决定的。

（二）有限合伙企业是风险企业的主要组织形式

风险企业有多种组合形式，如独资企业、普通合伙企业、有限合伙企业、公司制等多种形式，但实践证明有限合伙企业效率最高，成为风险企业的主要组织形式：①在法律上承认有限合伙制的国家，合伙人只缴纳个人所得税而不用上缴公司所得税，因而税赋成本较低；②合伙制规定风险投资家作为普通合伙人，需出资1%并对债务负无限连带责任。而风险资本的原始投资者仅以其约定的出资数额为限，承担有限责任，一般不直接干预经营活动，这保证了风险投资家在管理活动中的独立地位，有利于其不受外界干扰，发挥自己的经营管理才能。当然也有相应的合同条款应对违约行为。③在分配上，按规定将收益的20%分配给普通合伙人、80%分配给有限合伙人，这种分配比例大大倾斜于风险投资家，以激励风险投资家运用其丰富的专业知识、经验、声誉、管理才能和人际关系网，促使其积极性的最大发挥。

（三）风险资本需具备畅通的退出机制

1．顺畅的退出机制是风险投资发展的必要条件

风险投资是基于一种高预期的投资回报，对具有巨大的潜在的增长前景的高新技术企业中小企业进行长期股权性投资，并辅以管理投资，帮助培育高新技术企业，即使短期企业是亏损的。如果没有顺畅的退出机制，风险投资家就无法实现其预期的高额投资回报，投资者就不会再将资金投入，从而风险投资循环运行也就无从建立。而风险企业创业初期因风险巨大得不到传统的银行贷款而无法发展壮大，即便该项目有着良好的发展前景和巨大的市场潜力也无济于事，这进一步打击了创业者技术创新的积极性，必然使科技成果转化的周期大大加长，从而也会减慢高新技术产业化进程，这不仅不利于企业的发展，也不利于一个国家的高新技术产业的发展。

2．风险投资退出的主要方式

从图28-1中可知，风险投资的退出方式有多种：①公开上市。风险投资家将企业培育成熟，就是要通过退出来变现其所有者权益，实现投资的增值。而公开上市是风险投资最有效的退出方式之一。因为通过公开上市，有助于企业在市场上建立企业形象，并且能保持持续融资的渠道。但由于风险企业成长很快但规模通常偏小，且在成长过程中需不断增资，故使其各项业绩指标难以符合传统证券市场所规定的要求。为了加速风险投资的流动，美国在1971年特别设立了专为新兴中小企业服务的Nasdaq市场，其上市所要求的条件比较宽松，特别适合于高新技术中小企业融资，也为风险投资退出提供了一个出口。90年代中期以后，欧洲和亚洲的一些国家也纷纷仿效设立了类似的二板市场。在二板市场上市后的企业在运行较成熟后，往往可再升级到传统的证券市场（或称为主板市

场)。当然,这种方式也存在不足,发行的成功与否取决于二板市场的活跃程度,另外,因政府监管的需要,风险投资家只能在首次公开发行时出售极少量的所持股票,这不利于风险投资迅速退出。②兼并或出售。通常风险企业被实力雄厚的大公司看中,风险投资家通过与大公司交换股权而退出风险企业,变现其所有者权益。风险企业可借助大企业的实力增强研究开发能力,或者风险投资家通过股权转让方式出售风险企业。这种通过兼并和收购的方式出售给大公司,可为风险投资家节省大量时间,且变现能力强,使风险投资家可迅速退出,因此这种退出方式日益受到欢迎。事实上各国风险投资所投资的风险企业上市所占比例也不是特别高,能成长为出类拔萃的公司毕竟在比例上不高,但经过培育后,技术、产品、市场都相应成熟,风险性大为降低,这时企业已能为一般机构投资者所接受,股权转让是一种较为可行而普遍的方式。③破产清算。一旦风险投资家发现所投项目不理想,便会决定将风险企业破产清算。虽然以这种方式退出会带来损失,一般只能收回原投资的64%,但可以降低资金的机会成本,转而寻求其他机会,同样是明智之举。

(四) 风险投资运作的支撑体系

风险投资能够进行筹资、投资、撤资三阶段循环运行,离不开其支撑体系的发育完善。支撑体系的完善与否不仅决定风险投资的效率,也关系到风险投资的成败。简单来讲,风险投资的支撑体系包括如下几个方面:①风险意识和创业文化。它能反映出创业动机的强弱和对风险投资的认识和接纳程度,它表现为国民对伴随高收益的风险的偏好程度和承受能力以及对个人创业的认同和接受程度。美国硅谷的成功离不开美国崇尚敢于冒险、敢于创业的文化,即鼓励创新、敢于冒险、宽容失败。这种创业文化促使新企业不断诞生、大公司不断分化。②高效运作、发达的资本市场。资本市场是风险投资退出的最重要渠道,它包括运作规范、发育成熟的主板市场(有时也称为第一板市场),也应包括主要为高新技术中小企业服务的二板市场,以及覆盖面广、健全有序的场外产权交易市场和高效运作的各市场间的有机的联系机制。这些是强有力地保证风险投资的顺畅、循环运作的最重要的前提之一。③健全的法律制度[①]。健全的法律制度包括知识产权制度、保证资本市场"公开、公平、公正"原则的制度、信用制度以及有关企业运作和破产的制度等。这些制度的建立是为了保护风险投资活动中交易各方的合法权益,保证交易活动的顺畅进行。④高素质的人才队伍。在风险投资活动中离不开有丰富经验,既懂商业管理运作又熟知现代技术知识的风险投资家和敢于创新、自主创业的创业者。这是风险投资活动中最活跃的要素。⑤多样化、规范化的社会中介服务机构。从实践可知,风险投资活动从一开始就离不开各种专业性中介机构,如投资银行、会计师事务所、律师事务所、资产评估机构、技术咨询机构、基金托管人、专业市场调查机构等。这些中介机构并不直接参与企业管理,只提供各类专业服务,利用其高度的专业性服务为筹资者和投资者服务,有助于减

---

① 郭励弘等:《高新技术产业:发展规律与风险投资》,中国发展出版社,2000年,第180页。

少投资项目的运作成本。这是风险投资运作环节中不可或缺的角色。

第二节 高新技术企业、风险投资与资本市场

高新技术产业发展需要大量资金投入,而良好的资本市场正是推动高新技术产业成长壮大的"温床"。高新技术产业与资本市场的结合,尤其是证券市场,不仅是促进高新技术产业规模化发展的重要条件,而且是资本市场可持续发展的内在要求。

一、高新技术企业、风险投资与证券市场结合的必然性

高新技术产业的大发展需要人力、技术、资金、土地、劳动等各种资源要素的良好配置,而证券市场作为一个要素市场,对资源的配置有其独到的优势。高科技是第一生产力,而资本是经济发展的第一推动力,它们的良好结合,不仅可以促进高新技术产业规模化发展,也促进了证券市场持续发展。

1. 逐利性——风险投资与高新技术企业结合的必然性

任何资本都有其逐利性,风险资本也不例外。据统计,美国风险投资中约50%左右完全失败,40%左右保本,只有10%左右成功,当然成功的收益也很高,一般高于10~20倍。1965~1985年美国风险投资回报率年均为19%,是股票投资回报率的2倍,是长期债务的5倍。1991~1996年,年均收益率达29%,大大高于同期非创业企业。高收益的诱惑吸引了大量外资进入美国,有利地推动了美国高新技术产业的迅速发展。

2. 优势互补——高新技术企业与证券市场结合的必然性

(1) 高新技术产业与证券市场相结合有利于抢占高新技术的制高点,是增强国家竞争力和维护国家经济安全的需要[①]。近几年美国经济之所以能保持强劲的增长势头,其主要动力就是由于高新技术的迅猛发展。而高新技术由于其本身的高风险,使得其比传统企业在银行更难融资,而证券市场则为其提供了合适的场所。

(2) 风险投资是知识经济的发动机,而高新技术产业与证券市场相结合可以为高科技风险投资提供一条"安全通道",促进科技链与产业链的联动。高新技术产业发展需要巨额投资,但新建高新技术企业的高风险却令一般投资者退却,只有风险投资担负起了促进科技成果向现实生产力转变的使命。但风险投资本身也是一个经济行为,存在一个获利套现的行为,这时证券市场就为风险投资提供了这样一条"安全通道"。

(3) 高科技公司的上市,为证券市场增添了诱人的魅力。由于高新技术企业高风险

[①] 辜胜阻、李正友:"高新技术产业与资本市场结合的战略思考",《中国软科学》,1999年第7期。

高收益的特性,优秀高科技公司的盈利能力、成长速度均远非传统行业的企业能比,人们投资于这样的上市公司收益也极为可观。如著名的微软、思科公司从创建到现在仅二三十年,由于公司的迅猛发展,目前身价已与百年巨人通用公司并立世界前三强,若在微软、思科上市之际买入,一路持有下来,收益至少几百倍。很难想象证券市场如果缺少了高科技企业,其魅力将会如何大打折扣到什么地步。

二、特别针对风险投资、高新技术中小企业的二板市场

1. 二板市场的特点与作用

二板市场是资本市场的一个组成部分,是相对于主板市场而言的,在主板市场以外的另一个交易市场,其主要目的是为新兴中小型公司而设,使其得以通过市场筹集资金,帮助其发展或拓展业务。二板市场也叫创业板市场,主要以增长型公司为目标,看重的是企业的增长潜力,不会对企业现行的盈利能力作过高要求,也不对企业规模作过多的要求,因而可以说特别适合高新技术中小企业。

二板市场的鼻祖——美国的 Nasdaq 经过近 30 年的发展,其规模已达到世界证券市场的前列,是世界公认的高科技企业的摇篮。微软、英特尔、戴尔等著名的高科技企业均是 Nasdaq 的上市公司。截至 1997 年底,在美国所有高科技上市公司中,96% 的网络公司、92% 的计算机软件公司、81% 的电子通信公司和生物技术公司在 Nasdaq 上市。世界各地效仿 Nasdaq,纷纷建立自己的二板市场。

二板市场的主要特点:

(1) 上市对象主要是新兴中小型企业,特别是高新技术中小企业。

(2) 较低的上市标准,较低的交易成本。

(3) 大多采用自律的监管模式。

(4) 鉴于市场的高风险,对信息披露、股东出售股权等都有明确规定,以保护投资者利益。

二板市场的主要作用:

(1) 有利于高新技术中小企业上市筹集资金,加速发展。

(2) 有利于风险投资资本的顺利退出,以进入下一轮风险投资。

2. 二板市场的规则

(1) 较低的上市要求。这主要体现在两方面:第一,没有盈利要求;第二,没有净资产要求。这主要是由于以下两方面的原因:①二板市场主要面向的是中小企业,看重的是增长潜力,而不是现时的财务基础;②知识经济的出现使对企业的衡量标准发生了质的变化,评价一个企业的最重要的指标是其拥有的人力资源和技术成果,是这些指标决定了企业的核心竞争力及其发展潜力。

(2) 较高的披露要求。由于二板市场的低上市条件很容易出现"鱼目混珠"的现象,

同时对高科技企业的评判也越来越难,因此,及时而充分地披露公司的情况有利于投资者对企业作出客观的判断,有效防范风险。如 Nasdaq、香港创业板等均要求:①两年业务记录;②业务目标陈述;③上市后持续申报,一般均要求出季度报表。

(3) 完善公司管制的措施。公司管制实质上就是在公司股东和管理者之间建立代理机制,以通过这种机制有效地激励和约束公司的管理者履行责任,因此也称为自律机制。如设立外部董事、对管理层持股出售进行较严格的规定等。

(4) 保荐人的资格和职责。保荐人承担很大的审查责任,以确保发行人适合在二板市场上市。

三、加快建立我国二板市场

1. 建立我国二板市场的重要性

(1) 高新技术产业发展的要求。当今社会,国家间的竞争已直接体现为科技的竞争,我国要快速赶上世界发达国家水平,必须加大高新技术产业的发展。而目前我国有大量的高新技术中小企业和大量的高新技术成果尚待培育和发展壮大,需要较畅通的融资渠道,二板市场是最好的选择。如美国 Nasdaq 市场共为已上市公司筹集资金近 1000 亿美元,是美国私人风险投资业总资本的 2 倍多。

(2) 风险投资资本的良好出口。风险投资体系作为高新技术产业最重要的金融支持体系,若没有一个良好的出口,势必影响风险投资的新一轮投资,也影响高新技术中小企业的发展。

(3) 建立资本市场与风险投资对高新技术产业发展支持的良性互补。高新技术产业的发展离不开资本的支持。风险投资可以在高新技术企业初级阶段进行投资,伴随的是高风险高收益;二板市场在高新技术中小企业经过一定的孵化,企业已形成一定规模,产品也已具备一定竞争力时为其融资,投资者这时的风险也有一定的下降,而且利用证券市场融资容易,以满足企业大规模生产所需的较大资金规模。

2. 我国二板市场建设的思路

从 2000 年初,管理层开始提出建设我国二板市场,并称为创业板市场。目前初步定于在深圳建立,深圳证券交易所已为其做好了相应的技术准备,但尚有一些法律方面的修改还未完成,估计以后有望推出。

(1) 我国创业板的模式选择。应采用非独立的附属市场模式,即直接利用深圳证券交易所的现有人力、设施、管理经验、组织网络和市场运作网络。因为深圳证券交易所采用的电子交易和清算系统完全能够独立承担起整个创业板的运作任务,不必要重复建设浪费资源。

(2) 我国创业板的上市标准。鉴于资金在我国也是一种稀缺资源,想上市的公司有很多,可以实行低门槛、高要求的标准。即资产规模可以低一些,但主业要鲜明,主营业务收入占比例要高。①股本规模可以比主板市场低一些,但不能低于2000万。②经营年限要两年以上。③最低盈利要求。对研究和开发价值较高的高科技企业,可不设立最低盈利要求。④主要股东持股及出售股份的特别规定。两年内主要股东不得售出持股,两年后出售股份也须及时公告。⑤股份的全流通。

(3) 严格的监管和详尽的公司披露。交易所和证监会要严格审查发行、上市资格的审核;监管股价操纵等事项;处罚违规公司等。企业应及时披露任何股价敏感信息;及时披露每一季度经营状况等。

(4) 严格的公司治理结构。①设立独立董事;②设立监察委员会,由独立董事担任;③可以设立股票期权计划,与公司经营业绩挂钩。

第三节 高新技术产业发展与风险投资的国别比较

一、美国的高新技术产业发展与风险投资

1. 美国风险投资的发展历程

在美国风险投资活动最早可以追溯到19世纪末期,当时一些富有的个人和家庭直接将钱投资当时的新兴行业,如石油、钢铁、铁路,但这类投资完全由投资者个人自行决策,没有专门的投资机构介入,这是一种非正式的风险投资。现代风险投资开始于二战以后。1946年6月6日,由哈佛大学Georegel Doriot教授在波士顿筹建了世界上第一个现代风险投资公司——美国研究与发展中心(ARD),以风险资本来支持波士顿周边众多科学家出身的企业家们,培养新技术和新企业。ARD最成功的投资案例是对DEC公司的成功投资,即1957年ARD将7万美元投入到当时的小公司DEC,拥有77%的股份。结果到1968年上市时其市值达40万美元,从而ARD每年获得101%的投资回报。1971年ARD持有的DEC公司的股份达3.55亿美元,价值增值500多倍。乔治·多罗特也被人赞为"风险投资之父"。另外,ARD开创性地不仅为新企业提供长期资本支持,还为小企业输入专家管理服务。现在,DEC公司已成为拥有55 000名雇员、年产值100亿美元的计算机制造业的巨人之一。无疑,ARD成为美国风险投资的第一个里程碑。

1958年,为发展高新技术,克服高新技术中小企业资金不足的障碍,美国政府通过了小企业投资公司法(SBICA),规定由小企业管理局(SBA)注册批准的小企业投资公司(SBIC)可以享受税收优惠和政府软信贷,这极大地刺激了美国风险投资的发展,五六十年代也成为美国风险投资发展的第一个高潮期。

随后,由于美国政府进行税务改革,在1969年将长期资本收益的最高税率从29%提高到49%,这给风险投资业以毁灭性打击,风险投资规模锐减。另外,当时风险投资活动并未吸引高水准的管理人才,投资对象仅为个人投资者。由于所获低成本的优惠贷款,风

险投资为追求短期利益,往往追逐利差转借行为,而不愿对小企业长期投资,从而违背了为新企业服务的宗旨。当时,由于经济萧条,股市迅速跌落,政府加强了对退休基金的严格控制,加之 1974~1975 年石油危机等因素,所有这些因素的综合作用使美国的风险投资活动陷入低谷时期,也正是在这种严重的挫折过程中,风险投资内部经历了重新整合、学习提高的重要过程,促使美国风险投资业向专业化方向发展。

在 1978~1981 年 4 年间,随着美国国会连续通过降低资本增值税等有利于风险投资活动发展的法案,加之劳工部推出了 ERISA 的"审慎人"规定,为养老金进入风险投资领域铺平道路,使得机构投资人逐步取代个人和家庭投资者成为风险投资的主导力量,美国的风险投资业又进入第二个高潮期。1989~1991 年,由于美国经济走下坡路,使得风险投资业由于外部因素的影响再次步入低谷。直至 1992 年以后美国经济逐渐复苏,由于在减少资本所得税、改革私人证券诉讼案、股票期权政策等多方面的努力获得了成功,美国又出现了第三次风险投资的高潮期。风险投资的来源呈多样化,有大企业、保险基金、养老基金及其他基金组织都加入到这一领域,另外,风险基金经理也更加专业化,专业机构的服务水平也越来越规范化、独立化。

从美国风险投资的发展历程来看,也不是一蹴而就,是伴随着美国高新技术产业的成长而发展起来的。风险投资的迅猛发展促使美国这个世界经济强国再次遥遥领先于他国,进入经济发展的"快车道"。

2. 美国风险投资的特点

美国现有各种风险投资基金 4200 多个,风险投资公司 600 多家,其中投向高新技术产业的比例高达 60% 以上,管理着超过 500 亿美元的风险投资基金,是当今世界上风险投资业最为发达的国家。

(1) 多元化的资金来源。随着 20 世纪 70 年代美国政府修改有关法规,允许 5% 的养老基金进入风险投资领域,机构投资者开始取代私人投资者成为风险投资资本的主导力量。如 1995 年,养老基金占 38%,基金会和捐赠基金占 22%,银行与保险公司占 18%,家庭和个人只占 17%,公司占 2%,其他占 3%。而且,美国风险投资绝大多数是私募形式,并且以民间资本形式运行。

(2) 高投资回报率。据统计,1965~1985 年美国风险投资回报率年均为 19%,是股票投资回报率的 2 倍,是长期债务的 5 倍。1991~1996 年,年均收益率达 29%,大大高于同期非创业企业。高投资回报率也吸引了大量外资进入美国,有力地推动了美国高新技术产业的迅速发展。

(3) 完善的支撑体系。美国风险投资的迅速发展离不开其国内良好完善的支撑体系。表现在有高度发达的资本市场、良好的融资环境、灵活的抵押贷款制度、规范化的中介机构及政府制定的一系列有利于风险投资活动的法律制度和各项税收优惠政策。这些都保障了美国风险投资业繁荣迅猛地发展。

因此,美国的风险投资机制以高投资回报率为动力,以民间资金为基础,以风险投资公司为纽带,建立了一个多层次多元化的综合体系,这种机制对推动美国的技术进步和经济发展起到了重要作用。

3. 美国风险投资对高新技术产业发展的影响

美国高新技术产业的强劲发展离不开其国内高度发达的风险投资,在风险投资的帮助下,高新技术中小企业不断成长,反过来又给风险投资带来了巨大的收益,风险投资与高新技术产业发展形成的良性循环又不断推动着二者向更高水平发展。美国信息技术的发展,带动了一大批科技人员创业,吸引了大批风险投资资金进入,信息产业蓬勃发展起来,产生了微软、思科、英特尔等一批世界著名企业,并继续鼓励着大批的高新技术中小企业的创新欲望,并且对全球的人才和资金有着巨大的吸引力。

美国高新技术产业发展与风险投资的良性循环促进了美国经济的产业升级,带动了整个美国经济,并促进了全球的科技进步。

二、日本的高新技术产业发展与风险投资

1. 日本风险投资的发展

日本风险投资起步于50年代初,为促进高新技术中小企业的发展,日本在1951年成立了创业企业开发银行,向高新技术中小企业提供低息贷款。在50年代末期制定了"中小企业投资法",各种中小企业投资促进公司相继成立,70年代以来,日本政府采取技术立国的方针,制定了一系列优惠政策,使得高新技术中小企业伴随着微电子等高技术的飞速发展而大批涌现,在1974年日本设立了官商一体的风险投资中心,并且大批倾向于风险投资公司出现,为小企业提供贷款。另外,日本在金融相对宽松的背景下积极改革股票市场外交易系统,建立了日本的纳斯达克系统。这些都极大地促进了日本风险投资的发展。在1982年,日本风险投资总规模达到170亿日元,到1989年后期增加到90家投资公司,8600多亿日元,这种风险投资业过快的发展也隐含着不利局面的产生,如造成了过多的基金和太少有利的项目的状况[①]。从70年代到90年代,日本的风险投资业曾经历了三次高潮,但因受日本的社会经济环境、国家政策、企业制度、企业文化等因素影响,日本的风险投资业始终不如美国活跃与发达。

2. 日本风险投资的特点

日本的风险投资业呈现出以下几个特点:①以大银行、大公司为投资主体。日本的风险投资企业大多属于大财团、银行和证券公司的附属机构。据统计,银行所属的风险投资资本占整个风险投资业的75%。②不对投资企业进行管理投资。受政策、法律及传统文化的约束,日本风险投资公司一般只对投资企业提供金融、技术支持,而并不对企业进行

---

① 张陆洋:《高技术产业发展的风险投资》,经济科学出版社,1999年,第47页。

管理投资,诸如提供经营管理、市场开拓、财务管理等帮助。③对高新技术中小企业的投资比例不高。由于日本的风险投资企业多由经营稳健、谨慎的金融机构设立,受传统经营风格的影响不太愿涉足风险较高的领域,加之日本中介机构并不发达,对科技的评估体系尚不完善,水平不高,另外,日本企业股票公开上市平均周期过长,也影响了风险投资公司支持高新技术中小企业的积极性。

3. 日本风险投资对高新技术产业发展的影响

日本虽然也出了风险投资的杰出代表孙正义和他领导下的著名风险投资公司软银(Banksoft),但其整个风险投资体系却有其局限性。这主要是由于日本风险投资体系的主体部分是银行的原因,银行业对风险与风险投资的认识上有所不同,加上政府在基础研究上重视不足(1985年开始才加大对基础研究的重视),所以日本风险投资对高新技术中小企业的投资比例不高,对风险较小的制造业等相对比较喜欢,直接的后果就是:日本在赶超型时能很快追赶上去,但在技术创新上动力不足。

三、以色列的高新技术产业发展与风险投资

在新兴国家中,以色列是发展风险投资业最为迅速的国家,其做法和经验值得我们学习和借鉴。

以色列是一个人口仅580万、自然资源十分贫乏的小国,然而以色列却创造了世界经济发展的奇迹,1997年人均GNP达到1.7万美元,步入了发达国家的行列,而且其国内以电子、通信、计算机软件、生物制品等高新技术产业的迅猛发展成为其经济发展强劲的主要动力。这其中深层次的根源在于以色列政府大力支持风险投资业的发展,从而促进了其国内高新技术产业的迅猛发展和科技水平的提高。以下是以色列政府推动风险投资业发展的主要做法[①]:

(1) 设立"官助民办"型风险投资。进入90年代以后随着军事活动的减少,以色列政府为进行"军转民"战略,大力促进科技发展,于1992年拨款1亿美元作为启动资金,设立了10个风险投资基金(YOZMA基金),YOZMA基金采用合伙制,政府持股40%,私人投资者占60%,采取风险共担方式,但政府并不介入基金的日常运作,一旦运作成功,私人投资者再偿还政府投入的资金。采用这种"民办官助"的办法,极大地促进了以色列风险投资业的发展,这从表28-1可看出,各类风险投资基金数量和其规模都得以迅速增长。

(2) 制定系列扶持政策,创造有利于高新技术企业发展的制度环境。以色列政府大力支持风险投资业发展的最终目的是为了推动高新技术企业的大力发展。通过政府出资建立孵化器,为新创立的高新技术中小企业不仅提供数额可观的资金支持,还通过促进企业加强与科研院所积极合作,协助企业进行技术与市场的可行性研究,大力促进科研成果

---

① 郭励弘等:《高新技术产业:发展规律与风险投资》,中国发展出版社,2000年,第158页。

表 28-1　以色列风险资本的年度增长情况（单位：百万美元）

年份	1991	1992	1993	1994	1995	1996	1997
集中于高技术的风险基金							
YOZMA			149	40	15	20	5
私人基金	49	29	49	86	64	267	573
公共基金	9	88	22	0	0	0	0
合计	58	117	220	126	79	287	578
部分投资于高技术的基金	0	45	128	242	91	115	0
累计	58	162	348	368	170	402	578

资料来源：郭励弘等：《高新技术产业：发展规律与风险投资》，中国发展出版社，2000年，第159页。

转化周期的缩短。另外，政府还制定一系列扶持政策，为增加企业的技术来源，政府制定了《工业研究开发鼓励法》，政府专门拨款用于支持研究开发活动，以鼓励企业、科研院所的研究开发活动，并鼓励本国企业积极参与国际技术交流与合作。在税收优惠上，为促进风险投资活动，通过制定《投资促进法》，给予高技术投资项目投资补贴和减免税等。为有效激励人才，政府通过制定高度透明性的税务政策并实行优惠政策，鼓励推行职工持股和股票期权制度，持股职工可享受一定的资本所得税减免，对在孵化器中成长的企业，政府规定企业50%的股份由发明者和创业者持有，20%分配给私人投资者，10%分配给关键人员（如市场营销人员），而剩余的20%由孵化器持有，并允许孵化器的管理人员也可持有一定数额的股份。另外，在风险资本退出机制上，政府为帮助高新技术企业上市曾经承诺承担企业80%上市的风险，来保证风险投资者的高额投资回报，事实证明政府这种逆市场规律行事的方式是失败的。后来以色列政府转而支持本国高新技术中小企业到国外资本市场上市或鼓励通过企业兼并、出售等方式来完成风险投资的蜕资，从而保障风险投资活动的顺畅进行，推动本国的高新技术产业的发展，如1993～1997年，以色列国内共有96家风险企业在Nasdaq上市，筹资32亿美元，另外还有8家在美国证券交易所上市，筹资7300万美元。

四、小结

以色列能在短短6年时间成为风险投资业发达的国家，政府在其中的作用是巨大的。政府为此制定了一系列的扶持政策，通过促进国内风险投资活动的发展来达到推动本国高新技术企业成长壮大的目的。政府只通过在客观环境上创造一个有利于其发展的整体环境，通过高度透明化的政策明晰产权主体的收益，以达到有效激励的目的。通过各种优惠政策，在资金支持、技术、市场开拓、管理上均给予高新技术中小企业以支持，并注重建立一个给予科研人员创新的自由和创建一个有效激励技术发明者、创业者和管理人员积极性的激励机制。另外，政府严格依照市场经济规律办事，尽量避免介入日常商业性活动，只在市场失灵领域发挥政府作用，从而很好地在客观方面创造一个有利于创新、创业的制度氛围。

美国是世界风险投资的发源地,也是世界风险投资发展最迅速、从风险投资的迅猛发展中受益最大的国家,其他国家的风险投资活动皆是仿效美国模式而发展起来,由于各国的经济发展状况市场化程度不同、金融制度、民族文化等各方面不同,各国发展风险投资的道路也不尽相同,限于篇幅本书不——列举各国发展风险投资情况,但有一点可以肯定的是,综观世界风险投资发展史,风险投资以美国起源发展并使美国从中受益,再逐步扩散到欧洲、日本等发达国家,又进而扩散到发展中国家,足以说明风险投资在发展高新技术产业所起的巨大作用和巨大价值。从各国发展风险投资的成功实践可知,当今世界风险投资业发展具有以下趋势:①风险投资来源多样化;②风险投资资本投入方式证券化;③风险投资中介服务专业化;④风险投资激励机制法制化;⑤风险投资日趋国际化。

因此,学习借鉴世界各国发展风险投资的成功经验,把握风险投资的发展趋势,结合我国国情来促进我国风险投资业的健康发展无疑具有重要价值。

第四节　大力发展我国风险投资业的思路

一、中国发展风险投资业的重要意义

建立风险投资机制对发展我国经济、加强技术创新,促进高新技术企业成长,推动高新技术产业化等均具有重要意义。

当前,世界经济正步入知识经济时代,随着经济全球化、信息化浪潮的到来,国家之间的竞争已由传统的资源和生产力为主的经济竞争演变成技术创新和资本实力的竞争,一国无论在市场竞争还是在世界经济政治格局中的地位乃至军事实力,都在很大程度上取决于该国的高新技术产业的发展。并且金融与高科技这种科技与经济的结合方式已成为未来世界经济的发展趋势,也正是要通过金融和高科技密切结合的运行机制才能有力地推动高新技术产业的发展。先进国家的成功经验表明要大力推动高新技术产业发展,必须有赖于风险投资业的迅猛发展。

然而从现实来看,我国科技开发与成果转化的水平还远远不能迎接新世纪的挑战和严峻的竞争。目前,在我国科技成果转化阶段,还主要依靠企业原始积累和政府资助的投入方式,既无法满足高新技术产业发展对资金的巨大需求,又不能适应高新技术产业发展的客观规律。据资料显示,我国R&D资金投入与科技成果转化资金投入的比例一般为1:2~1:2.5之间,远远达不到先进国家的1:10的水平。投入比例的失调大大损害了人们技术创新的积极性,严重的资金不足的问题大大降低了科技成果转化的数量和效率,使得一些有巨大的市场前景、巨大的增长空间的技术和项目因无法从传统融资渠道筹资而搁置沉积,目前我国每年形成科研成果约3万项,但其科研成果转化率却不超过20%,实现产业化的比例只有5%,资金匮乏是主要原因,当前我国发展高新技术产业的资金获取

渠道仍是银行贷款,传统的银行经营原则与高新技术产业生命周期的特点严重不匹配,限制了我国高新技术产业的发展。

美国是风险投资最大的受益者,据统计,1994~1996年,美国国内生产总值增长的27%是由风险投资支持的高新技术企业创造的。为什么英国、法国、日本等发达国家在科技竞争方面落后于美国,就是因为这些国家的风险投资仍落后于美国,高新技术产业缺乏风险投资的有力支持而存在科技转化阻滞问题。而我国台湾地区在东南亚金融风暴中强劲的表现而受影响较小,就因为台湾地区建立了充满活力的风险投资机制,扶持和培育了一大批充满生机和活力的高新技术中小企业,从而提高了台湾经济的竞争力,也提高了其抵御金融风险的能力。在国际竞争日益激烈的条件下,一个国家经济高速发展必须依靠技术进步来提升经济结构,促进产业结构优化,如果仅仅依靠外延扩张和大量资源投入,必然导致低水平的生产能力大量过剩,缺乏自主技术创新能力,就必然在残酷的国际竞争中难以保证国民经济的可持续发展和国家的经济安全。

在1998年我国召开的九届全国政协会议上,代表们提交的一号议案《关于加快发展我国风险投资事业》受到了各界人士的关注,在国内引起巨大反响,无疑,发展风险投资对发展我国高新技术产业,促进我国高新技术中小企业成长意义重大。风险投资在我国起步于1985年,时间并不算晚,但由于种种原因,我国的风险投资事业至今仍处于起步阶段,在科研成果的转化中风险投资仅占2.3%,1985年建立起来的以发展高新技术产业为宗旨的中创公司在1998年因经营不善而倒闭。到现在,发展我国风险投资业已势在必行,加入WTO后,历史带给我们机遇与挑战。随着世界风险投资国际化的发展趋势,我们必须抓住这一潮流,借鉴别国经验,结合我国国情来大力发展我国的风险投资业。事实上,国外的一些风险投资公司已将目光瞄准了我国方兴未艾的这一新兴市场,这两年已在我国扩展业务。1992年全球最大的信息技术服务公司,美国国际数据集团在中国成立了美国太平洋投资基金并已开始进行多家风险企业投资。美国IDG公司先后对中国"搜狐"等40多家高新技术中小企业进行风险投资活动,据称IDG公司1998年在华的风险投资是该公司34年来投资额最大的一次。另外,我国的亚信集团、东方伟博等高新技术企业也成功地引入了美国及中美合作风险投资。因此,要大力发展我国高新技术企业,推动高新技术产业的迅猛发展,我们必须把握住风险投资的发展趋势,借鉴国外成功经验,引入国外规范化的高新技术风险投资机制和大量的实践经验,结合我国具体情况来推动我国风险投资业的迅猛发展。

二、我国风险投资的现状分析

1. 我国风险投资的发展历程

我国是从1985年开始进行关于风险投资的理论和实践的探索。1986年中共中央在《关于科学技术体制改革的决定》中,首次引入了"创业投资"的提法,指出"对于变化迅速、风险较大的高技术开发工作,可以设立创业投资给以支持",这使得我国风险投资的发展有了政策上的依据和保证。之后在陆续出台的《关于加速科技进步的决定》、《中华人民共和国促进科研成果转化法》、《关于促进科技成果转化的若干规定》中，都对我国发展风险投资的问题提出了相应的意见。在1985年9月，由国家科委和中国人民银行支持，国务院批准设立了我国第一家风险投资公司——中国新技术创业投资公司（即中创公司），随后我国又成立了中国科招高技术有限公司、深圳市高新技术产业投资服务有限公司等一批风险投资企业。民建中央在历经两年多的调查研究，在1998年3月提交全国政协一号提案后，在各级政府的大力倡导和支持下，全国掀起了一股发展风险投资的高潮：国家财政拨款10亿元，筹集贷款20亿元组建了中小企业创业基金；科技部与美国数据集团签署备忘录，在未来7年内斥资10亿美元，发展风险投资基金；科技部火炬中心还汇同联合证券、荷兰国际集团、汇丰投资银行、新加坡科技投资公司和美国太平洋技术风险基金，共同发起组建规模为20亿元的中国高新技术产业投资基金。北京、深圳、上海、广东等经济发达地区也纷纷出重拳要发展风险投资。如1998年3月，深圳市政府决定从1998年起每年从市财政拿出1亿元注入深圳高新技术产业投资公司，到2000年要使注册资本达到4亿元，并且还组建注册资本5000万元的风险投资顾问公司。广东省政府也决定从1998年起，连续3年每年省财政拨款1亿元组建广东省科技风险投资公司。在1998年5月，上海市、区两级财政共同出资1亿元组建高新技术企业贷款风险担保基金，并按5亿元的规模匹配放大。北京市政府也不甘人后，投资10亿元分别组建了高新技术产业投资公司、科技风险投资公司、高新技术产业融资担保基金和高新技术企业风险担保基金。另外，香港特区政府也拨款50亿港币建立了创新及技术基金。还有武汉、西安、天津、沈阳、南京、苏州等地科委和高新技术产业开发区纷纷积极介入，采用政府投资、引进外资、募集社会资金等多种途径，力图建立各个地方的风险投资。显然，从全国来看，发展风险投资的大气候正在渐渐形成。

然而，我国风险投资从1985年起步，至今孕育了十几年仍处于创始阶段。当然，不能否认的是，我国的风险投资公司在探索建立我国的风险投资业做过许多有益的探索，譬如在投资方式、项目管理、风险投资运行机制及风险投资人才队伍等，也积累不少经验，值得我们认真总结，并进一步探索发展我国风险投资之路。

2. 影响我国风险投资发展的主要因素

风险投资是发展高新技术产业的催化剂，是因其适应高新技术产业发展的经济规律，并且能推动高新技术中小企业成长，这已被其他国家的成功实践所验证。我国作为发展中国家，大力发展高新技术产业，是促进我国经济进行结构调整、加强我国国际竞争力、实行跨世纪发展战略的重要选择。虽然我国风险投资起步于20世纪80年代中期，以中创公司为代表有一批风险投资公司。然而从10多年来的结果来看，这些风险投资公司的运作并未摆脱计划经济的痕迹，我国的风险投资业也远未进入一个以市场机制为基础的轨道来配置风险投资资源，这与我国宏观经济有关，也与企业方面的微观因素有关。中创公司的落败也再次证明我国的风险投资业还处于起步阶段，要发展真正意义上的风险投资

机制,中国还有一段很长的路要走。分析我国的风险投资现状,制约我国风险投资发展的主导因素如下:

(1) 不按市场机制运作的"官办官营"运作模式是我国风险投资运作机制的致命缺陷。风险投资之所以能成为发展高新技术的催化剂,是因为其适应高新技术产业发展的技术经济规律。高新技术产业的高收益、高风险的特点也决定了风险投资是一项风险极高的特殊的投资行为。根据国外成功经验可知,风险投资从筹资、投资到撤资整个循环运作机制离不开专业化的风险投资家、高效运作风险投资组织、规范化的中介服务机构及顺畅的"出口"等,而最根本的是因其高风险的特点而在收益上具有极大的不确定性,决定了风险投资必然建立在自由市场经济基础之上。在我国,由于长期实行计划经济体制,在风险投资起步时期我国经济也正处于由计划经济体制向市场经济体制的转型时期,因而我国的风险投资业从一开始就带上很浓的计划经济色彩,按照"官办官营"的模式来运作,这违背了高新技术产业发展的技术经济规律,也违背了风险投资运作的自然规律,因此必然遭到惨败,表现在:风险资金来源单一化,主要来自于有限的政府财政拨款,这必然造成规模小、抗风险能力弱。在我国的风险投资公司基本是在政府主导投资下创建的,由于没有民间资本的介入必然造成资金规模偏小,而现有的经济环境使风险投资公司本身又不具备进一步融资的功能,这种单一化的资金来源构成使得基金规模偏小,抗风险能力弱,达不到分散风险、建立投资组合的目的,迫使其在运作中过分讲求安全性,失去了风险投资本来的意义。另外,这种政府主导的风险投资机制由于主体单一,无法建立有效地激励约束机制,解决不了所有者虚置和预算软约束等问题,必然使得管理和运营效率低下。

(2) 风险投资企业在具体的风险投资过程中也存在诸多问题:①由于风险资本严重不足,受政策限制企业又不存在进一步融资的可能,这大大限制了企业风险投资中再投资和对大项目投资的实现。并且由于资本规模小,使得风险投资企业选择投资项目时存在逆向选择倾向,过分追求资本的安全性,支持一些技术处于成功期的项目,并且采取信贷方式以收取利息为目的,还有的甚至偏离风险投资路线,进入房地产业和股票市场进行短期投资行为,这严重违背了风险投资的运作规律。②由于我国市场机制尚不完善,风险投资企业所投资的企业往往又存在道德风险倾向。由于所投资的企业并无信用记录,有的往往采取欺骗手法将投资骗到手,再不履行任何义务。由于法制不完善加上地方保护主义,风险投资企业往往无法保护自己的合法权益。③在具体投资策略上,由于企业缺少系统的投资收益分析,再加上我国风险投资项目评估体系尚未建立,企业往往难以避免不应有的投资损失。在投资策略上往往并不重视项目再投资的重要性,致使有的存在巨大增长潜力的项目因后续资金不济而夭折,从而使企业蒙受不应有的投资损失,这原本可以避免。另外,在一些具有可行性的好项目,由于风险投资企业不能对投资企业辅以管理方面的支持,诸如管理组织的安排、市场开拓、营销及财务管理等而使项目流产。

(3) 缺乏风险投资退出的渠道。风险投资不是无偿捐赠,其最终目的是要通过股权所有者变现来获取高额投资回报。风险投资成功与否在很大程度上取决于是否有顺畅的退出渠道,否则"出口"不畅会在很大程度上制约风险投资者的决策,导致大量资金沉淀,这必然影响风险投资业的循环运行。在公开上市方面,我国并未建立类似 Nasdaq 的二板市场,而现在的主板市场对高新技术企业变现的障碍表现在[①]:①刚处于成长阶段或扩张阶段的中小型高新技术企业很难达到其上市标准。②主板市场上的法人股、国有股无法流通、交易与风险投资试图通过股权转让、一次撤资的根本特性相矛盾。另外,我国产权交易市场还并不完善。虽然我国建有几十家地方柜台交易市场,运作活跃的如淄博证券交易自动报价系统(ZBSTAQ)。但在亚洲金融风暴发生后我国为防范金融风险、整顿金融秩序又关闭了许多家地方柜台交易市场。不完善的产权交易市场必然又限制了风险资本的"出口"。

(4) 缺乏风险投资的人才队伍。在风险投资活动中,风险投资家和风险企业家是重要的人力资本。在目前我国的风险投资的人才队伍也存在不少问题。现在我国从事风险投资活动的人有一大批是科技工作者,缺乏金融知识、市场营销和管理经验。或者有的具备技术与经济知识的人才只有理论知识,并无进行风险投资的亲身实践经历,也容易在具体的风险投资活动中犯有失误,造成无可挽回的损失。另外,现有的教育制度、用人制度和人才流动体制也不利于培养风险投资专业人才。

(5) 缺乏系统的政策支持。我国现有的政策法规还缺乏配套性和系统性,在一定程度上抑制了风险投资活动,表现在:①缺乏有关风险投资活动的法规,使得风险投资在筹资、运作、管理、监督及变现方面都处于无序竞争状态。②缺乏对风险投资的实质优惠政策。在对风险投资收益的征税、风险投资者地位及对其监管方面,均未制定单独关于风险投资的优惠政策,从而抑制了其活动。也缺乏对风险投资公司及被投资企业在银行贷款条件的政策担保、税收等方面的优惠政策,并且存在双重征税问题。③在知识产权保护方面,虽有一些法律法规,但由于对知识产权定位不当,使产权保护力度不够,现有的"公司法"也对专利技术、技术创新成果等无形资产评估限制过死,对知识产权在企业中的股权权益收益问题也存在种种不合理的规定等。④风险投资的支撑体系建设滞后,诸如技术评估、财务评估、市场评估、项目评估及产业价值评估等,均未构建起一个规范化的支撑体系。

目前我国的风险投资业尚处于起步阶段,还远未达到依靠市场机制来配置风险投资资源的阶段。依据国内外的经验教训可知,风险投资机制是与一个国家的经济发展、科技水平、市场化程度、经济制度、政府作用等多方面因素紧密联系在一起。应该明白的是在当前不是设立了风险投资公司、设立二板市场就能真正发展起我国的风险投资业。当前,全国各地纷纷掀起发展风险投资的热潮,一些风险投资公司纷纷设立,这种"一窝蜂"的重复建设是极不可取的,应该明白风险投资应是市场经济高度化的产物,"一窝蜂"而上只可能会导致低水平地重复建设,造成资源的浪费,是不可能真正发展我国的风险投资事业的。

---

① 安实等:"我国风险投资基金投资高科技企业的发展策略研究",《中国软科学》,2000年第5期。

三、建立我国风险投资机制的思路

风险投资业在我国的发展势在必行,这一点在我国已达成共识。我们有必要借鉴别国成功经验,吸取以往的教训,推动我国风险投资业的发展。

(一)建立"民办官助"型风险投资,风险资本来源多元化

我国现阶段国情表明,还必须依靠政府作用来推动风险投资的发展。但必须改变政府过去的"包办式"做法,在筹资组建风险投资公司时,不能仅仅依靠政府财政拨款的做法,这样既不利于吸收民间资本,使资金规模过小。另外也由于投资主体单一,难以建立有效的激励约束机制,致使风险投资运营效率低下,违背风险投资的意义。目前我国拥有数量巨大的民间资金,截至到1999年5月底,我国的居民储蓄存款余额已达58 968亿元,因此将这笔巨额的资金由储蓄引向投资领域,既顺应我国宏观经济发展需要,也可为发展风险投资寻求一条可行之路。因此,应该由政府出面,吸引民间资本加入,并鼓励一些大公司和大财团进入风险投资领域,建立起包括国家、个人、投资银行、风险投资机构、大公司、境外风险资本等在内的多元化风险投资主体。

1. 政府出面组建多元化投资主体的风险投资基金

风险投资基金来源可包括:①政府财政资金,如政府直接投资资金、融资担保资金。②机构投资资金,如大企业集团、保险公司、商业银行、证券公司、信托投资公司及各种年金基金等,这需要政府进行政策调整,放宽这些资金的使用限制。③已经富裕起来的个人投资资金。④境外风险投资资金。政府在其中的角色定位是:"持股而不控股、引导而不干预"。可借鉴以色列政府"共担风险、不谋利益"的做法,在一定期限内如果项目成功,则合作者以原价偿还政府投入的资金,如果项目运营失败,则政府与合作者按股份共同承担损失。政府作为风险投资的股东,但并不介入具体的风险投资项目运作,主要以民办为主。

风险投资基金的来源应该多渠道、多来源,且在不同的经济发展阶段,重点也应该不一样。实际上在我国目前经济还不很发达,人民生活还刚刚解决温饱问题时,大企业集团和富裕个人(如沿海一些早期富裕起来的个人和乡镇)应成为主力部队之一,当然政府的引导和规范作用也很重要。这主要是由风险投资高风险高收益的特性所决定,风险投资者必须要有较强的风险承受能力。投入一部分资金,成功了会很好,失败了也无伤大碍。而在国外充当风险投资主力之一的社保基金、养老基金等,在我国目前阶段则不太合适,原因很简单,各地社保基金收支相抵有盈余的尚不多,投入到风险投资体系中,一旦项目不太成功,就会很被动,况且风险投资的周期相对较长;当然,利用国有股减持等多种办法充实了社保基金后则是另一回事。当然风险投资公司大规模资金分散投资可以适当降低

风险,但在起步初期风险投资体系还不成熟之时,大企业集团和富裕个人的资金的优势就彰显出来。

2. 分阶段灵活地发展我国风险投资

发展我国的风险投资是为了大力发展我国的高新技术产业,促进大量的高新技术中小企业成长,并且最终目的是要将我国的风险投资活动引入到一个完善的市场机制下运作。然而这是一个长期的过程,我国经济正处于转型时期,与改革进程相适应,我们的风险投资也应是逐步分阶段发展。第一阶段应以政策性投资为主体,并且由政府出面培育出成功的风险企业,通过示范效应,能不断吸引民间资本介入风险投资。第二阶段为一个过渡阶段,以政府、民间风险投资相结合。第三阶段则为成熟阶段,我国最终的风险投资发展应以商业性风险投资为主体[①]。需要注意的是政府在其中只起引导的作用,并且随着我们经济改革进程的发展,政府要不断改善宏观制度、政策,营造一个有利于风险投资发展的氛围,创建各种配套、系统的政策体系,惟有如此,分阶段发展才可能继续下去。

经济的现状决定了发展我国风险投资渐进性的特点,事实上世界上风险投资最成功的美国也是逐步发展起来的。政府鼓励、经济发展、老百姓解决生活问题后还有钱去投资,促进了科技进步,促进了证券市场的发展,并进而产生了更多的中产阶级,并形成良性循环;进而吸引了全世界的很多资金和科技人员。

在我国,最初政府示范,接着大企业集团、富裕个人、各种其他机构、最后连养老基金、保险基金等也参与进来,并形成我国科技进步、经济发展、人民生活提高的良性循环。在现阶段,人民刚刚解决温饱问题,还有养老、小孩教育、住房等大问题,怎么可能去承担大风险。养老基金、保险基金等也积累不够,也不可能在现阶段去承担较大风险。资料显示,我国将在2030年左右进入老龄化高峰,依照现有社保体系,将一直处于入不敷出状态,多方筹资补充和完善社保基金是当务之急,如出售部分国有股等。只有等社保基金充实后,社保基金才可能成为证券市场的主力部队,成为风险投资的重要参与力量和重要支持力量。所以在我国当前实际国情下,分阶段灵活地发展我国风险投资就成了必然选择。

(二) 组建风险投资基金

灵活选择风险投资基金设立方式。一般有公募和私募两种方式,公募型基金的特点是基金规模大,并且基金设立一段时间后可申请上市。私募型基金的特点是启动快,信息披露限制少,筹资成本低。在我国当前情况下,以面向社会公众发起公募型基金时机还不成熟。可以考虑以私募方式,吸引机构投资者和富裕的个人组建风险投资基金,并且采取封闭式基金为主,有利于保证基金规模的稳定性和便于进行合理地投资组合。以后再在各方面时机成熟时采取公募和私募相结合的方式,再逐步发展设立公募式基金。

---

① 丁孜山等:"分阶段发展我国的风险投资",《中国投资与建设》,1999年第4期。

据笔者了解,在早期富裕起来的深圳、江苏、上海等地,只要项目好,小范围内要筹集5000万元,甚至一二个亿并不是难事。而且目前国内各高校的科研处,前来找项目的人士也络绎不绝,但成交不多。一方面不少资金想找投资;另一方面资金持有者对项目缺乏较强的判断力,以至很多很有前景的科研项目胎死校园实验室中,真令人遗憾。这方面案例数不胜数,北大方正的照排系统,王选研究多年,早已基本成熟,但这项技术硬是在实验室躺了10多年,到北大方正企业建立,企业化运作后才慢慢转化为生产力。晶体管在美国发明问世20多年,美国国内人士都没认识其价值,无人问津。日本索尼公司当时还仅仅是个小作坊,其创始人盛田昭夫、井深大充分意识到这可能是个巨大机会,于1954年1月从美国西电公司购得生产晶体管的专利,并加以改造,提高其频率,使其适用于收音机的装配。1955年8月,第一台日本制造的晶体管收音机问世,1957年索尼生产了世界上第一台袖珍式收音机,成为热门货,接着又生产出晶体管固体电路电视机。索尼王国也逐渐建立起来。

根据这种情况,应组建由专家参与的风险投资,加强对科研项目的判断力,一方面可以风险投资基金参与投资;另一方面也可以充当有实力的机构或个人单独进行风险投资的科技顾问,加强科研的转化,提高社会资金的效率。

风险投资基金的组织形式可以采取阶段式选择的办法。在国外,基金组织形式主要为有限合伙制和公司制两类,并且一般主要以有限合伙制为主。在我国,由于现有法律在有限合伙组织方面是个空白,也缺乏有丰富实践经验的普通合伙人群体,现在也未形成信任合作关系,另外现有存款实名制等相关制度的尚不完善也无法实现合伙人收益和纳税的监督,所以在目前缺乏实施有限合伙制基金的现实条件,虽然国外成功经验证明采取有限合伙制组织形式具有高能激励内在化、道德风险极弱化、税赋低等特点。而公司制目前在我国具有相应的法律基础,并且公司制具有股份公司形式有利于筹集资金、透明的操作方式、股东的参与有利于项目决策的科学合理性等特点,但国外实践证明公司制在风险投资运作也存在不尽人意的缺陷:公司制的运作成本相对高昂,不仅存在双重征税问题,而且公司制无法有效控制日常管理费用。另外,由于公司制缺乏有效的激励约束机制,代理成本十分高昂,而又不能有效激励风险投资家努力工作。还有现行的公司法规定也造成公司制在实际运作中十分困难,如公司法规定有限责任公司对外投资规模不得超过净资本的50%,并且需要税后才可投资,而风险投资回收期长,期间没有收入及完税证明,显然会影响投资的进度等。

因此,根据我国现有情况可以分阶段发展我国的风险投资:①第一阶段:以公司制基金为主。我们可以采取吸收有限合伙制的优点通过进行政策调整来弥补公司制的不足。如为克服公司制代理成本高昂、缺乏有效的激励约束机制,可以改变所有者结构,让民间资本进入并控股,并吸引国外风险投资家进入经营管理层以提高管理经营水平,另外,也可采取一些特殊税收政策,减轻税赋压力,避免双重征税问题等。②成熟阶段:以有限合伙制为主。通过不断吸收总结经验教训,不断调整现有的法律体系,建立关于有限合伙制的法律体系,提高现有风险投资人才队伍的素质,加快培养高素质有丰富实践经验的风险投资家群体,随着各种相关条件成熟之后,在将来,风险投资应以有限合伙制组织为主。

(三) 规范风险投资企业运作

　　风险投资企业规范化的运作是风险投资活动成功的关键因素之一:①明确项目筛选标准,严格选择投资对象,确定项目选择标准对选择高新技术项目具有很重要的指导意义。因此,所依据的筛选标准是:项目所在的行业的发展前景、项目的可行性、被投资企业的行业特性、风险企业的商业运作模式、风险企业创业者的综合素质及管理层素质、产品市场容量、风险评估、投资规模及回收率等。②采取合适的投资策略和战略,合理地评估项目和合理地投资。在风险投资企业具体运作中,首先对风险投资项目的评估非常重要,在风险企业发展的不同阶段,由于其运作特征、目标及风险有不同侧重,因此,风险投资公司应根据风险企业所处的不同发展阶段,项目评估重点也有所不同。如在种子阶段,应侧重于项目的可行性、技术的市场前景、创业者的创业精神及经营理念。在扩充阶段,评估重点应放在风险企业的财务情况、管理层的管理能力、市场增长潜力及竞争状况、风险企业的技术优势、资金投资规模及回收期等。在成熟期则主要考虑风险企业的财务结构、市场竞争优势及风险投资退出方式等。其次,在投资运作时注意正确的投资策略,应资金投资与管理投资并重。在进行风险投资时,从策略和战略角度,根据风险企业所处的不同发展阶段,合理分配资金,尤其要注意后续投资问题。风险投资的目的是为了实现高额投资回报,因此必须考虑资金的分阶段投入,否则就可能造成一个极具前景的项目因无后续资金注入而夭折,也给风险投资企业造成不可挽回的损失。可以借鉴国外成功经验,根据他们的投资阶段资金分布情况,理解高新技术企业发展的规律,根据不同项目,合理选择资金分配方式。一般而言,现在的风险投资在扩充阶段注资比例最高。在管理投资方面,应侧重于对风险企业发展战略和策略上提供系列指导,如制定企业发展规划、提升管理层素质和管理水平,进行后续融资、市场开拓和营销等,但并不需要介入风险企业的日常管理工作。

(四) 完善风险投资发展的外部环境

1. 建立多元化的风险投资退出机制

　　健全有效的退出机制是风险投资良性循环流动的重要保证,但由于目前许多条件尚不具备,因此,应逐步建立我国的风险投资退出机制。

　　(1) 通过调整有关政策,鼓励大公司兼并收购,并且鼓励国内风险企业到海外二板市场上市。目前,我国并未建立相应的二板市场,国外实践也证明企业兼并是风险资本退出的一个重要渠道。因此,目前通过鼓励大企业进行收购兼并是一种可行之举。政府通过在政策上给予一定的优惠倾斜,鼓励大企业进行收购兼并,大企业通过收购兼并也可获得新技术。同时,要积极发展投资银行,促使其不断提高,充分发挥风险投资市场的中介作用。另外,应充分利用海外二板市场,鼓励国内的风险企业去海外上市。目前,国内有网易、搜狐、新浪、中华网、亚信等在 Nasdaq 上市,但目前存在许多政策约束阻碍着国内风险企业通往海外上市之路,因此,政府应相应调整政策,在我国未开设二板市场的现状下,推荐国内一些高新技术企业去海外二板市场上市,如香港二板市场、美国 Nasdaq,甚至新加坡、马来西亚等地的二板市场也值得尝试。

(2) 尽快建立我国的二板市场。目前,建立二板市场的时机、条件已基本成熟。二板市场是风险投资重要的退出渠道,我国不能长久地依赖国外二板市场来发展我国的风险投资,而且风险投资业如果没有二板市场的设立也是残缺的。因此,必须逐步健全我国法律法规体系,规范证券市场,不断提高我国金融市场的监管能力,进一步提高金融工作者的素质,培育一个高效运作、透明度高、有效监管的发达的金融市场,从而为创设我国高质量的二板市场提供更有效的保障。

2. 建立适应发展风险投资的政策、法规体系

政府在风险投资中重要的作用是制定相应的政策和法规,创造适合于风险投资发展的制度环境,以扶持、规范、促进风险投资的健康发展。

(1) 制定相关法规,为风险投资活动提供法律保障。根据国外成功经验,我国应在以下方面提供法律支持:在知识产权保护方面,建立健全有关科技成果流通、专利、版权、知识产权、标准化等多方面的法律体系;加快《投资基金法》的出台,为风险投资企业的市场行为给予定位和立法,尽快规范风险投资基金和风险投资公司运作。由于我国在这方面的法律法规严重欠缺,导致风险投资机构因法律地位不明、责权利关系不清而处于无序竞争状态,也进一步妨碍了我国风险投资的发展,必然加强这方面法律的基础性制度建设,也便于对风险投资体系进行监管,有利于防范金融风险;在企业激励方面,应该出台关于优先购股权、私有持股、技术入股、管理干股等方面制定相应的法律,明确各投资主体的收益权,保障投资者利益,从而吸引投资;另外,在风险投资的资本收益税、资产评估、技术评估、项目评估等方面均应制定系列法律法规。总之,必须建立完整的一系列相关法律法规,使之系统化、配套化,为保障风险投资的运行打下基础。

(2) 制定各种优惠政策。由于高新技术行业具有高风险、高收益的特点,因此发展风险投资需制定特殊优惠政策。在资金支持方面,可为风险投资企业的个人投资者提供一定比例的投资补助,以吸引民间资本介入。或者制定税收优惠政策,减免一定比例的风险投资收益税。另外,也可设立中小企业贷款担保机构,拓宽高新技术中小企业融资渠道,为其提供无息或低息贷款,提供贷款担保以支持银行扩大信贷,另外在投资政策、金融政策、外贸政策、技术创新政策、人才政策均可进行一定倾斜以大力支持风险投资的发展。

(3) 其他配套建设。风险投资是科技进步链条中的一环,需要进行配套建设。应该明白的是大量高新技术中小企业因其科技含量高、具有高成长性而吸引风险投资活动,因此,要大力发展风险投资,就必须要创造一个适应高新技术中小企业发展的环境,因此,要加大对全国各地的孵化器、高新技术开发区的扶持力度,进一步提高和完善其管理机制,

要加大政府采购对高新技术中小企业的支持力度,营造一个有利于创新的氛围。另外,政府还应建立促进官、产、学、研切实联系的组织机构,充分发挥各方力量,加快缩短科技成果转化周期,以加强技术与市场的联系。改变过去的用人制度,创造一个开放、流动、竞争的用人机制,营造一种创新氛围。

第二十九章 高新技术中小企业发展的环境分析

世界上任何大企业都是由中小企业发展而来,考察各国高新技术中小企业的成长实践可知,由于其发展规律的特殊性,其健康成长更离不开一个良好的外部环境。硅谷之所以能成为创业企业的"栖息地",其关键在于硅谷地区具备了适宜大量创业企业发展的外部环境。本章就高新技术中小企业发展的环境进行考察和分析。

高新技术企业成长有其特有的生命周期,其运行也依照其特有的规律进行,这些都与传统企业大不相同,也使得适宜传统企业生长的外部环境并一定适合高新技术中小企业的发展,从而也增加了高新技术中小企业成长的难度,这表现在高新技术中小企业的发展特点使其难以从传统融资渠道获得发展资金,现行的政策法规等难以有效激励高新技术中小企业内部重要的资源要素——人力资本,以及其他各个方面。无疑,一个良好的外部环境是高新技术中小企业健康成长的重要前提。

任何高新技术企业都处于一定的外部环境之中,这种外部环境构成高新技术企业发展的基本条件,它制约和影响高新技术企业的发展,当外部环境处于良好状况时,对高新技术发展起促进作用;反之,则起限制和阻碍作用。本章所研究的外部环境应是一个广义的概念,是与高新技术企业发展相互联系相互作用的诸因素构成的整体,它主要包括科技环境、人才环境、市场环境、政策环境和法律环境等。应该讲高新技术企业发展离不开技术、人才、资金三方面资源要素的自由流动,而这又涉及科技环境、人才环境、市场环境、政策环境和法制环境等方方面面环境的支持,并且,各个方面的外部环境并不是相互独立作用的,它们之间存在一种相互作用、相互联系、相互制约、相互影响的互动运作机制,从而构成一个整体的外部环境,影响着高新技术企业的发展。

第一节 高新技术中小企业发展的科技环境

一、科技环境的重要功能——技术"蓄水池"

高新技术中小企业重在技术创新,技术创新是其灵魂所在。科技环境可谓是高新技术企业的技术源,是高新技术中小企业发展的技术"蓄水池"。没有一个良好的科技环境,高新技术中小企业的技术创新便会受到制约,因为高新技术中小企业受自身资金、人才等限制,科研能力有限,而一个良好的科技环境,不仅可为高新技术中小企业提供一个技术发展的高起点,而且也可为其在技术源的选择上有更大的灵活性和机动性。另外,高新技术中小企业发展的繁荣程度也在一定程度上影响到科技环境的建设,二者会相互制约又相互促进,从而构成互动的发展态势。

科技环境的核心因素是科技要素,科技要素与相关的各种因素构成科技环境。科技环境主要应包括科技水平、科技力量及科技体制等。科技水平是构成科技环境的基础,一般科技水平是指自然科学领域的基础科学、技术科学及工程技术三项内容。一个国家的科技水平主要体现在科技研究领域的研究项目是否门类齐全、分布情况及科研成果的先进程度、科技成果产业化的程度。科技力量则是一个国家或地区的科技开发实力,它应体现在科研机构及科技工作者的数量、质量、分布及构成等多方面因素。科技体制则是构成科技环境的重要环节。科技体制应是指一个国家社会科技系统的结构、运作方式及其与国民经济其他部门的关系状态总称,应包括科技事业与技术人员的社会地位、科研机构的设置及运作方式、科技管理制度及科技成果推广渠道等[1]。一个发达完善、运作顺畅的科技体制应该可以为大量的高新技术中小企业的发展提供源源不断的技术源及各种技术服务项目,从而为一个国家的高新技术产业的发展搭建一个基础扎实的技术网络平台,支撑着该国的高新技术产业的发展和高新技术企业的成长,这是极其关键的。美国高新技术产业的超前发展,科技实力远远超过其他国家,就在于在长期的经济发展中建立起一套健全完善的科技体制,加上风险投资的发达及各种激励机制的作用,使得其科技实力雄厚、科技水平先进、高新技术成果层出不穷,不仅如此,而且在一个健全成熟的技术市场体制下,通过一系列规范化、专业化的技术中介组织的带动,科技成果的转化在市场机制的驱动下完成,这无疑是具有高效率的科技成果转化机制,从而更加促进高新技术中小企业的迅猛发展。因此,要促进高新技术中小企业的发展,就必须首先在宏观方面加强科技环境的建设,不加强科技环境的建设,高新技术中小企业的发展无疑是无本之末,没有一个发达的科技体制在技术源上为其作支撑,高新技术中小企业在激烈的市场竞争中是难以为继的,必定缺乏持久竞争力,从而败下阵来。

二、我国科技环境的现状分析

目前,我国科技体制改革已走过十几个年头了,从1985年提出"面向、依靠"总方针后,相继又进行了科研经费拨款制度的改革,建立并开拓技术市场以及"稳住一头、放开一片"方针政策等,这些改革措施的实施,使得我国的科研机构历经课题承包、搞小生产、进入经济建设主战场等几个阶段,科研机构在改革中得到了发展。并且,我国正极力倡导科教兴国战略,试图建立国家创新体系,但我国的科技环境尤其在科技体制方面仍存在许多问题,主要表现在以下方面:

---

[1] 史世鹏等:《高技术产品创新与流通》,经济管理出版社,1999年,第206页。

1. 没有真正建立起以市场机制为主的资源配置机制的科技体制

虽然我国科技体制已历经十几年的改革,但并未建立起真正依靠市场机制来运作的制度安排,造成了我国科技成果转化难、科技与经济两张皮等现象的存在,严重制约了我国高新技术产业化的发展,无法为高新技术中小企业的顺利成长提供一个良好的科技环境。

(1) 科技开发体制仍以计划体制为主,政府作用的强化削化了市场力量,也造成在现行体制下难以形成科技成果转化的内在机制的形成。首先,由于我国科技计划的制定与实施主要由政府部门负责,依靠行政命令在计划实施中起关键作用,这也必然造成资源配置效率低下,加上我国学术界历来民主氛围不浓,排资论辈现象严重,导致创新性和科学性不足。另外,部门利益的攀比及干部任期的影响,也直接导致科研项目选择存在短期行为。其次,由于在科技计划项目实施过程中,投资主体并不明确,虽然国家是项目拨款投资的主体,但"所有者缺位"问题的存在,使得谁是国家投资主体的"代言人"并不明确,因而科研项目存在计划管理层次和环节过多的弊端,造成计划实施过程中的低效率运作。其三,由于在项目评审、验收等方面没有建立起规范、科学、专业的评价体系,致使项目的评审、验收流于一种形式,项目只要立项,就少有不通过论证的,就少有"失败"的项目。

(2) 由于缺乏相应的激励机制,企业没有成为技术创新的主体。由于计划经济体制在我国实行了很长一段时期,虽然我国正在从计划经济体制向市场经济体制转轨,但当中国体制转轨过程尚未结束时,企业没有成为真正意义的企业前,企业对科技成果的需求及其转化动力明显不足。首先,企业创新产权界定不清。由于高新技术存在高风险、高收益的特点,存在许多不确定性因素,由于企业产权不清,各利益主体难以明确技术创新收益的归属权,从而也就难以调动企业进行技术创新的积极性。其次,由于旧有科技体制弊端的存在,大多数科研院所仍独立于企业之外,科研院所重项目评估、轻开发的弊端依然存在,一方面使得大量科研成果积压,科研人员只要通过科研成果申报、评估便大功告成。另一方面,也造成科研项目与实际市场需求脱节严重,科研人员的激励点在于搞项目开发写论文从而成为评职称的手段,现有的激励办法不可能刺激科研人员注重科技成果的转化,从而也造成科技与经济两张皮问题的产生,并日益严重。与美国高新技术成果进入市场的比例高达55%相比,中国的比例极低。目前,我国每年的专利技术与省部级以上科研成果近10万项,但许多成果由于缺乏资本投入而没有得到应用,转化成商品并形成规模效益的仅占10%~15%[①]。

(3) 我国科技体制结构不尽合理,表现在投入少、效率低、影响力弱等方面[②] 反映科技人力资源的丰富程度的指标上,我国的这一指标大致相当于经合组织国家的1/5,相当于最发达国家的1/10,相当于新工业化国家的1/5至1/7。总体上我国科研机构存在冗员

---

① 成思危主编:《进一步推动风险投资事业发展》,民主与建设出版社,1999年,第20页。
② 游光荣:"我国科学投入少、效率低、影响力弱,任重而道远",《科技导报》,1999年第6期。

多、高重复、低水平的现象。在我国科技经费投入方面，虽然我国技术经费一直在缓慢增长，但其增长明显滞后于经济增长速度，1998年我国GDP总额比1992年增加了整2倍，而同期科技活动开支只增加了1.5倍。在两个重要指标上我国与别国差距相差甚远，如我国R&D经费占GDP的比例为0.66%，虽略高于发展中国家的平均水平0.45%，但只相当于发达国家的1/4，而人均R&D经费上，中国只有发达国家的十几分之一，连巴西也高于我国4倍以上，印度也是我国的2.5倍。再看我国科技产出情况，与世界其他国家相比，虽然我国专利申请和授权量呈逐年上升趋势，但发明专利比例偏低，这暴露了我国创新能力和知识产权保护意识较低。另外，我国论文在国际上被引用数量并不多，在影响力高的国际学术期刊上发表的论文太少，论文的影响力还太小。尤其我国重大科技成果水平呈下降趋势，特别是基础性研究领域的重大理论建树和科学前沿的突破比较少。总之，我国的科技体制效率低下，与经济发展脱节严重，缺乏强劲的国际竞争力，这不利于我国高新技术产业的发展，不利于我国产业结构的优化。

2. 没有建立市场机制运作下的技术市场

技术市场的兴起是我国科技体制改革的必然产物，虽然我国技术市场经历了萌芽、雏形、起步及规模发展阶段的发展，但还并未建立真正意义的市场机制运作下的技术市场，还主要依靠各级政府和有关部门开设一大批技术市场，技术市场并未真正起到促进科技与经济的结合，推动科技成果转化、科研人才的合理流动的作用。

目前我国的科技环境的不完善使得科技资源如人才、技术等方面配置渠道的不畅，从而对高新技术中小企业发展起到了一定的制约作用，如无法为其创造一个有利于创新和创业的技术创新环境等，必须加大对科技体制、技术市场等多方面的改革力度，不断改善科技环境。

第二节　高新技术中小企业发展的人才环境

高新技术企业发展的核心问题是人才问题，在市场中竞争归根到底是人才的竞争。在企业内部诸多生产要素中，人力资本要素扮演着极为关键的角色。高新技术企业的成长需要一流的高质量人才和高质量的人才群体支撑，即需要一个良好的人才环境，提供富有创新才能的科研人员、富有创业冲动的创业家、远见卓识的科学家、各类管理人才及既精通专业科技知识又熟谙现代企业管理、金融等多方面知识的风险投资家，尤其富有远见卓识的风险投资家这类人才在我国目前还处于奇缺状态。总之，一个完善的、高水准的人才环境的建立对于高新技术中小企业的发展是意味深长的。但目前，我国的人才环境方面存在许多不尽人意之处。

一、缺乏一个有利于创业和创新的制度安排

首先,受旧有科技体制沿袭的观念、意识及习惯的影响,一些科技人员仍难以融入到市场经济大潮之中,重学术、轻实用的思想依然存在,过于注重论文、成果鉴定证书。虽然从表面上看我国每年科研成果不少,但有实用价值、能转化为生产力的技术成果并不多,这既是对科技人才的一种浪费,也是每年科技资金投入的巨大损失,是科技资源的一种低效率配置。在我国,大多数科研成果出在高校和科研院所,由于没有相应的制度安排,科研人员缺乏创业的冒险精神,不愿下海创办企业,即使将科研成果转化,也显得过于谨慎不愿做大,"小富即安"。多年来形成的做学术研究主要是为了写论文、培养学生,至于产业界怎么做和科研院所并无关系。科研院所和企业之间存在一道巨大的鸿沟,科研人员创办企业总存在种种顾虑,害怕被学术界开除出"学籍",害怕学术界那种排斥创办企业的想法,认为创办企业并非科研人员所为,是走邪路。例如东大阿派总裁刘积仁当年创办企业时就顾虑重重,认为做企业就是以赚钱为目的,做研究的人要改行为赚钱而开公司,自责心理较重,害怕学术界同行对自己的评价,对被学术界开除的危险当时让刘积仁多少有些心有余悸,试想科研人员的种种顾虑又何以让他们有创业的激情能够愉悦地对待创业的冲动。现在这种状况虽有所改观,但高新技术企业所特有的高风险也让科研人员裹足不前,故缺乏创业精神和创业文化是制约我国高新技术中小企业发展的重要因素,缺乏雄心勃勃的创业者使得科技成果商品化成为一种奢谈,也使得"促进科技成果转化"在我国成为老生常谈。其实在市场经济制度下又何来科技成果转化一说。硅谷成功在于有在一种极富创造性的创业文化,这激励了大量的创业企业诞生且取得了成功。谁都羡慕硅谷成功,在我国科研人员缺乏一种创业精神和创新意识的内在冲动,这是我国多次"复制硅谷",但最终总以失败而草草收场的重要内因。

二、滞后的人才供给机制

1. 缺乏真正的风险投资家队伍

国外实践显示,风险投资家对于风险投资有举足轻重的作用,从而对促进高新技术中小企业的发展发挥着极为关键的作用。风险投资家必须对高新技术有着敏锐的洞察力,对高新技术未来走向及其市场潜力有着准确的判断力,并且同时对金融、管理等多方面均有丰富经验,从而能高效地将技术、资金、人才组合起来。在我国,目前还缺乏真正的风险投资家队伍。我国的科技管理者多为科研人员转化而来,并且即使新进入者有着技术、金融等多学科知识,但却只拥有丰富的理论知识,对风险投资等缺乏切身实践经验,培育我国真正的风险投资家队伍还将有很长的路要走。

2. 人才流动机制不畅

以人才为核心建立的组织结构是高新技术企业的显著特征。由于技术创新的不确定性及激烈的市场竞争等多方面因素，导致高新技术人才流动频繁。人才流动具有双重效应，一方面有利于科技资源的配置，表现在高新技术人力资源价值具有不可测性导致交易成本增加，加之高度专用性的特点，一旦新环境能充分发挥其才能从而会创造更多的价值。另一方面，人才流动会带来诸如技术泄密等负面效应。在西方发达国家，由于在知识产权保护等方面法律较为完善，能够较好地消除人才流动所带来的负面效应。在国内，我们对知识产权保护方面还缺乏有效的办法，导致技术人才流动是企业技术泄密的主要原因。另外，由于现行存在一些阻碍人才流动的制度约束，如户籍管理制度、人事档案管理制度、毕业生分配制度等，同时由于实物形式的福利分配方式及社会保障制度尚未完全建立，也阻碍了技术人才的合理流动，科技人才为规避高风险寻求一种稳定的发展，从而错失一些重大的发展机会。因此，必须建立新的人才流动机制，打破种种束缚人才流动的制度约束，通过实行聘任制、考任制、兼任制、交流制等多种灵活多样的办法，促进人才的合理流动，形成一个多层次、多功能、高适应的高新技术人才支撑体系。

3. 尚未形成良好的人才培养体制

当前由于高新技术的迅猛发展形成对人才的巨大需求，高新技术人才越来越成为一种极为稀缺的资源，国与国之间的高新技术竞争越来越演变为人才方面的竞争，因此，要推动高新技术产业的持续发展，建立一个完善的人才教育培养体系源源不断地输送高素质、多层次的人才极为关键。美国高新技术产业的高度发达离不开其国内一个可称得上世界上最发达完善的人才培养教育体系，不仅可以源源不断培养大量高素质人才，而且还不断吸引世界各地其他国家的优秀人才加入美国的人才队伍，从而构筑一个庞大的人才群体支撑，美国良好的人才环境是该国强劲竞争力的保证，也是其国内高新技术企业繁荣发展的基石。我国目前教育也正处于不断改革之中，基础教育投入不足，多年形成的应试教育体制不利于激发学生的学习积极性和创造性，从长远来看也不利于一个国家民族创新精神的培养。高校内专业设置陈旧，未完全适应现代经济发展的需要，专业分得过细，学校之间专业设置重复现象严重，教育资源处于一种低水平的配置状态，不利于人才教育培养体系的建立。

总之，滞后的人才供给机制一方面制约了我国高新技术企业的发展，在某种程度上由于人力资本的有限发挥增加了高新技术中小企业发展的风险性，不仅表现在技术创新方面，也表现在企业经营管理方面，风险性的加大更不利于科技人才创业热情的形成，从而形成一个恶性循环。所以，必须加大相关制度的改革力度，构成一个良好的人才环境，形成一个良性的互动循环机制，培养出一大批科技、经济、金融、管理、法律等方方面面的多层次、高素质的"专才"和通才，构筑一个庞大的人才群体支撑，从而为促进我国高新技术中小企业的发展打下扎实的基础。显然，这是极为重要的基础性工作。

三、改善人才环境的对策

高新技术企业中人力资本是最重要的生产要素之一,它发挥着极为关键的作用。并且,加入 WTO 后,中外人才激励制度、用人制度存在巨大差距,人才争夺更加激烈。我国政府应将眼光放长远些,积极利用国内、国外两个市场,建立一个开放的人才培养和吸收机制,实施有效、积极的人才战略,创造一个符合当今世界经济发展潮流、与国际接轨的制度环境,在政府作用的引导下,发挥市场机制在人力资源配置上的积极作用。目前,我国还未建立起有效的人才激励机制,在分配制度上存在种种缺陷,如现行政策与法律在技术入股、股票期权、管理入股、创业股等均不完善,知识定价问题解决不力影响着知识参与要素分配的效果,技术产权、管理等不能完全按市场经济的规律进行投资与分利。另外,我国人才政策措施较弱还体现在国内科技人才创业常受到户籍、职称等限制,而海外留学人员回国创业又常因税收减免、投资与创业的软、硬配套设施、住房、家属安排、工作与生活环境等种种问题而受阻。

因此,我们必须要创新人才政策,要体现以人为本的原则吸引优秀的科技人员创业,也吸引各类高素质人才投入高新技术产业的发展。①重视科技教育,大力培养创新型人才。要改革旧的教育科技体制,以适应高新技术产业发展对人才的要求。建立一个高度发达的教育体制,强调培养人的创造能力和创新精神,大力培养科技人才、经济管理人才及各类综合性人才,改变过去专业划分过细的弊端,培养各类专长及通才,为我国科技及高新技术产业的发展提供有力的人才支持。②建立有效的人才激励机制。改变过去计划经济时代的做法,政府行为依照市场经济规律的原则,在法律上对技术入股、管理入股、股票期权、创业股等作出相应的条款规定,鼓励高素质的科技人员及经营管理人才等凭借自己的创造性积极创业,要不断加强知识产权保护的意识,吸引各类人才投入到高新技术产业发展当中去。值得一提的是对于技术、管理作价入股比例,应由市场机制来确定,即由投资方、技术方依照市场的实际需要通过谈判、协商解决,而不应由政府划定一个界限,这并不符合市场的做法。在国外,技术入股比例就是由市场来决定,而不是由政府规定一个上限,其比例可低于 50%,也可超过 50%,并允许控股。另外,也要改革旧的户籍制度、就业制度和人事制度,制定灵活积极的评定办法,促进科技人才的流动。进一步改革分配制度,制定促进科技成果转化的利益机制,对科技成果的带头人可采用股权等办法吸引科技人员创业。

第三节 高新技术中小企业发展的市场环境

高新技术中小企业的发展与市场环境有着极为密切的关系。一方面,市场需求不断变化刺激并引导着高新技术中小企业不断进行技术创新,开发并生产出市场所喜欢的产品；另一方面，高新技术企业所开发的新产品往往创造一个新市场，并不为消费者所熟知和认可，往往需要改变消费者的消费偏好和生活方式，引导消费者进行消费。高新技术中小企业发展中的市场环境不仅包括产品市场，还应包括技术市场、资本市场、产权市场等多个市场体系，市场机制的完善有助于高新技术企业获得资源要素，降低交易费用。并且由于市场透明度高、市场信息反馈快，有助于高新技术中小企业的发展。显然，市场环境对高新技术中小企业的发展起着重要的影响作用。

一、产品市场

高新技术企业只有通过产品市场才能实现企业的利润，并且高新技术产业的高收益是通过产品市场来实现的。实践证明高新技术企业产品开发的失败率相当高，且失败的原因往往不在于企业的研究开发力量不足，而是市场方面的因素，可见高新技术产品的市场风险极大，这是由高新技术产品的特性所决定的，表现在：①高新技术产品初期市场进入障碍高，垄断性强，企业可以通过高定价获得先期占领市场的巨额垄断利润；②高新技术产品生命周期大大缩短，并以较高的速率更新换代，因此高新技术产品不会像一般产品那样缓慢度过市场成熟期和衰退期；③高新技术产品通常创造需求，开拓新市场，改变消费者的消费偏好和生活方式，引导消费者进行消费；④高新技术产品遵循收益递增规则。由于高新技术产品是以知识、信息、人力资本等无形资产作为主要生产要素，并且由于这些要素具有溢出效应和共享性特点，使得高新技术产品的生产发生质变，遵循收益递增规律。另外，由于现代科技的迅猛发展，高新技术日趋先进性、复杂性，且相互依存度高，一种产品往往需要许多相关技术相辅。并且高新技术产品往往创造一个新市场，并不存在统一的技术标准，因而一项新产品的诞生往往造成事实上的技术标准，引导其他高新技术产品遵循新的技术标准共同发展，从而形成网络效应，造成市场竞争和技术发展的路径依赖性，从而就可能将原有的市场竞争者排斥在新技术标准之外而被淘汰。

因此，高新技术产品市场存在极大的不确定性，也使得高新技术企业在产品市场的竞争中必须根据高新技术产品的特性，把握住市场竞争的核心——形成事实的技术标准，这一点是极为关键的。在高新技术产品领域，技术依存度很高，谁先期占领市场，掌握较大的市场份额，谁就有可能促使市场上现有资源向自己靠拢，从而形成事实上的技术标准，这样，市场领先者可以通过市场锁定把握市场竞争的主动权。即使自身无力形成事实技术标准，也必须认清市场上的技术标准，从而遵循这种技术标准。否则，不对技术标准加以正确把握，企业开发出来的产品就可能被排斥在现有技术标准外，从而被排斥在产品市场之外，企业的竞争力也就无从谈起。

虽然我国高新技术产业有了较大发展，随着经济的不断发展，市场对高新技术产品的需求在逐步增加。并且随着信息产业的崛起，我国对电脑、电话、手机等电子通信产品的需求在迅速上升，对我国大量高新技术企业的发展有着很好的推动作用。但从世界范围来看，我国高新技术企业由于自主技术创新能力不足，科研实力不够，在国际分工链条上处于下端,虽然我国电脑业、软件业迅猛发展,但产品的核心技术却被控制在国外厂家手中,产品的附加值并不高。如个人计算机的 CPU 和操作系统软件分别被控制在英特尔和微软手中,我国大量的计算机企业均是为这两家企业打工,国内高新技术企业获利微薄。显然,技术标准由别国所掌握,我国高新技术企业要参与市场竞争,就必须遵循这一存在的技术标准,这符合比较优势原则。

因此,为摆脱这种不利局面,我们应该遵循以下的思路发展高新技术产业。①高新技术企业应成为真正的技术创新主体。我国高新技术企业必须抓紧建立自主持续创新能力,提高企业自身的研究开发水平,建立起自己的核心技术,在激烈的市场竞争中建立自己强劲的竞争优势。②政府应起引导者作用。发挥政府的管理者职能,运用政府调控手段和制定产业政策,创造良好的发展环境,引导高新技术企业的发展。

二、技术市场

技术是高新技术中小企业的生命线,技术市场在一定程度上决定了高新技术中小企业获得技术的难易程度及其成本高低。高新技术中小企业的发展由于自身实力不足,常常需要从外界获得技术源,技术源供应渠道的畅通与否将制约着高新技术中小企业的发展,并且技术源供给应包括技术的生成和技术的转化两方面。

技术与一般商品不同,由于其与市场相隔远,由技术获得的效益往往滞后,且技术的价值难以计量,因此它的出现远远迟于其他有形商品,技术是在显示了价值之后才成为商品,因而技术交易具有一定的特殊性,表现在技术价值难以估量,由于企业的本身素质不同,相同的技术在不同的企业具有不同的价值,因而具有极大的不确定性。另外,技术交易双方的交易次数不多而易存在道德风险倾向。技术交易双方由于信息不对称也使交易费用大大提高。总之,技术交易以上的特殊性决定了技术市场的不活跃性。

由于各个国家的科技体制不尽相同,对技术源供应渠道建设的重视程度不同。美国科技实力在世界上居于前列,与美国政府重视科技在经济发展中的作用有密切关系,它把支持研究与开发尤其基础研究和应用研究看成是政府的责任,在美国的 R&D 投资中,政府占一半以上,主要用于具有公共品性质的创新性的基础研究和应用研究方面,政府是研究开发的重要支持者,政府的研究机构也是研究开发工作者的主要执行者,由于长年不懈的努力加之"二战"后 50 余年的积累,美国在科技的各个领域基本具有全面领先的实力和水平,从而为其国内企业提供源源不断的技术源,为企业在市场竞争中占据主动地位奠定了基础。另外,由于高新技术企业以不断技术创新为其灵魂,技术的有效期限大大缩短,传统的专利申请制度无法为高新技术产品提供足够的保护,故美国非常注重知识产权的保护。美国是一个法治国家,强调私有财产的不可侵犯,并且它还不断完善有关知识产权的保护,通过对有形资产和无形资产的一整套保护措施来保证创新者的合法权益,如界定清楚政府与项目合作者在 R&D 成果的所有权和收益权,以促进技术转移和扩散,促进科技成果的转化,还制定反垄断法迫使大企业采取比较开明的技术转让政策,以利于高新技术中小企业的技术获得。

在我国,由于深受旧有体制的影响,科研成果大都出自科研院所和高校,与市场脱节严重,缺乏成果转化时效性观念,每年有大量的科研成果因时滞性问题而成为无价值的知识沉淀,既大量浪费了资源又降低了科研成果的转化率,也在一定程度上减少了技术供给,限制了高新技术中小企业的发展。并且受传统体制的影响,技术一直不被当作商品,技术成果的使用是无偿的。企业创新、个人创新长期得不到相应的创新收益,一些做出重大科学发现的专家与企业得不到应有的报酬,科研单位往往依据上级指令不是市场需求进行创新,在我国专利法规定前的几十年里,国家明文规定发明者没有发明拥有权,发明归全社会所有,任何国企均可无偿使用,长期强调以政治荣誉代替经济利益,有违于人的经济理性,不可能在制度上激励人的创造性,这也使得我国的科技水平与发达国家的差距越来越大。1978年随着全国科学大会的召开,"科学技术是生产力"的观点逐步深入人心,80年代初,我国的技术市场开始萌芽。1987年《中华人民共和国技术合同法》正式实施,为技术交易提供了法律保障。短短十余年时间,我国的技术市场有了长足的发展,为推动我国的科技成果商品化进程,发挥市场机制对科技资源的优化配置起到了一定作用。但是,由于知识产权工作在我国还刚刚开始,我国的科技体制并未发生实质性的变化,加之其他配套制度的不完善,技术市场并未真正如人们所期望的那样,发挥出应有的作用。

因此,由于技术交易的独特性决定了技术市场发展空间有限,为克服技术市场的不足,促进我国高新技术企业的发展,还应采取以下措施:①政府应资助基础研究,在高新技术企业无力或不愿投入的科技领域参与进行研究开发,并采取知识产权保护等措施来促进技术成果的转移和扩散,同时兼顾保护创新者的合法权益。②通过制定种种优惠政策促进科技成果向产业界转移。③引导企业技术开发内部化。从国外的成功经验看,这是高新技术企业发展的必然趋势。④政府直接承担转移中介,如美国的国家技术转移中心(NTTC),英国的技术集团(BTG)均是如此。

三、资本市场

高新技术中小企业在市场竞争中必须不断进行技术创新,而创新过程是极其不确定性的,并且高新技术往往产生于那些有技术但无资金的科研人员手中,因而企业自身资金有限,对高新技术的研究开发、中试、市场开拓等种种风险企业自身难以承受,必须借助外界对企业的资金支持,因而风险极高。而传统的资本市场难以为高新技术中小企业提供有效融资,因为高新技术企业发展的特点成为传统的资本市场难以逾越的鸿沟。但是,高新技术中小企业发展需要良好的资金环境,高新技术企业研究开发费用与销售收入比例极高,是高度资金密集型企业,且高新技术的研究开发具有探索性和不确定性,失败率远大于成功率,且高新技术的日新月异也使产品的生命周期大大缩短,从而使投资风险增大,因而高新技术中小企业的发展需要雄厚的资金支持,相应需建立科技与经济相结合的多层次、多渠道、多功能的金融体系。

实践证明,美国高新技术产业的蓬勃发展离不开其国内发达的资本市场,尤其风险投资机制以其灵活的投资方式促进技术创新和大量高新技术企业的健康发展。美国的资本市场的高效运作体现在:高度竞争的银行运作机制、先进的融资手段、发达的证券交易市场、金融期权市场、高度国际化的资本市场。美国资本市场高度灵活、统一的运作机制为风险投资机制的繁荣奠定了基础,也为高新技术企业的发展创造了一个良好的资金环境。我国高新技术中小企业发展的金融环境与美国相比相差甚远,还远远没有建立一个多层次、多渠道、多功能的高效运作的金融体制。

1. 银行经营的原则性成为高新技术中小企业融资的障碍

自1990年中国人民银行设立"科技开发贷款"科目以来成为我国高新技术企业发展的重要资金来源渠道。但银行贷款通常是严格审查贷款人的资信情况,采取抵押贷款方式,并保障按期收回贷款,其在风险与收益的权衡上更注重降低风险,其采用的现金流量评估办法也是根据企业是否具备还本付息能力作为贷款项目选择的首要标准,因而在我国科技成果转化不尽人意的条件下,银行从自身利益角度出发一般不从事风险较大的科技贷款,尤其是对高新技术中小企业的贷款。另外,为了构建一个统一的资本市场,使国家银行商业化。1994年,在我国开始了金融体制改革和投融资体制改革。从长远来看,这有利于我国金融体制的规范化,有利于我国国民经济的发展。但从短期来看,迫于改革的压力,各大银行为规避商业风险,纷纷惜贷,这无疑加大了高新技术中小企业借贷难度,也提高了其融资成本,使得一些高新技术中小企业更加难以通过银行这一渠道获得发展所需资金,从而不利于高新技术中小企业的成长。

2. 证券市场无法成为高新技术中小企业的融资渠道

我国《证券法》规定"上市公司的股本总额不少于5000万元,公司须成立3年以上,且最近3年必须连续盈利,持有股票面值达1000元以上的股东人数不少于1000人等"[①]。无疑,证券市场的门槛过高,对于大量高新技术中小企业而言,很难达到符合主板市场上市规模的要求,几乎不能指望参与主板市场。

3. 风险投资机制尚未完全建立

从我国高新技术企业的成长历程看,我国高新技术企业,尤其是一些民营高新技术企业缺乏正规的融资渠道,常常依靠自我积蓄或一些亲友借款,有的依靠体制外资金运作,随着市场机制的不断完善,小企业创业资本的获得会更加困难。我国从20世纪80年代以来也开始尝试建立风险投资机制,如中创公司是我国大陆第一家专营风险投资业的全国性机构。我国还由国务院所属各部、委、局、行业公司等设立了行业科技基金,以推动本

---

① 《中华人民共和国公司法》第一百五十二条。1999年12月,该法进行了修订,增加了高科技企业上市规则由国务院另行规定的条款。

部门、本行业的科技进步。但是,运作效果并不理想。由于采取"官办官营"模式经营,风险资金主要来源于政府拨款,在使用过程中大部分成了贷款或无偿补贴,没有规范的运作模式,许多风险投资公司因经营不善而倒闭。根据国外风险投资的成功经验,风险投资发展的关键不仅要有大量资金投入,而且要有相应的制度环境及规范化的中介组织机构。另外,还需一大批富有经验的风险投资家、创业家等高素质的人才队伍,还离不了一个高效运作、自由流动、统一的资本市场,风险投资由于风险高而必须要在市场机制下来运作。我国在许多方面的配套制度都未相应建立,目前我国也奇缺那些具备多学科专业知识背景和丰富的投资实践经验的高素质、多层次的风险投资人才队伍。我国的风险投资机制不可能短期就能形成,还有一段很长的路要走。

4. 引进国外风险投资的实践

我国引进国外风险投资的好处是不言而喻的,国外规范运作的风险投资公司不仅有助于国内高新技术企业获得发展所需资金,并借助其知名度和广泛的网络关系开拓国际市场,开创国际品牌,在境外上市以求更大发展,而且也可为高新技术企业带来先进的管理机制和经验,为我国风险投资的发展起到良好的示范作用,也有利于我国风险投资人才的培养。目前,国外 些风险投资公司也将目光瞄准了我国方兴未艾的新兴市场。引进国外风险资本有两种形式:一是创建中外合资的风险投资公司;二是国内高新技术企业直接引进国外风险投资公司作为股东。如我国的亚信集团、东方伟博及四通利方等高新技术企业成功地引入了美国及中美合作风险投资,成功地进行国际化改造,成为我国风险投资界关注的热点,又如美国 IDG 公司先后对中国"搜狐"等 40 多家高新技术中小企业进行风险投资活动。还有科技部火炬中心汇同联合证券、荷兰国际集团、汇丰投资银行、新加坡科技投资公司和美国太平洋技术风险基金,共同发起组建规模为 20 亿元的中国高新技术产业投资基金等。通过建立适宜的政策和体制,利用国内技术、人才与国外风险投资相结合的模式,无疑将可以促进我国高新技术中小企业的发展,从而推动我国高新技术风险投资事业发展的优化和合理选择。

对我国资本市场分析可知,我国高新技术企业的融资渠道极其不畅通,资金严重不足,大大制约了其发展进程。根据美国经验,Nasdaq 市场无疑为大量高新技术中小企业的崛起创造了条件,据统计,在 Nasdaq 市场股票总额居前十名的企业全部为高科技企业,并且 Nasdaq 市场的地位已超过纽约证券交易所,无疑,二板市场对一个国家的高新技术企业的发展具有重要意义。目前,我国没有统一的、专门的为高新技术中小企业产权流通而设立的场外交易市场,因而要求建立二板市场的呼声很高。尽管建立我国的二板市场还存在一些障碍,如证监会认为我国证券市场尚且处于发展初期,证券法制不健全,证券监管力量不足,但是为推动我国高新技术企业的发展,建立二板市场的准备工作已紧锣密鼓地在进行当中,预计我国的二板市场会在今后几年内推出。

第四节 高新技术中小企业发展的政策环境

高新技术中小企业发展过程中在成长的不同阶段会遇到各种不同的风险,一个宽松的政策环境在一定程度上可为高新技术中小企业的顺利发展降低风险,提高其成长的成功率。当然,高新技术中小企业的发展从根本上必须依靠企业自身培植的竞争力在市场机制中优胜劣汰,具有强劲竞争力的企业得以在市场中生存,并不能完全依赖政府的扶持,政府无力也不可能承担高新技术企业发展中的各种风险。综观西方发达国家高新技术产业的发展历程,显示高新技术企业的发展都曾得到政府政策方面的强力支持,美国科技实力远远领先于世界其他各国,其国内风险投资机制的顺畅、高效地运行,都离不开宏观方面的政府支持,政府为其创造了一个统一、宽松的政策环境,从而更加有利于市场机制配置资源的高效运作。为有利于高新技术中小企业的发展,政府应该通过制定一系列政策,包括金融支持、税收优惠、政府采购、硬环境如基础设施、中介服务机构等方面,在宏观层面上创造一个有利于高新技术企业创业的制度氛围。

我国中小企业发展很快,但我国并未建立起相应的中小企业政策理念和政策体系,现行的一些中小企业政策只是乡镇企业政策、私营企业政策或城镇集体企业政策的延伸,在客观上并未形成一个独立的体系,1997年9月召开的党的"十五大"和1998年3月召开的九届人大提出继续坚持"抓大放小"的方针,加快放开搞活国有中小企业的步伐。随着政府机构改革的顺利进行,国家经贸委成立了专门负责中小企业改革与发展政策的中小企业司,中小企业地位得到空前重视,国有中小企业改革取得一定的进展。但总的来说,我国对中小企业的发展缺乏系统长期的战略,国家政策的重点放在大企业方面,有关中小企业的数据统计也相当少,中小企业在经济中的积极作用长期被忽视。另外,也缺乏统一、独立的政策体系[①]。改革开放以来,我国未颁布一项全国性的明确针对中小企业的政策法规,一些政策主要针对宏观调整,对中小企业缺乏指导性和可操作性,中小企业政策的作用对象很模糊。目前,我国发展高新技术产业的政策导向并不太明确,也缺乏系统、配套的扶持政策,并且由于扶持力度不够,也使现行的一些优惠政策的执行效果并不理想。

一、金融支持

国外成功经验显示,由于中小企业先天不足的特点,需要政府制定专门的金融政策进行一定程度的扶持,以促进其成长。金融政策内容包括制定金融政策、建立地方性中小金融机构和政府参与的信用担保体系。许多国家为促进本国中小企业的发展,都设有专门

[①] 谭剑:"我国高新技术产业发展的若干问题思考",《中国工业经济》,1999年第6期。

的政策性金融机构,如日本有5家,其中有专门从事长期信用的中小企业金融公库,专门从事小规模信贷的国民金融公库,而商工组合中央公库则专门以商工组合成员为信用对象,这些机构的设立很好地为日本的中小企业提供了金融支持。但我国在这些方面却几乎处于空白阶段。

高新技术企业存在高风险、高资金、高智力、高收益的特性,在其成长过程中离不开源源不断的金融资本的输入,金融支持在其中发挥关键作用。随着我国商业银行市场化改革进程的纵深发展,政府对高新技术中小企业的金融支持也存在一些难题,使得资金成为我国高新技术中小企业发展的"瓶颈"。随着我国国有商业银行商业化改革的不断深入,资产负债比率管理的全面推广,银行风险责任意识明显加强,出于自身利益的考虑,对高新技术企业的贷款越来越审慎,并有逐步减缓之势。

银行固有的经营理念使高新技术中小企业贷款难。①银行一般采用有形资产担保和还本付息的方式进行贷款,在最大限度地降低风险的基础上追求一种稳定的收益回报,高新技术企业本身蕴含的高风险必然使银行贷款难以投入到高新技术行业。并且,由于高新技术中小企业成长的不同阶段对资金需求不同,银行方面由于缺乏既懂技术又懂金融和管理等多方面知识的复合型人才,也不敢贸然介入到高新技术领域。虽然事实上我国高新技术开发区的许多真正的高新技术企业贷款风险是比较小的,原因在于项目经过筛选,有的是国家火炬计划、创新计划等项目,已经过多方论证,在某种程度上保证了项目的技术先进性、市场广阔性和经济高效益性。②高新技术中小企业由于有形资产有限难以符合银行规定的抵押规定。一般高新技术中小企业由科研人员创立,有的只是无形资产如技术、知识产权、人力资本等,有形资产规模非常有限,诸如几台电脑、精密设备等,这无疑堵塞了高新技术企业的融资渠道。③银行强化信贷风险管理,对贷款更加慎重,无疑增加了企业融资难度和融资成本。随着银行市场化改革的进程,加强了内部监督,为防范风险大幅度地减少信用贷款数量。而高新技术中小企业创业时间不长,信用等级无从谈起,自有资产少,用于抵押资金更少,加上没有抵押担保机构,这大大增加了贷款的难度。另外,银行贷款程序繁琐,环节更为复杂,时间长,资金到位难。而高新技术讲究时效性,有些高新技术项目贷款常因银行贷款滞后而错失发展机遇。④银行服务于中小企业的主动参与意识不强,不太重视中小企业发展的资金需求。据调查显示,银行对中小企业贷款的管理成本平均为大中型企业的5倍左右,加之我国银行长期都是以服务国有大企业为主,一向不大重视中小企业的资金需求,一些银行工作人员认为中小企业的信贷金额少、业务量大、费时费力,远不如为大企业服务那么简单,并且银行贷款一向强调风险控制,缺乏相应的激励机制鼓励信贷人员发掘质地良好、有发展前景的项目。如一般银行内部对发放不良贷款的信贷人员采取严厉的惩罚措施,对发放优质贷款的人员并没有相应的奖励措施。虽然一些有市场前景的中小企业急需贷款,但银行内部这种奖惩失衡的制度也激励不了银行信贷人员挖掘优质贷款项目的积极性。因此,依靠银行信贷来促进高新技术中小企业的作用有限。国内外的实践经验也显示,由于银行这种传统的经营理念存在,即追求"安全、流动、效益"的一种稳健经营,并不太符合高新技术企业成长的特性,从而也说明银行贷款与高新技术企业的不相融。

二、财税支持

1. 税收优惠

税收政策是政府干预市场的重要手段之一,许多国家都采取税收优惠的政策来扶持高新技术产业的发展。美国有一套完整的税收制度,对高新技术中小企业的创业和创新提供了多种优惠政策,各国政府也常采取税收减免或税收倾斜等政策来对高新技术中小企业的发展进行一定力度的政策倾斜,从而可在一定程度上降低高新技术企业的投资风险,吸引资金投入到高新技术领域。如美国在长期资本增值税政策方面就经历了一个长期的调整认识过程,在1969年美国将资本增值税从29%提高到49%,这给风险投资以毁灭性打击,风险投资规模骤减。直到1978年美国国会推翻了早先的决定,把长期资本增值税降至28%,当年美国的风险投资规模又奇迹般地激增。根据国外经验,一般较合理的税收优惠政策往往是在创业企业成立初期免征税,待企业正常发挥效益时再减免一定数量的税额,在一定期限内让创业投资者享受较高的收益,通过一种制度安排长期地激励人们进行创业。

我国1994年实行税制改革,设立了增值税,一般工业产品按17%纳税,税收征收实行进项税抵扣销项税。而高新技术产品一般以智力性因素增值为主,产品原材料成本占总成本比重较小,能抵扣的增值税有限,实行同一增值税本是在相同产业不同环节体现税赋公平原则,但造成不同产业间税赋的实质上的不公平,从而体现不出国家产业政策对高新技术产业的倾向性[①]。如对于高新技术中小企业尤其是民营企业常以支付技术转让费形式获得技术,这部分费用在总成本中占较大比重,但按现有的税收政策规定,这笔费用不能抵扣增值税,这无疑降低了人们将资金投入高新技术领域的积极性,也使得一些高新技术中小企业在发展中由于市场竞争激烈、税赋重等压力,想方设法逃税以求生存,这并不利于其发展。

目前,我国税收优惠政策还有:对直接用于科学研究、科学试验和教学的进口仪器、设备予以减免增值税;运用出口退税,使出口高科技产品以免税价格直接进入国际市场;对科研单位进口的仪器、设备和大专院校进口的专用教学、科研设备给予减免进口关税的优惠政策;在我国各高新区内的中小企业,经过高新技术认证之后,其所得税减半为15%等。

尽管我国为促进高新技术产业的发展推出了种种优惠政策,却也存在种种不足之处:①税收优惠方式单一,现有的优惠政策仅限于税收减免。国外的税收优惠政策有很多,除了税收减免,还有加速折旧、投资抵免等。另外,税收政策缺乏力度,现有的优惠政策并不能对高新技术产业的发展进行一定力度的政策倾斜,高新技术企业从中得不到多少好处,

---

① 邓天佐:"我国高新技术产业发展若干问题思考",《中国软科学》,1998年第12期。

缺乏刺激力度。②现有税收政策存在一些不合理之处,也抑制了人们投资的积极性。根据现有的工商管理部门的有关规定,有限责任公司中个人股名下的未分配利润若要转增资本金,必须先缴纳个人所得税,否则不予办理变更注册的手续。按照国际惯例,未分配利润转增资本金整个过程都是账面处理,不涉及任何征税。而且在我国,股份有限公司、国有股增资均不需纳税,外国投资者增资连企业所得税都可退还一部分,显然个人股增资纳税的规定极其不合理,体现了对有限责任公司中个人股的歧视,这一规定为许多高新技术企业和民营企业扩大规模设置了障碍,从而抑制了民间投资。③现有的税收优惠对象不尽合理,税收优惠缺乏针对性,使得貌似公平的原则却对高新技术中小企业的发展并不存有多少优惠的程度,降低了政策的适用程度和扶持力度。

2. 政府财政支持

考察国外高新技术产业的发展历程,政府的财政支持发挥着重要作用,主要通过财政补贴、贷款担保等方式。财政补贴通常是西方国家较为普通的政策性补助措施,通过政府少量财政补贴来带动大量的资本投入到民间资本不愿涉足或无力涉及的风险性高的高新技术领域,起到一种带头作用。如美国创立了"小企业创业研究基金"(SBIR),规定国家科学基金会和国家研究开发经费的10%用于支撑小企业的技术创新。贷款担保是借助政府信誉为高新技术中小企业向金融机构申请贷款提供担保,这样,创业企业因此可获低息贷款甚至无息贷款,主要由政府直接组建担保公司对一些重点项目提供担保,这种通过政府的少量资金来带动大量民间资本投入到高新技术企业的信用担保制度,无疑会起到一种放大器的作用,另外也降低了高新技术中小企业的投资风险。

在我国,用于扶持和促进高新技术中小企业发展的首期额度为10亿元的科技型中小企业技术创新基金已经启动,并且成立了由科技界、企业界和政府部门中具有较高威望的专家组成的科技型中小企业技术创新基金专家咨询委员会,其主要职责是:为科技型中小企业的发展提供指导和咨询;指导编制并协助审议创新基金年度重点项目的指南;审议创新基金完成情况年度报告等,编制并审议通过创新基金年度重点项目是咨询委员会工作的主要内容之一,并在每年的上半年完成。通过年度重点项目指南将正确引导高新技术中小企业申请创新基金项目,明确创新基金年度支持重点和技术领域发展方向,将有助于把有限的资金投向产业结构调整和促进经济发展最需要的地方,同时引导企业、金融机构和社会资金的投资方向,发挥政府创新基金的宏观引导功能。当前,我国风险投资机制尚未完全建立,存在种种不完善之处,银行贷款仍是高新技术企业发展的一个重要融资渠道。政府设立科技贷款担保基金,由各级财政出资一部分,再吸纳大企业及其他金融机构参与,选择风险适中、市场前景较好的高新技术项目,从而降低银行向这些高新技术中小企业贷款风险。目前,上海、广东、深圳、北京等进行了这种尝试,已取得一定成效,对于疏通高新技术中小企业的融资渠道无疑发挥了积极的作用,这种贷款担保方式还在不断完善,在全国各地不断推广运用,从而促进高新技术产业发展。

三、政府采购

政府采购日益成为各国政府扶持高新技术中小企业的重要手段,它可以为处于成长初期阶段竞争力不足的高新技术中小企业提供一定的市场空间,并为处于市场化初期的高新技术产品创造一个可观的市场需求,进一步推动高新技术中小企业技术创新。政府可以通过对企业技术创新过程获得的样品等中间研究成果及关键部件进行预先招标采购,可有效增强企业的技术创新能力和市场竞争能力,也可进一步引导民间资本的投资方向。通过政府直接订购创业企业的产品,为发展初期的高新技术中小企业提供销路和部分资金,可以极大帮助中小企业增强市场竞争力。如1987年澳大利亚宣布执行伙伴计划,其基本内容是利用政府和半政府机构的采购计划鼓励向政府(包括银行、通信等国营企业)销售信息和通信设备、软件与服务,参加者可与政府签订长期协议,并获得政府的订单。韩国为促进本国通信设备、计算机等高新技术行业的发展,针对本国市场需求有限的状况,通过采取政府采购计划来增加需求刺激。当然,政府会制定相应的质量和性能等指标,并通过招标来选择采购对象企业。从1984年起,韩国制定了正式的采购计划,建立了三个采购局来执行采购计划,当年就采购了409个项目,1986年采购局增至8个,采购项目达到1174个[①]。政府采购在美国尤为突出,早在1933年就制定了"购买美国产品法",规定凡用美国联邦基金购买供政府使用或建设公共工程使用的商品,若非违反公共利益,或国内产量不足,或质量不符合标准,或价格过高,则应购买美国货。根据该法案,只有在美国商品价格高于外国商品25%的情况下才能向国外购买,并且该法案进行数次修改[②]。

我国的政府采购政策的执行起步较晚。尤其我国经济还处于转型时期,市场机制尚未完善,政府采购政策的执行有助于市场机制的完善。但目前,政府采购政策的执行效果还存在不尽人意之处。尤其对如何促进高新技术产业发展等问题,政府采购无论在理论上还是实践上都还有待完善,但肯定的是政府采购是世界通行的,政府用以引导经济发展方向、保护和扶持本国支柱产业及高新技术产业、实施宏观调整的重要手段,我们必须不断摸索,建立适合我国经济发展需要的政府采购政策。

四、其他配套设施

1. 基础设施建设滞后

目前,由于基础设施的滞后,往往也制约了我国高新技术产业的发展。对于高新技术企业而言,由于大部分地区的信息网络基础设施分散,缺乏统一规划,造成资源的浪费,也约束了其发展。技术基础设施建设非常重要,必须依靠政府或产业部门投资建设基础信

---

① 郭励弘等:《高新技术产业:发展规律与风险投资》,中国发展出版社,2000年,第99页。
② 吴叶君:"加快我国高新技术产业发展的政府采购政策研究",《中国软科学》,1998年第10期。

息、通信网络等,只有这样才能为高新技术企业的发展提供一个强有力的支撑。另外,交通堵塞、物流不畅、市政和能源管网配套设施不完善也影响了高新技术企业的发展。

2. 信用水平不高

高度发达的社会信用水平可以节约交易费用,降低企业的经营成本和经营风险,是发展高新技术产业的基础性环境要素。但目前由于我国市场机制尚不完善,常常存在一些不法分子钻政策、法律的空子,坑蒙拐骗,破坏了正常的信用关系,扰乱了我国的经济秩序。我国这种信用水平不高的状况严重挫伤了人们投资高新技术领域的积极性。

3. 社会化服务体系不完善、不系统

中小企业尤其是高新技术中小企业的健康发展离不开社会提供多方面的公共性服务。如管理、技术项目的咨询与培训,公布市场和政策信息等,政府和社会兴办这些公共性服务项目有利于扶持中小企业发展。中小企业由于规模小,难以建立完善的技术管理和研究开发体系。因而各国纷纷设立各种技术推广中心,为中小企业提供广泛的技术咨询、技术转让、设备安装与调试等全方位服务,政府还通过建立信息服务中心为中小企业提供便利的全方位的信息服务。在我国,中小企业司才刚刚成立,长期以来中小企业的发展处于一种自生自灭的状态之中,目前我国还未建立起多层次、多渠道、多功能、多方位的系统的社会化服务体系。

第五节 高新技术中小企业发展的法律环境

高新技术企业特有的成长规律表明一个宽松、良好的外部环境是高新技术中小企业健康发展的基本前提。而为创造一个有利于高新技术中小企业发展的科技、人才、市场、政策等环境,需要政府制定出一系列统一、完善的政策体系,构建一个统一的政策体系仅依靠行政措施是远远不够的,因为行政措施的触角毕竟有限,不可能兼顾方方面面,而且各种政策也仅仅起一种导向作用,对现实经济生活中所出现的利益冲突约束力较差。因此,从长远来看,必须通过建立一系列完善的法律法规,构筑一个良好的法律环境,来保障高新技术的各种行政措施和政策的顺利实施。在中小企业发展实践中,各国先后建立了比较完善的中小企业的法规体系,中小企业的法规体系已成为许多国家经济法规或工商法规的重要组成部分,对于高新技术中小企业,多数发达国家在科技成果流通、专利、版权、知识产权、标准化及涉外科技等法律较为完善,从而保证高新技术企业成长的大环境。

一、公司法

根据国外实践,高新技术企业发展应引入风险资金,而且风险投资公司一般采取公司

制或有限合伙公司的形式运作,且以有限合伙制为主。我国现有法律在有限合伙组织方面是个空白。我国风险投资基金一般是以公司型方式设立,但《公司法》的现有规定对风险投资活动构成了制约,表现在双重征税问题上,根据《公司法》的规定应对风险投资公司征税,而风险投资基金的投资者还要交纳个人所得税。另外,《公司法》规定有限责任公司对外投资规模不得超过净资本的50%,并且需要税后才可投资,而高新技术项目回收期长,期间没有收入及完税证明,从而会影响投资的进度,这些显然会大大影响人们投资高新技术领域的积极性。目前,也缺乏有关风险投资活动的法规,使得风险投资在筹资、运作、管理、监督及变现方面都处于无序竞争状态。《公司法》对专利技术、技术创新成果等无形资产评估的规定限制过死,对知识产权在企业中的股权权益收益问题也存在种种不合理的规定等,均难以适应高新技术产业发展的需要。

二、知识产权保护法

知识产权保护对于高新技术中小企业的发展甚为关键,知识产权是无形资产的一种产权形式,其基本功能在于激励企业进行技术创新及人力资源的创造积极性。高新技术产业的研究与开发技术含量高,往往具有很强的垄断性,高新技术企业的高收益大多凭借知识产权的"专有性"保护才得以获得,知识产权的专有性是通过知识产权法律来保护的。高科技发达的国家都非常重视知识产权的保护,纷纷制定知识产权保护方面的法律。如美国先后出台了《技术转移法》、《专利法》、《知识产权保护法》、《计算机软件法》、《商标法》等。随着知识经济浪潮的到来,企业之间的竞争已越来越由物质领域向知识领域转化,知识产品在竞争中占据越来越重要的位置,知识像物质财富一样也是财富。如果创业家的知识产权得不到有效的保护,其费尽心血研制的技术和产品被他人肆意仿造生产,其高收益也就难以实现,这必然会沉重打击创业家的创新积极性,从而也会打击整个社会的创新精神。然而,知识产权保护非微观主体所能控制,还必须依靠政府制定知识产权保护的法律来强制实施。

我国目前的知识产权法体系还不完善,落后于高科技发展的实践,造成对知识产权保护的力度明显不够,这从我国的软件业发展历程可看出,我国软件业与印度在同一时期起步,然而目前我国软件业与印度相比差距甚大,我国一些高级的软件还需拿到印度去做,这与我国知识产权保护不力有重大关系。我国知识产权法体系对高新技术发展实践的落后表现在目前尚未对网络业诸如数据库、集成电路及多媒体等做出相应规定,另外常以行政法规来规范高科技发展中的问题,如对软件专利的保护及微生物的保藏等,因立法层次低,法律效力也低,显然无法提供有效的知识产权保护,从而制约了我国高科技的发展。

三、金融扶持方面的法律

资金常常是制约高新技术中小企业发展的"瓶颈",政府为促进其发展必须构筑一个良好的金融支持环境,而一系列政策需要相关的法律制度来保障实施。在政府财政补贴、信贷担保、税收优惠、金融信贷等多方面均需制定相应的法律、法规和规章。必须加快《投资基金法》的出台,为我国风险投资企业的市场行为给予定位和立法,规范风险投资基金和风险投资公司的运作,在风险投资的资本收益税、资产评估、技术评估、项目评估等均应制定系列法律法规,还有"二板市场"的相关法规等。总之,要推动我国高新技术产业发展,促进我国高新技术中小企业的健康发展,需要健全的金融法律体系作为支持,才能确保高新技术中小企业的融资渠道的畅通,保证其顺利发展。

四、技术创新方面的法律法规

技术创新是高新技术中小企业的灵魂,为促进其技术创新,提高其技术创新能力,也需制定机关法律法规加以保障,以便更好地引导其健康发展。如美国1982年制定了《小企业技术创新发展法》、《加强小企业研究发展法》,1986年通过的《联邦技术转移法》是对1980年制定的《史蒂文森——怀特勒创新法》进行修改和补充,通过制定一系列法律,加强科技信息的传播,鼓励科技成果向中小企业转移,实现商业化,强调大学、科研机构与企业之间的技术合作,从而支持和促进中小企业的技术创新活动。尽管多数其他国家没有制定专门针对中小企业技术创新的法律,但也在一些中小企业的法律法规中包含了这些内容。

目前,我国高技术法律条文在国家科技进步法中有一章五个条文,都是些原则性规定,可操作性不强,关于技术创新方面的法律法规还是个空白,因此,对促进科技成果转化、建立技术市场、科技中介服务机构、技术贸易等方面的法律制度均不完善。

五、人才方面的法律法规

人力资本在高新技术中小企业发展中是最重要的资源要素之一,企业竞争力的源泉来自企业内部人力资本创造性的最大发挥。因此,宏观方面营造一个有利于创新和创业的制度氛围是重要的,我国制定科教兴国战略,就必须重视人才的培养和使用。目前,我国初步形成了重视科技、尊重人才的良好氛围。但由于国家出台的多为鼓励性政策规定,目前我国在科技人员保障、人才流动、引进海外优秀人才等方面均未形成完善的法律体系,对我国高素质人才的培养、使用、引进、奖励也缺乏系统完善的法律制度。目前,我国对无形资产作价入股的比例限制有所放宽,规定技术股等智力资产所占份额不超过35%,这项规定对于过去是巨大的进步,但这仅仅是指知识产权或专利技术,现有规定还不承认管理股、干股,这都限制了投资方与技术方的结合,也在一定程度上限制了科研人员创业的积极性,难以适应现代高新技术产业的发展势头。

第九篇

WTO与中国中小企业的发展研究

第三十章 WTO与中小企业应对策略

20世纪80年代以来我国中小企业迅猛发展,为经济增长、社会稳定、增加就业、提高人民生活水平作出了巨大贡献。随着改革开放的深入发展,特别是我国加入WTO,中小企业的发展将步入一个新的阶段。但是,在经济全球化的进程中,加入WTO,我国经济将在更大范围内融入世界经济,中小企业直接面对国际、国内大市场,竞争将更加激烈。

第一节 WTO对中小企业发展的影响分析

一、WTO对我国中小企业影响的一般分析

WTO对于我国中小企业是机遇还是挑战,是机遇多一点还是挑战多一点,众说纷纭。笔者认为,WTO对我国中小企业而言,既有机遇也有挑战,但机遇多于挑战。一般来说,可以带来以下几个方面的机遇。

WTO要求实现国民待遇,将使我国中小企业在市场准入、产业准入等方面与国有大中型企业和外资企业享有同等权利。目前,我国对中小企业特别是占有很大比重的民营企业在市场准入等方面存在许多限制,很多部门不许民营企业介入。在加入WTO后,国家既然要让外国企业得到待遇,允许其进入一些行业,也就不可能再对自家的民营企业设"高门槛"。显然,这将给我国的中小企业发展提供契机。

WTO要求放开资本市场,允许外资银行深入国内,这些有助于中小企业资金短缺问题的解决,使中小企业可以以更多渠道和方式获得间接融资机会。另外加入WTO后,由于外资银行的介入,国内的金融信贷竞争将会日益激烈,我国中小企业肯定能获得很好的融资机会。

加入WTO后,国内市场基本向国外开放,这必然会加快因特网信息技术和电子商务技术的发展,地域不会再成为制约我国中小企业的时空局限。我们应该看到:因特网与电子商务将缩小中小企业与大企业之间的能力差异、减少中小企业发展中的诸多"瓶颈";因特网特别是电子商务的发展,将使中小企业能够以较低的成本建立起与昔日大企业销售网相媲美的市场营销系统。

WTO是促进全球经济一体化的"有效工具",WTO将有力地推动全球产业结构的调整,使更多的中小企业成为许多跨国公司不可或缺的合作伙伴。在加入WTO后,外国将有许多企业进入中国,为了迎合国际竞争的需求,它们将需要我国的中小企业的合作,如为其提供零部件或服务、作其特许经营的站点等。

加入WTO后,外国的市场将向中国开放,我国有竞争力的商品和服务将有更多的机会进入外国市场。生产这些产品和提供这些服务的中小企业必将获得发展的好机会,特别对具有竞争力的劳动密集型产品和具有地方特色的产品打入国际市场将是难得的机会。

加入WTO将有助于我国改革的推进、经济的全面发展,人民生活水平的提高以及市场容量的扩大,特别是由于内需的拉动,将有利于中小企业特别是城乡中小企业的快速发展。

在高科技迅猛发展的今天,中小企业由于其灵活性,已成为科技创新和新产品开发的重要力量。加入WTO以后,我国具有良好发展前景的高科技中小企业将受到外国投资者的青睐。像目前已有一些外国的风险投资基金进入中国,大部分投资于中小企业,也有一些国内高科技中小企业到国外的二板市场上市。入世后我国的高科技中小企业必定能得到更多更好的发展机会。

当然,机遇与挑战是一个问题的两个方面,加入WTO给中小企业带来机遇的同时,其不利因素也不容忽视。

加入WTO后,外国企业的介入将加快新技术产品的开发,那些可以由新技术代替的单纯性劳动密集型中小企业必将丧失劳动力成本优势。同时,对于不可代替的单纯性劳动密集型中小企业,也将受到发展中国家的同类企业的竞争。因此,中国的市场将会挤入越来越多的外国企业、外国产品和服务。

自1995年以来,在我国中小企业中,国有企业无论是从数量还是从相对比重都在逐步下降,集体所有制企业也有一定幅度的减少,但是目前我国仍有一些尚未改制的、传统的国有和集体所有制企业存在,加入WTO后,它们由于设备陈旧、技术水平低下、企业素质普遍不高和经营机制老化等问题的存在,要取得突破和发展将更难,特别改制难度将加大,融资难将更为突出(因为风险投资者肯定更愿意投资具有活力的新型企业)。

加入WTO后,高科技中小企业的路将不可能再有今天之平坦,它们将面临国外同类资本密集型和技术密集型的严重冲击。因此,高科技中小企业应该紧锣密鼓地加强产品创新和制度创新。

以上对加入WTO对我国中小企业的影响作了几点分析和概括,总体而言机遇大于挑战,但具体情况则取决于企业的产品在国内外两个市场中是否具有比较优势。不过,优势、劣势都不是一成不变的,随着社会形势的发展,二者可以互相转化。因此,是否能抓住机遇和应对挑战,还得取决于我国中小企业自身的努力和我国政府的宏观调控。

二、WTO对我国中小企业影响的进一步分析

入世给我国中小企业改制带来紧迫感和良机。WTO以市场经济为基础,以自由竞争为原则,因而对各成员国的基本要求就是其经济体制必须是市场经济体制。而我国大部分中小企业由于产权模糊、政企不分,缺乏自主经营、自负盈亏、自我发展、自我约束的

内在机制,很不适应现代市场经济的要求,迫切需要从制度上全面改革,以期与WTO要求的市场体制相容。入世以后,我国参与经济全球化合作的程度日益加深,中小企业面临的国际竞争将会更加激烈,在关税水平大幅度降低的情况下,我国除了对某些幼稚性产业(其中中小企业数量极微)实施适度保护外,不可能采取非关税措施对中小企业进行保护。中小企业只能按照产权清晰、权责明确、政企分开、管理科学的要求,建立现代企业制度,成为独立的法人实体和竞争主体。在这样的制度基础上,中小企业就可以积极跻身国际贸易的大舞台,不断提高自己的竞争能力。

入世对我国中小企业经营管理水平的提高提供了一个良好的契机。我国中小企业普遍存在管理粗放、管理组织落后(如大多采用单一化的"直线职能制")、营销环节薄弱、管理基础工作不牢(如没有建立规章制度等)等问题。入世后,一是西方先进的管理理念将促进我国中小企业落后的管理思想的转变;二是我国中小企业在积极开展国际贸易及国际化经营的同时,管理者可以不断吸收国内外先进的经营管理理论与经验,在实践中使经营管理规范化、合理化,并在新的运行环境中,不断创新和变革,向企业管理的高级阶段(比如企业文化管理)迈进;三是企业经营管理要有国际化的效益观念,企业追求的应是国际市场的平均利润率及超额利润;四是企业经营战略不再受本国和本地区市场狭小和资源贫乏的限制,要有效利用国际、国内两个市场,两种资源,合理配置生产要素,发挥比较优势以达到利润最大化。由此可见,入世将在以下方面对我国中小企业经营管理产生各级影响:经营管理目标的长期化、经营管理体制的规范化、经营管理的科学化、经营管理手段的现代化以及经营管理人员的优化等。

入世后对我国中小企业技术创新带来积极影响。企业是技术进步和产业升级的主体,我国中小企业的技术开发和创新能力还远远不能适应国内外市场竞争的需要。坦白地说,还仅仅停留在对国外技术简单消化、吸收与改良的阶段。中国入世后要扩大对知识产权的保护范围和程度,如果只是完全仿造国外最新技术产品,就必须支付专利许可证费用等,否则将引起知识产权纠纷,而国家不能出面袒护,企业将受到严厉制裁,对企业发展极为不利。而且从长远来看,我国中小企业需要建立自己的技术创新体制,在技术创新的组织体制、市场开拓和经营管理的创新上,突破原有体制束缚,重组科研生产力量,实行产、学、研、用四结合。引进先进的科学技术,可以到国外建立基地设置窗口,将国外先进技术进行初步处理后再传入国内,进行吸收、消化和改良,也可以通过多种途径获取市场信息,进行机会型技术创新,用以填补市场空缺。进行模仿创新,要注意模仿成本要小于自行开发成本,二者的差额还要足够大,否则倒不如自己组织力量独立创新,其实这应当成为中小企业技术创新的主流。当然,中小企业还可通过同行业的同类企业或大企业合作进行创新。需要特别指出的是,对于高新技术中小企业来讲,入世后的市场竞争主要表现为产品技术价值的竞争。因此,高科技中小企业应及早投入企业资源,提高技术研发能力,提高产品技术水平,以便入世后能较快适应国际竞争的需要。其实我国政府特别关注中小企业技术创新,1999年国务院就批准中央财政安排科技型中小企业技术创新基金10亿元。中小企业应积极准备配套资金,加快创新体制的培育。当然,中小企业要注意利用

WTO对知识产权的保护条例,保护自己的创新成果。此外,中小企业在进行技术开发时,可以考虑如下技术创新策略:一是避开技术成熟的领域,避免与大规模的大企业相争而进入技术变化大的领域,寻找自己的创新空间;二是密切注意市场需求,寻找最能实现高使用价值的产品技术,尽量满足顾客,降低市场风险;三是限于人力、财力、物力不要四处撒网要集中资源重点攻关。

入世后,我国中小企业的竞争态势趋于明朗化、国际化、激烈化。现阶段,我国中小企业参与国际竞争,主要是依靠在资源竞争上的绝对优势和比较优势,即以国内大量廉价的劳动力、土地和原材料等初级资源优势,生产具有价格竞争力的产品,参与国际竞争。入世后,中国进一步开放国内市场,外国商品将大量涌入,我国中小企业将面临更加激烈的国际竞争。首先,以土地、原材料和能源等不可再生资源的竞争不会持久,而且,中小企业技术含量低,对资源的利用率低,造成资源的极大浪费,愧对子孙后代。其次,随着人民对物质、文化生活水平提高的迫切要求和国际工资水平趋于均衡,我国劳动力价格必然大幅上涨,从长期看,劳动力优势不能形成国际竞争力。再次,我国中小企业以低价格水平的价格竞争必然遭到国外反倾销的抵制。具体而言,对劳动密集型的中小企业,现阶段具有一定的出口竞争力,入世后由于我国可以享受稳定的多边和无条件的最惠国待遇以及比最惠国待遇更为优惠的"普惠制"待遇,这些企业可以利用有利的国际经济环境,扩大出口,提高经济效益。即使是国内市场完全放开,也不构成很大威胁。但在长期中,必须加强技术改造的力度,把资源优势转化为技术优势。对于资本和技术密集型的中小企业,由于其竞争力较弱,入世的冲击程度较大。特别是刚刚起步的新型产业和高技术产业将面临更大的冲击。这些企业要发挥自己的比较优势,合理配置资源,降低成本,提高国际竞争力。

令人担忧的是,我国中小企业中很大一部分是乡镇企业,更多地是依赖天时地利发展起来的。加入WTO后,市场的"游戏规则"趋向透明,乡镇企业所具有的本地化优势将消失殆尽。外资企业准入门槛降低,其非经营风险减小,与国内中小企业将展开激烈竞争。可以预见,一批质量不上档次、管理粗放、经营混乱的中小企业将被淘汰,还将引起大量人员失业。当然从另外一个角度来说,WTO所形成的一套对所有成员国都有效的"游戏规则"将对我国许多不规范的市场规则起重要的约束作用。在国际通用规则的制约下,我国许多相应的市场法规会很快建立和完善,以保护国内外投资者的合法权益,从而导致我国市场环境的迅速改善。于是有些中小企业所面临的市场竞争环境不公平,竞争秩序不规范,"三乱"等现象可望得到扭转,从而提高自己的竞争力。

入世后,中小企业融资难的问题可望得到缓解。中小企业一般财务实力较弱、信用度低,因此国内金融机构在向中小企业贷款时,对财产抵押条件和保证人与资格要求非常严格,加之贷款手续繁杂,造成中小企业贷款的高门槛。有些银行甚至变相增加企业贷款的负担和难度,比如提高实际利率、缩短融资期限等。就目前来看,虽然国家一再强调对中小企业融资要给予支持,但由于历史形成的原因,中小企业贷款难以较大增长。而中小企业规模一般不大,上市融资也是可望而不可及。如果靠在中小企业之间或在民间筹措资金,则资金成本又太高。中小企业融资渠道不畅,企业生产经营就难以适应市场的瞬息变化。入世后,外资银行经营业务的地域、领域限制将被取消,政府将逐步向外资银行放开人民币业务及金融零售业务的经营权。外资银行优质、灵活、方便的服务(如英国银行开展透支、定期贷款、票据抵押融资、匹配借贷、售股筹资等项目)将会大大拓宽中小企业的融资渠道,为中小企业发展提供及时、足额的资金支持。

入世后,中小企业的中介服务体系将不断发育完善,西方将向中国输入许多中介服务机构(如咨询公司、会计师事务所、律师事务所等)和相关专业人员(如咨询工程师、会计师、律师等)。他们的介入可以提高国内咨询业的服务水平,健全国内中介服务体系,为中小企业提供信息咨询、市场开拓、筹集融资、贷款担保、技术支持、人才培训、企业管理、法律纠纷等方面的服务。

第二节　WTO有关具体协议对中小企业的影响

一、多边货物贸易协议

1. 农产品协议

WTO成立以前,农产品作为初级产品一直基本上排除在关贸总协定体制和国际贸易自由化进程以外。后来在乌拉圭回合货物贸易谈判中,形成《农产品协议》,旨在纠正和防止包括与结构性过剩有关的限制措施和扭曲现象,以减少世界农产品市场上的波动、失衡和不稳定因素。《农产品协议》由1个序言、12个部分和5个附件组成,主要在市场准入、国内支持、出口补贴三个方面对GATT农业贸易体制进行了改革。对于中小企业来说,WTO的规则开始约束农产品,这一点要引起注意。农业协议要求进行新的谈判。因此,企业应注意以下几个方面的问题:跟上农产品自由化的进程;任何解决各国在履行其当前的承诺时,管理关税配额的不同方法给出口企业所带来的问题;使国营贸易企业的行为受WTO规则的约束;确保农产品贸易满足有些国家粮食安全的需要。

2. 纺织品和服装协议

纺织品和服装贸易约占世界贸易的20%,占发达国家从发展中国家进口的45%,是发展中国家出口贸易的支柱产品。在20世纪60年代以前,纺织品和服装贸易与其他货物贸易一样,基本上不受数量限制。60年代初,发展中国家在纺织品和服装行业开始获得相对优势,自70年代以来,纺织品贸易已大大超过同时期其他产业。发达国家为保护本国纺织品工业,对纺织品进口实施限制,致使纺织品贸易脱离GATT的纪律约束,并与农产品一样成为国际贸易中的"特殊商品"。纺织品和服装贸易长期以来受《多种纤维协议》(MFA)的双边配额限制。乌拉圭回合达成的《纺织品和服装协议》,由1个序言、9个条款和1个附件组成。它通过一体化比率和提高配额增长率的方式使纺织品贸易回归自由化,要求在10年过渡期内分3个阶段逐步取消所有的歧视性数量限制。对中小企业而言,纺织工业对配额取消的速度可能会感到失望。但配额完全取消后,国际市场的竞争肯定会增强。另外,纺织品限制取消后,其利益在出口国之间的分配也不会是平衡的。因此,纺织工业应具体限制取消后对本行业是有好处的。拥有先进技术的企业肯定会有优势,而那些落后的企业应加快增强竞争力。另外,很多企业的注意力都集中在发达国家的市场。但随着发展中国家关税的降低,对纺织品的需求将有所增加。因此,企业应注意到这一发展趋势。

3. 技术性贸易壁垒和动植物卫生检疫协议

GATT的缔约方于1974年4月达成了《技术性贸易壁垒守则》,自1980年1月1日生效。1994年在对该守则作了较大改进的基础上达成《技术性贸易壁垒协议》,由1个序言、15个条款和3个附件组成。《技术性贸易壁垒协议》认为,国际标准和合格符合性评定程序制度在提高生产率和促进国际贸易方面可作出巨大贡献;但应确保各种技术管理规定和标准,以及证明符合技术管理规定和标准的符合性评定程序,不会给国际贸易造成不必要的障碍;发达国家成员应对发展中国家成员提供技术方面的帮助。技术管理规定、技术标准和符合性评定程序是技术性贸易壁垒的三个要素和协议的中心内容。技术管理规定(Technical Regulations),是指规定产品特性或与其有关的生产过程和生产办法及相关管理具有强制执行力的文件。当用于某一项产品、某种生产过程和生产方法时,技术管理规定也可以包括或仅仅涉及术语、符号、包装、标志或标签要求。(技术)标准(Standard),是指由公证机构核准、供共同使用和反复使用,为产品、或有关的生产过程和生产方法提供准则、指南或特征的没有强制力的文件,当它用于某种生产过程或生产方法时,它与技术管理一样也可只包括术语、符号、包装、标志或标签要求。符合性评定程序(Procedures for Assessment of Conformity),是指直接或间接用于确定技术管理规定或者标准符合有关要求的任何程序。包括取样、检测和检查的程序,评估、审核和确保一致性的程序,注册、认证、批准以及它们的组合程序。

动植物卫生检疫措施(Sanitary and Phytosanltary Measures)协议,由1个序言、14个条款和3个附件组成,是第一部关于国际贸易中卫生动植物检疫的多边国际公约,它的着眼点是统一规范各成员方政府采取的影响国际贸易的行政检疫管理和争端解决程序,鼓励成员方政府采用国际标准,限制不必要的过高标准,实行行政检疫措施的透明度。

两个协议都鼓励成员参加国际标准化组织。但发展中国家政府由于资金和技术方面的原因,参加这些国际组织的活动并不积极。因此,企业应开展科研活动,推动政府的技术和动植物检疫措施不构成对贸易的障碍;国内外生产商应有权对有关规定的草案提出意见。协议还要求公布有关措施,并通报WTO秘书处,确保更大的透明度,以实现这一目的。

4. 与贸易有关的投资措施协议

《与贸易有关的投资措施协议》，由1个序言、9个条文和1个涉及第2条的附件组成，是第一个多边贸易直接投资措施方面的国际协议。协议所要解决的问题，是成员方政府不利于国际多边贸易的投资立法和行政措施。协议要求过渡期届满，所有成员都要修改或废除与协议不符的与贸易有关的投资措施。能够扭曲和限制贸易的投资措施，大致有这样几种：当地成分要求、贸易平衡要求、国内销售要求、产品销售方向要求、限制资本和利润汇出、出口实绩要求、当地制造要求、本地股权要求、技术转让及许可要求。但是协议只指出了前面5种为禁止的投资措施。即"在不妨碍1994年GATT其他权利义务的情况下，成员方不得使用与1994年GATT第3条（国民待遇）和第11条（数量限制）规定不相符的任何与贸易有关的投资措施"。可见，明确禁止的投资措施，一是违反国民待遇义务的投资措施，协议附件列举了两项：要求企业购买或使用国内产品或来源于国内渠道供应的产品，不论这种具体要求是规定特定产品、产品数量或价值，还是规定购买与使用当地产品的数量或价值的比例；限制企业购买或使用进口产品的数量，或与其出口当地产品的数量或价值相联系。二是违反数量限制义务的投资措施，协议附件列举了三项：限制企业进口其生产所使用的或与其生产有关的产品或将进口量与企业出口当地产品的数量或价值相联系；将企业使用外汇的额度与其出口获得的外汇相联系，通过对企业使用外汇的控制，限制企业进口其生产所使用的或与其生产有关的产品；限制企业出口其产品或出口销售其产品，不论这种限制是规定具体产品、产品数量或价值，或者是规定这些产品出口或出口销售的数量或价值占当地生产中的比例。

协议对其他措施则没有明确禁止，例如，各国可以要求当地投资者的持股比例。要求外国投资者提供先进技术和在当地进行适当的研发活动。协议要求取消当地含量的要求可能会更多地吸引外资，因此很多国家都在主动考虑取消这一要求。

5. 反倾销、反补贴协议

倾销和补贴是多边国际贸易中两种扭曲竞争条件的"不公平"贸易行为。反倾销措施协议和补贴与反补贴措施协议，授权成员方政府对从不公平贸易行为中获益的进口产品征收补偿税，作为进口国政府对抗不公平贸易的手段。《反倾销协议》以《关于实施1994年GATT第6条协议》的形式出现，由三个部分组成：第一部分是基本规则；第二部分是关于反倾销措施委员会的建立及争端解决程序方面的规定；第三部分为最后条款。《补贴与反补贴措施协议》由11个部分，32个条款和7个附件组成。对这些规则进行详细了解，可以预先采取措施，防止外国采取反倾销和反补贴的措施。企业应尽量避免出口价格低于其国内价格，但如果这两个价格之差是微不足道的，进口国调查当局也不会征收反倾销或反补贴税。调查当局会考虑出口国的产品在总进口中所占份额，因此，当外国可能进行反倾销调查时，出口企业就应当控制对其出口的数量，或者将贸易转向其他的市场。调查开始后，出口企业及其所在商会或协会有权进行抗辩。出口企业有义务提供生产成本和其他情况的资料,填写问卷。出口企业与调查当局合作是非常重要的,因为是否征收反倾销税是根据每个企业的情况决定的。

协议还要求调查当局将开始调查的情况通报出口国政府。出口国政府有权提供证据,保护其出口商的利益。抗辩的法律和经济成本很高,常常超出中小企业的承受能力,因此有必要寻求政府的帮助。协议带给企业的另一面是,保护其利益免受外国产品不公平价格行为的损害。受影响的企业可以请求本国的主管部门对进口产品征收反倾销税或反补贴税。但值得注意的是,很多发展中国家的反倾销或反补贴申诉,是由于长期受到高水平保护的国内产业不能适应调养税和其他壁垒消除后的情况。因此,对协议的理解也有助于企业正确使用自己的权利。另外,反补贴协议禁止采取出口补贴,因此,现在从政府补贴受益的企业应当做好相应的准备。当然,政府也应当研究有些可以采取的补贴,对企业进行适当的帮助。

6. 海关估价协议

《海关估价协议》,即《关于实施1994年GATT第7条的协议》,包括4个部分、24个条款和3个附件,为海关估价的国内立法和海关行政行为确立了一些基本原则。协议的基本目的是保护诚实商人的利益,海关应使用进口商实际支付的价格作为征税的依据。协议承认,对于同一产品,不同的进口商可以有不同的价格,价格的不同本身不足以让海关否定交易价值。海关只有在有理由怀疑进口货物申报价的真实性或准确性时,才能解决使用交易价值。即使在这种情况下,海关也应与进口商进行协商,进口商也有权要求证明其价格。除此之外,协议还要求各国通过立法给进口商提供以下权利:在确定海关价值有延误时,撤回进口货物;要求海关对秘密资料进行保密;可以就海关的决定提起诉讼。

7. 装运前检验协议

《装运前检验协议》由1个序言和9个条款组成。所谓装运前检验,是指对即将出口到用户成员方的货物,在出口国领土上,对货物品质、数量、价格(包括货币兑换率和财务条款)或者关税进行分类检验的活动。要注意到依靠检验公司核定价格,只是一种临时的做法。协议的目的是使海关具备监管的能力。协议设立了审理申诉的机制,出口商可以要求进行独立的审议。协议还有利于加快货物的清关,减少海关的腐败。

8. 原产地规则协议

《原产地规则协议》由1个序言、4个部分和2个附件组成。"原产地规则",即指任何成员方为确定货物原产地而实施的法律、规章和普遍适用的行政决定。采用统一的确定原产地的标准,将解决出口商今天面临的许多问题,特别是现在使用配额的纺织品问题,统一化还将消除各国原产地规则的差异,从而减轻出口企业的行政负担,对受到数量限制的产品不再需要满足不同国家的标准。

9. 进口许可证程序协议

《进口许可证程序协议》由前言和8个条款组成。进口许可证是指为实施进口许可证制度需向有关行政部门递交申请书或其他文件（为海关目的所要求的除外），作为进口到该进口方海关管辖地区的先决条件的行政程序。协议要求进口国采取公正的原则和程序颁发许可证。因此，出口商和生产商都会从中受益。出口商还有权要求许可证应在规定的时间内迅速颁发，并且不会因为细小的文件方面的错误而受到处罚。

10. 保障措施协议

《保障措施协议》由前言、14个条文和1个附件组成。根据协议的规定，进口国政府不能再要求出口国政府让其企业通过自动出口限制的方式限制其出口，企业也不能自己建立这样的安排。另外，进口国的企业则可以要求其政府采取保障措施。保护其商业利益。

二、服务贸易总协定

出口服务的企业可以从这些承诺中获得安全进入外国市场的好处。而对于发展中国家的服务业，则有以下好处：

1. 有利于服务业的发展

对于发展中国家的服务产业，主要的好处来自竞争的增加所带来的效率。外国电信、银行和保险等服务业的进入，将促使受到高度保护的国内产业采取新的措施，提供更好的服务，从而提高自己的竞争力。服务业的改善不仅对公众有好处，而且对出口制造也有好处。制造业在国际市场上是否有竞争力，很大程度上决定于国内的电信、金融等服务业的效率。发展中国家的服务业还可以从开放中得到与外国服务业合作的机会，从他们的先进技术中受益。本国服务业可以利用政府在谈判中对服务业市场准入所设限制，要求外国合作者提供先进技术，培训员工。发展中国家的企业在与外国企业商谈合作时，遇到的一个很大问题是不熟悉服务和技术的商业性与技术性内容。WTO服务贸易协议就要求发达国家建立联系机构，为发展中国家的服务业提供有关信息。

2. 发展中国家的服务业将从WTO中获得新的出口机会

发展中国家的服务业是劳动密集型的或者需要技术高度熟练的人员。从这些比较优势看，发展中国家以下产业的贸易将得到很大的发展：商业服务，包括管理咨询服务、计算机服务、职业服务和租赁服务；建筑和工程服务；教育服务；环保服务；健康服务；旅游、旅行服务；娱乐、文化和体育服务。

在已经结束的服务贸易谈判中，很多成员都承诺允许自然人流动，而不要求设立办事处或公司。有些发展中国家已经通过有技术的自然人的流动输出计算机软件和健康方面（护理）的服务。当然，在有些成员作出承诺时，对其公司雇佣临时的技术人员都附加了一些条件，例如要求本国公司只与那些外国的法人签订合同。因此，在向国外提供服务方面，设立公司远比单干有优势。另外，服务贸易的谈判也为发展中国家之间相互提供服务和进行合作提供了有利的条件。

三、与贸易有关的知识产权协定

知识产权协定对发展中国家和转型国家企业的影响，可分为两个方面，即挑战和利益。

1. 挑战

本国的知识产权保护制度将发生变化。例如，协定规定专利保护期为20年，计算机程序和软件应像文字作品一样受到版权法的保护。到2005年，对药品和农用化学物质也应提供专利保护。这都要求有关发展中国家的法律进行修改。因此，企业应对这些法律变化做好准备。

2. 利益

知识产权协定将为企业带来很大的利益。第一，鼓励发明创造。对知识产权加强保护，会鼓励发展中国家的发明创造。第二，在商业条件下进行技术转让。保护知识产权将促进发展中国家的企业与外国企业建立合资或合作的关系，以在商业的条件下获得技术。实践证明，知识产权保护得好，就能吸引更多的外资，并且鼓励外资在东道国进行更多的研究与开发。这样，东道国的企业才能够在更大程度上影响这些研究的内容和重点。虽然在短期内药品和化学品等企业会付出更高的代价，但从长期看，对发展中国家的创造性将产生积极的影响。第三，对假冒商品贸易产生影响。协定要求各国控制假冒商品的生产和贸易，这从根本上是符合国内生产者和消费者的利益的。企业应当增强知识产权保护的意识，对知识产权协定进行研究，并且将他们的关注告诉政府，使得政府在未来知识产权谈判中反映企业的利益。

第三节 面对WTO中小企业的应对策略

一、加入WTO后中小企业发展的一般对策

建立中小企业管理机构，加强对中小企业的指导和协调。参照美、日等WTO成员的做法，政府应该摒弃对中小企业特别是全民、集体中小企业的行政干预，适时调整政府职

能,通过建立各级中小企业管理机构,制定中小企业政策,并发挥其在产业政策方面的功能。如制定中小企业产业结构和发展计划、协调与大企业之间的利益关系、转产行业的临时救助措施、政府采购、人才培训和技术推广等。

尽快出台《中小企业促进法》,营造促进中小企业发展的政策环境。为确保中小企业的活力和竞争力,有必要加快《中小企业促进法》的制定进程,明确中小企业的重点扶持对象、指导思想和措施。同时,政府在政策上应侧重培育有利于中小企业发展的良好社会环境,具体表现为:在产业政策方面,从优化产业结构出发,引导企业向产品深加工和高附加值方向发展,传统服务业向电子技术、信息服务及文化艺术等行业扩展;在金融政策方面,通过建立和完善中小企业金融组织体系和信用担保体系,培育为中小企业服务的资本市场,建立中小企业投资基金等一系列措施,强化对中小企业的金融支持;在财政政策方面,给予中小企业一定比例的政府采购和适当的税收减免以及其他优惠措施。总之,通过加强对中小企业的宏观指导以及金融、财政支持,将为中小企业提供自我改造、自我完善的发展空间,这是国民经济得以保持活力和持续发展的关键。

建立现代企业制度,规范企业管理行为。首先,加快国有中小企业改造、改制、改革步伐,通过制度创新,将公有制中小企业改造成多元化主体;其次,消除对非公有制中小企业的歧视和不公平待遇,积极弥补其缺陷,扶持其发展,以构造出与市场经济发展相适应的产权明晰、机制灵活的微观基础;第三,改善中小企业的经营管理,将公有制中小企业在传统计划经济体制下的行政管理方式和私营企业家长式的管理方式转向适应现代市场经济发展需要的现代企业管理方式;实行职工持股计划、人员竞岗、工效挂钩、职工保险等一系列制度,规范企业行为,提高经济效益。

建立科技风险投资运行机制,促进技术创新和技术进步。国外高科技经济的成功经验表明,风险资本是最适应中小企业,尤其是高新技术中小企业开展技术创新的金融支持工具。目前,可采取以下多种形式扩大风险投资的资金渠道:一是加强和完善政府创新基金,引导社会风险资本参与现有科技资助计划,并按风险基金方式进行运作;二是规范现有风险投资公司以及允许国外风险投资机构进入国内市场;三是鼓励大企业、民间资金参与风险投资退出机制,实现风险资本的循环投资。为促进中小企业的技术进步,实现产业结构调整升级,还可借鉴美国等发达国家的做法,通过科研院校、企业、政府桩间的合作建立所谓的"技术孵化器",促进中小企业技术现代化。

构建中小企业社会化服务体系。首先,各级政府要切实重视中小企业的改革与发展工作,在大力推进企业内部机制转换、结构调整、管理创新等一系列措施的同时,切实搞好各项配套改革,当前最紧迫的就是尽快建立健全社会保障体系和落实城市居民最低生活保障制度,增强社会的保障能力。其次,银行业要强化金融创新,在为中小企业提供投资理财、资产兼并、市场开拓等服务的同时,要根据中小企业的需求变化开发新的金融品种,并以切实有效的方式,通过市场渠道向企业传达金融创新的信息。第三,建立和完善中小企业中介服务机构,由行业、协会牵头,以市场为中心大力发展社会中介,规范中介机构的动作,为中小企业提供信息咨询、贷款担保、技术支持、人才培训等服务。

开展法制和道德教育,营造良好的社会信用环境。首先,积极推进立法、执法、监督等各项工作,健全和完善法律、法规,依法治国,整顿各级法律机关及行业中介组织。其次,在全社会大力宣传法律知识,崇尚优良的道德品质和社会风气,宣扬适合社会主义市场经济时代特点的价值观、道德观,营造一个有利于全社会发展的信用环境,从而推动我国国民经济整体健康地向前发展。

培育中小企业的竞争实力。实践和理论表明,大企业未必在所有领域都占优势,可能还会成为不利条件。加入WTO后,市场将不断扩大,市场竞争也将发生根本性的变化。过去在企业与企业、国家与国家之间的竞争,已被全球竞争所代替,经济成为社会至高无上的统治者,商品和货币已渗透全球的每一个角落。在新的全球竞争中,需要独特的领导风格,快速而机动的决策和谋略,果断地开创新事业的能力。这些,大企业和企业集团是难以做到的。中小企业由于规模较小,生产经营灵活并富有弹性,能对基本消费需求和生产需求的变化作出灵活反应;同时,中小企业往往是大企业发展的重要依托,许多中小企业就是大型企业的下属企业或零配件供应商。进入90年代以来,美国的中小企业发展的一个主要特点是向高新技术产业发展。据美国小企业管理局调查,1991年以来,主要以"硅巷"、"硅屋"为基地的小企业比老"硅谷"中的大企业多出1倍以上。到1998年7月,纽约曼哈顿的"硅巷"、"硅屋"中的小企业由1996年的1200家激增到3200家。这些企业涉及的产品包括精密仪表、医疗器械、生物制剂、数控机床中的自动装置、数字家用电器中的元器件等。

培育中小企业的竞争实力,在我国加入WTO后,在未来的国际竞争中对于提高我国经济地位起着举足轻重的作用。因此,在重构中国企业战略格局中,一定要把中小企业的发展放在十分明显的位置。政府在培育中小企业群发展中可以借鉴发达国家的政策措施,联系中国企业发展的实际情况,制定有利于中小企业发展的政策。

一些WTO成员对中小企业的发展都制定了一整套、涉及方方面面的政策措施。如德国扶持中小企业的基本方针主要有两点:一是构造中小企业运行的框架,帮助中小企业在与大公司的竞争中发挥自己的优势,为他们的生存和发展创造条件;二是实行一些殊途同归的政策,给中小企业以各种税收和财政优惠,帮助中小企业提高效率,增强应付复杂形势的能力。中小企业由于规模较小,往往难以与实力雄厚的大公司竞争,德国政府就通过立法保护中小企业的发展。同时,在行政管理、科技信息、资金提供和人员培训等方面,德国政府也给予特别的照顾。

为了不断加速和完善扶持中小企业的政策措施,美国政府的一个重要做法是不定期召开全国中小企业代表会议,解决中小企业出现的问题,为此还成立了小企业管理局对中小企业具体扶持。除小企业管理局外,联邦和地方政府的其他有关部门,也配合采取各种措施促进中小企业的发展,特别是促进高新技术企业的发展。

对我国来说,为了使加入WTO后中小企业能顺利实现竞争的过渡,在借鉴发达国家这方面的先进经验的基础上,还要针对中小企业发展中存在的主要问题,在机构未理顺、政策不统一、服务不到位、观念未改变等制约中小企业发展的矛盾的情况下采取一些有效的措施,如发布适合小企业发展的产业指导目录;加大中小企业结构调整力度,推动中小企业向"小而特"和"小巨人"方向发展;完善对中小企业的市场保护措施;探索建立国家扶持中小企业发展的政策性银行;鼓励中小企业大胆引进国外先进管理技术和方法,在消化吸收的基础上不断创新。

另外,中小企业增加实力的一个关键突破口是提高品牌竞争力。中小企业本身要利用加入WTO后外资更多地进入中国市场的机会,大力发展合资企业,促进本国品牌发展。因为合资可引进品牌管理与品牌发展的专门知识和技术,以充分挖掘本国品牌的内在潜质,使其逐步发展成国内乃至国际上的品牌,并创造出适合市场需要的、具有较强生命力的新品牌。中国近20年来在家电、饮料等行业涌现出一大批叫得响的名牌,跟利用外资大有关系。

二、实行中小企业出口发展战略

我国中小企业的出口不畅,主要有这样几个原因:第一,我国的适销产品一般都为国际市场所了解,而开发新产品的能力较差。第二,国际营销技术已传播到大多数发展中国家,而我国对之不甚了解,并且把国际营销技术和知识传播到内地的速度很慢、也很困难。第三,我国把某些产品打入国际市场之后,其他发展中国家的同类产品也进入国际市场并引起激烈的竞争。最后,国际市场对我国的制成品似乎是比以前关得更紧了。对纺织品进口增长的限制就是一例。大多数工业化国家的市场保护主义抬头使鞋类和电器等方面的贸易限制措施很难被取消。另一条可行的道路是迅速扩展与其他发展中国家之间的贸易,但还有很多事情要做。我国实行中小企业出口战略,必须考虑到上述限制因素。

(一)宏观

从宏观来看,我国中小企业要借鉴西方发达国家的经验,建立专门的中小企业管理局,制定相应政策,设立专门的中小企业外向发展金融扶助项目等,正确引导中小企业的发展方向。

1. 建立增强中小企业国际竞争力的支持体系

国家可以建立符合中小企业特点的支持体系,在国内执行鼓励政策(如日本的"产业系列化"政策),一是引导中小企业为大型企业提供配套生产,使大、中、小跨国企业建立起系列化生产经营机制,充分发挥不同规模、不同技术水平企业的优势;二是可通过高度专业化和密切协助实现小规模生产单位的整合,使中小企业获得外在竞争优势;在国际上为中小企业"牵线搭桥",代表它们向目标国的中间商和用户推销,帮助它们进行技术转让和直接投资。

2. 协助中小企业收集全球性信息

网络时代使无形市场点对点的信息沟通成为现实，谁掌握的信息多和快，谁就能抢先攻占国际市场，在竞争中占据主动，因此建立全球性的信息网络对中小企业走跨国化道路有重要意义。目前我国感受国际信息冲击的时间普遍比西方国家晚3~6个月，使我国企业一直处于追赶状态，难以开拓自己的领先领域。为此，国家不仅要加快信息产业的建设，以优惠政策鼓励中小企业利用好EDI、TP等资源，还要针对中小企业无法承担上因特网要花大量费用的现状，充分利用现有优势，发挥国际贸易促进会、跨国经营协会等外向发展促进机构的作用，通过这些机构在世界主要城市设立的分支机构，利用当地的各种商情渠道收集各种信息，向国内的中小企业提供信息服务，以协助它们把握市场动向，开展好跨国经营业务。

3. 加强外向经济的金融支持建设，建立专门的跨国经营保险机构

随着国际市场竞争程度的增强，大力开展技术含量高的产品开发和研制工作，是增强企业国际竞争力的有利手段，但这类工作往往具有开发周期长、资金投入多、风险较大的特点，中小企业又大多存在资金较少的缺陷，而跨国经营所面临的政治风险又不属于一般保险公司的承保范围，因此由政府出面对对外经济活动提供政策性金融支持，建立专门针对中小企业的跨国经营保险制度是十分必要的。外向经济支持在全球范围日渐普遍，各国都由国家特设了专门机构，如美国的"海外私人投资公司"，日本的"通产省企业局长期输出保险课"等。我国要根据自己的实际情况，建立符合我国中小企业特色的跨国经营金融支持和保险制度，鼓励外向型经济活动的开展。

（二）微观

从微观主体来看，中小企业要根据自身特点，注重企业内部改造，制定出切实可行的战略发展计划，促进跨国经营活动的顺利展开。

1. 发挥灵活特性和运用"缝隙"原则，勇于利用与创造机会

中小企业必须正视其不具备与大型跨国公司相抗衡的实力的现实，不与大型企业做无谓争夺，而要充分发挥自身的灵活性，选择竞争的空隙和夹缝，利用国际环境提供的机会，在捕捉信息及客户心理的基础上，勇于创造出新机遇。规模经济是在"规模"的前提下才能获得高额利润，而现代市场经济中，达不到规模经济的产品或产业比比皆是，中小企业必须要学会"拾遗补缺"，不以利小而不为，小产品也可以成为"拳头"产品，通过市场细分找到自己的优势产品，实施产品差异战略，根据市场情况及自身条件发展国际业务。

2. 建立灵活的人事机构体系,提高综合创新能力

中小企业不仅要争取外部对其技术创新的资金支持,如争取国家星火计划或国际风险机构的支持等,更要利用灵活的人事制度,根据技术开发过程中不同阶段的不同需要,相应调整创新人员的配置,提高综合创新能力。技术、产品和生产工艺过程的创新是技术开发的核心阶段,需要的技术实力强,这时,中小企业可以加强与技术实力强的科研院所、高等院校的合作,高强度的关键技术,充分利用它们的科研实力作为技术后盾,形成自身的研究开发体系,培养出适应国际市场变化速度的产品。在生产阶段对管理创新和经济创新的要求日益提高,而我国许多中小企业正是忽视了这一点,在后续的管理和经济创新工作中投入不足,使产出效益增加缓慢,因此这一阶段需加强管理人员的配置工作,提高经济创新和管理创新的效率,开发创新的综合效果才会更好。

3. 贯彻科学管理思想,实行管理制度化

要适应复杂而残酷的国际市场竞争,必须在企业管理的方方面面贯彻科学的管理思想。严格、精确、自律和试验是科学管理思想的精髓,跨国经营和管理从计划、目标、激励、领导及组织过程和结构都离不开这些思想的贯彻,尤其是自律,它是一种能够持久激发人的自我意识的制度环境。实行管理制度化首先要求制度的制定是科学合理的,是在与各层企业人员充分沟通、广泛征求意见和建议的基础上,真实准确地反映了某一方面的问题和需要,并在制定过程中就考虑了后续的执行,提供了具体的途径和方案。同时制度应是完善的。因为任何一个制度的实施,都有可能由于相关制度的不完善或缺陷而造成负面影响,尤其是在跨国经营中,内外环境的不断变化,更需对制度不断地加以补充、修订和完善。

4. 重视市场调查,选择正确的目标市场

中小企业在跨国经营中必须通过市场调查,了解各方面的差异和变化,使企业的经营策略跟上国际市场形势的快速变化,才能捕捉住有利战机。同时市场调查还可使中小企业了解各国或各地区的风俗习惯、家庭结构及文化背景,以便制定具有鲜明地区性特色的营销策略,更快地开拓市场。由于国际市场的庞大,中小企业不可能也不需要对所有预期国家和地区进行市场调查,那么为了选择正确的目标市场,就应采用科学方法、运用筛选原则和推进原则进行市场调查。筛选原则要求企业由粗到细地收集市场材料,分步确定筛选标准,层层筛选,直至确定目标市场,如瑞典的一家精密仪器厂根据其产品的专业性和价格不菲的特点,合理地选择了各国的人均收入、医疗费用和市场需求作为三次筛选的标准,既大量减少了调查的工作量和费用,又快速合格地完成了市场调查,选择到了最佳目标市场。在遵循推进原则时,则按照先熟悉后陌生的路线开展市场调查和国际化经营,如美国企业跨国经营时往往先投资于相邻的、语言相同、风俗相近的加拿大,然后才是欧洲和亚洲市场,最后成功地占领全球市场。

三、加入 WTO 后中小企业的发展方向

通过资产重组,使企业投资主体日趋多元化,多种所有制成分日趋融合。这是经济发展的必然规律。与大型企业相比,中小企业应具有灵活、高效的机制,并通过这个机制兼并、参股或者收购其他企业。这样,在加入 WTO 之后,能适应市场的激烈竞争,保持企业的活力。

实行股份合作制。股份合作制是中小企业一种较好的组织制度。对企业进行股份合作制改造,使职工既是出资者又是劳动者,实行劳动合作与资本合作相结合,按劳分配与按资分配相结合,从而强化利益激励机制和风险约束机制。中小企业要增大企业经营者的股份,每一个经营者所持股份要几十倍于普通职工,使其利益与企业目标一致,但经营者们购买股份的总数不宜超过企业股份总额的 20%~30%。股份合作制可以更好地促进生产力的发展,更充分地体现社会主义的本质,符合社会主义市场经济发展规律,符合我国生产力发展水平,符合群众的觉悟程度。

人才成为企业的核心资本。资本是广义的,不仅仅是指资金、设备、厂房、土地,以及人才、领导,还包括看不见的无形的资本。从一定意义上讲,无形的资本对企业更重要,如信息、品牌。对于中小企业来讲,原有的灵活的机制、思想观念也是企业的资本。其中对于中小企业最关键最核心的资本是人才。人才包括多层次,对于广大中小企业来说,最宝贵的人才是企业家。考察所有经营好的企业,它们成功的经验固然很多且千差万别,但是拥有一个勇于创新、富有开拓精神的企业家却是共同的。改革开放以来,我国的乡镇企业得到了蓬勃发展,这在很大程度上要归功于我们的一代"农民企业家"。都是同样的条件,有的企业几近破产,而有的企业却日益红火;距离上只不过三五里路,有的地方则穷得很,有的地方搞乡镇企业,且越搞越像样。富的企业不就是有一两个人带领大家干吗?不是说英雄造时势,而是时势造英雄,主要因为党的政策好。改革开放政策是第一位的。但同样的政策,为什么落实起来差距却很大?关键就在于人。市场竞争归根结蒂是人才的竞争,这一趋势已越来越得到普遍认同,加入 WTO 后,市场竞争将加剧,这一趋势将有增无减。

发展规模经济,不断壮大竞争力。高精尖产品主要依靠科技含量占领市场,以质取胜。而广大中小企业的产品,目前主要(80% 以上)靠薄利多销。没有数量,就没有效益,所以要发展规模经济。过去人们认为大企业才具有规模经济优势,而中小企业则是没有规模经济效益的。这其实是对中小企业经济规模的误解,是对规模经济的曲解。中小企业从规模上来看一般比较小,但并不说明它就没有规模经济。经济学中的"规模经济"主要是指投入要素与规模报酬之间的关系,与企业规模并不是一回事。事实上,规模经济不等于经济规模,不能简单地认为企业经济规模越大,规模经济效益就越好;也不能简单地认为,中小企业就没有规模经济优势。加入 WTO 后,中小企业实现"规模经济"效益,有以下几种途径:其一,随着市场需求的扩大,从小到大,不断扩大组织规模,实现"规模经

济"。中小企业由于规模较小,要积极发展主业,避免多元化经营。其二,同大企业或企业集团配套,形成"小而专"型的"规模经济"。其三,中小企业之间分工协作,发挥"群体"优势,形成"小而联"型的"规模经济"。

注重名牌、质量和市场。品牌是企业占领市场的关键,加入WTO后,中小企业的名牌意识要大大加强,尤其是占中小企业大头的乡镇企业在经历了粗放型的初创阶段、完成了自己的原始积累之后,更要认识到要占领市场,没有自己的名牌是不行的。市场更显重要,实践使企业家们认识到,市场才是铁饭碗。必须时刻研究市场,以市场为导向来组织自己的经营活动。

谁占领科技制高点,就意味着谁占有未来的市场。现代科技发展日新月异是人们难以想像的。日本和美国靠什么成为经济强国?主要是靠科技。如果没有高科技,他们的自然条件并不比我们好,特别是日本,他们的经济就不会发展得那么快。加入WTO后,中小企业的经营者要强化科技意识,不能再用陈旧设备来搞生产。陈旧设备,搞不出好产品。要注意产品更新、加大自身科技投入。

中小企业参与国际经济一体化趋势加强。有的企业家说得好,参与国际市场竞争就好比"与狼共舞",只有练就超凡的本领,才不会败下阵来,被"狼"吃掉。还有的企业家说:"出了车间就是国内市场,出了厂门就是国际市场。"现在是买方市场,据有关部门统计,现在有95%以上产品过剩,这就是基本供求关系。因此,必须放宽眼界,拓展国际市场,应该看到在发达国家有市场,在不发达国家也有市场。中小企业要抓住当前加入WTO的大好机遇,抢前争先,敢立潮头,采取多种形式,大力发展外向型经济,提高产品的外向度。一是加大招商引资步伐,进一步拓宽合资、合作渠道,发展一大批"三资企业"。二是中小企业应大胆走出国门,到沿海、香港、国外开设窗口,兴办境外企业和跨国公司,参与"大循环",争吃"国际饭"。三是建立出口商品基地,根据国际市场需求和当地实现情况,以出口商品为龙头,建设一批出口商品生产基地。四是优化出口商品的结构。要努力把工业制成品由低档次、劳动密集型、附加价值低的产品为主的状况,转变为以高附加价值和高技术含量出口商品为主,实现出口产品由"以量取胜"、"质低价廉"的粗放经营向"以质取胜"、"以技术取胜"的集约经营战略转变。

保持专业化协作发展的势头。中小企业无论是生产中间产品还是最终产品,无论是为大企业配套还是单独面对市场,都必须坚持专业化生产和特色经营的原则。集中有限的资源,力争在哪怕一个小小的领域形成相对优势,创立自己的特色。中小企业应按专业化协作原则进行全面改组、调整,改变"小而全"的落后的生产方式。通过专业化提高中小企业的生产批量和生产率,通过市场联结实现大小企业的协作联合以提高中小企业的社会化、组织程度,从而形成小规模生产的较大的市场规模,提高中小企业的市场竞争力。

中小企业(尤其是乡镇企业)要充分发挥聚集效应。我国乡镇企业一开始就建立在血缘地缘关系上,"村村冒烟,家家点火"是20世纪80年代初期乡镇企业发展的真实写照。目前,我国乡镇企业有80%散落在自然村,7%在行政村,12%在乡镇所在地,只有1%在县城或县城以上的城域。这种高度分散的格局,不仅阻碍了聚集效应的产生和小城镇的建设,弱化了城乡工业的联系,而且加大了企业的外部交易成本,降低市场开拓能力,导致外部不经济和资源浪费。加入 WTO 后,中小企业要以城市为依托,实现配置相对集中,首先,可缩短中小企业的协作半径,既方便与大企业配套,又能增强中小企业间的协作关系。其次,使中小企业能充分利用现有的社会基础设施,以免再分散有限的资源。再次,集中和城市化,使中小企业既可在发展第三产业中找到机遇,又可利用市场服务体系和服务业提供的社会化服务,克服资金、技术、管理、信息、营销等方面的困难增强生存发展能力。

　　实行中小企业东西合作向纵深推进的发展战略。我国经济发展不平衡,中西部地区拥有丰富的资源和广大的市场,但发展较慢,相对比较落后;而沿海东部地区改革开放早、机制活、市场经济意识强,经济比较发达。因此,如何集中两者的优势来促进区域经济的发展,提高国民经济的整体水平,将是我们在今后相当长的一段时期内所面临的一个重大课题。近年来,沿海部分企业开始向内地发展,经济办人士称之为"西进战略"。这是利用经济发展不平衡所造成的空间,来寻求发展的机会。依据诺贝尔经济学奖获得者缪尔达尔创立的"不平衡增长理论",不平衡发展会产生两种效应:一方面可能使先发展地区发展更怜惜,使后发展的地区发展得更慢,形成所谓"回波效应";但另一方面,它又可以形成"扩散效应",即先发展地区发展到一定程度后,由于自然资源限制及市场规律作用,造成生产成本上升,因而产生了向后发展地区转移某些产业、资金和技术的要求。

　　进入 20 世纪 90 年代,沿海中小企业正由"轻型化"发展转向以重化工业为主,以资金、管理和技术的增长为主要内容。近几年沿海地区工资成本上升,劳动密集型产业已失去比较优势。比较而言,中西部的经济比较优势在于尚待开发的丰富的自然资源和廉价的劳动力资源,中西部地区中小企业只要解放思想,创造良好的投资环境,东西合作必将得到进一步的发展。

第三十一章　WTO与中小企业经营机制创新

中小企业是市场经济中最活跃的成分,是维持经济和社会稳定的基础性力量,也是创新的最重要源泉。加入WTO后,中小企业要更加发挥经营灵活、机制运转高效的特点,迎接机遇与挑战。

第一节　WTO与中小企业制度创新

中国加入WTO后,中国企业(特别是中小企业)如何面对更为激烈的国内外市场竞争,这是摆在我国经济工作者面前的一个严峻的课题。本节拟从以下四个方面谈谈加入WTO后,对中小企业制度方面的影响。

一、加入WTO有利于政府逐渐减少行政干预,解决政企不分的问题

中小企业制度创新的关键,是使中小企业摆脱对政府的依附,走向市场,成为自主经营、自负盈亏的竞争主体。从改革开放至今,中国政府对经济事务的关注程度超过了以往的任何年代。以政府主导方式发展经济在某一个阶段是有效率的,但这种方式在目前却已成了经济发展的障碍。以广信事件为代表的日益增大的金融风险、带有强烈政府色彩的各种集资担保行为、各地政府主导的各种工程、日益严重的各种腐败问题、长期以来政府对国有企业的干预、投资体制不顺带来的经济结构雷同、重复建设等,都显现出中国政府涉足经济的负面效果。

从目前情况看,中国企业(尤其是中小企业)还远远没有成为投资主体,主要投资还在各级政府控制之下,已成为改革中的滞后环节。中国加入WTO,对于中小企业是挑战,但更是加快融入世界经济主流的机会。它既要求中国中小企业迅速适应国际市场,吸收国外的选进技术和管理经验,增强自身创新发展的能力;同时,又提供了在全球范围内寻找最好合作伙伴,进行优化组合,增强国际竞争力的一个良机。

中国加入WTO后,在得到相应的权力的同时,必须承担一定的义务,遵守WTO的一整套规则和法律条文。到时,中国政府就不可能再像原来那样过多地对企业给予特殊的照顾,相应的也会减少对企业生产经营的干预,这就从外部输入了一种强制性的力量,解决我国长期以来政企不分的现象。

二、加入WTO有利于国有中小企业的战略性重组

从1998～1999年国有企业改革推进的难度来看,国有企业面对日趋激烈的国际竞争,前景并不太乐观。据国家统计局的最新资料,1998年中国的工业企业总共亏损1556亿元,其中国有工业企业亏损达1023亿元,占亏损总额的65.7%。绝大多数中小国企目前仍被低效、冗员、高负债、缺乏社会保障、失业现象严重等问题所包围,虽然1999年已进入国企三年脱困的第二年,但真正摆脱困难,前景仍不明朗。以中国企业的现状,在目前中国还未完全对外开放的情况下,都难以面对来自国外的竞争。一旦入世之后加大开放,国企所面临的处境可想而知。

1993年11月中共十四届三中全会《关于建立社会主义市场经济体制若干问题的决定》指出:"一般小型国有企业,有的可以实行承包经营、租赁经营,有的可以改组为股份合作制,也可以出售给集体或个人。出售企业和股权的收入,由国家转投于急需发展的产业。"党的十五大以后,中央提出国企改革实行有退有进的战略。问题的关键是,总量如此庞大的中小企业资本由谁来购买。在中国当前的情况下,往往想实行股份合作制的中小企业,都是多年来效益一直不怎么好的企业,内部职工收入低,没有能力购买本企业的股份,改制为股份合作制困难重重。加入WTO后,引导外资参与中小企业的改制,这一方面解决了国内资金不足的问题;另一方面也符合中国的整体发展战略,改变国有资本过于分散的状况,用这部分变现的资产加强国家必须控制或占主导地位的行业,这不仅有利于搞活中小企业,对整个国有经济的战略性重组也具有重大的现实意义。

三、加入WTO有利于改变中小企业的投融资体制

长期以来,银行贷款是国有企业资金来源的主要渠道,不仅流动资金,基建资金都是从银行贷款获得,甚至于一批国有企业的注册资本金都是由银行贷款来替代。这种融资模式,一方面造成国有企业负债高居不下;另一方面也造成国有商业银行不良债权增加,银行信用受到巨大威胁。目前我国银行系统存在的一个突出问题,是银行存贷款业务集中在少数国有大银行,使国家承担的风险过大,而适合于中小工商企业需要的中小金融机构又质差量少,造成中小企业的融资困难。中小企业信贷具有贷款笔数多、金额少、作业量大、经营成本高等特点。大银行往往不能适应这种特点。于是在许多国家中,机制灵活、组织紧凑、风险分散的小金融机构被赋予担负中小企业资金融通任务的特别职能。

开放我国金融市场不仅应当准许外资大银行在国内开办各种银行业务,还可以考虑引进拥有一定实力的港澳台以及华资背景的金融机构入股或收购那些经营机制不够完善的中小型金融机构。这样做,既有利于减轻外资金融机构对我国大型国有金融机构的冲击,又可以把防范和化解金融风险的负担分散化。

加入WTO后,逐步对外开放金融业市场,允许外资银行、金融机构进入中国的资本

市场和资金市场,是一种必然的趋势。外资金融机构在经营上不可能像国有银行一样,完全属于一种政府主导型的经营机制,而是完全遵循市场规律,以利润最大化为目标。这样,中国的中小企业,只要有比较好的投资项目和商业机会,资金的融通相对于现在而言,肯定会容易些,这有利于中小企业的成长和壮大,也有利于中小企业与大中型企业的平等竞争。

四、加入WTO有利于进一步推进和规范国有中小企业的产权改革

党的十四届三中全会《关于建立社会主义市场经济若干问题的决定》对于国有中小企业的改革提出了改组、联合、兼并、股份合作制、租赁、承包经营和出售等七种形式。江泽民同志在党的十五大报告中论述对国有企业实施战略性改组的方针时重申了这一决定,指出要加快放开搞活国有中小型企业的步伐。在各地放活国有和县乡镇基层政府所属的中小企业的实际操作,有的地方较多采用租赁、承包的办法,也有不少地方较多采用的是将这些企业出售给职工和出售给其他投资者的改制方式。

尽管中央对中小企业的产权改革出台了许多方针、政策和措施,但在实际操作中却困难重重,即使许多已改制的中小企业,经营效益不仅没有好转,反而陷于更深的困境。究其原因,有一点是值得让我们深思的,那就是许多中小企业的改制是政府行为而非市场行为。我国加入WTO后,外资导入国有中小企业的改制必将使改革效率大为提高。众所周知,中国的市场经济体制尚未完全建立,政府对经济的干预力度还比较大,在许多领域,不仅外资难以进入,即使私人经济也受限制,如果外资通过购买或参股这些领域的国有企业,这将使外资绕过限制,低成本的进入这些领域;另一方面,外资以资本经营方式收购、兼并国营中小企业,其本身是一种资本优化组合的过程,是从其整体的生产经营考虑的,而不会像单独地对单个国有中小企业进行改制,虽然产权主体改变了,但经营环境、产品结构、甚至管理技术都未发生任何实质性的变化,也就是说资产的实质性作用并未改变。通过整合的国有中小企业,使其成为外国公司生产经营中的一个环节,这必将大大提高资产的经营效率,使国有中小企业改制后真正搞活,成为真正的"资本",而不是国家的附属工厂;最后,外资的参与,也有利于减轻政府的财政负担,使企业改革的成本分散化。

第二节 WTO与中小企业组织创新

一、企业组织创新简述

企业组织创新(Organizational Innovation),就是企业制度化(企业结构——功能系统的体制化表现)创新,就是要实现企业结构。计划经济体制形成了中国企业泛化、畸型的

功能结构，企业不仅具有经济功能，还有超重的政治功能和社会功能。在市场经济条件下，这种泛化、畸形的"三位一体"的功能结构，导致了企业严重的目标、规范、角色冲突。与这种功能结构相对应，中国企业的组织结构政企合一，与国家行政机构同构。

企业组织的制度化结构是由产权体系、决策体系、结构体系、激励体系、调节体系5个分支体系构成的统一体系，因而作为企业组织创新最重要的内容是进行现代企业制度和组织结构创新，而且组织结构创新是企业组织创新的载体。

结构具有关键作用。系统的结构功能原理是：系统的结构是系统各组成之间相互关系的总和，包括系统构造、各要素之间的相互作用、活动、信息交流与协调；系统的功能是系统在与环境的相互作用中所表现出来的属性所具有的作用和能力；结构从系统内容描述其整体性质；功能从系统外部描述其整体性质；结构决定功能，功能反作用于结构。企业组织结构创新，意味着打破原有的制度化结构，意味着组织目标的创新，组织成员责、权、利关系的重构，从而形成新的结构、新的功能、新的人际关系，其内涵在于组织从形式到内容、结构到制度的全面创新。

企业组织结构创新。一方面，应当在"宏观结构"上建立由精悍的决策系统、权威的管理中枢、高效的执行系统所构成的企业组织管理体系；另一方面，应当强化"微观结构"的创新，遵循小型化、简单化、弹性化的原则，以使企业充满活力，提高效率和增强应变能力。

二、国外一些WTO成员企业组织创新经验和启示

1. 组织创新是解决企业深层次问题的一把钥匙，与企业的兴衰成败有着密切的关系

关组织创新的重要性，已为国内外许多企业的实践所证明。在20世纪20年代初期，由一些竞争不过福特汽车公司的弱小汽车公司拼凑起来的通用汽车公司，对管理组织进行了改革和创新，结果在5年时间内就争得了美国汽车行业的领先地位。而当时依靠"大量生产、廉价销售"已发展成为"庞然大物"的福特汽车公司却因没有在管理组织上进行相关的改革，致使其发展初积累下来的10亿美元现金资产逐年遭亏空蚕食。在濒临破产之际，福特二世继任后于1946年对公司管理组织进行改组，才重新获得与通用汽车公司相抗衡的能力。这两家公司为适应其发展的需要先后都采取了"事业部制"组织形式，所不同的是，通用汽车公司当时走的是一条"集权"的道路，福特汽车公司则是通过"分权"来实现的。不管怎样，这两家公司的经验都表明，没有一个合适、有力的管理组织，企业是难以保持竞争力和生命力的。

2. 组织创新是实践探索与理论研究紧密结合的产物

组织创新是历史的必然，但它决不仅仅是自发的演变，而是实践探索与理论研究紧密结合的产物。纵观中外企业发展史可以看出，管理组织总是随着生产力水平的提高和生产组织及财产组织形式的发展而不断地从简单到复杂、由低级向高级变化发展着的。不

过,在这种历史必然性的后面,人们又不是无所作为的。可以说,现实企业中管理组织的每次较大的调整和创新,都无一不与实际工作者的探索和创新,以及管理和组织理论研究的发展有着密切的关系。在近代和现代中小型企业中得到广泛应用的直线职能制就凝结了泰罗关于"计划职能与作业职能分开"以及法约尔关于"统一指挥"的思想和原则;伯恩斯和斯托克关于机械组织与有机组织的"权变"理论,也离不开对企业实际状况的调查。正是理论研究者和实际工作者的这种携手合作,才使企业得以冲破原有管理组织运行惯性的束缚,在不断的变化、革新中保持并提高管理组织的效能。也正是由于具有了实践经验的基础和源泉,组织理论才得以丰富和发展起来,从而反过来指导进一步的实践。

3. 组织创新是一种内在、自然的行为

管理组织是进行管理的工具,而管理又是为实现企业目标服务的,因此管理组织的创新只能作为手段,而不能成为目的的本身。任何与实现企业目标无关的创新,或者单纯为创新而创新,都不是自然的、内在的行为。只有当企业内外条件的变化或现有管理组织的状况影响到企业目标的实现时,所进行的管理组织创新才具有客观的依据,从而形成一种内在的行为。实践经验表明,外部环境的变化,企业战略的改变,企业的成长壮大,技术的发展进步,人员素质和需要的变化以及现行管理组织存在的问题等,都可能成为引发和驱动内在创新行为的力量源泉。但是,在中外企业管理组织的创新历史中,为"赶时尚"而创新管理组织的现象也不是没有的。管理人员在进行管理组织创新时必须保持清醒的头脑,不可随波逐流、附庸形势。一种现行的组织模式即便在形态上看是好的,但只要对企业不适用也是一个危险的陷阱。盲目仿效的结果即使不会导致管理组织效能降低,也会对企业的人、财、物资源造成浪费,因为任何创新总是不可避免地需要一定的资源投入的。

4. 管理组织创新的方式应灵活多样

管理组织创新一般应采取积极主动的方式,但在某些情况下事后应变也不失为一种可取的方式。

西方企业管理的创新通常是在市场机制和利润动机的作用下发生的,多数具有内在的必要性。然而,这种内在的创新行为本身在方式上也存在着重大的区别。对于面临困境的企业来说,管理组织上的事后应变还只能算是一种被动行为。如果企业能够很好地预测影响管理组织效能的各种情势因素的变化,并根据它们对管理组织发生作用的方式和方向及早制定相应的创新方案,那么这种积极主动的创新行为将为企业持久的、稳定的生存和发展提供更为牢靠的基础。这是因为,一方面任何管理组织的创新总是需要经过一段时间才能产生效果,企业若在危机之前选择适当时机超前发动创新,就能避免仓促应变。这与新产品开发需要有一个提前期的道理相类似;另一方面,发动组织创新又需要以主观条件的成熟作为前提,从这种意义上说,危机之际发动组织创新所面临的阻力会相对小一些。

5. 企业管理组织的理想模式并不是一成不变的

法约尔在20世纪初曾为单一产品生产的企业成功地设计了直线参谋制的组织方式。法约尔的模式和斯隆的模式对于当时组织创新者所面对的现实来说都是适宜的。时至今日，法约尔的模式仍是小型企业的一种较好的组织形式。然而，现代社会和经济的发展已使传统的组织模式不太符合新的需要和挑战了。事业部制组织形式虽然有利于管理当局对已经存在和已经知道的事物加以出色的管理，可在提高企业创新能力方面却日益暴露出缺陷。目前企业对管理组织新模式的需要，与法约尔和斯隆在处理当时的组织问题时相比，可以说明有过之而无不及。事业部制被认为可以普遍适用的时代早已结束了，新的时代要求企业不断地探索新的更能激发创造性的组织模式和方案。

6. 管理组织创新要有正确的指导思想和方法

我国企业需要学习他人的经验大胆地进行创新，以推动管理组织的合理化和现代化。但学习又不能照搬照抄，而要与中国国情和企业实际结合起来，善于借鉴，勇于创新，形成具有自己特色的管理组织模式。不顾国情和厂情，盲目仿效别国和其他企业的模式（如20世纪50年代学原苏联，80年代风行分权管理等）已经被历史证明是荒谬的、不合理的。然而，以国情和厂情为"盾牌"，不思创新，不求创新，这也是危险的、错误的。而从管理组织创新工作本身来看，企业也需要采取各具特色的创新方式和创新管理方法，才能顺利地实现管理组织从一种形态向另一种形态的转变，这是由管理组织创新涉及到许许多多错综复杂的因素所决定的。

三、加入WTO中小企业组织创新的对策措施

（一）发展完善股份合作制

做好评估工作，加快产权制度改革。第一，政府和企业都必须超然于资产评估之外，委托取得资格的中介组织独立完成资产评估，并以评估资产作为股本出售。第二，要以实有资本为依据进行资产评估。固定资产、流动资产都要全面进行评估，账面资产只能作参考。第三，要高度重视无形资产的评估。对它的评估应以市场信誉度为依托，根据其形成时所需的实际成本、使用价值和获利能力来确定。第四，加强对隐蔽资产的评估，尤其对账外物资要逐项清点、登记。第五，建设一支政治素质高、业务能力强的资产评估队伍，要硬化有关人员责任，对人为因素造成国有资产损失，或隐瞒资产营私舞弊的，要对责任人进行严肃处理，以保证资产评估工作的健康运行。

处理好改制与融资的关系。股份合作制有改制和融资的双重功能。但就如何发挥两大功能而言，必须要以改制为基础，在改制的基础上发挥融资的功能。因此，在进行股份合作制改造的过程中要量力而行，有条件的要先转制后融资，条件不够成熟的也要边转制

边融资,切忌"单边"的融资行为。

建立一支合格的企业家队伍。股份合作制是一种高效率的企业组织管理形式,管理的社会性和股东授权及纵向分权是管理的主要特征。经营上需要一大批成熟的企业家队伍,才能使股东的最终所有权和企业法人所有权相结合,实现产权组合目的。

搞好配套工作,促进股份合作制的健康发展。具体应做好宏观调控、产权转让市场和立法建设工作。首先,要加大宏观调控的力度,从宏观上接受国家产业政策的指导与制约,各主管部门对本地区产业布局、结构调整、资源配置、投资重点做到科学规划,消除投资中的分散化行为和不合理行为。其次,要加强产权流动市场的建设,促进企业产权主体的多元化和资源的合理流动与配置,建立相应的产权交易市场、交易机构和交易中介组织,实现企业产权的集中、公开、公平、规范的交易。

完善股份合作制的组织管理形式。首先要实现三个突破:一人一票制的突破、对企业领导无约束的突破、股东身份限制的突破。实行一人一票制,使股东投多投少的权利一样,承担的风险一样,这样易形成人人有责、人人无责的"平均主义",引起管理上的混乱;还使非企业职工投资后不能享有同规范的股份制企业同等的权利。因此,必须突破一人一票制。建议引入一股一票制。因为企业职工一般来说都是企业股份拥有者,可以保证职工有民主管理的权利,只是权利的大小有所区别;同时可以调动持股较多的投资者的积极性,有利于企业制约机制的形成。至于对企业领导层无约束的突破,是基于目前的股份合作制企业都是有限责任制,所有股东都承担有限责任。在职工所拥有的股份差别又不很大的时候,若没有对企业领导过硬的约束和监督机制,就很容易因领导的不负责而使全体股东蒙受损失。建议采取企业领导和主要职员实行一定期间内对股东的投资额承担无限责任的方式来解决这一不足。也就是企业以其法人财产对外承担有限责任。全体股东以其出资额为限承担有限责任,但企业领导成员和主要职员,则在公司章程规定的期间内对公司股东的出资额承担无限责任。至于股东身份限制的突破,是指股份合作制企业的股东往往局限于企业内部职工,而非企业职工一般来说不能成为企业的股东。这一方面使企业集资的范围受到限制,另一方面也不利于企业形成有效的约束机制和资源的合理流动。因此,应按照合理、合法、公平、自愿、互利的原则,充分利用各种资源,允许非企业职工入股。其次,机制能否转换,企业领导班子如何真正由职工民主选举,法人治理结构如何建立是长期困扰股份合作制企业发展的根源,也是股份合作制的功能得不到有效发挥,做不到"一股就灵"、"一股就活"的原因。因此,股份合作制的完善还必须从企业的内部组织制度入手,建立起有效的企业内部约束机制和监督机制,从而使企业从无序到有序,从不规范到规范,进而建立起适合中小企业股份合作制的发展模式。

(二)发展完善股份制

股份制是现代企业的一种资本组织形式,有利于所有权和经营权的分离,有利于提高企业的资本运作效率。从股份制的运行机理来看,它本身具有许多特点和优势。一是股份制有利于企业直接、快速有效地筹集资金。股份制能很快地把个人资本集中在一起,直接供企业使用,转化为社会资本。二是股份制产权关系明晰,有利于企业资本的有效运营。股份制企业具有法人所有权、股权和经营权相分离的特点,内部形成自我约束机制。最高权力机构股东大会行使股权,决策机构董事会代表法人所有权,经营机构经理班子代表经营权,有利于提高企业资本的运营效率。三是股份制实物资产与价值资产分离开,有利于企业规模的扩张和经营的稳定。企业掌握实物资产,股东掌握价值资产(股票)。由于股东不能退股,实物资产永远在企业中运转,这样能够保持生产的连续性。四是股份制实行有限责任制度,降低了企业投资风险。股东对企业所负的责任以投入的资本为限,这有利于保护投资人的权益,改变国有企业以前那种对企业盈亏负无限责任的状况。五是股份制有利于企业管理科学化。股份制公司实行两权分治的原则,股东拥有所有权,而经营权则交给具有专门技能和经验的管理人员,从而有利于提高经营管理水平。同时,股份制企业实行三权鼎立的体制,使企业自主可以落到实处,使政企彻底分开,解决了中国国有企业中多年解决不了的问题。

加入WTO,还需要在以下方面进一步规范、完善。一是加强法制建设,规范改制行为。目前许多股份制企业运作不够规范。一些公司实际上是"翻牌公司";有的股份公司的董事长、总经理不是由股东大会和董事会选举产生,而是由政府主管部门事先确定和任免的;也有的股份公司把投资视同债券,固定给较大比例的分红,等等。因此,股份制改造必须强化法律意识,切实做到在法律的框架下运作。二是推进制度创新,切实做到转换经营机制。进行股份制改革,除了筹集资金等目标外,更深层次的改革在于转换企业传统的经营机制。要建立起企业自我约束、自我积累、自我发展的运行机制,建立起所有者监督和控制经营者的治理机构。要改善企业内部的组织结构,精简机构,明确责权利,在企业内部建立起与市场经济相适应的决策机制、营运机制、监督机制和服务保障机制体系;建立有效的激励机制,改革人事干部管理制度,奖勤罚懒,实行聘任制和任期目标责任制,充分调动职工的积极性,提高企业的经营效率。三是建立和完善社会中介组织体系,要进一步发展会计、审计和资产资信评估机构,充分发挥中介机构在监督和促进国有资产合法运营中的积极作用。四是进一步完善组织领导和宏观协调工作,股份制已在全国范围内展开,尤其是国有企业的改革的深化。但不是一"股"就"灵"。目前出现不少问题,需要加强政府的引导。同时,宏观部门要加强协调力度,避免发生不稳定因素。

四、加入WTO中小企业组织创新的趋势

(一)中小企业一般组织结构——科层制组织的局限性

当前中小企业主要的企业组织结构是一种科层组织(hierarchy)。所谓科层制是指内部功能化、专业化的组织结构形态,是一种垂直、分层的金字塔结构(实质是一种层级委托—代理(principal—agent)结构)。人们发现,科层制存在着 x(低)效率(x—inefficiency),x效率是反映非狭义的市场因素引起的低效率,它所表现的是在给定资源和技术的条件下,一个生产组织内部的实际生产效率与技术可行性最高效率之间的差。x效率实质上是一种组织(organization)或激励(motivational)的低效率。x代表造成非配置(低)效率的一切因素。对此,人们认为这是科层制在克服"市场失灵"(market failure)的同时所产生的"官僚失灵"(bureaucracy failure),其本质是代理问题(agent problem),原因则是资源配置信息机制缺陷和激励机制缺陷。这是因为,企业生产存在着信息不对称(information asymmetry)、囚犯困境(prisoner's dilemma)、人的有限理性(bounded rationality)、机会主义(opportunism),导致代理人的败德(moral hazard)、寻租(rent)、偷懒(skirking)、搭便车(free ride),从而损害企业的效率和效益,使委托人的利益受损。因此,需要对当前中小企业的企业组织结构——科层制进行改革、创新。事实上,社会已完成由业主制结构向科层制结构的转变,并在对科层制不断完善的同时,进行弹性结构甚至是虚拟结构的改革。这一企业组织的过程创新可以由下面几种近些年出现的现代企业组织创新的形式反映出来。

(二)现代企业组织创新的几种形式

1. 企业流程再造

美国著名管理学家哈默博士把企业流程再造定义为:从根本上重新思考,对企业作业流程进行脱胎换骨的重新构造,在严格的现代衡量标准下,最终使企业在成本、质量、服务和速度方面达到"大跃进"式的改善和提高。经过"改革的企业,其原先用以表示"实体"构件(如职位、部门等机构)间关系的"组织图"或称"组织机构图"(organization chart)将需要用"过程关系图"(process map)来加以取代,并废除传统的职权等级制(authority hierarchy)而代之以"过程层级制"(process hierarchy)。这样形成的组织将主要不是依靠"分工"和"职权"来运作,不是"谁大听谁的",而是根据工作过程间的"配合"(同阶层工作过程间的衔接)和"从属"(高阶过程与次过程间的衔接)关系来进行运作,并主要遵循"谁重要听谁"的准则。这种新模式改变了过去职能部门仅对自己管辖的一个环节负责以及仅对上级负责,而职能环节远离用户或市场消费者的状况,使每个职员对一项任务全盘负责,直接以用户满意为目标设置机构;大大提高了工作效率,从而节约了成本。

2. 并行工程(concurrent engineering)和精益生产(leen production)

所谓并行工程是为了缩短产品开发周期而产生的一种生产经营组织形式。常规的企业产品开发往往是在企业对现有产品的生产经营过程中进行的,或者是在现行产品生产经营处于不景气阶段才在产品的生产经营过程中进行的。前者现行产品处于生产经营鼎盛时期,是企业生产经营工作的主流。产品开发辅之进行。尽管懂管理的经理人员以观念上知道"干一个、想一个"的道理,但主流往往冲淡了支流,充其量产品开发成了公司产品开发部的事,其结果,往往使新产品的开发周期过长。并行工程旨在改变原有组织设置,设立专门组织系统或在原有组织系统中附加功能,使企业有一套有效的系统,在企业对现有产品生产经营的同时,尽可能使产品开发的几个环节并行或交错进行,以缩短开发周期。

精益生产组织方式是为了各生产经营过程达到配合准确、合理、科学、简捷,从而使生产经营的组织配合衔接类似流水线的节奏一样。按照这一思想,精益生产实际上就是对原有企业组织结构进行再分析、再设计、再调整,达到配合准确无误且又简捷的目的。

3. 生态组织结构

知识经济时代的到来,使企业必须成为高度的有机体,才能适合环境的急剧变化,因而,企业生态组织成为企业组织创新的新趋势。

生态组织是一种学习型组织。在知识经济时代,企业竞争的性质发生了显著的变化。首先,由于社会的信息化、技术封锁、专利保护的作用日渐减弱,新技术、新产品会被迅速的模仿和替代而丧失优势。因此,在新的时代,企业要保持竞争优势就必须开拓新视野。企业应当认识到,在高度信息化的社会,没有任何资源(包括技术)是企业可以独享的,企业处于巨大的关系结构之中,企业、供应商、消费者、竞争者、中介机构相互依赖,结成一个"生态系统"或"食物链"。最大的利润往往被生态系统食物链的上层企业(形成核心)获取,创造性的企业才能占据生态系统的上层,创造性的组织必然是学习的组织,只有通过学习才能形成创造力,也才具有生态组织的适应性。

柔性化、敏捷化与虚拟化是企业生态组织的典型结构形态。柔性化,要求企业组织能够从一种经营结构快速、有效地转换到另一种经营结构。面对知识经济时代的信息化、国际化挑战,柔性化反映了一个组织参与国际竞争对意外的变化的有效反应,对意外结果(状态)有效调整的能力。敏捷化,要求企业能够迅速组织其资源和能力,在动态的商战中,迅速、有效地重新定位、聚集。因而,敏捷化将使顾客更加满意,使企业获得高价值。虚拟化,在知识经济社会,信息技术得到最广泛的应用,社会高度信息化,此时,各种资源,尤其是人力资源,并不以某种固定形式配置,既可以多种配置,又可以支持他人,因而成为一种虚拟资源——在需要的时候可以获得和运用的资源。虚拟企业注重的是人员的才能和才干,而不是他们的岗位或职位(能)。建立虚拟企业,有两种基本类型:第一种是虚拟经营(或称为企业虚拟,外部虚拟)、自然人、法人或法人的成员通过联结使他们如同属于同一企业一样。第二种是虚拟办公(或称结构虚拟,内部虚拟),同一企业的成员可以置身于不同地点,通过因特网等电子手段的联结使他们如同在同一办公室内。

(三) 中小企业组织创新应采取的适应策略

历史上每一次大的技术革命,就伴随一次新的组织创新。工厂制度的出现是适应了当时的产业革命,而公司制度适应了现代新技术,20世纪 90 年代高科技的迅猛发展必然有一次组织创新。面对这种不可逆转的趋势,中国中小企业企业组织应采取相应的创新策略,促使企业组织形式向更高级形式发展。首先,要看到高科技发展背景下,未来企业组织和产业组织演化趋势和中国在中小企业企业中所采用的组织模式、管理原则的局限性,从而借鉴和吸收国外企业组织新模式演变和实施的经验,大胆采用国外创新成果,进行有益尝试。其次,中国中小企业企业组织不尽合理,未达到以传统组织理论为基础调协的标准,即生产组织方式的"大而全,小而全"使规模经济水平较低,等等。面对国际企业组织新变化,采取有效措施,加大企业组织重组力度,尽早改善组织的不合理状况。最后,并行工程与精益工程在中国是有条件实施的。因为,它并不涉及管理基础或组织设置基础的大改变,而是对传统管理方法的修补、提高、实施起来操作难度不大,可起到向管理、组织要效益之效。

第三节 WTO与中小企业技术创新

科学、技术在社会经济生活中的作用日益重要,技术创新已成为企业持续发展的动力源泉。21世纪,任何企业都必须把技术创新作为增强企业生存能力,保持竞争优势,加快企业发展的重要策略。随着世界经济一体化趋势的加强,我国加入WTO,直接融入全球经济大家族,一方面,国外产品和企业将大量进入国内市场,另一方面,我国产品和企业将有更多机会打入世界市场。在这个互动的过程中,中小企业将与世界先进技术、新的工艺流程和科学管理方法频繁接触,从而对我国中小企业技术创新将带来新的机遇。

一、加入WTO有利于我国中小企业的技术创新

1. **市场范围扩大、市场竞争加剧,促使我国中小企业增强技术创新意识**

加入WTO后,中小企业面对的市场将是由国内和国际市场融合而成的一个更大的一体化市场,这个市场比原来的国内市场要大得多,有更多的消费者,能容纳更多的厂商,且各厂商以更大的规模进行生产,以更低的价格进行销售,所有的参与者都可以从该市场得到好处。这对于处于脱困时期的我国中小企业来说,正当其时,对世界统一大市场获取更高利润或超额利润的预期动机,将诱使中小企业积极进行技术创新,提高产品竞争力,参与国际市场竞争。此外,WTO强调在技术创新的基础上按市场规则竞争。我国加入WTO后,激烈的竞争环境,将激发我国中小企业的技术创新意识,迫使它们注重研究开发和提高产品的技术含量。竞争规律是市场经济的基本规律,WTO的宗旨之一就是要创造、维护一个公平、公正、公开的竞争环境,任何企业只要主动积极地进行技术创新,就能不断增强实力,免遭市场淘汰。

2. **贸易往来的更加频繁,可以带动中小企业进行技术创新**

入世后,中小企业与国外贸易交流更加频繁,将在更广阔的范围内参与国际竞争,它

们的合作伙伴或竞争对手不再局限于周边地区的国内同仁,而是为数众多的外国或外地区的现代化企业,这些企业所拥有的先进技术、先进产品、新工艺流程,对中小企业技术创新可形成一种"示范效应",从而带动中小企业自发进行技术创新。通过对外国、外地区的一些新技术、新产品进行研究开发,中小企业可得到自己的新技术开发成果。

3．全球专业化分工的日益精细,将持续推动中小企业的技术创新

全球范围内追求经济利益的浪潮,使得各国或企业,在国际化市场中,为了获得比较利益,进行比较优势大的专业化生产。专业化分工的日益精细,既提供中小企业以集中精力对某种或几种产品进行技术开发的机会,又产生了中小企业技术创新永续发展的动力。

4．技术国际化的发展趋势,对中小企业技术创新具有促进作用

在全球经济一体化过程中,技术国际化的趋势加强。据统计,美国汽车生产50%的新技术是其国内三大汽车公司或跨国公司之间共同研究开发的。技术国际化,一般采取技术互补和技术转让两种形式。技术互补是一种技术联盟,可实现技术优势互补,共享技术成果,还可解决独家企业一般难以应付的昂贵的研究开发费用问题;技术转让是指技术不再保密,不再作为垄断市场的惟一手段,而是让技术转让直接获取利润。加入WTO后,发达国家的企业或跨国公司与我国中小企业之间实现技术互补或技术转让是完全可能的,技术互补和技术转让将是加速中小企业技术创新的两种"催化剂"。

5．生产要素流动的国际化,可以缓解中小企业技术创新中所存在的困难

在我国,中小企业融资难,创新资金严重不足,科技人才缺乏,经营管理水平与发达国家之间存在较大差距。这些因素严重制约着中小企业技术创新。加入WTO后,贸易壁垒将逐步消除,生产要素的流动性增强,这将拓宽中小企业的融资渠道,并为其吸收高素质(境外)科技人才、借鉴国外的科学经营管理方式创造了条件。

二、加入WTO与中小企业技术创新障碍

1．我国中小企业知识产权的意识淡薄

WTO非常重视知识产权的保护,制定有《知识产权协定》,包括序言和7个部分,共73条。《知识产权协定》所言"知识产权"是指七个方面的内容:①版权及邻接权;②商标;③地理标志;④工业品外观设计;⑤专利;⑥集成电路的布图(拓扑图)设计;⑦未披露信息的保护。对知识产权的保护包括"知识产权的效力、获得、范围、维持及实施等诸事项,同时还包括本协定特别提及的影响知识产权使用的诸事项。"我国由于长期实行计划经济,计划包揽一切,企业仅仅是政府行政机构的附属物,基本上没有形成保护知识产权的意识。实行改革开放后,与国外的交流往来日益频繁起来,但由于开放的时间不是很长,并

且采取的是逐步开放的政策,企业的经济活动还没有与国外完全接轨。我国中小企业知识产权保护意识不强主要表现在两个方面。其一,存在侵权行为嫌疑。我国在对外开放,引进国外先进技术时,有些中小企业没有支付专利许可证费用等。美国曾多次把中国列入侵犯美国知识产权的"重点国家名单",虽然经过艰苦的谈判,中美就知识产权问题于1996年达成了协议,避免了两国间的贸易战。但是,西方一些发达国家总是以保护知识产权为名,对我国的经济发展和国际贸易横加指责。我国中小企业技术创新和产品开发能力较差,加上经济规模小,难以进行大幅度的技术开发投资,主要采取"引进和模仿"的方式进行技术开发。据有关资料,化工50个品种中,仿制率为95%;精细化工3600个生产品种,属于仿制或低档产品达97%~98%;建国以来生产的3000多个西药品种中,仿制率高达99%;近年生产的873种西药,也有97.4%是属于仿制的。加入WTO后,我国必须扩大对知识产权的保护范围,政府也必须加强对知识产权的法律保护,因此中小企业在"引进和模仿"时,必须注意与国外研发部门、生产部门交流、协调,避免因侵犯知识产权而遭到贸易制裁。其二,存在被侵权的现象。我国许多中小企业因为害怕承担申请专利所需要的费用和人力,或者害怕即使专利注了册而难以承担知识产权纠纷所需的巨额诉讼费用,或者担心技术秘密的泄露等,而不愿意通过专利注册对技术创新成果进行保护。国外一些企业就利用中国中小企业知识产权保护意识薄弱的特点,随意无偿使用中国中小企业的一些创新成果。一般而言,新技术、新产品可以获得超额利润,创新、发明可以获得收益,这是对技术创新的一种激励。我国中小企业要密切注意国际市场,利用WTO《知识产权协定》等规定,保护自己的利益不受侵犯。

2. 我国中小企业技术创新体系尚未完全建立,技术创新能力不足

首先,我国许多中小企业是"政绩导向型"和"地方局部利益导向型"经济的产物,重复建设、盲目建设现象严重,产业结构不合理,产品的市场占有率特别是国际市场占有率低。加入WTO后,市场充分对外开放,能否在国际市场上占有一席之地,还需经过时间的考验。而且,获得企业利润的首要条件是其市场份额,企业经济效益的好坏与企业技术创新能力的大小呈正相关关系。若企业的市场份额不足,其创新能力将大打折扣。其次,在过去20多年改革开放中,尽管进行了一定程度的技术创新,但主要是采取引进的办法,且在引进过程中,大多数企业没有明确引进技术的目的,普遍存在重设备、轻技术、重硬件、轻软件的现象。据利用外资企业的调查,引进技术的目的,其中近60%是为了享受有关优惠政策,30%是为了弥补资金不足,只有10%是为了获得技术。引进技术的目的不明确,导致对新技术的消化吸收功能差。例如,"八五"期间,124亿元人民币被用于安排企业的技术引进,其中用于消化吸收的只有4亿元,占总额的3.1%,而日本引进技术费用与消化吸收费用之比却高达1:10。懒惰的技术创新心态,无疑会导致中小企业技术创新的恶性循环:技术创新缺乏—产品技术含量低、技术附加值低—市场竞争乏力—企业经济效益低下—技术创新能力更弱。

3. 技术创新将受到人力资源快速流动的制约

我国中小企业科技和研发人员十分欠缺,技术创新能力非常有限,几乎无法解决一些关键技术问题。加入 WTO 后,人才流动性逐渐增强,中小企业若不调整好用人机制和人才激励机制,人才的向外流动是必然的。人才是技术创新的重要因素,企业如果没有一定数量的高素质科技人才,技术创新将只能是一句空话。

4. 中小企业技术创新受到信息化、网络化的挑战

全球信息化、网络化发展迅猛,并且加速了世界经济一体化的进程,使经济全球化的趋势不断加快,科技以前所未有的态势进行创新与积累。国外一些中小企业在这次信息化的进程中脱颖而出,展示出其良好的发展态势。我国自 20 世纪 90 年代以来企业信息化的节奏逐步加快,全国电子信息技术推广应用项目完成已达 8000 多项,投入资金 115 亿元,利用电子信息技术改造传统产业的资金投入产出比为 1:5。建材、冶金、化工、机械等行业广泛应用了计算机控制的信息技术,并取得了良好效果,促进了企业的技术进步,实现了节能、降耗、减少污染。但是,我国与国外发达国家相比,企业信息化程度还较低,发展也不平衡,特别是中小企业信息化进程不够快,对通信、网络的利用程度低,直接制约中小企业技术创新的开展。WTO 反映了经济全球化、经济自由化的浪潮。加入 WTO 后,生产经营进入网络化、信息化和国际化,信息传播速度加快,技术扩散更加迅速,即使中小企业拥有某项现实的技术创新成果,该技术创新成果的长期存在已难以为继。其他企业可利用技术创新的外部经济效应,进行相应的模仿或进一步创新,致使企业因技术创新带来的收益受损,收益期缩短,比较优势丧失。如何使得自己的创新成果得到保护、发挥长效,是中小企业技术创新中急需解决的问题。

三、加入 WTO,我国中小企业技术创新的策略

1. 借鉴发达国家经验,推进中小企业技术创新

西方发达国家中小企业技术创新活动非常活跃,据有关资料表明,美国中小企业所创造的技术创新成果和新技术在数量上占全国 55% 以上,中小企业平均每个雇员的技术创新成果是大企业的两倍。德国 1996 年出口的高技术产品以品种计算,75% 是中小企业生产的。一些 20 世纪的重大技术创新成果,如个人电脑、光扫描器、DNA 指纹技术等,都是中小企业创造的。西方发达国家中小企业的技术创新体系比较健全,有这样几个方面的特色。

一是国家大力扶持。一些国家建立了扶持中小企业的管理协调机构,如法国的中小企业部、中小企业提案委员会、中小型工业技术委员会,新加坡的中小企业署,日本的中小企业厅、中小企业审议委员会,等等。它们对中小企业的技术创新给予鼓励和优惠政策。如法国对到中小企业工作的高科技人员实行补贴政策,只要连续工作两年以上即可得到

每年3.5万美金的补贴,1998年法国就有1055名科技人员得到这项补贴;法国还允许创办时间在15年以内的中小企业以优惠的价格向参与企业科技开发的高科技人员出售"企业创建者股票认购证",并采取"技术咨询补贴"的措施,鼓励中小企业接受技术咨询,并补贴企业咨询费用开支的50%(上限不超过2万法郎),还对500人以下的企业建立"研究人员聘用补贴"制度。新加坡对投资于科技工业而持续3年亏损的中小企业实行50%的投资补贴;对属于"技术开发与研究"的开支实行享受加倍的待遇;对投资于"技术开发与研究"的固定成本(建筑物除外)实行享受50%的投资补贴。

二是有支持中小企业技术创新的中介组织存在。如美国由1.2万名有经验的退休经理志愿人员组成的退休经理服务团,有390个分团、270个办事处分布在各地向中小企业提供咨询服务;由地区、州、联邦政府、私人机构和大学共同组建的中小企业发展中心,向中小企业提供面对面咨询、管理和技术援助等。法国的技术成果与发明转化协会,主要职责是将技术成果介绍、转让给企业,帮助中小企业寻找技术合作伙伴,支持企业技术进步的合作计划等。

三是中小企业信息化程度比较高。如美国的小企业管理局创设了一个全国范围的免费信息中心,使得中小企业技术创新的信息来源及时可靠。英国贸工部由200多个地方服务中心组成的"工商联系网",小企业可以通过它获得各种咨询和商业服务。日本各地建有内部网络加入了Internet的"中小企业支援机构"可以向中小企业提供经营、技术、信息等各种服务;日本政府还拨款20亿日元建立知识产权中心,完善专利技术流通数据库和专利查阅设施,促进专利技术流通和中小企业引进专利技术。这些特点使得西方发达国家的中小企业技术创新异常活跃,也为我国加入WTO后中小企业技术创新提供了可资借鉴的宝贵经验。我国应加强对中小企业的扶持力度,建立统一的中小企业管理机构,制定中小企业发展的总体规划,有目的地、分步骤地对中小企业的技术创新进行引导。

2. 保护、激励中小企业技术创新的法律制度

我国在由计划经济向市场经济转轨的过程中,法律、制度的建设相对落后,应尽快制定和贯彻《中小企业促进法》、《中小企业技术创新法》等法律,以保护、激励中小企业在技术发明、技术创造、技术推广及产权等方面的创新成果和积极性,更好地落实鼓励与扶持中小企业技术创新的政策措施,为中小企业技术创新创造更好的制度环境和发展空间。

3. 充分发挥政府的职能作用,加强对中小企业技术创新的宏观指导

加入WTO后,我国政府对中小企业的技术创新活动要更加重视,积极指导,加强扶持。首先,要高度重视中小企业新技术、新产品的研究开发,人力资源开发,核心能力的培养和发展,大力推进技术服务中心、技术市场等中介服务机构建设,营造有利于提高创新水平的社会环境;其次,要大力扶持中小企业建立技术创新基础设施,为技术创新活动提供及时、有效的信息来源;再次,要加强对中小企业技术创新的引导,在各企业内部建立研究开发机构,并在全国范围内加强这些机构的联合,使中小企业技术创新有专门的场所;

还有,要制定宏观经济政策,使生产要素(资金、人力资源等)流动向着有利于包括中小企业在内的我国企业技术创新的方向发展。

4. 建立人才培养机制,提高中小企业的创新能力

在中小企业应形成技术人才培养、使用、评价、激励的市场机制,创造优秀人才能脱颖而出的宽松的市场环境;设立技术创新基金,贯彻依贡献分配的原则,制定优惠政策,吸引外国、外地区的高科技人才到中小企业工作,搞研究开发;利用科研机构、培训中心开展对中小企业的创业、技能、学历等培训,逐步建立中小企业师资培训制度,提高中小企业经营者的素质、研究人员的科技水平和职工的生产技能,从而提高中小企业技术创新的能力。

5. 逐步实现技术创新模式的嬗变

企业技术创新的理论和实践表明,技术创新的具体模式可以采取模仿创新模式(包括完全模仿创新和模仿后再创新两种方式)、协同创新模式、引进创新模式、自主创新模式、全球化创新模式等方式。目前,我国中小企业的技术创新能力不强,自主创造发明的水平不高,但生产经营灵活,资产专用性限制对其约束小,暂时可以采用引进和模仿创新模式。一般来说,由于技术开发的时间较短,成功率高,其研究周期为5~15年,成功率为50%~90%,其中产品的研制和发展时间更短,一般在5年内,成功率在90%以上,而基本理论研究的相应数目分别为15~20年,5%~10%,两者比较,技术开发效率高且见效快;再者,从外部取得研究成果,然后在企业内研究机构进行技术开发甚至进一步创新,除时间短,成功率高外,还可利用我国廉价劳动力降低生产成本,当生产达到标准化后,其产品甚至可在创新国市场获得比较优势。所以我国在维护《知识产权协定》的基础上,短时间还应以追赶战略为主。但是,一个企业要在国际市场占有有利地位,始终具有竞争优势,仅靠引进模仿是不够的,当中小企业的技术创新能力达到一定程度后,则应把主要精力集中到独立创造发明上,必须建立自己的独立研究、创造发明体系,取得创造发明成果。加入WTO后,我国中小企业可以和国外组建知识、技术联盟,加强技术领域的合作,实行协同创新。当然,在与国外紧密联合的同时,也提高了自主创新能力。经济全球化是时代特征,紧紧追踪世界前沿科学技术,利用国际分工的好处,在全球范围内进行技术创新也是中小企业技术创新的方向。

6. 加大技术研究和开发资金的投入

技术研究和开发具有投资费用大的特点:据国外统计分析,由基础科学研究——技术开发——转化为社会生产力,其研究投资比值一般为1:10:100。然而,我国企业投入技术创新的经费严重不足。过去企业销售收入中用于技术开发的比重平均不到1%。据有关方面对我国制造业的抽样调查,中小企业研究与开发经费占销售收入的比重平均水平分别为0.34%和0.37%。国际上一般认为,研究和开发资金占销售收入1%的企业难以生存,占2%可以维持,占5%以上的企业才有竞争力。因此,加入WTO后,我国中小企

业要大幅度提高这一比重,力争使这一比重达到或超过2%,根本改变技术创新能力薄弱的现状。

7. 建立中小企业技术创新的机制

首先,确立中小企业技术创新的主体地位,形成利益驱动和风险驱动机制,让企业自发追求技术创新。其次,以市场为导向,重视技术创新成果的市场份额,促进技术开发成果商品化、市场化,形成以市场需求推动技术创新的市场导向机制。再次,建立开放性的技术创新机制,企业要走出去,引进来,与国内外科研机构联手协作。这些都是WTO以市场经济为基础的内在要求。

第四节 WTO与中小企业管理创新

企业管理对企业的发展的重要性是不言而喻的。面对有限的资源,在科学技术突飞猛进、信息爆炸的今天,企业要在激烈的竞争中求生存,求发展,必须重视管理,不断进行管理创新,以尽可能少的投入获得尽可能多的产出,方可立于不败之地。加入WTO后,我国企业直接面对国际市场,市场配置资源在更广阔、更宽松的环境内进行。管理创新对我国企业,特别是中小企业(因其管理特别落后)更具紧迫感。

一、管理创新是中小企业发展的内在动力

1. 管理创新是中小企业发展的永续动力

企业发展的实践表明,管理创新贯穿于企业生命的始终,是企业发展的永续动力。其一,管理是一种动力,是一种能创造附加价值的生产力。这种生产劳动是以脑力为主的复合性的生产劳动。它是企业的经营管理者对企业所拥有的结合,产生新的生产力,实现企业的经营目标。其二,管理是企业生存和发展的基础。"管理是现代机构的特殊器官,正是这种器官的成就决定着机构的成就和生存"(杜拉克),没有管理的企业不是真正意义上的企业,也不能生产出消费者需要的产品,以及为他们提供良好的服务。从某种程度上说,现代企业都是伴随着管理的创新而成长起来的。

2. 管理创新可以提高中小企业经济效益

管理创新的目标是提高企业有限资源的配置效率。这一效率虽然可以在众多指标上得到反映,例如资金周转速度加快,资源消耗系数减少,劳动生产率提高等,但最终还要在经济效益指标上有所体现,即提高了企业的经济效益。提高企业经济效益分为两个方面,一是提高目前的效益,二是提高未来的效益即企业的长远发展。管理者多方面的创新,有的是提高前者,如生产组织优化创新,有的是提高后者,如战略创新与安排。无论是提高

当前的效益还是未来的效益,都是在增强企业的实力和竞争力,从而有利于企业下一轮的发展。

3. 管理创新可以降低中小企业交易成本

钱德勒认为:"在一个企业内把许多营业单位活动内部化带来的利益,要等到建立起管理层级制以后才能实现。"即管理层级制的创新,使得现代企业可以将原本在企业之外的一些营业单位活动内部化,从而节约企业的交易费用。交易费用的节约表现在"由于生产单位和采购及分配单位的和理连结在一起,获得市场和来源信息的成本亦降低。最重要的是,多单位的内部化是商品自一单位至他单位的流量得以在管理上进行协调,对商品流量的有效安排,可使生产和分配过程中使用的设备和人员得到更好的利用,从而得以提高生产率并降低成本。此外,管理上的协调可使现金的流动更为可靠稳定,付款更为迅速。此种直辖所造成的节约,要比降低信息和交易的成本所造成的节约大得多。"由此可见,管理及管理创新可以降低交易成本,对企业的发展和企业效益的提高起着重大作用。

4. 管理创新可以稳定、推动中小企业发展

企业管理的有序化、高效化是企业稳定与发展的重要力量,管理创新的结果是为企业提供有效的管理方式、方法和手段。钱德勒认为:"管理层级制一旦形成并有效地实现了它的协调功能后,层级制本身也就变成了持久性、权力和持续成长的源泉。"因为"用来管理新型多单位企业的层级制,则有持久性,它超越了工作于其间的个人或集团的限制。当一名经理去世、退休、升职或离职时,另一个人已作好准备,他已受过接管该职位的培训。因而人员虽有进出,其机构和职能却保持不变。管理层级制的这一创新,不仅使层级制本身稳定下来,也使企业发展的支撑结构稳定下来,而这将有效地帮助企业长远的发展。"传统企业常是短命的,几乎全是合伙生意。其中一合伙人退休或去世,就得重新结伙或解散"。

5. 管理创新可以拓展市场,帮助竞争

管理创新若在市场管销方面进行,则将帮助企业有力地拓展市场、展开竞争。企业在进行市场竞争和市场拓展时,将遇到众多的竞争对手即厂商和顾客。这一竞争过程表现为多个博弈对象的动态博弈,一个企业若能在这一过程中最先获得该博弈的均衡解,即管理创新具体方案,便能战胜对手,获得博弈的胜出。这个解无非是在能预见对手们的相应对策条件下寻找出最佳的、新的市场策略和运行方式而已,这就是一种管理的创新。

6. 管理创新有助于企业家阶层的形成

现代企业管理创新的直接成果之一,即是形成了一支支薪的职业经理即企业家阶层,这一阶层的产生一方面使企业的管理处于专家的手中,从而提高了企业资源的配置效率,另一方面使企业的所有权与经营管理权发生分离,推动了企业更健康的发展。钱德勒曾指出:"当多单位工商企业在规模和经营多样化方面发展到一定水平,其经理管理得越加

职业化时,企业的管理就会和它的所有权分开"。职业经理层的形成对企业的发展有很大作用,因为对支薪的企业家而言,企业的存续对其职业有至关重要的作用,他们"宁愿选择能促使公司长期稳定和成长的政策,而不贪图眼前的最大利润"。职业企业家从这一角度,必然更进一步关心创新,关心管理创新,因为他们知道管理创新的功效,因此职业企业家们往往成为重要的管理创新主体。

二、加入 WTO 对中小企业管理创新的挑战

1. 加入 WTO 后,中小企业管理创新将面对国际大市场复杂多变的挑战

我国中小企业的经营管理整体上还处在一个较低层次。特别是一些乡镇企业,一般是靠国有企业淘汰的设备和没有离开土地的农民建立起来的,技术装备落后,职工文化素质低,技术人员与专业管理缺乏,管理手段落后,管理手段不健全,相当一部分企业局限于经验型的传统经营管理方式,缺乏对市场的预测和把握能力,生产的盲目性很大,产品质量低且不稳定,滞销现象严重,企业效率明显下降。还有些民营企业,根本还是原始的家族管理方式。随着改革开放的深入发展,我国中小企业在管理创新方面进行了不断地尝试,取得了较好效果。但主要是面对国内市场,不论是管理理念,还是管理手段、管理方法,都带有明显的中国本土特色,具有较大的局限性。加入 WTO 后,我国中小企业将面临国际大市场,与世界经济一体化、全球化的趋势相适应,管理创新既要立足本国国情,又要着眼世界市场,这样便于与国际接轨,实行更高程度的贸易自由化,从而获得比较利益。我国中小企业的管理创新尚处于起步阶段,无疑会受到较大冲击。

2. 加入 WTO 后,无所不在、一瞬即逝的商机对中小企业管理创新提出挑战

中小企业本身具有对市场变化反应灵敏度高的特点。中小企业发展的优势在于能够充分认识到市场需求的变化,对其进行迅速反应,把握时机。要想抓住"瞬间"变化提供的商机,就要求中小企业要有良好的管理体系,支持企业的运作。加入 WTO 后,市场主体的增加,市场范围的扩大,这种"瞬间"的变化越来越多、越来越快。能否把握住这个"瞬间"决定着企业的生存、发展。与其他大型企业相比,中小企业只有加强管理,把握住自身的组织特点,创新管理,充分发挥船小好掉头的特色,抓住市场竞争的先机,才能在日益激烈的市场竞争中求得生存与发展。

3. 加入 WTO 后,国内人才的激烈竞争对中小企业进行管理创新形成挑战

加入 WTO 后,更多的外国投资进入我国,外资企业与我国企业共同分割国内市场。外国一直看好中国这个大市场,所以竞争必然会很激烈。这种竞争的直接表现是市场的

分割,而其竞争力强弱的最终判断标准则是所拥有人才的数量、质量及结构。外国企业进入我国,由于存在文化隔膜,他们必须从中国本土吸纳人才以减少文化的摩擦。可以预见,他们会以高薪聘用、委以重任、出国培训、组合报酬等多种优厚条件以及高效的人才管理方式来争夺人才。这无疑给本身就人才匮乏的中小企业带来更大的人才竞争压力。但与此同时,外国与我国的文化差异也给中小企业带来了人才竞争的优势。由于文化的差异,使流向外企的人才,可能由于对自我价值实现程度的不满意而放弃外资企业。中小企业可以发挥本土作战的优势,形成自身独特的管理方式、激励机制、福利、教育计划机制,来吸引人才、稳定人才。人才是企业的无形资产,是竞争的基础,是中小企业发展的立足点。中小企业要在今后日益激烈的竞争环境中求生存、求发展,就必须有雄厚的人才储备。可见,中小企业管理创新将遇到激烈的人才竞争。

三、加入WTO,我国中小企业管理创新的策略

1. 注重市场化取向

我国渐进式的经济体制改革实际上就是市场化逐步深入的过程,自1992年党的十四大确立了建立社会主义市场经济体制的目标以来,市场化的进程大大加快。现在,改革已进入"深水区",已从商品市场推进到要素市场,从单项或松散型结合的改革进入到综合配套性的改革,推进改革(市场化)的方式也已从政府主导型为主转为市场机制内在型为主。WTO是在市场经济基础上推行贸易国际化、贸易自由化的,随着我国改革的深入发展,中小企业的管理创新要求与高度的市场化相适应。

2. 注重瘦身管理

中小企业自身具有组织结构简单,管理层次少,管理幅度大的特点。这样的组织结构,企业内在交流壁垒不多,信息传递速度快,失真度低,这是中小企业管理的优势所在。但是任何企业的目标都是发展,这势必会造成人员的增加。在企业的发展过程中,中小企业仍然要注重控制无用岗位的形成,即注重瘦身管理,保持其管理结构上的优势。

3. 注重营销管理

中小企业自身特点决定了企业不仅要注意现实的顾客及已明确表达出来的需求,还要更加关注潜在的顾客或者是现实顾客正在发展着的潜在需求,并通过自己的努力去满足这些顾客及其需求。可见,中小企业的发展要非常重视以营销为突破口。这说明中小企业管理创新要注重营销管理。

4. 注重网络管理

随着知识经济的到来,因特网的普及,世界经济形势瞬息万变。时间资源对于每个企业越来越重要,网络在企业的运营中将会起着不可替代的作用。而对于网络的认识,我国

中小企业与我国大企业站在同一起跑线上,与外资企业的差距亦不是很大。因而,注重网络管理、掌握21世纪的管理技术是中小企业在21世纪的竞争中得以生存的前提条件。

5. 注重管理咨询

企业管理咨询又称企业诊断,是经营管理专家为改进企业经济状况,提高企业生存发展能力而提供的一种高智力服务。《中共中央关于国有企业改革和发展的若干重大问题的决定》中明确指出:"发挥管理专家的作用,为企业改进经营管理提供咨询服务。"由于中小企业规模小,缺乏有经验的专门的企业管理人员,因此应根据需要进行管理咨询。这也是解决企业经营风险、危机的一个好办法。

6. 注重发挥企业家才能

中小企业所有管理创新活动归根结底是由企业家才能决定的。企业家具有开阔的视野、超前的意识,才能为企业管理创新提供保证。中小企业尤其要求企业家具有开阔的视野、超前的意识,才能为企业管理创新提供保证。中小企业尤其要求企业家具有较高的个人素质,注重知识管理水平的提高,这有利于企业文化的形成。企业家才能的形成与发挥是中小企业管理创新的基础。

7. 注意国际企业管理的最新趋势

国际上,中小企业的生产方式、营销方式发生了某些变化,主要是融入了信息化、网络化的浪潮,管理创新反映了这种潮流。如有些中小企业就在管理信息系统的基础上,采用计算机辅助设计与制造,建立计算机集成制造系统。在开发决策支持系统的基础上,通过人机对话实施计划与控制,从物料资源规划发展到制造资源规划和企业资源规划。还有适时生产、精细生产、敏捷制造、清洁生产、绿色制造、并行工程等新的生产方式,都反映了中小企业管理创新的信息化、网络化趋势。另外,信息化、网络化对中小企业营销方式产生了巨大影响,营销方式正从生产商—分销商—零售商—顾客的传统模式转变为生产商(提供元件)—分销商(组装产品)—顾客的快捷模式,特别是网上营销、网上金融等电子商务的迅速发展,对中小企业正发生着根本性的转变。与这些变化相适应,中小企业管理创新发生了信息革命。

四、加入WTO后,我国中小企业管理创新的对策建议

1. 建立规范化的管理创新运行机制

企业资源由实物资源、制度资源和人力资源组成。三种资源之间存在着互相联系、互相牵制、互为补充、共促发展的关系。管理创新就是要通过管理,使这三种资源的使用协调、匹配,以产生最大效益。可见,企业要得到良性、永续发展必须建立起一种具有相对连续性和稳定性的管理机制。我国中小企业大多实行粗放经营和随意性管理,管理创新意

识淡薄,缺乏适应市场激烈竞争的管理规范化的管理创新运行机制。国外中小企业的管理创新运行机制较为健全,能够适应时代的飞速发展,符合科技、文化诸方面的要求,从而推动中小企业管理创新层出不穷。加入WTO后,我国中小企业要充分认识到管理创新的一般规律,即在建立企业管理的基础上,进行系统性更新,实行规范管理,从而促使管理创新要素(管理理念、管理战略、管理流程、管理结构、管理手段、管理方法等)的实施。要借鉴国外经验,使管理创新快步驶入规范化的轨道,在国际竞争中保持旺盛的竞争力。

2. 塑造吸纳人才、稳定人才的企业文化

企业文化的实行是形成企业统一的价值观,形成企业的向心力、凝聚力,发挥企业的团队精神。因此,中小企业要形成识人才、重人才、培养人才的企业文化。同时要注重知识的共享,减少人才的过度竞争。每个企业人才的数量、质量及结构之所以重要,并不是因为他们各自掌握的某些先进知识,而在于他们彼此进行合作,共享知识所创造的倍增的新的有用的知识。让不同背景的人为同一任务工作,让不同领域的知识在相互碰撞中产生新的思维的火花,提高效率,同时也可减少同类人才过度竞争造成的效率低下。人力资源是最具柔性的资源,人力资源的柔性代表企业获利的独特机会,只有充分发挥人力资源的作用,企业才能不断发展。

3. 重建适应国际化经营的中小企业经营机制

我国国有企业实行"抓大放小"以来,国有中小企业的改制已在各地广泛开展,但是,即使是已经完成改制的中小企业,其经营机制并未得到相应的转换,从而导致企业管理缺位、经营不善,根本无法参与国际市场的竞争。加入WTO要求中小企业面对国际市场,参与国际竞争,所以现阶段应着力构建国际化经营的经营机制:一是建立自主经营的决策机制;二是建立有效的激励约束机制;三是建立资本运营机制;四是建立发展机制。从而更好地促进中小企业的管理创新。

4. 夯实中小企业管理创新的信息化、网络化基础

加入WTO,正值世界进入以信息化、网络化为特征的知识经济时代。我国对信息时代的觉醒较早,与国外的差距不大。但是,在这个不进则退、不发展就要灭亡的年代,还要继续进行信息化、网络化的基础建设,以前我国对中小企业的信息化注重不够,加入WTO后,应在这方面要特别加强。

第五节 WTO与中小企业市场创新

在市场经济条件下,市场是企业的根本。没有市场便没有企业的生存,没有市场的发展,便没有企业的发展。市场创新是影响和决定企业命运的关键因素,是企业发展动力的

源泉。目前,与大企业相比,我国中小企业面临着技术力量薄弱、管理水平落后,竞争能力差、经济效益低下、资金欠缺等严重问题。随着中国加入WTO,中小企业将遇到更加严峻的竞争挑战,面临着国际市场和国内市场双重竞争压力,中小企业急需市场创新,提高企业的市场竞争力以拓展生存和发展的空间。

一、加入WTO对中小企业市场创新的挑战

市场创新是一项系统复杂的管理过程,必然会遇到各种风险与阻力。企业进行市场创新活动不仅会受到来自企业内部因素的制约,而且也会受到来自企业外部各种与市场创新目标不相适应的环境因素的制约,加入WTO后,我国中小企业将面临新的市场环境,市场环境的变迁给中小企业实施市场创新活动带来一系列的挑战。

1. 国内市场与国际市场接轨的挑战

改革开放以来,我国通过市场化改革逐步推动了国内市场与国际市场的接轨。加入WTO意味着中国将进一步开放国内市场,国内市场与国际市场接轨的进程将进一步加快。根据WTO的有关规定,我国在加入WTO后,除保留少量世界贸易组织允许进口限制措施外,大部分非关税壁垒都必须取消,只能用关税作为主要的保护手段,并且关税的保护程度也将逐步降低,关税的减让和非关税措施的逐步取消,必然使国内市场进一步全方位向国外市场开放。企业将直接面临全球统一市场。直接与跨国公司进行市场竞争。企业的兴衰甚至存亡越来越取决于国际竞争力,在此态势下,我国企业必须进一步加速自身的创新,以增强其国际竞争力。从中小企业发展的历程可以看出,我国许多中小企业的生存发展在很大程度上一方面是依赖于地方保护主义,另一方面也得益于关税政策和非关税壁垒,加入WTO后,随着关税的减让和非关税壁垒的逐步取消,国内市场将进一步开放。外国商品无疑会以其先进的性能和低廉的价格大举进入国内市场,这样中小企业除了与国内企业相互竞争之外,还得在家门口与世界各类企业争夺市场,国内市场竞争更加激烈、残酷。

加入WTO,我国经济将进一步显现出与世界经济相融合的发展趋势,中小企业在面临发展机遇的同时也将面临更大的挑战。市场竞争的国际化和国内市场的国际化,将使中小企业面临一个相对陌生的外贸环境和国内市场。在开拓市场的过程中国内市场和国际市场变幻莫测,中小企业市场创新将面临更大的风险和压力。市场竞争环境的变迁,要求中小企业重新考虑审查调整自己的战略定位,发挥机动灵活的优势,放眼国际市场,根据市场需求,确立创新目标,进行合理的市场定位,注重开发深度的国际市场或国内市场就能在深层市场上避开众多竞争来赢得胜利。

2. 卖方市场向买方市场转变的挑战

目前,国内市场已基本由卖方市场转变为买方市场。在竞争性领域,短缺经济已基本

结束,一些行业出现了不同程度的生产力过剩。而居民消费结构"升级"又面临较大的现实障碍,为争得市场一席之地,各企业之间的营销竞争愈演愈烈。市场竞争呈现出白热化状态。

我国中小企业在成长初期,面临的是短缺的市场环境,市场供给严重不足,企业不愁产品销售不出去,因此中小企业利用灵活机动优势,模仿抄袭社会紧缺商品,往往会因某一行业供给不足而赢利丰厚。但是,由于大量的中小企业都是以模仿抄袭开始自己最初的经营活动,没有形成自己的经营特色,在成长和发展的过程中,也没有调整和改变企业的发展战略。盲目模仿形成了产品和产业结构趋同,必然会产生价格竞争,这种竞争导致商品价格下降,使原先有利可图的行业转变成无利或微利。

目前,一方面,在市场疲软的情况下,企业因没有产品特色和固定消费群体,生产和经营变得越来越困难。另一方面,中国的消费已开始发生显著变化,一是吃穿用的基本生活需求进入个性化、多样化、多层次的发展阶段,"吃"所占比重进一步下降。二是住与行的需求进入培养阶段。三是娱乐、教育、旅游、保健等正形成新的消费热点,消费结构的调整使社会对原有商品的消费停滞甚至减少。收入增加,消费档次逐步提高,使以中低档商品生产为主的中小企业,其生产面临严峻的挑战。因此,中小企业要想打动更为理智、更为挑剔的消费者和企业合作者,向着经营者所希望的方向运行的确不易,生意难做是当前市场营销者的普遍感叹。

要在众多的市场竞争者中脱颖而出,赢得顾客的信任和喜爱,中小企业必须在市场上树立良好的形象,建立独特的产品和服务特色,用强有力和具有吸引力的销售策略,最根本的依然是如何满足顾客不断增长和变化的需要,而这一挑战我们在过去从来没有遇到过。需要中小企业研究者用新的思路,大胆创新全新的企业市场模式。

3. 市场竞争多极化的挑战

随着我国改革开放的不断深入,企业被逐步推向市场,盈利成为企业追求的目标,进而使得我国经济结构和经济利益关系发生了根本性改变。国内竞争与国际竞争相互交织、渗透,又使得企业竞争态势更为错综复杂。中外企业既可以成为市场竞争的对象,也可以成为市场竞争的"伙伴",甚至有的国内企业或地区还会把与外国企业的联合作为与本国其他企业或地区竞争的手段。实际上,国内企业(包括生产企业和外贸公司)之间、地区之间很难形成"一致对外"。显然,加入世贸组织后,利益结构的多元化将使中外企业间的市场角逐关系变得"敌友难分"。

日益复杂的市场竞争给中小企业选择目标市场和确立经营战略带来了挑战。中小企业由于搜集市场信息,研究市场的能力相对较弱,市场竞争多极化使得中小企业研究竞争对手和协作伙伴,进而选择自己具有竞争优势的目标市场,变得越来越困难。

4. 产品趋向高新化的挑战

随着战后科技革命的迅速发展。新技术的广泛应用,产品的科技含量和档次不断提高,产品的生命周期不断缩短。加入WTO后这种发展趋势,将使我国中小企业面临十分严峻的局面。一方面,科学技术在生产中的广泛应用使得传统的原材料正越来越多地被人工合成材料代替,这势必会减少各产业对天然原材料和能源的消耗,导致初级产品出口价格下跌,而资源密集型和劳动密集型产品在我国的出口结构中占有很大的比重,且中小企业是生产资源密集型、劳动密集型产品的主力军。因此,新技术革命带来的初级产品价格的不断下降,会使我国一部分劳动密集型的中小企业逐渐失去劳动力成本优势。另一方面,由于我国高新技术中小企业同国外的同类企业多有雷同,加入WTO后,他们也将面临国外同类资本密集型和产品密集型企业的冲击,面对新世纪的知识经济和信息时代的到来,我国中小企业不仅在组织结构方面显得很不适应,而且在产品技术创新能力方面也存在着明显的不足,如果这一状况长期得不到改变,就不可能有效地提高我国中小企业及其产品在国际市场的竞争能力。很显然企业之间的竞争是建立在商品和服务质量基础上的,而商品和服务质量的提高,又与技术创新息息相关。

5.营销方式现代化的挑战

西方发达国家早在20世纪中叶就实现了从卖方市场到买方市场,从传统市场营销到现代市场营销的历史性转变:即从生产者为中心转变为以消费者为中心,从价格竞争转变为服务竞争、品牌竞争;从单纯追求企业利润转变为兼顾造福于环境。与此相适应,整体营销、服务营销、形象营销、绿色营销、网络营销等现代营销观念和方式层出不穷。相比之下,我国中小企业要落后许多,其突出表现在两个方面:营销观念陈旧、对营销工作认识肤浅。把现代营销工作混同于一般工作,忽视营销工作的整体性、系统性、创新性。营销与生产脱节,与市场脱节,与企业形象脱节,与服务脱节,且手段单一,能动性差,对如何开发新产品,适应市场,开拓市场,进行营销组合、提高企业的综合竞争能力研究重视不够,营销管理落后。主要体现在营销组织机构不健全,营销网络不完善,营销队伍素质不高;营销机制缺乏创新;营销手段不能适应市场需求变化和信息时代发展的要求,营销策划不科学,市场定位不准,营销运作进程中控制不严,经营风险大等方面。

二、面对WTO,中小企业市场创新的战略选择

市场创新是企业赖以生存和发展的活力源泉,市场创新的成功与否关系到企业的生死存亡,中小企业要实现持续稳定的发展,抓好市场创新工作是关键,鉴于中小企业固有的弱点,在进行市场创新活动中,应扬长避短,制定自己独特的市场创新战略。

1.信息战略

21世纪是一个以知识为基础的知识经济和信息经济世纪,市场信息是企业开展市场创新活动的先导,充分、及时、准确的市场信息对企业的市场预测和经营决策起着关键性的作用,它可以使经营者减少对市场环境认识的未知度、疑义度和品杂度,增强市场创新

工作的清晰度、准确度和超前度,为此企业要加强市场信息管理,建立起市场信息快速反应机制,通过多种渠道搜集清理和分析市场供求信息、产品信息、技术信息、竞争者信息等,为企业的产品开发,技术改造和创新决策提供科学依据。近年来,随着因特网的迅速发展,使网络营销成为一种新兴营销方式。采用网络营销可以使中小企业获得低成本,高竞争力的优势,建立起与昔日大企业相媲美的市场营销系统。从而缩小中小企业与大型企业的能力差异。可见,信息战略的有效运用,有助于中小企业克服规模小,资金少,市场开拓能力差的劣势,降低成本,树立创新优势,提高市场创新的能力和水平。

2．联合战略

所谓联合竞争战略,是指中小企业间实行多边合作的战略。中小企业实力弱,技术水平差,难以形成大企业的规模优势,但可以在平等互利的基础上联合起来,取长补短,共同开发市场,求得生存与发展。

在联合竞争方式中,有一类是松散型联合,小企业的联合局限于生产协作或产业化分工的联合,在人员、资金、技术和销售方面的联合,如互相持股,按股分息,互相调剂余缺,建立共同营销网络等。

采用联合竞争的经营战略可以使中小企业更有效地利用有限的资金和技术力量,克服单个企业无法克服的困难和危机,取得规模经济效益。而采用联合销售,使中小企业的资源得到合理配置,又有利于中小企业突破自身能力的限制,以较小的资金和较短的时间形成较大的销售能力,缩短了产品流通时间,提高了销售效率。

目前,我国许多小企业已经日益认识到联合竞争的优越性,联合的范围也日益拓宽,不但包括小企业之间的联合,而且包括小企业与其他经济实体,科研机构,大专院校的联合。加入WTO后,可以预测中小企业在争夺市场份额,开拓新型市场的市场创新活动中企业采用联合竞争战略的趋向将进一步增强。

3．特色战略

特色战略是根据中小企业经营范围狭窄,比较容易接近顾客而制定的一种战略,中小企业在生产经营过程中,通过技术开发和工艺创新可以取得具有新颖性、先进性和实用性的科技成果,或设计出新结构、新规格、新样式的产品;或具有独特技艺或配方的老字号产品;或由于提供特殊的销售服务,而且有一定信誉等,这些都可以使中小企业的产品或服务具有与众不同的特点,从而以独特的优势取得竞争的主动权。

个性是中小企业生存的基本,市场没有个性就无法生存,这就是市场竞争的残酷法则。因此,中小企业在实施创新的过程中,有必要采取特色战略,将市场定位于个性化、独特化的产品领域,生产和经营差别化的产品,并采用富有特色的营销手段的优势营销来重塑其市场竞争力,加入WTO,市场将进一步细分化,中小企业应根据市场变化的情况和自己的经营特点,集中兵力于细分市场,开发独特和多样化的产品以满足顾客个性化、多样化的需求,一旦中小企业通过精细耕耘区域市场树立自己的经营特色,就能博得顾客的信任,赢得竞争优势,并能获得长期稳定的发展。

4. 外向战略

外向创新战略是指企业将市场创新点着眼于国际市场,在全球范围内开展生产和销售活动,建立国际营销网络,开拓海外市场。各国的实践经验证明,参与国际分工,发展外向型经济是中小企业发展的一条必由之路。21世纪,经济全球化的步伐日益加快(对于中小企业来说是机遇和挑战并存。所谓机遇,将有利于中小企业走向国际市场,发展外贸出口,有利于中小企业提高管理水平,增强竞争能力;所谓挑战,面临外国企业和国外大中型企业的双重竞争压力,处于内外夹攻的地步,中小企业生存的空间面临萎缩的危险)。中小企业要生存和发展下去必须立即行动起来,积极参与国际分工、大力开拓国内市场,因此,在加入WTO后,外向创新战略的重要性将日益凸现出来,国内市场与国际市场接轨,市场国际化将为中小企业市场创新提供一个更加广阔的空间。

5. 补缺战略

所谓市场补缺战略是指中小企业进入被大企业所忽略的细小市场,通过在细小市场上进行专业化经营来获取最大收益的竞争战略。在现代市场经济下,激烈的市场竞争使得中小企业生存变得格外困难,实施补缺战略有利于中小企业避免与大企业的正面竞争,在大企业的夹缝中求得生存和发展。

采用补缺战略的关键是要选准产品和目标市场,产品应当是加工工艺简单,生产周期短,所需的投资少,中小企业有能力推向市场的,目标市场应当是大企业所忽视的或不愿涉及的批量少,品种多,零销微利的领域。在该战略时要求企业建立一套高效、灵敏、准确的信息网,作到信息灵通,反应敏捷;同时在产品营销上,采取符合市场需求的营销战略。采用这种战略有一定的风险,那就是市场不稳定,所以中小企业一定要有长远的打算,以便随时调整经营方向。

寻找市场定向,开发创造新的市场,对于中小企业来说尤其重要,加入WTO后,我国的市场将发生巨大变化,可以这么说,市场是变化的,变化就会带来新的需求,有新的需求,就有新的市场空白,一些特定的小的细分市场,往往被大企业所忽略,或者无暇顾及,我国中小企业填补市场空白,进入被忽略的细分市场,足以达到求生存谋发展的目的。

6. 服务战略

服务创新是企业市场创新的重要组成部分。所谓服务创新是一切能增加产品附加值便利消费者的新举措,如服务项目的增加,服务态度的改善、服务设施的改进,以及服务方式的推陈出新等。随着消费水平的提高,消费者的需求将日益多样化、高档化。这就要求企业对消费者的服务方面应该不断创新,向消费者提供更多更好的附加利益,以创造企业经营特色,引起消费者偏好,企业必须适应这种要求,为消费者提供优质服务,这不但能增强其市场竞争力,还会赢得较高的服务效益。

优秀的企业市场营销与普通的企业市场营销的根本区别在于服务;20世纪90年代以来,西方企业无不以服务消费者为准则,他们的口号是"让顾客满意"。IBM提出"要为顾客提供企业界最佳的销售服务",松下电器公司制定"销售服务三十条",索尼、丰田公司还成立了以总经理为首的"顾客满意委员会",对员工开办"让顾客满意培训班",要求把"让顾客满意"的口号落实到每个员工的每一项工作中,真正体现"顾客至上"。我国海外企业创造的著名的售后服务"一、二、三、四"模式也是服务营销的典范。

服务是产品的延伸。在产品质量、性能、价格趋于雷同的行业,尤其是对现代生产管理的技术水平较为接近的中小企业,"服务"正逐步成为延伸商品附加的价值,以及建立忠实消费者群体和树立良好企业形象的有效手段。因此,在加入WTO后,面对更加激烈的市场竞争,中小企业应树立服务顾客的观念,建立必要的服务制度,不断推出新的服务项目,提高服务质量;实现服务创新,以促进企业发展。

第三十二章　WTO与中小企业绿色战略

第一节　WTO中有关绿色协议

WTO的前身关税与贸易总协定(GATT)中,环境问题并未占重要地位。在总协定的文本中尚没有"环境"二字,仅在前言中将"世界资源充分利用"列为目标。到20世纪90年代初,贸易、环境与可持续发展原则与环境保护直接纳入其宗旨中。《建立世界贸易组织协议》开篇指出:"各成员方认为在处理他们的贸易与经济关系方面,应基于提高生活水准,保证充分就业的大幅度稳步提高,实际收入与有效需求,扩大货物与服务最优利用,并以与处于不同经济发展水平的成员方的各自需要与关切相适应的方式,求得既保护和保存环境,又增强保护和保存环境的手段。"世界贸易组织的这一原则具体体现在该组织的其他多项协定中,主要有以下内容。

一、贸易技术壁垒协议(TBT)

贸易技术壁垒协议始订于1980年。经乌拉圭回合谈判而达成协议对贸易技术壁垒协议予以修订。修订后的协议规定,其宗旨是确保强制性的技术规定和自愿性的标准,以及合格评审程序的使用不对贸易造成不必要的障碍。协议明确规定,不得阻止任何成员方按其认为合适的水平采取为保护人类和动植物的生命或健康、为保护环境所必需的措施。为防止技术法规可能对贸易造成障碍,协议要求成员政府以非歧视方式(即符合最惠国待遇和国民待遇原则)适用技术法规,并应保证制定的法规对贸易的限制作用不超过实现这些目标所必需的程度。

协议对本领域的政策制定规定了很高的透明度要求。自1980年旧协议生效至1994年,已有约400项服务于环境目标的技术规定因适用国认为它们会对其贸易伙伴产生重大的贸易影响而通知了总协定。仅1993年,在所有通知给总协定的技术规定中,约四分之一是新的或修订的环境规定,例如,减少汽车污染的规定,对含有重金属工业有毒有害化学成分的产品的规定等。

二、卫生与植物卫生措施协议(SPS)

经乌拉圭回合谈判修订的"卫生与植物卫生措施协议"同样在前言中规定,不得阻止任何成员方采取或加强为保护人类、动植物的生命或健康所必需的措施,其必要程度应以科学原则为根据来确定。协议适用于保护动植物(包括野生动植物)健康的措施和确保人畜食物免遭污染物、毒物、致癌生物体和添加剂影响的安全措施,以及保护人类健康免遭动植物携带的病虫害或瘟疫影响的措施。协议引入了"预防原则",规定在成员方一时找不到充分的科学依据以判定所采取的保护措施的必要程度时,可以在可得到的有关资料的基础上临时性地采取卫生或植物检疫措施。

卫生和植物检疫措施虽可与产品来源和出口地的卫生状况相适应,但应以非歧视的方式加以实施。此外,当可以采取多种措施以达到既定的健康保护水平时,成员方政府应采用技术上和经济上可行的、对贸易的限制作用不超过达到适宜的保护水平所必需的程度的那些措施。如果别国的健康保护惯例与进口国不同,但可以达到进口国所要求的保护水平,则这类惯例被等同地接受。

三、农产品协议

世贸组织的《农产品协议》对成员方政府实施农产品补贴作了限制和消减,但在协议的附录二规定了可以免除对国内支持措施的削减义务的条件与范围,此即通常所说的"绿盒子政策",其中之一便是与环境规划项目有关的国内支持措施,包括政府对与环境规划项目有关的研究和基础工程建设所给予的服务和支持(如支付或收入额定等),以及按照环境规划给予农业生产者的直接支付。对于这类直接支付,如果是政府环保计划所明文规定的,并符合这类计划所规定的具体条件(包括与生产方式或投入有关的条件)。而且支付额没有超过迅速执行这类政府计划而产生的追加费用或收入的损失额,则这类支付便已属削减之列。

四、补贴与反补贴协议

补贴与反补贴协议的宗旨是限制成员国凭借财力而不是比较优势,从事不公平的贸易活动和竞争。乌拉圭回合修订达成的补贴与反补贴协议对不可申诉的补贴(即不对其采用反补贴税的补贴措施,也即所谓"绿色补贴")作了规定,其中之一便是为使生产设施适应新的环境法规(这类法规会对企业造成较大的制约和经济负担)而给予的补贴。根据协议规定,这类补贴最高可达适应性调整成本的20%,即在此范围内的补贴为不可申诉补贴。

五、与贸易有关的知识产权协议(TRIPS)

与贸易有关的知识产权协议规定的可以出于环保等方面的考虑而不授予专利的情况。协议规定,如果阻止某项发明的商业性应用被认为是保护公共秩序或道德,包括处于人类和动植物的生命与健康或避免严重损害环境的考虑是必需的,则应不授予该项发明以专利权。协议并规定,成员方政府可以不对除微生物以外的植物和动物,以及生产植物和动物的基本生物方法(但不包括无生物和微生物方法)授予专利权,然而,成员方必须通过专利或独特的有效方法或两者的结合以保护植物的变种。

六、服务贸易总协定(GATS)

服务贸易协定给予各缔约方以"环保例外权"。该协定第14条(b)款规定,允许各缔约方实施保护人类和动植物的生命与健康所必需的措施,只要这类措施不武断地或不公正地构成对情况相同的缔约方的歧视或对国际服务贸易的变相限制。由于总协定是国际上首次对服务贸易问题作规范,尚待完善,例如对此种环保权未作出约束性规范和具体衡量标准,为防止环保例外权的规定对国际服务贸易造成不必要的障碍,总协定中包含了一项决定,该项规定认为应建立一个工作组,对服务贸易与环境(包括可持续发展问题)之间的关系进行商议,提出建议报告,并要求工作组审议政府间的环境协定,以及他们与服务贸易总协定之间的关系问题。

七、多边环境协定(MEAS)

随着人类环保意识的提高,近一二十年来,世界各国为了保护环境和生态资源,前后签订了约250项国际性的或多边性的环境协定,在此类协定中,大约17项包含与贸易有关的具体条款,例如限额、禁止进出口及其他手段,其中最重要的是《濒危野生动植物种国际贸易公约》、《关于耗损臭氧层物质的蒙特利尔议定书》和《关于控制危险废物越境转移及其处置的巴塞尔公约》。此外,许多国际性的环境协定、条约的诞生也将会间接对国际性贸易产生影响,如1994年3月24日生效的《气候变化框架公约》,对废气排放的许可证严加控制,这对中小企业的跨国经营会产生影响。

1. 关于濒危物种贸易与生物多样性方面的公约

生物多样性由地球上包括野生的和家养的生命形式的多样性及变异性组成。生物多样性由基因多样性(即构成各个生物的不同基因)、生态系统多样性(即生活在自然环境中的不同生物组合)和物种多样性构成。濒危物种指那些在可预见的将来面临严重灭绝危险的生物。当前许多野生动植物正受到灭绝的危险,全球多样性正在下降。珍稀濒危物种的贸易是造成生物多样性丧失的主要原因之一。例如,1989年全球珍稀野生生物的国际贸易额高达500亿美元。对野生生物掠夺性的捕杀与砍伐,造成许多物种处于濒危状态。

为了保护濒危物种,1973年3月,在美国华盛顿签署了《濒危野生动植物物种国际贸易公约》,该公约将野生动植物物种分为三类,分别列入附录一、附录二、附录三。公约规定,附录一包括所有受到和可能受到贸易的影响而有灭绝危险的物种。这些物种标本的贸易必须加以特别严格的管理,以防止进一步危害其生存,并且只有在特殊的情况下才能允许进行贸易。附录二包括那些目前虽未濒临灭绝,但如对其贸易不严加管理,以防止不利其生存的利用,则可能变成濒临灭绝危险的物种。附录三包括任一成员国认为属其管辖范围内应进行管理以防止或限制开发利用,而需要其他成员国合作控制贸易的物种。公约对管理濒危物种贸易的许可证、说明书等管理措施均作了严格规定。与保护生物多样性有关的公约还有《生物多样性公约》、《保护世界文化和自然遗产公约》、《国际捕鲸管制公约》等。这些公约虽然并未对贸易作直接规定,但其对于生物多样性所作的保护对企业的贸易及经营活动必然带来影响,例如对遗传资源转移的规定间接限制了对于企业有关此类材料的销售。

2. 关于保护臭氧层的协定

由于近些年来,氯氟烃(CFCS)被广泛使用,使大气臭氧层遭受破坏,且情况日趋严重,对人类健康和环境造成有害影响。为了保护臭氧层,在联合国环境规划署的主持下,于1985年由20个国家签署了《保护臭氧层维也纳公约》,该公约是个框架性文件,仅是制定了基本行动,要求缔约国对已经或可能由于改变或可能改变臭氧层而造成不利影响的人类活动加以控制、限制、削减或禁止,但没有规定限制使用CFCS的具体措施。1987年9月,由24个国家在加拿大蒙特利尔起草了《关于消耗臭氧层物质的蒙特利尔议定书》,各国同意在1996年以前减少使用50%的CFCS。1990年6月,更多的国家在英国伦敦达成《议定书伦敦修正案》,规定到20世纪末禁止发达国家生产氯氟烃类化学物质,到2010年发展中国家也停止生产。修正案决定逐步淘汰其他破坏臭氧层的主要物质——哈龙、四氯化碳和甲基氯仿。协议明确规定禁止缔约国从非缔约国进口或向其出口受控物质及含有这些物质的产品,而使用受控物质的相关产品至少有数千个品种,因而上述这些国际协定的签署和生效将对国际贸易产生强大的冲击。

3. 关于控制危险废物越境转移及其处置的巴塞尔公约

危险废物的越境转移是指危险废物从一国管辖地区转移至另一国管辖地区或通过第三国向另一国管辖地区转移。危险废物越境转移始于20世纪70年代初,近年来则愈演愈烈。危险废物越境转移受害最大的国家是发展中国家。据绿色和平组织的调查报告指出,发达国家以每年5000万吨的规模向发展中国家转运危险废物,给发展中国家造成了巨大危害。首先,这是对输入国主权和尊严的侵害;其次,这些危险废物的输入会严重破坏当地的生态环境,损害当地人民的健康。

鉴于危险废物的越境转移已经成为严重的全球环境问题之一。1989年3月23日,在联合国环境规划署的主持下,117个国家和34个国际组织的代表在瑞士巴塞尔通过了《关于控制危险废物越境转移及其处置的巴塞尔公约》,该公约已于1992年5月5日生效。该公约明确规定,禁止或不许可向禁止危险废物或其他废物进口的缔约国出口此类废物,禁止向发展中国家出口此类废物,或者如果有理由相信此类废物不会按照缔约国第一次会议决定的标准加以管理时,也禁止向上述国家进行此种出口。公约要求实行控制危险废物越境转移的国际合作,并对严加控制的危险废物的类别、处置作业、要求提供的资料及仲裁问题均作了规定。

1995年底创建的世界贸易组织(WTO)把保证世界资源的合理利用以及环境与可持续发展目标联系在一起,作为重要宗旨,并专门设立了"贸易环境委员会"来处理国际贸易中与环境有关的问题。《建立世界贸易组织协议》中明确指出:在符合可承受的发展速度的前提下,允许缔约国合理地利用世界资源,以符合各国经济发展水平所决定的各自需求与利害关系方式,寻求环境得到保护,并提高这种保护的手段。

第二节 WTO与国际绿色贸易壁垒

一、绿色贸易壁垒的起因与特征

绿色贸易壁垒的产生与环境问题的全球化密不可分。人类长期以来无节制地攫取自然资源,高消耗、高投入的生产方式,严重破坏了他们所赖以生存的环境,随着酸雨、森林破坏、海洋区域污染等跨地区、跨国家的环境问题的不断恶化,仅仅依靠传统的环境技术和环境政策来防治环境问题显得越来越乏力。在这种背景下,环境因素被纳入国际贸易领域,成为防止污染越境转移的有效措施。这时,在国际贸易中考虑与环境有关的方面并制定相应的法规条款,其初衷在于通过控制乃至禁止对环境有害的产品生产和工艺来减轻其对进口国的环境压力,从本质上讲并不具有贸易壁垒的特征。但随着国际贸易的迅速扩大,政府对贸易的干预不断加深。当某些国家为了保护国内企业,以环境保护为名,在贸易规范中设置种种苛刻要求,以阻止外国产品进入本国市场时,就形成了绿色贸易壁垒,其实质是变相的贸易保护主义。

比之其他非关税壁垒,绿色贸易壁垒具有表面上的合理性、歧视性和隐蔽性等特征。

表面上的合理性——任何绿色贸易壁垒都标榜保护地球生态环境与人类健康,因而极易蛊惑大众心理。

歧视性——天平的砝码总是倾向技术先进、资金雄厚的发达国家一方,而发达国家总是以领先者的姿态,无视发展中国家的经济现实,提出过高标准,甚至远高于国内标准,而实行双重标准。

隐蔽性——种种绿色贸易壁垒借环境保护之名,隐蔽于具体的贸易法规规定、国际公约的执行过程之中,成为进口国拒绝外国产品的"尚方宝剑"。

二、绿色贸易条件与绿色贸易壁垒

1. 国际贸易协议中有关环境的条款

GATT、WTO以及相关贸易协议中的环境条款本身并非绿色贸易壁垒,但其中一些条款相对模糊的界定的确使某些发达国家为树立绿色贸易壁垒找到了借口,而因此发生贸易纠纷时,进口国也容易从GATT或WTO有关自由贸易原则中寻求法律上的支持,因此,逐步完善这些环境条款是国际贸易协议应该努力的方向。北美自由贸易协定(NAFT)虽是区域性贸易规范,却是兼顾环境保护与贸易发展的典范,该协定充分考虑到贸易中的环境因素,并给予各种国际性环境公约以优先执行权,因而执行中减少了许多不必要的纠纷。

2. 国际环境公约

国际环境公约一般是针对某一具体的国际环境问题如热带雨林、生物物种、大气变化等提出的。目前,我国已加入21项国际性环境公约,主要包括:国际保护鲸类公约、濒危野生动植物物种国际贸易公约、关于消耗臭氧层的蒙特利尔协定书(哥本哈根修订案)、控制有害废物越境的巴塞尔公约、联合国气候变化框架公约、生物多样性公约、国际木材协议等。其中,生物多样性公约和国际木材协议及巴塞尔公约本身就是针对国际贸易提出的,体现了保护环境的首要目标,为缔约国保护本国环境资源、抵制污染转移和环境破坏提供了有力依据,因而赢得大多数国家的拥护。此外,我国自1979年以来,已签署了12项双边环境协定,如"中美能源与环境合作倡议书"等,这类协定是双方协商谈判的结果,一般不具有绿色贸易壁垒的性质。

有人提出,由于国际环境公约的制定者主要是发达国家,其条款规定是基于发达国家先进的技术水平,反映的是发达国家的环境利益,因此必然限制发展中国家的产品出口,因而是一种变相的贸易壁垒。笔者认为,上述国际公约尽管在一定程度上冲击、限制了国际贸易的发展,但它们也有力地促进了保护环境的国际贸易,是有利于全球可持续发展的,反映了全球社会发展的总趋势,对这些国际公约不应持排斥态度。并且,一旦加入国际环境公约,就有义务履行其规定。客观地讲,国际环境公约乃是多国协商的结果,是基于国际原则的环境规定,它确立了公认的绿色条例,有效地阻止了各种危害环境的行为。所以,国际性、双边环境公约作为绿色国际贸易的特别规定,本质上不是绿色贸易壁垒。值得注意的是,由于发展中国家和发达国家履约能力的差异,某些公约的实行往往会使发展中国家处于劣势地位,如蒙特利尔公约限制、禁用的消耗臭氧层化学品虽然不多,但都是基本化学品种,从而影响到上万种化学原料和制成品的生产和使用。尽管公约对发展中国家的禁用期限宽限了十几年,但发达国家的先行一步已经在国际市场上形成了绿色贸易壁垒,这对发展中国家冲击很大。因此,为保障发展中国家的利益,国际环境公约的制定应该在履约时间、条件等方面向发展中国家合理倾斜,发达国家有义务帮助发展中国家实现顺利过渡。

3. 国际环境管理体系系列标准 ISO14000

该系列环境管理标准是国际标准化组织(ISO)为保护全球环境,促进世界经济持续发展,针对全球工业企业、商业、政府部门、非营利团体和其他用户制定的系列环境管理标准,是国际标准化组织继 ISO9000 后的重大举措。其标准号从 14001 到 14100,共 100 个标准号,统称为 ISO14000 系列标准。ISO14000 是个庞大的标准系统,由环境管理体系标准、环境行为评价标准、环境审核标准、环境标志等几部门组成,ISO14001 环境管理体系系列标准是 ISO14000 的龙头标准。

ISO14000 不是新的绿色贸易壁垒,而是为消除贸易壁垒制定的一套国际标准。众所周知,正是由于某些国家在国际贸易中制定了过高的环境标准,甚至高于本国标准的双重标准,才形成了对出口国的绿色壁垒。而 ISO14000 是国际性标准,面对全世界的企业、政府以及一切组织,它涉及从原料开发到产品的制造、使用及报废的所有活动和过程,对任何不符合该标准的产品,任何国家都可以拒绝进口,这就打破了发达国家支配天下的不公平局面。同时,由于在制定 ISO14000 系列标准时,从经济基础、技术等角度考虑了发展中国家的要求,有利于发展中国家灵活应对发达国家的过高要求,推动自身在原有基础上进步,因而,可以有效地抵制发达国家所树立的壁垒,同时获得本国的持续发展。

4. 环境标志制度(Environment Label)

环境标志制度又称绿色标志制度(Green Label)或生态标志制度(Eco-Label),它是一种产品的证明性商标,是由一国政府或其授权部门按照一定的环境标准颁发的特定图标。它表明该产品不但质量合格,而且从产品原材料的采掘到最终废弃物的处置,整个生命周期过程均符合特定的环境保护要求,对生态环境和人类健康无害。环境标志制度的基本目的是引导消费者选择使用那些低毒少害、节约资源的产品,从而引导企业自觉调整产品结构,采用清洁工艺,生产对环境友好的产品。

自德国首先于 1978 年实施了"蓝色天使"计划以后,加拿大、日本、法国、北欧五国相继推出各自的环境标志,目前已有 20 多个发达国家和 10 多个发展中国家(地区)实行了环境标志制度,我国也于 1993 年正式颁布了环境标志认证制度。为了规范各国的环境标志计划,国际标准化组织将环境标志标准纳入 ISO14000 系列标准中,其目的在于拟订一系列国际上一致同意的指导原则。

环境标志制度的确立和实施,超越了以往的末端治理模式,强调产品在整个生命周期的无害化或低害化,备受公众欢迎。在环境意识较高的发达国家,50%以上的消费者会自觉选择绿色产品,因而取得绿色环境标志,也就取得了通向国际市场的通行证。有些国家便借此大行贸易保护行为,严格限制非环境标志产品进口。由于各国技术水平的差异,其环境标志所依据的环境标准不一致,对产品的评价方法也有差异,加之对外国产品的歧视态度,发展中国家往往很难获得发达国家的环境标志认证,即使有幸获得,代价往往也太大,最终总会影响其产品的出口竞争能力。当一国规定的环境标志具有如下特征时,它就已经不再是环境保护意义上的政策工具,而是一种变相的绿色贸易壁垒:第一,取得环境标志认证所依据的环境标准过高,即使在进口国本国也只有极少数企业能达到要求;或者设立歧视性很强的双重标准,令大多数发展中国家只能望而兴叹。第二,环境标志适用的产品类别过窄,明显有利于进口国国内产业布局与发展。由于对产品类别的选择所需资金,以及整个运作过程皆由进口国国内企业参与、提供,广大发展中国家早已被拒之门外。第三,在认证过程中施行过高、过严的生命周期评价(LCA),或对工厂、产品的检测提出过于频繁、苛刻的要求,从而增加出口国不必要的经济、技术负担。第四,认证费用过高,或对外国企业增加手续,甚至故意刁难。

应当指出的是,不能笼统地把环境标志制度一概视为绿色贸易壁垒。大多数国家施行该项制度仍然体现了保护生态环境,促进人类健康的良好愿望,并且,它符合 GATT 的基本原则,如非歧视原则、透明原则、市场开放原则。对这种环境标志制度不仅不应该排斥,而且应当主动接轨。

综上所述,国际贸易协议中的环境条款、ISO14000、国际环境公约、环境标志制度等绿色贸易规范条件本身并不是绿色贸易壁垒,利用这些规范条件派生出不合理的环境标准及以此为据设置的贸易障碍才构成绿色贸易壁垒。

三、几种典型的国际绿色贸易壁垒

1. 环境标志要求

环境标志是用于那些与同类产品相比更符合保护环境要求的一种象征符号。由于环境标志向消费者提供了准确的产品和企业的环境质量信息,同时也有助于调动企业参与环保事业的积极性,有利于提高消费者的环境意识,因而自 20 世纪 70 年代以来,环境标志制度在世界上得到迅速发展。目前,世界上已有 40 多个国家实行环境标志制度。由于各国环境标志依据的环境标准、使用的评估方法等存在不少差异,环境标志制度的实施也会影响到外国产品的竞争能力,成为一种变相的贸易壁垒。

一些国家规定,凡无环境标志的产品在进口时要受到数量和价格方面的限制,从而为本国市场罩上了一张保护网。

有些国家对他国企业在申请环境标志的程序上或增加手续或故意刁难,例如在工厂和产品的检查方面更频繁,要求更苛刻。

在制定环境标准时,完全考虑本国企业的情况,特别是通过修改要求,使外国企业更困难和耗资更多来满足此种标准,从而有利于本国企业。

在选择环境标志的产品类别时,选择国内企业生产的(或其他国家不生产或没有竞争力的产品),从而使环境标志产品限于本国产品。

2. 环保(绿色)包装要求

在工业发达国家中,包装废弃物已占全部固体废弃物的约 1/3,同时,包装本身也需要耗用物质资料,因而各国纷纷对包装加以规范以减少污染,保护环境资源。环保包装的规定虽有其合理性,但有时会导致歧视进口商品,增加进口产品进入市场的难度。

大多数国家的环保包装标准操纵在本国的大生产商手里,因此,某一国家的环保包装法规中要求某种产品采用某一包装时,往往考虑了国内要素秉赋、国内生产者和消费者偏好、国内废物处理设施等有利条件,而外国供应商因国内资源、技术等方面的原因优先使用的包装材料可能受到进口国包装规定的禁止和限制,这对进口产品产生不利影响。

环保包装要求有时会导致政策措施非故意地歧视进口产品。如德国为促进旧塑料的循环利用,于1989年制定法律,规定强制交付塑料瓶保证金和强制退还塑料瓶。该法规定收集旧瓶和保证金的事务由零售商承办,结果使德国啤酒和软饮料的零售商几乎都把塑料包装改为玻璃瓶包装,使得使用塑料的外国矿泉水和饮料生产商,由于玻璃瓶的高额运费而几乎被挤出德国市场。此外,外国供应商可能得不到特定市场的包装要求的充分信息,甚至可能面临在极短时间内适应新的包装规定的不合理要求等,这些都使外国商品处于不利地位。

环保包装中的强制再循环或再利用措施运用于进口产品时,对于外国生产商或供应商更是困难重重。因为要求他们同国内生产者一样在进口国对其包装物进行回收和重复使用,会因为尺寸、规格和设计等方面的原因而受到制约。因而外国供应商不得不依靠当地销售商或废物处理中心来处理包装废弃物,并因此支付高额的费用或接受其他条件等,从而导致更多的贸易摩擦。

环保包装要求对于广大发展中国家的供应商而言,可能面临更大的困难,这是因为:为满足西方国家的各种环保包装要求,发展中国家要支付许多额外的费用,这些额外的成本与他们在进口国市场的销售收入相比,占了相当的比例,有时甚至超过在进口国的销售利润;由于各国的环保包装要求不同,满足了甲国的要求可能会受到乙国的限制,因而发展中国家的供应商必须支付昂贵的成本,以保证出口商品符合不同国家的包装要求;在进口国的包装要求中,通常仅仅包含了发达国家企业所普遍采用的包装材料(如纸箱或纸板等)。而这些材料在发展中国家不易获得,要生产这些材料又需大量投入。

3. 生产加工技术标准

据统计,目前国外新制定的或修订的生产加工技术标准一半以上与环境保护有关。一些发达国家往往利用这种标准,对贸易实施不必要的限制。

(1)对外国产品制定针对性的技术标准,禁止其进口。例如,法国禁止含有红霉素的糖果进口,从而有效地阻止了英国糖果的进口,因为英国糖果制造商是普遍使用红霉素染色的。法国还禁止含有葡萄糖果汁的食品进口,这个规定的意图在于抵制美国的货物,因为这类产品在美国是经常加上这种附加物的。

(2)对技术标准的制定采取不透明或半透明状态。由于技术标准透明度不够或不能及时公告,外国出口商无法及时准确掌握此种信息,因而就难以向该国出口商品,有时一些国家更通过频繁改变某些产品的技术标准来限制进口。

(3)在检测或验证上设置障碍。以英日汽车争端为例。英国规定,日本输往英国的轿车可由英国派人到日本进行检验,如发现有不符合英国的技术安全规定的,可在日本检修或更换零件,比较方便,但日本方面规定,英国输往日本的轿车运到日本后,必须由日本人进行检验,如不合规定,则要求英方由日本雇员进行检修,这就费工费时,加上日本有关技术标准公布迟缓,给英国轿车输往日本带来更大困难。

(4) 以保护环境为由不合理地限制进口。例如,美国限制墨西哥金枪鱼的进口,声称墨西哥使用流网作业捕捞金枪鱼,从而杀害了数以千计的海豚,后经关贸总协定仲裁委员会1991年裁定,美国行为非法,墨西哥胜诉。这是技术标准不合理地运用于贸易上的一个典型案例。

4. 环境成本要求

环境成本指企业因被限制环境质量而增加成本。近年来,环境成本正日益成为一些发达国家用以限制进口的重要武器。其理由是,以忽视环境质量或降低环境标准的方式生产的出口产品本质上具有不公平的比较优势或环境补贴,从而构成"生态倾销",形成对高环境标准生产产品的企业的不公平竞争。一些发达国家正在考虑以征收反倾销或调节关税的方式,均衡与不同国家法规达标有关的成本差异,从而形成新的贸易壁垒。此种"反生态倾销"做法一旦成为法律,将对发展中国家的出口形成极大的威胁。

第三节 ISO14000 环境管理体系及其对中小企业的影响

ISO14000 环境管理系列标准,是顺应国际环境保护的发展和可持续发展的要求,并依据国际经济与贸易发展的需要而制定的。它作为国际标准,须取得至少75%参加表决的成员团体同意才能通过。它对于中小企业的国际经营战略必将产生很大的影响。

一、ISO14000 环境管理体系简述

1. ISO14000 释义

ISO14000,是 ISO14000 环境管理系列标准的简称,其核心是环境管理。它是国际标准化组织(ISO)从1993年开始制定的"以环境管理为核心、其他技术文件为配套"的、编号为14000的环境管理系列标准。

2. ISO14000 的产生

1992年6月,联合国环境与发展大会在巴西召开,会上通过决议要求国际组织和各国政府支持环境保护工作,为实现可持续发展战略作出自己的贡献。

1993年10月,国际标准化组织(ISO)根据环发大会的要求,正式成立了《环境管理标准化技术委员会》(ISO/TC207),到1995年5月为止,已有80个成员国和16个国际性组织参与,其主要任务是开展环境管理方面的国际标准化工作。随后,即开展了如下工作:

(1) 根据 ISO 中央秘书处给予或预留的100个标准号(即14001～14100),用于环境

管理体系标准,并把由此组成的系列标准称之为 ISO14000 环境管理系列标准。

(2) TC207 根据问题的紧迫性、严肃性和可行性,将环境管理标准化工作分期进行。

(3) 为开展第一阶段的工作,TC207 成立了六个分技术委员会和一个直属工作组。

1996 年 9~10 月,国际标准化组织分别正式颁发了四个标准:ISO14001,ISO14004,ISO14011,ISO14012。

1997 年 6 月公布了 ISO14040 标准。

表 32-1　环境管理系列标准的组成

标准号	标准名称	阶段
01~09 环境管理体系	01 规范及使用指南	已发布
	04 原则、体系和支撑技术通用指南	已发布
10~19 环境审核指南	10 通用原则	已发布
	11 审核程序——环境管理体系审核	已发布
	12 环境审核员资格要求	已发布
	13 环境管理体系审核项目的管理	NP
	14 初始环境审核指南	CD
	15 环境现场审核指南	WD
20~29 环境标志	20 基本原理	CD
	21 自我声明、环境要求、术语和定义	CD
	22 自我声明要求、环境标志符号	CD
	23 自我声明、试验和检验方法	CD
	24 实践者计划、复合准则(Ⅰ型)项目的导则、实践和认证程序	CD
30~39 环境行为评价	31 环境行为审核指南	CD
	32 特殊工业环境行为指示器	NP
40~49 生命周期评估	40 原理和实践	CD
	41 存量分析	WD
	42 影响评估	WD
	43 评价和改进	NP
50~59 定义和术语	50 环境管理、术语	DIS
60 产品标准中的环境指标	60 产品标准中的环境指标	待发布
61~100	备用号	

注:NP:新工作项目建议； WD:工作组草案阶段； CD:委员会草案阶段； DIS:国际标准草案阶段。

3. ISO14000 系列标准的内容

ISO14000 环境管理系列标准,是为保护环境、消除国际贸易中的非关税壁垒,促进社会经济持续发展,针对全球工业企业、商业、政府、非盈利团体和其他用户而制定的。此系列标准的结构,见表 32-1。

4. ISO14000 系列标准的特点

作为国际标准,ISO14000 的一个重要特点是:它从制定开始到表决通过、公布,要经历一个严格的过程,并至少须取得 75% 参加表决的成员团体同意才能正式通过。它所具有的基本特点如下:

(1) 广泛适用。ISO14001 载明：该体系适用于任何类型与规模的组织,并适用于各种地理、文化和社会条件。具体地说,它不但适用于发达国家和发展中国家,而且适用于第一产业、第二产业、第三产业、科研机构、学校、机关、团体等各行各业,也适用于大、中、小型企业。

(2) 自愿性原则。就是说,是否申请 ISO14000 认证,完全是企业的自愿行为。目前不要求每个企业都必须建立体系和申请认证。自愿性是对政府实现环境目标的一种补充。

(3) 预防污染。它从头到尾一直贯穿"预防为主"的思想,强调在生产过程中控制污染,实施以节能、降耗、减污为目标的清洁生产、环境标志和产品生命周期分析等制度。

(4) 持续改进。它没有对最高限值提出要求,而主要是强调企业的环境保护与污染预防要不断完善与改进,做到开放式的螺旋上升;它也是一种自评自比的改进模式。

(5) 管理型标准。它对污染因子的标准数值不作定量规定,也不对环境行为具体要求;而只对环境方针、目标、措施(机构、程序)、审核、检查、纠正,以及对运行机制等管理方面的问题提出要求。

(6) 注重体系功能。它不只以单一的环境要素和污染因子为对象,而更为注重整个企业的环境管理体系的功能作用,自始至终强调体系(法律、法规、标准和企业的实际情况)的符合性、完整性和持续适应性。

(7) 强调文件的系统化、程序化和规范化。它要求所有要素都要形成系统化、程序化和规范化的文件,并传达到有关职工手中,以便于实施、检查、评估、可追溯(查找原因、追究责任)。

(8) 第三方认证。所谓第三方认证,是指除申请认证的企业和与其有关的相关方外的、且具有资格的其他非官方机构依据 ISO14001 标准对企业环境管理体系所进行的认证。它是为实施环境标志制度而提出的审核认证制度;它要求企业自愿申请,不受行政干预。

5. 审核认证申请的基本程序

根据中国环境管理体系认证指导委员会颁发的《环境管理体系认证暂行管理规定》,一个组织从申请认证到认证完毕,一般需经过如下几个步骤：

(1) 企业自愿提出：由企业最高管理层作出决策。

(2) 建立环境管理体系：可由企业自己,或聘请外部咨询机构、或两者合作完成。

(3) 体系试运行：根据已建立好的环境管理体系,使之运行 3~6 个月;如良好,即可申请认证。

(4) 申请认证：企业向有资格的认证机构提出认证的申请。

(5) 审核认证：认证机构在接受申请后开始审核认证,并书面通知所在地的省市环保主管部门和国家有关行业主管部门,请他们派观察员参加认证工作。

(6) 发证：如认证通过,由审核机构向企业颁发环境管理体系认证证书。

(7) 公告：指环委办公室对获准认证的组织向社会发布公告。

(8) 认证后监督：每年1~2次,连续3年,由认证机构实施。

6．建立环境管理体系的方法与步骤

建立环境管理体系,其依据是 ISO14001,方法指南是 ISO14004。其基本程序如下：

(1) 领导决策与准备：①最高管理者的承诺；②任命环境管理者代表；③培训与提供资源保障；④制定工作计划。

(2) 初始环境评审：①识别环境因素；②评价重大环境因素及其环境影响；③提出环境方针建议。

(3) 体系策划与设计：①评价内部环境效绩；②选择适用法律法规；③确立方针,制定目标；④制定环境管理方案。

(4) 环境管理体系文件编制：①环境管理手册的编制；②环境管理体系程序文件的编制；③作业指导书和其他有关文件的编制。

(5) 体系试运行：①培训与信息交流；②文件管理与运行控制；③监测与应急准备。

(6) 管理评审与持续改进。

(7) 确立环境管理体系。

7．环境管理体系审核的方法与步骤

审核有内审与外审之分,除按审核性质不同、其启动审核程序有所不同外,作为审核,通常是根据 ISO14001 和 ISO14011 的规定来进行。审核的基本程序如下：

(1) 审核启动与准备：①确定审核范围；②文件预审；③制定审核计划；④编制工作文件。

(2) 实施审核：①召开初审会议；②收集审核证据；③审核所见（即：对证据进行评审）；④召开终审会议。

(3) 编制审核报告：①确定报告的内容和格式；②报告编写的分工；③报告分发与存留。

(4) 纠正措施与跟踪。

(5) 审核汇总分析(仅适用于内审)。

(6) 审核结束。

二、ISO14001 环境管理体系与 ISO14000 的关系

ISO14000 环境管理系列标准与 ISO14001 环境管理体系标准是有所不同的,后者是前者的子系统,但它是核心。而今后说的环境管理体系认证,也就是环境管理体系标准 ISO14001 的认证。自 1996 年国际标准化组织开始推出 ISO14000 系列标准以来, ISO14000 标准以其体现"全面管理、污染预防、持续改进"的思想,引导世界环境管理的潮流,目前已有 120 多个国家引进并开始实施该系列标准。我国于 1996 年 7 月开始开展 ISO14000 环境管理体系标准的认证工作,管理组织是"中国环境管理体系认证指导委员

会"(简称指导委),其下设"中国环境管理体系认证机构认可委员会"(简称环认委)和"中国认证人员国家注册委员会"(简称环注委)。这两个机构分别负责环境管理体系认证机构的认可和环境管理体系审核员的注册工作,两个委员会分别制定一系列的管理文件,对认证机构认可、人员注册、课程注册,以及监督工作做了全面翔实的规定,由此形成了以规范、监督环境管理体系认证工作,保证认证水平为目的的国家认可制度。

认可制度是一项规范化、标准化的制度,它通过一系列标准文件和规范化的程序,对环境管理体系认证机构及人员进行监督和管理。环认委发布"环境管理体系认证机构认可程序",并以此为依据受理环境管理体系认证机构的认可申请,对环境管理体系认证机构进行认可评审,和监督管理与环境管理体系审核员注册工作协调并进,形成我国环境管理体系认证国家认可制度的基本内容。我国环境管理体系认证国家认可制度是以国际惯例为依据,给合我国环境管理制度现状建立的,它与国际认可制度的原则是一致的。

ISO14000是整套标准的"龙头标准",是惟一的规范性标准,它要求在其"环境管理体系"中,必须适当地控制"环境策划"、"实施与运行"、"检查和纠正措施"、"管理评审"四个基本要素,通过四个要素的有效实施,实现预防为主、不断改进的过程,即PC-DA循环过程。

ISO14000系列标准中包含了一系列关键性技术措施:①为了规范组织的环境行为,它要求被认证组织制定并以声明的方式向社会公开其环境方针、环境目标和环境计划,建立自我约束机制;②为了使这种机制科学完整和行之有效,ISO14000要求组织建立和有效运行其环境管理体系,通过体系建立和运行保证环境方针的实施;③为了调动组织建立环境管理体系的积极性和主动性,ISO14000将推出一套环境标志制度,通过向社会展示标志产品与非标志产品的环境行为的差别,推荐有利于保护环境的产品,提高消费者的环境意识,形成强大的市场压力,达到影响产品生产企业环境决策和改善其环境行为的目的;④为了实施环境标志制度,尤其是第三方认证制度,将实施一套环境审核认证制度;⑤为了从根本上解决资源浪费和环境污染问题,ISO14000将实施产品生命周期分析(从产品开发设计、加工制造、流通、使用、报废连续取得的数据,对组织的环境行为进行评价。)

ISO14001是核心,是进行审核认证和建立环境管理体系的规范和依据;用于取得对组织环境管理体系的第三方认证、注册与自我声明。其他标准都可认为是为它服务的配套性标准。

ISO14004是建立环境管理体系和编制环境管理体系文件的方法指南和依据;适用于某些商务关系中签约双方间的第二方认可,但不拟用于认证或注册。

ISO14011是对环境管理体系进行审核认证的方法指南和依据;适用于实施环境管理体系的一切类型和规模的组织。

ISO14000、ISO14004、ISO14010,ISO14011和ISO14012之间的关系主要有这样几点:

(1)组织的认证,是指组织的环境管理要符合ISO14001标准规范的要求。

(2)如何使之符合?这就要求必须以ISO14001为依据,并按ISO14004标准指南(方法指南)去建立环境管理体系。具体可由组织本身、或聘请外部咨询机构,或由双方共同完成。

（3）是否符合？这就要求由具有资格的认证机构以 ISO14001 为依据，并按照 ISO14011 标准审核指南（方法指南）和 ISO14010 标准审核原则去审核已建立起来的环境管理体系。

（4）要完成第二、第三项，必须有符合 ISO14012 标准要求，并经过培训取得合格资质的审核人员（含咨询人员）。

现已公布的 6 个标准的关系是：ISO14001 是 ISO14000 的核心，ISO14004 和 ISO14011 是围绕着 ISO14001 核心运动的第一层次标准，ISO14010，ISO14040 则是围绕着 ISO14001 运动、却与 ISO14004 和 ISO14011 相关的第二层次标准。（环境管理体系标准模式与运行见图 32-1 和图 32-2）。

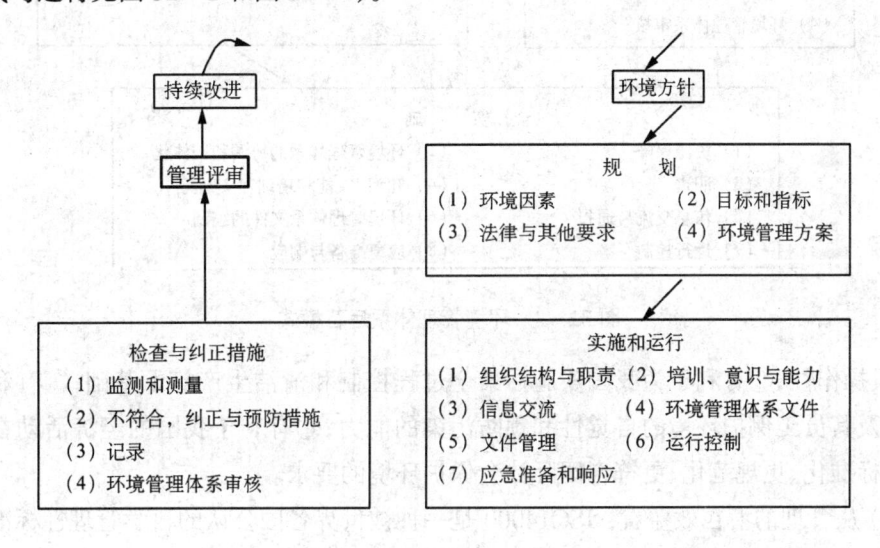

图 32-1 环境管理体系标准模式

三、ISO14000 环境管理体系认证对企业的积极影响

（一）宏观

从宏观层面上，ISO14000 环境管理体系认证可对社会经济和环境保护等产生巨大影响：

（1）从社会经济效益看：①有利于消除国际贸易壁垒，为企业产品走向世界提供一张出国"护照"；②有利于提高企业的经营管理水平；③有利于促进企业的经济、社会和环境效益的统一和良性循环；④有利于提高企业的整体素质，改善企业形象，提高企业的知名度；⑤有利于提高企业产品在国际市场的竞争能力和信誉；⑥有利于加快我国经济与世界经济接轨的步伐。

（2）从环境保护效益看：①有利于我国的环境管理手段和措施更丰富、更科学、更有

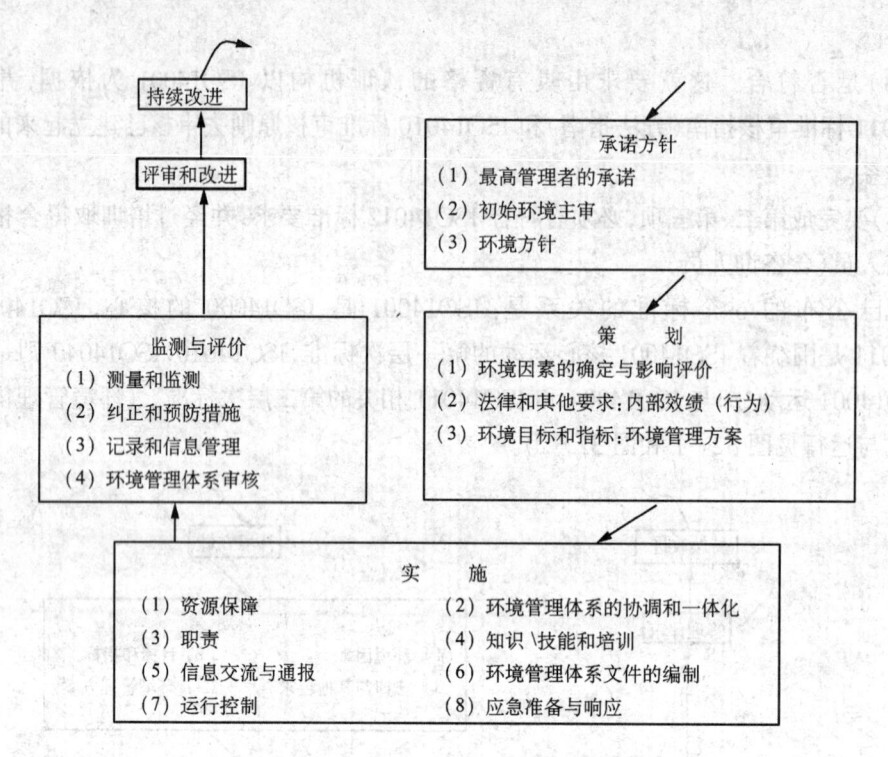

```
           ┌──────────┐
           │ 持续改进  │
           └────▲─────┘
                │
           ┌──────────┐              ┌─────────────────────────┐
           │评审和改进│              │      承诺方针           │
           └────▲─────┘              │(1) 最高管理者的承诺     │
                │                    │(2) 初始环境主审         │
                │                    │(3) 环境方针             │
                │                    └───────────▼─────────────┘
┌──────────────────────┐              ┌─────────────────────────┐
│    监测与评价        │              │        策 划            │
│(1) 测量和监测        │              │(1) 环境因素的确定与影响评价│
│(2) 纠正和预防措施    │              │(2) 法律和其他要求:内部效绩(行为)│
│(3) 记录和信息管理    │              │(3) 环境目标和指标:环境管理方案│
│(4) 环境管理体系审核  │              │                         │
└──────────▲───────────┘              └───────────▼─────────────┘
           │                                      │
           └──────┬───────────────────────────────┘
                  │
     ┌────────────────────────────────────────────────────┐
     │                    实   施                         │
     │(1) 资源保障          (2) 环境管理体系的协调和一体化│
     │(3) 职责              (4) 知识\技能和培训           │
     │(5) 信息交流与通报    (6) 环境管理体系文件的编制    │
     │(7) 运行控制          (8) 应急准备与响应            │
     └────────────────────────────────────────────────────┘
```

图 32-2　环境管理体系运行模式

效、更具操作性;②有利于为我国实施污染全过程控制和清洁生产打下基础;③有利于提高企业及其员工保护环境的自觉性和预防污染的能力;④有利于我国的经济活动在环保方面更标准化、更规范化、更符合国际社会保护环境的要求。

(3) 从管理的潜在效益看：ISO14000 是一种被世界各国公认的科学管理性标准。它对促进生产力发展所具有的潜力或贡献,可用下述生产力公式来反映：

生产力=(劳动力+劳动工具+劳动对象+科学技术)×科学管理

由此可见,管理在提高生产力中的作用是其他因素所无法比拟的,其倍乘的作用也是其他各因素所无法达到的。

随着加入 WTO,ISO14000 将体现出强大的生命力。

(二) 中观

从中观层面来看,ISO14000 环境管理体系认证可以为企业的发展战略提供强有力的支撑。

为企业提供有效的环境管理手段,帮助企业自觉实现环境目标和经济目标,促进环境与经济协调发展,实现可持续发展战略。ISO14001 标准在其引言中这样指出:本标准的总目的是支持环境保护和污染预防,协调它们与社会需求和经济需求的关系。

通过组织(企业)建立和实施一套完整的环境管理体系,提高全体员工的环境意识和业务素质,规范企业的环境行为,增强员工保护环境的自觉性,改善环境管理工作,以达到预防环境污染、节约资源能源、持续改进环境保护工作的总目标。

实现自我审核、自我管理、自我改进,以提高环境效益和经济效益。具体来说:①防止环境污染,节约资源能源,提高企业效益。改善环境质量;②帮助企业建立一个自觉预防污染和不断持续改进的环境管理体系;③推进企业环境管理的现代化和自觉性;④避免非关税贸易壁垒,促进国际贸易。

(三) 微观

从微观层面来看,ISO14000 环境管理体系认证会对企业自身的经营管理产生积极影响。

(1) 树立企业形象,提高企业知名度。随着全社会对环境问题的日益关注,人们越来越关注企业的环境行为,关注企业是在破坏环境还是在为保护环境做贡献。目前在一些国家,特别是在发达国家,已经形成这样一种风气,即很多消费者宁可多支付一些费用,也愿意优先购买有良好的环境行为记录的企业的产品。企业实施 ISO14000 标准并通过认证,就等于向公众宣布企业是"对环境负责的企业",是"善待环境的企业",从而树立良好的企业形象。这实际上也是对企业自身的一种宣传。

(2) 促使企业自觉遵守环境法律法规。ISO14000 标准要求企业做出遵守环境法律法规的承诺,要求企业确定适用于其活动的法律法规并遵守之。企业按 ISO14000 标准建立环境管理体系,对督促企业自觉遵守有关环境法律法规有着十分积极的意义。

(3) 促使企业在其生产、经营活动中考虑其对环境的影响,减少环境负荷。ISO14000 标准要求企业判定出其活动中会对环境有重大影响的因素并对其实行运行控制措施,以减轻对环境的压力。

(4) 使企业获得进入国际市场的"绿色通行证"。目前,有这样一种发展趋势,即一些发达国家借口发展中国家企业生产的产品不符合他们的环境标准而限制产品入境。企业如果获得认证,就可避开发达国家设置的"绿色通行证",进而避开发达国家设置的"绿色贸易壁垒"。

(5) 增强企业员工的环境意识。按照 ISO14000 标准的要求,企业应该对从事可能对环境产生重大影响的工作的员工进行教育、培训,使员工能够胜任所担负的工作,培养员工的环境意识,在工作中考虑环境效益。针对我国普遍存在的企业员工环境意识不强、说明技能培训不够的情况,ISO14000 的要求是非常必要的。

(6) 促使企业节约能源,再生利用废弃物,降低经营成本。能源消耗、废弃物的产生均可作为环境因素列入企业的有关管理程序,按照 ISO14000 的要求实施运行控制并做出持续的改进,企业可以按照自身的情况,逐步实现能源消耗的减少和废弃物再生利用。这样既减少了资源消耗,减轻了污染,又降低了生产经营成本。

(7) 促使企业加强环境管理。目前,我国企业的环境管理还很不完善,甚至存在严重的缺陷。ISO14000 为企业提供了一套建立并逐步改进环境管理体系的方法,而且,

ISO14000标准并不要求企业撇开现行的管理体系而另搞一套,可以对现行管理体系加以修改,使之达到ISO14000标准的要求,使企业对污染预防和环境行为的持续改进做出承诺,并对重大的环境因素制定出具体可行的环境目标和实施措施,这是从管理方面对企业提出的要求。为了具体实施,则需要技术上的支持,清洁生产的理论提供了用以评价环境因素、制定环境方案的技术方法。清洁生产的技术、工艺可直接用来为消除危害环境目标指标服务。

第四节 WTO与中小企业绿色战略

世界绿色浪潮扑面而来,加入WTO,中小企业要融入世界这个大市场,必须实行绿色战略。绿色战略,是一项系统工程,它不仅需要企业自身的努力,还需要政府、社会等各方面的大力扶持。

一、实行绿色宏观战略

(一)国家政府制定促进绿色的宏观战略

1. 制定绿色的战略思想和政策体系

编制绿色的蓝图,不仅只在生态及环境规划中确定一系列生态及环境质量指标和措施,更重要的还在于规划中体现的生态及环境保持战略思想和政策。

首先,确立环境保护是基本国策的战略思想。环境保护之所以成为一项立国之策、治国之策、兴国之策,是因为环境和自然资源是经济发展和人民生活的物质基础,是生存和发展之本。

其次,确立经济与生态协调发展的战略思想。经济建设和环境保护协调发展是环境保护工作的基本战略思想。环境保护发展的真正动力不应来自于环境污染的压力,而应是经济发展的需求和促进。

因此,实施这一战略思想:第一,要把环境规划纳入国民经济和社会发展计划,使经济建设、社会发展和环境保护从总体上得到协调。第二,在安排国民经济发展速度时,要适当,不可过热,要照顾到环境保护和资源保护的投资规模。第三,加强经济快速发展中的资源开发利用的规划管理,把节约资源,提高资源利用率作为国家资源开发利用总体战略的一项主要目标,同时加强对废物的回收转化工作,使废物资源化。

最后,要制定环境保护的政策。预防为主,防治结合,在社会经济发展的同时,采取积极主动措施,力求防患于未然,在工业化过程中,从产品的出生就开始走绿色化道路。

2. 实行宏观规划,制定系列的绿色产品发展战略

政府要把发展中国绿色产品这一工程纳入国民经济和社会中长期发展计划之中,并对工程的具体实施给予全面系统的战略指导。政府要研究制定包括总体战略、地区战略、部门战略在内的适应现代国际竞争的绿色产品发展战略;建立和完善绿色产品发展的激励机制;还要结合实际情况,按照调整产业结构的要求,把重点行业的重点产品,有市场潜力的产品,特别是新技术含量、高市场容量、高附加值、高创收、高效益、低物耗的产品列入规划,帮助企业制定和落实发展绿色产品措施,从而突出重点,发展绿色产品。

3. 制定绿色环境政策目标

当前绿色环境保护的主要政策目标有:工业污染控制规划目标;城市污染控制规划目标;水域污染控制规划目标;生态环境建设规划目标;生态及环境科学技术规划目标;环境教育规划目标等。

绿色环境政策目标是企业绿色具体行动的指南。以英国胡佛(United Kingolon)公司为例,该公司在政府的绿色环境政策目标指引下,确定了该公司绿色的目标是:"在其产品的设计、生产、包装、使用和处置中采用最佳、可实践的环境办法,同时不断提高其对客户的效益"。具体的环境政策目标包括了管理承诺、与法定主管部门合作、综合方法、灵活性、意识、消费信息、资源保护、废物最少化和材料再循环、供应商表现、环境审计十个方面。通过环境政策目标的设定,使企业的整个绿色活动过程,在法律规定的范围内,在董事会及环境事务委员会的管理下,在全体员工的共同努力下进行,按照环境对产品的制造和使用要求设计、制造、包装、销售产品。从而保护资源,尤其是那些稀少和不可再生的资源,实现废物最少化和材料再循环。胡佛公司根据自己的环境政策目标,成功开发了"新浪潮"系列洗衣机,获"欧共体生态标志"。我国政府要在企业和行业制定的有关环境目标基础上规定出绿色环境的政策目标,并促进企业依此目标来修订企业和行业的目标、监督目标的实现。

(二) 绿色战略中的制度与政策支持

以市场机制促进自然资源的产业化。

第一,推进资源价格合理化。资源价格要充分体现资源的补偿租金,即自然成本,体现资源的稀缺状况和短缺趋势,但我国长期资源补偿费偏低。

具体改变措施要从根本上解决"资源无价"的观念,将资源产业推入市场,改进资源补偿费的计算方法,对于浪费的资源储量加倍征收,以达到节约资源,重复利用资源的目的。

第二,对自然资源实行产业化管理。明晰产权、明确责任,所有自然资源产业都要建立和完善有偿使用制度和价格体系,建立资源更新经济补偿机制。

第三,将资源核算纳入国民经济核算体系,让防治公害和节能的成本由企业内部消

化,并反映在企业效益上。

第四,实施环境成本制度。由于我国尚未实行环境手段,伴随着环境问题的日益严重,经济手段的作用越来越不容忽视,成为制定环境政策的根本依据。然而,经济手段自身的局限性(例如过度追求利润)又必须靠政府进行宏观调控,充分发挥政府的宏观协调与控制作用。

总之,政府应通过各种方式,充分发挥"看不见的手"的市场作用,调动起直接从事经济活动的企业和个人的积极性和创造性;通过需求信号以及价格变化有效地引导土地、资金、技术等资源的合理配置;同时构筑政府、产业政策和环境规划等"看得见的手"的调控和监控职能。运用强制性和诱导性、直接的和间接的调控手段,起到引导和刺激绿色市场的积极作用。从而达到政府规范、发展绿色活动,绿色活动引导企业和个人保护环境的功效。

二、实行绿色产品战略

所谓绿色产品是指从生产到使用乃至回收的整个过程都符合特定的环境保护要求,对生态环境无害或危害极少,以及利用回收的可循环资源再生产出的产品。

绿色产品这一概念是与环境标志制度同时进入人们的生活的。在我国,绿色产品首先出现在食品行业。1989年,农业部开始实行绿色食品标志制度,使"绿色食品"成为家喻户晓的名词。环境标志制度开始实施以后,其他行业也开始开发本行业的绿色产品。但是,前面已经谈到,由于我国的经济发展水平和技术水平很低,开发绿色产品成本高,质量也难以保证,加上群众的环保意识比较差,形不成需求市场,所以大多数企业对开发绿色产品缺乏积极性。对于我国企业来说,只有名牌而无"绿色"的产品可能面临两种情况:一是本行业同类产品中已有获"双标志"者;另一种是本行业同类产品中尚无"双标志"者。在前一种情况下,厂家将会观望同类产品中获取"双标志"者的销售情况。一般来说,只要市场并未因"双标志"产品的出现而产生剩余,厂家就会无动于衷,但一旦市场有所倾斜,厂家就会向"双标志"靠拢,各厂家在环境标志上很快就会形成竞争。在后一种情况下,有名牌而无"绿牌"的厂家一般都高枕无忧,它们看重的是对名牌标志的维护,即使个别厂家对环境标志有所认识,但如果没有特殊的推动力,它们一般也不会"异想天开"地去申请环境标志,因为这样有可能导致生产成本的上升,甚至影响产品的效用性和外观,从而丧失名牌的地位。有"绿牌"而非名牌的产品,在目前的市场竞争条件下,"绿牌"的优势往往很难得到体现,这种现状自然影响厂家的积极性。至于既非名牌又非"绿牌"的产品,生产厂家受公众消费心理的影响,在一般情况下,多半考虑创"名牌"而很少考虑创"绿牌"。

然而,企业如果想要在未来的市场竞争中占得先机,开发绿色产品是必不可少的发展战略。众所周知,可持续发展战略已成为世界各国和我国今后经济和社会发展的基本战略,而生产绿色产品,则是这个总的发展战略的必然要求。为了提高经济效益,企业争创"名牌"在世界各地已成为一大经济战略;而从可持续发展的需要来看,发展"绿牌"产品也是世界各国和我国的一大经济战略。在发达国家,由于各国政府对环境问题的重视和公众环保意识的增强,逐步影响着制造商和经销商的战略思想,推动市场和产品向着有益于环境的方向发展,企业打出环境牌已不是新闻,环境标志成了一些企业产品进入市场的通行证。最新资料表明:德国的环境标志已达7500多种,日本环境标志产品有2500多种,加拿大环境标志产品已发展到800多种。在日本,55%的制造商表示他们申请环境标志的理由是环境标志有利于提高他们产品的知名度,30%的制造商认为获得环境标志的产品比没有贴环境标志的产品更易销售,73%的制造商和批发商愿意开发、生产和销售环境标志产品。据调查,40%的欧洲人已对传统产品不感兴趣,而是倾向购买有环境标志的产品;37%的日本批发商发现他们的顾客只挑选和购买有环境标志的产品。德国推出的一种不含汞、镉等有害物质的电池,在获得蓝色天使标志之后,贸易额迅速上升了5%;出口英国后不久就占据了英国超级市场同类产品营业额的10%。在当今竞争激烈的国际贸易市场上,环境标志就像一级"绿色通行证"在贸易界扮演着越来越重要的角色。所以,企业开发绿色产品,是符合世界潮流的明智之举。在我国,政府行为对社会价值观念有强大影响,"绿色名牌"战略这个标语的提出和"绿色名牌"战略的实施,不但帮助厂家在生产中日益趋向正确决策,而且有助于增强消费者的环境意识。随着国内环保潮流的发展,环境标志也不再是可有可无的东西,在提高产品的知名度、促进销售、帮助树立企业良好形象等方面,"绿色牌"功不可没。例如,控制厨房污染,减少CO和NO_X的危害保护人体健康,是近来的焦点话题。氮氧化物(NO_X)这个厨房隐形杀手,随着家用燃气具的普及愈来愈引起有关方面的注意。广东华帝集团敏锐地认识到这一点,并同北京建筑工程学院历时10多年共同研究开发出了节能、低排放燃气灶具。他们在原有的燃气灶上加装了火焰分离器,增大火燃面积,降低火燃局部高温区温度,提高二次空气的供给量与供给点,有效抑制了NO_X的产生,并申请了环境标志。华帝集团通过打环保牌,树立了企业形象,开拓了市场。从市场反馈的信息看,华帝牌燃气灶的销售量因此增加了许多,从而在企业销售业绩表上画上了一个漂亮的阳线。

另外,绿色产品的价钱不一定都比老产品高,尤其是那些使用可回收再利用的资源的产品。而且在某些情况下,一种绿色产品即使在性能和价格上还比不过其所替代的产品,也有可能获得成功。例如,目前正在开发的氟利昂类替代物就是这样。欧洲化学公司的一位经理对这种情况描述道:"他们正在完成一种产品,这种产品比我们所要替代的那种效能要低,而且价钱要贵五倍,而这样做的惟一理由是因为环保方面的强制性规定。我们以前在市场上从来未经历过这样的情况。"可见政府可持续发展的总体战略对企业开发"绿色产品"的影响之大。

总之,绿色产品将成为21世纪最具竞争力的产品乃至主导的产品,开发绿色产品应当成为企业发展的一项重要战略。

三、开发绿色产品的具体措施

和开发其他所有产品一样,开发绿色产品也有选择目标、研究设计、制作样品、修改和投入生产等几个步骤,但是在进行这些所有步骤的同时,都要牢记以下两点:一是有利于人类健康;二是努力使产品生命周期对环境的影响最小,争取实现零排放。

(一) 哪些产品才够绿

绿色产品开发的第一要点是在市场研究的基础上为自己制定一个目标。根据市场上已经有了什么,以及你认为消费者要求什么这些情况,来决定你所选定的产品应该如何"绿"法,也就是确定在什么样的地方你可以实施最有意义的改变,然后确信它是可以做到的,而且能使消费者在他们现有的知识水平上对此作出响应(上面提到的华帝集团开发新型的燃器灶具就是一个很好的例子),这当然需要企业领导者有精明的头脑和敏锐的眼光。其实,国家制定的获得环境标志的技术要求就是企业在选择开发目标时的很好的参考。另外,还要对"绿色"的概念有一个全面的理解。拿冰箱来说,人们都知道无氟冰箱是"绿色产品",但实际上节能省电、低噪声、灭菌能力强的产品也属于"绿色"之列,因为这些产品也可以减少资源消耗和环境污染,并对人体健康有益。当市场上已经有了具备这些特征的产品时,你也可以另辟蹊径,比如从冰箱的外壳材料上或者食物保存期方面进行新的研究和突破。选择目标的总的方向是要注重开发与人民生活密切相关、对人民健康有利、有助于解决重大污染问题、有利于出口创汇和进入国际市场的产品等。

开发绿色产品的构思也可能来自不寻常的地方,西方发达国家更为常见。在那里,越来越多的消费者正在将健康问题与环境问题联系起来,并且要求绿色产品进入他们的食品贮藏室和药品箱。一种有趣的新产业应运而生,以满足这个正在成长的市场的需求。美国哈佛大学下属的环保组织文化遗产协会就是最闻名的倡仪者。文化遗产协会的工作是促进土著居民的权利。它进行这项工作的较为成功的方法之一,就是把进口濒危地区的产品,如热带雨林的植物,用于食品和化妆品业。文化遗产协会研究主任杰逊·克雷说:"我们要表明,活着的热带雨林要比死了的热带雨林能赚更多的钱。"这显然是从保护生态环境、提高人们对于热带雨林的关注程度的角度出发的绿色产品开发目标。还有一些公司甚至直接灌装雨林区的空气销往西方,作为有益健康的绿色空气来出售。这些虽然都是比较极端的例子,在我国也很难做到,但至少可以说明,只要善于发现,可开发的绿色产品就在我们的周围。

(二) 研究和设计

资源和物资的最优化使用是绿色产品研究和设计的主导思想。在研究和设计的过程中,我们建议企业注意以下几个方面:

1. 专业化研究

开发绿色产品的主要目标当然是要生产出能降低对环境有影响的产品,但不可避免会有一些错误。所谓"可以生物降解的"塑料袋,是国外市场上最早的绿色产品之一,但它们推出不久,环境保护主义者及科研机构就证明了,它们根本就不是生物可以降解的东西。于是,生产商和零售商只好撤回了他们所谓的发明专利。所以,当企业决定开发一种新的绿色产品时,要认真深入地研究和设计。研究工作可能要涉及一些相当基础性的问题。除非企业自己有研究实验室,不然就要求助于公司机构之外的部门。美国洛贝劳公司开发 GREEN 百分百无磷洗衣剂时,就是依靠污染控测组织和自身的产品开发研制组共同实现的。

2．分步进行

产品研究可以先分步进行,然后再实现另一次飞跃。例如,当一种产品的组成部分已经在很多地方都能买到,或对于产品性能的特殊要求下降时(如洗涤产品的"白上加白"),或者当废物处理的选择已变成普遍的问题时,再向前跃进。这种向产品绿色化迈步的方式,可从一次性使用尿布在发达国家的兴衰中看出。最初,这些纸尿布是用经漂白的纸浆制成的,后来则是用不经漂白的纸浆生产的,现在则是一种完全可以再循环使用,而不是一次必丢弃的纸尿布正在使用和积极研究改进中。

3．进行产品生命周期分析

生命周期分析(Life Cycle Analysis,简称 LCA)技术是一项非常实用的技术,采用 LCA 方法,对满足消费者需求功能的绿色产品进行分析评价,可使设计者明了产品在其整个生命周期中每个阶段对环境影响的性质和影响的大小,从而可采取针对性的改进设计,以期使产品的整个生命周期都具有"绿色"。在新产品的设计过程中,产品的生命周期设计是非常重要的。首先,它可以帮助企业研究人员了解哪些方面是产品设计开发的重点。例如,日本对家用小轿车碳排放所做的生命周期分析表明,平均每辆小轿车的全部碳排放量为 6.1 吨,其中汽车制造部门只占 5%,相关材料的生产占 9%,其余 86% 都是在使用过程中燃油和维护造成的,这就表明,在小轿车生命周期中大幅度削减温室气体 CO_2 的排放,关键在于降低使用过程中的油耗或改变所用能源结构。经过生命周期分析,企业就会明白,如果要开发削减小轿车 CO_2 排放量的绿色产品,就应当从降低油耗或改变所用能源结构方面下手。其次,当开发工作集中在产品的单一要素上面时,所起的作用将是短暂的,长时期来讲则显得力度不够。所以,对于已开始开发绿色产品的企业来说,用不断否定自我的方法去评价已开发出的产品的观念应该是十分重要的。例如,世界著名的 IBM 公司就采取了尽可能长远的眼光。它要求该公司所生产的每种产品都做到对全生命周期的影响进行调查,从而使产品的生产或使用都可以更安全些。另一家公司,即 BMW 汽车公司,也正在紧跟这种新的思路。这家公司正在开发一条生产线,生产可拆卸汽车,而且零部件可以再循环使用。

4. 注意提高产品的标准化和耐久性

在设计产品时考虑产品的标准化和耐久性,可以达到节能、节材的目的,使产品更"绿"。当然这并非要求产品的每一个零部件都具有良好的耐久性,而是要在满足整个耐久性的前提下,对每个零部件的耐久性进行优化设计。加上产品的标准化,即使产品要更新换代,零部件拆卸后也可以重新利用。例如,大家熟悉的复印机巨头之一施乐公司,现在已经不再生产"新的"复印机,而是改为实施一种"再造"战略,其主要内容是以服务(即提高质量的复印)而不是以生产新的复印机来优化公司的销售。技术人员定期对施乐用户的复印机进行保养与维护,有毛病的部件将交给维修点进行维修,修复后装回一台复印机里去,但不一定是卸下来的那一台。随着技术的不断进步,他们用一些新的部件来取代那些不再使用的部件,但并不改变机器的其他部分。这样,作为"铁板一块"的产品,"复印机"的概念变得模糊了,它让位于一种源自不同部件的组装的运作机制,在这个机制中,每个部件的使用寿命和强度都被优化了。这一经营方式使施乐公司一年节省上亿美元的经费。可见,在产品研究和设计时提高产品的标准化和耐久性,不但可以节省原料、降低能耗,使产品绿意更浓,还可以大大增加企业财富,可谓一箭双雕。

5. 全面考察新产品的"绿度"

在绿色产品的开发设计中要注意,一种产品在某些方面可能具有突出的环境优越性,但在另外一些方面却可能存在对环境不利的因素,因此要对其进行全面的考虑,予以弥补或重新设计。例如,光电池利用的是可再生的太阳能,可明显减少生物能和矿物能的使用,而且有助于减少烟尘、CO_2、SO_x、NO_x 等的排放,但光电池在制造过程中和使用明显的污染。所以,不能只注意产品某一方面的环境效益,而忽略了其负面的影响,否则会致使开发出的产品经受不起考验而很快失去"绿色"形象和市场。

6. 考察社会、技术和周围自然环境条件,使所设计的产品有预期的市场

目标市场的确定是在选择绿色产品开发目标时就应完成的工作,但是如果在产品的研究设计阶段不对社会、文化、技术条件和资源的适宜性、自然条件特征等进行考察和考虑,就有可能使设计出的产品游离于市场之外。比如说,你选中了一项绿色产品,市场上还没有,消费者也确有需要,但是在研究开发的过程中,技术条件跟不上,致使产品没有达到预期效果;或者企业所在地附近没有开发产品所需的主要原材料,运费的增加使产品成本增加,价格太高;或者设计太超前,使处于一定社会文化水平中的消费者难以接受,就会失去预期市场。所以在设计过程中,要对这些因素进行综合考虑。

7. 新老产品的比较

越来越多的消费者想帮助保护环境,但他们也喜欢熟悉的东西,特别是使用起来与他

们所习惯了的一样好的东西。他们不会用把衣服洗得看起来不干不净的洗涤剂,哪怕它比他们已用惯的那种产品更具绿色。也就是说,他们不想放弃他们已经习惯了的产品所带来的方便。所以,在绿色产品设计时,可以尽量地在各个方面(包括性能、作用和外形等),把它制成尽可能接近老产品的模样(或者逐步改进),只是在对环境的影响方面除外。绿色产品之所以不同于老产品,就是在对人体健康和对环境的影响方面,所以在这方面要加以强调。这样,消费者在购买商品时就会倾向于选择新产品。

(三)投资和销售

绿色产品的投资和销售,重点都在一个"绿"字。也就是说,在产品的全周期内,投资的重点应当放在对产品环保性能的开发以及废旧产品的回收再利用等方面;而绿色产品的宣传和促销,也要突出产品的"绿色"特点。另外,当准备好生产和试验一种新产品样品时,要投资搞一套可行的、最好的试验方法,这是非常重要的。进行广泛的消费者市场实证研究,可以检验新产品是否真正达到了想要达到的"绿度",以及市场对新产品的接受程度如何。这对于改进产品和在更大的范围内推广产品都是重要的一环。

四、突破国际绿色贸易壁垒

我们应该在认识和弄清绿色壁垒实质的基础上,结合绿色壁垒对我国中小企业出口品质影响,以积极的态度进行研究,并采取突破绿色壁垒的有效对策。

1. 加强宣传教育,顺应绿色潮流,提高环保意识

很显然,无论哪种形式的绿色壁垒,从来都是发达国家对发展中国家树立的,这使得本来处于经济劣势、贸易困境的后者更加雪上加霜。一些贸易大国在国际贸易中单边设立的种种绿色壁垒,无疑令广大发展中国家的出口市场严重萎缩,发展中国家因此将长期处于一种自然资源和初级产品的廉价提供者、污染转移的庞大场所和发达国家大量产品的巨大市场的劣势地位上,这显然是有悖于可持续发展思想,但这并不是说,所有限制环境有害产品产销行为的贸易制裁都暗怀贸易保护之心。为了全球社会的持续发展,在国际贸易中引入法规制度以约束、惩治污染和破坏环境的行为是必要而迫切的。我国中小企业要冲破绿色壁垒,首先必须顺应这股绿色潮流。

当绿色贸易大潮滚滚而来时,任何国家都很难置身其外。在其他国家都采取环保措施的情况下,一国如果不采取环保措施,将会在国际贸易中陷入困境。有些国家为求一时的发展,以损害自身环境为代价,提高其在国际贸易中的"比较优势",鼓励与污染有关的产品生产的集中。长期看来,那些以牺牲环境为代价提高国际"竞争力"的国家,将会自愿地成为世界肮脏产业的落脚地。低环境标准国家的资源会加速退化,环境污染加剧,并最终导致竞争力的进一步下降。而高环境标准国家将会从善待环境的技术和产品中获利,

从而在环境保护产业领域占据优势地位,在国际贸易中更具竞争力。因此,我们应该全面客观地认识绿色贸易的性质,既要认清绿色贸易规范条件的积极意义,又要分清某些国家寄寓于其中的绿色贸易壁垒,在保护自身正当权益的同时,使我国的发展顺应历史潮流。

当然,顺应这股绿色潮流必须提高全民环保意识,而这离不开广泛的宣传和教育。在对外经济贸易与环境保护方面的宣传上,特别要在国家环保公约、环境标准等法规上做文章,使得各级经贸工作者及企业领导者充分认识到环境保护在我国外经贸工作中的重要意义。同时,为了彻底消除污染,必须树立全方位、全过程的环境管理新思想,从产品的研究、生产、包装、运输、销售、消费,到废物的回收、再利用,每个阶段都对对外贸易与环境保护的负面情况进行报道,增加危机感、紧迫感,以适应加入WTO之后国际贸易发展的新形势。

2. 积极推进环保产业的发展,并将环保纳入外贸发展战略

环保产业的发展,必然会提高企业防治污染的能力,为其产品冲破国际贸易中的绿色贸易壁垒提供硬件上的支持。此外,环保产业具有较强的关联效应,在自我发展的同时能够带动、引致许多前向、后向相关产业的发展,极具潜力。我国已将环保产业确立为新兴经济增长点,初步辅以税收、信贷等宏观政策的扶持,而发展环保产业在冲破绿色贸易壁垒中的潜在优势亦不容忽略。我们应根据绿色壁垒的发展趋势,加快制定和完善各类商品生产和销售中有关环境保护的技术标准和法律法规,促使对外贸易的环境管理与国际环保法规和惯例接轨;强化环保执法,对外贸活动中违反环保法规的行为依法严格惩处;推行"绿色环境标志"制度。同时,应把环保纳入各级政府和各部门的发展规划里,制定针对绿色壁垒的国际市场开拓计划和发展策略,改变大量消耗资源、能源、污染环境的传统发展模式,推行以生态环境为中心的绿色增长模式,走可持续发展之路。另外,必须加强对各国环保法规、环境标志制度的研究和信息搜集,尽快建立外贸环境技术标准的信息系统,为出口企业和外贸部门提供及时、充分的信息咨询,促进企业按照环保标准组织生产,避免不必要的纠纷和损失。

3. 加强与环境有关的认证工作

与环境有关的认证工作主要有国际环境管理体系系列标准(ISO14000)认证、绿色标志认证等。这类认证对企业是非强制性的,具有公证性质,企业申请认证有利于企业利益和效率的提高。因此,加强与环境有关的认证工作是十分必要的。在积极向ISO14000接轨的基础上,在中小企业中扩大关于绿色产品、绿色营销、清洁生产、环境标志等概念的宣传,提高企业绿色意识,使中小企业在生产经营活动中自觉兼顾经济效益、社会效益和环境效益,消除、减少产品与服务对生态环境的不良影响,鼓励中小企业自觉向ISO14000和国际相关产品环境标志的认证要求靠拢,并给予人力、物力、财力、技术和信息上的必要支持。主要措施有:①重视与环境有关的认证工作。ISO14000认证和绿色标志认证是本国产品进入国际市场的"绿色通行证"。②积极采用国际环境标准。只有符合国际标准的

产品在国际市场上才是合格产品,才可能具有国际竞争力。③加强宣传与环境有关的认证制度。向企业发布与环境有关的认证信息,在认证程序上指导和帮助企业,不收费或低收费。

4. 严禁国外不符合环境标准的产品、废旧物质和污染产业流入国内

近年来,由于经济利益的驱动和缺乏道德法制观念,我国陆续发生进口工业垃圾和有害废物的事件,这不仅严重违背了控制危险废物的越境转移及其处置的巴塞尔公约和我国的有关规定,还给我国生态环境带来了严重破坏,因此应提高警惕,并采取有效措施,严把产品进口关。同时,一些外商为了获取高额利润和逃避所在国严格的污染治理规定,利用我国环境标准低和环保意识淡薄的机会,相继在我国投资设立污染防治费用高、处理难度大的农药、化工、印染、造纸、电镀等企业。大量污染项目进入我国,在绿色壁垒下对我国的出口构成了潜在危险。因此,建议有关部门应对现有的三资企业进行认真调查和评估,对不符合我国环保规定的要限期治理;对新设立的三资企业项目,以避免新的污染产业向我国转移。

5. 充分发挥"环境外交"的营销作用

主要措施有:①积极参与国际环境公约和国际多边协定中环境条款的谈判。由于经济发展水平的差异,在国际环境公约和国际多边协定环境条款的谈判中,发达国家往往提出过高的环境标准和环保措施,发展中国家则强调环境保护与经济发展并重。因此,为了维护本国的经济利益,我国应与发展中国家团结起来,积极参与谈判,拒绝接受超越自身承受力的环境条款。②以国际规范为依据反对进口国的绿色贸易壁垒。对于进口国以环保为借口单方面设置的绿色壁垒,或进口国将其国内环保法规实施到境外,或进口国以隐蔽形式做出的各种贸易歧视,我国要通过外交途径与进口国谈判,或向世贸组织的争端解决机构(DSB)提出起诉。③注重"环境外交"策略的运用。外交策略运用得当能起到事半功倍的效果。如1997年4月国家商检局邀请欧盟兽医代表团对我国进行考察,确认我国具备了向其出口鲜猪肉、鲜马肉及肉制品的条件,使得欧盟对从我国进口的鲜猪肉、鲜马肉解禁。

6. 组织高水平的科研队伍,提高科研技术水平,促进科技进步

组织高水平的科研队伍,提高科研技术水平,促进科技进步是突破绿色贸易壁垒的根本途径。这支科研队伍不同于一般的环境保护和治理技术研究力量,而是国际贸易和环境保护的交叉结合,它担负着及时辨析国际贸易中的绿色壁垒、提供政策建议和技术改进的重要任务,是中小企业扩大出口,普及清洁生产的推动者。

第三十三章　WTO与中小企业发展的环境优化

第一节　WTO与中小企业融资服务体系

目前,我国已形成了以央行为领导、国有商业银行为主体的国家政策性银行和多种金融机构并存的金融体系,并于1996年成立了以中小企业为主要业务对象的民生银行,1998年国家对中小企业的贷款政策进行了调整,扩大了对中小企业的贷款力度,放宽了贷款利率的浮动幅度。但是,加入WTO,对我国的金融服务提出更高的要求,特别是对中小企业需要有一个更加全面、更加完善的金融扶持体系。

一、中小企业融资现状与存在的问题

(一)中小企业融资的原因

一般情况下,中小企业融资有三个方面的原因:①周转融资。由于采购、生产、销售的时间差,企业需要为流动资金周转而融资。最适宜的方式,是利用金融机构短期信贷或利用商业票据进行贴现周转,对于产品外向型的企业还需国际间结算服务。②项目融资。中小企业要成长,要为企业上项目为企业发展而融资。项目融资一般需要较长时期,所以利用证券市场直接融资比较适宜。③生存融资。由于中小企业经济实力弱,当外部环境改变对企业生存造成巨大压力时,需融资度过难关。这就需要专门为中小企业服务的政策性金融机构来支持中小企业。

在一些特殊情况下,中小企业也有融资需求:①企业经营不善导致亏损时;②项目决策失误造成资金缺口时;③财务管理混乱造成资金周转困难时等。这些情况下,单纯的资金支持并不能根本解决问题,同时需要高效的中介、评估、咨询机构帮助企业创新管理体制、规范财务会计制度、提高企业整体素质,以及推动企业进行资产重组等。

(二)中小企业融资的渠道

目前,中小企业融资有外部和内部两种渠道。外部资渠道主要是商业银行间接融资和证券市场中的股票直接融资;内部融资主要是企业利润和折旧资金积累,或者企业内部股份化以及小企业所有者吸引朋友和家族成员入股筹资。而企业债券市场、商业票据市场远没有发展起来,各种金融服务机构也很不完善、很不成熟。对于中小企业无论是非正

常情况还是正常情况,融资都是很困难。

1. 银行信贷

商业银行的改革滞后以及中小企业的自身缺陷,使得很难从银行得到信贷支持。首先,国有独资银行在中国占据垄断地位,受政府控制严重,改革滞后,政府的大企业战略使银行信贷资金集中投入大型国有企业,忽视了对中小企业发展的支持。商业银行为控制金融风险,对中小企业贷款非常慎重。1998年为强化对中小企业金融服务,各家国有商业银行都建立了相应的机构。但出于降低信贷交易成本的考虑以及各种信用担保机制的不完善,使得银行仅能把少数规模较大、效益较好的企业纳入服务范围。其次,国家信贷政策上还存在所有制歧视,大量民营中小企业很难获得银行信贷,更谈不上享受投资补贴或贷款贴息政策。另外,中小企业自身因素,如企业产权不清、管理混乱、产品生产规模小、竞争力弱、财务状况不透明,与银行间严重的信息不对称、资信水平低、贷款风险大等原因都制约了银行对中小企业的信贷支持。

2. 证券市场

中小企业自身特点的限制以及我国证券市场的不成熟,使得很难通过上市或发行债券融资。股票市场上,中小企业规模达不到规定的要求不能上市融资。我国证券市场,对企业股票融资采取严格规模管理政策,股市发展直接受制于政府事先确定的规模,企业无法根据市场情况和自身需要决定其融资行为,上市指标偏向于国有大型企业,专门为中小企业上市融资的二板市场还没建立,目前不能通过上市融资。

企业债券市场发展很不完善,也不可能为中小企业融资服务。目前,我国企业债券市场仅为少数大型企业发行少量企业债券,而且发行环节、债券评级、利率定价等很不规范,交易市场也不成熟,不可能为规模小、资信水平低的中小企业提供服务。

3. 内部融资

目前的经济情况阻碍了中小企业内部融资。中国目前有效需求不足,企业生产能力过剩,结构性矛盾严重,利润率不高。国有企业经营困难,资本积累速度很慢。对于国有中小企业,企业制度不完善,责权不明晰,设备老化各方面问题非常多,多数因为亏损或乱上项目等非正常情况而融资。内部职工了解实情,对企业的信心不足不愿入股,所以企业内部股份化难以进行。对于民营中小企业,特别是小企业多采用家族成员或朋友入股筹资。面对当前的经济环境,投资风险大,人们不愿投资,所以企业所有者筹借不到资金。

二、WTO对中小企业融资的影响

我国加入WTO,对中小企业发展的各方面会产生重大影响,其中对中小企业融资的影响也是一个重要方面。WTO成员国在日内瓦达成的《金融服务贸易协议》内容主要包括：金融保险机构的市场准入、国民待遇以及政策透明度等。即允许外国金融服务机构进入并按竞争原则运行；允许外国资本在投资项目中比例超过50%；允许外国金融机构开展新型金融服务竞争，作为金融服务买方的中小企业必然有更多的融资机会。同时国际资本市场的相互渗透，将改善中小企业进入国际资本市场的渠道，融资范围扩大，融资方式更加灵活多样。但对一些素质差的中小企业将面临更大的挑战。

（一）WTO为中小企业融资带来的机遇

加入WTO后，外资金融机构进入中国，会对金融系统引入更多的竞争，对借款者非常有利。首先，借款者可以从更有效率更为顾客着想的金融机构中获得更好的服务，从而降低借款成本。例如，香港融资市场竞争相当激烈，利率比伦敦同业拆放利率LIBOR仅高20个基点，而上海信贷渠道有限，利率比伦敦同业拆放利率LIBOR高出近80个基点。其次，借款者还可从金融服务改革以及国际化中获得质量方面的好处。例如，增加的竞争将带来范围更广泛的金融服务，将有更多可供选择的机构，将产生服务的新方法以及价格战。再次，外国金融机构带来产品及服务上的创新和国际化，能促进国内会计、审计、评级机构的优化，对国内金融机构改革起催化作用。最后，市场开放和外国进入能改善企业进入国际资本市场融资的渠道。

在传统的非竞争性金融体系中，虽然中小型公司比大型企业更高效更有创新精神，但很难与银行建立良好联系，而在加入WTO后逐步形成的高效竞争的金融服务体系中，中小企业将获得更多的融资机遇。

1. 融资机会增多

外资金融机构进入中国，在平等甚至优于中国商业银行的条件下展开竞争，将刺激国内金融机构加快改革，中小企业会有更多的融资机会。我国银行业难以同外资银行在同一起跑线上竞争。国有银行存在大量问题，背负不良债权和行政干预的包袱，还要承担政策性义务。外资银行规模庞大，经营管理先进，必然会抢占国内银行的优质客户。一些产品外向型的绩优客户将是外资银行竭力争夺的对象。竞争的压力有利于促进国内银行尽快转换经营机制，加强内部管理，提高经营管理水平，并且会更多地对中小企业提供服务，以寻找新的增长点。外资金融机构的进入必然促进国内金融机构借鉴国外的先进经验，加快金融创新，积极开发新的服务产品，满足不同层次的客户对金融服务的需求，其中包括对中小企业融资需求的满足。

2. 中小企业吸收的外资将增加

加入WTO以后，更多的外部资金直接投入中国，这将增加资金供应量，有利于中小企业融资，特别是大量风险投资的进入，能使中国创新型的高科技企业得到充足的资金。中国多年来吸引和利用外资发展经济，已取得重大成效。加入WTO后，将扩大外商投资的范围,增加跨国投资的自由化程度,从而刺激外商对中国投资,能促进中小企业提高技术水平增强竞争力。外资也将逐步参与中国的证券市场业务,使证券市场资金供应量增加,这对中小企业融资的需求一定有利。尤其是高技术中小企业发展速度快、竞争激烈、风险性大,企业最有价值的资产往往是无形的知识资产,没有有形资产作为抵押以从传统金融体系借贷,它们需求大量的风险投资。加入 WTO 后将有更多的风险投资基金进入中国,同时也会促进国内风险投资基金的发展和运作,这些都将有利于高技术中小企业的融资。

3. 融资渠道更加畅通

加入 WTO 后,不但能改善进入国际资本市场的渠道,使中小企业在国外资本市场直接融资更加方便,而且能加速国内资本市场的发展。资本市场在融通资金、改善管理、优化产业结构、促进经济增长方面起着日益重要的作用。为了给中小企业开辟上市"门槛"低的资本市场,世界各国相继建立以发行风险企业股票为主的第二板块市场。二板市场对企业规模、股本数要低于正式市场,如美国的 NASDAQ 市场,是为无资格在正式证券交易所上市的较小企业的股票交易而建立,英国、日本、德国、马来西亚等也建立了为中小企业上市的二板市场,以及香港的创业板块市场。加入 WTO 后将方便中小企业利用国外二板市场融资,也为国内风险投资基金的正常运作提供了进退机制,同时也有利于吸取国外的先进经验和运作方式,促进我国二板市场的成功开辟。第二证券市场的建立一方面为高技术风险企业直接融资提供了可能,另一方面也为风险投资的增值、退出提供了"舞台",使中小企业融资渠道更加畅通。

4. 中小企业将享受更好更广泛的金融中介服务

外资金融中介服务机构进入中国,竞争的压力以及先进的运作方式将推动中国金融中介服务业的改革和发展。金融服务作为服务贸易的重要部分,包括广泛的银行、证券、保险、期权、期货、商业票据、外汇结算等业务以及会计、审计、评估等相关辅助性金融业务。随着中国加入 WTO,必然会促进中国金融衍生市场的发展,促进资信评估、信息咨询等中介机构的规范和发展。各种金融服务机构更加有效地辅助中小企业进行资信评估、加强财务管理、规范企业制度、进行项目规划、提供金融信息,在此基础上银行可以开展对中小企业的票据承兑贴现、支付中介等业务。中小企业将得益于对风险更准确的评估、等待时间的减少、通过更好的借贷方式获得多渠道的资金。

5. 中小企业内部融资更加容易

加入 WTO 对我国整体经济发展有重大促进作用,这将改变人们的预期,增加中小企业内部融资的可能性。加入 WTO 后,更多的竞争有利于培养民族企业的国际竞争力、吸引外资、引进技术、参与国际化分工、带动国内产业结构升级,能促进国民经济持续稳定地增长。这将增加人们投资的信心,有利于中小企业内部融资。

(二) WTO 对中小企业融资带来的冲击

1. 过多利用外资易造成负面影响

一是中小企业吸引外国直接投资,对于引进技术吸取管理经验是利的,但易形成对外国资本和技术的依附关系。二是随着跨境流动资本的迅速增加,企业与金融部门都面临资本流动逆转的巨大风险。三是有些外商投资并没有任何资本流入,它们的投资款项或从当地金融机构借来或在当地发行股票筹集,外商凭借其优势条件会夺走当地有限的资金,吸去当地的储蓄,从而加重当地企业融资的困难。

要防止过多利用外资的负面影响,首先应注意加强对引进技术和管理经验的消化吸收,逐步培养企业的核心竞争力,形成自主产权的产品开发能力。其次,要特别关注加强国内金融体系的基础,以抵制诸如资本流动逆转这样的冲击,实力较弱的中小企业也应加强自身资本流动性,优化财务管理防止此类冲击。另外,要加强地区与地区间的协调,防止地区间为争夺投资互相拆台,外商得利。

2. 资本市场更加开放,一些跨国购并会对民族工业发展以及国家经济安全造成影响

加入 WTO 后,中小企业被外资购并的频率将增加,高新技术中小企业和在国内某行业有一定专长的中小企业,往往成为国际大公司为开拓中国业务而进行控制或收购的对象。追求不同目标的各种外商进入,可能会控制本国工业,从而阻碍本国目标的实现。

3. 一些素质差的中小企业将面临更难的融资环境

高效、规范运作的国际金融服务机构的进入,对企业的资信评估、会计审核更加严格,素质差的企业很难蒙混过关,不但得不到融资服务,而且优质的竞争对手会有更好的融资环境。

融资问题的改善与企业自身的素质有着重要的联系,所以面对 WTO,中小企业应充分做好内部准备,必须加强制度建设、加强财务管理、增加透明度和开放程度以建立良好信用,从而增加融资能力。

4. 中小企业融资困境只能逐步解决,还需一个过程

由于我国金融机构不成熟,对金融自由化带来的风险监管能力弱,只能逐步扩大外资金融业务的准入范围,客观上限制了外资流入的速度。所以中小企业融资问题的改善,根本还在于国内资本市场的成熟和对金融监管水平的提高,在于国内金融体系的发展和运作效率的提高。

三、面对WTO健全中小企业融资服务体系的框架

根据一些WTO成员经验,建立健全中小企业融资服务体系是一项复杂的系统工程。一般都包括融资供给系统、融资保证系统与融资辅导系统。根据我国的实际情况,完整的中小企业融资服务体系包括金融组织体系、金融辅助体系、配套服务体系、多方位的融资体系及金融法规体系等多项内容,主要包括:

1. 建立健全为中小企业服务的金融组织体系

首先,国有商业银行应建立为中小企业服务的职能部门,不断完善对中小企业的金融服务功能。其次,明确规定城市商业银行、城乡信用社和民生银行等金融机构的主要业务对象是中小企业。最后,也可考虑建立中小企业银行。中小企业银行是供给中小企业信用的专业银行,主要任务必须是供给中小企业中长期信用,协助其改善生产设备和财务结构,健全其经营管理。

2. 建立和完善对中小企业金融支持的辅助体系

金融辅助体系包括中小企业信用担保体系、中小企业综合诊断体系,同时建立对中小企业进行会计制度、内部控制制度、财务规划、预算制度和利润中心等方面的辅导机制。其中,把建立中小企业担保服务体系放在重要位置。各地区可以在本地区范围内设立一些政策性机构,为本地区的中小企业提供融资担保服务,以解除金融机构贷款的后顾之忧。

3. 金融配套服务体系

金融机构可以利用视角广、信息灵这一优势和方便条件,建立相应的信息咨询系统,为中小企业提供贷款咨询、筹集资金投向指导、政策信息、商业信息与新技术推广信息服务。

4. 多方位的融资体系

设立中小企业发展基金、高科技中小企业的风险投资基金,为中小企业的新产品开发、新技术应用等多方位筹集资金。基金来源可由政府预算拨款、其他专项资金、民营企业团体或个人的捐赠款项、基金利息和其他收入。

在清理整顿和规范发展地方性股权交易市场的基础上,设立并逐步开放全国性的为中小企业融资服务的资本市场,尤其是抓好创业板市场的建设。另外,对具备一定条件的中小企业可以考虑允许运用发行债券和股票上市等直接融资手段。

5. 金融法规体系

建立健全支持中小企业发展的金融法律法规体系,以法律形式规范各有关金融机构及中小企业融资主体的责任范围、融资办法和保障措施,使中小企业融资需要得到有效保

证。

这几个方面可以图33-1表示如下：

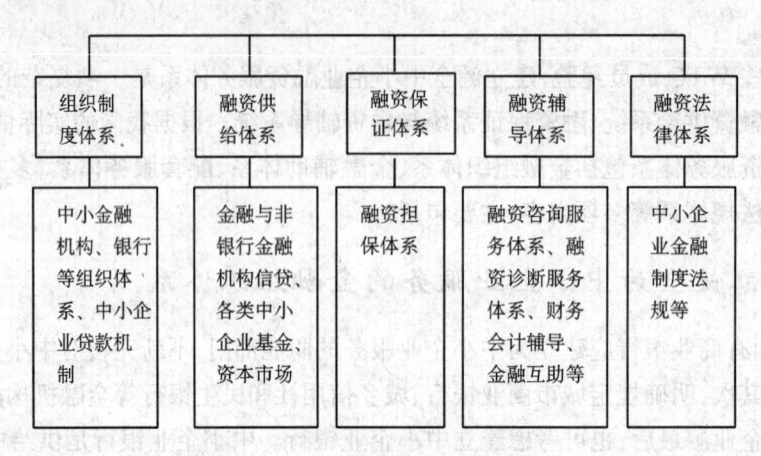

```
┌─────────┬─────────┬─────────┬─────────┬─────────┐
│ 组织制  │ 融资供  │ 融资保  │ 融资辅  │ 融资法  │
│ 度体系  │ 给体系  │ 证体系  │ 导体系  │ 律体系  │
├─────────┼─────────┼─────────┼─────────┼─────────┤
│ 中小金融│ 金融与非│ 融资担  │ 融资咨询│ 中小企  │
│ 机构、银│ 银行金融│ 保体系  │ 服务体系│ 业金融  │
│ 行等组织│ 机构信贷│         │ 、融资诊│ 制度法  │
│ 体系、中│ 、各类中│         │ 断服务体│ 规等    │
│ 小企业贷│ 小企业基│         │ 系、财务│         │
│ 款机制  │ 金、资本│         │ 会计辅导│         │
│         │ 市场    │         │ 、金融互│         │
│         │         │         │ 助等    │         │
└─────────┴─────────┴─────────┴─────────┴─────────┘
```

图33-1　我国中小企业融资体系

四、健全中小企业融资服务体系的对策

建立健全中小企业融资服务体系，必须在金融体制、组织制度、观念、管理等多方面实行创新。

1. 国有银行及商业银行的改革

从理论上看，中小企业外源性融资的供给模式有三种。一是完全由国有商业银行供给。在现有金融制度下，由于国有商业银行贷款向大企业倾斜，因此尚不可能。二是完全由中小金融机构供给。据统计，1997年末国有商业银行对中小企业的贷款余额为1.7万亿元左右，约占国有商业银行贷款余额的38%；城市商业银行和城乡信用社对中小企业贷款为6000亿元左右，约占其贷款总额的80%。以此测算，即使中小金融机构将全部贷款都贷给中小企业，贷款余额也只有9375亿元，占中小企业目前贷款总余额的38.27%。由此可见，即使中小金融机构的所有信贷都供给中小企业，也只能达到中小企业目前所获信贷资金总额的38.27%。三是以中小金融机构为主，国有商业银行为辅。据上述数据测算，即使商业银行对中小企业贷款余额不变，其所占份额也只有35.55%。由于目前只有国有商业银行能供给中小企业，故以国有商业银行为主，中小金融机构为辅的模式是可行的。在此模式下，必须对国有商业银行进行制度创新，包括：

(1) 商业银行要真正实现观念上的突破，理清思路，走出认识上的误区，辩证地看待大、中、小企业的关系。要真正以经营效益为行为准则，打破以企业规模、性质作为支持与否的误区，支持中小企业的合理资金需求，遵循公平、公正和诚信原则，并逐步提高对中小企业信贷投入的比重，调整国有商业银行的信贷政策，修改企业信用等级评定标准，为中小企业营造公平的贷款环境。

(2)创新商业银行的组织制度。国家经贸委于1999年设立了中小企业发展司,各国有商业银行总行也按央行指导意见设立了中小企业信贷部,因而一级分行和作为基本核算单位的二级分行也应尽快分离和设置专门的中小企业信贷机构,以制定和执行对本地区中小企业金融服务的策略、贷款运营与管理模式,进一步密切银企间的联系,了解企业的实际困难和需要,切实有针对性地帮助中小企业解决其发展中存在的问题,从而提高金融服务的水平和效率。其次,改革现行的贷款审批程序,形成合理的制度安排,建立适合中小企业的授信制度政策和程序,并在年度信贷计划总盘子中确定一个批发贷款和零售贷款的合理比例,适当扩大二级分行用于中小企业的零售贷款的份额。

(3)商业银行应在加强金融风险防范的前提下,为中小企业的发展提供与之相适应的全方位的金融服务,使中小企业能够及时抓住稍纵即逝的发展机遇得到迅速发展。包括:充分利用资金和信誉方面的优势,为中小企业结算、汇兑、转账和财务管理、咨询评估、清产核资等提供最大限度的支持与方便;充分发挥银行机构在网络广泛、信息灵敏和人才济济等方面的优势,为中小企业提供产品、市场融资、新技术推广应用、经营管理等方面的信息咨询服务,准确把握企业的经营脉络和发展思路,做好企业经营的参谋;进一步落实支持中小企业发展的金融政策、法规,不断完善担保体系,简化呆账贷款核销程序,进一步扩大贷款活动幅度;强化信贷风险意识,建立规范借贷关系;积极参与改制、重组工作,力争通过企业改制和资产重组达到既可激活银行贷款,又可促进企业发展的双重目的;针对中小企业的不同情况,采取不同的贷款办法。对一些规模相对较大、信誉良好的中小企业可考虑建立主办银行制度,减少对客户的管理层次,简化审批程度,或实行先贷后审制度,适应中小企业资金"要的急、频率高"的特点,及时满足其合理的资金需要。对一些优质客户,应根据需要调整和放宽有关借贷条件,为其开辟绿色通道,发放信用贷款。

2. 银行应积极参与中小企业的改制,为其提供相关的辅助决策支持服务

针对中小企业近年来改制需求大、转制不规范,有损正常的银企关系现象,国有商业银行应积极介入和参与中小企业各种形式的改制,为其提供相关的辅助决策支持服务。对改制的中小企业不仅要分析其资金利用形态结构,而且对其产品的结构与开发、市场份额、技术含量、市场定位都要进行认真的考察,对企业的设备利用状况、技术状况、企业素质、管理水平、收购兼并以及改制的可行性和相关联的企业群的基本状况也要了解,以便科学地向企业提出改制建议,从而有利于自身有选择地明确重点支持的对象、一般支持的对象、适度支持或限制的对象以及强化从严监管的对象,真正做到区别对待,一企一策,达到支持企业改制心中底数清,限制从严管理有依托,为之提供金融服务目标明,从而不断培育金融业务发展的增长点和稳定的客户群,达到银企共同发展的目的。

3. 组建农村股份合作银行

我国的中小企业尤其是乡镇中小企业和个体私营企业,大部分分布在农村集镇,农村

信用社是它们最初的金融服务供给者。目前,我国有4万多家农村信用社,1998年末农村信用社各项存款占整个金融机构存款余额的 12.7%,贷款余额占 9.6%(熊若愚,1999)。由于历史遗留的问题未解决及经营上遇到的种种困难,如资产质量差、筹资成本高(85.65%为储蓄存款)、行政色彩浓和经营效益低下等,更重要的是农村信用社分散的组织体系(即以县一级为组织单位,跨地区互不往来,形不成整体合力)和没有自己的结算网络,从而造成目前农村信用社在支持乡镇中小企业和个体私营企业的发展方面显得力不从心,发挥不了应有的作用。为此必须对现行的农村信用社组织体系和经营策略进行大胆的改革。

首先,在组织体系上,要改变目前分散的组织模式,组建农村股份合作银行。农村股份合作银行以省为单位比较切合中国国情和各地的实际。若组建全国性农村股份合作银行,一方面规模过大而不经济,另一方面也很难真正有效运作;若以市地或县为单位,则规模过小也不经济,资源得不到有效配置,也不可行。农村股份合作银行分支机构的设置,则要严格按集约化经营要求和商业银行三性原则,不再按传统的行政区划来设置,而应跨地区设立分支机构,使各分支机构间的资源配置效用达到最大化。同时减少管理层次,各分行经营与管理并举,各支行为经营窗口。

其次,允许民间资金参股,以体现合作金融组织的性质。农村股份合作银行组建完成后,要明确其主要职责和业务范围,即以中小企业特别是乡镇中小企业和个体私营企业为主要服务对象,使农村股份合作银行成为真正意义上的合作金融组织。

最后,考虑到农村信用社历史包袱沉重以及农村金融活动的实际,中央银行除了加强对新组建的农村股份合作银行的监管外,应扩大农村股份合作银行的利率浮动幅度,允许其存贷利差高于其他商业银行,起到扶持和引导的作用。同时,地方政府应从地方经济发展的长远利益考虑,适当减免农村股份合作银行的税赋,促进其健康发展。

4. 试行建立中小企业银行

在市场经济国家,对中小企业贷款的主体主要是民间金融机构,包括大批地区性中小金融机构。我国的银行体制是集中的,中小金融机构不发达,贷款机构主要是几家全国性的大银行,缺少面向中小企业服务的银行和金融机构。在这种金融体系下,没有金融机构的竞争,即使有担保,中小企业也难以得到贷款。由于大银行为小企业贷款的交易成本高,效率较低,而地区性的中小金融机构则可以比较容易获得本地中小企业的有关信息,为中小企业贷款的交易成本相对低一些。因此,要在发挥各类金融机构之间的竞争的同时,建立、规范和发展中小金融体系,试行建立中小企业银行。

从国外看,大多数国家都有专门为中小企业服务的金融机构,如日本有5家面向中小企业的金融机构——中小企业金融公库、国民金融公库、工商组合中央公库、中小企业信用保险公库和中小企业投资扶植株式会社,这些金融机构以较为有利的条件向中小企业直接贷款,或者建立使其他金融机构放心给中小企业贷款的信用保证制度,或者认购中小企业为充实自有资本而发行的股票和公司债券等。美国的中小企业管理局作为永久性的政府机构,直接参与中小企业的融资,通过直接贷款、协调贷款和担保贷款等多种形式,向中小企业提供资金帮助。德国有以中小企业为主要服务对象的合作银行、大众银行和储蓄银行。韩国有中小企业银行、国民银行、大东银行和东南银行等金融机构为中小企业提供融资服务。

中小企业银行同一般银行相比具有自身的特殊性。由于中小企业本身经营风险较大的原因,中小企业银行经营风险一般也较大。但据对我国台湾地区的调查,同一般银行相比,中小企业银行具有对中小企业融资比率高、总额大、安全性高等特征。如中小企业银行对中小企业的融资比率在75%以上(20世纪80年代),一般银行则为30%;对于中小企业的融资总额,中小企业银行约为25%,而一般银行约为75%;在流动性方面,中小企业银行的表现较一般银行为差,但高于"中央银行"的最低比率;在安全性方面,中小企业银行在经营的安全方面较一般银行为优,民营银行则更优于公营银行;在盈利性方面,两者不相上下,税前纯利占营业收入的比率分别在12%～15%之间(20世纪80年代),而民营银行的获利能力又较之公营银行更佳,据统计,民营中小企业银行的盈利比率是公营银行的3倍以上(柳红:"台湾中小企业发展情况概览",《改革》,1999年第2期,第32页)。

鉴于我国缺乏专门的为中小企业服务的银行,故建议设立政策性的和商业性的两种类型的中小企业银行,专门扶持中小企业发展。政策性中小企业银行资金来源应是中国人民银行的再贷款,或者靠向金融机构发行政策性金融债券来解决,其职责主要是对需要扶持的中小企业发放免费、贴息和低息贷款。在目前,农业发展银行可以代行政策性中小企业银行的功能,并相应规定给中小企业的贷款比例。待条件成熟时,还需要组建地方性中小企业发展政策性银行,专门落实对中小企业的政策性扶持。商业性中小企业银行,可由城市合作银行、城乡信用合作社或者城乡信用合作社联社改制而来,充分发挥这些地方性的非国有银行对当地经济情况比较熟悉的优势,为中小企业服务。

5. 拓宽中小企业的其他融资渠道

一是推动中小企业股份制改造,发挥股份制融资功能。二是多方筹集政府的创业基金、风险投资基金以扩大资金供给面。三是选择有条件的新兴成长的中小企业,经过一段时间"孵化",进入创业板证券市场进行融资。四是组建地方性的柜台交易市场,为中小企业的股权流通、证券交易提供必要的条件。地方柜台交易市场由商业银行提供交易柜台、信息披露、证券托管、结算服务及证券融资业务,交易对象主要是组织规范、经营能力强、财力良好、具有发展潜力的中小企业。此外,建议允许金融资产管理公司在中小企业领域进行产业资本和金融资本结合的探索。同时,可以考虑在整顿信托投资公司的基础上,鼓励业绩较好的地方信托投资公司对中小企业投资。

6. 制定有利于中小企业融资的优惠政策

当前,我国在制定的有利于中小企业融资的优惠政策主要有:①保持国有商业银行对中小企业的贷款份额。这主要是将国有商业银行新成立的中小型企业信贷部切实办好。

目前,中小型企业信贷部贷款份额应占到各银行贷款总额的 1/3 以上,确保中小企业有充分的融资来源。中小企业信贷部的贷款对象应是不分所有制形式的中小企业。②提高商业银行对中小企业贷款的积极性。除可考虑扩大商业银行对中小企业贷款的利率浮动区间外,还可对中小企业贷款比重较高的商业银行,实行诸如冲销坏账和补贴资本金等措施,增强其抵御风险的能力。③修改国有商业银行企业信用等级评定标准。变重视企业经营规模为重视企业经营效益,取消或消减"经营实力"项目的分数,为中小企业平等获得银行贷款创造良好的条件。④允许符合条件的实行股份制的小企业以股票、债券等非信贷方式融资。⑤实施小企业资金扶持计划。政府应专门拨出一定资金扶持高新技术中小企业、风险经营中小企业、出口型中小企业等,并从战略的角度,从整体上增强小企业素质出发,制定并实施相应的中小企业资金扶持计划。对于中小企业出口,应提供必要的信用担保和出口信贷融资优惠。对于风险经营的、进行技术创新的中小企业应提供专项贷款、贴息贷款等融资优惠。⑥对"特定事项"中小企业实施资金扶持。如对于下岗职工创办的或者安排下岗职工就业的中小企业,可将下岗职工一年的下岗生活救济费一次性拨付给企业使用;对于贫困地区中小企业应从扶贫资金中拨出一定款项支持其发展;对于因经济不景气、与之关联的企业歇业或破产而陷入困境的小企业,应提供紧急资金援助等。

7. 建立健全支持中小企业的金融法规

美国在 1958 年就制定了《中小企业法》和《中小企业投资法》,涉及金融方面的立法还有《中小企业经济政策法》、《中小企业技术革新促进法》、《小企业投资奖励法》、《小企业开发中心法》等。日本从 50 年代起就制定了《中小企业金融公库法》、《中小企业信用保险法》、《中小企业现代化资金助成法》等。英、德等国也十分重视中小企业立法,在金融信贷方面给中小企业以法律支持。因此,借鉴国外经验,我国应加快中小企业信贷制度的立法,尤其是建立《中小企业信用担保法》、《中小金融机构法》等法规体系。

第二节　WTO 与中小企业融资担保体系

一、加入 WTO 急需建立中小企业信用担保体系

1. 建立中小企业信用担保体系是解决中小企业资金需求的迫切要求

根据世贸的非歧视原则、无条件多边最惠国待遇以及发展中国家的特殊优惠条件,入世后中小企业将获得平等参与国际市场竞争的地位,有利于中小企业参与国际分工合作,争取更大的国际合作空间。而且中小企业由于规模小、机制灵活,能够根据调配变化及时调整经济方式,入世后更易与国际市场接轨。同时按照透明度原则,中小企业可以尽快获

取各种需要的信息资料,及时引进先进的设备、高科技和管理经验,具有更大的发展潜力。但中小企业融资难却是制约其发展的一大瓶颈。中小企业规模小、经济实力有限,大多不具备进入资本市场的条件,难以进行直接融资。可是由于中小企业资信较低、找担保难或抵押品质量差和银行信贷门槛高等原因,又不易获得银行信贷的支持。因此只有尽快建立中小企业信用担保体系,为中小企业贷款提供信用保证,才能畅通中小企业贷款渠道,解决其"找保难、贷款难"的问题。

2. 建立中小企业信用担保体系是适应银行商业化经营的客观需要

随着国有银行商业化进程,银行自我约束机制不断完善,银行在经营中越来越把资金的安全性放在首位,而中小企业贷款的风险普遍较高,在利率不能自由浮动的情况下,银行信贷的风险和收益不对称,使银行不愿意向这类企业贷款。可是加入WTO后,外资银行会利用自身的经营优势和风险管理等方面的特长,满足民间融资的需求。如果中资银行不能立即加强和改善对这部分企业的服务,外资银行进入后将面临着丧失市场份额的危险。因此要尽快建立和完善中小企业的信用担保机制,形成政府、社会等多元担保主体体系,这样既符合商业银行"盈利性、安全性、流动性"的经营原则,又能切实降低银行信贷风险,增加银行对中小企业的贷款。

3. 建立中小企业信用担保体系是实施再就业工程和维护社会稳定的重要举措

国际权威经济人士曾做过估算,中国加入WTO可使中国的GDP增加两个百分点。国际经验证明,GDP增加一个百分点可以带来500万人的就业机会。这意味着中国入世可以创造千万个就业机会,这对解决国营企业下岗职工再就业带来了特大好处。而中小企业有了信用担保机构的支持将如虎添翼,在国民经济中占据更大的比重。它们在为大中型企业提供配套服务、缓解就业压力、稳定社会、活跃市场等方面将发挥更重要的作用。

二、WTO成员经验与构造我国中小企业信用担保体系

中小企业融资难,很重要的一点就是资信程度差,缺乏可行的信用担保体系。中小企业信用担保,是指经政府及经贸委批准设立的中小企业信用担保专门机构与债权人(包括银行与金融机构)约定,当被担保的中小企业不履行或不能履行主合同约定债务时,中小企业信用担保专业机构承担约定的责任和履行债务的行为。它属于《担保法》规定的保证行为。从国际先进经验看,中小企业发展迅猛的美国,由于拥有较为完善的信用担保制度,中小企业可以方便地从民间个人、资本市场、风险投资公司等多处获得资金。所以据1988年5月National's Business杂志的调查,51%的中小企业认为不存在融资困难的问题。而我国目前的中小企业则严重缺乏信贷支持辅助体系,包括贷款担保组织、贷款风险补偿机制、财政利息补贴机制等各个方面。建立我国中小企业信用担保制度,制定担保政

策,既要借鉴国外经验,又要根据转轨时期我国财政、金融和中小企业管理体制的自身特点,建立具有中国特色的中小企业信用担保体系。

中小企业信用担保体系由担保与再担保两部分构成。担保以地市为基础,再担保以省为基础。在省市试点的基础上再组建全国性的中小企业信用再担保机构或中小企业信用担保保险机构。中小企业担保体系一般由信用担保公司、银行等金融机构、中央与地方政府有关信用担保指导委员会、咨询机构等组成,体现新型的银、企、政关系。其运用方式如图33-2所示:

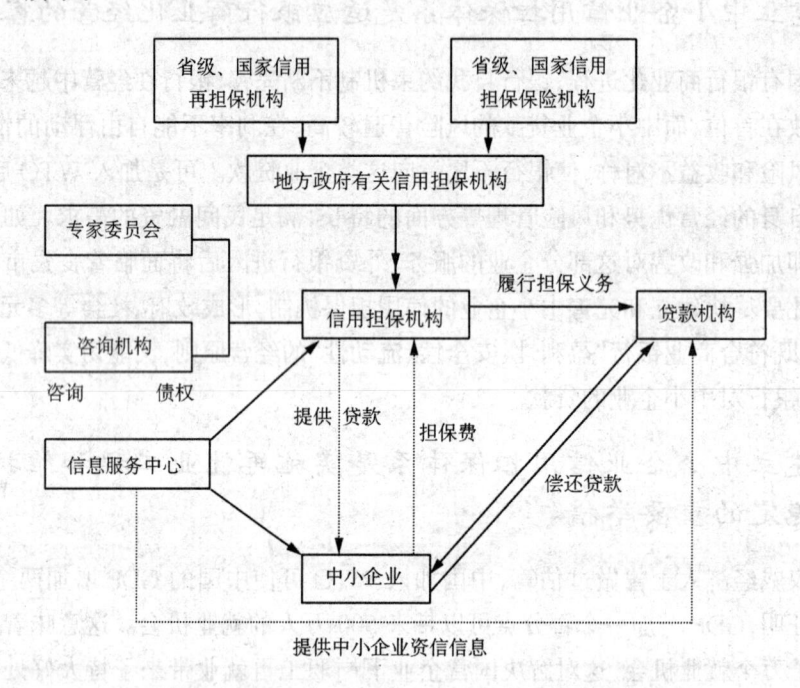

图33-2 我国中小企业信用担保体系运用方式图

1. 信用担保机构

从信用担保机构的性质看,主要有三种类型:①企业法人型。必须是在工商行政管理局登记成立,本身是独立核算、自主经营、自负盈亏的法人单位。可实行在董事会领导下的总经理负责制,进行市场化运作。②事业法人型。这种担保机构是经批准成立的事业单位,专门为中小企业提供信用担保,不以盈利为目的,可以实现会员制。③社团法人型。这种类型的担保机构是在民政局登记成立,不以盈利为目的,企业自愿参加,自主运作,以联合经济担保为基础的中介服务组织,也可实行会员制。一般地,地级以上城市的中小企业信用担保机构可选择企业法人性质的中小企业信用担保公司形式、事业法人性质的中小企业信用担保中心及社团法人性质的中小企业信用担保协会;省(自治区)中小企业信用再担保机构可选择的模式有事业法人性质的中小企业信用再担保中心及社团法人性质的中小企业再担保协会。而省市经贸委已有的投资公司、资产经营公司,经批准在原有业务基础上也可以改组为中小企业信用担保机构,也可一套机构两块牌子。中小企业信用担保机构属于非金融机构,不得从事财政信用与金融业务,不得设立财政信用和非银行金融机构性质的中小企业信用担保机构。从理论上讲,信用担保机构应是不以盈利为目的,追求社会效益的机构,担保资金和业务经费以政府预算资助和资产划拨为主,以担保费收入为辅,应体现"政策性资金、市场化运作、法人化管理"的原则。

中小企业信用担保机构的职能主要有三个方面:①对被担保的中小企业进行资信评估。②担保业务与反担保业务,追偿、清算与重组业务。在组建中小企业信用担保机构时,地市中小企业信用担保机构应按上述职能设立业务机构。③省级中小企业信用再担保机构以对地市中小企业信用担保机构的资信评估、对中小企业信用担保机构发放再担保和对中小企业信用担保机构进行业务监督为主要业务,并以此组建业务机构。

担保机构必须配备懂金融并具有较高经营管理水平的人才和会计,以及法律专业方面的高素质人才。必须公开招聘,持证上岗,每年进行定期轮训和考核。可聘请金融、管理、财会、法律等方面的资深专家组成的顾问组,发挥其在项目评估、法律咨询、人员培训等方面的作用。

2. 国家中小企业贷款担保保险机构

在全国设立国家中小企业贷款保险公司,其资本金来源于中央财政,资本金可在100亿元左右。

3. 担保运作程序

公司担保一般是企业向银行提交贷款申请时,同时向担保公司提交担保申请;银行会同担保公司对企业申贷事项进行评估,在办理贷款合同的同时,担保公司与银行办理担保合同,贷款按合同形式履行,银行将贷款正式拨付给企业时,担保合同开始生效。而省级与国家级信用担保机构则对下级担保机构进行再担保与保险。此外,设立专门的信用担保信息中心及指导委员会对政、银、企间实行信息交流及监督。

4. 信用担保机构选择被担保企业的方法

各国的信用担保机构在确定自己所服务的企业时,有两种方式(或原则)可供选择:一是个别选择法。即信用担保机构对提出担保申请的企业逐个进行风险审查,确定其中一些为担保对象,对这些企业的银行借款提供担保。二是全面担保法。即信用担保机构按企业的某一(或某些)特征(如企业的规模等)确定其所服务企业的目标类型。只要企业落在此目标范围内,信用担保机构不须对企业逐个进行风险评估便可向其提供担保。这两种方法在效率(成本)、担保质量、担保数量上有很大的差别(表33-1)。

表 33-1　个别选择法与全面担保法的特征比较

特征	个别选择法	全面担保法
效率:单位成本	高	低
总成本	低	高
质量:担保损失及逾期	低	高
数量:担保总额	低	高

资料来源:E. Brugger and S. Rajapatirana ed.: *New Perspectives on Financing Small Business in Developing Countries*,1995,ICS Press,p.142。

一国的信用担保机构采用何种方法,取决于该国的政策意图和中小企业的总体素质。一般而论,发达国家(如西欧各国)的中小企业平均风险水平较低,多采用"全面担保法";而发展中国家(如拉美各国)的中小企业的总体素质不高,信用担保机构必须对企业加以筛选,因而多采用"个别选择法"。

三、完善我国中小企业信用担保体系的对策

90年代以来,地方陆续进行了为中小企业提供融资担保的探索。1994年,上海城市信用社开办了中小企业风险担保基金贷款业务,基金由各区政府财政拨款和企业共同出资设立,以会员制的形式为企业贷款提供担保。1997年,中国民生银行上海分行参与成立了虹口区非公有制经济发展基金,主要为中小企业贷款提供担保服务,并由专业的担保公司操作。1999年2月8日,镇江市中小企业信用担保中心正式运行,这是联合国开发计划署援助我国的首个"中小企业改革与发展项目"。中心成立之际,便为首批20户中小企业的1500万元流动资金贷款担保进行了签约。该中心的成立,为全国其他地方探讨解决中小企业融资问题提供了可以借鉴的模式和有益的经验。1999年上半年,国家有关方面制定的《中小企业信贷担保体系试点办法》正式出台。据国家经贸委提供的材料,截至1999年2月,全国已有山东、广东、安徽、四川、浙江、江苏、上海、北京等几个省市开展了中小企业信用担保业务,已成立中小企业信用担保机构20个,到位资金约15亿元,可为中小企业解决60亿~100亿元的银行贷款。这些担保机构为中小企业融资、架起中小企业与银行之间的桥梁起到了较大的作用,对如何支持中小企业做了有益的探索。到1999年11月底,开展中小企业信用担保业务的省区和直辖市已经达到28个,通过政府拨款、资产划拨、会员风险保证金、企业入股等方式筹集担保资金40多亿元,按5倍的放大系数和担保机构承担70%贷款风险的机制运行,对中小企业融资起到了重要作用。

为了完善我国的中小企业信用担保体系,可以进一步采取以下措施:

1. 建立信用担保的风险控制与防范体系

风险是市场竞争的产物,信用担保是国际公认的高风险行业,应采取严格的措施,认别、防范、控制和分散风险。首先,由于中小企业量多面广,情况复杂,加上管理不规范,信息不对称,使得评估人员难以全面、准确地了解被担保中小企业的具体情况。其次,以现

行的贷前风险系数(为贷款方式与信用等级的乘数)来衡量风险也不够准确。由于合理地、最大限度地降低担保风险,把风险控制在信用担保机构所能承受的范围之内,是担保机制可持续运作的保障之一,因此,必须在实际运行中,选择有效的风险控制的手段。目前,风险控制的几种有效手段分别是入会条件审查,设立风险准备金,在贷款数量上进行控制,严格担保审批制度,要求提供反担保及贷后跟踪、监督被担保项目等。从机制角度讲,防范与控制担保风险需要建立内部控制机制、风险补偿机制和风险转移机制。内部控制机制主要是实行科学严格的担保操作管理责任制,建立审、保、偿分离制度、担保限额审批制度、定期检查督促制度和离职审计制度。风险补偿机制一方面是建立地方财政定期补偿机制,当发生担保资金损失时,地方财政给予弥补损失。另一方面建立风险准备金制度,其来源是担保手续费收入、资本金存款利息收入、会费资金存息差等。风险转移机制主要通过落实反担保措施,要求被担保企业以其资产提供抵押反担保或质押反担保;实行担保机构与协作银行之间的责任分担;待条件成熟时,担保机构可向再担保机构申请再担保,以分散风险。

具体措施可以采取:①从选择担保对象的源头上控制,严格市场准入条件,对中小企业进行正确的资信评估;②建立担保风险预警系统,对担保项目进行跟踪监测,及时发现和处理风险;③建立科学严格的担保操作管理责任制,深化担保机构的内部管理;④强化担保机构的外部约束,行业主管部门应加强对担保机构业务与财务的监督管理,商业银行有权对担保机构的资信进行调查评估,根据担保机构的资信决定是否发放贷款等;⑤建立一支素质优良的担保业务队伍,加强担保业务全过程的质量控制;⑥建立反担保措施和风险准备金制度。

2. 完善中小企业贷款抵押制度,加强抵押物市场建设

政府应在政策、税收、法规、场地等方面促进抵押登记、资产评估、信息公告、物品交易、流通变现等综合配套服务体系的建设,切实解决中小企业抵押物变现难的问题。

3. 强化中小企业的信用观念,建立中小企业信用评级和信用登记制度

信用担保是建立在企业信用制度基础上的。只有建立与完善中小企业经营者个人信用体系,既衡量相应的风险,又有效地对企业法人代表及经营者实行社会监督,才能减少欺诈行为等"道德风险"。同时,只有中小企业信用观念强,按时还款,基金才能做大,才能降低成本,支持更多的中小企业,发挥更大的作用,否则基金不可能扩大和维持下去。

4. 建立中小企业信用担保基金

中小企业信用担保基金是以政府出资为主,其他机构、团体及相关商业银行共同资助成立专门机构,为中小企业向贷款银行提供担保的基金形式,也可以从金融资本市场直接筹集成立。当被担保企业不能偿还债务时,由信用担保基金承担约定责任,向银行进行清

偿。接受信用担保基金担保服务的中小企业则需向其交纳一定的担保费用。如美国小企业管理局(SBA)通过国会拨款向中小企业贷款的金融机构提供担保;日本全国则设有52处信用保证协会,并有中小企业信用公库为信用保证协会提供再贷款;有"中小企业王国"之称的我国台湾则早在1974年即成立了"中小企业信用保证基金",该基金与中小企业银行、中小企业发展基金等共同成为中小企业融资辅导体系的重要组成部分。目前,我国中小企业信用担保基金的来源可以是:政府预算资金;政府国有土地使用权转让、出租所得;政府划拨的经营性和非经营性国有不动产;社会募集资金;国内外捐赠;会员单位会费;其他来源如出售国有企业所得、税收返、追偿所得及担保资金增值等。其中,中央级中小企业信用担保基金来源可为中央财政预算基金;省、市中小企业信用担保基金可由省、市财政预算资金及其他渠道资金组成。

5. 保证担保基金有长期稳定的补充资金来源

扶持中小企业是各级政府的长期任务,中小企业信用担保应该作为扶持中小企业的一项长期政策。各级政府出资或由其他途径建立的中小企业信用担保基金,不能只是一次性的,应该有一个长期的计划,通过长期的担保计划扶持一批又一批中小企业发展,并实现制度化和法律化。

6. 建立健全有关法律制度,使信用担保机构有法可依

我国应借鉴国外一些WTO成员成功经验,结合我国国情,在不断总结经验的基础上,尽快制定和出台《中小企业信用担保法》,对担保机构的资格认定、准入制度、行为规范、法律责任、风险承担等方面作出规定,使中小企业信用担保机构有法可依,能依法规范经营、依法防范风险和保障自己的合法权益。同时还应考虑制定实施《中小企业银行管理条例》、《中小企业发展基金条例》及与中小企业融资相关的条例和制度,使中小企业信用担保体系在有关法律制度保障下得以完善,充分发挥其对中小企业发展的支持作用。

7. 根据实际情况建立不同模式的信用担保机构,推动担保产业化发展

担保产业化发展是市场经济对担保行为的客观的和必然的要求。根据我国目前区域经济发展的状况,可组建多种模式的担保机构。在中小企业资本原始积累弱、资金稀缺、经济处于起步阶段的地区应设立政府扶持推动型担保机构,而在中小企业资本积累初具规模,经济处于升级阶段的地区可建立按互惠互利互助的原则、由中小企业自愿入股组成的民间互助型担保机构,或者根据市场需求采用政府、企业、银行合作投资、国内外企业合作投资、国内外企业和金融机构独立投资,在投资主体多元化基础上设立一些具有法人地位的商业性担保机构。

8. 避免政府行政干预，营造市场化社会化的信用担保机构

中小企业信用担保机构虽大多由政府出资组建，但政府不能直接插手具体的担保业务，更不能将其搞成变相从事财政信用业务的机构和救济所，而应组建成一独立性强的专门机构，自主经营、自负盈亏，进行市场化运作。担保机构应实行董事会领导下的总经理负责制，按规范的公司制运作，机构内部的各职能部门应具有相对独立性，以达到内控制度所要求双重控制和交叉检查的效果。

9. 多方面募集担保基金，建立可持续发展机制

担保基金的募集须坚持"政府为主、社会为辅、多元募集、滚动发展"的方针，通过财政拨一块、社会组织援助一块、受益单位出资一块、经营收益补充一块多方面募集。这既符合我国当前的实际情况，又可使担保基金和担保能力扩大到较大规模，在较大程度上满足中小企业融资担保需求。同时政府应采取扶持政策，建立财政定期拨款补偿基金制度，并对基金营运过程中形成的各项受益在税收等方面给予减免扶持。担保机构自身也要设法广泛响应，吸纳社会各界对中小企业的扶助资金，扩大与中小金融机构合作，走可持续发展的道路。

10. 信用担保体系要与其他服务体系相配合，共同促进中小企业发展

中小企业的发展涉及方方面面的问题，融资难仅仅是其中之一，如果没有其他方面的配合，信用担保体系很难起到扶持中小企业发展的目的。当前，一要建立中小企业市场开拓体系，帮助中小企业解决产品市场出路问题；二要建立技术创新服务体系，积极为中小企业提供技术服务，走内涵式发展道路；三要建立信息服务体系，为中小企业提供财务、市场、经营等方面的信息，为中小企业服务；四要建立管理培训服务体系，积极创办面向中小企业的各类学校，为中小企业培养真正具有企业家精神的管理者。这四大体系相辅相承，将大大提高中小企业的综合素质，增强中小企业的竞争力，促进中小企业的发展壮大。

第三节 WTO与中小企业信息服务体系

中小企业势单力薄，需要提供各种信息服务。从一些WTO成员国中小企业的发展经验来看，大都有比较健全的中小企业信息服务体系。特别是我国加入WTO正是人类向高科技信息为主导迈进的时代。面对WTO，建立健全我国中小企业的信息服务体系更为重中之重。

一、社会信息化与中小企业发展的优势

相对大企业而言,社会信息化对中小企业更为有利。①信息化使中小企业涉足高新技术产业,并具有比以往更多的优势,使中小企业的产业领域大为拓宽。而且使中小企业获取信息的速度大大加快,尤其是因特网的普及使中小企业得以在"信息高速公路"上同大企业平等竞争,缓解了中小企业原有的营销力量、创新开发力量薄弱等不足。网络销售也使中小企业的低成本优势得到充分发挥,大企业垄断市场的地位大大减弱。据统计,美国1996年入网经营的产品和服务,95%是由中小企业提供的。信息化还有利于中小企业正确决策和规避风险,灵活的反应机制也使中小企业能较快地获取高科技成果,更快地更新产品。②中小企业更能适应信息时代的消费需求特点。信息时代的消费呈现多样化、多变性和个性化的特点,要求企业产品实现多品种、小批量甚至个性化定位,这对拥有标准化生产线的大企业来说一时难以适应。而中小企业面对市场需求的反应则要快得多,因此出现了这样的趋势,许多大企业正想方设法缩小生产单位。③信息技术使中小企业参与全球竞争成为可能,大大拓展了中小企业的生存空间。以往的中小企业只能以本区域市场作为生存空间,要想参与全球竞争,往往要依附于大企业和跨国公司,否则就无力克服时空障碍。如今只要一台微机、一部电话并联上因特网就可以了。④社会信息化使中小企业与大企业之间竞争实力的差距大为缩小。⑤信息化也使中小企业在技术创新上发挥的作用进一步增强。创新成为信息时代中小企业生存和发展的必要条件。强烈的生存危机意识和快速反应机制,使中小企业创新的速度和成功率比大企业更高,成本更低。就我国而言,中小企业已成为技术创新的主力军。在乡镇企业较发达的苏州、无锡、常州,中小企业每年获得的专利数占整个企业界获得专利数的90%以上。⑥信息化使生产者与生产资料重新紧密结合,使人们更愿创办中小企业或到中小企业中工作。"拥有自己的企业,自己来当老板"这一过去典型的美梦,如今已成为现实,例如目前美国平均每3个家庭就有1个小企业。

二、信息时代中小企业的信息需求

上述分析表明,信息时代正为中小企业的生存和发展提供新的大好机遇。当然我们也应当看到,机遇总是与挑战相并存的。一方面,大企业同样在享受信息化的好处,不仅在企业信息化的意识、条件及人才方面占据先行优势,而且总是希望通过利用信息资源及技术手段来巩固扩张自己的市场竞争优势。另一方面,广大中小企业之间的信息化竞争也将日趋激烈,特别是传统产业和发展中国家的中小企业,更要认清形势,把握趋势,努力化被动为主动,实现跨越式的赶超。

在信息化时代,我国的中小企业的发展正面临着的新挑战来自四个方面:一是处在工业化中期的中国企业仍处在规模优势扩张阶段,大量重复建设和产业产品同类使中小企

业难以避免与大企业的正面冲撞;二是企业改革的深入和非公有制经济的迅猛发展,使围绕企业制度创新的竞争日益激烈;三是买方市场格局的形成使围绕市场生存空间的竞争白热化;四是发达国家和新兴国家的中小企业拥有先行进入信息社会的优势,使我国中小企业在增强国际竞争力过程中处于相对被动的地位。我国中小企业要成功应对这些挑战,都必须紧紧抓住信息时代来临的机遇,勇敢迎接挑战,跟上时代潮流,努力掌握跨世纪竞争的主动权。

一般而言,中小企业的信息需求是比较复杂的。一方面,不同的中小企业经营内容有差异,导致信息需求也往往不同;另一方面,同一中小企业在不同发展时期,对信息的需求也不同。结合中小企业运行过程及信息内容考察,中小企业的信息需求主要有以下几种:

政策法令信息。主要包括党和国家的各项路线、方针、政策、法令、规定与规划的精神与内容。我国的中小企业的性质与任务决定了其生产经营活动必须在国家法令、法规、政策允许的范围内,这是中小企业发展的先决条件,它引导着中小企业的行为,使之更规范、更合乎社会经济发展规律。

技术信息。主要包括新发明、新成果、新产品、新材料、新设备、技术革新与技术改造等方面的信息。现代中小企业的振兴,必须依靠科技进步。当今中小企业之间竞争的实质,是产品的竞争,说到底也是科技的竞争。中小企业为了开发新产品以在竞争中取胜,就必须广泛收集各种技术信息,只有在现代技术信息基础上开发新产品,才能使中小企业立于不败之地。

竞争对手的信息。主要有竞争对手的生产规模、经营思想、发展规划、产品组合、市场地位、销售系统、促销活动、财务状况、技术素质与管理素质、自然资源状况、原材料供应渠道等。知己知彼方能百战不殆。商场如同战场,通过对竞争对手信息的分析,中小企业就能发现对方的弱点与优点,然后才能制定相应的对策,扬长避短,不断提高自己的经营能力与竞争实力,进而在激烈的市场竞争中取胜。

市场销售信息。主要有市场销售商品的种类规格、式样、质量、价格、商标、包装、销售渠道、商品寿命周期、广告宣传方式、销售方式等。对于广大中小企业而言,产品在市场上是否有销路,直接决定着其命运。而市场销售信息,不仅可以使中小企业了解到自身产品有无销路和市场竞争力,引导企业产品的销售,而且是企业进行产品定价、促销等决策的依据。因此,中小企业只有重视市场销售信息,才有可能做出正确的市场经营策略、销售渠道策略、价格策略与促销策略,进而在激烈的市场竞争中取胜。

国际市场信息。主要包括国际市场的产品需求、价格、销售等信息。随着中小企业实力的增强和规模的扩大,参与国际市场竞争就成为必然趋势。这就要求中小企业广泛收集各种国际市场信息,增强自身的国际市场竞争力。

此外,中小企业还需要了解原材料供应与价格、市场需求变动、人才市场、国家金融财政政策等方面的信息。

三、我国中小企业信息服务存在的问题

从我国中小企业所能得的信息渠道及其畅通与否情况看,目前信息市场是供不应求的。根据1998年3～6月国家经贸委组织的对亚太经济合作组织(APEC)成员在华投资的中小企业经营环境的问卷调查,32.2%的被调查中小企业对中国目前的信息资源环境不太满意,远远超过表示满意的比例(12.2%)。其中,60.3%的企业认为当前中国信息市场供不应求,相比之下只有7.8%和31.9%的企业分别认为信息市场供大于求或供求平衡。而在信息渠道的选择与信息的获取方面,目前中小企业获取信息的主要渠道是自行调研、利用社会网络、大众媒体、购买信息和海外采集等。对于规模不大的中小企业来说,任何一种信息的取得方式均存在成本负担的问题。低价并及时有效地获得信息是中小企业能否在市场竞争中取得优势的关键。但在我国,仍缺乏一个有效的外部支持力量来为中小企业获取信息提供便利服务的机制。根据对亚太经济合作组织(APEC)成员在华投资的中小企业经营环境的问卷调查,APEC中小企业的信息主要来自于新闻媒体(占64.7%)、企业自身(占51%)、政府有关部门(占41.3%)及行业协会(占31.6%),而来自于信息咨询机构、互联网、母公司等渠道的则相对较少(图33-3)。

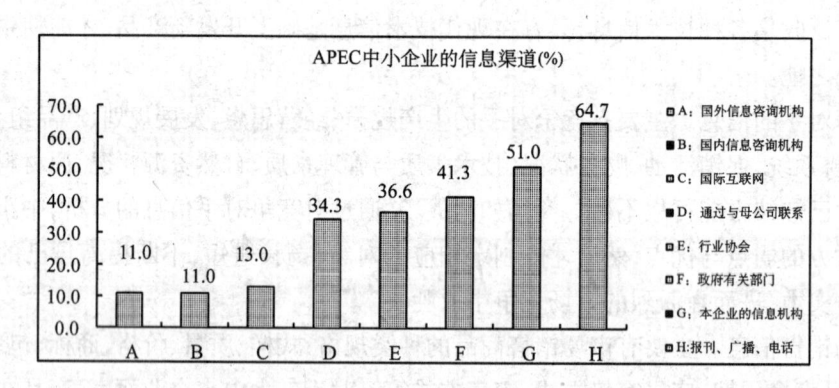

图33-3 APEC中小企业的信息来源
资料来源:APEC成员在华投资的中小企业经营环境调查研究报告,国务院发展研究中心情报中心。

从中小企业自身条件来看,其在信息需求的实现上也存在着不少障碍。如本书第四章第四节所阐述的主要有以下四个方面:①中小企业的管理者信息意识淡薄;②中小企业信息基础工作落后;③中小企业信息系统建设滞后,尤其是基层,大多数没有设立专门的信息机构,特别是县以下的广大乡镇更成为信息服务的断层,以致中小企业无法从信息服务机构获取信息;④我国信息市场不健全,通信设施落后也成为制约中小企业获取外部信息的障碍之一。

四、建立健全中小企业信息服务体系的对策

关于建立健全中小企业信息服务体系的对策,本书第四章第四节已作了详细论述,此处不在重复。它主要包括以下5个方面的措施:①首先要把强化企业信息化观念、加快企业上网步伐作为当务之急;②加快中小企业的技术、机制创新;③增强全社会的信息化意识和素质,搞好信息化人才培养;④加快信息化基础设施建设;⑤建立中小企业信息服务网络;⑥实现中小企业"信息服务外源化"。

第四节 WTO与中小企业政府支持体系

我国中小企业的发展离不开政府的支持,加入WTO对我国政府的管理方式将带来较大的影响。中小企业将需要更多的政府支持。因此,急需建立与完善中小企业的政府支持体系。本书特对政府支持中小企业的目标、机构设置、法律制度、融资渠道、优惠政策以及社会化服务体系等问题进行探析。

一、政府支持中小企业的目标体系

政府支持中小企业的目标要明确,具体来说,应包括以下八项内容体系:①促进技术进步及创新;②鼓励创办新企业;③支持扩大就业;④援助进入市场,如扩大出口,获得政府采购合同;⑤发展经济落后地区,改善地区结构的平衡;⑥调整产业结构;⑦促进中小企业与大企业、科研机构和高等院校之间的联合和合作,鼓励中小企业之间的联营和合作;⑧简化政府的管理程序,减轻企业负担。

二、建立中小企业政府管理机构

WTO规则是以市场经济为前提的。我国以市场经济为取向的经济体制改革,促进了企业转换经营机制,政府转变职能,但这并不意味着政府对企业可以撒手不管。恰恰相反,政府对中小企业的经营管理要做很多的政府制定和执行、监督、指导、服务等工作。这样,对于政府来说,就要建立相应的管理机构。由于中国政府中小企业管理机构不健全,因此,和其他方面的管理一样,也是部门分割、地区分割,造成"政出多门",不利于中小企业参与市场竞争。由于中小企业的所有制构成比较复杂,由此所形成的政府,不能使中小企业在市场竞争中处于同一起跑线上,因而不利于中小企业的更快发展。

建立对全社会中小企业统一管理的机构,规范对中小企业的管理。目前,在我国按所有制分,中小企业包括国有中小企业、城镇集体企业、乡镇企业、个体私营企业等。管理中

小企业的机构有经贸委、乡镇企业局、工商管理局、生产力促进委员会、工商联合会等。1998年虽然在国家经贸委设立了中小企业司,但职能远未到位。这些机构职能多有交叉,容易产生相互争夺权利,相互推卸责任和政出多门的现象,不利于中小企业的健康发展。因此,我们建议政府尽早建立对全社会中小企业统一管理的机构,规范对中小企业的管理。中小企业管理机构职能可以包括:制定、起草促进中小企业发展的政策、法律、协助中小企业获得贷款,为中小企业提供财政支持、管理咨询、信息服务、技术支持和人员培训等。特别重要的是,作为中小企业管理机构,应对不同所有制企业实行一视同仁的政策。不仅在认识上,而且在实践上彻底解决"所有制成分论"的问题。除国家法律和政策明令禁止的以外,允许非公有制企业自主选择经营范围和经营方式,简化非公有制企业市场准入方面的审批程序,促进各种所有制企业的平等和共同发展。

三、建立健全中小企业的法律支持体系

小企业的政策一般体现在有关法规上,所以在建立政府管理机构的同时,应当健全法律体系。中国目前尚无一部完整意义上的中小企业法律。因此,政府各部门对中小企业的管理,都无法可依。

建立健全促进中小企业发展的法律体系,保护中小企业的合法权益。长期以来我们的不少政策都是向大型企业倾斜的,是一种以保护大型企业为向导、忽视中小企业发展的政策体系。因此,现在要发展中小企业,当务之急是:首先把中小企业真正当成市场主体,让它们与大企业享有同等的待遇。为此,我们迫切需要建立和完善促进中小企业发展的法律体系,以法律形式确保中小企业的社会地位,保护它们的合法权益。根据我国当前的立法情况,我们建议在已经出台的《公司法》、《乡镇企业法》、《合伙企业法》、《独资企业法》基础上,抓紧研究制定《中小企业基本法》和《中小企业振兴法》,以确定中小企业在国民经济中的地位和作用,明确鼓励、支持中小企业发展的基本方针和各项政策措施。同时,要加大《反不正当竞争法》的执行力度,尽快出台《反垄断法》等有关法律,并建立或充实相应的执行机构,为中小企业的发展提供公平竞争的经营环境。

四、为中小企业提供可靠的融资渠道

目前,中国中小企业融资十分困难,形成了制约中小企业发展的一个重要因素。有些中小企业为了解决资金的来源问题,即以职工集资的方式筹集资金。这一方面由于数量有限,不能满足企业发展的需要;另一方面也很不规范,存在问题不少。企业亏损,无力还本付息,损害职工的利益;赢利的企业,付息比例过高,不利于企业增加积累。

从目前情况看,中国解决中小企业的融资渠道问题,可以采取下列措施:一是建立中小企业发展的准备金制度(也可以称为再就业准备金制度)。准备金的垫底资金来源有三个方面:第一是政府财政拨款;第二是出售国有中小企业的收入;第三是从中小企业的营

业收入中提取一定比例,作为发展准备金。发展准备金由政府掌握,重点用于支持地方产业升级换代,支持中小企业与高新科技事业的发展;实行有偿使用,滚动发展。同时,在会计科目中设置坏账准备金,用于备抵一些企业因经营不善而形成的呆账和坏账。二是增加中小企业的银行借款。这就要求各国有商业银行切实办好最近成立的小型企业信贷部。其主发贷款对象应是小型企业和个体企业,小额贷款规模的下限不宜过高,应降至万元以下。三是充分发挥城市合作银行、城乡信用合作社的作用。使其实际发挥类似中小企业银行的作用,其贷款规模应有一定的比例(比如 70%)专门用于中小企业。四是实行优惠贷款。主要是对从事高新科技的企业提供无息或贴息贷款,无息或贴息额应由财政如数拨付,这实际上是政府利用财政手段支持高新技术中小企业的发展。五是建立中小企业贷款担保基金。中小企业贷款但保基金既可以由政府出面设立永久性机构,也可以由中小企业组建联合担保共同体,实行股份制。有了担保基金的支持,银行可以降低风险,而中小企业能更容易地获得贷款。这里的关键是,基金本身应按照市场经济原则办事,并且拥有足够的防范措施,如对担保项目进行可行性研究,按担保比例和额度收取一定的手续费等。

五、实施优惠政策、支持中小企业创业与发展

1. 开业优惠

实行开业优惠,就是要一方面简化开业登记手续,减免有关费用,另一方面要降低开业条件。对下岗职工申请开办企业,凭个人身份证、下岗证或待业征、单位辞职证明等,即可办理,减少不必要的手续和障碍;减免工商管理等行政性收费。要降低开业注册资本金。比如,对与人们日常生活密切相关的修理业、零售业、餐饮业等,其注册资金可降至千元左右;对于科技咨询业、软件开发等行业,其最低注册资金有 5000 元左右即可。同时,对于经营场所也应降低条件,允许下岗职工利用自己的住房营业。

2. 资金援助

发展中小企业,还应当在资金方面给予援助。对于那些想创办企业、手中又实在没有钱的下岗职工,可实行由下岗职工本人申请,将其一年或更长时间的生活救济费一次性拨付,用于创办企业的注册资本金。这样可将下岗职工的消费资金转变为生产资金,变被动救济为引导创业,有利于下岗职工学会在市场上拼搏,增强竞争能力。而且,应当在咨询和其他服务方面给予资金支持。

3. 税收优惠

税收优惠是国际社会支持中小企业发展的一个重要方面。对中小企业实行税收优惠,也是涵养税源的一项重要措施。从个别企业看,税收似乎减少了,可是由于税收优惠促进了中小企业的发展,企业发展多了,税收反而增加了。税收优惠对中国当前促进下岗

职工再就业,更有特殊的意义。对下岗职工创办的中小企业,实行税收优惠,是否可以实行自创办之日起,一年内不收税,三年内免征营业税和个人所得税;实在有困难的企业,五年内应当给予一定的减免缓优惠。同时,中国1994年实行的新税制,存在着对小企业不利的地方,由于一般小企业不具有"一般纳税人"资格,只是"小规模纳税人",只能实行代开专用发票,不能开具增值税发票,使得与他们打交道的企业感到吃亏,不愿与其往来,这对小企业的生存与发展构成潜在的威胁。因此,应当在"小规模纳税人"和"一般纳税人"之间找到平衡点,以做到一视同仁。在这方面,亦应以邻为镜,不断改变。

4. 其他优惠

为了更快地促进中小企业的发展,除以上提到的在开业、资金、税收等方面的优惠外,还应当有其他地方的优惠,这些优惠也是很重要的。其中主要包括:①咨询与培训优惠。在这方面,应当设立专门基金,为中小企业提供咨询和培训优惠。特别是一些下岗职工,年龄偏大、知识陈旧、文化偏低、专业面偏窄,为使其创办的企业能够巩固和发展,必须提高他们的素质,并提供咨询服务。所以,政府应拨出专门款项,免费为这些企业提供咨询和培训。真正做到"支上马,送一程"。②设立小企业"孵化器"。政府应投资建立小企业"孵化器",为中小企业提供经营场所。开始时,应少收费、低收费;对下岗职工可以不收费。同时,开展培训,给予资金和技术支持。当企业已具备雏形时,可将其"分蜂"出去,以便腾出场地吸收下一批创业者。"孵化"出更多的小企业。③鼓励中小企业技术升级和产业换代。对于中小企业采用新技术、开发新产品、运用新工艺等。应当在税收、财政、融资等方面给予优惠。特别应当鼓励中小企业从事于科研、技术和产品开发、新技术试制(试用),以及经营技术转让业务等。允许高等院校、科研机关、大中型企业等创办科技型企业,特别应当鼓励下岗科技人员创办此类企业。对于他们所招收的下岗职工,亦可拨付一定时期(1~2年)的生活救济费供企业使用,并允许这些企业向国家申请科研经费。④促进联合与开展专业化协作。对于小餐馆、小商店实行连锁经营,小型零售点固定进货渠道,大型企业扩散零部件等开展专业化协作的企业,企业间的交易行为,可视同企业内部的交易行为,可实行准予免缴或少缴增值税、营业税等流转税的政策。同时,对于中小企业联合组建企业集团的,应给予政策优惠。⑤促进中小企业产品出口。当前,中小企业产品出口面临着很多困难,体制障碍、融资困难、缺乏专门为中小企业出口服务的机构,以及信息不灵等。因此,要进一步深化外贸体制改革,逐步实行外贸经营权自动登记制,建立促进中小企业产品出口的金融机构,切实解决中小企业国际化经营中的融资问题。与此同时,要充分发挥出口信用保险机构的作用,对中小企业出口提供必要的信用担保;建立为中小企业出口和国际化经营服务的机构,利用专家和其他社会力量为中小企业进行国际市场调查、项目可行性研究和市场营销等提供帮助;加强中小企业与专业外贸机构之间的合作,通过广泛推行外贸代理制扩大中小企业的间接出口等。

六、建立健全中小企业社会化服务体系

建立、完善各种形式的社会化服务组织,为中小企业提供各种服务。针对中小企业的特点,联合社会各方面的力量,组织官办或支持民办中介机构,为中小企业提供管理信息咨询、人才教育培训、经营诊断及指导、技术开发、营销对策以及防止破产等各个领域的服务,增强中小企业在市场中的竞争能力和发展能力。

加快包括信息网络在内的基础设施建设,为中小企业提供基础设施支持。抓紧研究制定发展小城镇战略,通过建立工业园区和开发区等形式,为中小企业提供基础设施和共用技术设施,形成中小企业"团地化"经营模式,发挥地区集聚效应,提高公共设施的利用效率,节约土地,降低成本和加强环境保护。同时,适应现代信息网络社会发展要求,加快信息网络建设,向中小企业提供最具权威性的市场动态和行情分析、行业监督法规、产品基本标准以及其他各方面市场信息,为中小企业参与市场竞争提供各种信息服务。

通过种种渠道和形式鼓励、支持中小企业积极发展高科技。面对知识经济大潮滚滚而来,科技型中小企业已成为经济发展新的生长点。因此,尽快发展创业投资体系,鼓励官办或支持民办风险投资公司,为中小企业勇于创新提供资金支持。同时,尽早推出创业板为高科技中小企业通过直接融资市场筹资创造便利条件。

第十篇

中国中小企业发展与就业

第三十四章 我国失业问题与发展中小企业

第一节 当前我国失业的类型和群体分布

目前,在理论界有关我国失业类型问题的探讨和争论十分活跃,特别是对于造成我国就业形势严峻的主要失业类型及其成因,专家学者们更是见仁见智,莫衷一是。罗列起来,不外乎结构性失业、总量性失业、摩擦性失业、周期性失业、季节性失业(这些失业类型在第二章已有论述)以及体制性失业等。但讨论的焦点主要集中在总量性失业、结构性失业和体制性失业三种类型上。总的来说,我国的失业类型和成因既有与其他国家相同的一面,也有自己独特的一面。这也可以认为是另一种意义上的中国特色。

一、总量性失业

经济学家钟朋荣认为:"从我国失业的实际情况来看,不排除有结构性失业和周期性失业,但主要问题是因劳动力总量大大多于就业岗位而造成的总量性失业。"[①] 国家计委宏观经济研究院杨宜勇博士也认为:"中国目前的失业,仍然是人口总量过剩型失业。这是一个最基本的情况。"他进一步指出:"当前的失业,只不过是总量过剩型失业显性化;或者是在总量过剩型失业的背景上叠加了一个转轨型失业[②]。"

我国劳动力供求关系长期以来是供大于求。劳动力供给在长期内仍将居高不下,劳动力供给绝对量远远超过劳动力需求的绝对量。1975年以前,我国人口自然增长率同大多数发展中国家一样,以2%以上的高速度增长,按照人口增长与劳动力增长滞后效应,目前,我国劳动力供给仍处于高速增长阶段,根据世界银行和国际劳工组织(ILO)统计,中国劳动力供给高居世界榜首;1995年为7.32亿,约占世界总量的29%。相当于高收入发达国家的总和3.73亿的1.9倍。根据劳动和社会保障部提供的数据[③]:1999年新增劳动力为1662万人,包括国有企业下岗职工500万人,集体和其他企业新增下岗职工160万人,共计660万人。如果按75%进入劳动市场计,会增加495万劳动供给。另外军警精减中将增加67万劳动力供给、包括17万军队裁员,50万军警及政法机关所办企业或经济实体"脱钩"、移交、撤并所带来的劳动力供给。同时,新进入劳动年龄的新生劳动力(主要为大中学生)为1100万人。因此,1999年的劳动供给总量将达到2903万人,较上

---

① 钟朋荣:"中国解决失业问题研究",《学术研究》1998年第11期。
② 杨宜勇:"关于失业的若干问题探讨",《经济学消息报》,1999年2月19日第2版。
③ 劳动和社会保障部规划财务统计处:"1999年前三季度劳动保障统计报告",《劳动保障通讯》,1999年第11期。

年增加 40 万人,其分布见表 34-1。

表 34-1 1999 年劳动力供给及分布情况

分布	人数/万人
1998 年接转的失业下岗人员	1241
其中:失业人员	571
下岗职工	670
1999 年新增的劳动力供给	1662
其中:当年新生劳动力	1100
新增加的下岗职工	495
政府机构改革和"脱钩"	50
精简军队	17
劳动力供给总计	2903

资料来源:劳动和社会保障部,国家统计局,引自:汝信、陆万伟、单元伦主编,社会科学文献出版社出版,《中国社会形势分析与预测》(2000)所收莫荣:"中国就业形势依然严峻"一文。

而同年全社会可利用新增就业机会为 300 万个左右,加上自然减员所腾出的就业岗位为 900 万个,1999 年安置下岗职工为 920 万,按 75% 进入劳动力市场计,可减少 690 万的劳动力供给。在 1100 万新生劳动力中,按大约 40% 进入培训和继续教育领域,可减少 440 万人的劳动力供给。以上相加,则 1999 年可提供 2303 万人的劳动力需求,按 1999 年 2903 万人的全部劳动力供给计算,供给远远大于需求,两者之差为 600 万。供需比为 100:79。

以上数字仅仅包括城镇新增劳动力供给,如果再加上农村剩余劳动力 1.5 亿,则我国劳动力总供给值将大大增加。因此说我国的失业问题或者失业类型主要为总量性失业是有其事实依据的。

二、结构性失业

中科院胡鞍钢博士认为:我国正处在大规模产业结构调整阶段,下岗职工激增,是属于持续性、长期性的结构性失业。表现为原有吸纳新增就业主渠道的第一产业部门在 20 世纪 90 年代大量释放剩余劳动力;就业结构变动呈加速趋势,第一产业就业人数迅速下降,第二产业特别是制造业吸纳新增劳动力的能力也在迅速下降。一些传统工业企业关、停、并、转、破促使下岗职工急剧增加。

当前城镇下岗失业的群体呈多样化趋势,主要表现为国有企业与职工双向选择过程中的失业群,破产兼并、停产整顿企业员工的失业群;终止、解除劳动关系的失业群和隐性失业显性化的失业群。从目前来看,国有企业就业增长已趋于负增长,非但不能增加就业岗位,反而成为劳动力净流出部门。

从失业群体的产业分布来看,第二产业部门尤其是纺织、煤炭、机械、轻工、森工等行业十分突出。譬如纺织业,作为国有企业脱困的突破口,当年压锭 1000 万,分流下岗职工 120 万,与此同时,国家下决心整顿和关闭效率低下,污染严重的小玻璃厂、小水泥厂、小炼油厂、小火电厂、小钢厂等所谓"五小"企业,也导致一批职工下岗或失业。这种失业群体的产业分布极不平衡,行业之间下岗、失业率的离差很大。如下岗率最高的批发和零售贸易、餐饮业为17.1%,而最低的金融保险业仅为0.2%,二者相差16.9个百分点。下岗率排在前5位的行业,其平均下岗率为12.3%。高于1997年全国行业9.6%的平均下岗率2.7个百分点,而其他行业的平均下岗率为2.1%。两者相差10.2个百分点(表34-2)。

表34-2 1997年下岗、失业的行业分布及比率

行 业	职工人数(万人)	新增职工人数(万人)	新职工增长速度(%)	下岗职工人数(万人)	下岗率(%)
总计	14 668.2	555.9	3.79	1435.4	9.78
批发和零售贸易、餐饮业	1 773.7	55.4	3.12	303.1	17.09
制造业	5 082.5	43.6	0.86	797.8	15.70
建筑业	1 003.5	18.7	1.86	102.8	10.24
交通运输、仓储业	709.4	30.3	4.27	65.7	9.26
采掘业	850.8	7.3	0.86	78.1	9.18
地质勘察及水利管理业	128.1	6.5	5.07	8.4	6.56
社会福利业	480.3	46.3	9.64	21.4	4.46
房地产业	83.6	5.8	6.94	3.3	3.95
农林牧渔	611.9	25.5	4.17	20.8	3.40
电力、煤气及水的供应	281.8	23.9	8.48	4.5	1.60
科研和综合技术服务业	179.0	11.9	6.65	2.4	1.34
卫生体育	464.3	36.5	7.86	2.0	0.43
机关和社会团体	1079.5	58.5	5.42	3.3	0.31
文教艺术广电业	1403.0	128.2	9.14	3.9	0.27
邮电通信业	114.1	4.7	4.12	0.3	0.26
金融保险业	298.2	25.1	8.42	0.7	0.23
其他	124.5	27.7	22.20	16.9	13.57

资料来源:国家统计局,转引自人大报刊资料F102,1999年第7期,第58页,毛泽盛、李俊:"调整产业结构:解决失业问题的根本途径",《安庆师范学院学报》社科版,1999年第2期,第22~25页。

从结构性失业群体的地域分布来看,像纺织业比较集中的上海、浙江地区,"五小"企业集中的西部地区,以及效益下滑的东北老工业基地,下岗、失业的人数较多,压力较重。由于受到产业结构调整和所有制结构转型的双重挤压,导致大规模的集中性失业。

近年来,我国产业结构和经济增长方式正逐步向工业化方向转化,资金密集型和技术密集型产业的比重不断上升,因此,资本、技术替代劳动趋势日益显现,这也必然会导致相应的下岗和失业现象。比如说,在土方施工中,一台现代化的挖掘机可以替代100个人的工作,运输部门的卸载车、卸载机同样是人工搬运效率的80倍。这些劳动力密集的行业,由于产业结构的转化而导致大量的人员失业。

三、体制性失业

西南大学名誉校长刘诗白教授认为,当前我国严峻的就业形势和失业问题,从根本上看是长期以来实行计划经济体制和采取粗放型增长方式造成的。近年来,随着我国经济体制改革的深化,特别是由于对国有经济进行战略性大改组和结构大调整,必然要引起大量人员下岗,可以说,当前的失业问题是经济体制转换的必然[①]。

中国经济体制改革研究会会长高尚全认为,伴随经济体制改革和企业制度创新而来的"体制性失业"将长期存在。我国建立社会主义市场经济体制的改革目标要求进行相应的制度创新,由原来的行政附属物和社会职能单位转变为独立经营的经济实体和市场竞争主体,表现在劳动用工制度上就是由追求高就业率向有效率的就业体制转变。于是,国有企业要从过去承担的全员就业压力中解脱出来,需释放出大量的冗员,从而将大量的隐性失业人口显性化[②]。市场经济条件下,企业对经济资源的配置。必然遵循成本最小、利润最大化的原则。在严格的成本约束下,国有企业中那些边际生产力低于社会平均边际生产力的职工(即无效劳动力)就会下岗失业,国企中职工的下岗与其体制结构的转换和企业行为的市场化的要求是一致的。1996年底全国城镇下岗人数达891万人,其中国有经济单位下岗人员573.7万人,占下岗人员总数的64.3%,城镇集体单位下岗287.1万人,占32.2%;其他经济单位下岗30.8万人,占3.5%。

此外,在我国失业群体中,还存在其他的失业类型,如等待性失业、自愿性失业、搜寻性失业等。但这些类型不构成我国失业问题的主流。

四、城镇失业人员失业的原因构成

根据劳动和社会保障部的统计,我国城镇失业人员失业原因构成大致可分五个方面(表34-3)。其中"下岗离开单位"的人数最多;约为250.1万人,占全部下岗失业人数(571万人)的43.8%;其次"毕业后未找到工作"的,约有175.9万人,占30.8%;因单位破产而失业的37.1万人,占6.5%;辞职和被辞退的约有36万人,占6.3%;其他各种原因失业的约有71.4万人,占12.5%。

表34-3 1998年城镇失业人员失业原因构成

项目	下岗离开单位	毕业后未找到工作	原单位破产	辞职、被辞退或合同期满	其他	合计
比例(%)	43.8	30.8	6.5	6.3	12.5	100
人数(万人)	250.1	175.9	37.1	36.0	71.4	571

资料来源:根据《中国劳动统计年鉴》,1999年计算。

---

① 刘诗白:"当前中国的就业形势及对策",《经济学动态》,1999年第9期。
② 高尚全:"中国就业形势分析及治理对策",《宏观经济研究》,1999年第8期。

在"毕业后未找到工作"的失业群中,16~24岁年龄段的大中学生占了相当大的比重,这部分人约有125.8万人,约占全部总人数(175.9万)的71.5%,其中16~19岁年龄段(主要是初、高中毕业生),占35.2%。20~24岁(主要为大中专毕业生)约占36.3%。因此,在全部571万的城镇失业人口中,大中学生约占30.8%。由此可见,大中学生构成1998年度比较密集的失业群体。

从失业人口的年龄分布来看,20岁以上40岁以下(不含40岁)年龄段失业者约占总数的65.8%。16岁以上45岁以下(不含45岁)年龄段失业者则占全部失业人口的90.4%。在失业人口的年龄分布上,青壮年比例最大,16~34岁年龄段失业者达64.3%(表34-4)。

表34-4 1998年城镇失业人员年龄分布

年龄	16~19	20~24	25~29	30~34	35~39	40~44	45~49	50~54	55~59	60~64	65以上
比例(%)	12.1	20.3	17.1	14.8	13.6	12.5	6.7	2.2	0.5	0.1	0.1

资料来源:根据《中国劳动统计年鉴》,1999年,第60页整理。

表34-5 1978年以来城镇失业青年占失业总人数的比例

年 份	城镇失业总人数(万人)	失业青年数(万人)	失业青年占失业总人数比例(%)
1978	530.0	249.1	47.0
1979	567.6	258.2	45.5
1980	541.5	328.5	70.6
1981	439.5	343.0	78.0
1982	379.4	293.8	77.4
1983	271.4	222.0	81.8
1984	235.4	195.9	83.1
1985	238.5	196.9	82.6
1986	264.4	209.3	79.2
1987	276.6	235.1	85.0
1988	296.2	245.3	82.8
1989	377.9	309.0	81.8
1990	383.2	312.7	81.6
1991	352.2	288.4	81.9
1992	363.9	299.8	82.3
1993	420.1	331.9	79.0
1994	476.4	301.2	63.2
1995	519.6	310.2	59.7
1996	552.8		
1997	576.8		
1998	570.0	367.2	64.3

资料来源:根据《中国劳动统计年鉴》1997年、1999年整理并计算。

从表 34-5 显示,1978~1998 年的 20 年间,城镇失业者中,青年所占的比重很大,特别是 1980~1993 年,这一比重每年都超过 70%。1978~1998 年(缺 1996 年,1997 年数字)失业青年所占全部失业人口的年平均比例为 74.1%。这一系列数据说明,在全部失业人口中,青年人是一个不容忽视的庞大群体,大量的青年处于失业状态,对社会来说,一方面是大量的年富力强的劳动力和人才白白浪费;另一方面失业群体中的青年人数量过大,对社会稳定造成重大隐患。同时也从侧面反映了我国劳动力市场中、高龄群体特别是 60 岁以上人口劳动参与率过高。胡鞍钢认为,我国老年人口劳动参与率过高[①],与新增劳动就业人口形成竞争关系,人为地扩大了劳动力供给量,相对地加大了青年人就业的压力[②]。因此,适度控制高龄人口就业看来很有必要。

五、我国失业人员的地域分布特征

我国失业人员的分布具有明显的地域特征。经济欠发达的地区的失业率明显高于经济发达地区;中西部地区的失业率明显高于东部沿海地区;经济越落后的地方,失业率越高。

表 34-6 显示,西部(西北、西南)十个省、市、自治区[③] 1998 年的平均失业率(不包括西藏)为 3.4%,在有统计数字的九个省、市、自治区中,有 6 个地区超过全国平均失业率(3.1%);其中陕西省的失业率与全国平均值持平,而陕西省 1995~1999 年的分别为 3.5%,5.2%,6.4%。均大大高于当年的全国平均值。青海的情况更是如此,青海省 1998 年的失业率降至 2.5%,但 1995 年,1996 年,1997 年的失业率分别为 7.4%,7.2%,7.4%,均位居全国第一。

中部地区[④] 九个省、市、自治区的平均失业率为 2.9%,略低于全国平均值。其中湖南(3.9%)、湖北(3.3%)、安徽(3.2%)三个省高于全国平均值,其余六个省、区均低于全国平均值。

东部沿海地区[⑤] 十二个省、市、自治区,平均失业率为 2.3%,在三大地带中处于最低水平。

失业率的地区分布与经济发展水平成正相关。且相关系数高达 0.85。如东部沿海发达地区人均 GDP 高达 11 533 元,而欠发达的中部地区只有 5 399 元,只占东部地区的 47%,还不及半数;而不发达的西部地区人均 GDP 为 4 172 元,只占东部地区的 36%(表 34-7)。

---

① 1996 年我国 60~64 岁人口平均劳动参与率为 49.7%,就业人数为 2218 万人,相当于我国 3 年新增就业人数的总和,城镇 60~64 岁人口,平均劳动参与率为 44.0%,就业人数为 683 万人。
② 参见:胡鞍钢:"关于降低我国劳动力供给与提高劳动力需求重要途径的若干建议",《中国软科学》,1998 年第 11 期。
③ 包括:重庆、云南、四川、贵州、西藏、陕西、甘肃、青海、宁夏、新疆。
④ 包括:湖北、内蒙古、湖南、山西、安徽、吉林、河南、黑龙江、江西。这里的东、中、西部地区区域范围的划分可参见《中国统计年鉴》,1999 年,第 58~63 页。有关东、中、西部的区域分类标准各不相同,尤以"西部"的地区说法不一,有把内蒙古包括进去的,也有提出"10+2"分类标准的。"10+2"即上述 10 个行政区再加上内蒙古和广西。
⑤ 包括:辽宁、河北、北京、天津、山东、江苏、上海、浙江、福建、广东、广西、海南。

表 34-6　我国城镇登记失业人员及失业率的地区分布

地区	失业人员（万人） 1990	1995	1996	1997	1998	失业率（%） 1990	1995	1996	1997	1998
总计	383.2	519.6	552.8	576.8	571.0	2.5	2.5	2.9	3.1	3.1
北京	1.7	2.2	2.8	3.3	3.0	0.4	0.4	0.4	0.7	0.7
天津	8.1	3.3	3.3	4.3	4.5	2.7	1.0	1.0	1.3	1.4
河北	7.7	17.5	15.6	16.2	15.9	1.1	2.2	1.9	2.0	2.3
山西	5.5	7.4	9.3	12.6	10.0	1.2	1.4	1.7	2.4	2.2
内蒙古	15.2	17.2	17.6	17.7	13.1	3.8	3.8	3.9	3.8	3.1
辽宁	23.7	32.9	43.4	46.0	40.0	2.2	2.7	3.6	3.9	3.4
吉林	10.5	17.2	14.0	13.6	18.3	1.9	2.0	2.2	2.1	3.1
黑龙江	20.4	28.5	29.5	25.5	25.0	2.2	2.9	3.0	2.6	2.4
上海	7.7	14.4	14.6	14.9	16.0	1.5	2.6	2.6	2.7	2.8
江苏	22.5	21.2	23.0	25.1	24.3	2.4	2.1	2.3	2.5	2.6
浙江	11.2	20.2	18.6	21.2	20.0	2.2	3.2	3.0	3.4	3.2
安徽	15.2	19.9	20.4	21.6	15.3	2.8	3.1	3.1	3.2	3.2
福建	9.0	11.0	10.7	10.4	8.0	2.6	2.6	2.4	2.4	2.1
江西	10.3	10.8	12.1	16.3	14.5	2.4	2.1	2.3	3.0	2.5
山东	26.2	34.8	38.8	38.9	36.5	3.2	3.2	3.5	3.4	3.3
河南	25.1	24.2	25.5	24.0	21.7	3.3	2.6	2.5	2.3	2.6
湖北	12.7	28.6	32.4	33.9	31.3	1.7	3.1	3.5	3.5	3.3
湖南	15.9	29.3	31.6	30.9	29.8	2.7	3.8	3.9	3.6	3.9
广东	19.2	30.0	29.6	31.9	26.2	2.2	2.6	2.5	2.7	2.3
广西	13.9	15.6	16.2	18.2	13.4	3.9	3.6	3.7	4.2	3.2
海南	3.5	5.8	5.8	5.5	3.5	3.0	4.2	4.3	4.3	3.3
重庆				10.9	10.1				2.9	3.5
四川	38.0	43.4	44.4	32.3	30.2	3.7	3.7	3.7	3.9	3.7
贵州	10.7	16.6	18.2	19.6	10.7	4.1	5.8	6.2	6.5	3.8
云南	7.8	10.6	10.5	10.4	6.0	2.5	2.9	2.9	2.8	2.2
西藏										
陕西	11.2	16.4	25.4	32.0	12.2	2.8	3.5	5.2	6.4	3.1
甘肃	12.5	16.4	16.9	15.7	8.3	4.9	5.5	5.5	5.2	3.3
青海	4.2	5.9	5.7	5.9	1.8	5.6	7.4	7.2	7.4	2.5
宁夏	4.0	5.5	4.5	4.2	3.9	5.4	6.4	5.2	4.8	4.7
新疆	9.6	12.8	12.4	13.8	12.8	3.0	3.5	3.4	3.7	3.9

资料来源：《中国劳动统计年鉴》，1997年，1999年整理。注：不包括港、澳、台数据。

表 34-7 1998 年全国各省、市、自治区人均国内生产总值(单位:元)

东部地区	中部地区	西部地区
北　京 18 482　(2)	山　西 5040　(17)	重　庆 4684　(20)
天　津 14 808　(3)	内蒙古 5068　(16)	四　川 4399　(23)
辽　宁 9333　(8)	吉　林 5916　(15)	贵　州 2342　(31)
河　北 6525　(11)	黑龙江 7544　(10)	云　南 4355　(25)
山　东 8120　(9)	安　徽 4576　(21)	西　藏 3716　(21)
江　苏 10 021　(7)	江　西 4484　(22)	陕　西 3834　(28)
上　海 28 253　(1)	河　南 4712　(19)	甘　肃 3456　(30)
浙　江 11 247　(4)	湖　北 6300　(12)	青　海 4367　(24)
福　建 10 369　(6)	湖　南 4953　(18)	宁　夏 4270　(26)
广　东 11 143　(5)		新　疆 6229　(13)
广　西 4076　(27)		
海　南 6022　(14)		
平均:11 533	5399	4165

资料来源:根据《中国经济年鉴》1999 年整理计算,括号内数字为全国排位。

第二节　二元经济结构转型与失业

20 世纪 50 年代,美国经济学家阿瑟·刘易斯(Lewis,W.A.)将研究的视点转向发展中国家,并创立了经济领域中的一门新的学科——发展经济学。在构建发展经济学的过程中,刘易斯把发展中国家分为两个有代表性的经济部门(即所谓的二元经济),即传统农业部门和现代城市工业部门。并提出了一个阐述发展中国家农村剩余劳动力转移的数学模型,即著名的刘易斯模型,这一理论模型经过后人不断完善、发展,被公认是解释发展中国家劳动力剩余的一般理论,并为他赢得诺贝尔经济学奖这一殊荣。本书第三十五章第三节将对刘易斯模型作详细介绍。

一、中国二元经济结构概述

中国长期以来是一个典型的传统农业国家,经济结构的二元模式只是到了 19 世纪末 20 世纪初才建立起来,而这个时期,西方发达资本主义国家已完成了由二元经济向城市工业化的一元经济的转变。新中国成立以后,特别是改革开放以后,我国加快了工业化发展的步伐,但是由于受中国特殊的历史和现实条件制约,到目前为止,就经济结构而言,仍属于典型的二元经济结构模式。

也有学者认为,改革开放以后,中国农村经济飞速发展,特别是农村非农经济(以乡镇工业为主体力量)异军突起,由此派生出独立于传统二元经济结构的新的一元经济形式。进而提出,中国的经济结构已不是传统意义上的二元结构,而是变化了的"农业部门经济——农村工业部门经济——城市部门经济"三元经济结构。

还有不少学者注意到了农村乡镇工业发展给传统二元经济结构带来新的变化,提出我国经济出现双重二元结构模式，并且以农村非农业部门经济为变量，演绎出多种双重二元经济结构模式(表34-8)。

表34-8 双重二元经济结构的几种模式

模式类别	模式构成
第一种模式	第一重二元结构：城市经济部门 VS 乡村非农业部门＋乡村农业部门 第二重二元结构：乡村非农业部门 VS 乡村农业部门
第二种模式	第一重二元结构：城市经济部门 VS 乡村非农业部门 第二重二元结构：乡村非农业部门 VS 乡村农业部门
第三种模式	第一重二元结构：城市经济部门 VS 乡村农业部门 第二重二元结构：乡村非农业部门 VS 乡村农业部门
第四种模式	第一重二元结构：城市经济部门＋乡村非农业部门 VS 乡村农业部门 第二重二元结构：乡村非农业部门 VS 乡村农业部门

以上几种模式从不同的维度和不同的经济意义上揭示了我国二元经济结构发展过程的带有中国特色的独特变化。虽然阐述的角度和方法不同，但变化的结构是一致的。本书旨在说明二元经济转换过程对我国失业的影响，为阐述方便，仍然选择通常的二元结构模式加以描述。

我国二元经济发展的终极目标是努力从根本上降低农业一元在国民经济整体结构中的比重，进而消除这种二元经济结构，将二元经济结构转化为现代城市经济的一元结构，即向工业化国家迈进。工业化的一个重要特征是城市化，即城市人口比重在整个国民人口总数的比例要占绝对多数。而目前，我国庞大的农业人口使得我们离工业化的目标还十分遥远。因此，中国二元经济转化的重要任务就是如何完成大量的农村剩余劳动力向城市的转移。

二、我国二元经济结构的特点及其对就业的影响

综合起来，我国二元经济结构具有以下特点：

(1) 工业化速度快、城市化水平滞后。新中国成立后，我国确立了以工业(尤其是重工业)发展优先的经济战略，我国的工业部门发展迅猛，与此形成强烈反差的是工业化的快速进程并没有相应提高城市化水平。城市化的滞后，使得大量的农村剩余劳动力一直滞留在有限的耕地上，也即说工业的发展并没有带来通常所常见的农业人口向城市的流动，因而，造成农村剩余劳动力的过度累积。

(2) 长期以来的城乡壁垒，限制了劳动市场正常发育和劳动岗位竞争机制的形成。高就业、低工资、"统分统配"、"一岗定终身"以及"福利式"的就业政策，缺乏对劳动力的激励，使得城市工人劳动生产率低下，劳动竞争力较弱。这给后来的"民工潮"和下岗再就业困难埋下了伏笔。

(3) 20世纪70年代末发起的，80年代初全面铺开的以承包制为主要内容的农村经济改革，为农村的蓬勃发展揭开了序幕。自此，农村劳动生产力得到极大的释放，农业生产效率大大地提高，农业生产效率的持续提高，使得本来就已存在的人力资源和自然资源

矛盾更加突出并公开化,农村剩余劳动力问题尖锐地体现出来。农村中的隐性失业人数不断扩大。

(4) 在农村经济体制改革特别是乡镇企业发展的推动下,20世纪80年代中后期,国有企业的改革加快了步伐,企业用人机制在悄悄变化。"大锅饭"开始被打破,加之政治体制改革也以渐进的方式展开,城乡之间的坚固栅栏被打破。改革的结果是我国经济开始出现前所未有的持续的高速增长,"民工潮"一时成为蔚为壮观的奇特的经济现象。

(5) 20世纪90年代,随着社会主义市场经济体制的建立,效益和效率原则这一市场经济的规律,对于在计划体制下沉疴已久的国有企业特别是国有大中型企业就像一把锋利的双刃剑。面对冗员泛滥,效益、效率低下,国有企业终于开始了"刮骨疗毒"式的治理整顿,其结果是大量的员工下岗,城市失业率不断攀升。

(6) 中国人口及劳动力数量之多位居世界第一,中国的人均物质资源十分有限。沉重的人口包袱限制了中国经济发展的总体水平,进而也影响了就业岗位的供给。

上述各个问题必然会对我国剩余劳动力转移,进而对就业的增长和失业的改善产生影响。

三、二元经济结构转型与农村剩余劳动力转移

中国现代化的实现过程是以二元结构的转型直至其消失为前提。二元经济结构转型具体表现是农村非农产业结构的重大变化和农村剩余劳动力的大量转移。

(一) 农村非农产业结构的变化

20世纪80年代,我国非农产业出现积极的变化,其突出表现是随着农村改革的不断深化,传统农业产业的份额不断下降,非农产业份额持续上升,以及农业从业人口持续减少。归结起来,就是非农产业的主体地位在农村经济中得到确立并且日益巩固。以下,我们将通过一系列的数据比较来说明这种变化。

改革前的1971年,我国村办工业的产值只有38.8亿元(当时货币值),相当于农业总产值的3.7%,到1978年,基本如此。1978年非农产业只占农村经济的30%,在农村社会总产值的构成中,第一、二、三产业的总产值之比大致为70:19:11。传统农业的份额占绝对优势。

改革开放以后,农村非农产业特别是乡镇企业发展迅猛,1978~1990年,乡镇企业总产值从493亿元增加到2504亿元,12年共增长4倍多。年均增长33.99%。1990~1998年,乡镇企业增加值从2504亿元增加到22 186亿元,8年共增长近8倍,年均增幅为98.25%(图34-1)。

到1994年,农村非农产值的比重由1978年的31.44%上升到74.3%,上升了近33个百分点。由此可见,我国农村经济结构变化速度一直在不断地加快。

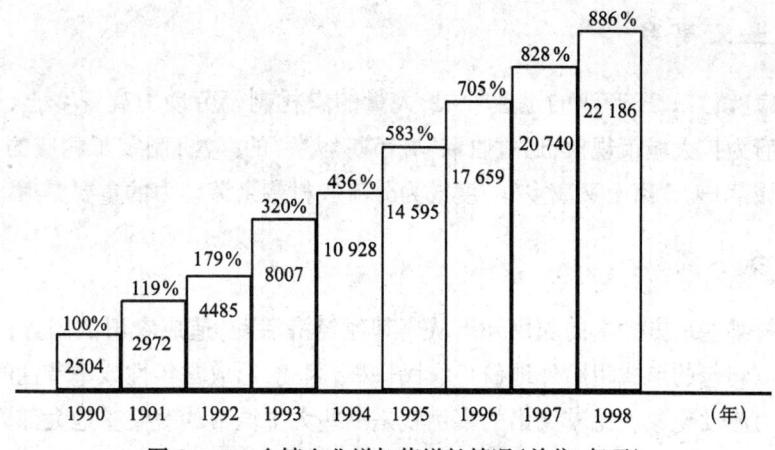

图 34-1　乡镇企业增加值增长情况(单位:亿元)

资料来源:《中国乡镇企业年鉴》,1999年,第7页。

(二) 农村剩余劳动力的转移

由于20世纪80年代以来我国非农产业结构的调整,推动了我农村剩余劳动力的大规模转移。转移方式归纳起来有以下几个方面:

1. 离土不离乡

这是农村剩余劳动力转移的典型模式,使得我国农村劳动力转移的模式具有"三元"性特征。近20年来,通过发展农村乡镇企业,实现了大批剩余劳动力的就地转移。1990～1998年,乡镇企业吸纳农村剩余劳动力由9262万人上升到12 537万人。增幅为35%(图34-2)。

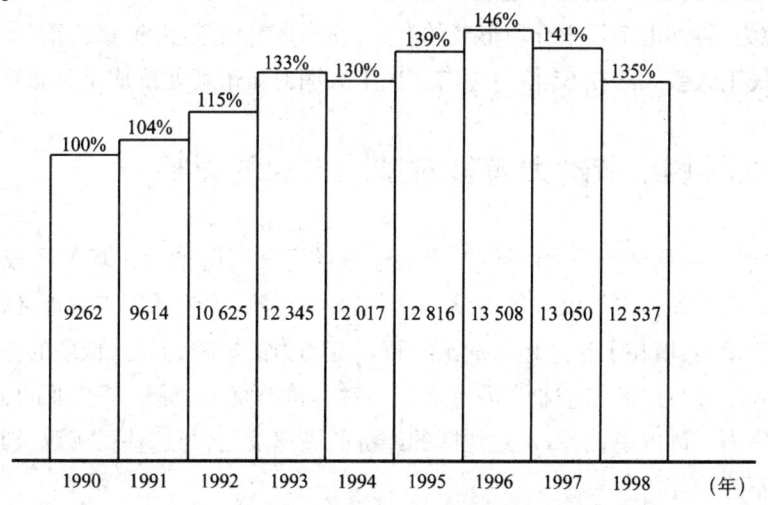

图 34-2　乡镇企业职工人数发展情况(单位:万人)

资料来源:《中国乡镇企业年鉴》,1999年,第8页。

2. 离土又离乡

随着城市(镇)二、三产业的迅速发展,大量的农村剩余劳动力离开乡土,进城发展。有些地方政府为扩大城市规模,通过收取"城市扩容费"的办法,制定了相应的户籍政策,吸引农民进城落户。"离土又离乡"一度成为分流农村剩余劳动力的重要渠道。

3. 离乡不离土

由于农村某些地方大量的农民外出从事其他经济活动,造成农田的闲置,因此,这部分土地常常以转包的形式租给外地(村)农民耕种,因此,形成常年性或季节性的农民易地务农的劳动力流动现象。比较突出的事例就是一些大中城市的蔬菜基地大部分是由外地农民承包租种。

4. "民工潮"

"民工潮"是我国改革开放后劳动力流动的一种特殊形式,是国际劳动市场中的一种奇特现象。20世纪80年代中期以后,由于我国经济特别是沿海地区经济超高速发展,吸引了大批农村剩余劳动力涌入谋求职业。进而引发大规模农民工(通称"民工")跨区域潮水般的流动。"民工潮"一说由此得来。"民工潮"的产生原因从根本上来说有三个方面,即:①我国许多农村地区存在着数量巨大的、边际生产力接近于零的、几乎没有收入来源的剩余劳动力,这部分人有着改变生存状况的内在需求,这是劳动力大量转移的内在推动力,我们称之为劳动转移的"推力";②二元经济转化的外部条件趋于成熟,特别是市场经济体制的转型为劳动力市场的流动创造了良好的外部环境;③由于改革开放带来了生产力的空前解放和经济的持续高速增长,城市二、三产业迅速发展创造了大量新的就业岗位和获取较高报酬的机会。这些机会是外在的诱因,我们可称之为劳动力转移的"拉力"。"推力"和"拉力"再加上市场中介所形成的合力,就形成波浪滚滚的"民工潮"。目前,我国各地流动的民工人数大约在6500万左右。民工大潮对城市就业形成不容忽视的压力。

(三) 农村剩余劳动力转移对城镇失业的影响

毫无疑问,农村剩余劳动力的转移,极大地推动了我国劳动力市场的形成和发育,对我国城乡经济的发展作出了巨大的贡献。巨大的"民工潮"为流入城市和地区提供了大量价格低廉的劳动力,填补了这些地区的某些行业劳动力的短缺,同时,低廉的劳动力成本,对于这些流入城市和地区的企业产品带来了相对的价格优势,提高了企业的劳动生产率和产品的竞争力。可以说,沿海发达地区的经济的高速发展,与这些民工以及其他打工族的贡献是分不开的。

但是,大量的民工涌入城市,客观上对流入城市的就业造成了不小的压力(当然,我们认为这种压力是积极的,有价值的),在探讨近年来城镇失业率不断上升的原因时,不能不说潮涌般的城市打工族(主体部分是农民工)是城镇失业率持续上升的不小冲击波。这种冲击具体体现在以下两个方面：

1. 流入城市的打工者数量巨大且逐年增加

据中央政策研究室、全国政协和国务院发展中心等单位在1992~1994年间的所做的调查估计,我国外出打工的农民人数在5000万~6000万之间[1]。有资料显示,近年来外出民工的数量一直维持在6500万左右。据数次大规模的抽样调查显示,外出农村劳动力中70%以上进入城市就业。据推算,在外出农民中大约有2300万在地级以上的城市就业,1600万在县城或县级市就业,另外有3300万在城乡流动。如果把流动的民工中的1/3(约1100万)计入大中城市,则在大中城市就业的民工总数约在3400万左右。也即说总共有5000万农民在县城以上(含县城)的城市找到了就业机会[2]。应该说,"民工在城市中就业的确构成了对城市劳动力的竞争和替换"[3]。

2. 外地农民工在某些行业有着特殊的竞争力

吃苦耐劳、纯朴守纪是中国农民的传统个性,因此,就某些行业而言(主要是具有体力劳动特征的较艰苦行业)农民工相对于城市待业者以及下岗职工具有明显的竞争优势。比如说,在建筑业、搬运业,约有85%以上为农民工。其他工程如筑路、水利工程中,农民工的比例也占绝对优势。相比之下,城镇待业和下岗人员,一方面吃苦精神较差,不容易管理;另一方面工资报酬期望值高,用人单位还须承担工资、福利和社会保险的包袱,这些主客观原因,使得这些城市劳动者的就业竞争力更差,同时也意味着摆脱失业的机会减小。这也可以解释为什么在城镇就业市场上普遍出现"闲着媳妇雇保姆"的奇特现象。

第三节 中小企业发展与增加就业

一、中小企业对社会就业总量的影响

就业问题在相当长的时期内将是困扰我国社会的最迫切的问题之一。从劳动力供给来看,我国面临着新增劳动力和存量劳动力两方面的巨大压力:一是在21世纪初的几年中我国新增劳动力年均将超过1000万以上(1999年为1100万人)。二是失业下岗人员的再就业压力越来越大,1997~1998年我国城镇登记失业人数分别是570万人和571万人。到1999年下岗职工为1165万人(其中1998年接转下岗人数670万人,新增下岗人数为495万人)。三是城镇国有和集体单位的富余职工,按25%~30%比例计算,约在

---

[1] 上海社会科学院经济研究所："农业劳动力转移：一个跨世纪的难题",《上海经济研究》,1995年第12期。
[2] 国务院发展中心赵树凯："缓解就业压力需要城乡统筹",《中国经济时报》,1999年3月31日。
[3] 袁志刚、方颖:《中国就业制度变迁》,山西经济出版社,1999年,第302页。

3000~3500万人。四是农村剩余劳动力计有1.2亿人。

要解决日益严峻的就业压力,必须全方位多途径地挖掘就业源,而大力发展中小企业是解决我国就业问题最为关键的一个环节。中小企业提供就业的岗位数量在各就业机构中占绝对多数。

据统计,世界各国中小企业在吸纳就业人数方面都占据着相当的比重,如1997年,美国中小企业的就业人员占所有从业人员的比例为60%,德国为68%,法国为66%,意大利为76%,日本为79%,韩国为69%(表34-9)。

表34-9 部分国家中小企业从业人员占所有从业人员总数的比例

国家	年份	比例(%)	国家	年份	比例(%)
美国	1997	60	意大利	1997	76
德国	1997	68	日本	1997	79
法国	1997	66	韩国	1997	69

资料来源:根据各国中小企业资料整理。

我国的情况也不例外。1995年,我国中小企业就业人数占工业企业就业总数的83.23%,而大型企业就业人数只占16.77%。从近几年我国经济最具活力的几个省市来看,中小企业对经济发展的贡献功不可没,而且在这些省市中,中小企业对就业增长的拉动作用巨大。如广东、江苏、浙江、福建等省,中小工业企业吸纳就业人数占工业企业总人数的比例分别为84.70%,79.12%,82.98%,91.86%(表34-10)。

表34-10 1997年部分省市大、中小企业吸纳的就业人数比较

省市	大型企业 人数(万人)	大型企业 比重(%)	中小企业 人数(万人)	中小企业 比重(%)
上海	103.03	37.23	173.72	66.77
广东	82.04	15.03	450.90	84.70
江苏	147.59	20.88	558.97	79.12
浙江	60.03	17.02	292.67	82.98
福建	15.99	8.14	180.35	91.86

资料来源:《中国工业统计年鉴》,1998年。

从世界各国经济发展的趋势以及我国中小企业发展的现状来加以推断,我们可以得出这样一个结论:我国中小企业无论是现在还是将来一段相当长的时期内都将是吸纳就业的主要场所,其解决就业问题的作用和潜力巨大。

我国中小企业吸纳劳动力就业的作用还可以从其适应劳动力供求关系的变化方面得到体现。

我国有着世界上最为丰富的劳动力资源,有着世界上最大的劳动力市场。劳动力供求变化对企业的生存和发展有着十分重要的影响。在日本,中小企业在经济发展的不同时期起到了调节劳动力供求关系的关键作用,如经济萧条时,大企业受到的冲击要远远大于中小企业,在大企业大量裁员的过程中,中小企业虽也不得不进行少量裁员,但由于它

们经营灵活,适应环境变化的能力较强,所以较之于大企业所受景气萧条的影响要小得多。例如,1972年大企业从业人员总数为839.3万人,经历了1973年的石油危机以后,到1978年减少到801万人;而同期中小企业的从业人员数则由3040万人增加到3428万人[①]。同样,在20世纪80年代到90年代期间,美国企业的精实化(downsizing)浪潮和企业再生运动造成大企业的大量裁员,这部分失业人员大部分被中小企业所吸纳。我国中小企业在调节劳动力供求关系变动方面的作用更为明显,据有关方面计算,我国目前国有大、中、小型企业的资金有机构成之比为1.83:1.23:1,资金就业率之比为0.84:0.66:1。可见,单位资金所安排的劳动力人数,中小企业比大企业要多出许多。这几年中,由于国有大企业大规模地进行减员增效,导致数以百万计的职工下岗,这些下岗分流的职工再就业的去向绝大多数为中小企业。

二、中小企业创造就业机会的潜力

我国中小企业的行业类型大致可以分为:从事传统工业类、为大企业提供关联配套服务类(类似于日本的转包型中小企业)、新兴服务业类,包括娱乐业类(如洗浴、按摩、美容业等)、社会服务业(如家庭服务,票业服务等)、科技服务业类(如科技咨询业、网吧业等)、高科技新兴产业类等。

从事传统加工业务和手工业的中小企业,如丝织、棉织品、草席、陶瓷、漆器、竹木制品(如扇子、工艺伞、凉席)、酒类等,这些企业虽然面临现代科技产品的冲击,面临工艺升级换代的问题,但是这些企业多属于劳动密集型产业,吸纳的就业人数可观。随着我国旅游业的不断发展和加入WTO,这些手工产品只需要在工艺上加以创新,市场前景看好,因此,就业潜力还可进一步深挖。

从发达国家的经验看,大力发展第三产业是解决城镇就业问题的重要举措,美国近10年就业水平稳步上升,已达到历史最好水平,这与美国服务类小企业大量增加有很大关系。发展第三产业中小企业特别是小企业是各国解决就业问题的政策趋势。目前,我国城镇服务业发展水平还很低,仍有相当的潜力。一些从事社会服务业小企业很有市场活力。如家庭服务、物业管理、餐饮服务、文化娱乐、社区四保(保安、保养、保绿、保洁)等。这些服务行业只要进一步规范市场行为,市场前景看好。目前,这些服务型行业已吸纳了相当数量的就业者(其中有相当一部分下岗职工)。据不完全统计,在提供新增就业机会方面,上述中小企业约占85%以上。

另外,高科技中小企业虽然吸纳就业的人数在数量上目前还不十分突出。但是,这一类企业的废业率较低,工作岗位稳定,就业质量较高,吸纳了社会上部分优秀人才。同时,由于高科技企业自身的市场扩张能力较强,不少高科技中小企业几年之后一跃而成为大企业,因此,在企业扩张的过程中,自然而然地扩大了就业容量。所以说高科技中小企业

---

① [日]中小企业厅:《中小企业白皮书》,1984年,第154页。

在促进经济发展,技术进步的同时,还拉动了就业的增长。这是解决就业问题的理想选择和未来方向。

当然,要从根本上解决就业难题,最主要的还是解决经济发展的问题。经济发展又依赖于数量众多的中小企业的发展。从目前来看,我国中小企业的相对数量还是较低的。在日本,平均每20个人有一家企业,而我国则是平均每200个人才有一家企业。鉴于此,政府应大力扶持中小企业特别是对解决就业有利的吸劳型小企业的发展,从法律、法规和政策上营造一个良好的企业生长氛围,这才是解决我国日趋严峻的就业问题的有为之举。

第四节 治理我国失业问题的思路

在前面几节我们探讨了我国失业的主要类型及其成因和分布。针对我国失业形成的特点,归纳起来,治理的思路有以下几个方面:

1. 要从思想上对失业问题有一个正确的认识

失业是一个全球性的问题,即使是像美国、欧盟、日本这样高度发达的国家和地区,长期以来,也一直为失业问题所困扰。欧盟国家长期以来,失业率高居10%以上。而一直保持良好纪录的日本,近年来失业率也一直攀升,1999年达4.7%,估计今年将达4.9%。我们不能再像过去一样掩盖失业问题,否认失业存在,追求不着边际的所谓零失业率的充分就业。失业现象在目前的条件下是不可避免的,同样也必须看到失业并非中国独有,也并非洪水猛兽,失业是可以治理并得到有效控制的,对此,从政府到普通百姓都应形成共识。

但是,也必须充分认识到我国目前失业问题的严重性及其治理的迫切性,我国城镇登记失业率虽然只有3.2%,但真实失业率要远高于此。权威的估计应在6%左右。因此,缓解失业压力,应成为政府工作的重点。因为这是涉及到国计民生和社会稳定的大事。而实际情况是,有些地方政府仍然漠视失业问题的存在,或者是治理的措施很不到位,间接地加剧了该地区的失业严峻形势。

2. 人口政策

继续严格执行计划生育政策,控制人口的过快增长,确保"十年规划"中提出的人口自然增长率控制在12.5‰以内。从源头上控制劳动力的过度供给,减轻日益增长的就业压力。这也是解决总量性失业的重要举措之一。

3. 大力发展经济,促进经济持续、稳定、快速增长,以广开就业门路,扩大市场中的就业容量

中科院胡鞍钢博士认为:促进经济增长、创造就业机会、减少失业率应是今后我国经

济发展最优先的目标和任务。从目前的失业形势来看,国民经济年增长率维持在8%左右的目标必须达到。

4. 改革与经济发展不相适应的旧的劳动就业体制

鼓励跨地区、跨所有制、跨行业等多种方式就业,贯彻就业的"三结合"方针,国家、集体和私企三道就业闸门一齐打开。目前重点是放在扶植私人企业和个体户,更好地挖掘民间经济吸纳就业的巨大潜力。另一方面,要尽快培育和完善我国现阶段劳动力市场,打破劳动力流动的封闭壁垒。为此,必须改革现行的户籍制度,建立与国际接轨的统一的流动的户籍管理制度。以改变现行户籍制度所造成的城乡之间、地区之间公民权的不平等现状,实现户籍身份功能与社会保障福利功能的分离,逐步实现真正意义的公民身份上的平等,为劳动者创造就业和再就业的条件。

5. 扩大劳务输出,立足国际劳务市场

我国劳动力流动的格局要从国内转向国际。据估计,近年来,国际劳务市场吸纳劳工的数量在2000万左右,而我国每年的劳务输出只占其中的1%弱。与我国庞大的人口和众多的剩余劳动力形成巨大的反差。可以说,我国目前劳动力供给大于需求的局面不会改变,解决失业难题必须把视野转向国际劳务市场,当然,这个诱人的大蛋糕不会自己从天上掉下来,必须集政府和民间之力,多渠道、大批量地组织劳务输出。在这一方面,巴基斯坦等国就做得很出色,该国人口不到1.2亿,向国外输出的劳动力达200多万。其他如泰国、菲律宾也相当不错。大量的劳务输出,缓解了这些国家国内的就业压力。因此,做好国际劳务市场这个大蛋糕,不失为解决当前失业问题的良策之一。

当然,国际劳务输出除了传统的体力型劳动输出外,还应重点安排技术工程、电脑、医疗和管理方面的智力型劳务输出,最大限度地争取在国际劳动市场的份额。

6. 加大人力投资,完善就业培训制度

当前,我国正处于经济结构调整的关键时期,由此带来的结构性失业占据相当大的比例,这暴露出我国职工(特别是下岗职工)整体素质欠佳,劳动技能欠缺的问题比较突出。因此,加大人力投资,实施人力资源战略,加强对劳动者的教育和培训,提高劳动者的素质和技能乃当务之急。

鉴于我国目前的人力培训制度不完善,就业培训信息网络不健全,培训需求与培训供给脱节,培训经费不足,培训范围狭窄,缺乏针对性和实用性等问题,必须强化国家劳动就业培训的相关法规,大力推动培训制度建设,切实贯彻并落实《劳动法》、《职业教育法》有关就业前培训的制度,建立起真正适应市场经济要求的培训机制,使人力培训产业化、制度化。劳动和社会保障部应该制定相应政策,把发放失业救济金同再就业培训结合起来,从"输血救急"转到培训健全的"造血机制"上来。现在我国有技工学校4500多所,就业培训中心2700多个,但这些教育培训机构的真正效用还未得到完全的体现,政府应加大投

资力度,以此为依托,建设好有我国特色的人力培训基地,使之在再就业工程中,发挥出应有的效用。

7. 调整和优化产业结构,大力发展第三产业

在确定我国产业布局时,必须着眼于我国现阶段的实际情况。在选择支柱产业时必须选择那些产业关联度高、科技含量多、经济效益好、能带动整个产业结构升级和优化、有利于国民经济增长和创造更多的就业机会的产业。从产业的整体布局方面来看,必须兼顾技术密集型、资本密集型和劳动密集型产业的比例均衡。必须考虑到我国丰富的人力资源实际,把产业布局与吸纳就业能力统筹起来,而不能挂一漏万,走向极端。在产业调整的过程中,大力发展第三产业,提高第三产业在国民经济中的比重。从目前来看,我国三次产业结构不尽合理,不太协调。其表现就是第一产业比例过大,第三产业比例太小。是典型的"头重脚轻"。据统计,我国目前第三产业的就业人数只占总就业人数的26.7%,比发达国家低40~50个百分点。因此,我国第三产业的就业容量大有潜力。

8. 完善社会失业保障制度

失业保障是社会保障的重要组成部分。尽快建立和完善我国社会失业保障制度,为失业下岗人员解决后顾之忧,是当前我国国企改革,减员增效的制度保证,也是维护社会稳定的重要措施。而且,我们所建立起来的社会保障体系必须是统一的、开放的并能覆盖全体城镇劳动者和发达地区农村劳动者。从近期来看,我国城镇保险保障工作除全民所有制职工外,还应相应地考虑集体,外资(中方职工)、私企和个体经济中的保障问题。应该千方百计保障困难职工的基本生活,建立城镇居民最低生活保障制度。

9. 加快小城镇建设,建立新的就业"蓄水池"

小城镇的发展可以推动城镇区域内第三产业的发展,能以较低的成本创造出大量的非农就业岗位,就近吸纳农村剩余劳动力。改革开放以来我国农村小城镇发展很快,城镇化水平逐年提高。到1998年已达到30.4%。比1979年提高了17个百分点。也即说,20年间城镇人口增长以每年接近1%的速度增长。1985~1995年城镇就业人数由25.68%上升到27.80%,城镇化水平的提高,特别是小城镇的发展,吸收了大批农村剩余劳动力,吸收总量占农村剩余劳动力转移量的30%。可以说,小城镇的发展将成为农村剩余劳动力转移的又一个巨大的"蓄水池"。

10. 发展中小企业是解决失业问题的关键

从分析世界各国解决失业问题的对策来看,发展中小企业是各国普遍采用的主要方法。中小企业在各个国家所容纳的就业人数虽然各不相同,但毫无疑义都是最多的。从各国经济发展来看,中小企业所吸纳的就业人数一般都占总就业人数的65%~80%左右。所以,我国著名经济学家吴敬琏把发展中小企业看做是中国经济发展的大战略。

发展中小企业，必须借鉴国外成功的经验，加强政府对中小企业的扶持。从资金方面（如设立专门基金、政策性补贴、税收减免和优惠）、政策方面（如鼓励出口创汇，提供信息咨询，制定发展规划、提供人员培训、科技援助等）、法律方面（如制定相应的法律、法规）等，给予实质性帮助、支持，只有这样，中小企业才能够脱颖而出。我国台湾省在中小企业的发展方面走出了一条独特而富有成效的成功经验。值得我们去借鉴、学习。

第三十五章 乡镇企业、农村城镇化与农民就业转型

改革开放以后,乡镇企业迅速崛起,以不可阻挡之势冲击着中国沉睡千年的自然经济和半自然经济的封闭体系。无疑在近20年来的中国经济发展历程中,乡镇企业是其中最活跃的部分和最耀眼的风景。难怪乎许多西方政治领导人和经济评论家都视之为创造中国经济"奇迹"的"秘密武器"。英国《卫报》刊登署名文章称:"中国是提供有关乡村地区工业化样板的惟一国家(这是很了不起的,这是值得仿效的榜样),或许可被称作一种新型的社会主义。"路透社认为:"中国在乡镇工厂利用剩余劳动力的办法在发展中国家是独树一帜的"。乡镇企业还与联产承包、经济特区和"一国两制"一起被国外专家评价为"中国改革开放最能拿得出手的四大成果"。

第一节 乡镇企业的发展变迁

一、乡镇企业的界定范围

"乡镇企业"的前身是社队企业,后来也包括农村个体工商业者以及其他农村私有企业。乡镇企业的历史影子是社队(集体)企业。1984年,中共中央4号文件正式将社队企业的名称改为乡镇企业,并将乡镇企业的范围,从过去乡镇(社)、村(队)两级办的企业,扩大到同时包括部分社员,联营的合作企业,其他形式的合作工业和个体企业,自此,社队企业就成了历史名词被封存起来。显然这时的乡镇企业的含义与政企合一的"社队企业"出现了质的变化。即乡镇企业已演绎成了乡村和小城镇因地制宜兴办的工业、商业、建筑业、采掘业、交通运输业、饮食服务业等企业的总称。从所有制形式看,包括乡(含区、镇)村(包括村办小企业)农民兴办的集体企业、部分农民联营的合作企业以及农村个体企业和私营企业等。

二、乡镇企业崛起的背景分析

1. 体制矛盾

改革开放以前,我国的经济管理体制是以计划性行政链条式直接管理为主的高度集权的计划体制。这种旧体制在很大程度上脱离了具体的历史条件,脱离了现实生活的需要,其根本缺陷在于排斥市场经济,经济管理权高度集中于国家机构,政企不分,企业内部

缺乏活力,资源配置效率低下。当时,法律性、章程性规制[①]很少,但以"红头"文件形式出现的计划集权性行政链条性规制却紧紧地约束着各类企业,使他们不能因地制宜地积极主动地开展各种经济活动。在这种情况下,追求产量指标,建立粗放式经营(高消耗,低效益、低水平重复建设)是国家强化经济发展的主要手段。

与管理体制相对应的是,在所有制方面,盲目追求"一大二公",片面发展国有经济,忽视甚至取缔其他所有制形式的经济类型。由于受所有制形式越公越先进的极左思想影响,在全国私营工商业的社会主义改造完成以后至 1980 年,全国个体(私营)企业几乎是空白,对集体所有制企业也是搞"高过渡"。1970 年全国集体所有制工业产值只占全部工业产值的 12%。

由于体制上的深刻矛盾(加之政治上动乱),使得我国国民经济在 70 年代末陷入空前的危机之中。1976 年,我国工农业总产值实际完成 4536 亿元,比预定计划少 5.5%～6%;其中工业总产值 3158 亿元,比计划值低 7.1%～7.9%。主要工农业产品数量完成额全面下降,如棉花产量为 4110 万担,减产 13.7%,为计划数的 79%;钢铁 2046 万吨,减产 14.4%,为计划数的 79%,低于 1971 年水平;铁路货运量为 8.4 亿吨,减产 5.5%,为计划数的 93%。固定资产交付使用率仅为 58.9%,下降 5%。全部建成大中型项目 85 个,比上年减少 82 个,是建国后投资效益最差的年份之一。进出口为 134.4 亿美元,下降 9.7%。国民经济严重衰退,动摇了财政基础。由于企业管理混乱,亏损严重,1976 年全国国营工业亏损总额达 177 亿元,比 1965 年增加了 2 倍。财源枯竭,国库空虚,这一年国家财政收入完成 776.6 亿元,比上年减收 39 亿元;财政赤字 29.6 亿,国民经济比例关系出现严重失调的局面。

由于经济形势的恶化,城镇居民和农村社员收入锐减。1966～1976 年,全民所有制职工的年平均货币工资从 636 元下降到 605 元,下降了 4.9%,农民年人均收入只有 62.80 元,其中现金只有 12 元。90%以上的农民为温饱挣扎。

种种迹象表明,1976 年国民经济已经到了崩溃的边缘。

2. 政策背景

1978 年 12 月召开的中共十一届三中全会,是中国现代史上最为重要的里程碑。由此翻开了中国经济发展史上新的一页。这次全会系统地清算了"文革"在政治经济上的极"左"思潮,确立了实事求是的思想路线和工作方针,作出了把工作重点尽快转移到社会主义经济建设上来的重大战略决策,同时指出全党要集中主要精力发展农业生产。会议决定颁发《中共中央关于加快农业发展的若干问题的决定草案》(1979 年 9 月中共十一届四中全会正式通过),号召大力发展社队企业,国家对社队企业要大力扶持,"实行低税或减免税政策"。1979 年 7 月,国务院的国发[1979]170 号文件颁发了《关于发展社队企业若

---

① 规制一词的含义可理解为:基于一定的社会政治经济法则,道德规范,文化习俗,宗教信仰所形成的在特定社会政治经济活动中所遵循的规范、规则或惯例。参见[日]植草益一著,朱绍文,胡欣欣译:《微观规制经济学》,中国发展出版社,1992 年,第 1～3 页。

于企业问题的规定(试行草案)》(简称《十八条》)。《十八条》是我国第一个专门针对社队企业的发展作出具体规定的综合性指导文件。同年11月,财政部、农业部、中国农业银行分别在财政、税收、信贷等方面出台了相关的扶持政策。1981年5月,为配合落实国民经济实行"调整、改革、整顿、提高"的"八字"方针,国务院颁发了《国务院关于社队企业贯彻国民经济调整方针的若干规定》。在肯定社队企业发展取得巨大成绩的同时,也指出了社队企业存在的诸如发展的盲目性、生产的低效益以及管理上的无序性,为乡镇企业健康有序发展从政策上给予了保障。1984年3月,中共中央颁布4号文件,充分肯定了乡镇企业在我国国民经济中的地位和作用,确定了乡镇企业发展的大政方针,推动了乡镇企业的蓬勃发展。这一文件成为指导乡镇企业发展的又一纲领性文件。在此之后,中共中央、国务院及有关部委又相继颁发了一系列文件,放宽了政策,并采取许多积极有效的政策措施,大大地推动了乡镇企业的迅速发展。例如,国家逐步减少了对农村各类产品的统购、派购的品种和数量;农民经营选择上有了一定的自由空间,另外国家对农产品价格的限制逐渐放开,这样,乡镇企业的利润增加,生产经营的积极性也调动起来了。同时国家还允许农民进行多种经营,如从事长途贩卖,经营长途运营、入城经营工商业。国家还鼓励乡镇企业经营出口产品发展创汇产业。1985年,国家在"七五"计划中提出了指导乡镇企业发展的"十六字"方针,即"积极扶持,合理规划,正确引导,加强管理"。

由于国家一系列经济改革的政策相继出台,长期以来形成的单一的计划经济体制的坚冰已被改革的春潮所融化,长期禁锢人们的"左"的思想藩篱被创造新生活的激情所摧毁,中国政治、经济体制的深层矛盾为改革开放和乡镇企业的崛起,创造了一个良好的契机。

三、乡镇企业发展的历史变迁

乡镇企业发展的历史变迁,是建国以后我国经济社会发展变迁的缩影。我国现代社会发展每一个阶段的政治取向、体制转型、技术进步以及经济发展模式的选择都可折射出乡镇企业的历史变迁。

1."准乡镇企业"的曲折发展阶段(1958～1983)

严格的说,我们现在所研究、讨论和使用的"乡镇企业"与其逻辑前身"社办企业"或"社队企业"在涵义上有质的区别,严格地说后者只是狭义的"乡镇企业"。为研究方便起见,如果以现代意义上的"乡镇企业"为分界线的话,则在此以前出现的社办、村办、集体企业以及农民协作办企业等发展时期不妨称之为"准乡镇企业"发展时期。其跨越时段为1958年(人民公社成立)至1983年。

在这一时期,乡镇企业发展的总趋势是在曲折中前进。它发端于"人民公社"的建立,在六七十年代呈"锅底形"发展,在党的十一届三中全会以后至1983年,进入相对快速发展的时期。期间,社队企业总产值从1979年的548.41亿元增长到1983年的1007.87亿元,平均年增长率为5.59%(表35-1)。具体说来,在十一届三中全会以前,乡镇企业政策定位是把它作为农业的附属产业。这一时期的政策只是强调了农村工业在支农、建农、补农方面的作用。

2. 乡镇企业的"异军突起"阶段(1984～1991)

表35-1 1978～1993年乡镇企业概况

年 份	企业单位数(万个)	企业职工人数(万人)	企业总产值(亿元)
1978	152.42	2826.56	495.13
1979	-148.0	-2909	552.25
1980	142.46	2999.67	665.10
1981	133.75	2969.58	736.65
1982	136.17	3112.91	846.26
1983	134.64	3234.64	1007.87
1984	606.52	5208.11	1697.78
1985	1222.2	6979.03	2755.04
1986	1515.3	7937.14	3583.28
1987	1750.35	8805.18	4947.72
1988	1888.16	9545.46	7017.76
1989	1865.63	9366.78	8401.82
1990	1850.40	9264.8	9581.11
1991	1907.9	9609.1	11 621.69
1992	2091.6	10 624.6	17 659.69
1993		12 345	
1994		12 018	
1995		12 862	

资料来源:《中国乡镇企业年鉴》,1993年、1995年。

1984年3月,中央4号文件出台。此后,乡镇企业开始异军突起。由此,中国跨入一个新的经济时代。这一时期,乡镇企业犹如雨后春笋一般,遍地发芽,节节上升。乡镇企业的迅猛发展迎来了中国经济发展的春天。此时,乡镇企业的产权形式也发生了重要变化,归结起来有四种基本形式,即乡(镇)办、村办、联户办、户(个体)办。这四种形式并驾齐驱,时人形象地称之为"四轮驱动"。在"四轮"之上,还有其他各种形式的合作办的乡镇企业。

这一时期乡镇企业的发展实现了几个新的突破。即:①发展速度的突破。1971～1978年乡镇企业总产值平均每年增加55亿元,1979～1983年,年平均增加145亿元,1984年比1983年增加489亿元。1984～1988年,乡镇企业数从606.52万个增长到

1888.16万个,增幅为211.3%,从业人员从5208.1万人增长到9545.46万人,增幅为83.3%,工业总产值从1697.78亿元增长到7017.76亿元,增长了3.13倍,平均年增幅为20.8%。②乡镇企业的经济构成有所突破,除乡(镇)村两级办企业外,还增加了社员联户及其他形式合作办企业和户办或个体企业。1984年,这两种经济类型企业个数分别占乡镇企业总个数的15.0%和54%。③在经营方式上突破了就地采购,就地加工,就地销售的"三就地"的封闭模式,"八仙过海、各显神通",各地乡镇企业大力发展自身优势,进行广泛协作,优势互补。④在政策定位上突破"拾遗补缺"的指导思想,乡镇经济已经成为我国国民经济的重要力量。⑤实现资源优化配制,在提高经济效益方面有所突破。特别是1989～1991年,经过"治理经济环境,整顿经济秩序,全面深化改革",国家在"调整、整顿、改造、提高"的"八字方针"指导下,对污染严重、产品质次价高,无原材料来源,严重亏损的乡镇企业进行调整整顿,大大地提高了乡镇企业的经济效益,提高了乡镇企业在市场中的竞争力,尽管近3年中,乡镇企业的工业产值有比较大的下滑,但乡镇企业总产值占全国社会总产值的比例逐年提高。1991年乡镇企业产值突破1万亿大关(为11 621.69亿元)占全国社会总产值的30.8%。

尤其值得一提的是,乡镇企业的对外贸易日趋活跃,仅1989～1991年的3年中,出口交货额从371.44亿元增长到669.94亿元,增幅达80.36%,平均年增幅达26.79%,大大超过总产值的增长速度。

3. 1992年及其以后强劲发展阶段

1992年,在邓小平南巡讲话精神的带动下,乡镇企业率先步出1989～1991年的调整阴影,出现了新一轮强劲发展的势头。到1998年,全国乡镇企业实现营业收入57 299亿元,实现利润总额3697亿元,完成产值14 595亿元,比1978年和1991年分别增长14 100亿元和2973亿元,增幅分别达28倍和25.5%,1995年新增就业844万人,全国乡企职工总人数达1.28亿人,约占全国农村剩余劳动力总数的一半,占全国农村劳动力总数的1/4,比1978年和1991年分别增加就业9973万人和3191万人,增幅达359%和32%。

1992年以后,乡镇企业发展有以下特点:①生产销售保持平衡增长;②质量效益有所提高,仅1995年,就成立了327家全国性乡镇企业;③注重东部和中西部的发展平衡,在政策上向中西部倾斜,全面启动乡镇企业"东西合作示范工程"。④加大了以产权制度改革为重点的企业改革力度,逐步在推行股份合作制;组建企业集团,企业兼并,租赁、拍卖等形式的产权制度改革方面进展较快,效果突出。全国乡镇企业的结构和布局逐步优化,资源配置趋于合理化。⑤外向型经济发展迅猛,高科技产业比重增加。在出口产品的结构中,制成品、精深加工产品、高科技含量、高附加值产品比重升幅较大。⑥大量吸纳农村剩余劳动力,极大地缓解了社会的就业压力。到1995年,乡镇工业从业人员达7305万人,约占中国全部工业劳动力的50%;全部乡镇企业从业人员达12 862万人。约占农村全部剩余劳动力的50%。

在经历了1998年,1999年国民经济连续小幅下滑,国内失业矛盾日益加剧,就业形势不断恶化的各种不景气现象以后。作为中小企业主体的乡镇企业的功能定位也有了一个明显的变化,即乡镇企业已经成为国民经济发展的新的增长点,同时,作为最重要的就业"宝葫芦",乡镇企业在解决就业这一当前中国社会最为严峻的社会问题方面,其功能和地位日益凸现出来。

第二节 乡镇企业对农村城镇化的贡献

城市化是世界各国普遍关注的全球性问题,也是近代社会、政治经济文化发展的衍生物。城市现代化与国家现代化密切相关。1996年在土耳其首都伊斯坦布尔召开的联合国第二次人类大会的主题就是"城市化进程中人类住区的可持续性发展"。1999年世界人居日的主题是"人人共有的城市"。城市化问题的国际性由此可见一斑。

中国是一个有着近13亿人口的农业大国,约有9亿的人口在农村,占全国人口总数的70%,占全球人口总数的1/5。因此,解决好中国农村的城市化问题不仅是对中国社会发展的贡献,也是对全人类的贡献。

一、城市化和农村城市化

城市化一词源自英语Urbanization,也译作"都市化",有些人结合中国的实际,习惯于译成"城镇化"。不论译法如何,其涵义是一致的。对于城市化的理解,也是见仁见智,概括起来就是指在工业化过程中,农业人口转变为非农业人口或农村人口转变为城市人口的过程。其特征是一个地区或一个国家的人口由居住农村占多数变为居住城镇占多数,其标志是该地区或国家完成了由农业社会向城市社会的过渡。

城市化是社会结构的动态的变化过程。作为人类经济社会发展的历史过程,城市化可以分为性质自然不同的"城市农村化"和"农村城市化"两个阶段,在现代社会中,城市化的趋势是"农村城市化",农村城市化即在广大的农村地区,实现农村小规模社会化服务体系向城市的大规模社会化服务体系的转化;第一产业的农业人口向第二产业,接着又向第三产业为主的城市人口转化;农村生活方式和生活质量的城市化。

二、乡镇企业发展与农村城镇化的启动

我国农村城市化的进程长期以来,一直比较缓慢,除政治和政策取向上的因素外,一些客观的因素也制约着城市化的发展。

在讨论制约农村城市化的因素这一问题时,学者们列举的要素各不相同,侧重点也不一样,但归结起来,大致包括以下几个方面:①农业生产,特别是粮食生产的水平及商品粮的可能供给量。②产业选择及产业发展对劳动力需求能力。③经济实力对城市建设的投

资能力。④土地的供给能力。国务院体改办俞燕山认为[①],虽然城市化过程会导致耕地的占用,但由于城市聚集效应有利于节约用地,且城镇人口的高密度可以节约大量的宅基地,同时农村工业向城镇集中也可减少占地,两者相抵,城市化对耕地的影响是可以控制的。其次,由于中国农村存在大量劳动力剩余,因而农村城市化带来的劳动力转移,对农业生产不会带来影响。再者,由于农业科技的不断进步,粮食生产逐年增产,近年来,粮食收购和储存的压力越来越大,足以说明问题,由此,可以说明,粮食并不构成制约城市化的因素。

对于土地的供给能力评估,使得许多研究城市化的学者感到忧虑,土地是人类赖以生存的基本资源,是不可流动的稀缺性资源,土地是城市的载体,是制约城市化进程的重要因素。农村城市化的推进,必然会涉及到土地资源的损耗,但相形之下,城镇建设用地比农村私人建房用地要节省许多。以山东省德州市为例,1980~1988年,全地区农民私人建房占地13.2万亩,平均每年1.5万亩,相当于减少一个乡的耕地面积,1987年,全地区农民建房占用耕地15 760亩,占当年耕地减少面积的40%。从农村私人建房中宅基地的使用来看,普遍浪费严重。全地区村庄占地面积已达168万亩;户均1.3亩(867平方米),人均0.32亩(213平方米)。80年代末以后,全地区新建住宅70万处(其中扩建28万处)占40%以上,每所住宅平均用地由213平方米增加到267平方米。为城镇建房的2~3倍。如此说来,土地供给问题也不是影响城市化的现实制约因素。

通过上述分析,我们不难得出这样一个结论,即产业的发展和经济实力的提高是制约农村城市化发展的最直接最现实的因素。换言之,农村城市化是农村经济发展的必然结果。人类社会从传统的乡村社会向现代的城市社会转变的城市化过程中,起决定作用的因素是农村经济发展,而我国农村经济发展的主要推动力量是改革开放的乡镇企业的迅猛发展。在谈到乡镇企业发展在我国经济发展中的历史地位时,江泽民指出:"蓬勃兴起的乡镇企业是十多年来我国农村改革的一个重大成果,是具有旺盛活力的新生事物,它对于振兴农村经济,增加农民收入,就地安排农村富裕劳动力,发挥了巨大作用,为提高国民经济总体实力,实现有中国特色的工业化作出了重要贡献。国营大中型企业是国家工业的主体,乡镇工业企业是我国中小工业的主体,工业布局的这种变化,对逐步缩小工农差别,城乡差别,将发挥重要作用"(在十三届八中全会闭幕式上的讲话,1991)。他还把乡镇企业的异军突起与联产承包制一起称之为中国农民的两个伟大创造。他说:"乡镇企业异军突起,是中国农民的又一个伟大创造,它为农村剩余劳动力从土地上转移出来,为农村致富和逐步实现现代化,为促进工业和整个经济发展的改革和发展开辟了一条新路。"(中共十四大报告,1992)

乡镇企业的发展,为农村城市化的启动提供了经济上的保证,到1998年,乡镇企业实现增加值2.22亿元,占全国生产总值的27.9%。乡镇企业的发展带动了产业结构的升级,使一、二、三产业结构趋于协调。20多年来我国城市化发展势头良好。全国城市由

[①] 俞燕山:"从制约因素看我国城市化发展道路的选择",《城市发展研究》,2000年第2期,第3页。

1979年的216个增长到1998年的668个,建制镇从2800多个增长到18 800个,城镇人口从12 862万人增长到37 942万人。城市化水平从13.2%提到30.4%。1979～1998年,城镇人口增长25 080万人,平均每年增长1320万人,城市化水平提高3.17倍,平均每年增长0.91个百分点。我国东部沿海省份如山东、江苏、浙江、广东等省由于乡镇企业发展较快,农村城市化已经达到很高的水准。长江三角洲,珠江三角洲,胶州半岛地区在20世纪90年代初就已呈现出城市群的轮廓。比如:被誉为广东"四小虎"的顺德、中山、东莞、南海大小城镇星罗棋布,集中在以省会城市广州为中心的珠江三角洲,基本上组成了一个以广州为辐射状的城市群;苏南地区的苏(州)、(无)锡、常(州)、江(阴)亦如此。浙江的温州地区是中国农村城市化的样板,其辖内有中国农民自费建立的第一座农民城——龙港镇,人称"天下农民第一城"。以上所列地区都是中国经济最具活力的地方,乡镇企业发达,非公有制经济活跃,农民人均收入水平高。形成乡企发展与农村城镇化的"捆绑式"联动效应。苏州市农工委王国祥等人通过自制的一套农村城镇化简要量化考核指标体系,对苏州市农村城市化进行监测考核(表35-2),其中的一些数据颇具说服力。

表35-2 2000年苏州农村城镇化、城乡一体化指标体系

指 标	单位	2000年目标值	权重	1993年实绩	1993年得分	1997年实绩	1997年得分
城镇人口占总人口的比重	%	≥40	20	17.3	8.70	40.0	11.0
非农劳动力占总劳动力比重	%	≥75	15	71.8	14.3	71.9	14.4
GDP中第三产业比重	%	≥36	15	27.0	11.2	35.2	14.6
农业经营方式集约化程度	%	≥65	10	25.0	3.85	58.0	8.90
乡镇工业集聚度	%	≥70	10	40.0	5.70	50.0	7.10
养老保险普及率	%	≥60	5	23.6	2.00	35.0	2.90
高(职)中段教育普及率	%	≥85	5	15.4	0.90	82.2	4.80
自来水入户率	%	≥90	5	64.9	3.60	87.4	4.80
使用气化燃料家庭	%	≥80	5	15.0	0.90	56.0	3.50
无害化户厕普及率	%	≥80	5	16.4	1.03	30.4	1.90
百人拥有程控电话	部	≥20	5	4.3	1.10	22.9	5.00

资料来源:王国祥、马丁、卢水生、陈祖卫:"加快苏州农村城镇化的若干问题研究",《中国农村经济》,2000年第3期,第62页。

1997年苏州人均国内生产总值(GDP)为2.01万元,约合2430美元,如果将苏州城市化的一些主要指标,如城市人口的比重,人均国内生产总值,三产增加值比重,同世界其他地区相比较(表35-3和表35-4),则不难看出,苏州的城市化水平已经达到相当的程度了,一个新型小城镇格局基本形成。

表 35-3 世界城市化的地区比较

地区	城市人口比重(1970)(%)	地区	城市人口比重(1970)(%)
北非	34.6	加勒比	42.5
西非	19.7	热带南美	53.1
东非	9.9	温带	70.2
中南非	15.4	东亚	25.3
南非	50.4	日本	83.2
北美	75.1	东南非	20.1
中美	53.0	西南非	35.5
中南亚	17.8	西亚	50.7
北欧	74.9	澳新	84.3
西欧	73	大洋洲	70.8
东欧	54.6	苏联	62.3

资料来源：霍尔编，中国科学院地理所译：《世界大城市》，中国建筑工业出版社，1982年。

表 35-4 世界城市化水平比较

国家	人均国民生产总值(美元)	劳动力构成(%) 农业 1965	农业 1981	工业 1965	工业 1981	服务业 1965	服务业 1981	城市人口 占总人口(%) 1965	占总人口(%) 1983	年平均增长率(%) 1965~1973	年平均增长率(%) 1973~1983
低收入国家	260	77	73	9	13	14	15	17	22	4.4	4.5
印度	260	74	71	11	13	15	16	18	24	4.0	4.2
中国	300	—	74	—	13	—	13	18	21	—	—
中等收入国家	1310	57	44	16	22	27	35	36	48	4.5	3.9
上中等收入国家	2025	45	30	21	28	34	42	49	64	4.9	3.0
巴西	1880	49	30	17	24	34	46	51	71	4.5	4.1
阿根廷	2070	18	13	34	28	48	59	76	84	2.1	2.1
墨西哥	2240	50	36	21	26	29	38	55	69	4.8	4.1
市场经济工业国	1160	14	6	39	38	48	56	71	77	1.7	1.0
英国	9200	3	2	46	42	51	56	81	91	0.7	0.3
日本	10 120	26	12	32	39	42	49	67	76	2.4	1.3
法国	10 500	18	8	40	39	42	53	67	80	2.0	1.2
美国	14 110	5	2	36	32	59	66	72	74	1.6	1.2
东欧非市场经济国家	—	35	19	34	44	32	37	51	64	4.8	~2.2
匈牙利	2150	32	21	39	43	29	35	43	55	2.2	1.4
原苏联	—	33	14	33	45	34	41	52	65	5.9	3.4

资料来源：联合国《1950~2050年城市、农村及城市人口的估计与规划》，转引自朱铁臻：《城市发展研究》，中国统计出版社，1996年，第58页。

第三节 乡镇企业、农村城市化与农民就业转型

农民就业转型问题也就是农村劳动力转移问题。这一问题已成为当前中国农村乃至中国社会的基本问题。所谓农民就业转型是指农业劳动力在现代化发展中向二、三产业,向城镇实现就业转移。解决农民就业转型问题主要是解决我国日益增加的农村剩余劳动力的转移问题。

农民就业转型是市场体制下农民理性配置生产要素,追求自身经济最大化的结果,也是劳动力资源相对于土地资源等生产要素大量过剩的结果,长期以来,我国农村庞大的人口基数使农村劳动力供给的增长一直快于经济发展对劳动力的需求。但是,在传统的计划体制下,政府的超经济力量干预(如严格的户籍制度)把农民严格地限制在土地上,农民就业转型的机会几近于零。因此,在计划经济下,我国一直保持着低工资低效率的就业均衡,大量农民处于事实上的隐形失业。比如1952年我国农业从业人员为17 316万人,占全国从业人数的83.5%,到1970年降为80.7%,18年间降幅仅为2.8个百分点,农民就业转移人数只有3222万人,年均转移180万,仅占年平均总就业人数的3‰。改革开放以后,由于实行联产承包责任制,农民自我支配劳动力,"紧箍咒"有了松动,农民开始有了"从良"(转移就业,以追求经济效益最大化)的机会。同时,由于乡镇企业的迅猛发展,农村城市化的逐步推进以及城市经济发展对农村廉价劳动力的需求扩大,农民就业转型才得以实现。

一、农民就业转移模型分析

1. 刘易斯模型

阿瑟·刘易斯(Lewis,A.)是英国著名经济学家,诺贝尔经济学奖获得者,发展经济学的创始人之一。

20世纪50年代,刘易斯创立了"两部门剩余劳动理论模型",这一模型被公认为是解释第三世界国家劳动力剩余转移过程的一般理论。

刘易斯把发展中国家的经济分为两个部门(通称为二元经济):一个是传统的人员过剩的边际生产率为零的农业部门;一个则是高劳动生产率的现代城市工业部门。该模型的研究重点主要集中于劳动力转移过程和现代工业部门的产出和就业的增长上。他认为农业剩余劳动力向工业部门的转移(即农民就业转移)是经济发展的必由之路。在他看来,劳动力剩余的概念与农村失业和就业不足或隐蔽失业的概念密切相关。在发展中国家,农村中许多劳动力看似有事做、在工作,但这种工作是无效益的,即这部分的劳动力边际生产率为零。在许多情况下,并没有足够的工作可以使全部农村劳动力得到全体雇用。他们只要半天甚至更少的时间就能做完手头的全部工作,即使农村中一部分劳动力转移

出去也不会影响生产率。这样,就造成了相当一部分劳动力就业不足或隐形失业。再者,他认为,由于农业部门收入水平低,而城市工业部门收入比较高(只要高出30%),农民必然会为追逐更大效益而向城市工业部门转移。

刘易斯模型是建立在这样两个基本假设之上:第一,剩余劳动力的边际产量 MP_{LA} 为零;第二,所有农业劳动力的生产能力是均等的,农民的实际工资并不取决于劳动力的边际产量,而是由他们的平均产量决定的。假定有 L_A 的农民生产 TP_A 的食品,这些食品 W_A 在生产中平均分配(这时平均产量等于 TP_A/L_A)(图 35-1)。L_A 工人的边际产量为零,这是剩余劳动力假设的基础。

图 35-1(B)反映的是一个典型的农业生产函数,在资本总量 K_A 和传统技术 T_A 不变的情况下,食品的总产出 TP_A 只取决于惟一的投入变量劳动(L_A)的数量。

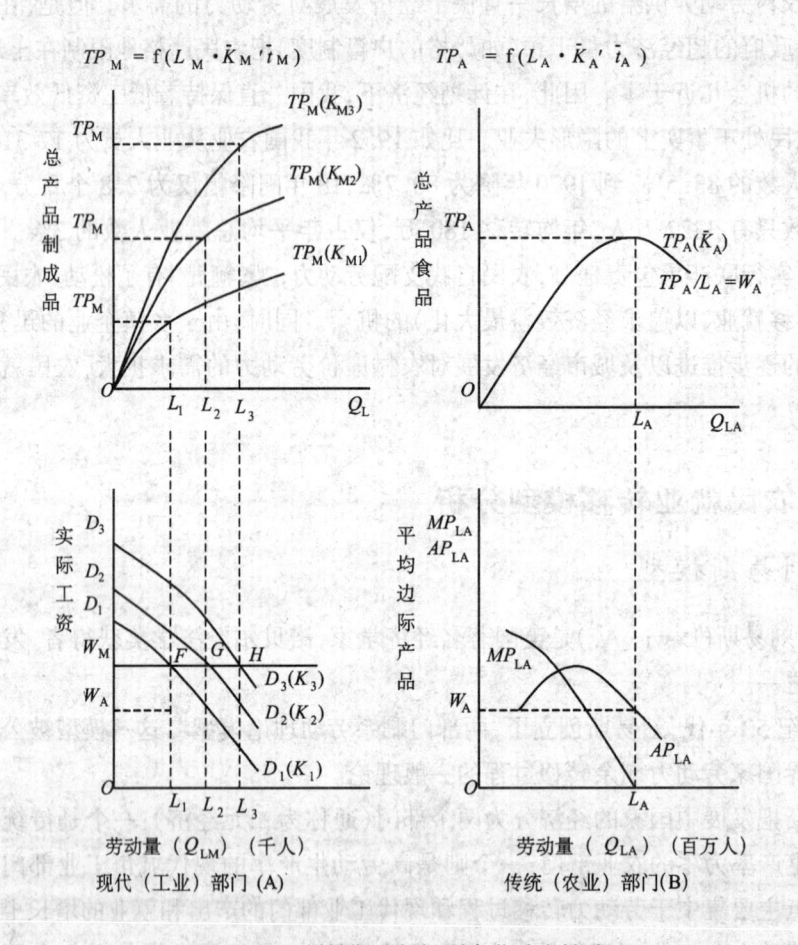

图 35-1 刘易斯两部门剩余劳动力转移

图 35-1(A)(上)反映的是工业部门的总产量(生产函数)曲线。在固定的资本总量 $\overline{K}_m$ 和技术 T_M 不变的情况下,总产品(TP_M)是变量劳动投入的一个函数。横轴表示以 f 为单位的农村剩余劳动力 L_1 被雇用后运用资本 $\overline{K}_{M1}$ 生产某种产品如 TP_{M1} 的产量。由

于剩余劳动力带来的利润被重新投入工业资本总量 $\overline{K}_M$ 中,从而使资本总量由 $\overline{K}_{M1}$ 增加到 $\overline{K}_{M2}$,如此循环再增至 $\overline{K}_{M3}$……,资本在扩张过程中总产量 TP_M 也不断地由 TP_{M1} 上升为 TP_{M2},TP_{M3}……因此,总产量 $TP_M(K_M)$ 由 $TP_M(K_{M1})$ 上移至 $TP_{M1(M2)}$,$TP_{M(M3)}$。由于剩余劳动力投入导致资本总量扩张,进而又产生新的劳动力需求,因此,就业的容量被扩大。图 35-1(B)(上,$TP_A(K_A)$)曲线实际上就是在完全竞争劳动力市场的假定条件,工业部门对农村剩余劳动力的实际需求曲线。

图 35-1(A)(下)和图 35-1(B)(下)图中的 W_A 表示传统农业部门中仅能维持生存的平均实际收入水平。图 35-1(A)(下)中的 W_M 则表示城市工业部门的实际工资。在这一工资水平上,农村劳动的供给被假定是无限的或完全有弹性,用劳动供给水平线 W_MS_L 表示。刘易斯认为,只要 $W_M > W_A$(一般情况要大于30%以上),城市工业部门就可以从农村获得"无限供给"的剩余劳动力。在城市工业部门增长的初始阶段,给出一个固定的资本总量 K_{M1},相应地就有一条由递减的劳动边际产量所决定的劳动力需求曲线,并在图 35-1(A)(下)中由一条向下倾斜的 $D_1(K_{M1})$ 来表示。由于假定追逐利润最大化的工业资本家不断地雇用农村剩余劳动力,直到用于支付雇用剩余劳动的工资与剩余劳动力所生产的边际产品正好相等的那一点位才停止(即劳动需求与供给曲线的交点 F)。因此,工业部门的总就业量等于 L_1。工业部门的总产出(量)TP_M 将由点 OD_1FL_1 围成的面积表示。由 W_MFD_1 围成的面积表示总产出的剩余部分。因为这些剩余利润不断用来投资,则资本总量从 K_{M1} 增加到 K_{M2},K_{M3}……,因而导致 $TP_M(K_M)$ 曲线向上位移,形成 $TP_M(K_{M2})$,$TP_M(K_{M3})$……,而劳动需求曲线曲 $D_1(K_{M1})$ 向外位移至 $D_2(K_{M2})$,$D_3(K_{M3})$……。随着农村新的剩余劳动力 L_2,L_3……的被雇用,工业部门在 G,H……点上建立起新的均衡就业水平。如此一来,就业的容量被不断地扩大,直到农村剩余劳动力被吸纳完为止。

刘易斯模型第一次强调了现代工业部门与传统农业部门的结构差异,把经济增长过程、城市化发展水平同农村劳动力转型有机地结合起来,对发展中国家解决农村剩余劳动力转移提供理论上的借鉴依据。但是由于其模型中的几个假设在欠发达国家缺乏普遍存在的确切证据,因而招致批评和怀疑。虽然如此,刘易斯模型所揭示的现象与我国农村剩余劳动力转移现状有许多相类似。模型中暗含的政策含义:即通过扩大投资,增加资本积累,以拉动就业的增长,对我们解决农民就业转型问题不无参考意义。

2. 费—拉尼斯模型

费景汉(Fei,John)和古斯塔夫·拉尼斯(Gustav,Ranis)在对刘易斯模型的一些缺陷加以修正,并进一步扩充的基础上形成新的模型。费—拉尼斯模型强调了农业部门的重要性,把工业部门和农业部门的关系清楚地表示出来了。在刘易斯模型中,一旦农村剩余劳动被城市工业部门吸纳完毕,则"无限的劳动供给"就停止,劳动力转移过程结束。费景汉和拉尼斯虽然接受了这一观点,但同时他们认为,只有在农业生产率提高,劳动力转移速度高于农村人口增长速度时,这个转折点才能达到。如果农业增长停滞和农业人口增长过快,劳动力转移的转折点是不可能达到的;即永远都会存在农村剩余劳动力。费景汉和拉尼斯把劳动力转型过程划分为三个阶段。在第一阶段中,农业劳动边际生产率为零,抽走任何数量的农业劳动力,不会减少农业总产出,这一阶段的劳动力转移大致相当于刘氏模型中的"无限的劳动供给"(图35-2)。

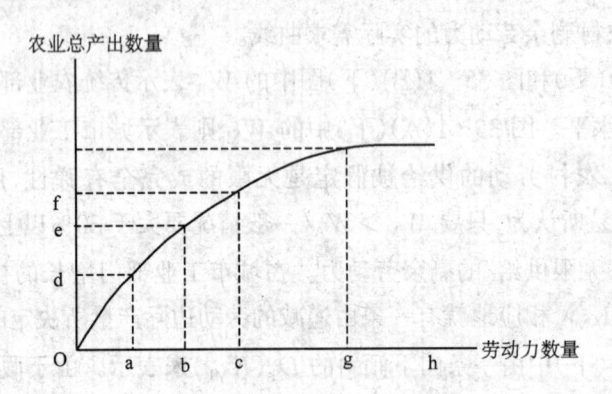

图35-2 劳动力数量与农业总产出的关系

说明:在本图中,劳动力从a点增至b点,导致de产出的增长;劳动力从b到c同量增长,但产出(ef)增长减少。在点g进一步增加劳动力的使用,并不能导致产出的任何增长。超过点g,农业劳动边际产出为零。撤走点g至点h的劳动力丝毫不影响农业总产出的数量。

进入第二阶段,农业劳动边际生产率不再为零;而是一个正数,这时虽然仍存在剩余劳动力,但当劳动力转移至工业部门时,农业部门的产出将会减少,从而影响提供给工业部门所需的劳动积累。这一阶段中,"农业剩余"对工业部门的扩张和劳动力转移都具有决定性影响。

第三阶段,农村剩余劳动力全部被吸纳至工业部门;劳动力转型过程结束而进入劳动供给的商业化阶段。

费—拉尼斯模型认为,发展中国家发展经济的关键在于如何完成农村剩余劳动力的转型问题,就业转型的难点在第二阶段,因为在这一阶段,随着剩余劳动就业转型的不断增加以至于农业部门的产出下降,工业工资不断上升,工业部门的劳动供给渠道受堵,导致工业扩张停止。解决的办法是保持农业生产率的增长。故此,费—拉尼斯模型认为农业的增长是工业扩张的必要条件。但仅有农业的增长还是不够的,要保持农业人口就业转型的渠道畅通,工农业生产率的同步增长至关重要,此即所谓的均衡发展。另外,控制人口增长的速度在发展中国家尤为必要。

费—拉尼斯模型是对刘易斯模型的重要修正和重大发展,这一修正就使得刘易斯—费—拉尼斯劳动力转移模型成为真正意义上的"解释第三世界国家劳动力剩余转移过程的一般理论"。

3. 托达罗"乡—城人口迁移模型"

由于刘易斯劳动力转移的两部门模型对于20世纪60~70年代的许多发展问题解释乏力,如在城市失业不断增长的情况下,乡—城人口转移为什么仍在加速进行等等。为合理地解释这样的问题,著名的发展经济学家迈克尔·托达罗(Todaro, M.P.)教授创立"托达罗人口迁移模型"理论。

托达罗模型认为,人口迁移(流动)过程是人们对城乡预期收入差异而不是对实际收入差异做出的反应。它的基本前提是,迁移者可以考虑在农村和城市部门中,他们能在各种劳动力市场中获得的就业机会,从中选择一个通过迁移能使他们的预期收入最大化的机会。预期收入是按照城乡工作之间的实际收入差异和一个新迁移者获得一份城市工作的可能性来衡量的。

图35-3是表示影响人口迁移决策的各种因素和相互作用的框架图。

托达罗模型是基于这样一个理论假设:即一个现实的或潜在的劳动力把他在一定时间内城市部门的预期收入(即迁移后的收入减去迁移成本的差)同当时农村普遍平均收入相比较,如果前者高于后者,那么他就会选择迁移,而且,差距越大,迁移的动力越大。

下面我们结合举例来解读图35-3。假设一个农民如果在农村年均收入为2000元,如果到城市就业可以获得4000元,要他进行选择,按照传统的人口模型理论该农民必然选择城市高报酬工作。托达罗指出,传统的人口迁移理论只是建立在充分就业或近似充分就业的前提下才成为可能,而大多数发展中国家长期遭受失业问题困扰,从而使得一个普通的迁移者不可能期望保证马上获得一份高报酬的城市工作。事实上,对于许多教育程度不高的迁移者来说,进入城市后要么完全失业,要么找到的只是条件较差,报酬不高,甚至收入低于迁移前的工作。只有少数人(主要是技能较高,教育程度较高的人)才能获得较好的工作。在这种情况下,一个人在做迁移决策时,必须把相当长一段时间内失业或就业不足的可能性和风险(机会成本)同城乡实际收入的差额进行权衡。如果迁移者对进入城市的长期预期值很高,那怕在他进入城市初期的实际收入较低以及找到较好工作的概率较小,由于对未来的预期收入较高,会坚定他的迁移决策。

托达罗指出,乡—城人口迁移起着使农村和城市预期收入相等的均衡力量的作用,而不是像在竞争模型里那样使城市和农村工资概率相等。例如,如果农村平均收入是2000元,城市平均收入是4000元,那么,在进一步的人口流动不再有利可图之前,50%的城市失业率将是必然的。由于预期收入是根据工资和就业概率决定的,因此,尽管存在相当高的城市失业率,人口继续迁移仍是可能的,在上述例子中,即使城市失业率是30%~40%,人口迁移还会继续下去。

以上是对于托达罗模型的文字表述。

下面继续对托达罗模型进行图解(图35-3)。

托达罗模型所要实现的是城市预期工资和农村平均收入之间的失业均衡,这一实现过程可以通过对托达罗基本模型的图形描述加以解释。图35-3就是对它的描述。假定只有两个部门,即农村的农业部门和城市的工业部门。图中向右下方倾斜的曲线 AA' 表示农业部门的劳动需求(劳动边际产率曲线),MM' 表示工业部门的劳动需求(自右向左读数),横轴 $O_A O_M$ 表示总劳动力。在传统的充分就业的市场经济中,均衡工资将确立在 $W_A^* = W_M^*$ 的水平上,这时,农业部门雇用的劳动力为 $O_A L_A^*$。城市工业部门雇用的劳动力为 $O_M L_M^*$。从而所有可利用的劳动力全部得到就业。

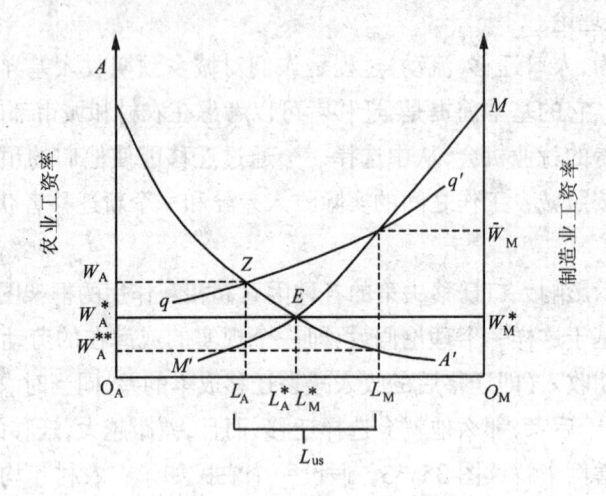

图 35-3 托达罗人口迁移模型

但是如果城市工资是由制度决定的(刚性向下),正如托达罗假定的城市工资处于 $\overline{W}_M$ 的水平,而且大大高于 W_A^*,那又是一种什么样的情况呢?如果我们暂且继续假定不存在失业,$O_M L_M$ 个劳动力可以得到城市工作,而其他劳动力 $O_A L_M$ 则只好留在农村就业,并领取 $O_A W_A^{**}$ 的工资(低于 $O_A W_A^*$ 的自由市场工资水平)。那么,现在我们就可以得出城乡实际工资差异 $\overline{W}_M - \overline{W}_A^{**}$,其中,$\overline{W}_M$ 在制度上又是固定不变的。如果农村劳动力可以自由迁移,那么,尽管只有 $O_M L_M$ 个工作岗位,但农村劳动力仍然愿意到城市去碰运气。即迁移仍然会发生。如果城市的就业量 L_M 同城市总劳动力 L_{us} 之比表示农民进城找到工作的机会(概率),那么等式

$$W_A = \frac{L_W}{L_{us}}(\overline{W}_M)$$

就表示成功地获得城市工作机会的就业概率,而且它又是使农业部门收入 W_A 与城市预期收入 $(L_W/L_{us})\cdot(\overline{W}_M)$ 相等,从而促使潜在迁移者不在乎工作的地理位置的一个必要条件,图 35-3 中曲线 qq' 表示了这些无差异点的轨迹。这时新的失业均衡就出现在 Z 点,城乡实际工资差距为 $\overline{W}_M - W_A$,仍有 $O_A L_A$ 个劳动力滞留在农村,而 $O_M L_M$ 个劳动力在城市正规部门工作,并领取 $\overline{W}_M$ 的报酬。其余劳动力 L_{us}(即 $O_M L_A - O_M L_M$ 的差额)要么失业,要么从事低收入的非正规部门的工作,这就不仅可以解释城市失业的原因,而且也可以解释尽管存在高失业,但乡—城人口迁移(流动)仍然持续不断,这种现象表现出

来的个人经济的合理性。

托达罗模型的政策含义:应当注意在发展战略方面的工业和农业、城市和乡村的均衡,特别是发展中国家,在解决失业过程中不能单纯依靠工业的扩张,而应重在经济的发展,消除贫困,缩小收入分配的差距,降低对城市收入过高预期。

二、农民就业转型的方式

20世纪80年代以后,我国农民就开始了自发地寻找就业的新路子。农民的这种就业转型,标志着中国由农耕文明向现代化社会转型。农民的就业结构出现新的突破,开始摆脱以种植业为主的传统农业。进入乡镇企业或跨地区城市(镇)就业(外出打工)。1996年,国务院发展中心对全国有代表性的38个县市(其中富裕县5个,中等收入县22个,收入较低县11个)的农村劳动力就业分布情况进行了广泛的问卷调查,发现在全部劳动力中,进入乡镇企业和外出打工的人数达到43.7%,滞留在农业的人数只占56.3%(比1978年的90.7%下降了34.4%)这些人中,只有35%为传统农业所消化,其中还有21%为多余劳动力(表35-5)。

表35-5 38个县市农村劳动力在农业、乡镇企业、外出就业的分布比例

农村总劳力(万人)	1224.1	100%
1. 留在农业的劳动力	686.6	56.3%
其中:农田常年作业	301.8	35%
林果养殖蔬菜	126	
富余劳动力	259.5	21%
2. 乡镇企业就业	336	27.4%
3. 外出就业	201.5	16.4%
其中:6个月以上	149.4	12%
非农产业就业(2+3)	537.4	43.7%

资料来源:《中国经济报》,1999年4月7日第5版。

1997年我国全部从业人员为69 600万人(1998年为69 957万人)乡村从业人员为49 393万人,其中60%即相当于27 000万人左右为剩余劳动力。乡镇企业与城市二、三产业已吸收12 000万人。还有15 000万(占农村总劳动力30%)"空悬劳动力"大量积淀在有限地土地上。况且每年还要净增700多万人口。

1. 乡镇企业直接提供的就业机会

改革开放以后,乡镇企业迅猛发展,为农民就业转型提供了一个广阔的空间。1979~1995年,乡镇企业直接吸纳农村剩余劳动力1.29亿。每年新增就业人数平均达620万人。年平均增幅为11%(根据表35-6计算)。到1995年乡镇企业人员数已占乡村总从业人数的26%。表35-6中的数据反映出乡镇企业发展吸纳就业水平的阶段性特点。

1979~1983年,乡镇企业吸纳农村劳动力年均82万人,年均增幅为2.76%,五年间,乡镇企业人数占乡村总人数的平均比例为9.28%,从未突破过10%。1984~1998年,是乡镇企业发展历史上最好的时期,年均吸纳就业人数1382万人,年均增幅为27.23%。占乡村总人数的平均比例突破20%(为20.13%)。1989~1990年,乡镇企业吸纳就业人数连续出现负增长,分别比上年减少了179万人和102万人,降幅分别为1.87%和1.09%,到1991年缓慢回升。1992年至今,乡镇企业吸纳农村剩余劳动力的绝对数有所增加,但升幅波动较大,1994年和1997年比上年分别减少327万人和458万人,减幅分别为2.65%和3.39%,吸纳能力总体上呈下降趋势。

表35-6 1978~1995年乡镇企业吸纳农村劳动力就业情况

年份	农业从业人数(万人)	乡镇企业吸纳就业人数(万人)	比上年增加数(万人)	增幅(%)	占农村从业人员比重(%)
1978	30 638	2826.56			9.23
1979	31 025	2909	82.44	2.91	9.38
1980	31 836	2999.67	90.67	3.12	9.42
1981	32 672	2969.58	-30.04	-1	9.09
1982	33 867	3112.91	143.33	4.83	9.20
1983	34 690	3234.64	121.73	3.91	9.32
1984	35 968	5208.11	1973.47	61.01	14.48
1985	37 065	6979.03	1770.92	33.99	18.83
1986	37 940	7937.14	958.11	13.73	20.92
1987	39 000	8805.18	868.04	11.09	22.58
1988	40 067	9545.46	740.28	7.75	23.82
1989	40 939	9366.78	-178.68	-1.87	22.88
1990	47 293	9264.80	-101.98	-1.09	19.59
1991	47 822	9609.1	344.3	3.71	20.09
1992	48 313	10 624.6	1015.5	10.57	21.99
1993	48 784	12 345.00	1720.4	16.19	25.31
1994	48 786	12 018	-327	-2.65	24.63
1995	48 854	12 862	844	7.02	26.33
1996	49 035	13 508	646	5.02	27.54
1997	49 393	13 050	-458	-3.39	26.42

资料来源:根据《中国乡镇企业年鉴》1993年;《中国农村统计年鉴》,1998年;《中国统计年鉴》(1990~1998年)整理计算。

2. 城市化过程所引致的就业机会

乡镇企业和城市的联动发展我们在第二节中已进行了阐述。在此不再赘述。在此只分析在城市化过程中所引致的就业变动。对于城市化过程中能否引致就业的增加,在学术界有过争论。但是,主流的观点还是认为,在城市化发展过程中往往会引致大量的就业机会。

1978年以来,从我国城镇新就业人数变动情况分析(表35-7),20年来国有单位安置新就业人数虽然存在波动起伏,但下降趋势明显,而城镇集体和个体私营企业吸纳新就业人数明显上升,已经成为我国吸纳就业的主要渠道。到1997年,城镇国有经济新增就业人员226万人,占新增就业总人数的31.8%,比1978年降低40.17%,而同年集体和个体经济新增就业人数292万人,占比41.13%(其中个体经济占23.10%)。从1992年以后,个体及其他行业新增就业人数迅速上升,到1997年占比达50.14%。这些数据从一个侧面反映了城市化的发展所引致的就业机会的提高。

表35-7 改革开放以来我国城镇新就业人数变动情况

年份	国有单位 新就业人数(万人)	比重(%)	集体单位 新就业人数(万人)	比重(%)	个体劳动 新就业人数(万人)	比重(%)	其他 新就业人数(万人)	比重(%)
1978	392.0	72.00	152.4	27.99				
1979	567.5	62.87	318.1	35.24	17.0	1.88		
1980	572.2	63.58	278.0	30.89	49.8	5.53		
1981	521.0	63.54	267.1	32.57	31.9	3.89		
1982	409.3	61.55	222.3	33.43	33.4	5.02		
1983	373.7	59.48	170.6	27.15	84.0	13.37		
1984	415.6	57.60	197.3	27.35	108.6	15.05		
1985	499.1	61.35	203.8	25.05	110.7	13.61		
1986	536.3	67.62	223.8	28.22	33.0	4.16		
1987	499.4	62.50	214.0	26.78	85.7	10.72		
1988	492.2	58.30	263.2	31.17	88.9	10.53		
1989	367.3	59.31	191.5	30.92	37.0	5.79	24.0	3.88
1990	475.0	60.50	235.0	29.94	40.0	5.09	35.0	4.46
1991	363.0	47.46	272.0	35.56	60.0	7.84	70.0	9.15
1992	366.9	49.85	218.2	29.64	73.4	9.97	77.5	10.52
1993	310.0	43.97	202.0	28.65	95.0	13.48	98.0	13.90
1994	294.0	41.12	181.0	25.31	125.0	17.48	115.0	16.08
1995	260.0	36.11	170.0	23.61	135.0	18.75	155.0	21.53
1996	243.0	34.47	155.0	21.99	140.0	19.86	167.0	23.69
1997	226.0	31.83	128.0	18.03	164.0	23.10	192.0	27.04

资料来源:王永福等,"非公有制经济:扩大就业的一个有潜力的吸纳源",《经济学动态》1999年第9期。

国家计委的杨宜勇博士认为,适度的城市化对于扩大社会就业总量和城市就业是有利的。从对1978~1998年中国从业人员与城市化水平的变动情况的分析来看,这一结论可以得到充分的数据支持。1978~1998年的20年间,我国城镇从业人员从9514万人增加到20 678万人,增加了11 164万人,增幅达117%,年均增加531万人,年均增长5.59%,高于同期人口增长率1倍以上。20年中,城市化水平由17.9%提高到34%。与此同时,全部从业人员平均每年递增2.94%,其中城镇从业人员平均每年递增4.04%,而农村从业人员平均每年递增2.55%。低于城镇增速1.49个百分点。因此,随着城市化的推进,引致就业机会递增是显而易见的。

表35-8 1978～1998年中国从业人员与城市化水平变动情况

年份	全部从业人员（万）	城镇从业人员（万）	乡村从业人员（万）	城市化水平（%）	城镇登记失业率（%）
1978	40 152	9514	30 638	0.179	0.053
1979	41 024	9999	31 025	0.190	0.054
1980	42 361	10 525	31 836	0.194	0.049
1981	43 725	11 053	32 672	0.202	0.038
1982	45 295	11 428	33 867	0.211	0.032
1983	46 436	11 746	34 690	0.216	0.023
1984	48 197	12 229	35 968	0.230	0.019
1985	49 873	12 808	37 065	0.237	0.018
1986	51 282	13 292	37 990	0.245	0.020
1987	52 783	13 783	39 000	0.253	0.020
1988	54 334	14 267	40 067	0.258	0.020
1989	55 329	14 390	40 939	0.262	0.026
1990	63 909	1666	47 293	0.264	0.025
1991	64 799	16 977	47 822	0.264	0.023
1992	65 554	17 241	48 313	0.276	0.023
1993	66 373	17 589	48 784	0.281	0.026
1994	67 199	18 413	48 786	0.286	0.028
1995	67 947	19 093	48 854	0.290	0.029
1996	68 850	19 850	49 035	0.294	0.030
1997	69 600	20 207	49 393	0.299	0.031
1998	69 957	20 678	49 279	0.340	0.031

资料来源:国家统计局编,《中国统计年鉴》,中国统计出版社,1999年。

三、城市化过程就业扩张效应的制约因素

以上分析,使我们看到了城市化过程中就业扩张的显著效应。甚至有人乐观地估计,只要把我国1/4城镇的人口规模扩展到5万人左右,就可以把2亿农村剩余劳动力转移出来。然而,城市化过程就业扩张的效应水平受诸多因素的制约,主要有以下几个方面。

（一）以农民为主体的城建投资能力不足

把一个劳动力从农村转移到城镇需要三种基本投入：①生产资料投入，这是为其创造一个就业岗位所需要的资本投入；②生活资本投入，在城市安家和生活所需的资本投入；③基础设施投入，这是生产与生活都必需的水、电、路、气等基础设施。基础设施的投入对于大小城市来说成本相差并不是很大。虽说没有很精确的数据加以说明，但从1996年全国安居住房的成本可以间接地看出，在不同层级的城市，建设成本相差并不太大，如20万～50万人口的城市，每平方米住房的建筑成本为864.8元；50万～100万人的城市是825.9元；200万以上人口的城市是1050.7元。小城市、小城镇基建成本虽然要略低于大中城市，但是，在中国特有的国情下，越是中心城市，政府的补贴越高。换言之[①]，制度性成本占很大比重，而以农民为投资主体的小城镇建设其基建成本中的制度性成本很低甚至为零，其成本分摊都在个人（农民）身上。据有关专家推算，小城镇每增加1万人，需要建设1平方公里的城镇，其建设投资需要约2个亿，分摊起来，新进城镇的农民人均承担投资成本约1.4万元。按户均人口3～5人计，户均投资成本4.2万～7万元。这在经济发达的东部沿海地区，不是一个大数目，筹措起来较容易，而在中西部地区却不是一个容易筹措的金额。按此标准，只有少数富裕户能够进城，因为人数有限，必将提高人均城建筹资水平。其结果是小城镇建设因投资不足，城市化进程缓慢，从而制约就业扩张速度。

（二）高昂的迁移成本与乡镇企业的高度分散

以企业为主体的非农产业充分集中是城市化的必然要求。长期以来由于所有制分割，我国乡镇企业在发展中乡办乡有，乡在本乡范围内布点；村办村有，村在本村范围内办企业。这种行政社区封闭性发展状态，直接造成了乡镇企业的高度分散。以江苏省为例，1996年以来全省共有非农乡镇企业13.28万个，按企业所在地分，其中分散在村庄的达9.6万个，只占72.4％，而集中在乡镇政府所在地（镇区）以上城镇、工矿区的，仅3.67万个，只占27.6％[②]。这种高度分散的格局在当代社会经济发展中不仅限制了非农产业本身的发展，而且分散建设增加了水、电、路、气等基础建设的占地和资金，降低了土利用率，从而分散了城镇建设用地和资金，制约了城市化的扩张。

乡镇企业向小城镇集中，必须消除四项基本制约因素：①社区所有制约束；②企业搬迁和进驻成本；③集中的外部经济收益预期；④企业税费负担水平。目前，即使调整制度安排，放松社区所有制约束，制定税费优惠政策，降低入城"门槛"，提高自然村占地使用费，也难以大规模地吸引乡镇企业向小城镇集中。这主要因为：

[①] 俞燕山"从制约因素看我国城市化道路的选择"，《城市发展研究》，2000年第2期，第3页。
[②] 江苏省农调队："江苏省小城镇建设问题与思考"，《江苏改革》，2000年，第2期，第29页。

1. 进镇"门槛"近年来虽然总体上有所降低但降幅有限,有的甚至不降反升

前已述及,小城镇建设的投资主体为农民,政府投资很少(也即制度性成本投入很低),主要靠集资建镇。有相当多的地方,政府不仅不去投资,而且还要借地生财,徒使地价上涨,带动城镇建设的投资成本上升。随即入镇的乡镇企业进镇"门槛"陡然提高,使许多企业望而却步。有的乡镇企业即便硬着头皮迁入,但高昂的迁移成本使之大伤元气,这些"硬伤"甚至使不少入城企业陷入危机或倒闭。

2. 企业迁移的固定资产损失大,资金筹措困难

乡镇企业的厂房及配套设施等固定资产,在迁移时难以通过转让收回成本;而在新址又需要进行再投资。这"一出一进"的资金代价,抬高了企业搬迁的成本,进而阻滞了乡镇企业向城镇的聚集。

(三) 小城镇的就业吸引力不足

据对江苏省190个小城镇所作的调查资料显示,虽然早在20世纪80年代中期,就允许农民自理口粮进镇,但到90年代中期,实际进镇者占当地农业已移转劳动力的0.83%,占当地镇劳动者总数的0.65%[①]。另据估计,90年代中期,全国农村进城常住人口大约占到农民工的90%多,约有7500多万人,而进小城镇者比例甚小。这表明:小城镇对农民就业缺乏吸引力。推究其原因,主要在以下几个方面:

1. 就业机会少,预期净收益低

小城镇人口规模小,绝大多数小城镇远未达到国家小城镇规划所设镇区人口密度为10 000人/平方公里的标准。就拿小城镇建设先进的江苏省来说,目前全省建制镇镇区总人口平均为4671人,其中非农业人口仅为2605人[②]。加上基础建设投入不足,市场环境欠佳,又受到社区所有制的阻隔,不能有效吸引乡镇企业进镇投资办厂,导致就业机会不足,即使就业,工资也远较大中城市为低。因此,农民的预期净收益低于期望值。较低的心理预期使得农民进镇就业的动力明显不足。

2. 第三产业发展不足、层次不高

根据江苏省农调队对全省小城镇抽样调查的资料表明,到2000年初为止,在镇区从业的人员中,第三产业只占29.4%,在镇区经营总收入中第三产业仅占21.4%。不仅数

---

① 孙自铎:"城市化的误区分析与实践思考",《中国农村经济》,1996年第9期。
② 江苏省农调队:"江苏省小城镇建设问题与思考",《江苏改革》,2000年,第2期,第29页。

量发展不足,小城镇第三产业的发展层次也很低。如文教卫生、金融保险、信息咨询、房地产业、社会福利、环境保护、劳动就业管理、居民日常生活等新兴的第三产业发展程度还很低。总之,小城镇缺乏现代城市文明的吸引力。因此,外出农民宁可涌向大中城市成为"打工一族",也不愿在自家附近的小城镇就业。这反映了一种典型的农民就业取向。

3. 社会保障程度低,户籍制度有缺陷

长期以来在外国人眼中,我国是个福利国家。但是福利的受益对象是城市居民,农村社会永远处于福利制度的死角,小城镇也处于福利社会的边缘。越是中心城市,政府的补贴越高。1996年我国大中城市居民获得各种福利补贴人均达3340元,这种中国特色在短期是改变不了的,而完善中小城镇的社会保障制度是一个长期的目标。小城镇对农民就业吸引力有限在所难免。加上长期以来用以限制农民进城就业的户籍制度的改革滞后,小城镇就业扩张效应低于人们的预期。

(四)资本和技术替代劳动的趋势明显

市场经济的发展,决定每一个企业都必须以产品的质量取胜。而产品的质量往往取决于产品的科技含量。为适应市场的竞争格局,乡镇企业为求发展也必须走科技进步之路。因此,资本、技术替代劳动是乡镇企业升级的正常选择。据有关资料显示,1995年乡镇企业每吸纳一个劳动力就业的固定资产投资额为24 560元,较之以往大为提高。到目前为止,乡镇企业每万元吸纳劳动力的数量呈明显下降之势。"八五"期间乡镇企业每年吸纳劳动力719万人,1996年降到647万人,而1997年和1998年分别为负增长,即每年平均减少458万人和513万人。年均降幅分别达5%和6%。当然,乡镇企业吸纳劳动力数量降低有多方面的原因,但资本和技术替代劳动却是主要因素之一。

通过上述分析可知,在城市化过程中,现行的制度安排,农民的消费水平,就业者的心理预期,乡镇企业布局以及未来发展方向都不同程度地起着制约作用。因此,小城镇集聚要素的功能会受到不同程度的梗阻,从而使其就业扩张效应明显低于人们以隐含假定(生产要素自由流动的市场环境)为前提的就业期望值。

四、基于就业促进的城市化发展道路选择及对策思考

我国目前的城市化水平只有31%,到2010年我国城市化水平至少要达到45%才能与我国经济社会发展的水平相适应。按这一指标估算,转到城镇的农村人口大约要达到2个亿,其中劳动力人口约为1.2亿,即需要解决就业岗位1.2亿个。以什么样的城市规模去吸纳这些人口最为经济、合理可行呢?我们可以通过两个假设来论证。假设之一是这些人口由大城市吸纳,则需要建设100万人口的大城市200座。要建设这么大的城市耗费巨资自不待言,更主要的是如果无秩序地放任市区无限制扩大,从城市经济学的角度

来看是不经济、不科学的,因为规模过大,超过一定限度则引致聚集效益递减。

假设之二是如果把这些人口全部吸收到小城镇,以每个城镇3万~5万人计,有4000~7000个小城镇就可以吸收完毕。到1995年,我国共有370万个村庄,49 256个集镇,其中建制镇15 043个[①]。建制镇镇区人口平均不到5000人。到1998年,建制镇已达18 800个左右,只需要不到40%的建制镇人口达到3万人,或者20%多的建制镇人口达到5万人,则可以吸纳所有2亿的农村人口。因此,新建或扩建(以扩建为主)现有的小城镇,是解决城市化扩展问题的主要解决办法。当然,大中城市扩展与中小城镇建设的合理布局是我国城市化发展道路选择中必须兼顾的问题,同时,还应考虑以下几个方面的问题。

第一,经济发展效率和就业增长兼顾。我国有近13亿人口,占全世界人口的23%弱,却只有世界耕地的7%。农业人口已远远超过耕地所能承载的合理容量,现在农村剩余劳动力高达2.7亿。因此,城市化过程中将要转入城镇的人口是巨量的,这就决定了中国城市化发展道路的战略选择优先考虑的目标是有效地吸纳过量的农业人口。同时,由于中国又是世界上人均资源占有量最贫乏的国家之一,因此,城市化过程必须兼顾效率,这不仅是保证城镇健康发展的需要,也是增强经济实力促进就业稳定的基本保证。

第二,注重环保和可持续发展。在城市化过程中切忌只顾眼前经济利益而不顾长远发展。在城镇建设中应切实注意环境保护,严格控制新建具有污染的项目,严格实行项目实施与环境保护同步发展,提高城镇居住环境,保证居民基本的居住质量,走可持续发展道路。这是吸引人口居住的基本条件,也是城镇建设的发展动力。

第三,城市化发展最优和可行的平衡。城市化道路的选择当然要从最优化的角度加以考虑。但是最优未必可行。因此,只有从最优与可行之间寻找平衡点。在大中城市就业日趋饱和的情况下(各大城市均有数量可观的下岗职工和新增就业者),已无力大规模地吸纳农村剩余劳动力。这些剩余劳动力的转移必须就地解决,即通过城镇化的途径加以吸收。因此,城市化过程中城市的规模选择和布局必须依照最优和可行的原则来操作。

第四,多元化的投资体制与政策上优惠相结合。在小城镇建设投资上,要逐步建立以集体积累和个人集资为主、国家与地方、集体与个体、内资与外资共同投资的多元化投资体制。在城市建设收费项目上,应尽量砍削一些不必要的手续费,并给予政策上的倾斜和优惠,适度增加小城镇建设中的制度性成本,降低农民在集资过程中过高的人均负载。乡级政府尽可能地加大对小城镇基础设施和公用设施的投资力度,通过创造较好的投资环境和有吸引力的招商政策,吸引外来资金参与城建开发和开办企业。尤其应在提供优惠政策方面作努力,真正营造出一种让农民"进得来、留得住、住得久"的生活和就业氛围,这是解决农民就地转移的关键之举。

[①] 侯捷:"城市与村镇建设",《中国经济年鉴》,1996年,第113页。

五、农村产业结构变化与农民就业分流

刘易斯最先提出了一个用来解释发展中国家经济发展过程就业分流的"刘易斯模型",后来很多发展经济学家(如费景汉、拉尼斯、齐根森等)对这一模型不断地修正和发展,已成为一个用于阐明发展中国家发展问题的经典模型。刘易斯模型强调推动现代城市工业的发展以扩大农村剩余劳动力的就业,从区位经济角度来看,刘易斯的劳动力转移模型是就地转移模型,而托达罗模型则认为应适度控制乡－城人口流动的速度,解决农村剩余劳动力的有效方法是加强农业的发展以就地解决农民就业分流(参见本章第二节)。根据我国农村剩余劳动力的实际情况,我们的政策应当是将农民异地分流和就地转移结合起来,主要是通过农村产业结构的转变即大力发展农村非农产业,从内部完成大量农村剩余劳动力的吸纳。

1. 农村产业结构变化及农村非农产业发展

"非农产业"是相对于"传统农业"(即作物种植、牲畜饲养、水产养殖等)来说的一个概念。主要包括农村工业运输业、建筑业、餐饮业、商业、仓储业、采掘业等。产业结构即各个产业之间的联结方式在空间和时间上的数量表现。产业结构变化是在一定的经济运行周期的不同阶段,诸产业的关联方式和产业间数量关系的变化。农村产业结构的变化表现在农业和非农业结构变化以及农业内部结构变化和非农产业内部结构的变化上。

1978年以来,中国农村非农产业发展迅速,表35－9中的数据反映出,农村非农产业总产值在整个农村总产值中的比重逐年稳步上升,到1994年已由1978年的31.4%增加到74.3%,增加了42.9%,传统农业(农林、牧渔)产值降幅很快,由1978年的68.6%降到1994年的25.7%,下降了42.9%。1984～1994年,年平均增长30%。

表35－9 1984～1994年传统农业总产值与农村非农业总产值构成及增长情况

年 份	传统农业总产值(亿元)			农村非农产业总产值(亿元)		
	绝对额	增长率(%)	比重(%)	绝对额	增长率(%)	比重(%)
1978	1397.0	8.1	68.60	640.5		31.4
1980	1922.6	1.4	68.86	869.5		31.1
1983	2750.0	7.8	66.69	1373.8		33.3
1984	3214.1	12.3	63.43	1853.6	27.3	36.6
1985	3619.5	3.4	57.09	2720.6	36.6	42.9
1986	4013.0	3.4	53.12	3541.2	25.5	46.9
1987	4675.7	5.8	49.57	4755.9	29.2	50.4
1988	5865.3	3.9	46.79	6669.4	28.1	53.2

续表

年 份	传统农业总产值(亿元)			农村非农产业总产值(亿元)		
	绝对额	增长率(%)	比重(%)	绝对额	增长率(%)	比重(%)
1989	6534.7	3.1	45.13	7945.44	10.3	54.9
1990	7662.1	7.6	46.10	8957.1	71.5	53.9
1991	8157.0	3.7	42.92	10 847.1	14.4	57.1
1992	9084.7	6.4	35.8	1630.6	42.4	64.2
1993	109 95.5	7.8	27.5	28 956.9	63.5	72.5
1994	15 750.5	8.6	25.7	45 624.0	40.8	74.3

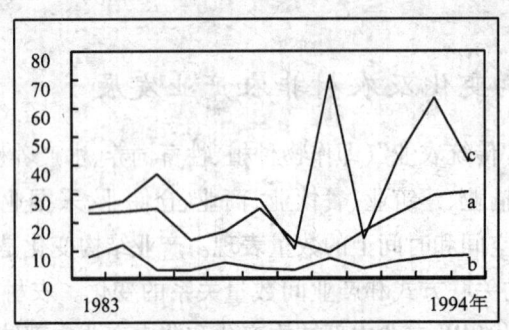

a. GNP 增长率；b. 农林牧渔业总产值比重；c. 非农产业总产值比重

图 35-4　1983~1994 年中国 GNP 增长率与农业及非农产业总产值比重(%)

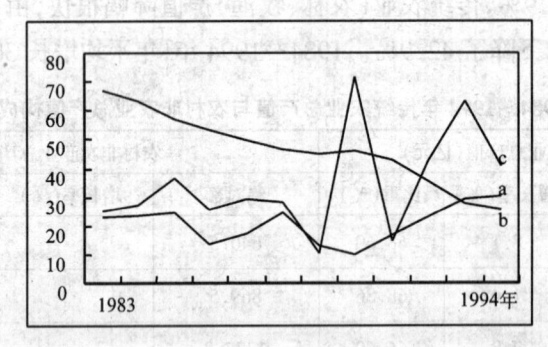

a. GNP 增长率；b. 农业总产值增长率；c. 非农产业总产值增长率

图 35-5　1983~1994 年中国 GNP 增长率与农业及非农产业总产值增长率(%)曲线

从图 35-4 可以看出，1983~1994 年国民生产总值增长率趋于平稳，1989 年和 1990 年还大幅下挫，但非农产业总产值增长率一直保持上扬态势。在对 1983~1994 年中农村非农产业总产值的增长与农业总产值增长率同整个国民生产总值的比较中,我们可以发现,农村非农产业总产值的增长与同期 GNP 的增长具有极大的趋势上的一致性,且其增幅要远大于 GNP 的增幅。

表 35-10 给出了 1978 年以来农村社会总产值构成与农村非农产业总产值构成及其变化情况。表明随着乡镇企业的崛起,农村产业结构进行了合理调整,农村社会总产值由 1978 年的 29.8% 上升为 1994 年的 47.5%,其中农村工业产值占农村社会总产值的比重增长了近 40 个百分点,有力地推进了整个国家工业化的进程。

表 35-10 1978～1994 年中国农村社会总产值构成与农村非农产业总产值构成及其变化情况

年份	农村社会总产值占整个社会总产值的比重(%)	农村社会总产值=100					非农产业总产值=100			
		农业(%)	工业(%)	建筑业(%)	运输业(%)	商饮业(%)	工业(%)	建筑业(%)	运输业(%)	商饮业(%)
1978	29.8	68.60	19.40	6.60	1.70	3.70	61.9	21.0	5.4	11.7
1980	32.7	68.86	19.48	6.45	1.69	3.53	62.6	20.7	5.4	11.3
1983	37.0	66.69	20.04	7.78	2.00	3.49	60.2	23.4	6.0	10.5
1984	38.5	63.42	22.92	7.31	2.62	3.73	62.7	20.0	7.2	10.2
1985	38.2	57.09	27.60	8.05	3.00	4.25	64.3	18.8	7.0	9.9
1986	39.7	53.12	31.52	7.84	3.25	4.28	67.2	16.7	6.9	9.1
1987	40.9	49.57	34.83	7.67	3.55	4.38	69.1	15.2	7.0	8.7
1988	42.1	46.79	38.14	7.14	3.47	4.46	71.7	13.4	6.5	8.4
1989	41.9	45.13	40.65	6.35	3.56	4.31	74.1	11.6	6.5	7.9
1990	43.7	46.10	40.43	5.89	3.49	4.09	75.0	10.9	6.5	7.6
1991	43.4	42.92	43.50	6.01	3.48	4.09	76.2	10.5	6.1	7.2
1992	45.5	35.80	50.80	6.16	3.60	4.37	78.0	9.6	5.6	6.8
1993	46.1	27.50	56.84	6.82	3.84	5.08	78.4	9.4	5.3	7.0
1994	47.5	25.70	58.40	6.39	4.09	5.42	78.8	8.6	5.5	7.3

资料来源:《中国统计年鉴》,1992 年;《中国农村统计年鉴》,1995 年。

2. 农村就业结构变化及农民就业分流

在市场经济条件下,产业结构的变化与就业结构变化的趋势是同步的。农村非农产业的发展所导致的产业结构调整必然引致农村就业结构的变化和农民的就业转型。

1983～1994 年,农村劳动力总数年平均增加 2.33%,而同期传统农业(农林牧渔)只增加了 1.05%,从 1992 年开始,均为负增长。非农产业中的农村工业、建筑业、交通运输业、商饮业年平均增幅分别为 5.45%,16.4%,1.39%,27.39%。以建筑业和商饮业增幅最大。非农产业中的第三产业(商饮、交通运输业)从业人员总体增幅高于第二产业,但所占农村总劳动力的比重明显偏低,前者低于后者,分别为 4.43% 和 13.23%,说明农村非农产业中的第三产业(特别是其中的运输业)具有广阔的就业空间(以上数据均根据表

35－11计算得来)。

表 35－11 1978～1994 年乡村劳动力的就业结构与农村各产业就业人数增长变动情况(单位：万人,%)

年份	乡村劳动力 人数	增长率	农林牧渔业 人数	增长率	比重	农村工业 人数	增长率	比重	农村建筑业 人数	增长率	比重	农村交通业 人数	增长率	比重	农村商饮业 人数	增长率	比重
1978	30638		28456		92.88	1734		5.66	230		0.75	80		0.26	52		0.17
1979	31025	1.26				1756	1.27	5.66	233	1.30	0.75	81	1.25	0.26	53	1.92	0.17
1980	31826	2.61	28398		89.20	1942	10.59	6.10	283	21.46	0.89	90	11.11	0.28	67	26.42	0.21
1981	32672	2.63				1981	2.01	6.06	297	4.95	0.91	101	12.22	0.31	75	11.94	0.23
1982	33867	3.66	31153		91.99	2073	4.64	6.12	379	27.61	1.12	115	13.86	0.34	83	10.67	0.25
1983	34690	2.43	31645	1.58	91.22	2168	4.58	6.25	483	27.44	1.39	161	40.00	0.46	137	65.06	0.39
1984	35968	3.86	29490	-6.81	81.99	2549	17.57	7.09	811	67.91	2.25	317	96.89	0.88	299	118.25	0.83
1985	37065	3.05	30352	2.92	81.89	2741	7.53	7.40	1130	39.33	3.05	434	36.91	1.17	463	54.85	1.25
1986	37990	2.50	30468	0.38	80.20	3136	14.41	8.25	1309	15.84	3.45	506	16.59	1.33	532	14.90	1.40
1987	39000	2.66	30870	1.32	79.15	3297	5.13	8.45	1431	9.32	3.67	562	11.07	1.44	607	14.10	1.56
1988	40067	2.74	31456	1.90	78.51	3113	-5.58	7.77	1526	6.64	3.81	607	8.01	1.51	657	8.24	1.64
1989	40936	2.17	32441	3.13	79.25	3256	4.59	7.95	1502	-1.57	3.67	614	1.15	1.50	652	-0.76	1.59
1990	42010	2.62	33336	2.76	79.35	3229	-0.83	7.69	1523	1.40	3.63	635	3.42	1.51	693	6.29	1.65
1991	43093	2.58	34186	2.55	79.33	3268	1.21	7.58	1534	0.72	3.56	655	3.15	1.52	723	4.33	1.68
1992	43802	1.65	34037	-0.44	77.71	3468	6.12	7.92	1659	8.15	3.79	706	7.79	1.61	814	12.59	1.86
1993	44256	1.04	33258	-2.29	75.15	3659	5.51	8.27	1887	13.74	4.26	800	13.31	1.81	949	16.56	2.14
1994	44654	0.90	32690	-1.17	73.21	3850	5.21	8.62	2057	9.01	4.61	908	13.54	2.03	1084	14.28	2.43

资料来源：《中国统计年鉴》(1993,1995);《中国农村统计大全》(1994～1996)转引自马九杰：《中国转轨时期经济波动与农业》，中国农业科技出版社,1999 年,第 283～284 页。

说明：由于统计口径不一,这里的"乡村劳动力"不包含"农村劳动力"中的全民所有制劳动者。"乡村劳动力"平均占"农村劳动力"的 98.13%。

另外,从表 35－11 中可以看出,在经济快速增长时期,农业劳动力在乡村劳动中的比重下降很快,在经济增长速度放慢的时期,农业劳动力在乡村劳动力中的比重则下降得慢,甚至出现"倒流"。另一方面,在经济增长加速时,非农产业就业劳动力的比重上升得也快,经济紧缩时,非农产业就业劳动力比重上升的速度放慢。由此推论,上升的宏观经济环境对农业剩余劳动的转移是有利的,而经济紧缩状态下,农业剩余劳动力的转移则受到严重封堵。再者,农村工业吸纳劳动力能力不断下降的趋势,显示出"资金增密"而引致的"资本替代"已经成为农村剩余劳动力就业转型的一大阻力。因此,在农村产业政策上有意识地向劳动密集型产业倾斜,对于扩大农村剩余劳动的就业来说不失为一种理性的决择。

第四节 促进乡镇企业发展与农民就业转型的对策思考

一、乡镇企业发展中面临的问题和挑战

改革开放20多年来，乡镇企业从开始的"在夹缝中求生存"到后来的占据国民经济的"半壁江山"，极大地推动了我国经济和社会的发展。乡镇企业在我国农村经济中至今仍具有不可替代的地位和作用。一言以蔽之，20多年来乡镇企业发展所取得的成绩是举世公认的。但是，乡镇企业在发展的同时也存在不少的问题，尤其是随着人类社会迈入新世纪，经济全球化，知识经济化，市场开放化的趋势不断加快，国际国内经济和市场环境风云变幻，乡镇企业的发展正面临前所未有的挑战。因此，有必要对乡镇企业发展的问题进行审慎而深入的剖析，如此才能从容地应对挑战，克服困难，使乡镇企业在"二次创业"中再上新台阶。

1. 布局分散，规模不合理

许多乡镇企业是因陋就简办起来的，因而在企业分布上是"满天星"式的格局，有些地区是"村村设厂，户户冒烟"，从布局到规模都表现出"小而散"，尤其分布在乡村的多，建在城镇上的少。规模小加之低水平重复难以形成规模效益，且占地量大及生产资源（包括土地资源）利用效率低；布局分散，则难以取得"聚集"效益，不利于城镇化的发展，企业建设成本加大。

2. 体制不定，机制退化

改革初期，乡镇企业正是依靠了"船小好调头"的灵活适应性，凭着体制和机制的改革创新迅速发展起来。但目前，包括曾起示范作用的"苏南模式"、"温州模式"和"珠江三角洲模式"也表现出体制和机制方面的种种弊端，如乡镇企业中的乡（镇）、村集体企业产权不明，责权不清，政企不分，活力不足。尤以"挂靠"企业问题更多。以广州市为例，广州目前镇村集体企业完成转制的只有2712家，仅占28%。这些现象暴露出现行体制法规政策上的种种矛盾。

3. 资金投入不足，信贷支持不够，企业负担较重

乡镇企业的资金来源多为集体筹集和个人自筹：资金投入量有限，同时，因为信用不足加之银行风险控制严格，乡镇企业难以通过银行融资，因此，在资金投入方面存在先天不足，但同时，企业负担沉重，除了同其他企业一样纳税以外，还需缴纳以工补农费、以工建农费、乡镇建设费、教育费等。除了上述法定的税费之外，各种摊派名目繁杂，如乡镇政府基建费、会议费、招待费（除正常招待外，还包括娱乐、钓鱼费）以及干部奖金、各种捐款、

赞助等。而且,目前国有企业减员增效、兼并能够享受的税收、停息挂账等优惠政策,乡镇企业则无缘问津。另外,一些权力部门的"卡、拿、要"现象也十分严重。凡此种种造成乡镇企业效益下滑,缺少生存和发展的必要资本生成和积累,很多企业就此倒闭。

4. 缺乏技术人才和管理人才,职工素质较低,产品质量不高,缺乏竞争力

乡镇企业经营和管理者多半是半路出家,跳出"农门"的当地能人,这些能人在乡镇企业发展初期,在一般的层面上大多能胜任工作,但随着企业不断扩大,市场竞争越来越加剧,这些人往往力不从心。另外,由于缺乏高水平技术人员,产品开发能力很差甚至是空白,产品档次不高,市场竞争力弱。

5. 劳动保障、安全生产、环境保护方面有待提高

许多乡镇企业,劳动保护条件较差,安全生产注意不够,许多小煤窑,烟花爆竹厂,小化工厂,乡镇建筑队,运输队事故较多。许多乡镇企业急功近利,环保意识较差,环保条件落后,缺乏必要的环保投入,一些小化工厂,小冶金、小水泥、小造纸企业是所在地主要的污染源,产出和效益比(主要指社会效益)严重倒挂。有的企业产出不及由此而造成的社会治污投入的1/10,甚至更少。

6. 东西部发展不平衡,影响国民经济的整体发展

1998年,全国GDP总量为79 395.7亿元,其中东部占53%,中部占33%,西部只占14%,GDP人均量:全国平均为6392元,东部为9364元,中部为5139元,西部为3838元。东部是中部的1.82倍,是西部的2.44倍,西部仅为全国平均量的60%。我国三次产业的分布,东部第三产业的比重超过中西部10~20个百分点。这种发展的不平衡,也影响了国民经济的整体发展。

7. "入世"的冲击和不利影响

毫无疑问,加入WTO对我国国民经济的发展肯定利大于弊,对于乡镇企业发展来说,更多的也是一种机遇。但机遇与挑战并存,关键是如何应对挑战,变压力为动力。

"入世"对乡镇企业的冲击是多方面的。具体来说,集中体现在以下几个方面。

(1) 给乡镇企业业已形成的国内市场造成强大的压力。由于加入WTO之后,国内市场将进一步对外开放,许多产品将逐步失去关税及非关税措施的保护,这意味着乡镇企业要在经济战场上与国外企业"刺刀见红",国外产品将更自由、廉价地进入中国市场,这样必然会对乡镇企业已形成但份额有限的国内市场形成挤压甚至包围,面对发达国家同类商品的激励竞争,乡镇企业在市场角逐中将处于不利地位。

(2) 给乡镇企业农副产品加工业带来挑战。乡镇企业中的食品加工业大多为农副产品的初级加工,精细加工能力差,产品档次比较低,科技含量不高,大多尚未采用国际卫生、技术和安全标准,同发达国家比处于相对劣势。

(3) 对科技型,资本密集型乡镇企业构成压力。经 20 多年的发展,我国东部沿海省市的乡镇企业已经完成了产业结构的升级,出现许多发展势头强劲的科技型、资本密集型乡镇企业,面对资金雄厚、科技领先、管理先进的国外同类企业,我国企业面临的竞争压力可想而知。

此外,入世以后,乡镇企业中的建筑业、运输业、商饮业等同样也面临着冲击和压力,因此,面对"入世"有人惊呼"狼来了"、"鬼子进村了"。如此形容虽说有点言过其实,但也并非全无道理。所以,我国乡镇企业界面对压力应该认真思考对策,做好"与狼共舞"的准备,练就"同鬼子周旋"的本领。

8. 乡镇企业增加值增长速度和就业吸纳力下降

这一问题可以说是乡镇企业发展到今天最为突出的问题。乡镇企业增加值从 80 年代中后期的 30%～40% 降至现在的 17%,乡镇企业虽说仍然是剩余农村劳动力最大的吸纳源,但其吸纳的速度明显降低。1984 年每万元投资提供 8 个就业机会,如今还不到 1 个。就业人数从 1997 年开始共减少 997 万人。

二、促进乡镇企业发展与农民就业转型的对策思考

乡镇企业的发展与农民的就业转型是一对因果关系,解决了发展问题,也就解决了就业问题。所以发展才是硬道理。

1. 为乡镇企业的发展提供必要而有效的政策支持

必须切实贯彻和落实《乡镇企业法》,为乡镇企业的发展创造一个公平的,相对宽松的政策环境。具体包括在融资、信贷、税收方面给予一定的扶持,拓宽乡企的融资渠道,适当增加乡镇企业的上市指标,打破所有制壁垒,给予乡企与国企同等的自营出口的自由;提供有效而及时的信息服务。在财税政策上,对乡镇企业出口退税和各种抵、退、免(税)政策尽快落实,确保税赋均平;切实制止向乡镇企业的各种乱摊派和"卡、拿、要",减轻企业负担,为乡镇企业的休养生息创造条件。

2. 要正确引导政策,再造机制优势

改革一定要触及产权,实行政企分开,塑造多元化的产权结构和投资主体,有步骤引导乡镇企业制度朝着产权明晰的规范公司制企业方向发展。对已经或正在改制的企业要按照"三改一加强"的要求,把好的机制、好的管理、好的产品、好的班子有机地融合为一体,激发起企业的生机和活力。

3. 提高劳动力素质,引导乡镇企业加快企业人才培养和技术创新

企业繁荣和兴旺,最重要的是人才开发。从政府的角度来说,就是要通过大力发展教

育(包括职业教育、职业培训)提高全体国民的综合素质,企业自身也要重视人才(包括国外人才)特别是技术人才和管理人才的引进和培养。着眼于企业未来的发展,重视后备人才的培养,不断造就一支适应现代企业制度的企业家队伍。重视产品开发和创新,不断使产品升级换代。

4. 优化企业布局,促进城镇化发展

必须克服乡镇企业"小而散"、"满天星"的散乱布局,合理规划,避免低水平重复建设。要强调集中连片发展,促进乡镇企业发展与城镇化"捆绑式"的联动发展,增强乡镇企业辐射功能,大力发展城镇第三产业。并以此推进农民的就业转型。

5. 加强安全生产管理,坚决取缔低效污染企业,走可持续发展道路

要规范乡镇企业的安全保护制度,加强安全生产宣传和管理。对于低效益,污染严重的小水泥、小玻璃、小造纸等切实加以治理整顿,经过整顿仍无成效的,坚决加以取缔。要把走可持续发展道路作为发展乡镇企业的铁的原则。也只有走可持续发展的道路,才有可能提供长期稳定的就业渠道。

6. 以西部大开发为契机,发挥西部自然资源和人力资源的优势,促进乡镇企业的发展

我国西部地区虽然发展较东部缓慢,但广大西部地区资源丰富,人口众多。只要认真贯彻和落实中央关于西部大开发的战略,利用西部的人力优势,大力发展以劳动密集型为主的乡镇企业,同时重视企业的技术进步,则西部地区在不远的将来必将迎来乡镇企业发展的新局面。

7. 抓住"入世"机遇,拓展乡镇企业发展和农民就业转型的空间

前文已述,加入WTO既是挑战也是机遇,既能带来冲击,也会带来发展,既可能成为压力也可能变为动力。关键在于如何应对。为此我们认为应该把握好以下几个方面。

(1) 大力发展乡镇农产品加工企业。要在竞争中立于不败,就必须有好的产品,我国农村食品加工业长期以来一直停留在初级加工的水平上,因此,必须尽快改变这一状况,抓住"入世"机遇积极发展具有国际竞争力的农产品深加工业。农产品深加工,不仅可以大大提高初级产品的附加值,延伸农业产业链,提高农业整体效益,增加收入,扩大就业,而且有利于拓展国际和国内市场,提高我国农产品的竞争力。同时,乡镇企业有着发展农产品加工业的得天独厚的条件,这对优化产业结构,使产业布局趋于自然合理,贡献良多。就地发展乡镇农产品精细加工产业必须选择大众需求的纯天然绿色食品辅之以产业化的生态农业,两者相得益彰。这种乡镇企业发展的转型是应对"入世"后激励竞争的十分有效的模式,其含义可概括为"立足未来,符合国情,发挥优势,以长击短"。其经济效益自不待言,而且可以大大加速农民的就业分流,大量安置农村剩余劳动力。目前,一些地方采

取"公司+农户"的农村工业化模式已取得成功。

（2）对于已成规模的科技型、资金密集型、集团型乡镇企业,尽可能在提高效益的原则下实行同行业的合并和重组,形成国内行业中的"航空母舰"（哪怕是中小型也好）。同时,优化产品结构,不断进行产品的开发和创新,提高产品竞争力。另一方面,在重视企业硬件发展的同时,还必须强化软件建设,不断加强科学管理,强化服务意识,培养员工积极开拓市场的能力。

（3）加强外向型经济的发展,扩大对外劳务输出。1998年,乡镇企业出口商品交货值已达6854亿元,占出口创汇总额的34.8%。如果抓住"入世"后国外市场打开的契机,加大外向型经济的发展力度,扩大产品出口,如果以出口额每年增加3～5个百分点来计算,按每4万人民币创造一个就业机会,则每年增加就业岗位50万～90万个。

另外,乡镇企业还必须有计划地拓展国际劳务市场,扩大劳务输出。据国际劳工组织统计,目前全世界每年跨国就业者达2000多万人,未来5～10年间随着全球经济一体化的进展,这一人数将达4000万人,相比之下,我国近年来每年劳务输出不足20万人,只占总量的1%,而中国劳动力占世界劳动力的20%,由此可见,对于国际劳务这个"大蛋糕",中国人是太客气了。

中华民族是一个勤劳和充满智慧的民族,吃苦耐劳、守纪、诚实是中国人的基本性格。因此,着眼于这一点,有针对性地对我国农村剩余劳动力进行技术和技能培训,相信中国人在国际劳务市场上是有竞争力的。目前看来这方面的工作还十分薄弱,对于国际劳务输出重视不够,加之信息的不对称等等都是造成我国在国际劳务市场上所占份额过低的重要原因。因此,着眼于国际劳务这个"大蛋糕",乡镇企业在发挥自身的劳动力优势,积极参与国际劳务输出的国际竞争,国家在政策、信息服务等方面应给予足够的支持。如果把我国在国际劳务输出方面的份额大致地接近20%（我国劳动力占国际劳动力的比例）则每年可增加几百万个就业机会。

8. 大力发展劳动密集型产业,有选择地发展某些资本密集型产业

中国是世界人口最多的国家,最丰富的资源是劳动力资源,而最稀缺的资源是资本资源,这就构成了中国现化社会内部一对最丰富资源与最稀缺资源之间的矛盾。据此,中科院胡鞍钢博士等认为,应根据这一基本国情,充分利用劳动力这一丰富资源,充分节约资本这一稀缺资源。在产业发展取向上,应大力发展劳动密集型产业,有选择地发展某些资本密集型产业。而目前,我国产业部门（包括乡镇企业）正在走向一条资本密集,排斥劳动就业的工业化技术路线,经济高增长,资本高投入没有带来相应的就业增长,反过来,经济高增长主要依赖资本高投入,劳动投入的贡献愈来愈小,这种增长方式与中国基本国情相悖。乡镇企业必须从根本上扭转这一趋势,防止资本"深化"和资本"替代"（人力）的进一步发展,以保持乡镇企业作为最主要的吸纳农业剩余劳动力的就业源功能。

第三十六章 城市传统中小企业分化与就业

第一节 城市传统中小企业及其相应的就业体制

一、城市传统中小企业的非经济特征

我国城市传统中小企业的一个显著特征是它的非经济性,即企业的目标绝不是利润最大化。它不仅仅是一个生产经营单位,同时也是一个生活和社会单位,企业的功能已远超出纯经济范围,各种非经济因素对企业行为模式和运行机制有着更加重要的影响。因此,企业作为营利性组织这一本质特征表现得并不明显,相反,更多的表现为一种社会组织或社区单位。它不仅具有一般的生产功能,同时还具有独特的社会功能和政治功能。具体表现在以下几个方面:

1. 企业组织结构行政化

按生产资料所有制形式划分,城市传统中小企业一般可分为"全民"、"大集体"和"小集体"(如街道企业)等类型。尽管管理体制和权益存在明显差异,但它们作为行政系统附属物的特征却是共同的。即使一些集体所有制的小企业是由单位投资或社区集资而不是由国家或地方政府支持投资的,一般也都有"挂靠单位",套以某种行政级别。厂长、书记是国家干部,其任免自然是由主管部门掌握。一般职工的进出,最后的环节也须由劳动部门控制,厂长并没有招工或辞工的直接权力。对劳动者来说,一旦被分配到某个单位,层层枷锁的限制使其很难流动。

2. 企业经营自主权空化

在与计划经济体制相适应的企业行政条块分割的管理模式下,经济系统内部壁垒重重,彼此之间的鸿沟难以逾越。特别是对于全民所有制企业来说,由于企业与国家的财产关系实际上是一种行政隶属关系而不是经济契约关系,企业本身没有独立的财产权,而生产资料的国家所有毕竟缺乏人格化的主体,因而实际上不可能不是虚置的。在这种情况下,国家要保证财产权益不受侵犯,不得不通过并不掌握企业信息的企业主管部门对产、供、销、人、财、物实行直接控制。这样,作为生产经营主体的企业,却毫无经营自主权可言,效率十分低下。比如两个不同系统的企业之间要交换生产要素,必须得到相应主管部门的批准,审批过程常常要经过许多层次,致使生产要素的流动十分困难甚至不可能。因此,资源一旦由国家配置,就在基层单位沉淀下来,不管它是否在发挥作用。哪怕近在咫

尺,亦不能流动。事实上大量稀缺资源就是在这种体制的禁锢下被白白浪费。众所周知,经济学是研究资源配置的科学,但在这种体制下,先进的经济理论,亦无法发挥它的指导作用。

3．预算软约束下利益追求内部化

如上所述,国有企业既不是企业的所有者,又丧失经营自主权。与此相应的是,企业既不能享受投资和生产经营的成果,也无须对投资失败和经营亏损负责。按照经济自身的逻辑,企业的行为目标就不可能与政府或国家的利益目标一致,尽管从来没有间断过要求两者一致的政治宣教。企业作为拥有自身目标函数的特殊利益主体,它最有动力追求的是单位内部利益的最大化。由于作为全民所有制经济一个基层单位的企业,在理论上说它与其他所有全民所有制企业共同占有全部生产资料。因而它的预算约束在所有权意义上是没有边界的,即存在无限的投资冲动,以期在无成本扩张中实现单位内部收益的最大化,这就是匈牙利著名经济学家科尔内所描述的经济社会主义经济体制下短缺经济的根源。在这种条件下,作为基层单位的国有企业就会显示出以下行为特征:一方面,在有利于自身特殊利益的情况下,想方设法扩大在经济中占有资源的比重,把更多的社会经济收益内部化为自身的特殊收益;另一方面,尽可能地把成本损失转嫁出去,使其外部化为他人成本或社会成本。

4．多重功能下的高福利安排

城市传统中小企业,无论是全民所有制还是集体所有制,都兼具多重功能,扮演多种角色。人们通常用"小社会"来形容传统体制下的企业,因为职工的生、老、病、死、子女入托上学就业、上下班交通、住房、部分食品乃至业余娱乐活动,家庭纠纷都要企业来管,以致职工形成对企业的一种强烈的人身依赖。我以为,正是因为在这种高福利的体制温床中生活惯了,导致许多人在下岗后不知所措,没有生活下去的勇气和能力,甚至不惜采取某些极端的方式(如静坐、示威)要求旧体制的复归,从而构成企业改革,也是政府最为棘手的障碍和难题。然而,支付这种培育惰性、扼杀进取心的高福利,企业却不得不以牺牲效率为代价。从某种程度上,正是企业多重功能下的高福利开支,把许多城市中小企业逼到了绝境,据统计,1978~1990年,全民所有制企业的保险福利费用总额从69.1亿元增加到777.3亿元,整个保险福利费用总额相当于职工工资总额的比例从13.7%上升到31.8%[①]。

二、城市传统就业体制

城市传统的就业体制是与计划经济的体制模式相适应的。同样受这种体制模式约束

[①] 转引自陈少晖:《国有企业劳动就业体制研究》,中国经济出版社,1998年,第60页。

的城市传统中小企业,成为当时吸纳城市居民就业最主要的场所。传统的计划经济体制、城市传统中小企业与城市传统就业体制三者之间,表现出高度的内部一致特征。

1. 城市居民就业的"天然"配给

在传统体制安排下,城市居民就业最显著的特征是就业基于其户口性质的"天然"配给,这种"配给制"的途径大致有:

第一,由城市劳动部门统一组织的招工招干。这种形式一般首先由城市政府辖区内各种类型的企业(包括中央、地方所属全民所有制企业、地方或部门的集体所有制企业等)和事业单位的主管部门,将招工招干计划上报城市劳动部门和人事部门,然后由劳动部门和人事部门综合考虑该批就业安排任务,决定名额指标,统一组织考核录用办理相关手续,并将被录用的人员配给到具体的用人单位。这种形式的招工招干,其首要条件就是必须有本市的非农业户口。因此,这种与生俱来的户口安排,就成为是否能通过该途径实现就业的第一道"分水岭"。

第二,由民政部门统一安排,具有本市城镇户口的复员、转业军人,到本市企事业单位就业。

第三,父母从单位退休后,可安排其直系亲属(一到二名子女)"顶替"到原单位及其下属部门就业。

第四,街道企业面向所辖地的居民招工。

可以看出,不管哪种形式的就业途径,其共同特点就是就业与户口的不可分割性。长期以来,政府为了减轻安排就业的负担,城市与乡村的劳动力资源配置是基于城乡户口的樊篱而被严格分割的。进一步分析可以发现,正是这种基于户口性质的就业天然安排的优惠和福利,使城市居民在对待就业乃至工作的态度上逐渐养成了一种与竞争意识完全相悖的"高人一等"的思想和习惯,这也就为后来下岗工人与流动民工在职业竞争中处于严重劣势提供了最有说服力的解释。

2. 追求表象上的充分就业

传统体制下对"充分就业"目标的追求在更大程度上是一种政治理念。国家在假定农民都已实现充分就业的前提下,实行了城市全面就业保障的政策。这种"充分就业"有两层含义:一是城市全体劳动者全都就业;二是每个劳动者在劳动年龄期间始终不间断就业。而且,站在劳动者群体立场上看,公有制经济条件下的充分就业目标只能是完全就业,而不是凯恩斯所说的包含"自愿失业"的"充分就业"。这就意味着在社会主义公有制的大家庭里,就业目标的实现是不应该遗漏劳动者群体中的任何一员的。

这种"统包统配"以追求所谓"平等"和"完全"为目标的就业体制,是以放弃企业效率目标为代价的。因为,在这种体制下,企业无法按照边际收益等于边际成本的利润最大化原则来组织生产要素投入和安排生产,因而对劳动力数量的接纳只能服从于劳动部门统一调配下达成安置任务,而不可能以边际劳动生产力等于平均工资为依据,从而必然导致企业效率目标的损害。这种就业体制安排的直接后果,是企业冗员泛滥,隐性失业严重。工人们在既无努力激励又无失业之忧的情况下,工作人浮于事,劳动纪律涣散,企业成为惰汉的养成之所。因此,这种隐性失业十分严重的表象上的"充分就业",所带来的损失比显性失业其实更为严重。况且退一步说,即使这种极端的以效率换平等的做法,也从来没有真正消灭过失业,宏观上显性失业始终存在,失业率最低的1984年也有1.9%,可见失业的绝对数量并不在少数。这也证明,任何违背经济自身规律的目标,只能是虚幻的狂热的向往,受这种目标支配的行为在实践中是十分有害的。

3. 基本否定劳动的质的差别

传统就业体制在"只有分工不同,没有高低贵贱差别"的口号下,基本否定了客观存在的劳动质的差别,也就从根本上否定了教育的生产力功能,使不同人力资本含量的劳动在报酬上得不到体现。由于这种对劳动和就业平等的机械理解,导致了以下事实上极不平等和极不公正的行为:①不管人力资本质量如何,只要有城市户口,就业机会一律均等。②不管人力资本质量如何,择业机会一律均等。即劳动者在选择职业时,对公有制范围内不同行业、工种的工作具有同等的选择机会。③不管人力资本质量和劳动投入力量如何,获得基本没有差别的工资。

显然,在这种机制下,无法保证将具有相应人力资本的劳动者配置到适合的岗位上,更不可能对劳动者提供改善自身人力资本质量的激励,企业和整个社会的经济效率必然十分低下。

4. 劳动力难以流动

这一问题前文已有论及,这里不再赘述。

第二节 城市传统中小企业分化与城市居民失业

通过本章第一部分分析可以看出,传统的计划经济体制及受其支配的城市中小企业管理模式和城市居民就业体制的综合作用,内在决定了城市中小企业的低效率,也注定了它们随着市场化改革的深入和非公有经济的发展,其生存基础必然日益脆弱,以致不改革必然遭淘汰的命运。于是,城市中小企业不可避免地出现了以产权转换为核心的群体分化。

一、城市传统中小企业改革的历程

中国的改革是以微观经济机制的松动开始的。如前所述,在传统的计划经济年代,城市中小企业特别是国有企业,实际上只是"条条块块"的行政隶属关系中的一个被动的附属物,根据计划指标进行投入—产出活动,并不具备自主的经营决策权。改革的直接目的是增强微观生产单位的活力,使它们成为一个能动的主体,而不仅仅是执行计划指令的被动体。为了达到这一目标,一个简单而必须的措施,便是使城市国有中小企业拥有更多的自主权。这样,以扩大企业自主权为中心的微观经营机制的改革,就成为城市国有中小企业改革的起点。以重大改革举措为基本线索分析城市国有中小企业的改革历程,可概括为如下五个阶段:

1. 1979~1984年,扩权让利阶段

第一阶段(1979~1984)的改革是围绕以权利挽救效率这个中心展开的。与以往的行政性分权不同,这次改革的主要手段是向企业"放权让利",即给予企业对新增收益的部分所有权,激励企业经营者和生产者为获得更多的收益而努力提高劳动积极性以及资源利用效率,达到社会财富和劳动者收入双增的目的。主要措施有:以增加工资、发放奖金、实行利润留成等手段,刺激一般职工和企业经营管理者的生产经营积极性;以下放财政和物资分配等权力为手段,诱发城市政府和部门关注企业经济效益的积极性。这期间,国家颁布了大量以放权让利为中心的政策、法规,如表36-1所示(仅以1979~1981年为例)。

表36-1 1979~1981年国家颁布的放权让利的政策与法规

颁布时间	政策、法规名称
1979年7月13日	《关于扩大国营工业企业经营管理自主权的若干规定》
	《关于国营企业实行利润留成的规定》
	《关于开征国营工业企业固定资产税的暂行规定》
	《关于提高国营工业企业固定资产折旧率和改进折旧费使用办法的暂行规定》
	《关于国营工业企业实行流动资金全额信贷的暂行规定》
10月17日	《关于国营工业企业提取企业基金办法的通知》
1980年1月22日	《国营工业企业利润留成试行办法》
5月4日	《关于扩大国营施工企业经营管理自主权有关问题的暂行规定》
7月1日	《国务院关于推动经济联合的暂行规定》
7月7日	《关于国营工交企业清产核资划转定额贷款和国拨流动资金实行有偿占用的通知》
8月8日	《关于转发上海、四川、广西柳州在国营工业企业实行"独立核算国家征税、自负盈亏"试点办法的通知》
9月2日	《关于扩大企业自主权试点工作的情况和今后的意见的报告》
11月13日	《工业交通企业革新的改造资金试行贷款的暂行规定》
11月18日	《关于实行基本建设拨款改贷款的报告》
1981年8月12日	《财政部关于工业企业自销产品征收工商税和利润处理的规定》

资料来源:袁志刚、方颖:《中国就业制度的变迁》,经济出版社,1998年,第129页。

这一阶段改革的实际结果表明,这些以企业和职工为对象的物质刺激措施,在激励劳动者生产积极性和增强企业活力方面收到了一定的效果。但也因现实中存在着"放权让利"的边界不清,要素和产品价格双轨制等一系列可供寻租的漏洞,出现了企业为扩大自销而压低计划指标、不完成调拨计划,以及企业间争相发放奖金等行为。

2. 1984~1986年,实行经济责任制和利改税阶段

第二阶段(1984~1986)的企业改革是围绕着增强企业活力这个中心展开,主要措施为简政放权,改革税制和实行厂长(经理)负责制。

为了提高国有企业的经营活力,这一阶段在政府与企业关系的调整上又进行了两项重要改革:①政府逐步减少国有企业经营中指令性计划的相对份额。如纳入指令性计划管理的产品由1979年的120多种减少到1990年的58种,其占全国工业总产值的比重则由40%下降到16%。②颁布了一系列关于进一步扩大企业自主权的行政性法规,扩权范围涉及到产品销售权、定价权、要素选购权、自有资金使用权、工资奖金分配权、联合经营权、技术进步方向选择权等。

从80年代中期开始,中国还实行了两步"利改税"。实行利改税的目的主要是划清政府财政收入和企业可支配收入的界限,实行国家财政收入与税收挂钩,企业收入与利润挂钩的机制。1988年,国家又对国有企业实行"税利分流、税后还贷、税后承包"的改革试点。此外,这一阶段还在不同所有制普遍推行厂长(经理)负责制,以减少企业主管部门对企业的行政干预。赋予厂长(经理)更充分的经营管理企业的权力。

3. 1987~1988年,承包经营责任制阶段

第三阶段(1987~1989)企业的改革是围绕着重建企业经营机制这个中心展开的。基本举措是实行具有合同契约本质的承包经营责任制。目的是实现所有权和经营权的两权分离,使企业在对人、财、物等资源要素的使用上具有更广泛和具体的权力。随着"优化劳动组合"方案的实施及其在社会上引起的震动效应,全民和集体企业的职工开始逐步形成失业意识。

4. 1989~1991年,停滞阶段

由于政治和经济上的原因,国民经济进入3年治理整顿阶段,企业改革随之基本处于停滞状态。

5. 从1992年开始,产权改革阶段

进入1992年以后,我国市场化改革的进程掀开了新的历史性的一页。在国有企业改革的措施上不仅在原来承包制的基础上又有了租赁制等新的形式,更为重要的是,理论界逐渐将国有企业缺乏活力的症结归结为产权不清,并将股份制作为消除产权不清问题最有效的方式,实践上以推行股份制为核心的产权改革成了新的时尚。产权改革标志着企业改革进入一个更高的层次,即实质性改革阶段,它迥然区别于上述四个阶段的仅仅围绕管理体制和经营机制的调整为内容改革。而在这个过程中,城市国有中小企业"首当其冲",率先进入改革的过程。

为什么城市中小企业在产权改革中会"首当其冲"呢?这是因为,随着城市非国有特

别是非公有企业从无到有、由小到大,对国有部门造成竞争压力,有些城市中小企业自然也是压力的最先承受者。国有大企业尽管存在的问题并不比中小企业少,但毕竟还有规模优势,加之大企业所在的产业统统对资本规模要求比较大,或者其本身就属于自然垄断企业,非公有企业经济一时还难以与之竞争。更何况大企业更受国家重视,资本供给等方面也更加优惠,而对市场竞争的承受能力一般来说更强些。因而,最先面对非国有企业竞争压力,最先陷入亏损境地难以生存下去的便是城市中小企业。各种资料都表明,城市中小企业,特别是市县以下的小企业,普遍亏损,最先成为地方财政的"包袱"而不是"摇钱树"。总之,是城市中小企业最先被推向"不得不改"、"改比不改好"的境地。此外,从产权改革的社会承受力极限以及产权改革的资本条件和人才条件的角度看,政府也只能首先选择城市中小企业率先进行实质性的产权改革。

二、城市传统中小企业分化与城市居民失业剧增

城市首批工人下岗出现于企业改革的第三阶段,通过"优化劳动组合"的方式让极少数平时工作极为怠慢或劳动纪律极差的分子离开或至少是暂时离开了岗位。城市居民大面积失业(包括劳动力增量找不到工作和存量下岗)则是随着企业改革的第四阶段,即产权改革和企业经营机制改革深化,城市传统中小企业出现经营机制实质性的改革和产权意义上的分化而发生的。

1. 经营机制深化与城市居民失业

非国有特别是非公有经济的发展,逐步形成了对国有企业的竞争压力,原有的垄断被打破,国有企业不再享有垄断利润,财务状况恶化、亏损加剧(表36-2),使得国有企业体制上的弱点进一步暴露出来,市场竞争压力加大,旧体制"难以为继"的危机感,迫使国有企业经营机制改变走向深化。

1992年初,城市中小企业进入了"胆子再大一点。步子再快一点"的改革。进一步完善承包制同时,租赁制和股份制开始试点。随着改革的深入及其进程的加快,企业自主权包括用工自主权得到前所未有的扩大。使以减员增效为中心的清理企业冗员的行动得以展开,隐性失业走向显性化。在原有体制下形成的劳动用工制度,与向市场经济微观基础转变的企业改革目标之间,冗员日益成为矛盾的热点,构成阻碍企业摆脱困境的体制性包袱,因为"减员增效"就自然成为企业改革首要的和必然的选择。1993~1997年,我国城市国有企业下岗职工人数迅速增加,增长速度为39.6%,大大快于城镇登记失业人员增长8%的速度。到1997年,企业下岗人数为1151万人,比1993年增加了2.8倍[①]。

[①] 转引自王永锡等:"非公有制经济:扩大就业的一个有潜力的吸纳源",《经济学动态》,1999年第9期。

表 36-2　国有独立核算工业企业亏损基本情况

年份	亏损额(亿元)	亏损面(%)	亏损率(%)
1978	42.06	19.30	7.63
1979	36.38	17.64	6.07
1980	34.30	19.17	5.53
1981	45.96	22.90	7.34
1982	47.57	20.78	7.37
1983	32.11	12.75	4.77
1984	26.67	10.20	3.63
1985	32.44	9.66	4.21
1986	54.49	13.07	7.32
1987	61.04	13.00	7.20
1988	81.92	10.91	8.41
1989	180.19	16.03	19.52
1990	348.76	27.55	47.33
1991	367.00	25.84	47.71
1992	369.27	23.36	40.83
1993	452.64	28.78	35.64
1994	482.59	30.89	36.79
1995	540.61	33.53	43.87

资源来源：同表 36-1。

2. 产权改革使城市居民失业率进一步上升

1993 年 11 月党的十四届三中全会的决定,明确了国有企业改革方向是建立现代企业制度,接着从中央到地方进行现代企业制度试点,取得了比较丰富的经验,并对国有企业产权改革提供了一些突破性的指导意见,其中最重要的有两点:第一,把国有大型企业建立现代企业制度归结为实行规范的公司制改革,即建立现代公司,使企业成为适应市场的法人实体和竞争主体。为此,明确提出要培育和发展多元化投资主体,通过产权结构的改变使企业治理结构得到实质性的优化,以推动政企分开再进一步转换企业经营机制。第二,实行鼓励兼并、规范破产、下岗分流、减员增效和再就业工程,形成企业优胜劣汰的竞争机制。为此,不仅允许将城市中小型国有企业承包或租给集体或个人经营,而且鼓励以各种合适的途径,包括出售、股份合作、兼并、甚至破产等多种形式,对城市国有中小企业进行战略性调整和结构性重组,这一过程的目标被确定为使国有企业逐步从一般竞争性领域退出。显然,与这一进程相伴随,必然出现大量城市国有中小企业的分化,即由原来的国有独资分化成私营、集体股份合作、股份制等多种产权形式,原来的城市中小集体企业也更多地转变为股份合作、私营、个体经营企业,或被出售、兼并等。

产权变革造成企业分化的直接效应之一,便是城市居民失业率的更大幅度上升。这是因为,已经分化为非国有制特别是非公有制的企业,不再具有国有企业多年来一直担负的安排社会就业的职责。非国有特别是非公有制企业经营目的上的纯经济目标指向,使它们只能按照效率的标准来决定职工的数量和选择职工的质量标准,从而一方面使城市新增劳动力难以就业;另一方面也决定了存量劳动力中不符合质量标准的人员必然要被分流。据有关方面计,到1999年末,我国城市失业率实际上已超9%,正接近失业率的临界水平。

第三节 城市非公有制中小企业发展对就业的吸纳

从来源上区分,目前我国城市非公有制中小企业可分为三类:第一,由国内居民投资新建的城市中小企业;第二,外资中小企业;第三,由城市传统国有的集体中小企业,通过资本重组、兼并、出售、股份制改造等多种方式或途径的产权改革转变而来。其中,第三种来源的城市大量公有制中小企业涉及面最广,影响最大。

党的"十五"大报告明确指出:"非公有制经济是我国社会主义市场经济的重要组成部分",很显然,对非公有制经济的这种定位,较之于在此之前的"有益补充论",是大大地前进了一步。1999年3月15日第九届全国人民代表大会第二次会议通过的《中华人民共和国宪法修正案》更加明确地指出"在法律规定范围内的个体经济、私营经济等非公有制经济,是社会主义市场经济的重要组成部分。"国家保护个体经济、私营经济的合法权利和利益。在这种法律基础和政策导向下,我国私营经济发展进入了一个自建国以来政策最宽松的历史时期。

一、我国非公有制企业发展概况[①]

1. 非公有制企业户数逐年增加

1989~1998年,私营企业户数从9.1万户增加到120.1万户,增长了13.2倍,平均每年增长33.27%。外商投资企业同期从1.6万户增加到22万户,年均增长率为34.4%。而同期国有企业与集体企业户数的年均增长率分别为5.37%和0.27%。可见,在这一时期,非公有制企业户数增长率远高于公有制企业(表36-3)。

表36-3 各类型企业户数及增长情况

年份	国有企业 户数(户)	增长(%)	集体企业 户数(户)	增长(%)	外商投资企业 户数(户)	增长(%)	私营企业 户数(户)	增长(%)
1989	1 146 908		3 829 614		15 915		90 581	
1990	1 151 472	0.40	3 381 937	-11.69	25 389	59.49	98 141	8.35
1991	1 253 725	8.88	3 479 971	2.90	37 215	46.58	107 843	9.89
1992	1 547 190	23.41	4 159 417	19.52	84 371	126.71	139 633	29.48
1993	1 951 695	26.14	5 156 519	23.97	167 507	98.54	237 919	70.39

---

① 限于1997年资料,我们这里只能通过公有制企业的发展概况来管窥城市非公有制中小企业的发展概况。这样做的理由有二:第一,我国非公有制企业大部分在城镇;第二,我国非公有制企业绝大部分都是中小企业。

续表

年份	国有企业 户数(户)	增长(%)	集体企业 户数(户)	增长(%)	外商投资企业 户数(户)	增长(%)	私营企业 户数(户)	增长(%)
1994	2 166 331	11.00	5 456 818	5.82	206 096	23.04	432 240	81.68
1995	2 218 612	2.41	5 337 734	-2.18	233 564	13.33	654 531	51.43
1996	2 163 346	-2.49	5 013 416	-6.08	240 447	2.95	819 252	25.17
1997	2 078 348	-3.93	4 470 469	-10.83	235 681	-1.98	960 726	17.27
1998	1 836 289	-11.65	3 736 365	-16.42	227 807	-3.34	1 200 978	25.01
平均增长		5.37		0.27		34.40		33.27

2. 非公有制企业经营规模不断扩大

1989～1998年,我国私营企业注册资本由84亿元增加到7198亿元,增长了85.69倍,年增长率速度为63.97%,户均注册资本由9.27万元增加到59.93万;同期外商投资企业注册资本由275.9亿元增加到4672.87亿元,年均增长率36.94%,户均注册资本由173.31万户增加到205.12万元。

3. 非公有制企业资本产出率显著高于公有制企业

截至到1995年。在我国工业经济中,国有资产比重约有65%,集体企业占资产比重约为16%,股份企业(其中国家股和企业法人股合计平均为63%)为5%,各种非公有制经济资产(个体、私营、外资等)所占的比重为13%,而1996年国有工业产值占总产值的比重仅为28.80%,非国有工业产值比值达到71.2%。此外,从不同所有制企业上缴工商税的年平均增长速度情况看,私营企业为73.15%,而国有和集体企业则分别为14.83%和11.80%。可见,非国有特别是非公有制企业的资本产出率及经营效率要远高于国有企业。

4. 我国非公有制经济的一些其他特征

首先,从非公有制企业的组织形式看,独资和合伙企业所占份额逐步减少,有限责任公司增长速度最快,所占份额不断提高,表明大量公有制企业在组织形式和产权结构方面从整体上趋向现代企业制度过渡。其次,从地区分布看,我国非公有制经济在东部最发达。仅以私营企业为例,1998年户数指标为:64.52%分布在东部,中、西部仅占22.25%和13.23%。以投资人数、雇工人数、注册资本指标看,东部私营企业分别是60.65%,62.22%,50.72%。从中我们可以发现这样一条规律,即:私营企业发展越快的地区,经济越发达,或者说,经济越发达的地区,私营企业发展越快。如1998年按支出计算的GDP排名前6位的省市为广东、江苏、山东、浙江、河南、河北,而同期私营企业户数前6名的省份是广东、江苏、浙江、山东、上海、河北;私营企业从业人员排名前6名的省份是广东、浙江、河北、山东、江苏、上海。可见地区经济发达程度与地区私营企业,也就是非公有制企业发展状况之间,表现出高度的相关性和一致性(表 36-4)。

表 36-4 1998 年各地区私营企业发展位次表

地区	户数 户	位次	从业人员 万人	位次	注册资金 亿元	位次	产值 亿元	位次	消费品零售额 亿元	位次
广东	141 351	1	177	1	13 441	1	259	6	181	7
江苏	107 744	2	134	5	492	4	503	4	172	4
浙江	100 820	3	153	2	558	3	1545	1	273	3
山东	98 039	4	142	4	388	5	521	3	327	2
上海	94 705	5	94	63	604	2	224	9	412	1
河北	70 822	6	149	7	279	9	523	2	185	6
辽宁	60 796	7	87	8	308	8	389	5	193	5
湖北	48 658	8	77	10	388	7	236	8	152	8
河南	40 724	9	55	9	255	10	100	13	69	13
四川	38 229	10	61	12	200	13	214	10	98	12
福建	35 026	11	49	13	339	6	150	11	123	19
陕西	34 465	12	47	16	199	14	79	19	44	20
黑龙江	33 238	13	41	14	136	16	111	12	106	10
安徽	28 697	14	43	11	122	19	92	16	54	16
湖南	26 192	15	54	21	132	18	242	7	102	11
天津	25 436	16	29	15	216	11	67	20	30	23
山西	24 675	17	42	19	132	17	51	22	49	19
吉林	24 590	18	34	18	28	27	89	17	50	17
重庆	22 957	19	38	17	179	15	96	15	55	15
江西	21 985	20	39	20	111	21	97	14	49	18
内蒙古	18 445	21	129	26	99	22	42	24	36	22
海南	16 974	22	15	24	205	12	49	23	17	26
贵州	15 912	23	21	23	91	24	14	26	12	28
广西	15 803	24	23	22	95	23	57	21	37	21
云南	13 959	25	26	27	116	20	87	18	63	14
新疆	12 614	26	15	25	86	25	14	27	20	25
甘肃	12 142	27	18	28	58	26	15	25	23	24
北京	8009	28	9	29	15	30	11	29	9	29
宁夏	4790	29	7	30	26	28	14	28	13	27
青海	3605	30	5	31	25	29	6	30	5	30
西藏	253	31	0.4		1	31	0.4	31	1	31

资料来源:转引自张厚义等:《中国私营企业发展报告·1999》,社会科学文献出版社,2000 年。

二、城市非公有制企业发展对就业的吸纳

非公有制企业发展对巩固社会主义市场经济的建立和完善具有极为重要的意义,是绝对不可缺少的。其道理十分简单,因为单一的公有制经济的微观基础,是不可能对市场经济这种体制相容的。因此,建立社会主义市场经济,就必须发展非公有制经济。事实上,正是基于非国有经济特别是非公有制经济的发展,才为我国体制转轨创造了必不可少的条件:第一,非国有经济的发展,支撑了经济的增长,提供了一定的收入增长的"经济剩余",使政府有可能以某种方式利用这部分收入增量对在国有部门改革中受到某种程度损害的利益集团进行一定的补偿,减少改革的阻力。第二,非国有经济的发展,逐步孕育了既具有资本实力,又具备管理才能的新型企业和企业家,从而使通过收购、兼并等较为平和、较为自然的方式改革国有企业成为可能。第三,非国有经济的发展,为国有经济的改革,提供了国内的"体制示范"。国有经济在与非国有经济同处一个经济大环境,且各方面条件更为优越的情况下,而效率却远比不上后者的事实,使人们对改革的必然性的认识更加充分。第四,非国有经济的发展,为转移一部分国有职工提供了大量的就业机会,使国有企业改革必然要被裁减的大量冗员在失业后还有一条退路或者说出路,从而能够有效减轻社会震荡,使经济和社会陷入危机的可能性大为减少。显然,以上各点无疑都十分重要,但限于本书的主题,我们在这里只准备通过具体数据,对上述的第四点加以论证。

有资料表明,1998年,我国私营企业从业人员占社会全部从业人员的比重(包括第一产业中的农民)为2.44%,外资企业从业人员比重为0.42%,个体性质的企业[①]为8.74%,三者合计为11.6%。为了区别于国有企业和集体企业,我们将此三者统称为新兴部门。同期国有和集体企业(统称为传统部门),从业人员比重分别为12.95%和2.81%,合计为15.76%。如果将这些数据近似地转换为非农业劳动者在传统部门和新兴部门的就业比重,则分别为42.39%和57.61%。仅从这个数据看,在非公有制企业中就业的人口比重,已接近"半壁江山"(表36-5)。另外必须指出,由于在企业性质登记中大量"假集体"冒充"假全民"的存在,使数据不能完全真实反映从业人员的就业分布状况。

表36-5 各类型企业就业人数占社会就业总人数的比例(单位:%)

年份	传统部门			新兴部门			
	国有比重	集体比重	合计	外资比重	个体比重	私营比重	合计
1989	18.27	6.33	24.60	0.08	3.51	0.20	3.79
1990	16.19	5.55	21.74	0.10	3.29	0.27	3.66
1991	16.46	5.62	22.08	0.25	3.56	0.28	4.09
1992	16.61	5.52	22.13	0.34	3.76	0.35	4.45

---

① 从就业的角度看,我们可以将个体工商户性质的企业广义地归类为中小企业。

续表

年份	传统部门			新兴部门			
	国有比重	集体比重	合计	外资比重	个体比重	私营比重	合计
1993	16.45	5.11	21.56	0.43	4.43	0.56	5.42
1994	16.69	4.89	21.58	0.29	5.62	0.96	6.87
1995	16.57	4.63	21.20	0.35	6.79	1.41	8.55
1996	16.33	4.38	20.71	0.40	7.29	1.70	9.39
1997	15.87	4.14	20.01	0.43	7.82	1.94	10.19
1998	12.95	2.81	15.76	0.42	8.74	2.44	11.60

资料来源:同表36-4。

如果考虑大量"假集体"(据估计以集体名义存在的私营企业有一半之多)的存在,则实际在新兴部门就业从业人口比例很可能已达到或超过了50%。

三、城市二元劳动力市场整合与两种体制中小企业的发展

通过本章前三部分的分析,我们可以看出,随着我国市场化改革的深入,在与之相应的微观基础的构建上,非公有制经济的长远发展与公有制经济特别是国有经济的战略性调整和结构性重组是并驾齐驱的,它们在实现前提上互为条件,在数量比例关系上此消彼长,在质量上期望达到共同提高。这一过程折射在城市中小企业层面的变化更为明显,那就是城市传统中小企业的分化调整和新兴中小企业亦即各种非公有制中小企业的兴起。与此同时,城市居民就业结构也发生了从单一到多元的转变。

在劳动力需求和供给模式都发生某种变化的条件下,仅靠传统的就业体制已经不能满足劳动力配置的需要。因此,在城市形成了相并行的两个劳动力市场,即以国有企业为代表的劳动力市场和以城市新生部门(即各种非公有制企业部门)就业和工资机制为特征的劳动力市场。传统发展经济学所面对的城乡之间劳动力市场的工业化,在这里转变为城市劳动力市场的二元化[①]条件下,城市的就业矛盾及其对两种体制企业发展的约束。在此基础上,进一步讨论城市二元劳动力市场整合的可行途径。

1. 城市二元劳动力市场的涵义

大量的研究和经验表明,无论是同中国城市体制在其他领域的改革相比,还是与同一领域农村剩余劳动力和非国有经济部门的就业机制演进相比,目前国有部门(当然包括国有企业)的劳动力配置方式总体上仍沿袭着传统计划经济体制下所形成的就业模式。虽然也曾选择了诸如劳动合同制、优化劳动组合、"砸三铁"等一系列改革尝试,但其就业机制仍没有从根本上转轨,即依然保持工资的刚性和统一性,高福利安排以及"能进不能出"

---

① 参见蔡昉:"二元劳动力市场条件下的就业体制转换",《中国社会科学》,1998年第2期。

等体制特征。这种与典型的国有企业相适应的劳动力市场,构成城市劳动力市场的"一元"。在这一市场上,职工工资并不是由劳动的边际生产力决定的,而是有分享的性质,或者说是制度决定的。

与同国有企业相适应的劳动力市场相反,城市新生部门(即各种非公有制经济部门,城市非公有制中小企业是这一领域的典型代表)是因应市场化经济改革的逻辑而产生的,其就业工资决定是一种市场行为。这种与城市新生部门相适应的劳动力市场具有如下特征:第一,城市新生部门的劳动雇佣决定能够反映城乡劳动力市场的供给状况,其就业吸纳乃至产业选择都体现了我国劳动力丰富的特点。第二,城市新生部门作为劳动力的需求方,它只按照自身的实际需求雇佣劳动力,而不会承担吸纳超出需求劳动力的责任。第三,新生部门的工资决定符合市场经济原则,即工资水平完全根据特定行业对于劳动力的要求以及符合需要的劳动力市场供给来决定。在既定供求条件下,由于这种市场能够鉴别人力资本禀赋差异对生产效率贡献的大小,从而具备区别劳动者所具有的人力资本禀赋而支付不同工资的条件。基于以上特征,与新生部门就业和工资决定相适应的劳动力市场,构成劳动市场的"另一元"。

综合本章前文的相关内容,我们可以对在城市中形成的两个运行机制各异的二元劳动力市场作这样的概括:一个是严格的控制非城市居民收入、高度保护本市居民的劳动力市场,即保护性市场,它以国有部门为代表,其进入门槛受到严格的控制,相应的退出机制也受到弱化,是一个缺乏竞争的劳动力市场,工资水平的决定不仅不能较好地反映市场供求关系,劳动力在这一市场就业获得基本没有差别的工资。其特点是稳定性强,保障程度高,但缺乏激励机制,劳动成本高,经济竞争力下降。另一个是市场对劳动力需求选择决定于成本与效用等内生变量,而不受诸如"户籍"等外生变量的影响,因而是一个没有明显户口限制的劳动力市场,即开放性市场,主要存在于城市非公有制企业及自我雇佣的城市新生部门等。该市场的就业机会主要是在传统体制之外创造出来的新的就业机会,具有适应能力强、劳动成本低、竞争性强、稳定程度低和流动性大等特点。由于该市场是市场经济自身的逻辑的必然,代表着市场化改革取向下劳动力市场的发展方向。

2. 城市二元劳动力市场条件下的城乡就业冲突

我国是一个农业人口大国,农村人口占全国总人口的3/4。在现有的近5亿的农村劳动力中,有近2亿的剩余劳动力。这些长期滞留在农村的隐性失业人口,因改革以来转移障碍减少,开始在城乡之间大规模流动,据估计常年流动的农村剩余劳动力目前已达7000万以上。

由城市二元劳动力市场条件所决定,涌入城市的农民工一般不可能在保护性市场谋到职业,而只能在开放性市场上,与城市失业者(包括新增失业人口、下岗职工)展开就业竞争。已有的事实表明,在外因条件处于明显劣势的情况下,农民工却是这场就业竞争的赢家。为什么会出现这种现象呢?其实,这正是由城市二元市场本身的特点所决定的。

前文已述,国有部门或者说保护性市场的工资不是由劳动边际生产力所决定,而是决定于外生的制度,制度性工资和福利成本一向大于甚至远大于劳动的边际生产力。此外,保护性市场不能反映人力资本存在(或者说工作、劳动技能)的差异,提供劳动质量之间的工资差别。因而,保护性市场一方面对低技能劳动工资高估导致城市低技能劳动力工资期望过高,影响到其在开放性市场上的竞争力,以致他们被保护性市场排出(下岗)后,要么选择自愿失业,宁愿享受下岗工资而不屑到开放性市场觅职;要么因其工资期望与其人力资本质量不相称而难以在开放性市场上达成劳动契约。另一方面,保护性市场还存在对高技能劳动力工资低估(高人力资本与低人力资本获得基本无差别的工资)的情况,由此导致高素质人才自愿从保护性市场流向开放性市场,最终导致保护市场中劳动力的"逆淘汰",进而使国有企业效率遭受进一步的损失。

我们再从开放性市场的运行机制来观察城市居民与流动农民工的就业冲突。由于城市新生部门劳动力需求与选择的依据是"成本—效用"的经济原则,从而决定农民工与城市现有劳动力相比具有显著的竞争优势:第一,由于农村剩余劳动的大量存在及其对工资的极低期望,只需较低的工资即可保证近乎无限的供给;第二,农民工处于传统福利制度的覆盖范围之外,或者说这一群体不存在城市居民的这种福利惯性,雇主无须支付住房、医疗、养老和失业保险等工资外福利;第三,由于机会成本很低和不享有"铁饭碗"。时刻有被解雇的危机,因而,他们工作努力程度高,且易于管理。据调查,农民工的劳动生产率比城市工通常高出50%以上,而后者与前者的用工成本却相差约达5:1之多(杨云彦,2000)。基于效率的考虑,新生部门当然愿意使用农民工。此外,同样是基于效率动机,新生部门在其能力所及的范围内,会不惜高代价地吸收或者从国有企业"挖掘"那些具有真才实学的高素质人力资本,作为自身的发展所必要的栋梁或业务骨干,这就是非国有企业内部报酬差别悬殊的原因所在。以上分析可以看出,仅从用工与就业制度的角度,我们也可以找到城市新生部门比传统部门效率高的有力解释。

现在我们来回答,农村剩余劳动力进城对城市发展究竟是有利还是无利的问题。专门从事研究人口与城市经济问题的经济学家杨云彦教授在其新作《转型劳动力市场的分层与竞争》一文中,提出了城市劳动力市场从业结构的分层和收入决定分层两种理论假说。根据前一种假说,他认为外来农民工对流入城市劳动力市场主要起补充作用,不会对当地城市居民产生突出的就业替代。这种假说恰当地解释了我们在现实中观察到的一些现象:如以苦、累、脏、险、毒等特征的有害工种,在本市居民中往往招不到工,从而基本为农民工所垄断;又如每逢春节前夕,由于农民工回家过年,城里人会想到"不方便",因为没有人送奶、送煤、送气了。对于这些职业或工种,城市政府即使采取强制措施驱赶农民工,为城市失业者腾出岗位,城市劳动力却未必会接受。因此,正是由于农民工的进入,填补了这种由于城市人不愿干而造成的职位空缺(这种空缺有相当一部分存在于城市中小企业),满足了有关部门对劳动力的需求,因而无疑是有利于城市发展的。根据后一种假说,则意味着外来农民工由于其所具有的低成本优势。随着城市新兴部门的发展与开放性劳动力市场就业比重的增加,将对城市当地劳动力就业产生竞争与替代效率。正是基于这种效应,不少城市政府[①] 出台了对本市居民就业保护亦即对外来劳动力就业歧视的政策。暂且不论这种政策的合法性及其可能产生的政治、社会不良后果,仅从经济效率的因素来考察,这种政策也是不可取的。前文分析已经表明,农民工正好满足了城市新生部门(主要是城市非公有制中小企业)对劳动力寻求偏好及效率要求,从而促进了这些部门的兴起,进而为城市传统部门的改革和效率改善创造了必要条件。退一步说,即使是农民工对城市失业者所产生的竞争与替代效应,无疑也是促进城市经济效率提高的一种有利因素。原因在于,竞争是经济系统中永不枯竭的动力源,竞争机制是最有效的经济机制,没有竞争就不会有经济学。而城市政府这种继续以保护一种群体而损害另一群体的"歧视性"就业政策,意味着强化城市职工工资决定中的制度性特征,使劳动边际生产力曲线缺乏弹性,重新召唤城市居民的惰性和毫无根据的出生地优越感,扼杀农民工职工开拓的就业示范作用。其结果必然是既抑制了城市包括非公有制中小企业在内的新兴部门的发展,也有碍于以城市国有企业为代表的传统部门追求效率的改善的改革努力。回到本章的主题。就是这种歧视性就业政策手段(如清退、收费、行业限制等),将同时制约城市传统公有制中小企业的改革和新兴非公有制中小企业的发展,导致城市当地整体经济竞争力的下降和效率损失。从稍微长远一点的观点看,这种政策的效应使本地经济得不到持续发展,从而不能创造更多新的就业机会,因而其最终结果很可能与政策初衷背道而驰。

3. 结论与政策含义

综合本章的分析,我们可以得出这样的结论,无论是从解决就业的角度讨论如何发展城市中小企业,还是从就业机制转移对城市中小企业发展影响来看,都必须对城市现行二元劳动力市场进行整合,才能有效促进两种体制(由公有制和非公有制两大类产权形式所决定的两种企业体制)城市中小企业的发展,综合本章的分析和已有的相关研究成果,关于整合城市二元劳动力市场方面,我们得出如下政策含义:

第一,放弃现行的就业歧视政策,在依法管理的同时开放城乡劳动力市场;这是促进城市二元劳动力市场转换的必要前提。

第二,对目前的保护性劳动力市场,应逐步消除准入门槛,强化竞争机制,逐步实现按市场原则决定其工资水平和劳动雇佣量,以降低企业劳动力成本,提高企业竞争能力和个人适应能力;对开放性市场,应依据劳动法规加强对企业的监管和保护劳动者的权益,规范社会保险制度,尽可能随着城市就业体制的转换实现二元劳动力市场的逐步整合。

第三,逐渐缩小城市国有企业内部下岗人员待遇与失业人员待遇的差距,即通过减少对下岗职工工资支付,一方面增进企业效率,激励在职职工;另一方面,以较大的压力,促使下岗职工走向开放性劳动力市场,使开放性劳动力市场在就业实现中的比重不断提高,并最终走向完全基于市场机制的劳动力市场。

---

① 如北京市政府出台了《2000年本市允许和限制使用外地人员的行业和职业范围》的文件。类似的文件在我国许多城市政府都能找到。

第四,取消户籍制,使流向城市的农村剩余劳动获得流入地的体制内生存环境,享受公正的体制待遇,从而使他们能够以与城市居民相同或相似的外因条件参与目前开放性甚至保护性市场的就业竞争,这样必将能大大的促进开放性劳动力市场的功能的提升和范围拓展,从而使二元市场最终得以整合。

写到这里,不禁使我们想起世界著名经济学家张五常教授在回答如何应对"民工潮"和中国城市化途径选择的问题时,曾精辟地说了五个"政府不要管"。我们想,张先生其中隐含的结论是十分明确的,那就是政府需要为经济主体制定必要的"游戏规则"并监督和保证规则被公平执行。政府的主观努力绝对不能偏离经济自身的逻辑。

第三十七章 发展社区中小企业与就业

下岗职工再就业难,是困扰城市健康发展的瓶颈问题。如何为下岗职工提供就业岗位,是保障城市和谐与稳定发展亟待解决的难题。不少城市通过大力发展社区中小企业来吸纳下岗职工就业,取得了较好的效果,开辟出一个突破城市再就业瓶颈的新的就业增长点,值得研究和探讨。

第一节 社区中小企业的发展思路

一、社区、社区经济和社区中小企业

1. 社区

应该说,社区的概念本是近年来才广泛使用。严格地,从建国初期地到近几年,中国城市没有社区,既没有社区的概念,也没有社区的实践,比较接近的概念是街道;没有社区经济,相类似的词汇是街道经济。关于社区的释义很多。一般地认为,社区是一定地域内人们共同劳动、生活、交往和休养生息的空间群落。群体性、服务性、社会性、地缘性是其特征。社区是介于社会和团体之间的一个小社会,在城市演进和社会发展中的作用是非常突出的。我国是一个发展中国家,城市和社区人口相对集中,公共设施短缺,交通拥挤,住房紧张,城市物业力量普遍较弱,就业压力很大。这些问题的解决,在很大程度上依赖于社区经济的发展。

2. 社区经济和社区中小企业

近年来,社区经济在街道经济的蜕变中悄然出现。同其他经济现象一样,社区经济的产生与发展是以其对城市的贡献而逐步引起人们的注意和重视的。可以这样认为,我国社区经济是整个社会经济、政治诸体制和社会结构分化与整合的产物。

社区经济的含义,尚没有公认的定义。一般的理解是指,在一定的地域范围,以最大化区域居民福祉为目标,对区域内各种形态的(物质的和价值的)资源通过一定的社会机制进行配置、创造出新价值的一种经济现象。从普遍的情形来看,社区经济一方面提供以非营利为特征的社区服务;另一方面帮助更多的人就业或再就业。社区企业是社区经济的现实载体。正是由于众多大小不一的社区企业,才使社区经济得以运行起来。社区经济的发展离不开社区企业的发展。在我国城市社区企业中,从其结构和规模来说,几乎都是中小企业。所以说,社区中小企业构成社区经济的主体,对社区经济和社区就业有着举

足轻重的影响。

二、社区中小企业的功能定位

由于目前我国正进行着一场大规模的产业结构调整,国有企业为减员增效,迫使大量的冗员下岗。一些传统工业城市,如上海、沈阳、长春等,已有数百万计职工下岗分流。如上海市人口最多的杨浦区(110万人)几年间陆续有10余万职工下岗待业。在下岗高峰期,下岗人员比例达53.6%[①]。大批职工下岗,给城市再就业形势带来巨大的压力。从我国目前的就业形势来看,在未来数年内,下岗现象还将延续。因此,解决就业问题的根本出路,主要依靠中小企业这个安置劳动力的有效载体。因此,在思索社区中小企业的发展问题必须充分考虑到就业这个城市的现实难题。也即说,发展社区中小企业,必须从社区就业的实际现状出发,在对社区中小企业的功能定位时,就要立足于社区,立足于就业,把发展社区经济,促进劳动力就业作为发展的首要目标。当然,发展经济是就业的前提条件,没有经济的增长,也就没有就业的稳定。之所以选择发展社区中小企业,是因为社区中小企业(更多的是小企业)具有投资少、见效快、好管理、资本与技术等有机构成低、转产变形容易、适应市场能力强,吸纳劳动力多等特点,因而成为解决当前下岗、失业人员问题,扩大城市就业的主要增长点,对于扩大城市就业,减少因改革震动所带来的不稳定因素,保持社会安定等方面具有重要的现实意义。

基于上述思考,在发展社区中小企业时,要切实面向社区,依托社区,服务社区,将社区经济建设和管理与推进就业工作结合起来,根据社区经济布局的特点及劳动力资源配置现状,重点做好以下几个方面的工作:

1. 发挥城市区位优势,大力发展第三产业

第三产业是社区中小企业经营的重要方向。它是以提供社会服务为特征的各种行业的合称。城市社区应发挥自身的区位优势,选择那些适应消费结构变化需要,为城市功能服务和为城市居民服务的产业,突出社区服务,如商品服务、餐饮服务、美容美发、物业服务、家政服务等。

(1) 社区服务。当前对社区服务的界定很广泛,几乎涉及发生在社区内的一切与居民生活相关的及政府举办、协办或鼓励的服务活动。事实上并非服务于社区内居民的活动都是当前意义上的社区服务活动,而许多盈利性的一般商业、饮食、服务等就不在此列。仔细比较分析各地开展的社区服务活动,会发现社区活动其实是一个很广泛的概念,而社区服务活动的界定的时空变换性很突出。如国家税务总局颁发的《关于下岗职工从事社区居民服务业享受优惠政策问题的通知》即跨出"社区=非盈利公益服务"的框框,确认以下提供服务活动的盈利性行业为社区服务活动,可享受政策上的减免税优惠。包括:①家

[①] 张国强:"社区:再就业工程的有机载体",《毛泽东邓小平理论研究》,1998年第6期。

庭清洁卫生服务;②初级卫生保健服务;③婴儿看护和教育服务;④残疾儿童教育训练和寄托服务;⑤养老服务;⑥病人看护和幼儿、学生接送服务(不包括出租车接送);⑦避孕节育咨询;⑧优生优育咨询。

随着城市家庭结构,居民消费结构和生活观念的改变,人们对多方面的物质和精神生活的服务需求呈多样化、个性化的快速增长,且这些需求满足方式逐步社会化(即从社会获取)。因此,社区服务业的发展空间广阔,有许多新的服务消费领域有待挖掘。可以说,这就是社区中小企业的掘金点和处女地,也是社区下岗、失业者的新"碗柜"。如何打开这些柜子,取得新饭碗,是城市领导、社区企业经营者以及失业下岗职工应该认真思考的一篇大文章。有不少城市社区已经开始组织人员对区内物业服务、社区四保(保洁、保绿、保养、保安)、电力、电信服务(代收电费、电话费、设报刊亭、电话亭等)实行收费服务。而且服务项目越作越宽;如便民店、特色饮食店、家电维修店,社区托儿所、幼儿园、托老所、婚姻介绍所、钟点服务队、家庭服务店。比如上海市杨浦区通过大力发展社区服务业,组织下岗人员以及临时工、季节工、突击工、钟点工和家电、钟表维修、服务加工、居民装潢、盒饭供应、家政服务等社区服务工作。全区还通过发展社区服务行业,兴办便民服务网点,直接吸纳下岗人员2700余人,为13 000余人次提供就业机会,占社区安置的32.6%[①]。可见,社区服务只要发挥社区的区位优势,合理地进行运作和管理,还是能将获得社会和经济的双重效益,既方便居民生活,又增加就业机会。

(2) 社区就业服务。社区就业服务与社区服务是两个不同的概念。社区就业服务的主体和客体与后者都不同,其服务主体为政府部门。其服务客体为社区范围内的就业困难者。归纳起来,即社区就业服务是政府(主要职能机构为劳动和社会保障部门)根据就业需要,在社区范围内,利用社区服务活动以吸纳安置下岗职工和对社区就业困难者为主要目的的就业服务而进行的就业促进活动。社区就业服务是政府就业政策的产业体现,是政府实施再就业战略的重要环节。社区就业服务除兼具社区服务的一般性质外,同时还具有两个自身的特点,即:①社区就业服务活动是政府行为,是政府对社区就业的特殊扶持;②社区就业服务具有一定的相对独立性,即社区服务主要是依存于服务性消费需求,而社区就业服务则更多的取决于社会的就业需求,表现在活动存续上,社区就业服务既可能先于社区服务消亡,也可能后于社区服务继续开展。

首先,要做到合理规划,点、线、面结合。以往的社区就业服务活动由于规划不合理、欠细致,因而成效不明显。如政府只出台粗略性的扶持政策,缺乏相应的实施细则,对就业扶持工作的现实效用性考虑不够;就业扶持政策局限于国有企事业单位,没有延伸到能安置就业的其他所有制形式的企业和经济实体。而单靠国有企事业单位安置就业显然力不从心。因此,必须加强社区就业服务的点、线、面结合,动员和支持所有经济实体共同参与社区就业服务活动,并形成具体、灵活、明确、有实效,且相配套的就业政策和就业体制。

其次,要注重政府社区就业调控手段的合理性、可操作性和前瞻性。在市场经济中,

---

① 张国强:"社区:再就业工程的有机载体",《毛泽东邓小平理论研究》,1998年第6期。

就业市场的调控主要靠那只"看不见"的手。但并不等于说那只看得见的政府之手就不能发挥作用。应该说,在任何时候都存在政府就业调控。问题是如何调控?合理的调控手段和着力点有哪?这些问题必须明确。应该说,就业调控的实质性问题抑或说着力点在于如何恰当地把握调控的空间。目前的焦点则是城市人员与农民工使用的调控比例问题。另外,在就业政策取向上是"输血救急"还是健全"造血机能"都必须作出合理的选择。再就是中国加入WTO在即,就业调控和社区服务的方向必须与之相适应。还有,我国即将迈入人口老龄化社会,老龄化社会的劳动力市场又将出现许多新的情况。这些问题都必须加以考虑,也即说必须做到未雨绸缪。

再次,必须注重基层就业服务机构人员的培训工作。社区就业服务活动的主体是工作于就业服务第一线的基层工作人员。他们必须在就业政策、产业政策、企业管理、公众信息、人才交流、人际沟通等方面具备相应的知识和技能,如此才能较好地胜任工作。因此,对从事社区就业服务工作的人员进行诸如社会学、经济学、企业管理学、社会心理学、公共关系学、组织行为学以及政策法规等方面的培训就显得非常有必要,这是提高就业服务质量和服务成效的关键。

2. 开发第三产业中尚属稀缺但社会需要的项目

针对社会需求多样化、个性化和国际化的特点,可以根据需求对象开办一些新兴的服务项目。如IT服务(即信息服务,如电脑上网服务),婚姻介绍中心,房地产推介中心,票务公司(订票、送票服务),劳务市场,广告业、保险业代理处,城市导游、导购,老年人陪护、陪聊(天)服务。在这些行业中,大多数刚在市场中兴起,市场前景看好。而且,这些行业大多对从业者的素质要求不高,下岗职工再就业难度不大。另外,礼仪服务、礼仪小姐培训,商场促销,样品派送,市场调查、产品推广、业务联络、网页设计、网络维护等行业也在社区中自发兴起并充满活力。

3. 有选择地发展一些就业容量大的服务行业

在大量的城市失业者和下岗职工中,有人数众多的文化素质和从业技能都较低的"双低"职工。这部分人对就业岗位的行业选择并不高,只要有稳定的收入即可,且这部分人为数不少,就业岗位需求量大,因此,要针对性地开办一些吸纳就业人数较大的企业。如搬家(运)公司等。据粗略统计,仅湖北武汉市就有社区搬运队近千个,从业人员过万人。

第四,注重发展多元所有制的社区经济。

社区中小企业创立不应受所有制的限制。应该多种所有制企业发展并举,尤其注重发展非公有制经济。要多方扶持非公有制企业的创业起步,降低资本进入这一领域的门槛,继续保持个体私营企业的快速发展势头,不断增加新的就业岗位。同时政府应鼓励下岗、失业职工个人集资或独资开店、办厂,从事个体私营经济。当前尤其要在融资、税费、开业手续方面在政策上予以倾斜,以催生数量众多的非公有制中小企业开办起来。

第二节 影响和制约社区中小企业发展的因素

社区中小企业主要是以街区为地域创办的,社区中小企业的发展受多种因素的影响与制约。因此,在企业发展过程中如何扬长避短,即发挥积极因素克服消极因素是企业制胜的关键。

一、内生因素

任何经济活动同其他事物一样,其产生总有一定的内在动因。没有内在动因,任何经济都不会横空出世。即如此,促使社区中小企业创建并影响其发展的内在动因也即内生因素有哪呢?一般地说,有以下几个方面:

1. 生存和发展的需求

社区是一个独特的生活空间,介于社会和社团之间,在中国目前的现实条件下,存在大量的失业者和下岗人员。他们也需要生存,需要据以生存的物质条件,而这些物质条件只有通过上岗才能获得,所以他们需要工作岗位。特别是近几年来,我国社会经济的发展虽然取得了举世瞩目的成就,但不可否认,在我国社会中,已经出现了越来越多的贫富两极分化状况,80%的社会财富掌握在20%的人手中很能说明问题。在我国许多的城市社区中,基础设施的供给水平基本上属于中低等收入国家的行列,住房、公共交通、废物处理、通信设施还处于相对落后的状况。到目前为止,我国城市普通居民的收入水平还是比较低的,加上住房、医疗和教育等改革的幅度很大、波及的范围很广,且存在着不尽完善的地方。城市居民在房费、医疗费和子女教育等方面的支出大幅度上升,而收入水平的增幅有限,大多数社区普通居民,尤其是下岗失业人员生存压力加大。因此,这部分居民求生存求发展的欲望特别强烈。

2. 繁荣社区经济的需要

前面只是就个人的生存和发展而言。而从作为群体的社区及其职能机构的城市政府(如区、街道、居委会)而言,繁荣社区经济使居民过上安居乐业的生活,是其责无旁贷的责任和义务。在许多城市中,政府积极引导区、街道、居委会以市场为导向,努力扶持有生命力的经济增长点,兴办一批中小企业为下岗和失业人员开辟就业岗位,并以此推动消费,促进社区经济进一步发展,从而又可以安置更多的人就业,如此良性循环,获得较好的社会效益。以杨浦区为例,1997年通过发展社区中小企业安排就业岗位占社区安置总量的44.8%。因此,通过发展社区中小企业来繁荣社区经济、促进就业增长是社区自身的内在要求。

3. 社区内部经营管理人才的数量、水平及职工的素质

社区中小企业的发展,离不开一定数量的有一定经验水平和开拓精神的经营管理人才。企业创业与发展,在某种程度上取决于企业经营者的谋划与管理。这方面的例证很多,国外的有福特汽车公司的创始人老福特,索尼公司的盛田昭夫、松下公司的松下幸之助,中国有"海尔"电器公司的张瑞敏,"联想"集团的柳传志等。这些企业都是从一个个名不见经传的,甚至濒于倒闭的企业不断发展壮大起来的,最终成为行业中的"巨无霸"。因此,企业中的经营者的能力素质对企业的影响自不待言,而企业中的员工素质、敬业精神、职业道德对于企业的发展也是极为重要的。张瑞敏之于"海尔",柳传志之于"联想",就是采取以人为本的管理方略。试想想,如果没有全体员工的积极参与,再高明的经营者,也是"巧妇难为无米之炊",是断然搞不好企业的。所以,社区中小企业的发展,必定要立足于自身的人才水平,因地制宜,有选择地发展那些与自身人力资源配置相适宜的中小企业。从目前来看,我国城市有相当一部分社区中小企业管理水平不高。一些企业的经营者由于受到自身素质的限制,对企业的未来发展不作筹划,得过且过;也有的经营者采用的家族式的管理方式;还有部分企业管理者虽然产品开发搞得不错,但却不谙市场营销之道,使企业得不到应有的发展。据对北京市社区中小企业的调查中发现,有50%以上的企业管理者欠缺应有的现代企业管理知识,且管理方式和手段还需要大大地加以提高和完善。

二、外部因素

社区中小企业的发展,除了受上述内生因素影响与制约之外,包括诸如外部环境、体制结构在内的诸多外部因素也是重要的制约要素。具体来说,外部环境因素包括:

1. 市场因素

市场是企业的战场。市场因素是制约企业发展的最为重要的因素。对市场需求的调查、分析、评估、预测是企业创立过程中必须实施的第一个环节。只有建立在对市场需求的可靠分析评估,并准确地预测到企业产品有较好的市场前景之后,才能做出企业创建与否的决策。在经营过程中,除了市场对产品的需求之外,市场的其他软硬环境也十分重要。如市场是否存在以大欺小、欺行霸市、过度竞争、行业无序竞争、行业垄断等。

2. 资金环境

资金之于企业犹如汽车之于汽油。资金融通是社会再生产过程的最基本的工具,它深刻地影响到再生产过程的各方面和各个环节。企业的开办和运营都必须有一定数量的资本。因此,企业的融资环境对于企业成长和发展来说在某种程度上起着根本性的影响。有不少企业在发展过程中,虽然其发展势头很好,产品也有销路,市场前景看好,但是因为

后继资金跟不上,又融资无门,结果走向衰落甚至倒闭。我国城市社区中小企业的资金环境普遍较差,其表现是企业自有资金比例高,融资渠道单一,获贷机会小,资金运转吃紧、扩大再生产困难。从北京市和上海市1997年分别对本市辖内中小企业融资环境进行抽样调查的结果说明,被调查企业对资金环境的评价均不满意。如在上海城市商业银行对中小企业的调查中,反映在生产经营上融资较困难的占68%,很困难的占14%,不存在困难的占18%[①]。北京市的调查角度虽然与上海市略有不同,但涉及的问题是相同的,结果也相类似。北京市调查的企业认为资金环境"一般"的占57.2%,认为"差"的占32.3%,认为"好"的仅占5.9%,不置可否的占4.7%(表37-1)。

表37-1 北京市中小企业对资金环境的评价(单位:%)

所有制结构	未填	好	一般	差
全体	4.7	5.9	57.2	32.3
国有	3.7	7.1	55.1	34.2
集体	5.8	5.2	58.3	30.7
私营与股份制	4.2	4.2	56.3	35.4
三资	3.2	8.1	59.7	29.0

资料来源:国务院发展研究中心、北京市科委编著:《中小企业发展与政策研究》,北京科学技术出版社,1999年,第40页。

应该说,北京市和上海市是我国最为发达的城市,也是资本市场最为发达的城市。特别是上海市的资本市场在全国有着得天独厚的条件。两个城市中小企业融资环境尚且如此,其他城市就更可想而知了。因此,尽快改善我国城市中小企业的融资环境,是切实扶持社区中小企业发展的根本性措施。

3. 法制环境

市场经济条件下,法制建设的完善程度直接影响经济活动运行秩序和质量。市场经济讲求竞争和效率。而竞争必须在公平、公正的原则下有秩序地进行。无序竞争和市场混乱只会对经济活动带来严重扰乱。当市场中充斥着假冒伪劣产品时,公平竞争就失去了基础。因此,要保持企业间的正当的竞争活动,必须规范竞争秩序,严厉打击假冒伪劣活动。要做到这一点,没有良好的法制环境是行不通的。法制建设和经济建设相辅相成。良好的法制环境是企业保持公平竞争和高效益的前提条件。在我国城市社区经济活动中,不同程度地存在欺行霸市、拖欠货款、敲诈勒索等行为,然而,执法部门也往往有法不依、执法不严,放任自流。因此,不少城市经济活动的法制环境恶化而未得到有效的遏制,从很大程度上影响和制约了社区中小企业的正常发展。所以,净化市场法制环境,严格执

[①] 见傅建华主编:《上海中小企业发展战略研究》,上海财经大学出版社,1998年,第129页。

法,保障公平竞争,是城市法制建设的重要课题。

4. 体制因素

任何经济的发展,都离不开相应的制度供给,即体制环境。没有相应的体制环境,经济的发展是不可能的,社区中小企业也不例外。20多年来,我国改革开放取得了有目共睹的成绩,计划经济的体制樊篱被打破。但也不能不看到,由于我国体制改革所采取的方式是渐进式的,加之改革所遇到的矛盾错综复杂,改革的目标远未达到。突出地表现为政府管理经济的职能还没有从根本上转变到市场经济体制的轨道上来,中小企业创办的审批手续依然过繁;以行政方式管理经济的现象仍然在现时的现实生活中发挥着重要作用,有的甚至以宏观调控的名义"包装"后出现;资源配制的所有制壁垒、行政隶属关系的制约没有完全打破,产权不清、责权不明仍是制约许多国有和集体中小企业发展的关键因素。所有这些因素在很大程度上干扰了社区经济的正常发展。要从根本上解决这些矛盾,必须进一步深化政治和经济改革,明晰企业产权关系,把责、权、利真正统一起来,严格遵循市场经济的原则,最大化社区资源的配置,从而最大限度地提高资源的使用效率。

当然,影响和制约社区中小企业发展的因素很多,以上述及的只是其中主要的部分。即便如此,这些因素中哪怕是其中一个环节没处理好,也会威胁到企业的生存和发展。因此,在制定发展社区中小企业的计划目标时,必须全面审慎地处理好每一个因素及其他因素之间的相互关系。惟有如此,才能保持企业的持续发展和就业的稳定增长。

第三节 社区中小企业发展中的政府作用

综观世界各国,无论实行什么样的经济模式,政府对经济活动的调控,是不可或缺的。即使是在奉行自由经济的国家中,这种调节都是存在的。然而,在经济活动中,政府究竟应该扮演什么角色、履行什么职能、发挥怎样的作用,一直是人们争论的焦点。18世纪的重商主义者认为,政府应在促进贸易与工业发展方面起积极作用。亚当·斯密(Smith, A.)则认为,竞争和利润能刺激诱导利益的同时,也为社会谋利,因为利润刺激诱导个人把自己生产的产品供给其他需要者,所以政府的作用是有限的。到19世纪约翰·斯图尔特·穆尔(Moore, J. S.)和纳森·尼尔(Newwan, N.)提出了自由放任学说,认为政府应放任私人企业的活动;而不应管理和控制私人企业,自由是社会利益最大化的最佳途径。美国经济学界主流的观点认为,政府的有限干预可以缓和最糟糕的社会问题,但私营企业应在整个经济中起核心作用。而凯恩斯(Keynes, J. M.)则认为,只有依靠一只看得见的手即通过政府对经济的全面干预,资本主义才能摆脱萧条和危机。因此,他反对自由放任,提倡国家调节经济。弗里德曼和斯蒂格利茨则提出政府应减少对经济的干预。尽管人们对政府在经济活动中的作用认识上大相径庭,但经济发展的现实表明,政府对经济影响是巨大的,许多国家或地区中小企业成功发展的事例,也可以看出政府宏观调节政策的作用。如美国、日本、韩国、中国台湾省等。政府在我国城市社区中小企业的发展中,应该发挥怎样的作用呢?我们认为,以下几个方面值是考虑。

一、为中小企业立法

在上述中小企业发展很成功的国家和地区,都制定了完善的中小企业法。如美国的《小企业法》,日本和韩国的《中小企业基本法》。除了制定了中小企业的根本大法之外,另外在资金扶助、税费减免、开业手续、技术创新等方面还制定有专门的法规。各地方政府还针对本地区的实际情况制定出相应的中小企业政策。这些法规、政策是促进中小企业在这些国家蓬勃发展的重要原因。因此,我们应该借鉴别国中小企业发展的成功经验,建立起一套适合我国国情的中小企业发展法规的政策。此外,各城市政府也可以根据城市区位特点,制定出一系列扶持社区中小企业发展的地方性法规,在这一方面,北京市等城市已在着手进行。我们认为,当前我国中小企业政策的基本方向应充分正视城市就业这一严峻问题。具体在以下几个方面应予以考虑。

(1) 企业产权的明确规定以及不同所有制企业的同等地位关系的明确表述。

(2) 扶持和保护那些有发展前景,有较大就业容量,但效益显现较慢的中小企业(韩国人称之为"有望幼小企业")。

(3) 鼓励个人创业及投资企业。对于个人创投企业者提供风险资金。在经济落后或失业严重的地区创投企业,政府可考虑免交3~5年的营业税。可以借鉴德国的做法,对诸如城建税、土地使用税、交易税等分级减免。

(4) 对吸纳就业人数较多的企业,适当予以补贴或通过税费部分返还。以鼓励私人企业多吸收就业者。

(5) 改革目前的企业注册登记办法,放宽企业准入限制,降低中小企业开业"门槛",缩短审批手续,减少开业成本。可以将中小企业分为登记企业和非登记企业。如一些小的门店、餐馆等可以实行非登记企业制度,税务部门按其营业征收有关税项。登记企业则分无限责任公司和有限责任公司。对无限责任公司的注册,其资本额度要求,应在1500元以下以其有效证件(如身份证作为有效证件。并严格手续费收取标准,禁止搭车收费和变相收费,全部手续费应控制在100元以内。对于注册有限责任公司的中小企业,其资本金额不要超过人民币1万元。

二、进一步调整完善现行中小企业管理机构

国家经贸委中小企业司的统筹功能应予以加强,建议设立类似于韩国"总统中小企业委员会"的中小企业事务协调机构,改变目前中小企业事务多头管理的现象,其常设办事

机构仍为国务院经贸委中小企业司。省市地方政府也应有相应机构管理中小企业事务。另外,各地还可以设立行业性中小企业协会。这种行业性协会应是在自愿的基础上的行业内自治、自律的民间团体。这类协会的建立有利于中小企业通过联合形成集体力量,避免过度竞争,维护中小企业自身的权益。同时还有助于使大量单兵作战的中小企业联合起来共同开发产品、技术和市场,调剂资金,提高资信水平。通过行业协会的牵线搭桥,使一批中小企业最终能以各种方式联合起来,在一些产业中形成具有特殊优势的组合体。在韩国,已经出现了一些中小企业联合起来,使用共同商标,按照共同规格和质量标准生产产品的成功事例。在目前条件下,如果依靠中小企业自发地组建行业协会比较困难,可以借鉴韩国政府对中小企业联合实施政策优惠的鼓励办法,采取"政府中介型"的模式,由政府牵头组建,采取"扶上马,送一程"的办法,逐步向民间性、自律性过渡。

三、加强对下岗、待业人员的培训

我国城市下岗和待业人员的整体素质普遍较低,缺乏适应新的就业岗位的基本技能,因此,要切实加强这部分人员的再就业培训。目前我国劳动行政部门虽也组织了一定数量的就业和再就业,但真正落到实处,使受训人员学有所成并能学以致用的培训很少,多数培训往往流于形式,缺乏实效。因此,必须加大对培训的管理,加大政府对培训经费的投入力度,并使这些经费真正用到人员培训之中,而不是变为组织培训机构的经费创收。只有使下岗待业人员获得基本的就业技能,才能使更多的人获得就业的机会。

四、构建中小企业社会服务网络

随着体制改革的深入,政府职能逐步转向宏观调控和服务指导。由于中小企业在市场竞争中处于弱势族群,目前还需要政府的扶助和指导。需要资金援助、信用担保、经营诊断、管理指导、信息及技术的支持。这些工作,单靠政府是难以完成的,必须构建一个中小企业的社会服务网络,它应是一个以中小企业为特定服务对象,以多层次、多渠道、多形态、多方位为特征的社会化体系,既包括政府机关,也包括民间的各种组织机构(如科研院所、高校、金融机构、行业协会等)。中小企业社会服务网络涉及的服务项目应包括金融、财税、科研开发(R&D)、政府采购、贸易、企业诊断、经营指导、教育培训、会计结算、法律法规、信息咨询、海外投资、创业、就业服务等。其功能定位应包括以下目标:①使中小企业更好地进行产品创新,为产业结构进步作出贡献。②使中小企业更好地发挥经济的稳定作用。帮助中小企业达到既开业快,又成功多、废业少的目的。促成中小企业向新的产品与劳务部门发展,以使经济不断充满活力从而也间接地促进就业稳定。③以中小企业的发展来推动体制转换及机制转轨,推动经济结构的多元化格局,走出一条"内部转制、外部转化"的道路,为改革释放出的大量劳动力寻找就业出路。④以非营利性为主,对于特殊的服务也可以是营利性的。⑤要有利于推动适合知识经济时代到来的企业发展特点。

以上几点可以说是从宏观政策或宏观管理和指导的角度而言的。也即从全国范围的宏观层面上而言的。政府的作用从微观层面或从城市角度也可以体现出来。可以说,城市政府对于社区中小企业的发展影响更为直接和具体。

五、市场设计

如何发挥城市的区位优势,以我所长,搏击市场,是城市政府必须筹划的事情。每一个城市都会有自己的地缘或区位特色,有支撑社区经济发展的独特条件。之所以有的城市发展得好,有的城市十分落后,相当大的因素是该城市是否挖掘出适合城市经济发展的优势潜力。这方面的事例,远的有美国硅谷、日本的筑波;近的有中国的北京中关村。这些城市之所以名震中外,是因为在城市建设、市场设计时充分挖掘了自己的人才和科技优势。有些城市从资源到技术等综合实力并不强,但社区经济发展得相当成功,如福建省石狮市的服装布匹批发市场、浙江义乌的小商品市场、苏州吴县的丝绸批发市场,江西鹰潭的眼镜批发市场等。这些市场发端之初都是政府精心谋划设计的,这就是"政府搭台、企业唱戏"。其结果是带动了整个城市经济的发展,也极大地拉动了城市就业的增长,可谓一举数得。这种对整体市场的运筹,是单个企业难以担当的,政府的作用不可替代。

当然,政府履行市场设计职能,不能主观臆断,搞拍脑袋工程。任何主观想像和推测都不足以成其事,甚至可能造成资源的极大浪费。市场设计要踩准市场变化的节拍,多方调查,严密设计、科学论证。在此基础上,大力推广、广泛"造市",辅以政策上的优惠,市场才有可能形成。

当然,在市场设计中还应解决好以下几个方面的问题:①市场的规模、市场的规模影响市场的经济效益,因此,市场必须具备起码的规模,有规模才具有辐射力。但市场规模与市场的容量即承载力必须相符合。市场的服务、管理、供货等要与规模同步。否则,容易造成"爆棚",影响市场的发展后劲。②创建市场特色。市场没有特色,就不会有吸引力。成功的市场都是有其特色的,如北京王府井步行街、上海城隍庙、温州的钮扣市场、宁波市的皮装城等,各具特色。③不断创新。不仅市场建立要有创意,而且市场的产品、管理、服务要不断创新,这样才能维持市场的长期繁荣,否则,只会是昙花一现。同时要处理好繁荣与市容的关系,使经济的发展既活跃又有序,最终达到物质的繁荣与精神的繁荣同步发展。

六、导向作用

市场经济体制下,市场机制对社区中小企业有着巨大的影响。按照市场的规律去运作是企业必须遵循的法则。但是市场机制也不是万能的,尤其是市场的表象特征往往导致市场失灵、而市场自身并无自我修复机制,往往造成市场的混乱,如家电行业发展过程中,市场自发的因素导致一些家电生产线(如 DVD、VCD、彩电、冰箱、空调器等)过度发展,造成市场的高度挤压和恶性竞争,其结果是引发大量的厂家严重亏损或倒闭。因此,市场的政府导向还是必要的,这样可以减少过度竞争。毕竟政府对信息,对全局的掌控有着独特优势。因此,对企业进行指导,对市场进行导向是政府的基本职能。当然,这是引导不是具体行政干预,而是通过信息服务、决策咨询、政策调控、市场调节来完成。尤其是城市社区政府,一定要熟悉和了解市场,了解社区中小企业的经营运行态势,以及未来方向及发展前景,才能有的放矢,科学地引导,否则会造成误导。

第三十八章 发展私营中小企业与就业趋势

我国私(民)营企业的出现是改革开放的产物。它是在个体经济上、以个体大户的形式逐步发展起来的。有一段时间,私营企业是以"个体工商户"、"合作经营组织"、"集体企业"的名义从事生产和经营活动。直至今日,仍有半数以上的"集体企业"实际上乃地道的私营企业。1988年4月通过的《中华人民共和国宪法修正案》确立了私营企业的合法地位,至此,中国私营企业才步入公开化、法制化的快速发展道路,成为我国经济发展中的一种重要经济形式和国民经济中一支重要的力量。

第一节 私营中小企业发展与就业增长概况

一、私营小企业数量逐年增长

1989~1998年,我国私营中小企业数从90 581户增加到120.1万户,增长了13.2倍,平均每年增长33.27%。同期,国有企业数量年均增长只有5.37%,远远低于私营企业的增长速度,集体企业户数增长更慢,年均增长率只有0.27%,外资企业数增长也十分迅速,年均增长率为34.40%(表38-1和图38-1)。

表38-1 1989~1998年各类所有制企业户数发展的情况

年 份	国有企业 户数(户)	增长(%)	集体企业 户数(户)	增长(%)	外商投资企业 户数(户)	增长(%)	私营中小企业 户数(户)	增长(%)
1989	1 146 908		3 829 614		15 919		90 581	
1990	1 151 472	0.40	3 381 937	-11.69	25 389	59.49	98 141	8.35
1991	1 253 725	8.88	3 479 971	2.90	37 215	46.58	107 843	9.89
1992	1 547 190	23.41	4 159 417	19.52	84 371	126.71	139 633	29.48
1993	1 951 695	26.14	5 156 519	23.97	167 507	98.54	237 919	70.39
1994	2 166 331	11.00	5 456 818	5.82	206 096	23.04	432 240	81.68
1995	2 218 612	2.41	5 337 734	-2.18	233 564	13.33	654 531	51.43
1996	2 163 346	-2.49	5 013 416	-6.08	240 447	2.95	819 252	25.17
1997	2 078 348	-3.93	4 470 469	-10.83	235 681	-1.98	960 726	17.27
1998	1 836 289	-11.65	3 736 365	-16.42	227 807	-3.34	1 200 978	25.01
平均增长		5.37		0.27		34.40		33.27

资料来源:《工商管理行政管理统计汇编》,1991~1998年;国家行政管理总局办公室:《中国工商行政管理统计四十年》,中国统计出版社。

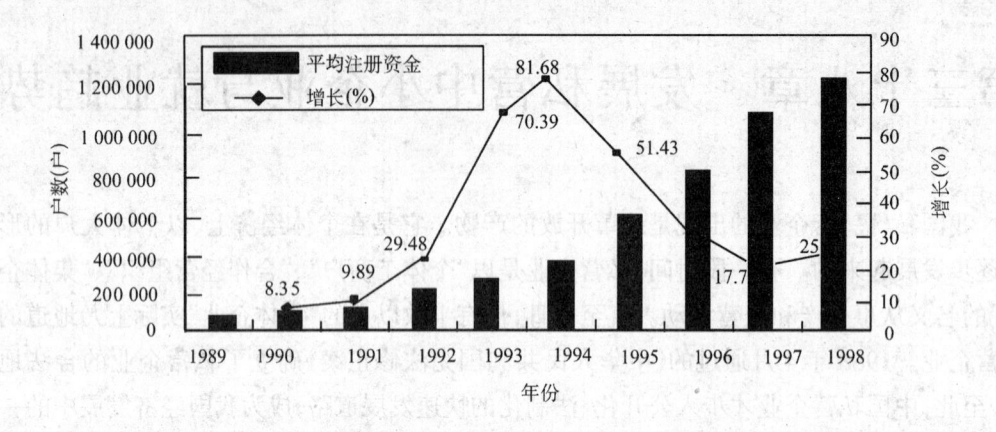

图 38-1 1989~1998年全国私营中小企业户数增长情况

二、私营中小企业经营规模的增长

私营中小企业的经营规模近年来得到长足的发展,呈不断扩大的趋势。1989~1998年,私营中小企业的户均注册资金由9.27万元增加到59.93万元,增长了6.5倍,年均增长速度为23.1%。同时期,国有、集体、外资企业的投资规模虽然也有所上升,但均不及私营企业增长的势头强劲。其户均注册资金分别增长了1.9倍,2.7倍和1.2倍,年均注册资金分别为7.64%,11.86%,1.89%。到1998年,私营中小企业的户均注册资金为59.93万元。高出集体企业10.45万元(表38-2,图38-2)。

表 38-2 国有、集体、外资、私营中小企业户均注册资金情况表

年份	国有 数额(万元)	增长(%)	集体 数额(万元)	增长(%)	外资 数额(万元)	增长(%)	私营 数额(万元)	增长(%)
1989	97.93		14.76		173.31		9.27	
1990	103.56	5.75	16.10	9.05	130.14	−24.91	9.68	4.38
1991	109.14	5.38	16.58	3.02	120.00	−7.79	11.41	17.83
1992	116.00	6.29	19.82	19.49	137.47	14.56	15.83	38.77
1993	130.46	12.46	25.65	29.45	146.64	6.67	28.62	80.83
1994	133.26	2.15	28.9	12.66	151.52	3.33	33.5	17.04
1995	142.72	7.10	30.41	5.23	170.88	12.78	40.06	19.58
1996	151.82	6.38	34.44	13.25	183.61	7.45	45.8	14.33
1997	174.41	14.88	36.34	5.51	195.1	6.26	53.5	16.82
1998	189.95	8.91	40.48	11.41	205.12	5.14	59.93	12.02
平均增长		7.64		11.86		1.89		23.04

资料来源:《工商管理行政统计汇编》,1991~1998年;国家工商行政管理总局办公室:《中国工商行政管理统计四十年》,中国统计出版社。

注:外商投资企业户均注册资金单位为万美元。

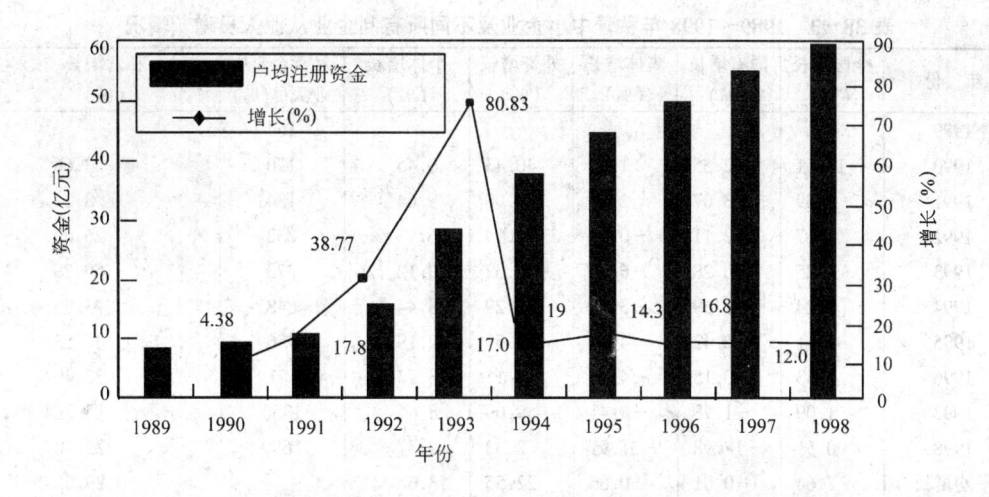

图 38-2 1989~1998 年全国私营中小企业户均注册资金增长情况

三、私营中小企业的从业人数呈逐年上升态势

到 1998 年,私营中小企业从业人数为 1699 万人,较之 1989 年的 164 万人增长了 10.3 倍,年均增长速度为 29.66%。而同期,全国从业人员年均增长速度为 2.64%,国有、集体、外资、个体从业人员的年均增长速度分别是:−0.01%,−0.06%,22.55%,13.6%。从以上的数字比较中可以发现,从 1989 年以来的 10 年中,我国私营中小企业从业人员的增长速度十分突出,远远高于其他经济类型的从业人员的增长速度,显示出私营中小企业在吸纳就业人员,促进就业增长中的突出作用。可以这样说,私营中小企业将成为我国社会未来发展中一个十分重要的就业源。解决我国日益严峻的就业问题,必须着眼于私营中小企业的发展,这应该成为一项重要的政策选择(表 38-3,图 38-3)。

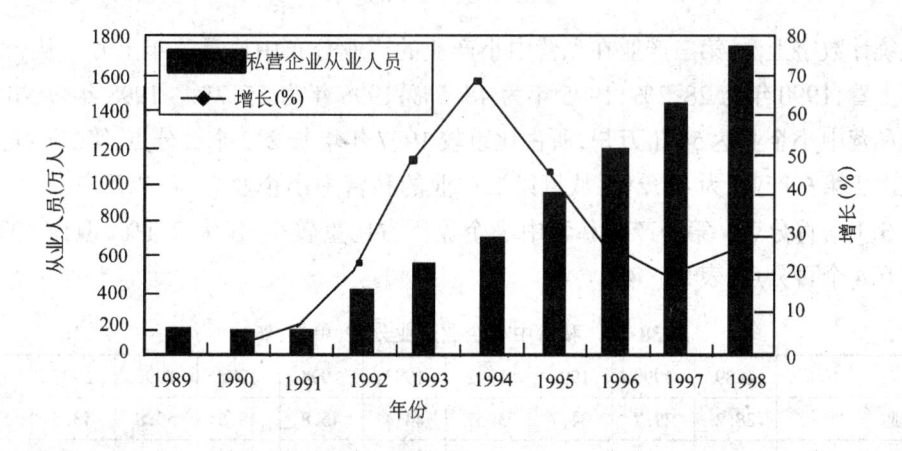

图 38-3 1989~1998 年全国私营中小企业从业人员增长情况

表 38-3 1989～1998 年私营中小企业及不同所有制企业从业人员增长情况

年份	全国增长（%）	国有增长（%）	集体增长（%）	外资增长（%）	个体增长（%）	私营企业从业人员(万)	私营增长（%）
1989						164	
1990	15.51	2.35	1.34	40.43	8.45	170	3.66
1991	1.39	3.07	2.23	150.00	9.64	184	8.24
1992	1.17	2.11	-0.19	33.94	6.93	232	26.09
1993	1.25	0.28	-6.30	30.32	19.12	373	60.78
1994	1.24	2.69	-3.18	-32.29	28.44	648	73.73
1995	1.11	0.42	-4.20	23.59	22.19	956	47.53
1996	1.33	-0.15	-4.16	14.11	8.73	171	22.49
1997	1.09	-1.78	-4.41	9.09	8.45	1350	15.29
1998	0.51	-17.98	-31.91	-2.33	12.37	1699	25.78
平均增长	2.64	-0.01	-0.06	22.55	13.6		29.66

资料来源：《中国统计年鉴》，1999 年；《中国工商行政管理统计年四十年》，中国统计出版社。1989 年数据为国家工商局数据并计算。

第二节 私营中小企业的就业分布

一、私营中小企业的分布特点

私营中小企业经过 10 多年的迅猛发展，其产业结构也经历了一个不断调整和完善的过程。

私营中小企业的产业分布具有如下特点。

1. 以第三产业为主，一、二、三产业依次增长

从统计数字上看，第三产业在私营中小产业的产业分布中比重逐年上升。从企业户数指标上看，1990 年为 28.2%，1995 年为 48.5%，1998 年为 55.7%。1998 年，从事第三产业的私营中小企业达 54.1 万户，所占比重较 1997 年增长 2.2 个百分点，第二产业所占比重仅次于第三产业，为 42.2%，从事第二产业的私营中小企业为 40.7 万户，所占比重下降了 3.1 个百分点。第一产业私营中小企业所占比重较小，仅为 2.1%，但比 1997 年增加了 0.4 个百分点(表 38-4)。

表 38-4 私营中小企业产业分布(单位：%)

年份	1989	1990	1991	1992	1993	1994	1995	1996	1997	1998
第三产业	28.2	29.7	34.7	34.7	44.4	45.8	48.5	50.8	53.5	55.7
第二产业	71.8	70.3	65.3	65.3	55.6	53.5	50.4	47.9	44.8	42.2
第一产业	-	-	-	-	-	0.7	1.1	1.3	1.7	2.1

另外,从注册资金指标来看,第三产业占62.53%,第一产业占16.9%,第二产业占35.77%。

2. 城市增长速度快于农村

全国城镇私营中小企业增长速度明显快于农村,且呈逐年上升趋势;相反,农村私营中小企业的发展则逐年下降。1990年,城镇私营企业占38.4%,而到1997年则上升为62.1%,升幅达23.7%,年均升幅达4%。而农村和私企则由1990年的61.6%下降为1997年的37.9%(表38-5)。

表38-5 我国私营中小企业城乡分布概况(单位:%)

年 份	1990	1991	1992	1993	1994	1995	1996	1997
城 镇	38.4	41.7	47.5	55.5	55.8	56.8	59.6	62.1
农 村	61.6	58.3	52.5	44.5	44.2	43.2	40.6	37.9

资料来源:张厚义、明立志主编:《中国私营企业发展报告》,社会科学文献出版社,2000年,第49页。

3. 私营中小企业区域分布不平衡

我国私营企业的发展布局同我国经济发展的布局相似,具有十分明显的区域特征,总的趋势是:东强西弱、中部居中(表38-6)。

表38-6 我国私营中小企业区域分布

年 份	区域	户数比例(%)	投资人数比例(%)	雇工人数比例(%)	注册资金比例(%)
1997	东部	64.65	61.88	62.10	69.21
	中部	23.41	24.79	25.29	19.49
	西部	11.94	13.33	12.61	11.30
1998	东部	64.52	60.65	62.22	50.72
	中部	22.25	24.22	24.11	35.63
	西部	13.23	15.13	13.67	13.65

资料来源:国家工商行政管理总局办公室编:《工商管理行政管理统计汇编》,1997~1998年。

表38-6显示,私营中小企业主要分布在东部。从户数指标看,1997年和1998年东部分别占64.65%和64.52%,占比最高;中部分别为23.41%和22.25%;西部最少,占比分别为11.94%和13.23%。再从投资人数、雇工人数和注册资金的比例来看,也大致如此。从吸纳就业的人数比例来看,1997年和1998年东中西部地区的平均值分别为61.27%,24.70%和13.14%。从以上数据可以反映出私营中小企业的区域分布差距很大,极不平衡,东部地区发展比例超过中西部之和,私营企业发展各项指标均占全国2/3弱。但是,从发展的速度而言,又以西部地区相对最快。如1997~1998年,西部地区户均中小企业年均增长38.57%,而东部则为24.75%、中部更低,为18.80%;从投资人数指标看,西部年均增长46.65%,而东、中部分别为26.64%和26.26%,低于西部地区20个百分点;从吸纳就业人数方面看,西部地区的增长比例为36.77%,而东中部分别为26.46%和20.34%;仅就私营中小企业投资和注册资金数额增长率来看,以中部增幅为

高,西部次之,东部则缓慢增长(表38-7)。

表38-7 1997~1998年东、中、西部私营中小企业各项发展指标情况(单位:%)

区域	户数增长	投资人数	雇工人数	注册资金
东部	24.75	26.64	26.46	2.62
中部	18.80	26.26	20.34	155.99
西部	38.57	46.65	36.77	69.23

资料来源:同表38-6。

在东、中、西部各省区,私营中小企业的发展也不平衡。如东部12省(市、区),私营企业发展排序依次为广东、江苏、浙江、山东、上海、河北、辽宁、福建、天津、海南、广西和北京,在东部12省市区中,广东、江苏、浙江、山东、上海等地区私营经济发展较好,位居全国前列,天津市处于中游水平,而海南、广西和北京则位次靠后。尤其是北京市,私营企业发展位次为第28位,而中部的湖北、河南省私营企业发展速度均快于全国平均水平,位居第8和第9;西部的陕西省(第12)和重庆市(第19)的私营企业的发展较之其他西部各省市发展要快,并且处于全国中上位次(表38-8)。因此,私营中小企业的分布不平衡的区域性特征可见一斑。

表38-8 1998年各省、区、市私营中小企业发展位次表
(以户数为首要排序指标)

地区	户数 户	位次	注册资金 亿元	位次	产值 亿元	位次	消费品零售额 亿元	位次
广东	141 351	1	1344	1	259	6	181	7
江苏	107 744	2	492	4	503	4	272	4
浙江	100 820	3	558	3	1545	1	273	3
山东	98 039	4	388	5	521	3	327	2
上海	94 705	5	604	2	224	9	412	1
河北	70 822	6	279	9	523	2	185	6
辽宁	60 796	7	308	8	389	5	193	5
湖北	48 658	8	338	7	236	8	152	8
河南	40 724	9	255	10	100	13	69	13
四川	38 229	10	200	13	214	10	98	12
福建	35 026	11	339	6	150	11	123	19
陕西	34 465	12	199	14	79	19	44	20
黑龙江	33 238	13	136	16	111	12	106	10
安徽	28 697	14	122	19	92	16	54	16
湖南	26 192	15	132	18	242	7	102	11
天津	25 436	16	216	11	67	20	30	23
山西	24 675	17	132	17	51	22	49	19
吉林	24 590	18	48	27	89	17	50	17
重庆	229 570	19	179	15	96	15	55	15

续表

地区	户数 户	户数 位次	注册资金 亿元	注册资金 位次	产值 亿元	产值 位次	消费品零售额 亿元	消费品零售额 位次
江西	21 985	20	111	21	97	14	49	18
内蒙古	18 445	21	99	22	42	24	36	22
海南	16 974	22	205	12	49	23	17	26
贵州	15 912	23	91	24	14	26	12	28
广西	15 803	24	95	23	57	21	37	2
云南	13 959	25	116	20	87	18	63	14
新疆	12 614	26	86	25	14	27	20	25
甘肃	12 142	27	58	26	15	25	23	24
北京	8009	28	15	30	11	29	9	29
宁夏	4790	29	26	28	14	28	13	27
青海	3605	30	25	29	6	30	5	30
西藏	253	31	1	31	0.4	31	1	31

资料来源:根据《国家工商行政管理局统计汇编》,1998年,整理。

二、私营中小企业从业人员的区域分布

私营中小企业吸纳就业人员的数量这几年来不断上升,在就业结构中所占比例逐年提高,尤以东部地区升幅最快。从全国范围来看,东部地区的广东、浙江、河北、山东和江苏省,私营中小企业吸纳的就业人数位居前5位。东部地区12省市区私营中小企业吸纳的就业人数占全国私营中小企业吸纳就业总人数的62%;中部地区所占比例为24.2%;西部所占比例最少,为13.8%。因此私营中小吸纳就业人员的作用来说,仍然是维持东强西弱的格局(表38-9)。

表38-9 1998年各地区私营中小企业吸纳从业人员位次表

东部地区	人数(万人)	位次	中部地区	人数(万人)	位次	西部地区	人数(万人)	位次
广东	177	1	湖北	77	8	四川	61	9
浙江	153	2	河南	55	10	陕西	47	13
河北	149	3	湖南	54	11	重庆	38	18
山东	142	4	安徽	43.	14	云南	26	22
江苏	134	5	山西	42	15	贵州	21	24
上海	94	6	黑龙江	41	16	甘肃	18	25
辽宁	87	7	江西	39	17	新疆	15	27
福建	49	12	吉林	34	19	宁夏	7	29
天津	29	21	内蒙古	29	20	青海	5	30
广西	23	23				西藏	0.4	31
海南	23	26						
北京	9	28						

资料来源:根据《国家工商行政管理局统计汇编》,1998年,整理。

第三节 私营企业就业递增对传统就业制度和格局的冲击

一、传统劳动就业制度和格局的形成

建国初期,为解决政权更迭过程中所带来的大量(约400万)失业问题。政府采取了一系列的应对政策,包括:①政府统一安排旧有公职人员和原官僚资本主义企业的职工就业;②对其他失业人员实行介绍就业和自行就业政策;③对部分一时找不到合适工作的人员,采取生产自救和以工代赈的办法解决就业问题;④国家允许国营、私营企业和事业单位自行招工。这些举措,是为稳定社会经济秩序、巩固新政权的权宜政策,其特征是国家以计划的方式、统一调配劳动力,掌握就业政策,但是由于政权建立不久,国家对就业政策的掌控还有较大的松动性,各单位有相当的自主用人权,临时工、合同工所占比重较大,基本上仍保持了能进能出的劳动力就业运行机制。

1955年以后,随着对资本主义工商业社会主义改造的逐步完成,企事业单位的用人自主权渐趋削弱,并逐步建立起由各级劳动部门统一管理劳动力并安排就业的运行制度。就业政策出现了明显的改变,即政府明文规定不能辞退职工,各单位就业人员能进不能出。同时政府劳动部门收拢了就业安置权,最终形成了以政府统包统配和从业固定的就业制度和就业格局并一直延续下来。

二、传统就业制度的弊端

传统就业制度是我国传统计划经济的产物,杨宜勇认为,计划经济不仅仅是一种制度,而且经过长期的实践已经形成一种文化,并决定和影响人们的行为。我国传统的就业制度具有鲜明的"计划性"特征:

1. 行政安置,计划为主

就业制度以指令性计划为主,国家对城镇从业人员按统一的指令性计划进行调配。就业必须先拿到"指标"。企业已没有丝毫的用人权,既不能拒绝行政安置的人员,也没有招工用人的权力。

2. 统包统配与就业"终身制"

就业者一旦接受分配,基本上就是一配定终身,根本无法自主选择职业和工作岗位。劳动者就业后,其工资、奖金、津贴和劳保福利全部由国家而非企业按统一标准发放,并全部由国家负担。不仅如此,国家对所有就业者必须一包到底、终身负责。而绝大多数职工也往往是从一而终。

3. 低工资、高就业

由于人口政策失控,20世纪50年代中期以来,我国就业压力一年紧过一年,为体现社会主义性质,实现城镇"充分就业",政府采取"低工资,高就业"的就业政策。传统的劳动就业制度和格局,在长期的就业实践过程中弊端丛生。较为突出的有:①冗员逐年沉积,企业不堪重负,生产无效率;②打不破的"铁饭碗",导致职工不思进取、消极怠工现象普遍;③阻碍了人才的合理使用和合理流动;④从观念上烙下难以割舍的国有企业就业"情结",给今天的劳动者就业,尤其是下岗工人再就业设置了一道无形且难以逾越的障碍。

三、私营中小企业对传统就业模式的冲击及趋势

1. 私营中小企业对我国就业结构的冲击

中国私营企业经过20多年的不断发展,现已成为国民经济的重要组成部分,我国私营企业绝大多数为中小型企业,在全部121万家私企中仅有41家大型企业,只占私企总数的万分之0.3。因此,私营中小企业是未来吸纳就业、维护社会稳定的重要支柱。以浙江省为例,1998年,浙江省人口占全国总数的3.57%,而私营企业的户数、从业人数和注册资本额,却分别占全国总数的8.34%,8.95%和7.75%。个体私营经济在全省所有制结构中的比重占42.5%,在全省商业零售、饮食和服务网点,4600多个交易市场中,90%以上的经营者都是私营业主。从全国范围来说,1998年,私营企业从业人员占社会从业人员的比重由1989年的0.3%上升为2.44%,10年间提高了7倍。虽然尚未动摇国企和集体企业的就业主体地位,但从发展的趋势来看,国有企业和集体企业吸纳就业的能力逐年减弱,如国有和集体企业1989年吸纳就业人员的比重分别为18.27%和6.33%,而到1998年则分别降为12.95%和2.81%,分别下降了5.32个和3.52个百分点,降幅分别达29%和56%。随着体制改革的不断深入,非国有经济特别是私营企业的发展趋势将明显加快,私营企业在吸纳就业方面的作用将更为突出。

表38-10 我国私营中小企业与其他经济类型企业从业人员情况(单位:%)

年 份	国有比重	集体比重	外资比重	个体比重	私营比重
1989	18.27	6.33	0.08	3.51	0.30
1990	16.19	5.55	0.10	3.29	0.27
1991	16.46	5.60	0.25	3.56	0.28
1992	16.61	5.52	0.34	3.76	0.35
1993	16.45	5.11	0.43	4.43	0.56
1994	16.69	4.89	0.29	5.62	0.96
1995	16.57	4.63	0.35	6.79	1.41
1996	16.33	4.38	0.40	7.29	1.70
1997	15.87	4.14	0.43	7.82	1.94
1998	12.95	2.81	0.42	8.74	2.44

资料来源:《中国经济年鉴》,1990~1999年。

2. 私营企业就业增长对传统就业观念的冲击

传统就业制度的运行条件有两个方面,其一就是为了维持劳动力正常再生产,要求实行包括农产品在内的基本生活用品的低物价政策。其二就是为了保障职工及其家庭的基本生活,还要在货币工资之外辅之以生活必须的实物福利和社会性服务,如住房、医疗、教育、入托等作为职工工资的补充[①]。这种制度性的"低工资"虽然限制了人们暴富的机会,但它稳定、可靠、无风险、有保障。因此,长期以来人们在就业选择时,能够提供制度性工资的国有企业往往成为首选的目标。

然而,近几年来,私营企业中的高科技企业从业人员的就业状况要明显好于国有企业从业人员的平均水平。在这些私营企业中工资政策较灵活,工资较高,奖金较丰厚,工作环境较好,有些私营企业的高级管理人员还可以获得部分股权。尽管这些私企工作节奏快、压力大、风险高,但同时工资的增长快,"暴富"的机会多。我国社会出现大量的百万、千万甚至亿万富翁,绝大多数是出在私企之中,而这类"暴富者"在国企是不太可能出现的。因此,私营企业正逐步吸引了那些不甘寂寞,不甘平庸、敢冒风险的就业者,特别是有一技之长的高科技人才和管理人才。今天,大量的就业者在择业时所考虑的因素很多,其中就业的未来前景是一个很重要的制约因素,而私营企业,特别是私(民)营高科技企业宽松的成才机制,较高的报酬,较之于国有企业具有一定的优势。因此,国企已不再是就业者择业的惟一的或者说是首选的对象。相反,许多私营企业,特别是私营高科技企业在就业者的选择中颇受青睐,"行情"看涨,权重不断上升,这是我国社会就业观念的积极变化。正因如此,自20世纪90年代以来,我国个体和私营经济所占就业比重已由1990年的3.56%上升为1998年的11.8%,增长了2.1倍,已基本接近国企的12.95%,按这种趋势发展下去,大有超越国企之势而成为我国吸纳劳动力就业的主要领域。

---

① 蔡昉:"转轨时期的就业政策选择:矫正制度性扭曲",《中国人口科学》,1999年第2期。

第十一篇

中国中小企业发展的政策支持体系

第三十九章　中小企业政策作用机理与演变

第一节　中小企业政策作用机理

政府具有一定的能够用来影响宏观与微观经济活动的政策工具。政策工具由政府控制下的能够对一个或多个宏观经济目标施加影响的经济变量组成。例如，通过改变货币、财政或其他政策，政府能将经济导向一个产出、价格、就业和国际贸易的较好均衡组合。

政府对中小企业的政策作用机理主要体现在以下几个方面：

一、政府政策决定着中小企业的生存环境

正如计算机的运行依赖于硬件与软件一样，中小企业在市场经济环境下生存，不仅需要一定的物质环境，也离不开良好的制度建设环境。就物质环境而言，政府对基础产业（如能源、原材料等）和一些基础设施项目（如交通干线、供水供电、通信设施等）的投资和建设状况影响着中小企业的投资意向和投资发展环境。所以，提供现代化的基础设施无疑为中小企业的创立和发展奠定了良好的物质基础。就制度环境而言，主要包括两个方面内容。其一是管理机构的设立。建立具有规范的职能和权限的中小企业管理机构，可以扶持中小企业的发展，落实中小企业政策，充当沟通政府和企业之间的桥梁，并纠正对中小企业的歧视性政策。其二是环境法律制度的建设。健全的中小企业立法和完整的法律法规体系是中小企业创立和实现长期发展的根本保障。在市场经济条件下，政府可以通过法律手段对企业的经营活动进行管理和控制。譬如，对中小企业范围的界定可以明确中小企业的活动权限；制定有利于中小企业发展的法律如《反垄断法》、《公平交易法》等，可以禁止企业间不公平交易行为，防止大企业形成垄断，从而维护公平竞争的市场结构。因此，政府通过加大制度建设与制度创新的力度，通过在法规数量、法规内容和政策（如税收、人才、土地、金融、市场、工业产权、基本建设、行业进出）等各个方面的改善，可以为中小企业创造合理的运行环境。此外，政策还通过改变中小企业行为，促使其发展模式的形成。如使小企业组织结构由离散、无序向平面系列型进而向立体网状型转化。而政府有重点的产业倾斜政策，对投资于优势、主导产业与瓶颈产业的中小企业采取优惠政策，吸引生产要素向这些产业流动则可以优化资源配置。通过实施关停并转政策，还可以促进中小企业转制并向现代化企业迈进，鼓励中小企业采用先进技术并淘汰落后技术，等等。这些政策影响并改变中小企业的生存环境，从而对中小企业的生与死、发展与倒退有决定性作用。

二、政府政策决定着中小企业的发展方向

中小企业在决定发展方向和目标的时候,除了考虑未来的收益及投资风险外,还须遵循政府的有关政策。因而政府制定的产业结构政策、产业组织政策、产业分布政策及产业技术政策等,都影响着中小企业的产业分布、产品结构和技术结构。譬如,政府关于某些行业的"进入"和"退出"的规定及对垄断行业的管制和放松都在很大程度上决定了中小企业的行业分布、投资方向和技术水平。同时,为了保护消费者的利益,制止企业非法牟利,政府制定的诸如《消费者权益保护法》要求企业更注重产品质量、售后服务等关系到企业信用和企业形象的问题。还有,为了保护全社会的整体利益和长远利益,防止对环境的污染和破坏,以顺应公众对自然环境保护日益高涨的呼声,政府加强了对环境保护、资源管理的力度,这就要求中小企业必须注意有关政策法令的要求和限制,严格守法,积极进行排污处理并采取一系列的防污措施以减少环境污染,同时还要注意节约原材料,科学利用有限的自然资源。

三、政府政策影响着中小企业的经营水平

政府通过完善各类市场的建设条件,组织并规范金融、技术、咨询等中介服务体系,可以提高中小企业的活动效率和发展水平。首先,政府实施关于财政金融方面的支持政策,如税收的减免、低息银行贷款、融资工具的创新以及一定规模的政府采购,都使中小企业能够更方便、更低成本地筹措到充实的营运资金,解决融资难的问题,改善内部资本结构,捕捉更多的发展机会并促使中小企业有效运营。其次,政府通过建设社会化服务体系,从各个方面对中小企业加以扶持,如为其提供管理信息咨询服务、技术创新指导等,也同样影响着中小企业的技术水平和现代化程度。此外,政府在维护企业间的竞争和推进企业间的合作,以及协调企业间的利益时是否恰如其分地发挥作用,使企业既不失去竞争的效率,又保持有合作的优势,这都在很大程度上影响着中小企业的发展水平和市场竞争力,也因此在很大程度上影响着中小企业的资本积累、资源配置、产品结构、技术进步以及获利水平,决定着中小企业的兴衰成败。

总之,政府通过所有制政策、产业发展政策、法律政策、金融政策、社会化服务政策等对中小企业的发展产生直接或间接的影响。

第二节 中小企业的政策目标

政府政策目标决定着中小企业追求的目标,从而改变中小企业的行为。这些政策目标将通过制定法律、创造中小企业的技术改造与创新条件、财税与金融政策等加以体现出

来。

一、各国中小企业政策目标

各国在其产业政策及其他法律、经济政策中都体现出了中小企业的政策目标。如日本在其《中小企业基本法》中明确指出,中小企业的政策目标是,在适应国民经济的成长发展,纠正由于经济的、社会的限制给中小企业带来的不利情况的同时,以提高中小企业的生产效率及改善交易条件为目标,促进中小企业的独立自主,改正存在于企业间生产效率等各种等级差别,谋求中小企业的成长发展并有助于提高中小企业职工的经济地位和社会地位,从而有助于国民经济的健康发展和国民生活的稳步提高。韩国则立法规定中小企业的发展方向和基本政策,以促进中小企业的成长发展,谋求中小企业的结构改善和国际竞争力的加强,为国民经济的发展做出贡献为宗旨。美国国会则在《小企业法》第二条表示,小企业是维持自由竞争的重要因素,保障个人独立经营的机会可导致国家的繁荣,表明,美国支持小企业发展的目标在于保护自由竞争,保证国家全部经济体的健康发展。

从各国中小企业政策演变规律看,在经济发展的初期,政府对中小企业都采取保护的政策,随着经济发展,又逐步由保护为主转变到以扶持、增强其自立能力、鼓励竞争等基本方针上来。在产业政策支持重点上,各国都几乎经历了相同的轨迹,即由劳动密集型企业向资本密集型企业,直至向知识经济密集型企业的转变。一般地,各国的中小企业政策具有如下共性:

(1) 通过对中小企业进行界定并判定其规模的固有特性,从而制定和实施有的放矢的政策、扶持措施以及行之有效的管理。如日本在其《中小企业基本法》中规定,凡资本额或出资总额在 1 亿日元以下的公司及长期雇用的从业人员数在 300 人以下的公司或个人,主要从事属于工业、矿业、运输业或其他行业的经营者,或资本额(出资总额)在 1000 万日元以下的公司及长期雇用的从业人员数在 50 人以下的公司或个人,主要从事属于零售业或服务业的经营者,以及资本额或出资额在 3000 万日元以下的公司和长期雇用的从业人员数在 100 人以下的公司或个人,主要从事属于批发业的经营者,都属于中小企业。一般地,符合这类规定的经营者可以在税收、财政、金融政策上享受不同于大企业的待遇。再如美国小企业管理局规定,以小企业的销售额(根据通货膨胀率进行调整)或就业人数为标准,作为小企业向这个政府机构申请贷款支持的资格。

(2) 以产业政策为指导,促进中小企业部门结构的合理化,提高行业专业化水平。如日本在其《中小企业基本法》的第二章中有专门促进中小企业结构高度化的规定,从中小企业的设备现代化、技术的提高、经营管理的合理化及企业规模的最佳化等方面作出了规定。

(3) 以消除中小企业在发展中的不利因素为方向,以促进中小企业成长及现代化为目标。各国在法规中都将改善中小企业交易条件、纠正等级差别作为重要内容之一。如韩国政府规定,政府应为保护有契约关系的中小企业者之公正利益,而采取使契约关系适度化等必要措施;指定并公布认为会带来过分竞争的事业,并对该指定事业采取必要措施,等等。

(4) 将中小企业政策作为国民经济发展的总体性政策来配合使用,并成为管理国民经济的重要手段。无论是在发达国家还是在发展中国家,中小企业在数量上占有绝对优势,而且它们还提供了超过半数的就业机会,创造了相当部分的国民财富。因此,许多国家都是将中小企业政策作为国民经济整体发展战略中的一部分加以高度重视,并通过金融、财税、法律等多种手段或途径促进中小企业的发展,确保中小企业的活力和竞争力,提高中小企业的经济地位和社会地位。

二、我国现阶段的中小企业政策目标

明确中小企业的政策目标是制定中小企业政府支持体系的前提条件。目前,我国正处于经济转轨时期,各项政策措施正处于逐步规范化、完善化阶段。在中小企业作用日益显现,而统一的中小企业政策尚未正式形成之际,应首先明确我国中小企业的发展目标。

现在,我国进行的规模较大的国有企业改革遵循的是"抓大放小"的思路,但人们对"放小"存在片面理解,以为对中小企业进行改组、兼并、股份化等措施即可使中小企业全部活起来,而没有对中小企业的经营和发展给予足够的重视,甚至有的地方将"放小"变成了"放弃"小企业。1998年4月,江泽民在江苏视察时指出:"要高度重视小企业的发展,小企业数量大,在吸收就业、适应多层次需要、繁荣地方经济等方面作用重大,要采取相应政策措施,鼓励和支持小企业加快发展。"因此,我国应将中小企业政策目标放在促进中小企业的可持续健康发展上来,具体指导思想应该是:中小企业发展政策应顺应经济体制由传统的计划经济向社会主义市场经济转化,经济增长方式从粗放型向集约型转变这一大趋势。为使整个经济充满竞争活力,要大力提高中小企业在经济上和社会上的地位,使之由计划经济时代落后经济的代表、国民经济拾遗补缺的附属物,转变为社会主义市场经济中的生力军。在此过程中逐步克服中小企业发展中的体制性障碍,完善其金融支持体系、财税管理体系、中介服务体系、技术创新与进步体系、法律与市场环境体系。

现阶段,我国在拟定中小企业发展的政策目标时要考虑到:

(1)中小企业政策的多样性与多目标性。我国中小企业发展的政策目标具有多样性,这是由我国地域辽阔,各地区经济发展情况不同所决定的。这种多样性要求在制定中小企业政策时也要考虑到地区因素。例如东部地区,出口与推动技术进步可能处于政策优先照顾之列;而西部地区中小企业,促进企业改制、发展劳动密集型企业以扩大就业、脱贫等目标可能放在首位。城市中小企业关键是要解决下岗人员就业,而农村中小企业,则应将重点放在如何提高技术水平,提高产品质量,尽可能吸收农村富余劳动力等方面上来。其次是多目标性。我国中小企业政策中,除了各国共有的政策要求外,还有一些具体的措施。具体体现在反贫困、扩大就业、促进专业化分工和协作、推动技术进步和技术创新、完善所有制结构以及促进出口等方面。

(2)配套性。中小企业政策是一个复杂的系统,为了将中小企业发展目标同转变经济增长方式结合起来,将促进中小企业发展的优惠政策同产业结构转换结合起来,就必须在制定中小企业政策过程中理顺金融、财税、法律等方方面面的关系,并以组织制度创新为前提。

(3)层次性。中小企业政策一般由中央与地方政府制定并执行,并以地方政府为主。从地方政策看,由于中小企业多为地方企业,对地方财政的贡献大,因而易获得地方政府的支持。但如果各地政府对中小企业一拥而上的盲目式支持也很容易导致各行业、地区的新一轮重复建设,进而导致产业与产品结构趋同。因此,中小企业政策应以核心层即中央政策为指导,各地应严格地根据这一精神出台一些具体措施及配套政策,使本地区中小企业的发展符合国民经济整体发展的需要。此外,还要针对不同类型中小企业而采取有区别的操作性强的措施,大力支持产品有市场、科技含量高、发展潜力大的中小企业的发展。

第三节　我国中小企业政策的演变轨迹

结合中小企业的发展历史来考察,我国中小企业政策经历了三个明显的发展阶段。

一、第一阶段:曲折发展时期的政策(1949~1978)

从建国初期到改革开放的30年里,我国的工业建设基本贯彻了大中小企业并举的方针,中小企业发展也经历了一个曲折动荡的过程。

(1)国民经济恢复时期和"一五"时期(1953~1957)。解放前,我国的中小企业实质上是以手工业和半手工业为代表的民族工业,因而解放后,在国民经济恢复时期,中小企业是作为资本主义经济成分在国民经济中获得发展并开始占据重要地位的。当时的我国企业可以说全部是中小企业,政府主要采取调整生产关系,即调整所有制的政策来促进中小企业的社会主义改造。改造结果,私营企业实现了公私合营或公营,个体手工业企业实现了合作化。这一时期为工业化打下了良好的基础,形成了初步的工业体系。地方政府也积极投资建设各类中小企业。

(2)"二五"时期到文革前(1958~1965)。"二五"计划时期,各地政府在以地方工业为依托,实现"大跃进"的同时,一哄而上大办中小企业,带来了不少结构上的问题。1966年"文革"开始,大搞"进山钻洞"和"三线建设",工业布局极不合理,造成了极大浪费。"四五"计划提出了建立大中小企业相结合的钢铁工业布局,大力发展地方"五小"工业,又盲目兴建了一大批小煤矿厂、小钢厂、小有色金属厂矿、小化肥厂、小电站、小水泥厂、小机械厂等。由于指导思想的片面性,"五小"工业上得过急过猛,盲目性大,导致摊子铺得过大,项目上缺乏论证和统一规划,布点重复,片面强调"土法"上马,企业设备陈旧,工艺落后,消耗大,成本高,质量差,而对发展传统手工业和为大工业服务的项目重视不够。同时,城镇集体企业受到不公平待遇,"小集体"街道企业得不到外部支持,农村社队企业条件则更差。在1958年"左"倾思想影响下,开始了"大跃进"和"超英赶美",城乡掀起了"大办工业、办大工业"的热潮,由此又造成了中小企业的盲目发展。60年代初,进行经济调整时,国家控制中小企业发展并实行了大规模关停并转。

(3) 文化大革命时期(1966～1976)。1965年国民经济刚刚恢复元气,1966年便开始了文化大革命。由于城乡企业尤其是国营企业闹革命,处于半停产状态,市场供应短缺,城镇就业压力为中小企业尤其是城镇集体企业和社队企业的发展带来了良机。这一时期的发展特点是:地方增强实力大办"五小"工业;城镇为安置待业青年大办街道集体企业;农村社队企业为转移农业剩余劳动力而在夹缝中发展起来。

(4) 改革开放初(1979～1980)。改革开放初,针对出现的小钢厂、小酒厂、小丝厂等盲目建设问题,政府采取了一系列扶持与搞活集体企业的政策,主要有:①赋予企业经营自主权;②改企业统一核算、统负盈亏为独立核算、自负盈亏;③改固定工资为浮动工资制,采取计件、分成、计分制及大包干等多种工资形式,实行各尽所能,按劳分配,多劳多得;④企业内部实行民主选举与民主管理;⑤改革企业组织结构,改善管理;⑥实行股份合作制改造;⑦改生产型企业为生产经营性企业。

70年代开始,政府在财政、信贷、税收政策上也开始鼓励发展"五小"工业、城镇中小企业和社队企业。除了中央财政支持"五小"工业发展外,还把部分税收管理权下放地方,地方有权对"五小"工业集体企业和社队企业实行征税,同时,还调整了银行利率,国营企业和集体企业的存贷款利率分别从1.8%下调到1.5%,从6%下调到4.2%。社队企业的贷款利率也从7.2%下调到了3.6%,从而促进了"五小"工业、集体企业和社队企业的发展。80年代初,对乡镇企业、城乡联办企业及一系列新办的企业也给予了一定时期的减免税照顾,包括免征乡镇企业所得税,由财政发放低息贷款以支持企业技术改造,鼓励人才到乡镇企业工作等。

二、第二阶段:倾斜发展时期的政策(1978～1984)

从1978年12月颁布的《中共中央关于加快农业发展若干问题的决定(草案)》开始,我国突破了传统的计划体制,并将一大二公的人民公社体制逐渐划小为乡(区、镇)、村、联户、户(个体)为主要形式的单位,鼓励乡镇企业的大力发展,同时允许非公有制经济,尤其是私有性质的城乡个体与外商参资的合资企业的存在,为中小企业政策的萌芽准备了基本条件。尽管如此,按所有制性质划分的国家、集体、私营、个体、外国投资者在地位上形成了由高到低的"所有制等级序列",不同企业规模由大到小,享受的政策待遇由强到弱,从而决定了中小企业在政策体系中必须从属于国有大型企业的发展目标,具有不稳定性特征。国家金融政策可以通过贷款与否、贷款利率高低及贷款数量来控制不同所有制企业的发展速度。例如,中小企业占绝大多数的乡镇企业无论在就业还是在工业产值上都超过了国有企业,但其每年得到的信贷规模却相当少,个体和私营中小企业更是得不到银行的贷款。特别是1979年国务院《关于发展社队企业若干问题的规定执行草案》规定,社队企业只能在远离城市的农村经营国营企业无法经营的短线产品,以及从事农产品贸易加工,在不与国营企业争原料的前提下,对国营企业起"拾遗补缺、加工配套"的作用。因而,每次经济收缩时,首当其冲受到打击的是中小企业。最为典型的是1980~1982年国民经济调整,几乎两次危及到社队和乡镇企业的存亡。此外,建立在市场机制之上的社队企业与乡镇企业,由于与国有企业相比处于绝对劣势,不得不以高于计划平调的市场价格获得由国有经济垄断的资源,并以外延形式粗放生产,形成与国有企业"争原料、争能源、争市场"以及重复建设的局面。

1984年月10月,党的十二届三中全会通过的《关于经济体制改革的决定》提出增强国有企业尤其是全民所有制大中型企业的活力,我国中小企业政策又开始出现重大轻小的特点。但由于实际操作的困难,难以找到一个"既能搞活大企业,又能搞活小企业"[①]的有效措施。当时的国有大中型工业企业虽然占全国工业企业总数的2.5%,但工业产值占全国工业产值的45.6%,上缴国家利税占60%以上,并占据着基础、支柱性地位。因此,从1984年开始我国的各项改革开放政策都是服务于搞好搞活国有大中型企业的,中小企业改革只是局限于经营机制的转换与产权制度调整方面,在金融信贷、财税、工商、人才、市场、信息、培训等方面的政策体系远没有建立起来。中小企业政策只是作为国有大中型企业改革的配套政策之一而开展的,并随之不断调整和更改。作为大中型国有企业改革的试验对象,中小企业政策表现出被动性和滞后性。因此,在中小企业中占绝大多数的乡镇企业则贷款无门,每年信贷规模占总的信贷规模的7%~8%[②],而不得不以高利率进行资金拆借,大大提高了经营资金成本。此外,对比国有大中型企业政策的集中性、整体性来说,包括国有、集体、私营、个体、外国投资者的中小企业政策则显得分散无序。由于其产业与行业分布、产权归属各异和利益主体的不同,中央政府、地方政府及集体等管理部门对所属中小企业所做出的法规、管理制度都不一致,处于无序状态之中。

三、第三阶段:集中统一政策的萌芽(1984年至今)

随着改革开放的展开和深入,国家对国有中小企业进行了生产力和生产关系方面的调整,在鼓励多种所有制经济形式的发展过程中,中小企业中占绝大多数的个体企业、集体企业和乡镇企业也得到了发展,并逐步形成了关于中小企业的"分户口"政策——个体企业、集体企业和乡镇企业政策。1984年10月,十二届三中全会在《关于经济体制改革的决定》报告中赋予了中小企业更多的自主权。1987年10月的十三大报告中,允许中小企业的产权进行有偿转让。1992年10月党的十四大又提出国有中小企业可以出售给集

---

① 国务院办公厅调研室编:《租赁、股份制、承包制:搞活国营小企业的几种形式》,光明日报出版社,1978年,第3页。
② 国务院发展研究中心预测研究部:"更加关注中小企业发展",《经济日报》,1998年6月15日。

体或个人。十四届四中全会则提出,一般小型国有企业可进行承包、租赁经营,或进行股份合作制改组,或出售给集体或个人。十四届五中全会提出,要放开搞活国有中小企业,区别不同情况,采取改组、联合、兼并、股份合作制、租赁、承包经营和出售等措施加快国有小企业的改组步伐,主要由地方政府来搞好中小企业的改革。随着开放政策的确定,"三资"中小企业也发展起来,中小企业政策呼之欲出。

1995年9月,十四届五中全会通过的《中共中央关于制定国民经济和社会发展"九五"计划和2010年远景目标的建议》提出了"抓大放小",为统一整体的中小企业政策奠定了基础。九届人大二次会议通过的《1998年国民经济和社会发展计划执行情况与1999年国民经济和社会发展计划草案报告》中,在谈及1999年国民经济和社会发展的主要任务时提到,必须加强中小企业的扶持力度;在《政府工作报告》中也提到支持科技型中小型企业的发展。中国人民银行也根据十五届四中全会的精神出台了《关于加强和改进对中小企业金融服务的指导意见》。尽管内容简单,但说明了我国统一整体的中小企业政策开始初露端倪。

目前,我国在已出台的《中小企业促进法》中制定了具体措施,以实现中小企业政策目标。这些措施主要包括:①推进产业结构调整,鼓励中小企业向"专、精、特、新"方向发展;②鼓励中小企业建立科技创新机制,通过办科技创新园区,建立创新基金,提供多方位服务等手段促进中小企业的科技创新;③加大财税政策扶持力度。各级政府要设立中小企业发展基金,重点用于中小企业的综合信用担保以及鼓励技术创新,安排下岗职工就业、科技成果转化、创办中小企业等;④积极拓宽融资渠道,以一定资金支持市场前景好、科技含量高、还贷信誉好、出口创汇好的企业。减化贷款抵押手续,放宽融资渠道,允许中小企业上市等条件,经过批准的中小企业可以发行债券,发展风险投资公司和风险投资基金;⑤建立健全中小企业信用贷款担保体系,建立国家、省、地市三级信用担保机构;⑥建立健全中小企业的社会化服务体系,开展各种技术、管理、财务培训,发展人才市场;⑦制定有关法律法规,为中小企业创造公平竞争的外部环境,在外贸出口方向放宽审批条件,简化中小企业登记手续等。

第四节 中小企业政策支持的"瓶颈"

一、对我国中小企业政策的评价

总的看来,建国50多年来,从中央到地方的各级政府始终未将中小企业作为一个整体,提升到战略高度来制定具有针对性的政策。这一阶段的中小企业政策零乱而且不规范,带有歧视性内容,具有以下缺陷:

(1) 以服务于国有企业、大型企业及国家办大工业等政治与经济发展战略为目标,中小企业在国民经济中只是起到"拾遗补缺"的作用,是落后生产力的代表,国家没有从根本上认识到中小企业在国民经济发展中的作用,大部分中小企业处于自生自灭之中。

(2) 我国理论界过去习惯于按所有制性质来划分企业,从所有制研究企业的社会性质与经济行为。对于中小企业,认为"政府没有能力也没有必要进行大力的扶持和帮助"。因此,长期以来倾向于以所有制等级序列及"重大轻小"为特征的中小企业政策,国家在财政、金融信贷、税收等方面对中小企业尤其是个体、私营与乡镇企业带有歧视性内容,中小企业因得不到应有的支持而求告无门。

(3) 缺乏系统的独立的政策体系,既没有专门的中小企业管理与政策实施机构,又没有全国性的明确性的政策法规,尤其对国有中小企业管理既要履行部分同国有工业企业相同的社会责任,又享受不到同大型企业与其他所有制企业相同的优惠政策。

(4) 缺乏长远的、系统的、科学的、稳定的战略规划。有关生产力方面的政策,宏观调整的多,改革中小企业微观运行机制的少;事后调整的多,事前指导的少。有关中小企业改革政策收效小,作用对象模糊。其政策结果,要么是盲目发展导致重复建设严重,要么是关卡管压,窒息其发展。

(5) 中小企业政策在国民经济整体发展政策中缺乏统一性和协调性,有关中小企业方面的宏观政策、行业政策与地方政策间存在着利益冲突。

二、宏观与微观环境变化与中小企业的困境

近年来,由于我国的经济形势正处于市场经济体制的初步确立、经济结构剧烈变动的时期,我国中小企业不论从外部宏观环境看,还是从微观环境及自身因素看,都面临一个新的格局。

1. 从宏观方面看

改革开放以来,我国中小企业迅速发展,在我国的经济发展中发挥着重要作用。中小企业的数量增长很快,尤其是乡镇企业、私营企业和个体工商户几乎是从零起步的。与"大跃进"时期和"大办五小"时期中小企业的发展不同,改革开放以来的中小企业发展并不是政府行为,而是城乡人民的自发行为,是在由集中计划经济向市场经济转型时期,供给与需求之间的巨大缺口使得价值规律的作用大大削弱了资源配置的功能,使社会供给增加的动力能够充分调动极为有限的可调配的资源,在社会政治经济环境所允许的企业组织形式内组织起来,成为我国经济体制改革中首先按市场经济原则建立和经营的企业。这些中小企业的建立和发展,不仅没有得到政府的资助和扶持,而且还要受到计划经济的限制。因此,这个时期中小企业的发展,可以视为制度创新的结果。因为,制度变迁为中小企业的发展创造了以下几个方面的有利条件:①经济体制改革突破了计划经济模式对投资主体的限制,个人及集体经济组织可以在某些行业进行直接投资,也可以利用"挂靠"的办法享受国有或集体经济的待遇;②价格"双轨制"为部分资源通过市场配置创造了合法的渠道,也为非计划统治的商品流通提供了市场条件;③短缺经济的巨大供需缺口使得

卖方可以在商品本身自然限制以外,不受起码的技术标准和商品的质量限制销售商品,卖方之间几乎不存在任何形式的竞争;④经济中"二元结构"的存在和巨大的城乡差别,以及工人与农民的身份差别使得中小企业能够得到"无限剩余劳动"的供给。所以,制度创新的作用,使中小企业能够利用非常简陋的技术设备条件和使用非熟练工人创造良好的经济效益,进行资本积累。

但是,随着经济体制改革不断走向深入,社会主义市场经济体制已初步形成,多元化投资主体已经确立,制度创新对中小企业发展的作用正在逐渐消失。中小企业发展的宏观环境出现了以下几个方面的重大变化:①政策环境。从总体上说,我国政府对中小企业的发展重视、支持不够,改革开放以来,政府虽然为乡镇企业、私营企业和个体工商户的发展网开一面,并在宪法中确定了各种非国有经济的法律地位,但是至今没有专门针对保护中小企业基本权益的立法。中小企业经营的外部环境长期得不到改善,政府部门和挂靠政府部门的事业单位向企业乱收费、乱摊派、乱罚款的现象依然存在。企业的权益得不到有效的保护。从各种经济形式的中小企业发展前景来看,情况也是不容乐观。对于国有中小企业,随着"抓大放小"和建立现代企业制度方针的落实,国家原则上已不再直接投资建立新的国有中小企业,而对于现有的国有中小企业也将通过出售、兼并和破产等办法减少国有中小企业的数量;对于乡镇企业,国家在20世纪80年代的改革初期对以中小企业为主的乡镇企业的发展所制定的一些优惠政策也随着改革的推进而逐步取消,加上宏观经济环境和经营条件的变化,乡镇企业经营困难,亏损面扩大,发展速度明显减缓。对于私营企业,由于国家对劳动用工实行监督和新的劳动保障制度的建立,私营企业必须对用工承担劳动保障责任,因而在用工方面的低成本优势不复存在。另外,国家从1994年起实行新税制,并开征了新税种,同时取消了乡镇企业和私营企业的税收减免的优惠政策。②市场环境。随着社会主义市场经济体制的逐步建立,游离于计划经济体制与市场经济体制之间的市场环境已经逐步消失,中小企业在与大型企业争市场、争原料、争人才的正面竞争中已经不具备任何优势,已经不能依靠不正当的竞争手段提高企业及其产品的竞争能力。在当前市场环境已经从卖方市场转向买方市场的条件下,中小企业的低水平的粗放式小生产越来越不适应经济发展的要求。而国有大型企业经营机制的转变,使中小企业在市场竞争中已经处于非常被动的地位,特别是社会主义市场经济的法制建设逐步完善,中小企业可以利用的不正当的竞争手段也越来越少。③金融环境。随着国有银行的商业化改革的推进和贷款风险约束机制的建立,银行信贷制度进行了重大的改革。在银行采取"授权授信"措施之后,中小企业获得贷款的条件已经比过去要严格得多,有些中小企业几乎没有取得贷款的资格。乡镇企业在政企分开之后,也不能像以前那样通过乡镇政府的担保取得贷款。融资问题得不到解决,已经成为中小企业发展的主要障碍之一。④产业政策。改革开放初期,我国的环境保护几乎处于空白状态。经过20多年的快速发展,我国已经处于中期工业化阶段,污染问题、资源浪费问题以及生态系统破坏问题已经严重威胁到经济的可持续发展。而某些行业,如造纸、印染、化工和资源开采等行业的中小企业由于利益的驱使和自身实力的有限,在经营中没有对资源和环境予以应有的保护,从而造成严重的环境污染和生态危机,如淮河流域、太湖流域的小造纸、小化工造成的水污染问题、小煤窑、小金矿违法开采给国营大矿造成严重的安全问题等,决定了中小企业必须为保护环境付出代价。1997年,国家重点整顿治理污染环境较严重的15类小型企业,强行关闭了一批污染严重治理没有达标的乡镇企业和私营企业。1998年国家对纺织工业进行强制性的"限产压锭"措施,关闭了一批10万锭以下的小纺织企业。因此,从宏观环境来看,无论是从市场体系、产业政策、金融体制,还是从国家财税制度来说,中小企业所面临的宏观经济环境都出现的较大的变化。这些变化都是改革发展和建立市场经济体制的必然结果。其中,有些政策可以通过调整和完善使之有利于中小企业的健康发展,还可以通过制定一些扶持中小企业发展的政策措施帮助中小企业克服困难。但是,问题的关键还在于中小企业必须能够作出适应性调整,努力适应经济、社会发展的要求,增强自身的发展动力。

2. 从微观因素看

我国中小企业由于体制上存在着产权不明晰,权责不分明的弱点(尤其对于众多的乡镇集体企业而言),内部经营管理不善,竞争力较弱,受市场外部冲击的影响较大。加之产品和技术多属于模仿性质,处于生命周期中的"成熟期"甚至"衰退期",研究开发能力与技术创新能力差,无序竞争造成市场混乱。而政府对于以中小企业为主的非国有经济在融资服务、信息服务、人才、货源与市场服务方面缺乏系统的、完整的支持体系,在管理方式上也存在着行政干预严重、越俎代庖的现象。从而导致了中小企业在发展中面临诸多困难:

(1) 缺乏良好的经营环境。主要表现,一是中小企业开办困难。由于手续繁杂,政府职能部门又多,使得中小企业开办初期要绕过许多关口。二是缺乏公平的市场竞争环境。中小企业由于在资金、信用、人才、信息等方面处于劣势,在现实中往往享受不到同大企业相同的待遇,甚至还存在着所有制歧视。三是社会负担重。国家正式税收虽然不高,但各种收费摊派远远超出了税收,使中小企业不堪重负。

(2) 中小企业规模过小,技术装备落后,过度分散,经营管理水平低,产品质量差,竞争能力弱,资信度不高。根据我国第三次工业普查数据,大、中、小工业企业的人均固定资产(原值)分别为10.29万元,5.11万元和2.48万元,三者间的比例结构为1∶0.50∶0.24。小工业企业的人均装备水平是中型企业的50%,大型企业的25%。我国大部分中小企业至今还使用30年前的生产工艺,甚至个别企业的工艺还停留在20世纪50年代的水平。相当一部分中小企业使用的是已淘汰的旧设备,中西部的一些企业又是使用东部企业淘汰的旧设备,致使70年代甚至更早以前的设备的比重在中小企业某些行业中大于30%。另据我国1997年对461 308户独立核算的工业中小企业的经济数据分析,中小企业户均销售收入、资本金、盈利能力分别为784万元,304万元和11万元,分别是当年大型企业户均的2%,1.7%和0.6%。且有相当多的中小企业是在计划经济条件下形成的"五小"工业企业(小钢铁厂、小化肥厂、小水泥厂、小煤矿、小纺织厂等),经济布局和产业结构极不合理,重复建设和产品同化现象相当严重,加之缺乏统筹规划,相互间缺乏经济联系,从而随着宏观经济的变化和大企业改组改制等一系列改革后竞争能力的加强,中小企业发展速度就必然开始放慢,效益下降,亏损扩大,在1998年的企业产品抽查中,大企业合格率为93.3%,中小企业则为70.2%。虽然中小企业中有一部分从事于高科技产业,但所占比重很小。此外,中小企业资信程度差,信用观念淡薄。特别是有些中小企业在其改制过程中行为不规范,借转制之机逃废银行债务情况相当严重,有些企业甚至喊出向国家银行要效益的错误口号。据某国有商业银行专项调查,近几年有16 800多户中小企业在转制过程中,逃废其贷款879亿元,占同期该行中小企业贷款户和贷款金额的4.6%和8.4%。

(3) 资产负债率高,亏损严重。据调查,中小企业在企业转制和生产经营过程中,缺乏有效监管,经营效益低,国有资产流失问题十分严重。在国有中小企业中,相当一部分资不抵债,平均资产负债率高达80%左右。《中国统计年鉴》(1996)显示,国有工业企业资产负债率为65.6%,而小企业的平均资产负债率为71.5%,比平均水平高6个百分点,比大企业高10个百分点。全国清产核资结果也表明,国有中小型企业的销售利润率为-0.87%,比国有企业平均销售利润率低3.43个百分点,比大型企业销售利润率低5.85个百分点;国有中小型企业的净资产利润率为-1.6%,比国有企业平均净资产利润率低5.5个百分点,比国有大企业净资产利润率低7.6个百分点。在全部亏损的企业中,国有小型企业占全部亏损企业总数的90%,占全部国有小企业总数的60%。1994年,全国独立核算国有工业企业亏损2.4万户,其中82.5%是中小企业;在1995年增加的亏损户中绝大部分也是中小企业。中小企业亏损比例上升,亏损程度加剧,与其在金融、技术与信息服务方面处于劣势不无关系。许多中小企业都是依靠自身在市场竞争中求得生存与发展的,迫切需求来自政府和社会方面的支持。

(4) 经营粗放,管理不善,越轨行为严重。20世纪80年代以来新开办的中小企业,除少数中小企业具有先进的技术、规范的管理、较高的劳动生产率之外,绝大多数中小企业的生产经营技术、管理水平都比较落后。企业的专业化水平低,技术人员不足,管理人员缺少培训。在人员素质方面,全国大型企业每百名职工中拥有的大专以上学历的人员为10.46人,小企业仅2.96人,只相当于大型企业平均水平的28%。工人劳动条件差,对环境污染也严重。有一些区街、乡镇办的小企业由于经营者的法制观念还较淡薄,钻国家政策的不配套、不完善方面的空子,违法经营,如偷漏税,制造假冒伪劣产品等。同时,有的小企业不是用优质的产品打开市场,而只是采取不正当手段经营。而且,中小企业的领导者大多限于自身的素质水平,对企业的发展方向没有科学的统筹计划安排,甚至采取家族式的管理方式。尤其以技术创新为主体的企业对可持续发展重视不够。与大企业相比,有相当一部分中小企业缺乏严格规范的组织结构,在生产管理、财务会计、经济分析、市场营销等方面在一定程度上存在着严重的管理危机。此外,大部分中小企业人才缺乏,劳动力素质差。中小企业从业人员主要来自农村剩余劳动力或城镇新增就业人员以及国有大企业的下岗职工,文化水平普遍低下,加之上岗前大都缺少技能培训,劳动力基础素质较差,从而制约了企业技术和效率的迅速提高。

(5)无序竞争,市场秩序混乱。由于没有具体可操作性的产业政策,中小企业大多专业化协作程度低,形成"小而全"的生产组织形式。我国的中小企业很少通过改进质量、改善营销手段、提高产品技术含量、开发新产品等手段来降低成本,提高竞争优势,而较多地采用降价等低层次的价格竞争手段,从而造成了一定程度的市场混乱。

因此,一方面,随着我国国内买方市场的形成以及知识经济的兴起,中小企业以前的那种依赖于大量投入和技术上模仿的粗放型增长方式已越来越不能适应经济发展的需要和经济形势的变化。另一方面,中小企业的管理水平和技术水平低下,信息渠道来源不畅,人才匮乏,资金短缺,社会组织关系薄弱和专业化分工程度低等问题无疑都严重地阻碍了中小企业的发展,并进一步对国民经济的稳定与社会的安定产生重大的影响。这些说明,我国中小企业严重缺乏政策支持,迫切需政府制定一套有效的政府政策支持体系。

第四十章 中小企业的政府管理机制

在第三十九章里考察了政府管理中小企业的基本理论,从而在理论上解决了政府为何要管理中小企业的问题,根据上述理论框架,在本章里,将进一步考察政府如何管理中小企业的问题,探讨和分析政府管理中小企业的职能与手段。在研究方法上,从政府经济职能入手,切入本章主题进行论述。

第一节 政府管理中小企业的职能

企业是国民经济的细胞,是市场经济的主体,也是政府干预经济的基础。因此,我们在考察政府管理中小企业职能的理论与实践问题时,不能离开政府的经济职能而孤立地去研究。

一、政府经济职能的涵义

当代经济学理论中,政府经济职能的概念是与市场经济密切相联,一般地说,人们对政府经济职能的研究是在市场经济条件下进行的。目前,经济学界对政府经济职能的理解存在着相当大的差异,在通常论述中同时出现"政府干预"、"计划"、"政府作用"和政府经济职能等多种概念。实际上,在这些称谓的内涵和外延上并无根本区别,本质上都是与"市场"相对立的概念,是在与市场对应的意义上把政府经济职能同"计划",政府对经济的"干预"和对经济运行中的"政府作用"泛泛地当作可以替代的概念使用。换言之,这里所说的政府经济职能,就是政府对经济进行干预(包括政府对中小企业进行管理)的功能和手段。

概括地说,所谓政府经济职能,是指以政府机构为主体,从社会生活总体的角度,对国民经济进行全局性规划、协调、服务和监督的功能。它是为了达到一定目标而采取的协调和组织经济活动的各种方式、方法的总称。包括以下几个方面的涵义:

第一,行为的主体是政府机构。政府机构作为行为主体行使政府经济职能是对经济的组织和协调活动。在现代社会中,一些行业协会组织、社会福利机构、各种基金等组织,多多少少都具备一些协调经济生活的功能,并起到越来越重大的作用,履行着准政府的职能。

第二,行为的目的是为达到一定的政府目标。在不同的历史时期,由不同的政治力量所组成的政府都会有各自不同的目标。然而,在社会主义市场经济条件下,政府是代表国家和公众利益的,其经济职能也一定是为达到政府目标和维护公众利益而施行的,而绝不是为某些特定的组织、单位或个人的目标和利益。

第三,行为的实施范围是具有全局性的。现代经济社会的重要特征之一就是高度复杂、明细的社会分工。政府经济职能也有综合性和复杂性的特征。

二、发达市场经济国家政府经济职能的演进

西方发达市场经济国家政府经济职能的演进大体经历了四个阶段:

1. "国家主义经济"阶段

资本主义原始积累时期,资本短缺是经济发展的严重障碍。资本最初总是以货币形式出现的。因此,对短缺资本要素的追逐必然导致对货币的追求。新兴资产阶级认为货币就是财富。这一原则一经确立,对那些无金银矿山的欧洲国家来说,只能经由贸易顺差而输入金银。从这一原则出发,"重金"和"贸易顺差"成了当时重商主义理论的两大支柱。为了达到"贸易顺差"、积累货币资本和增加社会资本供给等目的,几乎所有的重商主义都倾向于政府管制。这是因为,在市场经济发展的早期阶段,生产力水平低下,市场机制尚不完善,仅凭市场力量难以实现"贸易顺差",政府便开始大规模地干预直至参与社会的经济活动。所以,在资本原始积累时期,重商主义成为各国的官方经济学,各国的政府经济职能有所加强。政府权力在当时主要起着以下两方面的作用:对内建立资本主义市场经济新秩序;对外保护本国的商业利益,积极推行"贸易顺差"政策,增加金银的输入和国内资本供给。从历史发展的角度看,重商主义和政府干预经济是相辅相成的,因为,如果没有这样强有力的政府经济职能,则不可能完成从传统的封建经济到成熟的市场经济的历史性转变。

2. "守夜人"阶段

18世纪中叶,上升时期的资本主义经济已经日渐成熟,市场机制也趋于完善。这种变化的主要标志是:资本主义已走出原始积累阶段,资本短缺现象已基本消除;私有产权制度已牢固树立,并受到法律保护;市场竞争规则比较健全,整个社会经济活动也已高度商业化;市场机制的自我调节力量已经基本形成,价格机制和竞争机制已在实际的经济生活中发挥着十分重要的作用。随着市场经济日渐成熟,重商主义政策已不适应经济发展的需要,国家干预经济不仅不利于市场经济的进一步发展,而且日益成为资本主义制度发展的障碍,因此,以亚当·斯密为代表的古典经济学家们竭力主张"自由放任"的经济政策,要求政府为了商业和贸易的自由而尽可能地缩小其经济权限。古典经济学的创始人亚当·斯密关于政府经济职能的学说可归结为"守夜人"理论。自由放任是斯密整个经济学说的中心思想,也是他所主张的经济政策的基本原则。按照斯密的见解,政府最好的经济政策是让市场机制这只"看不见的手",自由调节经济的运行,而政府的经济职能也仅仅限于下

述方面:保护本国的社会安全,抵御侵略;保护私有财产神圣不可侵犯,设立一个严正的司法行政机构;建设并维持某些公共事业和公共设施。可见,斯密所规定的政府职能就是保证资产阶级有一个发展生产、积累财富的外部"和平条件",它起到的只是一个"守夜人"的作用。上升中的资产阶级接受了以斯密为代表的经济自由论的思想,开始构建一个以自由企业为基础,充分发挥市场机制作用,以经济主体追求各自利益为动力源泉,以增加国民财富为目标的自由市场经济体制,政府干预比重商主义时期大为减少,资本主义各国先后进入了一个市场经济高度发展的时代。自由市场经济以其较高的经济效率急剧地增加了西方国家财富,并使这些国家率先走上了工业化的发展道路。但是,自由市场经济体制并不是完美无缺的。社会财富分配不公、市场垄断、失业、公共产品等问题的不断涌现都使资本主义内部的矛盾日益激化,经济危机接二连三地爆发。

3."全面干预"阶段

众所周知,1929~1933年(Keynes,J.M)资本主义世界发生了历史上最深刻、最持久、最广泛的经济危机,生产缩减和失业加剧达到前所未有的程度。正是在这种经济环境和背景下,资产阶级经济学家关于政府经济职能的学说发生了重大的转变。英国著名经济学家凯恩斯在1936年出版了曾在资本主义世界引起"凯恩斯革命"的《就业、利息和货币通论》一书,主张政府干预经济。凯恩斯认为,"为确保充分就业所必须有的中央统治,已经把传统的政府机能扩充了许多……不能让经济力量自由运用,须由政府来约束或指导","这是惟一切实的办法,……可以让私人策动力有适当运用。"他还认为,由于通常情况下就业不充分的根源在于经济会自由运行下的有效需求不足,传统的观点认为资本主义经济会自行达到充分就业,不需要政府干预的做法就显然等于听任有效需求不足继续存在,听任危机、失业持续和恶化。所以,凯恩斯主张,为了解决危机和失业,必须提高有效需求,其最佳选择是政府干预和调节经济活动。政府通过宏观经济政策调节经济,如直接投资于公共工程的财政政策和增加货币数量、降低利率的货币政策,刺激消费,增加投资,提高总需求水平,使经济重新繁荣。而当经济繁荣高涨时期,政府采取紧缩的宏观经济措施来压缩过度的需求,从而使供求平衡、物价平衡。急于摆脱经济危机的西方国家接受了凯恩斯的经济理论。继1933年美国推行"罗斯福新政"之后,各国政府开始了政府全面干预经济活动的新时代,资本主义国家的政府经济职能进入了不断扩张的阶段,市场经济的观念也由企业、市场的两级结构转化为企业、市场、政府的三角结构。

4.走向"混合经济"

20世纪50年代和60年代,政府干预的市场经济使西方国家经历了一段空前繁荣的时期,物价稳定,失业率低,经济快速增长。人们普遍认为,强大的政府经济职能是解救"市场失效"的有效手段。然而,进入70年代以来,西方发达国家又面临着新的更加复杂的经济问题,先是通货膨胀加剧,随即出现了在物价总水平急剧上升的同时失业也大量增加的"滞胀"现象。这一问题的出现使人们对政府干预调节的功效很快失去了信心,减少政府干预,主张经济自由化的理念重新充斥着经济学界。当凯恩斯的政府干预理论陷入危机以后,新自由评论思潮经济学派,如货币学派、供给学派、新制度学派、公共选择学派、新古典宏观经济学相继成为西方资本主义国家的官方经济学。新自由主义思潮积级提倡自由企业制度,强调让市场机制重新成为经济运行的基本调节机制,加强市场的作用。鉴于现代资本主义经济的特点,新自由主义者不可能完全否定政府干预的作用,西方国家实际执行着"没有凯恩斯主义的凯恩斯政策"。进入90年代,在凯恩斯主义基础上发展起来的主张政府干预的新凯恩斯主义学派重新成为官方经济学,该学派的许多理论和主张成为"克林顿经济学"的基础,这个学派的代表人物成为克林顿政府经济顾问委员会的成员或世界银行首席经济学家。实际上,西方社会已静悄悄地完成了政府经济职能的再次调整,那就是综合自由市场经济与政府干预的特点,走向政府与市场结合的"混合型"经济。

三、转轨时期我国政府的经济职能及政府对企业的管理

任何一个国家的政府都担负着管理和调节经济的职能,不同经济体制和在经济发展的不同阶段,政府管理经济职能的强度和实现方式又存在很大的差别。

1. 我国在传统经济体制下的政府经济职能及政府对企业的管理

我国政府原有经济职能是依照计划经济思想设计的,它建立在高度集中的中央计划体制为中心的基础之上,政府是经济活动的实体,并渗透到国民经济的每个领域,以集权统一配置经济资源。政府作为整个社会的代表,以全民的名义占有生产资料,整个国民经济就像一个大工厂,国家则作为中心对整个社会生产和分配实行严格的集中领导,并建立一套完整的行政组织系统,统一管理生产和分配。这种模式对于在短期内摆脱贫穷落后和维护社会经济稳定无疑起着一种立竿见影的作用,但同时也导致政府经济活动的范围日益扩大,政府垄断了几乎所有部门的资源配置职能。在传统经济体制下,我国政府的经济职能及对企业的管理主要包括四个方面:

(1) 企业的一切经济活动都以政府为中心,由政府统一指挥和控制。各个企业分别隶属于各级政府的经济管理机构,有些是部门企业,有些是地方企业。投资主体是政府,成本核算的单位和中心是政府,物资供应中心和产品销售中心也是政府。这样,政府对企业统一计划,统购统销、统负盈亏。企业的生产任务由政府的指令性计划确定,所需的原材料由政府统一供应,生产的产品由政府统一分配销售,实现的利润全部上交政府,亏损由政府补贴,所需的资金由政府拨给,企业的干部由政府任命,工人按国家统一的计划招工,工资由政府统一规定和调整。因此,一切经济活动都与政府紧密相联,整个社会的企业和政府经济管理机构俨然是一个统一的"大工厂"。

(2) 政府职能过分集中于中央政府,地方和部门缺乏自主权。在工业生产方面,主要的大型工业企业都由中央政府各部门直接管理。在基本建设方面,绝大部分基建项目,直接由中央各工业部管理,投资和建设任务由中央政府直接安排。在物资管理方面,全国重

要的生产资料均由中央统一分配。在劳动工资管理方面,职工工资标准,职工升级和升级制度由全国统一制定。在财政方面,财权绝大部分都集中在中央政府。

(3) 政府对个人收入分配统得过死,包得过多。政府将平均主义"大锅饭"的分配原则、"铁饭碗"和由国家统包的福利和社会保障视为社会主义的优越性。城镇中需要就业的人员基本上都由政府负责安置,安置去向又主要是全民所有制单位,形成了以统包统配和固定工制度为主要特征的劳动制度。城市实行的是就业、福利、保障高度重合的制度,即从办食堂、招待所、理发室、托儿所到职工养老、子女就业、看病医疗等国家无所不包、无所不管。

(4) 政府管理经济的方式是直接经营和用行政手段管理企业的经营活动。政府直接管理和分配。政府经济管理部门的主要职能是直接经营和管理企业的人、财、物,具体包括:①原材料分配;②产品分配;③产品定价;④生产计划;⑤分配基本建设投资指针,审批基本建设项目,直接组织重点项目的设计与施工;⑥审批技术改造项目,分配技术改造贷款指针;⑦管理所属企业的工资和资金;⑧审批下达所属企业的招工计划;⑨管理所属企业的党政群工作,等等。传统经济体制对中国经济发展造成了许多不利影响。政府管理过度集中,企业和地方缺乏积极性,束缚了社会生产力,影响了经济发展。对资金和实物实行统一分配和调拨,生产要素得不到合理的流动和配置,既不能有效地增加适销对路产品的供给,更不能有效地控制日益膨胀的需求。资金和物资实际上变成无价值的,部门、地方、企业、个人都希望更多地无偿分配到资金和物资,造成投资短缺、贷款短缺,同时又伴随着投资浪费、物资浪费、贷款浪费,等等。计划、财政、银行等综合经济部门和经济主管部门多头决策、相互掣肘,影响了宏观经济决策质量和管理水平,影响了宏观经济运行、结构调整和区域经济布局合理化,不利于国民经济持续稳定地发展。

2. 转变我国政府经济职能的总体思想及基本原则

中共十四届三中全会通过的《中共中央关于建设社会主义市场经济体制若干问题的决定》第一次明确地提出,我国在市场经济条件下政府管理经济的基本职能:"政府管理经济的职能,主要是制定和执行宏观调控政策,搞好基础设施建设,创造良好的经济发展环境,同时,要培育市场体系,监督市场运行和维护平等竞争,调节社会分配和组织社会保障,控制人口增长,保护自然资源和生态环境,管理国有资产和监督国有资产经营,实现国家的经济和社会发展目标。"

转变政府经济职能的基本原则是:政府不直接干预微观经济活动,凡是市场能办到的,让市场办。政府对市场的管理和弥补市场不足应是分层次的,这就可以既发挥地方的积极性,又保证了中央政府必要的经济调节功能,从而促使整个资源配置效率的提高,具体应遵循以下几个原则:第一,"小政府、大社会"。即政府机构的设置要精干高效,按市场经济的规律进行政府经济职能定位。第二,政府按依法、公正、公平、公开、效率、适度的原则,行使社会经济管理职能。第三,政府把精力集中到社会行政管理职能的原则。政府通过经济杠杆、经济政策和必要的行政手段调控市场,形成市场引导企业经营行为的经济运行机制,充分发挥市场对资源配置的基础性作用。第四,政府要把国有资产所有者职能归属一个专门机构(国有资产管理部门),执行国有财产所有者的职能,保证国有财产的安全、保值和增值。第五,政府职能的转变要与行政管理体制和机构改革及社会保障制度改革结合起来进行。第六,政府职能的转变要采取渐进式的方式,措施要配套,工作要积极,步伐要加快,进程要稳妥。

3. 转轨时期我国政府的经济职能

政府经济职能是我国政府行政管理最重要的职能之一。在我国经济体制转轨时期,政府作为全体人民利益的代表,是国有资产的所有者,同时也是国民经济的管理者。这种双重的社会组织者角色,决定了政府以下几方面的经济职能:

(1) 制定经济社会发展战略、规划和计划的职能。从经济运行方式看,社会主义市场经济是以市场机制配置资源为特征的;但从经济的运行状态看,它是有计划按比例发展的。这就要求政府具有制定经济发展规划的职能。对涉及经济社会发展的可见的、潜在的、有利的、不利的因素和条件加以综合研究,制定战略规划,规划只是指导性的,它指出发展方向和所要达到的目标。至于生产什么、生产多少、何时生产等具体决策则由企业根据市场状况自行决定。

(2) 宏观调控职能。纵观现代市场经济发展的进程,政府无时无刻不在对市场体系的培育和发展进行着干预和调控。只是因市场经济在时空上分布的不均衡性,而使这种干预或调控的程度有所不同罢了。根据我国市场经济发展的实践,政府宏观调控职能演变的轨迹为:在市场经济发展初期,政府往往以市场组织者和市场秩序维护者的身份出现,主要以直接的行政和法律手段推动构造市场经济体制框架和法律体系;当市场经济趋于成熟,成为一种主导型的经济体制时,政府开始作为一个市场经济的调节者身份出现,并主要通过金融、财政、价格等经济手段调节宏观经济,实现政府宏观经济目标。因此,宏观调控的过程也是一个政府通过实施一系列的政策,以保证市场高效运行,创造公平竞争的市场环境的过程。

(3) 促进市场发育,规范市场发展,建立和维护市场秩序的职能。政府建立的维护市场秩序的职能,主要表现在根据国家有关维护市场秩序的法律,结合市场体系的建设,制定市场规则,并以法规形式来保证各种市场规则的严肃性和公正性。市场经济是法制经济。它崇尚契约自由和契约平等,需要政府以法律保障各利益主体的财产权利不受侵犯,以法律来维护市场秩序的稳定和有序。政府依法制定市场规则,凭借行政力量对市场及市场中的行为主体做出某些强制性规定,使市场形式和市场行为得以规范化。这是现代市场经济的重要特点。政府建立和维护市场秩序职能的履行,应主要借助于建立一套比较完备的经济法律制度。其基本内容包括:

① 民事法律制度。该法律制度的核心,是保障各利益主体财产神圣不可侵犯和契约自由。其中主要有:第一,财产法。财产既包括自然人和法人拥有的有形资产和权利,还包括无形资产和姓名权、专利权、债权、商标拥有权等。通过财产法,可以确立和保障市场

活动主体的财产及各种权利不受侵犯。故意或过失行为侵害他人财产和权力者,应受到法律制裁和承担赔偿责任。第二,契约法和合同法。契约法是规范个人之间所达成的转移私有权或物权的协议、契约的法律,如雇用契约、借贷契约等。合同法是规范企业、公司之间为实现某种经济目的而签订协议的法律。它们都是调整、处理市场经济中商品货币关系的重要经济法规,这对保护不同经济成分利益主体,维护市场经济秩序,规范企业行为具有重要的作用。第三,知识产权法。它包括著作权法、专利法和商标法等。其作用是确认专著、科学技术发明等脑力劳动和科学技术的成果为特殊商品,维护这些特殊商品所有者的利益以及市场上进行正常交易的权利。

② 商事法律制度。这是调整、处理市场经济主体内部和外部关系的基本法律。其主要内容有:第一,公司法。它具体地规定公司的注册设立、组织类型、生产经营、收益分配、权利义务、对外事务。负债责任等对内对外的法律关系。第二,交易法。买卖是市场经济活动中最基本的行为。第三,票据法。该法对票据的发行、转移、交易和使用进行规范。第四、破产法。它是对市场中宣告破产的企业、公司进行债务清偿的法律规定。通过依法清偿,对债权人的利益进行补偿,使债务人摆脱困境,也使市场经济能保持较稳定的运行。

③ 政府宏观的法律制度。一般有两大类:一类是为建立有序竞争市场的宏观环境方面的法律,其内容包括基础建设、国民教育、科学研究、医疗卫生、环境保护等社会经济条件方面的法律。另一类是为了建立和维护市场秩序方面的法律,如反垄断法、反不正当竞争法、税法、价格法、保护消费者权益法、银行法等。

(4) 提供公共产品和公共服务的职能。公共产品和公共服务与一般市场交易商品和服务所不同的特点是:成本高而风险大,投资巨大而收益甚小,一般市场行为主体不愿投资或无力投资,但又为社会所必需。政府有必要参与公共部门的经济活动,为市场经济的发展创造必要的良好的基础设施条件以及信息沟通、交流网络,以降低企业生产成本、提高社会福利。政府履行该项职能的主要活动包括:第一,基础设施的建设和基础产业的研究开发。这是社会经济发展和各市场行为主体进行经济活动的根本条件,其主要内容有:交通运输设施和通信设施的建设;能源、自然资源的开发和利用,如水电设施建设和矿山开发;市政服务,如城镇供水、供电、供气设施建设、排水排污设施建设等。第二,信息的咨询和服务活动。这是指政府凭借其拥有的行政权威和广泛的信息网络,为生产者和消费者提供信息的咨询和服务,并通过信息的传递和采用,来传达和贯彻政府指导经济发展的某些意图,如政策变动、重点产业开发、投资热点转移、主要资源的供求状况等较宏观的信息。信息的接受者可以从中对宏观经济运行状态做出自己的判断,从而做出自己的抉择或经营决策。由于这些信息往往是通过政府的权威媒介来传达的,因而传递速度快,传递面广,可以减少不同的市场行为主体决策的盲目性,减少资源浪费的损失,从而提高市场效率。

(5) 管理国有资产的职能。从特殊性的角度来考察,政府的经济职能主要体现在资产所有权的行使与实现,建立适合市场经济要求的国有资产管理体制。在目前我国经济体制转轨时期,政府行使所有权职能应解决好以下三个问题:

第一,必须将政府的所有权职能与社会管理职能区别开来。即必须对两种职能性质、法律地位、管理目标、作用范围等诸方面加以区别。从性质上看,所有权职能产生的根据是财产权利,而社会管理职能产生的根据是行政权力。从法律地位上看权利属于民事权利,因而政府作为财产所有权主体同各类占用国有资产的经营实体之间应遵循平等、有偿的民事原则,以确保国有企业相对独立的经营权;而社会管理职能则是凭借行政权力,利用法规、法律、命令等方式来行使的,政府与利益主体之间的地位是不平等的,是规制与被规制的关系。从管理目标上看,政府行使所有权职能是为实现国有资产的增值和保值,而行使社会管理职能,其目标则是社会的公平、效率、秩序和发展。从作用范围来看,政府作为所有者,其作用范围仅限于占用和使用国有资产的企业和单位,而作为社会管理者,其管理范围则覆盖全社会。政府只有将两种职能区别开来,才能保证国有资产的保值与增值,使所有权职能得以实现,也才能更有效地实现社会管理职能,并实现两种职能最有效的组合。

第二,必须将政府对国有资产行政的管理职能与经营职能区分开来。政府的国有资产管理部门负有管理国有资产的职责,但它并不直接经营国有资产,无权直接向国有企业下达计划和命令,它只能在国家的宏观政策指导下,制定国有资产的经营、管理的宏观政策,运用间接调控的方式,帮助国有企业构筑现代企业制度,促进国有资产在产业结构、地区分布、产品组合、技术构成上的合理化和现代化。

第三,构建国有资产管理体制。在市场经济条件下,国有资产管理体制应由三个系统组成:国有资产管理系统、国有资产营运系统和国有资产监督系统。三者的关系是,国有资产管理系统统一指导,国有资产营运系统多角经营,国有资产监督系统实行平行和垂直的双重监督。国有资产管理系统主要是指各级行使国有资产管理职能的行政机构。它具有相对独立性、完整性和科学性的特点。相对独立性是指各级国有资产管理机构在政府的领导下,相对独立行使所有权职能。完整性是指要建立国有资产管理的信息传递系统,以及国有资产整体相对独立的运作机制。科学性是指整个国有资产管理系统应有效率、严密、合理、规范。国有资产营运系统包括两个层次:一是国有资产产权经营层,这一层次包括各种形式的投资控股公司、资产经营公司、企业集团的核心公司,以及某些国家垄断经营的特殊企业或部门。这些公司或部门,对它们所投资、控股和直属的企业资产的经营负管理责任,并向政府国有资产管理部门负责。二是企业生产经营管理层次。这个层次企业在上一层次的管理下,自主组织企业的生产经营,自负盈亏。国有资产监督系统的职责是监督国有资产的管理和营运是否符合国有资产保值增值的目的。宏观上是监督国有资产的管理系统在日常管理中是否有疏漏、错误、渎职和越权行为,监督其制定的有关国有资产政策是否与政府社会发展目标相一致,是否切实可行,监督其管理工作是否有效率,并对此作出评价;微观上则监督国有企业的营运行为及行为效果,也可以直接对具有自然垄断性的行业进行监督,如交通、通信、邮政、电力等部门。因此,该系统设有独立的国有资产清查、稽核的审计监督机构,以保证监督的客观公正性。

第二节 国外中小企业政府管理模式比较与借鉴

毋庸置疑,中小企业在促进经济增长、加速技术进步、扩大就业、维护社会稳定和保护适度市场竞争秩序等方面具有不容忽视的地位,甚至在有些国家或地区,中小企业在相当程度上还成为其经济振兴的主体。因此,世界各国政府从整个国民经济考虑都采取了积极扶持中小企业的政策,普遍加强了对中小企业的重视和管理。那么,政府对中小企业如何进行有效管理,是否有模式可循,这在学术界尚未有一致的看法。笔者认为,政府对企业的管理就是政府通过制定法律法规和经济政策,并运用各种资源来影响企业的生产经营活动,以达到既定的宏观社会经济发展目标的各种活动和全部过程。政府对中小企业的管理是政府对企业管理的一部分,两者总体上是一致的,但也有区别。由于中小企业在国民经济中发挥着大企业不可替代的作用,因此,前者在某些方面具有不同于后者的特殊性。中小企业的政府管理模式的建立与完善,主要取决于诸多因素,如政治经济制度,历史文化背景等因素。目前,尽管中小企业的政府管理方式在各国不尽相同,而且还会随着经济和社会发展及科技进步而发生变化。但有一定的内在规律可循。对国外中小企业政府管理模式的研究,有助于我们学习和借鉴国外的成功经验,探索建立一套系统完整、行之有效的我国中小企业的政府管理与政策支持体系,促进我国中小企业的改革与发展。

一、国外政府对中小企业管理的主要模式

笔者通过对国外政府管理中小企业模式的考察与研究,认为国外政府管理中小企业有三种主要模式,并分别作了粗略描述。需要指出的是,由于俄罗斯及东欧一些国家正在进行经济体制转轨尚未到位,而许多发展中国家还处在探索建立体制的过程中,并没有形成相对稳定的模式,因此在本书中都未涉及。

1. 政府规制型

这是一种主要以美国和英国为代表的美英模式,是指政府对中小企业的管理是在充分发挥市场机制作用的基础上,对市场进行规范和管制中来进行的,运用行政手段解决市场机制难以解决的问题,政府尽量让市场这只看不见的手发挥作用。政府管理中小企业是通过国家立法来为其发展铺平道路的。概括地说,美英模式是一种政府规制型的自由企业制度。这种模式有以下主要特点:

(1) 鼓励自由竞争。众所周知,美英经济体制遵循的是自由主义的市场竞争,维护市场竞争的正常有序进行是政府的基本职能。美国政府对竞争管理的基本原则是维护竞争的外部环境,而不对竞争本身进行干预;对竞争管理的主要政策是通过法规手段对大企业

独占市场的行为进行限制,这种反垄断政策保障了中小企业成长空间。美国国会在1953年通过的中小企业法第二条中指出,中小企业是维持自由竞争的重要因素,保障个人独立经营的机会可导致国家的繁荣。这一表述反映了美国支持中小企业的目的在于保护自由竞争,推动国民经济增长,促进国家繁荣。英国资产阶级为了实现经济方面的自由竞争原则,经历了100多年的竞争。重商主义措施的逐个取消和特许公司特权的废除,使资产阶级在贸易和企业活动领域内得以处在竞争的平等基础上。从19世纪中叶以后,竞争的平等性即被确认。任何人只要有资本就能参加市场角逐。市场对一切资本持有者开放。各个企业凭自己的实力参与市场竞争。

(2) 制定法律法规,保护中小企业发展。美英等国通过立法明确中小企业在国民经济中的地位,努力克服不利于中小企业发展的各种经济、社会因素,积极为中小企业的成长创造条件。美国有一系列反垄断、反不正当竞争的法律法规,保护中小企业在市场上的竞争地位。20世纪80年代后期,又以立法的形式,先后制定了《机会均等法》、《中小企业技术革新促进法》、《中小企业奖励法》、《中小企业振兴中心法》和《小企业经济政策法》等支持和保护中小企业发展的法律法规。小企业创新研究(Small Business Innovative Research, SBIR)计划是由美国国会1982年通过的中小企业创新法设立的,该法律鼓励有创新能力的中小企业积极参与联邦政府拨款的研究与发展项目,并促进这种研究成果尽快商业化。该法规定,研究开发预算1亿美元以上的联邦机构必须参与小企业的研究创新,向小企业安排占预算金额1.25%的研究开发合同。1992年通过的小企业R&D促进法用于SBIR的经费比例从1992年的1.25%过渡到1997年的2.5%。英国法律规定,一切公民都是平等的,按照机会均等的原则,任何职业的垄断和职工的排他性都被禁止,这就从法律上保证了中小企业和大企业处于平等的地位。为了防止垄断给经济生活带来不利的影响,英国政府采取了一些反垄断措施来保护竞争,其中主要通过立法来实行。

(3) 建立和健全中小企业的专门管理机构。1940年和1941年美国先后在参议院和众议院设立了中小企业特别委员会。1941年在商务部和司法部内设立中小企业机构,1942年又在战时生产局下设立中小军工企业管理机构。1946年修订了《联邦准备法》,提出设置中小企业金融公司的法案。1951年侵朝战争中设立了"国防中小企业局"。1952年根据中小企业法设立了中小企业管理局(SBA)。1953年复兴金融公司解散,其职权移交给中小企业管理局。1958年小企业管理局上升为正式的联邦政府机构,局长由总统任免,须经参议院认可。小企业局是专门代表中小企业利益的机构,向中小企业提供政策法律咨询;向政府反映中小企业的意见,并向中小企业直接提供贷款和信贷担保及为中小企业提供科技资助。1969年,英国政府任命博尔顿委员会调查小企业问题,根据博尔顿报告书的建议任命了小企业大臣,专门负责小企业工作;在工业部内设小企业局和合作发展局,小企业局负责咨询服务、研究开发、对小企业主进行培训,合作发展局负责促进合作社和小企业的发展。此外,还有小企业俱乐部、小企业信息中心、小企业协会等机构。

(4) 制定政策,积极扶持中小企业的发展。英国政府针对中小企业存在的实际问题,从垄断资本主义的根本利益出发,制定了一系列扶持和鼓励中小企业发展的政策。①基本政策。英国政府认为,中小企业能使自由企业经济充满活力,给广大消费者提供丰富多彩的消费品,且能扩大就业,因而其基本政策就是扶持中小企业的发展。具体的做法就是改革以前不合理的规章制度,制定新的法规、政策、采取适当措施,扶持小企业的发展,监督大企业对中小企业的不合理交易。②税收政策。主要是通过减轻所得税来减轻中小企业的税务负担,目的是为扶持处于创业期的中小企业。将所得税的最高税率从83%降至60%,提高课税最低额,即所得2.5万英镑以上纳税;减轻投资所得特别税,把过去税率为15%的适用范围提高到500英镑,这样做可使中小企业容易积累投资资金;减轻工场、店铺用地所得税,把税率降至60%,并且把以前课税对象的1万英镑提高到5万英镑以上;减轻法人税,税率由42%降到40%。同时对附加税、资本让渡税和资本所得税也都有不同程度的减轻。③金融政策。英国政府任命威尔逊委员会调查金融机构的作用以及对工业和贸易提供资金的情况,在调查研究的基础上,制定相关的政策来解决中小企业的金融问题。充分发挥工业部小企业服务科的作用,积极为中小企业筹措外部资金,支持民间大企业向小企业提供研究开发投资等。另外,扩大"工商金融公司"的业务活动范围,增加对中小企业的开业贷款额,充分发挥交换银行的作用,积极支持中小企业的研究开发投资。④中小企业的雇员政策。英国政府的政策规定,对中小企业雇佣的工人使用不满52周的可随时解雇,不受法律约束,而原来规定的时间是26周。这一规定对"劳动密集型"的中小企业尤为有利。⑤其他政策。加强了中小企业的咨询工作,整顿全国中小企业咨询业务体制,促进开辟中小企业出口市场政策等。

美国保护中小企业的金融政策的突出特点是中小企业厅直接参与对中小企业的贷款,贷款利率普遍低于市场利率。贷款形式有三种:①直接贷款,即由中小企业厅向有关中小企业提供全额贷款,最多可达15万美元;②协调贷款,即由中小企业厅与金融机构共同向中小企业贷款,其金额亦不能超过15万美元;③担保贷款,即由金融机构贷款,中小企业厅的担保额为贷款额的90%或50万美元。使用最多的是担保贷款,其次是协调贷款,最少使用的是直接贷款。中小企业厅的贷款内容通常有以下六项:一是,一般的企业贷款。主要用于购置新设备、厂房,扩大经营范围以及流动资金的贷款。1954～1974年的20年中,中小企业厅对18.3万家中小企业给予了108亿美元的贷款,占全部贷款笔数的77%,占贷款总额的86%。二是,经济机会贷款。这是对那些因资金周转不灵,但有能力、有愿望经营中小企业,并以个人能力和人格为信用条件所给予的贷款。作为贷款条件,一方面必须重视经营者的业务培训和研修;另一方面还要求参加中小企业厅举办的经营讲习班。三是,少数人种企业贷款。这是专门针对少数人种经营的中小企业所给予的特殊贷款。四是,社区开放贷款。这是以促进落后地区的经济开发和扩大社会就业为目的的贷款。州、市、镇或村政府贷款给中小企业用于购置土地、建筑物、机械设备以及推行设备现代化。社区开发贷款发展迅速,1960年只有贷款81件,总额930万美元,到1970年贷款数已上升到2836件,金额达5.93亿美元。五是,企业移迁贷款。这是对因联邦政府进行城市改造、修筑高速公路等而蒙受损失的中小企业给予的贷款,其目的是帮助这些企业在新迁地重建和开业。六是,灾害贷款。这是给在自然灾害中遭受损失的中小企业贷款,以使其迅速恢复生产能力。近年来,对因超过"限制公害规定"和违反了"保护消费者立法规定"而蒙受损失的中小企业也给予贷款。除此之外,中小企业厅还通过资助中小企业投资会社,为中小企业筹措资金提供方便。中小企业投资会社是向中小企业提供股票资本和长期资金的机构,大部分隶属于银行的大企业。中小企业厅在对其进行必要的监督的同时,还给予财政上的援助,使中小企业获得了更多的贷款优惠。

2. 政府引导型

这是一种以德国和法国为主要代表的欧洲模式,是指政府对基础设施、公共服务及一些重要产业实行严格控制,并通过规制、政策、计划来引导中小企业的发展,提高经济效率,同时不断完善社会保障系统,以保证社会公平。这种模式有以下主要特点:

第一,自由竞争与政府控制并存,国家对经济的管理是以市场为主,鼓励自由竞争,有比较规范的法律体系。如德国早在1896年就制定了《反不正当竞争法》,1957年原联邦德国制定以禁止卡特尔为核心的《反限制竞争法》,禁止大企业之间通过兼并来控制市场,从而使中小企业规定禁止妨碍市场竞争的垄断行为。与此同时,政府严格控制着基础设施,公共服务行业及一些重要产业。如德国和法国在能源、交通、通信等行业中,国有所占比重非常突出,有的占领了整个行业。

第二,经济杠杆与政府引导并用。德国、法国、瑞典等国家的政府通过制定财政和金融政策,运用政府支出、信贷、价格、税收等经济杠杆来调节市场,同时,也强调运用计划,预算和产业政策等手段来引导市场。进而影响中小企业的决策,特别是投资和营销决策。这种影响主要是以指明市场的发展方向,控制中小企业资金来源以及提供优惠待遇等方式来施加的,这就有利于使政府的政策和计划变成中小企业的行动,引导中小企业按照政策和计划来决策和经营。

第三,扶助中小企业。欧洲国家政府大多扶助中小企业,一方面是为了鼓励市场竞争,增强企业在国际市场中的竞争能力和市场占有率;另一方面,也是为了支持和保护那些有发展前途的中小企业,创造更多的就业机会。为此,政府也十分重视教育和培训,提供各方面的咨询和服务,通过提供机会和改善环境帮助中小企业发展。

第四,发挥中介机构的作用。重视发挥中介机构对中小企业的协调、指导、监督、服务作用,是德国、法国、瑞典等欧洲国家经济运营中的一个特色。如德国的工商大会是分布在各地83个工商会的全国最高组织和企业与政府间的桥梁,有215万户工商企业和小经营者为其成员,开展咨询、鉴定、职业培训促进订货等活动。法国的工商也是遍布国内外,政府通过这些中介组织了解中小企业的意见和要求,规范引导企业行为,从而间接地管理中小企业。

3. 政府主导型

这是一种以日本、韩国、新加坡等国为代表的东亚模式,是指政府不仅采取政府规制型和政府引导型两种模式中类似的法律规制、政策方向、计划引导等手段来管理中小企业,还利用政府与企业的密彻关系对企业予以行政指导,使中小企业在政府的主导下运营和发展。这种模式的主要特点:第一,政府制定严厉规制来迫使中小企业遵守市场规划,日本的市场经济法律体系在东亚国家中最完备,其法律建设是伴随着国内资本主义的发展而逐步完善起来的。如"禁止垄断法"、"企业合理化法"、"中小企业基本法"等,这些法律对由战前的统制经济向市场经济过渡,对于实现产业结构合理化、企业现代化和中小企业发展起到了极为重要的作用,日本的法律中有不少是涉及具体行业和产品的,且多半是鼓励性条款,诱导中小企业在利益的趋动下严格自律,依法行事。同时,政府又具有制定,解释、补充、修改法律以及执法功能,可以通过严厉的规制迫使中小企业遵守市场规则。第二,发挥利益机制诱导作用。日、韩等国政府除了同其他市场经济国家一样通过财政金融政策,运用各种经济杠杆来引导中小企业外,还利用利益机制来诱导中小企业行为。其中最有效的手段是对中小企业的信贷控制,它一方面可以推动整个产业的发展;另一方面也可以直接对中小企业行为产生影响。政府之所以能充分有效地利用信贷手段影响中小企业,与金融市场受政府严格管制是密切相关的,政府与银行等金融机构,以及金融机构与企业的双层关系给政府实施对企业的引导提供了通畅的渠道。第三,利用计划和产业政策来引导中小企业的发展方向。东亚国家大都以计划作为调节经济的主要手段,如韩国的经济计划着眼于长远,是以"五年经济社会发展计划"为主,而靠市场来决定企业的短期行为。二者互为补充。市场融合计划,计划反映市场。在实际操作中,计划的"导向型"往往通过产业政策来具体体现。第四,通过行政指导来说服中小企业服从政府的意图。行政指导是东亚国家中政府管理中小企业的一种特有的形式。日本的行政指导主要表现在推进产业政策的发展上。例如,通过制定发展新兴产业的战略,促进没落产业的合并,扶持中小企业的发展,并积极对所涉及的资金、技术等方面给予协调。

政府主导型模式的形成,具有其深刻的历史文化背景。东亚国家长期处于封建社会,受中国儒家思想的影响较深,同时,也融合了一些西方的现代文化观念。由于封建社会中以皇帝为代表的政府具有至高无上的权威,加之儒家思想中的正统观念,人们尊崇政府,因而有利于发挥政府的主导作用。如日本的"大和"精神是儒家集体主义的一种特殊形式,它要求个体对集体要"忠",集体对个体要"恩"。在企业与政府之间,"忠"体现为企业利益服从国家利益,企业尊重政府的意见和管理;"恩"则表现为政府切实为企业和国民的利益出发,制定相关的发展战略和产业政策。

二、借鉴与启示

综上所述,可以看出,实行以上三种管理中小企业模式的国外政府之所以都对中小企业特别关注,这与企业自由竞争制度的力量集中化趋势是分不开的。在市场经济条件下,如果不对中小企业加以保护和扶持,企业兼并的过程既是资本集中的过程,也可能会是逐步形成垄断的过程。可见,上述国家的政府实行大企业与中小企业的差别管理,符合市场经济的竞争规律,为有效地保护公平竞争的市场经济制度起到了重要的作用。我国刚刚由计划经济向市场经济过渡,政府对企业管理还是延用以产权关系为标准的分类方法,将企业划分为国有企业、集体企业、乡镇企业和私营企业等。这种分类管理模糊了大企业与中小企业之间的对立统一关系,从某种意义上说,违背了市场经济的基本规律。随着市场经济的发展和现代企业制度的建立,大企业和中小企业之间的矛盾将会逐渐暴露出来。因此,借鉴国外经验,尽早规范政府对中小企业的管理,建立具有中国特色的政府对中小企业的管理模式,具有十分重要的现实意义。

第三节 中小企业政府管理机制的主要内容

目前,中小企业已成为世界各国的重要经济力量。但因中小企业固有的问题和弱点,与大企业相比在市场竞争中面临更多、更大的挑战。所以,当今世界各国政府都十分关注中小企业的发展问题,倍加重视对中小企业的管理,并且有些发达市场经济国家政府在加强对中小企业管理,促进中小企业发展方面取得了一些成功的经验。这些经验表明,政府对中小企业的管理概括起来,主要有以下内容:

一、加强中小企业立法

由于市场中充满了各种随机的因素和无序的运动,需要有一定的规则来使其更好地发挥作用,也可以为政府的干预提供法律依据。从这一意义上说,可以认为市场经济是法制经济。市场经济的法律体系应当是一个系统配套的法律体系,从国外的经验看,大体上可以分为以下三个层次:第一,规范市场基本关系的法律。在市场经济兴起的初期,民法和商法被用来规范市场基本关系,此后随着市场经济的发展,又陆续出现了预算法、税法、社会保障法、投资法、银行法等一系列法律,使市场的基本关系变得更加规范。第二,规范市场主体行为的法律。由于企业是市场的主体,故这类法律主要用来规范企业在市场上的行为。其中包括公司法、合同法、成本法、不动产法、证券法、期货交易法,等等。第三,规范市场竞争秩序的法律。包括反不正当竞争法、反垄断法、反倾销法,等等。

政府制定相应的法律来促进中小企业的合理发展。通过立法来规范某些产业中大型企业的分工协作生产范围,用产业法规来促进专业化生产;以立法的形式避免中小企业在原料采购、产品销售方面受到歧视;保证中小企业不受地区保护主义、行业垄断势力的侵害。美国政府自1953年以来通过了一系列有关扶助小企业的立法,如1953年的《小企业法案》、1958年的《小企业法》、1964年的《机会均等法》、1980年的《小企业经济政策法》、1982年的《小企业创新研究法案》和《小企业出口扩张法》、1987年的《技术竞争力法案》等,规定了小企业的各项权利和义务,还利用经济手段附加了若干奖惩细则。这样,美国政府通过经济立法对小企业的组织和管理提供保证,而小企业也必须以政府的立法为活动准则。日本针对本国中小企业发展的特点,1954年和1957年分别颁布了《中小企业协同组合法》、《中小企业团体组织法》。1963年又颁布了《中小企业基本法》,首先将中小企业置于国家政策支持的地位,该法要求政府采用一切必要手段实施下列八项基本方针:使设备现代化;提高技术水平;实现经营管理合理化;使中小企业产业结构趋向高层次;限制不正当竞争和交易;刺激国民经济发展需求;确保商业活动的机会均等;调整劳资关系,提高从业人员福利,确保劳动力。1985年颁布实施了《中小企业技术开发促进临时措施法》,并制定了《技术开发指导方针》。除上述立法外,还有目前日本颁布的《中小企业投资扶持股份公司法》、《中小企业现代化促进法》等,其政策特点经历了"保护—现代化—知识化"三个发展阶段,通过立法促进了中小企业的技术进步和组织管理。德国政府根据经济发展中产生的新情况,制定并多次修订《反对限制竞争法》,在公司法方面也较多地考虑中小型公司的特殊利益,并在公共合同方面确保中小企业签订足够的合同订单,这样,政府通过立法给予扶持和引导,保护了中小企业竞争,促进了中小企业的发展。

二、建立中小企业管理机构

1. 政府的中小企业行政主管部门及其主要职责

中小企业的行政主管部门是各国政府管理和扶持中小企业的专门机构(表40-1),由中央、州(郡、省)和地方三级机构组成。中央一级一般称为中小企业局(或署、厅、处);州(郡、省)一级一般称为州(郡、省)中小企业专门机构;地方(市县)一级一般称为中小企业服务中心。各级中小企业机构的关系决定于各国的国家体制:实行中央与地方分治的国家,地方没有经济管理权,地方中小企业专门机构是中央中小企业的行政主管部门的派出机构,如美国、德国等;实行中央集权制的国家,地方中小企业专门机构归各级地方政府管理,只是业务上受中央中小企业的行政主管部门的指导。各国完整的中小企业行政管理体系,充分反映他们对中小企业的高度重视。

2. 国外中小企业行政主管部门的职能

为了统一协调、管理中小企业,有些国家相继成立了中小企业管理机构,专门负责有关中小企业具体政策的执行或执行情况监督。各国中小企业行政主管部门的一些共同职责是:第一,根据有关法律制定和实施中小企业的扶持政策和计划。如税收优惠政策、就业鼓励政策、风险基金政策、贷款担保计划、技术援助计划、职工培训计划、政府采购计划等。第二,维护中小企业的利益。如创造良好的经营环境、防止大企业对中小企业的垄断竞争;向更高级别的政府组织反映中小企业的愿望与要求。第三,从政府的角度,向中小企业提供所需的各种政策、法规、宏观经济形势、技术专利、国内外市场等方面的信息。第四,协助社会化服务机构搞好为中小企业提供的各种技术、管理、信息等方面的服务。

在美国,1940年国会参议院设立了小企业委员会,1941年国会众议院设置了小企业委员会,并在商务部和司法部附设了有关小企业的机构。1953年联邦政府建立了一个试验性的"小企业管理局",1958年正式成立,并作为惟一独立的联邦机构。它所有的计划

表 40-1　各国中小企业行政主管部门设置的情况和主要职责

国家	名称	隶属关系	主要职责
美国	联邦：小企业管理局 地方：小企业办公室	联邦： 商务部	听取小企业的意见及要求，并向总统报告；就保护小企业的权益向联邦政府提出政策建议；提供贷款担保、技术管理援助和帮助获得政府采购合同等
英国	中央：中小企业管理局 地方：中小企业管理机构、中小企业服务中心	中央： 贸易部	负责协调政府部门间对中小企业的具体政策；研究全国中小企业平衡发展问题；组织领导和安排对全国中小企业主的培训
德国	联邦：中小企业秘书处、卡特尔局、国家托拉斯局	联邦： 经济部	为中小企业提供信息和宣传材料；负责制定欧洲复兴基金贷款计划；为国际技术转让提供低息贷款；制止大企业对中小企业的吞并及其他联合行动；支持中小企业的联合等
日本	中央：中小企业厅 地方：中小企业指导科	中央： 通产省 地方： 商工科	提供管理、资金、技术、发展方向的指导与扶持；在制定中小企业政策时反映中小企业的要求与愿望；帮助获得政府订货机会；调解中小企业与大企业的矛盾；调解中小企业内部劳资纠纷
中国	中央：中小企业司 地方：中小企业(处)科	中央： 经贸委 地方： 经贸委(经委)	提出中小企业的扶持政策；指导中小企业改革与发展；组织中小企业对外合作；促进和健全中小企业服务体系

资料来源：根据各国中小企业基本情况及有关参考文献整理。

都是专为鼓励和保护1300多万个中小企业的福利而设计的。它所提供的服务是由中小企业法案和中小企业投资法案所授权。这个机构努力的实现它的权责，以确保中小企业获得相当比例的政府采购、承包或转包生意，以及政府财产发售；提供中小企业贷款、州县市开发公司和洪水天灾急难救助；从事中小企业投资公司的案例审核、立法和授权；改善已设或潜在的中小企业老板的管理技术，从事经济环境研究，并充当中小企业的辩护人。小企业管理局下设了10个地区分局和102个支局，这些机构是各级政府管理小企业的主要部门，其职能主要是通过直接投资、协调贷款和担保等形式，直接参与小企业融资，向其提供资金帮助；为小企业培训经营管理人员和提供咨询服务等。

日本建立了国家和地区四级行政主管部门，负责全国或区划内中小企业发展的政策、规划、指导和监督。早在1948年，日本政府在通产省设立了"中小企业厅"，作为政府管理中小企业的最高组织机构，运用经济手段统辖地方中小企业的管理。同时，按照行政区划，在全国九大地区通产局（通产省派出机构）内设中小企业科，与中小企业的工作相对口；在全国47个都道府县政策经济局内设中小企业专管，由商工部负责归口管理；在全国3200个市町村政府也相应设立了中小企业主管，从而形成自上而下的管理机构，用来平衡国家利益与中小企业经营利益的相互关系。法国在1967年成立了国家研究推广局，作为法国中小企业的机构。该局受法国研究部和工业部的双重领导，其主要职责是负责向中小企业提供创新基金，支持中小企业开展技术创新活动。德国的政府在经济部下专门设有200多人的中小企业局,各州也设有类似的管理机构。以此来加强对中小企业的宏观管理。中小企业局的职能是负责研究中小企业政策,观察不同企业、不同行业工人对政策和承受能力,为中小企业的发展创造比较有力的条件、提出扶持和资助中小企业的计划;负责中小企业包括自由职业者和律师、医生等的职业培训;负责质量标准,保护消费者利益;促进地区合作与科技开发;监督法律和政策的实施。菲律宾于1991年通过立法成立了"中小企业发展委员会",专门负责制定和实行国家中小企业发展的各项优惠与扶持政策。

3. 我国中小企业的行政主管部门职能配置和机构设置

我国中小企业的行政主管部门是国家经济贸易委员会。1999年7月12日,中央机构编制委员会办公室在答复政协九届全国委员会第二次会议第2972号提案中指出:在发展社会主义市场经济的条件下,所有政府部门都必须从过去只面向公有制经济、公有单位转向多种所有制经济,面向国有、集体、私营、个体、外资各类企业、单位,政府部门不再仅仅是公有制经济的管理部门,都必须研究制定涉及私营企业发展的政策法规。而要真正做到这一点,关键在于政府部门工作人员思想观念的转变。在这次国务院机构改革中,确定国家经贸委对各种经济成分的企业实行宏观管理和指导,规范企业行为,指导中小企业的改革发展,研究制定有关的扶持政策等。我国中小企业的行政主管部门职能配置和机构设置是:提出中小企业的扶持政策;指导中小企业改革与发展;组织中小企业对外合作;促进和健全中小企业服务体系。国家经济贸易委员会中小企业司内设了3个处级机构。各处职能如下:

(1) 综合处。负责联系为中小企业提供服务的各类中介组织,建立、健全中小企业服务体系;承办与外国政府及国际组织间中小企业的交流与合作,指导推动全国中小企业对外合作;负责信息、宣传、外事、培训、办公自动化等工作;承办人事、工资和领导交办的各项工作;负责文秘、档案、提案信访、保密及生活后勤等工作;协助司领导处理内外日常政务及综合业务工作。

(2) 政策法规处。参与、负责全国性各类经济成分中小企业法律、法规及政策的制定、协助与实施工作;归口负责国务院宏观调控部门、专业经济部门与中小企业相关的行政法规和部门规章的综合协调工作;规范国有中小企业改制中重大及倾向性问题,促进国有中小企业依法改制。

(3) 国有中小企业改革与发展处。指导、促进各类中小企业的体制改革与发展工作。依据国家有关政策,指导和推进中小企业结构调整和"三改一加强";负责国有、集体及其他中小企业的指导和宏观管理;协调金融、财税、贸易等扶持中小企业的政策,探索中小企业投资融资、技术进步、市场准入、物流服务等有效途径,选择试点总结推广;借鉴国外经验,配合政策性、商业性银行及非银行金融机构建立中小企业融资渠道,促进建立扶持中小企业的发展、担保基金,参与制定全国中小企业划分类型标准。

三、制定中小企业发展政策

当前,西方一些发达国家政府普遍运用经济手段,扶持和引导中小企业的发展。这主要是指运用财税和货币杠杆对有关市场结构和市场行为进行引导或约束。例如,对一些技术集约型的产业中的中小企业,可采取优惠税率的办法来促进其发展。当然,也应有一部分以特定法律为根据的经济鼓励或处罚措施。但这类手段的使用比较繁杂,并且往往需要与政府的产业结构政策、社会福利政策和宏观调控政策结合使用。与此同时,这些国家政府还采取各种措施,在产品开发、技术援助、人力训练等方面,为中小企业发展创造良好的经济环境,保证中小企业的生产经营。

1. 在财政税收政策方面

美国政府扶持小企业的主要措施是订货帮助和减免企业所得税。联邦政府是美国最大的商品和劳务的消费者,每年的财政预算中都有相当大比例用于向私营企业购买商品和劳务。小企业管理局成立后,政府经常采取各种措施,更是致力于帮助小企业公平合理地、尽可能多地分到政府的订货单。另外,1981年里根政府上台后,制定了《经济复兴法》,规定雇员在25人以下的企业按照个人所得税25%纳税,而不是依照公司所得税率。在日本的税制上,设立有以中小企业为对象的法人税减税税率,减轻中小企业税赋,因此,中小企业享有多种税收优惠,如规定:年利润低于769美元的企业不纳税。一般来说,企业收入的绝大部分用于支付工资的小企业享有这种优惠。照此规定,小企业主要家庭成员在企业中的劳动收入应列入工资范畴而不是利润范畴。还有,年利润低于62万美元的,利润税按28%的税率缴纳,利润额较大的中型企业,则按37.5%的税率缴纳。法国政府采取减免措施,刺激中小企业的发展。法国政府规定,中小企业的继承税可缓交5年,并可减免部分出口税;凡雇员达10人或超过10人的中小企业,在5年内可以逐步减轻建筑税和运输税。德国政府主要是采取财政补贴和减免税收方式,扶持和引导中小企业发展。财政补贴的形式有两种:一是直接投资;二是贷款贴息。资助的金额根据不同地区、不同项目,有不同的规定限额,最低的补助占总投资的5%,最高的不超过50%。在减免税收上,联邦政府规定:在落后地区新建企业,5年免交营业税;对新建企业,可以消耗完的动产投资,免征50%的所得税;对中小企业盈利用于再投资的部分免交财产税,等等,以吸引和帮助在落后地区新建中小企业,促进落后地区的经济发展。

2. 在金融政策方面

日本为了解决中小企业发展资金不足的困难,经大藏省批准,建立了数家面向中小企业的专业金融机构,如中小企业金融公库、国民金融公库、商工组合中央金库、中小企业信用保险金库、中小企业投资扶持株式会社等,统一由中小企业厅归口管理,专为中小企业提供信贷服务。中小企业可以按最低利率在国家专业银行或金融公司获得贷款,可以多借贷款,也可以延长偿还期限。对中小企业还实行无抵押贷款,提供无抵押贷款的义务由为小企业筹集的民间社团承担,而民间社团的放款基金实际上完全由国家预算划拨。另外,国家还大力推动非大型企业之间进行金融互助。在国家的监护下,建立了非大型企业的"自有钱柜",企业任何时候都可以从那里无息贷款,贷款额为入会费的10倍,而且,既不需要抵押,也不需要担保。在德国,银行贷款是中小企业投资的主要来源,其银行主要有复兴贷款银行、欧共体投资银行等。银行扶持中小企业发展的具体政策是:一是,新建或扩建企业,用于建设厂房、购买设备机器、开发新产品等,年营业额在1亿马克以下的,可得到总投资的60%的低息贷款,年利率7%,还款期为10年,超过1亿马克的,贷款额度更高些。用于购买土地、房屋的还款可延长到20年;二是,对增加就业岗位的,贷款额占投资额的75%,并可得到政府占投资额10%的补贴,还款期限为8年;三是,对改善环境的环保示范项目,可得到70%的贷款额度,还款期限为30年,宽限期5年,并向环保局申请对咨询的资助;四是,政府担保,对有风险的项目和落后地区新建项目,政府可以提供担保,为此联邦政府和各个州都成立了担保银行,政府最高可提供贷款总额的80%的担保。

3. 在技术援助方面

法国政府非常重视中小企业科研开发和使用新技术,其鼓励政策和扶持措施是:一是,国家科研推广局向中小企业提供科研贷款,并促进金融机构与企业在科研方面的合作,即"资本-技术联合"。另外,当中小企业遇到技术开发利用难题时,可向国家科研推广局申请津贴,最高可达投资的70%。二是,协助中小企业培训科研人员,为此,法国在1984年成立了"中小型工业技术委员会"。三是,政府免费为中小企业提供有关技术咨询服务,并简化申请专利手续,减少申请专利的费用。意大利政府为了提高中小企业的技术水平,一方面,鼓励中小企业积极进行科研活动,以培育科技成果;另一方面,通过向中小企业提供技术改造补助和其他优惠来扩大其对科技成果的需要,如为了鼓励中小企业使用新技术设备,政府规定凡是购买先进机器、实行生产程序自动化的中小企业,可享受购买25%的国家补贴。日本政府对中小企业的科技帮助主要有两种形式:一是,国家利用国立科研中心的潜力支持中小型公司,经常无偿地向中小企业转让专有技术、国立研究所的科研成果与试验设计成果;二是,国家津贴非大型企业同科研中心共同进行工程研究。另外,遍布各地的"工业技术中心"或"工业试验场"等公立研究、开发机构负责对中小企业进行技术指导、技术开发、技术进修、技术咨询和技术成果推广等服务。德国在促进中小企业进步方面,政府给予了必要的扶持:一是,国家研究技术部、经济部等设立了中小企业开发促进资金,对中小企业科研开发人员费用的技术项目的投资给予补助;二是,对于企业自身开发项目、企业与国内和国外合作项目、企业与科研机构联合开发项目等,国家给予了长期低息贷款的鼓励。

4. 在人力训练方面

许多西方发达国家通过多种渠道和多种形式,对中小企业职工进行职业技术教育和培训,以逐步提高中小企业的生产技术和管理水平。日本建立了地区、省和国家三级培训体系,系统地训练非大型企业员工,教学中心和科研中心的费用基本上由国家财政拨给,只有小部分活动费用由学员自己支付。如日本在中小企业厅附设中小企业大学,负责对中小企业干部的培养和行政技术人员的培训。德国把对职工的培训作为提高中小企业竞争能力、稳定生产、适应市场变化的重要措施。除法律、保险、税务等极少数方面的培训不受政府资助外,其他的职业和就业前培训都得到了政府的资助。在法国,与国家签有"就业-培养合同"、"就业-科研人员培训合同"、"就业-培训-生产合同"等的中小企业的培训,政府按规定给予相应补贴。美国的各类大学都举办对小企业的各种类型的学习班和研讨班,以帮助小企业提高管理水平。

第四节 政府管理中小企业的主要途径

中小企业中介机构是政府与中小企业之间基本联系的重要渠道。一般地说,政府对中小企业的管理可以分为直接管理和间接管理两大类型。所谓直接管理是指政府按照法律或契约的规定直接干预某些中小企业内部事务;而所谓间接管理则是指政府通过管理市场来影响中小企业,政府不干预中小企业的内部事务,有时甚至不与中小企业发生直接的联系。这两种类型管理笔者在前面的章节曾作过专门论述,并将在后面的章节再作专门论述。此外,政府对中小企业的管理还可以通过非官方的中间组织即中介机构来进行,这是政府对中小企业管理的一个重要方面。政府应该通过中介途径,如行业协会、信息中心等,以一定的形式,如定期或不定期的信息发布、政府指导性计划等,使企业在充分了解政府政策意图的基础上,主动接受政府有关部门的指导,按照政府的政策意图从事经营活动,来达到促进中小企业发展和现代化的目的。

一、中小企业中介机构的类型

中小企业中介机构包括由政府管理机构批准设立的中小企业服务机构、由中小企业服务机构自发组成的行业协会、为中小企业提供服务的各类社会机构等。从中小企业中介机构主办者来看,主要可分为以下几种类型:

1. 政府主导型

政府主导型是指由政府设立的或参与和协助设立的专门为中小企业提供各种支持性服务的中介机构。如美国小企业管理局下设的 100 多个各大区和地方办事处;协助建立的遍布全国各地的"小企业发展中心"和"企业信息中心"。日本的"中小企业事业团"、"中小企业政策审议会"、"中小企业现代化审议会"等。中小企业事业团,它的主要任务是:对中小企业进行业务指导、发放贷款、培训人员、提供信息、促进技术开发、开展防止中小企业破产的互助、开展宣传教育、推进中小企业现代化。1993年在英国政府倡导下建立的"工商链"(Business Link)是一个颇有特色的中介机构。它是政府牵头由有关中介机构联合建立的有限担保制民营机构。所有由政府资助的政策性支持项目都通过它向企业提供。工商链运行以来,各方面反映它理顺了政府政策、计划的实施渠道,使无秩序的服务市场得到了整顿,服务质量也得以规范化,中小企业和政府都受益匪浅。

2. 社会自主型

社会自主型是指由社会各方面根据中小企业的需求而自主建立的社会化服务机构。如美国教育界近500家高等院校成立"小企业学院"、金融界许多银行专设的"小企业信贷部"和众多的"小企业投资公司"、科技界建立的各种"技术推广中心",科研单位、高等院校下属的小企业研究所(中心)、技术推广服务机构;日本的中小企业振兴事业团、中小企业共济事业团、中小企业团体中央会、商工会议所(管大城市的中小企业)、商工所(管小城市的中小企业),等等。

3. 行业组织型

这类机构包括专业性的协作组织、行业性协会和行业协会联合会等三种形式。行业协会、企业协会、手工业协会、工商会等民间组织在促进中小企业发展中起着重要作用,有些国家的政府就是通过非官方的行业组织型中介机构来对中小企业进行约束和管理的。例如,日本的行业组织、新加坡的法定机构等。日本产业界每个行业都相应地有一个行业团体,这种行业组织具有阶层性结构,大的组织中还有一些更小的组织,多得不计其数。这些行业团体的重要作用是:为本行业企业提供信息、咨询、人才培训等服务;协调本行业企业间的利害关系;代表本行业企业加强同政府专业机关提供本行业的有关信息,协助政府机关进行行政指导。在一定的意义上说,行业团体是日本政府干预各行业乃至中小企业活动的有利工具,也是政府与中小企业保持联系的桥梁和纽带。通过这种方式,一方面,大大降低了日本政府直接面对的企业数量,从而减少了管理幅度,使政府各部门有更多的时间从事战略性的指导工作;另一方面,由大企业和中小企业联合起来形成行业组织,更有力量同政府进行谈判,以保证最后实施的方案是政府与众多企业相互协商后产生的结果。又如,欧洲一些国家的工商会和手工业协会已有上百年历史,加入工商会或手工业协会是法律规定的每个企业的义务。凡是持有营业执照的法人或自然人都是工商会或手工业协会的会员。工商会的基本任务:一是,参与制定涉及企业的法律法令;二是,促进国际贸易,组织各种洽谈会和展览会;三是,原来由国家机关主管的一部分经济方面的政府职能,由政府移交给工商会或手工业协会管理,如向企业颁发营业执照,颁发师傅和工人的技术证书。它们为企业提供培训、咨询和信息等方面的服务,有的还设基金会,为会员提供融资服务。

4．混合型

混合型是指由以上主办者共同建立的中小企业服务机构。如美国的 LINKS 联合网络机构、英国的"工商联系网"等。

5．国际组织型

当前影响较大的中小企业的国际性组织有三个：包括国际小企业协会(ICSB)、世界中小企业大会(WASME)和国际小企业大会(ISBC)。它们总的任务基本相同，都是促进中小企业的发展。但在活动范围、活动方式及成员构成上存在一些差别。ICSB 在 80 个国家发展会员，主要通过其在澳大利亚、新西兰、加拿大、欧洲、韩国、马来西亚、新加坡、南非及美国的分会提供服务。除每年一次世界大会外，还在几个国家举行年会。WASME 主要负责促进发达国家与发展中国家中小企业的发展。其机构名称中包括中型企业，服务范围比另两个组织要宽一些。它举办世界性大会。在 68 个国家中有会员和合作伙伴。它是联合国及联合国中各种机构的咨询窗口。ISBC 一年只召开一次大会，其成员中许多是政府代表。

二、中小企业中介机构服务的内容

从中介机构为中小企业所提供服务的内容来看，主要可分为：

1．金融服务机构

有的金融机构是政府专门设立为中小企业提供融资服务的，如日本政府建立的面向中小企业的 5 家金融公库：中小企业金融公库、国民金融公库、商工组合中央公库、环境卫生金融公库和冲绳振兴开发金融公库。还有大量为小企业服务的国营和私营的银行、投资公司。如日本的"中小企业育成投资公司"，印度的开发银行除了向小企业提供金融服务外，还结合融资项目提供咨询服务，包括确认项目的构思、选择经营者、准备可行性研究、对所选技术的咨询、支持项目的实施和经营等。技术咨询的成效由金融机构对项目建议书的技术评估加以保证。

2．技术咨询与推广机构

如美国的"制造技术中心"、"制造推广技术中心"；日本的"公立试验所"、"中小企业办公室自动体系中心"、"活动研究组"等。

3．管理咨询与培训机构

如美国的"退休经理服务团和在职经理服务团"、"小企业发展中心"、"小企业学院"；

巴西的"微小企业咨询服务台"等。

4. 信息服务机构

许多国家都建立了各种"中小企业信息中心";美国和英国还建立了专门负责中小企业与社会化服务机构之间的联系机构,即美国的LINKS联系网络机构和英国的"工商联系网"。

5. 其他服务机构

如广告服务、清洁服务等。

三、德国、日本等国中小企业中介机构开展活动简况

1. 德国

德国政府采用资助和减免营业税的办法,鼓励中介机构的发展,德国的各种中介机构已形成多层次、多方位的网络,为企业提供完整的产前、产中、产后的服务,成为政府和企业间的桥梁和纽带。

(1) 德国小企业联合总会。笔者以德国小企业联合会为例,介绍一下德国中小企业中介组织的情况。德国小企业联合总会(ZDH)组成机构包括:55个地方小企业分会、52个国家的行业协会以及与中小企业有关的机构,如银行、担保公司、基金会、出版公司、贸易公司等。其作用为:①自我管理。企业自己的事务通过这些中介机构进行经营和管理,而不是由国家去做,这是商会最主要的作用。同时,政府专门委托商会以特殊的任务,如职业培训、调解或鉴定等。所以,自我管理加上政府委托的法定任务是商会的主要职责。②为中小企业提供服务(后面将详细阐述)。③代表中小企业的利益向各级政府和其他部门提出意见和建议。ZDH代表了82.4万户中小企业,1996年营业总额为5850亿美元,共有660万雇员,每个企业平均雇员为8人,雇员中80%是取得资格的,即经过系统培训的。这些企业活跃在127个行业,如制造业、建筑业、维修业、服务业等,其中制造业主要是金属加工和电气工程,如机械制造、工模具、精密机械、外科器械、车身和车辆、冷却系统、暖通等。在卫生医疗方面包括生产和安装眼镜片、助听器和假牙。在所有领域中,维护和修理占有重要地位。其特点是小规模生产,满足每个消费者的各种需求。其中大约有20 000个企业是为大公司配套,尤其在机械和电气工程领域中。33%的小型企业和手工业提供了12.7万个徒工的位置,占整个原联邦德国的40%。

(2) 德国中小企业促进计划及中介机构对完成这些计划的作用。德国中小企业促进计划包括四个方面:财政援助、咨询服务、培训和贸易促进。这个计划基于两个原则:①自助原则。它是对中小企业的一种促进措施,并不是取代私营企业的主动性,而是通过提供特殊援助或辅助基金对中小企业给予帮助;②用各个州和欧盟的项目对国家计划进行补充,有些项目由两三个基金同时给予财政支持,以便调动多方面的积极性。下面就以

上四个领域的计划分别加以说明：

第一，财政援助。中小企业缺乏必要的资金，贷款渠道较少，负债较大，从而限制了它们的投资能力，所以德国政府把财政援助作为中小企业促进计划的主要支柱。财政援助的主要措施是信贷担保和带补贴的贷款。德国的信贷担保系统一直运行得很成功，中小企业信贷担保银行和机构通过发行公债设立，因为它并不损害私人资本市场。信贷担保弥补了中小企业的缺陷。在1995年，共给予小企业和手工业以2600次信贷担保，款项达36 800万美元。中介机构为中小企业提供信息和建议，当企业或银行需要时，还为企业提供贷款申请的鉴定和评估。财政支持的第二种办法是给新建企业以贴息贷款。信贷额是有一定限度的，具体由企业家银行实施，采取无限责任，并从一个公共的国家银行接受资金，后者作为项目的中心基金供给单位。在企业开办和转让时，商会和协会派出专家为企业办理贷款申请，并提供对企业家的培训，指导其制定作业规划。此外，对于环境保护、引进先进技术和投资等的初始职业培训，还设有特别的贷款项目。

第二，培训。在像德国这种资源缺乏的国家中，培训具有极大的重要性，所以德国中小企业促进计划把年轻人的初始(启蒙)培训和中小企业的管理人员与职工的进修作为中心工作来抓。年轻人的初始培训在德国采用双重体制，即培训可有两种选择：在公司内部培训(一个星期3~4天)，或者在国家办的职业学校内培训(一星期1~2天)。在这种体制内，中介机构和政府根据法律的规定各负其责：企业内部培训由企业进行，由商会管理(监督)；而政府则负责职业学校。目前在德国有362种不同行业的培训教程，它们均得到国家的认可，其中127种是用于小企业和手工业的。培训中心部分经费由国家政府给予资助，如1996年政府提供的投资和装备约1亿美元，用于课程和学员的寄宿的费用约4100万美元，这些相当于全部费用的1/3。此外，1/3由地方政府，1/3由商会自己承担。全国55个分会拥有3000个工作场所和6万个工作位置，共3万间教室和8500个寄宿房间。柏林分会就有3个培训中心。对于中小企业经营者和职工的进修，其在培训中心的课程也由商会提供，其内容包括：技术技能、新技术工艺、企业开办和转让、财务预算和监察、金融与投资、人事管理、贸易与出口、质量管理、市场信息与管理方法、培训资格考试的准备等课程。

第三，咨询服务。近年来，对中小企业的咨询诊断服务变得越来越重要了，德国政府出资在商会和某些协会雇用了540位顾问为中小企业进行咨询服务，联邦经济部给予每位顾问的财政资助约2.5万美元，每年总支出1300万美元，地方政府承担与国家部门相同的另外50%。而商会与协会自身还雇用219位顾问，商会与协会从其财务预算中共投资7400万美元用于咨询。平均每个顾问负责1300个企业，每年德国商会与协会的成员中有8%的企业得到服务。咨询在八个不同的领域，最大的要求是企业管理，包括企业创办(涉及50%的人员)和新工艺(涉及30%的人员)，其他顾问是环境问题、出口贸易、欧洲市场、设计和修复等方面的专家，他们大部分是工程师或经济师级别的学者，对一个企业咨询时间为5小时，如果要处理更费时的问题，企业可以在外面另外聘请顾问，其费用的50%~60%可以从一个附加的政府项目中得到补偿。

第四,贸易促进。中小企业特别是中型企业在出口方面非常积极,政府通过给予参入贸易者以部分津贴来支持中小企业的出口活动,这种参入是由商会和 ZDH 进行协商决定的,它们为中小企业在展览中组织摊位。

(3) 德国政府重视发挥中小企业中介机构作用给我们的启示。德国商会和协会在促进中小企业方面起着显著的作用,政府的作用主要是限于与商会和协会紧密合作、制定项目、提供基金。大部分项目都是由中介机构实施并由它们进行不断的监督与评估,商会和协会在实施项目中取得的经验是政府修订计划和制定政策的依据。在这方面有三个重要的经验值得我们借鉴:一是,经费方面。利用中介机构可以减少促进中小企业整体发展的经费,也就是说,利用商会和协会作为支持手段比建立或维持一些公用的事务所要节省费用。此外,像商会这样的会员必须提高工作效率,因为它比公用事务所更依赖于其会员企业。二是,合作关系方面。作为一个非官方机构,商会比政府机关或事务所更加接近中小企业,所以可以更好地提供定向服务,并协助政府制定合适的计划。三是,信息方面。商会和协会比政府更早的知晓企业中出现的问题,并很快着手解决这些问题,促使政府尽可能快的做出反应,并提出解决办法。

2. 日本

日本政府从财政预算中拨出资金,建立了一批官助民办或官办民营的中小企业中介机构,作为各级政府机关施行中小企业政策法令和扶持、指导中小企业的社会力量。这些企业经济团体主要有:中小企业振兴事业团、中小企业共济事业团、中小企业中央会、日本商工会议所、日本商工会等。而且各有专责。中小企业振兴事业团是向中小企业的现代化、高度化事业给予贷款,进行指导,培训人才,提供情报;共济事业团是对中小企业的倒闭、职工退职、病伤、福利等方面在经济上实行互助;团体中央会是对中小企业"协同组合"等的组织和经营进行辅导;商工会议所主要任务之一是对大中城市的小规模企业进行指导和帮助,而商工会则对中小城镇及村(即不设商工会议所的地方)的小规模企业进行指导和帮助。现将它们从事的主要业务概述如下:

(1) 通过地方公共团体实行经营诊断指导。日本政府在 20 世纪 50 年代建立了中小企业诊断制度。这个制度的目的是推动中小企业在自负其责的基础上,自觉地进行企业经营管理化,这个制度的内容是根据中小企业自己提出的申请,由经营诊断机构派出经营诊断专家,深入到该企业的生产现场,从设备、生产方法、技术、计划管理、产品质量、成本、消耗定额、经营方针等方面进行调查分析,在充分掌握企业的实际情况和存在问题的基础上,研究提出改进经营管理和提高技术水平的建议、措施;改善方案提出后,就企业要求继续进行指导方案的实施。诊断指导费用一般由政府负担。经营诊断工作大体分两类:一种是促进现代化诊断,这与为了促进现代化而进行贷款的制度有联系;另一种是一般诊断,这与贷款制度没有联系。由于这种诊断制度行之有效,受到中小企业的普遍欢迎,因而获得很大发展,已形成一种新的专门事业。此外,还有一批企业性的专门经营咨询公司也运应而生。这些民间咨询机构,对企业的经营指导一般是收费的。日本的经验表明,采取诊断指导方法,对整顿提高中小企业的经营管理,促进生产率的提高是有效的。目前,已有不少中小企业的生产率,达到甚至超过同类大企业的生产率水平。

(2) 指导中小企业进行组织化。日本进入经济高速增长后,中小企业要向高效率、现代化发展,组合的共同经济事业的重要性更加提高,得到政府的支持。这种联合大体有三种形式:第一,事业协同组合。这种组合是在保持企业经营自主权的前提下,中小企业者以相互支持的精神,以合作的方式共同生产、共同实施、共同经营、共同销售,共同防止公害等的联合组织。其目的主要是各组合成员为谋求自己的事业经营合理化。这种组合在各行业广泛的成立起来,并以事业组合的形式,经营工业团地、商业团地、共同伙食等。第二,商工组合。这是以共同利益为基础的行业组织。组织这种组合的条件有二:一是,以都道府县以上的地区为主进行组织;二是,组合成员应占同行业的半数以上。其目的主要是为本行业的发展而进行一系列的调整、研究、指导、教育等工作。第三,协作组合。这是某些中小企业者将原来经营事业的一部分或全部合在一起共同经营,以谋求扩大企业规模,提高劳动生产率的组织。这种组合的特点是,可以根据出资额的多少规定表决权的大小。在出资额上,一个组合员的出资额不得超过组合出资额的50%。原则上组合员必须是中小企业者。大企业也可加入,但不能超过组合员的1/4。领导上述联合事业的是都道府县中小企业团体中央会,在都道府县协助下,配合指导进行中小企业的组织化工作。全国领导机关是全国中小企业团体中央会。

(3) 为中小企业培养人才。地方公共团体和中小企业团体根据地区和行业特点,举办中小企业的经营者、管理者、技术者三种人的研修,作为研修措施,中小企业振兴事业团在20世纪60年代创办的中小企业研修所的基础上,1980年创办了中小企业大学校。该校的主要活动,一是,为地方政府培养中小企业诊断师;二是,为地方商工会议培养负责指导中小企业的经营指导员、轮训中小企业团体中央联合会的成员;三是,培训中小企业经理接班人,专为将要提升为经理的人讲授经营思想、经营决策、管理方法等;四是,按行业为地方政府培训中小企业技术指导员,使之能够对都道府县的工业试验场进行技术指导;五是,从事经营理论、经营诊断制度和方法、新技术等方面的研究。

(4) 为中小企业提供情报。政府会同地方公共团体向中小企业提供必要的情报。办法是,在中小企业振兴事业团设中小企业情报中心,它会同其他专门的情报机关,经常举办中小企业情报机构负责人参加的"促进情报化研究会"。同时,建立了情报系统,迅速收集、整理和分析、加工情报,并将这些情报通过抄本同时提供给中小企业地区情报中心和中小企业综合指导所、公立试验机关,通过它们再供给中小企业。各都道府县共设置了32所中小企业地区情报中心,自行收集地区固有的情报或提供从中小企业情报中心得来的情报。提供情报的范围,包括有关国外中小企业的情报,有关中小企业进行海外投资的情报,国内外市场动向调查,中小企业的企业行动、品种动向、景气情况、事业转换、节省能源、节省资源、防止公害技术,国家和地方政府工业技术试验的研究成果,技术与经营指导方向,产品开发设计等方面的情报。

(5) 提高中小企业技术能力的对策。政府会同全国公共试验研究机构和中小企业事业团,围绕中小企业现代化和提高技术水平而进行技术指导、技术开发、技术转移、技术交流的工作。①在技术指导方面。国家对于进行技术研究开发和新机械研究试制的中小企业者给予一定的研究费补助。对于实施新技术的企业化和商品化试验所需的资金,由中小企业金融公库给予长期低息贷款。各地方为了支持中小企业的新产品、新技术等的开发,聘请技术丰富、具有一定知识和经验的技术专家担任指导员,根据中小企业者的希望,到生产现场进行免费技术指导。②在技术开发方面。对于节省能源、代替能源的技术开发,振兴地区产业的技术开发,以及开发出来的新技术企业化方面所需要的资金,从政府金融机构给予贷款。中小企业自己开发确有困难的技术课题,公立试验研究机关或中小企业事业团可以帮助开发,然后通过讲习会的方式,让中小企业能普遍使用。③在技术交流方面。为促进不同行业之间的技术交流和技术移植,于1983年创设"技术交流广场",每月举办一次活动,使新技术、新设备能及时在中小企业得到推广和应用。

(6) 经营小规模企业者的共济事业。为了提高小规模企业者的福利,根据日本政府颁布的"小规模企业共济制度"的规定,小企业主必需每月交纳一定数额的公积金,并由政府出资设立了小规模企业共济事业团主管这方面的业务。到小企业主退职、死亡或企业倒闭停业时,可以依照规定领取相当数量的共济金。改善经营普及事业,也是针对小企业而设置的。主要由商工会和商工会议所负责,设专任的经营指导员,通过巡回指导和窗口咨询,对企业进行详尽的有关金融、税务、经理、记账、合理化、劳动、技术等方面的指导。当资金发生困难时,经营指导员可建议政府系统的金融机关给予低息、无抵押、无保证人的贷款。

(7) 经营中小企业防止倒闭的共济事业。在激烈的竞争中,日本每年都有大批中小企业倒闭。一个企业倒闭,往往引起与这个企业有交易关系的其他中小企业的倒闭。为了防止连锁倒闭,以利于中小企业经营的稳定,日本政府颁布了"防止中小企业倒闭共济法"。这项业务也由中小企业共济事业团负责。符合一定条件的中小企业要与共济事业团签订契约,每月交纳一定的共济金。参加交纳公积金6个月以上的企业,如果出现倒闭局面,可以接受共济贷款。贷款额是这个企业交纳共济金的10倍范围内。这种贷款不要保证人,无利息,偿还期限为5年。

综上所述,这些团体虽然分工不同,但又密切配合。它们与行政机关紧密协作,结成了官民结合的中小企业扶持指导网络。

第四十一章　中小企业的法律支持体系

立法是保障和促进中小企业健康发展的重要手段。国家通过立法,明确中小企业在国民经济中的地位,努力克服不利于中小企业发展的各种经济、社会因素,为中小企业的生存和发展创造一个良好、宽松的环境。我国中小企业立法才刚刚起步,中小企业的立法保障政策也很不完善。西方各国在中小企业立法保障方面已有较长的历史,有许多值得我国学习和借鉴的成功经验。本章从西方发达国家中小企业法律支持体系的作法和经验入手,探讨了中小企业立法保障的基本特征、中小企业法规体系及其主要内容,介绍了西方发达国家中小企业法律支持体系的经验,提出了建立我国中小企业发展的法律支持体系对策。

第一节　中小企业法律支持体系的特征与基本框架

一、中小企业法律支持体系的特征

世界各国政府为促进中小企业的发展,将中小企业立法作为一种保障手段,其具体内容不尽相同,概括起来,主要有以下几个基本特征:

1. 中小企业立法保障法律调整手段的经济性

西方发达国家素来崇尚市场经济、自由企业制度。企业是一个真正意义上的市场主体,也是一个司法上的主体,因而其企业法是真正的经济法,而非变相的行政法。一般来说,中小企业问题本质上是一个经济上的弱者问题。西方各国的中小企业立法保护重在用经济性的手段来保证中小企业的稳定发展,加快中小企业的现代化进程;重在通过财政上、金融上的优惠政策等经济杠杆来保护中小企业的发展。中小企业立法保障调整手段的经济性针对中小企业弱者地位之所在。

2. 中小企业立法保障的目的性

中小企业的弱者地位在于中小企业在市场经济中处于受大型企业排挤、兼并而不断消亡的劣势地位,在于中小企业发展的不稳定性,在于中小企业陈旧的机器设备,落后的技术和低下的管理水平。简而言之,在于中小企业的不高的现代化水平。因此,加快中小企业的现代化进程和保障中小企业的稳定发展也是西方各国中小企业立法保护的一个重要目的。西方各国中小企业保障法规中很大一部分是加快中小企业的现代化进程和保障中小企业的稳定发展方面的规定。加快中小企业的现代化进程和保障中小企业的稳定发展是克服中小企业弱者地位的有效手段。在市场竞争日趋激烈,科学技术革命日新月异的今天,加快中小企业的现代化进程和保障中小企业的稳定发展可以说是西方各国中小企业立法保障一个突出特征。

3. 中小企业立法保障的扶持性

中小企业在国民经济中与大企业相比处于弱者地位,所以其迫切需要政府的保护和支持。国外中小企业立法的另一个基本特征就在于政府对中小企业的保护、扶持。例如,美国政府对中小企业的保护侧重于给予企业以财政金融支持、管理支持和科技研究与开发支持。加拿大政府对中小企业的保护主要通过税收优惠等措施进行,制定了《联邦减免税法》、《小企业减税法》等对中小企业实行税收优惠的法律来保护和扶持中小企业。韩国中小企业立法的宗旨则在于贯彻"国家要保护和支持中小企业的经营活动"这一宪法精神。《日本中小企业基本法》第一条规定中小企业立法的宗旨在于提高中小企业生产率,鼓励其自主经营,促进中小企业的发展,以协调社会经济的顺利发展。尽管西方都注重对中小企业进行保护和扶持,但各个国家对中小企业的保护与扶持侧重点有所不同,例如日本主要通过财政、信贷、补偿损失和给予税法上的优惠来保护、扶持中小企业的发展。

4. 中小企业立法保障具有较强的可操作性

在市场经济条件下,中小企业的弱者地位决定了对其保护也应是具体的,具有较强的可操作性。过于粗略的法律法规使中小企业保护措施难以达到预期的保护效果。在中小企业立法保障方面,西方国家的法律规定都是相当具体、明确、具有较强的可操作性。例如,日本《中小企业现代化资金促进法》在现代化资金的贷款方面就利率、偿还期限、期限前偿还、担保或担保人、贷款的额度、违约金等方面均作了明确而具体的规定。明确而具体的法律规定便于保证对中小企业立法上的保护措施能有效地贯彻执行。

二、中小企业法律支持体系的基本框架

立法是保障和促进中小企业健康发展的重要手段。在中小企业发展趋向的实践中,各国都先后建立了较为完善的中小企业的法规体系,中小企业的法规体系已成为许多国家标准经济法规或商法体系的重要组成部分。从各国中小企业立法的内容来看,中小企业法规体系主要由中小企业基本法和涉及中小企业发展某一方面的专项法规组成。在此,为了简明,我们论述时不涉及中小企业法规与其他经济法规和与宪法等更高级别法律的关系。

(一) 中小企业基本法

中小企业基本法是关于国家扶持和管理中小企业的根本法和母法,内容主要是关于

中小企业的性质、定义、中小企业的立法原则、管理机构的设立及其主要职责和任务、扶持中小企业的基本原则和具体的支持领域与方式等方面的一些基本规定。中小企业基本法是政府管理和扶持中小企业的依据，是立法机关制定中小企业某一方面的专门法规的依据，也是政府行政部门制定中小企业具体政策和制定扶持中小企业发展计划与方案的根本依据。

美国是制定中小企业基本法最早的国家。早在1950年参议院就设立了"小企业临时委员会"，负责中小企业基本法的起草工作，1953年美国《小企业法》正式出台。美国《小企业法》奠定了美国小企业政策的基础，确定了一系列扶持小企业的方面和领域，如提供贷款担保、技术管理援助和帮助获得政府采购合同等；同时，还为负责实施小企业的联邦政府小企业局的设立提供了法律依据。日本《小企业基本法》出台于1963年，它是日本中小企业发展的纲领性法规，是现行中小企业政策和管理的总依据，被称为日本的中小企业宪法；韩国的《中小企业基本法》出台于1966年；德国没有专门的中小企业基本法，但有关中小企业的基本政策体现在1967年制定的《关于保持经济稳定和经济增长法律的基本条例》中；英国是实行不成文法体系的国家，中小企业基本政策体现在至今已经议会通过的11项有关中小企业的法案中。阿根廷涉及中小企业的政策法规很多，但最基本、最核心的是1995年3月颁布的《中小企业法》，以此法为基础，政府还颁布了一系列关于中小企业的法律、法规，对《中小企业法》加以具体化和条例化。台湾地区1967年出台了《中小企业辅导准则》，1996年修改为《中小企业发展条例》，可视为台湾当局的中小企业基本法。

（二）中小企业专项法规

中小企业专项法规是指关于涉及中小企业发展某一方面的专项法规。各国在中小企业基本法的基础上，根据本国的具体国情和发展中小企业的具体需要，还制定了许多涉及中小企业发展某一方面的专项法规，以便更好地指导中小企业的健康发展。从各国这些中小企业发展专项法规的内容来看，主要包括以下几个方面：

1. 关于为中小企业建立公平的经营环境的专项法规

如美国的《机会均等法》(1964)；德国的《反垄断法》、《反对限制竞争法》(1974)；日本的《禁止垄断法》(1947)、《稳定特定中小企业临时措施法》(1952)、《大规模零售店法》(1973)；韩国的《公平交易法》(1984)等。

2. 关于金融扶持方面的专项法规

如日本的《改善中小企业金融方法纲要》(1927)、《中小企业振兴资金助成法》(1956)、《中小企业信贷保护法》、《中小企业信用保险公库法》1958；韩国的《中小企业银行法》(1961)；英国的《信用保证基金法》(1974)和《迟延支付商业债务法案》(1997)等。

3. 关于支持中小企业技术进步方面的专项法规

如美国的《小企业技术创新开发法》(1982)、《小企业发明推广法》(1982)、《加强小企业研究与发展法》(1992);韩国的《产业技术研究组织育成法》和台湾地区的《中小企业辅导体系建立与辅导办法》、《中小企业开发公司设立营运的管理办法》"等。

4. 关于中小企业结构调整和现代化方面的专项法规

如日本的《部门调整法》(1977)、《中小企业现代化促进法》(1963);德国的《中小企业结构政策的专项条例》(1976);韩国的《中小企业协同组合法》(1961)、《关于促进中小企业经营安定及结构调整特别措施法》(1989)等。

5. 关于鼓励中小企业出口方面的专项法规

如日本的《重要出口商品工业组合法》(1925);德国的《1990~1993年中小企业参与欧共体市场竞争专项计划》;美国的《扩大中小企业输出法》;法国的《支持中小企业对外投资与出口计划》等。

6. 其他方面的专项法规

有协调大中小企业之间关系的专项法规,如韩国的《中小企业事业调整法》(1961)、《中小企业系列化促进法》(1975);有减轻中小企业税赋的专项法规,如美国的《制度缓和法》;还有鼓励中小企业创业的专项法规;如韩国的《中小企业创业支持法》(1986)等。

第二节 国外中小企业法律支持体系的经验与比较

中国企业发展和经济增长的根本约束是动力不足。中国企业发展和经济增长的动力主要是互动增进的技术知识和制度知识两个方面。自从实行改革开放以来,中国在制度创新方面取得了巨大的成就,为企业发展和经济增长提供了主要的激励力量,交易成本大为降低。相比之下,中国的技术知识积累和技术创新进展迟缓,生产成本的降低还大有余地。这集中表现为技术进步对于经济增长的贡献率较小。

就中小企业而言,制度适应的创新与增加曾经成为中小企业发展的主要动力,如苏南模式、温州模式和诸城模式的中小企业,均受益于企业制度创新。但另一方面,技术知识短缺又成为了今天中国中小企业发展的瓶颈,导致产业结构低下,低水平重复建设、效益差。以上正反两方面的事实恰恰表明,知识发展战略是我国中小企业发展的必由之路。

一、制度创新是改革开放以来中国经济增长的主要动力

近20年来,中国经济增长与企业发展的过程,实质上是中国总体和企业个体制度知识创新与增加,知识总量不断扩展的过程。

在实行改革开放以前,僵化的制度是中国企业发展和经济增长的主要障碍。旧制度的僵化主要表现在两个方面:单一的所有权制度和高度集中的资源配置制度。在这种僵化的制度下,整个社会劳动激励严重不足,人们从事经济活动的努力是很有限的,创新也只能是一种自发的、零星的活动,人们普遍选择"搭便车"的策略。同时,经济组织和管理经济的方式严重政治化,政企不分,产权不明,交易成本及行政代理成本提高,经济效率低下。

逐步完善和推广的改革开放政策打破了约束企业发展和经济增长的制度瓶颈,成为促进中国经济增长的第一大引擎。这些改革开放政策包括:1978年前后在农村全面推广的家庭联产承包责任制;从1984年起在城市逐渐展开的放权让利和利改税;1992年开始建立的社会主义市场经济和现代化企业制度。这些政策把人们的努力与报酬紧密联系起来,给人们提供了寻求和把握经济机会的自由,从而产生了制度激励功能。

1953~1977年中国产出平均增长率是6.9%,1978~1995年中国产出平均增长率是10.1%(根据李京文等《生产率与中国经济增长》一文有关统计资料计算)。在这前后相继的两个阶段中,中国在技术的创新和运用方面有进步,但是并没有取得突破性的进展,但在制度方面有实质性的变革,制度创新和制度变迁是中国产出增长率增长的主要原因。制度创新对于经济增长的推进作用是立竿见影的。在改革开放取得重大突破的1978年、1984年和1992年,也就是中国制度创新的边际收益最大的几年,中国的经济增长率(国内生产总值)依次是11.7%、14.7%和14.1%,分别是三个不同时期的高峰。当中国制度创新的边际收益递减时,中国经济增长速度放慢;当中国制度创新的边际收益为零时,中国经济增长就几乎停滞。中国经济随着制度创新及其边际收益的变化而呈现出周期性波动。

二、中国经济增长质量的一系列显性问题的直接原因是技术知识短缺

首先,产业结构难以提升主要是因为新知识准备不充分。新知识产生是新产业产生的必要条件。没有新知识,产业结构就不可能更新,经济增长质量就不可能提高。可以用专利权申请文件的数量说明知识创新状况。中国的这个指标是非常低的,说明中国知识创新能力低下。根据世界银行《1998/1999年发展报告》统计,1995年居民和非居民专利权申请文件的数量,在中国分别是100 665件和31 707件,在日本是335 061件和53 896件,在韩国是59 249件和37 308件,在美国是127 476件和107 964件。

其次,经济增长低效率、低利润主要是因为技术知识的投入和作用不大。这种在经济增长过程中投入和作用的知识具体表现为科学技术。新经济增长理论已经揭示:技术是内生的,并且是经济增长的主要动力。在提高生产效率、获取利润方面,技术的作用是最大的,远远超过资金和劳动力的作用。技术因为获利能力最强,所以成为推动经济增长的主要力量。但是在中国的经济系统中,技术要素数量较小,对于经济增长的作用是有限的。这些年中国经济的高增长基本上属于增加投入型,特别是依靠资金的投入。例如:1994 年中国国内生产总值增长率是 12.6%,而固定资产投资增长率是 28.5%,货币增长率是 34.4%。1981~1995 年中国技术进步对经济增长的平均的贡献率是 39%。在这 14 年中,科技进步贡献率大于资金贡献率和劳动力贡献率之和的只有 3 年(1982 年,1983 年和 1984 年),科技进步贡献率同时小于资金贡献率和劳动力贡献率的也有 3 年(1989 年,1990 年和 1991 年),科技进步的最小值是 19.17%(表 41-1)。早在 1956 年索洛就用"余数法"计算出:美国经济增长的 87.5%是由技术进步带来的。70~80 年代世界银行对 38 个国家和地区的技术进步状况进行了分析,结果表明:发达国家技术进步速度平均是 2.7%,技术进步对产出增长速度的贡献是 50%,发展中国家技术进步速度平均为 2.0%,技术进步对产出增长速度的贡献为 31%。

表 41-1 1981~1995 年中国生产要素贡献率

年份	技术进步贡献(%)	资金贡献率(%)	劳动力贡献率(%)	非技术进步贡献(%)
1981	基 年	基 年	基 年	基 年
1982	59.62	22.78	17.60	40.38
1983	61.73	22.26	16.01	38.27
1984	54.70	26.05	19.26	46.30
1985	40.49	34.62	24.89	49.51
1986	34.02	40.76	25.22	65.98
1987	36.16	39.16	24.68	63.84
1988	36.72	37.31	25.97	63.28
1989	26.00	43.59	30.41	74.00
1990	19.17	51.17	29.66	81.00
1991	22.40	50.44	27.16	77.60
1992	30.01	46.33	23.66	69.99
1993	40.82	37.92	21.26	59.18
1994	40.06	39.36	20.58	59.95
1995	44.63	35.41	19.96	55.37

最后,经济增长过度波动主要是因为缺乏持续稳定增长的技术知识力量。因为技术是经济增长的主要动力,所以只有技术的持续稳定的进步才是经济持续稳定增长的可靠

保证。

大家不会忘记东亚奇迹与东亚危机。可以发现：在1985~1994年期间，泰国的人均国内生产总值增长速度是8.2%，高居排行榜首位；韩国的该指标是7.8%，排名第二；中国和新加坡的该指标都是6.9%，并列第三。这被许多人惊呼为"亚洲经济奇迹"。但是，在1997年，从泰国开始，亚洲爆发了震撼国际社会的金融风暴。这实质上是经济增长过度波动的极端表现，主要原因就是缺乏技术稳定的技术进步。

在已经过去的几个五年计划时期，中国的技术进步对经济增长的贡献是起伏不定的，既没有呈现出明显的下降趋势，也没有呈现出明显的上升趋势。"六五"后4年(1982~1985)技术进步贡献率平均值是54.13%，"七五"期间(1986~1990)该指标是30.41%，比"六五"后4年减少将近24个百分点；"八五"期间(1991~1995)技术进步贡献率平均值是35.59%，比"七五"期间又增加大约5个百分点。技术进步的落后成为中国经济增长过度波动的重要原因。

对于中国经济增长和企业发展问题的分析必须深入到动力机制的层面。关于制度、知识和经济增长与企业发展的关系，有几点需要特别注意。第一，科技知识是经济增长的原动力，决定经济增长的上限，而制度通过加速或延缓知识的作用而对经济增长发生作用，既可以成为经济增长的加速器，也可以成为经济增长的瓶颈；第二，知识的积累具有长期性，主要取决于现有的知识存量和投资，知识制度的创新具有瞬时性，主要取决于人们的认识；第三，知识的增长能够促进制度的创新、是制度创新的源泉，制度创新能够形成知识积累的良好环境，有利于提高知识使用的效率。

到目前为止，中国还没有彻底完全地克服困扰经济增长和企业发展的制度症结，制度不均衡的现象依然存在。因为旧制度对于经济增长和企业发展的约束非常严重，所以以制度创新为重心的改革开放所释放出来的经济增长潜能也非常强劲。旧制度的产生和存在也有深厚的渊源，新制度的建立不是一朝一夕所能完成的。在中国制度创新与制度变迁是一个长期演化的过程。同时应当看到，经过20多年的改革开放，目前在中国制度的基本问题得到了逐步的解决，为经济增长和企业发展提供了一定的制度准备和发展空间。从两重动力的配合和协同来看，中国的特点是制度知识先行、科技知识滞后，制度知识的推动作用呈递减趋势，技术知识的推动作用有待于进一步加强。因此，解决中国经济增长和企业发展的问题不能过分依赖政策，特别是不能仅仅用主观随意的制度变迁代替稳扎稳打的知识积累。

要彻底解决中国经济增长和企业发展约束，可以采取以科技知识为重心的整体推进策略。简单地说，这种策略主要包括三个层次：第一，建立科技知识与制度知识并存、科技知识先行的双重动力机制；第二，坚持以知识经济为导向、多种经济形态并存的发展道路；第三，加强在教育、科技、制度、经济全球化、产业结构和企业经营管理等方面的改革和建设，努力扩大科技知识存量，迅速提高科技知识更新能力，充分发挥知识的效用。

第三节 建立我国中小企业法律支持体系的思考

我国由于对中小企业立法缺乏长期系统的规划,至今也没有一部全国性的明确规范中小企业组织和活动的基本法。目前,虽然我国已经制定了一些关于中小企业的立法,主要有:《小型企业租赁暂行条例》、《私营企业暂行条例》、《乡镇企业承包经营责任制规定》、《中外合资经营企业法》、《中外合作经营企业法》、《乡镇企业法》、《合伙企业法》、《乡村集体所有制企业条例》、《城镇集体所有制企业条例》、《出售国有小型企业暂行办法》等。这些立法很不完善,是以所有制为标准划分中小企业,缺乏统一性、系统性和科学性,这导致各种不同经济成分的中小企业在法律地位和权利上的不平等。除《乡镇企业法》外,多数以《条例》法规的形式,由国务院或国务院各直属部委局制定,立法层次比较低,既有相互重叠,又有很多空白。缺乏对特殊行业、产业的中小企业的重点扶持的立法,亦缺乏对中小企业内部管理和外部环境,如融资、技术、信息、人才管理等方面的法律规范,致使中小企业的许多行为缺乏法律约束,不利于中小企业的良性发展。

西方发达国家中小企业立法保障的作法和经验提供了有益的启示:中小企业的健康发展必须有完善的法律制度支持和政策扶持,有完善的社会化服务体系,有一套健全的规范中小企业组织与活动的立法,为中小企业创造一个公开宽松的外部竞争环境。

一、加快制定《中小企业基本法》,为促进中小企业发展创设基本的法律制度

在《中小企业基本法》中应当包括以下内容:第一,中小企业的立法宗旨是充分保护中小企业的合法权益,维护公平竞争秩序,促进中小企业的健康发展,使中小企业适应不断变化的运行环境,取得更好的经济效益。第二,明确中小企业的法定分类标准,摒弃现行的以所有制为界划分企业的立法标准,从而明确中小企业法的适用范围。第三,明确中小企业的基本原则,如效益的原则、自主的原则、公平的原则和协调发展的原则等。特别要体现对不同所有制的企业应当一视同仁,从而使不同所有制的中小企业都能够获得公平竞争的机会。第四,允许中小企业在不同行业间自由进入和退出的规定。其立法意图应当是鼓励中小企业自由进入市场,尽可能简化对中小企业的登记和审批手续,降低创业的难度,适当降低最低资本限制的要求等。第五,对某些行业的中小企业实行减免税收的优惠政策,减轻中小企业的社会负担,禁止乱摊派。第六,明确规定中小企业的法律形态。中小企业可以采取公司制、股份合作制、合作制、合伙制、独资企业等企业法律形态。此外,对现行国有中小企业还可以采用联合、兼并、租赁、承包、拍卖等经营形式,保障中小企业改制的成果,促进中小企业的发展。第七,明确规定中小企业的产权关系,使国有、集体中小企业的产权明晰化。

二、制定和完善社会中介服务机构的法律,规范中小企业服务

中小企业规模小,分布面广,其要素、产权流动重组的频率远比大企业高。同时它们获得要素、信息的能力及所能承担的成本又是相当有限的。这就要求各种中介组织要针对中小企业在建立、运行、发展,以及破产重组方面的需要提供社会化的服务体系,如中介服务、信息服务、培训服务、企业诊断和经营指导服务等,优化中小企业的生存发展环境。第一,要严格执行《律师法》和《注册会计师法》等法律规范,扶持一批专业化程度高、责任能力强的律师事务所,会计师事务所,为中小企业提供客观、公正、独立的中介服务。第二,中小企业管理部门加快制定有关科技服务、培训服务、财务服务、企业诊断和经营指导服务等方面的专业化规章,使中小企业的服务规范化、科学化、系统化。

三、依据最近出台的《中小企业促进法》,大力推进中小企业发展

《中小企业促进法》的核心是通过立法确定对中小企业实行积极扶持、加强服务、保障权益的方针,规范中小企业的促进政策,为中小企业的发展创造有利的环境。全国人大财经委于1999年4月成立了由中央有关部门的领导和工作人员以及有关专家参加的《中小企业促进法》起草组。2000年6月,国家经贸委起草了《中小企业促进法》讨论稿,已报送全国人大财经委。2002年6月29日九届人大常委会第28次会议已通过《中华人民共和国中小企业促进法》。现在,要紧紧依据已出台的《中小企业促进法》,积极促进科技型、就业型、外向型、可持续发展型、协作联合型、社区服务型、中西部开发型中小企业的发展。实行重点扶持的中小企业包括:以高新成果转化为支撑的技术密集型中小企业;以吸纳就业为主的劳动密集型中小企业;以外贸出口为主的外向型中小企业;以资源综合利用和环境保护为主的可持续发展型中小企业;以共同扩张和集约化为主的协作联合型中小企业;以发挥自身优势为主的社区服务特色型中小企业;以促进区域经济协调发展为主的中西部开发型中小企业。

第四十二章 中小企业的金融支持体系

第一节 我国中小企业金融支持体系的现状

金融是现代经济的核心。目前,我国的中小企业一般只能依靠现有的债权性融资渠道,如民间借贷、信用社、银行和基金会等贷款,一方面使得负债率过高,利息负担严重;另一方面也造成了银行大量不良贷款的存在。因此,改革现有由国有银行、股份制银行与信用社的体制,发展地方性中小金融机构,疏通现有融资渠道,拓展股权融资是政府对中小企业进行金融支持的必然选择。

一、中小企业政策金融理论

中小企业与大企业相比,具有资信差、担保能力低及融资成本高、资本结构不合理等劣势。加上长期形成的金融体制性障碍,我国中小企业存在着金融供给上的缺口。根据研究,这种金融缺口包括资本缺口与借贷资本缺口。

所谓中小企业资本缺口(或称 Macmillan Gap),指金融体系愿意或能够提供的融资服务低于中小企业对资本和债务的需求的差额。该概念最初由 Macmillan 在 1931 年在其中小企业金融的研究报告中提出。他发现如果中小企业资产低于 25 万英镑(相当于 400 万英镑现价)时,则该企业的融资将遇到困难,因此,股票交易所要求最少要达到这一标准才能使股票上市交易。中小企业存在的资本缺口主要来自于两个方面。一方面是规模不经济。不论是正式资本市场,还是非正式股票市场、柜台交易市场和第三市场,都存在着关于企业规模和经营年限等限制,这为中小企业在资本市场上融资带来困难。此外,研究发现,中小企业对于风险投资而言,也有着规模不经济的一面。由于风险投资属于股权投资,其回报往往是不可预测的,因此风险投资公司或基金管理人倾向于对其投资的中小企业进行近距离控制和监督,而风险投资的固定成本也成为许多中小企业获得风险投资的障碍。另一方面,由于风险投资者往往将注意力集中在投资回报更高的电子信息、房地产等行业上,这种行业上的偏好对于许多中小企业尤其是劳动密集型中小企业而言也是不利的。

所谓借贷资本缺口,是指中小企业的外源债务融资不足。研究表明,中小企业比大企业更加依赖于银行贷款,银行仍然是中小企业信贷资本的主要来源。但中小企业在"逆向选择"与"道德风险"方面比大企业更加难以控制。这主要是由于银行在搜寻和处理关于中小企业的信息时存在着规模不经济的问题,难以降低信贷资金的信息成本,而且,对中小企业的监督的单位成本通常会高于对大企业的监督成本。由于中小企业无法提供证明自己信誉和还款能力的信息,银行只好一个一个调查,据统计,银行为中小企业贷款的管理成本是大企业的 5 倍左右。这就产生了贷款担保的需要。

由于中小企业金融存在着市场失效这一现状,政府对中小企业实行融资上的帮助便显得十分必要。

如图 42-1 所示,纵坐标表示利率水平,横坐标表示信贷资本供给量;R 是市场利率水平;D_1 是中小企业对借贷资本的需求;S_1 是金融机构对中小企业信贷的供给曲线。在市场利率水平下,中小企业对信贷资本的需求是 OQ_1,而此时银行愿意供给的是 OQ_2,OQ_1 和 OQ_2 间存在着较大金融缺口。大卫(David,D)(1996)认为,Q_1Q_2 是中小企业的借贷资本缺口。在市场作用下,中小企业所获得的资金额为 Q',相应的均衡利率应为 R_1,R_1 高于 R 的部分是对中小企业贷款的风险溢价,则中小企业实际信贷可得量是 OQ'。如果政府为中小企业提供信贷担保计划与资金支持,则信贷供给曲线将移到 S_2 处,此时,金融机构愿意提供的信贷额为 OQ'',借贷资本的缺口则为 $Q'Q_1$,在有政府参与的市场上,均衡利率将变成 R_2,风险溢价的水平有所降低,从图 42-1 分析来看,政府的金融计划缩小了中小企业信贷资金的缺口,缩小量为 Q_2Q''。陷于缺口中的企业的一部分信贷需求只能通过接受含有风险溢价的利率到 R_2 来得到满足。

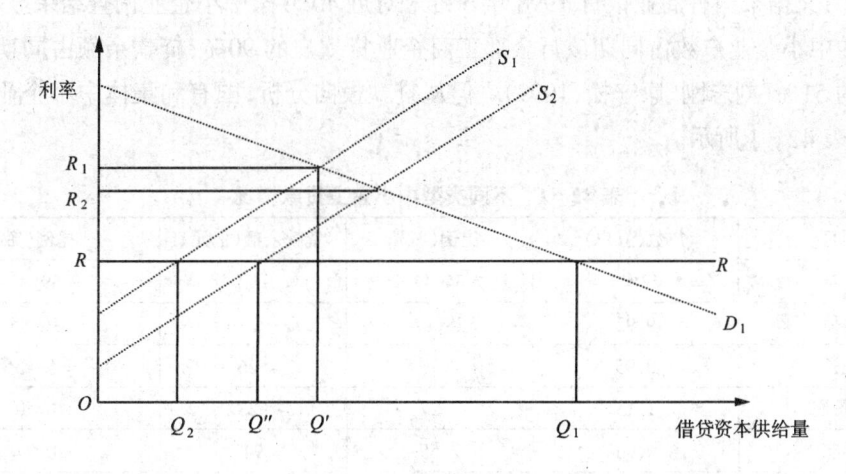

图 42-1 政府信贷政策在中小企业金融中的作用

二、我国中小企业融资特点

从中小企业自身来看,在融资方面存在着以下特点:

(1) 中小企业的资本有机构成低,自有资本高于外部资本,以内部、间接、短期融资为主,因而资产负债率比大企业相对小,融资成本相对高。从发达国家看也是如此。美国中小企业的自有资本比例,自 1985 年以来,明显高于大企业,为 46.0% 左右,日本中小企业自有资本比例平均为 13% 左右,法国为 16.2%,德国制造业中小企业为 13.9%。

(2) 中小企业财务行为不规范,财务信息失真严重。表现为财务管理水平低,报表账册不全,内控制度不健全等。又由于其主业经营业务不明确,资产负债率高,破产风险大,信用观念差,逃废银行债务现象严重,导致中小金融机构尤其是国有商业银行在对待中小企业的融资要求时格外谨慎。

(3) 中小企业贷款抵押、担保难。中小企业大都资金匮乏,规模小,主要资金是库存货物和应收账款等,特别是对于那些从事租赁经营的中小企业,可供贷款抵押的资产更少,在管理混乱、信誉不佳的情况下,很难找到贷款担保单位。

(4) 中小企业社会信用观念淡薄,债权债务关系缺乏制度保障,与金融服务机构间又缺少实施监控、处罚与风险转移的中介机构与作用机制。

基于上述现状,长期以来,中小企业因而被排除在传统的金融体系外,既不能依靠稳定的短期资金市场,又无法在长期资本市场中得到支持。

三、我国中小企业融资现状

从国有商业银行对中小企业的信贷情况看,截至 1998 年 3 月,各国有商业银行对中小企业的贷款余额为 1.7 万亿元左右,约占同期各国有商业银行贷款余额的 38%(莫丽梅,1999);又据某国有商业银行 1998 年 6 月末对近 40 万家中小企业调查结果显示,有贷款余额的中小企业户数占同期该行全部工商企业贷款户的 90%;贷款余额占同期该行贷款余额的 51%(刘志刚、康守松,1999)。但从贷款投向分析,国有和集体中小企业贷款占比大,如表 42-1 所示。

表 42-1 不同类型中小企业贷款情况

项目	户数(万户)	比例(%)	贷款余额(亿元)	比例(%)
国有	12.49	35.49	6749	69.87
集体	9.92	28.19	1628	16.85
三资	0.95	2.70	526	5.45
股份制	1.15	3.27	628	6.50
私有	0.90	2.55	94	0.97
个体	9.78	27.80	35	0.36
总计	35.19	100	9660	100

资料来源:《改革》,1999 年第 1 期。

从其他金融机构对中小企业的信贷支持看。据统计,截至 1998 年月末,各城市商业银行和城乡信用社对中小企业的贷款余额为 6000 亿元,约占其同期贷款总余额的 80%(莫丽梅,1999)。从贷款投向分析,以民生银行为例,该行自 1996 年 1 月 12 日成立以来,就明确自身定位于民营企业,截至 1998 年末,对中小企业的贷款占累计发放额的 80%,贷款余额的 60% 投向民营企业(蔡鲁伦,1999)。从图 42-2 可以看出,各金融机构对中小企业贷款比例由高到低依次是中国民生银行、城市信用社与农村信用社、城市商业银行、中国农业银行、中国银行、中国建设银行、中国工商银行。

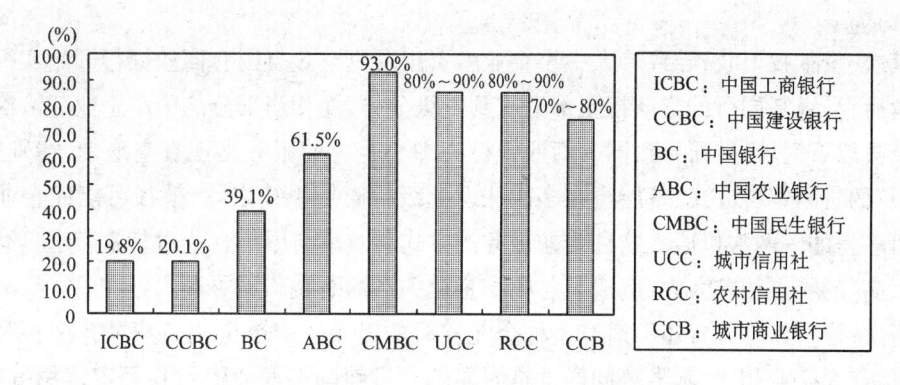

图 42-2　不同类型银行对中小企业的贷款比重

四、体制约束：中小企业金融瓶颈透视

我国中小企业融资不畅，既有中小企业自身的原因，更与金融体制约束息息相关。包括：

1．金融组织制度约束

一方面，政府缺乏配套的中小企业金融政策，而社会则缺乏相应的中小企业金融机构。两者直接限制了中小企业的融资渠道和融资能力。另一方面，我国金融机制市场化发育落后，对商业化改革反应滞后。我国银行商业化进程客观上要求银行在减少交易与经营成本的基础上提高盈利水平，面对大企业的大笔信贷与中小企业的小额信贷，由于中小企业在市场信息不对称情况下更容易产生道德风险与逆向选择行为，因而银行一般会选择大企业。在这种情况下，我国缺乏有利于中小企业融资的金融组织制度。

2．金融管理约束

在金融管理上，首先，我国存在着资金限制和服务对象的制约。长期以来，我国一直是一个资金严重短缺的国家，近年来，国有商业银行又一直将自己的服务对象主要锁定在国有经济和大型企业，纷纷以经营批发业务为主，致使有限的信贷资金增量70%～80%都投入于国有大企业，中小企业得到的只是不到20%的信贷资金。特别是国有商业银行实现体制转变后，作为一个市场主体和竞争主体的现代金融企业，经营原则确定为利润最大化，纷纷实行"双大"（大城市、大企业）战略，以致一些企业资金大大超过需求，不得不在众多银行之间搞"平衡"。而中小企业所获得的贷款却几乎没有什么增加，为了弥补流动资金缺口，有些中小企业不得不以高利率进行资金拆借和集资，大大提高了经营的资金成本。中央银行虽然想通过在各国有商业银行增设中小企业信贷部这一职能机构的方式来纠正这种经营上的偏差，但由于中小企业量多、面广、分散，经济成分复杂，为之所提供的金融服务交易和监督管理成本均过高，银行普遍存在着对中小企业贷款的思想障碍。如果没有外部力量的推动和硬指标要求，国有商业银行自身很难有主动性和积极性去改变这种现状。

其次,贷款权上收,导致广大中小企业融资出现真空。自国有商业银行开始实行集约化经营后,县级基层行的贷款权全部上收到二级分行,而相当部分的中小企业却恰恰处于县以及县以下区域,从而导致国有商业银行为中小企业的服务出现真空地带,特别是"一事一报"的贷款审批方式,基层行在多次往返上级行履行手续之际,就很可能使企业丧失了不可多得的一两次机遇。这种金融服务的方式和效率与中小企业对贷款需求具有"急、频、少、高"的特点相差太大,造成了与中小企业关系的断裂和不协调。

再次,信贷管理方式还不适应多种企业发展的需要。中小企业虽然具有许多明显的优势,但与大企业相比,其劣势同样也是明显的。目前国有商业银行在评定信用等级、审查企业贷款条件时,把企业的经济效益和资金占用结构作为主要审查对象,中小企业与大企业使用的是同一标准,无丝毫特殊性可言,这不利于中小企业从国有商业银行取得贷款支持。一些新创办的企业尤其是高新技术企业,初期盈利能力不强甚至亏损,但发展前景很好,如不能及时予以支持,科技成果也就难以转化为现实的生产力。

最后,严格的抵押担保贷款方式成为中小企业取得贷款难以逾越的门槛。中小企业由于符合标准(用于衡量国有大企业标准)的保证企业难找,本身的固定资产规模又小,特别是拥有的抵押品少,往往达不到有效抵押和担保的要求。国有商业银行从防范风险角度出发,不可能降低条件去涉及这一领域,及时足额地满足中小企业的融资需求。

总之,目前国有商业银行无论从经营理念、管理能力,还是机构设置,信贷资源配置以及具体操作方式上都是以国有大企业为主要服务对象的,适合办理大宗批发贷款业务,而对中小企业贷款额度小、次数多的小额零售贷款业务却没有一套相应的管理方式和操作规程,导致操作成本较高,交易量很小,在支持中小企业发展上显得"心有余而力不足"。

第二节 国外中小企业金融支持模式比较

中小企业在创业时往往自有资金不足,有的基本上依赖非正式资金市场,以内部集资和借款吸收资金为主。由于中小企业利用股票和公司债券筹资要受到现行制度的种种限制,从商业银行贷款利息高,且条件苛刻,这些都使得中小企业融资渠道非常狭窄,在资金筹措能力上与大企业相比有明显的差距。因此可以说,从拓宽融资渠道入手,是政府扶持中小企业最切合实际、也是最有效的方式。

一、政府的专门机构提供信贷支持

许多国家的政府认识到提供资金支持中小企业发展的重要性和必要性,设立了专门为中小企业融资的机构,直接对中小企业予以信贷支持。根据机构的性质不同,大致可划分为以下两种类型:

1. 美英模式

所谓美英模式,是指政府为调节中小企业生产经营的资金来源,直接为中小企业提供信贷支持,或向金融机构担保。美国政府对中小企业的资金支持政策主要是通过中小企业管理局来实现的。该局有权直接向中小企业贷款,其贷款形式主要有三种:①直接贷款,即由中小企业管理局向有关中小企业提供全额贷款;②协调贷款,即由中小企业管理局会同有关银行共同进行的贷款;③保证贷款,即由有关银行给予全额贷款,但是小企业管理局给予90%的担保。由于中小企业管理局直接给中小企业提供的政策性贷款的数量很少,主要是为中小企业使用银行贷款提供担保。该局向金融机构承诺,当借款人逾期不能归还贷款时,保证支付不低于90%的未偿还部分[①]。英国制定了中小企业贷款担保计划,由政府向30多家金融机构担保7.5万英镑以下的中期(2~7年)贷款金额的80%,此计划适用于所有具有发展潜力的中小企业。计划的对象是在正常情况下银行不予贷款的,或者是不能以个人资产抵押的中小企业。此计划的缺点是额外费用高,增加了借款人的开支。此外,政府还降低了利息以外的收费标准,以鼓励中小企业参与计划。手续费由2.5%降至0.5%~1.5%,担保额度提高到85%。

2. 日欧模式

所谓日欧模式,是指由政府出资组建或帮助民间组建专门为中小企业融资的金融机构,其代表性国家有日本、意大利、德国、加拿大等。如日本政府为了解决中小企业不能从民间金融机构得到足够贷款的问题,建立了面向中小企业的金融机构:中小企业金融公库、国民金融公库、商工组合金融公库、环境卫生金融公库、冲绳振兴开发金融公库。其中,商工组合金融公库是由中小工商业者共同出资组合而成的金融机构,类似于信用合作社,其贷款对象仅限于本机构内有存款的成员。政府为其提供部分本金并认购其发行的一部分债券,同时也对其经营进行监督管理并规范其存贷利率。其余四家金融公司都是由政府全额出资组建的,其服务对象分别针对不同的行业特点、不同地区的中小企业各有侧重点。但总的来说,主要是针对中小企业设备资金和长期周转资金不足的问题而提供中长期信贷支持。政府金融公库的贷款利率和贷款期限都比民间银行更加优惠。但对申请贷款的企业的规模和贷款金额的最高数量有限制。日本在市一级政府还设有政策性的"小规模事业金融公社",专门帮助中小企业借款,扶持其发展。世界上大多数国家都是采取建立专业金融机构对中小企业提供信贷支持的。如德国的"欧洲复兴计划特殊资产基金"、英国的"3I"公司[②]、加拿大的联邦企业发展银行、韩国的中小企业银行以及美国的中小企业投资公司等。我国的民生银行也基本上属于这种金融机构。

---

① 马连杰、陈捍宁:"美国中小企业融资方式及其启示",《企业改革与管理》,1999年第3期。
② 英国政府为解决企业特别是中小企业发展缺少长期资金支持的所谓"麦克米伦缺口"问题,于1945年成立了"工商金融公司"(ICFC)和"产业融资公司"(FCI)。70年代,两机构合并成"3I"公司,并成为英国最大的专门从事中小企业长期的金融投资公司。

二、信用保证制度

金融机构一般认为向中小企业放贷有较大的风险。要消除金融机构的这种顾虑,就必须提高中小企业的信用担保能力。为此,政府可以实施为中小企业担保贷款的信用保证制度,建立信用保证机构。此类机构包括:投资担保公司、信用担保基金和互助基金。担保基金可以由政府设立政策性担保基金,主要以新兴产业中小企业为主,为培植新的经济增长点服务;也可以由各类机构设立商业性担保服务,获得收益;还可以由中小企业协会或中小企业设立互助担保基金,此类基金为互助性、非盈利基金,来源于中小企业自身。信用担保机构作为债权融资机构的补充存在,它的主要功能是减少债权融资的信用风险,提高企业融资的信用等级,降低融资成本。当中小企业向金融机构借贷遇到麻烦或因某种原因到期无力还款时,保证机构提供一种贷款担保,甚至到期代替中小企业偿还贷款,这样就可以大大增加中小企业从金融机构取得贷款的机会。西方许多国家的政府都实施了信用保证制度,如日本的中小企业信用保证制度,是由政府直接出资成立信用保证机构——信用保证协会。为了进一步提高贷款担保能力,政府还全额出资建立了中小企业信用保险公库,对保证协会进行再保险。当中小企业在保证协会的保证下从金融机构取得贷款后,保证协会即在保险公库将相当于担保贷款的金额进行再保险,所以当中小企业因某种原因届时无力偿还时,保证协会可以从保险公库领取相当于偿还全额70%~80%的保险金,代替中小企业偿还。当保证协会从中小企业收回欠款时,再将其中的70%~80%归还给保险人。信用保证协会和保险公库的建立,大大增加了中小企业从民间银行取得的贷款。美国的中小企业管理局主要是以担保人身份出现,为中小企业贷款担保。菲律宾政府出面成立了"中小企业担保与融资公司",担负对中小企业的直接和间接融资,提供风险投资、租赁贷款及证券贴现等。泰国、马来西亚、印度尼西亚等国也设有类似的担保机构。

中小企业信用保证制度的另一形式是中小企业联合起来,成立为共同成员获取贷款提供担保的集体担保组织(合作社式的),由政府对其提供补贴和优惠政策。如意大利实施的互助担保制度是由一批人为其成员的贷款申请提供共同担保的做法。它一般以省为基础组织,名称不尽相同,例如信用担保协会、互助担保社团、互助担保基金会等。许多省的中小企业协会或手工业协会都是从社会公众和协会成员集资组建互助合作的担保基金会,基金会将基金存入参与基金担保的银行,银行则向中小企业发放总额高于存款金额数倍的贷款。基金会的经营开发则从银行利息和被担保人缴纳的佣金支付。银行以优惠利率对这类风险较低的贷款作出回报。意大利互助担保基金向中小企业提供低息贷款的成效显著,它改变了银行的观念,积极参与支持中小企业;同时,借款人在团体的约束下,慎重举债,按期偿还。从20世纪80年代实施以来,已有1/4的中小企业成为其成员。

三、贴息政策

所谓贴息政策,是以低于市场通行的利息率向中小企业提供贷款,这是世界各国政府向中小企业提供资金援助的一种主要形式。贴息贷款能以较少的财政支出带动较大量的社会资金参与对中小企业的援助。从本质上说,贴息贷款是一种政府财政对中小企业贷款的利息补贴。贴息贷款的具体做法:一是,对中小企业的自由贷款给予高出市场平均利率部分的利息补贴,使中小企业能按市场平均利率获得贷款,提高中小企业在自由信贷市场上的借贷能力;二是,对中小企业的长期贷款提供补贴,以帮助中小企业获得很难得到的信贷资金。德国、法国等西欧国家是采取贴息政策较多的国家。法国有各种不同类型的贴息贷款,一般利率补贴为1.5%,还有专门为新开办的中小企业提供的特别计划贷款,这种贷款的补助费极高。德国政府专门设立了"欧洲复兴计划特殊资产基金",新创立的中小企业能以银行贷款方式获得自有资金援助,贷款金额为4万马克,前2年可以免付利息,第3年利息为2%,第4年为3%,第5年为5%,5年后按市场利率计算。通常情况下联邦政府利率的补贴幅度在2%~2.5%之间,在柏林与原民主德国接壤的地区补贴3%,即:当市场利率为9.5%~10%时,中小企业只支付7%~7.5%。

一些国家,包括世界银行在内,反对使用贴息的形式来向中小企业提供资金,因为它们认为这会打乱借款秩序。世界银行认为应推行实际利率贷款,在某些情况下,这样更能保证资金到达预想的受益人手中。大量事实表明,在一些发展中国家,有补贴的利率带来一些政治上的压力,受益人往往并不是那些在国民经济中最需要帮助的人,也不是那些具有最大经济效益的项目。此外,还有人认为,补助金以低利率提供资金和机器,常会加剧资本应用的密集度,而不利于扩大就业。因此,一些国家在对中小企业的信贷资金支持上,不使用补贴后的优惠利率。

目前,我国对中小企业的信贷,采取有选择的贴息政策。原则上,对"小而特"、"小而优"的技术上比较先进,或是积极吸纳下岗人员再就业的中小企业,优先提供信贷支持。对中西部地区和国家重点支持优先发展产业的中小企业提供优惠的贴息利率。在利息补贴上,采取哪个部门确定贴息由哪个部门负责补贴的方式。

四、其他金融支持政策

政府除了采取以上几种形式的对中小企业金融支持政策以外,还可以其他形式向中小企业提供间接性资金支持,如建立中小企业投资发展基金(有的国家称为中小企业风险基金),或购买中小企业股票、债券等。有的国家由政府出资建立中小企业风险基金,或民间组建、政府扶持专门向中小企业进行临时性风险投资的创新与开发金融公司,向中小企业进行风险投资。其业务主要是购买中小企业的股票、债券,或向中小企业提供"参与式"贷款,在资金上对其进行扶持。

中小企业规模小,其股票难以满足一般的股票交易市场的上市条件。为解决中小企业的直接融资问题,一些国家纷纷探索开辟股票市场的"第二板块",为中小企业特别是科技型中小企业,提供到资本市场直接融资的渠道。目前,为中小企业设立专门股票市场的国家和地区还不多,仅有美国、法国、德国、香港等少数国家和地区。美国的 NASDAQ 股票市场、德国的创业板市场(Neuer Market)和香港的创业板,是专门为科技型中小企业提供直接融资的渠道。法国在交易所开辟的"第二板块"称为"新市场"业务。为鼓励中小企业去"新市场",政府还采取了三项优惠措施:一是,全国鉴定局负责50%的外部融资费用,如果融资操作失败,企业不需要归还这部分款项;二是,交易所的一切操作全部免税;三是,那些购买"新市场"上市公司股票的投资公司和共同基金在税收方面享受优惠,也即免去所得税和公司税。

一些国家为解决中小企业的融资问题,制定了金融支持方面的专项法规。如日本的"改善中小企业金融方法纲要"(1972)、"中小企业振兴资金助成法"(1956);韩国的"中小企业银行法"(1961)、"国民银行法"(1962)和"信用保证基金法"(1974);英国的"改善付款状况"蓝皮书(1997)等。

第三节 我国现行中小企业金融支持政策的改革

我国越来越重视解决中小企业融资难的问题,实行积极的中小企业金融支持政策。1999年中共中央12号文件明确提出,要"加快建立以中小企业特别是科技型中小企业为主要对象的信用担保体系,创造融资条件"。全国人大为鼓励和促进中小企业的发展,已初拟了《中小企业促进法》,正在抓紧正式出台,并把解决中小企业融资难问题作为一项重要的立法内容。2000年9月,我国出台了《关于鼓励和促进中小企业发展的若干政策意见》,对中小企业的金融支持提出了明确意见。据中国人民银行的有关资料显示,截至1998年3月底,各国有商业银行对中小企业的贷款余额约为1.7万亿元左右,约占同期各国有商业银行贷款余额的38%。其中,中国农业银行对中小企业贷款的余额为8000多亿元,占其贷款额的80%以上。截至1997年底,中国工商银行工业流动资金贷款中,中小企业占40.7%,达3200多亿元。截至1998年底,城市商业银行和城乡信用社对中小企业的贷款总额为6000亿元左右,约占其贷款余额的80%[①]。中国民生银行自1996年1月12日成立以来,就明确自身定位于民营企业,截至1998年末,对中小企业的贷款占累计发放额的80%,贷款余额的60%投向民营企业。具体说,我国现行的中小企业金融支持政策主要体现在以下几个方面:

---

① 何振一主编:《中小企业财税与信贷》,中国人民大学出版社,1999年,第78页。

一、建立和健全为中小企业服务的金融机构体系

近年来,我国比较重视对中小企业的金融支持。1998年上半年,中国人民银行在下发的《关于调整信贷投向,改进金融服务,支持国民经济发展的通知》中,专门提出对中小企业和乡镇企业的支持问题,要求各商业银行都应积极为中小企业提供信贷服务;各商业银行要设立中小企业信贷部;充实信贷管理队伍,加强对中小企业信贷业务的指导;国有商业银行要充分发挥大银行在网点、资金、技术、管理和信息等方面的优势,进一步完善对中小企业的金融服务。城市商业银行要按照市场定位要求,切实办成为中小企业服务的主体。城市信用社、农村信用社要真正办成农民、个体工商户和小型企业入股,由入股人实行民主管理,主要为股东服务的合作组织,对股东贷款可不实行抵押和担保。要积极扶持中小金融机构的发展,对经营状况良好的中小金融机构,人民银行将在再贷款、再贴现和发行金融债券等方面予以支持;对目前暂时处于支付困难,但短期内有望扭亏为盈的中小金融机构,人民银行也可以予以一定再贷款支持。同时,要会同有关部门支持成立中小企业贷款担保机构,切实解决中小企业担保难的问题,加强对中小企业的信贷支持。目前,我国已初步建立了一个为中小企业服务的专业性金融机构体系。中国民生银行、各城市商业银行和城市信用社都把城市中小企业作为主要支持对象,而乡镇企业信贷资金的主要来源渠道则一直是中国农业银行和农村信用合作社。在国有商业银行内部,也健全和完善了为中小企业服务的金融组织机构体系,建立了专门服务于中小企业的信贷职能部门——中小企业信贷部,配备必要人员,完善对中小企业的金融服务功能,增加对中小企业的信贷投入,支持中小企业持续健康的发展。

据悉,国务院有关部门正在研究组建全国区域性的中小企业政策性银行,利用现有商业银行网络,为中小企业提供金融支持。与此同时,要求其他政策性银行积极为中小企业提供政策性金融服务,要有一定比例的信贷资金专项用于符合国家产业政策、有市场前景、技术含量高、经济效益好、能替代进口的中小企业贷款项目。此外,国家拟采取必要措施,鼓励商业银行特别是国有商业银行在注意信贷安全的前提下,建立向中小企业发放贷款的激励机制,切实提高对中小企业的贷款比例。

二、建立和健全中小企业信用担保体系

在我国,由于中小企业的资金基础较为薄弱,金融机构对其放贷存有疑虑。因此,需要通过信用担保服务体系的建立和完善,加强中小企业的信用程度,在中小企业与银行之间建立良好的合作渠道。国际上通行的作法就是建立信用担保体系。

1999年7月11日,中共中央、国务院在《关于转发〈国家发展计划委员会关于当前经济形势和对策建议〉通知》中指出,"加快建立以中小企业特别是科技型中小企业为主要对象的信用担保体系,创造融资条件"。1998年10月,全国推动中小企业发展工作小组第

一次会议决定起草《关于鼓励和扶持中小企业发展的政策意见》,并确定将解决中小企业融资难、担保难作为突破口。12月召开的全国经贸会议决定组织开展中小企业信用担保试点。国家经贸委在江苏镇江、山东济南、安徽铜陵等地进行了试点,并于1999年2月在济南市召开了全国中小企业信用担保体系座谈会,还于3月、4月举办了两期全国建立中小企业信用担保体系培训班,来自各省市经贸委、财政、人民银行、商业银行等部门和担保机构的负责同志共300人参加了培训。各地经贸委会同同级财政、银行、工商联等部门进行了有益的探索和试点,积极采取各种有效措施,运用互保、联保、贷款保险和多渠道筹资建立贷款担保基金等多种形式,解决中小企业贷款中抵押难、担保难的问题。截至1999年5月,全国已有18个省、自治区和直辖市开展中小企业信用担保试点。其中,吉林、河南、山东等省已初步建立中小企业信用再担保体系,济南、镇江、铜陵等34个城市已组建中小企业信用担保机构。这些试点省市通过政府预算拨款、资产划拨、全员企业风险保证金、社会入股等方式已筹集担保资金30亿元(其中财政拨款约占40%),按照5倍的放大倍数、担保机构承担70%的贷款风险和发放半年期银行贷款担保推算,预计可为中小企业解决400亿元左右的银行流动资金贷款。由于刚开始试点是处于探索阶段,没有统一的规范意见,在个别城市也出现了一些值得注意的倾向:一是,担保基金和机构设置过于分散,分散了财力,弱化了能力,增加了风险;二是,个别地方将信托公司翻牌为中小企业担保机构;三是,有的地方由政府直接操作中小企业担保业务,没有将担保资金存入协作银行,结果仍以部门名义对银行贷款提供行政担保。为规范操作和有组织地开展试点工作,国家经贸委于1999年6月14日下发了《关于建立中小企业信用担保体系的指导意见》。

三、建立和健全与中小企业发展相适应的综合配套金融服务体系

目前,我国正处于努力建立和健全一个适应中小企业发展要求的综合配套金融服务体系的阶段。对中小企业的金融支持不仅体现在信贷支持上,还体现在高素质、高品位、高技术、多功能的综合配套金融服务上。

1. 积极制定有关金融政策,加大对中小企业金融支持的力度

党和国家一直重视发挥中小企业在国民经济中的积极作用,特别是在1998年后,在新的经济形势下,国务院和人民银行几次下发通知,将促进中小企业持续健康发展作为国民经济的一个重要增长点来抓,并确定了相关的金融政策,如合理确定流动资金贷款期限,支持亏损企业有销路、有效益产品的生产等。为进一步改进金融服务,发挥金融部门在促进中小企业健康发展中的重要作用,1999年11月,中国人民银行下发了《关于加强和改进对中小企业金融服务的指导意见》,专门强调了对中小企业的金融支持政策。人民银行要求各金融机构增加信贷投入,积极支持中小企业的合理资金需要。有关商业银行

和信用社要根据资金供给能力,行之有效地增加对在本行(社)开户的中小企业的贷款;农业银行和农村信用社要落实好对乡镇企业的新增信贷;工、中、建等国有独资商业银行也要调整信贷结构,增加对中小企业的合理信贷投入,积极支持中小企业的发展。各商业银行和信用社要积极吸收存款,做好资金调度,提高对中小企业的信贷投放能力。对投向合理而资金暂时有困难的商业银行,人民银行可通过再贷款、再贴现等予以支持。同时,要求金融机构努力提高工作效率,各商业银行和信用社要转变观念,克服对中小企业贷款的畏难情绪,采取切实有效措施。有关银行在加强信贷管理、集中信贷审批权限的同时,要保证中小企业的合理信贷需求及时得到满足;要大力提高信贷人员素质,增强信贷人员的服务技能,改进信贷工作方法;努力提高办事效率,缩短贷款评估和审批时间;建立有效的激励和监督机制,充分调动信贷人员的积极性。

2. 为中小企业提供全方位金融服务

中小企业一般管理较落后,信息不灵敏,资金的使用效益不高。因此,金融机构参与中小企业的理财咨询,是对中小企业提供综合配套服务的一个重要方面。中小企业对金融中介有着特殊的依赖。随着金融不断创新,各种新的资金融通方式和工具也层出不穷。然而,由于中小企业缺乏金融方面的专业人才,不熟悉金融市场。因此,不会利用一定的方式以较低成本、较短时间、较大数量去获取资金。另一方面,一些中小企业对于自有资金也不善于充分利用,不了解如何寻求能较安全、较高收益同时又符合市场和企业生产经营发展需要的资金投向。在这种情况下,金融机构以自己熟悉金融市场和各种金融品种的优势可以帮助中小企业以高效、简便、低成本的方式筹措资金,并为资金宽松的中小企业提供具有较高回报的短、中、长期的投资咨询,以解决中小企业的筹资和投资问题。除了完善对中小企业的投资咨询、财务顾问、项目融资、代理和代收代付等业务外,有关金融机构还在市场信息、企业改制、资产重组、人员培训、国际合作和企业资信等方面,提供全方位的金融服务。

3. 鼓励各类中小企业协会、同业协会和咨询机构为中小企业提供服务

各类中小企业协会和同业协会要把融资作为对中小企业提供社团服务的重点之一。对开展中小企业融资服务的中小企业协会和同业协会,各级政府要给予必要的财税政策支持。各类中小企业协会和同业协会在对会员企业提供服务的同时,也要对非会员的中小企业提供有偿的融资服务。各类中小企业协会和同业协会开展的中小企业融资服务不能以营利为主要目的。管理咨询、信息咨询、投资咨询、证券咨询以及律师、注册会计师等各类咨询机构是专业的中小企业融资服务者,可以为中小企业提供各种不同的融资服务和信息服务。

四、积极推动中小企业创业板上市和规范进行产权转让

针对中小企业主要是非国有企业的特点,逐步建立区域性专门为中小企业直接融资和结构调整提供服务的资本市场或产权交易市场,选择部分中小企业发行债券和股票。成长型中小企业创业板上市是中小企业融资的重要渠道。近两年来,我国在积极推荐中小企业到美国纳斯达克(NASDAQ)股票市场、香港联交所等境外创业板上市的同时,立足利用境内已有证券交易所开办创业板市场,拓宽中小企业直接融资的渠道。深圳证券交易所即将开办的高科技板块市场,按照国家关于促进科技成果产业化决定的精神,优先选择符合国家产业政策的科技型中小企业上市。创造条件积极推动境内证券交易机构开办面向各种所有制成长型中小企业的创业板市场,探索建立独立的、全国统一的中小企业创业板交易市场。

规范和推动中小企业之间的产权交易。在清理整顿现有各种产权交易机构基础上,选择符合条件的产权交易机构改为区域性的、面向各种所有制中小企业的产权交易市场。清理中小企业产权交易中各种不合理的评估、审计、鉴证、登记、审批等业务,降低和取消不合理的各种收费。国务院有关部门选择有条件的中心城市进行企业法人之间的中小企业产权交易市场的试点。

五、我国现行中小企业融资体系的局限性

我国现行的中小企业金融支持政策及中小企业现有的融资渠道,虽然在一定程度上可以应急性地缓解中小企业的融资困难,但存在较明显的局限性。

1. 信贷供给体系以国有商业银行为主,地方性中小金融机构相对不足,缺乏有效竞争

我国现有信贷体系主要由国有商业银行、股份制商业银行、地方商业银行和城乡信用社等组成。国有商业银行拥有最为庞大的分支机构,在全国几乎每个区县均设有基层机构,是目前信贷资金的主要供给者,从一定意义上来说,也是垄断性供给者。但其人员结构、知识结构、专业结构、精神状态等与市场经济的要求有一定距离,在某种程度上具有一种"树根效应",即可以像树根从地下吸取营养和水分一样从企业等基层单位吸收存款,但却不能在甄别风险的基础上发放贷款以回馈企业。股份制商业银行、城市商业银行和城乡信用社本来应该是中小企业的主要金融服务供给者,但与中小企业的需求相比,其机构数量和信贷规模是远远不够的。据有关调查显示,目前非国有企业从银行和信用社等正规渠道取得的贷款只占其资金需求的20%。从改革方向来看,国有商业银行逐渐退出农村县乡是大势所趋,如果没有相应新兴金融机构的产生,国有商业银行退出形成的金融服务空白将极大地影响中小企业发展,中小企业的金融服务供给不足问题将可能进一步趋

于严重。

2. 债权性融资以银行贷款融资为主，创业投资等股权性融资渠道缺乏

我国长期以来中小企业融资体系不健全，中小企业缺乏经常性的股权融资渠道，尤其是缺乏创业投资机制，只能依靠现有的债权性融资渠道，如民间借贷、信用社、银行等贷款，致使一方面中小企业负债率过高，利息负担偏重，新兴中小企业创立发展缓慢，发展后劲严重不足；另一方面也使得商业银行形成了大量的不良资产。自有资金比重低、负债率过高、利息负担过重是我国中小企业发展中的一个先天性缺陷，也已经成为目前中小企业发展的一个沉重包袱。

3. 政府扶持不足，政策性金融机构缺乏，信贷担保体系建设滞后

随着我国改革开放的进一步深入，正在从传统的信用贷款向抵押贷款过渡。中小企业主要在改革开放以来迅速成长起来，中小企业自身的信用能力有待建立，一般的中小企业缺乏可以质押的固定资产等。因此，迫切需要建立为中小企业服务的贷款信用担保机制。但从目前的情况来看，虽然中小企业的主要融资渠道是银行贷款，但与银行信贷相配套的信贷担保体系的建立却相对滞后。目前，乡镇企业为主的集体工业和个体私营工业在我国工业总产值中的比重已经分别上升到了40%和近20%，但中小企业贷款占全社会贷款的比重则一直徘徊于较低的水平，20世纪90年代尤其是1993年以来，城镇集体和个体经济的贷款比重迅速下降，乡镇企业贷款比重不足全社会短期贷款的10%，个体私营企业贷款比重不足全社会短期贷款的1%。中小企业之所以出现融资难尤其是贷款难的问题，在一定意义上来说，是因为我国长期以来缺乏中小企业信贷担保体系。

第四节 建立与完善中小企业金融支持体系

概而言之，中小企业的融资渠道可分为直接融资和间接融资两种。笔者认为，解决我国中小企业发展中融资难问题的现实可行的政策思路是：首先，大力发展创业投资事业，为中小企业提供创业资本；其次，在现有的金融体系框架内通过完善中小企业信贷服务体系，增加间接融资的份量，切实解决中小企业贷款难问题；再次，在直接融资方面，通过设立第二板市场等方式开辟面向全社会乃至外资的融资渠道。

一、大力发展为中小企业提供创业资本的创业投资

中小企业如同生物体一样，有其生命周期。一般地，中小企业的生命周期可以分为创

办期、经营期、发展期和成熟期四个阶段,不同阶段所需资金呈现出明显的阶段性特征。在中小企业的创办期需要产权(自有)资金,或称股金。由于投资风险较大,一般来自创业者个人或企业所属机构的自有资金,辅之以一部分政府或勇于冒风险的投资者提供的种子资金,也需从商业银行以举债方式筹措少量资金。在经营期,主要从商业银行及其他渠道获得流动资金贷款;有时仍要从个人投资者、风险资金和中小企业投资公司等方面增加产权资金。在发展期,投资风险有所降低,外部融资是关键,主要从商业银行及各种中小企业投资公司、社区开发公司获得债务资金,也会从前述渠道筹措产权资金。进入成熟期,风险大幅度下降,盈利趋于稳定,创业资本逐渐退出,主要以大公司参股、雇员认股、股票公开上市等方式,以及从投资公司、商业银行筹集发展改造所需的产权资金。以上是对国外中小企业发展过程中的经验的一般概述。由此启示我们,要构建我国有效的保护中小企业发展的金融支持体系,首先需要大力发展为中小企业提供创业资本的创业投资。

在我国,创业资本的缺乏,一方面致使新兴中小企业创立与发展相对比较缓慢,现有企业的改组、改造等二次创业活动受阻;另一方面使得金融机构尤其是地方性中小金融机构弥补替代、越位经营,股权性融资不足、债务性融资过度,金融风险不仅没能有效控制与分散,反而被相对集中,以致经济的快速发展呈现出经济增长与不良资产在两极同时积累的特征,一极是非国有经济尤其是中小企业的快速发育和地方经济的高速发展,一极是商业银行基层分支机构和信用社等地方性中小金融机构不良债权的迅速增加和金融风险的急剧加大。因此,发展创业投资事业、加速推进金融制度创新,以此为新兴中小企业的创立和发展提供资金支持,从根本上消除地方性中小金融机构"越位"经营的客观基础,促使其在正常业务服务之内从事经营活动,以达"疏导"而非"堵截"的效果,既是经济发展的客观需要,也是防范与化解金融风险的必然要求。

1. 积极发展中小企业创业投资公司

从国外经验来看,中小企业创业投资公司和创业投资基金是创业资本的两种重要形式,中小企业投资公司一般是带有一定政策性的特定类型的创业投资公司,具有半官方性质,享受一定的政策优惠,对扶持中小企业成长发挥着不可替代的作用。我国当前对于创业投资公司和创业投资基金比较重视,已有的一些创业投资公司虽然具有一定的政府背景、享受一定的政策优惠,但其服务对象具有一定的局限性,没有针对一般中小企业,而是定位于具有一定规模的技术型企业,不利于一般中小企业的创立与发展。从支持中小企业的发展角度来看,今后要对中小企业投资公司给予足够的重视,并从政策上加以扶持。有条件的区县可以积极筹备成立享受一定政策优惠、但商业化运作的中小企业创业投资公司,原有的乡镇企业投资公司等准创业投资机构,在清理整顿之后,没有问题的,应该早日允许其继续存在并开展业务。

2. 大力发展面向中小企业的创业投资基金

与创业投资公司一样,我国目前的创业投资基金虽然引起了各方面足够的重视,预计在不远的将来,必定有一定的发展,但另一方面我们也不能不看到,由于在很大程度上将创业投资仅仅界定为针对科技型企业尤其是高新技术企业的投资,很有可能一方面使创业投资画地为牢,单纯考虑技术含量而忽略市场前景,背离创业投资的宗旨,以致路子越走越窄;另一方面将一般具有相当潜力的新兴中小企业排除于创业投资的覆盖之外,也不利于一般中小企业的创立与发展。为了促使创业投资基金事业从一开始就步入比较健康的发展轨道,也为了促进中小企业的全面发展,应将创业投资基金作为促进中小企业创立与发展而不仅仅是高新技术发展的一个重要措施,发展创业投资必须全面面向包括高技术企业在内的全部中小企业。吸取历史经验教训,创业投资基金应该完全按照市场经济原则,实行商业化运作,政府可以适当在资金和税收方面给予扶持,但不宜干预过度,更不能办成官办或准官办机构。

二、建立健全中小企业信贷服务体系,切实解决中小企业贷款难问题

由于处于成熟期的中小企业在整个中小企业群体中占有较大的比重,对于成熟期的中小企业而言,银行贷款是重要的融资渠道。因此,建立健全中小企业信贷服务体系是中小企业融资体系建设中的一个重要环节。建立健全中小企业信贷服务体系是一项复杂的系统工程。完善的中小企业信贷服务体系包括金融组织体系、信贷辅助体系、配套服务体系、多方位的信贷体系及信贷法规体系等多项内容。

1. 建立和健全为中小企业服务的金融组织体系

近年来,根据中国人民银行的要求,各个商业银行纷纷设立了中小企业信贷部门,积极为中小企业提供信贷服务,这是十分必要的。但从目前的现状看,效果不甚理想。笔者认为,首先,国有商业银行应不断完善对中小企业的金融服务功能,要采取切实有效措施,认真改进对中小企业的金融服务。其次,明确规定城市商业银行、城乡信用社和民生银行等金融机构的主要服务对象是中小企业。最后,也可考虑设立中小企业银行。中小企业银行是供给中小企业信用的专用银行,主要任务必须是供给中小企业长期信用,协助其改善生产设备和财务结构,健全其经营管理。

2. 建立和健全对中小企业金融支持的辅助体系

主要包括:中小企业信用担保体系、中小企业综合诊断体系,同时建立对中小企业进行会计制度、内部控制制度、财务规划、预算制度和利润中心等方面的辅导机制。其中,建立中小企业信用担保体系的位置尤为重要。为了促进中小企业信贷担保体系建设工作健康有序发展,笔者认为,下一步应该重点解决好区县信贷担保体系和全国性再担保体系两个问题。

(1) 建立区县信贷担保机构。由于区县是中小企业的主要聚集地,建立区县一级的

信贷担保机构,对于整个信贷担保体系及时有效地发挥作用至关重要。区县信贷担保体系的建设,可以采取两种形式:一是,建立市级信贷担保机构的分支机构,笔者建议,有条件的区县,应该按照《关于建立小企业信贷担保体系试点的指导意见》中"经济总量大的县(区)可建立分支机构"的条款,积极筹建信贷担保体系的分支机构,从制度上为银行规避金融风险、切实解决中小企业贷款难问题创造必要条件。二是,鼓励建立商业化运作的中小企业信贷担保协会,政府从政策上给予一定支持优惠。考虑到区县的实际,应以政府出资参与的信贷担保机构为主。

(2) 积极探索全国性信贷再担保机构。随着省级信贷再担保机构的建立,全国性的信贷再担保机构建立问题必将提上议事日程。笔者认为,从信贷担保体系完善的角度考虑,必须建立全国性信贷再担保机构作为"最后担保人"。全国性信贷担保机构建立,可以采取会员入股和中央财政出资相结合的办法,以事业法人方式组建,并从现在开始进行研究论证。

3．建立和健全金融配套服务体系

金融机构可以利用视角宽广、信息灵敏的优势和便利条件,建立相应的信息咨询系统,为中小企业提供贷款咨询、筹集资金投向指导、政策信息、商业信息与新技术推广信息服务等。

4．建立和健全多方位的信贷体系

设立中小企业发展基金、高科技中小企业的风险投资基金,为中小企业的新产品开发、新技术应用等多方位筹集资金。基金来源是多渠道的,如政府预算拨款、其他专项资金、民营企业团体或个人捐赠款项、基金利息和其他收入。我国正在酝酿出台的《中小企业促进法》(讨论稿)中也提出了设立中小企业发展基金,扶持中小企业结构调整、经济技术合作等事项。基金经费来源于政府财政预算的专项资金、中小企业每年上缴税金中的提取等。地方政府根据实际情况也可以设立中小企业发展基金,扶持中小企业的发展。

5．建立和完善中小企业信贷支持的金融法律法规体系

以法律法规形式规范有关金融机构及中小企业融资主体的责任范围、融资办法和保障措施,使中小企业的信贷支持得到有效保证。

三、积极推进中小企业创业板上市和规范进行产权转让,拓宽中小企业直接融资渠道

1．积极推进中小企业创业板上市

20世纪90年代以来,随着技术进步的加快,产业组织形式发生了极大的变化,中小企业在各国经济中的作用越来越重要。为了极大地促进新兴中小企业的发展,世界各国

证券市场体系发展的一个重要动向是纷纷开辟面向中小企业的新兴股票市场。我国自从90年代初期证券市场正式创立以来,现有的两个证券交易所基本面向成熟的大型企业尤其是国有企业,缺乏面向非国有企业包括新兴中小企业的股票市场。不仅如此,地方性证券交易中心和交易网络也相继被取缔。目前我国只有两个证券交易所在运行,难以满足新兴中小企业包括成长型、科技型中小企业上市融资的要求。因而,发展面向新兴中小企业包括成长型、科技型中小企业的股票市场势在必行。

成长型中小企业创业板上市是中小企业融资的重要渠道。笔者认为,我们在积极鼓励中小企业到香港联交所、美国 NASDAQ 股票市场等境外创业板上市的同时,要立足利用境内已有的证券交易所开办创业板市场,拓宽中小企业直接融资渠道。深圳证券交易所拟开办的高科技板块市场要按照中央关于促进科技成果产业化决定的精神,探索建立独立的、全国统一的中小企业创业板交易市场,优先选择符合国家产业政策的科技型中小企业上市。创业板是证券交易所主板市场之外的一个专门市场,全面面向各种所有制的成长型中小企业,实行与主板市场不同的运作规则。交易所提供基础实施,但不提供管理,另行成立管理队伍,并引进市场制度,以活跃市场。

2. 规范进行中小企业产权转让

目前,我国中小企业之间的产权交易中存在着一些不规范的问题,影响了中小企业的健康发展。因此,必须规范中小企业特别是非国有中小企业之间的产权交易。一方面应在清理整顿现有各种产权交易机构的基础上,选择符合条件的产权交易机构改制为区域性的、面向各种所有制的中小企业产权交易市场;另一方面应清理中小企业特别是非国有中小企业产权交易中各种不合理的评估、审计、鉴证、登记、审批等业务,降低和取消不合理的各种收费,切实减轻中小企业的负担。与此同时,要按照国务院《鼓励和促进中小企业发展的若干政策意见》的精神,积极选择有条件的中心城市进行法人之间的中小企业产权交易市场的试点。通过试点取得经验,全面推广。

从我国中小企业的创办情况来看,由于多头行政管理体制的存在,中小企业在从立项申请到审批要经过一个较长的过程,履行繁杂的手续。而且在企业资产评估、项目可行性研究、会计咨询服务等方面的中介服务组织不多,收费又高,致使中小企业很难创办。因此,要借鉴我国台湾地区的经验,在专门的中小企业辅导部门中设置创业辅导机构,对中小企业如何申请风险投资基金、入驻企业孵化中心等方面进行咨询服务与辅导。

第四十三章 中小企业的财税支持体系

财税是政府从事资源配置和收入分配的收支活动,并通过收支活动调节社会总需求与总供给的平衡,以达到优化配置、公平分配、经济稳定和发展的目标。财税政策是政府在宏观经济调控中所使用的最重要的政策工具之一,是经济政策体系的一个重要组成部分。财税政策体现在以税收、收费、国债等形式筹集收入,又通过投资、公共支出、补贴等形式形成支出,调节经济的运行,它由税收政策、预算政策等组成。财税政策对中小企业的发展具有极大的影响。

第一节 国外中小企业财税支持政策的经验

一、财政补贴

中小企业的财政补贴是政府为扶持中小企业发展,充分发挥中小企业在国民经济和社会发展中的地位、功能和作用,对中小企业符合国家政策的企业行为,所给予的财政方面的鼓励和援助。从目前各国的情况看,对中小企业实行的财政补贴政策主要运用于中小企业的科技进步与创新,吸纳就业、产品出口、员工培训、产业结构调整和发展经济落后地区等方面。

1. 研究与开发补贴

中小企业一般实力较弱,资金不足,能用在研究与开发的资金就更有限,而技术进步对中小企业来说又具有十分重要的作用。实践证明,中小企业只有靠不断的技术进步与创新才能获得长久的生存权。因此,政府应该在中小企业发展的关键环节给予帮助。各国政府对中小企业研究与开发的资助的主要形式是设立政府专项基金。通过制定各种中小企业技术创新与开发计划,对符合计划所提出的条件的中小企业给予专项补贴。专项基金和技术创新与开发计划一般由政府的中小企业主管部门管理和实施。如美国制定了"小企业创新研究计划",1987~1993年,联邦政府部门共为该计划提供了约25亿美元的资助。德国设立了中小企业研究与技术专项基金,并制定了"中小企业研究与技术政策总方案",从1992年起开始对东部地区的中小企业新产品、新工艺的研究开发给予资助,到1995年底已对798户中小企业的1018个项目提供资助达2.2亿马克。意大利政府于1996年用于支持工业研究的"应用研究基金"达5.96亿美元,主要用于木材、塑料和皮革加工机械的开发以及服装、纺织工业领域里的中小企业技术进步与创新。法国对中小企业从事科研与开发给予其经费总额的25%,科研与开发所需聘请的专家可以由政府支付工资。

2．就业补贴

对提供较多就业机会的中小企业给予就业补贴,促使吸收更多的失业者,缓解就业压力。各国实践证明,这是一项比较好的促进就业的措施,可为我国解决目前下岗职工就业提供借鉴。从就业补贴的方式来看,主要有两种:一是,补贴给接收就业人员的企业,以用于安排就业的各种费用(如上岗培训、学徒津贴等);二是,补贴给自创企业的失业者,为他们提供一笔启动资金。英国政府为了帮助失业者自谋职业,鼓励他们创办中小企业,制定了中小企业就业补贴计划,规定对自主开业的失业者,每周补贴40英镑。到20世纪80年代中期,已有3万多个中小企业得到补贴,帮助了6.6万名失业者就业,在以后的3年中又帮助了18万人就业。德国政府规定,凡失业者创办中小企业,给予2万马克的资助,每招收1名失业者再资助2万马克[①]。意大利在1996年9月制定了一项增加就业的三年计划,计划每年拨专款5万亿里拉用于补贴和扶持中小企业的发展以增加就业。

3．出口补贴

法国政府制定了"支持中小企业对外投资与出口计划",该计划由财政部牵头,成立"对外发展部际委员会"具体组织实施。凡法国具有独立法人资格,营业额在2亿法郎以下的中小企业公司,在对国外新兴地区投资时,均可向该委员会提出得到财政补贴的优惠贷款。在国外投资400万法郎以内的项目时可获得最多50%的贷款额,超过400万法郎的项目可获得30%以内的贷款额,该贷款为无息贷款,项目实施5年后开始偿还。出口补贴这一做法目前是有很大的争议的。因为,它直接违反了国际市场上的公平交易原则,各国都在逐步减少出口补贴的做法。但是,为鼓励出口,各国政府纷纷采用了间接的"非补贴"手段,以达到促进出口的目的。如免费或低价组织中小企业到国外参加各种展览;组织中小企业代表到国外作实地考察;免费为中小企业联系外商(通过驻各国使馆的经济参赞)等。

4．培训补贴

为中小企业承担培训任务,可以得到政府的财政补贴。比利时政府早就制定了"领薪教育制",但由于中小企业实力弱、财力有限,实际上很难执行。1996年只有3.9%的中小企业职工享受这种领薪脱产培训待遇。在当前科学技术发展日新月异的形势下,中小企业处于更加不利的地位。为此,比利时政府决定对中小企业采取特殊政策,对中小企业参加培训的员工,雇主在其培训期间只付50%的工资,其余50%由公共部门补贴。德国各地都有政府部门开办的为当地中小企业培训徒工、对中小企业职工进行知识更新或改行

---

① 张学斌、祖春琪:"促进中小企业发展的财税政策简介",《中国中小企业》,1999年第3期,第28页。

培训的职业教育中心,经费由政府拨款补贴,中小企业只为自己职工出部分培训费。政府也帮助中小企业到就近有条件的大企业去培训自己的职工,必要时提供财政补贴予以帮助。据有关资料表明,德国1994年中小企业培训徒工73.3万人,办培训班6.5万个,获政府财政补贴1.47亿马克。

5. 调整产业结构和发展落后地区等方面的补贴

欧盟的欧洲地区发展基金为了振兴经济落后地区、工业衰退地区和农村地区,对中小企业用于工业、手工业,为企业的服务业、旅游业和基础设施方面的投资提供补贴。具体资助项目包括:生产性投资、基础设施投资、自我发展投资、边远地区为促进地区发展而进行的投资、沿海地区为保护环境而进行的生产投资等。德国政府规定,中小企业在东部地区进行经济产业和基础设施的投资,可以获得投资总额15%~23%的投资补贴。意大利存在着面积广大的落后地区(主要是南方各地区),同时还存在着遭到危机打击的工业萧条地区,政府对这些地区的中小企业提供了更大的优惠。如对于一般地区的混合型小企业联合体或联营公司提供的资本项目补贴,一年最高限额为5亿里拉,3年累计不超过10亿里拉,总金额不得超过总投资的50%;但对于落后地区和萧条地区的同类受惠者,一年最高限额可增加到10亿里拉,3年累计最高限额提高到15亿里拉,总金额与总投资的比例限制提高到70%[①]。韩国政府规定,对农、渔村及首都以外地区和首都地区的新创立的技术密集型中小企业,分别减免6年和4年的国税部分的所得税及法人地位税,并减免2年内取得的事业用财产的地方税部分的注册税、取得税的50%,同时减免5年的事业用财产的地方税部分的财产税、综合土地税的50%。

政府对中小企业提供的各种财政补贴的效果是明显的,但补贴的数量是有限的,而且,财政补贴与税收优惠不同,它不是普惠的,只有满足了一定的条件才能获得政府的财政补贴。因此,具有一定的引导功能是财政补贴的一个特点。这是在制定中小企业的财政补贴政策时应当予以注意的。

二、税收优惠

税收是国家为实现其职能的需要,凭借政治权力,并按照特定标准,强制、无偿、固定地取得财政收入的一个重要手段。税收优惠是政府最直接向中小企业提供支持的方式,它有利于中小企业自有资金的积累,加快发展。世界上发达国家的各种企业税收一般要占到企业增加值的40%~50%。在实行累进税制(如对企业所得税)的情况下,中小企业的税赋相对要低一些,但多种税收也占到增加值的30%左右,中小企业仍感到负担沉重,从而影响了中小企业的发展。为减轻中小企业的税收,各国都在税收的各个不同的环节上采取了一系列措施,归纳起来主要有以下几个方面:

[①] 戎殿新、罗红波:《中小企业王国——意大利》,经济日报出版社,1996年,第242页。

1. 降低税率

税率是税额与征税对象数量之间的比例,税率是计算税额的尺度,反映征税的深度。降低税率直接关系到国家财政收入的减少和纳税人税收负担水平的降低。对企业征收的税种主要有流转税,如增值税、营业税、周转税;直接税,如企业所得税、利润税等,降低中小企业这些税种的税率是最常见的做法。许多国家对中小企业都实行优惠税率,优惠税率一般都比普通税率低 5~15 个百分点左右。英国小企业公司税率为 20%,比大企业少 10 个百分点。

2. 税收减免

税收减免是税法中对某些特殊情况给予减少或免除税赋的一种规定。减税是对应征税款减征其一部分,免税是对应征税款全部免征。税收减免包括税收金额减免、定额减免和定比减免。按照具体内容划分,可分为政策性减免税和照顾性减免税,按时间可划分为长期减免税和定期减免税。税收减免和降低税率不同,它是针对税额而言的。在税收减免的环节上,许多国家都主要放在了中小企业的创建初期(一年和三年不等)、产品与服务的出口(出口退税)和技术创新上。如法国新建的中小企业可免 3 年的所得税,政府还对实施新技术的中小企业给予减免 50% 的税收,以提高中小企业采用新工艺、新技术、生产新产品的积极性,对中小企业的科研投入部分,政府采取退税的办法予以优惠。德国政府规定,从 1990 年 1 月起,如果中小企业的周转额不超过 2.5 万马克(以前为 2 万马克)将免征周转税;对 50%~60% 的手工业企业免征营业税。韩国政府规定在 1998 年如果中小企业增加 5% 以上的资本时,允许其在资本额的 10% 范围内减少所得税;对于为提供外国购买商所需的样品进口原料,中小企业可以冲退关税。

3. 提高税收起征点

起征点是税法规定征税对象开始征税的数额。征收对象数额未达到起征点的不征税,达到或超过起征点的就其全部数额征税。对一些税种提高起征点可减轻起征点以下的中小企业的税收负担。各国提高税收起征点的税种主要有营业税、所得税等。如德国中小企业营业税起征点从 2.5 万马克提高到 3.25 万马克[①]。

4. 提高固定资产折旧率

提高固定资产折旧率对中小企业有两方面的好处:一是,加速技术设备的更新换代;二是,降低当期的应税额,从而减少当期的税款。各国提高中小企业固定资产折旧率的幅度不一样,如德国从 10% 提高到 20%;法国对新建企业的固定资产折旧率由原来的 5% 提高到 25%。

---

① 国务院发展研究中心等:《中小企业发展与政策研究》,北京科学技术出版社,1999 年,第 143 页。

此外,还有对中小企业的税收宽限、简化手续等优惠措施。

通过各种税收优惠一般可减少中小企业一半以上的税收,使它们的赋税总水平由占企业增加值的30%,降到15%左右。这笔免税资金是普惠的,对中小企业的生存是至关重要的。

三、贷款援助

资金是中小企业发展的一个最重要的生产要素,而贷款是中小企业获得外部资金的最主要的方式。然而,贷款难严重困扰着中小企业,即使有些经营较好的中小企业可以获得一定的贷款,这些贷款也要比大企业贷款的利率高得多,一般要高出1倍以上。许多国家的政府认识到为发展中小企业提供资金的重要性,纷纷采取措施鼓励放款机构以宽松条件向中小企业发放信贷,最通行的是向中小企业发放补贴性贷款。而帮助中小企业获得贷款,适当降低他们的贷款利率就成为各国政府应当做的工作。

帮助中小企业获得贷款的主要方式包括:贷款担保、贷款贴息、政府直接的优惠贷款等。贷款援助的环节主要是针对中小企业最需要资金的地方,如企业初创时的启动资金贷款、企业技改贷款、企业出口信贷等。另外,还有一些专项贷款,主要贷给某些特殊类型的中小企业,如劳动密集型中小企业、高新技术企业的研究与开发风险贷款等。

1. 贷款担保

这是政府设立的专门的贷款担保基金,用于对中小企业从商业银行获得贷款的担保,即当债务人不履行债务时,担保基金按照约定履行债务或者承担责任。这种贷款援助形式最大的好处就是减少了银行对中小企业还款能力的担心,提高了中小企业的信誉,为他们提供一个比较公平的贷款环境。贷款担保的一般做法是,贷款担保基金的政府行政主管部门,根据中小企业信贷担保计划,对申请担保的符合条件的中小企业,按贷款额的多少、贷款的性质和贷款时间的长短,提供一定比例的担保,并签订担保合同。一般来说,贷款担保额要小于贷款总额,以免企业在有能力归还贷款时故意不履行还款义务。英国政府自1981年起开始实施"小企业借贷担保计划",为那些已有可行的发展方案却因缺乏信誉而得不到贷款的中小企业担保,到目前已为小企业担保了7万多项、总值20多亿英镑的贷款,现每月仍提供400多项这样的担保。

担保贷款与普通贷款一样需要按时付息,而且中小企业的贷款利率高于市场平均水平。为减少中小企业的利息负担,政府还可提供贴息贷款。美国是以担保形式为中小企业提供信贷援助的典型国家,美国中小企业局(SBA)的主要任务之一就是以担保方式引导民间商业银行向中小企业提供贷款,并取得了很好的效果[①]。

---

① 陈洪隽:"美国中小企业融资与社区发展情况的考察",《中国经贸导刊》,2000年第21期第21页。

2. 贴息贷款

贴息贷款能以较少的财政资金带动较大量的社会资金参与对中小企业的援助,特别适合资金较少的发展中国家采用。从本质上说,贴息贷款是一种政府对中小企业贷款的利息补贴(参见本章节"财政补贴")。贴息贷款的具体做法:一是,对中小企业的自由贷款给予高出市场平均利率部分的利息补贴,使中小企业能按市场平均利率获得贷款,提高中小企业在自由信贷市场上的借贷能力;二是,对中小企业的长期低息贷款提供贴息,以帮助中小企业获得最难获得的长期信贷资金。德、法等西欧国家是采用贴息贷款方式较多的国家。阿根廷等南美发展中国家也都制定了贷款贴息方面的政策。

3. 政府优惠贷款

指政府用财政资金通过私人金融中介机构,或建立专门的政府金融机构向中小企业直接提供少量的优惠贷款的援助。政府优惠贷款主要是解决中小企业长期贷款难的问题。对于短期的流动资金,通过担保、补贴,或付出较高的利息,一些效益较好的中小企业还是能够获得的,但中小企业的长期贷款风险太大,一般商业银行是根本不予考虑的。解决这一问题的途径主要是靠政府提供的直接的长期低息贷款,这类长期低息贷款一般比市场利息低2~3个百分点。具体做法是,政府设立中小企业的长期低息贷款专项基金,或建立专门的政府金融机构,由它们按一定的条例选择符合条件的中小企业发放贷款。如德国的"欧洲复兴计划特殊资产基金";日本的"中小企业金融公库"、"国民金融公库"、"商工组合中央公库"、"环境卫生金融公库"、"冲绳振兴开发金融公库"等;英国的"3I"公司。此外,美国的SBA通过"小企业投资公司"也向中小企业提供少量的直接贷款。法国政府每年通过国家技术交流转让中心(ANVAR)(即政府于1967年成立的一个专门扶持中小企业技术创新的机构)向中小企业提供约14亿法郎的无息贷款,资助额占每个资助项目总费用的50%,项目成功后,企业返还全部资助,如项目失败,经专门的评估机构评估确定后,可以不偿还。

第二节 影响我国中小企业发展的现行财税政策

不同类型企业在跨所有制、跨地区从事生产经营及融资活动,以及在国内与国际的统一市场上竞争,客观上要求公平而合理的财税政策环境,这就要求打破企业原有的企业所有制形式、行政隶属关系和财政上缴渠道的限制,调整国家和企业、中央与地方的利益结构、管理权限与分配关系,即实现财政税收体制改革。财税体制改革的主要任务,是理顺国家与企业之间以及中央与地方之间的财政关系,形成合理的利益结构,以增强企业活力。

一、影响中小企业发展的财税政策

采用加速折旧、减免税、投资抵免等灵活税收政策,能有力地促进中小企业的发展。目前,对中小企业影响较大的有以下几个方面:

1. 折旧

所谓折旧,就是固定资产在使用过程中,逐渐损耗(包括有形损耗和无形损耗)而转移到产品成本或流通费用的那部分价值。折旧方法有年限平均法、工作量(或产量)法、加速折旧法等。新企业财务制度将原来折旧平均年限缩短了20%～30%,折旧率提高了1.3%～2.3%,折旧率达到6.8%～7.8%,其中机器设备的折旧率达到8.9%～10.2%,同时打破了对折旧年限"一刀切"的做法,允许弹性区间选择。因此,对于从事高新技术产业的中小企业可以采取缩短折旧年限的做法,以使企业获得折旧抵税、尽快更新资本的好处。

2. 减免税

本章第二节的"贷款援助"中,已对税收减免的概念和内容作过阐述。对于国家鼓励和扶持发展的行业确定一定期限、一定幅度的减免税,对企业能产生巨大吸引力。如对投资于能源、交通、港口、码头或国家鼓励积极进入的中小企业,可按15%或其他比例实行减免,使中小企业获得合理利润。

3. 投资抵免

即按投资金额的一定比例抵免其实现的税赋。方法简单明了,便于投资者在制定决策时确定其被免除的税金。一旦免除即永远免除,不像加速折旧法那样改变企业财务核算的真实性,延期纳税而已。投资抵免法始于1962年的美国。我国的投资抵免战略要以产业结构的调整和升级为重点,可在有利于加快产业结构的调整和升级的中小企业中实行。

4. 特殊地区实行优惠税率

对设立在经济特区、高新技术开发区的中小企业可按15%～24%的优惠税率。

5. 民营科技中小企业的税收优惠

对于民营科技中小企业实现技术改造,更新旧设备和旧工艺,国家应予适当的财政补贴和税收优惠。例如在税制方面,对于科技含量高的中小企业可以给予适当幅度的税赋削减,以刺激中小企业进行技术创新,同时,在不能改革现行的增值税政策的情况下,对科技型中小企业开发生产的高科技产品所征的增值税,实行先征后返。

近年来,我国出台了一系列扶持中小企业发展的财政与税收政策。2000年11月,财政部和外经贸部制定了《中小企业国际市场开拓资金管理（试行）办法》，鼓励中小企业参与国际市场竞争。所谓"中小企业国际市场开拓资金"，是指中央财政用于支持中小企业开拓国际市场各项活动的政府性资金，以中小企业为使用对象。申请使用的企业应具备以下条件：①依法取得企业法人资格，有进出口经营权；②企业上年度出口额的海关统计数在1500万美元以下，具有健全的财务管理制度和良好的财务管理记录；③有专门从事外经贸业务并具有对外经济贸易基本技能的人员，对开拓国际市场有明确的工作安排和市场开拓计划。这一资金实行部分支持方式，即提供开拓市场所需的部分支持，其余由企业承担。部分支持方式采取无偿支持和风险支持两种方法。风险支持是指由"市场开拓资金"承担开拓市场可能出现的部分风险。企业如未能取得开拓市场成效则可获得风险支持，否则不能获得风险支持。在鼓励科技创新的税收政策中，力度较大，中小企业可充分利用为我所用。这些税收优惠政策包括：研究开发新产品、新技术、新工艺所发生的各项费用，可不受比例限制计入管理费用；为开发新技术、研制新产品所购置的试制用关键设备、测试仪器设备，单价在10万元以下的，可一次或分次摊入管理费用；科技开发投入年增长幅度在10%以上的，可再按实际发生额的50%抵扣应税所得额；直接用于科技开发所进口的仪器、设备、试剂和技术资料，可根据有关规定免征增值税，并享受减免关税的优惠政策；中试设备报有关部门批准后，折旧年限可在国家规定的基础上加速50%，等等。要加强对这些政策的宣传和落实，使之充分发挥应有的对中小企业的激励作用。

二、中小企业发展的所得税政策

财税政策对中小企业发展具有极为重要的影响。而在影响中小企业发展的财税政策中，最重要的是企业所得税政策。由于企业所得税政策应体现产业政策的要求，因而它从两方面影响中小企业的投资决策和投资行为。第一，对资本的边际收入征税，使投资的边际收入下降，从而抑制中小企业投资行为；第二，允许某些资本成本项目进行扣除，产生"节省税款，降低资本成本"，从而鼓励中小企业的投资行为。目前，我国政府实施的一些带有优惠性质的所得税税收政策，虽然大部分不是专为中小企业制定的，但从受益主体看，基本上或相当一部分涉及中小企业，这主要体现在1994年税制改革中有关企业所得税的优惠政策中。

1. 乡镇企业政策

乡镇企业的所得税，可按应缴税款减征10%，用于补助社会性开支的费用，而不再执行过去税前提取10%的办法；国家在信贷上重点支持乡镇企业出口创汇、东西部合作和农村适用技术转让（星火计划项目）三个方面。

2. 鼓励城镇待业人员就业政策

积极鼓励中小企业安置城镇待业人员就业。新办的城镇劳动就业服务企业，当年安置待业人员超过企业从业人员总数的60%,经主管税务机关审查批准,可免征所得税3年;免税期满后,当年新安置待业人员占企业原从业人员总数30%以上的,经主管税务机关审核批准,可减半征收所得税2年。

3. 出口企业政策

出口企业政策适用于所有企业。按税法规定,出口货物应退增值税的适用税率,依增值税条例规定的17%、13%、6%的税率执行。由于新税制实施一年多当中,存在出口退税增长过猛、退税规模超出财政负担等问题,国务院在1995年调低出口货物退税率。调整后有关现行退税率的主要规定有:第一,煤炭、农产品出口退税率为3%;第二,以农产品为原料的工业品和按13%的税率征收增值税的其他货物,出口退税率为6%;第三,按17%的税率征收增值税的其他货物,出口退税率为9%。

4. 支持高新技术企业政策

国务院批准的高新技术产业开发区内的企业,经有关部门认定为高新企业的,可减按15%的税率征收所得税;国务院批准的高新技术产业开发区内新办的高新技术企业;自投产后年度起免征所得税2年。企事业单位进行技术转让以及在技术转让过程中发生的与技术转让有关的技术咨询、技术服务、技术培训的所得,年净收入在30万元以下的,暂免征收所得税。

5. 支持和鼓励第三产业政策

一是,对农村及城镇为农业生产产前、产中、产后服务的行业,对其提供的技术服务或劳务所取得的收入,暂免征收所得税。二是,对科研单位和大专院校服务于各行业的技术成果转让、技术培训、技术咨询、技术服务、技术承包所取得的技术性服务收入暂免征收所得税。三是,对新办的独立核算的从事咨询业、信息业、技术服务业的企业或经营单位,自开业之日起,第一年免征所得税,第二年减半征收所得税。四是,对新办的独立核算的从事交通运输业、邮电通信业的企业或经营单位,自开业之日起,第一年免征所得税,第二年减半征收所得税。五是,对新办的独立核算的从事公用事业、商业、物资业、对外贸易业、旅游业、仓储业、居民服务业、饮食业、教育文化事业、卫生事业的企业或经营单位,自开业之日起,报经主管税务机关批准,可减征或者免征所得税1年。

6. 支持贫困地区发展政策

国家确定的"老、少、边、穷"地区新办的企业,经主管税务机关批准后,可减征或免征所得税3年;民族自治地方的企业,需照顾和鼓励的,经省级人民政府批准,可以实行定期减征或免征所得税3年。

7. 福利企业政策

民政部门创办的福利生产企业可减征或者免征所得税。安置"四残"人员(盲、聋、哑和肢体残疾)占生产人员总数35%以上的企业,暂免征收所得税。安置"四残"人员占生产人员总数的比例超过10%未达到35%的,减半征收所得税。

8. 小型企业的所得税政策

1994年税制改革中确定企业所得税税率为33%的比例税率。数月之后,为了适当照顾小型企业的税收负担能力,国家对年利润在3万元以下的企业,暂减按18%的税率征收所得税;对年利润在3~10万元的企业,暂减按27%的税率征收所得税。这一政策一直延续到现在。1998年7月1日国务院决定,年销售额在180万元以下的小型商业企业,增值税率由过去的6%调减为4%。

此外,高等学校和中小学校办工厂,可减征或者免征所得税。

三、财税体制改革对中小企业的影响

在旧体制下,我国的税收政策是按经济主体所有制性质而分设税种的,各种所有制企业税率高低不一。如国营大中型企业按55%的比例税率,小型企业按5%~55%的八级超额累进所得税率,集体企业适用5%~55%的八级超额累进所得税率,私营企业按35%的比例税率,外资企业按20%~40%的五级超额累进所得税率,中外合资企业则按33%比例税率。1991年涉外企业所得税改革和1994年初内资企业所得税改革将原按经济性质分设的三类企业(国营、集体和私营企业)所得税统一,使国内与国外所得税在内容上趋于一致。统一的税种有利于各类企业之间的平等竞争,排除了税收政策对竞争造成的不应有影响。统一内资企业税后不久,对小型企业规定享受27%或18%税率。这是对小型企业的优惠政策,同时也是一种过渡性政策。因为中小型企业中有部分为不符合国家产业政策的加工型企业,不利于基础性产业的发展,本不应享受优惠政策。新企业所得税还统一扩大了税前列支标准,以扩大企业补偿资本、劳务、技术消耗的权力。

财政政策对中小企业的影响既有促进的一面,又有阻碍的一面。对于符合国家产业政策的中小企业,国家财政政策将通过税收、企业折旧等手段予以支持;对于国家限制或禁止发展的行业中的中小企业则起到阻碍作用。例如,20世纪70年代,国家以财政税收政策鼓励地方发展"五小"工业、城镇集体企业和社队企业。除了中央支持"五小"工业发展外,还将一部分税收管理权下放地方,地方有权对"五小"工业、集体企业和国营企业实行征税的减免权。同时,还调整了银行利率,国营企业和集体企业的存贷款利率分别从1.8‰降为1.5‰,6.0‰降为4.2‰;社队企业的贷款利率由7.2‰降为3.6‰,有力地促进了"五小"工业、集体企业和社队企业的发展。进入20世纪80年代,国家对乡镇企业的发展采取了一系列鼓励扶持政策。对新办的乡镇企业,给予一定时期减免税照顾,城乡联合企业在一定时期减免所得税政策。还免征乡镇企业奖金税,由财政发放低息贷款支持乡镇企业改造政策等,对乡镇企业的发展起了重要作用。

从国外看,各国均对中小企业在财政政策上提出了优惠措施。美国在1981年的"经济复兴税法"中对以往的税法作了修改,其中涉及到中小企业的个人所得税率下调了25%,规定雇员在25人以下的企业,所得税按个人所得税税率缴纳,而不是按公司所得税纳税。加拿大则是提供了灵活的开业条件。根据加拿大有关条例,凡用本人姓名作为企业名称的可以不必向政府注册,需要注册的,注册费有效期为5年。个体企业可以在家中经营,这些中小型企业税率很低。而英国的作法是,从1982年起,规定中小企业投资者利得的60%可以免税;豁免资本税,幅度达25%、50%、75%到100%不等;公司税从38%降到30%;印花税从2%削减到1%,征税起点从2.5万英镑提高到3万英镑;取消投资收入税和国民保险附加税。法国还规定,中小企业的继承税可缓交5年,可减免部分出口税,凡雇员达到或超过10人的中小企业,在5年内可以逐步减轻建筑税和运输税。

第三节 完善中小企业财税支持政策的建议

实行财税优惠政策是各国政府鼓励和促进中小企业发展的通行作法。财税政策对中小企业发展的有力扶持作用是其他政策、如金融政策所不能比拟的。金融政策主要是通过银行实施的,国家通过财政对中小企业的扶持比通过银行要直接、有效得多。这是因为银行也是企业,是金融企业,同工商企业一样,追求经济效益也是银行经营的目的。银行不可能在无收益,甚至发生亏损的情况下去对中小企业做出救助性地扶持。因此,可以说财税政策最直接、最有效地体现了政府对中心企业的扶持。笔者认为,目前,我国财税政策对中小企业发展的扶持作用应着力于三个方面:一是,采取必要的财政支持和税收优惠等政策措施,建立和完善中小企业信用担保体系,解决中小企业融资难问题;二是,为促进中小企业发展直接给予财政资金扶持;三是,切实减轻中小企业的税费负担。

一、建立中小企业信用担保体系

近年来,随着金融体制改革的不断深入,金融机构为了防范金融风险,要求贷款企业提供有效担保,显然,这是合理合法的。然而,由于中小企业一般实力较弱,产品的生命周期较短,在激烈的市场竞争中进入和退出比较频繁,金融机构与中小企业之间难以建立长期、稳定的信用关系。加之,中小企业普遍存在着负债率高、偿债能力弱、管理水平低、信用观念差、融资手段单一(主要依赖金融机构间接融资,难以进入资本市场直接融资)等问题。鉴于以上因素,金融机构对中小企业的信贷担保非常苛刻。目前,中小企业贷款难就难在担保难,主要是寻保难。金融机构和中小企业要求建立得到政府支持的中小企业信用担保体系的呼声十分强烈。应该看到,在我国得到政府扶持的为中小企业提供信用担保活动自20世纪90年代以来也陆续出现。1994年上海市政府财政拨款和企业共同出资设立了中小企业风险担保基金,由上海城市信用社开办其贷款业务。上海市于1997年开始探索建立中小企业的贷款信用担保机制,到1998年底,由市、区财政部门出资建立的担保项目39个,担保金额6050万元,银行承诺的担保专项贷款规模达8亿元,1999年又出台了中小企业贷款信用担保试行办法,明确了担保的额度、期限及收费率。1997年,中国民生银行上海分行参与成立了虹口区非公有制经济发展基金,主要为中小企业贷款提供担保服务,其中政府财政出资占基金总额的大部分,且是否出具担保,由政府组建的专业担保公司来权衡决定。1999年2月8日,联合国开发计划署援助我国的第一个"中小企业改革与发展项目",在江苏省镇江市中小企业信用担保中心正式运行,中心成立之际,便为首批20户中小企业的1500万元流动资金贷款担保进行了签约。

笔者认为,设立中小企业信用担保基金并成立相应的担保机构已成为当务之急。作为政府扶持中小企业的重要措施,所需担保资金来源应主要由政府出资为主,包括财政拨款、国有资产(动产、不动产及国有土地使用权出让)变现,以吸收会员风险保证金、中小企业入股和社会捐赠为辅等多渠道筹措。担保资金可按照"政策性资金、市场化操作、绩优者扶持"的原则运作。在市县区级可建立担保体系,在省(自治区、直辖市)级可建立再担保体系,同时,应积极鼓励社会各类商业性担保和区域性企业间互保作为担保体系的必要补充。从目前各地情况看,建立中小企业信用担保体系和再担保体系,基本上尚处于试点阶段,大多数地区的担保和再担保体系还没有建立起来。笔者认为,阻碍担保和再担保体系建立的一个重要原因是,一些地区的政府有关部门认识上存在偏差,财政部门不愿出资,观望和等待中央一级建立再担保体系后,再决定是否由财政出资。当然,也有极少数地区确因财政困难,中小企业担保基金的来源无着落。考虑到我国各级政府及有关部门恪守与中央保持一致,上行下效。因此,当前国家有关部门应积极探索中央一级建立国家中小企业信用再担保和信用保险机构的模式和途径,国家财政应拨付足够的专项资金作为担保资金的主要来源,尽快建立国家中小企业信用再担保体系,给各地区提供切实可行的示范,最终形成全国范围内中小企业信用担保和再担保纵横交错的整体网络体系。同时,为加快我国中小企业信用担保体系的建设步伐,国家可以实行对中小企业信用担保、再担保机构的担保业务收益暂免一切税收,着眼于从根本上解决我国中小企业发展中的贷款难、担保难问题。

二、进一步加强和改善对中小企业的财税优惠政策

目前,为进一步发挥财税政策对中小企业的经济调控功能,我国政府还必须从以下方面加强和改善对中小企业的财税支持政策措施:一是,建立和规范对中小企业的税收优惠政策。我国中小企业目前所享受的一些税收优惠政策,往往只能从其他的有关政策中找到,或比照执行。这很不适应中小企业发展的需要。当前应尽快研究制定我国鼓励中小企业发展的专门的税收优惠政策,包括税收项目和种类,引导中小企业健康发展。中小企

业税收政策的制定要体现企业公平税赋、平等竞争的原则,废止以所有制和企业属地划线的做法,以维护税收政策的统一性和完整性。二是,应进一步规范政府的行政行为,明确政府提供公共物品的费用都应主要由税收来承担,不应再向使用者或受益者收取额外费用,要简化中小企业建立审批手续和降低登记费。三是,要加大财政对中小企业的支持力度,为中小企业改革和发展创造良好的条件。四是,尽快设立中小企业专项资金。设立中小企业专项资金是解决中小企业融资问题,促进中小企业发展的重要渠道。各级政府应尽快设立扶持中小企业发展的专项资金,主要用于中小企业信用担保与再担保资金、新办中小企业的创业资助、中小企业产品结构调整和科技成果产业转化、中小企业技术改造项目贴息和对中小企业社会化服务体系的资助等。五是,建立中小企业发展的政府采购制度,在政府采购中划出一部分给中小企业。

三、切实减轻中小企业的税费负担

20世纪80年代初期,国家对以中小企业为主的乡镇企业的发展提供了许多优惠政策,随着改革的推进,这些政策逐步取消了。在新的历史条件下,中小企业不但很少得到政策优惠,反而面临不公平的政策环境,毫无疑问,税费负担过重是政策环境不公平的一个重要方面。如乡镇企业要缴纳农业附加税,而非乡镇企业无需承担这一税项。据悉,浙江省某市市区每个土建项目要盖60个章,收35种费,收费占土建投资的10%。此外,还有大量的不合理的收费。乡镇企业的负担更重,减轻农民负担而取消的费用一部分被转嫁到乡镇企业,乡镇企业遇到的各种收费达100多项,其中50%属不合理收费[1]。各地在治理"三乱"(乱集资、乱摊派、乱收费)中,往往忽视了中小企业的"三乱"负担问题。调查表明,名目繁多的税外收费和"三乱"的泛滥是造成中小企业负担过重的根本原因。从第二十五章第三节表25-1所示的甘肃省河西地区个体私营企业的收费负担表中可以看到,对于中小企业中的个体私营企业来说,简直"铺天盖地都是费"[2]!

笔者认为,要有效地解决中小企业税费负担过重问题,有赖于财税制度改革的进一步深化,也与政府职能的转换有着密切的关系。要通过规范税收制度,在清理不合理收费项目的基础上变费为税,使中小企业的负担稳定在合理的水平上。作为财税制度进一步改革之前的过渡措施,可以借鉴局部地区采用的"一道费"的做法,即取消形形色色的收费项目,代之以政府的一次征收,以此杜绝各部门、各方面向中小企业乱伸手、乱收费、乱摊派的现象,切实减轻中小企业的税费负担。

---

[1] 王岳平:"我国小企业面临的问题及政策建议",《中国工业经济》,1998年第11期。
[2] 赵民望等:"铺天盖地都是费",《中国工商时报》,1998年4月17日。

第四十四章 中小企业的社会化服务体系

中小企业势单力薄,与大企业有很大区别。中小企业要能在激烈的市场竞争中得以生存和发展,就需要社会提供各种服务。中小企业规模小,不可能自己去办这些服务项目。西方发达国家中小企业之所以能蓬勃发展,是与比较完善有效的社会化服务体系的广泛存在分不开的。政府的一个重要职责,就是为中小企业服务,利用全社会的资源为中小企业的发展提供良好的环境,创造必要的社会化服务体系。就中小企业社会化服务体系而言,有广义和狭义之分,广义的中小企业社会化服务体系,是指包括政府行政职能和政策法律在内的有助于中小企业生存和发展的整个支持系统。而狭义的中小企业社会化服务体系,则只是指为中小企业提供有形或无形的有偿服务的部分。本章是从广义的角度,来论述中小企业社会化服务体系的。

第一节 中小企业社会化服务体系的构建

量大面广、为数众多的中小企业由于单个企业实力弱小,易于受不利环境的影响。因此,政府和社会帮助中小企业发展的一个重点,就是要为他们营造一个良好的经营环境,构建完善的社会化服务体系。中小企业社会化服务体系是社会对中小企业生存和发展提供全方位系统服务的集中体现,也是市场经济条件下社会化分工协作的表现形式。因此可以说,中小企业社会化服务体系对中小企业的生存和发展发挥着决定性作用。

一、构建中小企业社会化服务体系的客观必然性

中小企业力量单薄,走向市场单枪匹马地参与竞争,困难是相当大的。APEC中小企业部长级会议提出为中小企业提供服务的5个优先领域:一是,人才开发。中小企业最缺乏的是人才,要为中小企业培训培养人才。二是,市场准入。中小企业没有足够的力量,应当向中小企业开放市场,帮助中小企业开拓市场。三是,技术共享。中小企业技术开发能力薄弱,要把一些成熟的技术移植到中小企业,提高产品的技术含量和附加值。四是,资金融通。中小企业一般资信较差,向银行贷款十分困难,这一问题在世界各国普遍存在。因此,应当为中小企业开拓筹集资金的渠道。五是,信息共享。中小企业缺乏信息来源,一般不可能到国内外作周密的市场调查,需要有专门的机构不断为它们提供各种需要的信息。

比起大企业来,中小企业更容易受到要素供给方面的制约,如资金、人才、技术、管理、

信息等,在市场开拓、企业管理等方面也处于相对弱势。中小企业机制灵活的竞争优势,必须以实行专业化生产为前提,需要社会提供必要的服务。有些中小企业生产的产品难以直接进入市场,需要有代理机构帮助推销。如年产 2 万件帽子的中小企业,要直接把这些帽子销售出去非常难。因而,一些为中小企业服务的中介机构应运而生,使大多数的中小企业能稳稳当当地搞生产。这就是建立为小企业产前、产中、产后服务的体系。产前,比如在信息、咨询、培养人才等方面提供服务。产中,比如原材料、零部件配送中心。如一个小加工厂,需要各种各样的钢材,但每样都储备,就会占用很多场地和资金,它承担不了。如果能在一个地区建立配送中心,依据小企业的订单按时送货。就可以为 100 家、1000 家中小企业提供这种服务,配送中心本身就是一个不小的企业。产后,就是提供包装、运输、销售等服务。在日本有许多"小企业公寓",一栋楼里有几十个小企业。少的 1 人或 2 人,多的 10 人左右,主要搞传统的、工艺性的产品。可见,小企业之所以能生存,就是有一个服务体系给予支撑。政府的一个重要职能,是为中小企业创造必要的服务体系,使中小企业也能在激烈的市场竞争中生存和发展。

二、建立中小企业社会化服务机构

中小企业量大面广,涉及社会的方方面面,是整个社会的共同事业,它们的健康发展,需要社会各方面的大力协助。由于中小企业的社会化服务项目繁多,因此,提供这些服务的社会化服务机构也是多种多样的。

中小企业服务机构是为中小企业提供服务的各类社会机构。中小企业服务机构应符合依法设立、具备相应资质的条件,按市场化运作,其性质可以是事业法人、社团法人、企业法人或自然人。从中小企业社会化服务机构的主办者来看,主要可分为以下几种类型:①政府主导型。即由政府的中小企业行政主管部门或政府的其他有关部门参与和协助建立中小企业社会化服务机构,如美国 SBA 协助建立的遍及全国各地的"小企业发展中心"和"企业信息中心";日本的"中小企业政策审议会"、"中小企业现代化审议会"等。②社会自主型。即由社会各方面根据中小企业的需求而自主建立的社会化服务机构。如美国教育界近 500 所高等院校成立的"小企业学院"、金融界许多银行专设的"小企业信贷部"和众多的"小企业投资公司"、科技界建立的各种"技术推广中心";日本的中小企业事业团、中小企业团体中央会、商工会议所(管大城市的中小企业)、商工所(管小城市的中小企业)等。③行业组织型。这类机构可以在广大中小企业与政府之间建立起一个相互沟通的桥梁,向上可以反映中小企业面临的困难和要求,以便政府制定相应的扶持政策,向下则负责及时转达政府对发展中小企业的最新政策。从形式上看,包括的三个层次:一是,专业性的协作组织,如技术协会、管理协会、信息协会和销售协会等;二是,行业性协会,主要职责是制定行业的各种共同规范和发展规划、维护行业成员的利益、了解和掌握行业发展的情况和动态、反映成员的共同要求、组织行业参加各种公益活动等;三是,行业协会联合会,主要职责是协调和处理行业间的共同事务。④混合型。即由以上主办者共同建立的中小企业服务机构,如美国的LINKS联系网络机构;英国的"工商联系网"等。

从社会化服务机构所提供的服务内容来看,主要可分为:①管理咨询与培训机构。如美国的"退休经理服务团和在职经理服务团"、"小企业发展中心"、"小企业学院";巴西的"微小企业咨询服务台"等。②技术咨询与推广机构。如美国的"制造技术中心"、"制造推广技术中心";日本的"公立试验所"、"中小企业办公室自动体系中心"、"活动研究组"等。③金融服务机构。如日本的"中小企业金融公库"、"中小企业育成投资公司";英国的"3I金融公司"等。④信息服务机构。许多国家都建立了各种"中小企业信息中心";美国和英国还建立了专门负责中小企业与社会化服务机构之间联系的机构,即LINKS联系网络机构和"工商联系网"。⑤其他服务机构。如广告服务、清洁服务等。

三、营造中小企业的良好经营环境

量大面广的中小企业由于单个企业力量薄弱,易受不利环境的影响,新生率高,失败率也很高,过高的破产或歇业率,势必影响中小企业的健康发展。为此,政府和社会帮助中小企业发展的一个重点,就是要为它们营造一个良好的经营环境。主要内容是,鼓励中小企业的创建,简化各种申办手续;简化各种行政管理和税收手续;维护公平的市场竞争环境,保证中小企业获得政府采购份额;确保中小企业拥有一块稳定的市场;制定有利于中小企业发展的政策,鼓励中小企业进行资本积累。

1. 鼓励中小企业的创建,简化各种申办手续

创业是一个艰难的过程,创业者要付出很大的精力和代价,创业阶段是企业发展最需要帮助的时期之一。为了提高中小企业的新生率,减少企业创建成本和困难,许多国家都在中小企业的创建上给予了方方面面的扶持和帮助,其中主要措施包括:提供免费的创业咨询、简化申办手续、建立开业代办机构、实行创业初期的免税政策,甚至提供创业贷款担保、财政补贴和优惠贷款等。

在创业咨询方面,许多国家建立了专门的咨询机构,如法国的"国家创建企业委员会",为创建企业的人免费提供专业性帮助和建议,根据他们的能力、物力和财力,帮助他们设计、修改各种创业方案并实行跟踪指导,以保障其获得成功。在简化申办手续上,许多国家都设立了专门的中小企业申办点,实行一次性申办手续;有些国家还建立了专为中小企业提供申办服务的中介机构,如法国的"企业手续中心"等。

2. 简化各种行政管理和税收手续

许多国家的调查表明,各种行政管理部门要求制定的规章的报表,以及繁琐的税收项目和手续是中小企业的一个沉重的负担。中小企业往往要花费大量的精力和财力去应付这些工作,使他们无法将更多的时间投入到企业的经营中去。为改变这一被动局面,各国政府采取了一系列的简化手续的工作,大致的做法是:首先,严格控制企业所填的表格,简

化各种章程条款,企业有权拒绝填报无关企业发展的表格;其次,尽量实行"一次性手续",避免不必要的重复。在税收手续的简化上,许多国家针对中小企业的特点,实行统一征收制度,南美许多国家则实行"单一税制",从根本上保证了简化税收的工作。

3. 维护公平的市场竞争环境

保证中小企业获得政府采购份额,确保中小企业拥有一块稳定的市场。市场竞争环境的好坏对中小企业的生存至关重要。大企业的存在及其不规范的经营行为,以及政府对中小企业的一些不利政策(这一点主要是存在于发展中国家),往往使中小企业处于不利的市场竞争环境之中。政府有责任限制大企业对中小企业不利的垄断行为,维护中小企业在市场上的合法权益;发展中国家应尽快改变那些不利于中小企业发展的歧视性政策(如偏袒国有企业的做法等)。在维护中小企业公平的市场竞争环境上,政府可采取的另一个有力措施就是,在政府采购中,为中小企业提供一定的法定采购份额,以确保中小企业拥有一块稳定的市场。这一措施已为许多发达国家所采用,如美国规定每年的政府采购中有25%必须给中小企业;美国SBA还为能够获得政府采购合同的中小企业提供"能力证书"。相比之下,发展中国家还是很少考虑这一做法。

4. 鼓励中小企业进行资本积累

制定有利于中小企业发展的政策,鼓励中小企业进行资本积累。中小企业不仅要生存,而且还要发展。作为政府,在中小企业发展上可采取的措施有:鼓励与中小企业有关的人员,如亲戚、朋友等的投资,政府对中小企业的投资实行免税;鼓励中小企业把利润的一部分再投入到企业中去;大幅度提高固定资产折旧率等。

第二节 中小企业中介服务体系

目前,许多发达国家愈来愈重视信息的收集、加工、整理,以各种方式为中小企业提供及时可靠的经济情报。这就需要建立各种中小企业中介服务机构。例如,加拿大政府建立了大量的信息机构为中小企业提供经济信息。联邦企业发展银行、工业科学技术部、国际贸易中心、雇工和移民办公室等机构都从不同的侧面为中小企业服务提供各种服务。日本的信息支持工作也很出色。一些地方政府不但设立中小企业综合指导所,为中小企业提供信息服务,还设置了中小企业情报中心,以多种方式为中小企业提供情报。

中小企业中介服务体系是由行业协会或政府部门牵头,通过在咨询、信息提供、企业诊断、经营指导、人才培训等方面设立专门的中介组织或机构,以为中小企业提供各方面的服务。以市场为中心大力发展中小企业的社会中介组织(机构),规范中介组织(机构)的运作,提高组织(机构)的资信度,改变组织(机构)的部门分割以及沦为政府部门附属物的状况,可以使其真正成为连接中小企业、政府和研究机构的桥梁,成为中小企业发展的综合性服务机构。同时，也可以加强中小企业之间在科研、生产和市场销售等方面的分工协作，加强中小企业间的联系，让中小企业根据各自的比较优势，实行组织联合，共同交流有关信息，共同增加对外的市场竞争力。

一般地，中小企业中介组织（机构）提供的服务主要有：

(1) 企业诊断和经营指导服务。中小企业企业诊断是指由有实践企业管理经验和具备专业知识的人，根据客观实际经济规律和技术规律，运用科学手段与方法，通过实地调查研究，分析、判断找出企业经济管理中出现的问题并提出建议与咨询意见。中小企业诊断的内容包括一般包括两个方面：一是从微观角度出发，在企业内部考察，对企业的经营管理活动进行定量定性分析，并作出综合评价，其中着重对企业经营管理者进行诊断，找出问题，在此基础上提出切实可行的改善方案，并指导这个方案的执行。二是从宏观角度出发，跳出该企业甚至行业范围进行诊断，看看该企业的存在和发展是否与国家的宏观目标一致，是否与周围的生态环境相协调，是否有利于所在地区产业结构的优化和资源的合理利用。

早在20世纪30年代，美国即出现了企业咨询企业，20世纪50年代传入日本后，始称做企业诊断。在日本的"中小企业诊断士"制度里，具有这一资格的专家可以为中小企业"坐堂门诊"，帮助中小企业发现在经营中存在的问题并提出改进意见，对于帮助中小企业改善经营业绩很有效，定期组织企业管理方面的专家为中小企业开展技术咨询工作。我国可根据实际情况建立专门为中小企业（或一般企业）提供诊断服务的中小企业主管部门或行业协会，并在实际操作中做好以下工作：一是制定企业诊断人员守则或规章制度，防止诊断人员在诊断过程中损害国家和受诊企业利益；二是组织诊断人员成立诊断组。诊断人员通常是来自企业外部的有科学管理理论知识和实践经验的企业管理人员和高校及科研所的专家学者，并应具有一定的组织领导力、分析综合能力和表达说服水平；三是把企业诊断与对企业管理人员的培训结合起来，否则企业诊断难以收到实际效果。这里的"培训"包括政策培训和管理培训两方面的内容。政策培训的目的是帮助中小企业管理者明了企业所处的宏观环境并采取相应的对策，避免企业生产经营管理的盲目性、风险性。管理培训，就是请专家学者以专题讲座或短期培训班的形式向中小企业领导干部和经营管理人员传授现代企业经营管理知识，介绍国内外先进企业的成功经验，帮助他们开拓视野，打开思路，更新观念，适应社会主义市场经济条件下日益激烈的市场竞争需要。

(2) 信息咨询服务。中小企业在发展中需要大量的关于融资、技术、经营项目、宏观经济与产业政策、人才等方面的信息。设立专门的信息提供与咨询机构，可以有针对性地使中小企业获得极为迅捷、及时的关于市场、技术、政策、人才等方面的信息服务。

(3) 各类评估服务。各类评估组织或机构设立的目的是为解决中小企业在企业资信服务、项目融资、产权交易、改制及会计财务等方面存在的问题。

(4) 培训服务。培训服务可以帮助中小企业提高员工素质，改善经营管理，从而加强中小企业技术进步和技术改造。

我国过去实行计划经济体制，政府对所属企业是直接进行管理而不是提供服务，咨询服务意识和工作都相当薄弱。随着社会主义市场经济体制的逐步建立和完善,政府应当在规范企业行为和市场竞争秩序、指导企业发展方向的同时,为企业排忧解难和提供各种服务。尤其是占企业总数95%以上的各种经济成分中小企业,在当前法律、政策等制度因素、市场供需结构以及各种其他因素多变的经济转型时期,迫切需要社会提供信息、咨询等各种服务。问题的关键在于政府有关部门如何组织和建立社会化服务体系,为中小企业提供质优价廉的服务。

在我国现阶段,各级政府及主管部门可以考虑设立免费(象征性收费)的专门咨询服务机构和资讯系统,建立以沟通政府管理部门与中小企业之间联系的中小企业协会;成立志愿者组织,动员离、退休教授、专家和工程技术人员加入,专门义务为中小企业进行企业诊断和提供技术、经营管理咨询等服务。尤其应鼓励和培育一批专门为企业融资、投资决策和经营管理提供服务的中介咨询机构和组织,包括资产评估及项目评估机构、产权交易、企业资信评价系统等,帮助企业解决投资活动中信息、人才、经验等方面的不足,为中小企业提供信息服务、项目评估、市场和融资分析等方面的咨询服务,以从根本上解决目前中小企业所面临的投资决策方面的困难和问题。

第三节 中小企业人力资源服务与创业辅导体系

一、中小企业人力资源服务体系

同大型企业相比,我国的中小企业人员素质从总体上来说是相对偏低的。根据《1995年工业普查资料》计算,在文化程度方面,高中及中专以上学历的从业人员在中小企业中所占的比重要比它在大型企业占的比重低,大专及以上程度低5.83个百分点,技校程度低4.54个百分点,高中(含中专)程度低2.98个百分点,而且中小企业比大企业拥有初中以下的人员比重更大,其比重之差为13.35个百分点;在工程技术素质方面,中小企业中的工程技术人员占所有中小企业人员的比重是5.55%,大企业则为6.66%,中小企业要比大企业低1.11个百分点。同时,中小企业相比大型企业,其技术人员结构偏低,大型企业高中低技术人员比例结构为4.86:24.24:70.9。以上分析的是乡及乡以上独立核算工业企业为对象,事实上,乡以下的中小企业,其文化素质更低。根据《中国统计年鉴》(1997),全国乡村企业职工文化程度情况是:高中及以上职工占全部职工比例为26.25%,初中及以下职工占全部职工比例为73.35%。

再从所有制方面看。国有企业、外资企业与港澳台投资企业所拥有的高层次人才较集体企业、私营企业要多,如表44-1所示。

中小企业人力资源不足,其原因是多方面的。在我国,受国有企业发展状况不佳的大环境影响,各类人才首先对到企业从事工作的积极性不大,再者从待遇及发展潜力来看,各类人才除了对已有一定发展的高科技类中小企业比较有兴趣外,一般不把中小企业作为其就业的首选。因此,作为中小企业似乎并不具备厚实的条件以吸引各类人才的加入,包括专业技术人才、管理人才、财务税务专业人才等。这导致了中小企业人才十分匮乏,无论是经营管理的高层人才,还是从事各种专业管理和技术工作的专门人才,都远不能适应中小企业发展的要求。该问题在一些地理位置深处内陆、甚至边远地区的中小企业更加突出。

表 44-1 1998 年不同所有制企业经营者学历程度(单位:%)

学历	国有	集体	私营	外资	港澳台投资	合计
高中以下	8	29.6	32.3	16.8	21.8	18.1
大 专	39.4	48.2	43.1	31.5	40.7	40.2
大 本	45.2	18.6	9.9	40.1	31.0	34.3
研究生	7.1	3.6	4.7	11.6	6.5	7.3

资料来源:许蒙:"再论创新人才的特质",《中国信息导报》,1999 年 9 月 17 日。

但目前有一种值得注意的现象是,近年来我国的一些较有活力的企业尤其是私营、个体企业,其就业人员素质有提高的现象。原因是多方面的。其一,这类企业的用人机制较传统的国有企业有了很大的不同。表现在用人用工方面,私营企业彻底打破"铁饭碗",企业对员工的招聘使用由经营者根据本企业的需要和市场情况,随时用各种方法把所需之人请进来。在职务晋升方面,私企基本上能做到能者上,庸者下,摒弃了国企中那种论资排辈,靠关系占位,能上不能下的官僚作风,使真正有才之人可以靠自己的真才实学谋取相应的职位。在利益分配方面,私企能做到奖罚分明、按劳分配。经营者有权对为企业作出贡献的人随时给予各种奖励,而不用担心为此犯错误。一些私营企业还大胆借鉴国际上许多先进的经营管理方式,如深圳华为推行"劳者有其股",使一大批年轻的博士、硕士为其拼命。在工资待遇方面,从目前情况看,一般的私企员工工资特别是高级人才的工资大大高于国营单位。如 1999 年 2 月 2 日在京举行的 1999 年迎春北京人才市场——应届大中专毕业生供需见面双向选择会上,私营企业公开叫板。深圳海王、华为,温州神力、巨龙通信等公司开出年薪 10 万～30 万元的价码,贵州神奇制药集团公司则为高层管理人员提供年薪 50 万元。在私营企业管理者方面,诸多具有远见卓识的私营企业家已认识到,企业的发展壮大光有资本与经营才能是不够的,要想使自己的企业在未来的竞争中立于不败之地,就必须大量吸收和培养各方面人才,走科技兴业的道路,因此,高薪聘用人才、培养人才并想方设法留住人才已成为私营企业家的共识。其二,近些年来国有企业效益不佳,大批职工下岗的事实使人们认识到,劳动力市场化已成为不可逆转的事实。人们的就业观也从怕到私营企业工作转为主动到个体及私营企业求职。根据国家工商局提供的资料,仅在 1997 年个体、私营企业吸纳的就业和下岗职工就达到 353.3 万人。到 1998 年底,全国私企已达 120.1 万户,比上年净增 24 万户,增长 25%;从业人员 1709 万人,比上年净增 359.82 万人,增长 26.67%。其三,福利保障制度的社会化,为人们思想的转变起到了推波助澜的作用。近几年,随着福利分房制度的取消,养老、医疗等保险的社会化,国企的优越性不再那么明显,这就会使各方面人才割断"国营情结",服务于利于自身发展的企业。其四,从高校毕业生看,一方面,由于国有企事业单位对高校毕业生总体需求呈逐年递减趋势,就业压力大,毕业生不得不改变就业方向;另一方面,随着社会的不断进步,人们的价值取向趋于多元化,毕业生的择业标准也在发生变化。许多人不再以所有制性质、工作轻松、地位荣耀等作为择业标准,而常常以经济利益、自身发展为标准。此外,许多毕业生还把工作岗位的流动看作是取得社会经验的一条途径,这些无疑为急需人才的私营企业创造了机会。

尽管如此,由于我国市场经济体制还处于不完善阶段,服务于各类中小企业的人才市场与人力资源管理体系还很不健全,政府有必要对这两个方面从硬件与软件入手,进一步完善其人力资源配置机制。

从国外看,为了提高中小企业从业人员的素质,许多发达国家都注意加强中小企业人力资源服务。如德国为提供足够的就业机会,采取了缩短工作时间、提高退休年限等措施,这项措施的推行,又需要劳动者的高素质和高效率作保证,因而大部分企业人员几乎都接受了职业学校理论的培训。培训费用由企业与国家共同负担,培训期间有严格的期限和通过考试领取技术证书的规定。加拿大政府每年花费约7亿美元为40万加拿大人提供职业教育和培训的机会,许多人在接受培训后,为中小企业录用。

在我国现阶段,人力资源必须由市场来配置,通过市场的作用,将企业人力资源配置到效益较好的环节中去,使人力资源与生产资料的结合达到较优状态。由于在人力资源市场上,政府是市场运行的监督者、协调者和服务者,因此政府应通过政策和法规建立健全企业的人力资源市场。

为了发挥其积极作用,政府必须从全局利益出发,对市场进行干预和调控是十分必要的。①应加强政府在中小企业人力资源管理上的宏观调控职能。其一是制定和执行宏观调控政策,搞好中小企业人力资源市场的基础设施建设,创造中小企业良好的人力资源成长、发展环境;二是培育基础人力资源市场体系,监督人力资源市场的运行和维护平等竞争;三是调节社会可分配和组织社会保障;四是制定和实施人力资源发展的战略,实现国家的经济和社会发展目标。②政府应运用经济手段、法律手段和必要的行政手段管理人力资源市场,不直接干预人力资源的具体配置活动。经济手段是政府管理的主要手段,包括指导和影响人力资源活动所规定并付诸实施的准则和措施。人力资源规划与计划、人力资源政策和法规、收入分配政策等都是宏观调控的主要依据。因此,在人力资源方面,政府应为中小企业提供一定的支持和帮助,可在鼓励大中专院校、各种科研单位与中小企业合作方面提供优惠政策,将科研成果迅速转化为现实的生产力,特别是对下岗人员的培训,政府应当作为一项公共效益事业开展起来。③建立各类人才培训基地和中介机构,为中小企业与各种科技人员或专业人员间的联系提供服务,并帮助中小企业培训技术力量和各种专业人员。在中国,一方面人才缺乏;另一方面浪费人才的现象也很严重。目前不仅大中型企业人浮于事(包括各种专门管理人才和工程技术人员),就是一些国家机关和科研单位,也有不少人无所事事。可以放宽政策,让这些人走向社会,开办教育事业,为中小企业培训人才服务。此外,以优惠条件引导和鼓励外埠企业经营者、机关和事业单位的人员和各类大中专毕业生、研究生到中小企业工作,不断提高中小企业经营者和管理人员的素质。

二、中小企业创业辅导体系

中小企业创业是一个十分艰难的过程,企业者要付出很大的精力和代价,创业阶段也是中小企业在发展过程最需要帮助的时期之一。为了提高中小企业的新生率,减少中小企业创建成本和困难,许多国家都在中小企业的创建上给予了方方面面的扶持和帮助,其中主要措施包括:提供免费的创业咨询、简化申办手续、建立开业代办机构、实行创业初期的免税政策、甚至提供创业贷款担保、财政补贴和优惠贷款。在创业咨询方面,许多国家都建立了专门的咨询机构,如法国的"国家创建企业委员会",为创建企业的人免费提供专业性的帮助和建议,根据他们的能力、财力和物力,帮助他们设计、修改各种创业方案并实行跟踪指导,以保障其获得成功。在简化申办手续上,许多国家都设立了专门的中小企业申办点,实行一次性申办手续;有些国家还建立了专门为中小企业提供申办服务的中介机构,如法国的"企业手续中心"等。对创业支持力度较大的国家要属美国。在这个自由市场经济十分彻底的国家里,人们普遍具有旺盛的创业精神,并有倡导和赞扬这种精神的社会风气。美国政府同样对个人创业精神给予了极大关注,形成了支持个人创业的制度。作为促进个人创业的机构,美国成立了商业信息中心,该中心拥有准备创业所需的信息、录像带、软件和电子计算机终端等,供创业者随时调用。不仅如此,美国各州都建立了业务培养室,主要培育风险企业,支持小企业进行风险投资,扩大业务。培养室向前来接受培养的企业提供事业内容、办公室服务和经营技术等。在对小企业主创办风险企业进行经营指导的基础上,美国政府还从资金上予以支持。早在1958年,政府就全资成立小企业投资公司,专门对小企业提供商业银行不愿贷款的风险投资。

日本在20世纪90年代才开始鼓励创业精神。日本中小企业厅拟定的《90年代中小企业设想》中,把促进创业当作重点政策之一。日本也开始鼓励人们进行风险事业投资,1996年3月,中小企业事业团开设了"风险企业广场",指导中小企业主创办风险投资企业。

从我国中小企业的创办情况来看,由于多头行政管理体制的存在,中小企业在从立项申请到审批要经过一个较长的过程,履行繁杂的手续。而且在企业资产评估、项目可行性研究、会计咨询服务等方面的中介服务组织不多,收费又高,致使中小企业很难创办。因此,要借鉴我国台湾的经验,在专门的中小企业辅导部门中设置创业辅导机构,对中小企业如何申请风险投资基金、入驻企业孵化中心等方面进行咨询服务与辅导。

第四节 中小企业技术创新服务体系

根据国际经验,中小企业的研究和开发活动具有成本低、适应性强和人力物力集中等优势,因此投资回报率高,在科技创新方面较大企业更有效率。在美国,每4个大型技术革新项目即有1个是在不足100人的小企业中研制和采用的,美国中小型企业单位研究和开发费用的产出比大企业高出5.4倍,人均发明创新是大企业的两倍。20世纪的飞机、光纤检测设备、心脏起博器、个人计算机等都是中小企业发明的。在香港的IT业、生物制药等高科技领域,中小企业也充当着主力军的作用。例如20世纪七、八十年代,香港制造业曾夺取了手表、玩具等10项产品的全球冠军,组成了一支由中小企业的蚂蚁雄兵构成的产业劲旅。20世纪70年代初爆发能源危机后,世界经济进入了全面的高速时期,迎来了新的技术革命。在这轮新技术革命的浪潮中,美国率先倡导大力扶持尚处于萌芽状态的以信息技术为核心的高科技型中小企业,及时占据了新技术革命浪潮的潮头,从而使美国赢得了自20世纪90年代初开始至今长达8年多的连续的经济稳定增长,创造了二次大战以来的奇迹。日本、德国、英国也纷纷跟进,使扶持高科技型中小企业的发展成为各国促进中小企业发展的重要内容。

一、中小企业技术创新优势与现状

中小企业的技术创新优势突破了传统的"熊彼特约束"理论,该理论强调足够大的企业规模具有的资源禀赋及其市场地位是创新的基础条件。其原因在于:

(1) 中小企业比大企业具有更紧迫的创新动力。在市场竞争中,中小企业在规模优势、市场抗风险能力等方面无疑是落后于大型企业的,所以中小企业更需要通过创新增加其产品服务的高附加值以和大企业竞争。在面临强大的竞争压力下,中小企业往往充分发挥其灵活性、专业化程度等特点来弥补在与大企业竞争中所处的劣势。

(2) 中小企业规模小,内外信息易于沟通,有利于适应市场和用户需求变化,企业组织结构简单,决策层次少,决策效率高,在外部竞争压力下容易接受创新。经济学家盖尔曼对美国20世纪70年代进入市场的600多项创新研究表明,小企业的创新是大企业的2倍多,进入市场的速度也比大企业快30%左右。美国20世纪80年代前半期的统计也显示,尽管小企业在研究、开发上的投入远远低于大企业,但是中小企业的创新成果却相当辉煌,表现出非常高的创新效率。

(3) 从科技创新的分类看,科技创新大致可分为四个方面:产品创新、服务创新、工艺创新和管理创新。研究发现,小企业对服务创新的贡献率最高,达到38%;其次是产品创新,为32%;对工艺创新和管理创新的贡献率分别为17%和12%。再从技术创新的三阶段来看,中小企业在很多方面也优于大企业。美国学者阿伯乐施和日本学者提出了技术创新的三阶段的设想,以此来分析大中小企业在技术创新中的不同机会优势。研究表明,在第一阶段技术创新具有不稳定、高风险等特点,这种特点制约了大企业的创新动力,相反却给中小企业以很大的创新空间和市场;第二和第三阶段,技术创新需要较大投入,这种投入通常是大企业的强项,但在当今金融体系日趋完善、金融工具日益多样化的情况下,中小企业也可以取长补短,通过外部支持获得创新所需的投入。再次,技术创新往往和创新者在整个创新过程中的参与度和积极性密切相关,无数事实表明,让创新者在前期获得较大比例的股份及收益有助于创新的最终实现,例如,当前很多创新成果中发明者占有较大比例股份等。中小企业灵活的内部企业制度设定往往能较好地满足创新者这一心理需求,为创新的实现创造条件。

(4) 根据发达国家和地区的实践,除基础研究和重大科研项目外,在大部分科研领域,拥有大量人才物力的大企业并不具有垄断的优势,在应用研究和开发研究方面具有高度灵活性和开拓冒险性的中小企业往往能够异军突起。资料反映,自 20 世纪初以来,美国科技发展项目中一半以上是由小企业完成的,20 世纪最重大的 65 项发明和创新都是 500 人以下的小企业或个人创造的。美国小企业管理局(SBA)委托未来集团(the Futures Group)从 46 种技术、工程与行业杂志社上选出所刊载的分布在 362 个行业里的 8 074 项发明和创新进行分析,其中中小企业占所有制造业产品创新的约 55%,小企业平均每个雇员的创新系数比大企业高 1.38 倍,重要创新数也比大企业高 1 倍。因此,美国国会于 1982 年通过小企业创新法而专门设立了小企业创新研究中心(Small Business Innovative Research,SBIR),规定所有 R&D 经费超过 1 亿美元的联邦政府部门要从它们的 R&D 经费中抽出 1.25% 用于资助小企业(定义为员工总人数少于 500 人的企业)进行技术创新活动。1992 年通过的小企业 R&D 促进法将用于 SBIR 的经费比例从 1992 年的 1.25% 过渡到 2.5%。SBIR 的基本目的是鼓励小企业、少数民族及社会中处于不利地位的群体所开办的企业中的创新活动,吸引它们在联邦政府所需要的领域内从事研究与开发活动,尽快使政府的研究成果商业化与产业化。

尽管从理论上讲中小企业具有创新优势,但从现实情况看,我国中小企业技术创新是乏力的。主要体现在:

(1) 技术创新动力不足,企业创新意识不强。在我国企业改革 20 年中,从扩权让利、承包经营、转换经营机制到建立现代企业制度,虽然取得了一定成效,但并没有真正建立起现代企业制度,产权制度的改革也并没有达到产权明晰的目的,投资的所有权和企业的法人财产权没有得到严格的确认,企业缺乏充分的自主经营决策权。许多企业的技术引进、技术改造并不完全是企业的自主行为,更多的是政府行为。对企业的经营者而言,决定其命运的因素在很大程度上也不是企业的利润和经济效益。因此,企业也就不可能将全部精力放在技术创新工作上,企业的技术需求较弱,创新的原动力不足。此外,在 20 世纪 80 年代,由于国家在产业发展指导顺序上确定了以"农、轻、重"为序发展的方针,同时在政策控制上,国家对大型企业也有许多限制,统得过死,客观上给了中小企业很大的发展空间。因此,尽管中小型企业存在着生产工艺落后、设备陈旧、管理粗放等问题,但日子依然过得去,并未到不进行技术创新就无法生存的状态。近几年,随着市场竞争的加剧,虽然企业感到了市场的巨大压力,但是由于种种条件的限制,企业往往去寻求一些非经济或非正常的方式去解决一时的困难,而不是通过技术创新从根本上摆脱困难。

(2) 技术创新机制尚未形成。与国有大型企业相比,中小企业的改革相对滞后,企业在技术创新的各个环节中没有真正形成自我约束、自我激励、自我发展的机制,企业还不能主动进行技术创造来适应日益激烈的市场竞争。同时,企业也缺乏根据国家产业政策和行业技术特点来组织、管理技术创造的一整套工作规范,难以解决技术与经济有效结合问题,更谈不上技术成果的产业化,无法实现通过技术进步推动企业发展的根本目的。

(3) 技术创新的整体素质不高,企业创新能力不强。这主要体现在以下几个方面:一是企业缺乏高水平的技术人才。从技术开发能力来看,我国科技力量的 2/3 都集中在企业之外的高等院校、科研院所,企业中设立专门技术开发机构的还不到 1/2。高水平技术人才的缺乏严重制约了企业的技术创新。在中小企业,人才匮乏的矛盾表现得更为突出。二是基础技术、关键技术落后。我国中小企业的起点都比较低,他们使用的多为传统技术,产品的技术含量低、附加值低,而且关联度差,产业结构比较低下,这样的产业格局严重制约了产业的发展。三是企业的抗风险能力差。相对于大型企业,中小企业规模较小、管理落后,无法取得比较优势,抵御市场风险的能力差。而技术创新本身蕴藏着极大的风险,因此决策者在推动技术创新上往往怕犯错误,使得企业技术创新工作徘徊不前。

(4) 技术创新投入不足,风险投资体系不健全。技术创新本身有相当大的风险,创新投资是一种风险投资。但是技术创新成果所带来的收益也是巨大的,尤其在高技术产业,高投入、高风险、高收益是其显著特点。而且,现在高技术产业发展的趋势是投入越来越大。美国微软公司每年的研发资金就占其销售收入的 10% 以上,而我国多数企业中技术开发经费不足销售收入的 1%。资金不足严重阻碍了企业技术创新工作的开展。此外,我国的风险投资体系尚不健全。从发达国家的成功经验看,风险投资作为资本市场的一个重要组成部分,在高技术商品化、产业化方面起着举足轻重的作用,它是中小型高新技术企业发展的有效的资金支持系统。而我国风险投资还处在起步阶段,投资规模、投资能力等还远不能满足中小企业,尤其是科技型中小企业的创新需求。

总之,由于我国的中小企业信息匮乏、管理者素质不高、缺乏创新激励以及缺乏必要的科技贷款和风险投资,企业技术创新乏力相当普遍。据统计,全国有 22 个省、市创建的科技信托公司、科技风险投资公司、科技信用社等达 80 多家,具有 35 亿元投资能力,但很少用于中期的风险投资。而从体制上看,迄今为止,我国所有的技术进步政策、措施都是为大企业,尤其是大型国有企业制定的,中小企业技术进步政策尚在酝酿之中。例如,1985 年国务院批准的《关于改进技术进步的若干政策的暂行规定》和《关于推进国营企业技术进步若干政策的暂行规定》,以及 1995 年中共中央和国务院发布的《关于加速技术进步的决定》;1996 年八届全国四次会议通过的《关于"九五"期间深化科技体制改革的决定》。这些法规基本上为大中型企业而设,中小企业的研究开发能力很少提及,国有、集体小企业 R&D 机构、经费、人员更是一片空白,所以中小企业只是为大型企业组织配套生产和服务,很少有通过技术进步迅速成为大型企业的。

1999 年,党中央、国务院做出了《关于加强技术创新,科技,实现产业化的决定》,并配套发布了有关科研机构管理体制改革、促进科技成果转化、国家科技奖励改革、科技型中小企业技术创新基金等 7 个政策文件。6 月 25 日,科技型中小企业技术创新基金正式启动,首期额度 10 亿元,至 2000 年 6 月,共立项 1281 项,安排基金 9.68 亿元,平均支持强度约 75 万元/项。一年来,这项基金以贷款贴息、无偿资助的方式,支持了一批技术含量高、创新性强、市场前景好的项目,有力地促进了高新技术成果的转化,科研院所的转制,以及科技人员、留学人员的创业,缓解了一批初创期科技型中小企业资金短缺的困难。如山东省农作物所 1998 年创办的山东鲁研农业良种有限公司规模小,筹资难,1999 年申请基金项目"优质高产专用小麦种子产业化",获得了无偿资助,有力地扩大了良种育、繁、推一体化的生产经营规模。又如北京长峰益来自动化科技有限公司由于抵押资产不够,申请贷款不能落实,1999 年申请了基金项目"工业锅炉高效燃烧控制系统",获得了贷款贴息支持(按年利息的 50% 至 100% 补贴)。

另据估算,获得 1999 年度基金支持的有 26% 是初创型企业,有 20% 以上项目由科研院所转制或创办的企业承担,大多数项目纳入过省部级科技计划或国家科技攻关计划、863 计划,或是产学研联合开发项目。

1999 年度的 1089 个项目按技术领域分类,电子与信息技术类有 331 项,占总数的 20.3%,以下依次为光机电一体化、新材料、生物医药、资源与环境、新能源与节能等(表 44-2)。

表 44-2 创新基金所支持的项目与金额

项目	光机电一体化	新材料	生物医药	电子与信息	资源环境、新能源
支持金额(万元)	15.976	16.609	16.073	24.483	8.494
立项数(个)	219	216	212	331	111

项目总录取率(立项数与申请数之比)为 32.7%。其中,无偿拨款资助 759 项,贴息贷款支持 330 项。资助额度一般不超过 100 万元,最高不超过 200 万元。1999 年度基金安排 8.16 亿元,连同地方、企业、银行共新增投产 122 亿元,其中银行贷款占 44.8%,基金的实施起到了重要的杠杆作用。从 2000 年 3 月起,基金管理中心已开始常年受理第二期基金项目申请。主要资助方向是高新技术成果转化和产业化,促进科研院所转制,扶持科技人员、留学人员创办、领办企业,带动传统产业改造及产学研合作项目等。管理上进一步简化环节,提高效率,由企业直接书面申报(不接受当面申请),当地政府主管部门推荐。基金管理中心承诺,接到申请后 2 个月内决定申请者是否符合条件,4 个月内决定是否立项。

科技型中小企业技术创新基金是一面旗帜,将引导地方及各界加大对技术创新的投入。这项基金将不间断地运作下去,它的引导作用将发挥得更加显著。

二、政府支持中小企业技术创新的配套措施

我国在采取促进中小企业技术创新的政策配套措施上可考虑:

(1) 建立促进中小企业技术创新的法规。制定法律法规,是规范与保护中小企业技术创新的关键。要改变目前的法律、法规只限于大型企业技术创新的现状,建立更多的专

门用以规范中小企业技术创新的法律法规,并以法律为依据,打破以条块分割为特征的部门管理体制,清除各种制约着中小企业技术创新与成长、发展的障碍。

(2) 建立有利于中小企业技术创新的金融与财税体系。从现行金融政策环境看,中小企业与大企业相比面临着不公平的政策环境,如国家银行的呆账准备金、资本结构优化扶持金等几乎全对大企业倾斜,而中小企业由于信用度低,本来就难保证创新活动的资金投入,企业的技术创新工作因而举步维艰。因此,在金融扶持上目前可行的,也是比较重要的,就是建立中小企业风险投资机制,鼓励中小企业进行技术创新。科技企业资金运作的重要特点是高投入、高风险、高收益。巨大的风险使一般投资者望而却步。中小企业受规模限制,往往只能进行单一技术的开发活动,缺乏必要的替代技术开发途径,风险也比大企业大。因此,政府应大力发展为中小企业技术创新服务的风险投资机构,如设立中小企业创业基金、中小企业科技开发中心等,积极开展风险投资业务,向发展有潜力的未上市科技型中小企业进行风险投资,以此鼓励中小企业在进行技术创新的同时促进其科技成果商业化。此外,政府应允许经营状况良好的高新技术中小企业面向社会发行融资债券或进入二板市场融资。在财政税收上,政府应对中小企业的重大科技开发攻关项目免税或轻税,对积极将新开发的技术转化为商业化生产的中小企业可实行政府的长期低息贷款,并在税收上享受优惠,对新建高新技术中小企业及盈利部分用于再投资的中小企业,一定时期内可不纳税。此外,中小企业也应将大量智力、无形资产的投入作为生产要素计入成本。

(3) 建立有利于中小企业技术创新的投入条件。首先是改革科技技术引进的体制条件。我国在目前的科技创新中除了重复引进技术外,还存在两个问题:①技术引进中硬件与软件不配套。"八五"期间成套设备与关键设备引进占全部引进的80%左右,软件技术引进的比例一直低于20%,由于软件的影响,成套设备不能充分发挥效用,也影响了引进后的消化吸收;②技术引进与自主开发相脱节。1995年引进的费用与工业R&D费用的比例为12∶1,"八五"期间拥有技术开发机构的企业比重逐年下降,1990年占54.09%,1996年则为34%,说明我国的企业过度依赖技术引进,自主研究开发能力不足(沈坤荣,1978~1997年:"中国工业技术进步的体制与政策",《经济工作者学习资料》,1998年第16期)。因此,中小企业在技术引进过程中,要避免重复引进问题,促进技术引进与开发的结构。其次,倡导和鼓励社会科研部门、大专院校积极与中小企业"联姻",使中小企业获得技术支持,提高技术创新能力。同时,加速信息网络建设,培训人才。

(4) 建立科技共享机制。目前,在各个中小企业之间、大企业与中小企业之间,出于各种原因,本身就缺乏一种能使得各方达成技术共享和技术合作的有效机制。在信息不对称条件下,中小企业群体除了联合起来共同搞科研开发,以获得共同发展外,还应以政府、金融机构和科研机构为主力,形成中小企业的科技开发、科技成果共享机制。可以采取如下相关措施:促进"产、学、研"的结合,推动中小企业、科研机构和大学间成立共同研究和技术开发机构,辅以市场调研和开拓机构,加强科研成果的生产力转化率和市场成功率;鼓励和促进中小企业和大企业在科研产出方面的合作;成立科技投资中介机构,当前尤其应建立健全技术创新与生产力促进中心和高技术创业服务中心等旨在为中小企业提供服务的非盈利性实体。

(5) 鼓励政府研究机构向民营高科技中小企业转移技术,并进行合作。民营高科技企业的兴起使得技术进步的原动力由政府向企业转移,并逐步构建起了民营企业技术进步的基础。对民营高科技企业的考察表明,由于高科技产品的生命周期越来越短,企业需要不断推陈出新才能生存发展。知识经济同风险投资相结合,是中小企业发展的契机,而这又依赖于企业制度与创造性人才的培养。改善中小企业技术创新环境,利用政府R&D资源。以立法的形势在企业合作研究方面放松反垄断法的限制,鼓励政府研究机构向企业的技术转移和技术合作。

(6) 尽快健全技术交易行为,规范技术市场。现有企业与企业之间或个人和企业间的交易还不够规范。一些好的技术成果销售很困难,另外也有伪技术充斥市场。因此,引进国际上技术的管理惯例和办法,规范技术交易行为,在我国显得非常必要。在国家技术交易法出台之前,中小企业要加强自我规范和自我保护,特别是知识产权保护。

(7) 实施高技术产品的贸易政策。出口信贷是涉及高技术产品的重要政策之一。西方发达国家通过提供买方信贷或者卖方信贷等出口信贷方式来支持高新技术产品的出口。我国也急需制定相应政策,推动我国高新技术产业的发展。政府采购政策也是各国都采取的贸易政策,即对使用纳税人提供资金所执行的采购,在技术经济指标相同的情况下,要优先购买自己国家的产品。因此,政府应制定相关政策,利用政府采购政策保护民族高技术产业。

主要参考文献

[1] 林汉川、汪前元著：《中国中小企业改制模式研究》，中国财经出版社，2001年。
[2] 林汉川、魏中奇著：《中小企业发展的国别比较研究》，中国财经出版社，2001年。
[3] 周晖著：《中国中小企业发展战略研究》，中国财经出版社，2001年。
[4] 冯德连著：《中国中小企业技术创新机制研究》，中国财经出版社，2001年。
[5] 林汉川、夏敏仁著：《中国中小企业发展与就业问题研究》，中国财经出版社，2001年。
[6] 林汉川、叶红雨著：《中国高新技术中小企业发展研究》，中国财经出版社，2001年。
[7] 谢升峰著：《中国中小企业政府支持体系研究》，中国财经出版社，2001年。
[8] 易国庆著：《中小企业政府管理与支持体系研究》，企业管理出版社，2001年。
[9] 林汉川、田东山主编：《WTO与中小企业发展》，上海财经大学出版社，2001年。
[10] 林汉川、魏中奇著：《中小企业存在与发展》，上海财经大学出版社，2001年。
[11] 林汉川、魏中奇主编：《中小企业发展与创新》，上海财经大学出版社，2001年。
[12] 林汉川主编：《WTO与中小企业转型》，经济管理出版社，2002年。
[13] 林汉川、田东山：《WTO与中小企业的信息服务体系》，中国财经出版社《经济活页文选》，2001年第16期。
[14] 林汉川、田东山：《WTO与中小企业的政府支持体系》，《光明日报》，2002年1月15日。
[15] 林汉川、管鸿喜：《中小企业竞争力现状与对策探析——湖北、广东中小企业问卷调查报告》，中国财经出版社，《经济活页文选》，2001年第23期。
[16] 林汉川、管鸿喜：《中小企业财务融资现状与对策探析——湖北、广东中小企业问卷调查报告》，《数量经济技术经济研究》，2002年第2期。
[17] 林汉川、管鸿喜：《中小企业信息需求与服务问题探析——湖北、广东中小企业问卷调查报告》，《科研管理》，2002年第3期。
[18] 林汉川、魏中奇：《中小企业存在理论评述》，《经济学动态》，2000年第4期。
[19] 林汉川、魏中奇：《中小企业界定与评价》，《中国工业经济》，2000年第7期。
[20] 林汉川、叶红雨：《高新技术中小企业发展更需产权制度创新》，《中国工业经济》，2001年第6期。
[21] 林汉川、田东山：《WTO与中小企业融资服务体系》，《财贸经济》，2001年第8期。
[22] 林汉川、管鸿喜：《湖北、广东中小企业发展现状与面临问题剖析》，《改革》，2001年第5期。
[23] 林汉川、叶红雨：《论我国高新技术中小企业的管理创新》，《研究与发展管理》，2001年第4期。
[24] 林汉川、叶红雨：《论我国高新技术中小企业成长的市场环境》，《研究与发展管理》，2001年第5期。
[25] 林汉川、叶红雨：《论我国高新技术中小企业的人才成长环境》，《中国集体经济》，2001年第1期。
[26] 林汉川、叶红雨：《论我国高新技术中小企业的政策环境》，《宏观经济管理》，2001年第12期。
[27] 林汉川、田东山：《WTO与中小企业市场创新》，《经济管理》，2001年第20期。
[28] 林汉川、田东山：《国际绿色贸易壁垒以及对策探析》，《中国软科学》，2002年第3期。
[29] 林汉川、魏中奇：《美、日、欧盟中小企业最新界定标准比较及其研究》，《管理世界》，2002年第1期。
[30] 林汉川、魏中奇：《日本中小企业界定标准的演变与启示》，《世界经济》，2002年第1期。
[31] 林汉川：《我国中小企业转型升级的战略思考》，《宏观经济研究》，2002年第3期。
[32] 林汉川、田东山：《WTO与中小企业技术创新》，《研究与发展管理》，2002年第3期。
[33] 林汉川、田东山：《WTO带来了什么》，《中国中小企业》，2001年第9期。
[34] 林汉川、夏敏仁：《论城市化与农民就业转型》，《经济研究参考》，2001年第77期。
[35] 周晖：《中小企业生命模型研究》，《中国软科学》，2000年第10期。

[36] 冯德连:《中小企业技术创新的价值判断分析》,《中国软科学》,2000年第12期。
[37] 冯德连:《中小企业与大企业共生模式分析》,《财经研究》,2000年第6期。
[38] 桂玲:《加入WTO与中小企业信用担保体系》,《中国集体经济》,2000年第9期。
[39] 汪前元:《中小企业的理论界定》,《市场经济研究》,2000年第6期。
[40] 汪前元:《中国乡镇企业崛起的多维分析》,《湖北大学学报》,2000年第5期。
[41] 林汉川、田东山:《中小企业如何面对WTO》,《湖北日报》,2000年4月28日。
[42] 乔新生:《中小企业发展的金融法制保障》,《经济与法律》,2000年第4期。
[43] 乔新生:《论知识经济条件下中小企业的划分标准》,《中国工商管理研究》,2000年第8期。
[44] 乔新生:《中小企业法:理论基础与制度设计》,《经济与法律》,2000年第6期。
[45] 冯德连:《国外企业群落理论的演变与启示》,《财贸研究》,2000年第5期。
[46] 魏中奇:《我国中小企业出口问题剖析》,《经济研究参考》,2001年第18期。
[47] 汪前元:《中国乡镇企业的制度分析》,《社会科学家》,2000年第4期。
[48] [日]中村精,唐本佑译:《日本中小企业与大企业关系的形态》,《经济与管理论丛》,2000年第5期,第6期。
[49] Greiner L. E.: Harvard Business Review, July-August, 1972.
[50] Barrow C.: The Essence of Small Business, Published by Prentice Hall International (U.K.) Ltd. 1993.
[51] Jepper R.: Fail-Safe Small Business, Published by John Wiley & Sons, Inc, 1994.
[52] Lawrence J. Gitman, Carl Mcdaniel: The World of Business, Published by South-West College, 1995.
[53] Micolai J. Foss, Christian Knudsen: Towards a Competence Theory of the Firm, Published by Routledge, 1996.
[54] Penrose E. T.: The Theory of the Growth of the Firm, Oxford: Oxford University Press, 1995.
[55] Hollander E. D. et al.: The Future of Small Business, 1967.
[56] Staley and Morse: Modern Small Industry for Developing Countries, McGran-Hill, 1965.
[57] Mario Rutten: Small Business and Europe, 1997.
[58] R. Rothwell and Zegreled W.: Reindustrialization and Technology, longman group Ltd., 1985.
[59] Acs Z. J. Carlsson B. and Thric R.: Small Business in the Mordern Economy, Edited by P. H. Admiraal, Blackwell Publishers. 1996.
[60] Nelson R. R. and Winter S. G.: An Evolutionary Theory of Economic Change, Cambridge, Mass: The Belknap Press of Harvard University Press.
[61] Anderson T.: Profit in Small Firms, Avebury: Aldershot, U.K. 1987.
[62] Williamson O. E.: Markets and Hierachies: Analysis and Antitrust Implications, New York: The Free Press, 1975.
[63] Richard J. Stillman: Small Business Management: How to Start and Stay in Business, Little, Brown and Company. Boston, 1982.
[64] Storey D. J.: Understanding the Small Buasiness Sector, Routledge, London, 1994.
[65] Porter M. E.: Managing Value: From Competitive Advantage for Corporate Strategy, Harvard Business Review, May June, 1987.
[66] Acs Z. J., David B. Andretsch: Innovation and Small Firms, The MIT Press Cambridge, Massachusetts London, England.
[67] Coase R. H.: "The Firm, The Market and The Law", University of Chicago Pass PP. 35~36, 1989.
[68] PavL. A. Samuelson: "Foundation of Economic. C Analgsis", Cambridge: Harvard Uni. Press, 1948.
[69] [英]亚当·斯密:《国民财富的性质和原因的研究》下卷,商务印书馆,1974年。
[70] [英]约翰·穆勒:《穆勒经济学原理》,世界书局,1936年。
[71] [德]舒马赫:《小的是美好的》,商务印书馆,1984年。

[72][美]张伯伦:《垄断竞争理论》,三联书店,1958年。
[73][英]琼·罗宾逊:《不完全竞争经济学》,商务印书馆,1964年。
[74][日]铃木多加史:《日本の产业构造》,中央出版社,1995年。
[75][美]施蒂格勒:《产业组织和政府管制》,上海人民出版社和三联书店,1996年。
[76][英]科斯:《企业、市场与法律》,上海三联书店,1990年。
[77][美]加尔布雷斯:《经济学和公共目标》,商务印书馆,1980年。
[78][日]太田一郎:《现代中小企业的活力与新生》,西安科技大学出版社,1991年。
[79][美]阿尔温·托夫勒:《第三次浪潮》,生活·读书·新知三联书店,1984年。
[80][美]迈克尔·波特著,陈小悦译:《竞争战略》,华夏出版社,1997年。
[81][美]勒斯:《小型企业经营管理》,中国商业出版社,1986年。
[82][日]车户实编:《中小企业论》,八千代出版社,1987年。
[83][日]野田武辉:《企业危机频繁:中小企业倒闭内幕》,时事出版社,1999年。
[84][日]太田进一:《中小企业的比较研究》,中央经济出版社,1989年。
[85][英]西里尔·利维基:《西欧小企业》,中国社会科学出版社,1988年。
[86][美]平狄克、鲁宾费尔德著,张军等译:《微观经济学》,中国人民大学出版社,1997年。
[87][美]道格拉斯·诺斯:《经济史上的结构与变迁》,上海三联书店,1991年。
[88][日]末松玄六:《中小企业管理战略》,中国经济出版社,1988年。
[89][奥]熊彼特:《经济发展理论》,商务印书馆,1990年。
[90][美]彼得·德鲁克:《管理的前沿》,上海译文出版社,1996年。
[91][美]彼得·德鲁克:《管理实践》,上海译文出版社,1996年。
[92][美]彼得·德鲁克:《创新和企业家精神》,企业管理出版社,1989年。
[93][美]斯蒂格利茨:《政府为什么干预经济》,中国物质出版社,1998年。
[94][英]库兹涅茨:《现代工业增长:发现和反映》,《现代国外经济学论文选》第2辑,商务印书馆,1981年。
[95][美]C.鲍曼著,郑薇译:《战略管理》,中信出版社,1997年。
[96][美]D.福克纳、C.鲍曼著,李维刚译:《竞争战略》,中信出版社,1997年。
[97][美]艾伦·加特著,陈雨露等译:《管制、放松与重新管制》,经济科学出版社,1999年。
[98][美]斯蒂格利茨著,姚开建等译:《经济学》(上册),中国人民大学出版社,1997年。
[99][美]菲利普·科特勒著,梅汝等译:《营销管理——分析、计划和控制》,上海出版社,1990年。
[100][美]小克尔弗雷德D.钱德勒:《看得见的手——美国企业的管理革命》,商务印书馆,1987年。
[101][美]尼古拉斯:《创办你自己的企业》,中国人民大学出版社,1999年。
[102]夏大慰主编:《产业组织学》,复旦大学出版社,1994年。
[103]孙鸿武:《中外企业发展比较》,天津人民出版社,1992年。
[104]李玉潭:《日美欧中小企业的政策和理论》,吉林大学出版社,1992年。
[105]樊亢、宋则行主编:《外国经济史》,人民出版社,1981年。
[106]吴敬琏:《现代公司与企业改革》,天津人民出版社,1994年。
[107]青木昌彦、钱颖一主编:《转轨经济中的公司治理结构》,中国经济出版社,1995年。
[108]金碚:《产业组织经济学》,经济管理出版社,1999年。
[109]高德宏主编:《中国小企业研究》,四川大学出版社,1993年。
[110]易纲、许小年主编:《台湾经验与大陆经济改革》,中国经济出版社,1994年。
[111]杨正、林军:《中小企业管理指南》,经济管理出版社,1995年。
[112]高媛、项润:《中小企业成败案例》,企业管理出版社,1999年。
[113]罗国勋:《二十一世纪:中国中小企业的发展》,社会科学文献出版社,1999年。
[114]邓荣霖:《中小企业制度与市场经济》,中国人民大学出版社,1999年。
[115]戎殿新、罗红波:《中小企业的王国——意大利》,经济日报出版社,1996年。

[116] 中国中小企业对外合作协调中心编译:《中小企业的国际技术转让》,吉林人民出版社,1990年。
[117] 中国中小企业对外合作协调中心编译:《发展中小企业的基本问题》,吉林人民出版社,1991年。
[118] 中国中小企业国际合作协会、江西省中小企业对外合作协调办公室编译:《韩国经济发展与中小企业》,吉林人民出版社,1990年。
[119] 仇保兴:《小企业集群研究》,复旦大学出版社,1999年。
[120] 丁德章:《中小企业经营管理》,经济管理出版社,1998年。
[121] 魏国辰、李文龙等:《中小企业改革和发展问答》,经济科学出版社,1999年。
[122] 刘东、杜占元:《中小企业与技术创新》,社会科学文献出版社,1998年。
[123] 方新:《创业与创新——高技术小企业的发展之路》,中国人民大学出版社,1998年。
[124] 王忠明主编:《中小企业创业》,经济科学出版社,2000年。
[125] 陈乃醒主编:《中国中小企业——发展与预测》,民主与建设出版社,2000年。
[126] 柳卸林:《技术创新经济学》,中国经济出版社,1993年。
[127] 柳卸林:《技术创新管理》,科学技术文献出版社,1997年。
[128] 芮明杰:《现代企业管理创新》,山西经济出版社,1998年。
[129] 常修泽等:《现代企业创新论》,天津人民出版社,1994年。
[130] 王德禄主编:《二次创业——新兴企业发展战略研究》,山东教育出版社,1999年。
[131] 曾晓萱、姚慧华:《高科技管理与人文》,天津科学技术出版社,2000年。
[132] 杨灶著:《企业成长论》,中国人民大学出版社,1996年。
[133] 王玉著:《企业进化的战略研究》,上海财经大学出版社,1997年。
[134] 张维迎:《成长的经验》,上海远东出版社,1999年。
[135] 王方华:《企业战略管理》,复旦大学出版社,1997年。
[136] 陶声良:《企业战略管理》,武汉大学出版社,1997年。
[137] 林友孚:《现代企业管理》,中国统计出版社,1996年。
[138] 吴季松:《知识经济》,北京科学技术出版社,1998年。
[139] 李京文:《技术进步与产业结构选择》,经济学出版社,1998。
[140] 盛洪:《分工与交易——一个一般理论及其对中国非专业问题的应用分析》,上海三联书店,1994年。
[141] 杨小凯:《经济控制论初步》,湖北人民出版社,1994年。
[142] 顾朝林著:《中国高技术产业园区》,中信出版社,1998年。
[143] 季风著:《科技产业化呼唤中国》,西苑出版社,2000年。
[144] 林汉川著:《中国开发区成长机制研究》,哈尔滨工业大学出版社,1993年。
[145] 谢识予编:《经济博弈论》,复旦大学出版社,1996年。
[146] 严学军主编:《当代中国企业营销理论与实践研究》,中国经济出版社,2000年。
[147] 李越著:《经济全球化:企业如何应对》,中国社会出版社,1999年。
[148] 王方华:《网络营销》,山西经济出版社,1998年。
[149] 张培刚主编:《新发展经济学》,河南人民出版社,1997年。
[150] 江小娟:《经济转型时期的产业政策》,上海三联书店,1969年。
[151] 郭克莎、王延中主编:《中国产业结构变动趋势及政策研究》,经济管理出版社,1999年。
[152] 张培刚:《微观经济学产生和发展》,湖南出版社,1997年。
[153] 李建民:《企业核心能力》,法律出版社,1998年。
[154] 周德孚编著:《学习型组织》,上海财经大学出版社,1998年。
[155] 陈伟:《创新管理》,科学出版社,1996年。
[156] 沈小锋:《耗散结构论》,上海人民出版社,1987年。
[157] 庞元正:《系统论、控制论、信息论、经典文献选编》,求实出版社,1989年。
[158] 王贵友:《协同论简介》,湖北人民出版社,1987年。

[159] 卢现祥著:《西方新制度经济学》,中国发展出版社,1996年。
[160] 颜光华:《企业再造》,上海财经大学出版社,1998年。
[161] 韩德昌:《公司战略管理》,山西经济出版社,1999年。
[162] 陈永杰:《西方国家中小企业发展经验及其借鉴》,《管理世界》,1997年第2期。
[163] 桑业龙:《政府支持中小企业政策的国际比较》,《经济纵横》,1998年第9期。
[164] 蒋伏心:《小企业问题:定义、借鉴与对策》,《江海学刊》,1999年第6期。
[165] 杨治:《西方中小企业发展方向》,《经济参考报》,1999年12月28日。
[166] 陈志强:《我国中小企业发展及国有商业银行金融服务状况的调查》,《改革》,1999年第1期。
[167] 李元旭、徐成:《扶持小企业的交易费用理论基础及其政策选择》,《财经研究》,1999年第3期。
[168] 《中共中央关于国有企业改革和发展若干重大问题的决定》,《经济日报》,1999年9月27日。
[169] 吴敬琏:《发展中小企业是中国的大战略》,《改革》,1999年第2期。
[170] 袁礼斌:《关于中小企业发展的几个基本理论问题》,《经济学动态》,2000年第1期。
[171] 周天勇:《发展中小企业:未来社会稳步增长最重大的战略》,《中国工业经济》,2000年第7期。
[172] 胡鞍钢:《知识与发展:中国新的追赶策略》,《管理世界》,1999年6期。
[173] 魏中奇:《发展中小企业的就业效应分析》,《中南财经大学研究生学报》,2000年第1期。
[174] 邱国栋:《小企业:你是否利用了五种生存空间》,《经济日报》,1999年9月12日。
[175] 陆正飞:《中小企业的财务战略》,《中国工业经济》,1997年第1期。
[176] 周晖:《中国高科技园区的产业和区域定位建议》,《上海投资》,2000年第10期。
[177] 汪少华、包婷:《小企业生存基础和竞争环境的数量特征》,《中国工业经济》,1997年第6期。
[178] 谭剑:《我国中小企业政策沿革及评价》,《中国工业经济》,1997年第6期。
[179] 谢康等:《企业信息化的竞争优势》,《经济研究》,1999年第9期。
[180] 方向明:《破解四通产权之迷:一场中国经营者的革命》,《中国青年报》,1999年7月30日,第5版。
[181] 吴敬琏:《全面发挥各种要素的作用:发展中国的高新技术产业》,《投资与合作》,1999年第7期。
[182] 长城战略研究所:《高技术企业如何实现优先公司股权》,《中国高新技术产业导报》,1999年6月1日,第4版。
[183] 刘元春:《高新技术企业改制中的产权问题》,《中国工业经济》,2000年第3期
[184] 王亚平:《我国高新技术产业化的历程和成就》,《高新技术产业化》,2000年第2期。
[185] The facts about: "SBA on the Information Superhighway", U. S. Small Business Administration, 1993.
[186] The facts about: "Small Business Institute Program", U.S. Small Business Administration, 1993.
[187] GAO Report Number RCED-96-19, Preliminary Information on the Small Business Technology Transfer Program, 1996,1.
[188] Brett A.M., Gibson, D.V. and. Smilor R.W: "University Spin- off Companies: Economic Development, Faculty Entrepreneurs, and Technology Transfer", Rowman &. Little field Publishers, Inc. 1999.
[189] U.S. Small Business Administration, Office of Technology, Results of Three-year Commercialization Study of the SBIR Program, 1991.
[190] GAO Report Number RCED -95-59, Interim Report on the Small Business Innovating Research Programs, 1992.3.
[191] Tushman M.L. and Nelson R.R.: "Introduction: Technology, Organizations and Innovation", Administrative Science Quarterly, 1990.9.
[192] A Report to the President and Congress: "Foundation for a New Century", the White House Conference on Small Business Commission, 1995.9.
[193] World Development Report 1998 (Annotated Outline): "Knowledge for Development", 1997.8.7.

[194] GAO Report Number RCED-92-37, Small Business Innovation Research Shows Success but Can Be Strengthened, 1992.3.
[195] Powell W. W.:"Number Market Nor Hierarchy: Network Forms of Organization", Research in Organizational Behavior, Vol.12, p.295-336, IAI Press Inc, 1990.
[196] U.S. Business Administration Profile: Who We are, What We do, 3rd Edition, Washington, D.C.: The Administration, 1996.65.
[197] Acs Z. J., Carlsson B. and Thurik R.:"Small Business in the Modern Economy", Edited by Admiral P.H.: Blackwell Publishers, 1996.
[198] Poliy Directive Small Business Innovation Research (SBIR)Program, U.S. Small Business Administration, Office of Innovation Research and Technology, 1993.1.
[199] Richard R. Nelson:"Why Do Firms Differ, and How Does IT Matter", Strategic Management Journal, Vol.12,1991.
[200] Henry Mintzberg:"The Pitfalls of Strategic Planning", Californiz Management Review, Fall 1993.
[201] Gary Hamel, Wves L. Doz. and Prahalad C. K.:""Collaborate with Your Competitors And Win", Harvard Business Review, January-February, 1989.
[202] Michael E. Porter:"Towards A Dynamic Theory of Strategy", Strategic Management Journal, Vol. 12, 1991.
[203] David K. Hurst:"Why Strategic Management is Bankrupt", Organizational Dynamics, Autume 1986.
[204] Prahalad C.K. and Gary Hamel:"Strategy as a Field of Study: Why Seatch for a New Paradigm?", Strategic Management Journal, Vol.15, 1994.
[205] Gary Hamel and Prahalad C.K.:"Corporate Imagination and Expeditionary Marketing", Harvard Business Review, July-August, 1991.
[206] Lester A. Digman:"Strategic Management——Concept, Decision, Cases, Business Publications, Inc. 1986.
[207] Thomas L. Wheelen, Hunger C. K. David :"Strategic Management and Business Policy, Addison-March-April, 1993.
[208] Gary Hamel and Prahalad C. K.:"Strategy as Stretch and Leverage", Harvard Business Review, March-Aril, 1993.
[209] Pobert M. Tomasko: Rethinking the Corporation: The Architecture of Change, Amacom, 1995.
[210] Michael Hanmmer and James Champy:"Reengineering the Corporation: A Manifesto for Business Revolution, Harper Business, 1993.
[211] Bengt K. Bettis: Strategy in Practice, John Wiley & Sons, 1987.
[212] Richard A. Bettis, Prahalad C.K.:"The Dominant Logic: Retrospective and Extension", Strategic Management Journal, Vol.16. Pp.5-14(1995).
[213] Prahalad C.K. and Gary Hamel:"The Core Competence of the Corporation", Harvard Business Reveiew, May-June, 1990.
[214] Clayton M. Christensen:"The Innovator's Dilemma", Harvard Business School Press, Boston, Massachusetts, 1997.
[215] Andrew C. Inkpen:"Creating Knowledge Through Collaboration", California Management Review, Vol. 39 No.1, fall 1996.
[216] Gary Hamel:"Strategy as Revolution", Harvard Business Review, July-August, 1996.
[217] Ikujiro Nonaka:"The Knowledge-Creating Company", Harvard Business Review, November-December, 1991.
[218] [美]罗伯特·A、伯格尔曼等:《技术与创新的战略管理》,机械工业出版社,1998年英文版。
[219] Gregory G. Dess and Alex Miller:"Strategic Management", McGraw-Hill Book Company, 1993.

[220] Ali, Abbas, Frahalad C. K. : "Competition For the Tuture", Harvard Business School Press, 1997.
[221] Gary Hamel and Frahalad C. K. : "Competition For the Future, Harvard Business School Press, 1997.
[222] Hardy and Len: "Successful Business Operation; How to Develop and Exploit Competitive Advantage, Basil Blackwell Ltd, 1990.
[223] Nicolai J. Foss and Christian Knudsen: "Towards a Competence Theory of the Firm", Published by Routledge, 1996.
[224] Thomas and Philip R. : "Getting Competitive: Middle Managers and the Cycle Time Ethic", McGraw-Hill's Professional Publishing Composition Unit, 1991.
[225] Stephen Mores: "Successful Product Management (2nd. ed)", London Kongan Page Inc, 1994.
[226] Ciff Bowman: "The Essence of Strategic Management", Prentice Hall Europe, 1997.
[227] Stephen P. Robbins: "Management (4th. ed)", Prentice Hall Inc, 1994.
[228] Cvitkovic Emilio: "Competition: Forms, Fact and Fiction", The Macmillan Press Ltd, 1993.
[229] Stephen Haag: "Management Information Systems for the Information Age", McGraw-Hill Company, 1998.
[230] David Faulkner and Cliff Bowman: "The Essence of Competitive Strategy", Prentice Hall Intentional Limited, 1995.
[231] David F. R. : "Concepts of Strategy Management (6th. ed)", Prentice Hall Inc, 1997.

图书在版编目(CIP)数据

中国中小企业发展机制研究/林汉川主编.—北京:商务印书馆,2003

ISBN 7-100-03769-7

Ⅰ.中… Ⅱ.林… Ⅲ.中小企业-经济发展-研究-中国 Ⅵ.F279.243

中国版本图书馆 CIP 数据核字(2003)第 029669 号

所有权利保留。
未经许可,不得以任何方式使用。

中国中小企业发展机制研究

林汉川　主编

商 务 印 书 馆 出 版
(北京王府井大街36号　邮政编码 100710)
商 务 印 书 馆 发 行
北 京 冠 中 印 刷 厂 印 刷
ISBN 7-100-03769-7/F·458

2003 年 12 月第 1 版	开本 787×1092　1/16
2003 年 12 月北京第 1 次印刷	印张 61¼

定价:89.00 元